# 中国图书馆学会年会论文集
## （2020年卷）

中国图书馆学会　编

国家图书馆出版社

图书在版编目（CIP）数据

中国图书馆学会年会论文集.2020年卷/中国图书馆学会编著.—北京：国家图书馆出版社，2020.12

ISBN 978-7-5013-7162-4

Ⅰ.①中⋯ Ⅱ.①中⋯ Ⅲ.①图书馆学—学术会议—文集 Ⅳ.①G250-53

中国版本图书馆CIP数据核字（2020）第251573号

| | |
|---|---|
| 书　　名 | 中国图书馆学会年会论文集（2020年） |
| 著　　者 | 中国图书馆学会　编 |
| 责任编辑 | 王炳乾 |
| 封面设计 | 耕者设计工作室 |
| 出版发行 | 国家图书馆出版社（北京市西城区文津街7号　100034）<br>（原书目文献出版社　北京图书馆出版社）<br>010-66114536　63802249　nlcpress@nlc.cn（邮购） |
| 网　　址 | http://www.nlcpress.com |
| 排　　版 | 九章文化 |
| 印　　装 | 河北鲁汇荣彩印刷有限公司 |
| 版次印次 | 2020年12月第1版　2020年12月第1次印刷 |
| 开　　本 | 787×1092（毫米）　1/16 |
| 印　　张 | 41.25 |
| 字　　数 | 1000千字 |
| 书　　号 | ISBN 978-7-5013-7162-4 |
| 定　　价 | 200.00元 |

版权所有　侵权必究

本书如有印装质量问题，请与读者服务部（010-66126156）联系调换。

# 目 录

## 发挥地方文献作用,传承优秀"家文化"

高校图书馆弘扬"家文化"的路径探究
　　——以桐城桂林方氏家族文化为例……………………………………刘瑞忍（1）
"家文化"与"地方文献"的联结……………………………………………刘　瑛（10）
金陵邓氏家族及其家风家训文化研究……………………………潘　健　徐　芹（14）
《柳氏家训》和柳氏家风文化………………………………………………汪青云（23）
地方文献"家文化"参与文化治理的内在逻辑与实践机制研究
　　………………………………………………………王　彬　王兰伟　廖雯玲（30）

## 图书馆资源建设与新时代文化发展

强化县级图书馆地方文献建设的策略探讨…………………………………陆新强（37）
公共图书馆面向未成年人群体的PDA策略研究
　　——以广州少年儿童图书馆"你拣书,我埋单,即借走"为例………邓伟富　戚敏仪（44）
多源数据驱动的高校馆藏图书绩效评估研究………………………王利君　刘　微（51）
专业课设置视角下的中文图书建设效果探析………………………………王　芹（56）
新时代文化环境下中小学图书馆资源建设…………………………………郑巧妙（63）

## 中外图书情报学人学术思想研究

民国时期参与图书馆事业的社会精英群体构成与分析……………韦庆媛　董　琳（68）

## 图书馆的使命——弘扬优秀民族文化　铸牢中华民族共同体意识

四库七阁碑刻的内容梳理与南北差异分析及原因初探……………………王雨潇（85）
甘肃古代藏书脉流考略
　　——以明清遗存为中心………………………………岳庆艳　陈　军　尹　琼（100）

## 重大突发公共事件与图书馆应急信息服务建设

面向突发公共卫生事件的公共图书馆应急服务能力模型构建……………窦玉萌（114）
图书馆应急信息服务机制构建研究…………………………………赖　璨　陈　雅（124）

1

突发疫情情景下图书馆用户焦虑生成因素研究 ………………………………… 李昊远（131）
新形势下国内公共图书馆科技咨询服务的现状调查分析与策略研究
　　　　　　　　　　　　　　　　　　　　　　　　　……………… 李玲丽　杨　敏（140）
信息协同视角下公共突发事件舆情管理模型研究 …………………… 司蒙蒙　陈　雅（147）
基于电商营销的公共图书馆阅读推广线上移植研究
　　——以疫情期间我国省级公共图书馆线上阅读推广服务为例 ……… 谢春枝　饶　曦（154）
突发公共事件背景下公共图书馆提升应急服务能力研究
　　——基于2020年国内公共图书馆"书香战疫"服务的分析 ………………… 杨庆怀（163）
灾难中少儿图书馆开展儿童心理危机干预框架下的读者服务
　　——以武汉市少年儿童图书馆在新冠肺炎疫情中的阅读工作为例 ………… 程延宏（171）
以用户为中心的高校图书馆应急信息化服务机制研究
　　………………………………………… 沈冯春　罗　征　赵海亮　张　县（177）
后疫情时期以用户为中心的图书馆健康信息服务模式研究 ……………………… 王　霞（183）
突发公共事件视角下的公共图书馆公民应急素养教育工作探析 ………………… 王瑜心（190）
突发公共卫生事件中省级公共图书馆应急机制研究 ……………………………… 杨向明（198）
新冠肺炎疫情下少年儿童图书馆线上服务调研 …………………………………… 殷宏淼（208）

## 图书馆文创产品开发实践研究

公共图书馆文创工作相关法律问题探析 …………………………………………… 刘　斐（218）
藏经洞千年的守候　跨越时空与你相遇
　　——敦煌莲花包设计实践研究 …………………………………………… 刘仲瑄（223）
全国图书馆文化创意产品开发联盟建设与发展思考 ……………………………… 李　楠（235）
图书馆文创工作与延伸服务实证研究 ……………………………………………… 王　妍（240）

## 阅读推广与全民素养提升

疫情时期公共图书馆阅读推广新方式的探索实践
　　——以湖北省图书馆"我拆你思"直播为例 …………………… 曹　锐　汪　敏（246）
公共图书馆英文阅读推广的实践和策略
　　——以温州市少年儿童图书馆为例 …………………………… 黄莲莲　雷　静（254）
基于大学生群体"数字阅读"行为的高校图书馆多元化服务模式研究 ………… 李　雅（260）
公共图书馆女性阅读推广服务路径探析 …………………………………………… 王雪超（269）
读书会与公共图书馆阅读推广实践
　　——以"邯来书往"读书会为例 ……………………………… 张　剑　刘海燕（274）
高校元素养教育模式研究与创新 …………………………………………………… 常　青（280）
场景式阅读的价值、反思与启示
　　——由《一本好书》说起 ………………………………………………… 刘　艳（290）
城市夜经济发展背景下公共图书馆夜间阅读推广活动研究 ……………………… 乔福坤（300）

作为阅读推广行为的古代女性抄书
　　——以班昭、蔡琰、吴彩鸾为例……………………………………………杨　敏（305）

## 全媒体时代公共图书馆阅读推广与社会合作

全媒体时代公共图书馆视听阅读推广的社会合作实践与思考
　　——以国家图书馆为例…………………………………………………………李　蓓（310）
全媒体背景下公共图书馆抖音营销现状与发展对策分析………………………汪　然（314）
公共图书馆在bilibili平台上的营销推广可行性研究 …………………………吴梦菲（323）
全媒体时代基于电子书阅读器的阅读推广服务探析……………周瑞莺　陈黄焱（328）

## 女性图书馆员职业发展研究

中外"图书馆中的女性"比较研究及启示……………………………………刘　菡（332）
国内女性图书馆员职业发展研究进展（1996—2019）……………………张学福（344）

## 图书馆文化扶贫实践与研究

公共图书馆文化精准扶贫服务的现状及对策研究
　　——以江苏省为例………………………………………………陈凤娟　孙　雨（351）
文旅融合视域下的公共图书馆精准文化扶贫路径研究…………………………王　欢（359）
国家深度贫困地区文化援疆的策略与研究
　　——以南京图书馆援建新疆维吾尔自治区克孜勒苏柯尔克孜自治州图书馆为例
　　………………………………………………………………………………朱纯琳（367）

## 图书馆促进优秀传统文化创造性转化实践研究

中华典籍创造性转化的实践与思考
　　——以河北省图书馆《典籍背后的故事》项目为例 …………张　沫　余　兵（374）
新时代背景下地方文献活力再生研究
　　——以《李超琼日记》发掘整理为例…………………………………………王海鲁（379）

## 发展知识赋能技术，提升知识服务能力

智能合约技术在数字图书馆平台建设中的应用……………………张立说　陈天文（387）

## 国家职业教育改革形势下的高职图书馆

高职院校学生图书馆利用与学业相关性的实证研究
　　…………………………………………………丁建峰　徐　捷　蔡金君　洪素兰（393）
浅析面向高职院校毕业生的图书馆就业信息咨询服务
　　——基于ELO等级分制度的系统建构…………………………李　岑　杨梓涵（401）
高职图书馆知识服务智慧化探索………………………许冠军　齐静芬　徐恭旭（410）

## 儿童阅读与弘扬优秀传统文化

关于少儿图书馆对优秀传统文化的推广研究
——以湖北省少儿图书馆"国学童趣馆"活动为例 …………… 杨　媛（417）
少儿图书馆创建阅读推广品牌促进传统文化传播的实践研究
——以"三湘少年儿童阅读之星"为例 ………………………… 刘　芹（422）
中学图书馆中华优秀传统文化阅读推广的实践研究 ……………… 张　楠（427）

## 图书馆为立法和决策服务的实践与发展

在疫情大考中提升决策信息支撑能力
——以国家图书馆为例 …………………………………………… 徐　燕（433）

## 其　他

美国公共图书馆中心馆—分馆体系发展路径及启示研究 ………… 李海燕（438）
古籍图像汉字切分方式融合研究 …………………………………… 倪　劼（448）
国内公共图书馆社会化管理现状分析及思考 …………… 薛　蕾　李木子（460）
《民国时期图书总目》的编纂思考 ………………………………… 朱青青（467）
媒体融合背景下高校信息素养教材建设研究 …… 胡胜男　乔姗姗　施燕斌（473）
述珍稀善本《两笈姑存》：明王若之被禁毁著作的新发现
——兼及"孤本"《再游草》的再认识 …………………………… 姜　妮（479）
我国省级公共图书馆空间研究 ……………………………………… 亢丽芸（487）
大数据背景下高校图书馆参与学习分析的探究 …………………… 鲁　丹（495）
图书馆建筑设计任务书探析 ………………………………………… 喻至勇（501）
从 L2R 到 R2R：图书馆服务模式转变的新视角 ………………… 张振康（508）

## 中华传统文化典籍保护传承案例

游戏服务"翻转"经典阅读
——广东省立中山图书馆中华传统文化典籍阅读活动创新实践案例说明
………………………………… 文利情　谭翔尹　游锦媛　黄小华（515）

## 图书馆社会教育活动中的文化能力案例

促文化繁荣，打造书香九原
——营造全民阅读终身学习的良好社会氛围 ………………… 布和毕力格（523）
四川师范大学践行社会教育的窗口"狮语堂" …… 崔紫媛　唐琼　廖辰刚　何以（530）
书香首图　悦读阅美
——首都图书馆落实中小学社会大课堂实践活动课程开发案例 …… 左　娜（537）
在成风化人中强健文化服务自觉的战略"筋骨"
——本溪市图书馆"望远"读书会社会教育案例 ………………… 丁　轶（540）
"健康江苏"背景下医学高校图书馆知识服务与创新案例
………… 杨晓雯　陈勇　刘烜贞　王云峰　宗张建　王玲玲　刘丹（553）

## 科普阅读推广案例

从科学视角探寻草木智慧
　　——宁波图书馆"草木笔记"活动 …………………… 刘　燕　冯若楠　彭　佳（559）
积微成著　博物洽闻
　　——金陵图书馆科普联盟"V博学堂"系列活动 ………… 徐昊丰　王　丹　朱　静（565）
阅读推广中科普图书推荐书目指标体系的构建及实证研究 ………………… 张泽华　杨秀丹（572）
科普学习圈智慧　文旅融合新探索
　　——"蓝松鼠"科普之星少儿科普知识比赛 …………………………… 伍艺华　覃　翠（583）

## 阅读的种子——图书馆发现与培育"阅读推广人"案例

湖北省图书馆"书说荆楚"讲书人培育 ……………………………………… 曹星月　刘　泉（596）
"智朗团"，智囊团
　　——大朗镇"智朗团"阅读推广案例 ……………………………………… 梁丹婷　钟晓婷（599）
长春星火　阅读燎原
　　——"长春星火阅读计划"领读者阅读推广项目案例
　　…………………………………………………… 姚淑慧　刘怡君　李　超　许皓涵（604）

## 家庭阅读服务创新案例

深圳图书馆家庭阅读服务创新实践 ………………………… 肖容梅　戴晓颖　王海涛（609）

## "三全育人"在高职图书馆的实践案例

"三全育人"视域下的图书馆精准营销服务模式实践与探索
　　………………………………………………………………… 胡　赛　丁亚玲　谢丁立（615）
"三全育人"视域下高职图书馆红色文化育人模式探索与实践
　　………………………………………………………………… 王秀芬　丁洪霞　綦晓卿（625）
"三全育人"背景下高职院校图书馆助力思政课教学特色服务实践案例
　　——以主旋律影视展播服务项目为例 ………………… 李高峰　董　雪　程　远（630）

## 图书馆儿童阅读空间建设与服务案例

江西省图书馆少年儿童区空间建设与服务案例 ……………………………………… 李晓君（641）
广州少年儿童图书馆绘本阅读空间的建设与服务 ………… 吴翠红　卢静仪　张淑文（657）
图书馆儿童阅读空间建设与服务案例 ………………… 李鹏举　郭华丽　王成东　李　野（650）

# 高校图书馆弘扬"家文化"的路径探究

## ——以桐城桂林方氏家族文化为例

刘瑞忍（内蒙古大学图书馆）

文化的传承从横向上看是一个民族记忆的积累，从纵向上看则是一缕缕个体文化的凝聚。从口耳相传到结绳记事，再到文字的产生，文明与传承从来都是交织在一起的。家是中华文化传承的重要载体，甚至是主要载体。费孝通先生在《乡土中国·家族》中指出，相对于西方的"家庭"，中国更应该称为"家族"[1]。钱穆也认为，"'家族'是中国文化一个最主要的柱石，我们几乎可以说，中国文化，全部都从家族观念上筑起，先有家族观念乃有人道观念，先有人道观念乃有其他的一切"[2]。因此在中华传统文化中，家庭和家族都是建构"家文化"的组织基础。只有将"家文化"的认知和理解与"家族"结合在一起，将"家文化"放置在中国传统文化的土壤中去审视，才能够寻找到属于中国的文化价值和文化自信。

"家文化"的基本内涵可以概括为家规文化、家国文化、家教文化和家风文化[3]。它既受到中华文化整体的影响，也有每个家族自身的理解和建构，孕育着一些创新和改变。这些优秀的"家文化"是以个性化的方式呈现的，如何去发掘隐藏在地方文献中的"家文化"的共性与个性是文化工作者面临的一个重要课题。

图书馆是滋养民族心灵、培育文化自信的重要场所[4]，担负着弘扬优秀传统文化的重大使命。作为图书馆人，有收集、整理、传承地方文献中"家文化"的责任和担当。故选取明清时期具有相当影响力的桐城桂林方氏家族来展开研究，探索高校图书馆收集整理、发掘研究、传播弘扬传统"家文化"的具体路径。方氏家族自宋末元初迁居至桐城，据《康熙桐城县志》和《桐城耆旧传》统计，明代"桂林方"有十一人中进士，清初至道光乙酉年有十五人，其地位与文化传承具有典型性。对于这样一个时间跨度大、重要人物多的家族进行"家文化"发掘，需要从不同的角度深入研究，而不能泛泛而谈。

## 1 图书馆收集整理"家文化"资料的路径

面对浩如烟海的文献资源，从中高效地提取到与"家文化"研究有关的内容是图书馆工作者应当掌握的技能。笔者尝试总结了几种在研究中国古代"家文化"时，常用并且高效搜集资料的途径，希望能起到抛砖引玉的作用。

### 1.1 确定具体研究对象、资料搜集的范畴

图书馆要发挥地方文献作用，充分利用特色资源，找准弘扬"家文化"的立足点。例如少数民族地区要做好民族文献的收集整理，着重发掘具有民族特色的"家文化"；历史悠久地区要做好本地区传统家族的摸底和调查，以地方家谱等材料作为研究"家文化"的突破点；历史

较为短暂的新兴地区如深圳等地,要着眼于新地区文化的重构,发现移民中的"家文化"。思考建立属于本地区的"家文化"特色,为地方文化的发展贡献力量。

传承"家文化"最终要落脚于"家文化"中的"人"。传承桐城桂林方氏家族文化,就要以方氏家族为研究对象,围绕方氏家族人物来搜集资料。首先要查找方氏家族的所有成员,通过查检家谱《桐城桂林方氏家谱》、地方志《桐城续修县志》、《(光绪)重修安徽通志》等,可以获得一个比较完整的谱系,明确研究的大致范围;其次是确定具有研究价值的"人",即在家族中地位相对较高,地区声望较大的人物。爬梳《明史》《清史稿》《明代传记丛刊》《清代传记丛刊》等明清典籍,《桐城耆旧传》等地方史志资料,找到青史留名的方氏家族成员。翻阅《明经世文编》《皇朝经世文编》《桐城方氏诗辑》等明清诗文集,寻找有著述传世的方氏家族成员,从中选取方氏"家文化"的代表人物。筛选出具体的研究目标,为接下来的深入研究奠定基础。

### 1.2 利用目录学的方法

清代王鸣盛认为,"目录之学,学中第一紧要事,必从此问途,方能得其门而入"[5]。目录学是研究古书的指导,利用目录学的方法读书治学会事半功倍。一,根据目录查考古书,访求缺佚。直接查找相关的古籍目录或者现代整理的目录,以研究目标的年代为始搜集其后的重要书目,逐一列举出方氏"家文化"代表人物的著述,以及介绍研究方氏代表人物的著述。史志目录如《明史·艺文志》、方志艺文志,官修目录如《四库全书总目》,私家目录如《铁琴铜剑楼藏书目录》等,都是查考和访求地方古籍文献,收集整理方氏"家文化"的重要参考书目。现代整理出版的书目如《中国古籍善本总目》《中国古籍总目》《清人别集总目》等也是搜集地方文献的重要工具书。二,利用大型丛书查找文献资料。如检阅《明文海》《四库全书》,以及现代古籍整理的精品《续修四库全书》《清文海》《安徽古籍丛书》等,收集关于方氏"家文化"的文献资料。

这两种方式各有利弊,第一种能够比较全面地搜寻到研究目标的著述和相关古籍文献,但是其中一些可能因为年代久远亡佚,一些古籍因是善本,难以搜寻利用。第二种方式找到的古籍文献,基本都能直接利用,可惜其范围不广,容易产生遗漏。这两种方法在图书馆实践中,要相辅相成,互为补充。要注意发挥本馆的优势,多利用馆藏古籍资源,这样既可以解决资料难以获取的难题,也能够提高图书馆文献的利用率。同时要积极访求、购藏地方文献,为传承地方特有的优秀"家文化"提供源头活水。

### 1.3 利用便捷的数据库

随着图书等纸质资源的数字化,各种数据库应运而生。在某种程度上,数据库的诞生大大降低了学术门槛,减小了研究者的工作强度。在研究"家文化"的过程中,要充分利用便捷的数据库。古籍数据库主要有书目数据库、影像资源库和全文检索数据库。书目数据库中首推联合书目数据库。如由国家图书馆负责建立的"全国古籍普查登记基本数据库",可以查询全国古籍的存藏情况;北京大学牵头,联合国内23家高等院校图书馆合力建设的学苑汲古"高校古文献资源库",其部分参建馆配有书影或电子图书,可以查询高校古文献书目信息。影像资源库如国家图书馆在线发布的"中华古籍资源库",目前资源总量超过3.3万部,版本信息著录准确,检索、全文阅览和打印便捷。日本许多图书馆也有开放式中文古籍数据库,可供检索阅览。全文检索数据库如"中国基本古籍库""鼎秀古籍全文检索数据库"等,其图文对照、复制、笔记或标注功能可以满足不同的阅读需求,强大的全文检索功能便于我们获得很多关于研究目标的较为琐碎的线索。收集"家文化"资料离不开家谱,上海图书馆藏家谱数字资源库是一个很不错的选择。

数据库是收集方氏"家文化"的津梁,比查阅纸质文献能节省大量时间。但部分古籍数据库存在版本著录错误的现象,使用时要认真查核版本信息。有些全文检索数据库存在检索结果不够全面精确的问题,需要核对原版影像进行校正。且现有的数据库并非包罗万象,很多古籍文献尚未数字化,尤其是利用率相对较低的地方文献,因此数据库和纸质文献要结合使用。作为桐城学派的代表人物,方氏家族一直备受关注,研究方氏学术文化的论著很多。我们要充分利用知网、超星和民国文献数据库等,从已有的研究成果中汲取智慧。

### 1.4 利用优质的网络资源

互联网技术的发展催生了海量的网络资源,内容品质良莠不齐,应谨慎辨别,披沙拣金,充分利用政府机构、科研院所、专业组织等发布的优质网络资源。如专业资源网站"中国哲学书电子化计划""国学大师"等,为学者免费提供古籍电子图书检索阅览。方氏家族后人主办的"桂林方氏续谱网",是弘扬方氏家族文化的鼓手,不仅通过续修家谱凝聚宗亲,而且登载了方氏文化、图腾、名人、家谱目录等信息资源。"六尺巷文化"公众号《桐城桂林方氏》栏目中发布的《方佑:桐城桂林方氏第一个考取进士的人》《方法:桐城桂林方氏第一个科举入仕者》《方鸿寿家的故事》等文,是弘扬方氏家族文化的上佳素材。一些网盘存储了大量的古籍文献,搜索方氏"家文化"亦有很大的收获。

最后,应注意师生"家文化"资源的发掘与固化。高校图书馆的主要工作是服务本校师生,弘扬"家文化"的主要对象也是本校师生,那么把"家文化"和高校师生结合在一起是一条值得探索的道路。高校图书馆要善于发掘师生中优秀的"家文化",广泛调查和征集典型案例。通过访谈、口述、微视频等方式,调动高校师生对自身"家文化"的关注,建立"家文化"口述史料库、影像资源库。对师生家庭或家族文化进行收集、整理和展示,不仅能够发掘一些不为人知的"家文化",更能增强师生对"家文化"的自信,对中华灿烂文化的热爱。从"家文化"中汲取力量,涵养家国情怀。

## 2 图书馆发掘研究"家文化"的路径

高校师生具有丰富的专业知识,一定的文化素养,学习或科研压力往往使其阅读行为具有较强的功利性。蜻蜓点水式的文化传承活动,表面形式繁华的阅读推广,无法吸引高校师生的广泛关注,也无法满足他们深层次的文化需求。高校图书馆只有深入发掘研究"家文化",将高校的教育性、文化性和学术性相结合,才能更好地弘扬优秀传统文化。

### 2.1 姓名中的"家文化"

古人对于姓名字号的选取非常讲究,出生于名门望族的人,其姓名字号往往渗透着深厚的家族文化。笔者选取桐城桂林方氏几位人物的姓名字号,对其进行分析,望能从中窥见方氏"家文化"传承的痕迹。

方孔炤，字潜夫，号仁植，明万历丙辰年进士，精通易学，解医术，是桂林方氏第十三世的代表人物。其父为方大镇，祖父为方学渐，均是同世中的佼佼者。方孔炤的名、字、号都颇有内涵。首先方孔炤的名，出自《诗·小雅·正月》，"鱼在于沼，亦匪克乐。潜虽伏矣，亦孔之炤"。朱熹《诗集传》亦曰："沼，池也。炤，明易见也。鱼在于沼，其为生已蹙矣。其潜虽深，然亦炤然而易见。言祸乱之及，无所逃也。"[6]《正月》这首诗的抒情主人公既有政治远见，也有能力。他生逢乱世，担忧国家的前途，同情百姓的苦难遭遇，反而受到小人的排挤中伤，不受重用。他不见容于世，仍孤独地坚守正道[7]。可见，"孔炤"之名与"潜夫"之字有着深刻的寓意，不仅体现了其父祖深厚的文化积淀，更是中国传统知识分子正直不阿、忧国忧民的心灵写照，坚定不移、爱国为民的情感寄托。

方孔炤的号"仁植"，更是凝聚了桂林方氏的"家文化"。据郑三俊《方贞述先生墓志铭》记载，"公讳孔炤，字潜夫，以本庵公连理之祥号仁植"[8]，"仁植"的号与祖父本庵公方学渐的"连理之祥"有关。《方明善先生行状》记载了"连理之祥"的始末。方学渐十几岁丧父，"先生柴毁骨立，庐墓而居，括父所遗可百金，悉以奉伯兄，第教授以赡饔飧而已……伯兄废箸更贫甚，即割宅而居，割食田为膳，二十年怡怡无间"[9]。方学渐在分家时将财产都给了长兄，顾念长兄生活仍然窘迫，又将自己的居所分给他居住，将妻子陪嫁的田产转赠给他，以孝悌友爱闻名。"庭有杞、枫二树连理者三，人以为孝友之祥。兄殁作《连理赋》"。方孔炤的号"仁植"取"连理之祥"意，表明方氏家族的孝悌家风代代相传。

方孔炤有二子，长子方以智，字密之，次子方其义，字直之。二子之名亦是方氏"家文化"的重要标志。方以智，是明末清初的百科全书式学者，在哲学、医学、物理学等领域均有建树。方以智和方其义的名、字均来源于《周易》，"蓍之德圆而神，卦之德方以知；六爻之义，易以贡。圣人以此洗心，退藏于密，吉凶与民同患"[10]。"直其正也，方其义也。君子敬以直内，义以方外，敬义立，而德不孤"[11]。无论是名与字的搭配，还是名字蕴涵的意义都可谓是天衣无缝。方孔炤的《名儿以智其义》，道出了名字的奥秘，"大儿方以智，天下藏于密。二儿方其义，所以用乾直。连理蓍易蠡，荷薪以意释。两儿念此名，根本在学易"[12]。桐城桂林方氏自方学渐开始，四代学易，在中国易学史上具有举足轻重的地位，易学成为方氏"家文化"的重要组成部分。兄弟二人的名和字均出自《易》，体现出家学的渊源，寄托着长辈对孩子的期望，希望他们能够传承家学，将易学发扬光大。

一个人的名和字一般是由其长辈甚至是家族决定的，名字传递出来的文化内涵正是这个家族的"家文化"。桐城桂林方氏，将孝悌和家学融入家族成员的姓名之中，是最简单、也是最有效的手段之一。后人观瞻前辈的姓名即可知其"家文化"的传承。从这个角度来看，高校图书馆应该注重对现存古籍中家谱、族谱资源的保护和整理，并与地方文史机构合作，拓宽发掘研究"家文化"的视野。

## 2.2 书信中的"家文化"

书信，又称尺牍、信札等，是古人社会交往和思想情感交流的重要方式。与刊刻出版的著作不同，书信写作的目的是为了沟通交流而不是为了流传后世，因此书信的语言表达更随意，情感更真挚，更接近人物的内心世界。笔者选取方大镇写给儿子方孔炤的家书[13]，通过这些书信去探寻"家文化"基因。

方大镇特别注重家庭教育。写给儿子方孔炤的家书，是一个父亲的谆谆教导，是一个勤于政务、造福于民的官员给儿子的建议。万历丙辰（1616），方孔炤以二甲第二十五名[14]的成绩获得进士功名。方大镇闻听儿子高中心中甚喜，虽然深知儿子的为人，但还是忍不住对即将步入仕途的儿子反复叮咛。"汝今日之身乃天下之身，非一家之身，即今日之志为天下之志，毋为一家之志。""穷则独善其身，达则兼济天下"是中国文人的人生理想。方大镇勉励方孔炤要心怀天下，不要一当官就想着置办家业。方氏家业不富厚，亦不至穷乏，他日儿子俸入自丰。当官就不要想发财，想发财就不要当官。"吾侪居官，从为国为民上起念，识远品高，将来受享亦大。"不可从躯壳上起念，贪图物质享受。为官之本在于治国安邦、造福于民。这种"修身、齐家、治国、平天下"的家国情怀，不仅是方氏"家文化"的体现，也是中国知识分子提高品德修养，管理好家族和家庭，经国济世谋太平的文化缩影。

方大镇教导儿子为官之道。为官首在清正，"清正二字为主，谦慎二字为辅。自可不怒而民威，不赏而民爱"，"勤以办职、谦以待友、慎以出言、廉以临财"。为官要体恤百姓。在给嘉定任上的儿子的信中，方大镇写道："嘉州雨旸何若？倘遇灾伤，必忧民之忧，申报赈恤，不可泄泄若不与己事者。"并勉励儿子效仿皖杨太尊，待民如子，遇灾忉恻不安，查责隶人买办。方家是桐城学术巨擘，那么如何处理好仕与学的关系呢？方大镇认为，当官树百年之绩，不在翰苑文章之下。"仕优而学，学优而仕，随学随仕，随仕随学，两相济两相成也，幸勉之矣。"处理烦琐政务应点水滴冻，夙兴夜寐兢兢业业，慎终如始。颇闲时可习有用之学，采览国朝典故，不可博弈嬉戏虚度光阴。为官之时不忘立身之本，为学之时不忘国计民生，"家文化"中的治政之道在父子之间传递。

方大镇叮嘱儿子节俭。"赁居宜小，服食宜俭。多乘马，少抬轿，长班择人而用，亦宜简少。宴饮有时，出入有节，不可作富翁公子之态。"儿子初任官，不必急于给父亲制服饰，给母亲、妻子制冠帔，以免借债受累。勤俭持家是中华民族传统美德，在现代社会仍有积极意义。领导干部勤俭节约，拒绝奢侈浪费，有助于营造风清气正的良好政治生态。

方大镇对儿子最好的教育，是爱的教育。他嘱咐儿子要早睡早起，调养身体，身体康强了才能任重道远。冬十月，方孔炤起身入觐，事事料理全靠精神，方大镇又叮嘱儿子多保重。方孔炤取得任何成绩，他都看在眼里，为之欣喜骄傲。儿子考中进士，他大赞光祖德。儿子所上条陈，句句自性中流出。方大镇赞叹，读之可见光明正大之品、循良恺悌之心，可爱又可敬。始终如一，名可与古人齐。方孔炤秉公执法，为嘉定高孝廉平反昭雪。活一人可以不死十数人，闻者脍炙。方大镇一面提醒儿子不可自矜，功成不必在我，一面倍感欣慰，"吾儿悉心殚力，为朝廷忠公之臣，为嘉州循良之吏，舆论佥孚，当道知遇，可喜可喜。"家书中凝聚着父亲对儿子的肯定勉励和浓浓父爱。

方孔炤遵循父亲教诲，最终成为一代名臣，清正廉洁，忠诚刚直。任职兵部时，他发奸如神，揭露将帅贿选和贪赃枉法。他不畏强权，魏忠贤欲封侄子良卿为伯爵，崔呈秀欲超擢其弟凝秀，他都坚决反对[15]。他文武兼备，与贼九战八捷，上八策极言招抚之误，有先见之明。即使仕途坎坷，削籍、贬谪、入狱仍不改初心。方孔炤能有如此胸怀和成就，与父亲的言传身教和方氏家族文化的熏陶密不可分。

这些家书在传承家教家训上发挥着重要作用。正如整理家书的方中履所言，"廷尉公家书凡十一通具有日月……纸墨完好，出于敝篋。斯天留之以为方氏之家训也……将俟廊填勒石以示后人"。从方氏五世祖靖难殉节，写下绝命词"魂定从高帝，心将愧叛臣"，到方氏后人不违清正之训，正直忠贞的方氏家族文化一直在不断延续、不断前行。

家书是中华传统家教文化的重要组成部分。用家书打开家族历史,用亲情传递家教文化,对家书充分发掘,读懂家书字里行间的真情和蕴意,可以更好地宣扬"家文化"的精神力量。

## 2.3 诗歌中的"家文化"

"诗者,志之所之也,在心为志,发言为诗,情动于中而形于言(《毛诗序》)。《桐城方氏诗辑》辑录了明洪武至清嘉庆时期方氏家族名人的诗歌,是方氏家族文化的重要载体。故从该家集入手,于诗歌中发掘方氏"家文化"。通过梳理发现,方氏诗歌是传授家训、彰显家庭美德、弘扬家风文化的有效手段。

首先,诗歌传递了家训。方孔炤《家训》曰:"三峰矗矗,桐水汤汤。我祖基之,爰开讲堂。我父绍之,荷薪在旁。颜曰宁澹,三命循墙。小子舞象,咏南山章。"祖父方学渐是桐城兴教倡学的著名学者,父亲方大镇晚年亦专心著述、讲学。后生小子须恭顺谨慎地沿着墙走。诗作意在教育方氏子孙"尚学重教"的家风要代代相承。方妫《寄示长儿蕃》中写道:"诗书化气质,稼穑知艰难。耕读皆本图,有力宜自殚。光阴惜分寸,勿令有余闲。"古训"耕读传家久、诗书继世长"亦被方氏奉为家训,耕读之家最能维持长久。耕田可自食其力,以全性命;读书可修身养性,以立高德。应勤劳好学,珍惜光阴。方正瑗的《述母训》回忆了母亲对他的教诲,"大本贵先立,清风领诸侯。廉泉可以饮,腹满他何求。喜儿赤子心,虑儿骨不遒。引索驭奔马,一蹶缰难收。勿逐骁腾飞,信道从天游。上以酬君恩,下以解亲忧",清风、廉洁、爱国、谦逊、尊君、敬亲,这些历经方氏家族沉淀的家训在诗中流淌。著名女诗人方维仪的《训女童》则教育女孩学习纺织,"积寸累丈匹,可以作衣裳"。方氏家族以诗歌传承家训,源远流长。

其次,诗歌彰显出家庭美德。《桐城方氏诗辑》中有大量家族文人之间的唱和诗,不仅彰显出方氏家族文化兴旺,还体现了家族宗亲之间的守望相助。方宫声《八伯父招十一弟赴句容学署口占送行》,记录了伯父对失怙失恃侄儿的关爱。十一弟的父母过世,八伯父照顾他,让他到句容求学。方宫声勉励他,"到时须努力,勿动故园情"。方中发《忆孤侄正瑗》,"举家唯汝惜,黄口一孤儿。未解亡亲痛,翻劳大母慈。诗书知有种,堂构恐难支。何日看成立,深惭负托时。"方中发担负起侄子的养育之责,充分地体现出方氏家族面对突变,友爱互助的家风。

诗歌中还彰显出父慈子孝、兄友弟恭、夫义妻贤等家庭美德。孝是道德之根,孝文化是方氏诗歌的一个重要题材。如方中履《送四弟归》,嘱咐四弟"若当吾母问,须说有归期"。在万里炎荒地,疾病缠身,想得最多的不是病体难愈,而是家中白发老母亲为自己担忧伤心,孝心可鉴。兄友弟恭,互敬互爱在方氏诗歌中随处可见。方其义随父宦游,与伯兄道别,写下了《武昌署中送伯兄归》,"客路烟尘合,家山草木荒。几时同买棹,杯酒话还乡"。寥寥几句道出了兄弟之间的浓浓情谊,还未别离已在憧憬着相聚的日子。明亡后,方以智常年漂泊在外,他和父亲留守家乡,七言古诗《忆兄》表现出对坚持抗清的哥哥方以智的担心和思念。面对家国变局,兄弟之情更加浓烈。夫妻和睦是家庭幸福的基础。方氏诗歌中还有一些寄内诗,由此可窥一斑。如方文《六月廿六日内人初度寄诗二首(录一)》,"青溪桃叶渡,新买一精庐。合与汝偕隐,雅堪吾著书"。在这个美丽的地方,有池塘有园圃,有妻子相伴,隐居是多么晏如。这些传统家庭美德随诗歌的流布而世代传承,植根于每个家族成员心中。

最后,诗歌弘扬了家风。桐城方氏自方学渐始,即有崇实的家风[16]。方孔炤亦提倡实学,主张经世致用。入职兵部后着手写作《全边略记》,记载有明一代边事,以应对北方、东北边地的压力。如《崇祯己巳元旦早朝》,"职方将上图舆考,不羡甘泉献赋人"。在方孔炤眼里,向朝廷呈上舆图考与上疏委婉地批评、劝谏同样重要。在《名对之后谨献刍荛感而书此》中,针对"当今第一病,所教非所用"的蹈虚之弊,方孔炤提出"海运可招商,屯田可募种"等诸多建议。方孔炤、方以智等后人继承和发扬了方氏的崇实家风。方氏最好的家风是读书。《山居乐事》其一曰"一冬闲课子孙书",其三曰"奇书千卷百年藏,分置东西两画廊。不用人翻自家晒,早迎朝日晚斜阳"。不消说读书,连晒书、教子孙书都是人生一大乐事。方氏诗歌中描写读书的情形很多,这也是读书向学家风在方氏家族内流传的一个明证。

方氏历来重视家族文化的保护与传承,古籍文献、文物和口述史料等都承载着厚重的"家文化"。有赖于《桐城方氏诗辑》《桐城方氏七代遗书》《述本堂诗集》等诗书的辑录,我们得以窥其"家文化"一角。正如方氏后人所言,"子孙之责孰急哉?盖莫急于遗书也"[17]。因此,从古籍文献入手,保护和发掘方氏"家文化"显得尤为迫切和重要。

## 3 高校图书馆传播弘扬"家文化"的具体路径

### 3.1 以古籍文献为媒,遇见最美的"家文化"

"数千年来,中华典籍文献世代相传,成为中华优秀传统文化的重要载体"[18]。古籍文献往往养在深闺鲜人识,其中蕴藉的优秀"家文化"自然也缺少关注度。图书馆应让书写在古籍里的文字活起来,让读者遇见最美的"家文化",让优良的家规家训、家风家教文化薪火相传、与时俱进,融入师生的教学与生活中。

高校图书馆可以古籍文献为媒,开展传承"家文化"系列活动。活动主题应细分,按内容大致可分为家规、家教、家风、家国,按载体可分为家书、家谱、家训、诗文、传记等。确定主题,既可以纵向选取家规、家书任一系列,也可以横向选取地方某些名人或望族系列。高校的古籍文献读者以人文学院的教师和研究生为主,一般大学生因古籍原典是繁体竖排、无标点文言文,存在阅读障碍。所以,我们在开展活动时,宜用最简单、最直观的方式展示传统"家文化"的魅力。通过名师讲堂、古籍展览、读者入室参观,拉近古籍与读者的距离。通过推荐古籍数据库,提升学生的信息检索能力,让学生了解古籍文献,爱上传统文化。通过推荐书目,重点推介原文、注释、译文一体,附有导读或评点的现代整理本,如《中国家规》《古代家书选》《古代家训精华》《中国历代名人家书》等,降低阅读门槛,激发师生对"家文化"的阅读兴趣。

《中国诗词大会》《见字如面》《朗读者》等文化类节目,好评如潮。典雅文化与大众娱乐的碰撞,不仅让观众在屏幕上邂逅诗和远方,引发了人们对传统文化的集体回望[19],也给图书馆人策划阅读推广活动以启迪。对于古籍文献,在"听说读写"上用力,每一次遇见都足以滋养心灵。以"写"为例,可以手抄家训、家书。手抄家书,从现存最早的实物家书《黑夫木牍》,到巅峰时期的明清家书,抄写者细细地品味。然后选取最触动自己灵魂的那封家书,在图书馆定制的宣纸、信笺或扇子上挥毫泼墨,妙笔丹青颂家风。可以翻译一封家书,写下一段感悟;可以写微书评,与众人分享它值得更多人看到的理由;也可以立家规,传家训,写家书,抒写自己的家风文化。以"说"为例,图书馆可以为基层党组织的"三会一课"、班级主题教育和团日活动等,提供学习共享空间和古籍文献,把优秀"家文化"融入师生的学习生活。开展主题演讲比赛和读书沙龙活动,将学习习近平总书记关于家庭、家教和家风建设的论述落到实处,用优良的家风涤荡人们的心灵。

### 3.2 与校内各组织携手,弘扬"家文化"

高校图书馆的阅读推广呈现出多家联动的趋势,经常联合宣传部、团委、学工处、各院系、社团、学生会等校内各类组织共同举办。这样,无论师生认可哪种组织因素,参加活动的意愿都会增强[20]。多部门分工协作,优势互补,人力、经费、"家文化"的传播深度与广度更有保障。图书馆负责调研、策划、宣传、执行等具体工作,是阅读推广的主体。宣传部、团委等部门领导往往会提出建设性意见,担任活动嘉宾或评委,提供资金支持。人文学院教师文化素养很高,可以就"家文化"的传承做专业性指导。学生社团是大学校园内活跃度很高的群体,他们了解同学的阅读兴趣和文化需求,热衷于丰富多彩的课外科技文化艺术活动。因此联合学生社团开展"家文化"主题活动,也十分必要。

高校图书馆开展阅读推广活动,读者协会、志愿者协会一直是其得力助手,全程协助馆员工作。弘扬优秀"家文化"活动,除继续发挥其重要作用外,还应吸纳更多专业社团参与,如联合画社举办"家文化"绘画比赛活动。绘画比赛重在自由发挥,凡是与中华"家文化"有关的内容皆可入画。可以为彰显方氏家族文化的古诗配画,画出诗意,画出情感,用艺术感染人。还可以创作传承方氏家风文化的名人故事画,汲取明清古籍版画的精髓,融入传统文化底蕴和现代绘画技巧,试与清代绘图精美的劝孝类书之翘楚《百孝图》比肩。邀请艺术学院教师和专业画家评审参赛作品,颁发获奖证书和奖金,举办专题展览,优秀作品悬挂在图书馆特定空间,编印成画集,将中华优秀传统"家文化"以图文并茂的方式呈现给师生,对培育和践行社会主义核心价值观起到润物细无声的作用。联合史学社、文学社、话剧社,精心创作关于"家文化"的新编历史剧,在全校公演。既有利于激发师生对中国历史的"温情和敬意",提升历史素养、文化原创力和表演才能,也有助于将家国情怀和家风文化建设等宏大主题具象化,在光影变幻和情节起伏中传播优秀"家文化"。

学生社团拟自主开展"家文化"等中华优秀传统文化传承活动的,高校图书馆应提供所需场地或文献资源。通过各种方式弘扬"家文化",一方面扩大高校图书馆的影响力,使传统美德、优良家风在现代家庭传承;另一方面丰富学生的文化生活,促进学生社团健康发展。

### 3.3 线上线下互动,宣传"家文化"

全媒体时代,高校图书馆要转变观念,主动利用新媒体技术,搭建线上线下活动平台,师生共唱"家文化"传承大戏。微信、微博、知乎、腾讯视频、抖音、快手等社交软件,都是大学生们喜闻乐见的线上交流方式。高校图书馆应线上线下联动,同步宣传展示。以举办"赏方氏诗歌,品家风文化"原创短视频大赛为例,线上图书馆可以在微信公众平台、微博、bilibili 网站、抖音等新媒体宣传展示,利用推送信息的点击量、点赞、转发、评论和短视频弹幕等数据对活动进展和效果进行调控。创作丰富有趣的公众号文章,引导师生发掘方氏诗歌中"家文化"基因。师生可以突破线下活动的时空限制,随时随地浸润在优良家风里。积极与党政团及兄弟单位的官方公众号互动,重视网络媒体的宣传报道,调动一切资源提高传播效率。建立"家文化"主题网站,不仅要面向高校,更要面向全国,让传统"家文化"焕发出新的光彩。

线下图书馆可以推荐《桐城方氏诗辑》等文献资料,为学生制作视频提供素材。原创短视频应以情感为内核,将传统文化和当下流行元素结合,用有趣的形式讲好家风故事。从创意文案、分镜头脚本到拍摄、制作视频,学生要想打造出具有影响力的网络爆款,不仅需要团队协作,还需要高校图书馆的相关研究馆员、学校教师或方氏家族后人点拨。图书馆通过制作精美的海报,赠送"家文化"创意书签,鼓励吸引学生关注短视频,为喜欢的作品投票。利用图书馆已有的硬件设施如LED屏幕、交互式阅读机等滚动播放相关作品,全方位展示方氏"家文化"主题。活动期间,学生可以通过阅读、分享赢积分换奖品,从而吸引学生阅读"家文化"书籍,传播正能量。

### 3.4 立足地方,充分利用社会力量

图书馆应主动搜寻民间收藏古籍中较为稀见的地方"家文化"文献,进行抢救性保护和宣传。成立典籍文化工作室,作为师生的人文书房和传统文化教育基地,对有关"家文化"的古籍进行点校、译注和数字化等。对于未曾出版过的古代家谱、地方名人著作或少数民族语言文字文献,要集合高校专家和地方文史专家进行评估,与地方文物保护单位联合申报保护古籍资源和少数民族文献的项目基金。主动联系地方古籍出版社,发挥图书馆的资源优势,促成这部分文献的整理出版,为文史哲研究提供文献保障。提升高校图书馆在发掘和传承"家文化"方面的传播力,为古籍资源的开发和利用打下基础,也为保护地区文化做出贡献。

积极主动对接地方资源,开展立足于地方的"家文化"推广活动。以方氏"家文化"的推广为例,高校图书馆应主动与安徽及桐城地方文化机构对接,建设高校学术与地方文化之间的桥梁,鼓励高校"家文化"研究者对话方氏"家文化"的传承者。成立"家文化"研究团队,招募家风文化宣讲志愿者,广泛邀请地方文化爱好者参加传承活动,搜集有关方氏"家文化"的研究线索。利用方氏"家文化"现存文物、故居和古籍,由高校师生、图书馆员和地方文化机构人员共同改编家教家风故事情景剧,在方氏名人故里"方园"组织演出。学习《青花瓷》等古风音乐作品,创作"家文化"流行歌曲,坚持用大学生喜爱的形式讲述中华传统文化的魅力,增进师生对传统"家文化"的认同、传承与创新。

高校图书馆在传承"家文化"上应勇担使命,坚持"两条腿走路":一方面要依托高校的学术资源和人力资源,做好发掘工作;一方面要发挥图书馆的阅读推广优势,做好优秀"家文化"的传播工作。传统"家文化"流失的速度比较快,因此在实践中要积极探索发掘传播"家文化"的可行性路径,建立规范可靠的研究范式,弘扬中华优秀传统文化,以滋养民族心灵,增强文化自信。

**参考文献**

[1] 费孝通.乡土中国[M].北京:中华书局,2018:42-48.
[2] 钱穆.中国文化导论[M].北京:商务印书馆,1994:51.
[3] 刘青峰.传统"家文化"的基本内涵及其蕴含的治理思想研究[J].法制与社会,2020(1):119-121.
[4] 习近平.习近平给国家图书馆老专家的回信[EB/OL].[2020-04-26].http://www.gov.cn/xinwen/2019-09/09/content_5428594.htm.
[5] 王鸣盛.十七史商榷:卷一[M].北京:商务印书馆,1959:1.
[6] 朱熹.诗集传:卷十一[G]//张元济等辑.四部丛刊三编.上海:商务印书馆,1935-1936.

［7］王秀梅.诗经（下）：雅颂［M］.北京：中华书局，2015：421-430.
［8］郑三俊.方贞述先生墓志铭［M］//方昌翰辑.桐城方氏七代遗书：卷首.清光绪十四年（1888）刻本.
［9］叶灿.方明善先生行状［M］//方昌翰辑.桐城方氏七代遗书：卷首.清光绪十四年（1888）刻本.
［10］王弼，（晋）韩康伯注.周易：系辞上第七.元相台岳氏荆溪家塾刻本.
［11］王弼，（晋）韩康伯注.周易：上经乾传第一.元相台岳氏荆溪家塾刻本.
［12］方孔炤.名儿以智其义［M］//方于谷辑.桐城方氏诗辑：卷二.清道光元年（1821）桐城方氏刻本.
［13］方中履.汗青阁文集：卷二：曾祖廷尉公家书记//（清）方昌翰辑.桐城方氏七代遗书.清光绪十四年（1888）刻本.
［14］朱保炯，谢沛霖.明清进士题名碑录［M］.上海：上海古籍出版社，1979：2595.
［15］万斯同.明史：卷三百六十一，清抄本.
［16］周锋利.方以智"实学"观探微［J］.中国哲学史，2012（2）：112-117.
［17］方中履.环中堂诗集跋［M］/方于谷辑.桐城方氏诗辑：卷三.清道光元年（1821）桐城方氏刻本.
［18］杜羽，罗容海.让书写在古籍里的文字活起来［N］.光明日报，2017-08-13（1）.
［19］陈凌.人民时评：在"诗和远方"中涵养文脉［N］.人民日报，2017-02-24（5）.
［20］王波.在"图书馆阅读推广理论与实践"专题研讨会上的演讲［M］//蔡迎春，金欢.图书馆阅读推广案例赏析.北京：国家图书馆出版社，2019：110.

# "家文化"与"地方文献"的联结

刘 瑛（甘肃省图书馆）

说到"家文化"与"地方文献"的联结，毫无疑问，首先涉及的显性关联词是"家文化"和"地方文献"，进而，析性的关联词还可以是"家"、"文化"和"地方"及"文献"。

## 一、"家文化"与"地方文献"的种种

文化，是人创造的，是人本质展开的表现和人本质形成的原因。人通过劳动使自己主体的意识客体化为一些对象，使其符合人的主观要求，满足人的需要。人创造了人类社会特有的文化，而文化作为人类实践活动的结果，确证了人类智慧和本质力量，表明人与动物的根本区别。文化是人类社会最伟大的杰作，蕴涵了人类所具备的一切特征和能力，同时也蕴涵了人类精神世界诸如心理、道德、审美、信仰等发展的历史积淀[1]。

家，即家庭，是人类社会具有共同利益的最基本的群居单位。对中国人而言，传统的"家文化"不仅植根于家庭本身，而且延衍于建立在血缘亲情关系脉络的家族中。在中国宗法乡土社会，家族是由许多缘于血缘的家庭组成的，是"沿亲属差序向外扩大"而形成的[2]。而囿于家庭、家族关系的伦理规范——"家文化"，不仅于维系家庭和睦、邻里友善至为重要，而且于维系社会和谐，国家安定亦至为重要。家规、家训或族规、族训等构成传统"家文化"最基本

的内涵,而"家国情怀"则构成传统"家文化"的另一基本内涵[3]。前者或名家范、家诫、家礼、家法以及冠之以"族"的凡此种种,以成文或不成文的形式呈现和传承并外化为家风、家教之表象;后者是家庭、家族对家国一统的认同,所谓"国破家亡",所谓"国泰民安"。传统"家文化"蕴含着明礼守法、修身立德、忠义孝悌、敬老孝亲、恭兄恤弟、夫妻和睦、睦族亲邻、辛勤守业、勤俭持家、集善弃恶、助人为乐、救难怜贫等十分丰富而具体的内容。当然,传统"家文化"是深受所处社会政治、经济、文化影响的时代产物,是社会意识形态尤其是价值观念在家庭、家族生活中的展延与具象,精华有之,糟粕亦有之。

而文献同样是人类社会活动的产物,是记录人类知识的载体,可被理解为固化在一定物质载体上的知识。人类最早的知识记录不仅直接产生于某一地域或地方,而且无一不是记录身边的事物,以记述某一范围或某一区域的"天、地、人、事、物"为主要对象的,因此以空间要素划分的"地方文献",是人类社会所有文献的滥觞。无论是文献,抑或"地方文献"都是文化的物化者及承载形态,对于"家文化"亦是如此。

## 二、"家文化"与"地方文献"的联结

王家范先生认为中国传统社会历史总体特征有"文明早熟""农业产权模糊""血缘、地缘和业缘""个人崇拜""政治一体""精英主流""大一统"及"变与不变"等八点,"家文化"从中均有印证,而"血缘、地缘和业缘"尤为熨帖。关于"血缘、地缘和业缘",王家范先生认为这是中国传统社会人际关系的主要连接方式,虽然社会互动模式会有变迁和演进,但以家长制为核心的血缘关系始终是原生性的人际互动模式,地缘和业缘均为血缘浸染融解[4]。可见,聚族而居是中国古代社会的主要特点,如此"家文化"的产生与传承显得易于理解,"家文化"与"地方文献"的联结也显得脉络清晰。这在"地方文献"发展史、"地方文献"源流、"地方文献"特点、"地方文献"类型诸方面都是成立的,可以具体到"谱牒"、"方志"、"墓志铭"、"荣哀录"、"纪传"("传记")等,即"家文化"与"地方文献"的联结绝不仅仅是我们惯常以为的"谱牒",换句话说,"家文化"的物化者及承载形态除了"谱牒",还有其他。

其一,从"地方文献"发展史及源流看"家文化"与"地方文献"的联结。有研究者将"地方文献"的发展历程归纳为萌芽、创始、调整、完善及发展等时期[5]。"地方文献"的萌芽时期在战国和战国以前,此时"地方文献"应属雏形状态,以官方文献——"史志"和"谱牒"为主要类型。"地方文献"创始时期为秦汉至南北朝,此时的"地方文献"内容比较简单,载体形式多为简帛,并且仍以官方文献为主要类型,"地记"和"谱牒"是魏晋南北朝"地方文献"的突出发展。隋唐至宋元为"地方文献"调整时期,"图经"这种早期方志文献,在隋唐发展壮大,而"谱系之学,莫盛于唐"。明清及民国是"地方文献"的完善期,尤以"方志"与"族谱"纂修之鼎盛为指向。显然,"方志"或"史志"、"谱牒"或"族谱"贯穿整个"地方文献"发展史,我们不难得出业界公认的结论,"地方文献"的源流,一个是"方志",一个是"族谱",或许,不仅如此。当然,无论是"方志",还是"族谱",均可印证"家文化"与"地方文献"的联结。

其二,从"地方文献"特点看"家文化"与"地方文献"的联结。作为文化的物化者及承载形态,"地方文献"最大、最显著的特征,就是它的地域性。所以说,"地方文献"是地方的百科全书,或者简单地说,"地方文献"承载着地方的一切。有研究者说:"地域文化、家庭文化是中国传统文化的重要组成部分,如对其缺乏研究,就不可能整体地、准确地、深入地认识中国传

统文化。"[6]可见，"家文化"固然与家族的兴盛联系密切，并且作为地域文化的组成部分其发展脉络与地域文化的发展同样联系密切。这同样是"家文化"与"地方文献"的联结。

其三，从"地方文献"类型看"家文化"与"地方文献"的联结。杜定友先生认为："地方文献是指有关地方的一切资料，表现于各种记载形式的，如图书、杂志、报纸、图片、照片、画片、唱片、拓本、表格、传单、票据、文告、手稿、模印、簿籍等。"[7]这里所说的"各种记载形式"，确切地说是存世的物理形态。从另一层"记载形式"体裁意义理解，"地方文献"的类型可以是与"家文化"联结的"谱牒""方志""墓志铭""荣哀录""纪传"（"传记"）等。

"谱牒"，即家谱，有宗谱、世谱、族谱、家乘、祖谱、支谱、房谱等称，是以血缘为中心，记载父系家族人物世系、子孙传承的文献。"家之有谱，犹国之有史，地方之有志"。"谱牒"最早当为口述，周代为史官修谱，以《世本》和《大戴礼记·帝系篇》著世，魏晋设谱局和谱官，唐代亦为官修，宋以后为民间家修，明清尤盛。"谱牒"在宋以前为宗法士族门阀之象征，宋以后为民间尊祖敬宗之信证。现世存祖传"谱牒"多出自明清，内容概为姓氏源流、祖先姓名、世系、事迹、官职、迁徙、祠堂、坟墓、族规、家训、传记、艺文等。1949年后民间修谱停顿，20世纪80年代后复苏。2009年《中国家谱总目》出版，收录58个民族52 401种家谱。

"方志"，即"地方志"，早期亦有记、识、图、图经、经、乘等说法，是记述某地域范围内地理、风俗、物产、教育、人物、名胜及历史沿革的地方性文献。"方志"萌芽于春秋战国甚至更远，秦以前为其起源期，有《禹贡》《山海经》等典籍。秦汉为"方志"雏形期，地记最具代表。魏晋时，"方志"以图经为主要形式。隋唐时，地理图经为"方志"绝优典范。宋为"方志"成熟期，图经渐被取代，形成较完备体例。元首次出现统一志。明清为"方志"定型期，修志最盛，确以"志"为名并形成完备编纂体例。民国"方志"亦有创新。1956年"方志"被列入全国科学规划，后曾停滞，20世纪80年代复苏。《中国地方志综录》收录"方志"7413种。《中国地方志联合目录》(1985年版)收录"方志"8500余种。2007年"中华古籍保护计划"启动，中国"方志"存世状况，届时应会有更为清晰的公布。

"墓志铭"，是应生于古代聚族而葬的丧葬文化，追思、悼念墓主人生平与功绩的特殊文体。"按志者，记也；铭者，名也。"[8]墓志铭，有说源于秦汉，又说源于魏晋，多与"谱牒"、"行状"相关。墓志铭多为墓主逝后他人撰写，偶有墓主生前自己撰写，通常由"题"、"志"（或云"序"）和"铭"组成。"志"为散文，记叙墓主世系、身世、姓名、籍贯、爵位、行治、寿年、卒葬年月、子孙大略和葬地等。"铭"为韵文，总结、概括、评价墓主功绩，铭功表德，寄托哀思，勉励后世。墓志铭在隋唐达到顶峰并绵延于清末民国，其间行文格式与体例基本完备，概要、简约为其特点[9]。

此外，"家文化"与"地方文献"联结的体裁类型还有同样应生于传统丧葬文化的"荣哀录"及源于《史记》的"纪传"（"传记"），这样看来，中国传统文献之三大构成——"正史""方志""谱牒"无一不与"家文化"联结。这里，笔者不再就"荣哀录"、"纪传"（"传记"）等体裁类型一一赘述。

## 三、"地方文献"于"家文化"的作用

关于"地方文献"于"家文化"的作用，可以有很多种表述，可以说很多的话，写很多的字。诸如"承载家庭伦理观念""传承独特家族文化""反映社会道德评价体系""建设社会良好文化底蕴""发扬中华民族优秀传统文化"等。但笔者还是觉得用我们常说的八个字来概括"地

方文献"于"家文化"的作用最为准确,又最为简明,那就是"存史""资政""教化""励志"。毫无疑问,"存史"是基础,"资政""教化""励志"才是其价值的体现和升华。

"存史",为子孙后代保存"家文化"史料,"地方文献"是某一地域内自然现象、社会现象以及人的群体活动方式的历史记录。保存"家文化"史料是"地方文献"及其工作者义不容辞的社会责任。历史是一个不断发展的过程,文献是对历史发展的记录,"地方文献"是对地方历史发展的记录,同样也是对"家文化"发展的纪录,毫无疑问,"地方文献"对"家文化"的记录存在着历史连续性,记录着不同时期"家文化"的内容和形式,记录着不同时期的社会风貌和社会道德评价体系。一代又一代的人,可以通过"地方文献"对"家文化"历史轨迹的记录,去了解"家文化"、认识"家文化",将其精华世代流传并在流传中弘扬中国优秀传统文化,使"家文化"精神得以继承,使现代社会在吸收和创造性转化传统"家文化"的基础上,发挥其应有的价值。

"资政",辅助政府,治理国政。"地方文献"是地方文化及"家文化"的物化者及承载形态,是认识某一地域包括某一家族的工具。"家文化"具有中华传统文化的共性,也呈现出较为鲜明的地域个性。历代履新之地方官员,上任初始,查阅"地方文献",认知地方文化,包括"家文化"为其必修功课,在了解履新地的经济、社会、文化各种资源包括"家文化"资源分布情况以及"家文化"涉及的风俗民情志前提下,再思考为官一任的施政方略,以期世风淳朴,政治清明。可以这样表述承载"家文化"内涵的"地方文献"在"资政"方面的意义,即为地方政府及官员在制定地方社会发展、经济建设和文化建设的方针政策、规划和措施时提供有关地方资料包括"家文化"资料,并以此为鉴,避免决策的主观性和盲目性,尊重历史,尊重客观规律,尊重"家文化"传统。

"教化"与"励志",在某种意义上是密切相关的,即集思致力、借古鉴今、启迪后人、砥砺品行、教而化之、淳化民俗、齐家治国、服务社会。中国社会有着重视"家文化"教育、乡土教育、爱国教育的传统,"地方文献"既是承载"家文化"等地域、乡邦文化的物化者,又直接起到爱乡爱国的作用,为中国社会进行"家文化"教育、乡土教育、爱国教育和革命传统教育提供了最直接的经典范本。中国历史以家族盛衰、朝代更替与民族兴亡贯穿并行,"地方文献"承载的"家文化"则以其独特的稳定性、持久性、渗透性,继承、延衍于家庭、家族乃至社会,为尊崇共同道德标准和价值取向的成员所恪守,在伦理观、教育观、价值观上体现,传承血缘人伦、知行合一、修己报国的"家文化"精神,并影响其精神气质和价值追求。尽管,在当今小家庭时代,"家文化"影响力伴随家族观念趋于淡薄,但"地方文献"承载的"家文化"精神仍影响着世人的价值判断、处世原则、思维方式和行为模式等,彰显着立德、立言、立行于中国社会的"教化"与"励志"功用。

综上,笔者试图表达这样的观点,即"家文化"与"地方文献"的联结可以从"地方文献"发展史、"地方文献"源流、"地方文献"特点、"地方文献"类型诸方面得到印证。这种联结是可以具体到"谱牒"、"方志"、"墓志铭"、"荣哀录"、"纪传"("传记")等"地方文献"的体裁类型。至于"地方文献"于"家文化"的作用,笔者以为概之以"存史""资政""教化""励志",至要而简明。

**参考文献**

[1] 刘瑛,张丽玲.甘肃省图书馆西北地方文献述略[M].兰州:敦煌文艺出版社,2010:55.
[2] 费孝通.乡土中国[M].北京:人民出版社,2015:46.

[3] 刘青锋.传统"家文化"的基本内涵及其蕴含的治理思想研究[J].法制与社会,2020(1):119.
[4] 王家范.中国历史通论(增订本)[M].北京:生活、读书、新知三联书店,2019:10.
[5] 骆伟.地方文献学概论[M].台北:澳门文献信息学会,2008:14.
[6] 胡昭曦.胡昭曦宋史论集[M].重庆:西南师范大学出版社,1998:314.
[7] 杜定友.杜定友图书馆学论文选集[M].北京:书目文献出版社,1988:364.
[8] 徐师曾.文体明辨疗说[M].北京:人民文学出版社,1962:148.
[9] 沈文杰,陈淳.宁波墓志铭中的家文化[J].艺术科技,2020(3):57.

# 金陵邓氏家族及其家风家训文化研究 *

潘　健　徐　芹（金陵图书馆）

## 1　定义及意义

### 1.1　"家训"的定义：

"髫龀凤孤,不尽家训"[1],这可能是"家训"一词最早的出处。南北朝时期,出现了首部以家训命名的专著《颜氏家训》,南宋陈振孙认为"古今家训,以此为祖"[2]。

"家训"在《汉语大辞典》中的解释是,"言居家之道,以垂训子孙者","治家立身之言,用以垂训子孙者也"。

综上,简言之,家训是一种旨在谋求家族永续传承发展,通过立言和训诫的方式教育族人且具有一定警示性的文献。

### 1.2　研究背景及意义：

自明代以来,家训类著述数量激增。随着谱学的发展,相当数量的族谱类文献也被纳入其中,以期永世流传。随着宗族意识的逐步加强,旨在约束族人的家训、族规,日渐成为谱牒的重要元素而快速发展。事实上,家训与族规的界线较为模糊,其内容都是为了训导族人及其后人应持有的人生观、价值观。与治家、处世等要项相比,只是表达方式上的不同。明清时代,有的家训引入惩戒策略,有的只有劝谕、建言,在一些族谱中,二者又同时并呈。

本文的研究对象来自于旧时南京的邓氏家族,自虎门销烟而声名鹊起的邓廷桢让邓氏家族成为真正的金陵望族,其家族的家风家训在南京世家文化中留下了浓重的一笔,尽管家训中有一些内容带有封建伦理色彩,但其中蕴含了立身、治家、处世、为学的经验智慧,对后人来说,仍有不可忽视的借鉴意义。

---

\* 本文系2018年度南京社会科学基金项目"南京世家家训传承研究"（项目编号:18CC14）的阶段性研究成果。

## 2 金陵邓氏家族初探

### 2.1 邓氏家族考证

金陵邓氏是南京地方著名的文化世族。邓氏家族起于顺治年间迁族金陵的邓旭，荣于嘉道之际的邓廷桢，衰于民国间的邓邦述。但是，邓氏家族的源流在哪？邓氏家族族谱脉络及历史又是怎样？查看前人研究，却少有表述。

一般而言，研究一个家族的宗族脉络的最直观的材料是族谱。所谓"人丁兴旺"，族谱呈现的传续网络，也是直观反映宗族兴衰的晴雨表。虽几经搜寻，遗憾的是，笔者并没有直接找到关于金陵邓氏家族的宗谱，只能根据所收集的零散文献，试图去最大化接近和还原邓氏族谱的原貌。

关于邓氏家族的始祖，《光绪庚辰科会试》"邓嘉纯"硃卷页上载：

> 始祖讳肃……

又有文可考为"正言公"。邓廷桢在《双砚斋词话》有云：

> 先正言公在宋宣和间为太学生，以诗谏花石纲，直声震都下。……与执政忤，乃罢归。栖迟吴县洞庭西山之明月湾，遂家焉。殁后葬倚里，至今子孙蕃衍。曾孙小子廷桢，于嘉庆癸亥之春，渡湖谒祠庙，松楸故无恙也。

"正言"是宋代官职名，邓廷桢所指的"正言公"正是宋代的邓肃。《宋史》中载"张邦昌僭位，肃义不屈，奔赴南京，擢左正言。"此正是邓廷桢口中"正言公"的出处。邓廷桢于嘉庆八年（1803）至西山明月湾拜祖，可证金陵邓氏乃是始祖邓肃的洞庭明月湾邓氏分支。

又有清道光三年邓廷桢重刻《栟榈集》于秣陵，跋云：

> 栟榈集二十五卷，廷桢二十一世祖，栟榈先生作也。

据上海图书馆藏清嘉庆五年（1800）刻本《洞庭明月湾邓氏续辑宗谱》载，邓廷桢是始祖邓肃的十九世孙，清道光三年邓廷桢重刻《栟榈集》中却刊为二十一世孙。不知是否为笔误，但邓肃是金陵邓氏祖先无疑。

《光绪庚辰科会试》"邓嘉纯"硃卷页上载：

> ……远祖道常公……始迁祖讳旭……

邓道常，字卜年，号念吴。行三。明庠生。明洪武五年壬子奉调迁凤阳府临淮县。后临淮复移居寿州。

自邓道常移居寿州算起，邓氏连续七世居寿州。后邓旭从寿州迁往江宁，成为金陵邓氏始迁祖。然而，清嘉庆五年刻本《洞庭明月湾邓氏续辑宗谱》云：

(道常)公在洞庭旧谱为第八世,金陵本支自迁凤阳始为第一世。

既然邓旭为金陵邓氏始迁祖,为何家谱上却是邓道常为金陵第一世?翻看历史,公元前333年,楚威王于石头城筑金陵邑,此"金陵"源起。明朝南京旧名"应天府",清军入关后改为"江宁府",成为江南省省府,同时,凤阳府改属江南省,故清嘉庆间刊刻的家谱这样说并无问题。但就本文研究的金陵邓氏一支而言,邓旭实为开山始祖。

邓旭迁居江宁,以垦荒者的身份,开启了金陵邓氏的历史。

其后在邓廷桢的带领下,金陵邓氏这个文化和官宦世家,成为声名显赫的名门望族。在良好的文化和政治氛围下,邓氏子孙个个功名加身,颇有成绩。

据《陕西巡抚邓公墓志铭》载:

(邓廷桢)配张夫人,继配何夫人,侧室吴恭人祔。子尔恒,编修,官辰州府知府。尔颐,云南赵州知州;尔咸,国学生;尔晋,府学生;尔巽尚幼;二女,十二孙,而尔颐为弟廷后。

通过上述文献考证,笔者再以上海图书馆藏清嘉庆五年刻本《洞庭明月湾邓氏续辑宗谱》与《光绪庚辰科会试》"邓嘉纯"硃卷页为基础,只择取金陵邓氏一脉,根据收集的零散资料整理绘制金陵邓氏家族谱系简谱,如下:

金陵邓氏家族谱系简谱

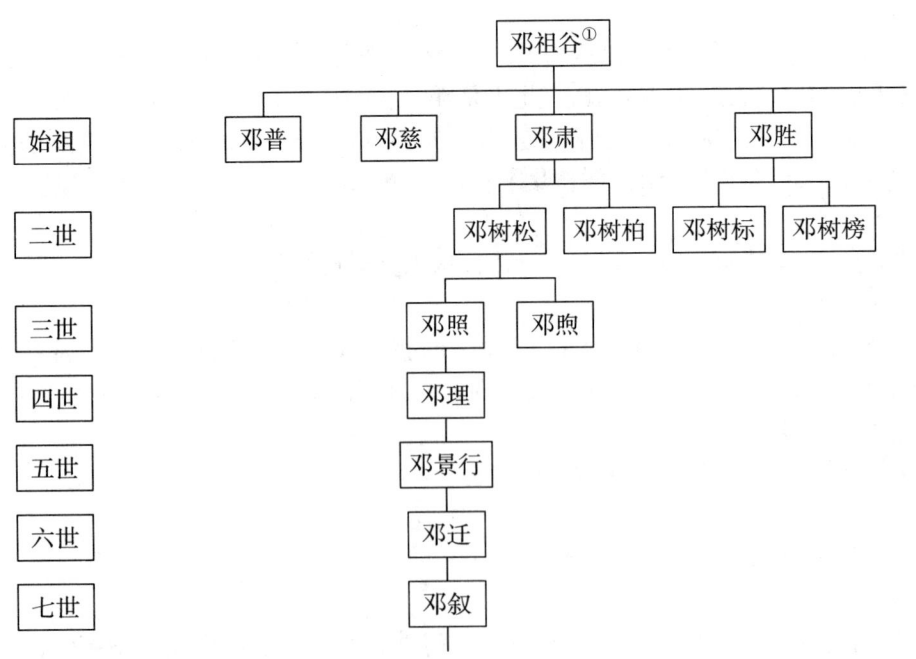

---

① 据《闽沙邓氏族谱》载:邓肃,字志宏,父祖谷,长子邓普,字寰宇,次子邓慈。

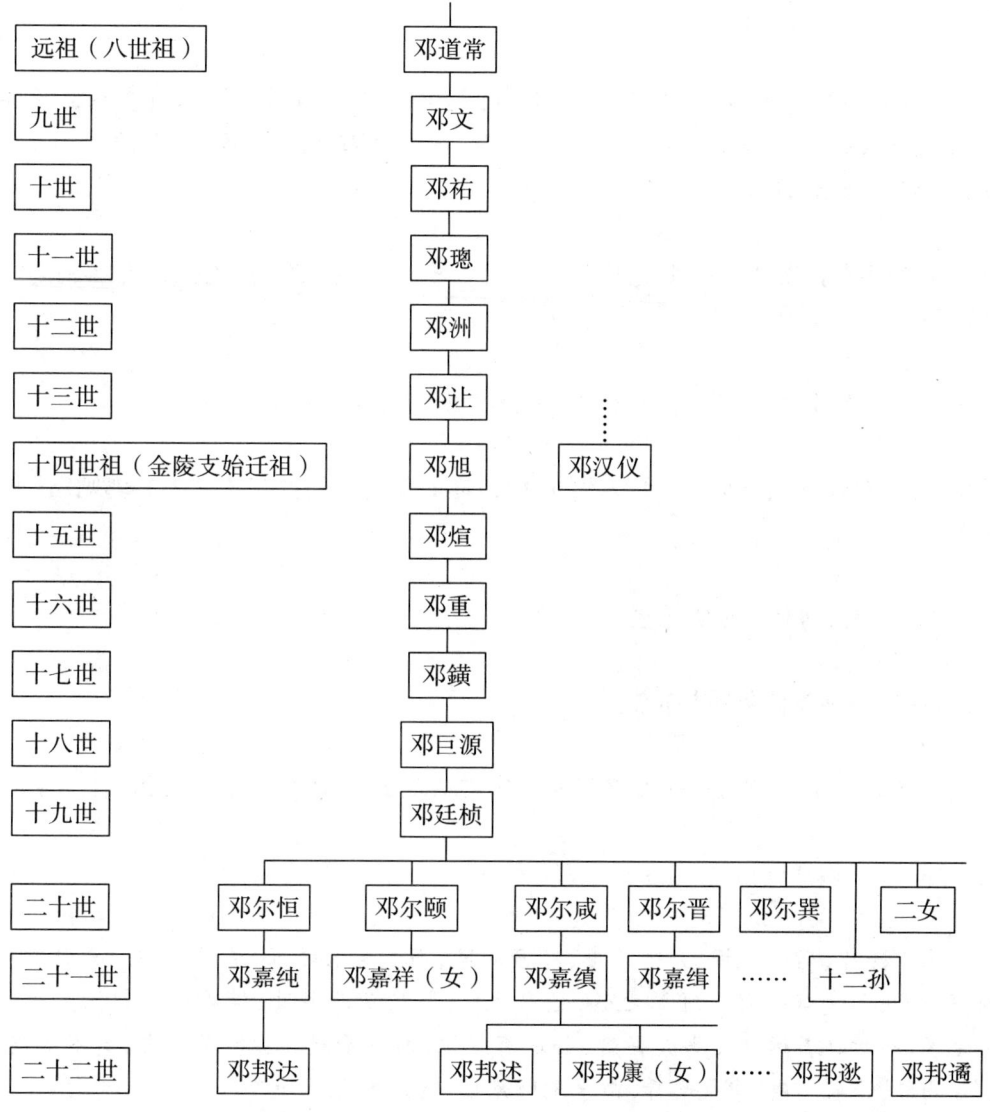

## 2.2 邓廷桢生平及世人评价

邓廷桢,邓氏家族最为重要的代表人物,同时,也是家风家训文化的引领者。在他的带领下,金陵邓氏家族走向巅峰。

乾隆五十六年(1791),邓廷桢中了秀才。嘉庆四年(1799),邓廷桢从钟山书院肄业后,拜桐城派姚鼐门下,打下了坚实的学问根基。嘉庆五年,邓廷桢中第四名举人。第二年进京会试中进士,殿试二甲改庶吉士。邓廷桢从此步入官场。

邓廷桢执政时期为官清正,为世人称颂。宋翔凤《双砚斋词钞序》载:

> 先生持节数省,洁清自守,居处饮食,一如寒素,胸次坦白,耆欲尤鲜。

道光六年(1826),邓廷桢任安徽巡抚,治理期间广受老百姓拥戴。孙兆淮《片玉山房词

17

话》载:

> 金陵邓嶰筠先生,抚皖十年,总督六省,文章经济,载在口碑。与林少穆先生齐名,出处亦相似。其任西安太守也,案无留牍,绰有馀闲,君以"邓青天"呼之。故由西安郡守即擢湖北廉访,诚异数也。

邓廷桢处理政事游刃有余,且态度达观。时人多有记载。陈用光在《送邓嶰筠同年廉访湖北序》云:

> 虽酬酢繁剧,然常若有余于事者……事加明,意致加闲远。

闲暇之余,邓廷桢热衷词曲,且爱才如命,其幕下聚集了一批有才之士。郭则沄《词综补遗序》云:

> 嶰筠乐府,寓希文穷塞之嗟。

梅曾亮在《青嶰堂诗集序》亦言:

> 和章联句,该调间作……公乃得与宾客游从之士,从容乎翰墨之娱也。

又宋翔凤《双砚斋词钞序》曰:

> 惟于音律,殆由凤授,分刊节度,有顾曲风,而于古人之词,靡不博综。其自制词则雍容和谐,写其一往。纤挈之音,逸滥之响,与尘坌而共洗,偕风露而俱清。虽所存无多,而所托甚远。凡当大任者,必中有定识,斯外无疑。难举而措之,莫不如志。往昔明贤,雅歌不废,中夜起舞,由乎无所系参,遂能处之裕如。

又孙兆淮《片玉山房词话》载:

> 先生性耽风雅,爱才如命。道光乙巳来抚关中,余蒙其延访入幕。公馀之暇,相与分笺擘韵,诗酒流连。惜相从未久,以丙午仲春薨于位,不胜感慨系之。先生有顾曲之好,尤善填词。所著妙吉祥室词稿,衰然成集,尚未付梓。亟录数阕,以志知遇。

### 2.3 邓廷桢子孙:

(1)子辈:

长子邓尔恒(?—1861),字子久,清江苏江宁(今南京)人。道光十三年(1833)进士,选庶吉士,授编修。出为湖南辰州府知府。任云南曲靖府知府时,镇压和招抚回民起义有功,累迁按察使、布政使。咸丰十一年(1861)擢贵州巡抚,旋调陕西。行次曲靖,被前任陕西巡抚徐之铭派人杀害。后诏尔恒依阵亡例赐恤,予骑都尉世职,谥文悫。

次子邓尔颐(1810—1860),字子期,国学生。云南赵州知州、山西吉州知州、绛州知州,诰授奉政大夫。

三子邓尔咸,字子京,江苏上元人。知县。《花笺录》:子京,嶰筠先生第三子。英年倜傥,卓尔不群,诗笔词笺,具有家法。随侍西安节署,与余最相得。别后二年,知已荣膺荐简,花县鸣琴,不作经生呫哔矣[3]。

四子邓尔晋(1821—1860),字子楚,清江苏江宁(今南京)人。道光二十九年(1849)拔贡。咸丰初参两江总督陆建瀛幕,策划防守事务。不听,遂去之,避地山西,从仲兄尔颐。后浙江候补知府。咸丰十年(1860)丹阳失手殉难,抚恤赠太仆寺卿衔,世袭云骑尉,诰授中宪大夫。

五子邓尔巽(1832—?),字子鱼,庠生,贵州贵西兵备道,赏戴花翎,诰授中宪大夫。

长女(1815—1849)适浙江候补通判方肇蕃(1818—?)。

次女适云贵总督潘铎(1792—1863)子山东道监察御史潘敦俨。

(2)孙辈:

邓嘉纯(1838—1906),字筠臣,号筠孙,行二。道光丁酉年(1838)九月十三日吉时,生于江苏江宁府江宁县,咸丰己未(1859)恩科副贡生,光绪五年(1879)举人,六年(1880)成进士,世袭骑都尉,官至浙江处州知府。有《空一切盒词》一卷。

邓嘉祥(女)(1831—1895),邓尔颐女,诰封宜人,适赵烈文,赵称其为"南阳君"。

邓嘉缜(1845—1915),字季垂,江宁(今南京)人。邓廷桢孙,邓尔咸子。少孤,奉母辗转晋、蜀、滇、黔,最后兄履吉官湖南,又迎养至湘。及江南平,奉母归。贫苦励行。同治九年(1870)优贡,用知县。光绪元年(1875)举人。又四年,母卒,终丧,始出就官贵州,权贵筑。改知贞丰州,又权知正安州,皆有惠爱。长于断狱,死囚往往得更生。奏调至台湾,补嘉义。甲午内渡,调至皖,主赋事。于荫霖抚湖北,复招入幕。擢守襄阳,调武昌、黄州、郧阳。光绪三十一年(1905),简授徽州府知府,改知锦州府,调奉天。东三省改定官制,署奉天巡警道。未几,裁缺,遂引疾白兔,寄居北京、天津。老更世变,时时为小词以自遣。有《暖玉晴花馆词》二卷。

邓嘉缉,字熙之,江宁人,两广总督廷桢孙,同治十二年(1873)优贡官,教谕有《扁善斋文存诗存》

(3)曾孙辈:

邓邦述(1868—1939),字孝先,号正闇,晚号沤梦老人、群碧翁。清末民国间江宁人。邓嘉缜子。藏书家、目录学家。清光绪二十四年(1898)进士,授翰林院编修,二十七年入湖北巡抚端方幕,后曾协助其筹备江南图书馆。精于校勘。词学师从朱祖谋,曾与吴梅等建六一词社。编有《群碧楼善本书录》六卷、《寒瘦山房鬻存善本书目》七卷,另有《双沤居藏书目初编》稿本一册,《群碧楼书目》初编九卷。著有《书衣题识》、《群碧楼诗钞》四卷、《沤梦词》四卷,编有《六一消夏词》十八卷,刊有《群碧楼丛刻》。

邓邦康,清末民国间江宁人。清末散文家。邓邦述妹,江浦陈国权妻。为文极敏捷。卒年四十八。著有《金陵杂录》及《邓尚书年谱》一卷。

邓邦达，字诵臧，号蹇庵。清末江宁人。嘉纯子，光绪十七年（1891）举人，官至江西瑞金知县。民国元年归里，辄吟哦明遗民诗以排遣。1927年与孙濌源同集于金嗣芬之謇灵修馆，诗词唱和。长于词，于古人中独服膺秦观、王沂孙。

邓邦逖（1886—1962），字着先，江苏省江宁县人。教育家和纺织专家。1900年就读于宜昌华美书院，1904年毕业。次年赴英国曼彻斯特大学纺织系就读。毕业后转入英国里兹大学研究班深造。坚持民族气节，长期从事教育事业，一生严谨治学，主张学校与社会密切联系。

邓邦通，生卒年不详，无考。

## 3 金陵邓氏的家风文化

### 3.1 推崇伦理，重视孝悌

所谓"国之本在家，积家而成国"，家是社会的根本，在中国传统思想中，一向重视家庭，因而推崇家庭伦理，注重家庭关系，尤其是儒家思想，讲究"父子有亲、夫妇有别、长幼有序"。除了夫妇关系外，"孝""悌"被视为维持家庭关系的根本，甚至是家庭安定的基础。在十三经中，亦强调"孝悌"是一切道德的根本。

俗话说"百善孝为先"。邓肃在清初率子孙到绮里为祖先祭扫，邓廷桢也曾于嘉庆八年（1803）到西山明月湾拜祖。无论古今，祭祖这一风俗，一方面是追思先人，另一方面体现出来的是人们对于"孝"的一种高度认同。邓氏家族作为地方世家，对伦理纲常尤为推崇。重礼仪，讲孝悌，是其家风的根基。

### 3.2 昌明学术，尤重"词"学

所谓"金陵世家"，从地点上来说，金陵之地，虎踞龙盘，文脉绵长，对于孕育文化世家，提供了肥沃的土壤；从时间上来说，邓氏族人书香一脉，世代相承，几乎人人著有诗词文集，是名副其实的词学世家。陈世宜的《鞠谦词叙》尝言：

> 吾乡擅六朝烟水之胜，二百年来词人辈出，邓懈筠、许海秋、何青耜尤著。……至词学相承之族，则有若邓氏，自懈筠而子久，而筠臣、季垂，而诵臧、正闇，凡四世。[1]

不难看出，陈世宜对于邓氏家族的词学地位给予高度肯定的同时，还揭示了邓氏家学一脉传承的特点。又有孙濌源《蹇庵词序》云：

> 昌明学术，赖有师承……而倚声之学，独未闻有传及数世者。惟吾乡邓氏，自懈筠督部以《双砚斋词》传诵海内，再传有文悫之《小如舟舍词》，三传有筠臣太守之《空一切庵词》，季垂观察之《晴花暖玉词》，而诵臧、孝先两先生又复雕镂琼瑰，吐欱宫徵，四世渊源，一门风雅。[2]

---

[1] 仇埰《鞠谦词》，民国三十六年（1947）铅印本。
[2] 邓邦达《蹇庵词》，民国二十一年（1932）刻本。

孙潆源的"赖有师承……惟吾乡邓氏"道出了邓氏家族"家传师承"的特点,"四世渊源,一门风雅"则是对邓氏家学给予了褒扬。

邓廷桢曾孙邓邦述在《沤梦词自序》尝言:

> 余家洎双砚开先,代有纂述。诸子共守一艺,不忘高密之规。

由此可见,金陵邓氏以词传续的家风,从邓廷桢开始,已作为家族文化的重要象征,深入每一个子孙的骨子里,这种对家学的持守,不光是辞赋技艺的接承,也是家风精神的传续。

### 3.3 藏书传文,浸濡书香

作为官宦世家,金陵邓氏良好的家族政治环境给家风建设提供了优越的前提条件。而作为家族文化发展的沿续,藏书文化也成为家风建设与发展的重要组成。早在始迁祖邓旭时,万竹园里就有座名为"青藜阁"的藏书楼,藏书万卷。在邓邦述自著《群碧楼诗》中,其《过万竹园旧居》曾对祖上藏书楼表示出向往之情:

> 秘阁青藜列万签,古香喷纸透书帘。

邓邦述不仅耳濡目染自家藏书文化,早在端方幕下时,就发愿藏书。同时,作为赵烈文女婿,他有机会博览天放楼藏书,这也为日后设立藏书楼埋下种子。1904年后,邓邦述开始广泛藏书。邓邦述尝言:

> 明年乙巳,遍游环球。又明年,归居京师,始收宋、元抄本。居京师不足一年,积书万余卷。

邓邦述很快就收到了一万多卷善书。其中宋元本近百部。1912年后,因债务繁重,藏书渐散,曾将七八部宋刊本转售袁克文。1927年又以五万元将大部分藏书售与中央研究院。邓邦述的藏书楼取名"群碧楼",是从原士礼居珍藏的宋刊本《群玉诗集》《碧云集》两部书中各取一字。群碧楼藏书最多时达到四万卷,后来为了还债,邓邦述将大部分藏书出售,"群碧楼"也改为"寒瘦山房"。

邓邦述藏书,是读书人源于对书的热爱,也是金陵邓氏书香特质的一种表现形式。这种特质根植于邓氏族人血液,是家风文化的一种传递。

### 3.4 立身垂训,严谨治家

清嘉庆五年(1800)刻本《洞庭明月湾邓氏续辑宗谱》中有关于家训的部分,是以注意事项并引入惩戒策略的方式呈现出来的。其立身、治家、垂训子孙的意味并不浓厚。因此,在金陵邓氏宗谱没有发现的条件下,笔者也只能从邓氏族人的著作中进行提炼并加以解读。

(1)治生

> "清白做人"——邓嘉缜

此句提炼自《邓嘉缜行述》。教育子孙要遵章守纪,不做非法之事,做人要清清白白。

（2）修身

"事加明,意致加闲远"——邓廷桢

此句摘自《送邓巕筠同年廉访湖北序》,是邓廷桢的人生格言。邓廷桢一生荣光无限,身处俗世,却能超然世外,之所以如此,就是他具有这种达观的人生态度。这句话固然是用于自勉,但也可以流传后世,教导子孙。

（3）勉学

"自强不息"——邓嘉缜

此句出自《邓嘉缜行述》。是邓嘉缜用于提醒自己,也同时垂训子孙,自立自强,为国家强盛和民族振兴奋斗不止。

（4）勤俭

"居处饮食,一如寒素"——评邓廷桢

此句出自《双砚斋词钞序》,是宋翔凤对邓廷桢的评价。邓廷桢作为朝廷大员,身居要职,尚能勤俭自持,实属难得。这种以身垂范的做派值得邓氏子孙学习和传承。

（5）坚守

"诸子共守一艺,不忘高密之规"——邓邦述

此句出自邓邦述《沤梦词自序》。不难体会到邓邦述对邓氏诗词代代传承的自豪感。"共守一艺",体现了邓氏族人对于前人成就的坚守。高密,指高密侯邓禹,邓禹是东汉初年著名军事家,亦是金陵邓氏的远祖。"不忘高密之规",体现出邓氏不忘本的特质和对于家训家规的持守。

纵观邓氏家风家训文化,其内容还是以"孝悌忠信、礼义廉耻"等儒家主导思想演化开来,在融通前人的生存经验和智慧的基础上,推行家族教化。从积极的角度出发,家风家训的传续,对孩童的成长,意义更为重大。而今,早已不是宗法社会,维持社会秩序,推行教化,实施教育,社会已经有较为健全的制度。可是,家庭教育仍然有其不可替代的作用,"孝悌忠信、礼义廉耻"仍然是最为基本的道德观念,因此,发掘出优秀的家风家训这笔文化遗产,依然有着积极的现实意义。

**参考文献**

[1] 范晔. 后汉书:第13册[M]. 李贤,等,注. 北京:中华书局,1965:2646.
[2] 陈振孙. 直斋书录解题[M]. 上海:上海古籍出版社,1987:305.
[3] 林葆恒. 词综补遗[M]. 张璋,整理. 上海:上海古籍出版社,2005:3435.

# 《柳氏家训》和柳氏家风文化

汪青云（安徽农业大学图书馆）

家风是一个家庭或家族长期以来形成的，集中体现家庭成员精神风貌和价值追求的风气或风尚。家风形成的文化即家风文化。"家风文化既以社会文化为背景，又以家庭文化为依托，并借助家庭文化中的家训文化、家教文化等来展示家庭成员的世界观、人生观和价值观这一核心的文化"[1]。所以，家风文化的形成、传承和优化与社会文化和家庭文化密切相关。家训，作为家庭文化的重要组成部分，发挥了家庭教育的功能。所谓家训，"主要是指父祖对子孙、家长对家人、族长对族人的直接训示、亲自教诲，也包括兄长对弟妹的劝勉，夫妻之间的嘱托"[2]。中国古代家训是古代教育的重要载体，一般是家族长辈讲述为人处世、安身立命的道理，规定家庭成员价值取向和道德行为。中国古代有很多优秀的家训，传递积极的、正能量的思想，对优良家庭风气乃至社会风气起到了一定的推动作用。

中国古代家训文化源远流长，北齐颜之推的《颜氏家训》被誉为"古今家训之祖"，与之齐名的是唐代柳玭所著的《柳氏家训》。《柳氏家训》原书在明朝以后失传，部分内容见于旧、新《唐书》。南宋刘清之编纂的集录式家训总集《戒子通录》卷二收录了唐代柳玭所著的家训《柳玭序训》，记录柳玭先辈事迹和外族兴亡轶事；列举注重德行忠信的成功范例，总结世家子弟家破身亡的教训；叙述柳氏家法礼俗，训诫家族子弟要践行孝道、勤勉好学、恪尽职守、循礼守家，以树立家风，立家守业，使家族长盛不衰。《柳玭序训》内容颇为详尽，多旧、新《唐书》未见内容。

学术界对柳氏家训的研究一般致力于总结柳氏家训的思想内涵和现实意义。复旦大学陈尚君教授撰写的《唐柳玭〈柳氏叙训〉研究》具有重要的研究参考价值，该文依据存世文献，从柳玭之家世与生平、《柳氏叙训》之成书与流传、文本校录、所见世族家法、家族叙事等五个方面做了详尽的考证和研究，揭示该书在中古社会史上的特殊意义。本文以旧、新《唐书》中的《柳公绰传》及《柳玭序训》作为研究材料，分析柳氏家训的思想价值，考察柳氏优良家风形成和传承的原因，探讨柳氏家风文化的特点。

## 一、柳玭及《柳氏家训》

柳玭是唐朝世家大族子弟，其高祖柳正礼曾任邠州司户参军，曾祖柳子温曾任丹州刺史。祖父柳公绰经由科举入仕，官至礼部尚书、刑部尚书和兵部尚书，去世获赠"太子太保"，谥号"元"。叔祖柳公权，著名书法家，以"太子太保"致仕，去世获赠"太子太师"。柳玭的父亲柳仲郢官至刑部尚书和兵部尚书。柳玭官至御史大夫。柳氏三代可谓门第显赫，权倾一时。

柳玭的生平记载见于《旧唐书》卷一百六十五和《新唐书》卷一百六十三，均附于祖父柳公绰传和父亲柳仲郢传之后。柳玭生卒年不详，据陈尚君的考证，约为公元833年—895年，是唐朝末年京兆华原(今陕西耀县东南)人。柳玭以明经科目和书判拔萃科目入仕,曾先后担任秘书正字、度支推官、右补阙、殿中侍御史、掌书记、节度副使、刑部员外郎,后贬为高要尉,不久任岭南节度副使。黄巢攻陷广州,郡人邓承勋用小舟载柳玭得以脱难,后召为起居郎。"贼陷长安,为刃所伤"[3],随唐僖宗逃亡至成都,"文德元年,以吏部侍郎修国史,拜御史大夫"[4],"直清有父风,昭宗欲倚以相,中官谮玭烦碎,非廊庙器,乃止"[5]。纵观其一生,柳玭宦海沉浮,经历乱世,遭遇磨难,有修国史之才能,有正直清廉之品德,曾拟升宰相,因宦官中伤才作罢。孙光宪在《北梦琐言》中评价道:"唐柳大夫玭,清廉耿介,不以利回。"[6]

柳玭所撰家训附于其简短小传之后。《旧唐书·柳仲郢传》附诸子传之后,文曰"玭尝著书诫其子弟曰:夫门地高者,可畏不可恃……"[7],以家法为主。《新唐书·柳仲郢传》附诸子传之后,文曰"玭常述家训以戒子孙曰'夫门地高者,一事坠先训,则异它人……'"[8],与《旧唐书》内容上有很大不同,言家法之后又涉及其他家族如崔琯子孙、尚书裴宽、旧府高公先君兄弟三人,相国王涯、相国舒元舆、相国李泌之子李繁等家族故事。但是,旧、新《唐书》有关家法的训诫内容大致相同。《戒子通录》卷二收录的《柳玭序训》以第一人称撰写,大致分为三部分。先述柳玭先祖柳公绰、先父柳仲郢、叔祖柳公权之家族轶事,略述柳玭母亲韦夫人孝行及韦夫人的父亲相国韦贯之尚俭之事。再作训诫,其内容与旧、新《唐书》训诫内容大致相同。最后一部分除增加柳玭妹婿杨堪清廉,其他述外族之事与《新唐书》也大致相同。关于柳氏家训的内容,有《序训》《叙训》《家训》的不同名称,本文以《柳氏家训》称之,书中内容将旧、新《唐书》中有关柳玭训诫文字和《柳玭序训》加以整合,体现柳玭家训思想的完整性。

## 二、柳氏家风文化的特征

柳氏家风是由三代人的努力积淀而成,在伦理、德行、节操、信条等方面深受儒家文化的影响,体现了儒家推崇的行为规范和价值准则。家风的树立和延续依赖于家族礼法的规范和执行、家庭教育的保障以及家族成员的践行。从史传记载和《柳氏家训》观之,柳氏家风文化最难能可贵的特征,也是值得今人学习和发扬的是"言传身教"的教育理念和"居安思危"的忧患意识。下面就这两个方面做出阐述如下。

### (一)言传身教,是家风树立的核心力量

中国古代,小家庭依附于家族或宗族,家法也就施用于整个家族。柳氏家法整肃,家教甚严。司马光《家范》卷一"治家"曰:"唐河东节度使柳公绰,在公卿间最名,有家法。"[9]唐末孙光宪《北梦琐言》卷十二写道:"仆尝览《柳氏训序》,见其家法整肃,乃士流之最也。"[10]《后唐书·柳公绰传》载:"初,公绰理家甚严,子弟克禀诫训,言家法者,世称柳氏云。"[11]

柳氏家法施行的途径主要有两种:言传和身教。言传,即语言上传授教导;身教,是以身作则,以自己的实际行动做榜样教育子弟。《柳玭序训》(下文称《序训》)开篇就详述柳公绰亲力亲为,严谨治家,在家族子弟教育上持之以恒,用心良苦。原文录下:"先祖河东节度使公绰,在公卿间最名有家法。中门东有小斋,自非朝谒之日,每平旦辄出小斋,诸子皆束带晨省于中门之北。公绰决私事,接宾客,与弟公权及群从弟再会食,自旦至暮,不离小斋。烛至,则命子弟一人执经史,躬读一过讫,乃讲议居官治家之法,或论文听琴,至人定钟,然后归寝,诸子复昏定于中门之北。凡二十余年,未尝一日变易。"[12]中门之北,诸子晨省昏定;小斋之中,

聆听长辈教诲。柳氏家教主要包括修身、为官之道、文学和音乐多方面内容,从多个层面培养家族子弟的能力和修养,这种教育方式持续达20年之久。柳氏家风经由先祖柳公绰的苦心经营,渗透到每个曾在小斋中聆听教诲的子弟心中。优秀的家风如芝兰入室,久而不闻其香。严格的家教惠及子孙。史传记载柳公绰之子柳仲郢:"长工文,著《尚书二十四司箴》,为韩愈咨赏。元和末,及进士第,为校书郎。牛僧孺辟武昌幕府,有父风矩,僧孺叹曰:'非积习名教,安及此邪?'"[13]那么,小斋之中具体传授的是什么家法?柳玭在《序训》中回忆道:"余幼时,每闻先公仆射与太保房叔祖讲论家法,莫不言立己以孝弟为基,以恭默为本,以畏怯为务,以勤俭为法,以交结为末事,以气焰为凶人,肥家以忍顺,保交以简敬,百行备矣。体之未臧,三缄密虑,言之或失,广记如不及,求名如傥来,去吝与骄,庶几寡过。莅官则洁己省事,而后可以言守法,守法而后可以言养人,直不近祸,廉不沽名,廪禄虽微,不可易黎氓之膏血;榎楚虽用,不可恣褊狭之胸襟。忧与祸不偕,洁与富不并。"[14]这一段家法主要涉及修身、处世和为官三个方面。

第一,修身。以孝顺父母、敬爱兄长为基本要求,以恭敬缄默为根本,以小心谨慎为要务,以勤劳节俭为准则。这是从正面提出了家法的四大原则。"孝悌",可以维护家族的伦理秩序,建立充满温情的亲情关系,有利于家族和睦、稳定和延续。恭敬、沉默、敬畏、谨慎则是一种人生态度。只有保持一颗恭敬谨慎之心,才不会狂妄自大,不会被外界声色犬马所诱惑。勤劳可以兴家,节俭抑制欲望,保持家庭积累,避免财产争夺和违背法律等行为。

第二,处世。把往来交际看作是末事,即非根本之事,把不顾后果迎合和盲从朋友视为凶人(恶人),反对不辨是非的人际交往。忍让和顺可以发家致富,诚实恭敬方能保持友谊。柳氏家法明确的处世态度就是谦恭待人,反对傲慢和意气用事。

第三,为官。于己要行为端正,正直清廉,为人低调,不能沽名钓誉;即使俸禄微薄,也不能榨取民脂民膏,即使使用刑具,也不可为所欲为。奉公守法、恪尽职守、体恤百姓是衡量一个官员的标准,隋唐之后,柳氏世代为官,自然视之为家教的重要内容之一,立为家法规范族人。

家法的实施,家风的形成,除了二十年如一日的耳提面命以及柳玭这篇总结式的训诫,更重要的是依赖长辈的身体力行和以身作则。言传身教在柳氏家风的形成中起到核心力量的作用,也是柳氏家文化核心特征的体现。子曰:其身正,不令而行。长辈惟正其身,严于律己,才会在潜移默化中影响子弟的言行举止,人格的建立和价值观的形成。我们从旧、新《唐书》的记载,从《序训》对家族轶事的描述,可以窥见这种垂范精神,下面从奉行孝道、崇尚节俭、正直尽责、严谨治学等四个方面逐项列举这种精神的内涵。

第一,奉行孝道。《新唐书·柳公绰传》载:"公绰居丧毁慕,三年不澡沐。事后母薛谨甚,虽姻属不知非薛所生。"[15]三年不洗澡在当时是以示孝心;侍奉后母不为美名。柳玭在《序训》中提及他的母亲韦氏侍奉公婆的孝行,也饱含敬意:"先妣韦夫人外王父相国文公贯之,奕世以贞谅峻鲠称。先夫人事君舅君姑凡十一年,晨省于鸡鸣,昏定于初夕,未尝阙。梁国夫人有疾,先夫人一月不下堂,早夜奉养,疾愈始归院。"[16]《序训》中还讲述了外族崔琯祖母唐夫人用乳汁喂养年高无齿的婆婆的故事(即二十四孝中"乳姑不怠")。柳玭感叹道:"则崔之门安得不昌大乎!"[17]表明家族昌盛要以行孝为本。百善孝为先,"孝"是感恩之心的体现,是慈悲的开端,也是一切美德的基础。"悌"是兄弟姐妹互相友爱谦让,消除矛盾,家庭和睦方能兴盛。

第二,崇尚节约。《新唐书》记载柳公绰"岁歉馑,其家虽给,而每饭不过一器,岁丰乃复。或问之,答曰:'四方病饥,独能饱乎?'"[18]。荒年歉收,虽然家中丰衣足食,也要与民共苦。太和四年,柳公绰出任河东节度使,遇到荒年,便节约开支,停止宴请,吃穿和士兵一样。柳玭在《序训》中回忆祖父:"其遇饥岁,则诸子皆蔬食,曰:'昔吾兄弟侍先君为丹州刺史,以学业未成,不听食肉,吾不敢忘也。'"[19]这也是柳公绰的家教记忆,所以自己为官清廉,对自己的子孙也要求勤学苦读,饮食尚俭。柳玭的祖母韩夫人,出身名门,相国韩休的曾孙女,相国韩滉的孙女,父亲仆射贞公韩皋的长女,"常衣绢素,不用绫罗锦绣。贞公亲仁里有宅,每归觐,不乘金碧舆,衹乘竹兜子,二青衣步屣以随,贞公叹乃御下之俭也"[20]。柳仲郢在父母熏陶下,也是崇尚节俭,"三为大镇,厩无名马,衣不薰香"[21]。家长自己奉行朴素节俭的作风,才有资格要求子孙不能贪婪放纵。司马光位至宰相,但是生活简朴,专门书写《训俭示康》,告诫儿子司马康节俭的重要性,并引用张文节的话"由俭入奢易,由奢入俭难"。名门望族,家境富裕的家庭尤其要倡导节约从简,反对奢靡放纵。无节制的挥霍只会摧毁人的意志和信念,终将败坏整个家庭。

第三,正直尽责。据《新唐书》记载,唐宪宗爱好武功,多次游猎。柳公绰呈奏章《太医箴》规劝皇帝。柳公权也曾对唐穆宗有过"笔谏":"帝问公权用笔法,对曰:'心正则笔正,笔正乃可法矣。'时帝荒纵,故公权及之。帝改容,悟其以笔谏也。"[22]柳仲郢也传承了敢于劝谏的正直人格。柳仲郢担任谏议大夫时,多次劝谏武宗停止延请方士、修筑仙台,最终让皇帝羞愧。

柳公绰一生刚正直言,在朝廷内外任职期间,恪尽职守,堪称一代忠臣。朝廷征讨吴元济,皇帝征调五千鄂岳士兵。柳公绰时任鄂岳观察使,请求亲自带兵上前线,在行军途中,他慰问下级官员,给予患病、生育、死亡的官兵家庭丰厚的抚恤金,官兵为之感动,奋力作战,所以鄂军每战必胜。柳公绰第二次出任京兆尹,朝廷与幽州、镇州叛军交战,使者任意向馆驿索要供给,掠夺民马。柳公绰上书制止弊端,唐穆宗命令中书省制定法规,驿官也得以免罪。柳仲郢继承父风,担任京兆尹期间,在东西市安放标准衡器,禁止私制衡器。任剑南节度使期间,大吏边章滥用权力,贪婪无度,前任主帅难以制服,柳仲郢杀之正法,内部整肃。

柳氏两代,"父子更九镇,五为京兆,再为河南,皆不奏瑞,不度浮屠。急于摘贪吏,济单弱。每旱潦,必贷匮蠲负,里无逋家。衣冠孤女不能自归者,斥禀为婚嫁。在朝,非庆吊不至宰相第。其迹略相同"[23]。柳仲郢传承了父辈正直耿介、忠于职守的精神品质,这种品质体现了儒家修身齐家治国平天下的基本信念,成为柳氏家风的一项重要特质。

第四,严谨治学。《序训》云:"夫士君子生于世,己无能而望他人用之,己无善而望他人爱之,亦犹农夫卤莽种之,而怨大泽之不润,虽欲弗馁,其可得乎!"[24]对于无德无能还希望得到重用和爱戴的人,柳玭打了个比方,就像农民不认真耕作导致收成不多,却抱怨上天雨水滋润不够。如何成为德才兼备的君子,柳玭提出:"唯智者研其虑,博其闻,坚其习,精其业,用之则行,舍之则藏。苟异于斯,孰为君子!"[25]首先要专心研究,竭虑思考,然后拓宽见闻,反复学习,最后精通自己的业务,才能成为真正的君子。柳玭的这番领悟和严谨的治学态度与祖辈、父辈营造的书香氛围不无关系。

柳氏是历史上有名的藏书世家。柳公绰"有书千卷,不读非圣之书。为文不尚浮靡"[26]。柳仲郢"家有书万卷,所藏必三本:上者贮库,其副常所阅,下者幼学焉"[27]。万卷书非独为藏,亦非独为用,而是藏用兼顾,发挥书籍的不同功能。"仲郢尝手钞《六经》,司马迁、班固、范晔史皆一钞,魏晋及南北朝史再,又类所钞它书凡三十篇,号《柳氏自备》"[28]。柳氏藏书很大一部分是家族长辈的手抄本,后辈阅读必然心生敬意,从而发奋读书。柳家不仅藏书颇丰,读书也很勤勉。柳公权,历仕七朝,书法造诣高深,被历代帝王推崇,而且少有才学,"幼嗜学,十二能为辞赋"[29];治学严谨,"公权博贯经术,于《诗》《书》《左氏春秋》《国语》庄周书尤邃,每解一义,必数十百言"[30]。柳玭的祖母韩夫人也勉励子侄勤奋苦读,"常命粉苦参、黄连、熊胆,和为丸,赐先公及诸叔,每永夜习学含之,以资勤苦"[31],这则轶事就是"熊丸教子"的典故。后来柳仲郢在母亲的教育下,"公退必读书,手不释卷"[32]。柳玭自己也勤于读书,到了晚年还珍惜光阴,研究经典奥义:"至于披阅坟史,研味秘奥,犹惜寸阴,不知老之将至"[33]。柳玭的兄长有三位:柳璞、柳圭、柳璧。据《新唐书》记载,柳璞曾著《春秋三氏异同义》,又述《天祚长历》;柳圭,"与璧继擢进士,皆秀整而文,杜牧、李商隐称之"[34];"璧,大中九年登进士第。文格高雅。尝为《马嵬诗》,诗人韩琮、李商隐嘉之"[35]。柳氏三代勤勉读书的家风,不仅使子弟多以科举及第入仕,为朝廷重用,治国安邦,也让柳氏家族久盛不衰。

"一种好的家风就是一个家庭的优秀传统,它通过长辈的言谈身教,见诸文字的家规、家训、家范等,由家庭成员的身体力行来世代传承。这是中国传统文化得以长期延续的精华所在"[36]。几代人的言传身教,凝聚成一种精神,成为家风树立的核心力量,如柱石栋梁,支撑家族屹立不倒。这种精神内涵,柳玭在家训的文末总结道:"夫行道之人,德行文学为根株,正直刚毅为柯叶。有根无叶,或可俟时;有叶无根,膏雨所不能活也。至于孝慈、友悌、忠信、笃行,乃食之醯酱,可一日无哉?"[37]

### (二)居安思危,是家风弘扬的有力保障

唐朝的门阀士族观念牢不可破,士族在统治阶层占相当比例,并且可以通过联姻扩大势力。"根据《叙训》及史传揭示柳氏四世的婚姻状况。仅据此不完整记录,即可见与崔、薛、韩、韦、杨等世家显臣的联姻关系,可见唐后期新晋世家借联姻以扩大家族版图的具体状况。"[38]但是唐朝科举制使庶族可以通过考试参与政权,打破了世袭权力的垄断制度;均田制的推行也在一定程度上削弱了士族的经济基础;统治者对权倾一时的士族施行打击;士族本身日渐腐朽,在文化上丧失了垄断地位。到了唐后期,士族和庶族在政治上和经济上的差异越来越小。安史之乱、藩镇割据、朋党之争、农民起义,大大削弱了唐朝的统治力量,强盛的唐朝渐趋衰落,柳氏家族也受到不小的冲击。宣宗初年,李德裕被罢免宰相,柳仲郢也受到牵累,被调出京城出任郑州刺史。

《柳玭序训》是柳玭人生的哪个阶段所作没有清楚记录。陈尚君考证成书大约在中和三年(883)以后。黄巢攻陷长安(881),柳玭被兵刃所伤,随唐僖宗逃往成都。文德元年(888),拜御史大夫。也就是说,柳玭写《序训》当在为兵刃所伤之后,但是官运并未受影响。那么,在这种复杂混乱的政治环境之下,政治地位仍在攀升的柳玭因为什么契机写家训呢?《序训》中写道:"孝公房舅谓余弟兄曰'尔家虽非鼎甲,然中外名德冠冕之盛,亦可谓华腴右族',玭自闻此言,刻骨畏惧。"[39]这位房舅可能是韦贯之子韦奥,他指出柳氏家族在当时虽非一等豪门大姓,但是也能称得上享有荣华富贵的贵族。柳玭称听闻此言,非但没有沾沾自喜,反而产生刻骨畏惧之心,并提出忠告:"夫门地高,可畏不可恃。可畏者,立身行己,一事有坠先训,则罪大于他人。虽生可以苟取爵位,死亦不可见祖先于地下。不可恃者,门高则自骄,族盛则为人窥嫉,实艺懿行,人未必信,纤瑕微累,十手争指矣。所以承地胄者,修己不得不恳,为学不得不坚。"[40]首先,出生门第显赫的家族子弟要有忧患意识,心存戒惧和敬畏之心。因为立身处世,一事不慎,违背先贤的教训,那么过失一定会比别人更大。其次,不能因为门第高贵而有

恃无恐。门第高容易自高自大,家族兴盛易招致他人嫉恨。即使德艺双馨,他人未必相信;但是如果犯下微小的过错,就会遭到他人指责和诟病。柳玭的这种居安思危的忧患意识是这篇著名家训的核心内涵,下面从三个方面阐释。

第一,门第高贵,可畏不可恃。深切的责任意识和家族使命感意味着清醒的危机意识,这早在柳公绰一代就体现出来了。他在《太医箴》中用生病为喻警示喜好武功和游猎的唐宪宗,医生治病最好的策略,是防患于未然。应该在生病之前采取防范措施,不能等生病了才去治疗。柳公绰在讽谏中表现出来的对一国之君纵乐的担忧说到底是对国家命运的担忧,是由国家责任意识产生的危机感。这种居安思危的心态,是柳氏家风的一个重要特征,也成为柳氏家风稳固和传承的有力保障。

柳玭在《序训》中详述叔祖柳公权情境教育的轶事。柳玭曾与兄弟送叔祖到东郊,门口有家仆、马匹等候,天气阴晦,雨具也已备好。柳公权回忆起自己十六岁的时候,族中子弟去一户人家写祭文,明知致祭会遭到处罚,还是冒着大雪前往撰文,写罢祭文,呈给主人。最后未遭到处罚便很满足,早已无暇顾及冷暖了。多年之后,柳公权叹道:"尔等作得祭文者有几人,皆乘马有油衣,吾为尔等忧。"[41]家族渐兴盛,家境渐优裕。如果耽于享乐,缺少继承家业的能力,岂不堪忧!一个家族的兴盛是祖先忠孝勤俭艰辛为之,而子孙的有恃无恐、毫无敬畏意识以及骄奢淫逸的生活作风会让家族快速败落。多年以后,柳玭在家训中反复强调世家大族的后人继承家业,一定要品学兼修,小心谨慎,戒骄勿贪,否则辱没祖先,败坏家声,导致门衰祚落,最终悔之不及。这种危机意识尤其值得当今家庭优越的子弟借鉴和思考。

第二,反省自我,淡泊名利。为了保持优良的家风,柳氏家法要求家族成员慎言谨行,严于律己,远离过失,方能维护家声。柳玭在家训中强调两个问题。首先,要反省自我:"百行备,疑身之未周;三缄密,虑言之或失。"[42]又言:"比见门家子孙,其先正直当官,耿介特立,不畏强御;及其衰也,唯好犯上,更无他能。"[43]敢于直谏是柳氏家族的一贯作风,然而世风日下,如果以下犯上,没有其他能力,个人性命都难以保全,更不要提家族事业。其次,不可沽名钓誉。柳玭对名声的态度是"广记如不及,求名如傥来,去奢与骄,庶几寡过"[44]。求取功名不能太执着,要如无意中得来。柳氏家族三代担任高官,享受荣华富贵,也经历升迁贬谪,深知官场尔虞我诈,加上国家内忧外患,盛世不再,如果一味追名逐利,很可能丧失自我,招致灾祸。

第三,五大过失、三大危害。历史上官宦不肖子孙因为骄奢淫逸,不思进取导致败家的事例比比皆是。柳玭总结损名害己、辱先丧家的过失有五点,简而言之就是:安逸享乐,唯利是图;不学无术,无知无畏;妒贤嫉能,不辨是非;耽于游乐,荒废学业;急功近利,趋炎附势。对于这五种行为,柳玭认为其比毒疮还要危险,因为毒疮可用石针治疗,而这五种过失连巫医也束手无策。列举五种过失之后,柳玭又驳斥了两种普通人的做法,一种人饱读诗书,便急于施展才干;一种人知难而退,导致学业荒废。过于急功近利和一味消极避世的做法都不可取,智者的做法是"用之则行,舍之则藏",这给族中子弟既指引了前进的方向,又明确了退路。用行舍藏的人生选择,体现了儒家通权达变的思想。

为了进一步警告子弟远离过失,柳玭不惜大量笔墨用事例说明赌博之危害,外族因为贪财、不义导致家毁人亡之事。其一,赌博。柳玭认为博弈之危害甚于饱食终日,无所用心。当时流行的一种纸牌博戏"叶子戏",赌者"手执青蚨,坐销白日"[45],"青蚨"指铜钱,人生光阴就在博弈中消磨殆尽。其二,贪财。柳玭讲述了一则相国王涯的故事。王涯之女欲用七十万购买玉钗,王涯认为价格高昂,相当于他一个月俸禄,必是妖物,灾祸将随之而至。后来玉钗为相国贾餗的门客冯球之妻所得。王涯认为,冯球乃一郎吏,购买高价首饰,必不能善终。最终,冯球被人设计用黄酒毒死,王涯和贾餗因"甘露之变"皆遭族诛。王、冯、贾的结局未必与玉钗有直接关系,但柳玭认为贪恋珍玩奇货之人难以抵挡诱惑,必不能清廉自守,难以善终。其三,不义。《序训》中记录了两则不义之事。李泌居相位时,曾推荐阳城为谏议大夫。后来阳城弹劾奸臣裴延龄,请李泌之子李繁书写奏疏。李繁竟然将其记录下呈给裴延龄。裴氏向德宗告状,德宗震怒,将阳城贬为道州。后来李繁又遭舒元舆状奏其滥杀无辜,最终李繁被赐死,舒元舆也因甘露之变而族诛。柳玭叹道:"今世人各盛言宿业报应之说,曾不思视履考祥之事,不其惑欤。"[46]虽然报应一说不恰当,但是李繁利用阳城对自己的信任出卖朋友,为虎作伥;舒元舆挟私报复,皆为不义之人,不得善终,当为警戒。发生在公元835年的甘露之变,王涯、舒元舆、贾餗等朝廷重要官员皆被宦官害死。宦官专权,朋党之争,朝不保夕,身为官宦子弟的柳玭不得不反思,在险恶的官场必须提高警惕,戒赌,戒贪,淡泊名利,远离不义之人。

钱穆说:"'家族'是中国文化最主要的柱石……中国文化,全部都从家族观念上筑起。"[47]《柳氏家训》凝聚了家族治家的观念,体现了柳氏家族文化的重要特征,其内涵又具有中国传统家风文化的诸多特征,如奉行孝道的家风伦理,恪尽职守的家风节操,正直廉洁的家风德行,严谨治学的家风追求,又具备柳氏家风的独特性。复杂的政治局面和特殊的家庭地位使得柳氏家族高度警惕,一方面用严格的家法,持久的家庭教育,家庭成员的努力践行继承家业,传承家风;一方面培养危机意识和敬畏意识,反复强调不能安于享乐,不能不学无术,不能贪财不义,注重自己言行,牢记祖先遗训。习总书记曾多次提出三个"注重",即"注重家庭,注重家教,注重家风",家庭教育对家风建设和社会文化建设都会产生巨大影响。家训作为家庭教育的重要文化载体,对家风文化建设也起到重要作用。《柳氏家训》作为古代家训的典范作品,其中言传身教的教育理念,居安思危的忧患意识,表现了中国传统文化中的人生智慧和精神力量,对当今构建和谐家庭,弘扬社会主义核心价值观,建设精神家园,应对复杂多变的国际形势都有一定的借鉴意义。

## 参考文献

[1] 范英,董玉整,刘小敏. 中国家风文化论略[M]. 广州:广东高等教育出版社,2019:5.
[2] 徐少锦,陈延斌. 中国家训史[M]. 西安:陕西人民出版社,2003:1.
[3][7][11][21][26][29][34][35][42][43] 刘昫. 旧唐书:卷一百六十五[M]//百衲本二十四史. 上海:商务印书馆,1936.
[4][5][8][13][15][18][22][23][27][28][30][37] 宋祁,欧阳修. 新唐书:卷一百六十三[M]//百衲本二十四史. 上海:商务印书馆,1936.
[6][10] 孙光宪. 北梦琐言[M]. 北京:中华书局,1960:100,102.
[9] 张红霞. 家范·童子礼·朱子家训[M]. 西安:太白文艺出版社,2011:5.
[12][14][16][17][19][20][24][25][31][32][33][39][40][41][44][45][46] 刘清之. 戒子通录:卷二[M]//影印文渊阁四库全书本. 台北:商务印书馆,1986.
[36] 李存山. 家风十章[M]. 南宁:广西人民出版社,2015:6.
[38] 陈尚君. 唐柳玭《柳氏叙训》研究[J]. 国文学报,2012(6):170.
[47] 钱穆. 中国文化导论[M]. 北京:商务印书馆,1994:51.

# 地方文献"家文化"参与文化治理的内在逻辑与实践机制研究

王 彬 王兰伟 廖雯玲(湖南图书馆)

20世纪90年代以来,全球化进程加快,国家公共事务的复杂性和动态性促使学界致力于"治理"研究,寻求解决公共事务路径。在国家层面上,党的十八届三中全会,确立了全面深化改革的总目标是完善和发展中国特色社会主义制度,推进国家治理体系和治理能力现代化[1]。在文化层面上,开始从"文化管理"向"文化治理"转变[2],相对于强调政府主体自上而下的文化管理,文化治理更加注重政府、社会组织和公民个人的互动和合作,随着现代化国家公共文化治理自上而下地深入,地方文化这一领域已经逐步被纳入公共文化治理的范畴之内,地方文化的保护和传承是保证我国文化多样性和实现文化自信的基础,"家文化"是构成地方文化的重要组成部分,习总书记在2015年春节团拜会提出"不论时代发生多大变化,我们都要重视家庭建设,注重家庭、注重家教、注重家风"[3]把家庭治理提到一个新的高度,基于此以家庭治理为核心,通过家规、家国、家教、家风等形式,关联起个人、社会与国家的相互关系,在公共文化治理中能够发挥巨大的效用。

## 1 双重视角的研究回顾

### 1.1 地方文献中"家文化"视角

中国的"家文化"社会影响广泛,对于身处于社会生活的个体而言,"家文化"理念在日常生活和工作中均具有独特的内涵,对于作为地方文化重要组成部分的"家文化",是道德品质的世代积累,也是个人精神成长的母体。"家文化"的保护、传承、开发和利用一直被当作公共图书馆特色资源建设的重点,从现有研究成果看,家文化的研究尺度仍集中于特色资源建设的范围,如常建华[4]、陈旭红[5]等论述了我国家谱资料的整理、研究和数字化建设;王启祥[6]、马霞维[7]分别从宏观和微观的视角探讨了地方文献家谱的征集和利用。虽有部分研究涉及"家文化"与阅读推广,如刘琳琳[8]、张岩[9]分别从高校阅读推广和家庭阅读的推广探讨了"家文化"的参与,但研究成果较少,"家文化"的资源有待挖掘,对"家文化"的研究是对历史文化的尊重和创新,整理研究传统"家文化"资源,不仅可以丰富地域文化内涵,还可以培育优秀的"家文化"来弘扬社会主义核心价值观。

### 1.2 文化治理视角

文化治理研究的兴起受到了政策话语的极大推动,是治理理论在文化管理领域中的具体表现,因此文化治理的相关研究突出了两个重点,一是强调文化治理的作用及文化治理的现代化探索,该领域研究较为突出的是景小勇[10-12],他从文化治理的角度切入,重点阐述文化方面的国家治理理论,其论著主要有《社会视角下的国家文化治理研究》《政府与国家文化治理研究》等。刘忱[13]提出确立文化治理的地位,同步实现文化治理体系和治理能力的现代化;罗志佳[14]认为需要发挥文化治理的重要作用,走出目前的国家治理困境,高书生[15]认为文化治理现代化是中国文化繁荣的新坐标和新任务;二是从中观或微观的视角探讨文化治理的路径,该领域较为突出的如胡惠林[16]从文化产业的视角关注文化治理,探讨文化产业的治理性;解胜利[17]从公共图书馆的角度探讨文化治理的效度;李鸣[18]探讨了文化治理与网络舆情形成网络舆情文化治理的独特模式与理念;吴俊清[19]等人从大学文化、文化治理、大学治理三个概念切入探讨大学文化治理的双重内涵。

## 2 内在逻辑及问题提出

### 2.1 内在逻辑

从文化治理的本质内涵看,文化治理是"政府、文化机构组织和个体参与文化活动、文化管理等诸多方式的活动"[2]其内涵包括两个方面,即政府利用的文化产品和群众的文化生活治理[20],从"家文化"的本质内涵看,作为家庭治理的重要基础,其本身具有社会治理的功能与特征,一般由家规文化、家国文化、家教文化和家风文化四个部分组成。

基于此,如图1所示,文化治理与"家文化"在内在逻辑上有着密切的联系,"家文化"的内涵及表现方式均离不开群众的文化生活治理,换言之,"家文化"是借助于家庭的文化生活而构建出来的,它有着文化治理的基本特质;而文化治理中的部分治理思想和功能来源于"家文化"中的家规、家国、家教、家风文化,又为"家文化"的治理机制提供柔性和韧性的内在动力,使群众产生认同感,从而自觉的参与到文化治理过程中去。

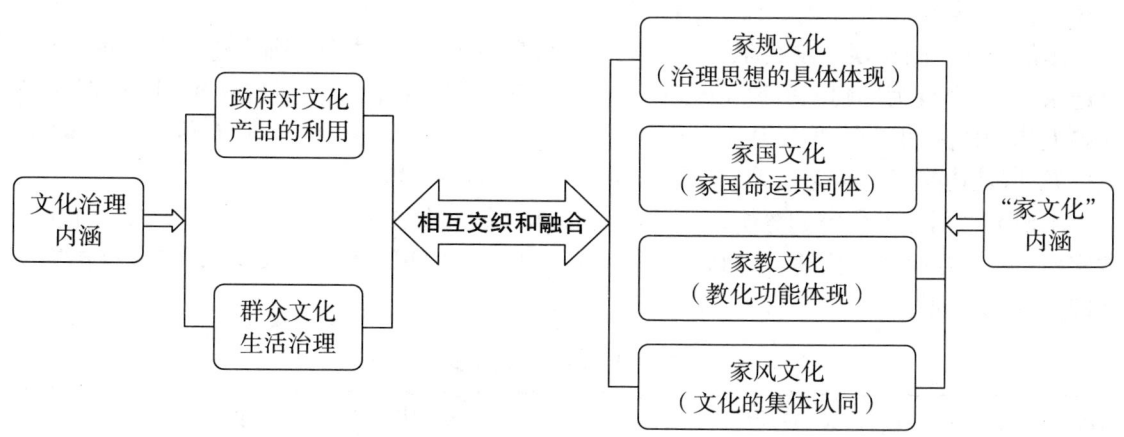

图1 "家文化"参与文化治理的内在逻辑

### 2.2 问题提出

"家文化"已延续几千年,其中的精髓已成为经世致用的伦理文化,在推进国家治理体系和治理能力现代化的进程中,对于"家文化"如何参与公共文化治理少有关注,有鉴于此,本研究选取湖湘名人的"家文化"为切入点开展实际调研,聚焦于湖湘名人的日常生活实践,通过探讨湖湘名人的日常实践与文化治理之间的纵向关系,以及与地方文化间的横向关系,探讨作为个体的湖湘名人,其日常生活实践如何维护其"家文化"在家庭治理中的主体性,进一步归纳有助于优化宏观尺度的公共文化治理实践,推动地方文献中"家文化"的现代性转换和传承,实现其参与公共文化治理的功用。

## 3 样本选择及研究方法

### 3.1 样本简介

湖湘文化源远流长,其倡导的"经世致用、敢为天下先和忧国忧民"[21]的政治思想传统主要来自于湖南地域家风家教的传统,本研究选取湖南图书馆的"湖南名人资料中心"作为样本数据库,主要依据在于:①湖湘名人作为地方文化的代表,其"家文化"镌刻着湖湘文化的深深烙印,是建立在湖湘文化之根上的集体认同,湖湘文化的保护和传承交织于湖湘名人"家文化"的传承和保护;②在公共图书馆口述历史等活动的推动下,湖湘名人影像资源也不断更新,其家文化的传承和保护相对于普通个体更加全面和完善,有利于本研究资料的采集,如已有的湖南名人资料中心除影像资源外,有3000余位学者专家赠藏的著作、手稿、字画和藏书5万多册(件)。

### 3.2 研究方法

本研究采用定性研究方法,围绕地方文献中的"家文化"参与公共文化治理这一核心问题,通过参与式观察法和结构式访谈法收集数据。本研究团队从2016年开始先后对湖湘名人进行多次的访谈,并通过影像等方式记录谈话内容,详尽的记录湖湘名人成长的经历及其家风文化的精神内涵,借助前期研究所积累的资源,笔者对部分湖湘名人的访谈资料进行重点整理,梳理其家族现状和家文化的表象特征。

本研究涉及的访谈对象共42人(访谈对象信息见表1),其共同特征是家文化均有具体文字记录,且日常行为准则依然遵循家风文化传统;其不同的特征是个体差异性,本研究虽以湖湘名人作为研究切入点,但需从不同个体背后共同的行为逻辑来归纳出具有信度和效度的研究框架,因此访问样本包含政界、文化界、商界和学术界等领域。

本研究遵循定性研究的分析逻辑,因此确定从"湖湘名人文化身份建构"和"家文化的日常实践"两个方面展开论述,从而确定湖湘名人的日常生活领域和其家文化参与公共文化治理的实践机制问题。

表1 受访对象编码及相关信息列表

| 编码 | 姓名 | 文化身份 | 职业 | 家文化内涵 | 家乡 | 备注 |
|---|---|---|---|---|---|---|
| W-001 | 陶斯亮 | 国务院原副总理陶铸之女 | 慈善公益 | 正派、正直、善良 | 永州 | |
| W-002 | 任远征 | 开国元勋任弼时之女 | — | 节俭、为人民服务、遵守制度 | 汨罗 | |

续表

| 编码 | 姓名 | 文化身份 | 职业 | 家文化内涵 | 家乡 | 备注 |
|---|---|---|---|---|---|---|
| W-003 | 贺晓明 | 元帅贺龙之女 | 慈善公益 | 正气、节俭、忠诚 | 桑植 | 成立"贺龙体育基金会" |
| M-004 | 刘少军 | 中国工程院院士刘筠之子 | 教授 | 勤勉、节俭、专注 | 长沙 | |
| M-005 | 滕树生 | 首任铁道部部长滕代远之孙 | — | 艰苦朴素、脚踏实地、为人民服务 | 麻阳 | |
| M-006 | 舒泽池 | "辞海之父"舒新城之子 | 音乐家 | 治家从严、作风民主、节俭朴素 | 溆浦 | |
| M-007 | 唐浩明 | 著名作家 | 作家 | "曾国藩"家风 孝友、勤俭、和睦 | 衡阳 | 著作长篇小说《曾国藩》 |
| W-008 | 胡遂 | 晚清名臣胡林翼玄孙女 | 教授 | 重学、敏端恒毅 | 益阳 | 被评为全国百佳教授 |
| M-009 | 齐由来 | 绘画大师齐白石之孙 | 画家 | 欲立艺,先立人 | 湘潭 | |
| M-010 | 黄家林 | 中国工程院首批院士黄培云之子 | 教师 | 好学、淡泊名利、治学严谨 | 长沙 | |
| W-011 | 黎利 | "黎氏八骏"后人 | 企业家 | 重学、重教化、行善积德 | 湘潭 | |
| M-012 | 彭道杰 | 湘潭大学图书馆原副馆长 | — | 行善 | 蓝山 | 带头捐款20万元,新建村文化大楼 |
| ………… | | | | | | |

注:1 本表仅表示了部分受访人,资料来源于本研究团队整理;2 受访对象编码 M 表示男性,W 表示女性。

## 4 湖湘名人文化身份建构——政府治理体系的文化身份认定

由于在日常生活中个体实践的差异性较大,因此本研究将重点放在湖湘名人这一个体类型,研究其在"家文化"范围下的日常实践,名人身份是其在日常生生活实践中培育和发扬"家文化"的基础和保障,本次调研结果显示,名人在"家文化"的保护和传承过程中对自身"名人"身份的获取均来源于政府治理体系,其获取的纵向途径来源于两种,一是作为名人的后代,其文化身份得以自然延续,如陶斯亮、任远征等;二是在政府治理体系下的自我争取,如彭道杰等。

湖湘名人在"家文化"传承的文化身份建构体现了政府治理体系特征,作为名人后代,政府在对其文化身份的保护方面融入了其对"家文化"的解读和发展诉求,对于自我争取,改变了传统的文化传承路径,体现了个体在政府治理体系下的理性选择,是"家文化"保护和传承过程中个体对于文化身份建构的主动权。湖湘名人通过政府治理体系下的文化身份认定,可以更好地开展日常文化实践,体现其文化保护和传承的主体性。

## 5 "家文化"参与公共文化治理的实践机制

地方名人本身是地方文化的生产者,其日常文化实践是公共文化治理的现实样本,除了探究地方名人自身的文化身份建构以外,通过其日常文化实践的分析和解读有利于理解其"家文化"参与到公共文化治理的实践机制。经过本次调研和分析,湖湘名人围绕"家文化"的日常文化实践参与到公共文化治理的实践中主要体现在以下行动策略上(如图2所示):

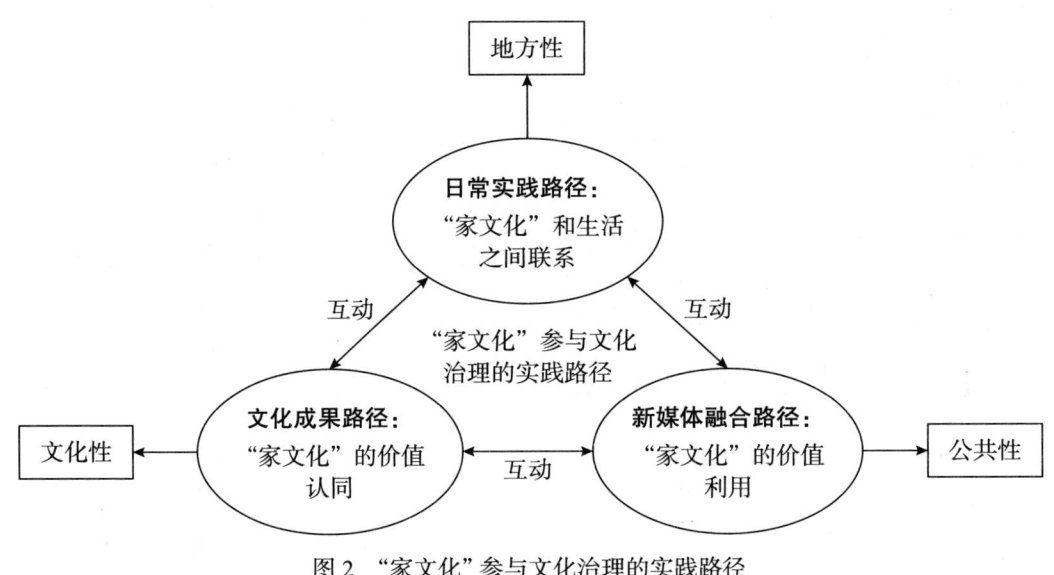

图2 "家文化"参与文化治理的实践路径

### 5.1 地方性——日常实践路径

日常实践是从法国著名社会学家皮埃尔·布迪厄的实践理论引申出来的一个学术概念,田边繁治在其基础上论述了日常实践的学理性,他认为"人的互动行为、语言、思考、记忆等日常生活的实践并不是对过去的单纯再现,而是在各种场面能动地与社会保持联系并同时建构社会世界的一个过程"[21]。

本研究的日常实践路径具体表现为,湖湘名人在日常实践中坚持"家文化"的意识形态引领,发挥"家文化"的家庭治理作用。"家文化"具有生活属性,它嵌入到群众的日常生活路径,以建立好家风为要旨,针对家庭成员的全面治理。这种日常实践重视"家文化"和生活之间的联系,实现生活化的转向。

"家文化"的精神内涵对于湖湘名人的日常生活具有举足轻重的意义,他们的价值理想、心里动机、生活方式及文化行为都透露出"家文化"的文化认同。透过他们的日常生活,"家文化"的精神内涵沉入每个家庭成员的文化生活中,让其主动提升自身的思想觉悟和文明素养,建立对"家文化"的自信,从而提高全社会的文明程度。从该实践路径看,在我国进入新时代和治理现代化的大背景下,"家文化"的治理属性并未渐趋消弭,反而被重新诠释成为"家庭建设的发展手段"[23],从实践主体看,本次采访对象均参与了日常实践路径,从实践范围看,该实践路径一般会受到地域范围的影响,凸显了"家文化"参与文化治理的地方性。

## 5.2 文化性——文化成果路径

"家文化"作为地方文化的重要内容和载体,包含了家族传承的价值观念、道德规范、行为方式等,其形成的基础是人类从社会实践和文化活动中获取经验与认识,并以家规、家训等文化成果展现和承袭,在世代传承创新中不断积累并向前发展。

部分湖湘名人在日常实践的基础上,通过小说、回忆性散文、诗歌等多种艺术表达形式对其"家文化"进行了传承和转化,吸取"家文化"的精髓,借由新的文化成果将"家文化"的文化认同由家族共同体逐步转型为文化意识共同体,成为地方文化的重要组成部分,这也是"家文化"参与文化治理的精神保障。文化成果具有文化属性,具有价值引导和社会教化等作用,在"家文化"基础上形成的文化成果以更加直接的方式切实走进群众的生活,群众对传统文化的自然性、"家文化"的内在性需求,是推动"家文化"形成新文化成果的重要力量,借助湖湘名人在文化活动中的作用和影响,作为文化成果和受传者之间的桥梁,湖湘名人的文化成果在"家文化"的传播中起着非常重要的作用。

文化治理的核心在于通过文化塑造和治理激发群众的主体能动性,而文化成果路径是市场经济背景下保护和传承"家文化"的必由之路,也是激发群众主体能动性的必经之路,通过文化成果,不仅可以让更多人体验"家文化"的魅力,也为"家文化"的价值认同和传承带来了活水之源。

## 5.3 公共性——新媒体融合路径

信息技术的发展和普及,让新媒体成为推动文化发展的重要引擎,有利于重塑和维护"家文化"的公共性,"家文化"是地方文化的重要内容,也是文化治理的一种形式,毋庸置疑,"家文化"的精神价值并不是纯粹的精华,其逻辑脉络和行为规范不能采取全盘照搬,在经过历史的洗礼后,结合当前时代精神,经历现代性的转换才能被当下时代所选择。

在本次调研过程中,调研团队发现在文化繁荣和文化自信的大背景下,湖湘名人的"家文化"实现了大范围现代性的转换,传播发展方式与以往也有较大的变化,从单一方式向家庭成员输出转向为依托媒体平台进行多元化的输出和融合,在这个过程中开辟出"家文化"在现时代的发展前景,同时这种转向更加激发了"家文化"的活力和创造力,凸显其公共属性。

在新媒体融合路径下,"家文化"在日常实践的基础上,扩大了其影响力,如"正气、重学、守礼"等共同观念,从规范家庭行为逐渐走向规范社会行为,形成新的价值秩序,在更大的范围内形成高度的向心力和凝聚力。从该路径看,"家文化"与文化治理的目标高度契合,文化认同是"家文化"参与文化治理的基本前提,而新媒体为文化认同的创造提供了更加便利的平台。"家文化"的可持续发展依托新媒体的宣传,没有宣传的"家文化"其影响范围受到很大局限,该实践路径需要加强"家文化"内容的提炼与创新,促进文化与新媒体的融合,以更加丰富的形式展现"家文化"的精神内涵,融入文化治理的过程中,才能真正实现"家文化"价值的最大化利用。

党的十八大以来,为推动国家治理现代化,在文化领域,以文化治理为手段,以国家认可的价值观来引导和规范群众的观念和思想已被公众所认可,文化治理现代化内在地要求文化治理中的文化引领能力、文化认同能力和文化共治能力的不断提升[24],"家文化"的文化意义使其成为文化治理的手段,通过"家文化"的治理和教化功能,以日常实践、文化成果及新媒体融合等实践方式参与到文化治理中。但"家文化"如需发挥文化治理功用,必须确保其思想中协调人际关系,维护家庭秩序,推动家庭和谐等精神主旨不受环境改变,同时也必须对其内容和形式进行现代性转换,不仅要保持其余地方文化的关联和契合,也要保持时代特色,汲取时代营养,以更加多元的方式建构"家文化"的发展模式来获得群众认同。

通过阐述地方文献"家文化"与文化治理的内在逻辑和实践路径,不难发现地方文献中"家文化"的开发利用不仅有利于丰富地域文化资源,也能解决部分目前文化治理存在的诸多问题,促进文化繁荣和文化自信。不可否认的是本研究仍然存在一些不足,在研究内容的完整性方面以及实践机制的阐述方面还有较大的提升空间,值得后续进一步探讨和研究。

**参考文献：**

[1] 中国共产党新闻网.党的十八届三中全会《决定》重要举措释义[EB/OL].[2013-11-22].http://theory.people.com.cn/n/2013/1122/c40531-23623500.html.

[2] 祁述裕.国家文化治理现代化研究[M]北京:社会科学文献出版社,2019:1.

[3] 新华网.习近平在2015年春节团拜会的讲话[EB/OL].[2015-02-17].http://www.xinhuanet.com/politics/2015-02/17/c_1114401712.htm.

[4] 常建华.中国族谱资料的整理、研究和数字化建设[J].安徽大学学报(哲学社会科学版),2014,38(1):95-105.

[5] 陈旭红.公共图书馆地方文献资源建设的切入点——着重以网络环境下《中国家谱总目》收录为例[J].图书馆论坛,2001(5):54-55.

[6] 王启祥.家谱的征集与开发[J].图书馆研究与工作,2010(4):34-35.

[7] 马霞维.鄞州现存家谱及收藏概述[J].图书馆杂志,2011,30(8):92-94,83.

[8] 刘琳琳."家文化"融入高校图书馆阅读推广研究——以沈阳工业大学图书馆为例[J].图书馆学刊,2018,40(12):106-109.

[9] 张岩.推广家庭阅读 传承家庭文化[J].图书与情报,2017(2):1-5.

[10] 景小勇.国家文化治理框架下政府与其它主体关系辨析[J].理论研究,2016(2):14-19.

[11] 景小勇.国家文化治理体系的构成、特征及研究视角[J].中国行政管理,2015(12):51-56.

[12] 景小勇.国家文化治理体系及政府在其中的地位与作用[J].人民论坛,2014(14):28-31.

[13] 刘忱.国家治理与文化治理的关系[J].中国党政干部论坛,2014(10):38-39.

[14] 罗志佳.论文化治理的运行逻辑[J].甘肃理论学刊,2014(4):69-75.

[15] 高书生.文化治理现代化:文化繁荣的新坐标和新任务[J].探索与争鸣,2014(5):4-5.

[16] 胡惠林.国家文化治理:发展文化产业的新维度[J].学术月刊,2012,44(5):28-32.

[17] 解胜利,吴理财.公共图书馆的文化治理学——对一个省级图书馆的文化政治分析[J].湖北社会科学,2014(9):70-76.

[18] 李鸣.网络舆情文化治理研究[J].湖北社会科学,2013(12):214-217.

[19] 吴俊清,朱红,朱敬.大学文化治理:概念、理念、环境与研究内涵[J].现代教育管理,2012(10):41-46.

[20] 任超.基于地方性知识的"文化治理"实践机制研究——以北京市D区T村武吵子为例[J].中国西部,2018(4):52-59.

[21] 万里.湖湘文化的精神特质及其影响下的精英人物[J].长沙理工大学学报(社会科学版),2004(3):81-86.

[22] 田边繁治."生"の人类学[M].东京:岩波书店,2010.
[23] 中国文明网.以优秀"家文化"滋育新时代家庭建设[EB/OL].[2019-06-23].http://www.wenming.cn/wmfml/news/201906/t20190623_5159823.shtml.
[24] 吴理财,解胜利.文化治理视角下的乡村文化振兴:价值耦合与体系建构[J].华中农业大学学报(社会科学版),2019(1):16-23,162-163.

# 强化县级图书馆地方文献建设的策略探讨

陆新强(江阴市图书馆)

地方文献被定义为"记录有关某一地方知识的一切载体",内容涵盖政治、经济、文化、教育、历史、地理、风俗、人物、物产、古迹等诸多方面,具有"存史、资政、励志"的作用,也被誉为"地方之百科"[1]。地方文献最根本的特征是区域性,则自然成为从事该地区史志纂修、科学研究的主要资料来源和基本依据,而公共图书馆承担着保存人类文化遗产、传播科学文化信息的社会功能,因此地方文献作为最利于形成特色馆藏的文化资源,能极大地推动这项功能。县级图书馆在基层公共图书馆体系中分布最多,可以充当地方文献建设环节中的重要集散点,又处于省市馆、乡镇馆之间,具有承上启下的枢纽作用,所以如何强化地方文献建设就成了必要的探讨话题。

## 1 现状与不足

随着新时代社会高质量发展的到来,图书馆迎来三个新课题:从量的发展到质的发展、从量化评价为主到量化与质化评价相结合、从单打独斗到借船出海(关联、合作、同步)[2]。尽管县级图书馆具有信息灵、人情熟、取材易等显著优势,但从整个建设体系来看依然发展缓慢,没有实质性进展[3]。

### 1.1 收藏单一

县级图书馆偏重地方人著作,忽视内容反映本地域的文献;偏重正式出版物、忽视非正式出版物;偏重新版文献,忽视老旧书刊;偏重纸质书籍,忽视数字或其他载体资源;偏重现成文献,忽视拍摄、辑录等资料。没有灵活的方法和流程,多处于等待捐赠的状态,很少主动出馆采访。文献笼统编进整馆书目,没有单独编目及检索系统,更无法体现出自己的特色。

### 1.2 重藏轻用

地方文献作为特色馆藏或稀缺资料,往往被束之高阁,这让大众读者敬而远之;整理和开发工作不够系统,只有零散的成果,数字化工作缺乏专业和衔接,读者的兴趣难以为继。地方文献服务基本停留于馆内,面向经济社会的业务寥寥无几,社会利用率、影响力不够,没有更深层次地体现服务宗旨。

### 1.3 各自为政

县级图书馆与上级图书馆对于地方文献建设工作缺乏沟通,无统一规则,导致局面闭塞。史志档案馆、博物馆、文化馆、展览馆等机构各行其道,与图书馆缺乏横向联系,还以保密需要、成果保护等各种理由拒绝提供讯息,新闻机构、学校、其他企事业单位、社会团体有许多独有的地方文献资料,却很少有呈送意愿,使得县级图书馆的地方文献数据库只能按照自己的标准建立,导致条块分割或者重复建立,无法对接其他平台,严重阻碍了资源共建共享的步伐。

### 1.4 因循守旧

第十七次全民阅读调查显示,2019年我国成年国民数字化阅读方式的接触率为79.3%,较2018年上升了0.031%,纸质书报刊的阅读时长出现了下降[4]。数字化阅读的发展持续对人们的阅读偏好和需求产生影响,然而县级图书馆的电子阅览室等现代化设施形同虚设、利用率极低,相关部门却无动于衷。面对数字化的冲击,县级图书馆缺少以创新面对困难的勇气,服务依然面向少数个人,展览依然止于静态陈列,宣传依然依赖平面媒体。

## 2 因素分析

当下县级图书馆地方文献研究的主题大多集中在工作方法上,比如收集、整理、利用的经验,很多理论探讨不够深入,不够系统。县级图书馆与其他图书馆相比各方面都显得薄弱,分析造成这种局面的因素,有助于寻求其强化地方文献建设的策略。

### 2.1 缺乏政府支持

管理部门对地方文献建设缺乏理解,影响了相关工作在图书馆业务中的地位;政府更愿意把经费投向立竿见影收到经济效益的项目,影响了专项经费的拨付。县级图书馆多未单独设置地方文献部门,即便有文献和电子阅览室也面临设备老旧、人手不够的问题。购书费用往往只能从整馆经费中挤,有多少算多少。特别是实行政府采购以后,对于形式比较分散的地方文献来说,难以进行公开竞标,所以根本无法进行灵活采购[5]。即使零散购买也难以正常走账报销,其他设施、数据库等的费用也难以落实。

### 2.2 政策法规执行情况堪忧

全国性的法规及考核标准基本没有与地方文献相关的单独成文,《出版管理条例》与《中华人民共和国公共图书馆法》虽然对出版物呈缴有相关要求,但呈缴主体均为出版单位,客体仅限于国家图书馆、中国版本图书馆、国务院出版行政主管部门或是省级图书馆。地方性公共图书馆法规在现行的近20部中,极个别对建立地方文献呈缴本制度做了明文规定,多数地区均用"加强地方文献征集"等概括性表达进行说明,而未做明确规定[6]。在各省市诸多"规范"中,针对县级图书馆地方文献资源建设考核细则的情形屈指可数,对达不到标准的也并未提及策略或者只是简单惩处措施。法律法规意识淡薄,执行乏力,使得县级馆面临有"规范"

难"考评"的尴尬境地。

### 2.3 理论研究不充分

一是概念模糊。比如将"非正式出版物"与"非法出版物"混淆:前者涵盖了政府出版物、民间报刊、会议纪要、学位论文、技术报告、名人手稿、口述记录、非遗文献、家谱等多种形式,不仅蕴藏了社会民俗、科研进展等重要信息,而且时效性强,能够为读者提供最新信息。这些资料呈隐形散状分布,且不受出版周期约束,印刷数量少,发行范围小,一般不易接触到,因此更显珍稀。县域地方文献资源原本产出不足,如果征集时仅限于公开发行的内容,而不加识别一并拒绝,容易错过许多资源,导致面窄量少。

二是信息闭塞。县级图书馆对内不了解数据库检索方式与管理机制、访问权限之间的不同,无法解决与其他机构共建平台、实现跨库检索的问题;对外不了解一些国内外开放的地方文献数据库(网站)已经具有一定规模,不知道可以"借为己用"。此外,县级图书馆征订的图书馆情报类期刊少有员工问津,纯属摆设,馆员学术水平很难提升。县级图书馆不重视大环境的更替与发展,难免被时代抛弃。

### 2.4 人才缺失

地方文献建设工作中,人是关键,人才是核心。县级图书馆很难招聘到或培养出熟悉掌握图书情报学、文献学、网络信息学等专业的人才,导致无法细分管理、征集、应用等岗位,也无法保证甄别、筛选、加工、修复、宣传的效率和进度。人员信息服务水平偏低,也影响了数字化建设、网络导航等工作,难以适应"互联网+"环境下的民众需求。

## 3 策略和措施

县级图书馆若要加强地方文献建设,除了需要厘清各级图书馆各自的工作方向与重心,明确"藏是基础、用是根本"的指导思想,主要还是靠自身克服困难、加强创新与合作。

### 3.1 强化制度建设

#### 3.1.1 加强制度保障

图书馆各自应秉持省级研究、指导、评估,市级组织、串联,县级协调、执行的理念。各地还可以通过制定法规,进一步强化地方文献的呈缴本制度,明确图书馆与史志档案馆、博物馆、纪念馆等的分工。县级图书馆自身也需要制定适合自己发展的规章制度,使地方文献各项工作有章可循。如缙云县图书馆先后制定了"地方文献建设方针、经费保障制度、珍贵资料收购标准、建设目标考核与奖惩、岗位职责、读者查阅须知"六项规章制度;同时,在必要时刻无条件抽调人员协助,并在专项经费上实行按需开支,不设上限[7]。这不仅使硬件、资金有所保障,也对业务有了指导。

#### 3.1.2 落实评估与考核

大数据的发展为科学计量提供了无限的可能性,《莱顿宣言》中基于指标的科研评估十大原则的首条认为"量化评价应与质化评价有机结合"[8]。我国全国性行业标准《公共图书馆评估指标》中,未体现出县级图书馆"地方文献入藏"和"地方文献数据库建设"的量化要求[9],但《全国县级以上公共图书馆评估标准细则》中县级公共图书馆"业务建设"和"保障条件",尤其前者的工作组织、入藏、数据库建设三项内容中,有较详细的"指标解释"与"分项说明"可以借鉴。省内统一部署对地方文献进行考评,如浙江省图书馆界全省范围内的考评,用以了解各地地方文献的收藏情况及存在不足,并对下一步工作指明方向。县级图书馆内部也可以将地方文献建设作为重点考核项目。如江阴市图书馆(以下称江图)相关部门每年制定计划,令下一年的任务和目标更加明确;上层将业务量化考核作为相关员工的年度百分考核指标之一。此外,江图利用总分馆体系,将地方文献建设考评延伸至乡镇分馆,这不仅扩大了地方文献的征集范围,也对分馆具体工作有督促作用,见下表。

**江图分馆地方文献工作评分表**

| | 项　　目 | 总　分 | 附加分 | 详　情 |
|---|---|---|---|---|
| 地方文献 30分 | 1. 常年开展征集工作 | 10 | 5 | 征集工作全年开展并有专人负责,得5分;及时将上级资料上缴总馆有关部门,得5分 |
| | 2. 设有地方文献专柜或地方文献室 | 10 | 5 | 设有地方文献专柜得5分;设有地方文献室得10分 |
| | 3. 地方文献整理及使用 | 10 | 5 | 各类文献排放整齐,分类明确,有查询目录(纸质或电子),得5分;有使用记录资料(包括查询记录或图片资料等),得5分 |

### 3.2 完善征集体系

#### 3.2.1 充实内容

一是放宽内容,缓解产出不足。县级馆长期以来普遍将地方人士著述当作地方文献,故当浙江省公共图书馆界在研讨会重申"以内容涉及本地为地方文献唯一标准"的原则时,很自然地引发"不乐观,很忐忑",以致考虑到现实,大家妥协为"因捐赠等原因设有地方人士个人专藏专架的,允许按一定比例计入地方文献,县级馆总量控制在30%内"[10]。江图地方文献独立编目入藏阅览区专架,分成地方史志、地方纵览,自然科学、社会科学,文学著作、艺术图册陈列,地方人著作即是其中重要的一部分。

二是扎根民间,另辟新领域。县级图书馆无力持续购买正规出版物或寻求珍贵古文献,但可以多重视非正式出版物。如江图自2008年以来一直将家谱收藏作为特色馆藏之一,截至2019年底收藏近450种5000册,已形成一定规模,作为收藏大户直接参与全市《家谱提要》的编辑工作。江图还收藏了许多当地或周边地区新、旧报纸,如《苏南日报》《江阴日报》《今日霞客》《法尔胜报》等,部分已经停刊,但蕴藏了江阴当时许多城镇、乡村、企业的风貌及变迁,展示期间颇受读者欢迎。这些容易被忽略的报刊,往往能以独到的角度折射出当时社会的多个侧面。

三是挖掘整理,开发二次文献。拓宽二次文献信息开发的思路,进一步充实地方文献资源。比如江图正在编辑、校勘《宋江阴军志辑佚》,该书记录了江阴当时有关地理、经济、政治、文化、宗教、军事、人口、风土等发展演变的大量史料,还保留了《全宋诗》等缺载的大量诗文,具有较高的文学、历史价值,对研究当时的经济、社会史都可资参考。该书的出版还能最大限度复原宋代江阴方志的样貌,引领读者追寻历代江阴方志的文献源头。

### 3.2.2 开拓征集途径

一是建立通讯录,注重回溯性采集。地方名人阅历丰富,在本地具有一定影响力,尤其在外地工作或居住者,有着眷恋故土的情怀,很乐意提供文献。县级社会团体中的领导层往往同是名人或机关、企事业离休干部,他们对行业熟悉,还一直整理资料。江图近年来采取发函的形式收集到一些在外地的家乡人的著述。若保持联络,收集会更便捷、更具延续性。

二是拓展类别,做好新型资源采集。县级图书馆除了接受机构或个人捐赠,还可以通过对各界典型人物录取音像的方式记录下他们的经历、见闻,也可以对有文化价值的街道、村落、建筑、遗迹等进行拍摄。对于县域来说,内容全部或主要反映本区域的地方文献数量十分有限,大多散见于市省国级甚至境外的纸质文献或开放数据库中,工作人员可以进行搜集、影印或者下载、整理。这些工作既具有抢救意义,又能节省费用。

此外,旧书市场或网上商城等有售卖地方文献的,只要价格合理、品相完好,也可以进行采购。通过其他机构交换、转让、补缺、复印等,也是不错的征集方式。

## 3.3 提高服务效能

### 3.3.1 立足本土,培育特色

发挥本土特色打造品牌,可以以一驭万。江图 2012 年设立的徐霞客文献中心收藏了来自国内外的相关文献和资料,内容较全面,包括多版本多语言的《徐霞客游记》及相关研究、会议记录、剧本、碑文稿、书画作品、题词手稿、《梧塍徐氏宗谱》等,这些资料为大众读者展示了更加立体的"千古奇人"形象,也令研究者能在第一时间想到图书馆。此外,地方人著作展厅选取了近 170 名江阴籍古今作家的著述,分列"文坛奇葩""社科荟萃""科技群星"等类展示。江图历年来还推出了《纪念抗战胜利 70 周年》《徐中玉赠书》《江阴地方志》《江阴名人水墨画》等紧扣地方文化主题的展览。"展厅+展览"的模式让读者能更直观地感受深厚的地方文化底蕴。

### 3.3.2 依托平台,互动宣传

一是依托本馆现有的品牌栏目做宣传。县级图书馆讲座的听众基数有限,利用听众较多的栏目做宣传,是不错的选择。江图利用品牌栏目《暨阳大讲坛》开讲前的听众等待时间,以简明的图文结合的方式介绍地方文献馆藏情况和业务知识,这样不但缓解了单独举办缺少听众的尴尬局面,还强化了读者的捐赠意识。此外,江图还依托本馆"市民讲堂"平台邀请当地文化名人讲述地方文化,依托"江图之窗"活动举办与地方文化相关的展览,依托少儿馆"书海拾贝"活动举行地方文化竞猜等活动。跨部门合作,可以跳出"单打独斗"的困境,还能加深读者印象。

二是依托新媒体平台做推广。江图微信公众号的《信息摘编(文化)》栏目,当初以罗列文化政策为主推文,可惜阅读量并不理想,往往只有几十至一两百,改版为地方文化与政策结合推送之后,阅读量呈数倍、数十倍增长。随后江图又推出《澄江书林》《行摄江图》等栏目,效果依然不错,前者以小故事为主、地方文献为辅,后者以馆员出馆摄录小视频为主、地方文献为辅。将地方文献编辑成小故事,并结合当下热点人物或事件,以公众喜闻乐见的形式传播出去,形成"推送—引发兴趣—反馈"的良性互动。这些措施提高了地方文献利用率,推广了地方文化,也扩大了读者群和社会影响。

#### 3.3.3 突破传统,服务社会

应摒弃"地方文献仅供专业人员查阅"的传统观念,为本地经济社会发展搜集历史借鉴、提供决策依据。江图纸质刊物《文化聚焦》(现已改版为电子版《信息摘编·文化》)定期选编文化相关的内容,分为"要闻、政策、评论、地方、资讯"等版块,然后寄送到机关、乡镇街道等处,为政府提供文化方面较为科学的决策信息和案例。

应主动走出去,直接参与经济建设。江图参与了市政工程"南门风貌带和北大街建设",提供相关区域历史资料共12万字;参与江阴长江大保护展示馆"大江之阴"内容,提供相关文字6万余(占展览总量的约30%)。在非遗申报和认定过程中,地方文献可以提供佐证和历史依据。在文旅融合、乡村振兴的大背景下,地方文献的嵌入,可以为旅游发展提供史料支持、文化内涵及产品和项目的支持[11]。

### 3.4 加快数字化建设

首先,要有向泛在化服务转型发展的观念。泛在化的核心思想是信息技术将在任何时候、任何情况下都可以通过无线通信达到互联的状态,不仅包括人与人之间,还有人与物、物与物之间[12]。应用到图书馆界可以理解为在任何时空,采用任何途径,为任何读者提供任何种类的文献信息资源,改变到点开馆、到点闭馆的传统,实现数字化资源全天、全年开放的格局。县级图书馆在纸质馆藏方面不如中大型图书馆,更要有依靠数字化来弥补不足的洞察力。

其次,要建立和维护数字资源网站。可以采用技术外包方式,比如江图近几年与某信息技术公司合作,将近5000册特色馆藏文献数字化,包括地方文献、江阴人著作、家谱等,并上传至网站,供读者在线阅读(控制一定权限),其中家谱还单设网站,读者可以通过"题名、作者(主编或主修)、先祖、堂号、姓氏"等关键词检索、阅读。江图还建立"江阴记忆"平台,以图片、文字、音视频等多种形式展示本地区文化,设有江阴板块、非遗文化、江阴名人、自然人文、特色馆藏等多个板块,基本每半年围绕新主题对内容进行扩充,其中非遗也单设网站,图文并茂。县级图书馆也可以采用简易设备如数码相机、摄像机等将资料进行拍摄,以图片形式保存,建立元数据和文献目录、提要,方便读者检索和查阅。

最后,要突破限制以达到共建共享的目标。在公共文化领域,保证公众公平地获取信息早已成为各机构对社会职能的重要定位和共同使命,通过资源整合,集中优势发挥合力已经是大势所趋[13]。县级图书馆与各地其他图书馆建立联盟关系,可以改变自身在文献信息资源建设和读者服务方面的孤岛格局。另外,现如今史志档案馆、博物馆、文化馆、政府网站等各机构馆藏资源数字化均取得了一定进展,为开放互联和融会贯通奠定了基础,县级图书馆必须抓住机遇,既要舍得拿出去,也要努力请进来,尽量争取共建共享。值得注意的是:技术方面,因地方文献的"地域性"具有相对性,故在建立联合目录时有一定难度;在实现跨库检索之前,必须以统一标准化为基础,这一点可以参照《图书馆馆藏资源数字化加工规范》等国家标准及元数据规范类的行业标准;还有版权、所有权以及使用权等相关法律问题,有待长期探索。

### 3.5 引进社会力量

#### 3.5.1 壮大业务队伍

通过培训馆员可以缓解县级图书馆招聘难的处境。社会上接触地方文献相关业务的人

才比图书馆本身更广泛,请他们为馆员进行理论知识传授、业务培训能提高馆员情报意识、业务技能,调动其积极性。通过招募志愿者可以减轻政府和单位负担。志愿者可以参与到地方文化资源数字化、图片处理、视频制作等基础工作中,从而使馆员从一人多职的境况中解放出来,获得富余时间承担更细的分工。

### 3.5.2 开发文创产品

在《关于推动文化文物单位文化创意产品开发若干意见的通知》中,鼓励文化单位与社会力量合作,拓宽文化创意产品开发投资、设计制作和营销渠道[14]。县级图书馆可以和名人工作室合作,根据定制要求,提供地方文献中的地方元素,然后通过对方专业化运作,开发出具有地方特色的文创产品;也可以定制特色展览、文化交流等活动,为地方文献建设发挥意想不到的作用。

县级图书馆的地方文献资源建设任重而道远,既要从实际情况出发,有计划、有步骤地进行搜集、整理、服务、利用工作,又要不断克服困难、破旧立新,以紧跟时代的脚步。地方文献资源的建设工作只有不断完善,才能逐步打造出既有广度、又有深度的特色馆藏体系,使之成为当地乃至整个国家建设事业不可或缺的文化资源。

**参考文献**

[1] 赵大志.地方文献建设研究[M].成都:西南交通大学出版社,2012:27.

[2] 吴建中.高质量社会发展背景下图书馆面临的新课题[J].图书馆建设,2018(4):31-34,52.

[3] 张静.浅谈网络环境下县级图书馆地方文献建设[J].河南图书馆学刊,2017(37):92.

[4] 张贺.你的阅读,达标了吗(解码·书香中国)[N].人民日报,2020-04-21(12).

[5] 郝君.地方文献在提升公共图书馆核心服务能力的探讨[J].现代情报,2014(4)156-158,176.

[6] 陈汝模.我国地方性公共图书馆法规中有关地方文献条款内容分析与启示[J].图书馆理论与实践,2019(4):28-33.

[7] 樊咏梅,辛福民.县级图书馆地方文献工作的服务与实践[J].图书馆研究与工作,2015(1):75-76.

[8] HICKS D,WOUTERS P,WALTMAN L,etal:The Leiden Manifesto for research metrics[EB/OL].[2015-04-22].https://www.nature.com/news/bibliometrics-the-leiden-manifesto-for-research-metrics-1.17351.

[9] 中华人民共和国文化部.公共图书馆评估指标:第3部分县级公共图书馆:WH/T 70.3—2015[S].北京:国家图书馆出版社,2015:86,88.

[10] 袁逸.听取哇声一片——2012浙江省公共图书馆地方文献研讨会有感[J].图书馆研究与工作,2012(2):59-60,77.

[11] 甘肃省图书馆,中国图书馆学会地方文献专业研究委员会.文化、旅游与地方文献[G].北京:光明日报出版社,2020:45-47.

[12] 黄丽霞,陈新昕.泛在信息环境下数字出版经营模式发展研究[J].出版发行研究,2013(1):55-58.

[13] 张芳源,王铮.国外面向信息获取公平的图书馆档案馆博物馆资源整合环境分析[J].图书馆工作与研究,2016(2):14-19.

[14] 国务院办公厅.国务院办公厅转发文化部等部门关于推动文化文物单位文化创意产品开发若干意见的通知[EB/OL].[2016-05-16].http://www.gov.cn/zhengce/content/2016-05/16/content_5073722.htm.

# 公共图书馆面向未成年人群体的 PDA 策略研究

## ——以广州少年儿童图书馆"你拣书,我埋单,即借走"为例

邓伟富　戚敏仪(广州少年儿童图书馆)

读者决策采购(PDA),指根据读者的实际需求和使用情况,由图书馆确定购入,是一种新兴的文献采访模式。PDA 是 2011 年由美国引入我国,并受到国内图书馆界的广泛关注。

近年来,随着国内公共图书馆未成年人服务基础设施体量的迅速增长,未成年人阅读量的增长势如破竹,《2017 年广州市未成年人阅读报告》[1]显示:全国 0—17 周岁未成年人的阅读率为 85.0%,广州市未成年人的阅读率达 97.5%。未成年人已成为广州市公共图书馆的主要读者群体。因此,作为传统采购模式的有效补充,面向未成年人群体的 PDA 在国内公共图书馆尤其是专业少年儿童图书馆逐步得到重视。然而,关于公共图书馆未成年人群体 PDA 的实践总结及理论研究相对较少。笔者于 2020 年 3 月 20 日,以"未成年人"/"少年儿童"/"少儿"+"读者决策采购"/"PDA"/"荐购"为主题,在中国知网进行文献检索,仅得到与主题直接相关的文献 1 篇。

笔者认为,鉴于未成年人文献出版市场、未成年人认知与鉴别能力、信息素养差异、年龄异质性等因素,未成年人 PDA 与成人 PDA 相比,存在较大的不同。作为未成年人阅读向导者的公共图书馆有必要专门探究面向未成年人群体的 PDA 策略,使其健康高效发展。

## 1 未成年人 PDA 开展的考虑要素

笔者认为,公共图书馆开展面向未成年人的 PDA 应考虑少儿出版市场、未成年人认知水平及信息素养差异、年龄异质性、馆藏发展规划等要素。

### 1.1 未成年人文献出版市场特点

目前,国内未成年人文献出版主要存在以下不足:(1)选题结构不均衡,如未成年人科普类图书出版较少,而文艺类较多,导致科普类少儿文献供不应求,而文艺类少儿文献供大于求。(2)未成年人文献同质化严重。不少出版社为了提高经济效益,大量出版市场需求较高的未成年人读物,出现内容、书名、装帧雷同的未成年人文献较多。(3)低俗读物大量涌现。在经济利益驱动下,为了作品畅销,不少所谓的"童书"走向了低俗化,内容尽是成人语言,甚至充斥暴力、色情。因此,为公共图书馆未成年人 PDA 带来一定挑战。

### 1.2 未成年人信息素养差异

未成年人对读物的鉴别能力及个体信息素养的差异,在一定程度上影响 PDA 的效能与个体收益。我国信息素养教育起步较晚,尤其是面向青少年的信息素养教育发展较为缓慢,以

致我国未成年人掌握信息检索方法,分析组织、整理、归纳、鉴别与利用信息的能力,还需要进一步培养与提高。未成年人信息素养整体水平不高,使得公共图书馆将采购权交付给未成年人读者存在一定的障碍因素。

### 1.3 未成年人年龄异质性

不同年龄阶段的未成年人,其认知水平和阅读水平有着明显的阶梯性。国际图联《婴幼儿图书馆服务指南》《儿童图书馆服务指南》及《青少年图书馆服务指南》当中的"读物与选择标准"条款,均对"年龄阶段适应性"予以强调[2-4]。作为公共图书馆文献资源建设的一部分,未成年人PDA也应考虑年龄异质性,提供分级阅读导向。

### 1.4 图书馆馆藏发展规划

公共图书馆把文献采购权交给未成年人读者,在一定程度上满足了少儿读者的个性化阅读需求,但也可能导致馆藏系统的失衡及文献资源建设质量良莠不齐。在未成年人PDA实践中发现,少儿读者选书存在一定的随意性。少儿读者普遍缺乏专业的图书馆采购知识,选购图书完全出于自身喜好。如在对广州少年儿童图书馆"你拣书,我埋单,即借走"PDA借阅数据的分析中发现,部分偏门图书至今为零续借。另外,在选择丛书和多卷书时,出现分册遗漏现象,这在一定程度上影响资源建设的系统性完整性及馆藏体系结构。因此,未成年人PDA的开展应考虑其对图书馆馆藏发展规划的影响。

## 2 未成年人PDA策略分析——以广州少年儿童图书馆为例

广州少年儿童图书馆作为广州市唯一独立建制的少儿图书馆,是全市未成年人文献建设的资源中心,肩负着向广大少年儿童读者提供优质读物的重任。打造未成年人PDA模式,使未成年人优质文献高效、快速地到达小读者手中,而又重视图书馆对未成年人的阅读向导是资源建设的宗旨。广州少年儿童图书馆于2015年开始,在南国书香节现场携手中标供应商举办"你拣书,我埋单,即借走"读者决策采购活动。南国书香节由广东省委宣传部、广东省新闻出版局等部门牵头主办,是广东文化强省建设的文化品牌项目。广州少年儿童图书馆乘借这一阅读大事件时点切入,与优质图书供应商合作,使读者在活动现场免费把新书带回家。2015—2019年活动期间,读者决策采购文献12.65万册,参与读者11159人次,合计362.7万元。近年,广州少年儿童图书馆全新打造"你拣书,我埋单,即借走"读者决策采购服务模式。在南国书香节现场荐购服务的基础上,相继推出线上读者决策采购服务及本馆阵地读者决策采购活动。"线上线下"服务双重推出,读者既可以到南国书香节现场感受浓厚的荐购氛围,亦可足不出户,24小时畅享网上荐购图书的乐趣。2018年起首次开启在本馆阵地馆开展读者决策采购活动,送惊喜同时更便民,读者能更方便地实现一站式办证、借还、续借等需求,不少读者在现场腾空卡中图书,尽情过把全新图书荐借瘾。

广州少年儿童图书馆"你拣书,我埋单,即借走"读者决策采购项目经过五年完整实践运行,注重从未成年人的认知水平、阅读习惯及少儿出版物特点出发,打造未成年人PDA服务模式,并取得了积极成效。

## 2.1 合理分配未成年人 PDA 经费

公共图书馆应根据文献采购经费情况,馆藏发展政策,出版市场情况,技术人员、文献资源建设人员的配备,中标书商的水平等,确定 PDA 采购经费与总采购比例。以广州少年儿童图书馆为例,每年用于普通中文图书采购的经费为 780—880 万,根据馆藏发展、未成年人读物出版情况及中标商资质等因素,每年用于未成年人 PDA 的经费约为 60—80 万,占比 7%—9%。

## 2.2 严格未成年人 PDA 书目控制

广州少年儿童图书馆每年"你拣书,我埋单,即借走"未成年人 PDA 项目开展前均进行严格的书目筛选工作。一方面对未成年人文献进行质量把关,从少儿书目版本、译本、出版社、作者、题材形式等全方位进行精心初选把控;另一方面,根据馆藏结构及未成年人阅读重点趋势,加入人工干预要素,充分发挥阅读导向职能。对书目主题、学科、类别结构进行倾向性的人为调整,以确保未成年人 PDA 的质量。近年未成年人文献出版市场,儿童文学占比约为 30—35%,绘本约为 20—25%,儿童科普/百科约 20%,幼儿启蒙约 10%,动漫/卡通约 5%,少儿英语约 4%,手工/游戏约 4%,智力开发 3%,励志/成长 1—2%,美术/书法约 1%。结合馆藏发展规划、馆藏结构及读者需求,在未成年人 PDA 书目控制中适当提高了科普、绘本、动漫类的品种占比,使其符合广州少年儿童图书馆的馆藏发展规划。

## 2.3 实行可采购复本数动态控制

未成年人 PDA 所限制的可采购复本太少,则不能满足读者需求,而复本太多,馆舍物理空间无法存放且有可能造成重复利用率低,文献复本量的控制是公共图书馆开展未成年人 PDA 需重点考虑的问题。

广州少年儿童图书馆在开展未成年人 PDA 过程中,根据已有馆藏数、文献在馆数、价格、作者信息、获奖信息、优秀童书品牌等若干要素,针对未成年人文献特有的类目细分制定借阅细则及动态调整可借复本量,如下表:

表 1 广州少年儿童图书馆未成年人 PDA 可采购复本量

| 一级主题 | 二级主题 | 馆藏已有复本范围 | PDA 可采购复本上限 | 备注 |
| --- | --- | --- | --- | --- |
| A 马列毛邓 | | 馆藏<=5 且可借量<=3 | 5 | |
| B 哲学、宗教 | | 馆藏<=5 且可借量<=3 | 5 | |
| C 社会科学总论 | | 馆藏<=5 且可借量<=3 | 5 | |
| D 政治、法律 | | 馆藏<=5 且可借量<=3 | 5 | |
| E 军事类 | | 馆藏<=8 且可借量<=5 | 8 | |
| F 经济类 | | 馆藏<=5 且可借量<=3 | 5 | |

续表

| 一级主题 | 二级主题 | 馆藏已有复本范围 | PDA可采购复本上限 | 备注 |
|---|---|---|---|---|
| G 文化、科学、教育、体育 | 小学各科教辅 | 馆藏<=5且可借量<=3 | 5 | |
| | 中学各科教辅 | 馆藏<=5且可借量<=3 | 5 | |
| | 小学生作文 | 馆藏<=5且可借量<=3 | 5 | |
| | 中学生作文 | 馆藏<=5且可借量<=3 | 5 | |
| | 低幼读物 | 馆藏<=10且可借量<=6 | 10 | |
| | 游戏类 | 馆藏<=8且可借量<=5 | 8 | |
| | 健康教育 | 馆藏<=5且可借量<=3 | 5 | |
| | 其他 | 馆藏<=5且可借量<=3 | 5 | |
| H 语言、文字 | 拼音读物 | 馆藏<=10且可借量<=6 | 10 | |
| | 英汉对照读物 | 馆藏<=5且可借量<=3 | 5 | |
| | 古代汉语读物 | 馆藏<=5且可借量<=3 | 5 | |
| | 其他 | 馆藏<=5且可借量<=3 | 5 | |
| I 文学 | 中国原创绘本 | 馆藏<=10且可借量<=6 | 10 | 丰子恺奖、信谊图画书奖、凯迪克奖、格林纳威奖、国际安徒生大奖馆藏<=15，可采购复本上限为10 |
| | 外国绘本 | 馆藏<=10且可借量<=6 | 10 | |
| | 中国古代章回体小说 | 馆藏<=5且可借量<=3 | 5 | |
| | 中国现代小说 | 馆藏<=5且可借量<=3 | 5 | |
| | 中国科幻中长篇小说 | 馆藏<=8且可借量<=5 | 8 | |
| | 中国儿童文学（诗歌） | 馆藏<=8且可借量<=5 | 8 | 杨红樱、曹文轩、沈石溪、郑渊洁、伍美珍等名家作品及国际大奖作品馆藏<=15，可采购复本上限为10 |
| | 外国儿童文学（诗歌） | 馆藏<=8且可借量<=5 | 8 | |
| | 中国儿童文学（童话） | 馆藏<=8且可借量<=5 | 8 | |
| | 外国儿童文学（童话） | 馆藏<=8且可借量<=5 | 8 | |
| | 中国儿童文学（小说） | 馆藏<=8且可借量<=5 | 8 | |
| | 外国儿童文学（小说） | 馆藏<=8且可借量<=5 | 8 | |
| | 中国儿童文学（散文） | 馆藏<=8且可借量<=5 | 8 | |
| | 外国儿童文学（散文） | 馆藏<=8且可借量<=5 | 8 | |
| | 其他 | 馆藏<=5且可借量<=3 | 5 | |
| J 艺术 | 动漫、连环画 | 馆藏<=10且可借量<=6 | 10 | |
| | 其他 | 馆藏<=5且可借量<=3 | 5 | |

续表

| 一级主题 | 二级主题 | 馆藏已有复本范围 | PDA可采购复本上限 | 备注 |
|---|---|---|---|---|
| K 历史、地理 | 世界中国史普及读物 | 馆藏<=5 且可借量<=3 | 5 | |
| | 传记 | 馆藏<=5 且可借量<=3 | 5 | |
| | 风俗习惯 | 馆藏<=8 且可借量<=5 | 8 | |
| | 世界、中国、各国地理 | 馆藏<=5 且可借量<=3 | 5 | |
| | 其他 | 馆藏<=5 且可借量<=3 | 5 | |
| N－X 自然科学类 | 数理科学和化学 | 馆藏<=5 且可借量<=3 | 5 | |
| | 天文学、地球科学 | 馆藏<=8 且可借量<=5 | 8 | |
| | 生物科学 | 馆藏<=5 且可借量<=3 | 5 | |
| | 医药、卫生 | 馆藏<=5 且可借量<=3 | 5 | |
| | 农业科学 | 馆藏<=5 且可借量<=3 | 5 | |
| | 工业技术 | 馆藏<=5 且可借量<=3 | 5 | |
| | 交通运输 | 馆藏<=5 且可借量<=3 | 5 | |
| | 航空、航天 | 馆藏<=8 且可借量<=5 | 8 | |
| | 环境科学、安全科学 | 馆藏<=5 且可借量<=3 | 5 | |
| Z 综合性百科全书 | | 馆藏<=5 且可借量<=3 | 5 | |

馆藏复本足够且在架上,通知读者直接到馆借阅;
复本足够但均不在架,提示读者可进行预约;
文献在订购或加工编目中,提示读者等待;
符合上表条件且文献单册实洋<=100元,属可借范围。
注:可借量为馆藏已有文献在馆量

### 2.4 注重未成年人信息素养提高

信息素养是信息化时代人们应当具备的一种综合能力,它包括能正确明晰自己信息需求的良好信息意识,能有效收集、加工、评价、管理信息的技能,以及能正确衡量信息真善美的信息道德伦理和法律意识。未成年人信息素养的高低直接影响未成年人PDA开展的质量及个体效益。

广州少年儿童图书馆在开展未成年人PDA项目的同时,针对项目开展未成年人信息素养培训,以培养未成年人搜商水平,提高信息导航能力。如专门开设面向未成年人的"文献检索与利用"课程,系统地对未成年人进行培训,帮助小读者熟悉线上PDA界面各功能模块,利用导航及搜索引擎找到所需的图书,并教会小读者相关的检索策略、检索技巧,帮助小读者如何就某一主题进行文献信息检索。另外,在线上PDA网站为未成年人专门提供培训课件。

### 2.5 注重PDA开展的年龄针对性

皮亚杰[5]根据未成年人认知发展按年龄分为四个阶段,即0—2岁的感知运动阶段,2—7

岁的前运算阶段,7—12岁的具体运算阶段,12—15岁的形式运算阶段。《青少年图书馆服务指南》指出,"青少年是一个异质性较强的群体,他们的兴趣、成熟度、需求和能力存在很大的差异,需要提供包括幽默作品、通俗读物、杂志等印刷读物,以及有声书、音乐、多媒体、网络与数据产品等非印刷型资料"[4]。因此,图书馆开展未成年人PDA同样需要注重服务的年龄针对性。

广州少年儿童图书馆线上未成年人PDA界面中,可选文献按主题划分的同时也按年龄进行划分,分为0—3岁,4—6岁,7—12岁及12—15岁。0—3岁是语感形成期及语言迅速发展期,入类简单重复的低幼故事、童谣儿歌等;4—6岁是前运算阶段,知识大部分来源于自身知觉,通过语言和想象来发展符号化的图式。对这个阶段的孩子,如何养成良好的生活习惯、阅读习惯,如何提高情商、智商较为重要,主要入类生活习惯、情商情感培养类读物;7—12岁为具体运算阶段,具有更强的逻辑思维能力,能用逻辑能力来比较对立的理论,同时也是自主阅读的形成阶段,重点入类带文学性描述,培养自主思考能力的语言、科普、艺术类书籍;12—15岁处于形式运算阶段,大部分孩子处于青春期。他们能够多角度看待自己和周围的事物,可意识到事情是在发展变化的,可对自己的行为结果做出适当的预期,阅读理解能力接近成人但仍然喜欢幻想。对于这一年龄段,广州少年儿童图书馆主要入类幻想类儿童文学、优秀名著以及关于人际关系、家族关系等类别的未成年人文献。

### 2.6 有效评估未成年人PDA效能

前文提及,未成年人PDA受到少儿文献出版市场、未成年人认识水平、信息素养差异等因素影响,因此,有必要对未成年人PDA进行定期评估。广州少年儿童图书馆参考美国大学图书馆现有的counter报告评估模式及馆藏资源基本要素评估两种PDA评估模式。结合实践情况,加入归还率、现场办证量、主题关联要素评估、馆员评价指标,构建了未成年人PDA评估体系[6](见表2)。利用评估体系,定期开展未成年人PDA评估,使其高质量健康发展,真正成为传统文献采购的有益补充。

表2 广州少年儿童图书馆未成年人PDA评估体系

| 一级指标 | 二级指标 | 指标解释(备注) |
| --- | --- | --- |
| 读者参与量 | 参与人次 | |
| 采购数量 | 采购册数 | |
| 采购成本费用 | 采购码洋 | |
| 现场办证量 | — | |
| 文献归还率 | — | 一定时间段内荐购文献归还数与荐购文献总数之比 |
| 文献再利用评估 | 重复利用册数占比 | 一定时间段内荐购文献重复利用册数占已还荐购文献总册数的比例 |
| | 重复利用率 | 一定时间段内荐购文献被借阅册次与已还荐购文献总册数之比 |
| | 复借次数占比 | 一定时间段内荐购文献被重复借阅达一定次数的册数与已还荐购文献总册数之比 |

续表

| 一级指标 | 二级指标 | 指标解释（备注） |
|---|---|---|
| 主题要素评估 | 文献主题结构 | 荐购各类文献比例（与馆藏各类文献结构对比） |
| | 读者年龄与主题关联 | |
| | 读者性别与主题关联 | |
| | 主题与主题关联 | |
| | 书名主题分析 | 词频分析等 |
| 出版社要素评估 | | |
| 作者要素评估 | | |
| 平均利用成本 | | 采购费用与借阅册次之比 |
| 读者满意度 | | 通过问卷调查、面对面交谈、微信号、官网留言 |
| 馆员满意度 | | 馆员对书商成熟度、读者诚信度、文献质量等不可量化的因素进行评价 |

依据上述PDA评估体系，广州少年儿童图书馆对2016—2019年未成年人PDA数据做了评估：（1）归还率。2016—2019四年间PDA文献归还率为95.53%。未成年人读者总体诚信度较高。（2）再利用情况评估。近四年PDA文献再利用册数占比为96.62%，半年来总体利用率达258%，重复利用达5次及以上文献占比为58.7%，读者对PDA文献再利用热情不减。（3）主题要素分析。儿童文学小说及动漫卡通为少年儿童读者阅读的主流。儿童文学小说荐借量总体占比17.2%，居各类占借比例之首。其次为动漫卡通，总体占比16.34%；绘本荐购量占比逐年递增，渐成阅读风尚；低幼读物及拼音读物荐购占比逐年递增，幼儿阅读日益受到重视。（4）出版社要素评估。PDA图书主要以专业少年儿童出版社出版文献为主。（5）作者要素评估。PDA图书热门作家排行前十中，主要以国内流行儿童文学作家为主，杨红樱居榜首。（6）平均利用成本。近四年广州少年儿童图书馆传统采访模式购入文献52.3万册，购入经费为1307.5万元，2019年1—6月借阅册次为162.9万册次，每次借阅平均成本为8.02元/次。相对于传统模式，对近四年基于PDA入藏图书进行统计，入藏量为6.09万册，购入经费为152.25万元，2019年1—6月借阅册次为24.1万册次，平均成本为6.32元/次。（7）读者满意度。未成年人读者对PDA的整体满意度达95%以上，对某些环节也提出了宝贵意见。主要包括延长时间，增加合作书店数量，提高图书摆放关联度。（8）馆员满意度。馆员对PDA的意见有：可供荐购的文献种类、结构可适当充实完善等。

## 2.7 发挥公共图书馆未成年人阅读导向职能

开展未成年人PDA，把采购决策权交付给小读者，但并不意味着公共图书馆导读职能的缺失。相反，公共图书馆通过未成年人PDA能更有效地演绎阅读导向角色。在广州少年儿童图书馆未成年人PDA实践的5年中，相关数据显示，部分孩子存在"信息茧房"现象。信息茧房[7]是指人们的信息领域会习惯性地被自己的兴趣所引导，从而将自己的生活桎梏于像蚕茧一般的"茧房"中的现象。处于"信息茧房"的读者，会被兴趣所误导，困在狭窄的认知领域中。

因此,通过相关的PDA大数据分析,帮助未成年人走出"信息茧房",帮助其发现从未想过要借阅却有实际需求的文献资源,是公共图书馆开展未成年人PDA应该关注的重点。广州少年儿童图书馆在未成年人PDA项目开展过程中,根据实时数据分析,进行数据挖掘,平衡国内与国外作家、文学与科普、题材与体裁、经典与时尚等因素,有针对性地向未成年人推送相关图书信息;并配合"中国10大好书"、"羊城之夏"10本好书等奖项的公布,对优质文献进行重点推送。

**参考文献**

[1] 潘燕桃,等.2017年广州市未成年人阅读年度报告[J].图书馆论坛,2017,37(6):104-110.

[2] IFLA.Guidelines for library services to babies and toddlers[EB/OL].(2016-12-20)[2016-12-20].http://archive.ifla.org/VII/d3/pub/Profrep100.pdf.

[3] 国际图联.儿童图书馆服务指南[EB/OL].(2016-12-20)[2016-12-20].http://www.ifla.org/files/libraries-for-children-and-ya/publications/guidelines-for-childrens-libraries-serviceszh.pdf.

[4] IFLA.Guidelines for Library Services For Young Adults[EB/OL].[2011-06-17].http://archive.ifla.org/VII/s10/pubs/ya-guidelines-en.pdf.

[5] 皮亚杰,加西亚.心理发生和科学史[M].姜志辉,译.上海:华东师范大学出版社,2005:17-18.

[6] 戚敏仪,邓伟富.读者决策采购效能评估与实践研究[C]//广东图书馆学会.2018年广东图书馆学会学术年会获奖论文集.广州:广东图书馆学会,2018:97-108.

[7] 桑斯坦.信息乌托邦:众人如何生产知识[M].北京:法律出版社,2008.

# 多源数据驱动的高校馆藏图书绩效评估研究

王利君　刘　微(中南大学图书馆)

随着大数据时代的到来,以纸质馆藏为基础的传统图书馆正遭受挑战,尽管数字资源在馆藏资源中的比重日益增大,但传统纸质馆藏资源仍占据举足轻重的地位[1]。目前,国外图书馆已意识到这个问题,开始积极关注纸质资源的绩效管理。美国研究型图书馆协会(ACRL,Association of College & Research Libraries)在2015年发布的高校图书馆环境扫描报告中指出,纸质馆藏管理还是未来高校图书馆工作重点,图书馆需对纸质资源实践和战略进行重新评估[2]。随后,ACRL在2017年的高校图书馆环境扫描报告中,将文献资源的绩效管理总结为研究型图书馆发展的趋势之一[3]。2019年12月,我国教育部将"211工程"和"985工程"等重点建设项目统筹为"双一流"建设,"双一流"提出了"以一流为目标、以学科为基础、以绩效为杠杆、以改革为动力"的基本原则[4],强调了绩效考核、动态调整,突出了绩效管理的重要性。在这背景下,高校图书馆如何实现纸质馆藏绩效管理,提升文献资源建设质量和成效,对接学校"双一流"建设目标,是新时期高校图书馆要思考和关注的问题。

对纸质馆藏图书进行科学的绩效评估研究,建立科学的绩效评估指标体系能够为图书馆合理利用文献资源建设费用、优化馆藏布局提供决策参考。随着大数据时代的到来,馆藏图书基于"采—编—典—藏—流"整个生命周期会产生一系列的数据,挖掘这些数据背后隐匿的关联信息,能多维度、更直观地反映图书的绩效情况,促使图书绩效评估工作更加精准化、直观化和细致化,这将改变传统图书馆的绩效评估方式。本研究基于大数据驱动视角,从馆藏图书的数量、质量、利用和管理四个维度出发,采用定量和定性相结合方法来构建图书馆馆藏图书绩效评估体系,以期为国内图书馆纸质馆藏评估和管理工作提供参考和借鉴。

## 1 馆藏图书绩效评估研究现状

馆藏绩效评估是馆藏建设的重要内容,国内对图书馆传统馆藏评估研究开始于20世纪80年代,而传统馆藏评估研究的主要对象就是纸质图书,研究的内容主要集中在馆藏评估内容、评估指标体系构建和评估方法等方面。传统馆藏评估的内容主要涉及馆藏文献数量、质量、结构和利用率分析等方面,其评估指标体系也是相应地围绕馆藏的规模、合理性、藏书结构和利用情况等来构建。如吉汉强设计的文献资源绩效指标体系是由5个一级指标、25个二级指标和16个三级指标组成,其中选取的5个一级指标分别是文献数量、文献质量、文献建设水平、文献利用成本和利用情况[5]。随着新技术和新理念在图书馆的使用,图书馆形态发生了变化,唐清从智慧图书馆角度出发,基于"借—阅融合视角",在进行纸质图书绩效评价时,引入了时间维度,从用户维度、资源维度和时间维度三方面构建了纸质图书利用评价模型[6],为纸质图书绩效评估提供了量化依据,具有良好的理论和实践价值。

馆藏评估需采用一定的方法,目前国内馆藏评估尚未形成统一的方法,我国图书馆传统馆藏评估方法目前主要有定性评估法、定量评估法、定量与定性相结合的综合评估法。定性评估法主要有直接观测法、专家评估法、读者评估法等。定量评估法主要有书目核对法、藏书结构法、引文分析法和统计分析法[7]。这些评估方法主要通过多方经验、各种调查问卷和简单数据统计实现,能够定量的指标不多,评估结果往往不够严谨,具有一定的主观性。其后,层次分析法、系统综合评估法等综合评估法的使用则使评估方法更加精确和科学。

虽然国内学者已从不同方面研究了馆藏图书的绩效评估,相关研究内容全面,分类详细,但目前仍然存在一些问题。首先,馆藏评估的指标一般较为复杂,侧重定性分析和规范研究,数据不易获取。其次,随着大数据时代的到来,图书馆产生了海量的主观和客观数据,绩效评估工作内容和指标也会发生变化,图书馆馆藏评估应由"经验驱动"转为"数据驱动"。针对此,本文通过建立科学的馆藏图书绩效评估指标体系,将馆藏图书资源质量及服务效果进行量化,通过对所建指标进行绩效评估和分析,及时发现存在问题及改善措施,以期有效提升文献资源服务质量。

## 2 多源数据驱动的馆藏图书绩效评估

大数据的迅速发展和广泛应用掀起了图书馆行业的巨大变革,开启了图书馆行业的大数据时代[8]。大数据时代,图书馆的决策不再是某个人的工作经验或领导意识,各个决策的重要依据是多维运行数据,尽量"用数据说话,用数据决策,用数据创新"[9]。将馆藏图书管理中所产生的数据,引入馆藏图书的绩效评估中,能使评估工作细致化、科学化和合理化。数据驱动的馆藏图书绩效评估首先要明确,馆藏图书在进行加工和使用的各个环节中会产生什么类型的数据,基于这些数据怎样进行绩效评估。纸质图书在"采—编—典—藏—流"整个生命周期会产生的一系列数据,可以将这些馆藏数据分为人员数据、资源数据和行为数据三类。人员数据分馆员数据和读者数据,包括馆员数量、学历、职称和读者的种类、数量、院系等。资源数据包括图书馆馆藏的文献资源数据,读者对文献资源的评价数据、对文献资源的获取期望、文献资源的购买建议等个性化数据。行为数据包括馆员在工作流程中所产生的图书采访、编目和典藏等管理数据,以及读者在文献资源利用过程中所产生的借续还、阅览、入馆等流通数据(见表1)。

在复杂化的数据来源和管理中,只有深入挖掘出馆藏图书配置与服务之间的数据关联关系,由传统的"经验管理"模式向"数据管理"模式转变,才能使馆藏图书绩效评估指标体系更加精确化和科学化,才能推动高校文献信息资源配置与服务的智能化,从而提高文献服务效率和水平[10]。

表1  基于图书馆馆藏图书生命周期的数据类型

| 人员数据 | 馆员数据(数量、学历、职称等),用户数据(用户数量、级别、学科、能力、兴趣等) |
|---|---|
| 资源数据 | 馆藏图书数据、书目数据、资源采购数据、资源评价数据、资源推荐数据、资源期望数据等 |
| 行为数据 | 采访数据、编目数据、典藏数据、咨询数据、流通数据(借、还、续借、超期、罚款、反馈等数据) |

## 3 多源数据驱动的馆藏图书绩效评估指标体系构建

### 3.1 评估指标的原则

高校图书馆文献资源的绩效主要体现在为学校学科发展和学术交流提供高质量的信息资源,对文献资源进行绩效评估要进行多维度、多方面的综合评估,评估指标体系的构建要从高校图书馆文献资源的建设和发展现状出发,结合文献资源的特殊性,遵循以下原则:

(1)科学性:科学性是指评估指标要符合实际情况,能够反映评价对象的本质和内在规律,只有符合科学性原则,获得的数据和信息才具有公正性和客观性,评价的结果才具有权威性。

(2)系统性:高校图书馆文献信息资源是一个相互关联的有机整体,各指标之间有一定的逻辑关系,要从不同的侧面反映出馆藏图书绩效情况。不仅要反映文献资源的数量、质量、利用等各个方面的实际情况,也要反映读者、馆员、文献资源加工的业务流程等与文献资源潜在相关的各方面情况。

(3)可操作性:评估指标体系是为了实际运用才设计的,所以指标的设计应该概念明确、定义清楚,能够较为方便地采集和搜集数据,简而言之,指标体系在合理性的条件下需尽量简化,使其具有可操作性。

### 3.2 评估指标的构建

笔者在前人研究基础上,参考《文献和信息—图书馆绩效指标》《普通高等学校图书馆评估指标(修改稿)》等文件,结合高校文献资源建设的实际情况和特点,从文献数量、文献质量、文献利用、文献管理四个维度出发,基于大数据视角,构建了基于多源数据驱动的馆藏绩效评估体系。构建的评价指标体系如表2所示。指标评价标准参考了《普通高等学校基本办学条件指标(试行)》《普通高等学校图书馆馆藏评价指南》《中国文献编目规则》。

本文首先以广泛的文献调查为基础设计出调查表,邀请了20位由图情专家和图书馆工作人员组成的专家组参与问卷调查,对各层级指标的重要性进行排序并打分,然后,运用层次分析法得出各级指标的具体权重系数。

(1)文献数量:描述馆藏文献保障程度,它是评价馆藏的一个重要指标,是衡量图书馆事业发展情况的主要标志之一,也是制定图书馆发展战略的重要依据。馆藏数量评价主要由生均图书、生均年进书量和学科资源覆盖率三项指标组成,反映图书馆馆藏数量和文献更新的效率。

表2 文献数量的评价指标

| 名 称 | 评价指标 | 计算公式 | 评分标准(满分为100分) | 权 重 |
|---|---|---|---|---|
| 文献数量 | 生均图书 | 馆藏纸质图书总数/折合在校生数 | 100册/人,少1%扣1分 | 0.270 |
| | 生均年进书量 | 当年新增图书数/折合在校生数 | 4册/人,少1%扣1分 | 0.328 |
| | 学科资源覆盖率 | 馆藏学科文献量/学科文献出版量 | ≥80%,降低1%扣3分 | 0.402 |

(2)文献质量:图书馆在满足文献数量的同时,也要关注馆藏文献的质量,高校图书馆馆藏应建立以本校学科建设为中心的文献保障体系,适应学科建设需要和发展。馆藏质量评价指标通过核心图书占有率、当年出版图书占有率和核心出版社占有率等来评价、反映馆藏图书的质量和新颖性。

表3 文献质量的评价指标

| 名 称 | 评价指标 | 计算公式 | 评分标准(满分为100分) | 权 重 |
|---|---|---|---|---|
| 文献质量 | 当年出版图书的入藏比例 | 当年出版图书入藏册数/当年入藏图书总册数 | ≥60%,降低1%扣2分 | 0.312 |
| | 核心图书占有率 | 本馆收藏的该学科核心图书/该学科所有核心图书 | ≥80%,降低1%扣2分(即79%为98分) | 0.416 |
| | 外文图书经费比例 | 当年外文图书经费/当年图书总经费 | ≥30%,降低1%扣4分 | 0.272 |

(3)文献利用:文献利用是馆藏图书资源建设绩效评估的关键指标,反映文献资源的使用情况,把馆藏资源的效益评估融入可以计算的馆藏利用率之中,借助文献利用率指标,体现纸质馆藏资源质量、馆藏结构等方面的情况。主要表现在读者满意度、图书借阅量和利用率等指标上。

表 4　文献利用的评价指标

| 名　称 | 评价指标 | 计算公式 | 评分标准（满分为100分） | 权　重 |
|---|---|---|---|---|
| 文献利用 | 读者满意度 | 以读者问卷调查方式获取 | ≥90%，降低1%扣3分 | 0.304 |
| | 人均借阅量 | 当年内外借总量/成员用户数量 | ≥25册，少1册扣5分 | 0.272 |
| | 馆藏利用率 | 被记录的特定馆藏借阅数量/特定馆藏文献总量 30% | ≥60%，降低1%扣3分 | 0.217 |
| | 人均阅览次数 | 当年读者到馆阅览总次数/总读者人数 | ≥30次，少1次扣3分 | 0.207 |

（4）文献管理：文献管理包括图书的加工效率和馆员自我发展两部分，能直接反映图书馆文献资源服务的效率，将其增加到评估指标体系中，能更加全面、系统地评估图书馆资源建设。

表 5　文献管理的评价指标

| 名　称 | 评价指标 | 计算公式 | 评分标准（满分为100分） | 权　重 |
|---|---|---|---|---|
| 文献管理 | 文献采访效率 | 即文献从采购到入藏所需时间 | ≤60天，超出1天扣2分 | 0.212 |
| | 文献加工效率 | 平均每人每月验收编目加工图书册数 | ≥1000册，少1%扣2分 | 0.162 |
| | 著录的准确性 | 书目数据标引和分类是否正确，标准化著录，如错误，则记为不合格 | 抽样调查，数据差错率≤1%，不合格，扣5分 | 0.253 |
| | 书标合格率 | 图书的书标贴的是否正确 | 抽样调查，数据差错率≤1%，不合格，扣5分 | 0.152 |
| | 馆员业务培训 | 人均参加培训次数 | ≥2次/年，少一次扣30分 | 0.118 |
| | 学术交流、研讨会 | 人均参加学术交流次数 | ≥2次/年，少一次扣30分 | 0.103 |

纸质图书之前是图书馆最重要的资源，随着数字化时代的到来，电子资源在图书馆总体馆藏中所占的比重越来越大，这给纸质图书带来了巨大的冲击和挑战。在此背景下，图书馆有必要从专业思考角度，更好地去平衡"藏"与"用"的矛盾，优化选书机制，提高图书馆藏质量。随着大数据时代的到来，图书馆各个工作环节都会产生大量的数据，对这些数据进行采集和分析，运用到图书馆馆藏图书绩效评估中，能使评估工作更加精准，更好地帮助图书馆了解用户需求，满足读者个性化和定制化的需求，优化馆藏图书结构配置，提升图书馆服务效果。

叶继元于2010年提出了"全评价"理论方法，提出使用"评价主体、评价客体、评价目的、评价标准及指标、评价方法和评价制度"6要素及"形式、内容和价值、效用"3个维度去对馆藏进行评估，倡导馆藏精细评价、分类评价，即针对图书馆馆藏的图书、期刊、报纸做出具体评价，这样可以促使馆藏评估更加具有针对性和准确性[11]。本文从馆藏精细评价角度出发，对图书馆馆藏的纸质图书进行绩效评估，具有较强的针对性和精确性。合理的高校图书馆藏绩效评估体系，对优化图书馆藏结构配置、提高图书资源利用率、提升图书馆资源建设和服务的管理水平、拓展纸质资源管理工作的新视野等具有重要的借鉴意义。

## 参考文献

[1] 何静.馆藏资源评价研究述评[J].情报资料工作,2012（1）:42-47.
[2] 许娜,闫智,杨红,等.SCS及其对纸质馆藏绩效评估和价值分析的意义[J].图书情报工作,2016,60（2）:71-76.
[3] 张洁,李芳,"高校文献资源建设与绩效管理研讨会"综述[J].图书馆杂志,2018（8）:36-42.
[4] 中华人民共和国国务院.统筹推进世界一流大学和一流学科建设总体方案[EB/OL].[2019-12-12].http://www.gov.cn/zhengce/content/2015-11/05/content_10269.htm.
[5] 吉汉强,李丽舒,黄超云,等.文献资源建设绩效评价指标体系构建的实践研究[J].图书馆建设,2011（4）:26-30.
[6] 唐清,唐振贵.借—阅融合视角下智慧图书馆馆藏资源利用评价研究[J].图书馆工作与研究,2019（10）:67-74.
[7] 崔倩.近十年国内图书馆馆藏评价方法研究述评[J].图书馆杂志,2012（4）:11-19.
[8] 洪亮,周莉娜,陈珑绮.大数据驱动的图书馆智慧信息服务体系构建研究[J].图书与情报,2018（2）:8-15,23.
[9] 田立忠,数据驱动下的图书馆绩效评估的演变[J].信息与电脑,2019（11）:163-165.
[10] 李玉海,朱泽,金喆.数据驱动的高校文献信息资源配置与服务[J].文献与数据学报,2019,1（1）:42-51.
[11] 叶继元,谢欢.从粗放型到精细化:图书馆馆藏评价的新趋向[J].图书馆建设,2018（4）:74-78.

# 专业课设置视角下的中文图书建设效果探析

王　芹（西北农林科技大学图书馆）

## 1 高校的学科建设是指导图书馆中文图书资源建设的依据

高等学校各个学院专业课程的设置是学校学科建设的重要体现。中文图书作为图书馆的重要传承资源之一，其建设水平是图书馆特色和存在的主要体现。面向课程设置的文献资源建设与学校的学科建设研究相结合,可以为图书馆学科资源建设提供思路并指明方向,促使图书馆形成更为合理的文献资源保障体系。对课程设置的分析研究可以为图书馆面向各个专业的文献资源建设提供相对全面的文献需求信息,比对图书馆现有资源对专业课程设置需求资源的保障情况,找出其中相关联的必然因素,就为我们在采购文献时找到了调整各个学科比例的依据,也为改善馆藏结构找到了切实可行的依据。

## 2 本文研究的基础

本文关于学科专业的课程设置与中文图书资源建设的研究基础是：笔者于2010年对西北农林科技大学图书馆的所有馆藏中文书目数据库进行数据收集，截止时间为2009年11月30日，数据库中共有中文图书数据301612条。研究方法是用《中图法》对本校所有学院开设的各门课程进行分类，然后在中文书目数据库中查找相应课程类目所拥有的书目种数。具体操作时共对16个院系的1112门课程进行统计，分析了各个学院的资源情况，并针对资源分布不均的情况进行深入分析原因，并采取相应的措施干预中文图书的采访。本文就是在充分了解各学院中文图书保障的基础上，截取调整采购策略后的5年馆藏新进中文图书（2010年1月1日至2015年1月1日）的数据（共51721条书目数据），进行统计分析。

## 3 2010—2015年馆藏中文图书结构分析

西北农林科技大学涵盖农、理、工、经、管、文、法、哲、史、医、教育、艺术等12个学科门类。设有学院20个，有65个本科专业。笔者对全校65个专业的1121门课程的具体的课程分类表及每门课程拥有的资源数量进行统计，但数据量过于庞大，将不在这详细展示。

### 3.1 各个学院目前资源总体情况

各个学院资源配置情况反映了图书馆中文图书资源对各学院学科建设支撑力度，也在一定程度上反映了馆藏中文图书对各个学院开设课程的保障情况。在经过5年的干预建设后，各个学院情况资源总状况如下：

表1 各学院课程及资源分布表

| 名称 | 课程数量 | 资源总量（种） | 课均资源（种） | 师生数量（人） | 人均资源（种）（资源总量/师生数量） |
|---|---|---|---|---|---|
| 外语系 | 26 | 23694 | 911.31 | 480 | 49.36 |
| 人文学院（含马克思学院） | 79 | 16765 | 212.21 | 1414 | 11.85 |
| 经管学院 | 102 | 33295 | 326.42 | 3994 | 8.34 |
| 生命学院 | 63 | 17836 | 283.11 | 1709 | 10.43 |
| 理学学院 | 56 | 23278 | 415.67 | 1022 | 22.77 |
| 葡萄酒学院 | 24 | 8251 | 343.79 | 498 | 16.56 |
| 食品学院 | 52 | 6983 | 134.28 | 1637 | 4.26 |
| 信息学院 | 48 | 42470 | 884.79 | 1399 | 30.35 |
| 机电学院 | 53 | 9888 | 186.56 | 2145 | 4.61 |
| 资环学院 | 165 | 81935 | 496.57 | 2330 | 35.16 |

续表

| 名称 | 课程数量 | 资源总量（种） | 课均资源（种） | 师生数量（人） | 人均资源（种）（资源总量/师生数量） |
|---|---|---|---|---|---|
| 林学学院（含风景园林学院） | 77 | 31893 | 414.19 | 2115 | 15.07 |
| 动科学院（含动医学院） | 101 | 16211 | 160.50 | 3276 | 4.94 |
| 园艺学院 | 45 | 23622 | 524.93 | 1578 | 14.96 |
| 植保学院 | 34 | 13695 | 402.79 | 1429 | 16.53 |
| 农学学院 | 52 | 25430 | 489.03 | 1530 | 16.62 |
| 水建学院 | 55 | 13863 | 167.34 | 3172 | 4.37 |

从表1中可以看出，其共同点是经过5年的建设，各个学院的资源总量都有大幅度增加，16个学院中除外语系、生命学院、机电学院的师生数量（学生量）有所下降外，各个学院的师生数量都在增加。

各学院的资源分布不平衡，"课均资源""人均资源"也存在较大的差异。"课均资源"相对较高的是外语系911.31种和信息学院的884.79种，因为外语和计算机类的图书，除特别专深的为专业师生使用外，有近一半的资源为全校师生共用，故不在下文的数据分析范围内。因此表中园艺学院的"课均资源"524.93种与最少的食品学院的134.28种，相差达3.9倍多。大多数学院的"课均资源"都在200—400种之间。"人均资源"最高的资环学院35.16种与最低的食品学院4.26种相差8.25倍。大多数学院的人均资源保障率在10—22种之间。

### 3.2 2010—2015各个学院资源增长情况

表2 2010—2015年资源增量表

| 序号 | 学院名称 | 原有资源量（种） | 新增资源量（种） | 新增后总量（种） | 新增量占总量比例 |
|---|---|---|---|---|---|
| 1 | 外语系 | 17158 | 6536 | 23694 | 27.5% |
| 2 | 人文学院 | 13129 | 3636 | 16765 | 21.6% |
| 3 | 经管学院 | 21972 | 11323 | 33295 | 34.0% |
| 4 | 生命学院 | 9795 | 8041 | 17836 | 45.1% |
| 5 | 理学院 | 17965 | 5313 | 23278 | 22.8% |
| 6 | 葡萄酒学院 | 5517 | 2734 | 8251 | 33.1% |
| 7 | 食品学院 | 4339 | 2644 | 6983 | 37.8% |

续表

| 序号 | 学院名称 | 原有资源量(种) | 新增资源量(种) | 新增后总量(种) | 新增量占总量比例 |
|---|---|---|---|---|---|
| 8 | 信息学院 | 31137 | 11333 | 42470 | 26.7% |
| 9 | 机电学院 | 6489 | 2399 | 9888 | 24.3% |
| 10 | 资环学院 | 54110 | 27825 | 81935 | 33.9% |
| 11 | 林学院 | 22683 | 9210 | 31893 | 28.9% |
| 12 | 动科学院 | 9200 | 7011 | 16211 | 43.2% |
| 13 | 园艺学院 | 15074 | 8548 | 23622 | 36.1% |
| 14 | 植保学院 | 9612 | 4083 | 13695 | 29.8% |
| 15 | 农学院 | 14988 | 10442 | 25430 | 41.1% |
| 16 | 水建学院 | 10270 | 3593 | 13863 | 25.9% |

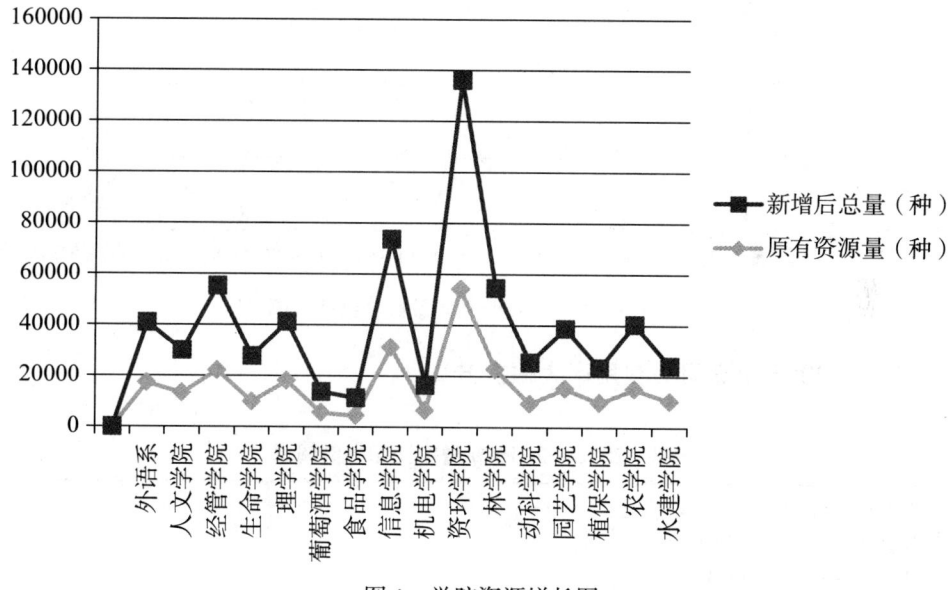

图1 学院资源增长图

（1）从表2、图1中可以看出，各个学院资源总量排名靠前的为资环学院、信息学院、经管学院、农学院、林学院；资源总量较少的为食品学院、葡萄酒学院、机电学院。各个学院资源增长量前五名的为生命学院、动科学院、农学院、园艺学院、食品学院；人文学院、理学院、机电学院、外语系、信息学院增长量相对较少。

（2）葡萄酒学院、食品学院、机电学院的资源总量低的原因是葡萄酒学院、食品学院成立于20世纪80年代中期，资源建设起步晚；同时葡萄酒、食品专业学术专著较少，信息源的不足也是其资源总量难以提升的因素之一。

总之，通过调研发现：图书馆的中文图书建设基本是按照学校学科专业课程设置的参考资源进行配置，公共基础课及素质通识教育类图书馆资源较多，专业基础课资源也远远多于专业主体课程资源。在2010年调研后，对学校重点学院像农学院、林学院、生命学院加大投入等具体措施的实施，在5年后都达到预期效果，这也充分体现在中文图书资源建设中，针对学科间的发展的不平衡，要采取措施调整馆藏结构。

### 3.3 2010年—2015年中文图书总量增长情况

2010年—2015年共增加中文图书51721种，工业技术、经济、农业、生物、文学、语言、环境类增长幅度相对较大，这也符合西北农林科技大学学院专业分布情况，是将2009年的统计结果运用到日常采购所产生的结果。

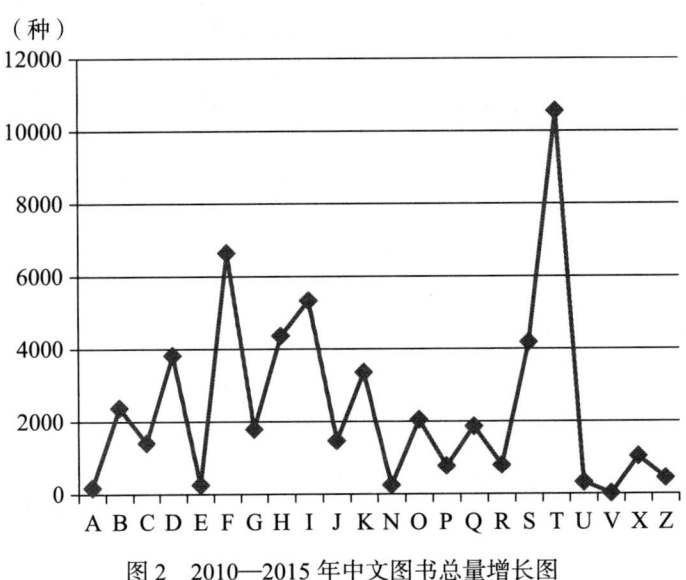

图2 2010—2015年中文图书总量增长图

### 3.4 2010—2015中文图书利用率大幅提升

表3 2010—2015新进中文图书借阅率

| 文献类型:中文图书 馆藏地:所有馆藏地 入藏时间:2010-01-01 到 2015-01-01 借阅区间:2010-01-01 到 2015-01-01 ||||  |
|---|---|---|---|---|
| 类　名 | 类　号 | 可借文献馆藏量（种） | 借阅种次 | 利用率 |
| 马列类 | A | 178 | 126 | 70.79% |
| 哲学类 | B | 2161 | 1477 | 68.35% |
| 社科总论 | C | 1323 | 939 | 70.98% |
| 政治法律 | D | 3675 | 1678 | 45.66% |
| 军事类 | E | 238 | 185 | 77.73% |
| 经济 | F | 6511 | 3340 | 51.30% |
| 文化、科学、教育、体育 | G | 1627 | 681 | 41.86% |

续表

文献类型:中文图书 馆藏地:所有馆藏地
入藏时间:2010-01-01 到 2015-01-01
借阅区间:2010-01-01 到 2015-01-01

| 类　名 | 类　号 | 可借文献馆藏量(种) | 借阅种次 | 利用率 |
|---|---|---|---|---|
| 语言、文字 | H | 4211 | 3375 | 80.15% |
| 文学 | I | 5381 | 4175 | 77.59% |
| 艺术 | J | 1464 | 1072 | 73.22% |
| 历史、地理 | K | 3046 | 2149 | 70.55% |
| 自然科学总论 | N | 232 | 134 | 57.76% |
| 数理科学和化学 | O | 2035 | 1488 | 73.12% |
| 天文学、地球科学 | P | 739 | 407 | 55.07% |
| 生物科学 | Q | 1847 | 1376 | 74.50% |
| 医药、卫生 | R | 769 | 471 | 61.25% |
| 农业科学 | S | 4146 | 2305 | 55.60% |
| 工业技术 | T | 10417 | 6273 | 60.22% |
| 交通运输 | U | 315 | 115 | 36.51% |
| 航空、航天 | V | 14 | 4 | 28.57% |
| 环境科学、安全科学 | X | 1014 | 456 | 44.97% |
| 综合性图书 | Z | 379 | 215 | 56.73% |
| 分类合计 | A—K,N—V,X,Z | 51721 | 32441 | 62.72% |
| 馆藏合计 |  | 51753 | 32445 | 62.69% |

图书的利用率是检验图书采访水平的一个重要指标,通过表3可以看出2010—2015年的新进图书在这五年的平均利用率达到62.69%,这比2010年以前31.6%的平均利用率有了大幅提升,这也比我国大多数高校图书馆40%左右的藏书平均利用率高出22.69%。虽然这与有关专家提出的 75%以上的期望仍有一定的距离。资源利用率的大幅提升说明了将专业课程设置与中文图书采访紧密联系起来是,提升采访的质量的重要途径。

## 4 中文图书在资源建设中结构调整中存在的问题及对策

### 4.1 细化各学科专业图书订购复本数量

图书馆在资源建设中,都会按照馆藏规划某个特定时期该馆的平均复本数,目前图书馆界公认的,平均复本数=(年拟购中文图书册数/年拟购中文图书种数)。各个学科因其自身特点,建设时的复本量有差异。以平均复本数为基准,确定图书馆各个学科的复本数量,对于重点收藏学科范围图书,其数量高于平均复本数,而非重点收藏学科范围图书数量低于平均复本数。确定学科复本的因素包括：学校发展方向及规划，图书馆现有学科资源保障现状，学校学科分布、专业设置，读者群体构成及分布，读者需求特点及规律等等。西北农林科技大学有2个校区，各专业南北校区都有涉及，图书馆平均复本为3.4，有一个样本书库（只阅不借），因此实际流通复本为2.4。为进一步提升借阅率，图书馆要细化学科专业图书的复本数量规划工作。

### 4.2 深入研究零借阅图书数据，引入PDA采访机制

图书馆采访人员应尽可能做到图书馆学五定律的前三条，即在目前的资源建设环境下，突出图书的利用价值，为学校的师生采购适宜的图书，并努力提高图书馆的利用率，相对弱化图书馆对图书的收藏和保存职能，而是使图书得到充分的利用，这就要求采访人员能为读者选到读者真正需要的书。笔者通过将专业设置与中文图书采访结合，大大将西北农林科技大学图书馆资源的利用率从31%提升到62%，但仍有必要研究图书零借阅品种的具体情况，深入分析原因，同时引入读者驱动采购（PDA）模式，通过多种宣传和荐购渠道，采购读者真正需求的图书，切实提升图书利用率。

### 4.3 关注学科专业匹配，提高藏书质量

在中文图书资源建设中，采访人员要关注学科专业匹配，提高入藏图书的质量。就本文研究对象来说，要加强学校优势学科农、林、水、生物等方面的教学参考书、学术著作的采选力度，每年通过对比国家新闻出版总署的重要学科门类的初版图书的数量及可适应馆藏收藏的书目来确定重要学科的书目收藏完备程度。同时，对各个学科要做出具体分析，学术性较强或理论性较强的研究性著作，因为具有较强的专业性，读者受众范围较小，比如葡萄酒专业，在加强专业匹配的同时，要控制馆藏复本量；对于学科入藏量较大的专业图书须采选权威出版社或核心出版社的图书。

### 4.4 建立动态协商的采访机制，改变以"图书馆为中心"的理念

馆藏结构是图书馆服务的资源基础和内容基础，馆藏结构是特定馆藏体系内不同学科、载体、水平、出版时间的各部分文献，相互依赖和作用而构成的整体馆藏的量化模式。学校的动态发展及不同学科的发展需求决定了馆藏图书结构不是一成不变的，而是在动态调整。图书馆的采购需要权衡学科专业、读者需求、经费、借阅等因素，这就决定了馆藏结构要与读者的不同需求形成动态平衡。因此，图书馆在制订馆藏结构规划时必须深入了解学校的战略发展方向、深谙院系专业发展方向。我们要建立以"学校发展为中心"的理念，联合学校职能部门、院系专业等多方力量，在校内博采学科专家之言、在校外广听图书馆界先进的理论与实践经验，即建立适合学校发展的动态协商采访机制。比如通过校学科办了解最新学科设置动态，从教务处网站熟悉专业规划、专业定位、课程设置，熟悉学科设置才能为中文图书建设明确方向。同时，加强图书馆资源建设部门与各个对口单位的联系，以便图书馆为其提供有用的资源服务。

### 4.5 引进采访评价机制，提升资源的利用与建设水平

中文图书的资源建设与读者是互动的关系，要评价馆藏质量，图书馆必须引入读者评价和馆藏评价体系。读者对馆藏图书的满意度及反馈意见是评价图书采访质量的重要标准。

图书馆读者可通过荐购单、荐购系统、意见箱、微信、读者交流会等渠道向采访人员提交采访建议或意见。图书馆通过面对面与读者进行交流,听取读者反馈意见,或者通过读者问卷调查、流通数据分析读者对图书建设的满意度。

采取比对法、调查法及运用相关图书引证统计分析、数据库分析等方法分析馆藏核心图书采购率情况,采用科学的办法对图书馆藏结构和使用情况进行评价,能帮助采访人员核实采访结果是否符合本馆的目标,读者满足率水平达标情况,以及今后应采取哪些措施提升采访质量。图书馆可定期召开馆藏建设委员会,对一定时期内所采购的中文图书内容质量、馆藏结构以及使用效率进行评价;也可以与对标学校或同类别类图书馆的书目对比核查,以此评价采购馆藏质量情况。

中文图书作为高校利用率较高的文献资源,其馆藏结构应紧紧围绕高等院校的教学和科研来进行优化配置,在加强中文图书专业匹配的同时,要通过建立动态的采访机制和引入有效的采访评价机制、分析现有零借阅率图书、细化复本和经费配置等措施,来提升中文图书建设质量。总之,为高校师生提供全面、科学、专业、深入的图书资源保障是图书馆的职责,也是高校图书馆馆藏结构建设的宗旨和目标。

**参考文献**

[1] 王芹.基于学校专业课设置的馆藏中文图书结构分析研究[J].图书馆论坛:2010(4):84-86.
[2] 庄雷,汤诚.高校读者阅读倾向对馆藏建设的影响[J].图书馆杂志,2010(1):20-23.
[3] 张晓静.高校图书馆馆藏结构优化配置的动态协商采访机制研究[J].图书馆学研究,2011(9):38-40.
[4] 王军武.公共图书馆中文图书采访质量控制实践与探索——以深圳图书馆为例[J].图书馆论坛,2014(7):79-83.
[5] 田傲然.配置高校图书馆中文图书复本的新方法[J].图书馆建设,2014(6):40-42.
[6] 刘契,李丹.高校图书馆文献经费定量分配模型分析及改进[J].会计之友,2010(4):47-50.
[7] 曹臻.大学图书馆馆藏中文图书复本的配置[J].大学图书馆学报,2005(3):53-56.

# 新时代文化环境下中小学图书馆资源建设

郑巧妙(厦门市第三中学图书馆)

党的十九届四中全会提出要"发展社会主义先进文化、广泛凝聚人民精神力量,激发全民族文化创造活力,更好构筑中国精神、中国价值、中国力量。"中小学图书馆是指由政府依法开办的全日制中小学的图书馆,它是学校的书刊资料信息中心,是为学校教育、教学和教研服务的机构。中小学图书馆的资源建设要为培养德智体美劳全面发展的社会主义接班人提供精神食粮。随着多媒体新时代的到来,文化传播方式发生了翻天覆地的变化,新时代文化环境下信息交流方式迅速、丰富、开放和互动,读者对信息和知识需求从内容到方式更加多元、多层和多向。传统图书馆的资源建设模式，已经跟不上新时代的发展步伐，需要从结构上进行变革和转型，为广大中小学生提供信息服务的中小学图书馆资源建设改革也迫在眉睫，势在必行。

## 1 新时代文化环境下中小学图书馆面临的困境

### 1.1 读者阅读的方式发生了变化

随着现代科学技术的发展，新时代文化信息传播渠道突破图书馆传统单一渠道，通过网络、电视和手机三网融合渠道快速传播，同时满足读者多终端接收信息进行阅读。中小学图书馆服务对象——学生和老师，因学校教育、教学工作需要，希望获得最新、最全面的文字、图片、音频、视频等多载体呈现形式的教育教学资源以激发阅读兴趣，满足阅读需求，提高阅读效率。他们除了要求提供纸质文献信息资源外，也希望通过电脑和移动设备获取电子信息资源和网络信息资源。阅读方式的改变，影响了图书馆信息资源建设的方式。

### 1.2 信息服务的技术发生了变化

在计算机、微电子、通信网络和人机交互等技术支撑的新时代文化环境下，人类走进了泛在信息社会。读者可通过各种高效、高端的技术手段和工具，多渠道、多方式便捷地获取无处不在的现实世界的信息。各类信息供货商服务手段先进，比图书馆的体制灵活，具有更多专业技术人才和服务优势，他们的存在严重影响了图书馆的吸引力，弱化了中小学图书馆的辅助教育职能。因此，中小学图书馆要创新馆藏建设方式，合理使用数字化的新兴技术，如无线射频识别（RFID）技术，建设智慧图书馆；改造图书馆单一借、阅独立空间模式，合理搭建"借阅网"业务功能一体化布局空间，为新时代中小学图书馆资源建设提供合理、舒适的资源存储流通、信息查询和阅览学习空间，为读者提供便捷、舒适的阅读工具和阅读场所。服务技术的变化，为中小学图书馆对拘囿于书库里采、编、典、流的传统服务工作进行突破和变革提供了条件。

### 1.3 信息资源的载体发生了变化

新时代文化环境下，图书馆馆藏信息资源载体发生了变化，图书馆可供利用与服务的信息资源已不局限于本馆的现有纸质馆藏文献，还有无处不在的网络信息资源、电子信息资源和各种数据库。即使是同一种题材内容，也有文字、图片、图像、电子、网络等多载体呈现方式。传统的图书、报纸、期刊等纸质文献资源建设虽然要不断改进，但音像制品、数据库和网络资源也要逐步建立。随着信息载体发生变化，中小学图书馆现有的人力（图书馆工作人员）因多媒体信息技术能力有限，很难适应新时代文化环境下图书馆服务工作全面开展的要求。

## 2 新时代文化环境下中小学图书馆资源建设的途径

### 2.1 建立科学采购和剔除制度，共享免费数字资源，建设本馆特色电子资源库

新时代文化环境下，出版、印刷形式、采购模式等数字环境的变化给图书馆信息资源建设带来了挑战，对文献资源保障体系建设提出了更高的要求，图书馆应突破传统实体"馆藏"概

念,实现多载体文献资源融合采访建设,建立立体的馆藏体系。纸质文献的知识系统完整,能准确表达作者思想,容易携带与阅读;报纸、期刊传递信息及时灵活;光盘数据库存储海量并且具有多媒体功能,能给读者声音和视觉刺激,感染力强;网络资源获取方便,突破时空限制,拉近了读者与文献、读者与图书馆的距离。因此,图书馆在持续积累实体资源的同时,明确提出各种类型信息资源的比例要求,拓宽资源建设领域与途径,构建载体形式多样化、富有特色的新时代信息资源体系,才能覆盖多数读者的阅读习惯,吸引多层次、个性化的读者群体。中小学图书馆最大读者群即学生,学生的年龄特征以及学习任务,阅读方式仍以纸质文献为主。根据教育部关于印发《中小学图书馆(室)规程》的通知(教基〔2018〕5号)文第十条:图书馆藏书量不得低于《中小学图书馆(室)藏书量》(见表1)的规定标准。

表1 中小学图书馆(室)藏书量

| | 完全中学 | 高级中学 | 初级中学 | 小 学 |
|---|---|---|---|---|
| 人均藏书量(册)(按在校学生数) | 40 | 45 | 35 | 25 |
| 报刊(种) | 120 | 120 | 80 | 60 |
| 工具书、教学参考书(种) | 250 | 250 | 180 | 120 |

因此,传统意义上提供纸质文献的信息服务工作仍是中小学图书馆工作的重要方式,但同时还得关注其他载体文献的建设。中小学图书馆信息资源建设应包含以下几个方面:

(1)纸质文献的建设是中小学图书馆馆藏资源建设的重中之重。中小学图书馆工作人员平时应该多接触新书出版信息,在主管部门招投标结果允许的范围内拓宽采购渠道;日常流通过程中应注意观察,了解读者的阅读需求及阅读倾向,合理范围内采购向需求量多、流通量大的专类图书倾斜;鼓励热爱阅读的学生读者积极参与学校每年的图书采购活动;同时多方沟通,说服各教研组推荐选派本组的阅读爱好者,特别是年轻教师。他们接受新信息快、理念新,应成为图书馆最佳采购辅助人选。他们的参与,能提高采购到适宜各学科发展要求的优质图书的可能性,提升馆藏质量。中小学图书馆部分纸质"畅销图书""网红图书""心灵鸡汤"因符合师生的阅读爱好,流通频率高,还有一些纸质图书因出版的时间长,出现破损现象,已经不能对外借阅,图书馆因注重藏书量,很少剔除。教育部关于印发《中小学图书馆(室)规程》的通知》(教基〔2018〕5号)规定,"第十条:建立完善增新剔旧制度;第十一条:图书馆应当建立和完善馆藏资源采购、配备办法,建立意见反馈机制,不断提高资源质量和适宜性"。图书馆应该制定简单易行的报损剔除制度,定期开展图书清理审查,才能保证图书馆的馆藏质量。

(2)共享数字资源是解决中小学图书馆资金困难的有效方法。各地方中小学图书馆为避免重复劳动,降低图书馆的运行成本,应建立联盟,联合起来,分工合作,共同编辑教育教学类核心期刊题录索引,共享这些二次文献资源。各校图书馆定期将这些题录索引发布在本校、本馆的网站上供读者参考查询,各取所需;公共图书馆数字资源丰富,可在学校或图书馆网站提供本地公共图书馆网站链接,并向公共图书馆申请开通一两个公共账号供学校使用。这样全校读者可以免费无障碍地访问下载公共图书馆已经购买的数字资源,满足读者开展教科研活动的阅读需求,弥补学校购书经费少、资金困难无法大量购置电子资源的问题。

(3)编制专题索引提供个性化服务。各中小学图书馆共享在分工合作基础上加工而成的二次文献。各校图书馆工作人员还要主动出击,了解自己学校老师和学生的课题,不定期为本校师生读者提供学术性、前沿性的专题检索服务,甚至全文检索及推送的个性化服务,协助完成学校师生读者的课题研究。

（4）树立全媒体资源意识建设各色资源库。很多纸质图书尤其是计算机类、建筑类图书,经常附带随书光盘,内容有该书的电子版、案例和视频讲解,非常受读者欢迎,图书馆工作人员日常工作应注意收集、整理、分类和保存;同时图书馆要利用丰富的网络资源,选择、搜集、整理、分类、有序加工各种有用信息,建设本馆的分学科、分种类的特色电子资源库,充实丰富中小学图书馆的馆藏资源,以便为读者提供深层次的信息服务。

### 2.2 搭建多元交流平台,添置现代化的智能设备,体验不受时空限制的阅读快感

新时代文化环境下,不同载体的文献能满足读者不同的需求,但充分发挥这些全媒体资源的作用却受到了阅读工具和阅读场所的限制。如果没有合适的阅读工具和阅读场所,浩如烟海的网络资源、重金购买的电子资源的利用率会大大降低。因此,建立无线网络信号（Wi-Fi）覆盖的自习区和书库,建设"借阅网"一体化的阅读场所,既能方便读者免费访问网络资源,同时也能让读者查阅本校购买的电子资源,打造物理空间和虚拟空间的全方位服务,实现信息资源共享的最高"5A"目标:任何用户在任何时候、任何地点均可以获得任何图书馆的任何信息资源。

（1）中小学图书馆通过学校网站、工作QQ群、微信群、短信等平台及时发布图书馆动态信息,比如新书书目、新书简介、题录索引、专题检索、读书活动、读者排行榜等图书馆的馆藏和资源整合信息;利用电脑或者手机终端进行咨询、答疑、预约、推送等个性化的信息交流和互动服务,提高信息服务质量。

（2）因为中小学校规模和资金问题,图书馆可能没有独立的图书室,或者图书室面积小,或者图书馆（室）远离教学区。针对这三种情况,学校可以考虑在教学区设置微型智慧图书馆,读者利用课间、放学间隙就近借阅图书,节省借阅时间,适时满足阅读需求。同时图书馆（室）的独立借阅场所若能合理配置电脑,建设"借阅网"一体化多功能场所,利用Wi-Fi信号,则畅游无处不在的网络信息资源、电子文献资源和各种数据库,能让读者体验全媒体新时代延伸的物理实体图书馆和虚拟信息空间有机结合带来的阅读快感。

（3）对于学校历史悠久,学生数量多,馆藏量十几万、二十万的中学图书馆而言,建设微型智慧图书馆是解决图书馆远离教学区借阅不方便,以及分流因学生人数多造成借阅空间拥挤问题的有效方法,提高了借阅效率;为学校从传统型图书馆慢慢向智慧型图书馆转型提供契机;为逐步体验、检验和适应新技术、新设备提供机会。传统型图书馆图书用磁条卡识别,智慧型图书馆图书用芯片卡识别。十几万、二十万藏书量的图书馆,所有旧图书如果全部重新加上RFID芯片,需要耗费学校很大一笔资金,并且很多旧图书的使用率不高,全部加上既浪费资金,也耗费时间,不是科学的解决方法。图书馆将每年购买的新书加上RFID芯片,逐年更换,逐年升级设备,传统型图书馆就能成功向智慧型图书馆升级转换。加工图书时,应更换上有别于旧图书的书标,以便区分新旧图书,方便读者归还和图书馆工作人员后续上架入库工作的开展。智慧图书馆的建立,让读者能不受时间限制（如寒暑假、周末和晚自习等时间段）,随时自由使用图书馆资源,最大限度地保证了读者的阅读需求。

## 2.3 建立科学管理机制,提高馆员及读者素质,吸引更多读者走进图书馆

新时代文化环境下,图书馆馆员的工作内容不再是图书馆资源的采、分、编、借、阅、还的单一服务工作方式,因此,图书馆工作人员除了要有图书情报专业知识外,还应具有运用计算机网络技术和多媒体检索技术的能力,能对网络信息进行研究、筛选、分类,对同一主题信息能进行整合、分类、加工和组织,成为能为读者提供个性化参考咨询服务的"信息技术能手";能对读者进行文献信息检索技巧培训,教授读者如何从海量信息中获取自身所需信息资源,培养读者多渠道获取信息和提炼信息的能力,成为"信息素养终生教育者和引导者"。中小学因学校教学工作的需要,专业技术人员向一线教学人员倾斜。根据《福建省中学示范(室)评估标准》定级达标中学专职人员不少于5人,图书馆分管教材的应另加一人;人员年龄要求男50岁,女45岁以下占50%。《福建省小学示范(室)评估标准》小学配备2人以上(含专职至少1人),图书馆分管教材的另加1人;人员年龄要求男50岁,女45岁以下占50%。实际情况是图书馆工作人员很难按各类标准全员配备,经常一半人数都不到。同时经常把关系户或临退休人员调往图书馆填充人数,造成图书馆基本工作很难开展,更别说专业的图书情报分析工作。因此学校要建立良好的管理准入机制,评价机制和培训机制,筛选、管理图书馆工作人员;激励图书馆工作人员树立"读者第一,服务至上"的宗旨,爱岗敬业,全心全意为读者服务;鼓励工作人员积极参加各种培训学习,提升专业素质和业务水平,勤于思考,开拓进取,勇敢迎接挑战,成为新时代文化环境下创新型的图书馆工作人员,出色完成馆员的责任和义务。有条件的学校尽量开设文献信息检索服务课程,向全校读者介绍图书馆的作用、基本常识、管理规程、各种载体信息资源、文献检索技巧,提高读者自身的信息素质;及时了解读者阅读倾向,开展导读服务、经典推荐服务,引导读者进行深层阅读。图书馆服务功能的拓展,吸引更多读者走进图书馆,利用图书馆丰富的馆藏资源,提升读者文化修养,丰富文化底蕴。

阮冈纳赞图书馆学第五定律是"图书馆是一个生长着的有机体"(A library is a growing organism)。图书馆正是由藏书、读者和馆员三个生长着的有机部分构成。阮冈纳赞指出,我们无法完全预料图书馆这个生长着的有机体的发展还将经历哪些阶段,也无法预言图书馆传播知识这一重要功能是否能通过印刷图书以外的手段来实现。但至少我们已经看到了各种不同类型的图书从图书馆这个有机体中分化出来了,而且我们也有理由相信,作为全球性知识传播工具的图书馆的基本原则将一定会贯穿于图书馆未来的发展过程中。今天我们处于全媒体覆盖的新时代文化环境,信息资源以多载体方式通过多种渠道海量喷发出来,中小学图书馆仍然要围绕信息(纸质资源、电子资源、网络资源)、读者和馆员三个有机部分做出科学合理的调整和变革,方能为我们的读者提供更高效、更人文、更多元、更科学的服务,才能滋养读者心灵,培养具有民族文化自信的中小学生,从而发挥中小学图书馆第二课堂的教育阵地作用,促进中小学图书馆事业的发展,为国家基础教育事业发展提供基本保障。

**参考文献**

[1] 教育部关于印发《中小学图书馆(室)规程(修订)》的通知[EB/OL].(2003-03-25)[2017-11-20] http://old.moe.go.cn//publicfiles/business/htmlfiles/moe/moe_35/201006/xxgk_88596.html.

[2] 谢珍,杨九龙.泛在知识环境下图书馆服务泛在化研究[J].江西图书馆学刊,2010(1):7.

[3] 许莉.全媒体时代图书馆信息资源建设工作初探[J].高校图书馆,2015(4):38-41.
[4] 袁吉文.全媒体时代的图书馆建设[J].贵州民族学院学报,2012(3):175-176.
[5] 李黎.探析全媒体时代公共图书馆信息资源建设的创新与发展[J].河南图书馆学刊,2019(10):127-130.
[6] 陈志兴.全媒体时代图书馆的应对策略[J].图书馆学研究,2012(9):29-31.
[7] 张一涵,邵波.全媒体时代图书馆联盟知识服务的障碍与应对策略研究[J].图书馆学研究,2013(20):84-88.
[8] 赵丹.全媒体时代高校图书馆馆员的角色重建[J].北京教育(高教),2012(12):42-44.

# 民国时期参与图书馆事业的社会精英群体构成与分析[*]

韦庆媛　董　琳(清华大学图书馆)

民国时期,中国处于时代大转变的历史时期,图书馆事业快速发展,作为一项新兴的事业,除了图书馆学专业学者积极参与外,也吸引了一些非图书馆学专业的社会精英学者参与其中。这一群体主要包括:晚清遗臣、民国政界学界、社会热心人士。他们或者为前朝遗臣,曾在清政府为学或为官;或者是受过新式教育的知识精英,在政府担任要职,在大学担任教授;或者在社会上从事实业,抑或有殷实家业,有条件从事公益事业。他们有一个共同的特点,积极宣传图书馆事业,扩大图书馆的影响,成为图书馆专业学者之外最积极的图书馆事业的支持者。社会精英的参与,给民国时期图书馆事业的发展带来了新的生机,也扩大了图书馆的知名度,吸引更多的人了解和利用图书馆,最大效益发挥图书馆的作用,成为推动图书馆发展的特殊力量。

以目前对参与图书馆事业的社会精英群体研究为依据,对晚清时期公共图书馆创立过程中的社会精英群体进行梳理,可以整理出一份1840—1910年晚清维新人士精英主体代表人物名单,总结社会精英群体对西方图书馆的考察及创办近代图书馆的实践,分析他们从藏书楼到图书馆制度变迁中的作用[1]。在此基础上,进一步的调研显示,对民国时期社会精英学者个体研究较多,如对梁启超[2]、蔡元培[3]、张元济[4]等都有一些研究成果,但作为特殊群体,我们对民国时期支持图书馆事业的社会精英群体认识还相当有限。笔者在开展前期调研工作时,找不到直接可以利用的系统整理参与图书馆事业的社会精英群体名录。本文旨在系统整理民国时期非图书馆学专业学者参与图书馆事业的社会精英群体资料,对这一群体进行全景式展示,建立整体认识。在此基础上,通过分析他们的籍贯、受教育情况、重要职务、与图书馆学界的联系,全面认识这一群体的特点及发挥的作用,丰富对民国时期参与图书馆事业学者群体多样性的认识。

---

[*] 本文系国家哲学社会科学基金项目"民国时期图书馆学者群体研究"(15BTQ003)成果之一。

## 1 概念的界定

### 1.1 时间的界定

尽管"图书馆"的名称和概念早在民国建立(1912年)以前就已经开始使用,但考虑到"图书馆"的扩大和传播是在民国建立以后,社会精英较大规模参与图书馆活动也多数发生在民国时期,因此本研究的时间范围为1912—1949年,所收录人物参加的重要活动、取得的成绩应在这一期间段内完成。担任重要职务的社会名流、大学教授、热心人士,其主要贡献应为在上述时间段中取得。

### 1.2 范围的界定

本文收录的是参与图书馆事业的非图书馆学专业学者,有一定社会影响的知名人士、大学教授、热心公益人士。知名人士是指在某一方面社会知名度较高,担任重要社会职务或政府要职,取得社会广泛认可的人士;大学教授是指民国时期在各大学任职的非图书馆学专业的其他学科教授,在非图书馆专业的某学科方面具有学术专长的学者;参与图书馆事业的热心公益人士包括热心资助图书馆事业或亲自创办图书馆的热心人士。本研究仅收录中国学者,属于上述范围的外国学者则另有专文论述。

### 1.3 类别的界定

本文收录的非图书馆学专业学者是指不以学习图书馆学为主要专业,不以图书馆工作为主要职业的人士。对于同属图书馆学范畴的文献学分支学科,若学者并不以图书馆工作为主要工作,本文亦收录。社会精英多为多面手,有的人既是政界领袖,也是学者,还是图书馆馆长,仅归入一类,不再重复记述。所收学者如果身兼多职,一般以其任职时间较长或较为重要的职务为选取依据。

## 2 民国时期参与图书馆事业的社会精英群体构成

中华图书馆协会是民国时期影响最大的图书馆学专业组织,1925年4月25日中华图书馆协会在上海成立,同年6月2日在北京举行了成立仪式。协会采取会员制,会员分有四种:一,机关会员,以图书馆为单位;二,个人会员,图书馆员或热心图书馆事业者;三,赞助会员,捐助该会经费者(后期增加了永久会员);四、名誉会员,在图书馆学术或事业上有特别成绩者[5]。

名誉会员是"在图书馆学术或事业上有特别成绩者",也是一种荣誉称号。中华图书馆协会成立后,非常重视名誉会员的聘请。1925年5月27日董事部举行第一次会议,公选梁启超为董事部部长,袁同礼为书记,同年6月2日董事部举行第二次会议。会上,根据中华图书馆协会组织大纲第十二条,董事部会议决定聘请教育总长(时任教育总长为章士钊,1925年4月14日任职,1925年12月31日由易培基接任)[6]及施肇基、鲍士伟、韦棣华为名誉董事。在此基础上,根据中华图书馆协会组织大纲第三条第四项,公推罗振玉、徐世昌、傅增湘、严修、王国维、张元济、陈垣、叶恭绰、叶德辉、李盛铎、董康、张相文、柯劭忞、徐乃昌、王樹枬、陶湘、蒋汝藻、刘承干、张均衡、朱孝威、欧阳渐、卢靖共22位中国政界、学界社会名流和知名学者为名誉会员。

1925—1929年,德高望重的几位名誉会员王国维(1927)、叶德辉(1927)、张均衡(1927)、范源濂(1927)、严修(1929)相继去世,另外藏书家蒋汝藻因经营不善,濒临破产,被迫出让密韵楼藏书,未能继续任职中华图书馆协会名誉会员[7]。1929年1月28日—2月1日,中华图书馆协会在南京举行第一次会员代表大会,大会第五日是选举日,临时动议聘请蔡元培、戴传贤、蒋梦麟、杨杏佛、胡适、叶楚伧六人为名誉会员[8]。

1931年朱孝威去世,名誉董事施肇基转为名誉会员,在1931年6月中华图书馆协会公布的会员录上,中国名誉会员有王樹枬、李盛铎、施肇基、柯劭忞、胡适、徐乃昌、徐世昌、张元济、张相文、陈垣、陶湘、傅增湘、杨杏佛、叶恭绰、叶楚伧、董康、刘承干、蔡元培、蒋梦麟、卢靖、欧阳渐、戴传贤、罗振玉共23人。

1933年柯劭忞和张相文相继去世。1932年罗振玉追随末代皇帝溥仪赴伪满洲国任职,1933年6月18日,杨杏佛在上海被特务暗杀。1935年中华图书馆协会名誉会员有王樹枬、李盛铎、施肇基、胡适、徐乃昌、徐世昌、张元济、陈垣、陶湘、傅增湘、叶恭绰、叶楚伧、董康、刘承干、蔡元培、蒋梦麟、卢靖、欧阳渐、戴传贤共19位。

1936—1948年期间,王樹枬(1936)、李盛铎(1937)、徐乃昌(1943)、徐世昌(1939)、陶湘(1939)、欧阳渐(1943)、蔡元培(1940)、叶楚伧(1946)、卢靖(1948)相继去世。嘉业堂主人刘承干因不善经营,1933年开始家道中落,嘉业堂藏书慢慢散出。董康在抗战期间出任伪职,抗战胜利后以汉奸罪逮捕,1947年病亡。1947年中华图书馆协会仅有戴传贤、张元济、蒋梦麟、叶恭绰、陈垣、施肇基、傅增湘、胡适8位中国名誉会员。

1925—1948年,在中华图书馆协会存续期间,共聘请29位中国名誉会员,均为担任重要社会职务或有特殊贡献的社会人士。具体见下表:

**表1 中华图书馆协会名誉会员中的社会名流学者**

| 序号 | 姓名及生卒年代 | 籍贯 | 受教育情况 | 主要任职及成就 |
|---|---|---|---|---|
| 1 | 柯劭忞 1850—1933 | 山东胶县 | 1886年进士 | 资政院议员,翰林,清逊帝师,《清史稿》总纂之一 |
| 2 | 王樹枬 1851—1936 | 河北新城 | 1886年进士 | 新疆布政使,翰林,《清史稿》总纂之一 |
| 3 | 徐世昌 1855—1939 | 天津 | 1886年进士 | 军机大臣,翰林,北洋政府大总统(1918—1922),有"书髓楼" |
| 4 | 卢木斋 1856—1948 | 湖北沔阳 | 1885年举人 | 直隶、奉天提学使,捐资创办南开大学图书馆、北平私立木斋图书馆 |
| 5 | 朱孝臧 1857—1931 | 浙江归安 | 1883年进士 | 礼部侍郎等,翰林,刊刻词书 |

续表

| 序号 | 姓名及生卒年代 | 籍贯 | 受教育情况 | 主要任职及成就 |
|---|---|---|---|---|
| 6 | 李盛铎 1859—1937 | 江西德化 | 1889年进士 | 监察御史等,翰林,建木犀轩藏书楼 |
| 7 | 严修 1860—1929 | 天津 | 1883年进士 | 学部侍郎,翰林,创办南开大学 |
| 8 | 叶德辉 1864—1927 | 湖南湘潭 | 1892年进士 | 吏部主事,建观古堂藏书楼 |
| 9 | 罗振玉 1866—1940 | 江苏淮安 | 1881年秀才 | 学部参事,从事农学、甲骨文等研究 |
| 10 | 张元济 1867—1959 | 浙江海盐 | 1892年进士 | 总理衙门章京,翰林,商务印书馆董事长,中研院院士。创建涵芬楼图书馆、合众图书馆 |
| 11 | 张相文 1867—1933 | 江苏宿迁 | 1886年补博士弟子员 | 民国政府众议院议员,北京大学等校教授,中国地学会会长 |
| 12 | 董康 1867—1947 | 江苏武进 | 1890年进士 | 北洋政府司法总长,建"诵芬室"藏书 |
| 13 | 蔡元培 1868—1940 | 浙江绍兴 | 1892年进士,1911年德国莱比锡大学学习哲学 | 民国政府教育总长,翰林,北京大学校长,国立北平图书馆馆长 |
| 14 | 徐乃昌 1869—1943 | 安徽南陵 | 1893年举人 | 江南盐巡道等,建"积学斋"藏书 |
| 15 | 陶湘 1870—1939 | 江苏武进 | 1889年补博士弟子员 | 道员,创建"涉园"藏书楼 |
| 16 | 欧阳渐 1871—1943 | 江西宜黄 | 1904年贡生 | 佛学居士,支那内学院院长 |
| 17 | 傅增湘 1872—1949 | 四川江安 | 1898年进士 | 北洋政府教育总长,翰林,故宫博物院图书馆馆长,建"双鉴楼"藏书 |
| 18 | 张钧衡 1872—1927 | 浙江吴兴 | 1894年举人 | 在上海经办盐务、投资银行等实业。创建"适园"藏书楼 |
| 19 | 蒋汝藻 1877—1954 | 浙江吴兴 | 1903年举人 | 学部总务司郎中,创建"密韵楼" |
| 20 | 王国维 1877—1927 | 浙江海宁 | 1892年秀才,1900—1901东京物理学校 | 史学、古文字学等学者。清逊帝师,清华国学研究院导师 |
| 21 | 施肇基 1877—1958 | 江苏吴县 | 1902年康奈尔大学文学硕士 | 民国政府交通总长,驻美公使 |
| 22 | 陈垣 1880—1971 | 广东新会 | 1910年光华医学院 | 北洋政府教育次长,辅仁大学校长,京师图书馆馆长,故宫博物院图书馆馆长,中研院院士 |
| 23 | 刘承干 1881—1963 | 浙江吴兴 | 1905年秀才 | 北京清史馆名誉纂修,创办嘉业堂藏书楼 |

续表

| 序 号 | 姓名及生卒年代 | 籍 贯 | 受教育情况 | 主要任职及成就 |
|---|---|---|---|---|
| 24 | 叶恭绰<br>1881—1968 | 广东番禺 | 1899年补广东省廪生,1901京师大学堂 | 北洋政府交通总长,国民政府铁道部长,上海交大校长 |
| 25 | 蒋梦麟<br>1886—1964 | 浙江余姚 | 1903年秀才,1917年哥伦比亚大学教育学博士 | 国民政府教育部长,北京大学校长 |
| 26 | 叶楚伧<br>1887—1946 | 江苏吴县 | 1907年苏州高等学堂肄业 | 国民党中央执行委员 |
| 27 | 戴季陶<br>1891—1949 | 四川广汉 | 1909年日本大学法科 | 国民政府考试院院长 |
| 28 | 胡适<br>1891—1962 | 安徽绩溪 | 1917年哥伦比亚大学哲学博士 | 北京大学校长,新文化运动领袖,中研院院士 |
| 29 | 杨杏佛<br>1893—1933 | 江西玉山 | 1918哈佛大学工商管理硕士 | 中国民权保障同盟总干事,国民政府大学院副院长,国立东南大学等校教授 |

自中华图书馆协会成立后,一项非常重要的工作就是发展会员。除名誉会员外,个人会员是中华图书馆协会的主体会员。个人会员中除图书馆员外,还包括为数众多的"热心图书馆事业者"。

1925年5月12日,中华图书馆协会开始印制会员调查表,发放至有意向入会的相关人员,填表登记入会[9]。1926年初第一次公布会员调查结果,共计202名个人会员[10],编入会员录。第一次征集会员,取得了巨大成果,这在当时中国图书馆事业刚刚起步,世人了解不多的情况下,非常令人振奋。

由于会员人数不断增多,各地会员疏于联络,1931年中华图书馆协会发布"重编会员录"信息,进行第二次会员调查[11]。为了鼓励入会,协会为会员提供了六项福利:"一,每三个月接到图书馆学季刊,不另收费。二,每两个月接到图书馆协会会报。三,每年接到本会会员录。四,会员如有关于图书馆行政上任何疑难问题均可通讯咨询,会中当尽力指导,不收任何手续费。五,各图书馆所需之书籍杂志或愿交换之复本均可在会报内另栏刊登广告,不收广告费。六,会员订购本会各项出版物一律九折。"[12]截至1931年6月,第二次调查会员共417人(包括中外名誉会员32人)。1935年又进行一次统计,共计有会员534人(包括中外名誉会员27人)。

抗战爆发后,中华图书馆协会曾在后方进行了一次会员调查,因碍于战时的混乱,调查仅包括重庆市、上海市以及四川、云南、江苏、浙江、湖南、江西、山东、陕西、福建、广东、广西、贵州等省份,会员严重缺失,有的省份参与调查,也仅有1—2人登记,此次调查共有会员193人[13]。

抗战胜利后,迁往内地的图书馆迁回原址,抗战期间关门的图书馆亟待开门,抗战期间图书资料需要整理,新购资料急需跟进,图书馆恢复旧观工作量很大,很多图书馆馆员人数增加,1947年中华图书馆协会进行战后会员调查,有个人会员709人,是历次调查人数最多的一

次[14]。根据历次会员调查资料,中华图书馆协会个人会员中非图书馆学专业较有影响的社会精英名流学者会员主要有:

表2 中华图书馆协会个人会员中的社会名流学者

| 序号 | 姓名及生卒年代 | 籍贯 | 毕业学校及系科 | 主要任职及成就 |
| --- | --- | --- | --- | --- |
| 1 | 袁希涛 1866—1930 | 江苏宝山 | 1897年举人 | 北京政府教育次长,京师图书馆馆长 |
| 2 | 熊希龄 1870—1937 | 湖南凤凰 | 1894年进士 | 北洋政府总理,翰林,创办香山慈幼院 |
| 3 | 常赞春 1872—1941 | 山西榆次 | 1902年举人,1913年京师大学堂 | 民国国会众议院议员,山西大学教授 |
| 4 | 梁启超 1873—1929 | 广东新会 | 1889年举人 | 北洋政府司法总长,京师图书馆馆长、松坡图书馆馆长,清华国学院导师 |
| 5 | 瞿启甲 1873—1940 | 江苏常熟 | 自学成才 | 北洋政府众议院议员,常熟县立图书馆馆长,建"铁琴铜剑楼"藏书 |
| 6 | 陈宝泉 1874—1937 | 天津 | 1903年日本弘文学院师范科 | 北洋政府教育次长,北京高师校长 |
| 7 | 陈任中 1874—1945 | 江西赣州 | 1902年举人 | 北洋政府教育次长,京师图书馆馆长 |
| 8 | 范源濂 1876—1927 | 湖南湘阴 | 1902年日本弘文学院师范科 | 民国政府教育总长,北京师范大学校长,京师图书馆馆长 |
| 9 | 张伯苓 1876—1951 | 天津 | 1895年北洋水师学堂 | 国家考试院院长,南开大学校长 |
| 10 | 颜惠庆 1877—1950 | 上海 | 1900年弗吉尼亚大学文学士 | 北洋政府总理,驻德公使等外交事务 |
| 11 | 黄炎培 1878—1965 | 江苏川沙 | 1902年举人 | 中华职业教育社理事长,创办鸿英图书馆 |
| 12 | 马裕藻 1878—1945 | 浙江鄞县 | 1911年东京帝国大学 | 北京大学教授 |
| 13 | 柯璜 1876—1963 | 浙江黄岩 | 1906年京师大学堂 | 山西大学教授,山西公立图书馆、山西图书博物馆馆长 |
| 14 | 单不庵 1878—1930 | 浙江萧山 | 1901年博士弟子员 | 北京大学教授,浙江图书馆馆长 |
| 15 | 胡汝麟 1880—1941 | 河南通许 | 1896年秀才,1906年京师大学堂 | 北洋政府教育次长,华北大学校长 |
| 16 | 易培基 1880—1937 | 湖南长沙 | 1904年武昌方言学堂 | 北洋政府教育总长,故宫博物院院长 |
| 17 | 柳诒徵 1880—1956 | 江苏镇江 | 1895年秀才 | 中央大学等校教授,1927年任中央大学国学图书馆馆长,中研院院士 |

续表

| 序号 | 姓名及生卒年代 | 籍贯 | 毕业学校及系科 | 主要任职及成就 |
|---|---|---|---|---|
| 18 | 李石曾 1881—1973 | 河北高阳 | 1905年法国蒙达顺莪农校 | 国民党中央监察委员,故宫博物院院长,北京大学教授 |
| 19 | 马君武 1881—1940 | 广西桂林 | 1916年德国柏林大学工学博士 | 北洋政府教育总长,创建广西大学及首任校长 |
| 20 | 曹云祥 1881—1937 | 浙江嘉兴 | 1914年哈佛大学工商管理硕士 | 北洋政府外交部参事,清华学校校长 |
| 21 | 程昌祺 1881—1941 | 四川黔江 | 1903年日本弘文学院师范科 | 华西协和大学教授兼图书馆中文部主任 |
| 22 | 余日章 1882—1936 | 湖北蒲圻 | 1910年哈佛大学教育博士 | 中华基督教青年会全国协会总干事 |
| 23 | 朱少屏 1882—1942 | 上海 | 1903年上海南洋中学 | 环球中国学生会总干事,中国驻菲律宾领事,抗日志士 |
| 24 | 王正廷 1882—1961 | 浙江奉化 | 1919年耶鲁大学法律学士 | 北洋政府外交总长,巴黎和会代表 |
| 25 | 吴梅 1884—1939 | 江苏苏州 | 1901年长洲县学生员 | 北京大学教授 |
| 26 | 周诒春 1883—1958 | 湖北汉口 | 1910年威斯康星大学教育硕士 | 国民政府农林部长,清华学校校长 |
| 27 | 王伯秋 1884—1939 | 湖南湘乡 | 1917年哈佛大学政治经济学学士 | 国民政府立法委员,东南大学等校教授 |
| 28 | 马叙伦 1885—1970 | 浙江杭州 | 1902年杭州养正书塾 | 北洋政府教育部长,北京大学教授,京师图书馆馆长 |
| 29 | 张鸿烈 1886—1962 | 河南固始 | 1918年美伊利诺斯大学政治学学士 | 制宪国大代表,立法委员,河南大学校长 |
| 30 | 张凤 1887—1966 | 浙江嘉善 | 1904年秀才,1924年法国巴黎大学文学博士 | 上海暨南大学教授兼图书馆馆长 |
| 31 | 钱稻孙 1887—1966 | 浙江吴兴 | 1908年意大利罗马大学语言学学士 | 清华大学教授兼图书馆主任 |
| 32 | 丁文江 1887—1936 | 江苏泰兴 | 1911年英国格拉斯哥大学地质、动物双学士 | 北京大学教授,创办地质调查所及该所图书馆 |
| 33 | 顾孟余 1888—1972 | 河北宛平 | 1911年柏林大学政治学 | 国民政府铁道部长,北京大学教授 |
| 34 | 王云五 1888—1979 | 广东香山 | 1903年上海守真书馆习英文 | 国民政府经济部长,商务印书馆总经理 |

续表

| 序号 | 姓名及生卒年代 | 籍贯 | 毕业学校及系科 | 主要任职及成就 |
|---|---|---|---|---|
| 35 | 陈中凡 1888—1982 | 江苏盐城 | 1917年北京大学哲学学士 | 东南大学等校教授 |
| 36 | 胡光炜 1888—1962 | 浙江嘉兴 | 1910年南京两江优级师范学堂农博科 | 中央大学等校教授 |
| 37 | 翁文灏 1889—1971 | 浙江鄞县 | 1912年比利时鲁汶大学地质学博士 | 国民政府行政院长,地质调查所所长,参与建设该所图书馆,清华大学校长,中研院院士 |
| 38 | 吴家象 1891—1981 | 江西南昌 | 1919年北京大学物理学学士 | 国民政府立法委员,东北大学教授,参与解决西安事变 |
| 39 | 陶行知 1891—1946 | 安徽歙县 | 1915年伊利诺伊大学政治学硕士 | 中华教育改进社总干事,国立东南大学教授,创办南京晓庄师范学校,创办萧场儿童流通图书馆、三位一体图书馆等 |
| 40 | 张彭春 1892—1957 | 天津 | 1922年哥伦比亚大学教育学博士 | 国民参议员、国际联大代表,清华大学教授 |
| 41 | 赵元任 1892—1982 | 江苏常州 | 1918年哈佛大学哲学博士 | 清华国学院导师,中研院院士 |
| 42 | 关颂声 1892—1960 | 广东番禺 | 1917年麻省理工学院建筑学学士 | 创办天津基泰工程司 |
| 43 | 洪煨莲 1893—1980 | 福建侯官 | 1919年哥伦比亚大学文学硕士 | 燕京大学教授兼图书馆馆长 |
| 44 | 张申府 1893—1986 | 河北献县 | 1917年北京大学数学学士 | 北京大学等校教授,中国共产党创始人之一 |
| 45 | 顾颉刚 1893—1980 | 江苏苏州 | 1920年北京大学哲学学士 | 燕京大学等校教授,中研院院士 |
| 46 | 黄文弼 1893—1966 | 湖北汉川 | 1918年北京大学哲学学士 | 西北大学等校教授 |
| 47 | 李笠 1894—1962 | 浙江瑞安 | 自学成才 | 复旦大学教授,创建"横经室"藏书楼 |
| 48 | 高仁山 1894—1928 | 江苏江阴 | 1922年芝加哥大学教育学硕士 | 北京大学教授,北平艺文中学校长 |
| 49 | 丁绪宝 1894—1991 | 安徽阜阳 | 1922年芝加哥大学物理硕士 | 中央大学等校教授 |
| 50 | 程其保 1895—1975 | 江西南昌 | 1923年哥伦比亚大学教育学博士 | 国民政府立法委员,中央大学等校教授,联合国教科文组织教育处副处长 |
| 51 | 林语堂 1895—1976 | 福建龙溪 | 1923莱比锡大学语言学博士 | 北京大学等校教授,两次诺贝尔奖提名 |

续表

| 序号 | 姓名及生卒年代 | 籍贯 | 毕业学校及系科 | 主要任职及成就 |
|---|---|---|---|---|
| 52 | 陈乃乾 1896—1971 | 浙江海宁 | 1914年东吴大学文学学士 | 国民大学教授,南阳中学图书馆主任 |
| 53 | 朱光潜 1897—1986 | 安徽桐城 | 1933年法国斯特拉斯堡大学哲学博士 | 北京大学等校教授 |
| 54 | 俞庆棠(女) 1897-1949 | 江苏太仓 | 1922年哥伦比亚大学教育学学士 | 中央大学教授,中央大学区民众教育学校校长 |
| 55 | 陈剑修 1897—1953 | 江西遂川 | 1927年伦敦大学心理学硕士 | 广西大学校长,南京民众图书馆馆长 |
| 56 | 郑天挺 1899—1981 | 福建长乐 | 1924年北京大学国学研究生 | 北京大学等校教授 |
| 57 | 缪凤林 1899—1959 | 浙江富阳 | 1923年南京高师 | 中央大学等校教授 |
| 58 | 陈友松 1899—1992 | 湖北京山 | 1934年哥伦比亚大学哲学博士 | 北京大学等校教授 |
| 59 | 王古鲁 1901—1958 | 江苏常熟 | 1926东京高等师范学校研究科 | 北京大学等校教授 |
| 60 | 向达 1900—1966 | 湖南溆浦 | 1924年东南大学历史学学士 | 北京大学等校教授 |
| 61 | 刘纪泽 1901—1960 | 江苏盐城 | 1926年清华国学研究院 | 暨南大学等校教授 |
| 62 | 陈训慈 1901—1991 | 浙江余姚 | 1924年东南大学文学学士 | 浙江大学等校教授,浙江省立图书馆馆长 |
| 63 | 陈东原 1902—1978 | 安徽合肥 | 1937年哥伦比亚大学教育学硕士 | 国立社会教育学院等校教授 |
| 64 | 傅芸子 1902—1948 | 北京 | 自学成才 | 日本京都帝国大学等校执教,燕京华文学校图书馆副馆长 |
| 65 | 吕叔湘 1904—1998 | 江苏丹阳 | 1926年东南大学外文系学士,1938年在英国学习人类学、图书馆学 | 中央大学等校教授 |
| 66 | 叶公超 1904—1981 | 江西九江 | 1924年剑桥大学文学硕士 | 国民政府外交次长,暨南大学教授兼图书馆长 |
| 67 | 朱士嘉 1905—1989 | 江苏无锡 | 1946年哥伦比亚大学历史学博士 | 华盛顿大学副教授,燕京大学图书馆编目部主任 |
| 68 | 傅振伦 1906—1999 | 河北新河 | 1929年北京大学历史学学士 | 东北大学等校教授,东北中正大学图书馆馆长 |
| 69 | 杨公达 1907—1972 | 四川长寿 | 1930年法国巴黎大学法学博士 | 立法委员,中央大学教授兼图书馆馆长 |

民国时期,作为新学载体的图书馆引起了一些新派人物的注意,一些社会人士自发创建图书馆,自任馆长,一些大学教授也受聘担任图书馆馆长,他们也是"热心图书馆事业者",同样是民国时期支持图书馆发展的社会力量。然而,这部分学者名单最难确定,根据《中国近现代人名大辞典》(1989)、《中国图书馆人名辞典》(1991)、《中国现代社会科学家大辞典》(1994)、《中国图书馆学情报学档案学人物大辞典》(1999)、《图书馆学情报学大辞典》(2013)、《中国近现代高等教育人物辞典》(2018)等资料,结合查阅当代研究成果,梳理在民国时期创建或担任各类图书馆馆长的社会名流学者,据不完全统计,代表人物主要有:

表3 民国时期担任各类图书馆馆长的部分名流学者

| 序号 | 姓名及生卒年代 | 籍贯 | 受教育情况 | 主要任职及成就 |
|---|---|---|---|---|
| 1 | 缪荃孙 1844—1919 | 江苏江阴 | 1876年进士 | 《清史稿》总纂,翰林,1907年任江南图书馆馆长,1910年任京师图书馆馆长 |
| 2 | 钱恂 1854—1927 | 浙江吴兴 | 自学成才 | 出使外国使臣,1913年任浙江省立图书馆馆长 |
| 3 | 梁鼎芬 1859—1919 | 广东番禺 | 1880年进士 | 湖北按察使,清逊帝师,翰林,1886年创建丰湖书藏,1912年创办梁祠图书馆 |
| 4 | 夏曾佑 1863—1924 | 浙江杭州 | 1890年进士 | 北洋政府社会教育司司长,翰林,1913年任京师图书馆馆长 |
| 5 | 荣德生 1875—1952 | 江苏无锡 | 自学成才 | 北洋政府国会议员,"面粉大王""棉纱大王",1916年建大公图书馆 |
| 6 | 陈云路 1880—1945 | 河南荥阳 | 1912年河南优级师范选科 | 西京筹备委员会专门委员,1927年任北平女子师范大学图书馆馆长 |
| 7 | 郭象升 1881—1941 | 山西晋城 | 1909年贡生 | 北洋政府国会众议院议员,清史馆纂修,山西大学教授,1919年任山西教育博物图书馆馆长 |
| 8 | 马衡 1881—1955 | 浙江鄞县 | 1899年秀才,1901南洋公学肄业 | 故宫博物院院长,北京大学教授,1929年任该校图书馆馆长 |
| 9 | 张宗祥 1881—1965 | 浙江海宁 | 1902年举人 | 浙江教育厅厅长,1919年任京师图书馆主任 |
| 10 | 钱基博 1887—1957 | 江苏无锡 | 自学成才 | 国立中央大学等校教授,1918年任无锡县立图书馆馆长 |
| 11 | 李大钊 1889—1927 | 河北乐亭 | 1916年日本早稻田大学政治学学士 | 北京大学教授,1918年任该校图书馆馆长 |
| 12 | 李四光 1889—1971 | 湖北黄冈 | 1919年英国伯明翰大学地质学硕士 | 湖北军政府实业部长,北京大学教授,中研院地质研究所所长,1925年任京师图书馆副馆长,中研院院士 |
| 13 | 宋春舫 1892—1938 | 上海 | 1905年秀才,1915年日内瓦大学政治经济学硕士 | 青岛大学等校教授,1926年任青岛大学图书馆馆长,建"褐木庐"藏书 |

续表

| 序号 | 姓名及生卒年代 | 籍贯 | 受教育情况 | 主要任职及成就 |
|---|---|---|---|---|
| 14 | 毛子水 1893—1988 | 浙江江山 | 1930年德国柏林大学科学史学士 | 北京大学等校教授,1932年任北京大学图书馆馆长 |
| 15 | 舒新成 1893—1960 | 湖南溆浦 | 1917年湖南高等师范学校 | 中华书局出版《辞海》主编,1930年任中华书局图书馆馆长 |
| 16 | 马廉 1893—1935 | 浙江鄞县 | 自学成才 | 北京大学教授,1933年任孔德学校图书馆馆长,建有平妖堂藏书室 |
| 17 | 卢作孚 1893—1952 | 四川合川 | 自学成才 | 民生公司创始人,1928年建峡区图书馆等 |
| 18 | 钱穆 1895—1990 | 江苏无锡 | 自学成才 | 北京大学等校教授,1922年任泰伯市立图书馆馆长 |
| 19 | 郑振铎 1898—1958 | 浙江温州 | 1921年北京铁路管理学校 | 暨南大学等校教授,1935年任该校图书馆馆长 |
| 20 | 朱自清 1898—1948 | 浙江绍兴 | 1920年北京大学哲学学士 | 清华大学教授,1935年任图书馆馆长 |
| 21 | 潘光旦 1899—1967 | 江苏宝山 | 1926年哥伦比亚大学生物学硕士 | 清华大学教授,1946年任图书馆馆长 |
| 22 | 应修人 1900—1933 | 浙江慈溪 | 1930年苏联莫斯科中山大学 | 曾任中共江苏省委宣传部长等,1920年创办上海通讯图书馆,革命志士 |
| 23 | 李公朴 1902—1946 | 江苏淮安 | 1930年美国雷德大学政治学士 | 国民参政会议员,中国民主同盟领导人,1932年任申报流通图书馆馆长 |
| 24 | 梁实秋 1903—1987 | 北京 | 1926年哥伦比亚大学文学硕士 | 青岛大学等校教授,1930年任该校图书馆馆长 |
| 25 | 杜文焕 1903—1983 | 四川广安 | 1926年清华国学研究院 | 暨南大学教授,1926年任四川省图书馆馆长,1934年任暨南大学图书馆馆长 |
| 26 | 顾廷龙 1904—1998 | 江苏苏州 | 1929年上海持志大学文学学士 | 暨南大学等校教授,1939年任上海私立合众图书馆馆长 |

## 3 民国时期参与图书馆事业的社会精英群体分析

### 3.1 民国时期参与图书馆事业的社会精英群体籍贯分布

统计的125位参与图书馆事业的社会精英籍贯分布在14省及北京、上海、天津三市,主要集中在浙江、江苏两省,占总统计人数的48%,接近半数。

江浙社会精英群体来源异军突起,与江浙的文化氛围有关。中华图书馆协会成立之初,非常重视吸收传统藏书学者,经济发达的江南地区,特别是江浙沪地区,书香门第众多,藏书家辈出,是中华图书馆协会众多名誉会员、个人会员的重要来源地。晚清以来的南北四大藏书楼江苏常熟"铁琴铜剑楼"、山东聊城"海源阁"、浙江湖州陆氏"皕宋楼"、杭州丁氏"嘉惠堂"八千卷楼,除海源阁外,另三家都兴起于江浙。民初又在浙江吴兴南浔崛起了声势直追晚清四大家的张均衡"适园"、蒋汝藻"密韵楼"、刘承干"嘉业堂"。在这样一个人文荟萃之地,众多藏书家加入中华图书馆协会组织,在传统藏书楼与现代图书馆之间牵起纽带,使二者建立了不可割裂的文化传承关系,亦使江浙一带重视文化、创办图书馆的热情高于其他地区。

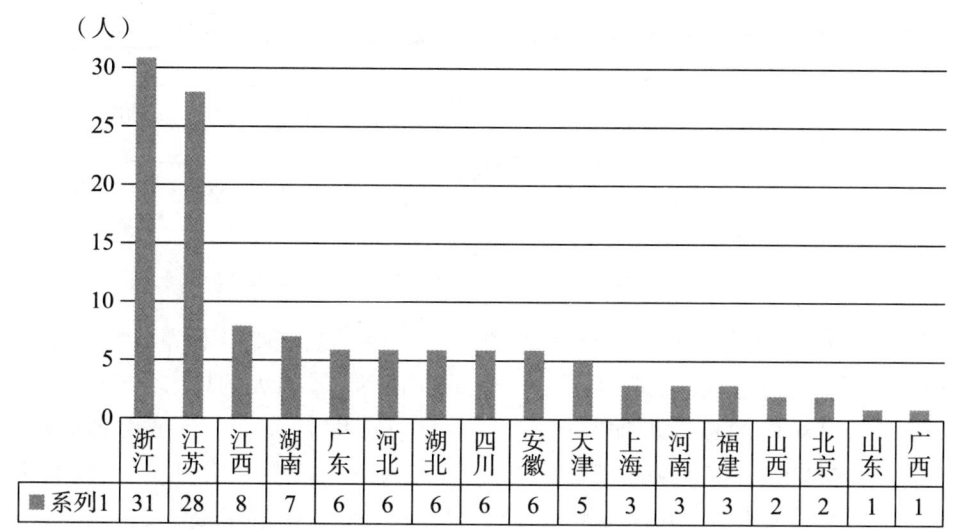

图1 民国时期参与图书馆事业的社会精英群体籍贯分布图

江浙名流学者居高还有一个重要因素,处于江浙沪文化圈的上海对于中国图书馆事业的传播有着非凡的意义。1925年4月25日,美国图书馆学家鲍士伟访华,在上海登上了中国的土地,也促成了中华图书馆协会的诞生。鲍士伟所到之处,宣传现代图书馆的作用,指导中国图书馆的进步,其影响从上海辐射到江浙一带。笔者曾撰文分析江浙一带经济发达,易于接受新鲜事物,使人们较早了解到图书馆的功能和作用,这也符合民国时期江浙文化圈最为活跃的规律。除江浙外,名流学者基本来自东南沿海省份,西北、东北、西南边陲地区基本没有,显示出文化发展的不平衡性。

### 3.2 民国时期参与图书馆事业的社会精英群体受教育情况

中国图书馆事业发轫于19世纪末20世纪初,这是一个新旧思想和形式并存的时代。在思想上,中国传统教育影响在中国大地上延续,同时西方新式教育思想涌入中国。形式上,清末靠传统科举获得功名仍然是知识分子的始终追求,同时新式学校也如雨后春笋般在中国生根,于是出现了新旧学者和谐共存的良好时机。在参与图书馆事业的社会精英群体中,既有传统功名的获得者,也有不甘于落后时代,接受跨越两种教育形式者;既有在中国接受新式学校教育者,也有勇敢地迈出国门,直接接受西方教育者;当然,还有承袭家学、自学成才的有识之士。125位学者,其教育情况分布如下:

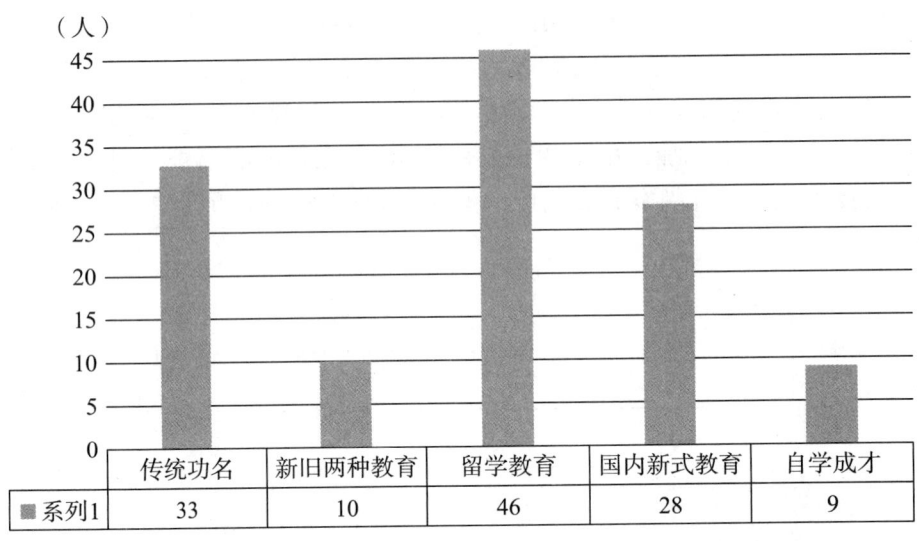

图2　民国时期参与图书馆事业的社会精英群体受教育情况

获取传统功名主要通过参加科举考试来实现。科举制度始于隋唐,明清时期达到鼎盛。清代科举考试分为童试、院试、乡试、会试、殿试五级,最初级的地方县、府考试,通过后成为童生。经府试录取的童生参加院试后录取为生员,称为秀才。乡试由各地州、府主持在本地考试,凡获得生员头衔者均可参加,中试者称为举人。中举后可参加会试,由礼部主持在京师贡院举行,中试者于下月应殿试。殿试是科举考试中的最高一级,御批钦定,选出三甲进士。历次考试没有通过但成绩较为优异者称为贡生,包括岁贡、选贡、优贡、副贡、恩贡等,他们可以继续参加科举考试,也可以候选官职。古代社会获取功名非常艰难,需要经过长期的努力。

1905年清政府废除了在中国实行2000多年的科举选官制度,将科举制度和西方学位制度相结合,制定了一种新的选拔最优人才的举措。清末出现了大批出国留学的莘莘学子,作为废除科举制度的先期准备,1903年清政府颁布《约束鼓励游学生章程》[15],1904年颁布《奏定各学堂奖励章程》[16],规定在国外大学毕业者,分别奖励进士、举人等头衔,授予相应官职,这一措施自1906年开始实行,到辛亥革命推翻帝制时止。本次统计的社会精英学者中,共有颜惠庆(1906,文科进士)、施肇基(1906,法政科进士)、周诒春(1910,文科进士)、丁文江(1910,格致科进士)、李四光(1910,工科进士)5位在1906—1910年获得留学进士称号。社会精英群体获取传统功名及留学进士的情况如下:

随着清末新式学堂在中国的广泛建立,越来越多的学生选择进入学堂学习现代科学知识,伴随学习程度的加深,一些人进入国内高等学校继续学习,一些人到国外继续深造,中国知识分子的结构由接受传统教育向接受新式教育转化。

科举制度设有不同等级的功名,西方学位制也有等级之分,设置三级不同层次的学位:博士、硕士和学士。在中国,最早引进学位制度的是教会大学,他们首先在西方国家注册并取得官方机构认证,继而在中国学校颁发学位,为中国向近代教育制度过渡提供了样板。

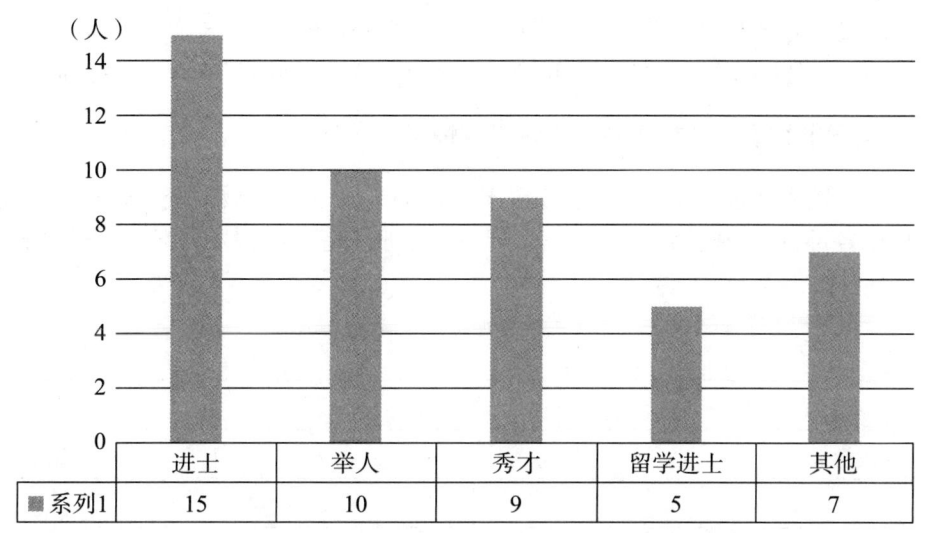

图 3 民国时期参与图书馆事业的社会精英群体获得传统功名情况①

民国政府成立后,中国教育迎来了新的篇章。教育部于 1912 年 10 月颁布《大学令》,确定了大学的规模、入学资格、修业年限、学位授予等,之后又颁布了若干法令,学位授予规定不断完善。1917 年公布《修订大学令》,进一步明确"大学本科生修满四年,考试及格,可获得毕业证书,授予某科学士学位"[17]。研究生教育也开始建立,1918 年北京大学率先公布《北京大学研究所总章》,创设文、理、法三科研究所[18],1925 年清华校长曹云祥主持创办清华国学院[19],中国社会开启了自主培养研究生的历程。参与图书馆事业的社会精英群体在国内外接受新式教育的情况如下:

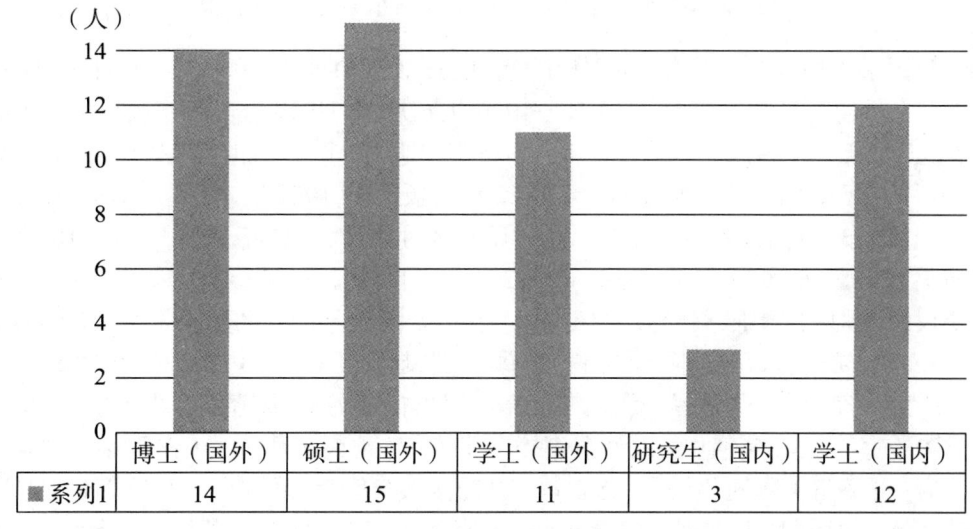

图 4 民国时期参与图书馆事业的社会精英群体获得学位情况

由于留学学习既能直接学习西方的先进思想与技能,又是当时教育界追求的时尚,选择走

---

① 其他是指各类贡生。

出国门接受现代高等教育的人数最多。在国内接受研究生教育的有毕业于北京大学研究院的郑天挺,毕业于清华国学研究院的刘纪泽、杜文炼,他们是中国早期在本土培养的高层次人才。

### 3.3 参与图书馆事业的社会精英群体任职情况

在参与图书馆事业的社会精英中,有清末皇帝的老师、翰林、藏书楼(室)主人;有民国政府总统、总理、各部部长(包括副部长);有学界中央研究院院士、大学校长、大学教授,图书馆事业得到政学各界的支持。

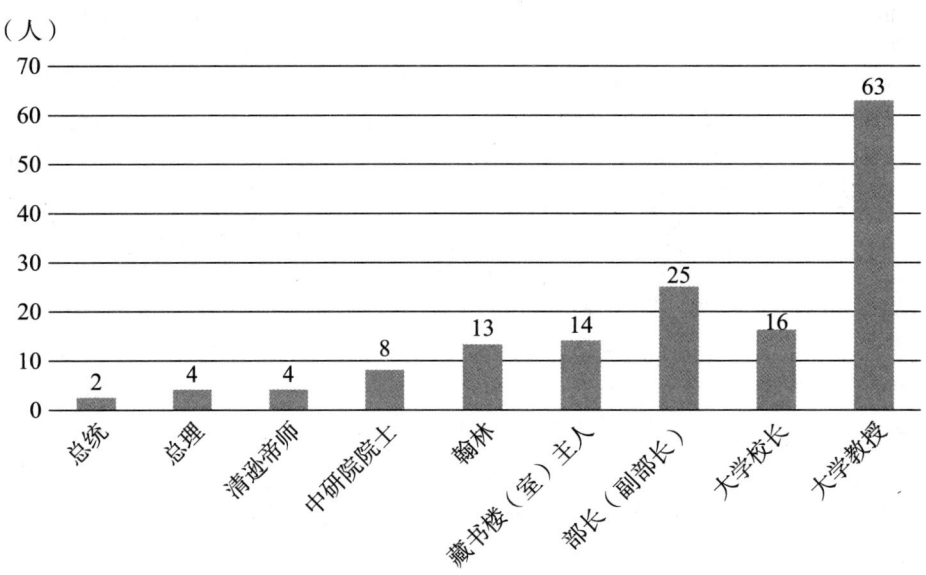

图 5　民国时期参与图书馆事业的社会精英群体任职情况

在参与图书馆事业的社会精英群体中,有 2 位总统:徐世昌(1918 年 10 月 10 日—1922 年 6 月 2 日)、颜惠庆(1926 年 5 月 13 日—1926 年 6 月 22 日,以总理职务代行)。有 4 位曾任国务总理:熊希龄(1913 年 7 月 31 日—1914 年 2 月 12 日)、徐世昌(1914 年 5 月 1 日—1915 年 10 月 27 日、1916 年 3 月 21 日—4 月 22 日)、颜惠庆(1921 年 12 月 18 日—12 月 24 日、1922 年 1 月 25 日—4 月 9 日、1922 年 6 月 11 日—8 月 5 日、1924 年 9 月 14 日—10 月 31 日、1926 年 5 月 13 日—6 月 22 日)、王正廷(1922 年 12 月 11 日—1923 年 1 月 4 日)。有 3 位末代皇帝溥仪的老师:王国维、梁鼎芬、柯劭忞。有 8 位 1948 年遴选的第一批中央研究院院士:李四光、翁文灏、胡适、张元济、柳诒徵、陈垣、顾颉刚、赵元任。有 13 位翰林:柯劭忞、王樹枏、徐世昌、朱孝臧、李盛铎、严修、张元济、蔡元培、傅增湘、熊希龄、缪荃孙、梁鼎芬、夏曾佑。有 14 位藏书楼(室)主人:瞿启甲(铁琴铜剑楼)、张均衡(适园)、蒋汝藻(密韵楼)、刘承干(嘉业堂)、董康(诵芬室)、陶湘(涉园)、徐世昌(书髓楼)、李盛铎(木犀轩)、叶德辉(观古堂)、徐乃昌(积学斋)、傅增湘(双鉴楼)、宋春舫(褐木庐)、马廉(平妖堂)、李笠(横经室)。另外还有 25 位民国政府的部长级以上高官,16 位大学校长,63 位大学教授。

在这些人物中,有清朝遗臣、民国政界、民国学界的重要代表人物,中西合璧,聚集一堂,即使在民国时期这样一个百花争艳的时代,这样的阵容聚集在一个行业协会组织中的情况也不多见。他们之中,专注于书籍研究的传统学者,继承传统士人的研究路径,是旧式藏书楼与新式图书馆之间的纽带和桥梁,为两个时代的图书载体建立了沟通渠道。政界代表为图书馆的建立摇旗呐喊,树立标杆,筹集经费,延揽人才。新式文人或直接留学,或在国内接受新式学校教育,他们学习新的理念和思想,指导图书馆实践。他们有的跨越晚清民国一直为官,有的兼顾官员与学者双重身份,有的专注于新学研究,形成了一个特定的学贯中西、思想多元的学者群体。

### 3.4 直接参与图书馆管理工作

社会精英参与图书馆事业,并直接担任中华图书馆协会的领导职务,在行业组织中起到引领作用。1925—1935年,在抗战前社会稳定的发展时期,一直有多位非图书馆专业学者在中华图书馆协会专业委员会任职。

中华图书馆协会曾进行三次各专业委员会委员的较大规模调整。在中华图书馆协会成立大会上,决定设立董事部、执行部为协会的领导机关,梁启超被公选为董事部部长,成为协会重要的领导成员。协会成立伊始,为尽快开展工作,根据组织大纲第四章第16条第4项规定,由执行部组织成立专业委员会。专业委员会的职责包括:(一)关于该门学术或该种问题之处理事项;(二)关于该门学术或该种问题议案之审查事项;(三)关于董事部长或执行部长交议或委托事项;(四)关于本委员会建议事项。由此可知,各委员会的职责主要是研究本门专科的学术问题。

1925年中华图书馆协会首次发布专业委员会的组成,设立图书馆教育委员会、分类委员会、编目委员会、索引委员会、出版委员会5个专业委员会,非图书馆学专业学者有20人在各专业委员会任职,其中梁启超除担任董事部部长外,还担任分类委员会主任,傅增湘为编目委员会主任,林语堂为索引委员会主任,赵元任为副主任,洪煨莲为书记。

第二次调整专业委员会委员是在南京召开的中华图书馆协会第一次年会以后。为了更好地落实年会决议,协会领导机构对各专业委员会进行了改选,设立分类委员会、编目委员会、索引委员会、检字委员会、图书馆教育委员会、编纂委员会、建筑委员会、宋元善本书调查委员会、板片调查委员会9个专业委员会,以及《图书馆季刊》和《中华图书馆协会会报》两个编辑部,有16位非图书馆学专业学者担任专业委员会委员。1931年执行委员会进行改选,15位执行委员中有周诒春、陶行知、王云五3位非图书馆专业学者[20]。

1935年专业委员会委员进行第三次调整。在抗战前工作环境相对平稳的时期,中华图书馆协会的各项工作有条不紊地推进,各专业委员会的工作取得了很大成绩,但协会执行委员会也意识到,各委员会委员分散各地,联络不畅,给工作带来了困难。1935年,执行委员会提出重新改组各专业委员会,"以主席书记同一地点为原则,其各委员会委员由主席推荐,请全体执委通过后,再由(协)会函加聘"[21]。这次改组以后,仍有15位非图书馆专业学者在各专业委员会任职。1936年中华图书馆协会第三次年会决定,改执行委员会为理事会,改监察委员会为监事会[22]。

抗战爆发后,中华图书馆协会总部迁往昆明,专业委员会委员分散各地,活动基本停顿,只有理事、监事委员会适时改选。1944年在中华图书馆协会第六届年会期间改选执委、监事委员,除图书馆专业人士外,非图书馆界人士傅振伦、张申府、陈训慈当选[23]。

社会精英在参与图书馆管理工作的同时,也为图书馆研究的进步做出了贡献。尤其是在宋元善本书调查委员会、板片调查委员会任职的学者,结合自身的研究,推动图书馆藏书建设。

比如傅增湘到日本访书，发现了在国内早已散失的南宋蜀地蒲叔献刻本《太平御览》，并设法将蜀刻本《太平御览》影印带回国内。王云五出版了《中外图书馆统一分类法》，在当时较有影响。

热心公益的社会人士还直接创建各类图书馆或担任各类图书馆馆长，在本次统计的中华图书馆协会名誉会员及个人会员中，有27位创建图书馆或担任图书馆馆长。如卢木斋捐资兴建了南开大学木斋图书馆和北平私立木斋图书馆，将自己家藏的24万册古籍捐赠给北平私立木斋图书馆，无偿对外开放。另外，叶公超、傅振伦、郑振铎等都曾亲任图书馆馆长，具体指导图书馆工作。

民国时期参与图书馆事业的社会精英群体，在推动中国图书馆事业发展进程中发挥了重要作用，众多学人在藏书思想和图书馆学思想方面有所建树。

第一，保存文献，编制书目，体现藏书思想。参与图书馆事业的社会精英群体中有众多藏书家，他们倾力搜集文献，整理文献。很多藏书家都编有书目，如李盛铎《木犀轩藏宋本书目》、徐乃昌《积学斋善本书目》、徐世昌《书髓楼藏书目》、张均衡《适园藏书志》、傅增湘《藏园群书经眼录》等。1919年8月到1923年冬，王国维用了4年多时间，亲自为蒋汝藻编写了《密韵楼藏书志》4册12卷，该书志按《四库全书总目》作分类体例，收录宋版189部、元版128部、明版1608部，钞本831部，稿本84部，为版本目录学研究做出了贡献，有评价称"蒋氏藏书甲于海上，而先生所撰《密韵楼藏书志》亦精审无二"[24]。

第二，开阔视野，建言献策，占领思想高地。服务政界的社会精英参与图书馆事业，往往可以利用所掌握的社会资源，在思想舆论上支持图书馆事业。在北京举行的中华图书馆协会成立仪式上，梁启超发表致辞，提出中华图书馆协会的任务，建设中国的图书馆学，养成管理图书馆人才，体现了图书馆学本土化思想。蔡元培认为图书馆是辅助学术研究和普及教育的机构，他积极支持图书馆事业，亲任馆长，在资源建设、规章制度、馆员队伍、馆舍建筑等方面都有独到见解，起到引领作用。

第三，身体力行，亲自实践，改革图书馆制度。钱稻孙、朱自清、潘光旦曾先后任清华大学图书馆主任，在图书馆管理实践中，从学者的角度改革购书制度，让教授推荐图书，为图书馆积累了质量上乘的馆藏体系。共产党人应修人创办的上海通讯图书馆将图书送至劳工群体之中，废除当时图书馆界通行的实行铺保制度，取消保证金、押金，免费借书的限制，无论何人都可自由借阅图书，这是提倡读者权利平等的最早尝试。

第四，引领公众，积极参与，体现公共图书馆理念。社会热心人士积极创办图书馆，以他们的社会影响吸引公众积极利用图书馆。卢木斋因幼时家贫，立志通过建立图书馆，为贫困学生提供读书的机会，他捐资建立的南开大学图书馆、北平私立木斋图书馆发挥了很好的作用。无锡士绅、成功的民族资本家荣德生，在无锡建立了第一家面向公众开放的私人图书馆——大公图书馆，他将图书馆取名为"大公"，就是践行其"公共"性质，让公众利用图书馆。他还把图书馆作为办学的一种补充，为贫寒人家子弟读书求学提供另一条途径。

民国时期，是社会思潮涌动的转型时期。这一时期，虽然派系林立、政局不稳、战乱频仍、民生凋敝，但这一时期却是思想、学术、文化异常活跃的时期。社会精英群体是社会的旗帜，他们利用在公众中的号召力，扩大图书馆的影响。他们参与图书馆工作，亲力亲为，在图书馆学思想方面也贡献良多。

## 参考文献

[1] 韩淑举. 我国近代公共图书馆制度变迁中的精英参与[J]. 图书馆工作与研究, 2011（1）:4-14.
[2] 祝妍. 梁启超图书馆学思想研究[D]. 哈尔滨:黑龙江大学, 2011:1-47.
[3] 李菊花. 蔡元培的图书馆思想及影响[J]. 图书馆论坛, 2010（4）:41-44.
[4] 宋兵. 张元济和我国最早的民办图书馆[J]. 大学图书馆学报, 2014（5）:123-26.
[5] 中华图书馆协会组织大纲[J]. 中华图书馆协会会报, 1925, 1（1）:3-4.
[6] 田正平, 阎登科. 北洋政府时期教育总长群体考察[J]. 社会科学战线, 2012（1）:208-215.
[7] 密韵楼兴衰启示录[EB/OL].[2020-04-26]. http://blog.sina.com.cn/s/blog_5edc8e290101nwxp.html.
[8] 中华图书馆协会第一次年会纪事[J]. 中华图书馆协会会报, 1929, 4（4）:13.
[9] 中华图书馆协会第一周年报告[J]. 中华图书馆协会会报, 1926, 2（1）:3.
[10] 中华图书馆协会个人会员[J]. 中华图书馆协会会报, 1926, 1（5）:15-19.
[11] 重编会员录[J]. 中华图书馆协会会报, 1931, 7（3）:48.
[12] 征求会员[J]. 中华图书馆协会会报. 1932, 7（5）:19.
[13] 个人会员[J]. 中华图书馆协会会报, 1940, 14（4）:14-22.
[14] 中华图书馆协会个人会员名录[J]. 中华图书馆协会会报, 1948, 21（3/4）:附页.
[15] 陈学恂, 田正平. 中国近代教育史资料汇编:留学教育[G]. 上海:上海教育出版社, 2007:55-59.
[16] 潘懋元, 刘海峰. 中国近代教育史资料汇编:高等教育[G]. 上海:上海教育出版社, 2007:330-337.
[17] 潘懋元, 刘海峰. 中国近代教育史资料汇编:高等教育[G]. 上海:上海教育出版社, 2007:381-382.
[18] 孙傲, 郑永安. 民国时期研究生教育的特点分析[J]. 高教探索, 2009（2）:111-114.
[19] 林宝敏. 民国清华研究院毕业证书考[J]. 卷宗, 2013（2）:160-161.
[20] 执行委员会之常委[J]. 中华图书馆协会会报, 1931, 6（6）:11.
[21] 改组各委员会[J]. 中华图书馆协会会报, 1935, 11（6）:22.
[22] 李文裿. 写在第三届年会之后[J]. 中华图书馆协会会报, 1935, 12（1）:1-5.
[23] 中华图书馆协会理监事联席会议记录[J]. 中华图书馆协会会报, 1944, 18（5/6）:11-12.
[24] 盛巽昌. 王国维:集国学大师、版本目录大家于一身[J]. 出版人:图书馆与阅读, 2009（12）:4-6.

# 四库七阁碑刻的内容梳理与南北差异分析及原因初探

王雨潇（郑州大学信息管理学院）

中国古代藏书楼一般可分为皇家藏书楼、私人藏书楼、书院藏书楼、寺庙藏书楼，而以皇家藏书楼、私人藏书楼为主要形式[1]。皇家藏书楼的历史变迁能直观地反映当时政府机构的文化政策、不同时代的文化发展环境，更是不同时期综合国力的直接反映。而清代庋藏《四库全书》的四库七阁作为我国皇家藏书楼的代表，其文化地位决定着其具有较高的研究价值。在对于七阁的研究过程中，碑刻文献也是一个不容忽视的研究对象，七阁不同的立碑状况更是一个值得考证与研究的角度。"碑铭叙记是中国图书馆创建发展史上最重要的文献之一,具有独特的史料及文学价值"[2]。对于文化地位较高的四库七阁而言,其碑刻的史料价值不容忽视。碑刻文献真实地记录了藏书楼的历史演变、翻修历程、重大事件等;同时,碑文内容也是藏书楼的设立初衷、藏书观念及朝廷文化制度等方面的直观体现。这对于研究清代我国皇家藏书所处的时代背景及其发展历程都具有一定参考价值。

目前四库七阁碑刻的存世情况各不相同,尤其是北方四阁与江南三阁的碑刻存在一定差异。结合清代皇家藏书的发展进程与时代背景,本文在梳理七阁碑刻的基础上,将北方四阁与江南三阁的碑刻从碑刻选题、碑文内容及存毁状况三个方面进行对比,总结归纳出碑刻状况的南北差异,并分析其背后原因与反映的问题,从而为进一步分析清代皇家藏书及藏书楼的发展状况提供参考与史料支持。基于此,对于四库七阁的碑刻考察也便具有了一定的历史意义。

## 1 北方四阁碑刻梳理

北方四阁,即北京紫禁城的文渊阁、北京圆明园的文源阁、辽宁盛京皇宫的文溯阁、河北承德避暑山庄的文津阁等四处。四阁均仿范氏天一阁藏书楼建制,但建成时间则先后不一。承德避暑山庄内的文津阁于乾隆四十年(1775)建成,圆明园内的文源阁亦于同年继文津阁之后建成。紫禁城内的文渊阁于乾隆四十一年(1776)建成。而位于盛京皇宫内的文溯阁则动工较晚,建成于乾隆四十七年(1782)[3]。《四库全书》编成后,先是缮写4部,分藏以上内廷四阁。修建四阁的最初目的是为《四库全书》的庋藏提供场所。到乾隆四十六年十二月(1782)第一份《四库全书》缮写告成,入藏文渊阁。第二份于乾隆四十七年(1782)与《古今图书集成》一起送藏盛京文溯阁。第三份于乾隆四十九年(1784)贮圆明园内文源阁。第四份于乾隆五十年(1785)运送承德避暑山庄入藏。至此,北方四阁《四库全书》的庋藏全部完成[4]。

### 1.1 文渊阁碑刻

文渊阁东侧建有一座碑亭,亭内有高大石碑一通,正面镌刻有乾隆皇帝撰写的《文渊阁记》,汉文、满文对照。碑阴是与文渊阁《四库全书》缮毕入藏有关的《文渊阁赐筵御制诗》,诗共四首,间有小字注,注释内容为《四库全书》编纂事[5]。

碑阳内容如下:

**文渊阁记**

国家荷天庥,承佑命,重熙累洽,同轨同文,所谓礼乐百年而后兴,此其时也。而礼乐之兴,必藉崇儒重道以会其条贯。儒与道,匪文莫阐,故予蒐四库之书,非徒博右文之名,盖如张子所云:"为天地立心,为生民立道,为往圣继绝学,为万世开太平",胥于是乎系。故乃下明诏,敕岳牧,访名山,搜秘简,并出天禄之旧藏,以及世家之独弆,于是浩如渊海,委若邱山,而总名之曰《四库全书》。盖以古今数千年,宇宙数万里,其间所有之书虽夥,都不出四库之目也。乃抡大臣俾总司,命翰林使分校,虽督继晷之勤,仍予十年之暇。

夫不勤,则玩日愒时有所不免;而不予之暇,则不恐欲速而或失之悚暑,鲁鱼亥豕因是而生。语有之,凡事豫则立,书之成,虽尚需时日,而贮书之所,则不可不宿构。宫禁之中,不得其他,爰于文华殿后建文渊阁以待之。文渊阁之名,始于胜朝,今则无其处,而内阁大学士之兼殿阁衔者,尚存其名,兹以贮书所为,名实适相副。而文华殿居其前,乃岁时经筵讲学所必临,于以枕经菲史,镜已牖民,后世子孙奉以为家法,则予所以继绳祖考觉世之殷心,化育民物返古之深意,庶在是乎,庶在是乎!

  阁之制一如范氏天一阁,而其详则见于御园文源阁之记。

乾隆三十九年岁在甲午孟冬月中浣御笔[1774]

碑阴御制诗内容如下:
  长律昨春示程督,迅成膏罄竟前移。
  书多二酉本难究,岁始浃旬原弗迟。
  库四群欣瞻有葳,奉三我自凛无私。
  繁于永乐醇于典,嘉矣儒臣善副期。

  百年礼乐合兴哉,礼乐原从经史来。
  溯此津源渊已得,只当二宋速宾陪。

  丙申高阁秩干歌,今喜书成邺架罗。
  宋辑明修彼有为,重熙累洽此无他。
  较其三万犹富矣,即此十年讵久么。
  鼓瑟吹笙筐将是,庆兹日丽与风和。
  经筵毕,文渊阁赐宴。以四库全书第一部告成庋阁内,用《幸翰林院》例得近体四律。首章即叠去岁诗韵。

乾隆四十七年岁在壬寅仲春之月上浣御笔[1782][6]

此碑现存于北京故宫东华门。

### 1.2 文源阁碑刻

  文源阁南向而立,有楼六间,覆黑色琉璃瓦,嵌绿边,前方凿挖一水池。阁东侧为御碑亭,亭内石碑上刊刻乾隆皇帝御制《文源阁记》,满汉文对照。另外,在文源阁前水池中还有清高宗赐名的巨型湖石"玲峰",高六七米,玲珑剔透,孔穴甚多[7]。现存资料中,对于此二通碑刻详细状况的记载较少,如清代于敏中等编著的《日下旧闻考》内,对文源阁及石刻资料有所记载:"阁前石为玲峰,刊《御制文源阁诗》,阁东亭内石碣刊《御制文源阁记》。"[8]

  其中,文源阁东侧碑亭内石碑碑阳为乾隆甲午(三十九年)孟冬御笔《文源阁记》,碑阴尚少权威记载。经历年岁,侵蚀严重,文字漫漶不可考。碑阳文字如下:

**御制文源阁记**

  藏书之家颇多,而必以浙之范氏天一阁为巨擘,因辑《四库全书》,命取其阁式,以构庋贮之所。既图以来,乃知其阁建自明嘉靖末,至于今二百一十余年,虽时修苴,而未曾改移。阁之间数及梁柱宽长尺寸,皆有精义,盖取"天一生水,地六成之"之意。于是就御园中隙地,一仿其制为之,名之曰文源阁,而为之记曰:

  文之时义大矣哉?以经世,以载道,以立言,以牖民,自开辟以至于今,所谓天之未丧斯文也。以水喻之,则经者文之源也,史者文之流也,子者文之支也,集者文之派也。流也、支也、派也,皆自源而分。集也、子也、史也,皆自经而出。故吾于贮四库之书,首重者经,而以水喻文,愿溯其源。且数典天一之阁,亦庶几不大相径庭也夫。

乾隆三十九年岁在甲午孟冬月吉御笔[1774]

文源阁前假山之坡下有巨石,此石即为文源阁水池中所立名石"玲峰石"[8]。阁前玲峰石背面有多个平面,镌刻乾隆御制诗及群臣和诗。乾隆《御制文源阁诗》与《再作玲峰歌》刊刻其上。《再作玲峰歌》完整内容目前尚无权威记载,已残。《御制文源阁诗》内容如下:

  四库蒐罗书浩繁,构成层阁待诸园。
  佽言凡事豫则立,谢赋沿波讨以源。
  泉写细渠落沼渚,林依曲径护庭门。
  宁图美景增游赏,见道因文个里存。
  题文源阁作

乙未仲夏中浣御笔[9][1775]

据记载,此碑于1926年仍矗立于阁东亭碑亭,石刻之文字尚存其半[10]。1931年在中山公园举办圆明园遗物展览时仍进行展出。1931年后它一直放在北京图书馆院内大门东侧,1990年前后始移于新辟花园之中,现位于国家图书馆(文津分馆)庭院内。玲峰石则因民国时两股土匪争相盗卖不得,被其中一方炸为两截,轰然坍于蔓草之中。原阁前玲峰石遗迹现存圆明园遗址中。

### 1.3 文溯阁碑刻

文溯阁碑位于沈阳故宫西路文溯阁东侧碑亭之中。碑通高5.35米,碑首高1.2米,宽1.64米,厚0.75米,碑身高2.9米,宽1.37米,厚0.57米,碑座高1.25米,宽1.73米,厚0.92米。碑首、碑座及碑身的两侧边缘刻有几何云纹,碑阳额篆"御制"二字。碑身刻有《御制文溯阁记》满汉对书,汉文在右,满文在左,汉文为阴刻楷书10行。碑阴是《宋孝宗论》,满汉对书,各占10行[11]。

文溯阁记对《四库全书》做了歌颂,还说明了四阁命名的立意。《四库全书》的编纂,是我国文化史上的一件大事,文溯阁也因贮藏《四库全书》而闻名中外。

碑阳《御制文溯阁记》内容如下:

御制文溯阁记

  辑四库之书,分四处以度之,方以类聚,数以偶成。文渊、文源、文津三阁之记早成,则此文溯阁之记,亦不可再缓,因为之辞曰:

  权舆二典之赞尧、舜也,一则曰文思,一则曰文明,盖思乃蕴于中,明乃发于外,而胥藉文以显。文在理也,文之所在,天理存焉,文不在斯乎,孔子所以继尧、舜之心传也。世无文,天理泯,而不成其为世,夫岂铅椠简编云乎哉?然文固不离铅椠简编以化世,此四库之辑所由亟亟也。兹者首部告成,纲纪已定,与之眈以究其核,督之勤以防其忽,乙夜几暇,亦叠披览,怪僻侧艳,涤濯划硙,犁然理明,衷然文显。所余三部,惟钞胥之事,然而豕亥陶阴,犹不可不雠校也。

四阁之名,皆冠以文,而若渊、若源、若津、若溯,皆从水以立义者,盖取范氏天一阁之为,亦既见于前记矣。若夫海源也,众水各有源,而同归于海,似海为其尾而非源,不知尾闾何洩,则仍运而为源。原始反终,大易所以示其端也。津则穷源之径而溯之,是则溯也、津也,实则迨源之渊也。水之体用如是,文之体用顾独不如是乎?恰于盛京而名此名,更有合周诗所谓遡涧求本之义,而予不忘祖宗创业之艰,示子孙学文之模,意在斯乎!意在斯乎!

乾隆四十有七年岁在壬寅仲春之月上浣御笔

碑阴为乾隆御笔《宋孝宗论》,内容如下:

宋孝宗之事高宗可谓极其孝,光宗之事孝宗可谓极其不孝。天道好还,在孝宗不宜有此,岂天道未垂鉴乎?予谓此正所以天之垂鉴也。盖人君之孝与庶人不同,必当思及祖宗不失其业。兹南渡之宋,祖宗之业已失其半,不思复中原报国耻而区区于养志承欢之小节。斯可谓之孝乎?且孝宗奉高宗游西湖已独不共游乎,是托于娱亲而私以行乐,是可谓之孝乎?又恐高宗往西湖为劳,於宫内肖其胜,斯不更劳民而费财乎?光宗受制悍妇非人类,其不孝固不必责,而孝宗所以得此岂无所以致之由乎?此即天道好还所以垂鉴也!稗宫小乘乃谓临安士庶皆兴于孝,何其见之小哉?盖此论非予不能言亦不敢言。今岁秋将携诸皇子往盛京,明年春南巡必至西湖,命于两处各立碑志之,以示天子之孝当以不失祖业为重,而承欢养志固不在游山玩景之小节也。

乾隆四十有八年岁在癸卯孟夏月下浣御笔[12][ 1783 ]

### 1.4 文津阁碑刻

文津阁碑亦称"避暑山庄御碑",坐落于文津阁东侧的御碑亭中。碑亭曾被毁弃,亭中御碑保存完好。此通碑高5.23米,其中碑首、碑趺各高1.2米,宽1.38米,厚0.58米。碑首、碑趺和碑身周边雕刻着精美的蟠螭纹和雷文图案。

此碑正面用满、汉两种文字镌刻乾隆御制碑文《文津阁记》,碑文如下:

**文津阁记**

辑《四库全书》分为三类,一刊刻,一抄录,一只存书目。其刊刻者,以便于行世,用武英殿聚珍版刷印,但边幅颇小。爰依《永乐大典》之例,概行抄录正本,备天禄之储。都为四库,一以贮紫禁之文渊阁,一以贮盛京兴王之地,一以贮御园之文源阁,一以贮避暑山庄,则此文津阁之所以作也。盖渊即源也,有源必有流,支派于是乎分焉。欲从支派寻流,以溯其源,必先在乎知其津,弗知津,则蹑迷途而失正路,断港之讥,有弗免矣。故析木之次丽乎天,龙门之名标乎地,是知津为要也。而刘勰所云,道象之妙,非言之津,津言之妙,非学不传者,实亦先得我心之所同。

然夫山庄居塞外,伊古荒略之地,而今则闾阎日富,礼乐日兴,益兹文津之阁,贮以四库之书,以灵境胜,较之司马迁所云名山之藏,岂啻霄壤之分也哉?

乾隆三十九年岁在甲午孟冬月吉御笔[1774][13]

背面镌刻乾隆诗《题文津阁》,碑文如下:

### 题文津阁

### 序

庋《四库全书》之阁凡三,文渊、文源而外,山庄之文津其权舆也。阁始于乾隆甲午秋月,越次年乙未夏月工,适驻跸于此,赋诗落成。若夫渊源必先于知津,与夫仿式浙江范氏之天一阁则记之,详言之兹不赘。

四库书成将藏之,范家天一仿而为。
基营去岁才择向,鼎落今朝弗滞时。
子晋漫夸秘书逮,长沮徒议执舆知。
名山藏实无过此,却待他年枕葀兹。

乙未季夏上浣御题[14][1775]

东侧刻乾隆诗《四库收精要》,诗云:

四库收精要,千秋示率循。
宁唯资博物,端以藉修身。
葳事虽犹待,集成斯已珍。
渊源如欲问,应自此寻津。

丙申仲夏月中浣御题[15][1776]

西侧刻乾隆诗《建由甲午成乙未》,诗云:

建由甲午成乙未,四库将因备弃珍。
即此钞刊未及半,羡他渊海那深真。
图书先贮古今集,言行惟期枕葀循。
偶至据林辄蒿目,望洋徒自愧知津。
己亥仲夏之月下浣御题[15][1779]

此御碑亭已于2011年复建。

## 2 江南三阁碑刻梳理

江南三阁,即江苏扬州天宁寺的文汇阁、江苏镇江金山寺的文宗阁、浙江杭州圣因寺的文澜阁。江南三阁仍取法范氏天一阁而建。乾隆四十二年即公元1777年,两淮盐政寅著为贮藏《古今图书集成》两部,曾奏请在行宫内,仿天一阁规模建造藏书楼。乾隆四十四年即公元1779年,镇江文宗阁建成,次年扬州文汇阁建成。两阁各入藏《古今图书集成》一部。乾隆四十七年即公元1782年,高宗下令续缮3份《四库全书》,分藏扬州文汇阁、镇江文宗阁、杭州文澜阁。杭州原有藏贮《古今图书集成》藏书堂一处,便在堂后改建文澜阁,乾隆四十八年底,即公元1783年完工。《四库全书》则由乾隆五十二年至五十五年,即公元1787—1790年陆续分批颁发、运送陈列,江南三阁也逐步完成了对《四库全书》的庋藏。

### 2.1 文汇阁碑刻

文汇阁位于江苏扬州天宁寺大观堂中。天宁寺为康熙帝、乾隆帝南巡时驻跸扬州之行宫,也是清代扬州地区重要的文化场所。文汇阁存世时间仅70余年,其形制旧貌可参考《扬州画舫录》卷四所记:"御书楼在御花园中园之正殿,名大观堂。楼在大观堂之旁,恭贮颁定《图书集成》全部,赐名文汇阁,并'东壁流辉'匾。"[16]目前,记录有关文汇阁情况的主要文献相对较少,包括《扬州画舫录》《南巡盛典》《(嘉庆)两淮盐法志》《鸿雪因缘图》《扬州名胜录》等[17],而其中对于文汇阁碑刻状况的文字记载几近于无,仅对大观堂内文汇阁前的御碑亭有些许记录。

现存首次出现文汇阁御碑亭文字记录的文献为嘉庆十一年(1806)清恺山修、单渠纂嘉庆《两淮盐法志》。如其卷四所言:"上悬御书'东壁流辉'。楼下碧水环之,为卍字河。右为修廊,前为御碑亭。"[18]此外,道光二十七年(1847)麟庆的《鸿雪因缘图第二集》中亦有记载:"文汇阁在扬州行宫大观堂右,乾隆四十五年(1780)建。以恭贮《图书集成》,赐今名,并'东壁流辉'额。阁下碧水环之,为卍字河。前建御碑亭,沿池叠石为山,玲珑窈窕,名花嘉树,掩映修廊……规制全仿京师文渊阁。"[19]由此可知,文汇阁旁有御碑亭及御碑,但其碑形制与碑文皆未做记录。同时,嘉庆《两淮盐法制》中绘制有《文汇阁图》,图中可见书阁悬挂"文汇阁"、"东壁流辉"匾额,楼前的河流标有"卍字河"字样,河旁碑亭中,碑身上有标注"御碑"二字,其碑形制与内容已不可考。麟庆的所记和绘画,与《清佚名天宁寺行宫图》基本一致,是有关文汇阁具体形象的珍贵图像资料[20]145。因其规制"全仿照京师文渊阁",故据笔者推测,碑文乾隆对新建成文汇阁的首次题诗的可能性较大,具体内容还需进一步考证。御诗内容如下:

> 皇祖崇经训,图书集大成。
> 分颁广流布,高阁此经营。
> 规拟范家制,工因商众擎。
> 亦堪比四库,永以贮曾甍。[20]145

天宁寺于咸丰年间毁于兵火,后同治十一年(1872)重建,光绪五年(1879)重修。而文汇阁碑在咸丰年间太平军攻入扬州后毁于兵灾。

## 2.2 文宗阁碑刻

文宗阁毗邻江苏镇江金山行宫,现存文宗阁唯一图像资料为《嘉靖两淮盐法志》中的《文宗阁图》[21]。文宗阁始建于乾隆四十四年,即公元1779年,是江南三阁中最早建立的。文宗阁建于金山左山麓,四面环水。1780年,乾隆第五次南巡时入住金山寺行宫,亲题"文宗阁"之名,并赐内额"江山永秀"四字。阁东有一座重檐御碑亭,关于御碑内容的记载较少,后于咸丰年间战火中被毁,碑身内容无从考证。据《金山志》记载,"文宗阁在行宫之左",即文宗阁的原址建在金山左山麓。其具体地址在今日金山寺内妙高台南麓,前临长江,坐北朝南[20]146。2011年,镇江市政府开始重建文宗阁。

文宗阁重建后,御碑额题"御诗"二字,碑阳为乾隆四十五年高宗弘历南巡时所作的《题文宗阁》御制诗,碑阴则无从考证。碑阳内容如下:

> 皇祖图书集大成,区分五百廿函盛。
> 空前绝后菁华焕,内圣外王楷模呈。
> 秀粹江山称此地,文宗今古贮曾薨。
> 略观大义那知要,知要仍唯在力行。

乾隆御制观文宗阁[1780]

另有一碑与之性质相同,碑阳亦为乾隆御制诗,内容如下:

> 庚子南巡阁已成,香楠为架列函盛。
> 钞胥聊待数年阅,数典应看四库呈。
> 书借一瓻宁酒器,册藏二酉富芸薨。
> 惠嘉南国崇文地,尚勖尊闻战所行。

乾隆御制题文宗阁迭庚子诗韵[1780]

咸丰三年(1853),文宗阁在太平军战火中被焚毁,御碑不复存在。2011年,镇江市政府着手重建文宗阁,选址在金山东南侧小岛。御碑现今位于文宗阁新址。因文宗阁未在原址修复,故而重建后的文宗阁与原文宗阁在建制与风貌上有所差异,御碑内容亦有可能改变。但此番重建文宗阁,在文化传承方面具有不可估量的作用。

## 2.3 文澜阁碑刻

文澜阁位于杭州西湖孤山南麓,是江南三阁中唯一幸存的一阁。文澜阁东南侧有碑亭一座,碑正面刻有清乾隆帝《题文澜阁》七律诗,背面刻乾隆四十七年复抄《四库全书》上谕。东侧亦有碑亭一座,碑上刻南书房代笔光绪帝题字,碑阴刻光绪颁发文澜阁匾额上谕[22]。

文澜阁东南侧碑亭的乾隆帝诗碑,碑通高400厘米,碑身高260厘米,宽140厘米。碑阳内容如下:

**高宗纯皇帝御制题文澜阁**

*四库钞书成次第,因之絜矩到南邦。*
*班俩此实官帑发,卢径彼殊众力扛。*
*衮钺必公慎取舍,淄渑细辨斥蒙庞。*
*范家天一于斯近,幸也文澜乃得双。*

头品顶戴兵部尚书浙江巡抚臣谭钟麟恭録［1881］

碑阴为乾隆四十七年七月初八日上谕,光绪七年(1881)谭钟麟録。内容如下:

**乾隆四十七年七月初八日内阁奉**

上谕:朕稽古右文,究心典籍。近年命儒臣编辑《四库全书》,特建文渊、文溯、文源、文津四阁以资藏庋。现在缮写头分告竣,其二、三、四分,限于六年内按期藏事,所以嘉惠艺林,垂示万世,典至巨也。因思江浙为人文渊薮,朕翠华临莅,士子涵濡教泽,乐育渐摩,已非一日。其间力学好古之士,愿读中秘者,自不乏人。兹《四库全书》允宜广布流传,以光文治。如扬州大观堂之文汇阁、镇江金山寺之文宗阁、杭州圣因寺行宫之文澜阁,皆有藏书之所。著交四库馆再缮全书三分,安置各该处,俾江浙士子得以就近观摩、誊录,用昭我国家藏书美富、教思无穷之盛轨。钦此。

光绪七年六月吉日兵部尚书浙江巡抚臣谭钟麟恭録[23]［1881］

文澜阁东侧碑亭有光绪帝题文澜阁碑。碑高160厘米,宽80厘米。亭内碑首雕龙,碑阳为清光绪帝书"文澜阁"三字,每字25厘米见方,旁有满文[22],篆额为"光绪御笔之宝"。

碑阴为光绪颁发文澜阁匾额上谕,光绪七年(1881)谭钟麟録,其内容如下:

**光绪七年十月十六日内阁奉**

上谕:谭钟麟奏修复文澜阁,请颁发匾额方略,并将搜求遗书之绅士奖励等语。浙江省城文澜阁,毁于兵灾,现经谭钟麟等款修复,其散佚书籍,经绅士丁申、丁丙购求藏弆,渐复旧观,洵足嘉惠艺林。著南书房翰林书写文澜阁匾额颁发,并著武英殿颁发《剿平粤匪方略》一部,交浙江巡抚祇领尊藏。主事丁申著赏加四品顶戴,以示奖励,钦此。

兵部尚书升任陕甘总督前浙江巡抚臣谭钟麟恭録[24]［1881］

咸丰十一年(1861),太平军攻入杭州,战乱中,文澜阁遭劫,阁虽未全毁,也只剩残存梁架。光绪六年(1880),在丁申、丁丙两兄弟的建议下,朝廷令地方重修文澜阁。据张大昌记载,重修后的文澜阁"焕然一新,园庭之盛,过于其旧"[20]156。辛亥革命后又几经补抄,文澜阁的《四库全书》才恢复旧观。

## 3 碑刻南北差异及原因

通过对四库七阁碑刻状况的梳理,为整体把握七阁的历史面貌奠定了基础。通过对比发现,北方四阁与南方三阁在碑文体裁、碑文内容与现存状况三个方面存在着一定的不同。正确认识碑刻状况的南北差异,即正确认识北方与南方皇家藏书楼演变历史的不同,进一步分析其背后的时代原因,有利于对当时南北社会状况与文化发展水平、文化制度的不同对皇家藏书的不同影响,对与清代南北方不同的文化环境有更深层的理解和把握,具有一定的研究价值。

### 3.1 碑文体裁选题不同

在刊刻碑文的选题方面,北方四阁与南方三阁存在明显差异。基于存碑刻状况具体来看,北方四阁中,文渊阁碑碑阳为《御制文渊阁记》,碑阴为《文渊阁赐宴御制诗》四首;文源阁碑碑阳为《御制文源阁记》,碑阴已失考;阁前玲峰石刊刻乾隆御制诗与臣子和诗;文溯阁碑碑阳为《御制文溯阁记》,碑阴为御制《宋孝宗论》;文津阁碑碑阳为《御制文津阁记》,碑阴为乾隆御制《题文津阁》,碑东西侧均刻有乾隆御制诗。江南三阁中,文汇阁碑文与文宗阁原碑文内容已失考,文宗阁重建后碑阳内容为御制诗,文澜阁乾隆诗碑碑阳为御制《题文澜阁诗》,碑阴为乾隆藏书于江南三阁上谕,光绪题字碑碑阳为"文澜阁"题字,碑阴为光绪颁发文澜阁匾额上谕。

由此可见,北方四阁的碑文体裁较为正式,形式固定,多为御制碑记与御制诗;江南三阁则较为灵活,形式多样,其题字、南巡题诗及上谕等形式是北方四阁所不具备的。经初步分析,其原因有以下两个方面。

(1)江南三阁庋藏《四库全书》较晚

公元 1775 至 1782 年,北方四阁依次落成,随着 1785 年《四库全书》庋藏承德避暑山庄的文津阁,至此,北方四阁的庋藏工作全部完成。江南三阁中,1779 年文宗阁最早建成,待三阁修建完毕为 1783 年。到 1790 年,江南三阁完成了对《四库全书》的庋藏。到了 1776 年,均已建成并作记。后来,江南三阁中的文宗、文汇阁陆续建成。到了 1728 年,文溯阁建成并作记,同年,乾隆发布藏四库全书与江南三阁的上谕,而后文澜阁开始修筑,1783 年文澜阁落成。到了 1881 年,乾隆上谕被刊刻于文澜阁乾隆诗碑。从北方四阁的阁记中可看出,修建北方四阁目的从建阁之初便十分明确,是为庋藏四库全书。而在同年发布的上谕中,乾隆在交代北方四阁藏书状况与庋藏进度之后,才明确了将《四库全书》续缮三部分藏于江南三阁的目的,在此基础上命在西湖孤山南麓修建文澜阁。此上谕在言明于江南三阁使命的角度意义非凡,故后来进行了刊刻。而在此之前,文汇、文宗阁是经谭钟麟上奏为了庋藏《古今图书集成》而修建的。如此才将江南三阁划归为一个整体,有了共同的历史使命。

可见,乾隆在 1782 年发布上谕是一个转折点。而在前有目标明确的北方四阁、后有御诏修建的文澜阁的背景下,1779 年建成的文汇阁与 1780 年建成的文宗阁在此期间因作为《古今图书集成》的庋藏场所,便失去了作记的最佳时机。故而文汇阁、文宗阁现今无御制阁记流传,在最早的碑刻题诗中也多为对其收藏《古今图书集成》的描写。故而北方四阁碑文内容体裁一致且正式,多为御制阁记,而江南三阁碑文体裁丰富,御制阁记较少,御制诗及上谕较多。

（2）南北书阁立碑目的不同

北方四阁是最初庋藏《四库全书》的地点，乾隆在为其依次作记时，针对其不同方面依次进行了阐述。如《文渊阁记》中"书之成，虽尚需时日，而贮书之所，则不可不宿构……爰于文华殿后建文渊阁以待之"，交代了文渊阁作为《四库全书》贮书之所的必要性及选址位置；同时解释了"文渊阁"之名"内阁大学士之兼殿阁衔者，尚存其名，兹以贮书所为，名实适相副"。《文源阁记》中"阁之间数及梁柱宽长尺寸，皆有精义，盖取'天一生水，地六成之'之意"，阐明了其建筑形制，均仿照范氏天一阁所修建；而对于其名称由来也有"以水喻文，愿溯其源"的简单概括。又如《文溯阁记》中进一步强调了书阁的名称由来皆与天一阁"天一生水"的喻义类似，其中针对自身命名的特殊性亦有交代："恰于盛京而名此名，更有合周诗所谓遡涧求本之义。"同时更加明确了"辑四库之书，分四处以庋之，方以类聚，数以偶成"的建阁目的。而针对四阁名称由来，《文津阁记》中进一步解释了四阁名称间的紧密关系。同时又有"贮以四库之书，以灵境胜"等关于藏书必要性的说明。而江南三阁中，与御制阁记作用类似的，便是文澜阁乾隆与光绪的两篇上谕。在乾隆帝上谕中，在交代了北方四阁的藏书状况后，言明了江南三阁的庋藏使命与社会功能。光绪帝上谕则记录了谭钟麟呈请重修文澜阁事件与颁发匾额、嘉奖丁申等事务，重点与北方四阁不甚相同。

可见，北方四阁与江南三阁的立碑目的不甚相同。北方四阁碑刻的御制阁记意在说明四阁的庋藏目的、建筑形制与命名由来，而江南三阁的代表文澜阁碑刻则旨在明确庋藏目的、言明社会功用与记录历史事件。不同的立碑目的造成了碑文体裁不甚相同的结果。

综上所述，在江南三阁明确使命较晚与南北书阁立碑目的不同的双重影响下，北方四阁与江南三阁碑刻的碑文选择体裁出现了较为明显的差异，在碑文选题的权威性与多样性方面均存在不同。其中，北方四阁的碑文体裁较为正式，形式固定；江南三阁在碑文体裁的选择上则较为灵活，形式多样。

### 3.2 碑文揭示的社会作用不同

从碑文内容方面分析，北方四阁与江南三阁的社会作用亦存在差异。具体来看，北方四阁碑文中，《文渊阁记》点明了文渊阁的社会作用："非徒博右文之名，盖如张子所云：'为天地立心，为生民立道，为往圣继绝学，为万世开太平'"。文溯阁碑碑阴的《宋孝宗论》中亦用"不忘祖宗创业之艰，示子孙学文之模"来表示。同时，这种继承祖业、垂示万世的思想在《文津阁记》及御制诗中也多次有体现。而江南三阁的碑刻中，与庋藏《四库全书》有关的只有文澜阁的两通御碑，其中乾隆诗碑碑阳《题文澜阁》说明了《四库全书》"允宜广布流传，以光文治"，并允许江浙士子"就近观摩、誊录"，从而"昭我国家藏书美富、教思无穷之盛轨"。

由此可见，北方四阁与江南三阁的社会作用不甚相同。从碑文可看出其南北差异，即北方四阁的社会作用旨在继承祖业，重藏轻用，多为皇室自用；江南三阁则旨在推动文化传播，彰显文治，对江浙士子开放。其差异原因有以下三点：

（1）南方的文化发展条件优渥

文澜阁诗碑中的乾隆上谕言道"因思江浙为人文渊薮，朕翠华临莅，士子涵濡教泽，乐育渐摩，已非一日"，即体现出了江浙一带的文化发展状况优于北方，其中"力学好古之士"较多。江南一带随着社会经济的不断发展，其文化繁荣程度与文化发展需求也逐渐升高。《四库全书》的内容极为广泛，在一定程度上保存和整理了中国历代大量文献[4]。其规模之宏大、内容之完备,使其具有强大的包容性与普适性,从而为各领域的文化人士所需。如镇江文宗阁开放后,阁中的一切事务均由两淮盐运史经管,并且允许当地学子阅览、借抄,一时间江南学人以能得"读中秘书"为快事[25]。然而《四库全书》的编纂意义具有双面性,从最初的征书到最终成书,其继承祖业的同时也是对思想的禁锢与文化的控制,其根本目的在于巩固清廷统治。江南地区作为文化发展中心,一定程度上引领着当时整个国家的文化走向。针对此种情境,通过为特定人群开放江南三阁,从而干预江南地区的文化发展势在必行。此"干预"意义有二:一方面,江南士子为当地文化发展的主要力量,江南三阁的开放阅览,对推动江南地区乃至全国优秀文化的传播与繁荣具有积极作用,此处的"干预"为正向推动;另一方面,《四库全书》收录内容均不会动摇清廷统治,一定程度上为后续的统治规避了风险,此处"干预"则为控制性调整。不论何种方面,均有其实施的必要性。

可见,南方优渥的文化发展条件使江南三阁承担了推动文化传播与实施文化干预的社会作用,从而使江南三阁对士子开放,巩固了清廷的统治,同时也为优秀文化的进一步传播奠定了基础,为当地的人文发展提供了丰厚的资源,发挥了"嘉惠士林"的作用。乾隆帝开放江南三阁《四库全书》的决定也是其区别于北方四阁的明显标志。

(2)清廷对南方的军事控制力较弱

据碑文反映,乾隆下令修缮《四库全书》皮藏与北方四阁,主要有"重藏轻用"的意味。而江南三阁之所以开放藏书,这与一直以来清廷对南北的控制力不同有关。1644年清廷入关,占领北京后南下扩张势力。而此时的南方义军突起、反清势力严重,而八旗的主要兵力基本放置在北方,以保卫京师及驻防各重要城池,故封吴三桂等人为藩王,三藩镇守南方。后因其势力过大威胁清政权被康熙平定。后康熙又进行了雅克萨之战与三征噶尔丹等行动。雍正时期整顿吏制,为乾隆时期鼎盛局面的出现奠定了良好基础。乾隆治国宽严相济,注重文治与军事并重,多次出兵征讨西北、西南边境局部叛乱,在新疆设伊犁将军,保障了国家领土完整和边境安宁。清廷统治时期的战争虽然多在北方,但其主要为少数民族势力入侵,而反观南方,因受南明政权统治时间较长,加之藩王独大,故而民众对于清廷的接受程度不如北方,反清思想根深蒂固,民间反清组织层出不穷,这不单单是武力所能解决的。因此,江南三阁的使命在完整皮藏四库全书的同时,又有了文化熏陶与文化控制方面的任务。一方面通过修缮《四库全书》体现国富兵强的盛世之态,另一方面,此措施体现出清廷对于读书人士的优抚,使之替朝廷承担起教化民风的责任。同时,在《四库全书》的修缮过程中,乾隆处理了大批禁书,加之乾隆时期的文字狱空前严重,远超康熙、雍正两代,故而这也是文化控制的一种体现。

可见,清廷十分注重对于北方的军事控制,安定的政治条件为北方四阁皮藏经典、继承祖业的社会功用提供了条件;而南方的军事控制相对薄弱,故开放江南三阁旨在对南方进行文化控制,尤其是发挥对士子及民众的思想教化作用。朝廷的不同政策是由不同的出发点决定的,故而北方四阁与江南三阁的碑文内容的侧重点也便不同。

(3)北方四阁与江南三阁的所属环境决定

七阁在开放后是否便于管理、面向的阅览对象是否合适,这也是影响清廷定位七阁不同角色与功能的重要影响因素。北方四阁中,文渊阁位于故宫东华门内的文华殿后方。建成之后皇帝每年在此举行经筵活动,并加题诗,盛况一度空前。清宫规定,大臣官员之中如有嗜好古书,勤于学习者,经允许可以到阁中阅览书籍,但不得损害书籍,更不许携带书籍出阁。文源阁位于圆明园中,是乾隆在圆明园内原有建筑"四达亭"的基础上略为增葺而成。文源阁落成后,乾隆皇帝每年驻跸圆明园,几乎都要来此休憩观书,吟咏题诗[26]。文溯阁位于盛京故宫,即清军入关前的皇宫,后多被称为陪都宫殿。文溯阁在四阁中建造最晚。乾隆皇帝对《四库全书》视如珍宝,每次东巡驻跸盛京故宫都要亲自翻检查阅,体味读书之乐。文津阁位于河北承德避暑山庄内。乾隆皇帝对在此筑建书阁十分满意,其一在于司马迁所说的"名山之藏",其二在于此为皇家游历与避暑胜地,是中国现存最大的古典皇家园林。每年帝王及诸臣、各族首领和外国使节都云集山庄,可凭借书阁标榜皇家文治武功。江南三阁中,文汇阁位于江苏扬州天宁寺西园大观堂旁。天宁寺相传本为东晋太傅谢安别墅,后舍宅为寺[27]。后来乾隆二次南巡时于此建立行宫、"御花园"及文汇阁。文宗阁位于江苏镇江金山寺行宫。乾隆曾称赞:"金山上凌太虚,下瞰洪流,为江南诸盛之最。"文澜阁位于西湖孤山南麓,由杭州圣因寺后的玉兰堂改建而成,为典型的江南庭院建筑。

可见,北方四阁多处于宫殿与皇家园林中,邻近清廷的政治中心,守卫森严,若向一般民众及士子开放,则难以统一管理,并与皇家规章制度不符。加之皇族成员和臣子分布与北方四阁较近,阁内藏书的皇家利用率较高,故其不具备开放性质的社会功用。江南三阁则远离政治中心,这降低了管理入阁阅览者的工作难度。另外,江南三阁均位于寺庙及江南园林的行宫之中,清帝每次南巡时才得以利用,故江南三阁的开放也极大地提高了藏书的利用价值。

综上所述,在文化发展条件、政治控制力度与书阁所处环境三个方面的影响下,北方四阁与江南三阁的社会功用与存在价值存有差异,从而能够直接从碑文中体现。总体来看,南北方的社会环境发展差异决定着清廷政策的制定与实施,其中政治、经济与文化政策的实施效果均能从七阁碑文的内容中找到踪迹。

### 3.3 碑刻的保存现状不同

根据四库七阁现今的碑刻状况来看,北方四阁与江南三阁的碑刻存毁状况亦存在差异。

北方四阁中,文渊、文溯、文津三阁御碑仍在原御碑亭中,碑身均完好,因年迁世改,文字有漫漶现象,但皆有清晰的拓片资料存世。文源阁中的玲峰石在英法联军入侵圆明园后废弃,民国时期被盗匪炸为两截,现遗迹在圆明园遗址中。文源阁御碑于1931年在中山公园举办圆明园遗物展览时仍进行展出,之前一直立于原处。1931年后被置于时北京市图书馆院内,现位于北京市国家图书馆分馆庭院内。江南三阁中,文宗阁于1842的镇江保卫战中受到影响,文宗阁御碑在1853年的太平军战火中被焚毁,御碑不复存在。文汇阁御碑亦在1854年太平军攻入扬州后毁于兵灾。1861年,太平军攻入杭州,战乱中,文澜阁遭劫,光绪皇帝于1880年下令重修文澜阁,后命谭钟麟立二碑,现分别位于文澜阁两座御碑亭中,保存完好。

由此可见,北方四阁的碑刻保存现状较南方四阁更加完好、存世资料更多。其中,北方四阁中仅有文源阁中的玲峰石严重损毁,而江南三阁中除文澜阁一处的御碑保存至今外,文汇、文宗两阁基本没有权威的碑刻拓片存世,关于两个御碑形制与流传方面的记载亦十分稀少。通过对此种差异现象进行分析,得到了如下原因。

(1)列强与太平天国反抗对象不同

北方四阁中,位于圆明园内的文源阁碑刻损毁状况最为严重。第二次鸦片战争爆发后英、法、美、俄四国军队为了继续扩大在华权益,在共同利益的驱使下,不断扩大侵华战争。

在签订了《天津条约》后,英法联军不满足既得利益,与清政府官员谈判失败,其意在攻下北京,故进军圆明园。此时的咸丰皇帝与皇亲、大臣们逃往承德避暑山庄,英法联军攻打皇室不得,便大肆搜罗、毁坏园中珍宝,并放火掩盖其罪行。文源阁亦未在此次浩劫中幸免。御碑碑身在战火中受到一定程度的损伤。浩劫过后,两股盗匪来园中搜罗遗漏珍宝贩卖,双方夺取玲峰石不得,其中一方故将其炸毁,至此玲峰石便被弃于圆明园遗迹内。而御碑则于1931年后被转移至北京市图书馆保存至今。江南三阁均经历过太平天国运动的战火。1852年太平军离开广西进入湖南,相继发布了《奉天诛妖救世安民谕》《奉天讨胡缴布四方谕》《谕救一切天生天养》等文告,明确提出了推翻清王朝的号召,受到广大群众的热烈拥护。1842年6月,英军舰侵镇江,清兵夹杂土匪四处抢劫放火,战乱中藏书遭毁。1853年,太平军由瓜州攻入镇江,文宗阁楼与藏书均化为灰烬。1854年,文汇阁被烧毁。1861年,文澜阁遭劫。

可见,文源阁遭劫为英法联军主导,玲峰石受损与御碑被迁移保护也是国外势力的间接推动,列强的主要目标是为攻打皇室、占领北京城,扩大在华权益,而江南三阁的灾毁为清末的太平天国运动导致,其主要目标为推翻清廷的封建统治。两股势力的目的不同,其对于文物被毁的初衷亦是不同,这便造成了南北方四阁与江南三阁碑刻损毁程度上的差异。

(2)损毁御碑等未得到及时修缮与复建

1860年,圆明园惨遭英法联军洗劫并付之一炬,致使文源阁御碑受损,间接导致玲峰石被毁。俱1926年成书的陈文波《圆明园残毁考》[10]记载,文源阁御碑至1926年仍矗立于阁东亭碑亭,石刻之文字尚存其半。1931年在中山公园举办圆明园遗物展览时仍进行展出。1931年后它一直放在北京图书馆院内大门东侧,1990年前后始移于新辟花园之中,现位于国家图书馆分馆的庭院内。而玲峰石在被盗匪炸毁后,一直至于文源阁前的草地上。直到1988年圆明园遗址公园建成后,园内的众多遗迹才得以专门保护。圆明园遗址公园至今只存山形水迹,园林格局与建筑基址,其中雕刻残迹与假山叠石尚依稀可见,至今有许多有志之士前来拓印玲峰石残片,故尚有残存的拓片资料存世。江南三阁中,文宗阁在毁于兵灾后,复建的呼声从未断绝。光绪年间,官员王先谦、王仁堪都曾拟建文宗阁,但因种种原因计划均落空。1933年,吴寄尘等人在镇江建立绍宗藏书楼,彰显修复文宗阁的意愿。2010年,当地政府于金山复建了文宗阁,但其形制与原文宗阁有所不同,御碑亦得到重建。而文汇阁所在的天宁寺于咸丰年间毁于兵火,后同治十一年天宁寺得到重建,光绪五年重修,但重建范围不包括文汇阁。到了1998年扬州市新建图书馆时,曾有重建文汇阁的初步构想,但因种种原因而搁浅,故文汇阁至今未复建,其中御碑亦是无法复立。而文澜阁在毁于兵火后,1880年在丁申、丁丙两兄弟的建议下,光绪皇帝令地方重修文澜阁。其御碑中的光绪帝上谕亦有体现,御碑至今仍矗立于碑亭之中。

可见,北方四阁碑刻的损毁程度轻于江南三阁。而在修复及时性方面,南北七阁均因种种原因,对损毁碑刻的修复不够及时。其中,因江南三阁处于寺庙行宫中,其受到当局重视的程度低于皇家园林圆明园,故在修复的及时性与积极性方面略逊与文源阁。而文汇阁御碑也因遗世文献较少,未能得到及时修复,这也是颇感遗憾的一个方面。

综上所述,因北方列强与南方太平天国军队所针对的对象不同,导致了北方四阁与江南三阁的文物被毁情况不甚相同。在此基础上,南北七阁对于被毁书籍、碑刻采取的补救、复建措施存在差异,这也对修复成功的可能性造成了一定影响。碑刻的毁坏与修葺两个环节的共同作用,便造成了北方四阁与江南三阁内碑刻保存现状的差异性。

四库七阁作为皇家藏书楼的代表性建筑,是一个时代文化发展状况与综合国力的直接体现,皇家藏书楼的社会功用也是朝廷文化制度的直观反应。通过对四库七阁碑刻状况的完整梳理,可对清代的文化发展水平有真实而整体的把握;同时通过对北方四阁与南方三阁的碑刻从不同角度进行对比,进而探寻其原因,能够充分了解到南北地区文化发展程度与侧重点的不同。其对于进一步认识清代文化环境及探寻皇家藏书楼的角色与功用创造了条件。同时,对四库七阁碑刻的梳理也是进一步研究七阁历史与《四库全书》流转过程的前提,具有一定的研究价值与历史意义。

**参考文献**

[1] 成骥.藏书楼"重藏轻用"论辨析[J].图书馆杂志,2011,30(8):17-21.

[2] 赵长海,刘晓靖.中国图书馆碑铭序记初探[J].图书馆建设,2019(1):8-12,20.

[3] 于嘉.清代皇家园林写仿剖析[D].天津:天津大学,2017.

[4] 赵海丽.《四库全书》与南北七阁[J].济南交通高等专科学校学报,1998(4):52-56.

[5] 容坤.文渊阁碑碑阴御制诗[J].文献,2004(3):209.

[6] 四库全书纪事诗[EB/OL].[2020-11-01].http://blog.sina.com.cn/s/blog_8d5a595d0102x2c5.html.

[7] 圆明园管理处.圆明园百景图志[M].北京:中国大百科出版社,2010:163-165.

[8] 于敏中.日下旧闻考[M].北京:北京古籍出版社,1983:1359-1360.

[9] 尤李.圆明园中的藏书楼文源阁[N].团结报,2013-07-11(7).

[10] 陈文波.圆明园残毁考[J].清华周刊,1926(增).

[11] 沈阳市文物管理办公室.沈阳市文物志[M].沈阳:沈阳出版社,1993:178-179.

[12] 唐英凯.乾隆御制《宋孝宗论》辨析[J].满族研究,2001(2):50-57.

[13] 曾枣庄.中国古代文体学[M].上海:上海人民世纪集团,2012:590.

[14] 承德碑刻介绍[EB/OL].[2020-11-01].http://wuming.xuefo.net/show2.asp?id=140206.

[15] 和珅,梁国治.钦定热河志[M].1781.

[16] 李斗.扬州画舫录[M].插图本.北京:中华书局,2007:68-73.

[17] 梁宝富,梁安邦,武玲.扬州文汇阁复原路径与价值研究[J].中国名城,2019(10):36-42.

[18] 单渠.嘉庆·两淮盐法志[M].1806:20-26.

[19] 麟庆.鸿雪因缘图记[M].北京:北京古籍出版社,1984:12-16.

[20] 徐卉风.宫廷风:清帝南巡[M].上海:上海远东出版社,2015.

[21] 杨菁,李声能,白成军.文溯阁研究[M].天津:天津大学出版社,2010:77.

[22] 王国平,邵玉贞.杭州全书·西湖丛书:西湖孤山[M].杭州:杭州出版社,2011.

[23] 孙树礼,孙峻.文澜阁志[M].北京:学识斋,1868:362.

[24] 丁申.武林藏书录[M].上海:古典文学出版社,1957:卷首.

[25] 任罡.镇江藏书事业概述[J].镇江高专学报,2011,24(1):62-65.

[26] 郭奥林.清代乾隆朝圆明园营建活动研究[D].天津:天津大学,2018.

[27] 张明琛.晚明闽籍作家旅游与游记研究[D].福州:福建师范大学,2016.

# 甘肃古代藏书脉流考略——以明清遗存为中心*

岳庆艳　陈　军　尹　琼（甘肃省图书馆）

## 1　古文化遗存与藏书载体滥觞

甘肃是华夏文明脉流的重要组成部分,历史悠久,人文灿烂。中华多元文化的轴心——黄河从境内穿越而过,产生了丰富多彩的文化遗存,也孕育了以伏羲文化、大地湾文化、马家窑文化为代表的新石器时代的史前文明。

### 1.1　史前记忆

伏羲是传说中的中华民族人文始祖。生于甘肃成纪(今天水一带)。他仰则观象于天,俯则观法于地,通过对天地万物变化规律的认知,发明创造了八卦,使原本混乱的祭祀对象和占卜活动变得有序而规范。又通过观察日、月、山、水等事物的形状画出了类似的符号,使最早的象形文字出现。孔安国《尚书·序》:"古者庖牺氏之王天下也,始画八卦,造书契,以代结绳之政,由始文籍生焉。"[①]从而结束了人类的蒙昧时代。这是中国创造文字的最早记录,天水也因此成为传说中的华夏文明肇始之地。

秦安县大地湾古文化遗存,其历史年代从距今约8000至5000年不间断地延续了3000年之久。挖掘出土的彩陶、石器、农作物标本、宫殿遗址等,蕴涵了这一时代人类文明的原始信息。其中,陶器上的水波纹状、植物生长状等10多种介于图画和文字之间的彩绘符号,在年代上早于半坡的刻划符号千年以上,又与仰韶时期种类逐渐增多的刻划符号存在紧密的流源关系。郭沫若认为:"彩陶上的那些刻划记号,可以肯定地说就是中国文字的起源,或中国原始文字的孑遗。"[②]大地湾彩陶上的这些刻划符号已类似于甲骨文,被研究者认为是原始文字的最早雏形。

金石并用时代的马家窑文化和齐家文化,在甘肃境内的分布范围则更加广阔和稠密,先民们的原始手工业有制陶、木作、纺织和石器、铜器制造。学术界公认其主要文化特征是彩陶文化,彩陶纹饰有鱼纹、鸟纹、蛙纹、人形纹、弧线三角纹、圆圈纹、波纹、涡纹、回纹、十字纹、菱形纹、网格纹、绳纹等,题材丰富,蕴含了史前时期众多的社会信息和文化信息,被认为是人类远古先民创造的最灿烂的文化。

---

\* 本文系国家社科基金西部项目"近代以来甘肃图书馆事业发展史研究"(项目编号:18XTQ001)的研究成果之一。

① 孔安国.尚书正义[M].上海:上海古籍出版社.1990:5.
② 郭沫若.古代文字之辨正的发展[J].考古,1972(3).

## 1.2 秦汉简册

春秋战国时期,秦国于天水之地的崛起,是甘肃历史上意义最深远的大事。秦襄公修长城,建郡县,秦孝公商鞅变法,挥戈东向,至秦始皇"六王毕,四海一",建立了中国历史上最早的中央集权制国家。秦统一六国后,在实行"书同文、行同伦""立博士、设三老"等一系列积极的文教政策的同时,还颁行了"挟书令、禁私学""焚书坑儒"等诏令。这场书厄,使后人研究秦朝及之前的历史苦于史料阙漏。近年来,甘肃等地不断出土的秦代文物及简牍,为秦史的研究提供了珍贵的第一手资料。20世纪80年代发掘的天水放马滩战国晚期秦墓,出土秦简461枚、木板地图7幅,这是继1975年湖北云梦睡虎地出土秦简之后又一重大秦简发现。其中14号墓《墓主记》的数支竹简,讲述的生命复活的志怪故事,"可视为同类故事的滥觞"[①]。随葬的7幅木板地图,不仅绘有山川、河流、居民点、城邑,还特别注有各地之间的相距里程,与现今距离大都相符,是迄今为止发现的我国乃至世界上最古老的地图[②]。

公元前206年,西汉王朝建立。汉武帝"建藏书之策,置书写之官,下及诸子传说,皆充秘府"[③],国家藏书机构逐渐建立,并广开访书、征书、抄书之路,百年积累的国家藏书图籍"积如丘山";汉成帝时,刘向、刘歆领校国家藏书,将万卷书籍,命人逐一缮写。《太平御览》载:盖晋敦煌人"贫为官书,得钱"[④]。说明早在佣书业刚刚出现的汉代,甘肃的官府为了整理文案,就已经出资雇人,抄写复制大量官藏典籍了。

西汉元鼎年间,汉王朝在河西走廊设置武威、张掖、酒泉、敦煌四郡,实施军事屯田,开发河西,使各郡县的图书档案不断产生和积累。地方军政官府设主簿、治中、兵曹从事史、长史等职官,典领文书和档案事务。从20世纪初叶以来河西走廊发掘出土的简牍来看,西汉时期的河西地方官府已初步建立了文书归档和典籍保存制度。每枚简牍按顺序排列编号,按问题或事件编联卷册,简册用书绳或丝织物捆扎存放,重要的成卷简册用书衣包裹或装入书囊。简牍在保管时,按形成单位,分别问题排列,成为后世图书编册分类的发端。此时,各级官府中除保管日常的文牍文献外,还收贮有屯田生产、边防戍卫、驿置交通、诉讼判案、农业水利、医疗兽医、历日账册、儒学经典等典籍档册。其中,武威磨嘴子出土的《王杖诏书令》记载有"右王杖诏令在兰台第卌三"[⑤]字样,即诏书正本收贮于兰台(即汉代的中央典籍档案库)。

汉代的民间藏书开始兴起,由于当时简册图书成本较高,私人藏书家多是官宦学者。汉代墓葬中发现了许多私人图书的随葬品,如甘肃武威磨咀子6号汉墓出土的469枚《仪礼》简,是我国现存唯一一部简册形式的儒家经典。据考证,这批简册是墓主人平时诵读的实物[⑥]。据这部《仪礼》简记载,当时甘肃武威还出现了私学,"教授学习内容以儒家经学为主。武威等地出土的《论语》《晏子春秋》《公孙龙子》大多是当时学官的教本,《急救篇》《仓颉篇》是当

---

① 李学勤.简帛佚籍与学术史·秦简研究[M].南昌:江西教育出版社,2001:167-175.
② 甘肃文物考古研究所,天水北道区文化馆.甘肃天水放马滩战国秦汉墓群的发掘[J].文物,1989(2).
③ 班固.汉书补注:艺文志十[M].上海:上海古籍出版社,2008:2899.
④ 李昉.太平御览:卷426[M].北京:中华书局,1960:1963.
⑤ 中国简牍集成编辑委员会.中国简牍集成:甘肃卷[M].兰州:敦煌文艺出版社,2001:207.
⑥ 甘肃省博物馆,中国科学院考古研究所.武威汉简[M].北京:中华书局,2005:3-9.

时小学生识字用书"①。这些散帙的书籍在私学的教与习中得以保藏。有学者将简牍集中存放的地方认定为当时的"文书档案室"②。

### 1.3 魏晋儒学

魏晋南北朝时期,匈奴、鲜卑等少数民族和汉族先后在北方建立了16个割据政权,中原地区政权更替频繁,战乱纷仍。而此时的甘肃,则在历经两汉盛世获得长足发展之后,又避免了魏晋以降诸如"八王之乱""永嘉之乱"的兵祸之灾,保持了长期安定的环境。战乱中,大批中原人士群体性入迁河西,河西成为存续中原文化的中心。如陈寅恪所述:"盖张轨领凉州之后,河西秩序安定,经济丰饶,既为中州人士避难之地,复是流民移徙之区,百余年间纷争扰攘固所不免,但较之河北、山东屡经大乱者,略胜一筹。故托命河西之士庶犹可以苏喘息长子孙,而世族学者自得保身传代以延其家业也。"③

河西文化自前凉开始繁茂,经后凉、南凉、西凉、北凉,一直为北十六国之翘楚。在张氏统治下文风炽盛的前凉,张寔"时遣使奉献经史图籍于京师";张俊立辟雍明堂,命索绥著《凉春秋》。在沮渠蒙逊的北凉政权中,拜史地学家阚骃"秘书考课郎中,给文吏三十人,典校经籍,刊定诸子主千余卷"④。开放开明的氛围,使得此时的甘肃民间学者如林,私人讲学授徒之风炽盛。前凉宋纤"明究经纬,弟子受业三千余人,……注《论语》及为诗颂数万言"⑤;儒学大师郭瑀隐于张掖临松山,著书立说,聚徒讲学。西凉刘昺笃志好学,《魏书》载"昺以三史文繁",著书118卷,"德冠前世,蔚为儒宗"⑥。这些学者博通经史,著述繁富,开一代儒学之风气,从他们广博的学养和繁复的著述来看,当时文人的私人藏书已经蔚为壮观,出现了甘肃有文献记载的第一位藏书家宋繇。

宋繇(生卒年不详),敦煌人。自幼好学,刻苦攻读,后凉吕光时,举秀才,任郎中。后从段业,为中散常侍。段业平庸,无远略,改而辅佐西凉李暠成就霸业。历位通显,家无余财,雅好儒学,博通经史。一生酷爱典籍,家有藏书数千卷。北魏泰常六年(421),沮渠蒙逊攻酒泉灭西凉,在宋繇家"得书数千卷",而盐米仅"数十斛"。蒙逊叹曰"我不喜克李歆,欣得宋繇也。"⑦

### 1.4 隋唐经典

隋朝广收书籍,开始将图籍分库管理。唐朝更加重视图书收藏,唐玄宗设集贤书院,以四库存经史子集,藏书十万卷。这一时期,纸张广泛使用于民间,开始了书籍由写本向印本转变的历史纪元。在盛世藏书的宏大气象下,曾有两位甘肃籍学者,各自在隋唐两朝,促成了全国性图籍的集结。

牛弘(545—610),字里仁,隋安定鹑觚(今甘肃灵台)人。开皇初,授散骑常侍、秘书监。

---

① 甘肃省地方史志编纂委员会.甘肃省志:新闻出版志·出版[M].兰州:甘肃人民出版社,1994:18.
② 甘肃居延考古队.居延汉代遗址的发掘和新出土的简册文物[J].文物,1978(1).
③ 陈寅恪.隋唐制度渊源略论稿[M].石家庄:河北教育出版社,2002:29-30.
④⑥ 上海古籍书店.二十五史[M].上海:上海古籍出版社,1986:2302.
⑤ 上海古籍书店.二十五史[M].上海:上海古籍出版社,1986:1530-1531.
⑦ 张维.甘肃人物志[M].兰州:陇右乐善书局,1926:11-17.

弘深感历代典籍遗逸惨重,向隋文帝上《请开献书之路表》,提出图书典籍代有兴废,明君应征集文献,广开献书之路。并阐述了著名的"书有五厄"之说。文帝采纳牛弘建议,下诏征求遗书,借书抄录,并从民间搜访异书。经过征集,"一二年内,篇籍稍备"。隋灭陈后,牛弘奉命统领召集善书法者,"对陈朝馆藏典籍进行补残续缺",分正、副二本藏于宫中,其余充实隋初官藏秘书内外三阁,总数达3万卷,为隋朝国家藏书奠定了基础。

令狐德棻(583—666),甘肃敦煌人。德棻博涉文史。唐高祖李渊得天下后,任秘书丞,领命修撰梁、陈、齐、周、隋诸史。德棻有感于书籍因战乱散亡较多,奏请高祖,以钱帛购募天下遗书,并设专人缮写,大批书籍因此得以保存。至太宗即位,已"于宏文殿聚四部群书二十余万卷"[①]。

隋唐时期的甘肃社会经济达到了鼎盛。大业五年(609),隋炀帝西巡,在张掖举办"万国博览会",亲自接见西域27国使节。"自安远门西尽唐境万二千里,闾阎相望,桑麻翳野,天下称富庶者无如陇右"[②]。隋唐五代时期的甘肃文化,儒释道三种教派学说并存,呈现出历史上最繁荣的景象。佛教自魏晋从西域传入甘肃,在这里生根发芽,开始了它的中国化过程。甘肃境内涌现了山丹大佛寺、武威罗什寺、兰州嘉福寺、陇西天竺寺等一批寺院名刹,并开凿了敦煌莫高窟、永靖炳灵寺、天水麦积山等众多著名石窟。佛教信仰深入民间,抄写佛经的风气蔚为大盛,大量以写经为业的"经生"受雇于寺院抄写、配补佛经,大批佛教典籍在甘肃抄写、流行和保存。

20世纪初叶莫高窟藏经洞等处敦煌遗书的发现,极好地印证了这点。前秦建元二年(366)敦煌鸣沙山下就有佛教寺院开凿,此后历代都有开凿新窟,隋唐五代时已达相当大的规模,成为宗教活动中心。4世纪以来,莫高窟内就已聚集了数以万卷计的佛经写本。约在11世纪元军占领敦煌前,莫高窟的僧徒们为避免战争,将寺院的经卷、文书、档案以及佛像画等全部封存在洞内,并外筑补壁掩人耳目。后因僧徒逃避战乱未归,洞窟颓废。清光绪二十六年(1900),莫高窟道士王圆箓率人"以流水疏通三层洞沙",密室始现于世。洞内藏有公元4至11世纪的佛教经卷、社会文书、刺绣、绢画、法器等文物4万余件。其中,所藏遗书以佛、道宗教典籍最多。另有少量文学作品、契约、账册、公文书函等的世俗文书。记录的文字以汉文最多,另有吐蕃文、回鹘文、西夏文、蒙古文、粟特文、突厥文、于阗文、梵文、吐火罗文、希伯来文等,成为研究上起东汉,下至元朝,涵盖各朝代文明的重要资料,并由此形成了以研究敦煌遗书和石窟艺术为主的显学——敦煌学。

### 1.5 宋元遗存

自宋以降,华夏民族政治、经济、文化的中心逐渐南移,甘肃境内代之而起的是游牧诸族的轮番占领。先后出现了甘州回鹘政权、曹氏归义军政权、西凉府吐蕃政权和陇右吐蕃诸部等。北宋重视兴办学校,对蕃部子弟进行教育;西夏在河西等地设州县学,行庙学制,推广使用蕃书;金朝崇儒重学;元朝兴学重文,推崇藏传佛教。此时,多民族聚集的甘肃文化,呈现出相互交融、多元化、地域性的特点。

宋宝元元年(1038)李元昊称帝建国,从此枭据西北190年。西夏统治者崇敬佛事,多次

---

[①] 王溥.唐会要:宏文馆[M].台北:台湾商务印书馆,1986:822.
[②] 司马光.资治通鉴:216卷[M].北京:中华书局,1987:6919.

向宋朝求取经书,并开展大规模的译经、校经、藏经活动,夏、汉、藏文佛经在西夏广为传诵。20世纪西夏文献在武威和敦煌等地有多次较大规模的发现:1952年天梯山石窟发现西夏文和藏文文献35件;1972年武威张义乡修行洞发现西夏文和汉文文献77件及残木简1枚;1987年武威新华乡亥母洞发现西夏文文献36件;1986年景泰县发现西夏文文献2件;20世纪末,敦煌莫高窟北区的27个洞窟中陆续出土大批西夏文文献。这些文献内容有启蒙类书籍、社会文书,以及佛教、道教文献。其中武威新华乡亥母洞出土的西夏文泥活字版《维摩诘所说经》,刊刻于西夏仁宗时期,被认为是迄今所知最早的泥活字印本文献。敦煌莫高窟出土的《新集碎金置掌文》《番汉合时掌中珠》等为国内仅存;《地藏菩萨本愿经》《诸密咒要语》不仅是世界上最早的活字印本,也是海内孤本;《龙树菩萨为禅陀迦王说法要偈》经末压捺的印记,证明元代敦煌曾藏有一部3600余卷的西夏文刻本大藏经,为管主八大师印施的30余部大藏经其中之一,为国内仅存。

南宋淳祐七年(1247),镇守河西及秦陇的蒙古皇子阔端与西藏佛教萨迦派领袖萨班举行了著名的"凉州会晤",不仅成功地解决了西藏的归属问题,而且萨班以精湛的佛理征服了阔端等蒙古贵族,使藏传佛教在元室风靡一时。甘肃境内兴建、扩修了众多佛教寺院,刻、译经活动由此而兴盛。元世祖忽必烈时,曾下令雕刻河西字(西夏文)大藏经。元代仅西夏文佛经就印制了190部之多。据现藏于日本的《大宗地玄文本论》卷3发愿文记载:"施于宁夏、永昌等寺院,永远流通。"元朝花费相当大的人力、财力,在甘肃等地散发西夏文佛经,笼络民众,巩固统治。

## 2 明清藏书:体制与范式

明朝建立以来,中国封建社会进入成熟发展时期。统治阶级自上而下地尊崇程朱,重视科举制度,建立了从中央到地方完善的官学体系,并积极开展大型修书活动,对流传千年的古典文化进行总结和整理,明清两朝相继完成了《永乐大典》《古今图书集成》《四库全书》等多部文化典籍的编辑,并建文渊阁、文溯阁、文源阁、文津阁等"四库七阁"进行文献的存藏与阅览,奠定了当时中央官府藏书的基础。

明洪武二十五年(1392),太祖朱元璋封第十四子朱瑛为肃王,先后就藩于平凉府(今平凉)、甘州(今张掖)和兰县(今兰州)。肃王以三分军士戍边,七分军士屯田,并兴修水利工程,促进了甘肃社会经济的发展,随之带动了教育文化事业的兴盛,各地纷纷设立庙学、社学、邸学及书院,科甲迭起,学人辈出。加之,明代移民及随扈肃王的侍臣多来自江南、中原诗书之家,落籍甘肃后,耕读传家,其后裔涌现出一批如黄谏、段坚、彭泽等学者和著作家,使衰落一时的甘肃文化事业得以复苏。

清康熙五年(1666)陕甘分治,设置甘肃省(包括今天的甘肃,及青海、宁夏部分地区),陕甘总督驻节兰州,"节制三秦""怀柔西域"。清政府为巩固对西北边疆的统治,轻徭薄赋,开垦荒地,兴修水利,发展农业生产。经济发展,文化教育昌明,儒学、书院遍及全省,诗书弦诵为一时之盛,著书立说者层出不穷。此时,除世家文人的诗文、理学之作外,还出现了陕甘分省后,甘宁青首部通志——[乾隆]《甘肃通志》。明清(1840年以前)时期,甘肃的藏书事业远超前朝,藏书文化进入了相对繁荣时期。

## 2.1 官府藏书

明代,甘肃隶属陕西承宣布政使司管辖,甘肃境内设置5府、9州、50县。府、州、县设架阁库或照磨所贮藏图书档案,省设主簿,府设照磨,州和县设吏目和吏典等职官掌管图书档册。清初,陕甘分治后,甘肃布政使司、按察使司设经历司和照磨所,置经历、都事等职官掌图书档案,各府州县设档房,配备满、汉人员,"掌缮题本奏折"。从甘肃各级官府形成的档案和史志记载来看,官府藏书大致可分为三类:一是关于本朝的典章制度,如"会典""通考";二是钦定载籍、文书档案、经史方略、政令法规等;三是儒学经典、地方史志、诗词文赋等,供官吏们研读典籍,讲经论史,著书立说,也为政府修史编志提供资料。

由于兵燹和人祸,甘肃的明清图书档案曾遭受多次大的损毁。其一,清康乾时期,迭兴文字狱,陕甘总督七次奏缴禁书,官府细细查阅郡县志乘,大肆删改违碍内容,致书籍遭到很大的破坏;其二,明末清初,朝代更迭时的战乱,甘肃官府所存的图书档案被大量焚毁,仅肃王府的图书档案暂时得以幸存;其三,康熙十四年(1675),陕甘提督王辅臣响应吴三桂反清,遭总兵赵士升攻陷兰州,州城所藏档案、典籍、旧志"万籍千函,尽付煨烬"[1];其四,清中叶,"河湟事变"致使甘肃各地烽火连天,大量官府藏书遭到灭顶之灾;其五,民国二年(1913)7月,在全国一片销毁前清档案的乱潮中,甘肃省财政司长兼警察厅长田骏丰以"历朝档案堆积如山,非惟地小不足以回旋,又恐办事务员稍一不慎,致酿回禄之灾"为由,将保存于前清甘肃布政使衙门内仅存的十几房屋的明清两代的图书档案全部烧毁[2]。其中包括明肃王府旧存,陕甘总督衙门、甘肃提学使衙门、甘肃布政使司、甘肃按察使司等省级官府的藏书和档案,使后世永远失去了研究明清甘肃历史最重要的原始资料。

## 2.2 儒学藏书

明朝立国之初,太祖朱元璋"朕惟治国以教化为先,教化以学校为本"[3]。确立"重教兴学"的治国方针,在全国大力发展官办教育,使省、府、州、县、卫儒学及设学等得到了空前普及。据《甘肃全省新通志》记载,光绪改革前,甘肃所辖8府、5州、58县(包括今青海、宁夏部分地区)共有儒学76所[4]。各级儒学都建有"尊经阁""藏书阁"等专门的藏书处,收藏大量供诸生诵习之用的儒学典籍和辅助教材。

儒学藏书来源之一是朝廷的颁赐。明清时期,历任皇帝对藩地、属地都有颁赐历书、儒家经典、宗教典籍的传统,如明成祖曾特赐《四书大全》《五经大全》等书;清康熙四十五年(1706)向各省颁赐《古文渊鉴》《资治通鉴纲目》等书籍[5]。甘肃作为重点赐书的西北直省之一,入藏了大量内府钦定的样刊。其中嘉庆时最多,有《圣谕广训》《钦定四言韵文》《钦定吏部则例》《钦定工部则例》《钦定中枢正考书》等。这些图书在甘肃各府州县学藏书目录中特别标注有御纂、御制、御批、钦定等字眼,并在布政使司置布政使一员,州设吏目一员,府设经

---

[1] 陈如谡.中国西北稀见方志续集:兰州志[M].北京:中华全国图书馆文献缩微复制中心,1997:409-414.
[2] 慕寿祺.甘宁青史略:正编卷28[M].兰州:俊华印书馆,1936:4.
[3] 张廷玉,等.明史:卷69[M].北京:中华书局,1974:1686.
[4] 升允.甘肃新通志[M]//中国西藏及甘青川滇藏区方志汇编:第14册.北京:学苑出版社,2003.
[5] 托津,等.钦定大清会典事例:嘉庆朝[M].台北:文海出版社,1990:3677.

历一员,县设典史一员①负责御赐、钦定图书的迎接、刊印和发送,并详细登记此类图书颁赐和入藏时间、名称、函册等信息。

除朝廷颁赐外,甘肃儒学藏书还通过官方购买、官绅捐赠、地方刊刻等多种方式不断扩充藏书种类和数量。明清时期,甘肃有记载的著述者有550人之多,其中明代140人,清代410人,著作达1500余部。刊行的图书多为志书、诗歌、教学用书和医书,兼有政治、经济、法律、游记、谱录等。明清两代,先后修纂省、府、州、县志201部②。同时,涌现出一批有影响的文学家和史学家,其中有影响的地方人士著述就达70余部,如《空同集》《鸟鼠山人集》《浚古文集》《萧爽宅乐府》《柏轩语录》《读易纷纷稿》《三馀斋诗草》等,这些都是甘肃各府州县学中最具地域特色的藏书。明至清中叶以前,甘肃儒学藏书较为丰富者有:

| 名 称 | 沿 革 | 藏书情况 |
| --- | --- | --- |
| 陕西行都司儒学 | 设甘州府,明洪武二十八年(1395)建,正统十二年(1447年)重建 | 嘉靖三十年(1551)建尊经阁,藏书31种。嘉靖三十七年(1558)甘肃巡抚都御史陈棐派人赴陕西购买"诗文撰集天文医占法律书籍",并动员官绅捐书,造四大柜橱盛之,书之首尾钤盖印记,还勒石记书名立于阁,藏书达151种。清初兵变,片简无存。雍正三年(1725)改行都司学为府学,收藏经史图书41种③ |
| 兰州府儒学 | 在城东南,元顺帝至正五年(1345)知州姚谅建,初为州学,明洪武二年(1369)改县学,正统十三年(1448)复为州学,乾隆四年(1739)改建府学 | 清末"尊经阁"藏书25种,主要为《钦定诗经传说》《钦定书经传说》《钦定学政全书》《钦定科场条例》《续增科场条例》等科举用书④ |
| 皋兰县儒学 | 在城中延寿巷内,乾隆五年(1740)巡抚元展成创建 | 中为大成殿,殿东崇圣祠,殿西尊经阁。乾隆四十三年(1778)以前有藏书43种,每种1—24套。至清末实有《谕旨录》《纶音必读》《朱子全书》《宋史》《学政全书》《续增科场条例》等34种图书⑤ |
| 庆阳府儒学 | 在府治东南,明洪武年间同知王敬建,明嘉靖至清康熙间屡修,乾隆二十五年(1760)知府赵本植重修尊经阁等十数处 | 乾隆年间藏有《周易折衷》《礼记义疏》《性理精义》《朱子全书》《日讲四书讲义》《大清律》《学政全书》《钦定四书文》《十三经注疏》《二十一史》《明史》等⑥ |
| 肃州府儒学 | 在城东北隅。至元二十四年(1287)尚书行省学庙。明洪武二十八年(1395),改建于城东南隅,称为"行都司学" | 共藏书228种,2733册。包括《谕旨录》《圣谕广训》《钦定书经》《钦定诗经》《钦定春秋》《御纂周易折衷》《钦定性理》《御纂朱子全书》《钦定礼记义疏》《钦定春秋直解》《钦定周易述义》《钦定大清律》《钦定四书文》等⑦ |

---

① 甘肃省新闻出版志出版卷编纂委员会.甘肃省志:出版志[M].兰州:甘肃人民出版社,1994:75.
② 白玉岱.甘肃出版史略[M].兰州:甘肃人民出版社,1994:25-33.
③ 张维慕.陇右金石录:卷9[M].甘肃文献征集委员会,1943:54.
④ 张国常.重修皋兰县志:卷15[M].兰州:陇右乐善书局,1917:1-6.
⑤ 张国常.重修皋兰县志:卷15[M].兰州:陇右乐善书局,1917:6-7.
⑥ 赵本植.新修庆阳府志[M].北京:中华书局,2013:173-175.
⑦ 钟赓起.甘州府志[M].北京:中华书局,2013:430-436.

### 2.3 书院藏书

现存资料可查创建最早的甘肃书院当属明景泰五年（1454）理学家段坚在兰州创立的容思书院。之后，静宁陇干书院、秦州天水书院、陇西崇羲书院、渭源渭川书院、肃州酒泉书院、狄道州超然书院、甘州甘泉书院等陆续建立，有明一朝，甘肃书院多达17所[①]。清雍正十一年（1733），朝廷谕令各省建立省级大书院，并赐1000两白银予以支持。雍正十三年（1735），甘肃巡抚许容将正业书院改建为兰山书院，随后各"府州县俱仿行之"[②]。据《甘肃全省新通志》记载，到光绪改革前，甘肃所辖8府、5州、58县（包括今青海、宁夏部分地区）共有书院77所，遍及全省各地[③]。

书院藏书作为教学之附，藏量最大者为四书五经，另附史学、辞赋、书法、科技、律例、教化等供诸生诵习之用的典籍。据乾隆《皋兰县志》记载，当时甘肃省内最大的官办省立书院——兰山书院的存贮书目有：《钦定易经》《御纂周易折衷》《佩文韵府》《汲古阁左传》《家语》《史记》《通鉴纲目》《三苏文集》《刑政大观》《本草备要》《古文雅正》《甘肃通志》《朔方志》《博陵尹氏家谱》等228种图书，另有书板2067块。秦缃业《祁文端公神道碑铭并序》载：嘉庆十六年（1811）秋祁寯藻（清代大学士兼礼部尚书）随主讲兰山书院的父亲祁韵士至兰州，"书院故多藏书，乃以其暇研精经史，纵览诸子百家"[④]。为了保障图书正常流通，兰山书院还制定了严格的《领书章程》："诸生欲看某书，须具领，呈监院俟批发给。看毕缴还，抽领销案；请领书籍只许专领某书，不许一时辄领数种；书籍如系函数多者，先领首函，看毕再领次函，随领随还，不准尽数领去，致有失遗；领看书籍，每函以一月为限，逾限者追还；领去书籍如不爱惜，致有油污损伤等弊，不准再领；各种书籍，只许住院肄业者领看，此外不准滥领。"[⑤] 其图书管理理念已具现代图书馆雏形。

这一时期书院藏书较富者有：

| 名　称 | 沿　革 | 藏书情况 |
| --- | --- | --- |
| 兰山书院 | 在新关路北旧为明肃王的红花园地，雍正二年（1724）甘肃巡抚卢询捐建"正业书院"，雍正十三年（1735）甘肃巡抚许容奉旨改建为省立"兰山书院"。之后，历任陕甘总督杨应琚、福康安、长龄、恩特亨额、左宗棠等都有修建，使之成为规模宏大的官方书院 | 藏书主要由书院购置或总督、学政等官宦、士绅捐赠。乾隆间书院庋藏经、史、子、集共204种，书版23种。咸丰四年（1854）书库起火，藏书、藏版损毁殆尽。后经书院陆续购置，至光绪年间，藏书逐渐恢复，并分别接收陕甘总督左宗棠、杨昌浚捐购图书10种和45种。清末藏书增至98种，另藏有《慎思录》《诹吉便览》《陇右校士录》书版338块，以及左宗棠购置赵孟頫所绘《至圣行教小影》一帧，杨昌浚购置朱拓吴子道所绘《至圣立像》一帧 |

---

① 白新良.中国古代书院发展史[M].天津：天津大学出版社，1995：107.
② 升允.甘肃新通志：卷35[M]//中国西藏及甘青川滇藏区方志汇编：第14册.北京：学苑出版社.2003：44.
③ 升允.甘肃新通志：卷37[M]//中国西藏及甘青川滇藏区方志汇编：第14册.北京：学苑出版社，2003：63-65.
④ 缪荃孙.续碑传集[M].上海：上海人民出版社，2019.
⑤ 张国常.重修《皋兰县志》：卷15[M].兰州：甘肃政报局，1917：8-20.

续表

| 名 称 | 沿 革 | 藏书情况 |
|---|---|---|
| 五泉书院 | 在兰州贤后街东口,嘉庆二十四年(1819)布政使屠之申建,咸丰八年(1858)知府栗垣重建 | 道光年间,有《十三经》《重刊宋本论语》《重刊宋本孟子》《重刊宋本左传》《二十一史》《读史方舆纪要》《集验良方》《兵镜备考》《文选集评》《杜诗详注》等藏书52种,156套。另有《学庸渐通》书版46块 |
| 凤城书院 | 在庆阳府治署东,乾隆二十六年(1761),知府赵本植捐建。同治时毁于兵变。光绪六年(1780)重修 | 光绪十五年(1889)知府胡励锋扩修讲堂,增修号舍,并购置图书1300余卷,以扩充书院藏书种类和数量①② |
| 甘泉书院 | 在甘州府治城东北隅。明嘉靖三十一年(1552)御使王诰捐建,后废。乾隆二十四年(1759)知府冯祖悦于南门甘泉处重建,名"甘泉书院"。乾隆三十五年(1770)增建"玩书楼",上下六间 | 乾隆年间有藏书54种,主要是经书和史书③。陈史,故洧川令郡人,字金鉴,曾任河南洧川令,"念张掖少藏书,无以迪后学,购书七十四种置公所"。乾隆二十六年(1761)其子维衡将这批书籍尽归书院,"共计70余种,240余帙,外无帙110余本"今贮火神楼。同治年间,甘州提督周达武将家藏图书500余册捐至"甘泉书院"④ |
| 酒泉书院 | 在肃州府治内,原为肃州儒学。明嘉靖二十六年(1547)兵备副使汤宽创建,后废。乾隆初知州黄文炜重建 | 乾隆元年(1736),甘肃分巡道黄文炜捐资修缮学舍,创建"尊经阁",阁成"适学宪新承天子命来校是帮,鬻书者随至,因购得经、史、诸子,以迄制义、论策共若千种"。阁中藏84部,899册⑤ |

书院刊印书籍在清代也蔚为风气,甘肃书院凡有条件者,自行翻刻典籍和学生的课本,出版教材、课艺、文集、试牍、学生文集等诸多名目的书籍,形成古籍版本收藏中独树一帜的"书院本"。乾隆年间,先后有甘肃巡抚元展成、布政使尹嘉铨等在兰山书院主持刻印了《钦定四书》《皋兰课业十三经》《四礼典要》《官方宝鉴》《甘肃观风录》《兰山课业风骚补编》《松崖文稿》等书23种,书版2067块,现今甘肃省图书馆依然存有当年兰山书院为学生刻印的《皋兰课业诗赋约篇》《兰山课业诗赋约篇》《兰山课业风骚补编》等课本。道光元年(1821),兰山书院刊印清代张澍集《二酉堂丛书》,该书收录有关"关陇著述"21种,27卷。

## 2.4 寺观藏书

甘肃的寺观藏书,有着鲜明的地域特点:其一,甘肃是东西文化融汇的第一站,佛教经甘肃传入内地,甘肃境内沿丝路古道建立了遍及全境的寺院古刹,如敦煌莫高窟,张掖宏仁寺,武威罗什寺和海藏寺,兰州嘉福寺、崇庆寺和普照寺,陇西天竺寺等。明永乐之后,藏传佛教随着格鲁派的兴起,众多黄教寺院陆续建成,其中最具影响的是卓尼禅定寺和夏河拉卜楞寺。其二,自蒙古帝国、元朝,中亚等地穆斯林大量迁入甘肃,至明中叶以后,甘肃出现了回、东乡、

---

① 赵本植 新修庆阳府志[M].北京:中华书局,2013:176.
② 杨景修.庆阳府志续稿[M].兰州:甘肃文化出版社,2013:59.
③ 钟赓起.甘州府志[M].北京:中华书局,2013:440.
④ 白册侯.(新修)《张掖县志》:卷3[M].北京:中国书店,1959:43-46.
⑤ 黄文炜.重修肃州新志:卷3[M].清乾隆二年刻本.[不详],1737:22-23.

保安、撒拉等信奉伊斯兰教的新的民族共同体,在信众聚居的地方都兴建有清真寺,如临夏南关清真寺、天水北关清真寺、兰州西关清真寺、武威回回滩清真寺、张掖南关大寺、临潭清真华大寺等,遍及境内各地。明末清初伊斯兰教经堂教育的中心开始由陕西关中转向以河、狄地区(今甘肃临夏)为中心的甘肃地区,在清真寺内附设经文学堂,培养了大批有"阿林"(学识)的阿訇,并形成了不同的派别和门宦教团,伊斯兰教和藏传佛教成为甘肃的主要宗教。其三,道教作为中国土生土长的宗教,源于古代神仙信仰与民间巫术。甘肃古雍凉之地,"人俗多淫祠,好卜筮",盛行鬼神祭祀,因而城镇乡村道观林立,如兰州的金天观、城隍庙、玄妙观、白云观,平凉崆峒山,天水玉泉观、伏羲庙,临夏万寿观,泾川王母宫等,其中崆峒山传说为黄帝问道于广成子之地,因此被称为"天下道教第一山"。道教在甘肃有着广泛的受众群体。

明清时期,许多帝王提倡儒、释、道三教兼容并蓄,政府多次编印"藏经"或"道经"颁赐天下,如明代官刻《大藏经》四次,私刻三次以上,超过以往任何一代。清代雍正、乾隆年间,国家完成《龙藏》的雕印,颁行天下,寺观藏书盛极一时。同时,寺院、清真寺、道观为了阐发和弘扬各自教义,教化信众,都建有藏经阁,收集、抄写、典藏、整理、传递、刻印各自的文献典籍。甘肃寺观藏书比较著名的有:

| 名　称 | 沿　革 | 藏书情况 |
|---|---|---|
| 宏仁寺 | 在甘州城西北角。始建于西晋,原名迦叶如来寺。西夏永安元年(1098),国师嵬咩在原寺废墟上开始建造"卧佛寺",为皇家寺院。明永乐九年(1411)重建,敕赐为"宝觉寺",后改"弘仁寺"。清康熙十七年(1678)敕改"宏仁寺",因寺内有巨大的卧佛像故名大佛寺 | 明永乐九年(1411),钦差镇守陕甘等处御马太监兼尚宝监太监鲁安、王贵奉敕命,汇集众士用金、银粉汁书写《大般若波罗密多经》《报恩经》《涅槃经》《华严经》《胜王经》《大唐西域记》共20万言,600卷。正统十年(1445)明英宗颁赐6361卷的《大明三藏圣教北藏》一部,诏书曰:"刊印大藏经,颁赐天下,用于流传。兹以一藏,安置陕西甘州卧佛寺,永充供养。听所在僧官僧徒看诵赞扬,上为国家祝愿,下为生民祈福。"万历二十四年(1596),姑苏坊刻版《大方广佛华严经》《大般涅槃经》《大方便佛报恩经》《金光明最胜王经》《大乘本生心地观经》五大部佛经入藏大佛寺。万历二十五年(1597),大佛寺组织僧信以姑苏五大部为蓝本施造五大部金经,使所藏佛家经典日趋丰富。<br>清顺治五年(1648),甘州回民起义,大佛寺藏经900余卷失毁。清顺治十年至康熙三年,大佛寺组织僧信到武威罗什寺对失毁经卷进行补抄。该寺现存《法华经》《妙法莲花经》等佛经雕版和工艺精巧的经变图雕版800余块,为甘肃省佛经雕版保存最多、最完好的寺院之一。<br>清代大佛寺设"藏主"一职,专门负责经籍文献的保护管理,另设"刻字僧"专司刻经之职 |
| 西来寺 | 位于甘州城西南隅。始建于明代,康熙五十六年平郡王讷尔素将该寺命名为"西来寺",寺院的全部建筑完成于清雍正十年(1732) | 清康熙年间,精通佛教经典的西域僧人浪法·阿札木苏来张掖筑精舍修行。康熙帝赐以"普觉静修国师"尊号,并颁赐敕书、银印各一,令其统管甘肃番汉僧众。国师念张掖无藏文佛经,请准朝廷颁赐给红字藏经108部。康熙五十一年(1712),将精舍改为寺院,建藏经楼五间为藏经之所。清雍正十年(1732)再次扩建的藏经楼梁坊与雀替上的彩画极其独特,梁上彩绘的神兽在其他建筑彩画中极为少见 |
| 马蹄寺 | 位于肃南县城东南。为东晋时敦煌名士郭瑀隐居讲学时所凿的佛教石窟群。因传说中的天马在此饮水落有马蹄印而得名 | 寺内历代留藏有许多珍贵文物,其中有康熙皇帝生前念诵过的经卷一部,经夹板均为檀木所制;铜版《广中略般若经》12部;古印度梵文经12部;经彩汁书写的《丹珠尔》大藏经200部;乾隆《丹珠尔》大藏经108部;宗喀巴全集和土观活佛集等经典著作 |

续表

| 名　称 | 沿　革 | 藏书情况 |
|---|---|---|
| 罗什寺 | 位于凉州府城北。明为"陕西凉州大寺",又叫"塔寺"。隆庆年间,河湟上人马法琳重修经阁① | 明英宗正统十年(1445)二月,颁赐《北藏》1部,共636函,6361卷。诏书曰:"刊印大藏经,颁赐天下,用广流传。兹以一藏,安置陕西凉州大寺院,永充供养。"诏书现存武威市博物馆 |
| 普照寺 | 位于兰州旧城东南隅(今兰园)。唐贞观年间敕建。宋、元、明、清屡修,又称"大佛寺" | 《兰州古今注》载:普照寺"法论殿有藏经楼,殿有万历中肃藩书额楼,藏经五千余卷",为剞劂经籍之地。明万历时,有藏经阁二层五楹,上层供奉彩绘三佛像立于莲座上,东西壁为书架,庋藏唐写本《大藏经》5418卷,明刻本《大藏经》1000余卷,共6358卷;下层悬楹联曰:"大义参天,金炉不彻扶炎气;精忠贯日,宝炬常明达旦光。"供奉关圣帝君,企盼保佑藏经阁的安全吉祥。其中,明本《大藏经》为明万历二十八年(1600),肃宪王申尧与其母懿王妃陈氏捐钱,派崇庆寺僧镜授及徒怀戒赴金陵(南京)请回永乐十至十七年(1412—1419)刊刻的《南藏》,共638函,6364册。分贮藏经楼的八个大木柜内。每函都裹以黄布经包,以千字文部居,供广大僧众诵读。民国二十八年(1939)2月,日本飞机轰炸兰州,普照寺被多枚炸弹击中,燃起熊熊大火,所幸明代大藏经得以保藏,劫后余生的《永乐南藏》现藏于甘肃省图书馆② |
| 嘉福寺 | 位于兰州城西北隅,今木塔巷一带。唐贞观九年(635)建,原名"宝塔寺",俗名"木塔寺"。宋元重修,明天顺间改称"嘉福寺"。 | 清康熙二十三至二十五年(1684—1686),僧守禧在塔后空地建昆虚阁五间。后巡抚严公又在阁左右各修楼五间,即为供奉藏经之处。曾藏明代藏经一部,可惜木塔于同治十三年(1874)毁于火③ |
| 海藏寺 | 位于凉州(今武威)西北。南宋淳祐九年(1249)建,康熙、雍正两朝屡次重修。 | 元朝时藏传佛教萨迦派第四代祖师萨班修缮了海藏寺,使其成为喇嘛教寺院。清雍正时颁赐《北藏》1部,共677函,6771卷,供奉于灵钧台藏经阁。凉庄道郭朝奉为藏经阁书写匾额,并撰《海藏寺藏经阁碑记》。藏经新中国成立前遭到破坏,损毁1944卷,其余经卷现存武威市博物馆 |
| 拉卜楞寺 | 位于夏河县拉卜楞镇西。康熙四十八年(1709)嘉木样一世始建,历世嘉木样续建 | 乾隆二十六年(1761)嘉木样二世创建拉卜楞寺印经院,开始大量刊刻印度佛经、西藏古德著述和本院高僧著作。乾隆三十七年(1772)嘉木样二世派人赴西藏各大寺院,订印了各种藏文佛经运回拉卜楞寺,乾隆四十年(1775)正式建立了藏经楼,此时,拉卜楞寺的藏书已达千余部。乾隆五十年(1785)嘉木样二世亲自赴藏,广集佛经万余部,次年运回拉卜楞寺。至清末,共藏经卷及各类书籍约20万部之多,分全集、哲学、密宗、医药、声明、缀韵、历史、宗教、传记、工巧、数学、诗词12类。其中全集177种,包括甘珠经、丹珠经及宗客巴、西藏各大活佛、历世嘉木样的著作21320部。珍贵者有:印度阿底夏大师亲诵和印度圣者华尔旦大华智哇亲写贝叶经两部;金汁、银汁、珊瑚、松耳石、珍珠、车渠六种粉汁书写的《金刚经》;金汁、银汁书写 |

---

① 升允.甘肃新通志:卷35[M]//中国西藏及甘青川滇藏区方志汇编:第14册.北京:学苑出版社,2003:26-27.

② 邵国秀,周永胜.甘肃图书图书馆《永乐南藏》考略[J].图书与情报,1988(2):49-54.

③ 董葆吾.补修普照寺藏经序[N].甘肃民国日报,1947-07-25(2).

续表

| 名称 | 沿革 | 藏书情况 |
|---|---|---|
| | | 的《甘珠尔》；嘉木样一世亲笔用金汁书写的《贤劫经》《菩提道次第广论经》和《八千经》，用银汁书写的《松赞干布传记》《甘珠经目录》等。另有木刻经版6万余块①②。分别藏于藏经楼、贡舍塔、大经堂及各佛殿、囊欠和僧舍之中 |
| 卓尼禅定寺 | 坐落在卓尼县城洮河北岸的台地上。创建于藏历四饶迥木虎年（公元1254年）。清康熙五十九年（1720）"敕赐禅定寺"的匾额，镌刻于寺门，寺名沿用至今。是甘肃最早的藏传佛教寺院。 | 禅定寺建寺早于拉卜楞寺四百多年，它的藏经和图书可以于拉卜楞寺媲美，而印经院则更胜一筹。明嘉靖十七年（1538）第六世土司杨臻开甘肃藏文图书雕版印刷之先河，曾刊刻了繁、中、简（针对佛法详略而言）三种经典的许多版本，及《佛本生记》《莲华生本生记》系列佛像和《藏文文法入门》等；清康熙年间，第九代土司杨朝梁迎请拉萨版、北京版、德格版《甘珠尔》大藏经，并聘学者用金、银粉汁抄写了《甘珠尔》《丹珠尔》《般若经》等经卷多部，亲自用金汁缮写《八千颂》一部；康熙五十五年（1716），第十一世土司玛素干布被皇帝召见回来后，发愿刊印了《甘珠尔·大藏经》108卷，历时十年，耗银17525两；乾隆十八年（1754），十三世土司丹松次勒又主持刊刻了《丹珠尔·大藏经》209卷，历时21年，耗银16214两，马21匹。历代卓尼土司和大寺堪布不仅主持刊刻了各种佛教典籍，而且还曾主持刊印了其他如文史、佛学、哲学、医学、天文、历算等方面的大量经典著作。仅刻制和收集的印刷经版就多达20万片。这些版本都收藏在《甘珠尔》印经院，随即印刷销售。卓尼寺院还珍藏有大量的用墨笔和用金、银、玉汁及珊瑚、珍珠、玛瑙汁抄写的藏文经典著作，合计约3万部之多。禅定寺自1254年建寺，印刷机构和组织一直延续至1958年寺院被毁之际。<br>禅定寺的所有经堂、佛殿都是藏书库和藏经馆 |
| 金天观 | 位于兰州城池正西。唐代称为云峰寺，宋代改为九阳观。明建文元年（1399）肃庄王移藩兰县，于次年春重建道观，秋季建成。因地处城池正西，在五行中属金，故名金天观。1956年改建为"兰州市工人文化宫" | 除存藏《道藏》等道教经籍书文外，还有《御批通鉴》《道德经》《华南经》《天极雷书》《广成仪制》《神仙鉴》《感应篇图说》《神仙通鉴》《道藏辑要》《修身正印》《兰州府志》《皋兰县志》等地方志书、天文、地理、棋谱、琴谱、卦书、相书、医书等。另藏有兴隆山道人刘一明著述刻板24种，以及《皇经》《品经》《九皇心经注解》《九皇心经》《道德经》《修身正印》《感应篇》《文昌大洞仙经》《中医验方》《平番志异》等多部刻经藏版12种；明肃王《金天观记录》，许容《金天观记》，太监刘永成的八块龙蛇草书，及刘一明、那彦成等明、清、民国各时期名人篆刻碑记51通。并藏有唐寅、郑板桥、张祥河、吴可读、安维峻、刘尔炘、马福祥历代名人书画3大木箱。可惜"文革"中或被造反派烧毁，或被卖给了废品站。原存《道藏》由韩仙明道长保护，现大部分存放于兰州白云③。金天观旧时还有工肆剞劂经籍，有考者为清嘉庆七年（1803）刻印的碧云真人所著的《修身正印》 |

---

① 范文成．甘青藏传佛教寺院[M]．西宁：青海人民出版社，1990：507-522.
② 梁发西等．拉卜楞寺概况[M]．兰州：甘肃人民出版社，1987：74.
③ 甘肃省道教协会《甘肃道教志》（征求意见稿）[M]．兰州：甘肃省道教协会，1991：85.

续表

| 名称 | 沿革 | 藏书情况 |
|---|---|---|
| 万寿观 | 位于河州(今临夏市),元大德六年(1302),蒙古人左魇始建,称"大隐庵",康熙四十六年(1707),河州知州王全臣更名为万寿观 | 大殿的二层为藏经阁。藏有《七真传》《太玄女青三元品诫拨罪妙经》《针灸大成》《摄招科仪》《台上诸品妙经》《文昌洞经》《高上玉皇本行集经》《五柳仙踪》《性命圭旨》等[①]历朝保存的道教文献 |
| 崆峒山 | 崆峒山为道、佛两教圣地,唐初时就已建有道宫,称潭沱寺,亦称明慧禅院。北宋政和年间(1111—1117),张庄奉旨督修宫宇,辟为全国道教大什方之一 | 有藏书楼一座,亦称藏经寺、藏经阁,在原真乘寺东侧,旧为真乘寺藏经库房,明万历三十一年(1603),由韩藩王室出资改建而成,专供存放皇太后颁赐三藏经。清嘉庆十一年(1811),光绪二十四年(1898)屡修,藏书2万余册,1964年藏书楼拆除,藏书散佚无存,仅剩明神宗敕命保护皇太后颁赐经卷残碑1通[②] |
| 临潭清真华大寺 | 位于临潭旧城中心,始建于明洪武十三年(1380),清康熙二十四年(1685)集资复建 | 华大寺历史上经过5次重建。大寺为大型圆顶建筑,附设经学院、经书馆,历代都有经书及教义收藏,现藏有各种版本《古兰经》300多本,另有《圣训》等其他书籍多部。历史上曾培养了20多名伊斯兰宗教学术造诣较深的阿訇[③] |
| 东乡韩则岭拱北 | 位于东乡县坪庄乡,始建于明洪熙元年(1425),陵墓主人为元至元六年(1340)来中国传教的阿拉伯穆斯林学者哈穆则 | 珍藏有阿拉伯文手抄本《古兰经》一部,牛皮压花封面,为对称的压花花卉和圆形图案,封底有5个圆形压花图案,典型的阿拉伯——伊斯兰风格。封里为粗织蓝布。经书536页,每页11行,字体为阿拉伯文书法三一体(苏勒斯.穆罕格格体),黑色墨汁书写于"撒马尔罕纸"上,并有纯金和金青石为颜料的彩绘图案,线装。据专家认定该书为传教者哈穆则1340年从中亚带来中国的,成书时间约在公元9世纪前后[④]。是目前发现的东乡族保存最早的《古兰经》 |

## 2.5 私人藏书

元明清三代,私人藏书家著名的有陇西的汪世显,兰州的段坚,武威的张玿美、王文学、尹世阿,临洮的雍焯,武都的邢澍等。据范凤书《中国私家藏书史》统计,截至民国初年甘肃藏书家33人,排行居全国第18位[⑤]。在学术方面,甘肃学者张澍、邢澍、李铭汉等推动了晚清兴起的经史之学。

汪世显(1195—1243),字仲明,盐川(今甘肃漳县)人,初仕金,屡建战功,官至镇远军节度使。金亡后,降元太子阔端,从南征,战功甚著,后以功拜巩昌府(今陇西)便宜都总帅。喜

---

① 王崇宁.甘肃临夏万寿观[M].兰州:甘肃人民美术出版社,2009:28-33.
② 仇非.新修崆峒山志[M].兰州:甘肃人民出版社,1996:92-93.
③ 甘肃省伊斯兰教协会.临潭清真大寺[J].甘肃穆斯林,1991(1):6.
④ 河州史话编纂委员会编.河州史话[M].兰州:甘肃人民出版社,2016:144.
⑤ 范凤书.中国私家藏书史.修订本[M].郑州:大象出版社,2009:678-679.

儒书，征伐四川归来，"辇书数千百卷，而图画半之"。延祐时，追封"陇右王"①。其子汪德臣（1223—1258），字舜耕，14岁侍元太子阔端狩猎，矢无虚发，袭父爵，元世祖中统三年（1262）追封陇西公，他继承父亲藏书，并加以补充，欲创设计院，集儒生讲习，以军务繁忙未能如愿。

汪惟正（1242—1285），宇公理，德臣子，袭父爵，幼年颖悟，喜从文士议论古今得失，尤爱读书。几遇善本，皆极力宝藏，元世祖至元四年（1267）建万卷楼，贮书两万卷，楼内类列书架，排比标签，分经、史、子、集四目，并藏有图画琴剑，鼎砚珍玩②。

段坚（1419—1484），字可久，号柏轩，兰州人。明正统九年（1444）中举，景泰五年（1454）进士，历任福山知县，莱州、南阳知府。在福山知县任内，提倡教育，兴建社学，用俸金为社学购书，并作《藏书箴》勉力后学。成化元年（1465）从福山离任。成化十七年（1481）因疾归故里，结庐五泉山麓，以"奉先、事兄、教子、睦族、善俗"为宗旨，课徒授业，有《柏轩语录》《容思集》行世。成化二十年（1484）卒，死后"田亩不及顷"，唯"典册六经子史充栋"。嘉庆二十三年（1544），巡抚朱徵在轩斋（今兰州市段家庄）外大街建名臣牌坊，悬匾额前题"段容思先生德教坊"，背书"理学名臣世家"③。

雍焯（生卒年不详），字闇中，狄道（今临洮）人，明嘉靖十六年（1537）举人。初仕武乡县教谕，升交城令、河律令，再升贵州道监察御史，人称名御史。病归故里，居家20多年，建小楼藏古今书籍，致力学术研究。并刊印《周礼》《尔雅》《孝经》等书④。

张玿美（生卒年不详），宇昆岩，武威人，清雍正元年（1723）应孝廉方正科学荐，授广东惠来知县，升廉州知府，再升雷州道。告老辞旧时，"行李萧条，惟载书数千卷至家"。热心地方教育，曾向书院赠送《十七史》等书籍955册。主编《五凉考志六德集全志》，有《濯砚堂诗钞》行世⑤。

王文学（生卒年不详），名禄，字心简，武威人。王荫堂翰林从学，翰林宰直隶、广昌、怀来、静海，知山东平度州，再官于曹，文学皆随其左右。佐翰林多年，无私财，"赢则购良书藏之"。武威人称"王氏藏书独富"。翰林休官返里，文学家居，于附近僧寺赁小楼读书。他于书无所不读，尤熟读《文选》，旁及《北堂书钞》《白氏六贴》《艺文类聚》等。岁月屡更，见闻益广，辞赋亦益工。乾隆三十二年（1767年）吴学使赏其宏富，除武生籍改隶文学。从此，王文学之名噪呼雍凉⑥。

秦基贵，皋兰人，太学生，慷慨好义。有秦善人之称，"性好藏书，入京师数千金买书归。"其子维岳，乾隆五十五年（1790）年进士，由御史给事中官湖北武昌道⑦。

邢澍（1759—1823），字雨民，一字自轩，号佺山，阶州（今武都）人。清乾隆五十五年（1790）进士，历任浙江永康、长兴知县，江西饶州、南安知府。藏书万卷，博学洽闻，尤精各史、表、志之学，著述颇多，邢澍一生喜欢读书和藏书。钱大昕在《题佺山松林图》诗中写道："莫讶讼庭公事少，邮筒时有异书来。"钱大昭在《鉴止亭即事呈佺山大令》诗中说："主人雅好事，贮书数万轴。自言得真味，不厌百回读。"邢澍弟子张廷济在《宿鉴止亭呈佺山师》中也写道：

---

① 杨恩.巩昌府志：卷21［M］.刻本.［不详］，1688：311-312.
② 陇西县志编纂委员会.陇西县志·金石（初稿）［M］.油印本.［不详］，1964，8-10.
③ 彭泽.段容思年谱纪略［M］.清刻本.［不详］：61.
④ 升允.甘肃新通志：卷14［M］//地方志人物传记资料丛刊：第13册.北京：北京图书馆出版社，2001：273.
⑤ 潘挹奎.武威耆旧传：卷2［M］.清道光刻本.［不详］：1-2.
⑥ 潘挹奎.武威耆旧传：卷3［M］.清道光刻本.［不详］：18-19.
⑦ 秦维岳：皋兰县续志［M］.刻本.［不详］，1847：10-11.

"吏情雅寄三间屋,官囊惟饶卄架书。(官阁藏书两万)"嘉庆十三年(1808)邢澍给吴云逵《武阶备志》作序云:"就余家藏书三万多卷,朝夕披阅,手抄目营,至夜分不少休。"洪亮吉对其藏书之富写诗赞道:"君驮万卷归秦阶,可作陇右藏书家。"嘉庆二十四年(1819年)告老还乡,归里后沉静寡营,著书自娱,主要著作有《关右经籍考》《全秦艺文录》《两汉希姓录》《金石文字辨异》《寰宇访碑录》《长兴县志》等[①②]。

尹世阿(生卒年不详),号保臣,武威人,清乾隆六十年(1795)举人,藏书甚富。道光年间曾出仕江西任知县。后辞官回乡,据李叔坚《先大夫云章府君行述》记载,当时武威硕学辈出,以张澍、尹世阿最为著名。尹从江西辞官归里,藏书十余万卷。喜欢奖掖后学,曾以阮刻《十三经注疏》赠李叔坚父李铭汉。居家教授乡里学子,从学者甚众,当时武威硕学辈出,多出其门下[③]。

李铭汉(1809—1891)字云章,武威人。曾受教于尹世阿、张澍、陈世熔等。清道光二十九年(1849)副贡生,一生8次乡试均未考中,进而转向教书授徒、著书立言,先后主讲凉州雍凉书院、甘州甘泉书院。学使胡景桂上书推荐为陇上耆儒,光绪下令加国子鉴学正衔,李铭汉博通经史,对天文、算术、舆地、兵、农均有研习,尤精于音韵、训诂之学,所著《续通鉴纪事本末》《尔雅声类》《说文谐声表》等,备受名家推崇,颇具学术价值。其书斋名"味檗斋",藏书万册,为河西各县私家藏书之最著者。光绪三十二年(1906)铭汉子李玉楷刻印《续通鉴纪事本末》32册。新中国成立后,后人李鼎文将其家藏图书17304册,文物186件,全部捐献国家。1959年捐赠张掖师范专科学校图书馆3000册,1960年捐赠武威县文化馆653册,1960年、1968年分两批捐赠甘肃省图书馆图书共计13212册。

甘肃的藏书事业从远古文明、文化遗存、历朝经典中走来,在历史的更迭、学术思想的兴废、中外文化的交融中发展。两汉时期官学与私学的兴起,五凉时期河西儒学的兴盛,隋唐两宋中外文化的交流以及佛教典籍的大量传入,元明清三代各府州县儒学与书院的建立,等等,这些都深刻地影响了甘肃的古代藏书事业,为近现代图书馆的产生提供了丰厚的积淀。

# 面向突发公共卫生事件的公共图书馆应急服务能力模型构建

窦玉萌(首都图书馆)

2020年春节期间,新型冠状病毒肺炎疫情爆发。1月23—24日,我国各省纷纷启动重大突发公共卫生事件一级响应,各级公共图书馆陆续发布闭馆公告,同时表示服务不打烊。疫情期间,用户信息需求呈现出激增性和多样性的特点,公众对需求响应速度、信息获取便

---

① 邢澍.守雅堂稿辑存[M].兰州:甘肃人民出版社,1992:79-87.
② 冯国瑞.邢佺山先生事迹考[N].和平日报,1947-07-28(3).
③ 李于锴.李于锴遗稿辑存[M].兰州:兰州大学出版社,1987:26-39.

捷性、疫情专题知识获取以及潜在需求满足,都提出了更高的要求。为了最大限度地满足用户需求,给用户提供与正常开馆状态无差别的服务,公共图书馆应该具备高效的应急服务能力。

我国《突发公共卫生事件应急条例》规定,突发公共卫生事件是指突然发生,造成或者可能造成社会公众健康严重损害的重大传染病疫情、群体性不明原因疾病、重大食物和职业中毒以及其他严重影响公众健康的事件。本文以新型冠状病毒肺炎事件为例,在研究中将突发公共卫生事件限定为通过疾病传染和传播严重危害公众健康的事件。突发公共卫生事件具有突发性及意外性、群体性及公共性、严重性及紧迫性、复杂性及综合性和影响深远性的特征[1]。公共图书馆作为向公众免费开放,并提供信息服务和空间服务的文化基础设施,突发公共卫生事件对其正常运行和服务供给都造成了冲击。通过构建能力模型,分析识别公共图书馆应急服务的核心能力,有利于有针对性地加强重点能力建设。

## 1 文献回顾

公共图书馆应急服务能力是指公共图书馆面临重大突发事件,凭借软硬件资源优势,创新服务内容和服务方式,及时、精准地满足各群体多层次信息需求的能力,是对传统服务能力的继承和发展。文献调研发现,公共图书馆服务能力研究主要侧重于服务能力建设与比较以及服务能力评价指标体系构建。

(1)服务能力建设和比较方面的研究,主要是采用案例研究法,总结实践经验并提出能力提升策略或建议。如刘淑华[2]等以内蒙古赤峰市图书馆未成年人服务和区域文化保存与传承实践为例,总结图书馆社会服务能力建设的共性问题及解决办法,提出当前社会环境下公共图书馆社会服务能力建设策略。孙成江[3]等以我国辽宁省公共图书馆和美国密歇根州公共图书馆为比较对象,从服务资源和服务项目两方面对公共图书馆服务能力进行了比较,在办证押金、公共图书馆统计以及青少年和儿童服务方面提出改进意见。

(2)服务能力评价指标体系构建的方法是:借鉴相关规范和标准文本,获得评价服务能力的关键要素,初步拟定评价指标体系,再通过问卷调查的方式,采用专家调查法或者德尔菲法调整指标体系,是一种自上而下的构建方法。如李琪[4]借鉴《公共图书馆服务规范》的相关规定以及英国文化部公布的《公共图书馆服务标准》的相关服务标准,初步提出公共图书馆服务能力评价三级指标体系(理论假设),通过对专家做出三轮问卷调查,调整指标体系。李剑英[5]采取同样的文献依据,但将生态位的思想运用于我国公共图书馆服务能力评价指标体系构建。赵新宇[6]以国际范围的评价体系(ISO11620《信息与文献——图书馆绩效指标》,IFLA的图书馆标准规范和欧盟的EQUINOX项目)和我国公共图书馆评估定级以及服务标准为基础,初步建立公共图书馆决策咨询服务能力评价体系框架,再采用德尔菲法确定指标及其权重。

突发公共卫生事件会引发各类群体一系列的新型信息需求,公共图书馆服务能力面临考验,但同时也获得了发展提升的外部驱动力。初景利和赵艳[7]认为面对图书馆环境的变化以及用户需求的变化,图书馆能力结构应做出相应的转型变革,提出包括知识组织、嵌入式服务、知识咨询、情报分析、知识发现、创新素质教育、出版服务、数据管理、智库服务和智慧服务在内的新型服务能力体系。在新型冠状病毒肺炎疫情期间,公共图书馆积极获取、分析和沟通用户需求,创新服务方式,调整工作思路,千方百计满足用户需求,展现的服务能力具有一般性和特殊性的双重特点。针对此类突发事件讨论公共图书馆应急服务能力,尚未在文献中发现。只有少量文献探讨不涉及主体的应急情报服务能力,比如潘文文和沈固朝[8]从应急情报系统服务能力的建立、服务能力实现以及服务能力提升三个层面,构建了应急情报系统服务能力测评的概念模型;郭勇和张海涛[9]以新型冠状病毒肺炎疫情为具体问题,推演疾控应急工作情报智慧树模型,设计相应的情报能力评价体系,并对情报能力治理提出对策。

从理论层面讲,图书馆服务能力模型可以从结构、形成和提升要素的角度构建[10],即从图书馆信息服务体系和知识服务体系的组成要素、服务流程和服务能力养成的视角,对服务能力基础理论做思辨研究。本文拟采用扎根理论和内容分析法,以新冠肺炎疫情期间公共图书馆开展服务工作的媒体文本资料为基础,自下而上构建应急服务能力模型,是对研究方法和研究角度的创新,是对公共图书馆服务能力基础理论的拓展,也可以为应急服务能力建设提供参考。

## 2 研究方法与数据采集

### 2.1 研究方法

扎根理论是由美国芝加哥大学的格莱瑟(Barney Glaser)和哥伦比亚大学的施特劳斯(Anselm Strauss)于1967年提出的研究方法,它是指系统地收集和分析经验性资料后,从资料中衍生出理论[11]。在长期的发展中,扎根理论形成了三个派系:经典扎根理论学派、三段程序编码学派、建构主义扎根理论学派[12]。其中,三段程序编码学派主张采用三级编码程序(即开放式编码、主轴编码和选择性编码),对资料进行整理、归纳和分析,直至理论饱和,在研究中使用较为广泛。本文采用该学派扎根理论建构公共图书馆服务能力模型(如图1所示)。

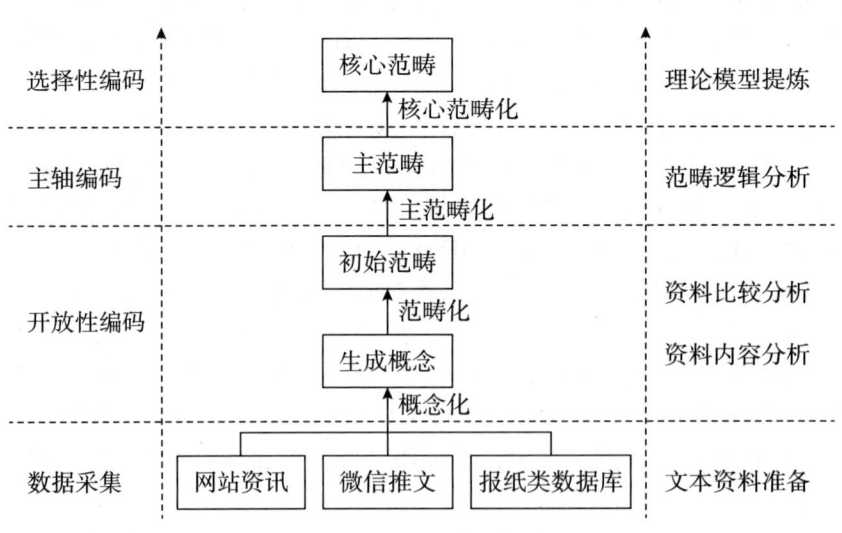

图1 扎根理论三级编码流程

扎根理论中,经验性资料来源有三种,一是深度访谈,二是参与式观察,三是媒体资料、网站动态、网页新闻、微博帖子、社交网络评论、音频文件、政策文件、会议纪要、制度档案、报纸、文献等涉及从网站、新媒体、多媒体、纸媒和数据库检索等文本、音频一手资料的信息搜索和爬取[12]。本研究采用第三种方式,资料来源包括网站资讯、微信推文和报纸类商业数据库。在新型冠状病毒肺炎疫情期间,网站资讯和微信推文是各个图书馆在服务中由自身产生的资料,报纸类商业数据库收录的报道是同时代媒体所做的记录,这些资料和记录是产生于特定情境的第一手资料,适合用于扎根分析。此外,在经验性资料分析环节,本研究采用内容分析法,从公共图书馆服务实践文本资料中提取与服务能力相关的概念,实现概念化。

### 2.2 数据采集

本研究需要搜集新型冠状病毒肺炎疫情期间公共图书馆服务工作的第一手资料,用于服务能力的文本内容分析。考虑到信息时效性、主题相关性和资料易获得性,数据来源采用官方网站、微信服务号或公众号、慧科新闻和e线图情,信息发布时间限定为2020年1月23日—3月31日。(1)官方网站。从31个省级公共图书馆网站的新闻资讯、本馆公告、工作通报和服务动态等栏目搜集抗疫相关信息,特别是在此期间总结性的工作纪实,共计筛选78篇。(2)微信服务号或公众号。搜集31个省级公共图书馆的微信推文,筛选服务内容、资源推介、活动信息等原创性相关推文(含评论区留言)451篇。(3)慧科新闻。关键词为"图书馆",出现位置为标题,命中668篇,筛选公共图书馆服务相关文本229篇。(4)e线图情。e线图情推出"同心战'疫',图书馆人在行动"专题,汇集了各图书馆在疫情期间提供服务的新闻报道,从中筛选公共图书馆服务相关文本241篇。将以上四种方式获取的文本资料,合并去重后,最终得到672篇。

## 3 范畴提炼与模型构建

### 3.1 开放性编码

开放性编码是对获取的文本资料进行逐句内容分析,提取描述公共图书馆服务的句子或片段进行编码,并赋予表征其内容的概念标签,反复比对概念与概念之间的关系,将具有共同特征或属性的概念聚在一起,生成更高一级的范畴。开放性编码的目的是打碎资料,抽取概念,聚敛成范畴。在句段提取环节,笔者精炼篇幅较长的意群,对截取的原始资料记录做了一定的编辑简化,最终得到1207条原始记录。在概念生成环节,为了尽量减少研究者个人的偏见,概念抽取尽量采用文本资料中的原始描述,得到259个初始概念。由于本研究文本资料较多,且兼顾服务能力的一般性和特殊性特点,因此选择出现频率在3次以上的概念,并兼顾具有创新性的概念。在概念化过程中,由于部分报道性文章所使用的语言具有通俗性和主观性的特点,所以在概念比对时对同一概念做了规范化处理。比如"日报告制度""零报告制度"均由"信息报告制度"表示。基于以上操作,最终得到139个概念,经过范畴化形成了41个初始范畴,见表1第三列和第四列。

### 3.2 主轴编码

主轴编码是通过分析各个初始范畴之间的逻辑关系,归纳和联结相关的初始范畴,向上发展出概括性的主范畴,是对概念的再一次抽象性收敛。针对开放式编码中得到的41个初始范畴进行主轴分析,逻辑依据公共图书馆业务划分和服务项目,得到15个主范畴:组织管理能力、卫生安全管理能力、技术管理能力、数字资源提供能力、数字资源整合能力、数字资源推荐能力、应急事件知识服务能力、应急信息咨询能力、特殊群体服务能力、线下活动创新能力、抗疫活动服务能力、活动需求获取能力、O2O图书外借服务能力、无接触还书服务能力和便捷卡证服务能力。编码过程见表1第二列和第三列。

### 3.3 选择性编码

选择性编码是在开放性编码和主轴编码两个阶段进行概念抽取和范畴逻辑分析的基础上,抽象出能够统领全部主范畴的若干核心范畴,从而达到识别核心服务能力、构建能力模型的目的。针对15个主范畴进行选择性编码,理论抽象依据是"情境→需求→能力",得到5个核心范畴:应急管理能力、数字图书馆服务能力、应急精准服务能力、文化活动运行能力和智慧流通服务能力。编码过程见表1第一列和第二列。

表1 开放性编码、主轴编码和选择性编码结果

| 核心范畴 | 主范畴 | 初始范畴 | 概念 |
|---|---|---|---|
| 应急管理能力 | 组织管理能力 | 预案制定 | 应急预案;防控预案;处置预案;恢复开馆预案;工作预案;应急响应流程 |
| | | 领导组织 | 疫情防控工作领导小组;联防联控领导小组;信息宣传小组;决策参考组;专题会议 |
| | | 工作部署 | 人员值班;分散办公;弹性工作;闭馆服务 |
| | | 管理制度 | 在岗值班制度;信息报告制度;报备制度;信息登记制度;限时限流预约进馆制度 |
| | 卫生安全管理能力 | 防疫设施 | 紫外线消毒房;应急隔离室;防疫物资;废弃口罩专用垃圾桶 |
| | | 防疫设备 | 图书杀菌机;高温消毒设备;智能安检门;红外线测温仪;体温枪 |
| | | 防疫措施 | 人流管理;分散落座;场馆消杀;图书消毒 |
| | 技术管理能力 | 系统安全管理 | 硬件设备;计算机应用系统;机房管理 |
| | | 数据库远程访问管理 | 单点登录远程访问系统;远程访问权限 |
| | | 应用平台运维管理 | 联合参考咨询平台运行管理;远程协同办公平台运行管理;信息推送平台运行管理 |
| 数字图书馆服务能力 | 数字资源提供能力 | 微信端资源 | 服务号/公众号栏目资源;数字阅读小程序;扫码阅读 |
| | | 移动图书馆APP | 超星移动图书馆APP;移动图书馆(公图版)APP;手机端APP |
| | | 图书馆Wap/Web网站 | 图书馆官网资源导航;数据库免费开放;中小学数字图书馆(PC专用版) |
| | | 电视图书馆 | 电视图书馆在线阅读资源;电视图书馆音视频资源;电视端学习服务平台 |

续表

| 核心范畴 | 主范畴 | 初始范畴 | 概　念 |
|---|---|---|---|
| | 数字资源整合能力 | 整合数字阅读平台 | 读联体·数字共享阅读服务平台；一网读尽阅读平台 |
| | | 整合多媒体资源 | 视频资源；听书资源；电子书刊；线上4D百科资源；数字音乐；H5游戏 |
| | | 整合专题资源 | 新冠肺炎疫情专题数据库；轻咨询疫情专题；抗疫及疫情防控专题；主题书柜 |
| | 数字资源推荐能力 | 综合性资源推荐 | 数字资源分层推荐；数据库群体细分推荐 |
| | | 抗疫专题资源推荐 | 防疫电子图书推荐；新冠肺炎相关专利数据库推荐；防疫专题资源平台推荐；抗疫情报知识推送；心理抗疫资源推荐 |
| | | 资源推送方式 | 微信推文；微博发文；官网动态；短视频发布；短信通知；邮件通知 |
| 应急精准服务能力 | 应急事件知识服务能力 | 智库服务 | 决策咨询服务；舆情监测服务；复工企业咨询；科技查新服务 |
| | | 科普知识咨询与教育 | 公众防疫咨询；信息素养教育；健康素养教育；防疫智能问答服务 |
| | 应急信息咨询能力 | 图书馆服务咨询 | 线上咨询；实时咨询；微咨询；电话咨询 |
| | | 文献咨询与传递 | 文献传递；专业文献咨询；联合参考咨询 |
| | 特殊群体服务能力 | 特殊群体识别 | 医护人员；隔离人员；滞留旅客 |
| | | 特殊群体服务 | 方舱数字文化之窗；图书角；微书房；选配书刊；送书上门 |
| 文化活动运行能力 | 线下活动创新能力 | 网络视频即时交互活动 | 在线讲座直播；视频会议读书会；在线书播 |
| | | 活动资源制作线上展播 | 数字展览；音视频录播；云旅游 |
| | 抗疫活动服务能力 | 知识传播活动 | 疫情知识答题竞猜；抗疫公开课 |
| | | 线上阅读活动 | 阅读马拉松线上快闪赛；听书打卡 |
| | | 主题征集活动 | 抗疫作品创作征集；抗疫文献资料征集 |
| | | 正能量传播活动 | 读者证爱心传递活动；慰问武汉同仁书信大赛；抗疫连环画创作推广 |
| | 活动需求获取能力 | 读者需求调研 | 问卷调研；板块投票；电话回访 |
| | | 读者需求分析 | 大数据分析；关联分析 |
| 智慧流通服务能力 | O2O图书借阅服务能力 | 网借图书快递服务 | 线上商城选书图书馆买单；线上下单快递送书 |
| | | 网约图书自取服务 | 借书投递到柜；委托借阅 |
| | | 馆内自助借书服务 | NFC自助借书；扫码借书；自助借书机 |

续表

| 核心范畴 | 主范畴 | 初始范畴 | 概　念 |
|---|---|---|---|
| | 无接触还书服务能力 | 快递还书 | 邮政快递还书;自选快递还书;合作快递还书 |
| | | 到馆投递或自助机还书 | 汽车穿梭还书服务;馆外还书箱服务;馆内自助还书服务 |
| | 便捷卡证服务能力 | 实体读者证 | 自助机办证;身份证做读者证;社保卡做读者证 |
| | | 电子借阅证 | 支付宝办证;微信端自助办证 |

### 3.4 理论饱和度检测

理论饱和度检测是指新收集的数据经过开放性编码,无法发展出新的初始范畴,则扎根理论得出的结论是饱和的。将随机抽取预留的、用于扎根编码的原始文本资料50份用于理论饱和度检测,经过开放性编码获得概念76个,其中新产生的概念有9个,但并没有形成新的初始范畴。此外,本研究由3位具有图情专业背景的志愿者对用于检测的原始文本进行编码,编码一致率为86.5%(计算方式为三人编码相同的数目/所有编码的数据),且没有出现新的初始范畴。这说明该能力模型在理论上基本达到了饱和,具有一定的可信度和合理性,如图2所示。

## 4　模型诠释与分析探讨

### 4.1　应急管理能力

在重大突发公共卫生事件情境中,应急管理能力是公共图书馆开展服务的前提和保障,主要涉及组织管理能力、卫生安全管理能力和技术管理能力。组织管理能力是围绕图书馆应急服务建立领导管理组织、制订服务运行计划、统筹安排服务工作,并创建与之相适应的管理制度的能力。卫生安全管理能力是将日常馆舍及环境卫生管理升级到防疫安全管理的高度,设置必备的公共防疫设施、配备或升级检测检疫设备、制定实施有效防疫措施的能力。技术管理能力是面对图书馆网络资源同时访问量陡增、馆外远程访问数字资源需求量激增、服务和办公应用平台依赖性显著增强等问题,加强网络信息系统安全管理、数据库远程访问管理和应用平台运行维护,保证资源访问、服务提供和协作办公正常进行不断线的能力。根据突发事件的生命周期,应急管理分为事前准备期(应急预案和工作部署),事中处理期(闭馆后读者服务)和事后恢复期(逐步有序开馆)三个阶段。组织管理、卫生安全管理和技术管理作为支撑服务的着力点,贯穿于生命周期的始终,保证图书馆服务的规范、安全、稳定和有效运行。

### 4.2　数字图书馆服务能力

馆藏资源是公共图书馆开展服务的物质基础,分为纸质资源和数字资源。在重大突发公共卫生事件情境中,后者具有不依赖于空间的易获得性和易用性的优势。数字资源及以此为中心的服务构成了数字图书馆服务能力,包括数字资源提供能力、数字资源整合能力和数字资源推荐能力。数字资源提供能力是指公共图书馆通过网站、微信、APP和电视,提供多种数

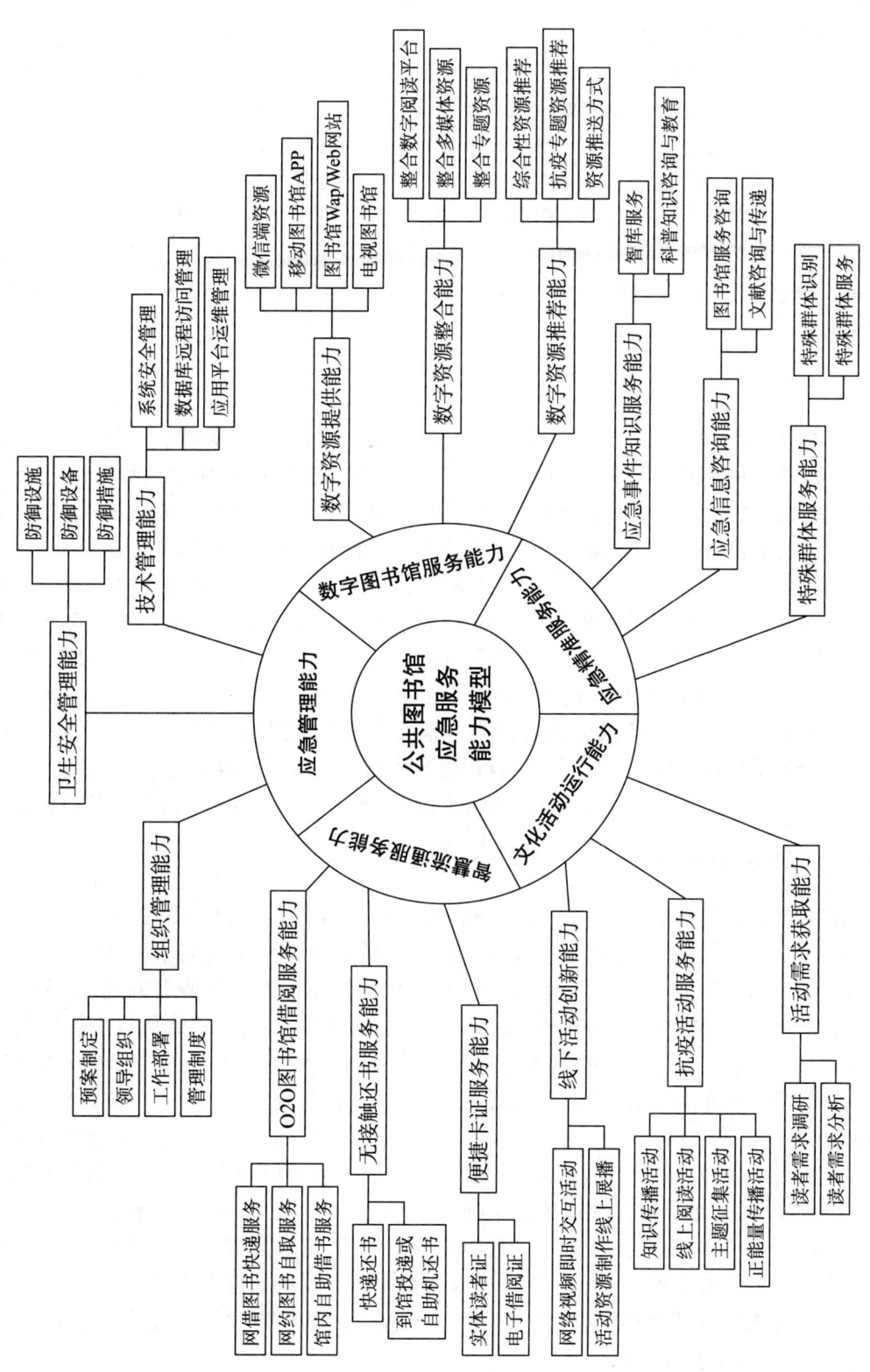

图 2 公共图书馆应急服务能力模型

字阅读资源使用的能力。数字资源储藏完备性、类型多样性、特色针对性、简洁易用性和体验良好性,是衡量其能力的主要指标。数字资源整合能力是从多种不同维度整合各种平台、多种类型和主题资源,为读者提供一站式资源访问服务和特定主题的专题资源,满足读者多元化需求和个性化需求的能力。其中面向突发事件的抗疫专题资源的整合服务强调动态性,需要随着情境的发展变化更新、拓展资源。数字资源推荐能力是指采用微信、微博、官网、短视频等方式,根据资源类型、读者群体和特殊需求,分类、分层推荐数字资源的能力。短信和邮件主要用来针对读者预约、订阅等服务进行提醒通知和信息推送。抗疫专题资源推荐不仅包括推荐电子图书和数据库等正式出版的资源,还包括防疫专题资源平台、公众关心的抗疫情报知识和心理抗疫资源(如主题公众号、心理热线等)的各类非正式出版和非常规资源的采集和编选服务。

### 4.3 应急精准服务能力

应急精准服务能力是公共图书馆精准满足由重大突发公共卫生事件引发的知识需求、信息需求和特定群体的阅读需求的能力,包括应急事件知识服务能力、应急信息咨询能力和特殊群体服务能力。应急事件知识服务能力是在应急情境中公共图书馆为党政机关决策、企业复工和医学科研提供智力支持的能力,以及为公众提供防疫知识咨询、帮助公众鉴别信息、获取科学健康知识的能力。应急信息咨询能力体现在两个方面,一是公共图书馆应对突发事件时,对读者服务方式、内容和规则做出了调整,读者对于与自己切身利益相关的事宜与图书馆联络、确认或提出诉求,图书馆保持沟通渠道畅通并给予答复、安抚和帮助的能力;二是抗疫方面的医学文献需求激增,图书馆利用本馆资源和合作联盟的共享共建资源,优先、快速满足科研人员文献需求的能力。特殊群体服务能力是公共图书馆识别围绕突发事件形成的角色群体并分析其需求特点,精准选配文化资源和服务的能力。应急精准服务能力强调服务的及时性、针对性、高效性、增值性,主要取决于馆员的业务能力、专业技能、学科背景及服务精神。

### 4.4 文化活动运行能力

公共图书馆文化活动服务是指读者在特定的时间,到实体图书馆亲身参与体验的阵地服务,服务开展依赖于馆舍物理空间。在避免人员聚集降低疾病传染的要求下,线下活动正常运行遇到障碍,文化活动运行能力面临考验。公共图书馆不但要创新服务方式,转为线上渠道重塑服务模式,而且要创新服务内容,围绕社会热点问题和公众关心的焦点提供抗疫相关的活动服务。而公众是否适应新的服务方式,需要什么样的服务内容,还需要调研,以便准确地投放活动资源。因此文化活动运行能力包括线下活动创新能力、抗疫活动服务能力和活动需求获取能力。线下活动创新能力是指讲座、展览、读书会等线下活动,通过采用网络视频即时交互的方式或活动资源制作线上展播的方式,转为线上活动的能力。抗疫活动服务能力是指围绕防疫抗疫主题,组织科普知识传播活动,创新线上专题阅读推广与体验活动,征集保存主题作品和文献资料,以及发挥媒体宣传与舆论导向优势,策划开展正能量传播活动的能力。活动需求获取能力是指采用线上问卷调查或板块投票的方式调研读者需求,在活动结束后通过电话回访的方式获取读者反馈,以及在后台抓取读者信息和阅读数据,进行大数据分析和关联分析,分析读者需求的能力。

#### 4.5 智慧流通服务能力

智慧流通服务能力是公共图书馆依靠移动终端、网站等平台提供图书借阅和预约服务,使读者可以采用O2O图书借阅方式,享受无接触借还图书和便捷化卡证服务的能力。在闭馆服务期间,读者不必到馆,通过网络下单,享受快递送书上门和快递还书服务。在逐步恢复开馆期间,读者可以利用自助设备或便捷设施,自助借还,减少人际接触。具备这种能力的公共图书馆大多是在疫情发生之前就已经在运行这样的服务,只有少数公共图书馆是在疫情发生后紧急上线部分服务项目。O2O图书借阅能力是指线上借阅线下取书的服务能力,服务模式多样,具体包括:线上选书,图书馆买单,电商物流到家的"网借+电商"模式;线上借阅,图书馆合作快递到家的"网借+物流"模式;手机预约,借书柜取书的"网借+预约借书柜"模式;线上预约,馆外服务处取书的"网借+到馆自取"模式;采用NFC自助借书、扫码借书或自助借书机借书的"馆内全自助借阅"模式。无接触还书服务能力是指公共图书馆提供快递还书服务,以及设置馆内外便利安全点投递还书和自助还书机服务的能力。便捷卡证服务能力是指公共图书馆为读者远程办理电子借阅证、自助办理实体读者证以及实现信用卡证做读者证的能力。

本文采用扎根理论,不预先设定理论架构,从新闻报道类文本资料中提炼新冠肺炎疫情期间公共图书馆应急服务的概念集,然后通过概念和范畴的层层聚类和归纳,识别出应急服务的五项核心能力,构建层次结构性的能力模型,不但丰富了应急服务能力理论体系,而且为公共图书馆提升应急服务能力提供了关键切入点。同时,本研究也存在一些不足。比如由于疫情没有完全结束,研究相关的资料还有所更新。在后续研究中,面向"常态化"防控局面,还需要收集后疫情时代公共图书馆服务的文本资料,以及采用问卷调查和访谈的方式,搜集公共图书馆从业者对于服务能力的认知与判断,还有被服务者(党政机关、企业和个人读者等用户)的服务要求和服务评价方面的资料,对公共图书馆应急服务能力模型做进一步验证和发展。

**参考文献**

[1] 张晓玲. 突发公共卫生事件的应对及管理[M]. 成都:四川大学出版社,2017.
[2] 刘淑华,鞠红耘,周明璇. 公共图书馆社会服务能力建设与实践——以赤峰市图书馆为例[J]. 图书情报工作,2019,63(1):125-132.
[3] 孙成江,吴正荆,李博雅. 中美公共图书馆服务能力比较研究——以辽宁省和密歇根州为例[J]. 图书馆学研究,2015(22):17-22,34.
[4] 李琪. 我国省级公共图书馆服务能力评价研究[D]. 长春:东北师范大学,2015.
[5] 李剑英. 基于生态位理论的公共图书馆服务能力评价[D]. 济南:山东大学,2016.
[6] 赵新宇. 我国省级公共图书馆决策咨询服务能力评价研究[D]. 长春:东北师范大学,2016.
[7] 初景利,赵艳. 图书馆从资源能力到服务能力的转型变革[J]. 图书情报工作,2019,63(1):11-17.
[8] 潘文文,沈固朝. 应急情报系统服务能力及其测评框架研究[J]. 情报科学,2019,37(11):99-105.
[9] 郭勇,张海涛. 新冠疫情与情报智慧:突发公共卫生事件疾控应急工作情报能力评价[J]. 情报科学,2020,38(3):129-136.
[10] 闫小斌. 图书馆服务能力探讨——概念、属性、结构、形成、评价及提升[J]. 新世纪图书馆,2014(7):13-17.

[11] STRAUSS A, CORBIN J. 质性研究入门：扎根理论研究方法[M]. 吴芝仪, 廖梅花, 译. 北京: 涛石文化事业有限公司, 2001

[12] 孙玉伟, 成颖, 张建军. 扎根理论方法论在国内图情领域的应用及其反思[J]. 图书馆学研究, 2019(19): 2-11, 20.

# 图书馆应急信息服务机制构建研究

赖 璨　陈 雅（南京大学信息管理学院）

新冠肺炎疫情现已为全世界带来一记重创，毫无疑问还将对未来社会产生深远影响。面对突发公共事件，图书馆应有所为、能有所为，通过发挥专业与平台优势提供应急信息服务，助力一线救灾与后方科普疏导，图书馆能够彰显自身社会价值，增进与公众的联结。

突发公共事件指事发突然，对社会公共秩序及公民人身财产安全构成威胁和损害的事件，《中华人民共和国突发事件应对法》将突发事件分为自然灾害、事故灾难、公共卫生事件和社会安全事件。突发公共事件从时间角度看具有紧急性，让人们猝不及防并需要在高压下即刻做出决策，采取措施来遏制事态的恶化与消极影响的扩散；具有高度不确定性，缺乏充足可靠的信息，不能一味地依赖常识，难以判断全局现况与未来发展趋势；从广度上看影响范围大，涉及的主体具有社群性；从深度而言将对事件波及者带来长期难以消除的物质与精神损失。

为了在突发公共事件中发挥更大的作用，为社会的平稳运行与恢复提供更大的帮助，图书馆应该尽快建立应急信息服务机制，以便在突发公共事件发生时有规可依、有道可循、有条不紊，与时间赛跑，作为可靠信源传递有关信息与知识，提供坚实的文献资源保障，减小风险不确定性，满足政府部门、救援机构、科研人员、普通民众等群体的需求，为社会做出独特贡献。

## 1　研究现状

以篇名"（图书馆 AND 服务）AND（突发 OR 应急）"为检索策略查询CNKI、万方及维普数据库，剔除不相关文献与重复文献后仅得到22条结果，其中仅有柯平专门撰文讨论图书馆应急服务机制，指出图书馆要考虑建立应急保障机制、联动机制与信息共享机制，并从十个方面对图书馆应急服务机制提出了建议[1]。其余文献中涉及最多的是医学图书馆的应急信息服务，这是提高应对突发公共卫生事件或其他类型突发事件所衍生的公共卫生问题效率的有力保障，反映了如今图书馆已成为医学院校与医疗机构重要组成部分的现状，例如何玮等探讨了医学图书馆在突发事件卫生信息服务中的角色定位与措施建议[2]，陈锐等结合解放军医学图书馆在突发事件中的信息服务实践提出服务创新方向[3]，张靖梳理了美国国立医学图书馆提供灾害应急信息服务的实践并总结了可借鉴的经验[4]。

此外,贺西安等介绍了国家科学图书馆针对新疆"7·5"社会安全类事件下中国科学院新疆研究所(站)的应急服务专项计划的运行目标、内容与措施,并从处置原则方面提出建议[5];张靖等对图书馆参与应急科学传播服务的现状进行了调研,进而对未来的服务开展提出建议[6];肖花对信息弱势群体的应急信息服务途径进行了探究,并提出了服务策略[7];陈有志等对境内"双一流"高校及省级公共图书馆在新冠肺炎疫情爆发后约一个月内的推文数量与应急信息服务内容进行了统计与分析[8];曾建勋阐述了针对公共安全突发事件的应急服务体系建立[9]。

总体而言,从数量上看,当前对于图书馆应急信息服务领域的研究很少,令人欣慰的是此次新冠肺炎疫情已经引起了研究者的思考,一些新的研究成果与阐述已经陆续发表,并且可预见将在一段时间内持续增加,如《图书馆杂志》于2020年第3期特别策划设立"图书馆应急服务与管理"专栏;从内容上看,已有研究以梳理少量图书馆的应急服务实践与列举建议为主,系统性的应急信息服务机制研究还远远不够,这也与目前图书馆业界应急信息服务制度构建缺失息息相关,相信此次疫情给图书馆界同时带来了警示与启发,在挑战与机遇并存的环境下,图书馆建立应急信息服务机制乃大势所趋,需要对此进行更多关注与研究。

## 2 图书馆应急信息服务运行与管理流程构建

基于突发公共事件的图书馆应急信息服务运行与管理流程大致可以分为应急语境时期、突发公共事件期间与预后时期三大阶段,每一阶段都有其各自的特点与侧重点,从总体上看三者彼此联系,一次突发公共事件结束后的总结同时也是对未来应急前期准备的补充,从而形成了一个闭环,如下图所示。

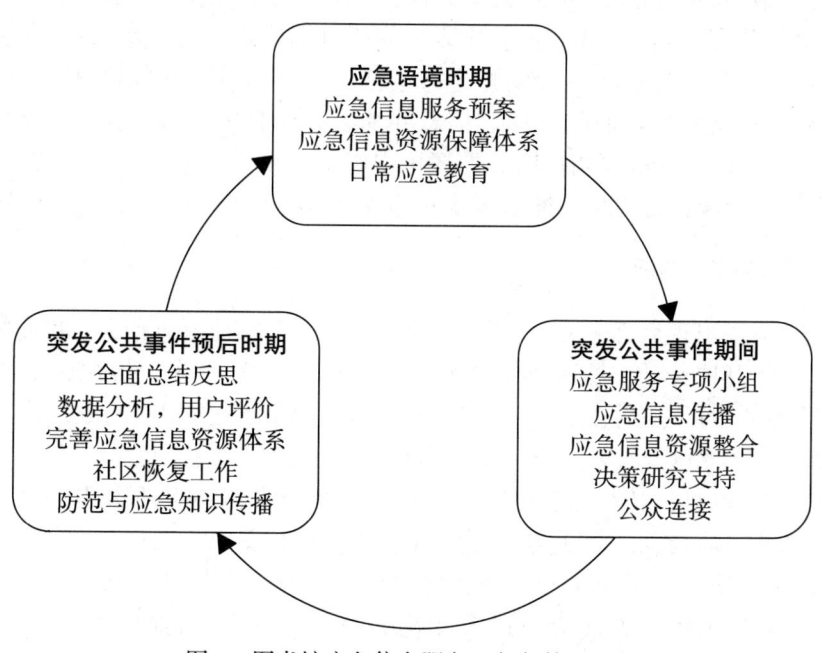

图1 图书馆应急信息服务运行与管理流程

## 2.1 应急语境时期

凡事预则立，不预则废，突发公共事件的不确定性与紧急性要求图书馆在平时就要树立起高度的忧患意识，做好充足的前期准备，这样在突发公共事件来临时才能临危不乱、及时响应，有序稳定地提供应急信息服务。

首先，图书馆要未雨绸缪，由图书馆的领导层牵头，认真对本馆、本地的实际情况进行分析，在此基础上建立应对突发公共事件的分级应急信息服务预案体系，包括各类事件专项预案和各部门预案，提前对人员、措施、设备、物资、权责等做出具体安排。对于直接波及图书馆机构的突发公共事件，如此次新冠肺炎疫情爆发时图书馆不得不关闭实体馆舍，应急预案应侧重于线上应急信息服务的布置，而对于没有波及图书馆的突发公共事件，例如在地方局部突发的公共事故，应急预案则要视情况设置是否需要馆员线下前往提供信息服务支援。

其次，图书馆应着手建立应急信息资源保障体系，一方面维护常用资源、异地备份重要馆藏、战略性储备数字资源，以保证在突发公共事件中能减小损失并尽力满足用户需求；另一方面因地制宜、有的放矢，提前针对当地易发的突发公共事件类型建立一批专题资源，如川渝地区图书馆可以建立地震及其次生灾害的应急专题资源，东南沿海地区可以建立防洪专题资源等，这一阶段整理的应急信息资源主要侧重于突发公共事件的常见诱因、预防与应对措施等方面的介绍，并搜集曾经已有的实践设立应急信息服务案例库，供后来人借鉴参考。由于突发公共事件类型涉及面广，应急信息资源分散在各个地区和部门，需要图书馆注意日常的收集积累。

此外，图书馆在平时要积极普及应急教育，组织馆员学习应急信息服务预案与已有案例，并定期举行不同情境、不同规模、不同类型的模拟演练，熟悉应急信息服务流程，以达到有备无患、从容应对的状态。当然，由于应急预案与演练难以实现事无巨细、面面俱到，在突发公共事件期间需要适当随机应变，灵活调整应对策略。图书馆应树立危机意识，密切关注国家预警发布中心的权威信息，全面收集相关信息并加以客观分析，在认为必要的情况下可向用户提供传递信息预警的服务。同时，图书馆还可以在诸如全民国家安全教育日、"5·12"汶川地震纪念日等具有特殊意义的时段推出科普专题，激发用户的防患意识与学习兴趣。

## 2.2 突发公共事件期间

在突发公共事件出现后，图书馆应迅速切换工作模式，启动应急预案，即刻成立跨部门的应急服务专项小组开展行动。若图书馆被突发公共事件波及，首先应尽快让馆员恢复工作状态，维护基础服务的运行，随后在具体问题具体分析的基础上提供相应的应急信息服务。

当今互联网时代信息泛滥，由于流量可以转换为经济收益，一些不法分子利用公共事件突发初期的信息不对称特征，通过造谣博人眼球的网络营销手段吸引观众，造成了信息鱼龙混杂、真假难辨的局面。因此在突发公共事件期间，图书馆的一大重要任务是提供应急信息与知识传播服务，这既能在当时缓解公众恐慌情绪、维护社会稳定，也是普及科学的大好时机。对此，图书馆一方面应通过多元化的信息服务手段，如展板、网站、微信公众号等途径及时公开宣传突发事件相关官方通告、专家观点等内容，推荐权威可靠信息源，追踪实时热点，梳理时间线，传递事件的发生原因、发展现状、影响预判等，并提供应急信息咨询渠道,邀请相关领域专家参与回复咨询,引导公众理性思考,审慎判断,不信谣、不传谣;另一方面应整合即时应急信息资源,线上设立热点专题栏目,采用转载文献或链接导航的方式汇总整理相关新闻、机构、研究进展等至同一界面并实时更新,汇总各类紧急求助电话,编制并在线上线下发放安全教育手册,普及预防与自救知识,线下设立临时专题书架,汇集相关实体文献供翻阅参考,在到馆受限的事件中主动将资源送至用户身边,例如建立赈灾流动图书馆服务点。

另外,图书馆还应利用自身馆藏与专业优势,查找并推送突发公共事件相关历史资料、法律法规、科研进展等,翻译海外信息并撰写提要,搜集受众需求,分析舆情信息,制作专题研究报告,每日报送科研动态,每周分类汇编信息,为政府部门制定应急管理政策、科研单位和智库机构的研究提供支持。面对突发公共事件容易导致直接受众出现应激创伤、间接受众过度焦虑的问题,图书馆可以举办有关安全、保健及心理调节等主题的讲座、展览、读书会等活动,并鼓励来自各行各业的用户分享自己的经验与感悟,增进用户与图书馆、用户与用户之间的交流与联结,为公众拓宽心理支持渠道。图书馆还要注意将所作所为及时记录,根据突发公共事件类型以每日、每周等间隔为单位撰写服务报告,便于后期复盘。

### 2.3 突发公共事件预后时期

一次突发公共事件结束后,图书馆还应进行应急信息服务的收尾与回顾工作,为未来的应急准备和应急信息与知识传播活动提供更多学习素材。

图书馆应急服务专项小组成员应及时集中交流,总结梳理全局经验,反思整个应急服务过程中出现的不足,撰写回顾报告,修订应急预案,优化应对流程,补充更新应急信息服务案例库,完善应急机制;加强对在应急信息服务过程中所产生的数据的收集、归类、序化与分析,例如利用用户画像方法,探究用户使用规律与偏好,有针对性地改进服务,通过精准推送提升服务效能;重视用户评价,通过发放问卷、提供意见反馈渠道等途径,邀请并鼓励用户对图书馆此前提供的应急信息服务打分,并虚心听取用户的意见与建议。

在突发公共事件期间,由于时间仓促,图书馆从分散渠道搜集的应急信息与文献往往不够全面系统,需要在事后加以整理与查漏补缺。图书馆应尽可能多地去保存本次突发公共事件相关的媒体报道、科学研究成果等的详细记录,以防应急期间产生的网络链接过段时间失效等问题,并且特别要加强对非公开发布的灰色信息与灰色文献的收集整理,如政府文献、科技报告、会议论文等,提升馆藏特色与稀缺价值,维护完善应急信息资源体系,为将来预防与应对类似情况留下历史资料,也为政府制定恢复与变革方案提供参考。

突发公共事件结束初期,公众往往还心有余悸,需要安抚与疏导。图书馆应积极参与社区恢复工作,采取有效措施降低不利影响,例如可以运用阅读疗法,辨证施治,因人而异开书单,干预用户消极心理,并在实践中关注疗愈效果,搜集验方,积累典型医案;以公共突发事件为主题进行阅读推广活动,以评介推荐图书为重点,还可以结合真人图书馆等形式进行分享,用知识和经验武装用户头脑、消除恐惧;引入游戏化体验,例如举办突发公共事件相关有奖竞答活动,寓教于乐,在促进防范与应急知识传播的同时,提升用户的愉悦度与参与积极性;逐渐提升直至恢复日常服务的所占比例,适当将用户的注意力引导至更广阔的领域,走出应急阶段心理状态。

# 3 图书馆应急信息服务能力提升策略

## 3.1 制度策略

在宏观层面,一方面要对国家与地方颁布的法律法规进行完善,将应急信息服务列入图书馆法、图书馆章程的修订范畴,并将图书馆纳入地方突发公共事件应急管理体系之中,规定为图书馆拨付应急专项资金,以此为图书馆积极拓展应急信息服务提供法理依据;另一方面,图书馆界应该制定并发布面向突发公共事件的图书馆应急信息服务规范,根据不同类型事件与不同的图书馆系统分别制定具体的服务标准与指南,为图书馆行业提供实践参照依据。由于突发公共事件中容易出现始料未及的各种情况,宏观制度应赋予图书馆一定的非常时期临时自主裁决权,如人、财、物的调配无需当场向上级部门请示。

在微观层面,各个图书馆内部应结合自身性质与当地实际建立应急信息服务制度,界定面向不同突发公共事件时图书馆应急信息服务的目标和要求,服务的具体内容,提供服务的方式手段,服务所需要的经费、人员与设备保障来源,与馆外机构的沟通协作途径等,并将馆内应急培训与演练、应急信息资源常规建设、收集服务过程中所产生的数据、调研判断服务效果等措施以制度的形式固定下来,以免随领导层的变动而兴废。同时,将应急信息服务表现与成效纳入工作人员绩效考核评估体系,激励馆员认真投入,力争上游,并在应急工作中勤于思考,建言献策。

## 3.2 协同策略

图书馆的应急信息服务面向各类群体,为了满足多样化的用户需求,提升服务质量,离不开与其他机构的相互支持、协同合作。例如,图书馆可以在政府应急管理部门的指导下制定突发事件应急信息服务预案,传递预警信息等,融入当地应急体系,向政府反馈社会舆情动态,向公众传达官方公告;发挥图书馆联盟的作用,促进应急信息互通有无、通用应急信息资源共建共享,减少重复浪费,同时增加集群效应;与科研机构合作,邀请相关专家进行交流,提升收集与提供的应急信息与资源的科学性、专业性与针对性;争取出版商的支持,如美国国家医学图书馆网络和美国出版商协会专业与学术出版分会的部分成员机构以及其他出版商建立合作,推出"紧急查阅计划"EAI,完全开放资源给灾害受众以及服务灾区的人访问[4],高校图书馆还可以考虑推动本校学者对突发事件相关的研究文献开放获取;与档案部门联动,即时收集保存突发公共事件期间产生的信息;与医院合作,发布保健知识、预防与急救措施;与社会组织与机构合作,如残联、养老院等,深入了解信息弱势群体需求,适当增加线下应急信息服务支持等。

## 3.3 资源供给策略

突发公共事件对图书馆应急信息资源供给能力提出了更高的要求。图书馆要在广泛拥有与获取的基础之上,综合为用户提供馆内实体资源、购入商业数据库资源、自建数字资源、馆际互借与文献传递资源、互联网免费资源与开放获取(OA)资源、限期免费与开放试用资源。对此,图书馆要做好资源的保存与备份,以防突发公共事件引起的馆藏损毁或网络中断无法访问等问题,并推进实体馆藏的数字化,在遵守知识产权规定(例如仅限在线阅览)的同时降低复本量的限制,以满足用户的需求。

在丰富资源类型的同时,图书馆还要想方设法方便用户的利用。例如在今年新冠肺炎疫情期间,北京大学图书馆创新推出线下送书到楼服务,2月3日至3月20日累计服务师生302人,送书3069册[10];湖北省图书馆、武汉各市区图书馆为武汉各家方舱医院搭建书屋,为病患提供精神食粮;高校图书馆纷纷申请开通CARSI服务,师生只需登录校园账号即可随时随地访问一批学术资源数据库,不用再面对校外VPN访问不稳定的风险,极大提升了居家学习与科研的效率。图书馆还要坚守维护社会信息公平的初心与职责,主动对接老年人、残障人士、文盲等信息弱势群体,采用人工服务模式了解其需求,并给予针对性的资源推送。

### 3.4 专业服务队伍配置策略

图书馆应急信息服务强调时间效率,涉及领域与受众呈现多元化特征,服务内容的专业性较强,对图书馆服务队伍提出了较高的要求。因此图书馆应在平时注重馆内员工的结构优化,在图书情报专业队伍的基础上综合吸纳人文社会科学、自然科学与技术科学学科背景的人才,扩大小语种国家的信息与文献收集面,提高突发公共事件领域专业信息与文献的辨伪与精选能力,数据的分析、可视化与应用能力,系统平台的搭建与维护能力,对外宣传与联络能力等。

由于突发公共事件时期用户信息需求骤增,图书馆每日工作量也随之提升,在人手有限的情况下,应召集志愿者参与到应急信息服务的过程中来。目前志愿者参与图书馆日常服务已经非常普遍,图书馆可从中遴选一批长期稳定且自愿参与应急服务的个体与馆内所有员工一样参与信息素养、应急反应能力培训等,提升应急响应速度与服务质量。例如美国国家医学图书馆(NLM)联合美国医学图书馆协会推出灾害信息专业培训系列课程,内容包括灾害健康信息来源、国家事故管理系统简介、与灾害工作人员合作、应急管理中的社交媒体等,学员获得对应数量的学分后可获得"基础水平"或"先进水平"的灾难信息专业证书[11]。

### 3.5 宣传与平台支撑策略

图书馆不仅要提供好的应急信息服务,还要通过加强宣传让应急信息得以更广泛地传递,并让更多公众了解到图书馆的应急信息资源与服务,主动介绍应急服务种类与获取利用途径,吸引用户自行使用。在移动互联网时代,图书馆应在利用报刊、宣传栏等途径为信息弱势群体服务的同时,充分利用微信公众号、微博、今日头条等新媒体平台进行大众推广,利用社交媒体与用户双向互动,还可以邀请社会知名人士参与宣传,提升关注度。此外,视频领域用户流量崛起成为新兴趋势,第44次《中国互联网络发展状况统计报告》显示,截至2019年6月,我国网络视频用户规模达7.59亿,占网民整体的88.8%[12],图书馆需要及时跟进占据高地,例如今年疫情期间杭州图书馆在复工后推出了馆内系列直播,让观众"身临其境"地了解杭图的服务及疫情给杭图带来的变化。

图书馆的应急信息服务也需要稳定良好的平台支撑,在平时便要加强综合信息平台、资源阅读平台等的建设,打造应急信息服务应用工具,进行可用性测试并根据结果加以改进。例如美国国家医学图书馆开发了系列线上应急服务工具和产品,可用来识别未知危险化学物质、提供卫生健康信息与应急指南、查询卫生机构目录、为医护人员提供诊断和治疗指南等[4];而在今年疫情期间,中国图书馆学会通过"读联体·数字共享阅读服务平台"免费推送数字资源,覆盖了全国千余家图书馆,丰富了用户宅居的学习与休闲资源。

### 3.6 个性化策略

面对公共突发事件,不同类型的图书馆有不同的应急信息服务优势,各馆应结合自身特色走出个性化服务道路。

公共图书馆作为数量最多、分布最普及、受众最广泛的图书馆,应注重加强与社会公众的连接,保存地方信息与文献资源,传承时代记忆。例如在"9·11"事件中,五角大楼所在社区的弗吉尼亚州阿林顿县图书馆每日两次编辑转发警示消息和消防简报,在线更新当地交通信息[13];2020年4月22日国家图书馆启动中国战"疫"记忆库建设项目,面向社会各界广泛征集代表性主题资源,旨在留存同舟共济、众志成城的民族精神与国家记忆[14]。

高校图书馆主要面向科研与教学服务,应注重应急学术资源建设,在提供科技查新、查收查引等学科服务基础上加以创新。例如今年疫情期间,上海交通大学图书馆积极开展工作,借助电子教参系统ERBS向师生精准推送课程文献资源,截至3月2日全部课程资源保障率达到90%[15];中国政法大学图书馆对妨害疫情防控的违法犯罪司法案例进行了分析,并邀请法学专家点评专题报告与相关法律知识,在公众平台发布,得到多方关注及转载[16];重庆大学图书馆完成新冠肺炎相关专利分析报告,助力科研人员加速研发防控病毒药物[17]。

专业图书馆要发挥在特定领域的先进作用,立足定位深耕细作。例如医学图书馆应并重专业性与普及性的医学卫生和健康应急信息服务,今年疫情期间美国国家医学图书馆及时推出新冠病毒疾病专题,其中包括病毒基因序列开放数据、疾病相关临床研究、期刊论文引文等[18];科学图书馆应发挥专业化情报搜集组织的特长,自2020年1月22日起中国科学院武汉文献情报中心持续进行COVID-19科研动态监测,每天两次向国内相关机构提供国内外科研进展信息[19],支撑科技攻关。

此次新冠肺炎疫情已经引起学界和业界对图书馆应急信息服务缺位的反思,图书馆亟待建立科学系统的应急信息服务机制,以期在突发公共事件中发挥更大的作用。基于突发公共事件的图书馆应急信息服务运行与管理流程大致可以分为应急语境时期、突发公共事件期间与预后时期三大阶段,其中应急语境时期侧重建立应急预案、建立应急信息资源保障体系、普及应急教育等;公共事件突发期间重点提供应急信息与知识传播服务,为政府部门、科研单位和智库机构提供支持,开展系列活动增进与公众的连接;公共事件结束后应及时反思总结,进行数据分析,收集用户评价,维护完善应急信息资源体系,积极参与社区恢复工作,促进防范与应急知识传播。从制度、资源供给、专业服务队伍配置、宣传与平台支撑、协同、个性化六大方面进行优化有助于提升图书馆应急信息服务能力。

**参考文献**

[1] 柯平. 公共安全突发事件中图书馆应急服务机制刍议[J]. 图书馆杂志,2020,39(3):8-10.

[2] 何玮,陈锐,程瑾,等. 医学图书馆在突发事件卫生信息服务中的角色定位及措施探讨[J]. 医学信息学杂志,2009,30(2):12-15.

[3] 陈锐,董莹. 刍议医学图书馆在突发公共事件中的服务创新[C]// 中华医学会第12次全国医学科学研究管理学学术年会,中国四川成都,2010:131-135.

［4］张靖.美国国立医学图书馆灾害应急信息服务与启示［J］.图书情报工作,2016,60（7）:72-77.

［5］贺西安,张小云,任虹,等.突发事件与图书馆应急服务——应对新疆"7·5"事件的"应急服务专项计划"及思考［J］.图书馆理论与实践,2011（1）:6-9.

［6］张靖,陈朝晖.图书馆参与应急科学传播服务的现状与思考［J］.图书馆建设,2014（6）:58-62.

［7］肖花.基于图书馆服务功能视角的信息弱势群体应急信息服务途径探究［J］.图书馆理论与实践,2017（6）:78-81.

［8］陈有志,肖蔚.新冠肺炎疫情应急信息服务:图书馆在行动［J］.高校图书馆工作,2020,40（2）:2.

［9］曾建勋.推进图书馆应急服务体系建设［J］.数字图书馆论坛,2020（3）:1.

［10］王波,周春霞,陈凌,陈建龙.积极融入新冠肺炎疫情防控大局,切实创新非常时期服务策略——全国高校图书馆疫情防控期间服务创新情况调研报告［J］.大学图书馆学报,2020（2）:5-17.

［11］Training courses & resources related to disaster health information［EB/OL］.［2020-04-24］.https://disasterinfo.nlm.nih.gov/training.

［12］中国互联网络信息中心.第44次《中国互联网络发展状况统计报告》［R/OL］.［2020-04-24］.http://www.cac.gov.cn/2019-08/30/c_1124938750.htm.

［13］郑笑笑.试论社会突发事件中公共图书馆职能的发挥［J］.图书与情报,2005（4）:43-46.

［14］中国国家图书馆.国家记忆,共同守护 国家图书馆启动中国战"疫"记忆库建设项目暨征集抗击新冠肺炎疫情主题资源的公告［EB/OL］.［2020-04-24］.http://www.nlc.cn/dsb_zt/xzzt/2020sjdsr/jyk/.

［15］上海交通大学图书馆.上海交通大学图书馆在新冠肺炎疫情防控期间开展线上教学支撑服务情况简报［EB/OL］.［2020-04-24］.http://www.scal.edu.cn/zxdt/202003211049.

［16］北京市高校图工委.北京市高校图书馆在新冠肺炎疫情防控中的服务调研报告［EB/OL］.［2020-04-24］.http://www.scal.edu.cn/zxdt/202003020951.

［17］重庆市高校图工委.重庆市高校图书馆在新冠肺炎疫情防控中的服务调研报告［EB/OL］.［2020-04-24］.http://www.scal.edu.cn/zxdt/202003060342.

［18］National Library of Medicine. Coronavirus disease 2019（COVID-19）［EB/OL］.［2020-04-24］.https://www.nlm.nih.gov/.

［19］张智雄.重大公共安全突发事件下对专业图书馆应急服务组织的几点认识［J］.图书馆杂志,2020,39（3）:11-12.

# 突发疫情情景下图书馆用户焦虑生成因素研究

李昊远（湖州师范学院图书馆）

2020年新年伊始,新冠肺炎事件突发,面对如此紧急发生且造成社会公众严重健康损害的传染病疫情,各地图书馆为了做好新冠肺炎疫情预防控制工作,避免人群聚集带来传染风险,几近所有的图书馆实体空间进行了严格的关闭与控场措施。在疫情突发初期与防控措施严格的中期,各大图书馆取消或者延迟读者文化活动,图书馆实体空间实行了严格的封闭与消毒措施,将线下的读者聚集性活动服务转为线上服务。在公共安全突发事件中图书馆应发挥的作用未被普遍且充分重视,应急管理普遍近乎失灵状态,导致应急管理差强人意[1],疫情显然对各种图书馆的实体空间正常运行与服务造成了巨大的冲击与困扰,同时疫情亦对图书馆用户使用心理造成不良影响。

在互联网极度发达、信息爆炸的时代,重大突发的公共卫生事件会获得用户的极大关注,疫情所造成的公众恐慌和焦虑心理被唤醒;而在媒体环境中,资讯行业存在过度报道、煽情等现象,造成用户的焦虑心理;用户在隔离状态中身不由己地被焦虑恐慌的情景所包围,暴露在创伤信息下难以自拔。种种外部因素在一定程度上改变了图书馆用户原有使用行为与使用习惯,更深层次的改变是图书馆用户心理状态的变化。

心理专家表示,持续性疫情防控状态会造成用户在情绪、生理、思维和行为上的改变,而这些变化通常是应激的表现,应激又被称之为"压力""紧张",是由危险的或出乎意料的外界情况的变化所引起的一种情绪状态,因为本次疫情持续的时间较长且仍在发展,所以人们通常会处在一种慢性的应激状态[2],这种状态下图书馆用户更容易产生焦虑心理。更不可忽视的问题在于,随着疫情事态的发展,此次新冠肺炎所带来的持续性改变更是会在后疫情时期产生长久性影响,为图书馆后续的服务与运行带来众多挑战。

2020年2月25日,文化和旅游部相关司局印发了《公共图书馆、文化馆(站)恢复开放工作指南》,就疫情后文化场馆恢复开放提出了具体指导意见,5个方面16条措施指导全国公共图书馆、文化馆(站)继续实施疫情防控,稳步做好恢复开放相关工作。北京市发布了《关于应对新冠肺炎疫情影响促进文化企业健康发展的若干措施》,要求提前启动2020年北京市实体书店项目扶持申报工作,发挥文化消费带动作用,进一步扩大惠民文化消费电子券发放范围,发放行业专用券,对受疫情影响严重的行业进行重点支持[3]。所以,进行图书馆用户焦虑生成因素研究更有利于疫情后期图书馆的运行与服务,强化图书馆用户文化活动的消费与恢复。

# 1 相关概念及理论基础

## 1.1 图书馆焦虑及其生成

焦虑是心理学述语的表述,是情感活动障碍之一,指人在预感似乎即将发生的威胁或不利情景而又担心无力应付时所产生的不愉快情绪,主要表现为紧张恐惧、忧虑焦急和烦躁不安[4]。美国教授Constance A. Mellon经过多年扎根研究,首次提出图书馆焦虑的概念,将焦虑引入图书馆学研究视野。一般来说,图书馆焦虑是用户在使用图书馆时产生的不舒服的或者消极的认知、情绪、情感及行为意愿体验,是利用图书馆的一种心理障碍[5]。

在国外,C.A.Mellon认为用户缺乏对图书馆规模、馆藏分布和馆舍配置、信息查询、图书馆的资源和设备的使用能力是导致图书馆焦虑的原因。Bostick针对C.A.Mellon提出的图书馆焦虑问题,利用探索性因子分析,将图书馆焦虑划分为5个维度:馆员、图书馆舒适性、设备、图书馆知识和情感等障碍[6]。Onwuegbuzie在Bostick研究的基础上增加资源障碍,从6个维度进行图书馆用户焦虑因素探索[7]。Shoham等从图书馆馆员、图书馆资源、图书馆物理设备舒适度、图书馆计算机舒适度视角,利用LAS编制了希伯来语量表(Hebrew

Library Anxiety Scale,H-LAS)并展开本土化研究,提出图书馆焦虑7因素[8]。Anwar 等从员工亲切度、图书馆自信、知识不足感、图书馆局限出发,根据本国国情构建适合本土研究的图书馆焦虑量表[9]。Marzena Swigon 从员工、图书馆舒适度、情感、图书馆知识等维度完善图书馆用户焦虑量表[10]。

在国内,石得旭等首次将图书馆焦虑研究引入我国图书情报界,对国外图书馆焦虑的发展情况及影响因素进行了翻译介绍[11]。李琛等从人格特质、气质理论、成就动机、自我效能四个方面阐释了图书馆用户焦虑心理成因[12]。洪平认为图书馆用户焦虑主要源自于馆员服务障碍、阅读环境因素与用户个体因素[13]。贺伟认为图书馆用户焦虑来自于员工、舒适性、知识、检索、情感[14]。吴汉华通过馆员障碍、图书馆舒适度障碍、情感障碍、位置障碍和资源障碍分析用户的焦虑原因[15]。万云芳等运用结构方程模型分析方法修订并验证了现有的图书馆量表,认为检索困惑、环境不适与情感障碍等会引起图书馆使用焦虑[16]。李永明等从图书馆环境、图书馆员工、个体自我效能对图书馆用户焦虑因素进行分析及模型构建[17]。

### 1.2 图书馆突发公共事件

图书馆突发公共事件与图书馆危机具有相似之处。图书馆危机可以分为广义上与狭义上的危机,狭义上的图书馆危机是指威胁图书馆安全和正常秩序的特定事件如火灾、水灾、地震、爆炸等,此种危机对图书馆影响持续性较短,广义上图书馆危机不仅包括狭义上的图书馆危机,亦包括影响图书馆事业发展的危险事件与因素,这种危机持续性影响较长,如人才危机、管理危机等。图书馆突发公共疫情事件是图书馆危机事件的一种,属于特定安全事件,从短期来看,疫情影响图书馆的服务与运行,根据目前的疫情发展情况,一些学者认为疫情会持续地长久地出现在社会中,所以从长期来看,疫情显然会造成持续性的危机事件。

## 2 研究设计与数据分析

### 2.1 研究方法与研究工具

质性研究是以研究者本人作为研究工具,在自然情境下采用多种资料收集方法,对社会现象进行整体性探究,主要使用归纳法分析资料和形成理论,通过与研究对象互动对其行为和意义建构获得解释性理解的一种研究方法[18]。因此,本文采用质性研究方法,借助 NVivo 12 软件,对访谈资料进行定性数据管理和分析,归纳疫情情景下图书馆用户焦虑产生的主要因素。

NVivo 软件由 QSR International 公司设计开发,其设计理念主要依据扎根理论构建理论的机制,拥有强大的编码功能,支持 DOC、TXT 等格式文档以及图片,系统支持从资料录入到理论形成的各个阶段,简化处理和分析过程[19]。通过 NVivo 12 三级编码技术,确立各范畴间的关系,当没有再发现新的概念或范畴时,即认为理论达到饱和,终止概念与范畴的提取,构建本文的理论模型。

## 2.2 研究步骤

### 2.2.1 收集资料

（1）确定访谈对象

本研究正值浙江省新冠肺炎疫情防控应急响应级别由省重大突发公共卫生事件二级响应调整为三级响应,公共图书馆恢复开放后,于现场实地随机选取访谈对象,即采取非随机抽样中的目的抽样,考虑到公共图书馆采取限流措施,同时采用线上即时通讯方式进行随机访谈,抽取那些能够为本研究问题提供最大信息量的样本[20]。

具体统计样本情况见表1,访谈对象随机抽取,样本呈正态分布,其中男性12名,女性9名,性别分布均衡;选取访谈对象18—45岁图书馆用户21名,线上即时通讯访谈对象主要来自浙江、安徽、江苏、广东等地区,以大学生群体为主,也包括6名机关、企事业单位员工;所有访谈对象均为频繁使用图书馆服务的用户。本次访谈样本数量为21个,访谈对象的数量达到了对特定主题进行探讨的充分样本的要求。

表1 受访者信息一览表

| 数值变量名 | | 合计 | 均值/比例 | 极大值 | 极小值 |
| --- | --- | --- | --- | --- | --- |
| 性别 | 男 | 12 | 4:3 | * | * |
| | 女 | 9 | | * | * |
| 访谈形式 | 现场 | 14 | 2:1 | * | * |
| | 即时通讯 | 7 | | * | * |
| 职业 | 大学生 | 7 | | * | * |
| | 公职部门 | 8 | | * | * |
| | 企业 | 4 | | * | * |
| | 退休 | 2 | | * | * |
| 年龄 | 18—45 | 21 | 30 | 44 | 19 |
| 访谈时间（分钟） | | 694 | 33 | 45 | 20 |

（2）访谈大纲设计

访谈法(Interview)又称晤谈法,是指通过访员和受访人面对面地交谈来了解受访人的心理和行为的心理学基本研究方法,其中半结构访谈根据研究者的实际调查问题与目的,依据相关研究文献,对访谈结构进行弹性处理,受访者可以提出自身的见解与认知。因此半结构化访谈更有助于受访者思维、心理与观点等深层次认知表达,其优势主要在于:研究者直接与研究对象(样本)接触,访谈资料中包含更多的细节信息(如经历、生活世界、情境和心绪等)[21]。因此,本研究依据实际的研究问题,拟定访谈提纲进行预测试,检测其信度与效度并进行适当修改,使访谈提纲更加符合本研究的研究目的与受访者访谈内容的有效性。研究访谈提纲分为两个部分,第一部分为术语界定与访谈者基本信息调查;第二部分为突发公共疫情情景下图书馆用户焦虑的经历与产生原因等内容。访谈提纲内容如表2所示:

表 2 访谈提纲主要内容

| 访谈主题 | 主要提纲内容 |
|---|---|
| 术语界定 & 受访者基本信息 | 1. 图书馆焦虑的定义<br>姓名;性别;年龄;职业;访谈地址;访谈时间 |
| 疫情情景下图书馆焦虑产生原因与经历 | 2. 面对疫情,现阶段图书馆运行与服务无法正常开展(如长时间闭馆),对此您会有什么样的看法(情绪反应)?会有焦虑情绪吗?<br>3. 您感觉疫情期间图书馆的哪些变化会影响到您的心理情绪?这种变化有无带给您使用图书馆困扰?<br>4. 针对这种具体变化,对您的图书馆使用行为和心态上有怎样的改变?请举例说明一下。<br>5. 感受到这种情绪,您会尝试去消解和结束这种情绪吗?有采取什么措施吗(比如求助图书馆工作人员)?<br>6. 您觉得图书馆哪些服务与行为加重了您的焦虑行为?哪些服务与行为减轻与消解了这种焦虑情绪?<br>7. 疫情期间,还有什么其他原因导致您对使用图书馆产生焦虑情绪? |

（3）访谈过程

访谈时间自 2020 年 3 月 5 日始至 2020 年 4 月 20 日止。在访谈之前与被访谈者达成口头或访谈知情同意书;依据协议对访谈过程进行全程录音,访谈过程由两名研究者全程参与确保访谈内容的完整性与可信性;访谈结束后,对录音文本进行文稿转录,将对以 21 名被访谈者所获取的访谈材料进行匿名处理,用英文字母 I（Interview）与数字 01—21 为每位受访者材料进行编号;平均访谈时长为 33 分钟。

2.2.2 资料编码分析

将转录完成的访谈者资料导入 NVIVO 12 软件,采用扎根理论对受访者文本资料三级编码,采取开放式编码、关联式编码与选择式编码。编码（Coding）是分解、分析和概念化（conceptualized）所收集材料的过程。节点是从材料中提取的参考点的集合,包括特定主题、位置、人员或研究人员感兴趣的其他方面的参考点。自由节点（Free Nodes）是与其他节点没有明确逻辑连接的"独立"节点;树节点（Tree Nodes）是与其他节点逻辑连接的"相关"节点。当第 21 名受访者接受采访时没有再发现新的编码内容,继续采访 3 名受访者以验证数据是否饱和,结果表明在进一步的采访中没有新主题出现,表明数据已经达到饱和,本研究具有一定的可信度和有效性。为了获得编码一致性,研究人员再次复核资料编码,并讨论异议的节点,选取最佳节点[22]。

2.2.3 资料编码分析

（1）开放编码

对研究所收集到的文本资料进行逐字逐句分析,将资料进行分解、检视并进行概念化与类目化处理,以此发现被访谈对象的隐含概念,包括物理空间的安全、员工帮助意向、在线资源支持、规章制度措施、图书馆服务与运行变化、用户社交距离、图书馆活动形式、资源获取必要性、使用意向等。

（2）关联式编码

关联式编码是在开放式编码的基础上,寻找自由节点中有所关联的概念,形成更高层次的概念范畴,对45个自由节点进行反复归纳与辨析,形成21个范畴,标记为树节点。

(3)选择式编码

在关联式编码的基础上,对树节点进一步进行归纳,形成更为系统的概念。最终形成5个核心范畴,标记为树节点,分别是:图书馆空间安全、图书馆员工支持、图书馆资源使用、图书馆制度规范、个人行为与认知,具体资料编码的结果汇总表见表3。

表3 资料编码汇总

| 选择式编码 | 关联式编码 | 材料来源 | 参考点 | 材料来源列表 |
| --- | --- | --- | --- | --- |
| 图书馆空间安全 | 设施设备安全 | 12 | 21 | 3,5,6,8,11,13,14,16—18,20,21 |
| | 实体资源安全 | 15 | 28 | 2,4,5,7,10—15,17—21 |
| | 空间使用必要性 | 9 | 14 | 2,4,5,7,9,10,12,16,20,21 |
| | 空间活动安全 | 19 | 15 | 1—3,5—16,18—21 |
| | 空间社交距离 | 7 | 15 | 4,6,7,10,13,15,19 |
| 图书馆员工支持 | 员工健康保障 | 17 | 12 | 1—7,9,11,12,14—20 |
| | 员工服务形式 | 11 | 9 | 1—3,5,6,8,9,14,15,18,21 |
| | 员工专业能力 | 5 | 6 | 1,6,10,13,14,16 |
| | 员工服务态度 | 8 | 5 | 2,3,6,8,11,14,17,19 |
| 图书馆资源使用 | 图书馆资源质量与数量 | 18 | 15 | 1,2,4—12,14,15,17—21 |
| | 图书馆资源获取难易 | 11 | 7 | 1,2,5,6,10,12—16,20 |
| | 图书馆资源契合性 | 16 | 13 | 2,4—7,9—13,16—21 |
| | 图书馆资源存量 | 4 | 6 | 1,2,7,15 |
| 图书馆制度规范 | 制度执行力度 | 9 | 14 | 4,8,12,17,19 |
| | 规范灵活性 | 7 | 6 | 3,4,8,13,14,17,21 |
| | 规范措施针对性 | 14 | 22 | 1—3,7—9,12—14,16—20 |
| | 制度持续性 | 9 | 18 | 1—3,8,10,11,15,18,21 |
| | 制度宣传与告知 | 13 | 17 | 1,3,6,7,9,10,12,14—16,19—21 |
| 个人认知与行为 | 需求重要程度 | 10 | 11 | 1—3,6,7,10,12,13,16,17 |
| | 图书馆替代性 | 2 | 15 | 2,14 |
| | 投入与收益 | 1 | 7 | 8 |

2.2.4 建立模型

经过数据的收集与整理之后,对编码进行逻辑范畴的归纳,节点与子节点之间的关系已经得到基本确定,通过NVivo 12软件建模功能,对各个影响因素进行模型化处理,最终得到突发公共疫情情景下图书馆用户焦虑生成因素的理论模型,如图1。

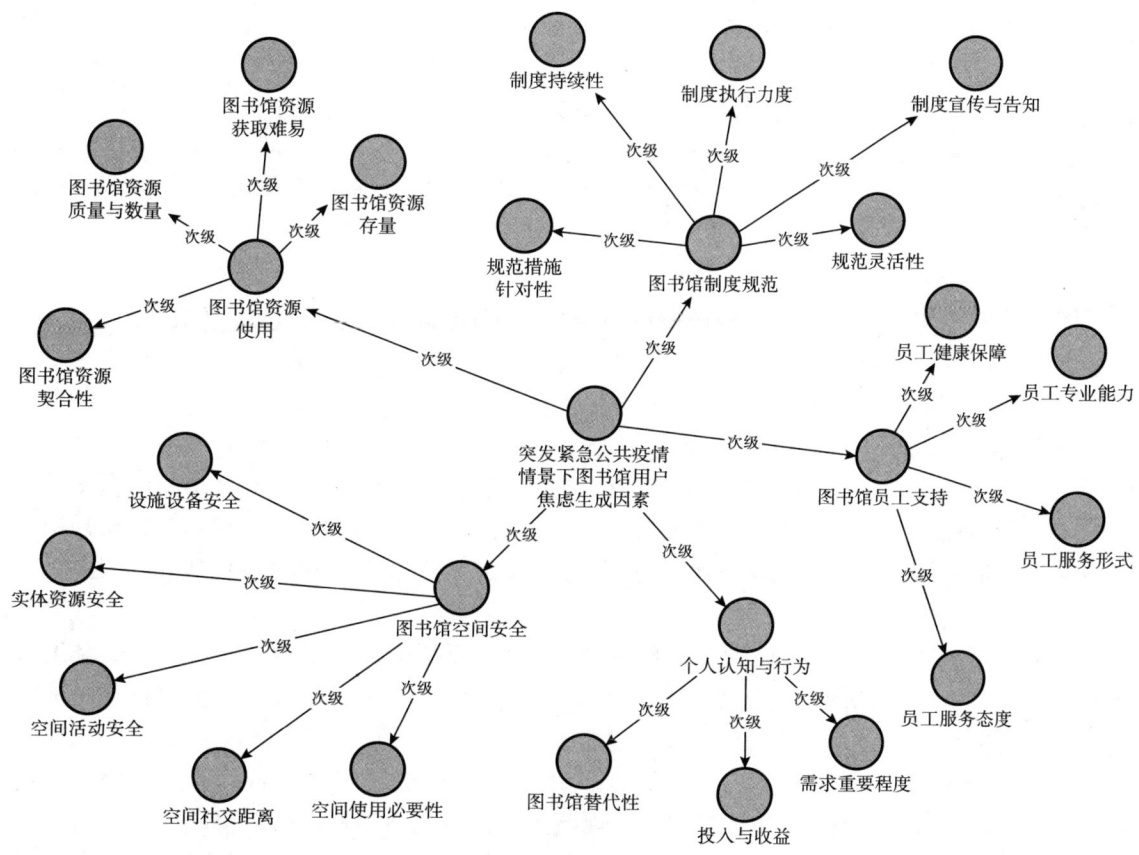

图1 突发公共疫情情景下图书馆用户焦虑生成因素的理论模型

### 2.3 数据分析

#### 2.3.1 图书馆空间安全

图书馆空间安全分为实体空间上的安全以及在实体空间中所举办的相关活动服务。①空间设施安全会影响图书馆用户焦虑,如"我怕图书馆里的桌子、椅子上消毒不够"(3)、"我觉得待在图书馆密闭空间里看书不是很好,如果我在这个比较密闭的空间中觉得不安全我还不如去看电子书"(8)、"我不知道图书馆借出去还回来的书有没有经过严格消毒"(14);②利用图书馆实体空间所举办的活动会影响图书馆用户焦虑,如"这么多人聚集在一起(参与)活动,会不会有人忘记戴口罩"(6)、"活动可以参加,但是能不能不要在一间屋子里"(10)、"我害怕与人交流的时候距离太近"(15)、"特殊时期就不要举办那么大规模的活动了,可以在空旷没太多人的地方举办活动"(19)。

#### 2.3.2 图书馆员工支持

图书馆员工支持分为员工健康保障、员工服务形式、员工专业能力、员工服务态度、员工职业责任感。①图书馆员工健康情况会影响图书馆用户焦虑,如"图书馆员工天天接触这么多,他们健康更需要得到保护"(1)、"天天在阅览室工作的图书馆工作人员也算是高危职业了"(14);②员工服务形式会影响图书馆用户焦虑,如"我觉得面对面求助太麻烦了,我希望打电话就可以解决问题"(8)、"现在都用微信很方便,现场反而不是很安全,还是用微信方便一些"(15);③员工专业能力会影响图书馆用户焦虑,如"可能我问的问题比较专业,图书馆馆员不太理解"(6)、"不同图书馆馆员熟悉不同的领域能够更好地服务读者"(10);④员工的服务态度会影响图书馆用户焦虑,如"图书馆馆员服务态度好的话会让我感到更舒适"(3)、如"大家都在做自己该做的事,图书馆馆员也要尽职尽责"(14)、"在我需要帮助的时候,员工能主动地为读者服务"(16);④图书馆资源存量会影响图书馆用户焦虑,如"图书馆在线资源太少,感觉不够用"(7)。

#### 2.3.3 图书馆资源使用

图书馆资源使用包括图书馆资源质量与数量、图书馆资源获取形式、图书馆资源契合性。①图书馆资源质量与数量会影响图书馆用户焦虑,如"图书馆的书很多,闭馆就没有这么多书能看了"(7)、"如果图书馆能够更新图书快些就好了"(17)、"图书馆图书质量高更容易有我要的知识"(21);②图书馆资源获取难易会影响图书馆用户焦虑,如"有时候图书馆网站打开缓慢,我没法使用图书馆在线资源"(2)、"闭馆期间没法去借书"(5)、"有些书只能在图书馆内阅读,不能外借"(15);③图书馆资源契合性会影响图书馆用户焦虑,"有些书名字很好,但是内容却不是我想要的"(4)、"有时候一些书的种类太多了,不知道哪本书比较好"(19)。

#### 2.3.4 图书馆制度规范

图书馆制度规范包括制度执行力度、规范灵活性、规范措施针对性、制度持续性、制度宣传与告知5个方面。①图书馆制度执行力度会影响图书馆用户焦虑,如"严格执行相关的卫生制度会让读者安心"(8)、"制度应该对每个人都一视同仁,而不应该特殊对待"(12);②规范灵活性会影响图书馆用户焦虑,如"图书馆闭馆书就无法按时归还,特殊时期应该改下规则"(3)、"一些规范太死板"(17);③图书馆规范措施针对性会影响图书馆用户焦虑,"有些规范感觉太宽泛了"(12)、"特殊时期应该发布针对性措施去配合疫情的防控"(19);④制度持续性会影响图书馆用户焦虑,如"规定应该长时间去坚守,要不然会失去意义"(11)、"感觉图书馆在这种情况下需要很长的严格制度去控制"(15);⑤制度宣传与告知会影响图书馆用户焦虑,如"有些规章制度我们都不知道,也没去关注过"(21)。

#### 2.3.5 个人认知与行为

个人认知与行为包括需求重要程度、使用必要性、图书馆替代性、投入与收益。①需求重要程度会影响图书馆用户焦虑,如"我平时也只是无聊的时候来图书馆转转,情况严重我就不来了"(16);②投入与收益会影响图书馆用户焦虑,如"图书馆的纸质书也不多,电子版的书更少,花这么多时间去图书馆找书还不如去淘宝网"(2)、"去图书馆直接看书太费时间了不如直接去上网课"(14);③使用影响图书馆用户焦虑,"如果图书馆发生我不习惯的变故我会很不习惯"(8)。

## 3 结论与讨论

研究发现图书馆空间安全、图书馆员工支持、图书馆资源使用、图书馆制度规范、个人认知与行为均是突发公共疫情情景下图书馆用户焦虑产生的主要因素。其中,图书馆空间安全的编码参考点占全部编码的38.9%,19名访谈对象几乎都表现出在疫情期间对图书馆实体空间安全性的担忧;个人认知与行为也是图书馆用户焦虑产生的重要因素,个人认知与行为的编码参考点占全部编码的20.7%,个人使用图书馆的不同行为与习惯是除了空间安全性之外的第二占比要素；而图书馆制度规范、图书馆资源使用、图书馆员工支持这三个概念范畴分别占据20%、20%、20%，因此，基于以上的数据分析本文提出下述两方面的优化策略：

图书馆作为提供公共文化服务的重要平台，需要从不同层面去维护图书馆的正常运行，既要在基本层面上保证空间场馆的安全性、制度的完整与执行，又要在此基础上保证服务的正常供给，满足图书馆用户对于图书馆活动与图书馆资源的需求。具体来讲：①图书馆空间场馆作为图书馆服务的主要阵地，需要采取一系列的卫生安全保障措施；对于借助图书馆空间进行的读者服务活动，也可以根据具体的活动内容转变成室外活动或者线上活动，对于大型的图书馆用户聚集性活动需要保证社交距离，以此减轻图书馆用户的焦虑心理。②图书馆制度规范、图书馆员工支持、图书馆资源使用这三者联系较为紧密，图书馆的制度为图书馆员工的工作方式和图书馆资源的使用提供指导与规范，图书馆员工是用户遵守图书馆制度规范和利用图书馆资源的重要引导者，图书馆资源的使用需要根据图书馆规范制度和图书馆员工支持的管理。

个人认知与行为作为图书馆用户面对图书馆特殊情景下的应激反应，图书馆应该从用户的心理状态出发检视自身的服务方式方法，同时更应该关注图书馆用户的心理需求与状态，不断调整图书馆服务运行方式，通过调查发现从用户个人认知与行为方面，图书馆如要减轻突发公共疫情情景下图书馆用户的焦虑状态，应当从以下方面进行改变：①对于用户的需求程度而言，图书馆的边缘化反而会加重图书馆用户焦虑，只有不断提升图书馆的服务效能，加强图书馆知识服务中心地位，满足图书馆用户对图书馆需求才会缓解图书馆用户焦虑。②不断满足用户的满足感，满足图书馆用户的使用需求，同时，对图书馆不同用户的行为习惯进行分析与研究，不断提升精准服务能力。

本文对于突发公共疫情情景下图书馆用户焦虑生成因素进行了相关研究，探讨了图书馆用户焦虑生成的具体情境，为非正常情景下图书馆的个性化、差异化的服务提供决策依据；对"疫中"与"疫后"图书馆及相关职能部门正常运行管理提供参考。不足之处在数据来源偏重于主观性，对于用户个人习惯与行为分析较少，未来将采取更详细更合理的量化方法对研究结论进行进一步研究。

**参考文献**

[1] 柯平，包鑫. 公共图书馆在应对公共安全突发事件中的地位和作用[J]. 图书馆论坛，2020，40（4）：109-112，150.

[2] 中国图书馆网.《抗击新冠肺炎疫情的心理应对》系列讲座[EB/OL].［2020-04-25］. https://www.chnlib.com/News/2020-03/1269085.html

[3] 中国文明网. 关于应对新冠肺炎疫情影响促进文化企业健康发展的若干措施[EB/OL].［2020-04-25］. http://bj.wenming.cn/jys/jx/202002/t20200220_5433554.shtml.

[4] 中国知网. 医学人文科学词汇精解：焦虑[EB/OL].［2020-04-25］.https://kns.cnki.net/kns/brief/default_result.aspx.

[5] MELLON C A. Library anxiety: a grounded theory and its development[J].College & Research Libraries，1986，47（2）：160-165.

[6] BOSTICK S L.The development and validation of the library anxiety scale[D].Detroit：Wayne State University，

1992:341.

［7］ONWUEGBUZIE A J. Writing a research proposal: the role of library anxiety, statistics anxiety, and composition anxiety［J］.Library & Information Science Research,1997,19（1）:5-33.

［8］SHOHAM S, MIZRACHI D. Library anxiety among undergraduates: a study of Israeli B.Ed students［J］.The Journal of Academic Librarianship,2001,27（4）:305-311.

［9］ANWAR M A, AL-KANDARI N M, AL-QALLAF C L.Use of Bostick's Library Anxiety Scale on undergraduate biological sciences students of Kuwait University［J］.Library & Information Science Research,2004,26（2）:266-283.

［10］SWIGON M.Library anxiety among Polish students:development and validation of the Polish Library Anxiety Scale［J］.Library & Information Science Research,2011,33（2）:144-150.

［11］石得旭,黄永红.克服图书馆焦虑[J].高校图书馆工作,2000（4）:88-89.

［12］李琛,杨沉.图书馆焦虑的心理成因及其干预机制研究[J].淮南师范学院学报,2019,21（5）:99-102.

［13］洪平.论大学生利用图书馆产生焦虑的原因及对策[J].内蒙古科技与经济,2016（12）:115-117.

［14］贺伟,VAN KAMPEN D J.图书馆焦虑量表的修订及信效度检验[J].图书情报知识,2008（2）:52-56.

［15］吴汉华.图书馆焦虑中馆员障碍的调查研究[J].图书馆学研究,2007,22（8）:80-82.

［16］万云芳,贾淑敏,冯素洁,等.北京地区高校学生图书馆焦虑测量分析——基于图书馆焦虑量表的修订与验证[J].大学图书馆学报,2015（3）:12-21.

［17］李永明,郑德俊.图书馆焦虑因素相关分析及模型构建[J].新世纪图书馆,2019（1）:10-14.

［18］陈向明.质性研究方法与社会科学研究[M].北京:教育科学出版社,2000:12.

［19］胡萍.质性分析工具的比较与应用研究[D].长沙:湖南师范大学,2012:1-5.

［20］文军,蒋逸民.质性研究概论[M].北京:北京大学出版社,2010:73.

［21］洪平.论大学生利用图书馆产生焦虑的原因及对策[J].内蒙古科技与经济,2016（12）:115-117.

［22］FRANCIS J J,JOHNSTON M,ROBERTSON C,et al.What is an adequate sample size operationalising data saturation for theory-based interview studies［J］.Psychology and Health,2010,25（10）:1229-1245.

# 新形势下国内公共图书馆科技咨询服务的现状调查分析与策略研究

李玲丽（杭州图书馆） 杨 敏（太原科技大学图书馆）

2015年实施"大众创业、万众创新"战略,出台《国务院关于大力推进大众创业万众创新若干政策措施的意见》,2018年发布《国务院关于推动创新创业高质量发展打造"双创"升级版的意见》,国家不断出台鼓励创新创业政策,各地积极构建区域协同创新服务体系,保障市场经济运作,充分发挥政府搭台、企业唱戏的互补性角色。在关系国家创新的城市科技创新体系中[1],政府、企业和大学构成的三螺旋创新系统,大学、产业、政府之间相互作用,构建覆盖科技创新全链条的科技服务体系,以科技服务能力的提升催化城市创新。公共图书馆作为城市的文化名片,因其温馨优雅的阅读环境和创新创意的服务,营造创意氛围,公共图书馆也因此成为政府布局科创空间吸引人才的重要基础设施,信息资源优势明显的公共图书馆也力争通过发展科技咨询等深层次信息服务成为科技服务系统的重要成员之一。

2020年初突发公共卫生事件,在疫情高发阶段公共图书馆普遍闭馆,现今多数仍采取局部开放、预约进馆并控制人流的措施防控疫情,图书馆空间服务优势弱化,新冠肺炎疫情下如何应对成了图书馆界普遍思考的问题[2],数字资源推荐、专题信息服务成为公共图书馆重要服务内容。早在2011年左右图书馆界就曾展开过图书馆新消亡论的激烈论辩,初景利等[3]认为图书馆必须通过确立融入数字化战略、嵌入教学科研过程、提供移动服务、创新学科服务,重新定义图书馆的发展战略,重构适应数字环境的新型图书馆范式。现阶段发挥图书馆信息优势,做好决策咨询、专题咨询、科技咨询等深层次信息服务俨然成为公共图书馆业务突破口之一。

省级公共图书馆通常资源基础较好,服务内容丰富,全国共计34家,同时全国副省级城市图书馆在我国图书馆事业中占有重要地位,副省级城市有15个:哈尔滨市、长春市、沈阳市、大连市、青岛市、南京市、宁波市、厦门市、武汉市、广州市、深圳市、成都市、西安市、济南市和杭州市。本文在总结公共图书馆科技服务研究现状基础上,于2020年2月—4月网络调研34家省级公共图书馆、15家副省级城市公共图书馆及发展较好3家图书馆(东莞图书馆、珠海图书馆、苏州图书馆)官方网站及微信公众号,结合国家图书馆研究院编辑的《图书馆行业中长期战略规划选编:"十三五"时期》罗列的战略规划文本,系统分析公共图书馆的科技咨询服务现状。最后探讨国内公共图书馆的科技咨询服务推进策略。

# 1 国内公共图书馆的科技咨询服务研究现状及业务实践的调查分析

## 1.1 公共图书馆科技咨询及相关概念辨析

据国内普遍认可的《国务院关于促进科技服务业发展的若干意见》(国发〔2014〕49号)的产业分类和统计口径,可将科技服务业分为研发设计服务、技术转移服务、检验检测认证服务、创业孵化服务、知识产权服务、科技咨询服务、科技金融服务、科学技术普及服务、综合科技服务等9大类别。科技咨询服务是指专门为政府部门、企事业单位和各类社会组织的决策、运作提供一系列专业智力服务的活动,主要包括科技战略、科技评估、科技招投标、工程技术、知识管理、科技信息等内容[4]。笔者认为公共图书馆科技咨询服务业务范畴与参考咨询、决策咨询、就业辅导、专题咨询、科技查新与专利服务、创新创业服务等范畴属于相关关系,因此调研阶段将公共图书馆科技咨询业务的调研范围扩大覆盖上述相关服务内容。

## 1.2 国内公共图书馆的科技咨询及相关服务研究现状

国内公共图书馆在20世纪80年代率先发文介绍图书馆专利信息服务,在我国尚未实施专利制度的年代,各级公共图书馆能够认识到专利文献的科技情报价值,自觉主动地利用专利文献为科研与生产服务[5]。伴随公共文化服务意识提升,公共图书馆对专利情报服务等深层次情报服务重视程度有所下降,相关研究及实践集中于作为基本服务的参考咨询工作,涉及数字参考咨询、咨询服务内容、参考馆员素养、智能机器人参考咨询[6]、新模式探索[7]、评价体系[8]

等。从2017年文化和旅游部开展的第六次全国县级以上公共图书馆评估定级工作将"专题咨询与情报分析服务"作为考核项目内容来看,公共图书馆理论与实践层面普遍重视开展科技知识服务与企业情报服务以及为本地区重点教育和为其他部门提供的专题知识服务。

国家图书馆"十三五"规划指出,面向科技创新的服务包括如逐步加强覆盖全国的文献信息资源保障体系建设,依托国家图书馆科学评价中心,开发新的信息分析与服务产品,进一步拓展面向重点教育、科研机构与企业的参考咨询服务;跟踪国家重大战略领域、重点建设项目和重要创新工程需求,提供针对性服务等。因上海图书馆兼上海科学技术情报所的性质,上海图书馆科技服务实践是公共图书馆界的领跑者。上海图书馆在"十三五"规划中围绕科技服务的内容包括以下四个方面。(1)科技情报助理科技创新中心建设:《全球科技创新中心发展态势与启示》《2015国际大都市科技创新能力评价》《综合把握政府数据开放中的发展机遇与潜在风险》获领导批示。(2)数字资源建设:围绕上海图书馆东馆、市民数字阅读平台、科技智库以及创新空间、产业图书馆、旅游图书馆等系列主题图书馆需求开展数字资源建设。(3)建设服务"大众创业、万众创新"的知识共享空间。①扶持并鼓励各种类型的研究。②强化互动体验,创新打造"众创空间",内容包括提供文化科技融合体验服务,如工具提供、新技术展示、全媒体阅读体验、创新空间开设、信息素养培训等。完善和提炼"创新空间"等空间再造新模式,为读者和用户提供更多不同主题、低成本、便利化、全要素、开放式的"众创空间",培育和激发读者的创新思维。③助力中小微企业创新和成长,探索产业图书馆、"创之源"中小企业信息服务等平台的服务模式。打造上海科技创新信息基地。(4)探索新型科技智库建设:①强化决策咨询服务"上海市前沿技术发展研究中心";②聚焦特色情报服务;③加快智库支撑体系建设;④深化数字人文研究[9]。

省级公共图书馆层面,李月明以湖南图书馆工作实践为例研究了基于新型智库理念的公共图书馆决策咨询服务[10]。王冰洁、肖希明以南京图书馆为例,探讨公共图书馆政府决策咨询信息服务[11]。陈红分析比较16个省级公共图书馆决策咨询服务项目[12]。孙成江、赵新宇采用德尔菲法建立了评价我国省级公共图书馆决策咨询服务能力的评价指标,选取了三个省级公共图书馆进行评价[13]。

科技查新及专利服务上,吉林省图书馆是早期拥有科技查新资质的图书馆之一,武英杰分析了吉林省图书馆企业科技情报服务,提出了"国家馆—省级馆—市(县)馆"三级联动模式、"公共馆—高校馆—情报所"业务联盟模式、"公共馆—企业科研团队"协同创新模式等科技情报服务模式,指出知识产权信息服务是公共图书馆企业科技情报服务的未来发展方向[14]。广西桂林图书馆文献信息检索中心李小玉指出区域性公共图书馆的专利信息服务措施包括组建专利信息服务团队、开展培训、扩大服务宣传、专利资源整合与建设、建立专利信息服务平台、开展专利信息定制服务、知识产权的教育基地等[15]。陕西省图书馆陈楠论述了陕西省图书馆开展科技查新服务的具体做法与存在的问题[16]。

具有地域服务特色的高新技术开发区图书馆及大学城图书馆也在积极拓展服务思路。李春梅等详细介绍了苏州工业园区图书馆的情报服务实践,通过产业调研与跟踪服务、科技领军人才引进项目情报评议服务切入政府决策咨询服务,以专业培训服务、文献自助服务、情报咨询服务切入企业和人才创新支撑服务[17]。天津泰达图书馆易守菊以服务实践论证了区域公共图书馆为政府提供竞争情报服务,成为政府竞争情报服务体系的一部分,具有无可比拟的特定优势[18]。

### 1.3 国内公共图书馆科技咨询服务的业务实践

网络调研34家省级公共图书馆、15家副省级城市公共图书馆及发展较好的3家图书馆（东莞图书馆、珠海图书馆、苏州图书馆）官方网站及微信公众号，并结合国家图书馆研究院编辑的《图书馆行业中长期战略规划选编："十三五"时期》罗列的战略规划文本，总结目前公共图书馆科技咨询服务实施现状。

（1）平台化运作，协作推进参考咨询、决策咨询等常规基础业务

现阶段公共图书馆信息服务以参考咨询为主要工作，各省级公共图书馆联合区县市公共图书馆力量协作完善各省联合参考咨询网络服务。从协作层面还有国家图书馆全国图书馆参考咨询协作网、政府公开信息服务平台、全国公共图书馆立法决策协作平台，广东省立中山图书馆"全国图书馆参考咨询联盟"，上海图书馆针对长三角参考咨询协作的"网上联合知识导航站"。近两年，关注移动咨询总分馆联合服务，如浙江图书馆强化移动咨询服务，完善用户咨询中心和"联合知识导航网"建设。

决策咨询及专题咨询服务多数图书馆开展为省市两会代表、委员的"嵌入式信息服务"，编辑信息简报，主题涉及立法决策、焦点信息快报、文化简报等。宁波图书馆的"天一文荟"编辑100余册，发行10万册，成为图书馆界颇具影响力的文摘类决策资讯刊物。2011年，吉林省图书馆与新华社吉林分社联合推出《吉林文化舆情参考》，汇总媒体报道，为吉林省党政文化机关及文化工作者提供信息产品；两会关注支柱与优势产业汇总、社会热点问题。广西壮族自治区桂林图书馆挖掘馆藏资源，创新服务方式，加强政府决策、桂学研究、地方特色资源开发和新农村建设等相关文献的收集和整理工作。江西省图书馆、武汉图书馆、西安图书馆、济南市图书馆、哈尔滨市图书馆、厦门图书馆均在官网公布专题信息或决策服务信息，如2003—2019年的济南市图书馆《文旅信息快报》系统全面，哈尔滨市图书馆专设"地方科技"栏目，读者均可下载查看。云南省图书馆在文化共享工程云南分中心网站"资源中心"栏目发布地方特色的"文化旅游""独有民族""云南普洱茶""农业信息"等快报消息。

（2）特色化服务，依托科技服务实力强单位，合作开展科技咨询相关业务

科技查新及专利服务上，独立开展科技查新业务的公共图书馆如国家图书馆、上海图书馆、吉林省图书馆、桂林图书馆和南京图书馆[19]以科技查新服务为抓手，具备将科技信息服务拓展面向科研、生产、教育、小微企业、个人等深层次信息服务的良好基础。不具备科技查新资质的公共图书馆，采取与国家图书馆、上海图书馆、本地情报研究所或本地高校图书馆协同合作方式拓展业务，如苏州独墅湖图书馆与国家图书馆合作、嘉兴图书馆与上海图书馆合作、陕西省图书馆与陕西科学技术情报所及西安电子科技大学查新站合作。科技查新业务相对成熟之后，拓展专利分析、科技咨询业务。

（3）融入双创，建设图书馆创客空间、众创空间，提升创新创意服务

以打造文化创意空间、创客体验空间、众创空间为抓手，以满足公众的文化消费和科普体验需求为目标，重点在文化创意、科技创新等图书馆新型业务工作中寻求突破。如上海图书馆创·新空间、铜陵市图书馆文创空间、广州图书馆（创客空间、创意设计馆）、湖北省图书馆草根梦想空间、杭州图书馆科技分馆STEAM创客教育空间、长沙市图书馆新三角创客空间、成都图书馆阅创空间等创建青年创业交流平台，以创客空间、众创空间、年会、研讨会、沙龙等多种形式开展交流活动，加强专利标准、科技报告、产业研究等专业文献供给，为创业者提供主

题信息服务、公益性培训。

（4）开拓思维,开展专题服务和品牌系列服务,构建主题图书馆

公共图书馆普遍开展专题信息服务和系列化专题交流活动。金陵图书馆明星品牌"金图讲坛"和"南京18'法律咨询广场",上海图书馆专设微信公众号构建"产业图书馆",广州图书馆专设"研究与写作服务区",线上线下加强研究型服务。深圳市科技图书馆(又称深圳大学城图书馆,兼具高校图书馆和公共图书馆双重功能,具有教育部科技查新工作站资质)以"名家讲座"服务科技创新。东莞市图书馆整合技能培训,为产业工人进修提供支持,组织技能交换工作坊。

以主题分馆或专业分馆形式构建空间服务。如佛山市禅城区联合图书馆的澜石金属图书馆,温州市图书馆建立的鞋都图书馆,深圳图书馆的服装图书馆、法律图书馆等多个专题图书馆,景德镇陶瓷文献图书馆。珠海市公共图书馆在提高服务经济建设能力方面采取的策略包括在横琴、高栏、高新区分别建立以高端服务业、高端制造业、高新技术产业以及特色海洋经济和生态农业为主题的分馆,重点收藏相关行业研究报告。东莞市图书馆的动漫文化空间[21-22],针对个体读者,囊括动漫企业、动漫协会、动漫社团等机构读者,提供动态的文化交往空间,东莞漫画图书馆确立了"动漫文献信息中心、动漫创意活动场所、动漫产业服务基地、动漫发展研究平台"四个发展目标,探索"资源+活动""公众+产业""推广+研究"三种服务模式。南京动漫图书馆提供动漫产业展示服务,在空间营造时主要通过展柜陈列和展架设计的方式,对企业文化和衍生产品进行宣传和推广,增进读者对动漫企业的认知。

（5）资源共享,利用文献资源优势,建设科技信息服务平台

公共图书馆普遍通过全国文化信息共享工程、区域性网络图书馆等,形成了覆盖全城服务全民的文献信息资源共享网络,建设数字资源服务平台。如深圳图书馆之城"深圳文献港"全面集成和揭示了深圳大学城图书馆、深圳图书馆、深圳大学图书馆等六家图书馆馆藏,其中包括400多种数据库,以共享数字资源。"滨海科技信息服务平台"是天津泰达图书馆与泰达科技发展集团合作共建的天津滨海新区科技文献服务平台[22-23],通过对企业科研平台、研发人员个人科研平台、行业知识服务平台以及一系列科研工具进行整合,构建了集科技情报服务与科技创新于一体的科技信息服务体系。

## 2 国内公共图书馆科技咨询服务的策略研究

公共图书馆因其服务对象与职能定位建构了偏向公共文化服务的资源、人才基础,在专业信息服务人才相对短缺的情况下,需不断探索新方法、新机制,实现资源的流动与共享,力争在"政产学研"创新互动网络中占据一席之地。

### 2.1 发挥"信息中介"作用,细化服务粒度,提升立法决策服务质量

相比信息情报研究所,公共图书馆具有大众知名度高、与企业/政府部门对接便利的优势,应发挥"信息中介"作用,借助文献资源优势为科技服务相关的政府立法决策工作提供信息服务。目前大部分省市级公共图书馆均在为政府部门提供决策参考信息,开展"两会"服务,可利用公共图书馆作为政府信息公开场所的机会,力争成为政府相关部门信息采选工作直报点,也可依托全国图书馆决策咨询服务平台,建立起与各大公共图书馆联合服务的立法决策

平台,把图书馆打造为立法决策文献信息资源服务基地。技术实力较强的公共图书馆也可尝试适应政府数据开放环境为政府或科创企业提供数据资源服务。

### 2.2 采用主题图书馆模式,构建学习共享空间与信息服务业态融合的共生空间

政府将公共图书馆体系作为基础设施的支撑,满足科技人才注重环境、服务设施品质的追求,为区域创新提供馆藏服务、文化活动或辅助教育活动等内容,营造创新氛围。以此为契机,公共图书馆开拓思维,结合区域特色产业、新兴产业,发展主题图书馆、专题图书馆或企业图书馆,在优雅温馨的空间服务基础上回归图书馆作为信息服务中心的优势,配备专业馆员,以文献、信息、知识为基础,完善专题信息库,为中小企业和社会公众创新创业提供工具、空间、文献与咨询服务。

### 2.3 合作式、项目式学习,发展嵌入"产学研网络"的咨询服务,区域协同创新

科技咨询业务初期,加强与大学图书馆、地方信息情报研究所等基础业务如科技查新的工作协同,公共图书馆可在查新机构业务繁忙时派驻工作人员,通过合作式、项目式学习加强公共图书馆、科研院所、企事业单位之间的联系。合作中建立并发展信息服务团队,主动上门服务政府/企业,采取重点机构目标性策略,针对企业联盟、产业集群或者孵化器、加速器等创新载体做好数字资源推荐、咨询辅导及深层次咨询服务。

### 2.4 组建图书馆智囊团,建设"创新空间",以系列化活动的形式,搭建创新平台

利用公共图书馆的空间优势与平台优势,以创新创业相关讲座、沙龙、竞赛等活动形式搭建创新平台,聚集一批退休或热爱公益事业的专家担任"智库志愿者",对接创业者的需求,免费提供系列化智力咨询或创业辅导,力争建立针对创新创业群体的学习教育中心。

针对区域特色升级改造图书馆的创意工作坊、创客空间,或者针对青少年群体的STEAM创客教育基地、知识产权基地等,为青少年、成人的创作爱好者提供创意设计、交流、培训、展示的学习与体验空间。

### 2.5 探索功能嵌入式,公共图书馆服务模块融入现有的科技服务技术平台

"政产学研"创新网络服务平台包括政务服务平台、创新公共服务平台、专业化服务平台,其中创业服务共享平台可提供公共政务、科技资源、展示体验、培训交流、科技交融等服务内容。调研发现多数公共图书馆在开展地方"文化记忆"平台建设,工业园区等具有区域科技特色的公共图书馆已建设了科技文献信息共享与服务平台,在政府推进大数据建设背景下可尝试把公共图书馆已建成的服务模块嵌入科技服务技术平台体系,实现互利双赢。

### 2.6 移动互联思维,挖掘数字资源优势,发展移动信息服务

深挖公共图书馆数字资源,可建立企业信息资源库,针对性开展企业数字阅读推广行动,也可进行创业就业资源推荐,甚至成立创业/就业服务站,在平台建设独立页面,丰富信息服务内容。同时,利用新媒体、互联网技术,发展移动信息服务,将数字化服务内容或数字图书馆服务网络嵌入图书馆移动网络,形成文献信息研究、文献提供、专题咨询等多元服务链,提升数字文化服务效能,目前浙江图书馆、广东省立中山图书馆、上海图书馆均在推进相关工作。

### 2.7 "借船出海",借文化服务品牌,构建并推广科技咨询服务品牌

公共图书馆受众群体大,在图书馆营销推广中,采取多层次品牌化策略,借助文化服务品牌的认可度与知名度,探索并塑造针对科技、教育或者产业(领域)的信息服务品牌,推动文化与科技服务的融汇创新。

### 2.8 服务基层,融入"智能+互联"创新社区,构建数字文化体验空间

2020年初受疫情影响,各家公共图书馆纷纷开展线上服务,思考服务如何从文化体验轴切入数字生活,近两年浙江省试点建设未来社区——"智能+互联"的创新社区,探索融入未来社区的服务内容与方式也必将是基层社区图书馆建设需要考虑的问题,公共图书馆可建设"社区信息港"提供城市办事指南、记录社区特色文化信息等便捷化的居民生活及休闲服务内容,同时借用智能图书馆技术优势,提供数字文化体验与服务,构建数字文化体验空间。

## 参考文献

[1] 尹稚等.科技创新功能空间规划规律研究[M].北京:清华大学出版社,2018:71

[2] 魏大威,廖永霞,柯平,等.重大公共安全突发事件中图书馆应急服务专家笔谈[J].图书馆杂志,2020,39(3):4-18.

[3] 初景利,杨志刚.物竞天择,适者生存——图书馆新消亡论论辩[J].图书情报工作,2012,56(11):5-11.

[4] 宋宏等.长三角创新一体化:合肥·上海科技服务业合作研究[M].合肥:安徽人民出版社,2019:17-19

[5] 王会丽.图书馆专利信息服务研究回顾与思考——以20世纪八九十年代相关论文为例[J].情报探索,2018(5):122-128.

[6] 郭山.智能机器人技术在公共图书馆实时参考咨询服务中的应用[J].图书馆学研究,2017(10):58-61.

[7] 孙雨.我国公共图书馆利用微信公众平台开展服务的现状调查及创新模式研究[J].图书馆学研究,2014(15):78-83.

[8] 王野,刘慧娟.关于建立公共图书馆参考咨询评价体系的思考[J].图书馆学研究,2003(8):55-59,62.

[9] 国家图书馆研究院.图书馆行业中长期战略规划选编:"十三五"时期[M].中央编译出版社,2018.

[10] 李月明.基于新型智库理念的公共图书馆决策咨询服务研究——以湖南图书馆工作实践为例[J].图书馆工作与研究,2018(6):91-94.

[11] 王冰洁,肖希明.公共图书馆提供政府决策信息服务探究——以南京图书馆为例[J].图书馆工作与研究,2016(12):93-98.

[12] 陈红.基于省级公共图书馆决策咨询服务之比较研究[J].图书馆理论与实践,2018(7):44-48.

[13] 孙成江,赵新宇.我国省级公共图书馆决策咨询服务能力评价研究[J].情报资料工作,2017(1):88-93.

[14] 武英杰.科技创新视域下公共图书馆企业科技情报服务实证研究——以吉林省图书馆为例[J].图书馆学刊,2018,40(12):72-75,81.

[15] 李小玉.区域性公共图书馆提供专利信息服务的探讨[J].农业图书情报学刊,2018,30(4):164-167.

[16] 陈楠.公共图书馆开展科技查新服务的实践与探索——以陕西省图书馆为例[J].图书馆学刊,2017,39(9):90-94.

[17] 李春梅,刘娟.苏州工业园区图书馆基于情报服务搭建区域价值网络[J].图书馆杂志,2019,38(4):51-55.

[18] 易守菊. 区域公共图书馆的政府竞争情报服务研究——兼论泰达图书馆服务实践[J]. 图书馆, 2012 (6): 121-124.
[19] 谢黎, 李玲丽, 任波. 基于产业链的科技查新协同研究[J]. 图书馆学研究, 2019 (21): 74-80.
[20] 赵爱杰. 图书馆动漫文化空间营造的原则与策略[J]. 图书与情报, 2017 (4): 99-103.
[21] 赵爱杰. 专题图书馆建设路径——以东莞漫画图书馆为例[J]. 图书馆论坛, 2017, 37 (8): 105-109.
[22] 刘云鹏. 区域性公共图书馆服务科技型中小企业对策研究[J]. 图书馆工作与研究, 2016 (3): 92-95.
[23] 滨海科技信息服务平台[EB/OL]. [2020-04-15]. http://www.tedala.teda.gov.cn/kjpt/index.html.

# 信息协同视角下公共突发事件舆情管理模型研究

司蒙蒙　陈　雅 (南京大学信息管理学院)

2003年"非典"疫情发生后，我国自上而下的公共突发事件应急管理体系建设取得了较大的进展，舆情信息管理是其中重要的一环。但随着近年城镇化和信息技术的快速发展，舆情信息也呈现出新的复杂性、衍生性和关联性等特征，公共突发事件舆情聚集效应的形成更加快速，舆情发展更加难以预判、难以控制。

## 1 我国公共突发事件舆情信息管理现状

我国当前的舆情管理现状距离能够有效应对社会转型期矛盾高发、事故多发的态势，尚存在较大差距。主要表现在：

(1) 政府部门条块分离，难以有效整体协同联动。当前我国的公共突发事件舆情信息管理建立在分级管理、条块分割的行政管理体制基础之上，以相应的政府部门职能为依托，带有浓厚的"部门"色彩[1]。条块分割的行政管理体制导致信息共享机制不健全，各层级之间的行政权责不同，增加了信息资源整合的难度，降低了决策调度能力。常规政府舆情管理中跨区域、跨部门等政府系统信息资源共享不足，存在"数据鸿沟"，导致收集信息的渠道零散不系统，加大了政府舆情信息分析工作量[2]。经过多层次的纵向和横向"部门分割"，纵向的主体间沟通与协调较为通畅，但横向的跨区域、跨时空与跨部门的联动不充分，缺乏指导性的整体性布局设计，导致应对公共突发事件协调性差，反应能力不足，整个舆情管理体系仍较为僵硬[2]。

(2) 媒体低效，容易形成衍生舆情风险。根据何舟博士和陈先红教授收集的11个中国公共危机案例数据分析，我国政府在公共突发事件的潜伏期几乎不采用双向沟通模式 (11个事件中无一在此阶段采用双向沟通模式)，在爆发期倾向采用封闭控制或单向宣教沟通模式 (11个事件中7个在此阶段采用封闭控制或单向宣教沟通模式)[3]。封闭、单向的舆情信息传播方式，极易产生散布、揭露、谴责、批评等负面的效果[4]。信息传递渠道过于分散，尚没有形成规模统一的信息传递架构，增加舆情信息管理工作的同时，还会出现跨界舆情风险，这些衍生的舆情风险与原始突发事件叠加作用，加重舆情事件的影响[5]。部分媒体对公共突发事件的报道，有严重的利己倾向，只关注事件的冲突和焦点，为博得眼球，吸引公众关注，对焦点问题采用戏剧性的报道方式[6]。这种不客观的传播方式放大了公共突发事件的焦点，加大了公众焦虑情绪，极易引发更大的舆情风险[7]。

（3）公众被动接受，难以实现与政府的良性信息交互。当前"全角色"的舆情管理体系，只是存在于政府的行政管理体系中[8]。大部分情况下社会组织、公众等仍处于被动接受的状态，这种一元的行政管理结构，未能充分发挥社会与公众的主观能动性[9]。这种仍旧以自上而下单向传递为主的管理方式，忽视了公众的声音和诉求，使得管理部门未能及时根据公众的舆情诉求调整管理方案，舆情管理工作存在一定的滞后性[10]。在这样的管理环境下，公众的抵触模式相对应地形成了，他们通常的反应为"混乱、反驳、不信、冷漠"[11]。特别是收入低、学历低的"草根化"公众，他们对敏感事件表达的诉求或者发表的评论若未能得到有效反馈和引导，极易产生舆论的群体极端化现象[12]。

面对频发的公共突发事件，一个更加合理有效的舆情信息管理策略应该是以政府整体协同联动为主导，充实新闻媒体等传播渠道，重视公众作为信息接收者和反馈者的主体地位，构建信息从政府管理部门发出，经过渠道及时传播，公众能够及时获取真实信息并有效反馈意见的系统，实现政府、传播渠道、公众三者整体的协同管理与信息交互。基于此，笔者尝试在信息协同视角下，基于信息科学方程，探究公共突发事件舆情管理的策略模型。

## 2 信息协同视角下公共突发事件舆情管理框架的重构

### 2.1 公共突发事件中的信息协同管理

协同，在系统科学中是指系统中诸多子系统或要素之间交互作用而形成有序的统一整体的过程[13]。公共突发事件的信息协同管理重点从整体出发，强调在舆情信息传播的各个阶段，重视政府、媒体、公众各信息主体和信息环境之间交互影响，各主体间通过信息动态交互、反馈、积累，根据具体情况及时调整管理策略，降低舆情信息风险，形成政府主导、多方参与的协同管理体系[14]。

在复杂多变的信息环境中，基于信息协同的舆情管理体系既有利于保证体系的灵活性和适应性，又有利于信息传播过程中的稳定性和延续性[15]，这样既能发挥各方的专业技能，又能畅通信息流通渠道，还能满足媒体和公众的舆情信息需求，对舆情风险研判、舆情危机预警以及舆情问题化解具有重要作用。

### 2.2 公共突发事件中各信息主体协同管理策略

在公共突发事件中，政府充当信息富集者（source）的角色，渠道（channel）为各种形式的传播媒体，受众（recipient）为关心热点事件的社会公众。公共突发事件舆情在三大信息主体之间交互传播，经过各方主体的再应用。三个主体形成相互制约的复杂依存关系。

（1）政府作为信息富集者（source）是舆情信息的管理主体，以其拥有的信息资源优势居于信息传播过程的中心位置[16]。协同管理是政府创新公共突发事件舆情管理的关键，其来源于信息管理系统面对突发性舆情信息风险的感知、反应速度，部门协调及风险处置的能力。全面搜集信息并及时公开信息是政府信息协同管理的重中之重，既可以满足政府对信息的需求，又可以满足其他信息主体的需要。其次应重视舆情发展过程中各个"点"的识别[17]，如：显现的或潜在的敏感点、问题的焦点、舆情发展的拐点、潜在危害的风险点、虚假言论的谣言点、煽动因素的煽动点等。为了有效防控突发事件舆情风险，提高舆情信息协同管理，政府还应从以下三方面规范自身信息管理过程：一是部门之间整体协同管理。做到部门间信息同步，避免"信息孤岛"，系统化、条例化评估"舆情点"。二是跨部门之间联动管理。在保持原有政府信息管理系统稳定基础上，对信息管理内容依据突发事件的情景进行适应性管理，更多地尊重信息外在突发环境，改变部门之间独立的工作方式，借助专家、媒体、社会组织、公众等力量将政府由外在压力驱使的信息输出模式转化为内驱力驱动的主动的信息公开。三是信息渠道的畅通管理。突发事件信息管理会面临很多不确定性和挑战，畅通的信息渠道会大大降低舆情风险。若在突发事件前期政府注重传播主体间的互动，后期注重传播渠道的管控、引导舆情发展，这样既注重了信息主体间的主动性互动，又引导了舆情发展，能有效阻止突发事件舆情信息的扩散，降低舆情风险。

（2）媒体是舆情信息的渠道（channel）主体，对舆情信息的传播发展起到至关重要的作用。大数据时代的媒体传播基于移动互联网技术，对用户进行个性化的细分，然后对突发事件信息进行生产、分解、传递和消费，这样更容易产生舆情焦点，对用户的影响力更大，传播的范围也更广[18]。将媒体纳入突发事件信息协同管理体系中，有助于舆情监测、预警、引导和控制，稳定社会秩序。媒体的信息协同管理，主要是辅助政府工作，做好政府与公众之间的传声筒，重点把控与公众的沟通与互动。传统的政府媒体间合作，都是自上而下的信息发布，媒体充当政府发言人的角色，缺少自下而上的反馈沟通机制，在协同信息管理中，媒体应具有双重属性[19]，既做好政府权威信息的发布，又做好公众自下而上的反馈。在信息传播过程中，媒体应平衡突发事件热点问题、报道频率和主流媒体意见之间的关系，提高媒体人的新闻素养，理性客观进行信息处理，减少戏剧性、夸张性的舆情报道，安抚公众情绪，做好政府和公众之间的"桥梁"工作，减少舆情风险的产生。

（3）公众作为舆情信息的主要受众（recipient）主体和反馈主体，一般通过论坛、微博、微信等社交平台发现和识别信息[20]。在舆情传播过程中，公众的内心深处对突发事件本身或事件中关键人物、机构的相同或相似认知是公众产生共鸣的前提条件。需要我们特别注意的是，这些相似的经验或者认知能够激发和强化公众产生共同的想法，甚至对某一焦点事件形成非理性的极端化"一边倒"意见[21]。所以，当突发事件发生后，公众间既有的成见极其容易交互强化，公众往往一边倒地去支持弱势方，反而很少会追求事实的真相。突发事件前期舆情信息杂乱无序，容易在公众之间形成舆情风险。因此提高公众的信息素养，畅通政府、公众和媒体之间的舆情信息传播渠道，及时将真实信息传达到公众群体中[22]，可以有效避免不实谣言的传播，降低舆情风险。公众也应积极参与到政府协同信息管理中，这样既可以满足公众对信息的需求，又能监督政府工作。

## 3 公共突发事件舆情信息协同管理模型构建

英国著名信息学家布鲁克斯提出的信息科学方程 $K(s)+\triangle I=K(S+\triangle s)$ 表明，一个信息主体原有的知识结构 $K(s)$ 在受到某些信息增量 $\triangle I$ 的作用后，便可形成新的知识结构 $K$

（S+△s）。公共突发事件舆情管理过程中，各信息主体间获取舆情信息的方式远比上述单向信息传递过程复杂得多。笔者基于当前复杂的社会信息环境，将舆情管理置于信息协同视角下，考虑信息在传递过程中环境的开放性以及各信息主体之间信息交互反馈后不断积累的新的知识状态，尝试提出公共突发事件舆情管理中信息传递的"I（information）-S（source）C（channel）R（recipient）"协同管理模型。如图3-1所示。

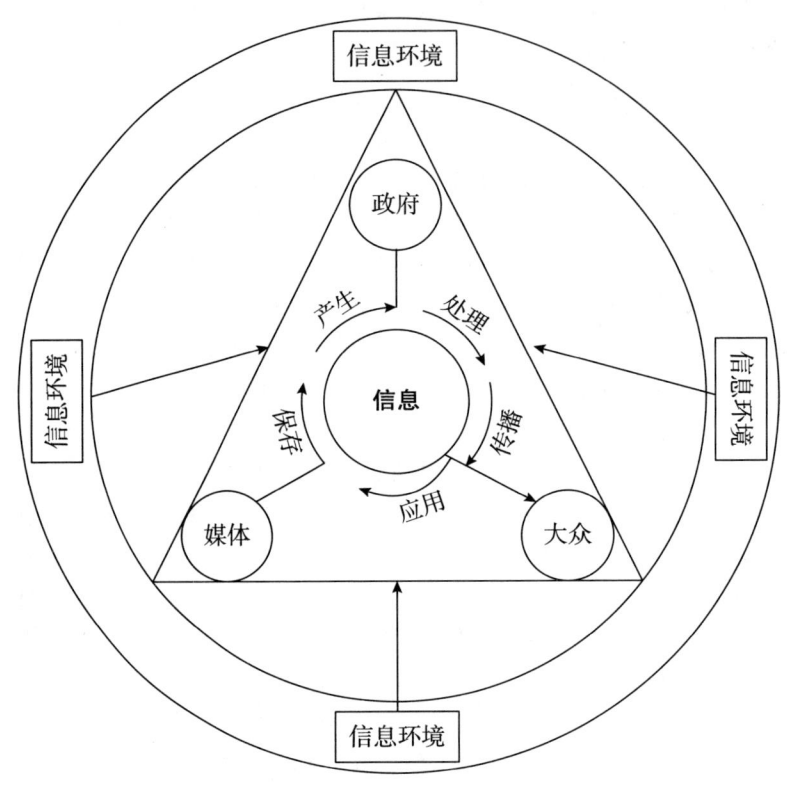

图3-1 舆情信息协同管理模型

舆情信息协同管理模型强调从公共突发事件整体出发，尊重信息外在的客观环境，完善信息管理体系内各信息主体和环境之间交互模式，及时察觉风险、适应风险、应对风险，提升信息管理体系的动态适应性。该模型旨在把信息与政府、信息与媒体、信息与公众之间的传播交互活动统一于一个整体之中，进而形成以政府为主导，媒体为主要传播渠道，公众接收并参与反馈的多方协同交互模式。

在信息协同管理模型中，政府（source）统筹部署突发事件的信息管理，在整个信息周期内应做好信息搜集、信息处理、信息评估、信息公开与信息存储。大数据时代，媒体和公众对于信息的知情与传播有了更高的要求，这意味着对政府的信息处理与公开工作有了更高的要求。政府信息的及时公开可以让公众对于突发事件有更加全面和直观的了解，减少谣言带来的社会舆情躁动，有助于稳定社会发展，这对构建和谐社会非常有必要。信息协同交互模型也要求政府工作更加细致、科学与民主，政府的信息公开并不仅仅是对于信息结果的公示，而应注重与公众的民主讨论和与媒体的传播交流，来保证政府行为的公正性与对突发事件处理的执行力。这样可以使得政府的工作置于公众与媒体的监督之下，进而保证政府的执行目的可以达到预期效果。

媒体（channel）要做好政府与公众间舆情信息的畅通传递，维护信息主体和突发事件舆情信息的动态平衡。媒体作为信息传播的主要渠道，在信息生命周期的前期通过渠道搜集信息，做好对政府的汇报；在中期，形成跨区域、跨部门、跨平台的渠道联通机制，根据信息协同交互模型，媒体引导正向舆论，注重公众的反馈与意见，及时做好汇总、反馈与疏解。在后期，稳定政府与公众之间的沟通，保持突发事件舆情信息的稳定，做好政府的发声筒并及时传达公众声音。

信息协同管理模型注重公众（recipient）在突发事件舆情信息的主观能动作用，既要培养公众的信息素养，提高甄别信息真伪的能力，又要发挥其对政府工作的监督作用，建立自下而上的突发事件舆情信息反馈机制。从长远来看，公众在提高信息素养的过程中，应注重自我引导能力的培养，在面临突发事件时正确处理接受到的舆情信息，抵制不实、夸张信息，减少舆情风险的发生。

## 4 "北京再次出现新冠肺炎病例"舆情演变案例分析

"知微事见"作为互联网社会热点聚集平台，拥有海量的热点事件信息。关于案例样本，我们选取"知微事见"事件库2020年6月份影响力排行第一的热点事件——"北京再次出现新冠肺炎病例"。关于研究时长，我们截取了该事件6月11日至7月14日相对完整的舆情发展周期。舆情信息的传播速度是基于信息主体对热点事件的搜索及浏览行为的动态演变。通过分析热点事件的传播速度我们可以在一定程度还原信息周期范围内舆情热度演变趋势，同时还可以快速了解该事件引发的社会问题和公众关心的舆情焦点，对于研究在一定信息周期内突发事件的信息管理有重要作用。笔者选取传播速度作为研究案例舆情演变分析的源数据，为便于观察和划分新冠疫情舆情演变阶段，将样本舆情热度绘制成折线图。关键点以A、B、C、D、E、F表示，在信息周期理论的基础上通过识别舆情热度的拐点，同时查验关键时间的标志性事件，得到研究样本舆情周期的产生阶段、处理阶段、传播阶段、恢复阶段和保存阶段5个阶段，如图2。

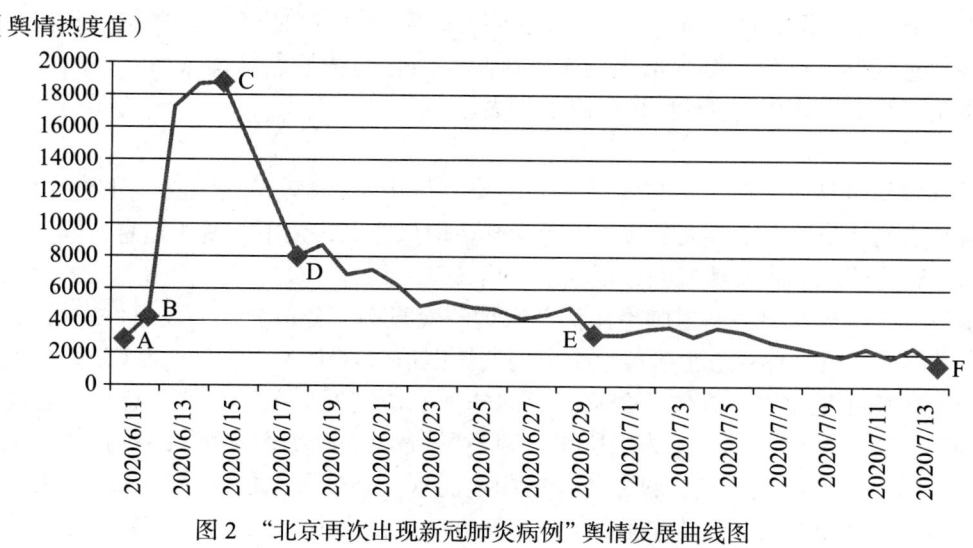

图 2 "北京再次出现新冠肺炎病例"舆情发展曲线图

6月11日北京在连续56天无新增病例后再次出现新冠肺炎病例。图2 AB段曲线平稳上升，意味事件出现后迅速引起国内政府、媒体和公众的广泛关注，在特定舆论环境下，舆情热点迅速形成；分析样本案例，在BC阶段舆情信息在三方信息主体的交互作用下曲线斜率急速上升，虽然后半段上升的趋势有所缓和，但舆情热度依旧处于高位，揭示事件出现后舆情信息就呈"爆米花"式爆发；随着北京疫情防控中心的及时应对，疫情得到有效控制，新增病例不断下降，政府、卫生机构、专家、金融机构、媒体、公众等关于此次事件的舆情意见导向聚拢成形，CD段曲线的切线斜率明显降低且下降趋势明显，舆情热度开始冷却；舆情产生后，政府积极回应，北京疫情防控中心指导医疗机构做好救治工作，及时发布新冠肺炎确认病例数、病例分布地区以及北京市各区疫情风险等级情况，权威信息阻止了谣言的传播。同时政府引导媒体做好疫情防控的宣传工作，积极组织公众加强自身防护，政府、媒体与公众形成线上线下良性互动，舆情热度缓慢下降，DE段曲线平稳回落，虽有短暂波动但基本得到控制；随着政府对疫情的防治措施方案日趋成熟，确认病例逐渐下降，媒体及公众对舆情信息的传播速度逐渐回落，舆情发展进入保存阶段长尾期EF段，曲线变化平稳，舆情热度逐渐消散，7月13日北京疫情防控新闻发布会宣布降低北京丰台区疫情风险等级揭示本次事件结束，舆情信息进入保存阶段。

"I-SCR"舆情信息协同管理模型强调信息在信息主体之间动态传播，形成交互式舆情信息管理模式。北京再次出现新冠肺炎病例是点燃和推进舆情发展的首要因素。事件发生后政府迅速采取措施，联合公共卫生部门和信息管理部门检测危机舆情信息，识别并进行记录。政府的及时处置与回应是防控舆情风险的关键因素。随着确诊病例的增加，媒体与公众的舆情信息传播速度不断提升，公众感知到疫情对自身健康的威胁，不安情绪开始蔓延，产生潜在舆情风险。北京市疫情防控中心及时做好卫生医疗机构与相关部门的疫情防控工作，发布权威信息，引导媒体正向跟踪报道，组织公众做好疫情防控，政府信息管理部门加强信息监管，做好舆情风险评估，保证与媒体、公众之间良性互动渠道，降低舆情信息风险。媒体根据自身需求选取热点话题跟踪报道，从不同方向、层次响应政府疫情防控，作为政府与公众之间的"纽带""桥梁"，辅助政府进行舆情信息管理，成为舆情信息风险防控与预警的重要支撑。公众抵制不实夸张信息，避免消极舆情信息传播，主动参与到舆情风险防控管理中来，形成自下而上环形动态交流。政府、媒体和公众之间的交互传播，加速突发事件信息周期的进程，减少衍生的次生风险，强化舆情信息管理张力，提高信息协同管理，避免了此次公共突发事件舆情风险的扩大。

公共突发事件发生后，信息主体之间的交互作用使得舆情发展处于不断变化的状态之中，对政府舆情防控带来极大挑战。笔者尝试在信息协同视角下，基于信息科学方程，构建"I-SCR"舆情信息协同管理模型，旨在从政府（S）、媒体（C）、公众（R）三大信息主体入手，辅以"北京再次出现新冠肺炎病例"舆情演变案例，分析公共突发事件舆情信息产生、处理、传播、恢复、保存五个阶段全生命周期的舆情管理策略。对于公共突发事件的舆情管理，我们应该注重政府、媒体、公众三者间的信息协同互动关系，使信息在三者间的传递达到动态平衡，既使政府"权为民所用，利为民所谋，情为民所系"的执政理念能够深入人心，又满足媒体传递信息、服务公众的职业需求，还使公众能够及时获取所关心的舆情信息，满足自身知情权。这样才能真正满足三方的各自需求，畅通信息流通渠道，进而完善突发事件舆情信息的风险管理，维护社会稳定。

## 参考文献

[1] 何叶荣,李玲.基于多元协同的公共安全危机管理模式研究[J].淮南师范学院学报,2012,14（2）:14-17.

[2] 肖文涛,曾煌林.突发事件政务舆情回应:面临态势、困局与对策思路[J].中国行政管理,2017（12）:111-116.

[3] 何舟,陈先红.双重话语空间:公共危机传播中的中国官方与非官方话语互动模式研究[J].国际新闻界,2010,32（08）:21-27.

[4] 李金华,于洋.新媒体时代重大疫情网络舆情的引导与治理[J].黑河学院学报,2020,11（10）:53-54,89.

[5] 崔金栋,孙遥遥,于圆美.基于社会网络实证分析的政务微博发展策略研究——以吉林省为例[J].情报杂志,2015,34（11）:123-130,156.

[6] 兰月新,曾润喜.突发事件网络舆情传播规律与预警阶段研究[J].情报杂志,2013,32（5）:6-19.

[7] 付翔.智能时代网络舆论的风险治理与引导[J].人民论坛·学术前沿,2019（22）:92-95.

[8] 代刃.浅析社会管理创新的路径——以公众参与为视角[J].理论与改革,2013（3）:75-78.

[9] 欧阳桃花,郑舒文,程杨.构建重大突发公共卫生事件治理体系:基于中国情景的案例研究[J].管理世界,2020,36（8）:19-32.

[10] 郭春侠,刘惠,储节旺.新媒体环境下网络舆情治理大数据能力建设研究[J].情报理论与实践,2018,41（12）:46-54.

[11] 陈夏瑾.新媒体视域下突发公共事件舆情应急管理机制研究[J].新闻传播,2020（13）:114-116.

[12] 叶琼元,夏一雪,窦云莲,等.面向突发公共卫生事件的网络舆情风险演化机理研究[J].情报杂志,2020,39（10）:100-106.

[13] HUTT A,HAKEN H.Synergetics[M].New York:Springer,2020.

[14] 樊博,刘若玄.应急情报联动的协同管理理论研究[J].信息资源管理学报,2019,9（4）:10-17.

[15] 孙振良,宋绍成.突发事件舆情信息生态链系统的协同演化机理研究[J].情报科学,2017,35（5）:30-33.

[16] 孙江,李婷.风险建构视域下突发事件网络舆情治理研究[J].中国行政管理,2019（9）:118-122.

[17] 曾子明,方正东.基于熵理论的突发事件舆情演化研究[J].情报科学,2019,37（9）:3-8.

[18] 胡婷婷.突发事件网络舆情的演化要素及治理策略研究[J].现代情报,2018,38（10）:51-56.

[19] 陈璟浩.突发公共事件网络舆情演化研究[D].武汉:武汉大学,2014.

[20] 周耀明,王波,张慧成.基于EMD的网络舆情演化分析与建模方法[J].计算机工程,2012,38（21）:5-9.

[21] 赵丹,王晰巍,李师萌,等.新媒体环境下的网络舆情特征量及行为规律研究——基于信息生态理论[J].情报学报,2017,36（12）:1224-1232.

[22] 赖胜强,张旭辉.网络舆情危机事件对网民情绪传播的影响机理——基于D&G辱华事件的扎根理论研究[J].现代情报,2019,39（9）:115-122.

# 基于电商营销的公共图书馆阅读推广线上移植研究
## ——以疫情期间我国省级公共图书馆线上阅读推广服务为例

谢春枝　饶　曦（湖北省图书馆）

2020年伊始,受新型冠状病毒肺炎影响,各类公共场所无法正常开放,自1月23日始,国内公共图书馆相继闭馆,截至本文撰写,国内31家省级公共图书馆（不含港澳台地区,下同）恢复有限开放的只有20家,这对以阵地服务为主要方式的公共图书馆阅读推广服务带来了极大冲击,因国家重大突发公共事件引起的公共图书馆闭馆,影响面之广、时间之长,在新中国公共图书馆史上还是第一次。值得称道的是,公共图书馆积极应对,坚持闭馆不打烊,疫情期间,纷纷加大了对线上阅读推广服务内容和形式的探索与创新,开展了包括线上讲座、云看展、线上阅读竞赛、数字资源推介等一系列活动,在为抗疫贡献图书馆文化力量同时,充分彰显了第三代图书馆泛在服务的优势和潜能。本文旨在对疫情期间国内31家省级公共图书馆开展的各类线上阅读推广活动进行梳理和分析,并与电商营销"内容—用户—变现"核心思想及实现方式进行对比,探讨泛在服务环境下图书馆阅读推广服务实现线上移植的方法和路径,以期在国家重大突发公共事件中能继续增加读者黏合度,促进公共图书馆服务转型升级。

## 1 公共图书馆阅读推广服务的现状和趋势

### 1.1 以到馆服务和三微一端为主要手段

网络化环境下,公共图书馆职能逐渐由传统向现代转变,阅读推广服务不断发展,具备服务内容多元化、服务对象广泛化和服务方式现代化等特点[①]。

目前我国公共图书馆阅读推广服务主要有两个突出特征：一是以到馆服务为主要形式,线上服务为辅助。书刊外借、馆内阅览、讲座展览等,大多数需要在场馆内进行,线上服务以网络数据库和其他电子资源获取为主。二是移动图书馆服务发展较为成熟,以官网及微信公众号（小程序）为依托,向读者推送远程电子资源以及线上借还、电子书阅览、通知公告等信息,微博、直播等其他阅读推广内容还不够丰富,多以通知公告类消息分享为主。

### 1.2 适应读者需求的全方位和即时性

新形势下,读者阅读需求变化表现为：(1)到馆服务向线上服务转变。新科技不断涌现,相比传统到馆服务,读者更加倾向于数字资源、电子文献等不受时间、空间限制的线上阅读。

---

① 李京丽.网络环境下公共图书馆读者服务探析[J].图书与档案,2018(11):323.

(2)单一服务向全方位服务转变。公共图书馆承担的社会职能逐渐多样化,个体读者需求不再局限于书刊借阅或工作、求学等技能型需求,更多倾向娱乐、休闲,并随读者在社会上扮演角色不同而发生着变化。(3)被动接受型向交流互动型转变。以微信、微博为代表的交互型社会化媒体发展已逐渐成熟,当下各类直播的流行表明人们的即时互动需求日益增强,公共图书馆阅读推广服务与电商等互联网行业营销服务在增加用户黏性以取得最佳活动效果方面有共性,但前者手段较为陈旧,缺乏足够吸引力。

### 1.3 探索阅读推广的智能化和交互性

很多图书馆已经开始适时转型,主动贴合、引导读者阅读需要,开展了线上服务、智慧服务和交互服务。

#### 1.3.1 线上服务

很多公共图书馆开通的官网和微信公众号可实现书目检索、借阅查询、数字资源获取等功能,基本可以满足读者阅读需求,但发布平台多限于官网和微信,渠道还不够丰富,许多创新性的线下阅读推广活动只是利用平台发布通知和宣传,线上线下协同运作还比较有限。

#### 1.3.2 智慧服务

智慧服务主要包括两方面:一是技术手段的智能,将服务机器人技术、虚拟现实技术和数据挖掘技术等应用到图书馆自助借还、自动存取、古籍浏览、虚拟培训、线上展览等服务中;二是精准捕捉读者需求,根据读者检索记录,运用数据挖掘及大数据理论发现其偏好,提供个性化服务,精准、高效推送信息。对于前者,公共图书馆已经开始有意识引入相关智能技术,但基于大数据分析的个性化阅读推广还需更多应用和实践。

#### 1.3.3 交互服务

公共图书馆在完善自身功能前提下,已经开始充分利用微信、微博等网络平台进行信息分享与交流,帮助读者了解图书馆环境、资源和服务等,获取读者对图书馆阅读推广服务的诉求、意见和建议,建立与读者情感关联,进一步提升阅读推广服务的质量和效率。目前交互服务多以单向、静态为主,未能实现双向实时互动,读者体验感和亲和力还有待提升。

## 2 疫情期间公共图书馆线上阅读推广服务调研

图书馆阅读推广服务的提升和转型原本是图书馆不断调适以满足读者需求的较为长期的过程,但新冠疫情爆发,公共图书馆为应对公共卫生安全突发事件,不得不关闭线下空间,如何在疫情期间提供丰富而完善的线上阅读推广服务成为一个迫在眉睫的问题。全国31家省级公共图书馆在做好常规网络服务同时,纷纷主动作为,线上移植,聚焦抗疫开展了许多创新性阅读推广活动。

### 2.1 省级公共图书馆线上阅读推广服务调研

2020年3月25日至28日,笔者对31家省级公共图书馆疫情期间线上阅读推广服务项目、内容和渠道等进行了调查,结果如下:

表 1　31家省级公共图书馆线上阅读推广服务项目

| 图书馆名称 | 书目推荐 | 实体书借阅 | 电子书阅读 | 音视频阅读 | 参考咨询 | 线上展览 | 网上培训 | 心理咨询 | 读书会 | 公益讲座 | 征文竞赛、直播等互动性活动 |
|---|---|---|---|---|---|---|---|---|---|---|---|
| 首都图书馆 | √ |   | √ | √ | √ | √ | √ |   |   | √ | 朗读比赛 |
| 上海图书馆 | √ |   | √ | √ | √ | √ | √ |   |   | √ | 阅读马拉松；直播 |
| 重庆图书馆 | √ | √ | √ | √ | √ | √ | √ |   |   |   | 线上答题 |
| 天津图书馆 | √ | √ | √ | √ | √ | √ | √ |   |   | √ | 主题征文 |
| 河北省图书馆 | √ |   | √ | √ | √ | √ | √ |   |   | √ | 战疫文献征集 |
| 山西省图书馆 | √ |   | √ | √ |   | √ | √ |   |   |   |   |
| 辽宁省图书馆 | √ |   |   |   | √ | √ | √ |   |   | √ | 线上答题；朗诵比赛 |
| 吉林省图书馆 | √ |   | √ | √ | √ | √ |   |   |   | √ | 疫情公益直播 |
| 黑龙江省图书馆 | √ |   | √ | √ | √ | √ | √ |   |   |   | 线上答题 |
| 南京图书馆 | √ |   | √ | √ | √ | √ | √ |   |   | √ | 儿童防疫直播 |
| 浙江图书馆 | √ |   | √ | √ | √ |   | √ |   |   |   | 阅读马拉松 |
| 安徽省图书馆 | √ |   | √ | √ | √ | √ | √ |   |   | √ | 阅读马拉松；文献征集；线上答题 |
| 福建省图书馆 | √ |   | √ | √ | √ | √ | √ |   |   |   | 文献征集 |
| 江西省图书馆 | √ |   | √ | √ | √ | √ |   |   |   |   | 文献征集 |
| 山东省图书馆 | √ |   | √ | √ | √ | √ | √ |   |   |   | 线上答题 |
| 河南省图书馆 | √ |   | √ | √ | √ | √ |   |   |   | √ | 线上答题 |
| 湖北省图书馆 | √ | √ | √ | √ | √ | √ | √ |   |   | √ | 系列直播活动；阅读马拉松 |
| 湖南图书馆 | √ | √ | √ | √ |   |   | √ |   |   | √ |   |
| 广东省立中山图书馆 | √ |   | √ | √ | √ | √ | √ |   |   |   | 线上答题 |
| 海南省图书馆 | √ |   | √ | √ | √ | √ | √ |   |   | √ | 馆长直播荐书；线上答题 |
| 四川省图书馆 | √ |   | √ | √ | √ | √ | √ | √ |   | √ | 主题英语口语大赛 |
| 贵州省图书馆 | √ |   | √ | √ | √ | √ | √ |   |   |   | 线上答题 |
| 云南省图书馆 | √ |   | √ | √ | √ | √ | √ |   |   | √ | 线上答题 |
| 陕西省图书馆 | √ |   | √ | √ | √ | √ | √ |   |   | √ | 直播（历史主题） |

续表

| 图书馆名称 | 书目推荐 | 实体书借阅 | 电子书阅读 | 音视频阅读 | 参考咨询 | 线上展览 | 网上培训 | 心理咨询 | 读书会 | 公益讲座 | 征文竞赛、直播等互动性活动 |
|---|---|---|---|---|---|---|---|---|---|---|---|
| 甘肃省图书馆 | √ |  | √ | √ | √ |  | √ |  |  |  | 线上答题;朗读比赛 |
| 青海省图书馆 | √ |  | √ | √ |  |  | √ |  |  | √ |  |
| 内蒙古图书馆 | √ |  | √ | √ |  |  |  |  |  | √ | 线上答题 |
| 广西壮族自治区图书馆 | √ |  | √ | √ |  |  | √ |  |  | √ | 直播;线上答题 |
| 西藏自治区图书馆 | √ |  | √ | √ |  |  | √ |  |  |  |  |
| 宁夏图书馆 | √ |  | √ | √ |  |  | √ |  |  | √ | 线上答题;朗读比赛 |
| 新疆图书馆 | √ |  | √ | √ |  |  | √ |  |  |  | 线上答题 |

表2　31家省级公共图书馆线上阅读推广内容

| 图书馆名称 | 人文社科 | 少儿阅读 | 心理疗愈 | 防疫科普 | 疫情信息 | 特殊群体 |
|---|---|---|---|---|---|---|
| 首都图书馆 | √ | √ |  | √ | √ |  |
| 上海图书馆 | √ | √ |  | √ | √ |  |
| 重庆图书馆 | √ | √ |  | √ | √ |  |
| 天津图书馆 | √ | √ |  |  | √ |  |
| 河北省图书馆 | √ | √ |  | √ | √ |  |
| 山西省图书馆 | √ | √ | √ | √ | √ |  |
| 辽宁省图书馆 | √ | √ |  | √ | √ |  |
| 吉林省图书馆 | √ | √ |  | √ | √ |  |
| 黑龙江省图书馆 | √ | √ | √ | √ | √ |  |
| 南京图书馆 | √ | √ |  | √ | √ |  |
| 浙江图书馆 | √ | √ |  | √ | √ |  |
| 安徽省图书馆 | √ | √ |  | √ | √ |  |
| 福建省图书馆 | √ | √ |  | √ | √ |  |
| 江西省图书馆 | √ | √ |  | √ | √ |  |
| 山东省图书馆 | √ | √ |  | √ | √ |  |
| 河南省图书馆 | √ | √ |  | √ | √ |  |
| 湖北省图书馆 | √ | √ |  | √ | √ |  |

续表

| 图书馆名称 | 人文社科 | 少儿阅读 | 心理疗愈 | 防疫科普 | 疫情信息 | 特殊群体 |
|---|---|---|---|---|---|---|
| 湖南图书馆 | √ | √ |  | √ | √ |  |
| 广东省立中山图书馆 | √ | √ | √ | √ | √ |  |
| 海南省图书馆 | √ | √ |  | √ |  |  |
| 四川省图书馆 | √ | √ | √ | √ |  |  |
| 贵州省图书馆 | √ | √ |  | √ | √ |  |
| 云南省图书馆 | √ | √ |  | √ |  |  |
| 陕西省图书馆 | √ | √ |  | √ | √ |  |
| 甘肃省图书馆 | √ | √ |  | √ |  |  |
| 青海省图书馆 | √ | √ |  | √ |  |  |
| 内蒙古图书馆 | √ | √ |  | √ |  |  |
| 广西壮族自治区图书馆 | √ |  |  | √ |  |  |
| 西藏自治区图书馆 | √ | √ | √ | √ | √ |  |
| 宁夏图书馆 | √ | √ |  | √ |  |  |
| 新疆图书馆 | √ |  |  | √ |  |  |

表3　31家省级公共图书馆线上阅读推广渠道

| 图书馆名称 | 官网 | 微信 | 微博 | 抖音 | 其他互动平台 |
|---|---|---|---|---|---|
| 首都图书馆 | √ | √ | √ | √ |  |
| 上海图书馆 | √ | √ |  | √ | QQ直播 |
| 重庆图书馆 | √ | √ | √ | √ |  |
| 天津图书馆 | √ | √ |  |  |  |
| 河北省图书馆 | √ | √ |  |  |  |
| 山西省图书馆 | √ | √ |  |  |  |
| 辽宁省图书馆 | √ | √ | √ |  |  |
| 吉林省图书馆 | √ | √ | √ | √ | 万方医学网 |
| 黑龙江省图书馆 | √ | √ | √ |  |  |
| 南京图书馆 | √ | √ |  |  | 中少图书（微信） |
| 浙江图书馆 | √ | √ | √ | √ |  |
| 安徽省图书馆 | √ | √ | √ |  |  |
| 福建省图书馆 | √ | √ | √ |  |  |
| 江西省图书馆 | √ | √ | √ | √ |  |

续表

| 图书馆名称 | 官网 | 微信 | 微博 | 抖音 | 其他互动平台 |
|---|---|---|---|---|---|
| 山东省图书馆 | √ | √ | √ | | |
| 河南省图书馆 | √ | √ | √ | | |
| 湖北省图书馆 | √ | √ | √ | √ | CCtalk、QQ直播 |
| 湖南图书馆 | √ | √ | √ | | |
| 广东省立中山图书馆 | √ | √ | √ | | |
| 海南省图书馆 | √ | √ | √ | | |
| 四川省图书馆 | √ | √ | √ | | |
| 贵州省图书馆 | √ | √ | √ | | |
| 云南省图书馆 | √ | √ | √ | | |
| 陕西省图书馆 | √ | √ | | | 一直播 |
| 甘肃省图书馆 | √ | √ | | | |
| 青海省图书馆 | √ | √ | √ | | |
| 内蒙古图书馆 | √ | √ | √ | | |
| 广西壮族自治区图书馆 | √ | √ | √ | | QQ直播 |
| 西藏自治区图书馆 | √ | √ | | | |
| 宁夏图书馆 | √ | √ | √ | | |
| 新疆图书馆 | √ | √ | √ | √ | |

### 2.1.1 常规阅读推广服务项目基本移植，针对线上特点加强互动和创新

疫情发生后，全国31家省级公共图书馆全部关闭了线下场馆，直至2020年2月29日，青海省图书馆最早开馆。实际上，国内省级公共图书馆至少有近40天全闭馆，完全依托线上服务开展阅读推广工作。

从表1可以看出，31家省级公共图书馆，基本都提供了书目推荐、电子书阅读、音视频阅读、参考咨询和网上培训等5个基础服务项目，27个馆组织了征文、答题、直播等互动性活动，19个馆组织了线上公益讲座，15个馆提供了线上看展服务，1个馆提供了心理咨询渠道（结合表2可以看出有5个馆进行了心理疗愈相关内容的线上阅读推广），分别占87.1%、61.3%、48.4%和3.2%。

27个组织了互动性活动的图书馆中，15个馆组织了线上答题，占比48.4%；7个馆组织了线上直播，4个馆组织了朗读比赛，4个馆组织了阅读马拉松，1个馆组织了征文比赛，分别占比22.6%、12.9%、12.9%、3.2%。可见互动性强的直播、阅读竞赛等阅读推广服务项目占比偏低。

### 2.1.2 阅读推广内容贴近疫情主题，彰显图书馆书香抗疫力量

从表2可以看出，疫情期间，31家省级公共图书馆在保障人文社科、少儿阅读类资源推介服务外，均开展了疫情专题的资源推介和主题活动，但在心理疗愈及特殊群体方面的阅读推广服务内容相对缺乏。

有些馆结合疫情主题与本馆特色，开展了系列化阅读推广活动，如湖北省图书馆开展了

"在家阅读·书香战疫"系列活动,建立方舱书屋和"方舱数字文化之窗",发布馆长推荐特别电子书书目,开设"我拆你思"、"书说战疫"和"真人阅读"三个专栏,共开展25期线上直播,参与直播和回看播放人数达22100人次;云南省图书馆开设专门板块,用于辟谣、病患同乘查询等;青海省图书馆开展了如免费云咨询、防疫法治讲堂等法律主题活动,聚焦复工复产过程中可能会产生的法律问题。

2.1.3 新媒体成为阅读推广主要渠道,尝试引入各种直播平台

从表3可以看出,除通过官网持续提供书目检索、数字资源获取、资讯发布等信息外,31家省级公共图书馆均设有微信公众号(含服务号),25个馆设有微博账号,14个馆设有抖音账号(其中海南省图书馆活动账号为馆长个人账号),8个馆设有支付宝服务账号,分别占80.6%、45.2%和25.8%,且疫情期间发布消息增多,管理力度增强,说明为应对疫情各馆普遍加大了新媒体平台使用力度,但对读者喜闻乐见的抖音和支付宝应用还有待跟进。

相较于微信,各省级公共图书馆使用微博频率相对较低,范围相对较窄。拥有官方微博账号的25家公共图书馆,主要将微博作为一个发布通知公告、活动介绍、书籍推荐等信息的分享工具,对读者吸引力度不足,服务深度未挖掘。

31家省级公共图书馆拥有各类培训、讲座等视频资源,多通过微信公众号提供给读者观看。疫情期间上海、吉林、江苏、湖北、海南、山西、广西7个省馆利用CCtalk、QQ、抖音等平台以直播形式开展了线上活动,仅占22.6%。

## 2.2 疫情期间线上阅读推广服务的特点和不足

调研发现,31家省级公共图书馆疫情期间线上阅读推广工作已取得一定成效,官网及微信公众号各项功能也较为全面,基本可以满足读者资讯获取和电子阅读需求;微博、抖音等其他形式新媒体APP也在推广应用中。线上资源推送的分模块管理,有助于公共图书馆细分用户群,供不同类型读者按需获取;各类线下活动逐步移植,也易于图书馆与更广泛的读者形成良性互动,扩大图书馆影响力和服务受众面。但综观线上阅读推广服务的内容和形式,省级公共图书馆还存在一些不足。

2.2.1 与读者交互性不够

根据不同新媒体平台特征,各馆不约而同首选微信公众号作为主要渠道,将微博等其他平台作为信息交流窗口,但多数只是复制粘贴式消息发布,与读者互动较少。

以微博为例,在开设了微博账号的25家公共图书馆中,上海、重庆、浙江、江西、山东、湖南等6个馆与其他相关官方账号及读者互动相对较多,重庆、山东、湖南等3个馆开展了互动或转发赠书活动。此类活动推文下,转评赞单项数量可达300以上,其他图书馆微博主要发布通知公告、书籍推荐、活动介绍、馆内资源介绍等内容,转评赞数量几乎都在个位数。从粉丝数量来看,各馆粉丝数从600到17万不等,其中超过半数粉丝数在1万以下,粉丝数量较高的分别为上海图书馆(17万)、重庆图书馆(12万)和内蒙古图书馆(7万)。由此可见,互动性是影响平台粉丝数量重要因素之一。

2.2.2 平台间引流效果不佳

31家省级公共图书馆均在不同平台开设了服务账号,如果已经选定将官网及微信公众号作为服务主体,则必须在其他平台把潜在用户引导到主要服务平台上,转化为真正的读者。

25家设有微博账号的公共图书馆,大多会介绍馆内近期举办的活动,但只有辽宁、海南、

云南等少数馆在介绍活动信息时，附上可直接跳转至活动页面的链接，尝试将可能对活动感兴趣的偶然浏览者引流至微信公众号。

14家设有抖音账号的公共图书馆，主要发布馆内环境、微讲座、活动信息、艺术作品、趣味视频和疫情等内容，仅上海馆、吉林省馆在视频中介绍了微信公众号及微信公众号上可提供的资源等相关信息。

## 3 电商营销策略对公共图书馆阅读推广线上移植的启示

### 3.1 电商营销的核心价值和基本模式

当前主流电商（如淘宝、京东等）均有专门平台，营销核心为"内容—用户—变现"，线上营销与线下营销结合，多渠道协同，通过各种方式将消费者吸引到电商平台上，推送其产品，促使用户最终达成交易行为。公共图书馆阅读推广服务核心是吸引读者（包含潜在读者）参与图书馆活动，为其提供及时和精准的资源和服务，使图书馆与读者形成良好共生关系。因此，电商营销与图书馆阅读推广服务基本思路与目标相吻合，具备管理移植的基础。

### 3.2 当前电商营销的主要方式

#### 3.2.1 社交营销

社交已成为信息社会人们生活中不可替代的需求，以微信、微博为代表的社交APP，月活跃账户数超11亿，占据用户大量在线使用时间，社交营销便是依托这些社交网络进行。社交营销建立在人际关系网上，具备低成本、高效率、强互动特点，能够形成裂变病毒式传播效果，商品信息分享、"好友助力赢红包（现金）"、"组队盖楼PK"等都是社交营销较为典型的方式，通过多样化社交互动将流量引入电商平台，促成交易行为发生。

除了将用户引流至电商平台外，不少电商直接在微信上建立购买渠道，如小程序、微店等，省去跳转至其他平台购买步骤，用户可直接使用微信支付，一站式购买，降低平台切换过程中用户流失风险。

#### 3.2.2 视频营销

2016年被称为直播爆发元年，直播营销则是近两年电商与直播行业结合的产物。直播具有表现形式好、内容丰富、交互性强、地域不受限制、受众可划分等特点，电商平台采用直播营销方式可以有效利用这些优势，在直播过程中展示商品外观、性能等，一般还会给出一些专门优惠，用户在观看过程中相互交流、相互影响，很容易被情景因素吸引，形成氛围销售。直播过程中，电商平台工作人员还可实时把握用户动态需求，快速反应，及时调整营销策略。

需要注意的是，目前直播营销实际上是一种粉丝经济，主播与用户关联性较强，直播效果一般与主播名气、能力息息相关，选择合适主播在直播营销中较为关键。

#### 3.2.3 个性化营销

个性化营销又称定制化营销，现代信息技术发展大幅降低了个性化营销成本，使其广泛使用成为可能。用户单次消费后，短期内消费需求和习惯一般不会发生较大变化，基于这一前提，电商平台通过大数据技术，分析用户浏览记录、购物车记录和交易记录等消费行为，进行用户画像，获取用户潜在购物需求，点对点推送商品信息，有针对性实施精准营销。

个性化营销并不单独存在,一般与其他营销方式融合使用,如微博、知乎等APP上广告页面,点击屏蔽时需要选择理由,这些行为都是在收集用户数据,以便需要时运用到电商营销之中。

### 3.3 对公共图书馆阅读推广线上移植的建议

当公共图书馆阅读推广服务主战场转移到线上,核心目标也是争取读者、服务读者,与电商平台有共通之处,公共图书馆要想开拓线上阅读推广服务空间,完全可从电商营销策略之中吸取经验。

#### 3.3.1 多平台协同,扩大服务受众

不同平台使用受众不同,公共图书馆应充分利用平台特点,吸引潜在读者,让更多平台既有用户群发现图书馆服务,扩大图书馆读者服务受众范围。如利用微信公众平台开放性特点,关联第三方平台,一键推送微信消息至其他平台;利用微博信息分享速度快、流量大特点,关注当下社会热点,抓住他们与图书馆行业关联,在发布信息中带上相应热搜标签,提升博文阅读量;与其他组织(如教育机构、公益团队等)跨界合作开展直播活动等,吸引其他专业领域潜在受众成为图书馆拥趸者。

#### 3.3.2 引入新技术,线上线下立体服务

起源于电商平台O2O模式的"线上线下相结合"服务也可应用到公共图书馆阅读推广服务中,有利于建立读者与公共图书馆的关联,这种服务模式的发展需要与其他领域资源和技术相结合。如引入支付宝信用系统,芝麻信用分达到一定数值以上可以免押金借阅图书馆书刊或适当延长借阅期限;引入物流配送系统,读者在公共图书馆平台上完成借阅申请,通过后由图书馆选择物流将书刊快递至读者指定地点;引入VR技术,读者足不出户可以在家实现虚拟看展、虚拟咨询、组织培训研讨、读者交流等活动,提升读者服务体验。

#### 3.3.3 提升读者参与感,定制个性化服务

公共图书馆在各平台运营过程中,应由单方面发布信息向双向交互式沟通转变,增强读者参与感,改变其单向被动信息接收者现状。如在各新媒体平台收集对图书馆的建议、组织转发(集赞)赠书、评选最受读者喜爱书籍、馆员直播推荐书籍等,让读者增强对图书馆服务兴趣,积极参与图书馆活动。

读者与图书馆产生的联系越多,互动越频繁、深入,图书馆就越能够获知读者阅读偏好,在做好信息安全和隐私保护前提下,结合读者过往阅读行为和活动信息,建立读者数据库,分析读者需求,采用短信、邮件等方式将其可能感兴趣的书刊、活动等信息推送给读者,提高阅读推广的精准度和时效性。

社会科技不断发展和读者需求变化,促使线上阅读推广服务水平成为公共图书馆服务质量的重要衡量标准之一,想要实现读者服务转型升级,不仅要在图书馆业内寻求方法,也应把眼光聚焦到当下正蓬勃发展的互联网行业中。疫情期间我国公共图书馆采取了很多积极有效的线上移植行为,若能以此为契机,主动从电商营销常用的社交、视频营销等方式中获得启发,将其核心理念和技巧运用到图书馆阅读推广服务中,不仅能提升线上阅读推广能力,还将促使公共图书馆各项工作迈向新的发展阶段。

## 参考文献

[1] 涂世文,金武刚."互联网+图书馆服务创新发展"——《公共图书馆法》"线上线下"相结合研究[J]. 图书馆,2018(7):10-14.

[2] 孟萍."微时代"下公共图书馆读者服务策略研究[J]. 图书馆工作与研究,2016(6):112-115.

[3] 李宝玉,黄章树,叶志龙. 基于社交网络的电子商务特征及精准营销模式研究[J]. 电子商务,2015(37):160-162.

[4] 李京丽. 网络环境下公共图书馆读者服务探析[J]. 图书与档案,2018(11):323.

[5] 李蓝蓝. 基于网络直播平台的电商营销策略研究[D]. 郑州:河南大学,2017.

[6] 张玉斌. 我国公共图书馆智慧服务研究[D]. 太原:山西财经大学,2018.

[7] 魏群义,袁芳,贾欢,等. 我国移动图书馆服务现状调查——以国家图书馆和省级公共图书馆为对象[J]. 中国图书馆学报,2014(3):50-63.

# 突发公共事件背景下公共图书馆提升应急服务能力研究
## ——基于2020年国内公共图书馆"书香战疫"服务的分析

杨庆怀(湖南省图书馆)

## 1 突发公共事件的概念和特征

### 1.1 突发公共事件的定义

突发事件是指突然发生,造成或者可能造成严重社会危害,需要采取应急处置措施予以应对的自然灾害、事故灾难、公共卫生事件和社会安全事件[1]。从爆发规律看,突发公共事件具有偶然性、随机性和概率性,因而具有难以防范、猝不及防、防不胜防等特点,在应对上易陷入一定的被动局面。从影响和波及面看,公共突发事件波及范围广,爆发后对社会人群的影响往往具有普遍性,易形成地区性、全国性甚至全球性的危机。从破坏性看,突发公共事件会对社会发展的方方面面,如政治、经济、文化、生态等均造成全局性的影响,也容易引发次生性损失和灾难,对社会生活和人民生命财产等安全构成严重威胁。

### 1.2 突发公共事件的类型

#### 1.2.1 自然灾害

主要包括气象灾害、水旱灾害、地震灾害、地质灾害、海洋灾害、生物灾害和森林草原火灾等[2]。在人类社会历史发展过程中,人与大自然的共生关系呈现出调和性和对抗性交织的局面。人类的生产生活方式对大自然虽然产生了一定的改造性影响,但本质上看人是大自然的一部分,人类活动受制于自然规律的现实不会改变。可以说,人类的发展史,也是一部与自然灾害的抗争史。世界各民族的远古神话中,都有关于洪水灾害和治水英雄的描述,这是洪灾在人类记忆中的留存。大规模的自然灾害呈现出一定的周期性特点,是大自然自我调节的一种方式。

### 1.2.2 事故灾难

事故灾难主要包括工矿等各类企业安全事故、交通运输事故、基础设施和公共设备事故、核事故、环境污染事故、生态破坏事故等[2]。在国家治理体系中,严格落实安全生产责任是一项核心内容,安全生产和消防责任一样,在政务考核中属于一票否决的项目。改革开放40多年来,我国的经济社会发展取得了显著成绩,但是发展过程中事故灾难从未远离,有些事故灾难是重复发生,每一次灾难都会带来严重的经济财产甚至生命的损失,对政府安全生产管理和企业安全生产实践带来了挑战,也敲响了警钟。

### 1.2.3 公共卫生事件

公共卫生事件主要包括各种传染性疾病、病毒危机、生化危机。在人类发展史上,病毒和细菌一直如影相随,人类也是在不断与病毒和细菌的对抗中实现优胜劣汰和进化发展。突发公共卫生事件威胁人类生命和身体健康,一旦爆发极容易引发生存危机和社会恐慌。如2003年爆发的"非典"、2009年大爆发的"H1N1甲型流感"、2019年在非洲刚果大爆发的"埃博拉病毒"疫情、2020年在全世界大爆发的"新冠肺炎"疫情等,都属于典型的公共卫生事件。公共卫生事件的灾难性后果与各国各地的应急处置能力密切相关,需要全人类的协同努力才能有效化解,是践行和检验人类命运共同体理念的典型案例。

### 1.2.4 社会安全事件

社会安全事件伴随着冲突和矛盾产生。在社会运行和管理过程中,矛盾的分化和演进存在一定的风险,一旦矛盾激化未得到妥善疏导和解决,则容易引发社会安全事件。社会安全事件的产生有些是偶发,属于意外事件,有些则是特定对象的蓄意所为,具有主观的恶意。近年来,各种社会安全事件多次见诸报端,直指社会治理中的痛点难点问题。如恶意侵犯伤害未成年人、连环杀人、暴力抢夺、恐怖袭击、报复社会等危害社会秩序和威胁大众生命财产安全事件。

## 2 突发公共事件下图书馆的应急服务功能

突发公共事件的爆发,会给社会秩序、人民生产生活、大众心理、产业经济和公共管理带来显著影响。突发状态下的危机,也给政府的治理能力和社会管理体系带来挑战。公共图书馆作为政府主导的公共文化服务单位,承担着部分社会治理的责任,因此应该积极行动起来,发挥自身优势,积极参与社会治理和公共服务保障。突发公共事件下图书馆的应急服务功能,主要体现在以下几个方面。

### 2.1 参与社会情绪安抚治理工作

#### 2.1.1 协同做好信息披露

突发公共事件下,正常的社会信息传播和沟通机制受到破坏和影响,人们获取信息的环境、方式、内容、效率会发生显著变化。突发状态下,人们对环境变化和危机状态、程度、破坏后果的及时全面掌握,有助于社会应急措施的执行和应急救援工作的有序开展。反之,若公共事件下,信息传递失灵、失真、失效,则会加重社会的恐慌情绪,引发次生危机和灾难。信息的失灵、失真、失效,会使人们的认知偏离真相,在此状态下谣言就有了传播的土壤。信息服务是公共图书馆的一项核心基础业务。公共事件背景下,公共图书馆需配合政府有关部门、媒体和参与危机治理的其他社会组织,在科学合理的信息披露框架下行动,发挥图书馆的专业优势,协同做好信息披露工作。

#### 2.1.2 安抚和稳定社会情绪

突发公共事件下,社会正常的运转状态被打破,紊乱状态下对社会个体的情绪会造成普遍的负面影响。公共危机下的社会管理,一方面要做好基于公共安全的生命保障和救援工作;另一方面要做好社会情绪的稳定和安抚工作。情绪的问题,与社会个体的身体健康状况存在直接关联,因此不容忽视。如2001年美国"9·11"恐怖事件发生后,恐慌情绪使社会群体长期陷于无力感和惨痛感交织的状态。公共图书馆在突发公共事件下安抚和稳定社会情绪,主要是通过文化力量,从个人心理调节、阅读治疗、科普宣传等角度介入个体精神世界,从而以内化、暗示的形式,帮助社会群体摆脱负面情绪的干扰或制掣。

### 2.2 发挥社会教育和科普职能

#### 2.2.1 充分发挥社会教育职能

突发公共事件下,图书馆的社会教育职能,主要包括社会安全教育、公民信息素养教育、自我危机管理教育、个人知识技能教育等四个方面。社会安全教育是广泛面向社会各阶层、各种文化背景的社会个体,开展安全知识教育,以增强社会各群体的安全意识,增强危机应急处置能力。公民信息素养教育,是信息环境下,为提高各种社会群体,尤其是处于信息劣势的特殊群体的信息获取能力而开展的技能培训,比如信息检索、政府公开信息查询、信息反馈、信息平台和信息设备使用等。信息素养教育是公共图书馆为促进社会信息公平而开展的服务,具有保基本、促均衡、促进社会公平的意义。自我危机管理教育是从个人和家庭应对危机角度出发,提供危机应对技能策略的教育和指导,包括生命安全管理、健康管理、危机防护、危机应急保障、财产管理等方面的内容。社会是抗风险的有机体,防范重心在基层、社区和个人[3]。公共图书馆面向公民开展自我危机管理教育,就是在基层和社会组织末端发力,对危机环境下的社会治理具有积极作用。

#### 2.2.2 开展突发公共事件科普

公共图书馆是我国现代公共文化服务体系的重要服务主体之一,肩负着科普职责。我国近代公共图书馆的产生,以开启民智、开展社会教育为使命,兼具传统藏书楼、公共图书馆、博物馆和社会教育机构的职能,具有复合型功能特点。随着社会的发展,科普和公民素养教育的职能,除了学校和科研单位,还广泛分布于公共文化服务场馆之中,公共图书馆与学校、文化馆、科技馆、博物馆、展览馆等公共服务单位在业务上存在一些交叉,但科普和社会教育的形式和内容,都结合了各自特色,因此是一种互补协同的关系。突发公共事件的发生,让公众对该公共事件成因及背后的相关科普内容提出了较大需求。如某一地区突发地震,就会产生关于该地区历史人文、地理环境、地质条件、地区社会经济发展现状和产业分布、地震成因、地震灾害抗灾、灾后重建等方面的知识和信息需求。基于这些需求,公共图书馆的文献服务、科普服务、信息服务、智库服务就有了用武之地。

### 2.3 宣传和引导社会舆论

突发公共事件下的宣传和社会舆论引导,是一项重要的民心工程。公共图书馆在政府指导下,有效助力宣传和舆论引导工作,能增强社会共同抵御危机的信心,凝聚共度时艰的合力,对强化危机下的社会治理,具有重要的作用。

#### 2.3.1 传递正能量

突发公共事件带来的破坏,会对社会生产生活的各个方面带来巨大影响。危机环境下人们会普遍遭遇情绪低落、恐慌、恐惧、失望等情绪问题。突发公共事件,会加重人们对生命脆弱性的认知,增强人类在大自然力量面前的无力感和幻灭感。2020年新冠疫情期间,以人民日报微信公众号为代表的公共自媒体平台,高频率不间断推送"抗疫逆行者"有关事迹和故事,既有党政领导、科学家、政府官员的事迹,也有快递员、保安、下沉社区的普通党员、基层医护人员等普通劳动者的故事。这些故事,直击灾难和危机面前的人性,反映了社会各群体在危机下的生存状态,有温度有力量,是"以人为本"理念下的正能量传递和基于平民视角的时代表达,值得肯定和借鉴。网络信息环境下,公共图书馆应积极利用各种信息平台,尤其是自媒体平台,积极传递正能量,是公共图书馆凸显文化治理功能的一种有效形式。一是可依托馆藏优势,充分揭示和提供有关人类积极应对危机的文献资源,展示人类智慧力量以鼓舞士气。二是可在微信公众号、微博、抖音、头条账号等智能信息互动平台,宣传和传递社会各界共同抵御危机的事迹、故事、成效等,消除社会紧张和消极情绪。

#### 2.3.2 开展阵地宣传

公共图书馆既是文化服务窗口,也是公共宣传阵地。突发公共事件下,公共图书馆积极开展阵地宣传,也是其积极参与社会文化治理的一种有效途径。一是充分发挥公共文化场馆的场地、空间、基础设施的物理优势,开展有助于社会共同应对危机的政策宣传、理念宣传、策略宣传和动员。二是积极履行文化服务主体职责,开展社会责任、社会安全、社会公德和社会互信互助宣传,营造积极和谐的氛围。三是充分发挥教育和文化引导优势,面向社会个体开展自我管理、自我完善、自我发展宣传,增强社会个体应对危机的心理素质。

#### 2.3.3 参与公共事件谣言治理

谣言是恐慌的催化剂,有效的宣传介入和舆论引导能有效防止盲目跟风现象[3]。危机和谣言好似一对孪生姐妹,正如古人所言"事出反常必有妖"。突发公共危机对人类的破坏,一是造成社会财富损失,二是造成社会情绪和心理失调,三是造成社会隔阂和个体行为失范。凡此种种,都会带来谎言、谣言或流言的副产物。在突发公共事件的应急处置过程中,信息的不对称,对信息的误读、误导和误传,都会影响人们的认知和判断,谣言多因此而起,别有用心的人往往蠢蠢欲动。因此,在政府危机治理体系中,对谣言的治理显得尤为关键。公共图书馆在信息服务、公共服务、信息宣传领域具有一定的社会公信力,积极参与突发公共事件下的谣言治理,是图书馆义不容辞的责任。

### 2.4 提供应急公共服务

#### 2.4.1 阅读服务

突发公共事件会造成社会秩序的破坏和阅读条件的部分缺失,在阅读服务便利性、自主性、丰富性方面造成困扰。突发公共事件下,公共图书馆的阅读服务主要响应三种需求。

(1)响应大众阅读消费需求。面向社会各群体提供阅读资源,开展书目推荐,开展阅读交流和阅读推广活动等。

(2)响应阅读治疗需求。突发公共事件下,阅读作为一种精神治疗和精神管理的辅助手段,其作用在国际上已形成了一定的共识。在欧美等一些西方国家,已有将阅读疗法与心理学、医学、精神分析学相结合的工作室,承担一些心理和情绪治疗的项目。医学图书馆开展阅读疗法服务可以作为对病员进行心理健康教育的补充[4]。2000年,王波率先在新浪网建立博客"书间道",宣传介绍阅读疗法[5]。2006年泰山医学院宫梅玲开通"书疗小屋",率先将阅读疗法引入大学校园的泰山医学院图书馆,在长期的实践中设计出了阅读疗法施治流程[6]。

(3)响应阅读指导需求。阅读是一种文化能力,对阅读行为实施者的个体素养有一定的要求。公共图书馆是全民阅读的积极倡导者,在引导社会阅读风尚、指导阅读行为、开展阅读研究方面,具有一定的专业优势。在信息时代背景下,公共图书馆响应阅读指导需求,主要是面向不同群体,针对性开展阅读内容甄选、阅读方法选择、阅读规律揭示、阅读大数据分析研究等服务,推进全民阅读深入发展。

#### 2.4.2 信息服务

(1)提供应急信息资源

应急信息是指在各类灾害事故中为有效开展应急活动而产生的与应急行为相关的、各种不同类型举措行为的记录信息[7]。危机状态下,公众对危机产生的背景、原因、现象、演化规律、破坏后果、应对措施等关键信息非常关注。凭借个人努力去搜集汇总费时费力,在信息完整性、真实性方面难以掌握。因此,需要专业信息服务机构的辅助。公共图书馆发挥信息检索、信息整序优势,通过多种渠道向社会提供应急信息资源,能有效满足公众对相关信息的知情权。

(2)提供参考咨询服务

突发事件下的参考咨询服务,保障了公众对特定信息资源的有效获取。如2020年新冠疫情危机下,我国高校、科研单位、公共图书馆系统,均采取了紧急关停场所的应对措施,线下服务大规模关闭。在此情境下,公众的信息线下获取途径大幅减少,只能依赖线上途径解决。我国公共图书馆系统纷纷采取了"关闭馆舍,服务不打烊"的模式,服务从线下阵地转为线上阵地。提供参考咨询服务,是其中的一项核心内容。

(3)开展智库服务

突发公共事件下的社会治理和危机应对,需要精准全面的情报支持和智库服务支撑。图书馆和科研院所等单位开展基于危机研究的智库服务,能在紧急形势下,为政府采取科学有效的危机应对策略,减少危机带来的损失,保障人民群众生命财产安全,维护社会稳定,发挥积极作用。智库服务是未来公共图书馆提高知识服务附加值的一个重要领域。

#### 2.4.3 协同服务

(1)行业内的协调互助

通过资源、信息、技术和平台的共建共享,提升公共文化服务体系各环节的服务能力,形成服务社会的合力。行业内援助服务,通常是在各级图书馆学会、各类图书馆联盟、总分馆体系、流通服务网点、线上服务联盟等方式实现。突发公共事件下,图书馆行业内的协调互助行动,是图书馆系统大局意识、合作意识、共赢意识、行业情谊的生动体现。

（2）跨行业的协同支援

突发公共事件下的社会治理和公共服务,需要广泛凝集各界力量,充分发挥各种社会机构和组织的协同作用,共同面对危机。公共图书馆跨行业的协同支援,体现了公共图书馆作为公共服务机构的开放精神和服务精神,只要有利于应对公共危机的行动,公共图书馆都应积极参与支持。

## 3 新冠肺炎疫情下我国公共图书馆的"书香战疫"服务

### 3.1 开展地方抗疫资料收集

在公共图书馆的五大基本职能中,文化保护和文献资源收集是一项立足当下,面向未来,需要长期坚持的基础业务。2020年新冠肺炎疫情爆发后,全国各地先后启动公共卫生事件应急响应机制,公共场馆纷纷采取了临时闭馆的应急措施,但一些基础业务和服务仍在正常开展,如各地公共图书馆积极开展地方抗疫资料的收集工作。在突发公共事件下,公共图书馆积极发挥图书馆的记忆功能、地域文化的保存功能、突发公共事件相关资料的抢救性保护功能,充分体现出公共图书馆自主性和职业使命感[8]。突发公共事件下的专题资料,不仅有保存价值,也有支撑后续研究、助力技术攻关的科学价值。对于一些具有周期性和相似性的突发事件,不同历史时期和社会发展环境下的应对措施和技术方法,具有承前启后,昭示后人的作用。2020年2月23日至24日,国内率先开始地方抗疫资料征集的图书馆有湖南图书馆、河北省图书馆、长沙市图书馆、荆州市图书馆、南阳市图书馆、长春市图书馆等。此后,国内其他地区的公共图书馆也立足馆情实际,启动了区域性抗疫资料的收集保存工作。

### 3.2 倡导和促进社会阅读

2020年新冠肺炎疫情爆发后,防疫专家组向社会发布了"少出门、不聚集、戴口罩、勤洗手,居家生活、运动增强免疫力"等倡议,公共文化服务领域积极开展无接触式服务、线上服务、远程服务和自助服务等应急模式。新冠肺炎疫情危机下,公共图书馆纷纷转变服务方式和重心,在保障社会阅读资源、提升数字阅读覆盖能力、联合开展线上阅读活动、构建多元化服务体系方面,充分发挥了公共图书馆服务体系的作用。如"战疫"期间,上海图书馆和湖北省图书馆联手打造的"方舱数字图书馆",为在方舱医院一线的患者和医护人员送去精品的数字资源[9]。广东省立中山图书馆疫情防控阶段紧急开发上线的"数字阅读平台微信小程序版",整合了看书、听书、视频精读等模块,涵盖了传记、文学、少儿幼教、时尚娱乐、历史、文学艺术等类别,满足读者们在防疫期间的精神文化需求[10]。

### 3.3 参与社会文化治理

公共突发事件下的社会治理,需要应对很多突发状况,应对许多棘手的问题。公共图书馆承担的现代公共文化服务,是公共服务体系中的一个重要组成,积极参与社会文化治理,是公共图书馆发挥作用、体现担当、满足需要、融入社会发展的使命所在。2020年新冠肺炎疫情爆发后,全国各地公共图书馆在这场全民"战疫"中积极贡献力量,数字文化服务火速上线,引进防疫数字资源,开通防疫专栏,优化无障碍阅读平台,组织线上服务,策划线上活动,充分发挥了文化治理作用[11]。一是积极响应和落实政府有关抗疫的行动部署,做到守土有责;二是搞好单位内部管理,履行好疫情防控的网格化职责使命;三是支持政府、协同媒体、联合社会力量做好宣传和群众教育工作;四是积极创新服务,转变思路,在安全有序状态下,保障公共文化的有效供给,尽力满足人们的精神文化生活。如疫情期间,武汉地区公共图书馆闭馆不打烊,积极通过官方网站、微信公众号等及时推送科普防疫知识,开展丰富的线上活动,以"读"攻毒,书香抗"疫"[12]。

### 3.4 开展应急信息服务

突发公共事件下,人们需要通过阅读的方式,获取关心的信息,了解事件产生的机理和演化轨迹,获取文化的滋养,进行情绪和身心状态的调节。如新冠肺炎疫情危机下,广东省立中山图书馆紧急上线了"广东省文化E站小程序服务平台",为读者提供海量的信息资源,截至2020年2月21日的访问量达12万余次。国家图书馆推出"抗击新型冠状病毒肺炎疫情资源专题",普及各类防疫知识,提供与疫情有关的国内外专业文献资源。国家科技图书文献中心推出"新冠肺炎应急文献信息专栏",包括外文科技文献约350多万篇,助力疫情防控攻关[13]。嘉兴市图书馆利用线上渠道开设了"医学知识"防疫专区,引导市民正确解读政策文件、科普病理常识、宣传防护知识。

## 4 突发公共事件下公共图书馆提升应急服务能力的思考

### 4.1 充分发挥公共图书馆社会教育和文化引领职能

随着科技和社会的发展,公共图书馆基于文化内涵和知识内涵的服务价值不断凸显。公共图书馆将与社会发展各环节,产生更加紧密的联系。无论文化消费的方式和技术实现路径如何改变,公共图书馆坚持公益本质,服务社会公共文化权益的地位和作用,不会改变。公共图书馆的价值,蕴含在服务之中,也必然需要在服务中得以展现。公共图书馆应急服务能力的提升,需要不断巩固传统优势,积极探索新的服务领域,保持与时俱进和创新发展的能力,才能使图书馆始终与社会需求保持同步。一方面,要强化公共图书馆的社会教育职能,积极利用现代化的信息技术手段和媒介平台,开展基于国民素质、技术素养、信息素养的教育,强化线上服务、远程服务和数字化服务能力,增强公共图书馆社会教育的辐射力和影响力。另一方面,要增强文化的引领职能。文化是一个国家、一个民族可持续发展动力中最深沉、最持久的力量。公共图书馆既是文化保护传承机构,也是文化服务窗口。图书馆的文化引领作用需要在服务社会,助推发展的实践中体现出来。

### 4.2 积极推进全民阅读产业链各环节合作协同

全民阅读已经连续多次写进政府工作报告,截至2020年4月,全国已有9个省市区出台了促进全民阅读的地方性条例。积极推进全民阅读,是公共图书馆的一项核心职责。在现代公共文化服务体系建设框架下,全民阅读也是一项系统工程,需要充分发挥整个体系的作用。全民阅读产业链中,公共图书馆作为服务供给侧的组成力量之一,一端联系着阅读资源消费者,一端联系着阅读资源生产者,扮演了中介和服务组织者的角色。公共图书馆应积极推进全民阅读产业链各环节的合作协同,在阅读资源生产、阅读服务提供、阅读活动开展、阅读需求反馈等过程中深化合作,融合发展。

### 4.3 探索建立应急信息服务和科学传播平台

我国一直缺乏应对突发公共事件的教育,普通民众的危机意识和防范能力普遍较弱[14]。2006年,国务院发布了《国家突发公共事件总体应急预案》。2007年,国家出台了《中华人民共和国突发事件应对法》。这些法律法规为政府和公民应对突发公共事件提供了指导依据,但整个社会的抗风险发展能力仍需持续加强。公共图书馆承载着社会科普和信息服务的职能,需探索建立应急信息服务和科学传播平台,建立健全各级各类公共危机应急知识库,以备不时之需。同时,公共图书馆也可强化与政府相关部门、媒体和社会机构的合作,定期开展一些基于突发公共事件的应对演练、情景模拟等活动,强化社会对突发公共事件的认知和防范意识。

### 4.4 提升公共图书馆嵌入服务能力

公共图书馆是政府主办的公益服务单位,坚持"以人为本"的服务理念。一是要积极响应社会需求的动态发展实践中,不断调整服务方式,丰富服务内容,积极利用新技术新手段和新兴媒介平台,不断优化服务,提升效能。二是要不断优化完善服务体系,充分保障社会各阶层的公共文化权益。2018年1月1日,《中华人民共和国公共图书馆法》正式实施,明确了"推进县域总分馆"服务体系建设的要求,为公共图书馆服务深入基层、下沉社区,"打通服务最后一公里"指明了方向。三是努力提升公共图书馆的服务嵌入能力。当前我们正处于万物互联的发展环境,公共图书馆需要积极谋求融合发展的机遇,多渠道整合资源,善于借用外力和"借船出海"。如积极拓展线上APP服务渠道,与城市公共交通、医疗、教育等线上服务平台对接,各尽其力,共享平台。又如通过与数字资源生产商、出版商、商业餐饮机构、社区管理机构合作,通过活动入驻、资源入驻、文创合作等方式,让公共图书馆的服务更好嵌入百姓生活。

**参考文献**

[1] 李建宇.大学生安全教育读本[M].昆明:云南大学出版社,2017:20.
[2]《公众安全应急手册》编委会.公众安全应急手册(自然灾害篇)[M].成都:电子科技大学出版社,2011:3.
[3] 吴建中.重大公共安全风险防范"五定律"[EB/OL].[2020-02-22].http://blog.sina.com.cn/doctorwu11.
[4] 祝捷,胡斌,王子舟.医学图书馆开展阅读疗法服务初探[J].图书与情报,2004(2):69-72.
[5] 张旭,石丹,孙雪莲.国内图书馆阅读疗法理论与实践研究[J].图书馆学刊,2019(8):58-63,86.
[6] 张怀涛,崔萌.学科融合环境下的阅读疗法[J].高校图书馆工作,2020(1):70-76.

[7] 肖花,曾云华.基于用户需求的图书馆应急信息资源整合服务研究[J].大学图书情报学刊,2017(7):19-22,79.
[8] 张军,李波.新冠肺炎疫情下公共图书馆读者服务的思考[N].新华书目报,2020-03-20(7).
[9] 中国图书学会."浦江伴读"今日上线!上图网聚优质资源驰援方舱数字图书馆[EB/OL].[2020-02-22].http://www.lsc.org.cn/contents/1187/14775.html.
[10] 广东省立中山图书馆.众志成城,共同战疫——广东图书馆人在行动[EB/OL].[2020-02-25].http://www.zslib.com.cn/TempletPage_Detail/Detail_NewsReport_3178.html.
[11] 图书馆报.疫情阻击战中公共数字文化服务的硬核出击[EB/OL].[2020-03-04].https:/mp.weixin.qq.com/s/ovgjG8cqnpgwhHWvxDKBKA.
[12] 中国图书学会.闭馆不打烊——武汉地区公共图书馆打响书香战"疫"[EB/OL].[2020-02-23].http://www.lsc.org.cn/contents/1187/14794.html.
[13] 图书馆报.同舟共济 执手迎春——中国图书馆学会协同全国图书馆界抗"疫"行动[EB/OL].[2020-03-09].https://mp.weixin.qq.com/s/yDZLt_uPRP38Lpop5VeNaA.
[14] 李珺,谢玫玫.公共图书馆在社会突发事件中承担责任探析[J].河南图书馆学刊,2017(10):16-18.

# 灾难中少儿图书馆开展儿童心理危机干预框架下的读者服务

## ——以武汉市少年儿童图书馆在新冠肺炎疫情中的阅读工作为例

**程延宏(武汉市少年儿童图书馆)**

2020年初,一场新型冠状病毒肺炎灾难降临湖北武汉。新型冠状病毒肺炎(Corona Virus Disease 2019,COVID-19,简称"新冠肺炎")的发生,作为一种突发性的、未知的、影响范围巨大的公共卫生应激事件,在我国引起了一些人较明显的心理应激反应,比如焦虑、疑病、惊恐、敏感、抑郁、坐立不安、失眠等。适当的心理应激反应能够让人们提高警惕,做好防护。但是过度的应激反应则会让人们陷入心理危机,损害身体免疫力,影响正常的学习、工作和生活,造成社会恐慌,有必要采取手段进行心理干预。

有研究表明,在灾难中,相比于成年人,儿童更容易遭遇心理危机,需要特殊的关注和帮助[1]。武汉市少年儿童图书馆(以下简称武汉少儿图书馆)作为武汉市儿童的精神家园,在此次灾难中发挥自身馆藏资源优势,整合多方资源,以线上平台为依托,开展以安抚人心,疏导情绪,缓解心理危机为导向的儿童阅读服务工作,为抗击新冠肺炎疫情贡献了自己的一分力量。本文拟结合儿童在灾难中的心理危机特点,以及武汉少儿图书馆的实践经验,从儿童心理危机干预的角度,探讨少儿图书馆在灾难中的应对策略。

## 1 基本概念

### 1.1 儿童

国际《儿童权利公约》以及中国《未成年人保护法》等界定,18岁以下的任何人都称为儿童。"儿童时期是人类的基础阶段,从医学的角度看儿童与成人有很多不同之处,儿童处于不断发育之中,年龄越小,差别越大,儿童不是成人的缩影,因此无论是保健还是疾病的治疗都要考虑到儿童的特点。"[2]儿童具有生理和心理两方面的基本需求,这两方面的需求是儿童健康成长的必要前提。在灾难中,儿童的生理需求如衣食住行等,一般能够在家庭和社会支持下得到一定的保障。但是当灾难袭来时,人们往往无暇顾及儿童的心理需求。

儿童处在身体和心理快速成长和发育的关键阶段,其身体的生长发育和心理的发展过程很容易受到灾难的破坏。相比于成年人,儿童缺乏自我保护能力、社会经验,免疫系统发育尚不完善,灾难的突发性和破坏性对儿童身心的冲击更加剧烈。在新冠肺炎疫情这样的传染病灾难中,政府往往采取隔离措施,儿童与家人处于封闭的家庭系统中,很容易受到家人紧张焦虑等负性情绪的影响。特别是年龄小的儿童,由于他们语言表达能力、求助能力不足,往往受到灾难的冲击存在心理困扰,却没办法像成年人一样求助或自我疏导。因此在灾难中,儿童是最脆弱的群体之一,需要特殊的关注和帮助,特别是心理上的援助。

### 1.2 心理危机及干预

心理危机(Psychological Crisis)是指由于突然遭受严重灾难、重大生活事件或精神压力,出现了用现在的生活条件和经验难以克服的困难,以致使当事人陷于痛苦、不安的状态,常伴有绝望、麻木不仁、焦虑,以及植物神经症状和行为障碍[3]。在疫情严重、闭门不出的情况下,儿童和成人一样生活在疫情带来的紧张、恐惧、焦虑情绪和死亡威胁之中,心理上笼罩着一层阴影。长期生活在紧张状态下,不仅对儿童现有的生活和学习造成负面影响,还有可能在成年期引发一系列精神卫生问题,包括社会适应不良、心境障碍、焦虑障碍、酒精滥用、人格异常、自杀及暴力行为[4]。因此,在心理危机发生的时候,有必要对儿童进行科学有效的心理干预。

我国近年来经历的重大公共突发应激事件有2003年的"非典"疫情和2008年的汶川大地震。其中对于灾区儿童心理危机的干预也积累了大量经验。文献研究表明,常用的儿童心理危机干预策略有7种,即哀思传统表达训练、哀伤辅导、心理宣泄法、绘画疗法、死亡教育、灾害教育和社会支持系统的构建[5]。这些危机干预策略具有通用性,但是从心理干预载体上看,传染病灾难具有其特殊性,往往不能进行面对面干预,而多采用线上的方式。例如同为传染病的"非典"疫情中主要的心理危机干预形式是心理热线。虽然心理热线取得了很好的效果,但是由于求助和表达能力的限制,拨打心理热线的基本上是10岁以上儿童[6]。

## 2 灾区儿童的心理危机特点和心理需求

灾难中儿童的心理危机一般表现在认知、情绪、行为、人际关系四个方面。认知上,出现一些极端偏执的想法,比如觉得病毒无处不在,身边的亲人随时会染病死去;情绪上,出现恐惧、焦虑、紧张无助等负性情绪;行为上,出现乱发脾气、攻击同伴、尿床等行为;人际关系上,由于长期待在家中,处于人际隔离的状态,容易使儿童回避社交,在灾难后的人际交往中适应不良。儿童的这些心理危机的背后是他们的心理需求。满足儿童的心理需求,才能使心理危机得到缓解。

灾区儿童的心理需求有以下四个方面:(1)安全感的需求。著名心理学家马斯洛提出的需求层次理论中,将人类的需要从低到高依次分为生理需要、安全需要、社交需要、尊重需要和自我实现需要。越是低层次的需要对于人类生存来说越不可缺少,低层次需要满足后才会出现更高层次的需要。因此,安全需要是仅次于生理需要的人类最基本需要之一。在新冠肺炎疫情之中,政府通过各项措施保障了人们的基本生理需求,比如食物、水电、住宿等。但是在这场传染病灾难中,儿童熟悉的人际环境和物理环境一定程度上遭到了破坏。比如停课停学,熟悉的伙伴不能见面;亲友染病甚至去世;周围熟悉的生活系统因为疫情全部陷入瘫痪,家人甚至整个社会都笼罩在焦虑不安的氛围之中。相比于成人,缺乏自我保护和求助能力的儿童,更容易感到恐惧和不安。因此,通过心理干预,让儿童能够获得人际环境和物理环境的安全感,是灾区儿童维持心理健康的最主要需求。(2)控制感的需求。新冠肺炎病毒是一种全新的病毒,这场灾难充满了未知和不确定。儿童不知道发生了什么,不知道该怎么办,也不知道灾难什么时候能够结束,生活能够重新恢复以往的秩序。儿童失去了对往日熟悉生活的控制感,陷入一种失控的状态,产生无助、无望的感觉,甚至陷入抑郁。重获对生活的控制感是儿童重要的心理需求之一。(3)身心健康发展的需求。儿童的身体和心理还处于发育的过程中,很容易受到灾难等重大事件的影响,导致儿童的身心发育停滞或遭到破坏,甚至产生终身影响。因此在灾难中,应该重视儿童的身心健康发展的需求。(4)社会交往的需求。疫情期间采取全体居家隔离的措施,儿童长久地被封闭在家庭的单一空间里,缺乏与同龄伙伴的社会交往。人具有社会性,社会交往对于儿童的情绪情感、社交技能、组织领导能力以及人格的形成和发展具有重要的作用。

## 3 灾难中武汉少儿图书馆基于儿童心理危机干预的读者服务实践

新冠肺炎疫情期间,参考我国 2003 年"非典"疫情的心理危机干预经验,武汉少儿图书馆的活动几乎都采用线上的方式进行。不过不同于 2003 年的是,如今人们更多使用微博、微信等移动平台获取信息和帮助。对于年龄较小、语言能力还不足的儿童来说,使用视听结合的移动互动平台比拨打心理热线进行言语诉说难度要小很多。武汉少儿图书馆依托以往运营的,具备一定读者规模的官方网站、微信公众平台、微博、读者微信群,整合馆藏资源以及外部资源,开展了一系列安抚儿童内心,陪伴儿童度过艰难时期的读者服务活动。

### 3.1 满足儿童安全感需求的阅读活动

从心理学视角来看,现实对于每个人来说,分为客观现实和心理现实。外在的病毒威胁属于客观现实,短时间内无法改变,但是可以通过改变儿童的心理现实,即营造一个相对稳定、安全的内部环境,来满足儿童的安全感需求。

自新冠肺炎疫情爆发,武汉少儿图书馆于 2020 年 1 月 27 日开始不间断地开展线上读者活动。活动频次为每周 7—14 次,与疫情之前武汉少儿图书馆每周的活动频次持平,甚至有时候更高。这种稳定、频次高的读者活动模式本身对于儿童来说就是一种心理疗愈。其中最具代表性的是武汉少儿图书馆联合馆员、志愿者、童书出版社和武汉本地阅读推广机构多方力量,特别推出的"风雨彩虹,我与春天的约会"云上读书会活动。该活动对象为5—16岁儿童及其家长,活动时间为每天下午3—4点,持续时间为1小时。活动由武汉少儿图书馆志愿者团队为主体组织运作,以图片和文字结合的方式在武汉少儿图书馆的4个读者微信群,武汉市新时代学校、武汉市柴林小学等学校的学生微信群以及武汉艺境儿童工作坊、启心儿童书吧等武汉本地阅读推广机构的微信群进行直播或同步转播。云上读书会的主讲人为馆员、志愿者、童书出版社编辑、儿童文学作家和儿童阅读推广人。每期邀请一位主讲人,选择一本书进行内容分享。在2020年1月27日到2020年4月17日的82天里,共举办了58期,惠及十几个微信群,参与读者人数近万人。稳定、专业且频次极高的云上读书会,不仅让儿童获得了丰富的精神食粮,还让儿童感受到图书馆在保持正常稳定的运作,并且有众多读者、志愿者老师和工作人员相伴,对于儿童的内在心理世界来说,就是一个安全温暖的所在。对灾难中的儿童,起到了很好的陪伴、安抚情绪和治愈心灵的作用。

### 3.2 满足儿童控制感需求的阅读活动

灾难带来的生活秩序的失控感是儿童心理危机的重要来源。让儿童重获控制感的一个常用的方法是,让儿童从力所能及的小事做起,赋予儿童主导权,让儿童通过自主做事情并取得成效来获得控制感。线上读者互动式活动是满足儿童控制感需求的一个很好的途径。武汉少儿图书馆开展的线上互动式活动有:(1)征文活动。武汉少儿图书馆针对本馆持续举办的云上读书会,推出了"我与云上读书会"主题征文活动,征集儿童参与云上读书会的收获、阅读云上读书会推荐图书的读后感等,并进行评审,为优秀作品发放奖品(疫情结束后领取)。让儿童不再被动接收主讲老师们分享的阅读信息,而是主动去回顾、归纳和反思,并通过自己的努力获得奖励,做自己阅读活动的主导人。(2)绘画活动。绘画是儿童表达和宣泄情绪情感的一个有效途径,绘画治疗也是儿童心理危机干预常用的一种干预策略。武汉少儿图书馆与武汉若朴空间艺术中心合作,发起了"战疫情,武汉能!"为主题的2020抗击新冠肺炎公益宣传设计征集活动,面向全社会儿童征集创意绘画作品。为帮助儿童在活动中充分发挥创意、激发灵感,武汉少儿图书馆邀请武汉若朴空间艺术中心的创意设计老师,在武汉少儿图书馆微信公众平台开展了5场线上创意课堂。用图文结合的方式,向儿童传授创意、构图、人物刻画等基本功。对征集上来的作品进行公开评选,优秀作品以线上展览形式在微信公众平台展出。(3)有奖竞答活动。与科技公司合作,为读者在线竞答活动提供技术支持。开展新冠肺炎防疫知识竞答比赛,普及防护知识;依托武汉少儿图书馆对外免费开放的"中华连环画数字图书馆资源,开展"怀旧经典,看图识画"连环画在线问答活动;围绕武汉这座城市的历史文化知识,开展"武汉是一座英雄的城"知识有奖竞答活动。这些活动充分发挥了儿童的主动性,赋予儿童主导权。积极主动参与活动,获得正向反馈(奖状、奖品及公开展览等),可以让儿童重获对生活的控制感,心灵得到疗愈。

### 3.3 满足儿童身心发展需求的阅读活动

儿童处于身心快速发展的关键期,需要充足的"养分"。疫情导致停课停学,图书馆、科技馆、书店等关闭,缺乏知识和图书来源,儿童旺盛的求知欲和好奇心得不到满足,精神世界陷入贫瘠状态,不利于儿童身心发展。为此,武汉少儿图书馆向所有读者免费开放大量线上数字资源,鼓励家庭运用线上数字资源开展亲子共读,停课不停学,认"书"不认输。这些数字资源包括武汉少儿图书馆现有的贝贝国学、中华连环画数字阅览室、云图有声图书馆、宝宝智库、点点电子漫画馆等,以及自建的童梦武汉专题数据库、"马良杯"书画比赛作品库、名人故事数据库等特色数据库。还包括与外馆、出版社合作共享的数据库,如湖北省图书馆的数字图书馆、武汉图书馆数字资源、中国数字图书馆少儿分馆数字资源、国家图书馆数字资源、中国少年儿童新闻出版总社的中少绘本资源库等。资源涵盖期刊、绘本、童书、连环画、书画作品以及相关动画、讲座和视听资源,满足了儿童多方位、多层次需求。

灾难常识也是儿童身心健康发展所需要的重要"养分"。针对此次疫情,武汉少儿图书馆开展了灾害教育,如在云上读书会共读讲述人类与瘟疫灾难斗争历史的童书《两千年战瘟疫》;在微信公众平台发布中国少年儿童新闻出版总社制作的《植物大战僵尸之防疫大作战》公益专辑,以有声故事的形式向儿童宣传新冠肺炎病毒及防护知识;举办"众志成城、抗击疫情"连环画线上影音展,以连环画和配音结合的方式呈现抗疫故事。陪伴儿童一起面对灾难,增加对灾难的认识,可以减少灾区儿童对于灾难的恐惧和无助感。

在此次灾难中,有一个特殊儿童群体的身心发展需要不能忽视,那就是在隔离点集中观察治疗的儿童。在保障安全防护措施的前提下,武汉少儿图书馆工作人员于2020年2月29日,为武汉市江岸区宜尚酒店密切接触者医学隔离点的20多名3—15岁儿童送去了200多本童书,并将武汉少儿图书馆对外免费开放的数十万电子图书入口二维码以及疫情期间开展的线上阅读活动信息编印成宣传单发放给孩子们,鼓励他们参与到活动中来。书籍不仅可以给予隔离点儿童知识养料,丰富他们的隔离生活,还是一个移动的避难所,给予他们精神力量和心理安慰。

### 3.4 满足儿童社会交往需求的阅读活动

儿童的力量相对弱小,社会支持系统对处在危机中的儿童维持心理平衡非常重要。社会支持系统包括父母、其他亲人、老师、同学朋友、社会各方关爱等。建构儿童的社会支持系统的一个途径是保障灾区儿童的社会交往,让他们感受到来自其他人的友谊和关怀。为此,武汉少儿图书馆联合重庆市巴南区图书馆举办了"共饮长江水·心系两地娃"文化交流活动。活动对象为武汉、重庆巴南两地6—12岁儿童,活动时间为2020年3月10日到5月10日。活动内容为组织两地儿童互通一封信,以电子信的形式,分享疫情期间的感受心情,互相鼓励陪伴;共读一本书,两地儿童为对方推荐一本书并共读,交流阅读心得;同做一件事,围绕"携手抗疫"的主题,组织两地儿童共同创作手抄报,交流防疫知识和感受心情,增进友谊。该活动吸引了武汉市鄱阳街小学、武汉市棋盘街小学、武汉市崇仁新时代小学、重庆市德普外国语学校等两地学校200余名儿童参与。手抄报、阅读心得等活动成果以线上展览的方式在武汉少儿图书馆微信公众平台展出。两地交流活动为灾区儿童搭建了一个与外界沟通的平台,满足了儿童社会交往的需求,让儿童能够感受到来自同伴的支持和关爱。

## 4 少儿图书馆在灾难中的应对策略

### 4.1 以心理疗愈、安抚人心为导向

少儿图书馆作为社会公共文化机构的功能和性质,决定了其在灾难中的作用应以提供儿

童精神支持为主。研究表明,阅读具有心理疗愈的作用[7]。灾难中的少儿图书馆,可以通过免费开放电子阅读资源,组织丰富多彩的阅读活动,鼓励家长与孩子一起亲子共读,来引导儿童静下心来,进入阅读的避风港。让儿童的情绪情感得到宣泄和舒缓,心灵获得滋养。参考儿童心理危机干预的框架,围绕灾区儿童安全感、控制感、身心发展和社会交往的心理需求,有针对性地开展阅读活动,才能够急儿童所急,想儿童所想。

### 4.2 以线上平台为依托

灾难的危险性、破坏性以及线上平台的普及性、可得性,决定了少儿图书馆的活动途径应以线上为主。少儿图书馆应在平时重视微信公众号、微信读者群、微博、官方网站等线上平台的宣传和运营,形成一定规模的读者用户群体。本次疫情中武汉少儿图书馆的活动读者参与率高,形成了良好的社会影响,正是因为武汉少儿图书馆在疫情之前注重线上平台的搭建和运营,在武汉的读者圈中具备一定的影响力和口碑。另外,在灾难中少儿图书馆应该充分发挥线上平台的优势,依托高科技手段,采用视听、VR 等结合的方式,带给读者新颖、趣味性强的阅读体验,从而吸引更多读者参与。

### 4.3 以广泛社会合作为基础

少儿图书馆不仅要与外馆、出版社、科技公司开展合作,也要与儿童的家庭、学校开展合作。与外馆、出版社合作,进行资源共享,能够让儿童获得更丰富、专业的阅读体验。如本次疫情中武汉少儿图书馆整合馆内和湖北省图书馆、武汉图书馆、国家图书馆等外馆以及中少社等出版社数字资源,形成了丰富的数字资源库向读者免费开放。邀请爱心树、奇想国等知名童书出版社的编辑在读者群分享优质童书,提高了阅读活动的专业度。与科技公司合作,能够有效解决线上活动的技术难题。如武汉少儿图书馆与上海上业科技有限公司等科技公司合作,开发了线上有奖竞答小程序、有声连环画等项目,让活动具有更强的互动性和趣味性。与儿童的家庭合作,鼓励家庭参与阅读活动,开展亲子共读。与学校合作,能够提高儿童的参与率和参与规模,扩大活动的影响力。

**参考文献**

[1] 林红.地震后灾区儿童的心理需求与处理(VCD)[J].中华临床医师杂志(电子版),2008,2(7):841-844.

[2] 中国大百科总编辑委员会.中国大百科全书:现代医学[M].北京:中国大百科全书出版,1991.

[3] 姚玉红.地震灾后心理危机干预[J].现代预防医学,2008,35(12),2403-2404.

[4] UDWIN O,BOYLE S,BOLTON D,et al Risk factors for long-term psychological effect of a disaster experienced in adolescence :predictors of posttraumafic stress disorder[J]. Journal of Child Psychology and Psychiatry and Allied Disciplines,2000,41(8),969-979.

[5] 扶长青,张大均,刘衍玲.儿童心理危机的干预策略[J].心理科学进展,2009,17(3),521-523.

[6] 钟杰,钱铭怡,张黎黎,等."非典"心理援助热线来电初步分析报告[J].中国心理卫生杂志,2003,17(9):591-599.

[7] 崔凌洁.阅读治疗儿童心理创伤的文献分析与实践探讨[J].四川图书馆学报,2018(6):80-82.

# 以用户为中心的高校图书馆应急信息化服务机制研究

沈冯春　罗　征　赵海亮　张　县（西安欧亚学院）

2020年春,一场突如其来的新型冠状病毒肺炎疫情使全国大中小学校全部延迟开学并迅速采取线上教学举措,这成为检验一所学校数字化程度和在线服务能力的放大镜,而这场疫情也客观上极大加速了教育行业向信息化与数字化转型的步伐。长久以来,高校图书馆的常规运行与服务很大程度上依托于图书馆实体图书资源与空间资源。然而,新冠疫情使人们意识到在高风险社会中[1],高校图书馆信息化的发展对特殊应急情况下高校正常运行意义重大。应急情况下各高校图书馆纷纷尝试线上开展针对不同群体用户的纸电资源推荐、文化赛事和讲座培训等服务,支持师生的教与学。

高校图书馆信息化是存储方式数字化、服务方式网络化、服务内容智能化和运行方式规范化的有效融合。根据2018年4月13日教育部印发的《教育信息化2.0行动计划》[2],为实现教育信息化2.0目标,高校图书馆应与教育信息化2.0同步发展,坚持信息技术与教育教学深度融合,网络化、数字化、智能化、个性化和终身化五大方向发展体系建设,以全新职能定位配合教育信息化发展,建设教育强国。因此,在目前中国高校图书馆常规化服务普遍基本得以保障的情况下,需要深入思考图书馆实体在应急情况下,特别是针对因各种原因不能开馆、图书馆员未能到馆服务、教职工不能在校工作或学生不能在校学习等特殊情况下,如何能够使用信息化技术手段协助高校其他部门保证教学、办公和管理的正常运行,从而体现图书馆以用户为中心的服务理念,实现站在更高层面上持续不断为用户提供服务的目标。唐成毅等对高校图书馆应急预案进行探讨,建立了开放模式下高校图书馆突发安全事件应急预案[3]。肖花等重点对图书馆应急信息资源整合服务进行研究并提出服务策略[4]。刘丙寅和魏永丽等为防止图书馆突发公共卫生事件发生对图书馆应急机制进行分析[5][6]。侯勇基于PDCA循环管理法建立了图书馆信息系统应急预案[7]。以上学者主要研究了图书馆正常开馆情况下的应急预案和机制,然而目前还没有对发生应急情况导致不能线下服务后图书馆如何为用户提供信息化服务的研究。本文通过对应急情况事前、事中和事后三部分的逐一分析阐释高校图书馆应急信息化服务机制,为高校图书馆应急信息化服务发展提供启示。

## 1　图书馆在应急情况下的角色定位

### 1.1　服务人员和数据的保护者

图书馆服务用户群体基数庞大且数据繁杂,如不做好应急预案,一旦发生应急情况将会服务中断、数据丢失,损失惨重,影响巨大。图书馆需要在应急情况发生前成立专业应急预防管理领导小组,制定应急管理工作方案并定期组织宣传培训及演练,同时做好文献及数据保存管理,防患于未然。而在应急情况发生时用户对信息质量和速度的要求很高,图书馆需要提供快速准确的有关政府、学校和馆内信息并广泛传播,做好事中管理监控,确保用户人身及信息安全。

### 1.2 教学和学习资源的提供者

图书馆作为文化服务和信息资源提供部门,是校园文化有机体的重要组成部分,在高校日常教与学活动中为师生提供多种信息获取渠道和各类文献资源,助力教师和学生更加有效开展教学科研与学习。在应急情况下,图书馆应迅速调整至线上服务模式,拓展海量信息资源使用时限及权限,实现用户不到图书馆即可通过网络查阅所需文献,突破时间和空间的限制,提高用户学习研究效率,有力保障用户信息资源需求。

### 1.3 教学和办公平台的管理者

互联网、移动网络技术促使高校图书馆的职能发生变革。应急情况下高效优质的线上教学与办公平台非常重要,直接影响着用户满意度。图书馆作为学校技术支持部门应协同其他单位开展各类线上平台的搭建、测试、调配、辅导、跟踪、维护、优化和升级等一系列管理步骤,通过对技术的把控拓宽图书馆服务内容,创新图书馆服务模式。

### 1.4 应急数据和资源的整合者

传统图书馆是文献收藏部门,而现代图书馆的职能需要延伸至更高层面的数据资源整合与管理。应急情况下图书馆的信息化服务内容因用户需求的变化而变化,增加了各类应急数据信息资源整合职能,对应急情况下数据资源的快速收集、鉴别、编辑、发布、回收、分析、利用等一系列服务也由此得以拓展和深化。

## 2 图书馆应急信息化服务机制

### 2.1 事前——明确责任、准备充分

#### 2.1.1 树立应急预防意识,成立应急小组

在公共安全突发事件频发的今天,图书馆应提高自身风险防范意识,保持高度警觉,在应急过程中提升前瞻性与预见性[1],建立事前事中事后360度全方位信息化跟踪机制,从而最大限度减轻危害影响,保障师生教与学正常运行。然而,目前中国高校的应急管理还有很大提升空间。根据杨敏等调查,在42家双一流高校中,仅有5家大学在其官网公布了应急预案[8]。笔者深入探寻这五所高校图书馆官网发现,未有一所高校明确写明图书馆在应急情况下的信息化服务机制,高校图书馆具有应急预防意识薄弱,组织和人员配套不完善的情况。可以学习国外图书馆的做法,例如美国国立医学图书馆在其过去十年的发展规划中就计划成立"灾害信息管理研究中心"[9],发挥图书馆专业人员协助度过应急情况的重要作用,提升影响力。在信息化时代,中国高校图书馆应在日常工作中树立应急预防意识,成立由党委(党支部)书记担任组长,馆长担任副组长,技术支持人员、服务支持人员等组成的专业化疫情防控工作领导小组,明确部门及人员的职责,提前谋划扎实筹备,以备"应急"之需。

#### 2.1.2 建立合作协同机制,制订完善的应急方案

我国高校图书馆在突发应急情况下应急方案更新率和推广率较低,内容也还不够全面完善。应急方案的制订应关注两个方面:一是图书馆作为教辅部门应发挥自身资源优势为用户提供传统信息服务,同时应发挥高校图书馆"信息中心"的新型职能定位,加强和学校内其他部门在教与学管理、校级应急方案制订等方面的协同合作,提升图书馆在全校部门中的影响力和话语权。二是努力制订尽可能完善的图书馆信息化应急方案以备应急情况来临时的多样化突发性需求。根据应急时段不同,应包括应急预防、应急响应、具体实施、结束收尾等步骤[10]。根据用户身份不同,应包括分别针对一线教师、教职员工和学生的"教学保障支持""行政办公支持""学生管理支持"等内容。根据工作人员职责不同,应根据精准匹配用户需求原则制定出应急小组内每位成员的基本工作内容,各司其职,确保应急情况发生时做到及时响应,如小组领导层面需要随时待命,统筹安排,周密部署;信息化技术工作人员需要做好教学直播和管理平台的技术测试、过程监控、使用培训和保障维护;宣传推广馆员应及时在线推广应急情况最新进展和馆内新闻等;学科服务馆员应及时提供线上咨询服务,推广最新资源,保障电子资源入口畅通;纸质资源采访馆员需整合应急信息资源,建立科学完整的应急文献保障体系等,共同应对应急情况。应急方案确定后还应根据现实需求的变化而不断调整更新完善,及时满足用户需求。

#### 2.1.3 制订演练和培训计划,培养应急安全知识

基于对自身在应对应急情况下地位与作用的充分认识,图书馆应快速提升并完善应急信息化服务能力。应急方案制订完成即可开展演练,使工作人员一旦遭遇紧急情况保持头脑清醒,做到临危不乱,切实提高应急管理能力。图书馆应急信息化服务演练应全员参与,定期举行,做到至少一年一次,每次演练结束总结经验教训,及时检查、修复和更新系统漏洞,促进应急方案不断优化完善。制订培训计划分为针对工作人员和用户的培训两部分。针对工作人员的培训内容侧重应急情况下的工作技能提升,包括信息化工作方法、平台软件管理方法、信息素养提升等。针对用户培训内容需要更加具有广泛性、多样性和针对性,包括全体用户需要的应急防范教育知识普及、图书馆应急信息资源获取、应急信息化服务平台使用培训以及针对教师的线上教学平台培训、针对教职工的线上办公软件使用培训和针对学生的科学信息素养与学生管理平台的使用等各类主题培训,充分发挥社交媒体的传播作用吸引用户,培养其掌握应急安全知识。

### 2.2 事中——快速应对、精准施策

#### 2.2.1 "云支持"教师在线教学

在本次疫情的应急情况下各地高校推迟了开学时间,但高校应响应政府"停课不停教,停课不停学"的要求转变教育教学方式,尽快将平日线下教学转移至应急线上教学并安排专业技术团队在教师教学过程中轮流值班实时解决用户的问题,确保教学工作顺利开展。在教师开课前,图书馆应充分支持学校信息化教学,快速形成专业团队并与学校教务处、学生处、教师发展中心等职能处室和各学院紧密配合,广泛发布课表和线上教学安排;和教学平台厂家沟通合作,对多种线上教学模式进行测试和监控,从"线上直播"、"录播学习"或"线上直播+录播学习相结合"等线上教学直播方法中选择并制定出适合本校的教学方法,确保顺利完成线上课件资料共享、预习、在线点名、直播、巡课、小组讨论、互动答疑、作业布置与提交、成绩上传等完整教学过程;组织教师和教学管理人员培训线上教学技术;优化目前学校线上教学

平台,进行线上学习大规模真实环境网络测试,检测平台的并发性能,进行服务器扩容和系统性能优化,在教师授课过程中全力保障教师在线教学平稳运行;制定学校教学平台线上教学直播教师版和学生版操作手册,使教师线上授课能够有法可循。

#### 2.2.2 "云助力"教工线上办公

疫情期间除了线上教学,教职工的日常办公也转移至线上进行。针对远程会议、收发邮件和办公审批等多种类教职工居家办公工作内容,为避免教职工安装过多APP,图书馆应将学校现有各类办公平台功能程序整合重构,达到教职工使用最多两种办公平台即可完成所有办公内容的目标,打通平台渠道,保障远程办公,达到完成学校各类通知新闻、流程审批、邮件信息、网络会议、填报表格等流程,确保各项事务不因线上办公的方式而延误。另外,疫情期间高校教职工需每日填报健康情况。为避免教职工数据泄露,图书馆技术部门应基于高校原有教工系统协助开发"教职工健康日报系统",通过信息化手段完成每日健康状况信息填报,还应加入每周每月数据回看分析整合等功能,全面掌握教职工健康状况。同时,图书馆还应做好本馆信息发布、线上参考咨询、各类线上专题知识讲座、论文写作培训、电子资源推荐、线上图采会读者采购、在线教学指导与培训等传统的宣传推广职能,持续提供良好的文化氛围,助力教职工线上办公顺利进行。

#### 2.2.3 "云管理"学生日常事务

在疫情期间学生管理人员与学生不便面对面沟通的情况下,对学生事务和学生身心健康的管理直接考验着学校的信息化程度。针对非毕业年级学生,图书馆主要提供健康日报系统、学期初补考重修和线上课堂技术支撑服务。建立"学生健康日报系统",全体学生通过手机电脑即可进行每日健康信息填报,辅导员可以在手机或电脑端实时查看学生填报内容,方便跟踪全校学生健康状况,加强疫情期间的预防和控制管理。针对需补考重修的学生,可在授课平台开发时加入"补考"和"重修"模块,图书馆通过线上远程视频考试的形式协助学生补考。"重修"模块内可以加入重修申请、在线缴费及一整套线上课程功能,确保学生重修工作线上顺利进行。线上课堂技术支撑重点在于通过增加在直播课堂中的互动方式、课堂案例讨论及提问的频次,增设实时点名功能进行课堂大数据统计,使教师能够实时掌握学生到课情况和上课状态;课后通过布置预习任务、设置预习问题和布置课后作业等方式了解学生学习兴趣点和知识掌握程度,关注用户体验,提高服务质量。

针对毕业生,可从从协助教师线上指导论文和答辩以及线上招聘入手展开服务。通过优化学校论文提交平台、开放各类文献资源使用权限、开展论文写作培训讲座等方式协助师生持续利用线上方式开展毕业论文文献查阅、写作和指导等工作,促使毕业论文工作顺利推进。疫情未结束不能开学的情况下,做好远程答辩技术协助,助力毕业生论文答辩。同时,为促进毕业生更加充分高质量就业,可搭建求职平台系统为学生自动推送就业岗位信息,协助举办毕业生网络视频招聘会,助力毕业生通过云人才市场投递简历并与企业视频面试快速签约,为疫情期间毕业生求职工作做出贡献。

### 2.3 事后——及时总结、完善方案

#### 2.3.1 持续支持后应急情况下的教与学

后应急情况下的教与学不会马上恢复正常,很可能会在一段时间内持续采取线上或线上线下相结合的方式教学,经过政府发文、校内工作部署、严格检查等一系列流程审批后才会逐

步恢复日常线下教学。在这段时间内,图书馆的线上信息化工作依旧不能松懈,需要持续积极把保证师生教与学的工作放在最重要位置上,满足用户需求,提升用户体验,从技术和平台等方面配合教学,提供个性化信息服务。同时逐步恢复线下办公、借还图书、书库管理等传统图书馆日常服务职能。另外,建议以应急情况下大规模开展线上教学工作为契机,探索优秀教学方法和线上教学典型案例,深度分析和评估线上教学方法及质量,深入推进现代信息技术与教育教学融合,并将成果融入一流课程建设和教学创新大赛中,为构建未来线上线下相结合的教育教学模式,推动教学改革进程做出应有贡献。

#### 2.3.2 及时复盘大数据,完善应急方案

应急情况下的研究成果、方案政策和宣传报道等数据信息资源分散无序。在后应急情况下,图书馆应及时复盘并挖掘整理这些信息使之成为有效的大数据资源,建立专题应急大数据平台,分析数据中的相关性,对应急处理的能力和流程等方面系统分析,同时找出应急方案的不足,及时调整完善并演练培训,为今后更好应对应急情况积累经验。还应运用好图书馆这个资源知识宝库,在后应急情况下建立并推广以用户为中心的周期性科普性线上线下应急信息素养教育培训,包括应急技能培训讲座、模拟演练、应急主题宣传与纪念展览、应急数据库和大数据人工智能技术推介等相关知识。

#### 2.3.3 发挥资源聚集优势,建立信息资源导航平台

图书馆作为高校重要的文献典藏部门具有收集和保存学校历史记忆的职能。建议收集汇总并妥善保存与学校突发应急事件相关的手册、文件、方案、图片和视频等各类型一手文献,创建基于特色文献资源的信息资源导航平台,使珍贵文献永久保存,随时可见。在本次抗击新冠病毒疫情中,已有多所高校在有限的人力、物力和技术下尝试快速整合应急信息资源,如南开大学图书馆的"'战疫'主题书柜"、中国人民大学图书馆的"抗击新冠病毒"专题库、上海交通大学图书馆的"2019新型冠状病毒研究成果"、湖南大学图书馆的"免费抗疫专利信息资源"、兰州大学图书馆的"冠状病毒研究回顾汇总"、武汉大学图书馆的"22个新馆病毒免费数据库"等[11],但由于技术和资源还不完备,更多局限于应急情况下免费纸电资源获取服务上,专题特色数据库和电子资源建设还不完善。建议在后应急情况下图书馆运用可视化分析、GIS技术、数据挖掘等数据分析技术建成专题特色资源数据库,创建"推送应急文献资源"—"收集保存应急文献资源"—"创建应急文献资源导航平台"—"推广应急文献资源导航平台"全流程,深挖文献价值,将应急突发事件对学校的影响沉淀并转化为宝贵的资源财富。

## 3 机制运行中需要注意的问题

### 3.1 制度保障、技术支撑

应急情况具有多样性、突发性和影响力大的特点,需要高校引起足够的重视。图书馆应逐渐将应急情况下信息化服务机制修改完善并纳入图书馆长期发展战略规划中,成立专业化的应急工作团队并建立完整的"培训—实施—考核—奖励"流程制度。师生在应急情况下的线上教与学过程中难免出现技术、设备和人力等各类突发状况,需要图书馆技术部门人员掌握过硬的技术能力提供技术保障和数据支撑,掌握如在线教学、办公和学生管理平台运行机制,针对在线教学可能面临的并发压力对网络带宽和存储进行快速升级扩容、大规模真实环

境测试、在线直播教学培训、后台实时监控在线上教学的每日网络系统数据（系统访问量、当日访客数、当前线上人数、网络带宽数据）等技能，保障信息化平台平稳运行。

### 3.2 协同联动、加强沟通

图书馆信息化服务需要与政府、高校以及每位参与者密切持续交流，共同应对。政府部门是权威信息的发布者，首先应积极与政府和教育部在事前、事中和事后加强信息沟通、及时上报，最快速度收集整合信息并做出应急方案。之后，做好校内各部门的协调联动，例如，官网和微信开通"应急防控"专栏发布各类防控新闻通知，配合教务处、宣传部第一时间面向师生发布教学安排通知、在线办公和在线教学操作指南等。另外，和在线教学办公平台厂商、数据库商、出版社及通讯公司和互联网企业开展广泛合作。最后，加强服务力度和广度，重视将权威新闻和教学信息及时传达到每一位师生，助力应急信息化服务的全方位有效开展。

### 3.3 重视督导、巡查观测

高校图书馆信息化服务在应急情况下需要重视督导和巡查观测的作用，应加入由校教学督导管理人员、课程负责人、学生管理人员组成的高校教学质量督导巡查队伍，深入线上课堂观测教师授课和学生在线学习情况。提高系统检查频率，搭建常态化平台应用交流群，及时准确发现问题并提供在线技术支持服务，确保线上教学良好的教学秩序和教学质量。建立由主管院长负责、各分院和职能部门参加的信息化联合教学检查观测小组，采取在线巡课的方式，通过教学数据通报、教学简报、巡课报告、线上问卷调查、在线授课师生反馈会、每日课程进展研讨会等方式将发现的问题及时公开，建立数据追踪和预警机制提醒教师及时做出调整并改进线上教学方式，促进"以用户为中心"线上教学质量不断提升。

应急情况下高校图书馆信息化服务机制还需提升改进。高校图书馆支持在线教学、在线办公和学生事务管理是挑战也是机遇。应重视信息化发展，持续以用户需求为导向，为师生提供优质的在线教学办公与管理、信息获取、资源推荐、教育培训等服务，深入开展信息化支持探索和实践，从而实现图书馆在新时代被赋予的信息化职能。

**参考文献**

[1] 柯平,包鑫.公共图书馆在应对公共安全突发事件中的地位和作用[J].图书馆论坛,2020,40(4):109-112,150.

[2] 中华人民共和国教育部.关于印发《教育信息化2.0行动计划》的通知[EB/OL].[2018-04-13].http://www.moe.gov.cn/srcsite/A16/s3342/201804/t20180425_334188.html.

[3] 唐成毅,丁海容,李勇.开放服务模式下高校图书馆突发安全事件应急预案研究[J].成都理工大学学报（社会科学版）,2012,20（2):106-109.

[4] 肖花,曾云华.基于用户需求的图书馆应急信息资源整合服务研究[J].大学图书情报学刊,2017,35(4):19-22.

[5] 刘丙寅.图书馆突发事件的应对及思考[J].文化产业,2018,105（8）:31-34.

[6] 魏永丽,韦汉泽.图书馆突发公共卫生事件应急机制现状分析[J].四川图书馆学报,2014（3）:90-92.

[7] 侯勇.运用 PDCA 循环编制图书馆信息系统应急预案[J].蚌埠学院学报,2015,4(4):148-151.
[8] 杨敏,刘咏梅,谢笑.大学图书馆突发事件应急预防管理研究——基于 WSR 方法论[J].图书馆工作与研究,2019(10):11-17.
[9] 张靖.美国国立医学图书馆灾害应急信息服务与启示[J].图书情报工作,2016,60(7):72-77.
[10] 魏思廷.图书馆应急预案现状分析及对策[J].图书馆建设,2010(5):74-76.
[11] 陈有志,肖蔚.新冠肺炎疫情应急信息服务:图书馆在行动[J].高校图书馆工作,2020(2):2.

# 后疫情时期以用户为中心的图书馆健康信息服务模式研究

王 霞(贵州省图书馆)

后疫情时代是相对于疫情初发阶段和控制阶段而言的,指的是疫情得到基本控制,仍旧存在小范围传播的局面。对健康信息的需求贯穿人类社会发展始终,现代信息技术则进一步催生了健康信息服务的新模式。新冠肺炎的爆发让人们更加关注现代公共图书馆在社会健康信息服务中发挥的作用,因此依托信息技术的图书馆健康信息服务体系应当如何构建就成为了图书馆发展中需要解决的新问题。当前我国基于图书馆情报学的健康信息服务已经形成了一系列学术研究成果,而如何在实践中加以完善则需要进一步的探讨。

## 1 健康信息服务相关理论成果与价值

### 1.1 健康信息服务概念和特征

我国对公共图书馆健康信息服务的理论研究始于 21 世纪初期,经过十多年的发展将健康信息概念引入医院临床质量、居民健康素养培育、居民保健预防水平等体系中。《中国公民健康素养——基本知识与技能(2015 年版)》明确提出人们要关注健康信息,提高获取、甄别、利用健康信息的能力,才能具备基本的健康素养。

美国、英国、日本等发达国家则更早重视公众健康信息需求研究,早在 1957 年美国学者 Podair 就对公共图书馆的健康信息服务展开研究,随后美国图书馆委员会提出了 9 种图书馆健康信息服务模式,囊括公共图书馆、高校图书馆、医学图书馆、研究所图书馆等多种图书馆类型。英国政府于 1998 年着手建立电子医学图书馆,将出版社、医疗机构和图书馆资源进行整合,为医生、病人提供健康信息支持服务。

国外健康信息研究起步早,并初步形成服务体系,日本学者 SaKaiY 提出提高公众健康信息素养,要将情报学科和图书馆融合起来。英国政府发布的国家健康信息服务系统宗旨在于以更好的信息提供更好的医疗选择,推动国民健康。美国学者 Yi Y J 提出公共图书馆健康信息服务概念广义上指的是康复、医疗、保健、预防、健康素养、健康饮食、健康政策等方面的信息资源。实质上,健康信息服务是一个相对宽泛的概念,实际存在远远早于理论研究。健康教育、健康咨询、医疗信息咨询、健康促进都属于健康信息服务,指的是人们在健康的角度上利用一定的信息服务模式进行指导、规划和建议,从而达到改善个体和群体生命健康状况的目的。微观上来说,健康信息服务是特定机构和组织,整合已经掌握的健康信息资源,针对人们的需求,对这些资源进行的分配和处理。健康信息服务具有大众化、个性化特征,其所服务的对象是广泛的,男女老幼、健康人或者患者都会产生不同程度的健康信息需求。而这些健康信息需求有所差异,各不相同[1]。

### 1.2 图书馆健康信息服务困境

在一项健康信息服务的调查中,利用图书馆数据库查询健康信息的约占调查总数的12%。图书馆健康信息服务用户中,34%的用户认为图书馆数据库的优点在于信息较为准确、权威,24.5%的用户认为疾病信息较为全面,35.1%的用户认为数据库使用不方便。而健康信息服务中不选择图书馆的用户认为图书馆数据库使用不习惯、查找困难。

由此可见,普通用户对图书馆数据库的健康信息服务有一定了解,这也就为公共图书馆创建健康信息服务模式提供了群众基础。但是结合用户和非用户的评价可知,图书馆数据库的资源权威、全面,而用户体验感较差,由此构成了以用户为中心的图书馆健康信息服务模式的改进方向。

## 2 图书馆健康信息服务模式构成要素

用户的信息需求是图书馆信息服务的导向[2],因此,图书馆构建以健康信息资源库为基础,以信息服务人员为保障,满足用户健康信息需求的信息服务模式,必须对有健康信息需求的用户、开展健康信息服务的人员、健康信息资源库这三个关键构要素有清晰的认知和定位。

### 2.1 有健康信息需求的用户特征

图书馆作为一种信息服务和社会教育机构,其所面对的服务对象是多种多样的,来自各行各业,有不同的社会阶层,在年龄、职业、知识储备等方面都有明显的差异性。因此形成的信息需求也各有不同,有的服务对象倾向于获取数字化信息资源,有的服务对象习惯于阅读传统的纸质图书,这就决定了图书馆信息健康服务模式中有健康信息需求用户的差异化特征,针对这种特征,如何形成以用户为中心的信息需求导向成为了图书馆开展健康信息服务的关键。后疫情时期人们的健康意识增强,对自身健康,对社会健康更加关注,以用户为中心的图书馆健康信息服务体系要在实践中进行改革,以提高信息服务的实效性和准确性[3]。

### 2.2 健康信息资源库的要求

图书馆的信息服务资源包括基础信息资源,如馆藏信息、软硬件信息以及人力资源等,这些是图书馆开展信息服务的基础保障。而在馆藏资源的基础上,现代图书馆也需要创建数字化资源库、信息库,并筛选出符合健康信息需求的相关内容,构建专业的健康信息资源库。健康信息是多样化的,其来源也必然是多渠道的,因此图书馆在构建专业健康信息资源库的过程中,要加强和多种渠道的合作交流,主要包括医疗服务机构、医学院校、专业医学图书馆等,形成图书馆服务或合作联盟,共同对健康信息资源进行整合、分析和优化,推动健康信息的共建共享。以用户为中心的图书馆健康信息服务具有差异化、个性化的特点,因此健康信息资源也要具有实效性和针对性,形成明确的信息服务产品,推动信息服务工作高效进行[4]。

### 2.3 健康信息服务人员的素质

健康信息服务人员的能力、职业素养和职业道德是构成现代图书馆健康信息服务模式的重要要素之一。图书馆馆员是直接进行信息服务的中间力量。现代图书馆建设要求馆员具备图情专业能力,具备专业的图书馆档案学、情报学、馆藏资源建设素质,能对图书馆馆藏资源、数字化资源、信息技术平台进行专业管理。

健康信息服务则要求图书馆服务人员具备一定的医学专业能力,能梳理抓取不同群体的健康信息需求,并对搜集到的信息进行挖掘、整合与分析,对健康信息需求、健康信息资源进行正确分门别类,细分模块,做好健康信息数据库建设和管理。

## 3 服务模式用户中心地位的表现

健康信息服务模式中用户中心地位的体现要做到服务为宗旨,信息为支撑,创新模式为根本。本质上是健康信息服务和用户健康信息需求存在价值上的一致性,即以满足用户需求为服务模式的价值理念,用户需求构成信息服务的发展方向,在实践中要做到信息检索服务,根据用户需求或提问从多种数据库、信息系统中迅速准确地查找到符合用户需求的资料和数据。信息发布与报道服务,则是图书馆情报机构将大量健康信息进行整理、分析、加工、评价,及时报道出去,并结合对用户需求的大数据发掘,进行精准推送。信息咨询服务,以个性化、面对面的专业服务模式,解决用户健康信息问题的针对性咨询活动。网络信息服务,图书馆健康信息服务平台或网站以用户体验为基础进行组织设计,满足用户对信息价值、功能、内容等方面的体验。

以用户为中心是新时期图书馆健康信息服务模式的基准和核心,做到以用户为中心,就要以用户需求理论为理论出发点,从技术、机制两方面实现用户的中心地位。

其一,资源建设以用户需求为构建基础。图书馆健康信息服务的主要对象是普通群众,他们的教育水平、健康水平、性格特点都有很大不同。因此健康信息资源库的建设增强对用户需求的关注和分析。通过多种方式包括调查、数据搜集等方式整合用户对健康信息的需求,并了解用户自身健康情况,在数据中心建立针对用户个体的健康信息档案,并在资源中心下设老年人、幼儿、中青年男女等不同群体的信息资源库,实现信息资源细化建设。

其二,建立多样化工作人员考核机制,将传统的资源建设和经费投入考核标准转化为对用户服务质量的评价标准,更好地实现以用户为中心。首先,考核图书馆内外环境,主要包括图书馆硬件设施是否能满足用户需求,是否有指向性要素,服务流程是否简单清晰,是否能让用户自主享受图书馆信息服务。其次,从图书馆信息资源的完整性、实效性进行评价,图书馆提供的健康信息是否满足用户的信息需求,是否能解决用户健康问题,是否符合时代前沿信息,是否及时更新等。

## 4 服务模式的内容建设

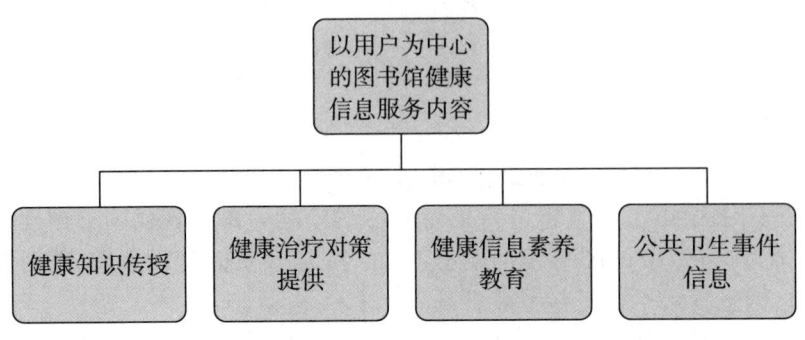

图1 以用户为中心的图书馆健康信息服务内容

如图1所示,以用户为中心的图书馆健康信息服务内容主要包括健康知识传授、健康治疗对策提供、健康信息素养教育和公共卫生事件信息。

健康知识传授具体指的是用户获取健康知识和信息,包括关于疾病医疗的概念、疾病预防、心理健康、身体保健、基本健康技能、饮食营养等涉及医疗、保健和卫生领域的相关政策法规,以用户为中心的健康信息将主要侧重于对疾病的预防和对健康的维护上。

健康治疗对策提供具体指的是根据用户自身的健康情况做出诊断建议,并为用户提供相关的确保身体疾病得以治疗的专业性健康信息和具体措施,如关于治疗某种疾病的方式方法及对疾病的预防、识别和减轻方法,该模块内容较为专业和深入。

健康信息素养教育指的是用户在服务中心通过查找、检索获取健康信息,并对所掌握的健康信息进行评价和审辨,由此所培育出的评估和判断能力,能综合反应用户的健康信息素养,如用户利用专业医学库的能力、用户对多种来源的健康信息的真实性做出评价的能力等。

公共卫生事件信息指的是在突发性、爆发性的传染疾病等公共卫生事件中,有关疫情的最全面、最前沿的医疗和公共卫生信息,包括政府、专业医疗机构、专业医疗科研单位的相关研究报道、评估、培训信息、预防指南、治疗方案等,未来随着图书健康信息服务模式的成熟,这些信息可以不包括在用户普遍周知的数据库中,而是需要建立针对性的传染疾病健康信息数据库。

图书馆作为信息资源整合的中心机构,所提供的健康信息服务是相对专业、全面和权威的,能满足多种类型的用户对健康信息的需求,如:目前广州市图书馆设有医疗健康和社区信息导航栏目,用户可以获取健康信息网站链接;重庆市图书馆设置科普宣传模块,对用户进行以医疗内容为中心的媒介视频资源共享。

## 5 服务模式实现路径

图书馆健康信息服务模式的建立是一个系统而复杂的工程,并非一朝一夕能够完成的,是用户信息需求、工作人员、信息资源互相影响作用的产物。图书馆健康信息服务模式的具体实施要围绕用户需求进行,对信息资源进行充分的拓展和研究,促使其深度和广度与用户健康信息需求相匹配,实现服务体系的不断优化。

### 5.1 重组流程,拓宽服务渠道

用户驱动下的健康信息服务模式基本组成要素包括用户的信息需求、信息资源和服务人员,并要在三者之间形成交互关系,图书馆不断补充资源,工作人员不断提高工作能力,用户在产生健康的信息需求后,借助图书馆的数据库和网站进行自主查询,寻求相匹配的健康信息。用户也可以和工作人员进行沟通交流,在这个模式中图书馆工作人员是服务的主体,他们的工作能力、职业素养在健康信息服务体系中发挥着纽带作用。

以用户为中心的图书馆健康信息服务模式,其首要一点是实现服务方式的创新和优化,因此要对固有的服务流程进行重组和改进。一方面,图书馆以用户需求为基准,在传统的人工服务模式上推进信息技术的渗透,提高信息的收集、整合、聚类和发布效率和质量,从而能通过更加便捷、快速的服务流程满足用户需求。另一方面,图书馆可以借助技术手段进一步细化用户健康信息需求,了解用户的健康信息消费偏好,从而提高健康信息服务的针对性。如后疫情时代为社会大众推送病毒性传染病、细菌性传染病的相关信息,并划分幼儿、中青年、老年人类别,提供更便捷的传染病信息服务,以进一步提高我国大众对传染病的了解程度。

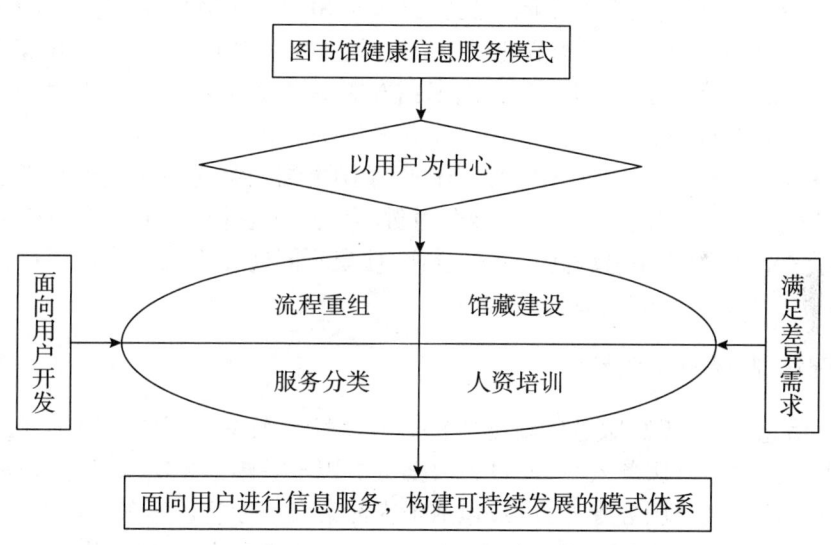

图2 以用户为中心的图书馆健康信息服务模式策略

### 5.2 丰富信息,提高参考实效

图书馆健康信息服务的前提和基础是图书馆拥有丰富多样的健康信息,其中包括馆藏资源、数字化信息等。当前我国公共图书馆拥有足够的健康信息,但是以用户为中心的健康信息服务尚处在开发和探索阶段,其主要问题在于馆藏的健康信息和大众的健康信息需求存在不匹配的问题。

提高健康信息服务的实效性,可以借助数字化信息技术,图书馆可以对馆藏资源和网络平台的数字化资源进行大数据处理,以方便用户使用。如图书馆和医院、医学高校、医疗公益组织等开展数字化咨询信息服务,通过网络爬虫、信息技术平台建设搜集健康信息,围绕用户需求提供信息服务,利用现代技术手段,用户可以在图书馆健康信息网站通过关键词检索获取数字化健康信息,或者预约健康信息推送等,而图书馆和医学机构的合作可以采用有效的健康问题问答制度,用户借助网络渠道提出信息需求,医学专业人员通过网络、视频等方式进行实时解答,保障健康信息咨询的及时有效,并确保技术和健康信息资源投放上的精准[5]。

### 5.3 细化服务,满足差异需求

满足用户的差异化需求是图书馆健康信息服务的重点也是难点[6],除了要抓取不同类型的用户进行需求分析之外,图书馆自身也要做好健康服务管理,对服务内容进行细化分类,或明确图书馆的健康服务角色。

读者的个人特征差异,对健康信息的需求也存在差异,因此以用户为中心提供健康信息服务要求图书馆对用户进行充分的了解。如以用户为中心,了解用户的群体差异。调查发现,图书馆不同用户群体对健康信息的需求存在群体差异,青少年更多学习运动健身知识,中年的健康信息需求更多在于自我疾病诊断;本科学历及以上学历读者健康信息需求主要为提高自身对医疗知识的利用能力;乡村居民希望以最简单的方式获取和自身相关的医疗信息;专业医生、护士和医疗研发人员需要图书馆引进医学知识专业数据库,尤其是国外数据库以此提高专业能力。在满足不同用户差异化健康信息需求时,我们可以借鉴发达国家成功经验[7],如美国协调图书馆力量和社会力量,整合图书馆健康信息服务模式,吸引图书馆和更多社会组织参与,如美国研究图书馆协会(Association of Research Libraries,ARL)将全国性公共图书馆、地方州图书馆和医学图书馆整合起来,建设医学图书馆网络为用户提供健康信息,面向不同年龄层用户开展合作,以幼儿为例,开展儿童健康信息获取相互,图书馆和社会、公共卫生机构、卫生公益组织以及长期患病儿童父母合作,搜集不同幼儿疾病的诊疗信息,建立幼儿资源中心,长期满足幼儿、家长的健康信息需求[8]。

### 5.4 加强培训,提升专业水准

培养健康信息馆员,提高服务人员健康信息专业性。图书馆可以和医院、医学科研机构合作招聘相关的健康信息服务人员,通过大数据分析用于健康信息需求,以用户需求为导向,分门别类设置个性化健康服务专业人员,包括个人健康和一般管理服务、医学健康信息服务、健康书籍推荐介绍。也可以有针对性地培养普通馆员的健康信息,通过岗前培训、岗中考察和进修等方式,将健康知识和信息技术结合起来,开展针对馆员的个性化课堂。

图书馆馆员要注重强化自己的信息意识增强信息素养,明确掌握用户信息需求,提高对信息的感受力和洞察力,并对信息价值做出准确判断。图书馆针对馆员个人能力和职业素养,展开结合图书馆学、档案学和情报学的针对性培训,要求工作人员能在健康信息服务中利用专业档案管理知识、图书馆情报学知识提供信息,分析用户需求,提高检索、搜寻和建议针对性,满足用户多样化需求。

## 6 以用户为中心健康信息服务体系的优势

强调以用户为中心是对图书馆传统文献中心论的扬弃,传统的图书馆信息服务是以文献资源为中心的,信息技术的应用则催生了以用户为中心的信息服务新模式,将传统的馆藏资源转化为数字信息资源库,构建信息服务平台,构建基于用户需求的动态性、系统性信息服务[9]。

### 6.1 服务指向性更加明确

一方面,强调以用户为中心,图书馆的健康信息服务会随着用户需求的改变而不断改变,因此这种信息服务是动态的、立体的,是有明确导向性的,不再是固定不变的,服务的指向性更加明确和具体;另一方面,用户涵盖内容广泛,传统的单一服务模式和大量的信息服务推送将变得不合时宜,结合不同用户需求的层次构建不同类别的服务体系,确保服务更具针对性和差异性,让用户能够在检索、搜寻中快速得到与需求相匹配的健康信息,从而推动用户的信息使用更加直接,更加快速。

### 6.2 服务系统性更加完善

强调用户为中心的全面辐射,根据需求的种类、层次进行分类整合,在大数据的背景下,形成信息需求的大系统,并且在信息服务过程中对系统进行修改和完善。系统性的信息类别决定了图书馆的健康信息服务采用什么样的方式运作,也决定图书馆健康信息服务的技能水平、管理水平和实施水平,最终实现图书馆健康信息服务的人性化[10]。

### 6.3 服务规范性更加合理

当前以用户为中心的图书馆健康信息服务研究主要集中在理论层面上,在实践上尚未提出标准的健康信息服务程序,可以预见随着图书馆信息化的持续推进,健康信息服务管理会构建一个规范的流程和标准,实现各个图书馆健康信息服务的衔接与融合,真正实现以用户需求为中心,以满足用户信息需求为目标,以实现信息的标准化为内容的服务模式。

总之,后疫情时代,构建以用户为中心的图书馆健康信息服务模式要以用户需求为导向,以工作人员为保障,以信息资源为基础重组服务流程,结合我国图书馆现状,推进信息化建设,提高对用户健康信息需求的分类整合,做好图书馆健康服务角色定位,拓展健康信息服务渠道,丰富健康信息馆藏,实现图书馆和用户的良性互动,以提高图书馆健康信息服务的针对性,为用户提供差异化、个性化的健康信息服务。

**参考文献**

[1] 胡媛,虞佳玲,艾文华.基于用户视角的健康信息服务平台质量评价研究[J].中国健康教育,2018,34(10):912-915,928.

[2] 蔡小菲.浅谈西部地区图书馆微信公众平台的应用[J].西域图书馆论坛,2016(11):15.

[3] 任煦,石艳霞.基于社会化媒体的公共图书馆健康信息服务模式研究[J].图书馆学刊,2019,41(2):66-70,78.

[4] 康克勤.以用户为中心的图书馆健康信息服务模式研究[J].河南图书馆学刊,2017,37(12):80-83.

[5] 周晓英.健康服务:开启公共图书馆服务的新领域[J].中国图书馆学报,2019(4):61-71.

[6][7] 柳燕,高蕾.数字图书馆个性化服务技术研究[J].长沙铁道学院学报(社会科学版),2011(12):15

[8] 任煦,石艳霞. 基于社会化媒体的公共图书馆健康信息服务现状调查与分析[J]. 图书馆学研究,2018(7): 76-83.
[9] 李卉. 以用户为中心的图书馆健康信息服务模式研究[J]. 农业图书情报学刊,2017,29(11):176-179.
[10] 张静仪,张敏. 国外公共图书馆健康信息服务研究述评[J]. 图书情报知识,2018(2):14-23.

# 突发公共事件视角下的公共图书馆公民应急素养教育工作探析

王瑜心(丹东市图书馆)

2020年初突如其来的新冠肺炎疫情席卷全球,以新冠肺炎为代表的公共卫生事件、自然灾害、事故灾难和社会安全事件等突发公共事件造成了人员伤亡、财产损失、生态环境破坏等社会危害。为及时有效地应对突发事件,我国建立了"纵向到底、横向到边"的应急体系,按照"一案三制"的总架构,从应急管理的体制机制层面展开响应,并加强了应急物资储备和应急队伍建设,改进了应急设施[1]。近年来,具有中国特色的国家应急体系的有效性在突发公共事件的应急处置当中获得了验证。然而专业的应急能力并不能完全代表一个国家和社会的应急水平,公民应急素养对突发事件的应急结果同样会产生重要影响。四川凉山州木里县项脚乡"3·28"森林火灾案、重庆"12·23"特大井喷事故、上海外滩"12·31"踩踏事故等案例教训说明:一些不必要的经济损失甚至人员伤亡正是由于公民缺乏必要的应急素养,风险的甄别与应对能力不足而造成的。因此,突发公共事件视角下,树立全民危机意识、提高全社会抗风险能力、培育公民的应急素养势在必行。

## 1 提高公民应急素养的关键

公民应急素养是公民的应急知识技能储备、规避风险能力以及应对危机的自救互救能力[2]。参考国家卫生健康委员会卫生应急办公室发布的《公民卫生应急素养条目》,可将公民应急素养分解为知识与信念、行为和技能三个维度[3]。意识引导行为,突发公共事件背景下,公民在发现异常情况时的及时报告依赖于基本应急知识,科学的应对行为和技能需要一个知之而后行的过程,这就体现出知识与信念在公民应急素养中的基础地位。由此可见,提高公民应急素养的关键是帮助大众树立应急意识、掌握应急知识,使主动提高个人应急素养成为全体公民的共识。

## 2 我国公民应急素养教育的现状

公民应急素养教育是提升公民应急素养的有效途径。2008年汶川地震中,桑枣中学之所以能够创下2300余名师生无一伤亡的奇迹,正是由于坚持每学期开展应急宣传教育与灾难演习[4]。随着《中华人民共和国突发事件应对法》的颁布,我国依托重大主题活动和科普宣教基地开展应急素养教育取得了明显成效。但从现状来看,我国公民应急素养教育仍存在诸多问题。

宁良文、陈志强等针对我国公众参与应急教育现状的调研结果显示:目前公众认为我国应急教育最突出的问题是社会重视不足和公众风险意识差,应急教育体系建设以及教育的开展次数、形式、内容以及趣味性均未达到公众的理想水平[2]。学者韩淑云针对城市居民危机意识进行调研后指出:市民缺乏正确应对危机的知识与技能,不同职业人群应对意识和能力有较大的差别[5]。这说明我国公民应急教育的普及率不高,农村地区、采矿和化工等重点行业的人群应急知识还比较欠缺,应急素养教育难度大、盲点多。此外,我国的应急素养教育大多属于事后推动型,内容简单又相对陈旧,不能适应新的社会需求;多数宣传教育方法存在单一化、形式化趋向。宁良文、陈志强等研究发现:公众对应急教育的参与意愿较高,80.6%的公众认为比较必要或非常必要参与应急教育活动[2]。公民对应急素养教育的需求与尚不完善、不系统、不固定的应急素养教育体系形成了供需矛盾。

## 3 公共图书馆参与公民应急素养教育的优势

在我国应急素养教育存在供需矛盾的情况下,公共图书馆作为一个公益性的公共文化服务和信息传播机构,理应积极主动发挥自身优势开展公民应急素养教育服务,以公民应急素养的提升推动国家应急能力的提高,实现突发公共事件的"群策群力、群防群控"。

### 3.1 公共图书馆的职能优势

著名图书馆学家黄俊贵先生在《图书馆人文关怀随想》一文中说:"建立图书馆的初衷在于作为文化教育、社会大学、信息中心供社会享用。"可见,文化教育、社会教育和信息传播是公共图书馆的基本职能,这些职能为公民应急素养教育服务奠定了基础。

#### 3.1.1 公共图书馆的文化教育职能营造应急文化氛围

在预防和处置突发公共事件时,为最大限度地减少其造成的损失,需要从最基础的层面动员全社会成员进行有效应对,从被动应急变为主动应急,营造应急文化氛围。应急文化是常规文化建设中的重要部分。公共图书馆作为文化机构,以文献资源为依托开展各种文化活动,对公众进行文化熏陶。作为先进文化的传播者和精神文明的阵地,公共图书馆的文化教育职能对社会成员的思想意识、价值观念、道德准则等方面具有宣传导向作用。公共图书馆开展应急素养教育承担了培育应急文化的重任,推动社会形成应急文化氛围。

#### 3.1.2 公共图书馆的社会教育职能奠定应急素养教育基础

突发公共事件背景下的应急素养核心是"公民性"。公民在享有宪法和法律规定的权利的同时必须履行相关义务,承担应尽的社会责任。危机时刻的自发选择和主动配合,是个人权利的让渡和维护公利的要求,反映的是应急道德素养;隐瞒不报、制假贩假、恶意造谣等违法现象频发,是过分关注个人权利、缺乏法律意识的结果,反映的是应急权责素养;实践文明健康的生活方式、理性分辨谣言、正确避险及自救互救等,是基于认识事物的科学态度和实事求是的精神,反映的是应急科学素养和卫生素养。公民应急素养的提高得益于应急知识的普及和应急素养教育的发展。《中华人民共和国公共图书馆法》等法律规定了公共图书馆有开展社会教育的义务。公共图书馆开展社会教育是对学校教育的补充,向公民提供平等免费的教育机会和终身教育的场所,为应急素养教育奠定基础。

### 3.1.3 公共图书馆信息传播职能保驾公民应急信息素养提升

突发公共事件中,各种谣言和虚假信息的频繁出现加剧了公民的焦虑与恐慌,对应急管理工作造成了混乱。其原因一是公民迫切想要了解突发事件的相关信息,却由于信息不对称而被谣言填补了信息真空;二是复杂的信息传播途径和应急知识的缺乏,导致公民甄别真假信息的能力不强,从众心理相当普遍。因此,应对谣言产生和传播的根本途径是提升公民的应急信息素养。《中华人民共和国政府信息公开条例》明确规定了"行政机关应当及时向国家档案馆、公共图书馆提供主动公开的政府信息",公开的范围包括"突发公共事件的应急预案、预警信息及应对情况"[6]。这些规定为公共图书馆的信息传播职能赋予了权威性。公共图书馆信息服务为公民提供了获取信息的可靠渠道,信息素养教育工作帮助公民形成不造谣、不信谣、不传谣的信息伦理意识。

## 3.2 公共图书馆的文献资源优势

开展公民应急素养教育离不开应急知识文献资源。公共图书馆的应急文献信息资源中既有海量的纸质书刊资源,又有丰富的数字资源,知识门类齐全。此外,公共图书馆也可以根据应急素养教育服务的实际需求,制订馆藏建设规划和文献采购计划,满足应急素养教育需求。公共图书馆馆藏应急素养教育文献资源是公共图书馆开展应急素养教育的物质基础。

## 3.3 公共图书馆的读者群体优势

研究显示,公众的文化程度影响其参与应急培训的行为,文化程度越高,对应急教育理解能力越深入[7]。公共图书馆的服务对象中,多数是社会各阶层中具有一定文化程度的群体,能够理解培养个人应急素养的意义,也更容易接受应急素养教育。实现一名读者应急素养的有效提升,可能对周边一系列群体产生辐射性的影响,发挥一传十、十传百的效应,进而达到推进普及公民应急素养的目的。

## 3.4 公共图书馆的服务网络优势

目前我国已经形成了覆盖城乡、便捷实用的公共图书馆服务网络。从国家到省、市、县、乡、村都设立了独立的公共图书馆或依托综合服务设施的图书室,图书馆文化服务的覆盖面向不同行业、不同地域、不同文化层次的群体延伸,能有效动员公民参与应急素养教育。此外,公共图书馆的均等化服务也为公民无差别地获取知识、信息及公共图书馆服务提供了保障。

## 3.5 公共图书馆的阅读疗法优势

突发公共事件不仅威胁着公众的身体健康,也会影响到人们的心理健康,人们不可避免地会出现恐惧、焦虑、抑郁等应激心理。研究显示,灾难中约70%的当事人的心理创伤可自行修复、痊愈,而另外30%会出现焦虑、抑郁、躯体形式障碍等一系列心理、生理症状[8]。据统计,汶川地震中直接和间接遭受心理伤害的群众及救灾人员不少于50万人[9]。突发公共事件背景下,公民出现心理问题首先要学会进行自我疏导,这就需要具备良好的应急心理健康素养。

汶川地震发生后,汶川县蓥华镇中学学生邓清清,在废墟中靠打着手电读书对抗饥饿和恐惧最终获救,这证明了阅读疗法的强大精神力效果。新冠肺炎疫情期间,武汉市卫健委向市民推荐了武汉市精神卫生中心心理学博士李闻天提供的《情绪心理学》《少有人走的路》等书目作为心理健康服务的一项内容。例证说明,阅读能培养读者乐观的能力,是一种重要的心理治疗工具,阅读疗法对于培育公民应急心理素养具有一定效果。

### 3.6 公共图书馆的文化志愿者库优势

自20世纪90年代志愿服务开始出现在我国公共图书馆行业[10],经过近30年发展,文化志愿者队伍不断壮大,其中不乏具有特定技能的专业型志愿者。专业文化志愿者团体解决了公共图书馆应急教育人力资源不足、馆员应急知识有限的问题,他们作为传播应急知识的辅助力量,往往能深入灾区或偏远地区参与公民应急素养提升教育。公共图书馆在应急素养教育中,可以组织具有应急专业知识的文化志愿者进学校、进社区、进农村、进企业,开展对应急避险常识、急救知识等应急知识的集中宣讲,将应急知识送到千家万户。

## 4 公共图书馆开展公民应急素养教育的情况

我国早在近代就已非常重视公共图书馆的社会教育职能[11]。突发公共事件背景下,公共图书馆界勇于承担社会责任,克服困难坚持开展了一系列公民应急素养教育。通过对国内部分公共图书馆开展的应急素养教育服务进行调研发现,目前公共图书馆开展的公民应急素养教育主要包括以下几种类别:

### 4.1 建立应急专题导航

应急专题导航是公共事件发生后,图书馆对与事件相关的应急知识、事件处置情况、机构研究进展等信息进行收集和整理,创建专题性的信息导航供读者查询。例如,新冠疫情爆发后,国家图书馆推出了"抗击新型冠状病毒肺炎疫情资源专题",普及各类防疫知识,提供与疫情有关的国内外专业文献资源;南方医科大学图书馆在主页原有"健康信息素养教育"栏目中及时增设了"COVID-19防治"专栏,为读者提供新冠肺炎治疗、预防等规范化知识。图书馆将突发公共事件专题资源进行集中展示,方便读者了解和获取规范化、权威性的信息,从而达到宣传与普及应急素养知识的目的。

### 4.2 开发应急素养教育资源

#### 4.2.1 开发线下实体应急素养教育资源

图书馆通过荐读馆藏应急教育书目期刊、编制应急知识宣传单、刊发应急知识手册、布置馆内应急知识展板和挂图等,开发基于传统媒介的应急素养教育资源,促进应急知识的传播和扩散。为宣传安全生产知识、增强全民安全意识,烟台开发区图书馆设立了安全生产图书专架,助力防风险、除隐患;汶川地震发生后,中国人民解放军医学图书馆紧急编印了与灾后疾病防治和卫生防疫相关的科普宣传单,向灾区送去了应急卫生知识。传统线下应急教育资源的开发基于对馆藏科普文献的利用。

#### 4.2.2 开发线上应急素养教育数字资源

应急数字资源是将馆藏应急文献信息进行数字化的结果,具有传播快速、信息承载量大、表现方式多样、容易检索等特点,盘活了馆藏应急资源。新冠肺炎疫情期间,重庆渝中区图书馆加大了对数字公共图书馆的建设力度,将原有的数字资源和新购买的数字资源进行了优化整合,上线了《新型冠状病毒防护》《新型冠状病毒感染的肺炎防护手册》等应急知识读本,助力读者用知识"抗疫"。公共图书馆整合开发与应急知识传播相关的音像库、资源库、案例库、媒体宣传信息等应急数字资源,以互联网为传播平台面向公民开展应急素养教育。

### 4.3 建立多样化的应急信息传播平台

突发公共事件背景下,公共图书馆的到馆读者服务和读者活动可能由于各种条件限制而受到影响,开辟新的文化阵地进行公民素养教育服务是必然要求。新媒体技术的发展和各种移动终端的出现为满足读者对信息的需求提供了更多选择,不少公共图书馆利用官网、官微、直播平台及应用程序等搭建起了便捷的应急信息服务点,发挥公共图书馆信息中心的作用。网络的多元化形式使得应急素养教育更加生动和直观,和传统形式相比更吸引公众参与。新冠肺炎疫情期间,中国图书馆学会联合有关企业理事单位及数字资源提供商,通过"读联体·数字共享阅读服务平台"免费推送各类型学习资源;武汉图书馆通过"两微一端"等推送科普防疫知识,开展种类丰富的线上应急素养教育活动。传统的线下读者活动在新媒体平台上重获新生,应急素养教育逐步向线上延伸。

### 4.4 开展应急素养教育活动

近年来,一些公共图书馆通过将普及应急知识、传播应急方法与读者活动结合,组织策划和举办各种应急素养教育活动,如应急素养书目的阅读推广活动、应急知识讲座、应急知识问答与竞赛、应急展览、法律信息宣传及急救知识培训等。宿迁市图书馆组织读者及志愿者开展消防安全培训、知识问答和消防演练;广东省立中山图书馆与省地震局、省科学院、广东图书馆学会联合主办了"灾难面前,你可以做得更好——2019年广东省防震减灾科普知识展",对防震减灾知识及溺水、火险、台风、洪水、地质灾害防治等知识做了全面介绍,还举办了地震科普大篷车互动体验、VR虚拟避难逃生体验等活动,更请来专业救援团队志愿者教授应急救护技能。应急素养教育活动满足了读者提升应急素养的需求,形式越丰富越容易受到青睐。

### 4.5 开展应急心理疗愈

阅读疗法是借由书籍辅助舒缓情绪的方式。新冠肺炎疫情期间,武汉市及各区图书馆深入方舱医院和援汉医护人员酒店建立起50余个图书角。文学经典、卫生健康读物、心理疏导书籍和大众杂志等帮助患者和医护人员消除紧张和焦虑的情绪,缓解持续奋战带来的身心疲惫。强大而稳健的精神力从阅读中生发。

具有中国特色的公民应急道德素养强调的是有深度和有温度的人文关怀。新冠肺炎疫情期间,长春市少年儿童图书馆举办了"儿童战'疫',小画手在行动"活动,通过孩子们手中的笔歌颂、鼓励、感谢战斗在疫情防控一线的英雄;广州图书馆举办了少儿诗文朗诵线上活动,通过朗诵传递敬意与祝福。公民应急道德素养在感动中悄然养成。

提升公民应急心理健康素养要依靠心理健康知识的普及。汶川地震发生后,首都图书馆邀请心理学专家推出的"灾后公众如何心理重建"主题讲座受到欢迎；新冠肺炎疫情期间，深圳图书馆线上举办了心理"抗疫"系列公益直播课程、"深图健康讲坛"云课堂等活动，吸引7.8万人次参与。突发公共事件背景下，一些公共图书馆开展的心理支援行动满足了公民在舒缓情绪方面的需求。

### 4.6 邀请文化志愿者参与公民素养教育

文化志愿者不分年龄、不分职业、不分区域，通过公共图书馆的各种平台为公民素养教育注入社会力量。苏州图书馆在2019年暑期邀请苏州市红十字会的志愿者老师讲解常用的急救知识，传授基本急救技能；武汉市少年儿童图书馆"云上读书会"邀请全国各地阅读推广人、儿童文学作家、童书出版编辑等文化志愿者进行图书分享，通过阅读抚慰心灵。志愿服务在公民应急素养教育中发光发热。

## 5 公共图书馆的公民应急素养教育服务中存在的问题

上述例证可见，目前国内部分公共图书馆已经积极参与到公民应急素养提升工作中，并在其中扮演着应急素养教育的培训者、应急信息收集管理的发布者，应急知识共享的推动者等重要角色。但从服务开展的实际情况来看，图书馆界还尚未形成全面开展公民应急素养教育服务的氛围。

### 5.1 公共图书馆联盟优势尚未得到凸显

目前已有多馆联合提供应急素养教育资源、开展应急素养教育活动的先例，但联合体中的公共图书馆多集中在一二线城市，三四线城市公共图书馆、县乡村图书室等文化机构没有得到真正的动员，参与主体相对分散。由于地方经济、文化事业发展不均衡造成的公民应急素养教育资源相对匮乏的情况还比较普遍，具有系统性、权威性的优势资源还没有全面共享。公共图书馆在公民应急素养教育中各自为战，尚未形成均等化、一体化的服务。

### 5.2 按需施教难成体系

公共图书馆传统应急素养教育多以讲座授课方式开展，针对不同年龄、不同地域、不同行业读者的不同需求，提供差异化、个性化的公民应急素养资源的情况尚不普遍，公民体验度不高。特别是残疾人、文化水平较低的成人、老人等特殊群体，因各种条件限制在获得公民应急素养教育服务方面处于弱势地位。图书馆界在应急素养教育的内容上，尚不能做到从受众的认知结构出发，掌握差异性的宣教形式和方法。

### 5.3 公共图书馆应急信息发布的时效性差

公民对应急信息的需求是及时、准确、公开、透明，有效的应急信息服务应贯穿在整个突发事件的过程中。公共图书馆的作用是对优质信息资源的整合，与媒体形成的反应迅速、形态多样、功能全面的突发公共事件应对网络相比，公共图书馆的应急信息发布多为事中和事后服务，在快速响应方面存在必然的短板。

### 5.4 公共图书馆与政府、媒体及其他机构之间的沟通与配合尚未形成合力

目前,我国现有的应急素养教育体系分布于科技、教育、卫生、安全生产等多个系统,公共图书馆作为重要的依托平台,纵向沟通多,横向交互少。突发事件发生后,政府和媒体成为权威信息的持有者,公共图书馆的应急信息传播渠道与之存在不对等的情况,沟通不畅导致对应急信息难以及时准确地发布。另外,公共图书馆虽然已同数字资源供应商、新媒体服务平台及阅读推广机构联合,尝试了线上应急素养教育资源推广,但基于网络技术、新媒体的应急素养教育产品开发应用的领域还很有限,应急知识资源重复建设多,持续维护性差。

### 5.5 公共图书馆的应急素养教育架构还不健全

社会应急文化与公民应急素养相辅相成,应急文化的确立与固化需要常态化的制度支撑。虽然图书馆界已经开展了关于公民素养教育方面的研究与实践,但图书馆员开展应急素养教育的意识比较淡薄;图书馆界尚未建立起一套科学长效的应急素养教育制度,针对各层次的应急素养教育内容和方法有待整合;公共图书馆作为知识共享的中心,在鼓励社会分享和传播应急知识与构建互动式的应急文化氛围方面发力不足。

## 6 公共图书馆参与公民应急素养教育的思考

公共图书馆开展公民应急素养教育的工作中尽管还存在各种问题,但公民对应急素养教育的需求日益增加的大趋势不会改变,图书馆人"传承文明、服务社会"的初心不会改变。公民应急素养教育是面向全社会民众的公益教育,图书馆人当前的工作重点是动员更多力量形成共建共享的工作格局。

### 6.1 形成公民应急素养教育长效机制

公民应急素养教育的有效开展功在日常。公共图书馆应充分结合各类与公民应急素养相关的纪念日、活动日、活动月(如"世界减灾日""世界卫生日"消防安全日""危机法制宣传日""应急知识科普宣传周""安全生产月"等),策划和开展公民应急素养教育活动,建立起应急素养教育的常态化制度,为公民创造更多接受应急素养教育的机会。

### 6.2 创新公民应急素养教育形式

应急素养教育形式是公共图书馆向公民进行应急知识传播的途径和手段,如何更直观生动地开展应急知识普及是公共图书馆面临的问题。除传统教育形式外,公共图书馆应结合自身优势资源和用户需求,开发集知识性、趣味性、参与性于一体的应急素养教育形式,以增强应急素养教育效果,如结合 AR(虚拟与实景叠加)、VR(全虚拟场景)或者动画视频、微电影短片等各种先进技术开展应急素养教育等形式。

### 6.3 选取有针对性的多元应急素养教育内容

应急素养教育内容的选取是否科学是教育活动成败的关键。公共图书馆的人本主义服务理念是开展公民应急素养教育的指导思想。因此,在应急素养教育内容的选取上应当以公

民应急素养需求为本位,把专业的内容以通俗易懂的方式传播出去,避免供需脱节。公共图书馆可以根据本地区的易发事件确定应急素养教育方向,可以根据本地区读者的需求及特征开发适合不同人群的应急素养教育内容,可以针对新环境下突发事件的应急知识内容进行收集和更新,可以对应急信息权威机构和应急教育专家的微信、微博、公众号信息内容进行收录等,做到有的放矢。

### 6.4 建立常态化的公民应急素养教育人才库

目前,消防、卫生、应急救援人员等专业人才已经参与到公共图书馆公民应急素养教育活动中。为更好地整合应急素养教育资源,扩大应急知识专业面,丰富应急素养教育内容,公共图书馆应当建立常态化的公民应急素养教育人才库。人才库的储备人才应当包括应急知识讲师、应急研究专家等不同角色;专业特长应涉及法律、科技、卫生、环保等不同行业,并深入了解其研究方向和对参与教育活动的意愿,以充分保证应急素养教育的师资队伍。此外,还应与储备人才建立长期联络关系,开发与公民沟通交流的便捷途径,根据应急素养教育的需要及时调用。

### 6.5 加强应急素养教育协同机制建设

公共图书馆应急素养教育协同机制是发动拥有应急素养教育资源的所有主体,通过建立合作、协调、共建共享等关系最大限度满足公民对于应急素养教育的需要,打破各自为政的壁垒。协同机制的层面包括图书馆行业内的协同、与学科机构的协同、与出版商和数字资源供应商的协同、与政府机关各部门及企事业单位的协同、与新闻媒体的协同等。如发挥公共图书馆联盟作用,充分利用图书室、农家书屋、文化站、文化广场等场所扩大应急素养教育的宣传面;与社会文化团体合作,开展多层次、立体化的公民素养教育;与新闻媒体合作,使公共图书馆公民应急素养教育服务通过扩大宣传让更多的人参与进来,获得更广泛的社会效益等。

### 6.6 开发公民应急素养教育网络载体

网络是应急素养教育的重要途径。经常使用网络的公民拥有更多的信息资源,对危机有更深刻的意识[12]。以互联网为载体的新媒体的出现是人们需求变化的结果,它传播快速的特性弥补了公共图书馆传统公民应急素养教育时效性不足的问题。在公民应急素养教育中,公共图书馆应通过网站、手机等媒介和微博、微信、直播平台等方式建立起矩阵式的网络载体,与政府和媒体网站进行链接互通;将新媒体环境下诞生的新兴资源纳入馆藏体系,建立应急知识共享互动平台。网络平台建设后应加强推广、维护和更新,使应急知识传播适应现实需求。

### 6.7 打造公民应急素养教育活动品牌

公民接受应急素养教育,首先需要从思想上认同和理解。优质的公益活动品牌能对公民的思想认识和生活观念产生十分重要的影响。公共图书馆打造公民应急素养教育品牌,可以反映在应急素养教育的硬件方面,更可以体现在创新应急素养教育形式和开展特色应急素养教育方面。公共图书馆公民应急素养教育活动的品牌特色越鲜明,越容易获得公民的认知,越能提高公民应急素养教育的参与率与社会效益。

改变一种习惯或认知不是一蹴而就的,提高公民应急素养更需要久久为功。科学系统全面地公民应急素养教育活动一旦形成影响,有助于全社会的应急能力的提升。公共图书馆是公民应急素养教育的重要机构。突发公共事件背景下,公共图书馆参与公民应急素养教育工作体现了公共图书馆的社会责任感,以及紧跟时代热点、关注人本需求、创新服务模式的发展思维。但不可否认的是,目前公共图书馆应急知识教育服务的开展还存在不足,要想取得长足的发展,还需要依靠更多的政策导向支持、社会资源扶持以及公共图书馆联盟的通力合作。

**参考文献**

[1] 黄勇超,吕惊,蒋彤.新冠肺炎疫情危机下应急响应梳理及建议[EB/OL].[2020-02-01].http://dy.163.com/v2/article/detail/F52P4NNS05346KFL.html.

[2] 宁良文,陈志强,牛金玉,等.我国公众参与应急教育情况及影响因素分析[J].中国公共卫生,2020,36(2):178-182.

[3] 新华网.卫生应急素养 从"知"开始[EB/OL].[2018-04-16].http://www.xinhuanet.com/health/2018-04/16/c_1122685927.htm.

[4] 安若红.公众参与社区应急预案演练的影响因素研究[D].哈尔滨:哈尔滨工程大学,2017.

[5] 韩淑云.城市公众安全文化教育研究的思考——以"北京城市居民危机意识社会调查"分析为例[C]//2011北京两届联席会议高峰论坛文集,2011.

[6] 中国政府网.中华人民共和国政府信息公开条例[EB/OL].[2007-04-05].http://www.gov.cn/xxgk/pub/govpublic/tiaoli.html.

[7] 史晓普,李铮,崔香淑.基于突发公共卫生事件边境居民健康素养现状及影响因素分析——以吉林省珲春市为例[J].卫生职业教育,2016(23):139-141.

[8] 姚玉红.地震灾后心理危机干预[J].现代预防医学,2008,35(12):2403-2404.

[9] 曾庆苗,徐恩元."5·12"汶川特大地震灾区学校开展阅读疗法的可行性探讨[J].科技情报开发与经济,2009(24):20-22.

[10] 王方园,徐向东.我国公共图书馆文化志愿服务的发展趋势及应对策略[J].公共图书馆学刊,2018(6):5-9.

[11] 衣晓冰.近代图书馆社会教育职能的嬗变[J].图书馆研究与工作,2016(3):5-7,11.

[12] 马琳春.新媒体在突发事件中的价值与正面影响[J].传播力研究,2019,3(24):104.

# 突发公共卫生事件中省级公共图书馆应急机制研究

## 杨向明(河南省图书馆)

新型冠状病毒感染的肺炎(COVID-19)疫情(以下简称"新冠肺炎")爆发以来,全国上下众志成城,共克时艰。各省公共图书馆响应政府决策部署,积极行动,担当作为,根据疫情发展形势,针对公众阅读需求,及时启动应急预案,采取应急措施,提供应急服务。各馆围绕疫情防控开展常识政策宣传普及、疫情期间阅读推荐、疫情期间数据库和平台推介、疫情阶段心理疏导、疫情信息辟谣、疫情期间文献征集等线上服务和阅读活动,线下开展社区服务和志愿者活动等,充分发挥图书馆在现代国家应急治理体系中的积极作用。

特别是新冠肺炎疫情前期,各省相继启动公共卫生突发事件一级响应,各单位停工停产停学,全民居家防控,公众对于公共文化服务和应急服务的需求达到井喷状态。公共图书馆作为公益性信息服务和传播机构,不仅要在信息服务、知识管理、全民阅读发挥主阵地作用,更应积极主动地参与应急管理,提供应急服务,履行公共文化服务职能,拓展创新服务方式。

鉴于全国各省级公共图书馆均开设微信平台服务,且微信平台传播速度快、互动性强、传播范围广。笔者对全国31家省级公共图书馆微信平台在疫情爆发前后的应急措施和应急服务情况进行统计分析,以期对公共图书馆应对突发事件的应急服务及应急管理研究有所帮助。

# 1 省级公共图书馆微信平台发布情况统计概况与分析

本文通过访问已开通并活跃的省级公共图书馆公众号(根据山东省图书馆参考咨询部《全国公共图书馆微信微博监测月报》监测范围),其中不含港澳台地区图书馆和省级少年儿童图书馆,共37个公众号(如表1所示)进行分析统计。统计时间选择从2020年1月20日至2月20日1个月期间,该时间段涵盖各省级馆闭馆前后应急反应和应急服务。其中,上海图书馆、浙江图书馆、河北省图书馆、南京图书馆分别开通两个微信公众号,分别是订阅号和服务号,实现微信公众号推送功能全覆盖。黑龙江省图书馆开通了2个订阅号,即黑龙江省图书馆、黑龙江省数字图书馆。统计表中微信公众号排名顺序根据全国行政大区分布排序。

## 1.1 闭馆前应对措施统计概况与分析

表1 省级公共图书馆闭馆前应对措施概况

| 序号 | 微信名称 | 微信号 | 类型 | 闭馆前应急措施 | 闭馆时间 | 闭馆前疫情文章 |
|---|---|---|---|---|---|---|
| 华北 | 首都图书馆 | shoutu1913 | 订阅号 | 23日起线下活动延期 | 1月24日 | 0 |
| | 天津图书馆 | tjlibrary | 服务号 | 22日起线下活动延期 | 1月24日 | 1 |
| | 河北省图书馆 | helibwxgz | 服务号 | | 1月24日 | 0 |
| | 河北省图书馆河北省数字图书馆 | helibdy | 订阅号 | | 1月24日 | 0 |
| | 山西省图书馆 | libsxcn | 服务号 | | 1月23日 | 0 |
| | 内蒙古图书馆 | nmgtsg | 服务号 | 23日发布通知闭馆 | 1月24日 | 0 |
| 东北 | 辽宁省图书馆 | lnlibrary | 服务号 | | 1月24日 | 0 |
| | 吉林省图书馆 | jlstsg | 订阅号 | | 1月24日 | 0 |
| | 黑龙江省图书馆 | hljstsg2014 | 订阅号 | 23日采取防控措施 | 1月24日 | 0 |
| | 黑龙江省数字图书馆 | hljlib | 订阅号 | | | 1月21日发布1条 |

续表

| 序号 | 微信名称 | 微信号 | 类型 | 闭馆前应急措施 | 闭馆时间 | 闭馆前疫情文章 |
|---|---|---|---|---|---|---|
| 华东 | 上海图书馆 | shanghailibrary | 服务号 | 21号的开馆通知微信留言更改 | 1月24日 | 1 |
| | 上海图书馆信使 | shlibrary | 订阅号 | 23日发布应对公告 | 1月24日 | 3 |
| | 南京图书馆 | njtsgwx | 服务号 | 23日采取防控措施 | 1月24日 | 0 |
| | 江苏图书馆 | gh_28a04f5afecc | 订阅号 | | 1月24日 | 0 |
| | 浙江图书馆 | zjlib1900 | 订阅号 | 23日发布闭馆通知 | 1月24日1级 | 2 |
| | 浙江图书馆 | zhejianglib | 服务号 | | 1月24日 | 0 |
| | 安徽省图书馆 | ahstsg | 服务号 | 23日活动延期并采取防控措施 | 1月24日 | 1 |
| | 福建省图书馆 | FuJianLIB | 服务号 | | 1月24日 | 1 |
| | 江西省图书馆 | jxstsg | 服务号 | 23日发布通知闭馆 | 1月24日 | 0 |
| | 山东省图书馆 | shandonglibrary | 订阅号 | | 1月24日 | 2 |
| 华中 | 河南省图书馆 | hnlibrary | 订阅号 | | 1月24日 | 0 |
| | 湖北省图书馆 | hblibrary | 订阅号 | 22日延期活动并采取防控措施 | 1月23日 | 0 |
| | 湖南图书馆 | hntsg1904 | 订阅号 | | 1月24日 | 2 |
| 华南 | 广东省立中山图书馆 | zslib_wx | 服务号 | | 1月24日 | 0 |
| | 广西壮族自治区图书馆 | GX_LIB | 服务号 | 23日采取防控措施 | 1月24日 | 2 |
| | 广西桂林图书馆 | gh_d57d21ecab3a | 服务号 | | 23日闭馆 | 0 |
| | 海南省图书馆 | hnstsg | 服务号 | 23日发布通知闭馆 | 1月24日 | 1 |
| 西南 | 重庆图书馆 | cqlibrary | 服务号 | 23日关闭馆舍北大门 | 1月24日 | 0 |
| | 四川省图书馆 | sclibrary | 服务号 | | 1月24日 | 1 |
| | 贵州省图书馆 | guizhoulib | 服务号 | | 1月24日 | 0 |
| | 云南省图书馆 | ynlibrary_dy | 订阅号 | | 1月24日 | 0 |
| | 西藏自治区图书馆 | Tibetlibrary | 订阅号 | 24日发布通知闭馆 | 1月25日（30号1级） | 2 |
| 西北 | 陕西省图书馆 | sxlib1909 | 订阅号 | 23日发布应对公告 | 1月24日 | 2 |
| | 甘肃省图书馆 | gslib1916 | 订阅号 | 23日暂缓读者活动 | 1月24日 | 0 |
| | 青海省图书馆 | qhslib | 订阅号 | | 1月24日1级 | 0 |
| | 宁夏图书馆 | nxlibrary | 订阅号 | | 1月24日 | 0 |
| | 新疆图书馆 | xj_library | 订阅号 | | 1月24日 | 0 |

#### 1.1.1 闭馆时间

由表1可见,面对疫情爆发,全国省级公共图书馆均在各省、直辖市、自治区的突发事件应急响应下于1月24日大范围大面积闭馆,保障读者和员工生命安全。仅湖北省图书馆、山西省图书馆、广西桂林图书馆是在1月23日闭馆。因武汉是此次全国新冠肺炎疫情爆发地,湖北省人民政府1月22日启动突发公共卫生事件二级应急响应,1月24日调整为一级响应。在各省级公共图书馆中,内蒙古图书馆、浙江图书馆、江西省图书馆、海南省图书馆微信平台是23日率先发布通知24日闭馆。西藏自治区图书馆是24日发布通知25日闭馆。1月24日,党中央、国务院应对新型冠状病毒感染的肺炎疫情发布《关于暂停举办大型公众聚集性活动的通知》,指导全国各级公共图书馆采取临时闭馆措施。

由此可见,闭馆时间反映出各省级政府及省级图书馆对疫情突发的应急决策和响应速度。

#### 1.1.2 闭馆前应对措施

由表1可见,1月22日发布应对措施的有湖北省图书馆、天津图书馆:其中湖北省图书馆通知体温超过37摄氏度人员将被劝离图书馆,部分区域暂停对外开放,所有大型活动延期举行。天津图书馆接上级通知,春节至元宵期间的读者活动延期举行。

1月23日发布应对措施的有首都图书馆、上海图书馆、南京图书馆、甘肃省图书馆、陕西省图书馆、重庆图书馆、广西壮族自治区图书馆、安徽省图书馆、黑龙江省图书馆。其中,首都图书馆通知读者活动24日起全部延期,馆内各公共区域配备消毒免洗液,超过37摄氏度读者不予接待;甘肃省图书馆部分区域正常开放,线下读者活动全部暂缓举行;陕西省图书馆发布应对疫情的公告,1月24日至30日期间暂停各项读者活动,馆内公共区域每天2次清洁消毒,读者与员工入馆须佩戴口罩;重庆图书馆发布在24日至30日期间,关闭北大门,读者从南大门进出;广西壮族自治区图书馆发布温馨提示,加大馆内各区域消毒清洁范围和频次,一线员工佩戴口罩上岗,对超过37.5摄氏度或有发热咳嗽等感冒症状的进出人员进行劝阻,建议读者佩戴口罩,呼吁两周内曾有武汉居住旅游史或接触过武汉患者的读者暂缓入馆;安徽省图书馆发布读者活动延期举办的通知,要求读者进馆检测体温,建议佩戴口罩,馆内加大消毒清洁力度,下一步及时采取防疫措施;上海图书馆(上海图书馆信使)发布应对疫情防控措施公告,24日至30日关闭西门会展区域,公众讲座等读者活动延期,对入馆读者进行体温检测,超过37.5摄氏度或有咳嗽、喷嚏等感冒症状者配合登记信息并离馆前往定点发热门诊就医,各阅览区增设免洗消毒洗手液,加大流动书刊消毒,每天闭馆后对公共区域消毒;南京图书馆发布疫情防护措施从1月26日起关闭南门出入口,所有读者从东门检测体温后出入。2月1日讲座临时取消;黑龙江省图书馆发布重要通知,入馆人员体温检测,37摄氏度以上及乏力干咳人员将被劝离,部分区域暂停开放。

#### 1.1.3 闭馆前关于疫情推文情况

由表1可见,31家省级馆37个微信平台上,在全国大范围闭馆之前,有11家省馆在微信平台上推送关于新冠肺炎疫情和知识的有关推文共20篇。其中天津图书馆1篇:"紧急通知";上海图书馆1篇:"微阅读|今年过年放假前我们不得不聊一个严肃的话题";上海图书馆信使3篇:"今年过年放假前我们不得不聊一个严肃的话题""上海图书馆关于应对新型冠状病毒感染肺炎疫情防控措施的公告""冠状病毒的致病性及防控";浙江图书馆2篇;安徽省图

书馆1篇:"关于新型冠状病毒,你需要知道这几点。";福建省图书馆1篇:"转发周知丨权威专家告诉你春运时这样严防新型冠状病毒";山东省图书馆2篇:"新型冠状病毒来了,你还不了解它吗?""戴口罩能否防住新型冠状病毒?这篇文章全说清楚了";湖南图书馆2篇:"新型冠状病毒来了,你还不了解它吗?"等;广西壮族自治区图书馆2篇:"这个春节,希望大家宅在家里平平安安!""温馨提示丨广西壮族自治区图书馆关于应对新型冠状病毒感染肺炎疫情的温馨提示";海南省图书馆1篇:"我们该如何做好自身防护";西藏自治区图书馆2篇:"视频丨医务人员教您口罩的正确佩戴方法""新型冠状病毒感染的肺炎健康科普小知识";陕西省图书馆2篇:"钟南山:新型肺炎存在人传人现象,不会重复SARS疫情""关于应对新型冠状病毒疫情的公告"。

### 1.2 闭馆后微信平台发布情况统计概况与分析

笔者根据31家省级公共图书馆37个微信公众号闭馆后推送文章数量和针对疫情内容进行统计分类,见表2。

表2 省级公共图书馆微信平台闭馆后发布情况(闭馆时间至2月20日)

| 微信名称 | 发布次数 | 发文篇数 | 疫情文章 | 资源推介 | 馆内抗疫 | 参考咨询 | 政策常识 | 线上活动 | 心理疏导舆论辟谣 |
|---|---|---|---|---|---|---|---|---|---|
| 首都图书馆 | 27 | 63 | 13 | 17 | 3 | 3 | 1 | 3 | 4 |
| 天津图书馆 | 4 | 18 | 12 | 2 | 3 | 3 | 2 | 3 | |
| 河北省图书馆 | 3 | 16 | 12 | 4 | 2 | 0 | 10 | | |
| 河北省图书馆河北省数字图书馆 | 15 | 44 | 36 | 6 | 2 | 0 | 34 | 0 | 0 |
| 山西省图书馆 | 3 | 14 | 8 | 9 | 2 | 1 | 2 | 1 | 1 |
| 内蒙古图书馆 | 6 | 20 | 1 | 13 | 0 | 1 | 0 | 4 | |
| 辽宁省图书馆 | 6 | 25 | 8 | 11 | 0 | 3 | | 10 | |
| 吉林省图书馆 | 22 | 59 | 9 | 49 | 3 | 1 | | 5 | 1 |
| 黑龙江省图书馆 | 25 | 78 | 22 | 53 | | 1 | 11 | 11 | |
| 黑龙江省数字图书馆 | | | | | | | | | |
| 上海图书馆 | 2 | 16 | 9 | 10 | | 1 | 1 | 3 | |
| 上海图书馆信使 | 27 | 163 | 63 | 109 | 1 | 2 | 30 | 14 | 7 |
| 南京图书馆 | 3 | 23 | 6 | 17 | 2 | | 1 | 2 | |
| 江苏图书馆 | 3 | 18 | 2 | 17 | 1 | 0 | 0 | 0 | |
| 浙江图书馆 | 25 | 85 | 50 | 30 | 2 | 1 | 10 | 3 | 12 |
| 浙江图书馆 | 3 | 14 | 7 | 7 | 1 | | 4 | | 2 |
| 安徽省图书馆 | 3 | 19 | 13 | 7 | 1 | 2 | 4 | 5 | |

续表

| 微信名称 | 发布次数 | 发文篇数 | 疫情文章 | 资源推介 | 馆内抗疫 | 参考咨询 | 政策常识 | 线上活动 | 心理疏导舆论辟谣 |
|---|---|---|---|---|---|---|---|---|---|
| 福建省图书馆 | 3 | 21 | 7 | 15 | 1 | 1 | 3 | 2 | |
| 江西省图书馆 | 4 | 6 | 1 | 3 | 0 | 1 | | 2 | |
| 山东省图书馆 | 27 | 76 | 42 | 23 | 5 | 3 | 6 | 6 | 5 |
| 河南省图书馆 | 16 | 18 | 0 | 18 | 0 | 0 | 0 | 1 | |
| 湖北省图书馆 | 22 | 61 | 7 | 46 | 1 | 2 | 1 | 6 | 2 |
| 湖南图书馆 | 27 | 78 | 39 | 17 | 2 | 1 | 6 | 2 | 6 |
| 广东省立中山图书馆 | 3 | 24 | 40 | 12 | 2 | 1 | 3 | 3 | 1 |
| 广西壮族自治区图书馆 | 3 | 22 | 41 | 6 | 2 | 2 | 0 | 9 | 1 |
| 广西桂林图书馆 | 4 | 14 | 42 | 10 | 0 | 1 | | 1 | |
| 海南省图书馆 | 3 | 19 | 43 | 14 | 1 | 1 | 1 | 2 | |
| 重庆图书馆 | 3 | 22 | 44 | 13 | 1 | 5 | 2 | 3 | |
| 四川省图书馆 | 3 | 22 | 45 | 15 | 2 | | 4 | 2 | |
| 贵州省图书馆 | 3 | 23 | 46 | 21 | 0 | 0 | 2 | 0 | |
| 云南省图书馆 | 15 | 30 | 47 | 25 | 3 | 0 | 1 | 1 | |
| 西藏自治区图书馆 | 23 | 71 | 48 | 11 | 4 | 3 | 26 | 1 | 2 |
| 陕西省图书馆 | 17 | 36 | 49 | 16 | 4 | 2 | 9 | 2 | |
| 甘肃省图书馆 | 12 | 18 | 50 | 14 | 0 | 1 | 0 | 3 | |
| 青海省图书馆 | 22 | 38 | 51 | 22 | 6 | 1 | 5 | 4 | |
| 宁夏图书馆 | 11 | 21 | 52 | 12 | 0 | 0 | 3 | 4 | 1 |
| 新疆图书馆 | 16 | 47 | 53 | 36 | 1 | 2 | 1 | 3 | 1 |

1.2.1 闭馆后推文数量

从表2可知,闭馆后各省级图书馆将主要精力投入线上服务,充分利用微信平台整合推送资源,线下闭馆线上服务。

从发布次数上看,首都图书馆、上海图书馆信使、山东省图书馆、湖南图书馆4个订阅号在闭馆后仍然每天推送线上服务。浙江图书馆订阅号和服务号双号互补,也形成每天推送的时间覆盖。

从发文篇数上看,在统计时段内,排名前列的有:上海图书馆信使推送文章163篇,浙江图书馆85篇,湖南图书馆78篇,黑龙江省图书馆78篇,山东省图书馆63篇,首都图书馆63篇,新疆图书馆53篇,宁夏图书馆52篇,青海省图书馆51篇,浙江图书馆订阅号和甘肃省图书馆50篇。

### 1.2.2 闭馆后的发文内容

闭馆后各馆线上服务主要围绕疫情开展,内容涵盖数字资源推介、数据库免费开放获取平台推介、线上读者活动、志愿者活动、馆内疫情防控报道、疫情政策和常识普及、参考咨询,疫情阶段心理疏导以及舆论辟谣等。

从内容策划上看,各省级公共图书馆倾向针对疫情防控开设系列专题或专栏。如重庆图书馆"阅读抗疫",山东省图书馆"战疫不孤读""鲁图战疫",浙江图书馆"众志成城,攻坚疫情",上海图书馆信使"全民抗疫,共克时艰",河南省图书馆"阅读防疫,豫图＠你",辽宁省图书馆、江西省图书馆推出"阅读养心,共抗疫情",海南省图书馆"共战疫,不孤读",青海省图书馆"抗疫宝典"等。题目常见"服务不打烊""以读攻毒""24小时线上开馆"等高频词语,如四川省图书馆"服务不打烊,在家免费看""线上服务不停歇,海量资源让宅家的你更充实",南京图书馆"南图闭馆不闭网,海量数字资源免费看"。

从资源推介上看,上海图书馆围绕疫情防控推出"新馆专题数字资源服务""微阅读""微讲座""线上观览",海南省图书馆"防疫专题",黑龙江省图书馆推出专栏"防疫知识",湖北省图书馆"e海悦读·专项行动""e海悦读·资源推介""e海悦读·宅家看书"等系列专栏。

### 1.2.3 图书馆防控措施和线上服务

由表2统计并结合微信平台调查可见,有23家省级公共图书馆在微信平台推送闭馆后馆内参与疫情防控的应对措施和应急行动。馆内参与疫情防控措施主要有:为抗击疫情召开线上或线下的疫情防控会议,制定应急预案,成立领导小组并研究部署防控措施,馆内24小时值班制,每日监测员工健康状况,馆内全面消杀病毒,做好返乡人员隔离监测,为湖北和武汉及本地相关机构捐款捐物情况,全体做好线上服务,推送自建资源和开放获取专题数据库,联合数据商及社会力量共同开放资源平台,配合社区和相关机构开展志愿服务。

其中,湖南图书馆在1月29日制定应急预案及具体措施,成立领导小组;四川省图书馆2月1日成立防控领导小组,下设6个工作小组,分工明确,全面部署落实防控措施,提升线上服务效能;湖北省图书馆积极筹备走进方舱,建设方舱书屋,为方舱书屋提供书刊、书架、书桌、《新冠病毒防护手册》和问候卡。党员干部下沉到社区、村组报到。湖南图书馆、广东省立中山图书馆、云南省图书馆、浙江图书馆、吉林省图书馆、西藏自治区图书馆、新疆图书馆等先后驰援湖北防疫物资。

线上服务主要有:31家省级公共图书馆相继线上推送疫情相关数字资源和馆藏文献,设置防控专题、疫情政策常识专题等。其中活动策划和创新服务方面:首都图书馆发布"名家寄语 抗疫克艰";上海图书馆从2月1日起邀请沪上和各省市各界名家书写寄语并收藏至中国文化名人手稿馆,增设浦江伴读频道,精选馆藏资源,助力方舱阅读,同时在疫情阶段携手各界人士征集入藏抗击疫情手迹,面向社会招募故事妈妈给奔赴抗疫前线家庭的孩子们讲故事;浙江图书馆线上推出系列专辑全省公共图书馆数字资源免费开放篇,对省辖市图书馆数字资源全面推介;湖北省图书馆线上设置疫情信息服务专栏及线上数字阅读平台,主导开发"方舱数字文化之窗"。

## 2 省级公共图书馆微信平台应急服务存在问题

新冠肺炎疫情中,公共图书馆及时有效地供给了公共文化应急服务和应急产品,发挥公共图书馆信息资源、教育培训和文化阵地作用,在应急服务的摸索中,调动了精力做好线上服务,联合了社会力量参与提供应急服务,构建多层次、多方式、多元化的公共文化应急服务供给体系。但在应急速度、应急措施和应急体系上存在短板。

### 2.1 省级公共图书馆应急响应速度有待加快

肖花提出,省级公共图书馆所覆盖读者和微信平台用户群是图书馆应急服务的对象,其信息需求是图书馆应急服务的主要内容,包括在整个应急救援过程中,即灾害预防、应急响应、应急处理和灾后重建四个阶段,所需要的各种应急信息资源[1]。

由31家公共图书馆微信平台推送应急服务统计来看,存在应急响应速度普遍延缓,相互观望。主要表现在:图书馆在新冠肺炎疫情蔓延初期信息宣传和普及的敏锐性不够,闭馆前应对措施不够果断准确,闭馆时间相互观望。

第一,从统计数据分析,在疫情爆发前期,特别是病毒自2019年12月底由武汉传染蔓延以来,各类媒体陆续进行病毒和疫情的报道,省级公共图书馆对病毒和疫情的信息推送却始于2020年1月下旬,应急信息的供给速度有待提升。仅有10家省级公共图书馆的11个公众号针对疫情舆论进行转载发布且数量不多,上海、浙江、安徽、福建、山东、湖南、广西、海南、西藏、陕西省馆进行疫情预防和病原相关信息的转载。

第二,闭馆前各省馆在采取疫情应对措施上参差不齐。对进馆读者体温设定、症状限定、防护措施要求把握不准,缺乏专业机构的规范要求和措施鉴定。

第三,闭馆后部分省级公共图书馆缺乏及时有效的疫情防控信息和服务保障,出现了闭馆后一段时间的"疫情相关信息天窗期",仅有少数图书馆做到不间断推送信息,大部分图书馆在闭馆后没有迅速反应,投入线上服务力量,整理推送疫情防控的应急信息,也说明各省级图书馆缺乏较为完善的突发事件应急机制。

综上所述,面对突如其来的疫情,省级公共图书馆对此次突发事件的各方面工作应对速度均有待提升。

### 2.2 应急措施有待丰富

面对突发疫情,各省级公共图书馆在应对措施上较为单一零散,整体没能做到科学有序、多措并举。主要表现在:第一,疫情防控初期,图书馆在闭馆前提前对进出馆舍的读者进行加强防护意识、检测体温和症状、关闭部分馆舍区域等措施,但应对措施实施缺乏专业机构的指导和协同,措施较为单一;第二,疫情防控阶段,各图书馆在闭馆后缺乏持续系统的应急服务,没能快速利用整合各类突发事件案例信息并建立专业数据库,没能向相关管理部门提供历史资料信息、专业科研信息、可供应急调配资源信息、应急教育培训信息、先进经验信息等各方面信息,为有关部门提供应急信息支持[2];第三,图书馆应急服务处于自发的初级阶段,没能积极与媒体、各类数据商和出版商、自媒体平台、应急物资企业、医院疾控单位形成合力,向读者提供专业可靠的应急信息,配合防控一线提供各项服务,例如做全方位的病毒及疫情的专业知识普及、疫情防控指南和疫情防控宣传教育、疫情防控的社会教育和社会服务。

### 2.3 应急体系有待完善

结合各馆微信平台调查可见,针对闭馆前图书馆的应急措施和闭馆后线上服务和线上读者活动,各省级公共图书馆对服务的创新和探索可圈可点,缺乏横向和纵向的应急体系,横向指与政府、专业机构和社会力量协同合作的共享体系,纵向指全国各省市区图书馆的应急联盟体系。导致在各馆应急管理和应急措施、线上信息文献供给、线上读者活动策划及线下驰援物资活动和志愿活动实施方面都处于单独作战和被动应对状态,没能在图书馆应急管理、应急预案和宣传教育、应急专业文献资源的持续系列推送等方面真正发挥政府和公众之间密切补位的作用[3]。应急体系不完善的原因,一方面是公共图书馆缺乏日常突发事件应对经验;另一方面是公共图书馆缺乏各省级政府和全国公共图书馆的专业机构应急指导和联盟共享。

## 3 对省级公共图书馆应急服务的思考和建议

近年来,突发公共事件,诸如自然灾害、公共卫生、社会事件时有发生,公共图书馆生存与发展不可避免受到影响。省级公共图书馆也亟待思考在突发事件和紧急状态下的应急管理和应急服务。履行社会责任,保持文献信息服务的持续性和及时性,如何危中寻机,化危为机,是当前摆在公共图书馆面前的大考和机遇。

### 3.1 建立健全公共图书馆应急预案,应急速度有章可循

科学完善全国公共图书馆应急预案,尽快研究并确定公共图书馆突发事件分类应急预案,形成规范的公共卫生突发事件应急预案标准和行动指南、防控指南规范意见,使图书馆应急速度和防控意识有章可循且规范操作。总结推广2003年"非典"和新型冠状病毒肺炎两次大疫情的经验和常识,总结全国公共图书馆参与防疫防控的各类措施和服务经验。

提升应急防控意识,推动应急管理的日常化常态化。两次大疫情的应对情况说明加强政府和公众防疫意识的重要性和迫切性。各级公共图书馆根据实际定期开展"馆内防疫日",开展防疫知识及突发事件的普及宣传,定期开展馆舍大范围消毒杀菌,特别是在公共图书馆大型聚集性活动"全民读书月""世界读书日"等系列公共文化活动前,要提前做好突发事件应急演习和应急预案[4]。利用公共图书馆充分普及和提升公众的应急意识和应急常识[5]。建议图书馆将应急服务列入常态化读者活动中,定期开展以应急防控为主题的各类公共文化活动。

### 3.2 建立全国公共图书馆应急管理平台,应急资源和应急服务联动共享

建立全国公共图书馆应急管理平台,实现日常服务经验和应急信息共享机制。特别是在突发事件发生后,通过应急管理平台实现信息资源共享和服务信息共享,相互参考应对措施、应急预案和实施标准,开展针对性的应急服务,加强全国各图书馆应急资源合作。

共享全国公共图书馆服务模式和应急管理。例如共享此次疫情中出现的修复模式,如减少大型聚集性活动,建议图书馆恢复开馆后尽量把工作班次调整,错时上下班且不要面对面交接班。鼓励网络视频会议,必要时召开现场会议,严控人员之间距离,做好个体防护和场所

消毒处理等措施。在全民读书月、全民读书日等各级图书馆聚集性公共文化活动中,大力倡导线上活动和线下活动同步开展,分级分区域减少大范围读者聚集性情况。首都图书馆和上海图书馆开展邀请各界名人名家寄语抗疫行动,各省级公共图书馆针对抗击疫情过程中的文献征集活动,跨区域性线上活动和应急服务都可尝试放在全国应急管理平台上。

### 3.3 健全公共图书馆应急服务体系,与社会各界协同配合

第一,柯平教授提出,应急服务需要考虑的机制有:①应急保障机制。公共安全突发事件以后,除了相关设施设备外,特别需要有专项经费和人员保障。②联动机制。主要考虑四个方面的联动,一是馆内联动,即成立应急防控领导小组,取消读者活动或关闭场馆,集中力量开展应急服务,制定24小时馆内值班制度、强化线上服务和开展一线志愿服务。二是图书馆与政府联动,突发事件爆发后,在政府统一部署下,图书馆积极与公安消防、疾控中心、医院及隔离中心等密切配合。三是图书馆与社区联动,在突发事件中,图书馆与社区(镇村)密切配合,结合实际下沉一线开展志愿服务。四是图书馆界联动,省级公共图书馆引领全省各级图书馆建立全省图书馆联动和共享机制[6]。

第二,建立健全科学完善的公共图书馆应急管理体系,完善应急管理体系中的奖惩体系,尽早预防、及时化解、最大限度地降低突发性公共卫生事件带来的危害。例如在疫情中各地公共图书馆向武汉地区、湖北地区捐款捐物等驰援行为,建议在今后公共图书馆评估中适当给予加分等政策奖励,以鼓励图书馆之间援助与支持。

第三,应急管理体系应紧密配合政府,广泛引入社会力量。如与社区协同服务,与数据商等信息企业合作开放获取服务,提供可靠专业的应急专业文献资源,一是在传播平台方面要加强宣传教育和舆论引导,特别是应对疫情防控的信息辟谣和舆论引导;二是在服务渠道方面要创新服务方式和服务内容,特别是充分借助各类媒介大力发展全民阅读活动的线上活动和线上服务。在图书馆角色转型方面要做好政府与群众之间第三方服务补位,成立"应急信息资源中心",做好突发事件期间的社会各方面各领域的参考咨询和应急服务[7],结合疫情形势和图书馆的应急管理做好应急信息的分类分众整合服务和系统服务。例如湖北省图书馆针对疫区群众需求,为方舱医院配送图书和物资,联合书店、数据商推出"方舱数字文化之窗",整合海量数字资源进行文化服务,现已对接公共数字文化工程、湖北省群众艺术馆。

抗击新冠肺炎疫情是对国家治理体系和治理能力的一次大考,也是对省级图书馆应急管理体系的一次系统检验。我们要放眼长远,总结经验,吸取教训,针对这次疫情暴露出来的短板和不足,抓紧补短板、堵漏洞、强弱项,对这次图书馆应急服务中该坚持的坚持,该完善的完善,该建立的建立,该落实的落实,完善公共图书馆对重大疫情防控体制。在疫情防控考验中,充分发挥图书馆的社会责任感和价值定位,图书馆的办馆理念和应急思维需要紧跟时代步伐、关注读者应急需求、创新信息服务模式的举措。在此次疫情防控中,图书馆的应急服务资源的整合建设还存在很多问题和短板,还需要政府政策支持及社会力量的共同参与。图书馆只有在变革中不断创新发展,努力提升自己的服务水平,才能得以持续进步。

## 参考文献

[1] 肖花,曾云华.基于用户需求的图书馆应急信息资源整合服务研究[J].大学图书情报学刊,2017（7）:19-22.

[2] 肖花.基于图书馆服务功能视角的信息弱势群体应急信息服务途径探究[J].图书馆理论与实践,2017（6）:78-81.

[3] 曾子明,黄城莺.面向疫情管控的公共卫生突发事件情报体系研究[J].情报杂志,2017,36（10）:79-84.

[4][5] 张靖,陈朝晖.图书馆参与应急科学传播服务的现状与思考[J].图书馆建设,2014（6）:58-61.

[6] 柯平.公共安全突发事件中图书馆应急服务机制刍议[J].图书馆杂志,2020,39（3）:1-3.

[7] 朱晓鑫,张广海,孙佰清,等.人工智能时代我国政府开放应急管理数据的应用研究[J].图书馆理论与实践,2019（6）:61-67.

# 新冠肺炎疫情下少年儿童图书馆线上服务调研

殷宏淼（国家图书馆）

2020年初,突如其来的新冠肺炎疫情打乱了我国经济社会的正常运行和人民群众的正常生产生活。公共图书馆既是文献信息的资源中心,同时也是人群高度聚集又相对封闭的公共场所,容易使多种危害因素在读者和工作人员之间迅速传播,从而形成突发公共卫生事件。全国各级各类图书馆按照文化和旅游部办公厅、国家文物局办公室联合印发的《关于做好新型冠状病毒感染的肺炎疫情防控工作的通知》的要求,在1月23日前后纷纷采取了闭馆的举措。防疫闭馆期间,各类公共图书馆闭馆不停工,充分利用互联网的优势,为读者提供了各类线上优质资源。

随着数字技术的快速发展,未成年人的阅读方式发生了巨大的改变。据《2018中国儿童数字阅读报告》显示,2018年中国儿童数字阅读潜在用户规模达2.5亿[1]。可见,数字阅读越来越成为未成年人阅读的重要方式。近年来,越来越多的公共图书馆在未成年人数字资源建设方面投入了大量经费,为小读者提供更加多样化的服务。疫情期间,图书馆未成年人线下服务无法开展,各地公共图书馆开展了多样的未成年人线上服务。本文调研了全国50家公共图书馆在疫情期的未成年人线上服务现状,旨在为公共图书馆的未成年人数字服务工作提供参考;同时探讨在突发公共事件下,公共图书馆如何做好未成年人应急信息服务。

## 1 疫情期公共图书馆未成年人线上服务调研

### 1.1 调研对象

本研究调查的提供未成年人服务的公共图书馆共50家,涵盖华北、华中、华东、华南、东北、西南、西北七大地区,其中独立建制的少年儿童图书馆有23家。具体调研对象详见表1。

表 1  调研对象图书馆及地区分布

| 地 区 | 图书馆 |
| --- | --- |
| 华北地区（10家） | 国家图书馆少年儿童馆、首都图书馆少年儿童图书馆、西城区青少年儿童图书馆（独立）、石景山区图书馆少年儿童图书馆、通州区图书馆少年儿童图书馆、天津市少年儿童图书馆（独立）、河北省图书馆少儿部、石家庄市少年儿童图书馆、山西省少年儿童图书馆、内蒙古图书馆少年儿童图书馆 |
| 华中地区（6家） | 湖北省少年儿童图书馆、武汉市少年儿童图书馆（独立）、河南省少年儿童图书馆（独立）、洛阳市少年儿童图书馆（独立）、湖南省少年儿童图书馆（独立）、江西省图书馆少儿部 |
| 华东地区（11家） | 上海少年儿童图书馆（独立）、浦东图书馆少年儿童图书馆、山东省少年儿童图书馆、南京图书馆少年儿童馆（独立）、苏州图书馆少儿部、扬州市少年儿童图书馆（独立）、合肥市少年儿童图书馆（独立）、杭州市少年儿童图书馆（独立）、温州市少年儿童图书馆（独立）、福建省少年儿童图书馆（独立）、厦门市少年儿童图书馆（独立） |
| 华南地区（7家） | 广州少年儿童图书馆（独立）、湛江市少年儿童图书馆（独立）、深圳少年儿童图书馆（独立）、深圳宝安区图书馆少儿部、广西壮族自治区少年儿童图书馆、南宁市少年儿童图书馆（独立）、海南省少年儿童图书馆 |
| 东北地区（6家） | 吉林省少年儿童图书馆、长春市少年儿童图书馆（独立）、黑龙江省图书馆少年儿童服务部、哈尔滨市少年儿童图书馆、沈阳市少年儿童图书馆（独立）、大连市少年儿童图书馆（独立） |
| 西南地区（5家） | 四川省图书馆少儿阅览部、昆明少年儿童图书馆（独立）、贵州省图书馆少儿借阅部、贵阳市少年儿童图书馆（独立）、西藏自治区图书馆少年儿童图书馆 |
| 西北地区（5家） | 青海省少年儿童图书馆、陕西省图书馆少年儿童馆、宁夏图书馆少年儿童馆、甘肃省图书馆少年儿童图书馆、新疆图书馆少年儿童馆 |

### 1.2 调研方法

图书馆网站、移动客户端及微信公众号、官方微博是图书馆宣传资源和服务的重要手段，通过互联网、计算机、移动终端等为未成年人提供数字化和新技术服务正在成为各图书馆服务的重要内容。本研究的调查形式主要是通过各个图书馆的官方网站、移动APP和微信公众号、官方微博来进行数据采集。

随着防疫工作初见成果，各地公共图书馆已经陆续开馆，其中青海省图书馆于2月29日开馆，成为开馆最早的公共图书馆，绝大部分公共图书馆也在3月中下旬陆续开馆，开馆期间读者均需预约进馆，并且所有图书馆目前只提供借阅服务，部分图书馆只允许家长到馆帮小读者借书。故线上服务依然是各大图书馆未成年人服务的重点。本研究的调研时间从各馆闭馆之日起到2020年4月1日止。

### 1.3 调研现状

通过对各图书馆的官方网站、移动APP、微信公众号、微博等信息发布平台进行线上信息汇总，发现其线上内容主要涵盖防疫知识、数据库推荐、图书推荐、线上故事会、线上展览、线上讲座、线上征集活动等。各图书馆的未成年人线上服务主要内容详见表2。

表2 疫情期各图书馆未成年人线上服务一览

| 图书馆 | | 服 务 |
|---|---|---|
| 华北地区 | 国家图书馆少年儿童馆 | 庆新春·品书香——开启亲子阅读时光;闹民俗、庆元宵——线上猜灯谜赏花灯;在线数据库陪你"疫"战到底之少儿篇;抗击疫情书单;"抗击新冠肺炎疫情"主题绘画作品征集令 |
| | 首都图书馆少年儿童馆 | 英语故事磨耳朵;神奇的婴幼儿故事会;亲子共读故事会;数据库推荐;读联体;疫情绘本推荐;网络智力大挑战;"童话童画"少儿绘画展征集;名家寄语、抗疫克坚 |
| | 西城区青少年儿童图书馆 | 疫情新闻;战疫情在行动;心悦亲子阅读时刻;趣味折纸;线上展览;空中课外阅读指导;读书推荐;青苹果童书会;原版英语绘本借阅;流动图书车直播间 |
| | 石景山区图书馆少年儿童图书馆 | "抗疫情"作品征集活动以及阶段性展览;快乐阅读直通车——线上手工、小小书虫俱乐部;妙趣手工坊宅家课堂;线上展览;众志成城 抗击疫情丨主题连环画创作推广公益行;贝贝国学宅家课堂 |
| | 通州区图书馆少年儿童图书馆 | 众志成城 抗击疫情丨主题连环画创作推广公益行;阅读推荐;线上借阅(OverDrive赛阅数字图书馆);绘本动画;有声阅读(图书馆员讲故事) |
| | 天津市少年儿童图书馆 | 庆新春·品书香——全国少年儿童在家读书公益活动;线上阅读推荐;妈妈电台;乐于学少儿多媒体图书馆 |
| | 河北省图书馆少儿部 | 新东方在线;河北省图书馆"艺"起抗疫——画家、篆刻家作品;读联体;艺起抗疫——漫画战疫作品展 |
| | 石家庄市少年儿童图书馆 | 众志成城 抗击疫情丨主题连环画创作推广公益行;宅家课堂;贝贝国学宅家课堂;线上展览 |
| | 山西省少年儿童图书馆 | 众志成城 抗击疫情丨主题连环画创作推广公益行;宝宝有话说;宝妈爸有话说;防疫小知识;读联体 |
| | 内蒙古图书馆少年儿童图书馆 | 哈尼之声(线上故事会);数字资源介绍;众志成城 童绘美好(3—16岁全自治区各族少年儿童) |
| 华中地区 | 湖北省少年儿童图书馆 | 在家阅读·书香战"疫"系列直播(英语、家庭教育等);读联体;艺起战疫——优秀美术作品展;e海悦读·资源推介 |
| | 武汉市少年儿童图书馆 | 读联体;"云上图书馆'武汉市一座英雄的城'知识有奖竞答"活动;云上读书会;云上版若朴创意课堂:"战疫情,武汉能";众志成城 抗击疫情丨主题连环画创作推广公益行;"停课不停学"家庭亲子阅读 |
| | 河南省少年儿童图书馆 | [读书吧!少年];读小库有声童书系列;绘本直播课;乐兔宝宝网上亲子课堂(介绍游戏、手工等);公开课;大家讲坛;"你选书,我买单"图书云采购;让孩子爱上吃饭;童悦之声 |
| | 洛阳市少年儿童图书馆 | 萤火虫线上英文故事会;萤火虫线上中文故事会;【少图征画】——致敬最美逆行者;少图分享;少图防疫;大家讲坛 |
| | 湖南省少年儿童图书馆 | 众志成城 抗击疫情丨主题连环画创作推广公益行;"新型冠状病毒肺炎专题"数字资源;庆新春·品书香——开启亲子阅读时光;读联体;"艺抗疫情、云游湖南"主题阅读绘画创作活动;新书推荐;"品读经典 全民战疫"——每天30分钟听一本书 |
| | 江西省图书馆少儿部 | 读联体;全民战疫,阅读养心 共抗疫情;中小学数字图书馆 |

续表

| | 图书馆 | 服务 |
|---|---|---|
| 华东地区 | 上海少年儿童图书馆 | "童心战疫"——2020年亲子朗读声音档案大征集活动;小书虫电台;阅读直通车;风铃草小小荐书家;绘本导读;超星少儿有声绘本;中少绘本库 |
| | 浦东图书馆少年儿童馆 | 读联体;听故事、搭积木;推荐书单;运动抗"疫";云图有声;每天一本小人书;妙趣手工坊;线上展览 |
| | 山东省少年儿童图书馆 | 读联体、鲁图少儿书单、小物实验室 |
| | 南京图书馆少年儿童馆 | 南图姐姐寒假听书书单、南图姐姐寒假阅读书单、视频讲座(家庭教育) |
| | 苏州图书馆少年儿童馆 | 悦宝电台:听故事啦;宝贝今天读什么(英文);宝贝今天读什么(中文);数字资源介绍;线上展览 |
| | 扬州市少年儿童馆图书馆 | 新书推荐;在线展览;每天一本小人书;川远课堂;"居家战役——秀出'心'力量"创意作品征集 |
| | 合肥市少年儿童图书馆 | 读联体;妙趣手工坊;川远课堂;主题绘本阅读;宅家享童趣·亲子乐时光线上活动;阅读马拉松线上快闪赛;二十四节气 |
| | 杭州市少年儿童图书馆 | 读联体;聆听童声:诵读经典,感动我们的声音;线上展览;众志成城 抗击疫情丨主题连环画创作推广公益行;二十四节气 |
| | 温州市少年儿童图书馆 | 众志成城 抗击疫情丨主题连环画创作推广公益行;童趣温州:温州童谣;春风送书;在线展览;牛Book·小桌派:馆员荐书 |
| | 福建省少年儿童图书馆 | 庆新春·品书香——开启亲子阅读时光;少图荐书;有声连环画;在线展览;抗疫专题资源 |
| | 厦门市少年儿童图书馆 | 停课不停学家庭亲子阅读——推荐绘本;阳光下的插画——世界经典儿童插画作品展;"书香悦读,智赢战役"博看网红包答题活动;云图有声;新语听书 |
| 华南地区 | 广州少年儿童图书馆 | "不'疫'样的寒假生活——'我的防疫日记'"征集活动;"用爱发声,共同战'疫'"朗读作品线上征集;OverDrive英文原版绘本;读联体;羊城少年学堂;"书香羊城"十大好书评选;防疫绘本推荐;防疫防控知识答题 |
| | 湛江市少年儿童图书馆 | 知识抗疫:数字资源;"用爱发声,共同战'疫'"朗读作品线上征集;有奖问答活动:三月春风暖,雷锋精神我接力;"书香悦读 智赢战役"博看网红包答题活动;读联体;"会讲故事的地球"绘本创意秀 |
| | 海南省少年儿童图书馆 | 给孩子的战疫漫画书;绘声绘色课堂;乐于学少儿多媒体图书馆;公益小课堂;"读道"荐书分享会 |
| | 广西壮族自治区少年儿童图书馆 | 少儿防疫电子阅读资源推荐;防疫防控知识竞赛;三月三,亲子乐——做绣球视频比赛;看图识"画"连环画有奖问答;乐猜成语;中华连环画;新东方中小学数字图书馆;多纳智慧魔方 |
| | 南宁市少年儿童图书馆 | 共享数字资源,传递书香三月三(每天推送民俗知识);"我眼中的战疫"青少年创意作品征集活动;纸上趣味科普;抗新冠绘本推荐;"书香悦读,智赢战役"博看网红包答题;心理健康系列在线公益讲座 |
| | 深圳少年儿童图书馆 | "用爱发声,共同战'疫'"朗读作品线上征集;妙趣手工坊宅家课堂;防疫绘本推荐;贝贝国学宅家课堂;川远课堂 科普加油站;"停课不停学"家庭亲子阅读;读联体;防疫故事专辑;书香战"疫"——数字阅读小程序 |
| | 深圳宝安区图书馆少儿部 | 图图姐姐线上故事;治愈心情图画书;"用爱发声,共同战'疫'"朗读作品线上征集;"健康生活每一天"丨看漫画,学习健康生活小知识;宝图在线阅读平台 |

续表

| 图书馆 | | 服务 |
|---|---|---|
| 东北地区 | 吉林省少儿图书馆 | 一"荐"倾心;扫描二维码看书;妙趣工作坊;科普加油站;在线展览;数字资源大礼包 |
| | 长春市少年儿童图书馆 | 阅荐·绘本;"悦读 悦听 悦览,码上同行";众志成城 抗击疫情｜主题连环画创作推广公益行;阅荐·听书;豆豆老师写作课堂(音频) |
| | 黑龙江省图书馆少儿部 | 每天一本小人书;有声图书;每日荐读;防疫知识;扫码阅读 |
| | 哈尔滨市图书馆少儿部 | 同心战疫 读出智慧——线上共读一本书;您好,春天——少儿馆藏好书;读联体 |
| | 沈阳市少年儿童图书馆 | 读联体;指尖课堂;云看展;科普加油站;贝贝故事乐园 |
| | 大连市少年儿童图书馆 | 每天一本小人书;线上公益课堂;绘·声——"趣味科普"系列;众志成城 抗击疫情｜主题连环画创作推广公益行 |
| 西南地区 | 四川省图书馆少儿阅览部 | 读联体;"抗击病毒,从我做起"——全民抗"疫"少儿简笔画创作;数字资源推荐 |
| | 昆明少年儿童图书馆 | 众志成城 抗击疫情｜主题连环画创作推广公益行;线上展览;"书香悦读,智赢战役"博看网红包答题;动画绘本馆小课堂 |
| | 贵州省图书馆少儿部 | 悦读:疫情期推荐好书;数字悦读:线上讲故事;数字悦读:防疫知识;在线展览;三月春风暖,雷锋精神我接力 |
| | 重庆市少年儿童图书 | 众志成城 抗击疫情｜主题连环画创作推广公益行;全国美术创新网课共享;童书微读;少图线上讲座;妙趣手工坊;会员听书礼包(喜马拉雅合作) |
| | 西藏自治区图书馆少年儿童馆 | 无 |
| 西北地区 | 青海省图书馆少年儿童馆 | 童心战"疫",为爱发声——微视频竞赛;线上连环画读物;推荐读物(扫描二维码可看);悦听:读书或诗;会员听书礼包(喜马拉雅合作) |
| | 陕西省图书馆少年儿童馆 | 绘本故事视频播放;微信群线上直播(绘本、写作);线上优秀绘本故事讲读活动;读联体;会员听书礼包(喜马拉雅合作) |
| | 宁夏图书馆少年儿童馆 | 读书推荐;宅家享童趣·亲子乐时光线上活动;三月春风暖,雷锋精神我接力;疫情专题绘本;"童阅汇——防疫宅家 书声朗朗"征集活动;在线展览 |
| | 甘肃省图书馆少年儿童馆 | 众志成城 抗击疫情｜主题连环画创作推广公益行;中华连环画数字图书馆;"会讲故事的地球"绘本创意活动;宅家读书;看图识"画"连环画有奖问答;资源推介 |
| | 新疆图书馆少年儿童馆 | 少儿·推荐;有声·推荐;少儿·手工;数图·少儿;少儿·绘本;读联体;三月春风暖,雷锋精神我接力;会员听书礼包(喜马拉雅合作) |

## 2 调研结果

通过调研整合,疫情期公共图书馆的未成年人线上服务集中于以下几个方面。

### 2.1 疫情知识宣传

在未成年人的科普教育方面,图书馆发挥着不可或缺的作用。在疫情爆发期间,各图书馆第一时间通过微信公众号、微博、图书馆网站等渠道普及新型冠状病毒有关知识。有的图书馆专门在微信公众号上开展了疫情专栏,如北京市西城区青少年儿童图书馆的每日"疫情新闻",洛阳市少年儿童图书馆的"少图防疫",黑龙江省图书馆少儿部及贵州省少年儿童图书馆的"防疫知识",福建省少年儿童图书馆还专门设置了抗疫专题资源,深圳宝安区图书馆则通过"看漫画,学习健康生活小知识"培养儿童良好的卫生习惯。

面对突如其来的疫情,如何向儿童讲解什么是新型冠状病毒,如何预防新冠病毒?各大图书馆推荐了各类抗击疫情的书单、漫画及绘本。如国家图书馆少年儿童图书馆推出了抗击疫情书单,主要针对6岁以上的儿童,海南省图书馆少年儿童图书馆推出了抗疫漫画书,深圳少年儿童图书馆推出了"防疫故事专辑"。而首都图书馆少年儿童图书馆、广州市少年儿童图书馆、南宁市少年儿童图书馆、深圳市少年儿童图书馆、宁夏图书馆少年儿童馆等则专门推出了针对低幼儿童的抗疫绘本,如《溜达鸡——一个不能溜达的春节》《孙悟空打妖怪》《好美味村的病毒战记》《等爸爸回家》等,通过孩子们喜爱的绘本形象,用简单易懂的故事来讲述新冠病毒,从而加深儿童对疫情的理解和思考。

### 2.2 数字资源推介

数字资源一般以电子图书、电子期刊、多媒体等组织形式放置于图书馆网站上。本次调研发现疫情期间绝大多数图书馆把数字资源放到了移动客户端进行专门推介,并通过微信小程序,指引读者使用数据库。推荐的资源多为中华连环画数字阅览室(中华连环画数字阅读馆)、哪吒看书、贝贝国学、云图数字有声图书馆、妙趣手工坊、乐于学少儿多媒体图书馆、宝宝智库、新东方数字图书馆、乐儿数字资源平台、易趣少儿数字图书馆等多媒体数据。如北京市西城区青少年儿童图书馆、河南省少年儿童图书馆、浦东图书馆少年儿童图书馆、合肥市少年儿童图书馆、深圳少年儿童图书馆、重庆市少年儿童图书馆、新疆图书馆少年儿童图书馆持续推送手工课堂,小朋友们在家里和父母一起做手工,享受宅家乐趣。浦东图书馆少年儿童图书馆、扬州市少年儿童图书馆、黑龙江省图书馆少儿部、大连市少年儿童图书馆还推出"每天一本小人书",让这一中国传统绘画艺术在此熠熠生辉。首都图书馆少年儿童图书馆、西城区青少年儿童图书馆、通州区图书馆少年儿童图书馆、苏州图书馆少年儿童馆、广州少年儿童图书馆、昆明少年儿童图书馆则推出"OverDrive 赛阅数字图书馆",提供英文原版电子书、有声书、配音书等,还有大量的英文原版绘本,小读者可以凭读者卡线上借阅电子图书,借阅后可以直接听书(纯正英语朗诵)。平台的图书分为"学前"、"1—3年级"、"4—6年级"等级别,读者可以根据自己的英语水平,分级别选择图书进行借阅。

疫情期间,各地公共图书馆除推介已有的数字资源外,还实现了图书馆的联动,与资源供应商和移动阅读平台合作,免费开放线上资源。中国图书馆学会联合全国有关图书馆及数字资源提供商,向广大读者推出"读联体"平台。作为全民数字阅读平台,"读联体"涵盖了电子书、有声书、视频、期刊、图片等各类型数字资源,不同年龄的读者均能找到适合自己的阅读资源。目前,平台资源量约3000种,存储总量约10TB。该平台资源内容和数据也将持续更新。多家少儿图书馆联合中国少年儿童出版总社、咿啦看书以及神州共享(北京)文化传媒有限公司共同发起"共庆新春,共品书香——全国少年儿童在家读书公益活动",内容涵盖中国少年儿童新闻出版总社提供的"中少动画库""中少绘本库""中少非洲动物库",咿啦看书限时免费提供的1000+绘本,神州共享(北京)文化传媒有限公司提供的14场线上大展。"悦读,悦听,悦览,码上同行"活动是中国图书馆学会阅读推广委员会为拓展阅读推广公益行动项目,在全国340余家图书馆策划开展。读者只需扫码,即可快捷获取活动提供的图书。此外,首都图书馆少年儿童图书馆、河南省少年儿童图书馆、杭州市少年儿童图书馆、重庆市少年儿童图书馆、青海图书馆少年儿童图书馆、陕西图书馆少年儿童图书馆、新疆图书馆少年儿童图书馆联合喜马拉雅APP,也推出了相似的限时免费会员服务。

数字资源从网站走向移动平台,利用率大大提升。之前只能在图书馆内进行访问的资源,也突破了限制,在家就可享受其优质资源,可用性和易用性进一步提升。

### 2.3 线上展览

为向所有奋战在疫情防控一线的勇士们致敬,向儿童积极传递抗"疫"正能量,各大图书馆联合神州共享(北京)文化传媒有限公司,开展了"众志成城,抗击疫情 | 主题连环画创作推广公益行"推广活动。以连环画的形式讲述抗疫故事,将抗击疫情中一幕幕感人场景、一个个动容故事转化为文艺作品,定期在线上向读者推送,从小培养儿童正确的价值观和人生观。与之类似,河北省图书馆在线上推出"艺起抗疫——画家、篆刻家作品展",邀请民俗画家、篆刻家创作了一系列抗疫作品,用有温度的艺术作品记录了那些感人瞬间,向读者传递出了中华民族众志成城、同心协力的必胜信念。

除了与抗疫有关的展览,多家图书馆还线上推出了《你好,故宫——庆祝故宫建成600周年展》《指尖技艺——少数民族妇女手工艺与服饰展》,邀请未成年人线上欣赏精美的文物和工艺,传承和发扬中华民俗的灿烂文化。并在3月5号"学雷锋纪念日",推出《雷锋——一个汽车兵的故事主题展览》,号召少年儿童发扬雷锋精神、助力四化建设。

此外,厦门市少年儿童图书馆线上开展了"阳光下的插画——世界经典儿童插画作品展",不仅介绍了儿童插画的起源、特点、表现方式和内容,还在线展出了百余幅国外和国内优秀儿童插画作品,带领儿童走进插画的艺术世界,培养儿童的艺术欣赏能力。

### 2.4 线上故事会及讲座

疫情期间,图书馆的故事会也由线下转移到线上。故事会内容也丰富多彩,既有馆员讲故事,也有志愿者讲故事;既有中文故事,也有英文故事;既有针对3岁以上的故事会,也有专门的婴幼儿故事会;既有录播故事会,也有线上直播故事会,如首都图书馆少年儿童馆的"神奇的婴幼儿故事会""英语故事磨耳朵""亲子共读故事会";西城区青少年儿童图书馆的"青苹果童书会";通州区图书馆少年儿童馆的"有声阅读";内蒙古图书馆少年儿童馆的"哈尼之声";河南省少年儿童图书馆的"绘本直播课""童悦之声";洛阳市少年儿童图书馆的"萤火虫线上英文故事会""萤火虫线上中文故事会";上海少年儿童图书馆的"小书虫电台";浦东图书馆少年儿童馆的"听故事、搭积木";苏州图书馆少年儿童馆的"悦读电台:听故事啦";深圳宝安区图书馆少儿部的"图图姐姐线上故事会";陕西省图书馆少年儿童馆的"线上优秀绘本故事讲读活动";贵州省图书馆少年儿童馆的"线上故事会"等。

同时,疫情期间图书馆联合阅读推广人、专家、出版社等,开展了一系列线上讲座及书目分享活动,如河南省少年儿童图书馆的"绘本直播课""大家讲坛";武汉市少年儿童图书的"云上读书会";海南省少年儿童图书馆的"绘声绘色课堂""'读道'荐书分享会";南宁市少年儿童图书馆的"心理健康系列在线公益讲座";长春市少年儿童图书馆的"豆豆老师写作课堂";

大连市少年儿童图书馆的"线上公益课堂",重庆市少年儿童图书馆的"少图线上讲座";陕西省图书馆少儿部的"微信群线上直播（绘本、写作）"等。特别是在疫情严重的武汉,由中国图书馆学会未成年人图书馆分会、国际儿童读物联盟中国分会（CBBY）和武汉市少年儿童图书馆共同主办的"风雨彩虹,我与春天的约会——云上读书会",得到了全国各地的儿童阅读推广人、儿童文学作家、童书出版编辑的大力支持,小读者们可以在云端与国际儿童读物联盟（IBBY）主席张明舟,国际儿童读物联盟中国分会（CBBY）主席、中国少年儿童新闻出版总社社长孙柱,国家图书馆少年儿童馆馆长王志庚,著名儿童文学作家曹文轩、方素珍、董宏猷等大咖"见面"。活动覆盖了全国1.7万余名读者,受到了全国小读者的热烈欢迎。

### 2.5 线上荐书

为读者推荐图书一直是公共图书馆的一项重要工作。疫情期间,各馆的图书推荐一直不曾间断。各地公共图书馆不仅做好日常的图书推荐工作,还推出了大量和疫情主题相关的图书。如南京图书馆少儿馆的"南图姐姐寒假阅读书单""南图姐姐寒假听书书单";深圳宝安区图书馆少儿部还推出了"治愈心情图画书书单"。各大图书馆还和出版社、童书机构合作,共同推出优质书单。如河南省少年儿童图书馆联合读小库、喜马拉雅,推出了"读小库"有声童书系列,通过分龄方式阶梯递进,为各年龄段的小读者提供全门类阅读书架。重庆市少年儿童图书馆联合"奇想图童书",推出"童书微读",推荐了一系列人物传记图画书。

### 2.6 线上互动活动

尽管闭馆期间各大图书馆的线下服务活动暂停,但图书馆和读者的交流并没有减少。各图书馆开展了丰富的线上互动活动。如国家图书馆少年儿童馆、河南省少年儿童图书馆、杭州市少年儿童图书馆等多家图书馆的"闹民俗、庆元宵——线上猜灯谜"的活动;首都图书馆少儿馆、厦门市少年儿童图书馆、南宁市少年儿童图书馆、湛江市少年儿童图书馆、昆明市少年儿童图书馆开展的"书香悦读,智赢战役"博看网红包答题活动;广州少年儿童图书馆、广西壮族自治区少年儿童图书馆开展的"防疫防控知识答题"活动;广西壮族自治区少年儿童图书馆、甘肃省图书馆少年儿童馆"看图识'画'连环画有奖问答";湛江市少年儿童图书馆、贵州省少年儿童图书馆、宁夏图书馆少年儿童馆、新疆图书馆少年儿童馆开展的"三月春风暖,雷锋精神我接力"活动;合肥市少年儿童图书馆的"阅读马拉松线上快闪赛"活动等,创新了服务模式,增加了图书馆与读者之间的有效互动。

为了鼓励小读者参与到疫情防控中,把这段时期的所思所想展现出来,各地图书馆开展了丰富的线上征集活动。如国家图书馆少儿馆的"抗击新冠肺炎疫情"主题绘画作品征集令;首都图书馆少儿馆的"童话童画"少儿绘画展征集;内蒙古图书馆少儿馆的"众志成城,童绘美好"绘画征集;武汉市少年儿童馆的"战疫情,武汉能"绘画、设计作品征集;洛阳市少年儿童图书馆的"［少图征画］——致敬最美逆行者";上海市少年儿童图书的"童心战疫"——2020年亲子朗读声音档案大征集活动;广州市少年儿童图书馆"不'疫'样的寒假生活——'我的防疫日记'"征集活动;广州市少年儿童图书馆、湛江市少年儿童图书馆、南宁市少年儿童图书馆、深圳市少年儿童图书馆的"用爱发声,共同战'疫'"朗读作品线上征集;湖南省少年儿童图书馆的"艺抗疫情、云游湖南"主题阅读绘画创作活动;四川省图书馆少儿馆的"抗击病毒,从我做起"——全民抗"疫"少儿简笔画创作;青海省图书馆少儿馆的"童心战'疫',为爱发声"微视频竞赛;宁夏图书馆少儿馆"童阅汇——防疫宅家　书声朗朗"征集活动等。

除此之外,部分图书馆还在微信客户端推出了传统文化为主体的推送,多地图书馆推出了"二十四节气"民俗知识;南宁市少年儿童图书馆的"传播书香三月三"微信栏目每天推送一则民俗知识;广西壮族自治区少年儿童图书馆还线上举办了"三月三,亲子乐——做绣球视频比赛";温州市少年儿童馆推出了"童趣温州:温州童谣"……这些民俗活动充分弘扬了中国传统文化,诠释了图书馆在传承文明中发挥的重要作用。另外,河南省少年儿童图书馆联合北京人天书店在线上开展了"你选书,我买单"图书云采购活动。云采购团由河南省少年儿童图馆2019年度阅读之星和优秀小志愿者组成。这一新颖方式将图书采购从线下转到线上,打破了读者、书店、图书馆之间的数据壁垒。

## 3 对疫情期未成年人图书馆线上服务的思考和展望

### 3.1 实现了从线下服务到线上服务的转变

疫情期间能否为读者提供丰富、满意的服务,是检验数字图书馆建设成效与服务能力的重大测试。这场疫情不仅为公共图书馆的服务理念、服务方式、服务效能提出了严峻考验,同时也为图书馆的信息化服务带来了良好的契机。2018年1月正式施行的《中华人民共和国公共图书馆法》第四章第四十条规定:"政府设立的公共图书馆应当加强数字资源建设、配备相应的设施设备,建立线上线下相结合的文献信息共享平台,为社会公众提供优质服务。"[2]积极推进线上线下相结合的服务模式,是我国公共图书馆事业迈入新时代的重要标志。尽管此次疫情使得图书馆服务"被迫"转移到了线上,但总体来说,公共图书馆在疫情期的线上服务比较丰富,充分满足了未成年人的学习需求。各种新的服务模式,如线上故事会、线上讲座、线上荐书、线上展览、线上互动等,均对图书馆创新服务模式、提高服务效能有促进作用。

### 3.2 充分利用和开发移动平台

手机、iPad等移动设备已成为人们日常生活的重要工具,未成年人在成人指导下也可以熟练使用各种移动设备。在本次疫情期间的图书馆线上服务中,微信客户端的推送频率明显高于网站和微博,微信目前已成为人们交流和共享信息的重要平台,公共图书馆通过微信提供资源推送、信息发布,更易被读者获取,提高了资源的利用度。仅以数字资源的推荐来说,自数字图书馆推广工程在2014年把少年儿童图书馆纳入实施范围,数字资源建设力度增加,很多少年儿童图书馆都建有自己的数据资源,但是这些资源的利用率并不是很高。此次疫情中,各大图书馆在微信客户端更新了线上服务内容,不仅仅限于之前的宣传、预告活动以及图书续借等形式,同时大力宣传各自的数据库,未成年人通过手机客户端就可以选择适合自己的多媒体资源,一改数据库利用率低的问题。

### 3.3 加大数字资源共建共享力度

本次调研中发现,尽管公共图书馆的少儿数字资源都很丰富,但存在资源分布不均的现象。通过调研各大图书馆的数据库发现,公共图书馆的少儿数字资源以购买的商业数据库居多,外购数据库远远高于自建数据库和共享数据库,很多少年儿童图书馆的外购数据库内容趋同化现象严重,造成了资源的重复购买。建议全国少年儿童图书馆可以开展数据库的共建共享力度,不仅可以避免资源的重复建设,同时也能充分整合各个图书馆的优秀文化数字资源,这将大力提升我国少年儿童图书馆的数字资源建设水平。本次疫情期间,"读联体"平台的开发以及"共庆新春,共品书香——全国少年儿童在家读书公益活动"就很好地实现了全国少儿馆数字资源的共享,实现了标准统一、互动互联、共建共享的服务平台建设。

### 3.4 实现社会力量协同参与机制

引入社会力量的参与,不仅可以拓展图书馆为读者服务的深度和广度,同时也可以为公共文化体系建设和全国阅读活动推广增添更大的助力。疫情期间,公共图书馆将与社会力量的合作开展到了线上,进一步深化了与社会力量的协同发展。多家少年儿童图书馆联合中国少年儿童新闻出版总社、咿啦看书以及神州共享(北京)文化传媒有限公司共同发起"共庆新春,共品书香——全国少年儿童在家读书公益活动";河南省少年儿童图书馆联合读小库、喜马拉雅,推出的"读小库"有声童书系列;重庆市少年儿童图书馆联合奇想国童书机构,推出"童书微读";各地少年儿童图书馆联合喜马拉雅APP,推出的限时免费会员服务;河南省少年儿童图书馆联合北京人天书店在线上开展的"你选书,我买单"图书云采购活动等。这些线上联动的优秀案例,也实现了双方的共赢。目前社会力量参与公共图书馆线上服务还处于起步阶段,随着图书馆线上服务建设的进一步加深,社会力量的参与会越来越多。

### 3.5 突出特色资源

《文化部"十三五"时期公共数字文化建设规划》中提出:"要加强地方特色文化资源库的建设,深入挖掘地方特色文化,有重点地建设一批具有鲜明地方文化特点,具有较强代表性和较高历史、人文、科学价值的数字文化资源。"[3]各图书馆的特色文化数字资源是其区别于其他图书馆的重要内容,就少年儿童图书馆来说这主要体现在少年儿童图书馆自建数字资源上,如将本馆的特色馆藏或特色视频进行整理,介绍本地区的风俗文化等。本次调研结果显示,不论是在网站还是微信客户端的内容建议方面,数字资源趋同性比较严重,自有特色资源的数字化建设相比商购资源明显不足,不过也有很多图书馆做出了很好的榜样,如天津少年儿童图书馆的"天津故事"以建筑风情、名人名士、历史风貌、人文特色和自然生态五大主题,通过四十六部短片多方面展现了天津独特的地区文化知识;广州少年儿童图书馆的"广州记忆"特色数据库通过图文、视频及动漫的方式介绍了岭南饮食文化、方言、地方民俗等;厦门市少年儿童图书馆的"福建文化记忆,海西杰出人物"数据库则通过人物拼图、视频播放等多种形式展现历史人文资源。温州市少年儿童图书馆更是把"童趣温州:温州童谣"推到了微信客户端,使温州的特色文化更易被读者所熟知。

### 3.6 开展分级的数字服务

种类繁多的数字资源虽然让未成年人有了更多的选择和体验,但是不同年龄段儿童对于数字资源的需求有所不同,虽然各大图书馆推出了各类数字资源,但为小读者量身定制的数字服务并没有得以实现。有些数据库没有明确标出适用的读者年龄,或者导航设置不明确,没有相关的分类指引,读者需要层层点击才能看到需要的资源。已有的数字资源多以认知类、知识类和课程辅导类为主,比较适合低年级儿童的需求,对于初、高中学生的帮助不大,建议图书馆可以多增加一些青少年需要的数据库。同时在网络或者移动端的数据库说明中标识出年龄分层,如0—3、3—6、6—9、9—12等,这样读者可以直接按年龄获取所需的数字资源。

抗击新冠肺炎疫情既是一次战役,也是一次考验。在疫情期间,各地公共图书馆开展了丰富的未成年人线上服务,顺应了数字服务化的发展趋势。总体来说取得了很大的成绩,但也存在一些问题。公共图书馆应进一步开放和利用移动平台,在实现数字资源共享发展的基础上,突出特色资源,引进社会力量协同参与,为公共图书馆建设应对突发公共卫生事件应急管理体系设发挥应有的作用。

**参考文献**

[1] 2018年中国儿童数字阅读报告:人均阅读量远超美国[EB/OL].[2020-04-01].http://news.sina.com.cn/c/2019-05-08/doc-ihvhiqax7423331.shtml.

[2] 中华人民共和国公共图书馆法[EB/OL].[2020-04-01].http://www.gov.cn/xinwen/2017-11/05/content_5237326.htm.

[3] 文化部关于印发《文化部"十三五"时期公共数字文化建设规划》的通知[EB/OL].[2020-04-01].http://www.ndcnc.gov.cn/shifanqu/fagui/201803/t20180312_1378404.htm.

# 公共图书馆文创工作相关法律问题探析

刘 斐(山东省图书馆)

近年来,文化创意产业在我国迅速发展,国家在大力推广的同时也出台了相关政策来规范文创产业的发展。2016年,国务院办公厅转发文化部等部门《关于推动文化文物单位文化创意产品开发的若干意见》(国办发〔2016〕36号)明确指出:文化文物单位要依托、发掘馆藏文化资源,开发各类文化创意产品[1]。许多文化文物单位出现了许多结合自身企业产品创作的文化创意产品,但是在文化创意产业蓬勃发展的背后,大量的克隆、模仿甚至直接抄袭的文化创意产品随处可见,这损害了原创者的权益,也打击了其创作积极性,从而引发了诸多的法律问题,对于一个行业来说这无疑是毁灭性的打击。因此,提高法律保护意识,树立知识产权保护观念,对于文化创意产业发展极其重要。

## 1 综述

笔者以"图书馆""文化创意""法律""知识产权"等关键词在中国知网、万方等知名数据库进行检索查询,经过筛选剔除掉不相关的和重复的文献,共得到文献22篇,其中2016年3篇,2017年3篇,2018年8篇,2019年8篇。从文献统计上来看,图书馆文化创意的法律问题研究起步于2016年,在2018、2019年有一个提升,这说明在图书馆文化创意产业蓬勃发展的近两年,文创产业所遇到的法律问题也在逐渐增加,已经引起了学者们的关注,正成为一个新的研究热点。

从研究选题来看,只有一篇文章对图书馆文化创意产业所涉及的知识产权问题进行了详细论述,其余 21 篇都是在其他题目中提出法律方面的相关问题或意见,并没有进行深入的研究。从下载和引用方面来看,22 篇文献中共下载 1532 次,仅被引用了 1 次,下载次数为 69.63 次／篇,下载引用比为 1532∶1。由以上两点可以看出,在图书馆文化创意产业中,涉及法律方面的文章和引用的次数还比较少,下载次数多,这说明该领域虽然关注的学者越来越多,但是真正研究还没有开始。

## 2　图书馆文创产品开发涉及法律问题的方面

近年来,我国文化创意产业蓬勃发展,国内外越来越多的企业和团体参与进来,随之而来的是有关著作权、商标权等知识产权的法律纠纷也逐年增加。我国文化创意产业起步较晚,具有产业覆盖面广、产品特点各异等特性,加之相关的法律基础比较薄弱,这都无形中增加了我国文化创意产业法律规划和出台的难度。但是,我们看到国家正在积极制订和出台文创产业相关的法律法规,《中华人民共和国文化产业促进法(草案送审稿)》已在 2019 年 6 月 28 日面向社会征求意见,体现出国家对文创产业的引导和呵护,从而避免了市场走向无序和野蛮发展的误区。诚如有些学者所言:"文化生产作为一种特别形式的社会生产,其发展离不开法治保障,而法治本身在促进文化发展的同时也会得到文化的滋养,并构成文化体系的重要内容。"[2]

### 2.1　馆藏藏品的利用

图书馆的文化创意产品开发一般都以本馆的馆藏藏品作为创作源泉,通常两种的情况,一种是图书馆利用本馆藏品进行的文创产品创作,另一种是图书馆之外的创作者利用图书馆藏品进行的文创产品创作。在这两种情况中,图书馆扮演着不同的法律主体角色,所涉及的法律问题也是不同的。

#### 2.1.1　图书馆引用本馆的馆藏资源

许多图书馆收藏有年代久远的孤本、善本或古籍文献藏品,这些百年文献已经成为公共财产,这类文献不涉及原有著作权等权利的问题,所以这一部分文献资源是图书馆文创产品所热衷开发的。在对这类馆藏藏品进行利用开发时,需要注意的是虽然藏品本身不涉及知识产权的问题,但是基于藏品设计出的作品就会涉及著作权等相关法律问题。在开发年代久远的馆藏藏品前,做好相关工艺专利、图片、影像等版权工作是此类文创产品的关键点。对于现代的珍贵文献,多为作者或其后代或文献所有者捐赠,根据《中华人民共和国著作权法》第二十条规定:作者的署名权、修改权、保护作品完整权的保护期不受限制[3]。而著作权人享有的发表权等其他权利的保护期为著作权人终身及其死亡后的五十年。对于这一类馆藏藏品,在进行文创产品开发时,就会面临知识产权等相关法律问题,对于发表权等权利不属于图书馆的藏品进行文创产品开发时,需要征得著作权属人同意或授权后才可以进行相关的文创开发。

#### 2.1.2　本馆馆藏资源被馆外引用

随着文化创意产业的蓬勃发展,社会上的一些设计公司或个人也逐步投身进来。许多商业创业会利用自己的企业文化和产品来进行衍生品的创作,如最著名的也是发展最好的就是迪士尼公司,他们利用自己公司的卡通形象等来进行衍生品的开发。也有一些设计公司或个人,他们本身没有可以利用的文化元素来进行文创产品创作,要进军文创产业,必然要借鉴其他的文化元素,特别是文化文物单位中的藏品作为一种天然的优质资源,很容易被这些公司利用来进行文创产品的创作,这样就会涉及相关的法律问题。对于图书馆来说,应尽可能早的对馆藏资源取得相关的知识产权,让法律来保护馆藏资源受到保护不受侵犯。例如,断桥、雷峰塔是西湖的著名景点,大家都知道断桥、雷峰塔在西湖,但并不能代表西湖景区就对它们有了知识产权,但如果西湖景区做出了一款文创旅游产品,造型是断桥、雷峰塔,而这一设计却早被人注册了外形专利,那就是侵权。这就是文创,一个即使你拥有正版的"原型",也可能在创意面前失去版权的创意世界[4]。

### 2.2 文化创意产品侵权

当前,文创产品的价值随着消费者的要求提高而提高,从之前简单的对价格敏感到现在的对品质和实用性敏感,需要文创产业从业人员花费更多的时间和精力在提高产品的创意上,一个好的创意就可能会带来一个爆款的产品,从而带来好的收益。可以看出,好的创意对于文创产业来说是至关重要的,所以好的创意就会带来很多仿品的出现,造成的法律纠纷也越来越多。

#### 2.2.1 外观设计

《中华人民共和国专利法》第二条第四款规定:"外观设计专利是指对产品的形状、图案或其结合以及色彩与形状、图案的结合所做出的富有美感适于工业应用的新设计。"[5]目前文创产品在外观上的模仿比比皆是,例如现在大多数的文创产品商店都会有模仿台北故宫以康熙朱批"朕知道了"为底本设计的纸胶带,搭配上自己的文化要素,"创作"出自己的文创胶带纸。这种外观设计上的抄袭造成的法律纠纷在各地文化文物单位文创设计大赛上尤为突出。在外观设计的保护上,敦煌文旅的文创工作就走到了文化文物单位的前列,早在2018年敦煌文旅通过申请知识产权等外观专利方式,为敦煌文创产品申请到了多达48份国家知识产权局的外观设计专利,给自己的产品添加了知识产权的保护伞。

#### 2.2.2 创意模式

文化创意产品最有价值的就是创意本身,所以要发展文化创意产业,对于创意的知识产权保护尤为重要。关于创意保护方面实施最好的就是综艺节目,现在国内引进国外的综艺节目都需要缴纳一部分费用,这部分费用就是创意费用。例如国内某电视台购买韩国《奔跑吧》的节目创意就需要支付相关版权费用。但是在文创产业,许多的创意却很难得到法律的保护。2018年底,故宫新设计了一款名为"故宫的睡衣"的文创产品,并通过淘宝众筹平台进行众筹。新品发布后,受到了广泛的关注,部分产品几分钟内就售罄。正因为销售异常火爆,盗版很快在市面上出现,但因缺少知识产权的保护造成维权艰难。原因很简单,此款产品从设计、发布到最后的众筹、销售时间很短,而按照相关法律规定,申请外观等专利权需要至少几个月时间,所以无法在短时间满足申请专利的需求。

### 2.3 开发模式

现阶段,公共图书馆文化创意产品的开发模式主要分为自我开发、与社会力量合作开发、授权开发等。除了自我开发,其他的开发模式都会遇到不同的法律问题。图书馆与社会力量合作对馆藏藏品进行文创开发时,所开发出的文创成果就会涉及著作权归属等问题。在授权开发模式中,图书馆对自身 IP 或馆藏藏品予以授权,需要对被授权对象进行监督,防止在授权开发中出现劣质品、仿造品或越权开发等情况,侵害图书馆相关权益。迪士尼在米奇 90 周年庆典时与上海博物馆合作,双方进行艺术授权开发,将上海博物馆的西周大克鼎与迪士尼的米奇紧密结合,推出了一系列的文创衍生品,取得了双赢的局面。

虽然开发模式不同,但是要避免法律风险还需要通过申请著作权、申请专利、注册商标等方法提前解决法律中知识产权的相关问题,然后通过授权、转让等不同方式,并借助社会力量,在发展图书馆文创产业的同时减少法律纠纷。

## 3 图书馆文创产业相关法律存在的问题及策略

### 3.1 文创产业相关法律

任何一个行业想要长远、规范、蓬勃的发展必然离不开相关法律法规的建立和保障。对于文化创意产业这种新型的朝阳行业来说,重要性和必要性不言而喻,但是对于现阶段我国的文化创业相关法律体系来说,并没有一部基本法律作为指导,而是分散到《商标法》《专利法》《著作权法》《行政许可法》《文物保护法》等各个专门法律之中。不同的法律法规归属不同的部门管理,所属法律的分散导致了行政管理的分散,职能不够清晰,例如商标权归工商局管辖,著作权归版权局管辖,专利权则归知识产权局管辖等,所以在侵权案件实际发生后,必然会影响处罚效率和打击力度。这些法律对文化创意产业的健康发展起到了重要的保护作用,但是对于更加长远的发展的规范还是需要进一步加强。在这方面,我们可以借鉴国外的成熟经验来逐步完善我国的相关制度,例如韩国在文化产业法律方面不仅有类似基本法的《文化产业促进框架法》,也有针对具体行业的相关法律,如《音乐产业促进法》《在线数字内容产业发展法》《游戏产业促进法》等法律。日本虽然没有直接制定各种产业法,但是对文化方面的立法给予了足够的重视,先后制定了《文化财产保护法》《文化和艺术促进基本法》等法律[6],建立了一整套完整的关于文化创意产业的基本法律体系,这样才能为文化创意产业保驾护航提供法律保障。

### 3.2 文创工作的法律意识

图书馆文化创意产业中出现的法律问题,归根到底还是因为图书馆人在从事文创产业时的法律意识淡薄,没有给予足够的重视,再加之现阶段还存在维权的取证难、违法的成本相对较低等因素,就造成了现在的文化创意产品雷同货、山寨货遍地的现象。法律对文创产业的保护不能仅仅靠执法,提高人们法律的意识特别是增强知识产权保护观念才是减少文化创意产业法律纠纷的关键。知识产权保护可以分为两个方面,一方面是自我保护,保护自己的创意、产品不受侵犯;另一方面是尊重他人知识产权,表现为不模仿、不购买、不使用盗版或仿制品。例如 2018 年初,故宫博物院推出一款身着清代服饰的"俏格格"娃娃。然而,在上市后即被人指出,该款娃娃与国外某品牌玩偶的某些设计相似。很快,故宫将该款娃娃全部下架,已经售出的一律召回退款。虽然故宫娃娃是故宫以清宫服饰原创的文创娃娃,但是因为外观一部分的相似,也可能会造成外观设计上、专利上的法律纠纷。正因为故宫文创有着丰富的经验和较强的法律意识,才及时的避免了产品上线之后可能会遇到的法律纠纷,这对于处于起步阶段的图书馆文创从业者是一个很好的借鉴。

### 3.3 图书馆的法律事务部门

图书馆文创产业还是一个新兴业务,处于起步阶段,很多的文创产品在创作、销售等环节都会涉及大量的法律业务,而现在大多数的公共图书馆的法律事务处理都交给了办公室或者是分配到各个业务主管部门,没有一个专门的法务部门,这样就容易造成没有专业的指导和监督,在这方面图书馆从业者可以借鉴一下其他行业的先进经验。台北故宫博物院于2014年成立智慧财产权维护小组,专门负责知识产权保护、打击盗版等相关业务。处于文创初级阶段的图书馆可以联合多方力量结成一个知识产权联盟或者平台,从而达到加强图书馆知识产权利用和保护的目的;也可以设置一个类似的法务部门把法律问题交给专业的法律人去管理,这样既可以增加工作效率也可以使文创产品开发受到更好的保护。同时,专门的法务部门还可以将图书馆馆藏资源进行梳理分类,可以将馆藏资源进行商标的注册、专利的申请、著作权权利的登记和申请工作,为以后的图书馆文创工作做好前期准备工作。

### 3.4 文创产品品牌建设

图书馆文创产业要想有一个持续、健康、蓬勃的发展,文创产品开发的自我品牌建设势必要加强。文创产品品牌的建设最主要的就要把知识产权放在核心地位,让其发挥关键和保护作用。图书馆文化创意产品的法律纠纷通常以著作权纠纷为主,商标权、专利权等纠纷较少。对于著作权,我国实行作品自愿登记制度,作品不论是否登记,作者或其他著作权人依法取得的著作权不受影响,但对其侵权补偿成本较低,所以法律风险较高[7]。图书馆馆藏资源中典藏古籍历史久远,其著作权早已超过了法律规定的年限,因此不存在著作权归属的法律问题。但是,图书馆应尽早运用扫描、3D打印等现代科技手段,拥有馆藏资源的影像著作权,通过著作权的保护打造一系列的品牌并注册商标,才能保障图书馆在进行文创产品开发时不被侵权,以保护相关权益不受侵犯。在这方面,国内的一部分图书馆已经有了这方面意识并开始布局,例如湖南图书馆于2017年在国家工商行政管理总局商标局全类注册了"难得湖图"商标,显示出较强的商品保护意识。

《中华人民共和国公共图书馆法》第十条指出:"公共图书馆应当遵守有关知识产权保护的法律、行政法规规定,依法保护和使用文献信息。"[8]在国家鼓励和发展文化创意产业的背景下,公共图书馆作为文化的聚集地,在利用馆藏藏品资源进行文创开发设计时,要遵守国家相关法律法规,逐步提高法律意识,加强法律人才和品牌建设,才能更好的推动图书馆文创事业的发展。

**参考文献**

[1] 国务院办公厅.国务院办公厅转发文化部等部门关于推动文化文物单位文化创意产品开发若干意见的通知[EB/OL].[2019-07-15].http://www.gov.cn/zhengce/content/2016-05/16/content_5073722.html.

[2] 王锡锌.文化的法治与法治的文化[N].光明日报,2011-11-03(15).

[3] 百度百科.中华人民共和国著作权法[EB/OL].[2020-03-18]. https://baike.baidu.com/item/%E4%B8%AD%E5%8D%8E%E4%BA%BA%E6%B0%91%E5%85%B1%E5%92%8C%E5%9B%BD%E8%91%97%E4%BD%9C%E6%9D%83%E6%B3%95/34893?fromtitle=%E8%91%97%E4%BD%9C%E6%9D%83%E6%B3%95&fromid=7731815&fr=aladdin.

[4] 张书乐.深度:你的正版文创,可能正在"侵权"[EB/OL].[2020-03-07]. https://www.jianshu.com/p/b4e60e229ba9.

[5] 百度百科.中华人民共和国专利法[EB/OL].[2020-03-20]. https://baike.baidu.com/item/%E4%B8%93%E5%88%A9%E6%B3%95/3893997?fr=aladdin.

[6] 李寅瑞,黄信瑜.关于我国文化创意产业的立法保障[J].河南知识知识产权,2017(6):35-36.

[7] 张静静.文化创意产业的知识产权价值管理和战略决策探究[J].出版发行研究,2015(2):14-18.

[8] 百度百科.中华人民共和国公共图书馆法[EB/OL].[2020-03-20]. https://baike.baidu.com/item/中华人民共和国公共图书馆法/18298885?fromtitle=公共图书馆法&fromid=15093471&fr=aladdin.

# 藏经洞千年的守候 跨越时空与你相遇
## ——敦煌莲花包设计实践研究

刘仲瑄（国家图书馆）

## 1 敦煌

季羡林先生曾说过:"世界上历史悠久、地域广阔、自成体系、影响深远的文化体系只有四个:中国、印度、希腊、伊斯兰,再没有第五个;而这四个文化体系汇流的地方只有一个,就是中国的敦煌和新疆地区,再没有第二个。"[1]位于甘肃省河西走廊西端的敦煌,是古代丝绸之路上的重镇,其瑰丽多彩的文化宝藏是中国、印度、希腊和波斯文化交流融汇的结晶。

自前秦沙门乐尊者朝圣于此开建第一个石窟,千余年来,虽受自然不断侵袭与人为毁坏,至今仍保留从十六国、北魏至元朝等十多个朝代的700余个石窟,保存了各类壁画4.5万平方米、彩塑2400余尊,以及5万多件古代文物,俨然成为世界上规模最大、内容最丰富的文物宝库,美国《时代周刊》感叹其"是世界佛教题材的艺术聚集地"[2]。随着丝绸之路承载的贸易、文化的衰落,敦煌也逐渐被人遗忘在历史长河中,直到20世纪初,在人迹罕至的莫高窟发现了藏经洞,才让这个有过辉煌历史的地方重新为人所知,并享誉世界。

莫高窟第17窟,开凿于唐宣宗大中五年(851年),俗称"藏经洞",是晚唐释门河西都僧统洪辩的影堂。平面近于方形,覆斗形窟顶,从地面至窟顶高约3米,正壁贴壁建长方形禅床式低坛,坛上泥塑洪辩像,身后画菩提树,枝叶相连以示洪辩在菩提树下坐禅,左侧画比丘尼,右侧画近侍女,左壁嵌大中五年洪辩告身敕牒牌一通……附属洪辩像背景的壁画,绘菩提树和树枝上悬挂净水瓶、挎装及树两侧执扇的比丘尼和执杖近侍女[3]。详见图1所示。

图 1　莫高窟第 17 窟（藏经洞）

清光绪二十六年（公元 1900 年），道士王圆箓偶然在此窟发现藏经洞，封存在此的约 6 万件公元 4 至 11 世纪多种文字的写本和印本、拓本文献公之于众，这批文物始自东晋，终于宋初，历时七个世纪。文献所使用的文字除汉文外，还有藏文、于阗文、突厥文、回鹘文、梵文、粟特文、希伯来文等多种文字，内容涉及中国古代的政治、经济、军事、历史、哲学、宗教、民族、语言、文学、艺术、科学技术等诸多方面。敦煌藏经洞的发现，为研究中国及中亚古代历史文化提供了数量巨大、内容极为丰富的珍贵史料，史称"敦煌遗书"，被誉为"中国中古时代的百科全书""古代学术的海洋"，与殷墟甲骨文、汉简、明清档案誉为中国近代古文献的四大发现。

中国国家图书馆是全世界收藏敦煌遗书最丰富的机构之一，共收藏有敦煌遗书 16579 号，写卷长度为世界各大藏家之首。为使全世界的敦煌学者及敦煌爱好者能够更好地利用敦煌文献，中国国家图书馆与大英图书馆等倡议成立国际敦煌项目，并于 2002 年 11 月在中国国家图书馆开通国际敦煌项目中文网站[4]。

## 2　敦煌禅包设计实践

敦煌莲花包的创意灵感即来源于 17 窟壁画上菩提树上所挂的挎装。挎装，亦称挎包、挎袋、布囊，根据佛经，僧人拥有的被称为衣囊的布袋，又称为头陀袋、衣袋、盛衣、打包、三衣袋、袈裟袋等，梵文为 civara-brsika，为装盛僧衣的袋子。挎装作为宗教修行者日常所有器物，也被蒙上了一层神秘的灵异性。史料记载，当时云游禅僧往往具备两样器物：藜杖和布囊。一些高僧往往"以杖荷囊"，可见布囊不仅用于装衣物，亦可用来装盛日常用品，应与第 17 窟所挂者相似[5]。由此也可见挎装之于佛教徒的重要性。17 窟壁画上的这个挎装便与洪辩高僧的泥塑一起，接受后人千百年来的供奉，浸染天地精华，世间灵气。绘制于晚唐时的挎包，其美感不亚于千年后的今天。鉴于此，笔者进行此项设计工作的出发点便是最大程度上忠实于原画作的神韵，在此基础上用新的视觉语言来深度诠释这款守护了藏经洞千年的挎包，赋予这件物品当代的时尚感。

图 2　藏经洞壁画上菩提树上所挂的挎装

## 2.1 设计缘起

敦煌莲花包设计项目开始于2013年,其时笔者参与国家典籍博物馆开馆首展陈展策划工作,并具体负责"敦煌遗书精品展"的展陈设计,时任国家图书馆展览部主任林世田先生提出此包的衍生创作思路,也希望通过借此建立联结馆藏"敦煌遗书"与敦煌壁画的纽带,从文化创意产品的角度为世人呈现敦煌壁画与典籍之美,让敦煌走进普通人的生活。

然而彼时笔者一方面对壁画的理解尚浅,另一方面在莲花包的选材方面未找到理想材质,产品经过多次打样后,效果依然不达预期,莲花包的开发就此搁置,甚是遗憾。当时的设计可见图3、4所示。

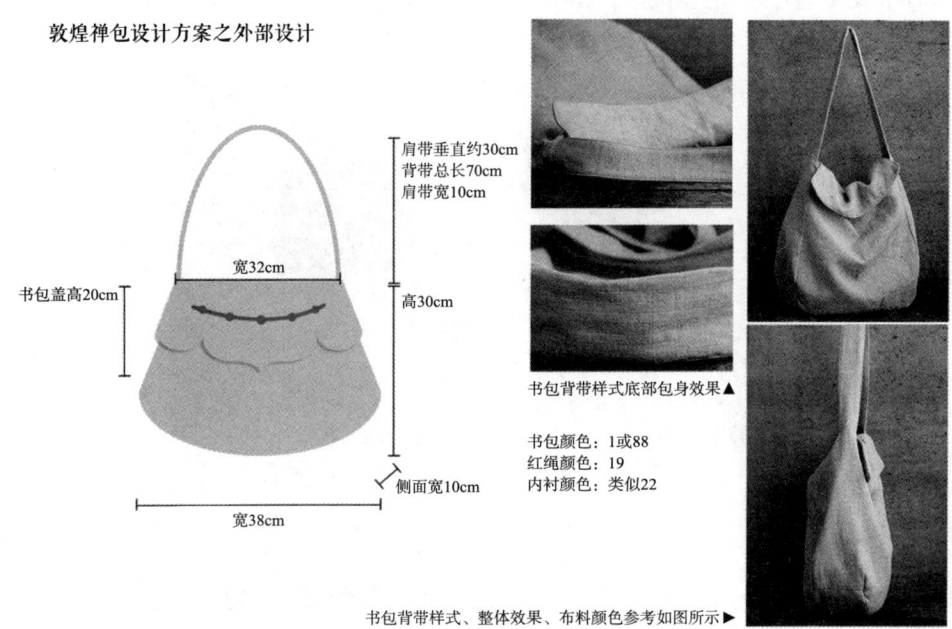

图3 2013年敦煌莲花包第一稿设计方案1

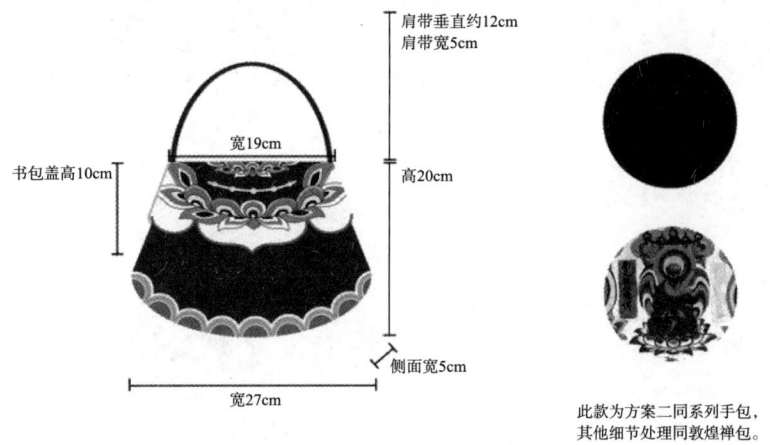

图4 2013年敦煌莲花包第一稿设计方案2

2018年,笔者参加了国家艺术基金项目——传统图案再设计人才培养计划,有幸来到敦煌,走进藏经洞,望着洪辩法师的泥塑像以及他身后壁画上那只随风摇曳千年的禅包,灵感喷涌而出。这之后我完全推翻了早先敦煌莲花包的设计思路,本着忠于"本真"的原则开展设计,经数十次调整后最终形成目前的产品。

### 2.2 设计理念

敦煌莲花包的设计理念是在忠于原作的基础上,突出禅意,传递出朴实自然的东方美学,并融合现代设计的元素,使东方古韵与现代时尚相合投契。极简流畅的包型设计配以繁复绚丽的纹饰肩带设计,皮质的平滑包身配以质感朴实的帆布肩带,极简与繁复的视觉碰撞,千年前的包型与敦煌藻井纹饰的巧妙融合,构成其独特的设计风格。

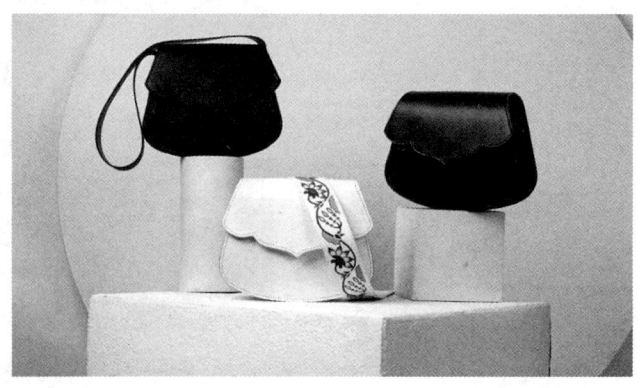

图 5　敦煌莲花包

### 2.3 包身设计

包型设计是在壁画上所绘包身造型的基础上进行优化,尽可能地减少不必要的琐线,不出现任何金属类的配饰,突出原作流畅优美的线条感,传递出自然朴素的美学思想。

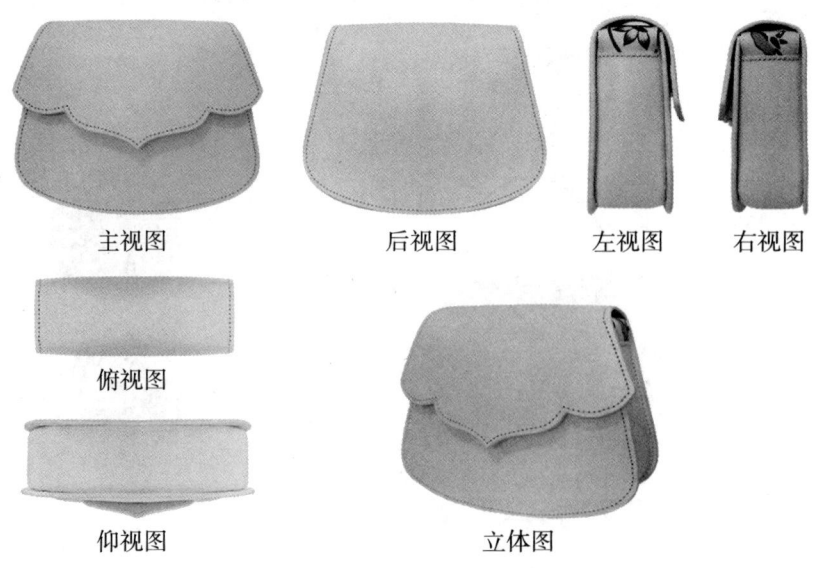

图 6　敦煌莲花包六视图

包身定型后,其后的打版也是看易行难,包身每一个弧度的调整都影响着包型的设计,既要保持包型的美观舒适,又要兼顾实用性,考虑其收纳的便利性及大容量。前期电脑设计定型后,进行纸膜裁制、手工打版、板型调整、细节处理等,最终确认为现在的板型。本款包型已在国家知识产权局取得外观设计专利证书。

图 7　板型调整中部分样品

图 8　敦煌莲花包的外观设计专利证书

敦煌莲花包分为秋冬款及春夏款两种尺寸,以配合不同季节的穿戴。秋冬款包身尺寸为 23cm×18cm×7cm,肩带 5cm×79cm,适于搭配毛衣、大衣等较为厚重的衣物;春夏款包身尺寸为 20cm×15cm×6.5cm,肩带长 4cm×79cm,适于搭配轻薄的衣物。莲花包内部空间相对充足,功能分区清晰,设有前证件袋及后暗袋,可用于盛装手机、钱包、钥匙、小型化妆品等,满足女性日常出门所需。产品用瓦楞纸环保简易包装,内附防尘袋,方便收纳,并附藏经洞壁画明信片及设计师手写感谢卡。

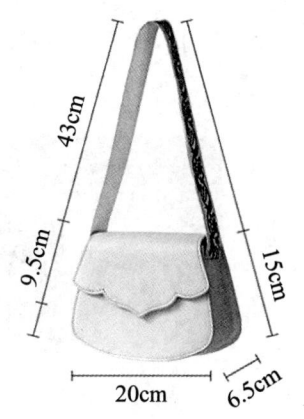

图 9　春夏版莲花包尺寸图

图 10　内附明信片及设计师手写感谢卡

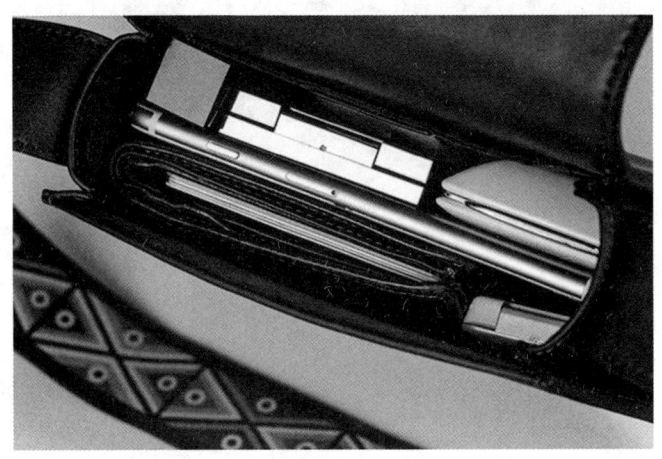

图 11　敦煌莲花包内部容量示意图

在莲花包的材质上,笔者也是基于对原作宗教背景的尊重,选择了质感与真皮相似的超纤皮材质而非动物皮质,表达了"忌杀生"的设计理念。实物皮料的选择不仅要考虑其颜色效果,同时还要兼顾皮料的质感与成本,笔者经过多次深入皮料市场进行选料及打样调色,最终确认出符合产品生产的材料。莲花包所用的超纤皮材质手感平滑,与真皮无异,且耐磨好打理,具有自然的朴实感,易于成形,更易于表现禅包灵动的廓形和立体感,材料经工匠纯手工打磨制作,独具匠心,赋予其手感的温度和生命力的延续。翻开包盖,上有铜模压印有"莫高窟藏经洞　晚唐"文字,向公众传达禅包设计的源头活水,亦即包含着笔者对敦煌文化的深深敬意。

 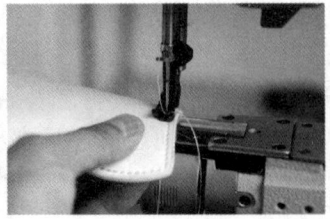 

图 12　莲花包手工制作图

图 13　铜模压印文字

包身色彩灵感来源于莫高窟、敦煌遗书及藏经洞中的壁画,从中提取了莲花白、菩提绿、鸣沙棕、翰墨黑及胭脂红:莲花白色彩灵感来源于莲花纹饰及莲花型包盖;菩提绿色彩灵感源自藏经洞壁画所绘的菩提树,也是莲花包所挎位置;鸣沙棕色彩灵感源自敦煌鸣沙山;翰墨黑色彩灵感源自敦煌遗书中的典籍书法;胭脂红灵感源自藏经洞壁画所绘的侍女图。

### 2.4　设计亮点

#### 2.4.1　莲花型包盖设计

以莲花为原型,至净纯色。富有敦煌味道的莲花型包盖的设计赋予此款包鲜明的标志性和神圣感。产品名称及宣传语——"禅心如莲,许你一个菩提树下的愿望"也是由此得来。《妙法莲华经》中提到"莲华化生",莲花形象是一种在佛教艺术中非常典型的图案,莲花是一种能变幻、化生的神圣之花,是由佛之光华幻化而成,象征着光芒和希望。正如蒋赏所说:"莲花已经成为佛教清静,圣洁不可替代的象征纹饰。"[6]为了不破坏莲花型包盖的美感,秉持极简风格,包盖使用强力隐形吸铁按扣,直接缝制于包身皮料夹层中,保持美观的同时兼顾安全性。

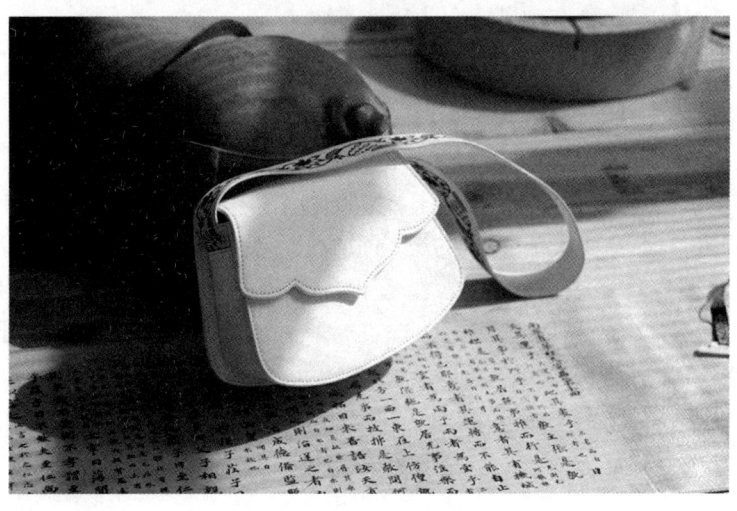

图 14　莲花型包盖

图 15　包盖隐形按扣

### 2.4.2　藻井纹饰肩带设计

敦煌莲花包另一大亮点设计是在其肩带,肩带纹饰均提取自唐代敦煌藻井纹饰,与莲花包壁画所绘年代一致。通过对原藻井纹饰图案的解构重组,兼顾艺术性、创造性和实用性,归纳提炼出适用于肩带装饰的图案,并依据包身颜色等特点应用到莲花上,成为莲花包的另一独特之处。每一种纹饰都蕴含着美好的寓意与祝福,且有明确的洞窟出处,并在包带内侧压印其洞窟出处及年代。

图 16　藻井纹饰肩带

藻井图案是莫高窟装饰艺术的精华,它位于洞窟的窟顶,是整个洞窟最高、最中央的部分,所以受恶劣的自然环境及人为损坏的影响较少,为我们研究古代纹饰图案留下了珍贵的史料。这些图案造型变化多端,题材内容富有吉祥寓意,色彩丰富多彩,结构严谨,蕴含着深厚的文化内涵,也寄托着人们对美好生活的愿意。笔者也希望把这份祝福寄予在莲花包中,以下是有关莲花包设计时所使用的纹饰及寓意的说明。

莲花白莲花包,配莲花纹,莲花为佛教圣洁之花。纹饰出自莫高窟第 329 窟(初唐),纹饰寓意为超脱、智慧、光明(图 17)。

图 17　莲花白莲花包肩带纹饰及上身效果

菩提绿莲花包,配几何纹。纹饰出自莫高窟第 31 窟(盛唐),取自三兔莲花飞天藻井,纹饰寓意为自由、活力、青春(图 18)。

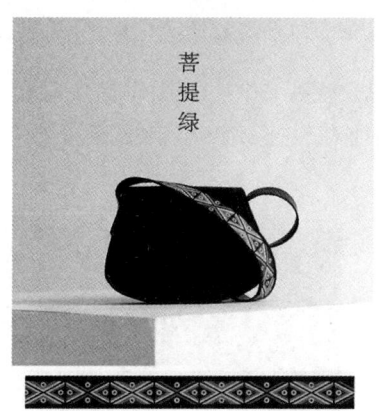 

图 18　菩提绿莲花包肩带纹饰及上身效果

鸣沙棕莲花包,配几何纹,图形取自飞天莲花藻井。纹饰出自莫高窟第 329 窟(初唐),纹饰寓意为博学、内秀、静雅(图 19)。

 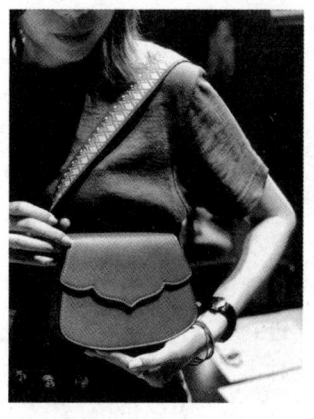

图 19　鸣沙棕莲花包肩带纹饰及上身效果

翰墨黑莲花包,配宝相花吉祥纹饰。纹饰出自莫高窟第319窟(盛唐),纹饰寓意为繁盛、美满、富贵(图20)。

图20　翰墨黑莲花包肩带纹饰及上身效果

除了以上四种常规配色及样式,还推出了国家图书馆110周年馆庆限量版胭脂红莲花包,限量110个。胭脂红莲花包配莲花纹,配石榴桃花纹。纹饰出自莫高窟第79窟(盛唐),纹饰寓意为长寿、多子、辟邪(图21)。

图21　胭脂红莲花包肩带纹饰及上身效果

## 3　敦煌禅包的价值体现

敦煌莲花包的设计创意源自敦煌石窟中绘制于一千多年前的壁画,笔者运用现代设计理念与设计手法对其进行了再创作,以期通过市场行为推广到至普通公众,可以说是用当代人的审美观与价值观对古老敦煌文化进行的创造性转化与创新性发展,是对中华优秀传统文化的继承与创新,具有极强的文化价值、艺术价值与商业价值。

### 3.1 文化价值

季羡林先生认为敦煌是中国、印度、希腊、伊斯兰四大文化体系汇流的唯一地点,我们从敦煌莫高窟诸多洞窟中的壁画及敦煌遗书中便可窥见一斑。千百年来各种文化在敦煌的交流融合,并融入中华民族血脉,充分说明了中华文化的包容与开放。

敦煌莫高窟第17窟的壁画内容表达的是洪辩高僧圆寂主题,所绘其日常所用挎装、军持、侍女等,体现了"事死如事生"的中华丧葬观,是中华传统文化的一部分。笔者以壁画中千年前所高僧所用挎装为基础,引入现代美学理念,重新复活这款禅包,有着双重的文化价值。其一,无论其创作灵感来源,抑或其莲花型的包身、源自藻井纹饰的包带,皆是对古老敦煌文化亦即中华优秀传统文化的继承与创新。以纹饰的应用为例,敦煌纹饰是东方设计美学的代表作,也是中华文化的一种载体。其丰富的造型手段、绚丽的色彩搭配以及考据的构图形式,传递着中国传统文化元素的精致美感,将敦煌典型纹样与现代设计相结合,并应用于产品设计中,是我们传承民族文化的一个途径。笔者通过"敦煌莲花包"的设计,尝试以重塑经典的设计方式,将我国意蕴深厚、珠玑璀璨的民族文化用富有创意性的手段传递下去,让更多的人喜爱和了解,并希望以此引起人们对传统文化的共鸣,宣扬我们悠久璀璨的文明,并赋予传统文明新的的生命力,将传统设计元素更好地传承下去。

其二,敦煌莫高窟千百年来历经风雨侵袭、兵燹人祸,其壁画大部尚且保留在各洞窟内,然经卷等珍贵文物已经难得一见,先前发现于藏经洞的数万件文献已遍布世界各地。令人略感庆幸的是,中国国家图书馆藏有世界最多、写经长度最长的敦煌遗书,实为民族大幸。笔者就职于国家图书馆,此次设计的敦煌禅包以敦煌壁画为创作源泉,以国家图书馆藏敦煌文献为理论支撑,以此架起了敦煌与国家图书馆、壁画与经卷合唱共鸣的桥梁,是践行"让陈列在广阔大地上的遗产,书写在古籍里的文字都活起来"的重要方式,是以时尚讲好中国故事,传播好中国声音的极佳途径[7]。

### 3.2 艺术价值

我国著名艺术设计教育家和艺术设计家常莎娜说过:"中国当前的艺术设计要引领当代人的审美需求,坚持反映真、善、美的艺术精神,体现中华民族的优秀文化脉络,就必须以传统艺术文化作为基石。"[8]敦煌莫高窟装饰图案边饰纹样是我国重要的文化遗产,对其继承与创新应该建立在利用现代设计理念,将传统文化与艺术设计进行深度结合,从时代背景、造型特征、题材内容等方面去挖掘民族性、文化性的独特设计风格。

笔者在对壁画上的挎装进行再创作、再设计的过程中,引入了莲花、敦煌纹饰等,并在最终呈现上展现了浓浓的敦煌风,使公众能够挎包在肩,感受敦煌独特的韵味美、大唐盛世的时代美和边饰纹样的自身美,是立足于传统文化的基础上进行的创新设计,符合国人的设计审美要求和悠久的历史文化积淀,具有极强的当代艺术价值。

### 3.3 商业价值

文化和旅游部原部长雒树刚说过:"文化产品卖出去有时候比送出去更容易被海外接受。"[9]我们推动文化供给侧改革,亦即以老百姓喜闻乐见的方式开发文化产品,提供文化产品。在敦煌沙洲市场上,以敦煌莫高窟装饰图案为内容的围巾、服饰、挂画等产品比比皆是,在市场上也极受中外游客的喜爱,这充分说明了有着浓郁民族风格的文旅产品深受现代人的青睐。美中不足的是,此类产品虽有浓郁的民族风格,但产品大多是对装饰图案的直接应用,与当代人的审美没有进行深度结合,文化内涵提炼也不够,加上缺乏创意,很难让人一见钟情,也难以更大程度占领市场。

笔者在设计敦煌莲花包时,并没有急于从设计上入手,而是在深入了解敦煌纹饰、17窟壁画、藏经洞及敦煌遗书的基础上,对菩提树上悬挂挎装的历史构成、时代背景进行了深度的剖析,找到唐代挎装与现代女性时尚肩包、传统边饰纹样与现代设计的契合点,将传统边饰纹样与现代设计理念和审美需求结合,设计出符合现代设计审美的作品,不仅丰富了现代设计的内容,弘扬了传统装饰图案,同时将边饰纹样与现代设计结合,应用于实际生活中,提高了传统纹样在现代生活中的应用价值。因此,该产品在进入市场时,其不再仅仅是一款时尚肩包,更是容历史性、知识性、艺术性、实用性于一体的艺术品。背包在肩,公众可感受敦煌精美曼妙的纹饰与壁画上那一挂千年的守候,亦可将回忆拉至千年前的大唐盛世,感受大唐盛世之中高僧的超脱与顿悟。

这款禅包在设计打样完成后,国家图书馆于2019年8月在摩点网首次尝试众筹模式向市场进行推广,在40天时间内众筹数量近千个,营业额达20余万元,诸多购买者对其创意之精巧、设计之精致表达了喜爱之情。在面向市场销售不到半年的时间里,单品创造经济价值50余万元,成为一款极具代表性的文化创意产品。

敦煌莲花包的设计,是对敦煌文化的艺术化生活化展现,是用现代的设计理念与设计手法对古老壁画与传统纹样的现代化、时尚化表达,真正做到传统文化在现代设计的应用,服务当今人们的生产生活,亦是践行"推动中华优秀传统文化创造性转化与创新性发展""让收藏在禁宫里的文物、陈列在广阔大地上的遗产,书写在古籍里的文字都活起来"的具体尝试。

**参考文献**

［1］李并成.敦煌:世界四大文化体系汇流之地［N］.中国社会科学报,2014-02-28(A05).

［2］樊锦诗.丝绸之路明珠 佛教文化宝藏［M］.北京:中国旅游出版社,2014:12.

［3］樊锦诗,范迪安.盛世和光——敦煌艺术［M］.北京:人民教育出版社,2008:176.

［4］高奕睿,林世田.中国国家图书馆国际敦煌项目的创立与前景［C］//融摄与创新:国际敦煌项目第六次会议论文集.北京:国家图书馆出版社,2007.

［5］高启安.莫高窟第17窟壁画主题浅探［J］.敦煌研究,2012(2):39-46,126-127.

［6］蒋赏.莲花纹饰的象征意义探析［J］.大舞台,2010(7):121-123.

［7］习近平.习近平在中共中央政治局第十二次集体学习时强调,建设社会主义文化强国,着力提高国家文化软实力［EB/OL］.［2020-03-20］.http://tv.cctv.com/2013/12/31/VIDE1388488700382263.shtm.

［8］中国敦煌历代装饰图案的研究与创新应用［EB/OL］.［2020-03-20］.https://max.book118.com/html/2017/0602/111177718.shtm.

［9］文化"卖出去"比"送出去"好［EB/OL］.［2020-03-20］.http://culture.people.com.cn/n/2014/0807/c87423-25419997.html.

# 全国图书馆文化创意产品开发联盟建设与发展思考

李 楠(国家图书馆)

文化创意产业被称为"21世纪的朝阳产业",十八大以来,我国文化文物单位文化创意产品开发工作面临着难得的历史契机。习近平总书记在中共中央政治局第十二次集体学习时强调:"要系统梳理传统文化资源,让收藏在禁宫里的文物、陈列在广阔大地上的遗产、书写在古籍里的文字都活起来。"[1]

2016年3月,国务院印发《关于进一步加强文物工作的指导意见》,提出要深入挖掘文物资源的价值内涵和文化元素,进一步拓展产业发展空间[2]。2016年5月,国务院办公厅转发《关于推动文化文物单位文化创意产品开发的若干意见》的通知,支持搭建面向全行业的产品开发、营销推广、版权交易等平台[3]。2017年1月,文化部办公厅、国家文物局办公室关于开展《关于推动文化文物单位文化创意产品开发的若干意见》落实情况阶段性总结的通知,确定和备案了154家试点单位,其中图书馆37家,鼓励试点单位先行先试,大胆探索产品开发模式[4]。《文化部"十三五"时期文化发展改革规划》也明确指出,落实推动文化创意产品开发的政策措施,加强示范引导、搭建平台、展示推广,调动博物馆、图书馆、美术馆等文化文物单位和创意设计机构等社会力量积极性,创作生产弘扬中华优秀文化、适应市场需要、满足现代消费需求的优秀文化创意产品[5]。

与博物馆、美术馆的文创工作相比,图书馆的文创工作起步低,规模小,加之长期对自身公益定位的限制,产生了图书馆只说"事业"不说"产业",只提"社会效益"不提"经济效益"的局面,对文化产业中涉及的开发、经营、授权等缺乏必要认知,加上图书馆藏品及服务群体的特殊性,在很大程度上决定了图书馆要开展文创工作,必须走联合发展、共建共享的路子。为更好地推动公共图书馆文创开发工作,在文化和旅游部指导下,国家图书馆在充分调研的基础上牵头成立"全国公共图书馆文化创意产品开发联盟"(以下简称"文创联盟")。笔者作为文创联盟建设与发展的全程参与者,在系统阐述文创联盟的建设及现状的基础上,总结存在问题,结合工作实际,提出未来文创联盟发展设想。

## 1 文创联盟建设

### 1.1 建设必要性

图书馆的文创工作至今仍处于起步发展阶段,文创联盟成立之初,只有国家图书馆等少数图书馆具有较全的相关机构建置、人才储备及从业经验外,大部分图书馆均无专业机构从事文创研发、经营工作,在相关人才储备、资金支持、授权开发、营销渠道等方面处于探索阶段。建立文创联盟,有助于充分发挥文献资源优势,整合各馆力量,短期内实现图书馆文创工作跨越式发展;有助于推进各馆在人才培养、资源共享、渠道互通等方面的交流合作;有助于推动各馆在相互借鉴的基础上打造本馆特色产品,避免同质化等问题;有助于发挥国家级文化文物单位作用,搭建面向行业的产品开发、营销、推广、授权交易平台;有助于打造图书馆整体文化品牌,引入社会力量参与,推动图书馆文创走向社会、走向市场。

### 1.2 性质及构成

文创联盟是由文化和旅游部推动并指导,全国图书馆文创试点单位自愿参加组成的非营利性行业联盟,由有意向从事文化创意产品开发的公共图书馆、高校图书馆及行业类图书馆、有意向与图书馆开展文创开发合作的院校、企业和其他有意向参与图书馆文创工作的企事业单位共同组成。文创联盟现有成员馆116家,覆盖32个省、直辖市、自治区。

## 2 文创联盟活动组织及成效

文创联盟成立两年来,30余家成员馆经历了文创产品从无到有的过程,近一半的成员馆建立了专职文创机构或文创企业,金陵图书馆、四川省图书馆等20余家图书馆先后通过自建、合作等方式开设了文创销售区。

### 2.1 建章立制工作顺利开展

文创联盟成立之初即通过由国家图书馆牵头拟定并广泛征求意见的《全国图书馆文化创意产品开发联盟章程(暂行)》;2018年初,国家图书馆在展览部增设文创开发组,组建包括10名在编员工在内的专职文创开发管理队伍,2019年又将文创业务整体归属至馆属企业具体运营;逐步完善联盟各项沟通运作机制,申报2017、2018年度中央文化产业专项资金,建设服务于联盟成员的集素材整理、产品开发、在线营销、授权合作、即时通讯等功能于一体的"全国图书馆文化创意产品开发一体化平台"(以下简称"一体化平台");完成全国图书馆文化创意产品开发联盟商标注册工作,涉及商品及服务品类13个大类,162个小类,为品牌保护与合作做好基础准备。

### 2.2 培训交流 提升文创认知

文化创意产品开发对于图书馆来说仍属于新生事物,其事业与产业的双重属性,使得作为公益事业单位的公共图书馆对其在推动图书馆开放发展、服务国民经济与社会发展方面的作用以及具体工作开展等认知不足。文创联盟连续三年举办年会、培训班,从政策解读、设计创意、营销推广等各个环节加以培训交流,结合联合调研、现场教学等形式,拓宽图书馆文创从业人员视野,启发工作思路,切实做到直面企业、对接市场,更快速推动公共图书馆文化创意产品开发工作。

### 2.3 搭建平台 引入市场合作

针对图书馆社会影响力弱、核心IP不强、社会认知不足等情况,为吸引社会优质力量参与图书馆资源创意性开发,寻找图书馆文创开发市场化的有效方式及途径,提升图书馆文创开发水平,文创联盟通过举办创新论坛、校企对接会、品牌发展计划等活动,推动品牌形象建立,引入社会力量深度参与。例如以"图书馆的文创开发"为主题展开研讨,分享文创开发经验;与阿里巴巴、喜马拉雅、中国集邮等40余家商业企业开展落地合作。

### 2.4 深入宣传 提升品牌影响力

品牌影响力是图书馆文创工作获取社会力量参与的关键,为迅速扩大行业与社会影响,文创联盟一方面利用活动组织契机,积极通过媒体等向社会推介业务与品牌,另一方面借助中图学会年会等行业交流平台与业界同仁积极开展交流活动。2018年在中国图书馆学会年会期间举办了"全国图书馆文化创意产品开发联盟文创精品联展",这是文创联盟成立以来首次文创成果大规模集中展示,吸引了行业目光的同时也促成了多家新成员馆的加入以及多家企业的持续关注与联系。2019年,文创联盟作为文化和旅游部仅有的两个项目之一,入选中宣部"全国大众创业万众创新活动周"成果展示,取得广泛社会关注。

## 3 文创联盟存在问题

### 3.1 身份待确认

"全国图书馆文化创意产品开发联盟"成立时,其性质定义为:由文化和旅游部推动并指导,由全国图书馆等自愿参加组成的非营利性行业联盟。其成立已经在文化和旅游部进行报备,但未在民政部完成社会组织的注册程序。因此,在实际运行中,存在联盟商标无法注册、品牌正名等问题。

### 3.2 管理难度大

目前,联盟秘书处设在国家图书馆,但不是单独的机构,在各项活动组织过程中,需要经过部门里的上报流程和馆内的审批流程,即便是细小的工作也需要较高的沟通成本,过程烦琐,也不利于对接市场项目的推进。另外,文创联盟缺少具有指导、规划、协调的组织机构来领导、监督管理,没有相关的联盟发展法律文件,需要利用章程约束成员馆行为,没有切实可行的管理制度和评判标准,在资源利用、产品开发、营销宣传等方面较难实现成员馆之间的协同发展。

### 3.3 平台运营尚不完善

一体化平台虽已基本建成,但其中各项功能还未得到深度应用,基于平台的培训还有待加强,在推动平台资源聚合优化,平台产业化、市场化运营方面还有较长的路要走。

### 3.4 人员资金匮乏

文创联盟的有效运行需要不断地投入财力、物力和人力,这是联盟可持续发展的三大要素[6]。文创联盟成立后,组织过多项活动,且一体化平台建设和联盟天猫旗舰店建设均需要大量运维成本,其中资金基本由联盟秘书处向文化和旅游部申请支持或由联盟秘书处自行筹措,联盟各项工作运行过程中缺乏资金来源,文创联盟还暂未产生有效的经济收益来反哺其运营发展;同时,联盟内各项行政工作均由国家图书馆内人员兼职,缺乏专职复合型人才,各成员馆也鲜有专业人员配置,导致业务对接存在一定壁垒。

# 4 文创联盟的发展建议

## 4.1 引入科学管理　落实注册认证

图书馆文创联盟要指导成员馆文创开发工作，必须要引入科学有效的管理体系。新吸纳成员馆，应先签订合作协议，权责分明，制定规范管理、工作流程，形成共同的目标指向或价值取向[7]。未来还应将基于馆藏资源创意创新性转化的文创业务纳入图书馆业务考核范畴，建立有效评估机制，引入以联盟秘书处为主导、发起馆协助，成员馆参与，公共图书馆联动的规范化运行体系，真正达到联合联动、共建共享的目的。

基于文创联盟在实际运行中存在的品牌正名等问题，可以继续申请实体注册或在中国图书馆学会、中国古籍保护协会等相关部门下设分支机构，统筹联盟各项工作。

## 4.2 完善资源建设

图书馆馆藏资源宏富，如何激活馆藏资源蕴含的深厚文化底蕴，进一步推动中华优秀传统文化的创造性转化与创新性发展，就需要图书馆扮演好文化文物资源的"发掘者"与"初步整理加工者"角色，利用好馆内的专家资源，充分挖掘文化文物背后的故事，提炼、包装、多角度多维度的呈现优秀传统文化及正能量的内容。基于此，文创联盟应充分发挥其资源聚合与建设能力，一方面集合各成员馆特色优质文化典籍资源（资源归属不变），通过平台分类整合、审核加工，以资源库的形式展示呈现；另一方面联合优秀设计院校及企业，结合市场需求及消费者认同，充分创意创新思路，对资源进行二次开发设计，建立版权共享主题图库，即可对接产品设计生产，亦可结合品牌做跨界商业化、市场化授权。

随着信息载体的发展变化，图书馆馆藏规模不断扩大，类型日益丰富，尤其是近年的数字图书馆建设，积累了大量的规范化数字资源，加大推进数字资源商业化力度、开发数字化创意产品，如特色数据库、AI/VI产品、研学课程、数字展览等，也是未来文创联盟资源建设的重要方向。

## 4.3 塑造品牌形象

品牌形象的建立有助于区别市场上同类产品，图书馆开展文化创意产品开发工作的核心竞争力在于文化内容及其多年传承所形成的文化价值。品牌的塑造不仅仅是标识符号，更是文化价值的传递和体验，联盟及各成员馆要在文创开发工作上有所发挥，就要致力于提炼文化品牌，并将其融入当代生产生活。

未来，联盟应该秉持产业思维，聚集品牌化发展。强化馆际合作，规范资源标准化建设，快速建立起高效的馆际间的资源整合与对外合作沟通机制，树立品牌形象；优化联盟产品研发、营销，借助一体化平台，开展跨界联合开发、授权合作，提升品牌价值；结合品牌化发展的内容拟定宣传推广活动，帮助读者更好的认识图书馆，将传统文化与现实社会良好交融，提高文化品牌的内在精神价值。

## 4.4 实现产业化运作

文化创意产品开发市场规模不断扩大，但是想在其中良性发展，内容是基础、创造是核心。对于图书馆来说，既要把握好资源选择，识别知识文化消费特点，避免内容雷同性，更要具备产业思维、有对接市场运作的能力。文创联盟在建设完善过程中,应突破图书馆公共文化服务机构的公益属性,强化产业链整合能力,降低同设计公司、电商企业、科研机构之间交流与合作成本,由设计公司和科研机构提供创意和思路,电商企业提供平台或门户,各用所长,各取所需,取长补短,从而打造一个成功的"产业生态圈",这些环节均可在一体化平台上实现,从而改变图书馆文创发展规模小、分散、竞争力弱的局面,实现图书馆与社会企业的双赢。

### 4.5 实现一体化平台高效运营

文创联盟建设的一体化平台,目的在于强化资源聚合、优化,推动文创开发产业化运营。在平台现有各项功能基础上,未来应继续实现图书馆素材的深加工与图库开发,强化核心IP培育;探索非图书馆成员准入制度,以会员费或入驻费等方式入驻一体化平台,为此类成员搭建参与各图书馆资源对接渠道,做好内容背书;开通平台素材积分下载、在线众筹功能,相关素材由所在馆自主定价,文创联盟提供指导,实现资源开放,降低各项成本;推动成员馆文创产品的平台线上销售对接并与天猫店形成联动;完善平台图书馆研学版块,与旅游行业等开展合作,结合图书馆优势课程,推动文化和旅游的互动发展。

图书馆文创联盟的建设是一项系统的工程,需要指导部门在政策、资金等多方面的扶持和监督;需要组织部门在人员配备、活动策划、平台对接等多方面的引导和投入,更需要联盟成员馆基于馆藏资源挖掘、转化、落地的支持和配合。当前处于优秀传统文化传承、文化创业产业发展的大好时机,图书馆文化创意产品开发面临着新的机遇和挑战,各界图书馆广泛联合起来,深入挖掘中华优秀传统文化的内涵,以创新为动力、传承为目的、树立图书馆品牌为己任、协调发展为机制、落地转化为要求,实现图书馆文化职能和产业职能的共同发展,实现图书馆文化创意产品开发的共建共享、互惠互利,让图书馆焕发新的生机与创意。

### 参考文献

[1] 中共中央宣传部.习近平总书记系列重要讲话读本[M].北京:学习出版社,人民出版社,2014.
[2] 国务院关于进一步加强文物工作的指导意见[EB/OL].[2016-03-20].http://www.gov.cn/zhengce/content/2016-03/08/content_5050721.htm.
[3] 国务院办公厅转发文化部等部门关于推动文化文物单位文化创意产品开发若干意见的通知[EB/OL].[2016-03-20].http://www.gov.cn/zhengce/content/2016-03/08/content_5050721.htm.
[4] 文化部办公厅 国家文物局办公室关于开展《关于推动文化文物单位文化创意产品开发的若干意见》落实情况阶段性总结的通知[EB/OL].[2018-03-20].http://zwgk.mcprc.gov.cn/auto255/201701/t20170117_477674.html.
[5] 文化部"十三五"时期文化发展改革规划[EB/OL].[2017-03-20].http://www.gov.cn/xinwen/2017-02/23/content_5170224.htm.
[6] 史振立.我国图书馆联盟的建设与发展[J].现代情报,2007(1):119-121.
[7] 单骅,胡晶晶.区域性公共图书馆阅读推广品牌建设研究——以浙江省公共图书馆阅读推广联盟"图书馆之夜"为例[J].图书馆工作与研究,2020(3):100-104.

# 图书馆文创工作与延伸服务实证研究

王　妍（中国海洋大学图书馆）

习近平总书记2019年在给国家图书馆老专家的回信中提到："图书馆是国家文化发展水平的重要标志，是滋养民族心灵、培育文化自信的重要场所。"图书馆天然就具有文化的气息，是知识积累和传播的平台，图书馆以其本身对文化的积淀，对文化的发展起到推动的作用。

文创工作是图书馆开展文化建设的重要内容之一，是以图书馆特色馆藏资源为依托，以创新创意为首要特征进行的文化创意产品开发，其根本目的是提高服务质量，满足读者物质和精神两方面需求，狭义上指各类有形产品的开发活动，广义上还包括文化服务，是以创意的方式挖掘资源、创新服务、再造空间，通过文化的渗透性，使读者在馆即感受到所要表达的文化蕴意。优秀的文创是对图书馆业务工作的凝缩和升华，把馆藏中蕴藏的文化提炼出来，形成文创产品，让读者"把文化带回家"，或者用于图书馆自身建设，不仅使读者受益，也使图书馆得到提升。

## 1 图书馆开展文创工作的必要性分析

### 1.1 政策支持

2016年5月国务院办公厅转发文化部等四部委《关于推动文化文物单位文化创意产品开发若干意见的通知》（以下简称《通知》），鼓励各级各类图书馆、博物馆等文化单位发掘馆藏文化资源，积极研发文化创意产品，从而促进优秀文化资源实现传承、传播和共享，既传播文化，又发展产业、增加效益，实现文化价值和实用价值的有机统一。为进一步推进《通知》的落实工作，2017年1月文化部和国家文物局再次下文对《通知》进行阶段性总结，确定154家文化文物单位为文化创意产品开发的试点单位，包括博物馆、美术馆、图书馆、文化馆等，提出要鼓励创新、大胆探索、经验推广、资金支持和成效监督等规定。2017年7月文化部印发《"十三五"时期全国公共图书馆事业发展规划》，其中明确了各级公共图书馆要利用古籍善本、图书、报刊和数字文化资源等开发文创产品，挖掘地方传统文献资源，开发一批弘扬中华优秀传统文化、反映时代精神、符合群众实际需求的文创产品。

### 1.2 实践探索

2016年国家图书馆开设网店——"国图旺店"，是目前国内比较有代表性的图书馆官方

---

\* 本文系中国海洋大学2020年度中央高校基本科研业务费图书情报研究基金项目研究成果之一，项目名称：中国海洋大学图书馆文创工作研究（编号：202053001），项目负责人：王妍。

文创产品商店,主要产品有生活用品、办公用品、邮品、仿制品、服装配饰等,其中较有特色的是以馆藏文献戏曲人物图谱《庆赏升平》为主题开发的卡通人物形象系列文创产品,深受读者欢迎。此外,首都图书馆、南京大学图书馆、广东省立中山图书馆、四川省图书馆、福建省图书馆、河北省图书馆也相继推出了具有本馆特色的文创产品。2017年9月全国图书馆文化创意产品开发联盟(以下简称"文创联盟")在国家图书馆成立,"全国图书馆文创联盟旗舰店"也已在天猫网站上线,该联盟以弘扬中华优秀传统文化为目的,以引领和推动行业文创产业发展为宗旨。2018年中国图书馆学会学术年会期间,文创联盟举办了"全国图书馆文化创意产品开发联盟文创产品展",第一次向社会展示了图书馆文创产品及其工作面貌。

相较于图书馆其他工作的开展,图书馆文创工作尚处于萌芽阶段,公共图书馆对此研究较多,文创产品大多停留在简单的复制品和单一的纪念品开发上,没有创新性的创意主题,没有系统性的整体规划,没有可持续的发展路径,这与图书馆丰厚的文化资源形象极其不相符合。

### 1.3 文创工作意义深远

首先,图书馆文创工作起步于对馆藏资源的深度解读和揭示,是对读者服务的延伸和创新。将图书馆的文化与创意相结合,凝结成一个个具体的文化产品或者穿插在图书馆的工作中推广给读者,更有利于读者了解一个图书馆、某一展览乃至某一本图书的文化内涵。因此文创工作可以起到提炼文化精髓和实现文化育人的作用,也是图书馆文化教育职能的延伸。其次,图书馆文创工作是链接图书馆和读者的最佳载体,文创带有图书馆自身的特色,通过文创将图书馆的价值观传递给读者,用人文关怀触动读者,为读者提供多元化的阅读服务,将浅层服务转变成深层的沟通。再次,图书馆文创工作承载着图书馆的历史和文化信息,随着被赋予图书馆深层内涵的文化产品被传播出去,图书馆的文化也就被广泛地传播了出去,通过文创产品的多元化、艺术化传播,可以进一步提升图书馆的品牌价值和影响力。

新形势下图书馆开展文创工作是一次积极的探索,是走可持续发展道路的必然选择。图书馆应当响应国家关于推动文创工作的号召,全力以赴进行文创开发,提供给读者丰富多彩的文化创意产品,并将文创融入图书馆的资源、服务和空间建设中,提升图书馆软实力。

## 2 图书馆开展文创工作的路径分析

### 2.1 博物馆文创热潮带来的启示

近年来以故宫博物院为代表的博物馆文创产品热销掀起了多轮社会热潮,其开发和推广的成功源于对藏品资源的深度解读,对文创形式的多元创新,值得同为文化机构的图书馆借鉴和思考。

与图书馆实物馆藏以书刊报为主不同,博物馆的馆藏文物内容丰富、形式多样,从外形上更适合进行文创,更具有文创优势。从已有的文创产品看,设计上以对藏品进行整体复制或者元素提取较为多见,比如中国国家博物馆取材馆藏清代画作《大观园图》开发的系列产品、大英博物馆取材罗塞塔石碑开发的60多种衍生品;也有通过深度解读藏品文化蕴意,进行艺术的再创作的文创产品,比如中国台北故宫博物院取材瘦金体书法设计的西式餐具、故宫博物院取材《天禄琳琅》珍籍开发的文具礼盒套装,这部分产品设计难度较大,数量不多,但文化底蕴更深。文创形式上,多见办公用品、生活用品等有形的产品,也有少量的线上、线下体验类产品,比如故宫博物院的文创设计类电视节目《上新了,故宫》以及一些博物馆亲子课程,多是以消费者为受众。营销方式上,除常规的馆内销售外,网络营销日渐增多。《2018年天猫博物馆文创数据报告》显示,全球共有11家博物馆官方网店进驻天猫。此外也有文博机构通过授权的方式和制造商合作,从设计、制造到营销,形成一套完整成熟的产业,比如大英博物馆。

### 2.2 容易出现的文创误区

首先,对于直接打上图书馆LOGO就算是本馆文创产品的作法,这只能算一种"装扮",不具有文创产品的文化属性。这种没有代表性的文创产品不仅不会受到读者的关注与青睐,还会形成资源浪费,甚至会带来负面影响。其次,仅仅依赖于职业设计团队和设计专家进行产品开发,没有图书馆馆员的参与,会缺失图书馆的灵魂,容易导致产品变得千篇一律或者一盘散沙。图书馆不应追求应景式的"快餐"文创,而是希望能由馆员做主导,有计划、有步骤地创作有体系、有沉淀、有价值的好作品,力争做经典文创,以期形成品牌,即使历经岁月,仍然不失光彩。

### 2.3 图书馆文创工作思路

#### 2.3.1 文创内容以图书馆自身文化元素为基础

前期工作应以学习、调研为主。通过查阅有关文创工作的相关图书和论文,获得有助于工作开展的知识。通过选取国家图书馆、南京大学图书馆等数个国内外具有代表性的图书馆以及故宫博物院、大都会艺术博物馆、UCCA尤伦斯当代艺术中心等文博机构为调研对象,通过实地走访或者网络调研,考察调研其推出的文创产品,总结分析每个机构文创产品的物质载体种类和文化创意内容,学习先进经验,作为借鉴和参考。通过设计读者需求调查问卷,在不同读者群中进行调研,考虑不同年龄特征和心理需求,以满足读者需求、提高服务质量为工作出发点。

在充分调研的基础上,进行比对分析,以图书馆自身的文化元素为基础,确定几个主题和研究方向,探讨图书馆文创工作推广的可行性,并探索试行。首先,对馆藏资源进行深入挖掘,尤其是古籍文献、特色馆藏,对海量数据进行信息筛选和检索分析,精选出优秀文化要素,展现经典馆藏。对珍贵的古籍和丰富的馆藏,图书馆不仅要收集、保存,还要利用、升华,这是图书馆的职责和使命。其次,通过查找历史档案和资料、向老领导、老同志请教等方式,深入了解图书馆发展历史,从中提取文化元素,如图书馆索书号的更迭、不同时期馆舍的兴建传承等。再次,寻找图书馆特有文化符号,如图书馆目录柜、书标、条形码、藏书章、架标等。最后还要积极寻找中华优秀传统文化与图书馆建设发展的结合点,通过对中华优秀传统文化的传承与弘扬,实现"文化育人"的功能。

最终形成的文创产品除了是读者可以使用的学习用品、办公用品等常规物品之外,还可以是用于图书馆自身建设,具体形式即可以是文化产品,如书立、书灯,也可以是某种文化标识,以用于阅读推广、读者培训、文化展览等各项读者服务工作和活动中,加强与读者的互动,使读者服务工作更加丰富和生动。

#### 2.3.2 强化行业间合作,建立文创联盟

相较于博物馆文创,图书馆文创起步较晚,除此馆藏古籍、馆舍建筑外形为设计原型的产品外,其他藏品的文创特色不太显著,文创难度远高于博物馆。另外,文创产品的开发,需要

完成从筹资、设计、生产、推广等一系列的工作,众多环节需要专业的人员和一定的资金投入,如果单独一所图书馆去从事文创开发和推广难免显得有些势单力薄。2017年国家图书馆牵头成立的"全国图书馆文化创意产品开发联盟",整合各方资源,积极举办图书馆文创人员的培训、参观、交流等活动,在天猫上线联盟旗舰店,整体推广营销,对加速提升全国图书馆的文创研发水平,起到了重要的助推作用。

目前文创联盟虽有多个图书馆积极参与,多个企业协同支撑,却缺乏与主流文化创意产业的协作,规模化、产业化和专业化程度均有待提高。未来图书馆文创应当在政策的驱动下,走集群协同发展的道路,与文创产业园区、特色文化小镇等通过产品授权、联合开发等方式进行对接,加强与社会力量的合作,共谋发展,壮大文创产业。

同时,图书馆可以与博物馆、美术馆等其他行业的文化机构进行合作,加强业务联系和经验交流。尤其是向博物馆学习,充分借鉴其在挖掘藏品文化内涵、进行产品设计开发、创立品牌开展推广营销等文创方面的成功经验。此外,同为文化机构,更合适联合举办一些跨行业的文化活动,并以此为契机推出与活动主题相关的文创产品,使活动的文化形象更加丰满。2019年5月,陕西历史博物馆和陕西省图书馆联合开展了"文化遗产主题宣传"系列活动,通过参观博物馆,举办讲座、读书会等多种形式的互动活动,传播中华民族悠久历史和优秀文化,取得了很好的效果。

### 2.3.3 新时期的"互联网+图书馆文创"

2018年腾讯集团副总裁、腾讯影业首席执行官程武首次提出"新文创",指的是新时代下,基于"科技+文化"的基础战略,以IP构建为核心的文化生产方式,是用现代科技和文化创意,一起讲好中国故事,缔造更多深入人心的中国文化符号。"互联网+"是文创产品的未来之路,陕西历史博物馆的唐妞IP、苏州博物馆的四大才子IP、"中国探月"文创IP、故宫文创、UCCA尤伦斯当代艺术中心毕加索大展等等,围绕历史、文化IP进行的文创开发呈现出的网红现象均离不开"互联网+"的推波助澜。

"互联网+"作为一种新的经济形态,已影响各行各业,也同样影响到图书馆服务的各个方面。随着新一代信息技术的飞速发展,图书馆与"互联网+"不断融合逐渐发展成为数字图书馆,到现阶段的信息化、智慧化图书馆。新时期的图书馆利用移动互联网、云计算、大数据等技术手段,不断创新服务模式,为用户提供个性化、专业化、高效、便捷的服务。为适应新时期的发展,图书馆应当准确把握形势,立足自身实际,着眼长远发展,科学谋划,在图书馆文创工作中充分融合"互联网+"。一方面将信息化、网络化的时代背景融合入文创工作的总体框架内,进行内容融合;另一方面,积极利用网络作为传播媒体,宣传图书馆文创,加强与读者的沟通交流,为读者营造良好的文化环境。

在文创产品设计和后期推广阶段,也要有效利用现代化的高新技术手段,助力文创工作。比如故宫博物院的VR体验馆,借助先进的VR和4D技术,使游客突破时空限制,营造身临其境的感觉,很好地增强了文化创意的艺术效果。

## 3 文创与图书馆延伸服务

通过文创工作的开展深挖图书馆特色资源,确定适合自身文创工作开展的策略和路径,设计制作一批文创产品或者形成若干文化符号,提出"文创+"的概念,用于阅读推广、知识服务、空间服务等各种读者服务工作中,将文创与服务相结合,通过服务延伸助力图书馆发展。

### 3.1 文创+阅读推广

2009年中国图书馆学会阅读推广委员会成立。2015年国务院首次把"全民阅读"写进政府工作报告,相较于起步不久的图书馆文创,阅读推广工作的发展已相对成熟。阅读推广倡导读者多读书、读好书,在全民阅读的大背景下,图书馆应当不断丰富创新阅读推广活动的形式与内容,营造浓厚的阅读氛围,充分发挥阅读的"服务育人"职能。文创与阅读推广有一定的共性,两者均以图书馆的馆藏为基础,内容都应具有能够吸引读者的趣味性,同样以创新创意为特征,同样需要引发读者的情感共鸣。目前国内外图书馆已有将文创与阅读推广两者有机结合的成功案例。厦门市图书馆以"爱阅读·游厦门"的主题,设计制作了《厦门阅读手绘地图》,标注出厦门市、各区图书馆及分馆、汽车图书馆服务点、街区自助图书馆、特色书店等阅读场馆,并同步开发了"阅读T恤""阅读地图拼图"等一系列文创衍生产品,活动期间厦门市图书馆微信公众号吸收新粉丝近6000人,成为当年吸粉最多的推广活动。山西省图书馆举办的碑拓雕刻、线书装订文化体验活动,让馆藏古籍走近读者,使读者体验古籍所蕴藏的文化韵味。美国图书馆文创产业起步较国内早,发展的比较成熟,如洛杉矶公共图书馆、韦斯维尔公共图书馆、西雅图公共图书馆、圣地亚哥公共图书馆等均有用文创产品收入资助当地的阅读计划、用于图书馆阅读项目服务的先例。此外,可以开展文创产品的设计征集活动,引导读者首先通过阅读熟知图书馆的馆藏,进而对馆藏进行挖掘和提炼,形成文创作品,也是将"文创+阅读推广"的较好形式。

### 3.2 文创+知识服务

知识服务是智慧图书馆时代馆员利用大数据等技术手段,对馆藏资源进行深入挖掘、整理、分析后,为读者提供的深层次服务,是图书馆信息服务的高级阶段,是深化读者服务的图书馆工作发展方向。除早期的科技查新、文献传递、检索教学、电子资源推介等服务内容外,情报分析、学科服务、数据梳理统计、知识产权信息服务、机构知识库建设等服务的知识服务特征更加显著。如果能将文创工作中的创新元素融入知识服务当中,势必会吸引更多读者的关注,借此推动服务水平和图书馆整体形象的提升。例如,图书馆可以在学校毕业季针对毕业生读者群体,利用大数据对毕业生在校期间借书、入馆等对图书馆的利用情况进行分析汇总,形成个人的利用数据报告单并设计模板支持毕业生自主打印;可以在情报分析报告、数据统计报告、查新报告等为读者提供的各种服务报告中加上图书馆特有的统一的文创标识或者文创符号;可以在新生入馆教育、数据库使用培训、信息检索课教学等与读者面对面的活动中,向读者发放文创产品等。诸如此类的方式,皆可以通过文创工作,助力图书馆知识服务的发展,同时另一方面可以扩大文创工作的覆盖面,提升文创影响力,营造更好的文化氛围,获得双赢,最终助力图书馆的整体发展。

### 3.3 文创+空间服务

近些年来,图书馆空间的功能和用途正在发生变迁,图书馆不再是单纯的馆藏存储地,新型图书馆的空间服务将更多地支持学习发现,激发读者思考、创新、交流,满足信息时代读者的多层次需求,同时利用环境建设展示图书馆的理念和责任,做好文化传递,读者来馆能够感受到环境文化氛围的熏陶,潜移默化影响读者价值观和道德观。文创工作与空间服务的结合突破了狭义的文创产品概念,其目的更主要是为打造文化环境,更好地为读者服务。

第一,将文创工作与众创空间相结合,以图书馆丰富的馆藏资源为基础,提供多媒体、3D打印机等硬件设施,为读者提供创意孵化空间、学术讨论空间或活动聚集空间,同时依托众创空间活跃思路,助力文化创意产品开发。

第二,将文创元素融入图书馆空间建设,基于用户需求进行空间再造或新馆建设,为读者带来全新的体验。比如,华南师范大学图书馆建设的"至善堂"古香古色,用来进行经典阅读,弘扬中华文化;建设的"晓书馆"内含大量的巨型书架和落地窗,为读者营造"最美天堂图书馆"。中国海洋大学图书馆建设"王蒙文学馆""林少华书房",以展示王蒙文化和名师风采,浓郁校园文化氛围,打造学校的人文景观;在筹划西海岸新校区图书馆的建设过程中,有机结合适用空间、视觉空间和结构空间,既充分发挥建筑的性能,又具有统一、和谐而又富有变化的艺术表现力,其建成后必将聚集文献服务、文化传播等图书馆服务职能为一体,成为学校的学习中心、文化中心、交流中心和文化地标。除此之外,在图书馆的细微之处,可以利用碎片空间设立涂鸦墙、"悦读"空间等,利用其增强与读者的互动,借此鼓励读者自由表达,以营造和谐愉悦的阅览氛围,加强沟通。

第三,将文创用于图书馆空间美化。通过统一的文化标识系统化馆内的标识标牌,从细节入手充分发挥文化引导的作用。利用馆舍空间,采用壁画、题字等方式,展示优秀文化。比如中国海洋大学图书馆邀请清华大学工艺美术学院教授设计,制作大型壁画《海洋世界》,邀请本校文学院教授根据图书馆史料撰写《图书馆记》,制作成巨幅书法作品,悬挂于入馆大厅墙面上,填补了多年的墙面空白,很好地丰富了图书馆的文化氛围。

第四,为适应现代化图书馆读者的需求,建设休闲阅读空间,提升阅读体验,构建集学习支持、文化休闲、合作交流功能为一体的一站式图书馆服务。比如中国海洋大学图书馆对天井进行改造,采购安放星巴克休闲桌椅和太阳伞,建成休闲阅读区;与"不是书店"公司合作,开设咖啡厅"MO咖啡",将图书馆的服务延伸到咖啡厅,努力为读者提供更加优质的服务和更加舒适的阅读学习环境。此外,还利用展览空间举办精品文化展览,积淀自身文化涵养,营造良好的文化氛围,发挥文化传承与创新职能。

在图书馆传统的读者服务之外,探索开展图书馆文创工作,是对传统服务内容的拓展、丰富和延伸,同时也可以助力传统服务更好地发展。尚在探索时期的图书馆文创工作同时面临机遇与挑战,相信通过合理研究、积极开发、大胆实践,图书馆文创必有所成,其优秀成果也必将丰富图书馆文化底蕴,助推图书馆事业焕发出新的生机与活力。

**参考文献**

[1] 李晓源,张辉. 论CIS在图书馆文创产品开发中的重要性[J]. 图书馆研究,2019(5):55-61.
[2] 万真真. 公共图书馆文化创意产品开发与服务转型的关系探究[J]. 河南图书馆学刊,2018(7):15-16.
[3] 王毅,柯平. 公共图书馆文化创意产品开发类别调研与分析[J]. 图书情报工作,2018(2):21-31.
[4] 张晓翔. 博物馆的"文创热潮"对公共图书馆的启示[J]. 图书馆界,2019(4):84-89.
[5] 那些脑洞大开,让你无法抗拒的博物馆文创产品[EB/OL].[2020-03-19].https://baijiahao.baidu.com/s?id=1595655964430449862&wfr=spider&for=pc.

[6] 程小琼. 除了故宫, 博物馆文创还有哪些值得看? [EB/OL]. [2020-03-19]. http://app.myzaker.com/news/article.php?pk=5ce20f868e9f0936d10d68b3.

[7] 魏孔俊. 政策驱动下图书馆文创产品开发发展态势分析[J]. 图书馆学刊, 2018 (11): 42-46.

[8] 博物馆图书馆联合邀请作家陕西讲述"文物故事"[EB/OL]. [2020-03-19]. https://baijiahao.baidu.com/s?id=1633418751729688199&wfr=spider&for=pc.

[9] 百度百科. 新文创[EB/OL]. [2020-03-19]. https://baike.baidu.com/item/新文创/22573461?fr=Aladdin.

[10] 赵晓红. 文化创意产业与图书馆延伸服务研究[J]. 江苏科技信息, 2016 (9): 12-13.

[11] 刘洋. "文创产品+阅读推广": 创新图书馆的服务模式[J]. 出版广角, 2018 (7): 44-46.

[12] 刘学平. 图书馆知识服务过程价值体现探赜[J]. 图书馆理论与实践, 2020 (1): 25-29.

[13] 陈乃嘉, 詹庆东. "图书馆+文化创意"理论模式研究[J]. 图书情报工作, 2018 (11): 15-21.

[14] 盛尚. 河南省图书馆文创型众创空间运营模式的构建与优化策略研究[D]. 郑州: 郑州大学, 2018.

# 疫情时期公共图书馆阅读推广新方式的探索实践

## ——以湖北省图书馆"我拆你思"直播为例

曹 锐 汪 敏(湖北省图书馆)

## 1 概述

目前,很多图书馆对直播应用于图书馆阅读推广模式进行了初步探索,笔者发现我国公共图书馆鲜少有利用网络直播进行多位面、立体式拆书专项阅读推广活动,并且这方面的调研分析和经验总结也较少。

前期,公共图书馆大多采用邀请读者到馆内参加全民读书月、画展、读书节、名家讲座等传统方式开展阅读推广活动。但新冠肺炎疫情发生后,读者阅读活动受到了空间的阻隔,促使图书馆阅读推广要在活动方式、活动内容、宣传方式、互动反馈等方面做出改变。活动方式上主要利用网络直播拆读图书,消除与读者的空间限制;活动内容上选择关注度最高、具有话题性和趣味性的推荐图书开展共读活动,引导大众通过科学的角度看待疫情,用积极的心态面对宅家期间的各类问题,传播正能量;宣传方式上重点加强微信公众号和小程序、微博、抖音、QQ读者群等新媒体的宣传工作,速度快、范围广;互动反馈上更加直接、便捷,在活动进行中收集读者的改进意见和建议,提升后续活动质量。

湖北省图书馆通过"互联网云平台+经典共读"开创了"我拆你思"线上直播阅读活动,以直播和短视频等多种方式,消弭地域、时空限制,转变传统静态阅读图书的方式,向广大受众提供"宅"阅读的全新阅读体验,旨在更好地提供系统的,具有主题性、时效性的阅读推广服务,使观众继续关注和走近图书馆,同时树立图书馆"书香战疫"系列活动的文化品牌。

现阶段,湖北省图书馆已与多个兄弟图书馆、名家联合开展了10期"我拆你思"线上直播活动,课程访问量已达数万次,活动受到图书馆界同仁广泛关注,得到读者喜爱。"我拆你思"

线上直播活动"拆书三人行、外文拆书、名家共拆、双城共读"等内容已经深度融入读者日常阅读活动中。通过两个多月的线上活动实践,"我拆你思"积累了较好的新媒体直播阅读推广经验,形成了一定的社会影响力,初步推动公共图书馆新媒体阅读创新模式的形成。

## 2 "我拆你思"直播阅读推广实践

### 2.1 "拆书三人行"推动阅读理解式拆书向立体情景式拆书转变

"我拆你思"有别于传统的阅读理解式拆书,三名馆员分别扮演不同"个性"的拆书君,一位负责穿插与引导拆书,灵巧活力;另外一位负责方言讲述拆书,带动气氛;最后一位扮演总结陈词角色,三者互有分工与合作,活动开展别开生面,有声有色。拆书过程结合了影视作品、音乐、朗诵等艺术形式,以深入浅出的方式对原著进行了多位面、立体式解读,注重拆书人和读者之间的互动交流,阅读推广方式十分新颖。

### 2.2 "外文拆书"助力英文读物馆藏资源的线上转化

"我拆你思"活动推出了"外文拆书",邀请具有海外生活和工作经验、英文流利的高校老师或驻海外工作人员来为读者分享书籍,另外安排馆员在直播中陪同互动与解析,这是首度尝试探索英文读物馆藏资源的线上转化。活动曾邀请美国OverDrive(赛阅)公司中国区总经理张丽平(Lisa)和年龄最小的线上直播讲书人,十岁的张静涵小朋友(Crystal)分享了经典的英文绘本故事,并介绍了湖北省图书馆英文数据库的使用方式,为广大读者推荐兼具趣味性与知识性的英文读物。

### 2.3 "名家共拆"跨界合作视域下传承经典文化

"名家共拆"活动邀请国内知名学者、教师、诗人、作家等参与到直播中来,与馆员互动拆书,拆书以名家为主,馆员为辅。在《霍乱时期的爱情》和《城南旧事》两场直播活动中,名家凭借个人丰富的阅历与独特的观察视角,带来了不一样的拆书共鸣。

在"我拆你思"第9场直播中,中国社会主义文艺学会书画院副院长、紫砂艺术研究院院长杨清茨对经典作品《城南旧事》的拆解,让读者了解到了作家林海音的童年生活,向读者呈现了老北京城真实热闹的市民生活体验到浓郁的京味儿,带领读者探索图书中的趣味内容,反响非常热烈,参与此次直播的读者人数创造了开播以来的最高纪录,是跨界合作视域下传承经典文化的一次成功案例。

### 2.4 "双城共读"促进多城市间图书馆的联盟互通

"双城共读"以武汉为原点,每期选择一个城市进行互动,两地的图书馆人以及图书馆读者以解读、分享两地代表性图书著作的方式,对两座城市在文化、历史、民俗、经济等方面不同的地区特色和传统底蕴进行生动的对比和拆解,以增进两地图书馆人之间的互动、强化两地图书馆读者之间交流,深刻两地人民群众之间的互相了解,达成促进两地文化共同繁荣的目的。

"我拆你思"特别专题"'双城共读'——遇见美丽的她",湖北省图书馆开展跨地区、多城市间图书馆合作线上阅读活动的联盟互通,在与上海浦东图书馆的共同努力下,武汉、上海两地读者相遇相聚于云平台,共同拆读文学作品、共同分享阅读乐趣。"双城共读"播放了全国各地发来的"武汉加油"视频,最高实时上线人数过千人,更多的读者还在持续参与回顾学习,在图书馆和读者间反响强烈。

## 3 直播阅读推广探索的实践经验与发展

"我拆你思"抗疫线上直播活动已经持续了两个多月,笔者在活动期间推出了一个小型问卷调查,希望通过问卷统计以更好地了解到读者的想法和需求,为探索直播阅读推广的实践经验提供数据支持。本次调研回收有效问卷为358人,男性读者147人,女性读者211人。笔者参照全面质量管理思路(Total Quality Management,TQM),即从人员(工作人员、嘉宾、受众)、物料(图书)、平台(选择、使用)、方法(宣传、准备、控场)、时机(时间、选题、环节)五个方面系统剖析在直播阅读推广活动中的实践经验与发展。

### 3.1 人员的选择

直播团队内需要有负责策划、宣传、主持、文案、设计等工作的人员。组建团队对时有目的性地挑选适合的人员,明确分工,负责好各自的责任田,合适的工作人员无疑对直播阅读推广起着事半功倍的效果。

直播活动特别场会邀请社会名流或契合本次主题的嘉宾参与,需要工作人员与其密切沟通,明确告知直播活动的规则和流程,尽量避免不可控因素的出现,需要工作人员的耐心配合与辅助。

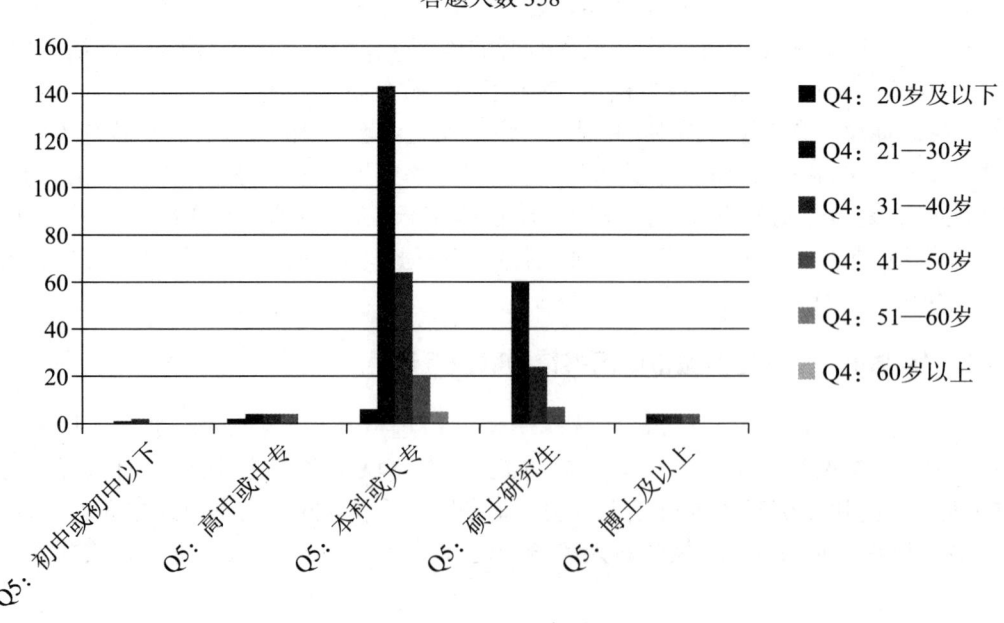

图1　直播阅读推广活动受众的年龄及受教育程度统计

从调查问卷发现,直播阅读推广的受众年龄主要分布在 21-40 岁区间,占比 86.6%,这是一个充满活力的受众群体;本科以上学历达 95.3%,基本上是高素质群体。这意味着每一场直播都需要明确的主题,对推荐的书籍内容进行深挖,这直接考验直播团队的活动掌握能力。

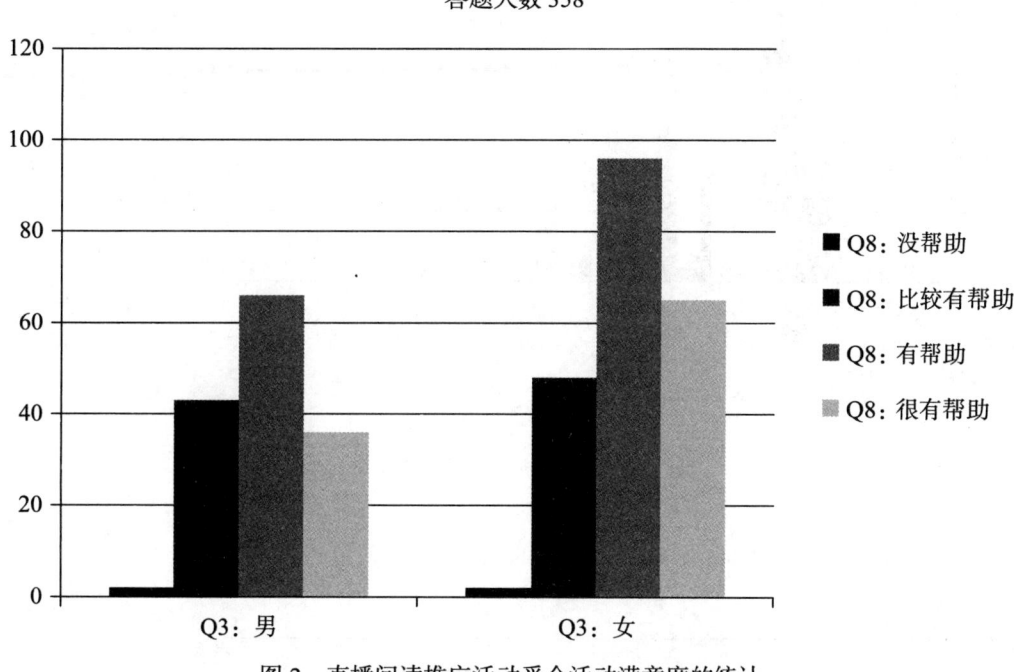

图 2　直播间读推广活动受众活动满意度的统计

让直播团队感到欣慰的是读者对活动的整体满意度颇高,均达到了 3/4 水平,其中女性读者对直播活动的收获表示更高的认可(有帮助 + 很有帮助),占比 76.3%。

### 3.2　物料的选择

两个多月的直播阅读推广中,工作团队一直主推是文学书籍的推广,这是一个保守且稳妥的策略,但为了未来可持续发展,不能只在文学类书籍打转,需要实现突破创新,尝试其他类型书籍的阅读推广就显得十分紧迫。此次问卷列举了九种类型的书籍(见图 3),我们发现文化类和历史类书籍是永恒的热点话题,受到各年龄段读者的喜爱。对于其他类型的图书来说,处于职场年龄的读者对心理学类、职场类图书比较关注,美食、旅行类图书的关注度并不高,仅在 41—50 年龄段显得略为突出,占比 17.1%。

### 3.3　平台的选择

第一场直播中,团队采用的 QQ 直播间平台。该平台使用便捷有效,支持多人同时视频在线互动,可依托 QQ 用户的使用普及率,打造和培养固定读者群体,操作便捷简单。不足之处是观众人数受群规模限制,进入直播间不便捷,直播功能形式单调,无录制与回看功能,不适合公共图书馆阅读推广直播。

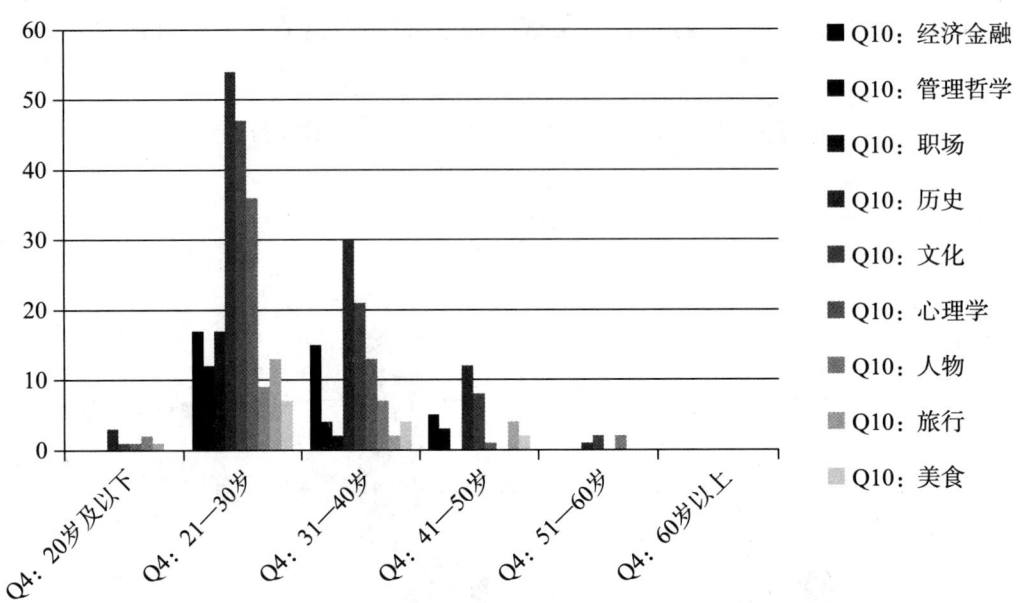

图 3　直播阅读推广活动受众年龄及阅读倾向统计

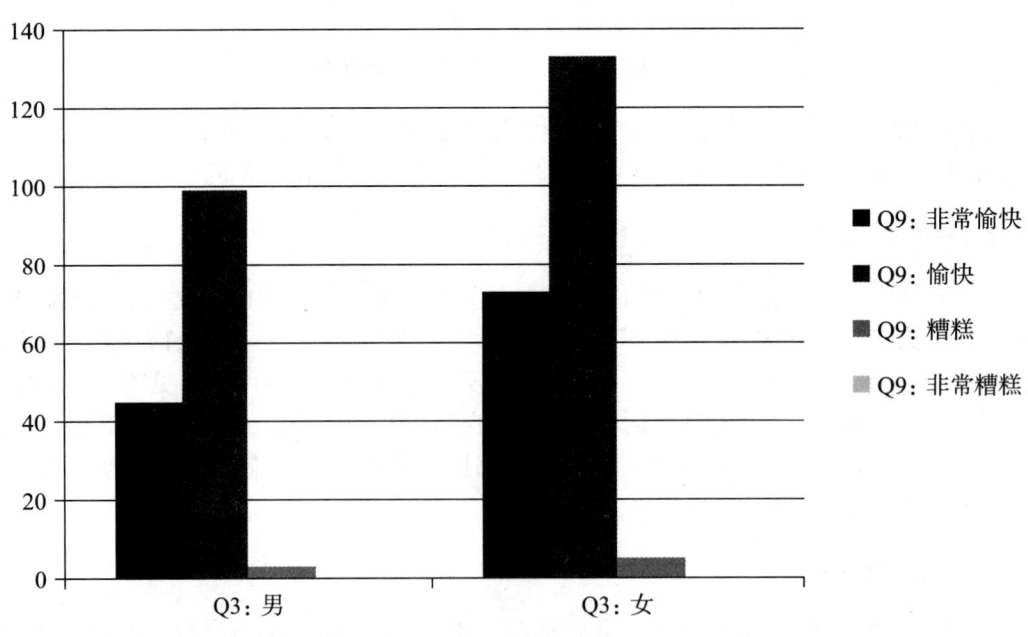

图 4　直播阅读推广活动受众直播平台使用满意度统计

团队通过对比 QQ 直播间平台、斗鱼直播、抖音直播等平台，确定使用直播功能丰富的 CCTALK 直播平台，支持在线播放 PPT 讲义、视频音频等多媒体文件，可通过点击链接或扫描二维码进入直播,支持全程录制和回看功能。不足之处就是只支持单人视频在线,平台使用群体较少,互动讨论需要下载APP注册,操作较为复杂,技术门槛较高。

通过调研数据分析,受众群体对使用的CCtalk平台满意度颇高(见图4),在使用体验上觉得糟糕的仅有3%,说明团队在首次直播尝试发现平台问题后,及时止损,选择对了合适的直播平台。

从长远来看,公共图书馆应自建官方平台,参照CCtalk平台功能属性,既能确保活动的自主操作性,减少对第三方平台的依赖,又能实现活动数据资源的电子化存档,能有效地对活动内容进行再加工再利用。

### 3.4 方法的选择

在本次调查问卷中,我们发现女性受众占大多数,达到59%。从微信群、QQ群渠道得知活动的人数最多,占比63%,其次是微博和朋友推荐。值得关注的是官方网站和官方公众号并没有达到预期宣传效果,两者合计占比仅21.5%,根据数据反馈,工作团队将有计划地改进宣传策略,有的放矢,查找不足,弥补短板。

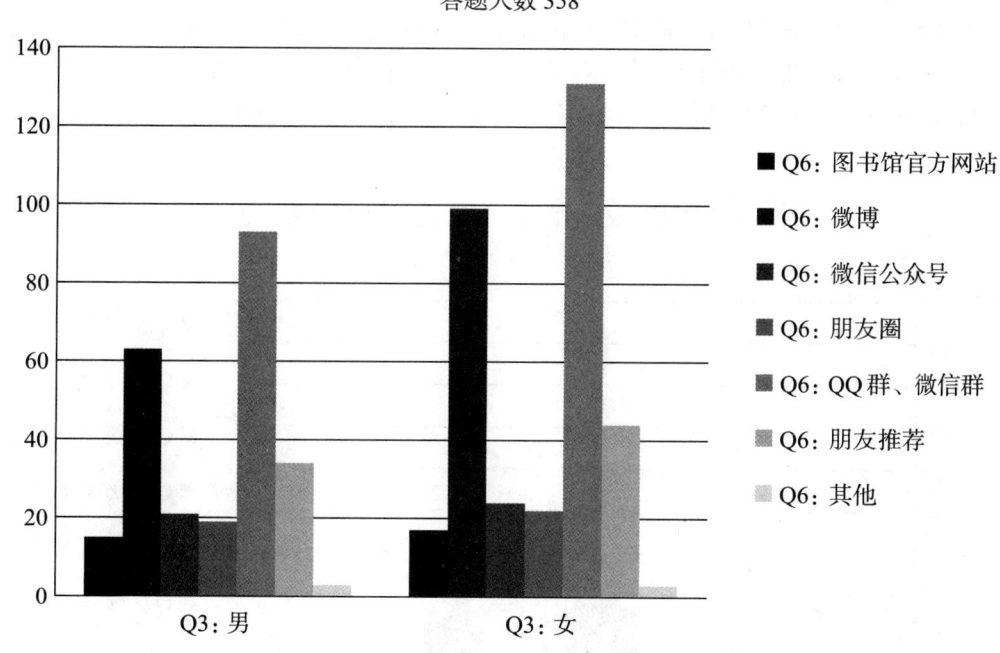

图5 直播阅读推广活动受众信息接受渠道统计

直播前工作团队需要做的准备有:

(1)主持人及账号准备。主持人账号创建直播活动预告,发布直播间链接及二维码。用全部权限账号作为备用账号,在主持人账号异常时接替主持工作,确保直播活动不中断。活动开场前15分钟提前开启直播进行活动预热。

(2)直播文件的准备与整理。制作直播活动全流程文案,制作上传直播PPT讲义,分类保存需要的讲义视频、宣传视频、朗读音频、伴奏音频等文件,按播放顺序做好标注,方便直播中快速打开。

（3）彩排测试工作。每场活动一般进行两个步骤的全员测试工作。第一个步骤为各岗位负责的直播操作功能测试,为嘉宾及各个岗位讲解本次活动各个环节的具体操作方法。第二个步骤为全流程直播测试,熟悉整个流程各环节操作衔接和配合问题。

工作团队直播实时控场的管理工作:

（1）直播流程管理。直播开启后根据主持人的指令,对照活动全流程文案,依次完成指定的活动讲义 PPT 切换、视频音频的插入播放、制定屏幕内容分享、嘉宾读者连麦下麦等操作,保证活动正常有序开展。

（2）连麦及发言管理。提前确定连麦人员名单及顺序,按照流程逐个完成连麦邀请及下麦操作,处理突发连麦状况。实时控制直播间讨论界面,安排馆员实时监控各类非正常讨论,确保良好的交流环境。

（3）其他管理操作。提前为工作人员和嘉宾设置身份和操作权限,并在直播开启时启动全程录制,方便读者后期回看。完成直播各环节及直播结束后数据统计截图,用于后期宣传报道和数据分析。

### 3.5 时机的选择

在疫情期间,团队根据受众作息时间选择下午进行直播,随着疫情缓解,分批复工,时间调整到晚上,让更多人能够在下班回家后参与进来。全面复工后,活动将固定在周末时间的同一时间段,时长为一个半小时,形成稳定的规律,便于读者自主参与活动,在固定时间参加活动直播。

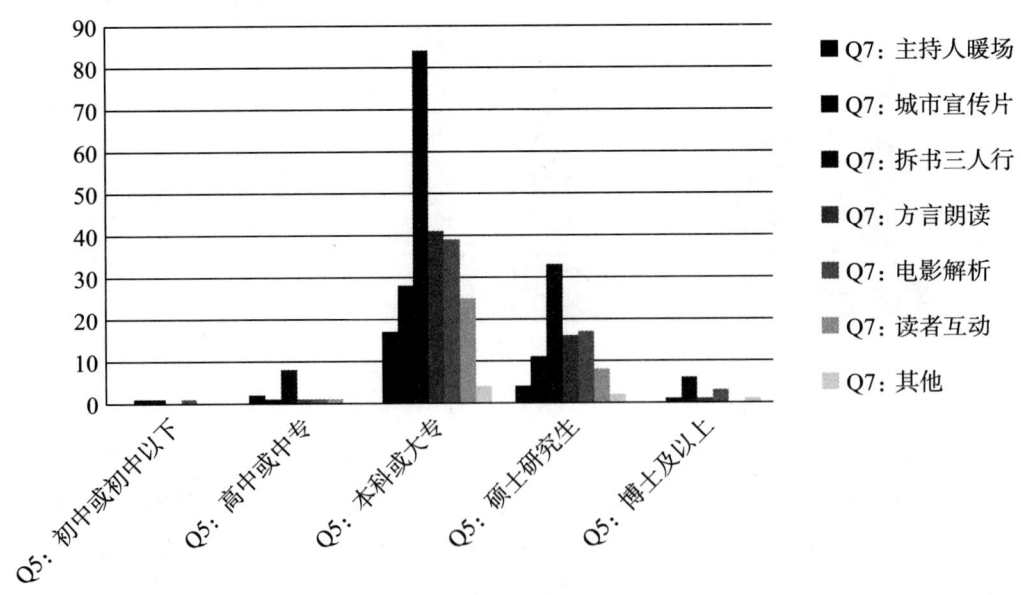

图 6　直播间推广活动受众的兴趣倾向统计

疫情期间活动分别选择了三本书进行解读分享《霍乱时期的爱情》《小王子》和《活着》，分别讲述了爱情、希望与自强不息，贴近大环境，借此引发受众共情。随着疫情缓解，恢复生产成为主基调，活动选题也随之改变，保持选题内容与时俱进。选题主题确定为"武汉复苏——用书声唤醒城市"，同时以《武汉封城——坚守与逆行》《你信大爱我信你——潇湘家书》等书籍为主要拆读图书。后续团队将继续城市间图书馆的"云上"阅读合作，加入城市风土人情、旅游美食等文化元素，增进城市图书馆读者之间交流和情谊，推动城市之间文旅融合游的互通互联。

直播程序分为前（暖场＋先拆为敬）、中（拆书三人行＋齐思广拆）、后（拆书务尽＋预告）三个阶段，分别增设了公益片宣传、电影解析、方言朗读、声乐伴读等环节。

通过调研数据分析，将传统的拆书栏目增设多媒体创新后，所有受教育层次的受众都对"拆书三人行＋方言朗读＋电源解析"的关注占比最大，满意度颇高。"读者互动"环节是薄弱点，需要进一步优化改进。在暖场环节，主持人可以跟读者互动最近热门的影视或者分享生活中有趣的事情，吸引读者停留在活动直播中。当进行直播的时候，读者通常都会咨询一些问题或留言想法，主持人和拆书人需要随时留意文字互动信息，也可以将常被问到的问题记录下来，在"齐思广拆"读者互动环节给予答复，这样就会让读者感觉被重视，进而更愿意继续关注活动直播。

湖北省图书馆在疫情期间主动转变服务与阅读推广思路，通过"我拆你思"线上直播阅读活动实践，探索出了读者线上多地联动、名家互动等情景式阅读模式，形成了"拆书三人行、外文拆书、名家共拆、双城共读"等丰富的活动案例，分析总结了活动亮点，并从人员、物料、平台、方法、时机五个方面深入剖析了活动的经验教训，不仅有效提升了图书馆"流量"和社会影响力，同时根据活动具有可复制、长期保存、可回放学习等特点，图书馆后续将进一步联合多地图书馆深化推广此种线上阅读新模式。

**参考文献**

[1] 周绮雯. 探析网络直播在真人图书馆的应用[J]. 兰台内外, 2019（20）:53-54.

[2] 刘洋. 网络直播在图书馆中的应用现状探究[J]. 出版广角, 2019（7）:73-75.

[3] 吴鸿英. 基于网络直播媒介的公共图书馆阅读推广比较研究[J]. 图书馆学刊, 2018（5）:74-77,80.

[4] 何蕾. 利用网络直播进行阅读推广的案例研究——以广东省中山图书馆为例[J]. 图书馆学刊, 2017（5）:17-21.

[5] 智库[EB/OL]. [2020-03-20] https://wiki.mbalib.com/wiki/%E5%85%A8%E9%9D%A2%E8%B4%A8%E9%87%8F%E7%AE%A1%E7%90%86.

# 公共图书馆英文阅读推广的实践和策略
## ——以温州市少年儿童图书馆为例

黄莲莲　雷　静（温州市少年儿童图书馆）

## 1　英文阅读推广的社会背景

随着改革开放和现代化建设的推进,对外开放的程度不断加大,英文阅读受到学生、家长和学校的广泛重视,英语被认为是架起中国与外界交流的桥梁,公民的英语能力被认为是国家能否在全球市场上站稳脚跟的首要条件。同时,精通英语也成为个人竞争力得以强化的重要条件[1]。互联网时代,英语作为一种主要的国际语言其重要性不言而喻。社会需求、经济发展和竞争力的呼求、知识和技术的创新性诉求都是我国社会英文阅读兴起的重要因素。

## 2　公共图书馆英文阅读推广的概况

### 2.1　国内英文图书馆/室的数量与分布

公共图书馆作为社会文化公共场所,肩负着社会文化教育职能。首都图书馆、厦门市少年儿童图书馆、杭州少年儿童图书馆、重庆市少年儿童图书馆、金陵图书馆、桂林少年儿童图书馆、大连市少年儿童图书馆、合肥市少年儿童图书馆等国内16家公共图书馆与美国明德图书馆基金会合作,在馆内建立了明德少儿英文图书馆。上海、广州、深圳、温州、成都、西安、郑州、天津、南昌、南宁、济南等城市的公共图书馆都设有外文图书借阅室。

公共图书馆内英文图书馆/室的建立,为广大读者提供了良好的英文学习与交流的平台,满足了读者对英文原版书刊的阅读需求,使图书馆成为广大读者学习英文的第二课堂。

### 2.2　公共图书馆英文阅读推广的现状

国内多数图书馆的英文阅读推广仍以借阅为主,举办的英文活动与服务方式比较单一,形式和内容不够多元和丰富,具备英文专业知识的馆员和志愿者队伍匮乏,很难开展系列化、规模化地策划、实施及主持英文阅读推广工作。

## 3　公共图书馆英文阅读推广的实践和策略:以温州市少年儿童图书馆为例

温州市少年儿童图书馆（以下简称"温州少图"）自2014年4月20日开设英文阅读推广活动起,六年来已开展"英为绘爱"和"小英阅家"英文阅读推广活动共148期,深受读者喜爱。

在英文阅读推广方面,温州少图采用以下四个策略。

### 3.1 空间独立化

阅读的场所影响着读者阅读的乐趣、情绪和专心度。色彩、光线、材质等空间元素的合理运用,甚至包括听觉、嗅觉、触觉等感官的调动,能营造经典阅览的独特氛围,让读者在空间中获得享受,提高阅读舒适度,产生电子媒介阅读不可替代的优势[2]。

2015年1月,温州少图专设的英文阅览室正式对外开放。在英文阅览室的环境创建上,温州少图始终以儿童的感受为中心,努力创设良好的辅助阅读情境,帮助孩子们获得产生阅读冲动的物理情境,打造专属的英文阅读空间。五年来,为了满足读者英文阅读的需求,温州少图每年拨付近10万元专项资金,采购近1000册英文图书,用于丰富英文馆藏。目前,温州少图的英文馆藏10491册,其中英文绘本8296册,英语小说1949册,英文原版电影CD与英文童谣CD等数字资源246个,温州少图英文馆藏初见体系。表1列举温州少图的部分英文馆藏。

表1 温州市少年儿童图书馆英文阅览室部分馆藏

| 类 别 | 馆 藏 |
| --- | --- |
| 分级读物 | I Can Read 系列 |
| | Oxford Reading Tree 系列 |
| | Let's Read and Find-out Science 系列 |
| 经典系列 | Magic School Bus 系列 |
| | Olivia 系列 |
| | Maisy 系列 |
| | Curious Geogre 系列 |
| | Dr.Seuss 系列 |
| | Elephant & Piggie 系列 |
| | Pete the cat 系列 |
| | Fancy Nancy 系列 |
| | 大红狗系列 |
| | 贝贝熊系列 |
| | Charlie and Lola 系列 |
| | Something about Vicky 系列 |
| | Maurice Sendak 系列 |
| | Tony Ross 系列 |
| | Todd Parr 系列 |
| 热门绘本 | *Brown Bear,Brown Bear,What Do You See* |
| | *Does A Kangaroo Have A Mother,Too?* |
| | *Gossie* |
| | *A Dark Dark Tale* |

续表

| 类　别 | 馆　藏 |
|---|---|
| | Today Is Monday |
| | Farmer Duck |
| | Joseph Had A Little Overcoat |
| | The Giving Tree |
| | From Head To Toe |
| | Little Blue, Little Yellow |
| | The Very Hungry Caterpillar |
| | There Was An Old Lady Who Swallowed A Fly |
| 凯迪克奖获奖绘本 | Go Away, Big Green Monster |
| | The House in the Night |
| | Color Zoo |
| | Mr. Grumpy's Outing |
| | Chicka Chicka Boom Boom |
| | Make Way for Ducklings |
| | The Cat in the Hat |
| | The Ugly Duckling |
| | Inch by Inch |
| | Big Cat, Little Cat |
| | Swimmy |
| | Fly High Fly Low |
| | Green |
| | My Friend Rabbit |
| 纽伯瑞奖文学作品 | Hoot |
| | Olive's Ocean |
| | Getting Near To Baby |
| | The Underneath |
| | Doll Bones |
| | Al Capone Does My Shirts |
| | Hopes Was Here |
| | Three Times Lucky |
| | The Mostly True Adventures of Homer P. Figg |

独立的英文阅览室、丰富的英文馆藏，不仅为读者提供了舒适的阅读环境，也为英文阅读

推广活动提供了温馨的场所,并助力英文借阅量稳步上升。自2015年对外开放起,英文阅览室的借阅量每年逐步上升,2016年与2015年同期相比,借阅量增长66.6%,2017年与2016年同期相比增长59.0%。

### 3.2 人才多层化

英文阅读推广活动对主讲人的英语水平有一定的要求,在英文阅读推广活动主讲人的选择上,温州少图采用由英语教育专业的图书馆员与组建专业志愿者队伍相结合的主讲策略,最大限度保障英文阅读推广活动的有效开展。

由图书馆员充当故事主讲人的角色,充分体现图书馆员的专业技术水平,更好地提升图书馆本身的推广力量,维护公共图书馆的核心服务价值。

温州少图"小英阅家"英文阅读推广的主讲工作由本馆英文阅览室一名具有英语教育专业背景的馆员担任。这样的组合优势如下:第一,熟悉英文阅览室的馆藏,能第一时间了解读者的阅读需求,并及时向采编部门反馈,做好英文馆藏建设。第二,在服务第一阵线,与读者面对面接触,直接为读者提供英文阅读书目推荐及阅读指导,更有效地推广英文阅读。第三,具有英语教育专业背景,在主讲英文绘本时,无论英语发音、口语表达和对西方文化的了解上,比普通的馆员更胜一筹。

一名馆员的力量是有限的,为了更有效、更全面地推广英文阅读,发动社会力量,组建一支专业的英文阅读推广志愿者团队至关重要。

2014年4月,温州少图联合温州鹿城区教育研究院发起倡议,组建了温州市第一支英文阅读推广志愿者团队——"英为绘爱"讲师团。这是一支具有较高英语专业水平、英语文化素养和丰富教学经验的英语讲师团队。80%的志愿者拥有大学英语六级或英语专业八级甚至更高的英语水平。团队成员68名,来自温州市鹿城区、瓯海区、龙湾区、瑞安等各县市区。成员从60后到90后,从小学教师到大学教师,从全职妈妈到英文培训机构老师,从中国教师到外籍教师,从教育界到企业界。多层的人才分布、多元的主讲力量、多样的主讲风格,让儿童感受不一样的阅读魅力。

### 3.3 形式多元化

温州少图英文阅读推广活动以英文绘本阅读课堂为主,情景模拟课、绘本戏剧课、美文诵读课、家长课堂等多种形式并举,为孩子和家长打造多元化、阶梯式的阅读体验。

英文绘本阅读课堂中,通过歌谣教唱、肢体动作、夸张表演、游戏互动、角色扮演等孩子们喜闻乐见的形式,让孩子感受英文绘本的趣味,爱上英文阅读。例如:讲师与儿童分享 *Groovy Joe Ice Cream & Dinosaurs* 的绘本故事中,先通过歌谣热身,拉近与孩子的距离。故事中,讲师准备了丰富的道具:小狗玩偶、冰淇淋桶、三个大小不一的恐龙玩偶与围兜、勺子等实物,让孩子们更直观的认识英语单词doggy(小狗)、ice cream(冰淇淋)、dinosaurs(恐龙)、bib(围兜)、spoon(勺子)。讲师以边讲边演的方式呈现整个故事,借用丰富的肢体动作、夸张的语音语调、道具的辅助、尤克里里弹唱等方式,让孩子与家长深陷故事情节中,牢牢记住了故事中的高频语句"it's awesome to share",并一起手舞足蹈地演唱"Love my doggy ice cream, Love my doggy ice cream......"歌声始终贯串整个故事。

除了主打的英文绘本阅读课堂外,外籍教师的情景模拟课、绘本戏剧课也深受读者的喜爱。比如:在西餐厅主题情景课中,通过餐桌与刀叉摆盘的场景布置、顾客与服务员的角色扮演、点餐与用餐的情景模拟,让孩子了解西方用餐礼仪与文化。外教 KTV 老师的亲子英文戏剧课 *Fog Island*(《迷雾之岛》),以 to do drama/repeat after me 等生动的戏剧游戏,加上肢体、声音、表情等多种戏剧元素,让孩子与家长在唱动中玩出故事的趣味性。

此外,温州少图还推出了英语学习指导的家长课堂,以讲座、沙龙和研讨会的形式与广大家长分享如何启蒙和指导孩子的英语学习。曾开设《0—6岁亲子英语启蒙漫谈》《如何用2—3年让孩子实现英文自主阅读》《你就是孩子最好的阅读老师》《4—18岁孩子英语学习路线图》等主题,不断提升家长的理论知识,助力孩子的英语学习。

音乐、肢体、游戏、表演、情境、戏剧等多维载体呈现,英文绘本课、情景模拟课、绘本戏剧课、美文诵读课、家长课堂等多元形式并举,为儿童及家长打开了全新的英文阅读视野,更有广度、有深度、有力度地推广英文阅读。

### 3.4 合作多边化

浙江图书馆褚树青馆长在《跨界融合,协作共享——打造无边界图书馆服务》的讲座中提出:"公共图书馆需要加强合作,更积极地与行业和社会融合,发展多元力量,以应对社会发展和环境变化带来的挑战。"

国际图书馆协会联合会《青少年图书馆服务发展指南》指出:"高质量的青少年图书馆服务需要一个与社区内其他专业或志愿者机构组成的良好网络体系。为青少年读者开展的文化、教育和社会生活方面的活动必须协调开展,以使地方机构之间能从有益于青少年的角度进行合作。"[3]在面向儿童和青少年提供服务时,温州少图广泛开展社会合作,通过合作实现多方共赢。

一方面是与事业单位合作。温州少图与鹿城区教育研究院联合发起,组建"英为绘爱"英文阅读推广讲师团。鹿城区教育研究院的介入,更好地调动了讲师团的积极性,让更多的老师投入到英文阅读推广的队伍中。

一方面是与培训机构合作。温州少图与优优吉的堡、卓越国际少儿英语、老约翰绘本馆、gogo!honey 英文童书馆等多家英语培训机构合作。与培训机构合作,不仅壮大了师资力量,提供了更丰富的教学资源和活动形式,更弥补了公共图书馆在邀请外地专家方面经费受限的不足。公共图书馆作为公益事业单位,在讲师的讲课费、交通费、住宿费等费用方面都有严格的规定与要求。费用方面的限制,往往让我们邀请不到业内知名专家。通过与培训机构联合主办这种方式,多种途径引入了国内英文阅读推广领域的知名专家,更解决了公共图书馆经费限制的问题。

## 4 公共图书馆英文阅读推广的问题及建议

温州少图开展英文阅读推广工作六年以来,吸引了大批读者关注英文图书,显著提高了英文图书的借阅量,受到社会广泛好评。在实践工作中,关于英文阅读推广工作仍有一些不足之处。

### 4.1 英文绘本讲述技能的培训指导较少

具备英语专业素养的图书馆员,是公共图书馆开展英文阅读推广的一个核心因素。美国图书馆协会儿童服务分会曾经的执行秘书 M.J.Anderson 认为,在改善儿童服务的过程中,图书馆馆员技能是需要首先考虑的,它比图书馆空间、活动或者资源等都更加需要着力改善[4]。温州少图配备2名英语专业馆员开展英文阅读推广活动,但在实践工作中,有关英文绘本讲述技巧的培训与学习渠道较少,馆员的英文绘本讲述技能没有得到更好的提升。公共图书馆应加强英语专业馆员的队伍建设,引进并培养能够为英文阅读推广工作提供专业性服务的馆员,以有效推动英文阅读推广的创新与发展。

### 4.2 对英文阅读推广活动的效果评价研究较少

虽然每场的英文阅读推广活动都有后续的总结,但多以参与的人数、活动的规模、活动的氛围等作为评价的依据。关于后期活动效果评价的研究较少,基于读者评价指标的问卷调查也较少开展,比如活动内容是否受欢迎、推荐书目是否适用、环境布置是否优雅、服务是否到位等。

图书馆工作人员还需通过大量深入的调查、分析、研究,逐步建立并完善阅读推广活动效果评价体系,来立体、全面地考察阅读推广活动,以指导、推进阅读推广活动的有效开展[5]。

### 4.3 与媒体的合作力度不够

媒体是公共图书馆向政府部门、社会各界、人民群众宣传图书馆文化、推介图书馆服务的主体渠道。建立良好的媒体互动关系,有助于提高公共图书馆的知名度和美誉度,吸引人们走进图书馆[6]。

温州少图有关英文活动信息,只有如《寻找世界上最美图书馆》《英文绘本阅读公益宣讲团成立》等寥寥几篇刊登在温州日报上,与媒体的合作力度不够,需加大宣传力度,扩大图书馆的影响力与知名度。图书馆应加强与媒体合作,探索一条科学、合理、共赢的合作模式,建立持久的社会联盟,时刻被社会认知和认可,进一步推动全社会阅读氛围的形成。

英文阅读推广工作是一个长期的系统工程,图书馆应拟定阅读推广计划,按计划策划组织阅读推广工作。选拔和培养专业馆员,选择具备儿童教育学、儿童心理学、英文专业知识的馆员担任英文阅读推广工作。发动社会力量,加强多边合作,组建知识结构多元化的志愿者队伍,创造性地推出形式多样、内容丰富的阅读推广活动,建立并深化自己的阅读品牌,逐步做到英文阅读推广活动品牌化、系列化、常规化、规模化。

**参考文献**

[1] 李文玲,舒华.儿童阅读的世界:学校、家庭与社区的实践研究[M].北京:北京师范大学出版社,2016:140.
[2] 李西宁,张岩.图书馆经典阅读推广[M].北京:朝华出版社,2015:39.
[3] Guidelines for Library Services for Young Adults Revised[EB/OL].[2013-03-20].http://www.ifla.org/publications/guidelines-for-libarary-services-for-adults-revised.
[4] ANDERSON M J. Trendsin Library Service for Children:Past,Present,and Where do We Go from Here?[J]. North Carolina Libraries,1977(34):49-54.
[5] 吴晞.图书馆阅读推广基础理论[M].北京:朝华出版社,2015:43.
[6] 李世娟,李东来.图书馆绘本阅读推广[M].北京:朝华出版社,2017:73.

# 基于大学生群体"数字阅读"行为的高校图书馆多元化服务模式研究

李 雅(湖南城建职业技术学院)

## 1 "数字阅读"背景下图书馆多元化服务新特点

"数字阅读"为人们开拓了阅读新方式,成为人们学习、生活的一种新常态。根据第十六次全国国民阅读调查报告数据显示,近年来综合阅读率呈持续增长趋势,成年国民对各类数字化阅读持续热爱,阅读人数稳步增加,详如图1所示。

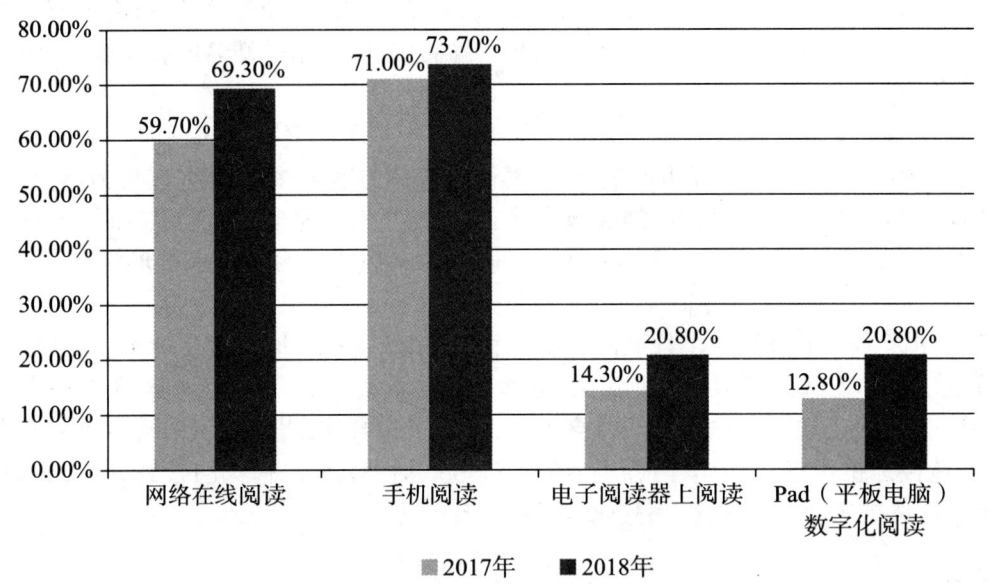

图1 成年国民数字化阅读载体接触情况

从各类阅读人群分布来看,18—29周岁以下青年群体是数字阅读的主力军,详如图2所示。

由图2可见在数字阅读新环境下,大学生群体成为数字阅读的核心力量。由于大学生受到阅读习惯、阅读素养、阅读偏好、阅读内容及阅读服务的影响,在很大程度上影响了阅读效果,产生了一些消极影响,图书馆发挥知识服务职能为大学生提供健康便捷的网络环境尤为重要[1]。

数字阅读的兴起标志着人们对信息获取的方式和途径都发生了重大转变,图书馆学科面临着信息技术变革和用户行为变化的双重挑战。主要体现在:(1)学科特征发生了转变,由图书馆转变为以用户为中心;(2)发展模式发生了转变,转变为以用户需求为主导;(3)研究对象从纸质文献转变为电子文献,辅以电子文档为基础的纸质材料;(4)技术支撑由以归纳整理为主转变为以计算机技术、人工智能等多种手段相结合为主[2]。

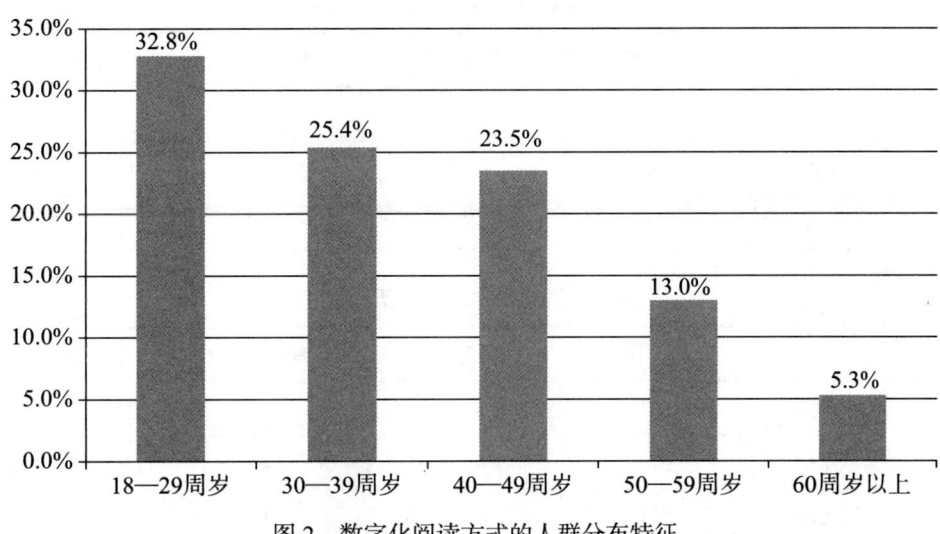

图2　数字化阅读方式的人群分布特征

"数字阅读"环境下,高校图书馆的阅读服务具有如下新特点:

(1)以读者需求为导向

高校图书馆在建立数字资源平台、读者服务系统的过程中,积累了大量的后台数据,如到馆率、借阅率、下载量等,这使得高校图书馆具有"大数据"的特征,如何提取具有"高价值"的信息是高校图书馆信息化建设的重要职能之一[3]。为了适应大数据时代的需求,高校图书馆主动运用新技术、新科技对高校读者行为进行挖掘,掌握读者的行为动机、行为偏好以便预测读者需求。

(2)以数字化服务为手段

数字化很大程度上实现了用户的移动访问,不受时间与空间限制都能够享受到良好的信息便利。随着数字图书馆的迅速发展,高校大学生充分实现了阅读自由。

(3)以提高读者信息素养为基本目标

《普通高校图书馆条例》第31条明确规定:"图书馆应将信息素质教育作为重要的服务内容之一,运用现代技术手段,完善信息素养课程体系建设,开展大学生信息素养能力培养。"数字阅读背景下,读者需求也不断演变,高校图书馆发挥其知识服务职能为大学生开展与之需求相适应的信息素养教育显得尤为重要。

## 2　高校大学生群体"数字阅读"服务现状——以湖南省湘潭市地区高校为例

本次调研主要面对湘潭市6所高校大学生行问卷调查共发放调查问卷360份,回收346份,其中有效问卷335份。本次调查的对象有大一、大二、大三、大四注册在校学生。因此,调查对象覆盖面较广,代表性较强,具有一定的参考价值。

## 2.1 样本基本情况分析

表 1 调查问卷对象样本性别比例

|  |  | 频 率 | 百分比 | 有效百分比 | 累计百分比 |
|---|---|---|---|---|---|
| 有 效 | 男性 | 172 | 51.3 | 51.3 | 51.3 |
|  | 女性 | 163 | 48.7 | 48.7 | 100.0 |
|  | 总计 | 335 | 100.0 | 100.0 |  |

表 2 调查问卷对象学历比例

|  |  | 频 率 | 百分比 | 有效百分比 | 累计百分比 |
|---|---|---|---|---|---|
| 有 效 | 本科 | 187 | 55.8 | 55.8 | 55.8 |
|  | 大专 | 148 | 44.2 | 44.2 | 100.0 |
|  | 总计 | 335 | 100.0 | 100.0 |  |

由表1、2可知,参与调查的男性样本为172人,所占比例为51.3%,女性样本为163人,所占比例为48.7%;其中大专为148人,占44.2%,本科为187人,占55.08%。样本身份涉及湘潭地区六所高校的各年级学生,调查对象的男女性别比例和年级分配比例基本相当,调查结果更客观。

## 2.2 样本群体行为特征、行为分析

表 3 调查问卷对象每天进行数字阅读的时间

| 计数 | | | | | | | |
|---|---|---|---|---|---|---|---|
| | | \multicolumn{5}{c}{Q8 您每天进行数字阅读的时间为多久} | 总 计 |
| | | <0.5 小时 | 0.5-1 小时 | 1-2 小时 | 2-3 小时 | >3 小时 | |
| Q2 您是 | 本科 | 0 | 35 | 34 | 92 | 26 | 187 |
| | 大专 | 4 | 56 | 44 | 29 | 15 | 148 |
| 总 计 | | 4 | 91 | 78 | 121 | 41 | 335 |

表 4 卡方检验

|  | 值 | 自由度 | 渐进显著性(双侧) |
|---|---|---|---|
| 皮尔逊卡方 | 41.909[a] | 4 | .000 |
| 似然比 | 44.631 | 4 | .000 |
| 线性关联 | 29.171 | 1 | .000 |
| 有效个案数 | 335 |  |  |

a. 2 个单元格 (20.0%) 的期望计数小于 5。最小期望计数为 1.77。

从表 3、4 可以看出学历和阅读时间长短之间的关系,由于学历和阅读时间长短这两项均为定类数据,因而使用卡方分析进行研究。从表 4 可知,其中 sig 值 0.000 小于 0.05,不同学历群体阅读时间情况呈现出显著性差异,具体通过对比人数差异可知,本科群体中有超过半数,阅读时间在 2 小时以上,大专群体不到三成。说明本科群体阅读时长整体明显地高于大专群体。

表 5 调查问卷对象生活费用与数字阅读支付意愿统计

| 计数 | | \multicolumn{4}{c|}{Q5 您每月的生活费用} | 总 计 |
| --- | --- | --- | --- | --- | --- | --- |
| | | 600-1000 | 1000-1500 | 1500-2000 | >2000 | |
| Q9 您愿意在数字阅读上支付一定的费用吗 | 不愿意 | 27 | 209 | 18 | 5 | 259 |
| | 愿意 | 11 | 15 | 49 | 1 | 76 |
| 总 计 | | 38 | 224 | 67 | 6 | 335 |

表 6 调查问卷对象数字阅读支付意愿与馆藏满意度统计

| | | \multicolumn{4}{c|}{Q11 图书馆馆藏资源能够满足您的数字阅读需求} | 总 计 |
| --- | --- | --- | --- | --- | --- | --- |
| | | 不符合 | 无所谓 | 符合 | 非常符合 | |
| Q9 您愿意在数字阅读上支付一定的费用吗 | 不愿意 | 108 | 1 | 146 | 4 | 259 |
| | 愿意 | 31 | 0 | 44 | 1 | 76 |
| 总 计 | | 139 | 1 | 190 | 5 | 335 |

从表 5、6 可知,对于 Q5 您每月的生活费用来讲,"1000-1500"占最高为 209 人,对于 Q9 是否愿意数字阅读支付来讲,"不愿意"的为 259。说明,相对于其他开支,大学生支付数字阅读的意愿较低,一方面大学生的生活费整体不高,另一方面,图书馆馆藏资源实现了大部分学生的需求。

### 2.3 信度和效度分析

#### 2.3.1 信度分析

表 7 可靠性统计

| 克隆巴赫 Alpha | 基于标准化项的克隆巴赫 Alpha | 项数 |
| --- | --- | --- |
| .930 | .892 | 8 |

本次数据共计 335 条,首先从可靠性统计来看,alpha 值为 0.93,即核心变量数据绝大部分是可靠的,因此可以在原始数据的基础上进行分析与处理。

2.3.2 效度分析

表 8　KMO 和巴特利特检验

| KMO 取样适切性量数 | | .940 |
|---|---|---|
| 巴特利特球形度检验 | 近似卡方 | 3313.594 |
| | 自由度 | 28 |
| | 显著性 | .000 |

从表 8 可知：KMO 值为 0.940＞0.6，通过巴特球形检验，说明研究数据具有良好的结构效度水平。

### 2.4　数字阅读需求与信息服务的分析

（1）相关性分析

表 9　单样本柯尔莫戈洛夫 – 斯米诺夫检验

| | | Q11 图书馆馆藏资源能够满足您的数字阅读需求 | Q12 图书馆信息服务能够为您的数字阅读提供有效的支持 |
|---|---|---|---|
| 个案数 | | 335 | 335 |
| 正态参数 [a,b] | 平均值 | 3.18 | 3.17 |
| | 标准差 | 1.006 | 1.000 |
| 最极端差值 | 绝对 | .374 | .366 |
| | 正 | .295 | .292 |
| | 负 | −.374 | −.366 |
| 检验统计 | | .374 | .366 |
| 渐近显著性（双尾） | | .000[c] | .000[c] |

表 10　相关性

| | | Q11 图书馆馆藏资源能够满足您的数字阅读需求 | Q12 图书馆信息服务能够为您的数字阅读提供有效的支持 |
|---|---|---|---|
| Q11 图书馆馆藏资源能够满足您的数字阅读需求 | 皮尔逊相关性 | 1 | .888** |
| | 显著性（双尾） | | .000 |
| | 个案数 | 335 | 335 |
| Q12 图书馆信息服务能够为您的数字阅读提供有效的支持 | 皮尔逊相关性 | .888** | 1 |
| | 显著性（双尾） | .000 | |
| | 个案数 | 335 | 335 |

** 在 0.01 级别（双尾），相关性显著。

由表 10 具体分析可知:Q11 图书馆馆藏资源能够满足您的数字阅读需求和 Q12 图书馆信息服务能够为您的数字阅读提供有效的支持之间的相关系数值为 0.888,并且呈现出 0.01 水平的显著性,因而说明 Q11 图书馆馆藏资源能够满足您的数字阅读需求和 Q12 图书馆信息服务能够为您的数字阅读提供有效的支持之间有着显著的正相关关系。

（2）回归分析

有相关性分析可得图书馆馆藏资源满足数字阅读需求与图书馆信息服务能够提供有效支持呈线性相关,因此做回归分析。

表 11 模型摘要[b]

| 模型 | R | R 方 | 调整后 R 方 | 标准估算的误差 | 德宾 – 沃森 |
|---|---|---|---|---|---|
| 1 | .888[a] | .789 | .789 | .462 | 1.945 |

a. 预测变量:(常量),Q12 图书馆信息服务能够为您的数字阅读提供有效的支持
b. 因变量:Q11 图书馆馆藏资源能够满足您的数字阅读需求

由表 11 可知,R 方用于判定线性方程拟合优度的重要指标,体现了回归模型解释因变量变异的能力,越接近 1 越好。从结果中可以看出值为 0.789,且如果 D-W 值为 1.945 在 2 附近（1.7—2.3 之间）,则说明没有自相关性,初步判断模型拟合效果良好。

表 12 ANOVA[a]

| 模型 | 平方和 | 自由度 | 均方 | F | 显著性 |
|---|---|---|---|---|---|
| 回归 | 266.697 | 1 | 266.697 | 1247.416 | .000[b] |
| 残差 | 71.195 | 333 | .214 | | |
| 总计 | 337.893 | 334 | | | |

a. 因变量:Q11 图书馆馆藏资源能够满足您的数字阅读需求
b. 预测变量:(常量),Q12 图书馆信息服务能够为您的数字阅读提供有效的支持

由表 12 可知,方差分析的显著性值 =0.000 < 0.01 < 0.05,表明由自变量"Q12"和因变量"Q11"建立的线性关系回归模型具有极显著的统计学意义,即增加图书馆信息服务能力和水平用可满足读者阅读需求两者间线性关系显著。

表 13 系数[a]

| 模型 | | 未标准化系数 | | 标准化系数 | t | 显著性 |
|---|---|---|---|---|---|---|
| | | B | 标准误差 | Beta | | |
| 1 | (常量) | .346 | .084 | | 4.116 | .000 |
| | Q12 图书馆信息服务能够为您的数字阅读提供有效的支持 | .894 | .025 | .888 | 35.319 | .000 |

a. 因变量:Q11 图书馆馆藏资源能够满足您的数字阅读需求

由表 13 可知,模型公式为:图书馆资源满足数字阅读需求 =0.346+0.894* 图书馆信息服务。"图书馆信息服务"的回归系数值为 0.894,并且呈现出 0.00 水平的显著性（$P < 0.01$）,意味着"图书馆信息服务"会对"图书馆资源满足数字阅读需求"产生显著的正向影响关系。

总结分析可知,由最后一列回归系数显著性值 =0.000＜0.01＜0.05,表明回归系数 b 存在,有统计学意义,"图书馆信息服务"与"图书馆资源满足数字阅读需求"是正比关系,而且极显著。

表 14　残差统计 [a]

|  | 最小值 | 最大值 | 平均值 | 标准偏差 | 个案数 |
|---|---|---|---|---|---|
| 预测值 | 2.13 | 4.81 | 3.18 | .894 | 335 |
| 残差 | −1.921 | 2.866 | .000 | .462 | 335 |
| 标准预测值 | −1.173 | 1.827 | .000 | 1.000 | 335 |
| 标准残差 | −4.155 | 6.199 | .000 | .999 | 335 |

a. 因变量:Q11 图书馆馆藏资源能够满足您的数字阅读需求

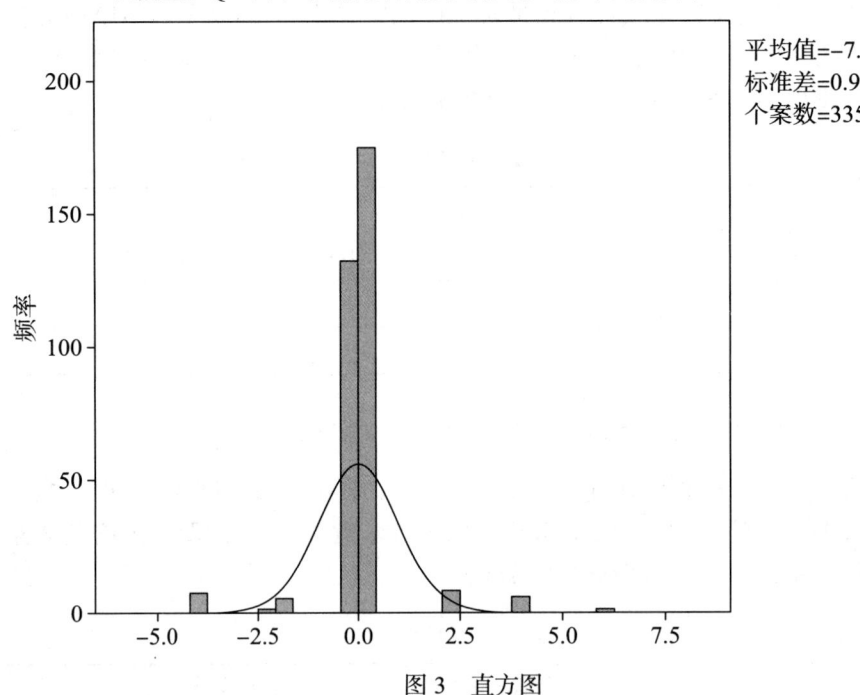

图 3　直方图

由图 3 可知,从标准化残差直方图来看,左右两侧满足正态性,说明模型构建较好;综合而言,残差正态性结果可以接受。

### 2.5　影响湘潭市大学生群体数字阅读推广效果的因素

根据本次调研数据分析,大学生数字阅读效果受以下几个因素影响:
（1）推广团队
数字阅读不同于纸质阅读,它需要高校图书馆承担起知识服务的重要职责,变被动服务为主动,建立与之相应的阅读推广团队。高校图书馆不仅需要拥有图书馆专业知识背景的馆员与技术人员,还需要具体策划阅读推广活动的专员,把握读者需求与偏好,寻求最佳的阅读推广项目。

（2）推广渠道

传统的阅读推广渠道主要是通过图书馆举办线下活动,而数字阅读推广偏重新媒体、新技术的投入使用,扩大数字阅读推广途径,集聚用户全面调动行业内力量及社会各界力量提升影响力。

（3）推广形式

数字阅读推广的形式是图书馆开展信息服务的重要推广形式。研究数字阅读推广形式,首先要明确推广的手段和方法。数字阅读的推广形式决定了图书馆知识服务能否有效开展。

（4）推广内容

在研究和分析数字阅读推广内容时,最重要的就是明确大学生群体的需求,在阅读推广的内容上要选择具有针对性、吸引性和优选性等特点的内容。数字阅读推广以数字资源为主,包括由其衍生出来的其他活动内容,以激发大学生对数字阅读的兴趣。

## 3 高校图书馆数字阅读推广多元模式

数字阅读推广是高校图书馆阅读推广工作的新发展趋势,由以上对大学生数字阅读行为的调研,本文分别从角色、平台、技术、服务及反馈五个方面归纳出以下五种相辅相成的阅读推广模式。

### 3.1 馆内馆外联动模式

为更好地把握图书馆发展的趋势和重点领域,高校图书馆作为大学生数字阅读推广的主阵地,应该积极引入校外力量,为高校图书馆提供了馆外平台支持,延伸了阅读推广阵地,形成了馆内馆外联动模式。

（1）高校图书馆与国家级、省级图书馆学会、公共图书馆长期合作与联系。如:湘潭市图书馆学会包括湘潭市图书馆、湘潭大学图书馆、湖南工程学院图书馆、韶山毛泽东图书馆等17家会员单位,每年湘潭市图书馆学会会组织开展多样交流学习活动,以推动湘潭市图书馆事业的共同发展。

（2）高校图书馆形成以馆藏资源为中心,馆外资源为辅助的联动格局。湘潭市内各高校图书馆形成相互借鉴、相互学习取长补短的联动格局。例如湘潭市本科院校享有雄厚的数字资源,在各校图书馆主页中,互置友情链接。相比之下,而高职院校图书馆的数字资源就比较贫瘠,资源以职业教育为主。

（3）多元主体全方位协同参与数字阅读推广。高校图书馆在积极完善自身各类数字阅读资源的同时始终保持开放姿态吸收多元主体参与数字阅读推广活动。如"我和我的祖国书香湘潭"全民阅读活动暨十大高校"学习强国"读书分享会,由政府、媒体和全市十所高校联合举办;2019年庆祝新中国成立70周年举行"我和我的祖国"大学生视频打卡学习,全省各高职高专院校师生积极参与。越来越多的社会主体开始参与高校数字阅读推广中来。

## 3.2 线上线下平台融合模式

高校图书馆的数字阅读推广工作应契合教育发展理念,为现代化教育提供线上线下联动平台,通过掌上图书馆实现即时阅读,并根据读者的兴趣爱好、学习动机、知识结构等多层次需求,提供不同层次与不同方式相结合的学习内容,真正实现线上学习与线下学习有机结合[4]。大学生数字阅读素养不能仅仅依靠高校图书馆单一的推广平台,高校图书馆在做好阅读阵地服务同时,应逐步将数字阅读推广触角向馆外平台延伸。第一,从场所来说,数字阅读推广活动场所应该实现多元化,如学校、社区、书店、企业等地。第二,利用好线上虚拟平台,充分借助各类数字出版平台与媒体,实现跨领域的合作与知识共享。

## 3.3 数据馆员培养模式

随着数字阅读进一步深入,这就要求高校图书馆有具备交叉技术知识背景和数据分析能力的数据馆员来为高校科研与教学工作服务。数据馆员作为高校图书馆数据共享的践行者,需要具备参考咨询知识与分享数据意识,推动高校图书馆数据共享工作是其工作职责之一。数字阅读时代,高校图书馆应积极与高校各地区或跨地区图书馆建立紧密联系以形成各种高校图书馆联盟,以便实现数据的集中管理与共享。

## 3.4 "私人定制"供需模式

对大学生群体的数字阅读行为进行需求分析,有利于准确把握大学生群体的需求偏好,预测其行为以便为大学生提供个性化服务。供需模式需要通过对大学生阅读行为的基础数据及动态数据的整合分析,为大学生进行读者画像,如读者年龄、学历、学科、专业的静态信息及浏览日记、借阅数据、到馆数据等动态信息,以便开展精准化阅读推广活动。

(1)个性化推送。通过后台推送向读者推荐具有高读者匹配要求的学习资源,其中包括知识提醒服务。通过关联技术,对读者所感兴趣的知识点进行跟踪观察,根据其浏览痕迹推送相关联的信息。

(2)个性化服务定制。利用高校信息服务平台,进行个性化信息巡航页面,可以采取下拉式列表,为读者收藏相关内容提供便利。引导读者迅速捕捉其可能感兴趣的图书资源以及挖掘高价值的信息资源。

(3)建立读者档案。根据图书馆系统平台中读者的基本信息及平时累积的读者借阅记录、浏览日志等行为数据,对读者的行为与动机进行读者画像,将其基本信息、兴趣爱好、专业等集合成一个抽象的行为特征。根据读者画像的结果,通过关联方法,建立读者档案,包括阅读档案、诚信档案、成果档案三部分,并在图书馆和读者之间建立互动平台。

## 3.5 科学评估模式

评价是对工作方向的指引,阅读推广效果评价即以读者的阅读效果和满意度为目标,分析图书馆阅读推广活动和资源服务的影响与效果,进而评价图书馆阅读推广工作的价值。完善的阅读推广评价指标应该以读者为中心,以获悉度、参与度、满足度、认同度和推广度五个维度为指标建立评价体系。图书馆实时掌握读者的反馈数据,能够真实反映读者满意度等信息,加强互动交流,促进图书馆数字阅读推广的发展。

本文以湖南省湘潭市6所高校大学生群体数字阅读行为为研究对象,通过调研从数字阅读媒体使用状况、数字阅读需求、数字阅读偏好及数字阅读反馈四个层次对大学生群体数字阅读行为进行挖掘,从角色、平台、技术、服务及反馈五个方面归纳出高校图书馆的五种服务模式,为进一步探索高校图书馆多元化服务模式提供了参考。

**参考文献**

[1] 陈有志,刘平,宋小华,等. 新时代图书馆与图书馆学的抉择——"创新与发展:新时代的图书馆与图书馆学"高端论坛述略[J]. 高校图书馆工作,2018(3):21-28.

[2] 李雅. 数据挖掘技术在高校图书馆中的应用[J]. 中国管理信息化,2018(19):138-139.

[3] 刘琳琳. 图书馆学刊数字阅读背景下高校图书馆阅读推广人专业素养构成与培养[J]. 图书馆学刊,2017(4):25-28.

[4] 卢容. 数字化时代高校图书馆阅读推广的路径选择[J]. 河南图书馆学刊,2015(11):36-38.

# 公共图书馆女性阅读推广服务路径探析

王雪超(辽宁省社会科学院)

现今,衡量一个国家的综合国力不仅要从经济、军事和科技层面来看,还应包括民族精神及文化实力。自2014年至2019年,"全民阅读"均已成为我国政府工作报告中的高度关键词。与此同时,公共图书馆全民阅读活动在全国各地蓬勃发展、活动规模不断扩大、内容不断充实、方式不断创新、影响日益扩大。作为社会群体重要组成部分的女性而言,在阅读方面始终处于弱势。因此,公共图书馆关注女性阅读、积极引导推广女性阅读、满足女性读者需求并为之提供优质化的服务、增强女性自身的文化自信和创造能力是其不容辞的责任。

## 1 我国女性阅读的关注度

从2017年亚马逊发布的《中国全民阅读报告》来看,33%的男性读者阅读目的明确,而女性比例仅为23%。在懂得合理安排阅读时间的受访者中,男性占比40%高于女性占比33%,说明男性的阅读计划性更强。男性读者主要青睐更沉稳和更具有实用性的"科普读物""历史传记""社科人文"和"经济管理"等读物,而女性读者更偏爱感性一些的文学作品,例如"悬疑推理""绘本漫画""艺术/设计""网络文学"和"励志温暖"等图书类型。

## 2 公共图书馆关注女性阅读推广服务的必要性

德国教育家福禄贝尔曾说:"母亲作为人类的教育者掌握着国民的命运。"作为母亲的女性是陪伴未成年孩子最久的人,母亲阅读会潜移默化地影响着孩子的未来。公共图书馆开展女性阅读推广服务可以提升女性的阅读水平与阅读质量,进而对孩子起到示范、熏陶的作用,更能够从小培养孩子形成良好的阅读习惯。对于情感丰富、善于幻想的女性来说,阅读能够满足其情感和精神层面的需求,同时阅读也是一种心理疗法。阅读不仅能够帮助女性开阔视野、丰富内心,同时还能够帮助女性看清自己的内心、树立正确的价值观。阅读还可以成为女性生活中的调味品,在繁忙的工作和琐碎的家庭生活中,为其带来心灵上的慰藉与快乐。公共图书馆开展女性阅读推广服务,让更多的女性爱上阅读,给予女性精神层面的寄托。2019年智联招聘发布的《中国女性职场现状调查报告》中数据显示:中国女性平均工资与男性相比较相差22%,在职业晋升方面女性仍存在较大的阻碍,女性在企业高层管理人员中所占比例为18.7%,而男性高达81.3%。此外,女性在自我能力提升方面的机会相比较男性而言也较少。当前,女性的社会职责不仅局限于相夫教子,她们还走出家庭、走向社会、步入职场与男性一同承担起家庭的负担。因此,公共图书馆开展女性阅读推广服务可以帮助女性丰富自身、提高能力、创造价值。

## 3 我国公共图书馆女性阅读推广服务的研究与开展现状

### 3.1 我国公共图书馆女性阅读推广服务研究现状

在中国知网上,以"图书馆""阅读""女性"为关键词,时间截至2020年2月,经筛选,共检索到61篇主题为图书馆女性阅读的学术论文。2006年至2019年发表的论文情况见图1,2010年至2017年论文发表量均在4篇及以上,2011年和2012年论文发表数量最多,均为10篇。2006年同2019年发表数量相同,均为1篇。由图1可以看出,近年来我国图书馆对于女性阅读服务的研究成果数量有所增加,但增长幅度缓慢。其中,主要研究内容集中为女性阅读服务探究、女性阅读特点、女性阅读推广等,这几方面的学术论文共有50篇,占论文总数的81.9%。大部分学术论文均对女性阅读现状和意义进行了探究,但在女性阅读推广方面都较为笼统,未能根据不同女性所处的环境及年龄进行详细划分并提出不同的推广方式。总之,尽管国内的研究成果有所增加,但数量不足,缺乏深入的探讨。

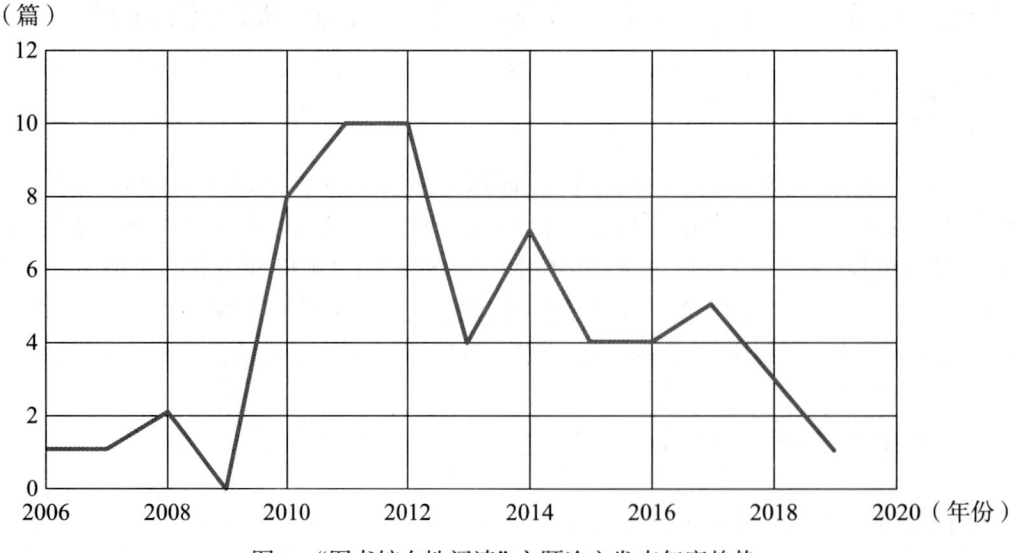

图1 "图书馆女性阅读"主题论文发表年度趋势

### 3.2 我国公共图书馆开展女性阅读推广服务现状

我国公共图书馆相对于发达国家在女性阅读推广方面起步较晚,女性阅读推广普及度与参与度仍不够高,尽管如此,我国公共图书馆仍借助社会力量以及自身的优势开展诸多特色的活动,甚至还为女性读者量身打造了专属于她们的图书馆。"全民阅读"时代,随着女性阅读的社会关注度提升,各地掀起了"阅读热潮",作为人类文化传承、服务社会大众的公共图书馆开展多种活动传递阅读精神,鼓励读者养成良好的阅读习惯。例如深圳市南山图书馆开展的"关于女性不同需求"的系列阅读推广活动,开设女性的成长、心理、生活及亲子等阅读版块,其中"法律服务日——星期天"专题活动,致力于帮助女性读者开展学习法律,该活动由法律专业志愿者为女性读者科普法律,同时为有需要的女性提供专业律师"一对一"的帮助,为女性读者提供全方面的服务。2013年4月23日,湖南省首个女性图书馆正式开馆。这家位于湖南省图书馆内部的"馆中馆"面积700多平方米,通过特色装潢为女性营造特别的阅读环境。该馆提供约3—5万册女性主题读物,主要包括女性作家创作的书以及专门写给女性读者的书;另外,馆方还经常举办如女性时尚、养生讲座、女性电影等与女性有关的主题活动。

## 4 我国公共图书馆开展女性阅读推广服务面临的挑战

### 4.1 受传统思想影响,女性阅读权益未能得到充分保障

受中国传统性别文化的长期影响,有关性别等的深层次社会问题,也在女性阅读方面有所体现,主要反映在我国女性阅读多为轻阅读、阅读速度慢等现象。在中国传统社会中,妇女被排斥在主流社会公共生活之外,多被禁锢在家庭中。在古代社会,有阅读条件的女性凤毛麟角,大多数女性受"女子无才便是德"的陈旧思想影响,不能开展广泛阅读。尽管新中国成立后,女性的受教育权利得到巨大的提高,但这种状况,在现代社环境中仍有所反映。根据浙江省图书馆发布的《浙江省公共图书馆2018年度阅读报告》显示,从借阅量上看,男读者的人均阅读量和续借量要高于女读者,年龄越大相差也越大。除受女性自身教育水平的影响外,社会环境等因素一定程度上也是造成这一现象的主要原因。

### 4.2 传统阅读遭受电子产品冲击,难以创造良好的阅读氛围

电子产品的问世为人们带来巨大的便利,深受不少女性的青睐。然而,多数女性读者在网上时常采用一目十行的"浅阅读"形式,有时会陷入读不通、读不懂,或者说只能读到皮毛,而不能读到精髓的尴尬。阅读电子图书时,女性读者常常会受到来自外界的干扰,不利于个人的知识体系、价值观的建立,为了读而读,已经从"我思故我在"变成"我知故我在",长时间的浅阅读使得女性读者的深阅读思维能力减弱甚至丧失,阅读的深度被信息时代阅读的速率所打败,在读传统经典小说或者专业书籍时,理解能力不足,注意力不能长时间集中。古人云"书读百遍,其义自见"的思想精髓将不复存在。

### 4.3 资源规划不科学,女性阅读需求未能得到充分满足

由于公共图书馆服务对象广泛、年龄知识水平跨度大,图书的采购工作复杂,在资源配置过程中未能充分听取来自女性读者的"声音"以及女性读者的阅读需求。此外,公共图书馆缺

少女性阅读专区、女性读物摆放不明显、分类不明确等现象,均为女性阅读造成困扰。另据研究表明,处于噪声环境中的女性比男性更敏感,容易出现紧张、焦虑等不良情绪,同时女性的心理承受能力也相对较差。公共图书馆在空间设计上常以多功能性划分,女性读者很难找到合适自己的空间,造成情绪波动大、阅读质量下降的状况,导致女性到馆体验度降低。

### 4.4 服务模式与阅读推广活动内容单一

公共图书馆作为书籍的天堂,应该扛起"全民阅读"的大旗,利用自身的资源积极开展女性阅读推广工作。当前,公共图书馆尽管在阅读推广活动中表现的较为出色,开展了一系列如传统文化学习、阅读讲座、名人演讲、盲人听书等内容丰富的服务。然而,对于专门为女性读者开展的阅读推广活动少之又少且内容单一;同时,相较于对家庭群体、学生群体、弱势群体的关怀与重视,公共图书馆对女性读者的服务工作的研究和创新却很少。伴随着全民阅读热潮的兴起,女性读者的占据比例越来越大,并呈现逐年上升的趋势。公共图书馆应当关注女性阅读推广活动,坚守优化女性读者服务工作,提升女性读者到馆阅读率,保障女性读者阅读权益的职责。

## 5 我国公共图书馆开展女性阅读推广服务的具体路径

### 5.1 关注女性阅读意识的提升,充分融合线上与线下服务新优势

《2019中国网络视听发展研究报告》在第七届中国网络视听大会上正式发布。报告显示,截至2018年12月,我国网络视频用户(含短视频)规模达7.25亿,网民使用率为87.5%,网络视频(含短视频)成为仅次于即时通讯的中国第二大互联网应用。许多女性在业余时间选择通过网络形式来消遣、放松自我。公共图书馆如何将网络对阅读的冲击转变为宣传、普及阅读的手段,将劣势转化为优势?第一,公共图书馆可以建立网络交流平台,通过建立微博、博客等方式创建网络交流群,实现与女性读者多角度、立体性的沟通;第二,女性先天对于美的追求很高,公共图书馆可以抓住女性心理,将护肤、养生的书籍排版、总结,提炼出女性感兴趣的部分,通过微信小程序进行推广,让女性能够通过公共图书馆渠道获取到正确的、有价值的信息,同时加大力度推广相关书籍,节约女性查阅时间,通过阅读实现对美的追求;第三,对于忙于家庭琐事的女性而言,建立"移动有声APP平台"是一个很好的增进阅读方式。公共图书馆可以通过电子化设备将书籍通过MP3的形式存储分类后上传到网络,这样女性利用琐碎的时间通过"听书"的方式,开展阅读;第四,公共图书馆还可以利用自身资源,聘请知名专家举办网络女性讲座,帮助女性意识到阅读的重要性,唤醒阅读意识,脱离"舒适圈",通过健康的阅读带来的"美"是持久永恒的。

### 5.2 关注阅读环境的改善,设立女性阅读专区

发挥自身优势,为女性读者营造良好的阅读环境,为女性读者撑起一片阅读的天空是公共图书馆理应坚守的使命。公共图书馆应该为女性建立阅读专区,设置展示工作优秀的女性传记、女性作家的作品的特色区域,将崭新的、理性的世界展现于女性读者面前,让女性通过阅读获得独立的意识,用独特的方式参与社会生活的转型,肯定和实现自己的需要和价值;女

性天生心思细腻,公共图书馆应在细节处下功夫,努力为女性读者创造一个安静幽雅的阅读环境,装饰色彩淡雅、窗台和走廊装点鲜花、阅读室内精致的桌椅和沙色头发,这种舒适的氛围可让女性读者感到舒适和快乐,让更多女性爱上图书馆、爱上阅读。经过调查发现,大多数女性读者喜欢在树荫下、沙发上,一边品味绿茶的醇香一边阅读书籍,她们将阅读作为一种修身养性的方式,在阅读中女性读者表示享受快乐的时光,冷静下来让自己进入书的世界不仅带来幸福的感觉更能带来浪漫的兴趣。公共图书馆还应以多种形式开展女性阅读交流,鼓励女性读者阅读、分享阅读感受,增加互动,例如播放女性励志的电影,开展有利于女性身心健康的讲座,邀请各行各业的专家教授讲解普通人最关心的日常衣食住行、健康医疗等知识,鼓励女性读者进行创作,展示作品等。条件容许的情况下,公共图书馆还可以打造一个集阅读、音乐、电影、娱乐、摄影等一体的女性空间艺术场景,吸引潜在的女性阅读群体,提升女性读者的到馆阅读率。

### 5.3 关注文献资源的合理分配,开展有针对性的推广服务

公共图书馆按照女性读者年龄开展有针对性的推广服务可实现文献资源的合理分配。第一,对于中小学女生。阅读是孩子建构知识、思想、内心的重要途径,读什么样的书,最终会影响到孩子成为什么样的人。0—12岁阶段,阅读已经产生了性别倾向。这个年龄段的女孩相比较于男孩而言更热爱公主类型的故事、会对表现母性的内容更有偏好,不太乐于接触科学知识类型的内容,也更早接触浪漫言情故事。因而,公共图书馆对于0—12岁儿童应培养孩子全方面选择阅读书籍的类型。对于13—18岁阶段的女生而言,她们正处于学业繁重、课业压力大的时期,公共图书馆应将通俗易懂、趣味性强的科普类书籍推荐其阅读;第二,对于高校及未婚职场女性。此阶段的女性从未成年过渡到成年阶段,刚刚步入社会还处于迷茫阶段,女性急需提升自身的专业素养和职业技能,为职场打拼做足准备。公共图书馆应帮助她们度过这个迷茫期,为其选择一些学科、职业技能为主的书籍;此外,她们通常也会因为情感问题而备受困扰,情感类书籍也应该划为该年龄阶段主要阅读的书籍,公共图书馆还通过聘请情感专家辅导女性学习如何正确处理异性之间的关系;第三,关于已婚女性。婚后的女性将大多的精力投入到家庭中,公共图书馆应将家庭、生活、婚姻、育儿类读物作为阅读推广服务重点;同时,公共图书馆也需要重点关注女性的心理健康问题,适当地为女性读者开展心理疏导活动,帮助已婚女性在家庭、职场、孩子之间做好平衡。对于有孩子的女性,公共图书馆可以打造适合亲子阅读的场景服务,让孩子和母亲能够轻松、融洽的共同阅读;第四,关于退休女性。女性退休后从繁忙的工作中脱离,拥有大量的空闲时间。但该阶段的女性阅读量较比年轻时下降明显,公共图书馆应鼓励退休女性参与到阅读中来,通过阅读进行自我提升,丰富其业余生活,减轻退休后的失落感。同时,公共图书馆应适当开展养生讲座,帮助退休女性进行健康生活的规划。

### 5.4 关注与女性读者沟通交流,掀起女性阅读新高潮

一方面,公共图书馆是女性聚集地。据资料统计,女性馆员占各级公共图书馆中总人数的60%以上,越来越多的女性投身到图书馆事业建设中,因而,在女性阅读推广活动中公共图书馆具有巨大的性别优势。女性馆员更容易拉近其与读者间的距离,更能设身处地的为女性读者考虑,便于与女性读者沟通,从而让更多的女性热爱阅读。另一方面,"以人为本"一直是

公共图书馆服务应坚守的准则,公共图书馆应积极接受女性读者的反馈、批评以及建议,让女性读者畅所欲言,不受拘束地提出个人意见,使得公共图书馆更好地了解女性读者的阅读体验情况,提升服务质量。第三,公共图书馆通过开展"读者馆员手拉手活动",增进馆员与女性读者的交流与沟通进而增进情感。

"一个不读书的人是没有前途的,一个不读书的民族也是没有前途的。"开卷有益、读书增智,公共图书馆肩负着推广阅读、让阅读走进女性生活的责任。随着时代的发展社会的进步,女性更需要被关注和尊重,提升女性自身素质是关键,公共图书馆应该坚守住自身职责,充分考虑女性的阅读需求、爱好,积极开拓女性阅读推广活动新途径,提高女性读者到馆率,促进家庭和睦,进而促进社会的和谐。

**参考文献**

[1] 王红. 女性阅读及其"身心灵"导引与治疗[J]. 山东图书馆学刊,2011(2):42-44,59.
[2] 吴岱霞. 湖南成立全国首家公共女子图书馆23日对外开放[N]. 三湘都市报,2013-04-23(2).
[3] 马桂花. 女性阅读视角与女性自我发展——"她"阅读时代的探讨及图书馆应对[J]. 图书馆理论与实践,2014(8):17-19.
[4] 浙江省公共图书馆. 浙江省公共图书馆2018年度阅读报告[R]. (2018).
[5] 中国互联网络发展状况统计报告[R]. (2019).
[6] 第十六次全国国民阅读调查成果报告[R]. (2019).
[7] 2019中国网络视听发展研究报告[R]. (2019).
[8] 菩提树下花. 为什么女孩爱读公主书?爸爸妈妈为孩子选书要不要区分性别?[EB/OL]. 百度母婴知识社区.
[9] 杜懋杞. 浅议女性图书馆员的现状、成长与职业发展[J]. 莆田学院学报,2007(3):18-22.

# 读书会与公共图书馆阅读推广实践

## ——以"邯来书往"读书会为例

张 剑 刘海燕(邯郸市图书馆)

## 1 读书会的由来与现状

### 1.1 读书会由来与含义

我国向来有以书会友、读书论道的传统,《礼记·学记》有云:"独学而无友,则孤陋而寡闻。"[1]建安七子、竹林七贤、宋代兴起的各种书院等可以看作是中国古代以文会友的读书会组织。

现代意义上的读书会最早起源于瑞典,瑞典每年有30多万个读书会在开展活动。关于读书会的含义,学界还未形成一致的认识,各家的具体阐释不同,但实质还是相通的。如赵俊玲认为:"所谓读书会,'读'是指阅读行为,'书'是阅读对象,'会'指一群人聚在一起,顾名思义,读书会即是对阅读的读物进行分享和交流的团体。"[2]

### 1.2 我国读书会现状

相比于欧美国家,我国读书会发展起步较晚,政府尚未对读书会引起足够重视,还未普遍开展读书会活动,对读书会的研究也比较薄弱和零散。但近年来,国内也逐渐开始关注读书会发展,各种类型的读书会、书友会逐渐兴起。

目前我国的读书会主要有四大类,一是公共图书馆组织的读书会,如南京图书馆"陶风读书会";二是民间读书会,如邯郸石简读书会;三是校园读书会,如中国人民大学"兰台读书会"。四是网络读书会,如樊登读书会等。其中公共图书馆组织的读书会,在推动全民阅读方面有着极为重要的意义。但就全国而言,公共图书馆发展读书会仍不够普遍,读书会运营人才非常匮乏。

### 1.3 河北地区读书会现状

据笔者调查,"邯来书往"读书会成立之前,河北地区由公共图书馆成立的读书会,只有两个。一是沧州市图书馆组织的"夕阳红读书会",面向老年人举办;二是邢台市图书馆组织的"蒲公英读书会",只针对小学生开展活动,所读图书均为童书,活动范围较小。而在邯郸地区,此前并没有公共图书馆举办读书会,仅有几个小规模的依托书店开展活动的民间读书会,如石简读书会,参与人数与影响力很有限。

当下大部分读者的阅读还停留在浅阅读上,阅读品质不高。读书会则是引领读者进行深度阅读的一种重要方式。《中华人民共和国公共图书馆法》指出:"公共图书馆应当通过开展阅读指导、读书交流、演讲诵读、图书互换共享等活动,推广全民阅读。"[3]

公共图书馆组织开展读书会活动,是深化阅读推广的必然要求。在此背景之下,为了打造一个读书交流的平台,引导更多人开展纯阅读、深阅读,邯郸市图书馆决定成立面向社会广大读者的"邯来书往"读书会!

## 2 "邯来书往"读书会的筹划与成立

### 2.1 学习取经 积极筹划

决定成立读书会后,邯郸市图书馆并没有急于成立,而是进行了充分的研究与考察。作为读书会的发起人和领读者,笔者首先研读了大量关于读书会的学术论文,在理论上对读书会的内涵与运作有了较清晰的了解。

纸上得来终觉浅,笔者还实地参与石简读书会、新华读书会等民间读书会的活动,既以书友身份参加其活动,也与读书会负责人交流求教,借鉴其长处,避免其不足。除实地参加读书会活动外,笔者还阅读了很多各地知名读书会的访谈录,比如青莲读书会、文澜读书会、陶风读书会等读书会的访谈记录[4]。

充分调研之后,邯郸市图书馆决定在2019年1月成立读书会。

## 2.2 "邯来书往"读书会命名

一个好的名字,能吸引更多的书友加入,也会更好地彰显读书会的文化内涵与宗旨。笔者并未简单以图书馆的名字将其命名为"邯郸市图书馆读书会",而是在几经思考后,把名字定为"邯来书往"。

"邯来书往",其含义主要有两点:其一,"邯来书往"谐音"寒来暑往",这也是本读书会命名灵感来源,寒来暑往,秋收冬藏,读书是不分寒暑的,"邯来书往"读书会希望书友们能够把阅读作为一种长久的、一以贯之的生活方式。其二,将寒来暑往之"寒"谐音为邯郸之"邯","暑"谐音为"书",则是彰显地域色彩,体现读书之意。

## 2.3 "邯来书往"读书会的成立与现状

"邯来书往"读书会于2019年1月13日正式成立。读书会制定了自己的《章程》,其宗旨是"以书会友,以书修身",口号为"立身以立学为先,立学以读书为本"。"邯来书往"读书会得到了社会各界的关注和广大读者的支持。2019年共举办了18期活动(12期常规活动和6期特别活动)。现有会员600多人,年龄跨度从7岁至85岁。

表1 "邯来书往"读书会2019年活动列表

| 期数 | 主题(书目) | 活动时间 | 参加人数 | 领读者 |
| --- | --- | --- | --- | --- |
| 第一期 | 雅俗共赏话金庸 | 1月13日 | 53 | 张 剑 |
| 第二期 | 平凡世界里不平凡的人生 | 2月24日 | 42 | 李文浩 |
| 第三期 | 一蓑烟雨任平生:《苏东坡传》 | 3月17日 | 52 | 张 剑 |
| 第四期 | 书里住着天使和魔鬼:共读《简·爱》 | 4月21日 | 39 | 李文浩 |
| 第五期 | 人生五味:共读《蒙曼品最美唐诗》 | 5月26日 | 38 | 张 剑 |
| 第六期 | 共读《哈佛家训》探寻教育真谛 | 6月23日 | 62 | 孙清梅 |
| 第七期 | 开奇幻脑洞,品西游经典 | 7月21日 | 65 | 赵 永 |
| 第八期 | 琴棋书画诗酒茶 共品红楼大文化 | 8月25日 | 42 | 张 剑 |
| 第九期 | 读《三国演义》品英雄意气 | 9月28日 | 44 | 张 剑 |
| 第十期 | 读《四世同堂》思家国情怀 | 10月27日 | 36 | 王义龙 |
| 第十一期 | 《白鹿原》:一部时代变迁的民族史诗 | 11月23日 | 65 | 王义龙 |
| 第十二期 | 诗成为圣亦为史:共读《杜甫传》 | 12月29日 | 93 | 张 剑 |
| 清明特别期 | 小楼一夜听春雨:诗意清明 | 4月7日 | 45 | 张 剑 |
| 世界读书日特别期 | 人生自有诗意:同城共读《唐诗三百首》 | 4月23日 | 205 | 张 剑 |
| 端午特别期 | 端午时节话屈原 | 6月8日 | 50 | 张 剑 |
| 中秋特别期 | 月明人尽望,诗意话中秋 | 9月13日 | 70 | 张 剑 |
| 走进校园特别期 | 书香进校园(六中)共读苏东坡传 | 11月1日 | 500 | 张 剑 |
| 走进校园特别期 | 读书会走进邯郸大学 | 11月27日 | 43 | 张 剑 |

## 3 "邯来书往"读书会活动过程与内容

### 3.1 "邯来书往"读书会常规活动

每月一期,主题读书交流活动,首先由书友们推荐图书并投票决定主题书目。定下书目后,图书馆会利用专门的采编经费及时补充副本,供读书会成员借阅,同时将活动通知和海报通过公众号发布。活动前书友们先自行阅读,在集中活动时进行交流讨论。每期活动2个小时左右,有固定的三个流程:

(1)每期领读者做主题读书分享

领读者进行主题分享,让书友对当期主题图书有一个深入的了解。领读者由对当期图书有一定深入和独到见解之人担任。此环节是吸引书友的重要环节,书友除了交流表达,也很看重能学习和吸收到什么。

(2)书友依次分享自己读书感悟

书友依次分享自己读书心得与感悟。书友们敞开心胸,通过深度的阅读交流,畅谈各自的阅读心得。参与者人人发言,鼓励不同见解,也可以提出自己在阅读中产生的疑问。

(3)自由交流辩论环节

此环节大家自由交流辩论,对上个环节提出的问题,进行讨论、质疑,摆脱思考的盲点,在思想碰撞中求同存异,相互激发和成长,提升阅读品质。

### 3.2 "邯来书往"读书会特别活动

"邯来书往"读书会的特别活动不定期举办,根据需要与情况开展。特别活动形式更灵活,阅读沙龙、研讨会、主题讲座等均可。一般特别期会在特殊时间(如清明节、中秋节、世界读书日等)举办。比如特别期"小楼一夜听春雨:诗意清明",即在2019年气清景明、充满诗情画意的清明节期间开展,由热爱诗词的老师和书友一起,缅怀先辈,共赏春意,走进诗意清明。

## 4 "邯来书往"读书会创新之处

### 4.1 图书馆员担当读书会领读者

在图书馆的很多活动中,馆员只是担当组织者的身份。"邯来书往"读书会,不仅由图书馆员发起和组织,同时领读者也由馆员自己担当。读书会领读者在读书会中至关重要,是"阅读的指导者、气氛的塑造者、积极倾听者、讨论发动和促进者"[5]。

笔者在"邯来书往"读书会2019年的18期活动中,担当过12期的领读者。由于笔者有诗词方面的专长和参加中国诗词大会的经历,吸引了很多书友参与,增加了读书会的凝聚力。作为馆员,笔者也去当地新华读书会等民间读书会担当过领读者,既帮助支持了其他读书会,也吸引更多书友加入"邯来书往"读书会。

### 4.2 创新读书会活动形式

之前河北地区的读书会,大多为单纯交流读书心得的读书会,活动形式较为单一。交流的前提是对话参与者的知识储备基本对等,若书友发现学不到东西时,就会很快失去热情。

另一种情况则是名为读书会,实则每期活动就是讲座,听众之间几乎没有任何交流。

有鉴于此,"邯来书往"读书会从创立之初就结合交流型读书会和主题讲座两种活动形式。每期活动既有领读者的精彩主题分享来吸引书友参加,又有足够的时间来进行交流、分享、讨论,较好地适应了公共图书馆读者想要吸收的现状,又充分培养鼓励了大家交流讨论的热情和意愿,取得了较好的效果。

### 4.3 线上交流活动配合现场集中活动

仅靠开展现场活动,不能满足书友们的阅读交流需求。所以读书会组建了两个微信群,随时与书友们进行关于读书的交流讨论。书友可随时在微信群内交流、讨论自己读书的感受和疑问。同时笔者经常分享和读书有关的名家解读音频到群内,吸引大家听后积极发言讨论。

### 4.4 创新读书会书目选择方式

在主题书目的选择方面,要进行科学合理引导。每期书目先由图书馆确定大的方向,再在读书会微信群中让大家推荐图书,汇总备选书目做成投票程序,群内所有书友投票决定,得票最多者为下期书目。相比于由发起人定书目,投票充分体现了读书会成员的民主表达,读大家最想读的书。书目的选择还主要考虑阅书的内容的多样化,涵盖古今中外、各类图书。

### 4.5 新冠肺炎疫情期间创新活动方式

在2020年新冠肺炎疫情期间,图书馆各类线下活动均无法开展。"邯来书往"读书会依托抖音、微信、微博等平台,开展了一系列线上读书会活动。比如录制了八期的读书分享小视频,在抖音、新浪视频上播出,供大家学习、交流,单期最高播放量达7000多次。

读书会还在2020年世界读书日开展了线上读书会直播活动,主题为"生命视野下的阅读"。由领读者通过抖音直播的形式进行主题分享,随后书友们就生命视野下的阅读进行了交流、讨论,并分享了自己的阅读笔记。大家用视频、文字和声音,碰撞出了思想的火花。线上读书会直播活动有180多人参与,突破了空间的限制,大家足不出户,就体验了阅读的魅力。

## 5 "邯来书往"读书会成效与影响

"邯来书往"读书会成立以来,从最开始的50多人,迅速发展到600多人,取得了非常显著的成效,受到了社会各界的关注和认可。《图书馆报》、《中原商报》、中国图书馆学会官网、图书馆界、e线图情等媒体都对"邯来书往"读书会进行了报道。"邯来书往"读书会获得了河北省第六届图书馆服务创新案例二等奖。

### 5.1 读者收获大、反响好

我们对读书会活动向书友发起问卷调查,共收到150多份问卷,书友对读书会整体满意程度平均得分9.4分(满分10分)。

问卷调查显示,"邯来书往"读书会的各期活动,为读者提供了交流平台,书友之间相互分享阅读心得、推荐阅读书目,扩展眼界,发现好书,养成了读书习惯。很多书友们参加读书会活动后,对所读书籍有了更深的了解和感受,结识了志同道合的朋友,加强了表达能力。每期活动的精彩交流和讨论都给书友们带来很大的思想碰撞和启迪。

### 5.2 整理成果,形成资源

每期读书会,我们都会进行录音录像,将领读者的精彩主题分享和书友之间的交流讨论都记录下来,形成影音资源,作为特色馆藏,供更多读者去阅读和聆听,让没有现场参加活动的读者也能领略读书会的精彩内容。活动还会收集每次读书会后对书友主题图书的感悟,在年底集结成册,形成资料留存。

### 5.3 致力阅读推广,培育支持更多读书会

读书会的成员参加活动后,也会努力带动身边人开展阅读活动,更好地发挥读书会引导阅读的作用。

"邯来书往"读书会努力培育支持更多的读书会。对已经存在但规模较小的民间读书会,笔者常会作为领读者积极参与,并帮助成立新的读书会,如邯郸红楼读书会,开展活动。在"邯来书往"读书会的支持下,邯郸地区的石简读书会、新华读书会、红楼读书会、班级读书会阅读团体等都取得了较好的发展,越来越多的读书会成长起来,发展起来。

## 6 不足与困难

尽管"邯来书往"读书会取得了良好的社会效益,但也存在着一些不足和困难。

首先是活动参与人数。读书会每期活动的人数,尤其是交流分享活动,以20人为最适宜人数。人数太少,缺少碰撞和不同观点;人数过多,则时间上不够,交流不够充分。目前"邯来书往"读书会每期活动平均有四五十人左右参加,人数较多,大家交流不够充分。对此,读书会打算逐步将会员根据所喜爱的图书类型进行分组,如文学组、社科组、哲学组、心理组、儿童组等。这样每组人数适中,便于交流讨论。

其次是专业人才的缺乏。图书馆能运行读书会工作的人员还非常缺乏。"邯来书往"读书会的具体工作基本是笔者独立承担。尽管笔者研读了大量关于读书会的学术论文和著作,也向其他读书会取经,但个人能力仍然有限。我们缺乏专业的读书会培训讲师,培养读书会领读人还困难重重。对此,我们打算在读者中寻找发掘爱读书、有专长、会组织的书友,培养更多的领读者,也希望有关部门和机构可以组织更多专业的读书会培训。

总之,公共图书馆举办读书会,是其职责所在,是深化阅读推广的有效手段,图书馆学界也越来越重视读书会在阅读推广工作中的作用。"邯来书往"读书会的活动,无论对于成员个人的成长还是全民阅读推广工作都有积极的意义。我们会继续努力,办好读书会,在营造书香社会、深化阅读推广方面发挥自己的作用!

**参考文献**

[1] 胡平生. 礼记译注[M]. 北京:中华书局,2016.

[2] 赵俊玲. 国内外读书会研究现状及展望[J]. 图书情报研究,2015(3):16

[3] 中华人民共和国公共图书馆法[M]. 北京:法律出版社,2017.

[4] 常昕. 阅读者的力量:国内知名读书会访谈录[M]. 北京:知识产权出版社,2018.

[5] 冯玲. 读书会运营与阅读推广[M]. 北京:朝华出版社,2020.

# 高校元素养教育模式研究与创新

常 青（南京审计大学图书馆）

信息素养（Information Literacy）的概念最初是于1974年由美国信息产业协会主席保罗·泽考斯基（Paul Lurkowski）提出，并将其定义为"人们在处理问题时利用信息的技术及能力"。进入信息时代后，信息素养一词被赋予了新的涵义，即为"人们身处数字信息时代必备的一种发现信息、甄别信息和利用信息的能力和素养"。20世纪末，国外一些较早实施信息素养教育的国家为信息素养制定了不同的评价指标及体系，其中最具代表性和影响力的是美国大学与研究图书馆协会（简称ACRL）于2000年1月18日在美国图书馆协会（ALA）会议上评议与通过的《高等教育信息素养能力标准》（Information Literacy Competency Standard for Higher Education，以下简称《标准》），该《标准》包含了信息素养教育的5项培养标准和22项具体执行指标，由于其具有很强的参照性和操作性，当时成为美国大学信息素养教育的主要参考指标，日后也逐渐成为许多国家高校开展信息素养教育借鉴和参考的依据[1]。

随着时代的进步，大数据、新媒体技术蓬勃发展，现今社会已发展到由用户主导的互联网Web 2.0时代，我们所处的信息环境已经发生了巨变。在信息生态系统空前活跃的当下，信息素养教育所涵盖的内容也日渐多元化和复杂化，细分出如媒介素养、视觉素养、数据素养等各种新的信息素养概念，并且都自成一说。信息素养概念的泛化也造成了信息素养的施教主体——图书馆和受教主体——大学生的迷惘，即作为处于大学信息素养教育主导地位的图书馆觉得在新的数字信息环境里渐渐无所适从，而众多在校大学生则认为信息素养教育在他们毕业之后不那么重要了。针对我们目前及未来赖以工作和生活的信息生态系统的动态性和不确定性，从2011年6月起ACRL理事会开始讨论并成立特别工作组，对信息素养标准展开了修订和更新工作，经过4年，3个版本的修订，最终于2015年2月颁布了《高等教育信息素养框架》（Framework for Information Literacy for Higher Education，以下简称《框架》），《框架》客观反映了当前人们对知识创造与传播新模式、全球高等教育和学习环境变革的深刻认识，倡导挖掘信息素养的巨大潜能，使其成为更具尝试性、更加系统完整且更有成长性的学习项目[2]。总之，《框架》的制定是信息素养教育主动适应环境的必然结果，而《框架》的核心内容便是元素养概念，这一概念是传统信息素养概念的提升，结束了当下信息素养多种概念迭出的干扰，为我们开启了信息素养教育的全新愿景[3]。

## 1 元素养教育概述

### 1.1 元素养概念解读

"元素养"（MetaLiteracy）的概念最初解释来自于ACRL工作组组长、美国图书馆学和信息素养教育专家雅各布森（Trudi E. Jacobson），她根据研究指出"元素养是一个综合性自我参加的框架,是一种整合了新技术并统一了各种素养的能力",同时也指出"元素养将成为信息数据时代美国信息素养的新标准"。雅各布森对元素养概念的阐述不仅引起了ARCL的高度重视,同时也带动了美国图书馆理论界对元素养的研究热潮。雅各布森在其相关论文中构建了元素养模型[4],见图1。

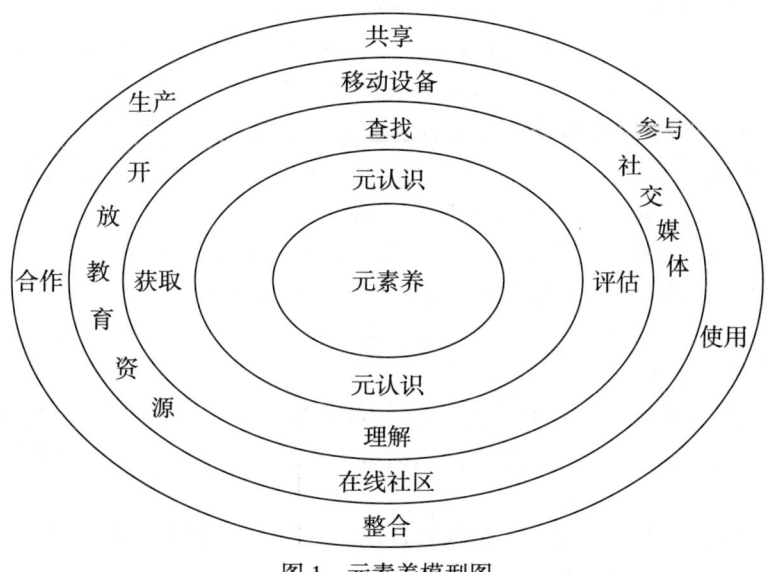

图1 元素养模型图

该模型构建了一个融知识发现、知识生产与共享的信息生态有机体,以"元素养"为核心,以对信息的"元认知(批判式反省)"为基础,对信息的"查找、获取、理解、评价"能力为底层和对信息的"参与、合作、生产、分享、整合、利用"为高阶层,进一步诠释了元素养的概念要点。在ARCL于2015年发布的《框架》中,将元素养的概念释义为:学生作为信息的消费者与创造者,成功地参与到合作性领域中所需要的一组全面的综合能力,其中包括对信息的反思性发现、理解信息的产生、评价和利用信息进行知识创新的能力。

国内学者王珊珊、方向明认为元素养是一切素养的基础,是提高公民在数据信息时代协作能力、提升个人的批判性思维能力、自我挖掘能力以及对信息生产、获取、分享能力的思维框架[5];刘丽萍、王翠萍等认为元素养是在信息时代背景下信息素养的素养[6]。综合了国内外对元素养的研究成果,学者杨鹤林认为,元素养是一种"催生其他素养的基础素养",是在面向Web 2.0的网络环境中,指导人们通过社交和在线媒体进行获取、生产和分享信息的综合素养框架[7]。

### 1.2 高校元素养教育概述

#### 1.2.1 高校元素养教育的培养目标

要确切理解和总结高校元素养教育的培养目标,可以将ACRL于2000年制定的《标准》与2015年颁布的《框架》内容中的相关要素进行比对而得出结论。《框架》按照六个框架要素进行编排,该六个要素分别为:①权威性是建构且语境化的;②信息创造是一个过程;③信息拥有价值;④研究即是探索;⑤学术即是对话;⑥检索即是策略性搜索。其中每个要素包括了一个核心概念和一组知识技能及行为方式,较之2000年版的《标准》中所列一套具体指标的规范组成而言,《框架》内的内容所指不再是标准化的技能指标,而是一系列抽象概念和理念的组成,即"阈值"(阈值:又叫临界值,是指一个效应能够产生的最低值或最高值[8])。这些阈值描述了在新的信息环境中,个体应具备的一套行为、思维的态度和方式,并为其规定了一定的范围界限。《框架》中所列阈值体现出元素养教育的特征为:①强调对信息判断和评估能力的培养;②提倡学习者带着批判的态度积极参与到知识创新的过程之中;③倡导学习者打破知识与权威的神秘性;④鼓励专业教师与图书馆馆员的跨域合作;⑤鼓励图书馆馆员挣脱束缚,进行灵活自由的元素养教育教育方案设计和教学参与。通过培养大学生面向信息的质疑和批判性思维、参与式学习能力、信息创造及分享能力和自我调节能力[9]。综上可知,高校元素养教育的目标为:①能批判性的评估信息和信息情境;②能结合变化的数据技术环境理解信息伦理、尊重知识产权和个人隐私;③能在多种参与式数字环境中合作共享并生产信息;④树立终生学习理念并制定个人专业学习目标。

由于《框架》的具体要求不是基于一级一级信息素养定义之上,而是基于一组更为一体化的阈值范围之上,所以相对于《标准》中所强调的具有信息素养的学生能做什么而言,《框架》则更注重指导元素养教育的施教人怎样教学以及学习者如何学习。

1.2.2 高校元素养教育内容的特点

根据《框架》内容对高校元素养教育总结出的培养目标可见,相较于传统的高校信息素养教育,高校元素养教育的培养目标更为宽泛,因此元素养教育表现出泛化和深化的特征,主要体现为以下三大特点。

(1)元素养教育拓展了原有信息素养教育的广度。在元素养教育过程中,学习者从原先如何对信息进行获取到学习信息的创造与共享、从原先的信息一般认知到对信息的元认知、从原先学习如何对信息进行甄别到对信息伦理和信息情感的培养,这种培养内容的提升均体现了元素养教育的宽泛性。美国纽约州立大学帝国州立学院在元素养教育中将"对元素养的初步认识、信息的开放获取、知识产权、信息的协同生产和交互、元认知分析等"确定为元素养主要教育内容[10]。国内学者肖珑等认为元素养的教育内容包括:①信息意识、信息获取、信息伦理等(学习资源);②信息素养学习模式的选择(学习情境);③对信息获取、利用创造等多种工具的使用(学习工具);④在学习社区中学会共享、交流、创新信息(学习社群);⑤应用学习认识,参与反思自省式的学习活动(学习方式)五大部分[11]。

(2)元素养教育加大了原有信息素养教育的深度。与传统的高校信息素养所注重的检索技能相比,元素养教育更加注重培养学生对于信息的批判性思维的探究能力、自我学习能力和自我学习过程中的自我反省能力以及对于原创信息的生产能力。比如众多美国高校在元素养教学中运用"教育内容的数字化讲述"方式,该方式包括信息再造、批判性思维和自我反省等内容。具体是布置学生根据教学内容编写一个故事,根据故事内容搜集图片、音频甚至视频素材,制作成多媒体数字文件进行展示和分享,同时根据反馈意见,对自身的学习过程和学习结果进行再认识和反思[12]。

(3)元素养教育的内容更趋媒体化。随着信息数据环境与大众信息行为的变化,基于新的网络平台和运用数字媒体工具可以非常有力的支撑在元素养教育实践之中。如美国斯克兰顿大学(University of Scranton)的图书馆馆员要求接受入学教育的学生修改个人Facebook的隐私设置,同时解释选择修改设置的原因及修改后的影响;同时要求学生每周抽出3小时时间,跟踪Facebook上的用户信息活动、记录他们做了些什么并且分析他们为什么这样做以及后果[13];之后通过在线或现场讨论,批判性的对Facebook进行评价,此过程均以社交网络为平台进行,多种媒体整合操作。这种教育内容鼓励学生主动成为自我反思的参与者,用批判的眼光阅读和理解信息的实质,即进一步加深对信息进行消费和生产的理解。

## 2 中美高校元素养教育现状研究

### 2.1 美国高校元素养教育现状概述

自 2015 年 2 月《框架》颁布以来,美国高校图书馆业界对元素养理论进行了系统、深入的研究,开展了切实可行的元素养教育实践。首先通过理论研究明确了元素养教育的三级目标。元素养教育的一级目标即总体目标为"培养大学生的批判性思维能力,学会用不同的方法反思问题,提升大学生基于网络平台的信息使用和创造及协同能力";二级目标则为"培养大学生的信息评估能力,信息交互能力,具备信息伦理意识和终身学习理念";三级目标则是对二级目标的细化和措施。其次,根据具体的教育目标设立了丰富的元素养教学内容,仅以 2017 年纽约州大学与奥尔马尼图书馆联合面向全球推出的元素养 MOOC 课程为例,其课程内容分为三大类,十二种不同的课程,内容有元素养基础理论类,包含:元素养理念、元素养的开放与获取、元素养与其他素养的关系等;元素养信息知识类,包含:信息创建、信息共享、在线协作交流、知识产权、信息伦理;元素养信息协同类,包含:元素养应用、全球元素养观念、终身学习理念等[14]。

美国高校的元素养教育不再以实体教学为主,主要形式为 MOOC 和嵌入式整合教学,这些教学模式都以"大学生"为中心,以"学习"为导向,借助网络社交媒体平台和多媒体教学,共同为学习者提供元素养教育服务。除此之外,翻转课堂也是元素养教育的主要方式之一,与以往不同的是,元素养教育中的翻转课堂以插播视频、场景模拟等形式进行,注重参与性,侧重学习者之间的作业互评,培养大学生的信息创新能力。美国高校较为典型的元素养教育模式和案例见表1。

表 1 美国部分高校元素养教育模式一览表

| 具体分类 | 主流教育模式 | | |
| --- | --- | --- | --- |
| | 元素养教育 MOOC | 元素养整合嵌入式教学 | 新生入学元素养教育 |
| 开设元素养教育的主要高校(图书馆) | 纽约州立大学阿尔巴尼分校图书馆 | 威斯康星大学图书馆 | 1. 耶鲁大学图书馆<br>2. 杜克大学图书馆<br>3. 德州大学图书馆<br>4. 多伦多大学图书馆 |
| 课程或教育项目名称 | 1. Metaliteracy MOOC<br>2. Metaliteracy Empowering Yourself in a Connected World<br>3. Empowering Yourself Digital citizen | Flex 弹性学位嵌入模式 | 1. 基于邮箱的面对面咨询指导;<br>2. 元素养课程批判性反思指导;<br>3. 与学生兴趣与专业配对的教育指导 |
| 教育形式 | 在线教学互动 | 在线教学互动 | 在线教学互动与实体案例教育相结合 |
| 所属平台 | Connectivist | Courseia | — |
| 开设时间 | 2013 | 2015 | 2013—2015 |

由表1可见,美国的高校元素养教育正值成熟的兴盛期,元教育教育理论的研究与实践齐头并进。

### 2.2 国内高校元素养教育现状

相较于美国高校,目前国内高校的元素养教育尚处于理论研究阶段。笔者仅以"元素养"为主题词,将文献目录设定为"信息科技"下的二级目录"图书馆情报与数字图书馆",检索"CNKI(中国知网)数据库"中的"期刊"子库发现,截至2019年底与"元素养"研究相关的期刊论文共计136篇,经过筛选,共有44篇论文与元素养教育相关,论文发布的时间与数量见图2。

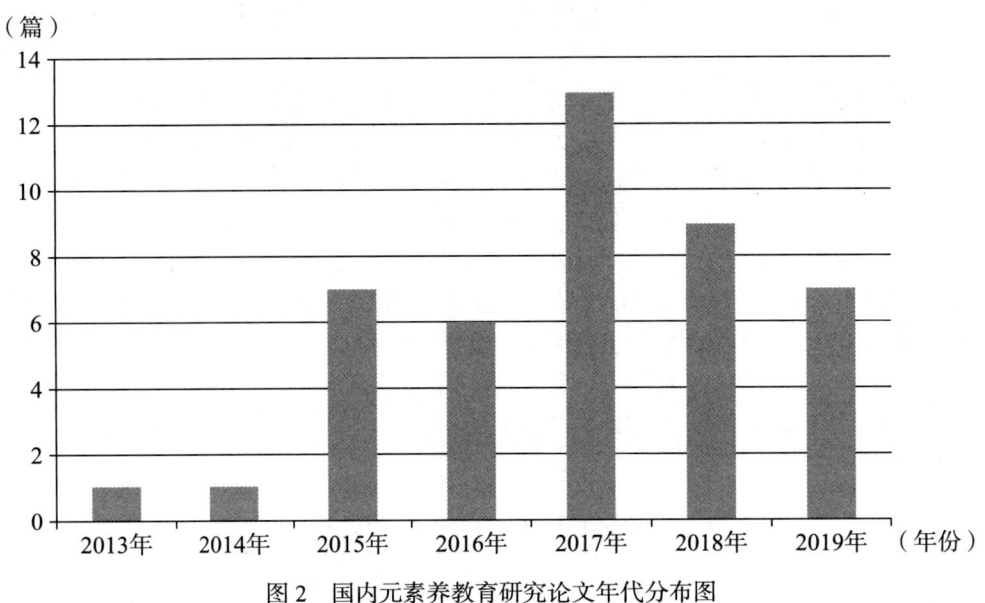

图2 国内元素养教育研究论文年代分布图

由图2的国内元素养教育研究论文年代分布图可知:从数量上看自2013年11月国内发表了第一篇名为《元素养:信息素养的新定位》论文之后至今,关于元素养教育的论文发表数量并不丰富;从时段上看,从2015年起研究发文数量开始上升,2016到2017年的论文发表数量最多,之后年份的相关论文发文数量相对减少,趋向平稳。从内容上看,国内学者对于元素养教育的研究主要包含:元素养基础理论研究、对美国的元素养教育案例研究和其他相关研究三大部分。根据这些年对元素养教育相关论文的数量和内容的分析可知,有关元素养教育实践的文章和成果几乎没有。这不仅说明国内学者对于元素养教育实践研究力度不够,也充分显示了国内高校对于元素养教育实践探索的乏力。综上,国内学者应继续加深对元素养教育的理论研究,改变传统的以信息素养教育的惯性思维,积极探索适合国内高校以图书馆为主导的元素养教育实践活动。

## 3 对于高校开展元素养教育的思考

高校元素养教育的本质是高校信息素养教育的提升,鉴于当前国内高校以图书馆主导的信息素养教育现状,高校图书馆界应在深入研究《框架》内容的基础上,积极探索新的元素养教育模式,进行元素养教育实践的创新,在进行实践创新之前,应先达成以下四点理论共识。

### 3.1 形成对元素养教育目标和内涵的新认识

新的元素养教育是基于当前和未来学习者信息活动模式、信息获取方法与手段的发展变化,以元素养理念培养大学生终身学习能力,职业生涯的持续性学习能力,以及创新性的信息实践与思维习惯。结合学习者参与信息生态系统活动的各种情境,由于元素养教育面向信息活动的全过程和各阶段,大大拓展了信息素养教育的内涵,将元素养的技能范畴从传统的对信息的查找、评估、理解与获取能力扩展到对信息的整合、生产以及在多种参与式的信息环境中共享信息并开展合作的能力。新的元素养教育更加注重学习者在信息活动中的参与作用,强调学习者对信息生态更深刻的理解,且具备批判性思维能力。因此在进行元素养教育的创新活动实践之前,必须改变传统的以信息检索为核心的技能培养观念,要树立新的教学目标[15]。要基于信息活动的全过程,围绕学习者在信息生产和消费中的情感、责任、义务、知识行为与方法开展教学,加强对多元化信息资源、信息价值评估、信息传播、信息组织分析等教学内容的设计。

### 3.2 重新设计元素养教育项目

元素养教育要运用《框架》所给出的概念体系,围绕提高学习者元素养的知识技能和行为方式,对课程内容进行梳理,重新设计相关教育项目、概念图及评价工具等教学资源,开发多种形式的培训讨论、课程、作业等。在设计元素养教育项目时,要着重注意做好以下几方面事项。

(1)坚持以学生为中心,支持泛在学习。根据大学生学习特点和专业发展的需求,与学生的研究创新活动相结合,将元素养教育融入学生学习的各种平台和各个阶段,并努力为学生提供即时服务,使学生利用个人电子设备和学习工具在任何时间、地点获得所需要的信息与学习支持,促进学生对知识的理解、利用和创新[16]。

(2)强化情景教学。要努力结合各种信息活动过程的真实情境,设计教学内容和环节。增加学生在研究与创新过程中,对信息需求和信息行为的理解,促使其充分参与到教学过程中,同时提供及时的教师指导、专家支持等一些过程帮助,以提高学生解决实际问题的能力。

(3)支持协作式学习。充分利用网络环境和信息技术,采用有效方法将具有相同认知和偏好的同学组成学习共同体,采取面对面交流互动或通过建立网络虚拟的方法,聚集同仁,针对同一主题进行交流和研究,彼此分享学习经验和学习资料,从而获得最佳的学习效果[17]。

(4)重视合作。在教学研究中开展协同合作是深入开展元素养教育的关键。以图书馆馆员为主体的元素养教育工作者,要积极寻找合作者,如教学管理部门、课程管理委员会、网络信息中心、各专业教师等。通过共同探讨,创设新的培养项目与课程,设计与专业教学紧密结合的教学环节与作业,注意将元素养理念融入不同层级的课程之中,同时也要注重教学形式和学习支持形式的创新[18]。

### 3.3 努力转变教学模式,融入专业教育

传统的信息素养教学模式相对单一,大多是通过一门独立课程来进行。显然这种教学模式已不足以支撑新环境下元素养教育目标的实现。我们应该认识到,要努力实施《框架》中所包含的教学内容,并非只在大学生的课程中安排一门元素养课程,而是要通过系统、渐进的方式将元素养教育融入学生的整个学习生活之中[19]。

在大学生学习的不同阶段,通过一定课程来阐述特定内容,并系统整合到学生整体的教学计划之中。元素养教学要与各个领域里的专业教学内容紧密结合,依据专业课程体系随时融入元素养相关的教学内容,将元素养教育嵌入专业课之中。

### 3.4 进一步发挥图书馆员的作用

图书馆员一直是国内高校信息素养教育的主要承担者。在新的元素养教学模式中,图书馆员在与各学科专业教育、学校教学管理方开展广泛又紧密合作的前提下,要为学生提供有关学习资料、信息查询和使用等方面的支持与帮助,除此之外,更要突破专业教学与元素养教育之间的界限,实现专业教学与元素养教育的互相渗透,在开发嵌入式课程担负主要任务[20]。因为《框架》在制定时充分注意到了当代学习理论的推广应用将会导致高校教育模式发生巨大的变化,即由原来的以教师为主的课堂集中传授知识的模式,正向以学生为主的分布式情境学习模式转变。所以在规划元素养教育时,要更加注重学习者在信息活动中的主体作用[21]。在元素养教育实施的过程中,图书馆馆员要注意使学生在学习过程中的信息需求,激发其寻找和利用信息的动力,并在其信息活动中强化元素养意识。图书馆员要有意识地引导学生在信息活动中能够"主动融入、参与辅助",达到"学科精深、增值有效"的教学目的,促进学习者从信息消费者向信息制造者转变。

## 4 高校元素养教育实践——融入元素养理念的真人图书阅读活动

### 4.1 以真人图书阅读活动进行元素养教育实践的理论基础

真人图书(Human Books)阅读活动,是近几年以高校图书馆为依托,以真人为图书,将读书变为读人的一种特殊阅读方式。传统的真人图书阅读活动主要以线下现场阅读方式进行,读者与真人图书就某一主题,进行现场的互动交流,活动注重图书与阅读者之间的交互沟通以及对隐性知识的传递。近几年来,借助数字信息技术和移动互联平台,真人图书阅读活动的内涵得到了极大的丰富,阅读环境也从线下实体互动阅读拓展到了在线上虚拟社区进行。目前真人图书阅读已经成为很多高校图书馆的日常阅读服务项目,并受到广大师生的拥趸。真人图书阅读活动,有以下四个特点与元素养教育的理念非常契合,而且具有很强的实践性。

(1)良好的互动性。真人图书馆阅读活动非常强调真人图书与读者之间相互沟通与交流。当阅读活动就某一主题开展活动时,真人图书(多为校内外专家、学者和专业老师)通常不再是知识的灌输者,而转变为知识的释疑者,现场鼓励参与阅读者就主题进行发表自己的观点,并进行互动交流;而图书馆员则成为信息导航员,协助真人图书与读者完成对知识的探寻和再造,使得读者真正地进入信息生态之中。这与元素养教育所要求的"学习者从行为上、

情感上、认知上参与到信息生态系统之中"的理念一致。

（2）强力的思辨性。真人图书阅读活动，通常是由真人图书与读者就一个主题进行互动交流。阅读过程中，真人图书会有意识就该主题多角度、多层次的阐述观点以启发读者，而读者也常常会对于该主题进行多方位的提问，并与真人图书从不同的纬度对主题进行深入探究，以获得超越课本或课堂内的更高认知。真人图书阅读活动良好的思辨性，与元素养教育所强调的对信息的元认知和培养大学生批判性思维的理念不谋而合。

（3）灵活的嵌入性。元素养教育强调嵌入性，即根据学生在校期间每个学习阶段的不同，渐进而有层次的将元素养概念整合到学生的课程计划当中，在嵌入的过程中努力实现由学生在学科情境当中的角色担当，同时能够主动构建学习过程中由教师、图书馆馆员、学习伙伴组建的新的学习环境，在这种有意义的环境中才能更好地掌握知识。真人图书阅读活动规模不大，灵活机动，能够有机地嵌入到学生的学科学习过程之中，融入学习环境里，只需确定与学校相关的阅读主题，能方便地进入课堂、进入教研室或其他学习场所进行阅读活动，这样的阅读活动充分体现元素养教育嵌入性理念。

（4）广泛的协作性。真人图书阅读活动的成功进行，是图书馆员、真人图书、读者以及多个部门协作进行的结果，在这一协作过程，作为读者的学生要切实的参与到教学研究中来。在数字通信技术、网络技术日益进步和成熟的今天，原有的真人图书阅读方式也正由传统的一维实体阅读模式，转变为实体阅读模式与依托互联平台虚拟阅读相相结合的多维阅读模式，而真人图书的虚拟阅读模式与元素养教育所强调的基于数字背景的培养理念相吻合。基于实体和虚拟化的真人图书活动，需要读者有更好的参与协作能力来完成，这也更好提升了读者（学生）在多种情境中的信息获取能力和对信息甄别能力，并同时进一步培养其对于认知的批判性思维，这一点也能很好地体现了元素养教育理念。

综上所述，高校图书馆员根据元素养教育的特点，明确元素养教育是其主要工作职责之一，在整个元素养教育过程之中，肩负起宣传员、联络员和相关平台维护者的角色。在此基础上，组建新的元素养教育团队，结合真人图书阅读的特点，根据元素养教育的理念选择真人图书、设定阅读主题；在阅读活动中，着力营造互动阅读的情境，建立具有个性的互动式阅读空间；与真人图书一起鼓励阅读过程中，确立读者阅读主体地位；培养学习者（阅读者）对于知识、信息的批判性思维。通过融入元素养理念的真人图书阅读活动，创新元素养教育实践模式，以进一步实现元素养教育的目标。

### 4.2 高校元素养教育模式创新——反思式真人图书馆阅读活动实践研究

南京审计大学图书馆开展的反思式真人图书阅读活动，是高校元素养教育模式创新的有益尝试。该项目立足于数字时代的真人图书阅读活动，将元素养教育理念有机地融入其中，在与不同部门协作的基础上，着力对学生的信息检索能力、信息识别能力、信息运用能力、信息伦理的引导和培养，同时进一步训练学生对于信息批判性思维能力和终身学习能力。每次反思式真人图书阅读活动时长在60分钟左右，参与读者在15人以内，阅读活动分为五个阶段，活动具体设计方案见图3。

反思式真人图书阅读活动各阶段内容如下：

（1）阅读活动准备阶段

反思式真人图书阅读活动在真人图书招募过程中，要让真人图书明确反思式阅读的特殊性。首先,图书馆员应与真人图书共同学习领会并理解《框架》对元素养理念、元素养教育培养目标及培养层级等内容;其次,根据元素养教育的情景化要求和真人图书阅读的互动性强的特点,确定阅读主题,同时做好阅读互动知识点的分解;并在现场互动阅读脚本的准备过程中,注意将对信息的批判式反省理念融入其中;最后,在阅读活动的宣传和预约过程中,要提醒预约的读者准备好互动交流的问题,问题由图书馆员进行收集并分类,交真人图书进行阅读活动前的准备。

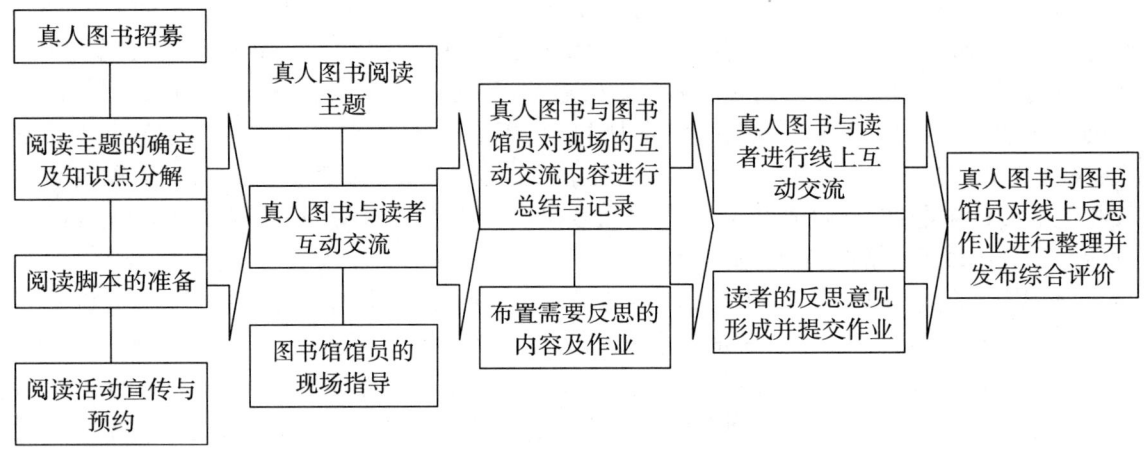

图3 反思式真人图书阅读活动流程设计图

（2）阅读活动的现场进行阶段

反思式真人图书阅读现场进行阶段,真人图书与读者在约定的时间、场所开展阅读活动,就阅读主题进行互动阅读,真人图书用10分钟左右的时间对阅读主题进行介绍和分析,之后便进入互动交流阶段。真人图书就读者准备的问题和交流过程中随机产生的问题,逐一与读者讨论、互动,在此期间图书馆馆员应有意识关注阅读氛围,在突出读者为活动主体的前提下,引导阅活动读按阅读脚本进行,同时做好互动意思的记录与整理。

（3）阅读活动现场总结阶段

在现场阅读活动接近尾声时,由真人图书对现场阅读情况进行总结,同时就阅读主题互动交流,并对产生的新观点再提出反思意见,布置一则或多则关于反思内容的小思考题。此时图书馆员则通过相关平台,建立专业讨论群,把现场整理的互动资料上传该虚拟空间,规定真人图书与读者在线互动的时段,约定好提交小思考题的时间。

（4）线上反思阅读阶段

此阶段是反思式真人图书阅读的重要阶段。在此阶段,读者基于移动互联平台的实时沟通功能,在规定的时段内主动积极地与真人图书进行互动和交流,真人图书在了解读者的想法后,通过虚拟空间及时给予读者释疑和引导,图书馆员则应根据互动情况,及时为读者提供相应的数据信息检索平台以及信息检索、发现、甄别的方法,帮助读者提高信息和利用能力,同时提醒读者提交作业并进行整理。

（5）反思式阅读总结阶段

真人图书总结和整理读者在线提交的小型思考题,并通过与图书馆员之前收集好的现场互动观点进行比照后进行批改。将有价值的新颖观点和意见统一在虚拟空间里公布。在肯定读者总出的反思式阅读成果的同时,鼓励读者日后养成反思式思维的习惯,逐步形成对知识信息的元认知。

高校元素养教育是高校信息素养教育的发展与升华,近些年的高校信息素养教育也形成了较为成熟的教育模式,如 MOOC、翻转课堂、游戏化教育,等等。与立足于文献信息检索,培养信息的发现、甄别与运用的传统信息素养教育不同,元素养教育更注重培养学生对于信息的反省式认知和批判性思维方式,以期增加其对信息的创新能力,进而提升其终身学习能力[22]。针对国内高校元素养教育研究实践力度偏弱的现状,图书馆人如能依据现有的信息素养教育模式,在深入领会《框架》理念和内涵的基础上,明确元素养教育目标,将元素养教育内容有机融入现有的教学模式,创新符合自身特点的元素养教育模式,将有力推进高校元素养教育的进程。文中所述的"反思式真人图书阅读活动"作为一种元素养教育模式的创新,已由南京审计大学图书馆与校内多部门协同进行了有益的尝试,并取得了很好的反响,但仍有很多环节尚需完善,如:徽章系统的引入和评价体系的建立。相信在不久的将来,会有更多的元素养教育实践研究成果诞生,并有力推进国内高校元素养教育水平的提升。

**参考文献**

[1] 吴慧华.高校信息素养教育理论与实践研究[M].北京.科学出版社,2017:12.

[2] 同[1]:53.

[3][6][10][12] 刘丽萍,王翠萍,刘春丽.美国元素养教育实践及思考[J].图书馆学研究,2017(9):2-8.

[4][5] 王姗姗,方向明.元素养背景下嵌入式信息素养培养方式研究[J].图书馆学研究,2017(3):92-97.

[7] 李明华,方丛蕙,叶强.信息过载环境下的大学生元素养教育探究[J].新世纪图书馆,2019(7):22-27.

[8] 百度百科.阈值[EB/OL].[2020-01-13].https://baike.baidu.com/item/%E9%98%88%E5%80%BC/7442398?fr=aladdin.

[9] 同[1]:54-55.

[11][13][14] 陈晓红,高凡,何雪梅.国内外元素养教育研究综述[J].图书馆理论与实践,2019(1):58-64.

[15] 沈洋,刘建国,李春鸣,陈永正,覃晓龙,王春明.游戏化:情报学视阈下研究生信息素养教育新范式[J].现代情报,2019(11):107-112.

[16] 伍玲.高校信息素养教育模式的联合创新与应用研究[J].新世纪图书馆,2019(10):25-28,64.

[17] 郭韫丽,孔令保,李冬梅.馆员——教师协作的信息素养教育实践探索[J].大学图书情报学刊,2014(3):82-85.

[18] 黄晓斌,彭佳芳.新环境下大学生的信息素养评价研究[J].图书馆学研究,2019(19):12-20.

[19] 全贞兰,邱茹林,唐林.信息素养教育与专业课程无缝融合式教学探索——以物理化学设计性实验为例[J].图书馆建设,2017(6):72-76.

[20] 焦海霞.由信息素养馆员向数据素养馆员转型:动因、模式与路径[J].图书馆学研究,2018(23):30-36.

[20] 罗艺杰.美国中小学信息素养教育实践进展[J].图书馆论坛,2019(9):156-164.

[22] 隆茜,刘继刚.高校馆员数据素养能力评价与教育主体结构研究[J].图书馆,2017(11):61-65.

# 场景式阅读的价值、反思与启示
## ——由《一本好书》说起

刘　艳（江西省图书馆）

美国全球科技领域资深记者罗伯特·斯考伯在《即将到来的场景时代》一书中指出，未来互联网将进入场景时代[1]。与 PC 时代相比，在移动互联时代"场景"的意义越来越强大与凸显，"场景"已成为媒介传播的核心要素，广泛渗透于产品营销、城市宣传、服务推广等领域。例如："抖音""快手"中关于城市风貌的小视频带动重庆、西安等城市成为热门旅游地；"小红书""淘宝直播"上用户或商户通过发布试用、试穿、小实验的视频带动产品的销售；"2019 年度文化传播人物"李子柒通过拍摄自己家乡——四川绵阳的一个村庄，在视频中展示中华美食、中华传统手工艺及传统文化，展示出一幅中国田园牧歌式诗意生活的场面，深度激活了观看者对李子柒这种生活方式的向往。截至 2019 年 12 月 18 日，李子柒微博粉丝达 2153 万，B 站粉丝达 311.9 万，两年内她在海外社交平台 You Tube 频道拥有订阅人数超过 750 万，人们通过观看她在视频中的"一餐一饭"的制作而购买她的产品，她一个人的变现能力相当于一个中型企业。从这些案例中看，"场景"通过小视频再现与传播是产品或城市营销与推广得以成功的一个重要因素。同时，"场景"还应用于新闻发布、图书出版等方面。如：新闻中的 H5 产品"军装照"体验、"国庆阅兵虚拟观礼"等；VR/AR 技术的逐渐成熟并应用于图书出版。"场景"在当前时代已然成为一种生产力，具有较强的传播力与渗透力。在阅读推广领域，关正文导演的《一本好书》是"场景"要素嵌入知识传播、图书导读、阅读动员方面的典范。范并思先生指出，在阅读推广应用性理论的研究中，阅读推广的环境设计目前在我国还比较缺乏，需要大力推进[2]。而在《一本好书》中提供了阅读推广环境设计的实践样本。为此，本文以《一本好书》为研究对象，以"场景"为研究切入点，论述"场景+读书"（场景式阅读）的价值、反思与启示，以期对为阅读推广主流机构将"场景"嵌入阅读推广提供相关参考。

## 1　场景式阅读：概念、支点与价值

### 1.1　概念

《一本好书》是由实力文化和腾讯视频联合打造的场景式读书节目，第一季于 2018 年 10 月在江苏卫视及腾讯视频平台同步播出，由《月亮与六便士》《三体》《万历十五年》《人类简史》《未来简史》《霍乱时期的爱情》《查令十字街 84 号》《麦田守望者》《无人生还》《暗算》《尘埃落定》12 部中外经典图书构成。第二季于 2019 年 10 月在江苏卫视及腾讯视频平台同步播出，由《红岩》《骆驼祥子》《红字》《汤姆·索亚历险记》《头号书迷》《怪诞行为学》《悲惨世界》《了不起的盖茨比》《简·爱》《鲁迅杂文集》等经典图书构成。《一本好书》通过图书中的场景再现,以舞台戏剧、片段朗读、影像图文插播等手段,呈现书中情节和情感,让观众在"场景"沉浸中收获对图书内容的大体认识与理解。从广义阅读的定义看,阅读是人类社会的一种重要活动,包括一切对主体上的外部世界及其意义的解读[3],也有定义指在一切形式的信息载体中,如文字、声音、景象、肢体动作、行为痕迹等等,获得对外部世界的感知与认知[4]。正如阿尔维托·曼古埃尔指出,阅读书面上的字母(文字)只是它的诸多面相之一,正如,天文家阅读天空,建筑家阅读土地,动物学家阅读动物痕迹,音乐家阅读音符,心理学家阅读梦境[5]。因此,笔者将场景式读书节目《一本好书》定位为"场景式阅读",即在"场景"中获得对外部世界的体认与感知。场景式阅读是"阅听"与"阅图(景)"的复合式、视听化阅读样式,是指在由一定的实物、人物组成的特定空间下个体获得对外部世界体认与意义认知的阅读实践,能调动阅读实践个体的视觉、听觉、触觉、知觉等感官,是一种阅听与阅图(阅景)相融合的复合型阅读行为,需要阅读实践个体临场并在场景中实现信息获取与接受[6]。

### 1.2 支点

场景式阅读节目《一本好书》的支点可以从以下三个方向思考:图书、场景与电视媒介。其中古今中外经典图书是《一本好书》节目的内容基础,具有较高的思想内涵与文化价值;"场景嵌入"是《一本好书》中图书精华内容得以表现的方法;电视媒介是《一本好书》向外扩散、传播的媒介基础。"场景嵌入"策略即《一本好书》的场景打造,首先"《一本好书》"的"场景"存在于具体的物理建筑空间中,其次"《一本好书》"的场景是周围的环境与人物关系的总和,周围的环境是由实物、背景图片、影像、声音、灯光等构建的表演空间。在这一特殊的空间下,主持人、表演嘉宾、解说嘉宾、观众围绕图书内容构成关联,表演嘉宾通过语言符号、情感符号、表情符号、衣着符号呈现图书内容,主持人与解说嘉宾以对话关系提出议题、解读文本意义。因此,在"场景"中涵盖了空间、程式、符号与情感,观众通过阅读"场景"中呈现的多元符号实现信息的接收。笔者认为,场景式阅读的支点具体表现为以下几点。

#### 1.2.1 媒介载体

《一本好书》是以电视媒体策动的场景式阅读节目。电视作为一种大众媒介,在信息、知识的传递中发挥着重大作用,而电视运用于图书荐读、知识传播的做法早已有之。例如:2001年由中央电视台科教频道推出的《子午书简》《百家讲坛》两档栏目。其中《百家讲坛》从开播至今历20年经久不衰,深受人们的喜爱,同时也带热了国学经典、历史的书籍的热销与阅读。电视媒介在信息、知识传递上的优势在于其传播的空间维度更广,时间维度更快。另外,借助于电视媒介载体所呈现的信息具有直观、生动、形象且易于理解的特征,有利于观众的理解与信息的输入,因此电视媒介还具备受众面广的优势。此外,《一本好书》还通过互联网"腾讯视频"进行传播。在互联网环境下观看视频,观众可以通过弹幕发表评论,可以自由选择播放的快慢与进度,也可根据自己对节目内容的喜爱或认可程度选择反复观看或者退出,同时也不受时空的限制可以在任何时间、任意地点进行观看,具有很广的受众面。同时,手机、平板等智能设备的录屏功能、社交媒介的发达,观众可以边看边录制并将其发布至自己的社交账号,对《一本好书》进行传播与扩散实现信息的再度分发。《一本好书》实现了电视传播、网络传播、人际传播的传播矩阵,达到了良好的传播效果。

#### 1.2.2 多维空间

场景式阅读离不开"场景"的支持,而"场景"一词原指拍摄的场地和布景[7],也可指戏剧、电影中的场面,即特定时空下发生的行动,或是因人物关系构成的具体画面[8]。《一本好书》打造的"场景"首先是一个具体而实在的建筑空间;其次是通过实物布景、背景设置、影音融入烘托等手段在具体的空间中建构舞台空间,以"场景"中的多元符号向观众传达文本中的环境、故事背景及一定的文本意义;再次是通过人物语言、人物情感、人物行为、人物关系等向观众呈现的表演空间,能使观众在人物表演场景中体会文本中的矛盾冲突、故事情节与思想内涵;最后是场景中舞台空间中的实物符号、背景符号,表演空间中的语言符号、情感符号等等形成合力向观众输出文本的文化内涵与象征意义,从而形成了《一本好书》的文化空间,观众在这多维的空间下进而形成对图书文本认知与意义的构建并调动自己已有的文化资本塑造了属于自己的心理空间与认知体系。

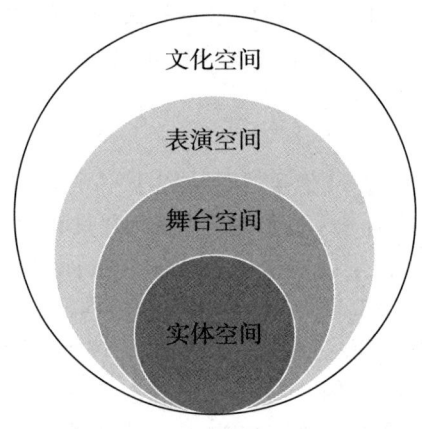

图 1　场景式阅读《一本好书》的多维空间

#### 1.2.3　程式安排

《一本好书》的节目程式由图书背景介绍、演员现场演绎、嘉宾现场解读三步骤连贯而成。在图书背景介绍环节不设主持人,以画外音、旁白的形式介绍图书的内容、作者及创作背景等,并在电子屏幕中呈现相关文字或图片,不设主持人的处理方式更能让观众聚焦大屏幕中图文本身,有利于激活观众的探知欲。在演员现场演绎阶段,既有图书中人物的扮演者又有作者的扮演者,在表演的过程中,作者时而与书中人物对话,时而与观演中的观众对话,以"作者"的口吻解说文本又能给观众带来真实感、亲切感和可信度。每每在表演结束,"作者"的扮演者都会发出"你们去看书吧,我都写进书里了"的呼吁。在这一阶段,以表演的场景拉近了观众与图书的距离,为观众向读者转变创造了条件。在嘉宾现场解读阶段,观众的视角从表演空间转向《一本好书》节目的"第二现场",由主持人与两位解说嘉宾组成,嘉宾往往是具有较高文化资本的学者、作家。"第二现场"以客厅的形式出现,由主持人引出话题引导嘉宾解说与观众深入思考,嘉宾在解说中向观众传达自己对图书的认知及其思考,观众通过嘉宾的解说接收嘉宾所传达的信息以达到对目标文献的深层理解。

#### 1.2.4　符码系统

舞台空间的构建以及多元程式的设置是为了构建《一本好书》的符码系统,而符码系统会使实体空间承载一定的象征意义与文化内涵进而形成文化空间。文化空间的形成是通过运用文化象征、想象、意指、隐喻等手段,建构空间文化表征意义[9]。《一本好书》空间文化的表征是运用物象、形象、语言等符号系统来承载某种意义的象征或表达文化意义,就是将图书文本中的环境、思想、情感等在一系列容易被理解的符码系统中具体化、形式化。《一本好书》的符码系统包括实物、背景、人物、语言。实物符号用于《一本好书》的舞台布景,实物的物象可以被观众通过视觉直接感知,例如在《月亮与六便士》中富丽堂皇的客厅与灯光微弱的小酒馆,节目通过场景实物、灯光等布景反差突出为理想而穷困潦倒的思特里。背景符号用于《一本好书》节目的场景渲染与情感感染,例如背景音乐、背景图片等,这些背景符号容易使观众尽快进入场景或故事情节,具有一定的代入感。人物符号即形象符号,图书文本中的主人公、作者成为一个个活生生的形象在舞台上表演,图书中的人物形象被观众直接感知,他们的表情、语言、动作甚至衣着等都在向观众传输文本意义,例如在家养尊处优时西装革履的思特里与为理想而战落魄于小酒馆破履烂衫的思特里,"理想与面包艰难抉择"的主题得到突出;王洛勇将《霍乱时期的爱情》中描述"76岁的阿里萨再见心上人"复杂心情的大段文字用12秒的表情、肢体动作进行演绎,"多年之后再遇心上人,见还是不见"的两难选择引起观众共鸣与思考。语言符号即有来自表演嘉宾对文本的演绎也有来自主持人与解说嘉宾的言语交谈,语言符号具有承载意义的功能也能让观众通过听觉、大脑皮层接收与接受。

#### 1.2.5 情感能量

笔者在前期研究《场景式阅读构建:场域、程式与互动驱力——由〈一本好书〉说起》[10]中指出,场景式阅读是一种仪式,空间(场域)、程式、互动驱力(情感与符号)耦合作用下合成的仪式效果构建了《一本好书》完整的互动仪式链条。柯林斯认为,在互动仪式过程中情感能量是重要的驱动力[11],情感能量的变化使观众在观看过程中获得不同程度的情绪体验,而在共同聚焦点、共同关注内容的加持下,有助于观众形成共享情感的状态,最终有利于集体统一行动与统一认识。《一本好书》观众的情感能力体现为四个层次:情感唤醒、情感互动、情感共鸣、情感极化四个方面。第一,情感唤醒是通过画外音旁白,辅助背景图片、文字以及根据图书文本的舞台布景等唤醒观看者的观看意愿,唤醒已阅图书者的记忆。第二,情感互动主要通过观众认真观演,表演嘉宾倾情演绎,舞台声光画,镜头切换来实现,观众随着表演嘉宾的场景的渲染,人物的语言、情绪、故事情节而产生情感交织,如忧伤、期待、同情、喜悦、兴奋等,从而达到情感上的回应与互动。第三,情感共鸣主要通过设置议题来实现。如"理想与面包""遇见以前的恋人是见还是不见"等,文本中的情节全部通过"平民化"的叙事视角展现,这些话题几乎与普通人息息相关,这容易调动观众的大脑神经系统,关联自身经历,联合自身文化资本对这些话题进行吸收融合与转化达到情感共鸣。第四,情感极化主要通过第二现场的嘉宾解读而实现。柯林斯认为,互动仪式中当参与人得不到情感回报时,就会转向其他收益更多的互动仪式[12]。《一本好书》中主持人在第二现场抛出图书议题,如果议题与观众接收到的信息、思考的方向基本一致,观众就能获得情感回报、认可、鼓励;在第二现场解说嘉宾往往是具有较高文化水平的学者,他们还会根据自己的人生际遇对图书进行解读,观众在解读中实现情感补偿达到情感极化最终化为集体情感认同。

### 1.3 价值

在前期研究《场景式阅读构建:场域、程式与互动驱力——由〈一本好书〉说起》[13]中,笔者在人类学视野下论述场景式阅读属于一种仪式;在传播学视野下论述场景式阅读是传播实践。而审视场景式阅读的价值就需要把视点置于"仪式""传播"的框架下,如图2所示。图2中,第一层级的"支点"有5个方面:媒介载体、多维空间、多元程式、符码系统与情感能量。

其中场景的构建、程式的安排构建了《一本好书》的符码系统,而符号又唤醒与刺激观众在观看中情感能量的不断增长,空间、程式、符号、情感构成了完整的互动仪式链条,《一本好书》具有仪式的属性。而在媒介载体中,《一本好书》以电视媒介为基础,再经由互联网、直播、社交平台进行信息分发而具有传播的属性。不同的属性产生不同的价值,具体如下。

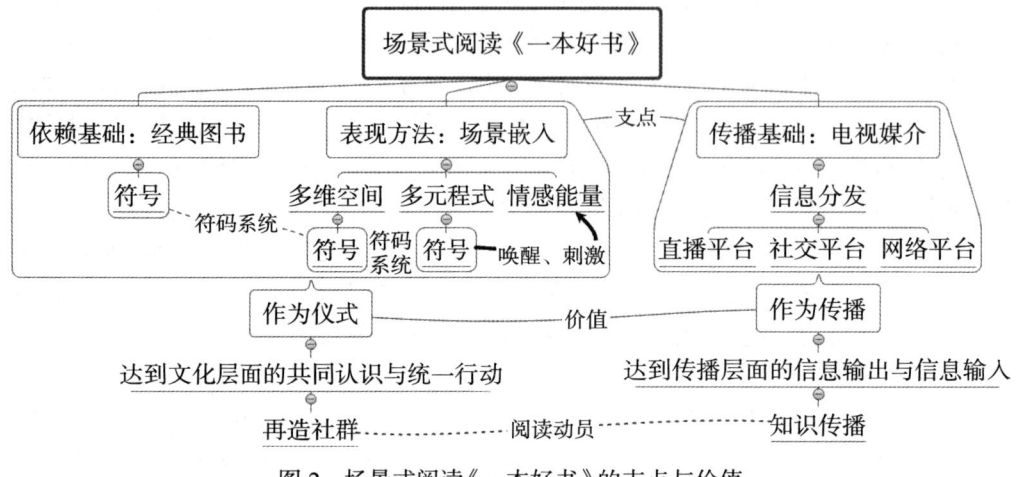

图2 场景式阅读《一本好书》的支点与价值

### 1.3.1 再造社群

仪式(Ritual)指按一定的文化传统将一系列具有象征意义的行为集中起来的安排或程序[14]。从狭义上来说,仪式指发生在宗教崇拜过程中的正式的活动,包括宗教活动、节目、游行、游戏和问候等事件。从广义上来看,仪式不但指任何特殊的事件,而且指所有人类活动的表现方面。在这个意义上,仪式传达了个体的社会和文化地位的信息,任何人类行为都具有一种仪式的维度[15]。在人类学科研究中,关于仪式功能的研究延伸至社群维持与再造社会秩序,迪尔凯姆在仪式中看到了社会的源泉,社会个体通过仪式聚集到一起,个体体验到作为社会成员的身份并感受到维持团体团结性的集体意识[16]。正如刘建明指出,仪式是一种战略行动,有助于促进社会团结,防止相互攻击,驱除可能影响共同体和谐的危险因素[17]。《一本好书》节目是按照一定的程序进行的,并将各种不同的符号呈现在场景中,以图书的思想价值为基础,通过程式化的表演及情感渲染编码了图书文本的符号与意义系统。观众在由器物、音乐、图片、人物、表演程式等构成的画面中形成集体意识、凝聚共同信仰与实现情感共振,从而维系具有共同体的社会组合。《一本好书》有节奏的程式安排及不同符号的呈现中激活了观众的心灵体验,这不仅有利于感召观众,同时也促进观众集体意识的达成及群体内部的相对稳定。

### 1.3.2 知识传播

美国现代的词典中关于"传播"的最常用释义,如:"传授"(Imparting)、"发送"(Sending)、"传送"(Transmitting)或"把信息传给他人"(Giving Information to Others)[18]。这些关于"传播"的常用释义强调的是信息或信号从一端传送至另一端,突出的是信息在空间维度上的位移与扩散。《一本好书》节目的定位是知识性与情感性并存的文化节目,图书介绍、作者简介、创作背景以及嘉宾解读中包含了比较多的知识点,而这些知识点被具化为一定的符号,如语言、文字、图片、实物等,而在人类传播史中这些符号均具有媒介的功能可向外进行信息的输出,观众不但可以从场景符号中获得知识信息与象征意义,同时场景符号的不断强化也可刺激观众心理空间的形成,因此在场景与观众心理之间构成了信息的传递链条,达到了知识传播的目的。

### 1.3.3 阅读动员

关正文导演指出《一本好书》的创作出发点是以静态图书向更具大众趣味的、富有表演情景的转换,让好书能够被更多人看到,"跟随《一本好书》寻找一生之书"。节目以综艺这种时下热门的内容载体打开了大众传播的窗口,通过舞台化的演绎和明星的加盟,让原本在文字中被折叠的故事能够在舞台上呈现,以一种轻松的、娱乐化的形式激活大众的阅读兴趣来实现阅读推广与动员。事实上,《一本好书》达到了预期效果,所推图书大多登上热搜并被抢售一空。2018年"双11"期间,《一本好书》第一季播出的推荐书目就登上众多网上图书商城畅销书排行榜,首期书目《月亮与六便士》成为几大图书商城的销量冠军。有许多观众纷纷表示,"我一定要去看书""这本书买了很久了,是时候拿出来看了""不能让我的书再蒙灰了"等。观众在《一本好书》中阅读图书的兴趣得到了激发,不少观众形成重拾书本阅读或购买图书阅读的统一认识或行动,真正实现了阅读动员与推广。

场景式的读书、诵读等阅读节目走进大众视野已有两年,这类文化综艺节目在"娱乐至死"的综艺景观中大放异彩,在大众心中树立了极佳口碑。《一本好书》一经播出便产生很好的社会效应。在知识爆炸、信息焦虑、信息速食、阅读缺少耐心的情况下,《一本好书》构建了大众阅读的"试衣间",打造讲解图书的"演讲台"。观众对其的高分评价足以说明,在当前时代,有质量、有品质的文化消费形态容易得到热捧与喜爱。阅读与电视媒介的结合,使阅读文本的呈现具有电视媒介的特征,如图书文本信息的形象化、直观化、视觉化,受众接受信息的即时性、前置化等。《一本好书》构建的场景式阅读与传统的、个人的阅文相比,其个性化阅读审美值得反思,但场景式阅读作为一种阅读推广与动员方式却值得推广。

## 2 反思:从个人文本阅读角度看《一本好书》

《一本好书》的场景、视听叙事反映的是后现代的视觉符号的生产,它的受众广、传播效果好反映的是后现代人们的文化消费特征,即视觉性的声光画、影音视频更容易吸引现代人的注意力[19]。阅听、阅图(景)相比阅文在融媒时代完全走进了现代人的日常生活。第十六次全国国民阅读调查结果显示,我国成年国民数字阅读活动以阅读新闻、社交和观看视频为主,娱乐化和碎片化特征明显,深度图书阅读行为的占比偏低[20]。场景式、视听化叙事演绎图书内容的方式迎合了现代读者通过视频实现信息获取的习惯,也满足了部分读者对于具有较高文化性内容渴求的心理。图书文本通过场景化及视听化呈现,使繁多、厚重、复杂的文本内容精炼、简化、形象化、感官化,图书文本中最能突出主题、最具矛盾冲突的部分被抽离出来,并极尽叙事之能事,从场景到道具,从图片到背景音乐,从人物塑造到人物解读,等等,最能象征图书文本象征意义的符号一并呈现在观众眼前,将原本需长时间、私人的纸本图书阅读压缩成一小时的、公共场景式视听阅读,虽然可以增强经典图书的可读性、生动性,提高经典图书的知晓度,但同时也存在一定的弊端。

首先,图书文本的视听化叙事消解独创性阅读审美。波兹曼(Neil Postman)指出,读者在基于印刷媒介的文字阅读中需要读者具有分类、推理和判断能力[21],这意味着阅读文本能够促进读者思维的发展,是一种深度的阐释文本的过程。作为社会实践的阅读具有个别性,刘勰在《文心雕龙》指出,文情难鉴,知音难逢的原因之一是由于"知多偏好"[22],一方面说明阅读实践个体在阅读中应"轻重无私""爱憎不偏",另一方面也揭示了阅读作为一种自由自觉的审美活动具有主观差异性,每个阅读实践主体在自己理性思维的基础上对于阅读文本应该有个性化的审美认识。然而,场景式阅读中图书文本的视觉呈现,缩短了读者对于图书文本认知与思考的过程,感官刺激、视觉消费取代了理性的文学审美[23]。在《一本好书》等场景式阅读节目中,场景的渲染、情感的烘托让观众直接沉浸于"形象性感知",弱化了其对于文本文字的"话语性感知",而形成一种浅性理解,进而直接接受来自于《一本好书》节目中对于图书文本的共同认知,而消解阅读实践个体的个性化阅读认知。

其次,图书文本的视听化叙事"观众"驱赶"读者"。"电视媒介 + 阅读"的形式实现了文字到图像、场景的技术革命,构建了视听化、场景化阅读,本来作为图书文本接收者的"读者"向影视环境下的"观众"转变。《一本好书》的观众对于图书文本的艺术感知结构,是由节目场景、声光画渲染、人物表演等视觉、听觉感官刺激来感知的,而对于文本阅读的读者是通过文字想象来感知的。梅罗维茨(Joshua Meyrowitz)认为,看电视时节目所传达的讯息会主动来接触人们[24]。在《一本好书》中图书文本意义与文化内涵等信息对于"读者"而言是前置的,因为这些信息在读者未阅读图书文本之前就被告知了,对于"观众"而言这些信息是即时获取的,观众如果要完全获得文本阅读所能形成的独创性阅读审美及深层思考,一个多小时的节目时长是不够的,因而"观众"在节目的"议题""解读"的程式中更会加深对节目中所呈现文化想象的认同,而成为被动接受替代性想象的观众。另外,在较短的时间内视听化呈现的经典文本也是不完的,割裂了经典文本的完整性,或是省去中间的故事情节,或是隐藏叙事的结尾,因此在每期节目的最后,主要演员会发出回归纸本阅读的呼吁,这也正是《一本好书》节目导演关正文的初心。

## 3 启示:从场景式阅读角度看阅读推广与动员

### 3.1 读者拓展:守住存量与开发增量

阅读推广的目的在于扩大阅读的人群,提高阅读兴趣,场景式阅读节目《一本好书》通过电视媒介构建图书、节目与观众之间的互动仪式链激发观众的情感能量,形成共同认识也推动观众重拾书本阅读所推荐的图书。作为仪式的场景式阅读本身便具有传播的功能,而电子媒介的融合,则更推进节目所推荐的图书被广泛知晓。场景式阅读产生的效果就在于激发了观众想读的兴趣,也扩大了阅读的人群。因此场景式阅读可以被视为是阅读推广与阅读动员的有效方式,值得阅读推广机构借鉴与思考。笔者认为,场景式阅读推广的实施效果应是实现读者的拓展,而拓展的目标人群中特殊人群比普通人群更为重要,特殊人群包括但不局限于以下:①不喜欢阅读人群;②想阅读却因为图书浩瀚而无法抉择人群;③想阅读却因为自身文化素养不高害怕难懂而拒绝阅读人群,等等。场景式阅读作为一种普适大众的阅读方式,其具有可感知性、形象性、直观性且有专人解说的优势,相比阅文更能让特殊群体易亲近与感知、认知与把握。因此,阅读推广活动的主要开展机构图书馆、学校、出版社、书店、媒体等,可以借助场景式阅读这一形式,激活特殊人群的阅读兴趣,缓解特殊人群在信息体量膨胀时代中的选择焦虑,以具有较易理解的知识性内容填补文化资本缺乏群体的知识鸿沟,在这一层次便是读者拓展的开发增量。而对于普通人群,这类读者具有阅读意愿、阅读能力,知晓图书馆价值且能够通过图书馆获取信息资源。如果要以场景式阅读的方式吸引这类读者,便可以通过小型文化沙龙、阅读真人分享、知识闯关、头脑风暴等方式,普通读者在这些活动中如能获得群体的认同则会获得认可与鼓励进而形成情感能量促进其保持阅读,在这一层次便是读者拓展的存量。

### 3.2 场景构建:科技融入与沉浸体验

《一本好书》中提供了"阅读推广环境研究与设计"的实践样本,这一研究方向在我国阅读推广应用性理论的研究中还比较缺乏。该节目的阅读推广环境便是它的情境,包括声光画的场景、戏剧表演情境、情感情境与义化情境。可见,在场景式阅读中,要有情感与文化因素,即柯林斯所说的情感能量与符号资本(包括文化资本),同时也要有能烘托情感、让观众迅速沉浸的场景,才能实现情感唤醒,激发阅读欲望。因此,场景的构建在场景式阅读中是具有影响力的因素。在信息技术飞速发展的今天,全息投影已在文艺创作和文化教育等领域已实现较为广泛的应用。随着 VR、AR 技术的日渐成熟以及立体式全息影像研发的不断进步,人类的视界将得到进一步拓展。未来,在技术加持下,舞台、演唱会、艺术品展览等全息场景将愈加多样,使人们获得更加深入且真实的沉浸感与交互体验。阅读推广主要机构可以通过全息影像技术升级舞台、演播厅、报告厅、小型阅读空间等。全息影像技术可用于媒体、图书馆的场景式阅读节目或活动中,以《一本好书》推荐的《三体》为例,其借助声光画、特效展示星球、宇宙等,更能让观众进入故事剧情。而全息影像相较之下更加逼真与多样,可以为场景式阅读提供质量精良的场景,提升读者的临场感加强其沉浸体验。可将 VR、AR 技术运用于图书出版,读者可以通过扫描相关符号或二维码并通过专属 APP 观看与图书内容相关的动画。例如,VR、AR 技术在地球仪上的使用,手机扫描到"北京"便在 APP 中播放北京天安门升国旗的动画;扫描至四川则出现了国宝大熊猫的介绍视频,这种场景技术的融入尤其适合于科普类、历史类图书,亦非常符合低幼及少年儿童的阅读水平与喜好。

### 3.3 情感能量:互动仪式与心理共情

情感是场景式阅读实现阅读动员达到阅读推广目的的重要因素之一。人类在某种意义上是情感的俘虏,情感能量是互动仪式中的重要驱动力,人们发展积极的感情是具有价值的,人们可以通过互动仪式来增进积极情感,从而由互动仪式再生出共同焦点、共同情绪,达到身体共在与心理共情,进而实现集体意识或共同行动[25]。阅读推广主要机构要以场景式阅读作为阅读动员策略,则需要在场景式阅读中注入情感因素。除了在场景沉浸中实现情感唤醒之外,还应在一定的程序、语言符号、文化符号中加快情感互动与情感共鸣。对于图书馆而言,在真人图书馆、读书会、讲座等阅读推过形式中,首先要加强阅读活动的仪式感。例如,在每年的 4.23 读书日期间,许多公共图书馆都有"读书月"的启动仪式,包括集体朗诵、文化表演、发布阅读倡议书等,以不同形式形成强大合力催化读者阅读的情感需求。对于场景式阅读节目的打造,公共图书馆应走精品化路线,如可确定年度图书 12 本,以定期发布、同城共读的形式使其在读者心中成长为一个固定化的程序,以"两微一端"为宣传入口,对图书的内容提要,作者简介进行宣传,并设置悬念激发阅读兴趣;与出版社合作邀请作者到馆进行讲解;开展阅读感想征文、故事情节表演小视频征集等活动,形成"图书前期推广—读者阅读—作者临场讲解—读者(再)阅读—阅读感想写作、表演"的工作流程,构建深浅阅读互相交织的阅读景象,如图书前期推广与作者临场讲解适用于特殊群体中部分读者。其次要加强阅读活动的互动性。在图书前期推广中可以在"两微一端"开设评论通道,阅读过的读者可以进行评述与推荐,在读者阅读阶段可以通过微信共读群进行读者互动;在作者临场讲解阶段,可以通过现场答疑、圆桌图书阅读交流沙龙、读者读书感悟讲述等形式实现作者与读者、读者与读者之间的互动。在读者读后感征集阶段可以选取优秀文章通过"两微一端"发布,进一步激活共读读者的心理共情。

### 3.4 内容至上:回归经典与文明互鉴

文化资本也是场景式阅读《一本好书》取得良好阅读动员效果的关键因素之一。在内容上,文化资本体现在图书内容上以及嘉宾对图书的解读上。对于场景式阅读而言,节目内容的形象性、可感知性、知识性、普适性、易理解性是能快速吸引观众的主要原因。此外,节目内容的话题性、与日常生活的贴切性是观众情感互动与情感共鸣形成的基础。因此,场景式阅读的文本选择的好坏决定了阅读动员的成功与否。经典著作往往具有较好的象征意义与文化内涵。从近年的文化综艺节目看,具有传统、经典、共同信仰、集体记忆的内容更容易打造成"现象级"的电视读书节目。例如,与诗歌相关的《中国诗词大会》《经典永流传》;与共产主义信仰、红色记忆相关的《红色家书》;突出人类情感与思考的《朗读者》《见字如面》《一本好书》等。从总体来说,此类场景式阅读、诵读节目呈现回归传统、经典的趋势,在网络文学作品泛滥、同质化且质量不高以及娱乐综艺节目数量庞大的形势下,场景式阅读式的节目形式在内容导向上实现了逆向创新。《一本好书》推荐图书涉及国内外的优秀作品,有获得过诺贝尔文学奖、茅盾文学奖的作品,如《霍乱时期的爱情》《尘埃落定》;有世界各国的优秀著作,如《月亮与六便士》《麦田的守望者》《查令十字街84号》;有当下的畅销图书,如《万历十五年》《三体》《未来简史》《无人生还》《暗算》。鉴于此,图书馆在场景式阅读活动中应遵循内容至上的图书遴选标准,侧重传统文学、国学经典等。另外,习近平主席提出"全人类共同价值"思想,也需要图书馆在选择推荐图书时要把握文化共通性,精确捕捉不同文化背景的经典著作,扩展读者阅读视野,实现古今中外的文明互鉴。

### 3.5 关系处理:圈层归属与独创审美

社会个体通过仪式聚集到一起,个体能在其中体会到其作为其中一员的身份并感受到维持团体团结性的集体意识,即具有圈层归属感。场景式阅读作为一种仪式,可在情感"唤醒—互动—共鸣—极化"的发展进程中,在共同关注焦点、心理共情下,形成统一的认识标准或达成共同行动的集体或圈层。场景式阅读与个人阅读相比,其不仅消解读者的阅读审美的差异性,同时节目中文化意识形态的信息前置化也瓦解了读者深入文本进行"话语性感知"的实践,而以替代性想象作为理解文本的工具。因此,阅读推广的主要机构在利用场景式阅读方式进行阅读动员时,应处理好读者群圈层归属与独创审美的关系。首先是定位问题。圈层归属感应针对特殊读者,即读者的开发增量。其次是兼顾问题。独创性审美应针对普通读者,即要守住读者存量。图书馆可以根据年度书单、"同城共读"书单,打造适合于普通读者参加交流与互动的读书会、读书沙龙,以圆桌会议的形式邀请读者畅谈。圆桌会议形式不设意见领袖,每个读者均是焦点,均有自己的视角对图书进行解读、笔谈。这一形式对于高校图书馆学科服务而言,不仅可以引发头脑风暴,使得读者能在别人的视角中看到新的方向,亦能充分尊重不同读者间阅读审美的差异性。

《一本好书》将"场景"要素应用于阅读推广,以独树一帜的"电视剧场"模式,通过故事讲述、人物表演、嘉宾解读等方式在特定的"场景"中重新演绎经典。相比枯燥的文字式阅读,这种视觉化、情景化模式更易让观众接受,更容易营造出强烈、丰富的情感体验。《一本好书》以多维空间、程式安排、符码系统、情感能量构建了场景式阅读完整的互动仪式链条,以媒介载体构建了场景式阅读的信息传递链条。场景式阅读节目《一本好书》具有仪式与传播的双重维度与双重效果,不仅实现了知识、信息、观念的传递,也在"场景""符号"中构建相对稳定的、基于共同认知的社群,促成群体中部分"观众"向"读者"转变,实现了阅读动员与推广的目的。在阅读推广的理论研究中,《一本好书》节目为阅读推广环境的设计与研究提供了可参考的样本,值得阅读推广机构进一步实践与探讨。

## 参考文献

[1] 斯考伯,伊斯雷尔.即将到来的场景时代:大数据、移移设备、社交媒体、行感器、定位系统如何改变商业和生活[M].赵乾坤,周宝曜,译.北京:北京联合出版公司,2014:11.

[2] 范并思.阅读推广与图书馆学:基础理论问题分析[J].中国图书馆学报,2014(5):4-13.

[3] 陈攀.乡镇中学语文课外阅读现状分析及教育教学策略[D].苏州:苏州大学,2014.

[4] 李新祥.数字时代我国国民阅读行为嬗变及对策研究[D].武汉:武汉大学,2013.

[5] 曼古埃尔.阅读史[M].吴昌杰,译.北京:商务印书馆,2002:6-7.

[6][10][13] 刘艳.场景式阅读构建:场域、程式与互动驱力——由《一本好书》说起[J].图书馆论坛,2020(10):142-149.

[7] 谭天,夏夏.场景构建与用户延伸——打造互联网时代新型广播[J].中国广播,2015(5):39.

[8] 李婷婷,董玉芝.场景理论下社会化阅读用户阅读行为培养路径分析[J].编辑之友,2018(1):16-19.

[9] 谢纳.作为表征实践的文化空间生产[J].社会科学辑刊,2019(4):197-201.

[11] 柯林斯.互动仪式链[M].林聚任,王鹏,宋丽君,译.北京:商务印书馆,2009:4-5.

[12] 同[11]:6.

[14] 陈国强.简明文化人类学词典[M].杭州:浙江人民出版社,1990:135.

[15][16] 李鹏程.当代西方文化研究新词典[M].长春:吉林人民出版社,2003:352-353.

[17] 刘建明."传播的仪式观"与"仪式传播"概念再辨析与樊水科商榷[J].国际新闻界,2013(4):168-173.

[18] 凯瑞.作为文化的传播:媒介与社会论文集[M].丁末,译.北京:中国人民大学出版社,2019:15.

[19][23] 刘兰,陈超维.场景理论下电视读书节目视听叙事创新策略——以《一本好书》为例[J].现代视听,2019(3):23-28.

[20] 第十六次全国国民阅读调查结果公布[EB/OL].[2019-6-21].http://culture.people.com.cn/n1/2019/0421/c1013-31041115.html.

[20] 波兹曼.娱乐至死[M].章艳,译.桂林:广西师范大学出版社,2004:67.

[22] 周振甫.文心雕龙今译[M].北京:中华书局,2013:435-439.

[24] 梅罗维茨.消失的地域:电子媒介对社会行为的影响[M].北京:清华大学出版社,2002:78.

[25] 同[11]:6.

# 城市夜经济发展背景下公共图书馆夜间阅读推广活动研究

乔福坤(青岛市图书馆)

近年来,夜间经济文化生活日益受到全社会的重视,北京、天津、石家庄、成都等多个城市都出台了一系列发展夜间经济的政策和指导方针,城市夜生活越发丰富,市民夜间文化需求也日益增强。公共图书馆作为公益性文化单位,以为市民群众提供公益性、基本性、均等性和便利性的文化服务为己任。近年来众多公共图书馆推出了夜间延时服务、24小时自助图书馆服务等夜间服务模式,并在夜间开展了形式多样的阅读推广活动,深受市民欢迎和喜爱。但总体来看,我国公共图书馆界在开展夜间阅读推广服务方面存在重视程度不高、活动类型重复以及创新性不足等问题,难以满足市民多样性的夜间文化需求。本文在国内夜间经济大发展的背景下,以国内外图书馆开展的各类夜间阅读推广活动为研究对象,探索分析公共图书馆夜间延时服务中开展阅读推广活动的现状、存在的问题以及解决问题的相应对策。

## 1 国内外图书馆夜间阅读推广活动概况

### 1.1 俄罗斯"图书馆之夜"活动

俄罗斯图书馆界于2012年发起了"图书馆之夜"活动,该活动是俄罗斯联邦迄今为止影响最深远、参与最广泛的阅读推广活动之一。目前,"图书馆之夜"的主办方为俄罗斯联邦文化部,活动发起者屠格涅夫图书馆建立有"图书馆之夜"官网(http://biblionight/info/),官网通过项目介绍、历史新闻、活动计划、媒体服务、联系方式五个版块向社会提供活动计划指导以及相关的新闻宣传链接。截至2016年4月,参加"图书馆之夜"项目的图书馆从2012年的756个增加到2016年的1507个[1]。俄罗斯"图书馆之夜"活动的开展,吸引了更多市民走进图书馆,并形成了俄罗斯的文化品牌,成为世界各国图书馆界争相效仿的阅读推广模式。2019年4月20日,俄罗斯的"图书馆之夜"活动以戏剧为主题在俄罗斯国立图书馆举办了开幕式,当晚图书馆到访读者量达到6000人;在第一批活动——文学快闪行动"跟我读"中,汇集了约5000人,影响波及300万人,体现出了图书馆夜间阅读推广活动的强大影响力。

### 1.2 英国"世界读书夜"活动

英国的"世界读书夜"活动始于2011年3月5日,自2012年开始在4月23日举行。该活动主要由独立慈善机构英国阅读协会举办,最初的活动内容主要为与出版商、印刷商、经销商、图书馆、书店等合作挑选图书,由志愿者在活动现场和人流密集场所等地方进行赠送。现在的"世界读书夜"活动形式不仅限于赠书,图书馆也参与到活动中来,并与学校等机构一起开展读书会、与作家面对面、朗读比赛等与阅推广相关的活动。除英国外,美国、德国、克罗地亚等国家也相继推出了"世界读书夜"活动[2]。英国的"世界读书夜"活动与俄罗斯的"图书馆之夜"由公共图书馆发起和组织不同,该活动最初由慈善组织发起,后来图书馆也参与其中,并且通过活动起到了宣传阅读、推广阅读以及提升市民阅读兴趣的作用。

### 1.3 国内公共图书馆的夜间阅读推广活动

近年来,随着国外夜间阅读推广理念的引入,部分国内公共图书馆也开始了在"世界读书日"期间举办夜间阅读推广活动的尝试,并逐渐成为公共图书馆界的潮流。目前,国内的夜间阅读推广活动可大体分为三大类型:一是以综合性阅读推广活动为主的"图书馆之夜"活动;二是以综合性阅读推广活动和搭帐篷夜宿图书馆为代表的"图书馆奇妙夜"活动;三是以深圳图书馆、重庆图书馆以及青岛市图书馆等为代表的特色化主题夜间阅读推广活动。

#### 1.3.1 图书馆之夜

2015年中国图书馆学会年会在广州图书馆举办了"图书馆之夜"活动;2016年浙江图书馆与全省95家公共图书馆在世界读书日联合开启"图书馆之夜"活动,当晚全省各级公共图书馆共举办了活动1000多场;近年来,山西省图书馆、昆明市图书馆以及广东、江苏等地的部分区县级图书馆也都举办过"图书馆之夜"活动。到2019年世界读书日,"图书馆之夜"基本成为公共图书馆界选择和开展最多的特色夜间阅读推广活动。对于"图书馆之夜"活动的广泛开展,图书馆业界和市民读者均持接纳和开放的态度,并且经过"图书馆之夜"活动的广泛宣传,夜间阅读推广活动不仅在推广阅读方面起到显著的宣传和带动作用,也使得公共图书馆的社会形象得到了很大程度的提升,并在全社会为公共图书馆赢得了良好的口碑。

#### 1.3.2 图书馆奇妙夜

深圳少年儿童图书馆自2013年4月开始了"图书馆奇妙夜"活动,其活动创意虽然借鉴于国外的"图书馆之夜",但帐篷露营的形式却由深圳少年儿童图书馆首创[3]。该活动目前已连续举办七年,在2019年的活动中有120组家庭参加了该活动。继深圳市少年儿童图书馆成功举办"图书馆奇妙夜"活动之后,国内众多图书馆争相效仿,如辽宁省图书馆于2016年、长沙图书馆于2018年开启了"图书馆奇妙夜"活动,并坚持每年举办。如今,这一活动形式已逐渐成为图书馆业界夜间阅读推广的一大潮流。

#### 1.3.3 特色化主题夜间阅读推广活动

目前,深圳图书馆的"南书房夜话"、重庆图书馆的"格林童话之夜"以及青岛市图书馆的"四季阅读夜"家庭夜读活动等可视为特色化主题夜间阅读推广活动类型的代表。

"南书房夜话"活动是深圳图书馆独具特色的夜间阅读推广活动。深圳图书馆南书房于2013年深圳读书月期间开放,最初功能为集中陈列深圳图书馆精选的文史哲类经典书籍,并定期向读者发布"南书房家庭经典阅读书目";为让该空间能够得到更为充分的利用,深圳图书馆与深圳市社会科学院经过与诸多文化人士的反复商议筹划后,便诞生了"南书房夜话"这一系列文化活动,并使其成为深圳的一张"文化名片"[4]。该活动一直持续开展,深受市民和读者的喜爱。

重庆图书馆"格林童话之夜"活动在每年的世界读书日前后举办,活动通过舞台剧、小剧场、手工、立体绘本展示、VR互动、3D体验等活动,以沉浸式体验的方式,带领亲子家庭重温世界经典童话,培养阅读兴趣[5]。该活动目前已连续举办三年,并且以新颖的题材和内容获得了2018年的国际图联营销大奖,入选为10个最富启发性的项目之一[6]。此外,该活动还在

2019年由中国图书馆学会公共图书馆分会主办的"创新引领未来——第二届公共图书馆创新创意征集推广活动"副省级公共图书创新创意评选中被评为一等奖。

青岛市图书馆"四季阅读夜"活动自2014年开始举办,活动选取一年四季中独具特色的夜晚时间,按照季节将"四季阅读夜"划分为"春的畅想""夏的欢歌""秋的私语""冬的聆听"四大主题,在一年四季不同的夜晚时间为市民举办具有季节特色的家庭阅读推广活动,已连续举办六年,获得了市民读者的广泛好评,并成为青岛市图书馆的特色阅读活动品牌之一。该活动在2019年由中国图书馆学会公共图书馆分会主办的"创新引领未来——第二届公共图书馆创新创意征集推广活动"副省级公共图书馆创新创意评选中被评为三等奖。

## 2 公共图书馆开展夜间阅读推广活动的意义

### 2.1 发挥资源优势,拓展公共图书馆服务的广度和深度

2017年第六次全国县级以上公共图书馆评估定级工作《省级(副省级)图书馆评估标准细则》相较于2013年第五次公共图书馆评估定级工作《省级图书馆评估标准》,在第一部分服务效能中标号为1.1.1的标准中新增加分项5分,其中夜间开放加分分值为2.5分。此处加分项的设置意在鼓励公共图书馆重视夜间服务,充分发挥资源优势,更好地提升服务效能。但目前公共图书馆界受经费和人员限制,除上海图书馆、杭州图书馆等少量省市级图书馆能在夜间提供借阅服务外,多数图书馆的夜间服务是以开放自习区和自助服务区为主,服务方式简单、类型单一。夜间阅读推广活动的常态化举办,能够让公共图书馆充分发挥资源优势,以较小的经费和人员投入,借助内容丰富、形式多样的夜间阅读推广活动实现公共图书馆服务在广度和深度上的延伸。

### 2.2 创新阅读推广活动类型,丰富全民阅读活动品牌

自2004年起,中国图书馆学会负责承办每年的"全民读书月"活动,以图书馆为主要阵地的全民阅读推广活动由此拉开序幕[7]。2006年,中宣部、中央文明办等11部门联合发出《关于开展全民阅读活动的倡议书》,提倡全国各地的图书馆围绕"全民阅读"组织讲座、荐书、咨询、展览等读书宣传活动。经过图书馆人十余年的努力,公共图书馆全民阅读推广活动内容日益充实、类型日益多元,阅读推广活动品牌也日益丰富。但在已有的活动类型和阅读活动品牌中,如"南书房夜话"一般具有广泛知名度和影响力的夜间阅读推广活动类型和品牌还十分稀少。夜间阅读推广活动的广泛深入开展,将为图书馆的阅读推广活动开创更为广阔的发展空间,创新更多活动类型、创建更多活动品牌,从而推动全民阅读更深层次的开展。

### 2.3 满足市民夜间文化需求,助力繁荣夜间文化

2019年初,在北京"两会"上,繁荣夜间经济,写进了北京政府工作报告,成为北京代表委员的热议话题;四月,上海为推动夜间经济,提出借鉴国际经验,建立"夜间区长"和"夜生活首席执行官"制度[8]。此外,天津、成都、青岛等城市也都出台了促进夜间经济发展的相关措施,夜生活在社会上的认可度和活跃度将越来越高,随之而来的则会是市民夜间文化需求的提升。以同为提供文化需求的24小时书店为例,于2014年4月创办于北京的三联韬奋24小

时书店甫一开放,便受到了市民和媒体的热捧,对该书店进行报道的媒体相继达300余家,当年读者流量达28万余人次,同比增加68%[9]。这在一定程度上反映了市民群众夜读文化需求的旺盛。公共图书馆在市民自由度更高的夜间举办公益阅读推广活动,可以更好地满足市民的夜间文化需求、助力繁荣夜间文化。

## 3 当前公共图书馆夜间阅读推广活动存在的问题

### 3.1 对夜间阅读推广活动重视度不足

党的十八届五中全会将"倡导全民阅读""推动国民素质和社会文明程度显著提高"列为"十三五"时期的重要工作,公共图书馆界因自身行业性质使其成为倡导全民阅读的主力军,开展了卓有成效的阅读推广活动,有效推动了全民阅读工作的开展。但在当前开展的各类阅读推广活动中,绝大多数阅读推广活动的举办时间都在白天,夜间阅读推广活动的重要性一直未能引起业界重视,各个图书馆所开展的夜间活动场次在总阅读推广活动场次中占比极低。笔者对部分公共图书馆网站公布的2019年"图书馆服务宣传周"期间有详细时间的活动预告表进行统计,其中:杭州图书馆推出活动23场次,无夜间活动;长春市图书馆推出活动26场次,夜间活动1场;河源市图书馆推出活动34场次,无夜间活动;青岛市图书馆推出活动30场,夜间活动1场。

### 3.2 夜间阅读推广活动举办频次低

当前多个公共图书馆所举办的"图书馆之夜"或"图书馆奇妙夜"活动虽然在社会上引起了强烈反响,受到社会群众和业界同仁的广泛好评,但活动的举办时间基本限于每年的世界读书日期间,如浙江图书馆界联合举办的"图书馆之夜"、深圳少年儿童图书馆的"图书馆奇妙夜"以及重庆图书馆的"格林童话夜"等活动均为一年举办一次,青岛市图书馆"四季阅读夜"活动为一年四次,市民读者能够参与活动的机会特别少,在市民夜间活动日益活跃的当下,低频次的夜间阅读推广活动无法满足广大市民群众日益增长的文化需求。

### 3.3 活动模式同质化显著

在国内各公共图书馆已举办的夜间阅读推广活动中,基本以浙江图书馆、杭州图书馆、温州市图书馆等举办的以综合性阅读推广活动为主的"图书馆之夜",以及深圳少年儿童图书馆、长沙图书馆、辽宁省图书馆等举办的以综合性阅读推广活动和帐篷露营夜宿图书馆为核心的"图书馆奇妙夜"两大活动形式为主,独具特色的夜间阅读推广活动形式较少,这两种夜间阅读推广活动基本都借鉴于俄罗斯的"图书馆之夜"活动,未脱离其综合性阅读活动和一年一次的活动模式,同质化问题较为明显。

## 4 公共图书馆开展夜间夜读推广活动的对策

### 4.1 制定相关政策及评价标准,鼓励夜间阅读推广活动的开展

2017年6月,国务院法制办办务会议审议并原则通过了《全民阅读促进条例(草案)》。

此后,各省市相继依据该条例制定了本地区的《全民阅读促进条例》。在已出台的各地的《全民阅读促进条例》中,几乎都提到了公共图书馆在促进全民阅读中的重要作用,并提出鼓励公共图书馆通过延长开放时间、开展公益性阅读活动等方式促进全民阅读。为鼓励公共图书馆夜间阅读推广活动的开展,在修改或制定新的《全民阅读促进条例》时,可通过增加"鼓励公共图书馆利用自身场馆和资源开展夜间阅读推广活动"或类似条目的方式,对其加以引导和推动;在将要开展的第七次全国县级以上公共图书馆评估定级工作的标准制定中,则可增加"开展夜间阅读推广活动"加分项并制定相关评价标准,鼓励公共图书馆利用夜间延时服务时间开展阅读推广活动。

### 4.2 建立系统化、常态化夜间阅读推广活动机制

当前,国内公共图书馆界开展的各类夜间阅读推广活动,基本以一年一度的举办方式为主,间有各图书馆零星举办的夜间阅读推广活动。为让公共图书馆的夜间阅读推广活动能够让更多人接受和喜爱,系统化、常态化举办是一条可行之路。为此,图书馆行业组织可充分发挥自身职能,根据公共图书馆界已开展的各类夜间阅读推广活动,组织专家学者及业内人士进行公共图书馆广泛开展夜间阅读推广活动可行性及其利弊的大讨论,为建立常态化夜间阅读推广活动机制提供经验成果和理论支撑,从而更好地促进该活动的系统化、常态化开展。

### 4.3 鼓励创新,引导创立特色化夜间阅读推广活动品牌

深圳图书馆"南书房夜话"、深圳少年儿童图书馆"图书馆奇妙夜"以及被各图书馆广泛开展的"图书馆之夜"活动是公共图书馆界广为人知的夜间阅读推广活动品牌,虽然其数量在国内三千余座公共图书馆的众多阅读推广活动品牌中占比甚微,但其影响力却远超众多日间阅读推广活动。这一成就的取得,与夜晚这一特殊的活动举办时间密不可分。在当前众多团体机构和社会组织都加入阅读推广队伍的大环境下,品牌效应对阅读推广活动效果的影响日益增强。因此,为突出公共图书馆在促进全民阅读中的引领作用,公共图书馆界应根据自身行业特点,充分利用自身优势,积极响应政府号召,秉承敢为天下先的创新精神和勇气积极广泛开展各类夜间阅读推广活动、打造更多夜间阅读推广活动品牌,以特色化的夜间阅读推广活动掀起全民阅读的新高潮。

### 4.4 加强社会合作,丰富夜间阅读推广活动内容和形式

中共中央办公厅、国务院办公厅于2015年1月14日印发的《关于加快构建现代公共文化服务体系的意见》中提出了构建现代公共文化服务体系的四个原则:"坚持正确导向、坚持政府主导、坚持社会参与、坚持共建共享。"还提出鼓励和引导社会力量参与公共文化服务。《中华人民共和国公共图书馆法》第十条规定:"公共图书馆服务网络建设应当坚持政府主导、社会参与。"这相当于在法律层面确定了社会力量参与公共图书馆服务的合法性。当前图书馆界广泛开展的"图书馆+"活动,便是加强社会合作的标志。如重庆图书馆"格林童话夜"活动借助媒体、企业、学校、政府等社会力量提升了活动效果,与媒体的合作扩大了品牌知名度,通过社会力量提供的资金和技术支持提升了服务效能,与学校、政府等的合作更是使服务机制得到创新、服务质量得到提升,并拓展了阅读推广的广度和深度[10]。公共图书馆要做好夜间阅读推广活动,不仅要充分利用自身文献资源、空间资源和人力资源的优势,更需要积极

主动地加强社会合作,借助社会力量提升夜间阅读推广活动的效果和影响。

在推进全民阅读,建设书香社会的大环境下,公共图书馆界不断运用各类新技术、新手段和新方法丰富自身服务内容、提升服务效能,有力促进了全民阅读工作的开展。夜经济的繁荣必将带来市民对夜间文化的巨大需求,公共图书馆夜间延时服务和夜间阅读推广活动的常态化开展,也将成为图书馆事业发展的新形势和新业态。因此,公共图书馆界应对自身夜间服务内容的延展与创新进行更为广泛的研究和探讨,从而更好地促进全民阅读工作的开展和图书馆服务效能的提升。

**参考文献**

[1] 樊伟,姜晓,淳姣,等.俄罗斯"图书馆之夜"项目的考察分析[J].四川图书馆学报,2017(3):93-97.
[2] 陈嘉慧.英国"世界读书夜"阅读推广活动研究[J].图书馆研究,2017(2):89-92.
[3] 杨慧.深圳上演"图书馆奇妙夜"[EB/OL].[2019-06-05].http://www.sohu.com/a/71424343_119665.
[4] 党文婷,严圣禾.南书房夜话:深圳人的文化家园[N].光明日报,2016-03-02(5).
[5] 陶玉莲.2000多名读者走进重庆"格林童话之夜"[EB/OL].[2019-06-06].http://www.cq.xinhuanet.com/2019-05/13/c_1124487383.htm.
[6][10] 金晓冬.儿童阅读推广项目实证研究——以重庆图书馆"格林童话之夜"为例[J].晋图学刊,2018(5):32-38.
[7] 赵永斌.从国内外阅读推广现状谈新时期公共图书馆阅读推广服务[J].图书馆工作与研究,2014(7):87-88.
[8] 毛建国.繁荣夜间经济要有"阳光思维"[N].新华每日电讯,2019-05-24(15).
[9] 樊希安.创办三联韬奋24小时书店是我这辈子做过的最正确的事[N].中华读书报,2019-04-03(5).

# 作为阅读推广行为的古代女性抄书
## ——以班昭、蔡琰、吴彩鸾为例

杨 敏(阜阳师范大学图书馆)

# 1 引言

汉代的书写工具除竹简、绢帛外增添了动植物纤维纸,纸张的使用使书写方式便利化了。因为印刷技术尚未发明,汉代的抄写行为就极为普遍,大量书籍以抄写的方式传播推广[1]。虽然抄书者以男性为主体,但女性的抄写亦很普遍,其中有人因临摹、抄写而成长为书法家。从清代厉鹗《玉台史书》可看出,女性书法家自汉代集中出现,如"能史书"的汉朝才女书法家冯嫽,得蔡邕笔法真传的蔡文姬,"善史书"的孝成许皇后等人。女性的抄书活动一直持续到清代,叶昌炽就曾把沈彩所抄的《尚书义》誉为"玉台之佳话,镇库之尤物"[2]。

抄书活动与阅读推广分不开。阅读推广"是社会组织或个人为促进人们阅读而开展的相关活动,也就是将有益于个人和社会的阅读活动推而广之;详言之就是社会组织或个人,为促进阅读这一人类独有的活动,采用相应的途径和方式,扩展阅读的作用范围,增强阅读的影响力度,使人们更有意愿、更有条件参与阅读的文化活动和事业"[3]。自汉代至清代,虽然没有"阅读推广"的概念,但不代表没有阅读推广行为,事实上女性的抄书行为就可看作是一种阅读推广,她们所抄写的文本具有文化教育、知识传承与工具书等多种功能,抄书为古代女性安身立命、为历代传承文化知识、对读书人科举取士产生了积极的作用。

## 2　班昭与《女诫》的抄写传播

班昭(约45—117年),字惠姬,出生于世代书香的士大夫之家,姑祖母班婕妤为汉代著名女诗人,父亲班彪,兄长班固、班超皆为博学多才之士。班昭从小受到良好的文化教育,熟读经史,满腹经纶,在史学、儒学、女学、文学、天文、算数等方面均有造诣,最大的成就是整理补写《汉书》和编撰女学著作《女诫》。

《女诫》是中国最早由女性撰写的女教书。据黄嫣梨梳理统计,其思想来源于以下典籍:《诗经》及《毛传》、齐鲁韩三家诗、《尚书》《周易》《仪礼》《周礼》《礼记》《春秋左氏传》《论语》《孟子》《大戴礼记》《荀子》、卜子夏《毛诗序》、陆贾《新语》、董仲舒《春秋繁露》、刘向《列女传》、班固《白虎通义》[4]。由此可知班昭阅读之广泛、文化修养之高,以至于被和熹邓皇后、汉和帝尊为女师并参与皇家事务。

《女诫》与刘向所著《列女传》相比理论性、方法性更强,简明扼要地阐述女性要戒除什么,遵守什么,是古代女性日常生活的理论指南。《女诫》共七篇:"卑弱第一""夫妇第二""敬慎第三""妇行第四""专心第五""曲从第六""和叔妹第七"。班昭要求女性"谦让恭敬,先人后己"。做人做事,要保持谦让的态度,尊重别人,先为他人着想,这在今天看来也是女性的美德之一。"执务私事,不辞剧易,所作必成",要求女性有坚持的毅力,抱着必胜的心态去做事。"敬顺之道,妇人之大礼也。夫敬非它,持久之谓也;夫顺非它,宽裕之谓也。持久者,知止足也;宽裕者,尚恭下也。"在她看来恭敬和顺从是妇女最大的礼节,长期坚持恭敬的态度可以知止知足,胸怀宽广就是崇尚谦恭。"妇行"包括妇德、妇言、妇容、妇功四个方面。妇德是"清闲贞静,守节整齐,行己有耻,动静有法",这一条对女子节操、行为提出具体要求。妇言指"择辞而说,不道恶语,时然后言,不厌于人",对女子言语规范给出了指导,实际上也在教导如何进行人际交往。常言道"女为悦己者容",女子该如何打扮呢? 在班昭看来,"盥浣尘秽,服饰鲜洁,沐浴以时,身不垢辱,是谓妇容"。这是一种主张朴素装扮的穿衣着装方法,即保持衣服和身体的清洁。她还主张"出无冶容",出门不要打扮得妖艳。"专心纺织,不好戏笑,洁齐酒食,以奉宾客"就是"妇功",即要做好家庭内的本职工作。在班昭眼里,谦让和顺从都是美德,"谦则德之柄,顺则妇之行"。当然,《女诫》还有许多今天看来很不合理的内容,如强调女性卑弱,对丈夫屈从等,都是对女性的禁锢,值得令人反思。

《后汉书·列女传·班昭》载班昭作《女诫》的目的:"愿诸女各写一通,庶有补益,裨助汝身。去矣,其勖勉之。"[5]这里"各写一通"的要求,明确了抄写的重要性,开了女性抄书的先河,成为传播女教的一种基本方式。《后汉书》就提到《女诫》获得马融的欣赏,让妻子和女儿诵读学习。不论是抄写还是研习《女诫》,都是在那个时代如何做一个好女子、好妻子的风向标,从某种意义上说《女诫》的某些内容也起到净化社会风气的作用。班昭本人很在意自己的女儿过门后能不能做好,倘若做得不好,她认为会给宗族丢脸面。因此,她推行抄写《女诫》的家庭育子方法,可以让女性获得安身立命的本领,并延续下去。

得益于女性的抄写,《女诫》从宫门之内传向宫门之外,后来成为家喻户晓的女性必读书。后世还有很多女性祖述班昭,编撰了更多的女教书籍,如晋贾充妻李氏《女训》、唐宋若莘姐妹《女论语》、长孙皇后《女则要录》、武则天《古今内范》《内范要略》、郑氏《女孝经》、明成祖徐皇后《内训》、宪宗王皇后《女鉴》、刘氏《女范捷录》、世宗蒋太后《女训》、清吴静《女鉴录》等,这些女教书无一不受班昭《女诫》的影响,形成了一个相同知识源泉的文本圈,对古代女性的思想行为产生了持久的作用。

作为一种实际的阅读推广行为,《女诫》的抄写和传播,搭建了古代女性的阅读空间,证明了女性也是一个具有阅读能力并喜欢阅读的性别群体。

## 3 蔡琰对蔡邕藏书的忆写

蔡琰,字文姬,陈留圉(今河南杞县)人,生卒年未有定论,东汉时期的文学家、书法家,大学者蔡邕之女。蔡邕博学多识,为人耿直,对音乐、书法、文学、天文等有很深的造诣,家中藏书甚富。范凤书在《中国私家藏书史》中引述张华《博物志》的记载:"蔡邕有书万卷,汉末年,载数车与王粲。"认为"蔡邕总藏书一万四五千卷,在中国私家藏书史上是第一个有明确文献记载的超过万卷的大藏书家"[6]。蔡邕对阅读推广极为重视,参与过"熹平石经"的抄写刊刻,《后汉书·蔡邕列传》称,石经在洛阳太学门外公布后,全国各地前来抄写、观览的人络绎不绝。熹平石经开我国刊刻石经的先河,先后共六次刊刻儒家石经。受其影响,佛教徒和道教徒也刊刻了多种本教的石经[7]。由此可见,抄书在古代是一种行之有效的阅读推广方式,对知识的普及具有重要的意义。

蔡琰继承了父亲的优秀品质和四千卷藏书,也以抄写的方式,为知识的传播做出了贡献。蔡琰人生坎坷,遭遇凄凉,在逆境中成长为一世才女,在文学史、书法史、阅读史上青史留名。《中国阅读通史·魏晋南北朝卷》提到蔡琰时,注意了她丰富的阅读经历[8],惜未从阅读推广的角度阐发她的抄书功绩,有些遗憾。

首先从蔡琰的书艺说起。其书学得蔡邕亲传,蔡琰传给卫夫人,卫夫人传给王羲之,成就了两位大书法家,由此可知蔡琰书法造诣极高,为其忆写父亲藏书打下了良好的基础。曹操促成"文姬归汉"以后,命其再嫁董祀。"祀为屯田都尉,犯法当死,文姬诣曹操请之"。曹操赦免了董祀,问及家中藏书之事。

> 操因问曰:"闻夫人家先多坟籍,犹能忆识之不?"文姬曰:"昔亡父赐书四千许卷,流离涂炭,罔有存者。今所诵忆,裁四百余篇耳。"操曰:"今当使十吏就夫人写之"。文姬曰:"妾闻男女之别,礼不亲授。乞给纸笔,真草唯命"。于是缮书送之,文无遗误。[9]

这说明一方面蔡琰博览群书,勤奋努力,具备了超群的记忆能力;另一方面,蔡琰在父亲指导下书艺非凡,楷书、草书都为所长。这两点让蔡琰有了"乞给纸笔,真草唯命"的信心。区别于汉代兴起的男性抄书业对书籍的临摹抄写,她凭记忆把蔡邕藏书中的四百多篇传给后人,是对知识的一种抢救性复现。

放在当时的历史环境中来看,蔡琰抄书的意义就显示出来了。她的《悲愤诗》描述了一幅乱世图景:"汉季失权柄,董卓乱纲常。志欲图篡弑,先害诸贤良。逼迫迁旧邦,拥主以自强。海内兴义师,欲共讨不详……"东汉末年,战乱频仍,社会动荡不安,焚毁典籍的事情屡见不鲜。公元220年东汉灭亡,持续四百多年的大一统局势被随之而起的魏、蜀、吴三国鼎立代替,文章典籍在东汉末兵燹中在劫难逃。"东京末年之兵燹,其厄及典籍,初无异于西京王莽之乱","东京秘籍之达六千余辆者,至兴平二年(一九五)之李傕、郭汜大交兵,非但'百官士卒,死者不可胜数,皆弃其妇女辎重御物',而'符策典籍,略无所遗!'是则东汉诸帝之所藏,班固崔寔之所校,凡缔聚于百年者,皆荡扫于一时矣"[10]。在这种情况下蔡琰凭借记忆抄书就是一项恢复被战争损毁的文化事业的工作,起到了延续典籍生命的作用,知识在抄写中得以传承,保证了更多人的阅读学习,是一种特殊的阅读推广。

## 4 吴彩鸾的书艺与抄写

吴彩鸾,生卒年不详,仅知唐文宗大和年间(827—835)与文萧在一起,河南濮阳县人,唐代才女,在文学、书法、刺绣等方面有高深造诣,有关吴彩鸾的个人成就和传奇经历自唐以来不断被文人学者记载与称颂。吴彩鸾传世作品有歌《若能相伴陟仙坛》、越王山诗等五首。吴彩鸾抄写的作品主要有唐代孙愐著《唐韵》、王仁昫著《切韵》等。清叶德辉《书林清话》有统计"据诸书所记,彩鸾书有《唐韵》,有《广韵》,有《玉篇》,有《法苑珠林》,有《佛本行经》,皆煌煌巨篇,可谓勤矣"[11]。她抄书因书体精美,"字体遒丽,用笔圆润,精于小楷,都受到较高的评价"[12]。《宣和书谱》对她所书《唐韵》十三帖评价云:"字画虽小,而宽绰有余,全不类世人笔。"[13]吴彩鸾所书《唐韵》在黄庭坚《跋张持义所藏吴彩鸾唐韵》亦有所见:"右仙人吴彩鸾书孙愐《唐韵》,凡三十七叶,此唐人所谓叶子者也。按彩鸾隐居在钟陵西山下,所书《唐韵》,民间多有,余所见凡六本,此一本二十九叶。彩鸾书。其八叶,后人所补,气韵肥浊,不相入也。"[14]南宋理学家魏了翁在《吴彩鸾〈唐韵〉后序》也称赞吴彩鸾书法美观:"余得此本于巴州使君王清父,相传以为吴彩鸾所书,虽无明据,然结字茂美。"[15]元代学者、诗人虞集在《道园学古录》卷三十一《写韵轩记》评价吴彩鸾所抄《唐韵》:"纸素芳洁,界画精整,结字遒丽,神气清明,岂凡俗之所可能者哉!要皆人间之奇玩也。"[16]叶德辉《书林清话》更是赞美有加:"古今女子钞书多者,以吴彩鸾为最。"[17]

吴彩鸾与进士文萧的家庭生活在《宣和书谱》中有记载:"萧拙于为生,彩鸾为以小楷书《唐韵》,一部市五千钱,为糊口计。然不出一日间,能了十数万字。由是彩鸾《唐韵》世多得之。"[18]《中国阅读通史·隋唐五代两宋卷》提及吴彩鸾引用其中一句话,是为了说明唐代写本书的价格,未对其抄写的意义进行阐释[19]。前述汉代以来佣书业出现,抄写成为复制图书、推广阅读的主要方式,晋代还发生过"洛阳纸贵"的事情。很多贫寒之士加入到抄书者行列,以佣书为生计,吴彩鸾也算是女性的职业抄书人。吴彩鸾所抄之书不仅具有实用价值,还有艺术欣赏和收藏价值,不至于用过后弃之,这样的书以艺术品的形式流传时间更长。

吴彩鸾所抄韵书、字书是科举考试及文人阅读学习、作诗用韵的参考书,传播极为广泛,如《刊谬补缺切韵》即为欲进仕途者赋诗押韵之准[20]。"实际上,在吴彩鸾与文萧的爱情悲剧故事中即隐含了这样一个非常重要的历史信息,那就是唐代写本书籍的衰落与雕版印刷书籍的兴趣。"吴彩鸾之后,"书籍的抄写时代将悄然隐去"[21],抄写转化为个人的非经济行为。对女性来说,闺阁内的抄写仍然持续着,尤其是到了明清时期,抄写与阅读学习培养了大量的淑女贤媛、贤妻良母,成为女性基本的文化培养方式。

进入20世纪,印刷技术的高度发达使个人抄书行为销声匿迹,尤其是当下,拍照技术不断革新,电子文献自动生成与快速传递更不需要抄书这种费时费力的工作,但是作为中华文明长河中一种独特的传播、传承知识的文化现象却值得细细体味与研究。以班昭、蔡琰、吴彩鸾为代表的女性抄书不仅提升了个人修养,还为古代文学文化的阅读推广、文明的传承做出了重要贡献,研究古代女性的抄书行为对当下推广全民阅读、弘扬中华传统道德与书艺文化具有积极的促进作用。

**参考文献**

[1] 刘光裕.东汉末年是否还用"简"抄书[J].编辑学刊,1997(5):86-92.

[2] 叶昌炽.藏书记事诗附补正[M].王欣夫,补正.上海:上海古籍出版社,1989:537.

[3] 张怀涛.阅读推广的概念与实施[J].河南图书馆学刊,2015(1):2-5.

[4] 黄嫣梨.汉代妇女文学五家研究[M].开封:河南大学出版社,1993:68.

[5] 范晔.后汉书[M].上海:汉语大辞典出版社,2004:1683.

[6] 范凤书.中国私家藏书史[M].郑州:大象出版社,2001:17.

[7] 徐林祥,张立兵,张积.中国阅读通史:先秦秦汉卷[M].合肥:安徽教育出版社,2017:259.

[8] 何官峰.中国阅读通史:魏晋南北朝卷[M].合肥:安徽教育出版社,2017:253.

[9] 范晔.后汉书[M].上海:汉语大辞典出版社,2004:1693-1694.

[10] 陈登原.古今典籍聚散考[M].上海:上海书店,1990:163.

[11][16] 叶德辉.书林清话:附书林馀话[M].吴国武,桂枭,整理.北京:华文出版社,2012:280.

[12] 岳爱华,郭红英.唐代才女吴彩鸾述略[J].兰台世界,2011(22):44.

[13][18] 叶德辉.书林清话:附书林馀话[M].吴国武,桂枭,整理.北京:华文出版社,2012:279.

[14] 吴光田.黄庭坚书论全辑注[M].石家庄:河北教育出版社,2008:203.

[15] 曾枣庄.宋代序跋全编:三[M].济南:齐鲁书社,2015:1334.

[17] 叶德辉.书林清话:附书林馀话[M].吴国武,桂枭,整理.北京:华文出版社,2012:278.

[19] 黄镇伟.中国阅读通史:隋唐五代两宋卷[M].合肥:安徽教育出版社,2017:137.

[20] 肖燕翼.吴彩鸾书王仁煦《刊谬补缺切韵》[J].故宫博物院院刊,1981(3):80-82,85.

[20] 张民权.唐吴彩鸾写本韵书版本形态丛考[J].中国典籍与文化论丛,2011:88-102.

# 全媒体时代公共图书馆视听阅读推广的社会合作实践与思考
## ——以国家图书馆为例

李 蓓(国家图书馆)

以广播、电视等作为信息传播工具的传统媒体和以手机、电脑等设备通过网络进行传播的新媒体时代后,全媒体时代以融合发展的媒体形态悄然而至。全媒体指的是综合运用文字、图像、声音以及光线等表现符号立体化、全方位地展示传播内容,并借助多种传播渠道传输信息的新型传播形态之一[1]。习近平总书记曾就全媒体时代和媒体融合发展发表过重要论述,他指出"全媒体不断发展,出现了全程媒体、全息媒体、全员媒体、全效媒体,信息无处不在、无所不及、无人不用,导致舆论生态、媒体格局、传播方式发生深刻变化"[2]。全媒体时代下,多样性的媒体形式和多元化的信息传播渠道,使得全民阅读深入推广,读者不再是被动的受众。读者的阅读方式随着阅读需求的变化而产生改变,视听阅读受到愈来愈多的青睐和关注。公共图书馆要应势而为,把握传播领域的移动化、社交化、可视化的趋势。在社会合作的视域下进一步开发视听模式阅读服务,促进图书馆公共资源的开发利用,提升阅读推广的服务效能,保持图书馆向上的生长力。

## 1 国家图书馆开展视听阅读推广的社会合作实践

### 1.1 视听阅读推广合作的意义

心理学证实,人们收获到的所有讯息中,有83%是源自听觉,11%源自视觉,再其次是嗅觉、触觉、味觉最末。通过视听结合所能够获取到的信息在人们获得的所有信息中的占比高达94%。因此,视觉图像伴随语言说明更能吸引受众产生关注与兴趣,进而促动信息的高效率传播。此外,有关于记忆率的研究结果显示,大约有20%自己所听到的信息能够被人们记住,而阅读到的讯息被记忆率只有10%。视加听对于个人阅读和学习的重要性由此可见。公共图书馆正处于全媒体时代下,通过与社会机构及平台多向开展视听阅读合作,利用媒体的多样性强化视听阅读推广服务,是高质量推动全民阅读走向更深入的重要路径。

### 1.2 视听阅读推广合作的需求导向

脱离技术进步的阅读推广将远离社会和读者成为孤岛,因此需要从人文关怀的角度采取与技术合作的态度,引进新技术,支持新阅读[3]。社会合作是图书馆发展阅读推广业务的必然途径,图书馆需要向社会借力,与不同行业和领域的社会企业、机构建立多维度的阅读推广业务合作,获取重要技术支持,实现资源能力互补。视听阅读强调新传媒技术运用与传统式阅读间的相互结合,广泛吸收社会各界力量插身于视听阅读服务,契合图书馆品牌开发和创新性功能构建的新需求,是图书馆与时俱进加快社会化阅读进程、彰显阅读意义的体现。

### 1.3 视听阅读推广的社会合作现状分析

为进一步提高精细化服务水平,国家图书馆密切跟踪信息技术发展及读者使用习惯,利用全媒体服务方式满足读者多样化的信息需求,开展了多项以社会合作为主的视听阅读推广活动,如表1所示。

表1 国家图书馆视听阅读推广画布

| 合作伙伴 | 核心资源 | 价值主张 | 渠道 |
|---|---|---|---|
| 微信<br>新浪微博<br>官方网站<br>国家图书馆移动应用<br>cetv1 中国教育电视台<br>抖音<br>京港地铁<br>喜马拉雅<br>经济日报<br>天猫 | 国图公开课<br>国图 IP<br>特色馆藏<br>专有版权<br>文津讲坛<br>国图大师课<br>外购数据库 | 更好的阅读交互体验<br>深入浅出的书籍解读<br>优质选书推广服务<br>发挥社会教育功能<br>打造全媒体推广矩阵<br>拉近人们与纸本阅读之间的距离 | 微信官方公众平台<br>新浪官方微博<br>国家数字图书馆 APP<br>抖音公众号<br>京港地铁图书馆<br>中国教育电视台专栏<br>喜马拉雅 app "文旅之声" |
| 团队结构 | | 技术手段 | |
| 运营维护团队<br>内容管理团队<br>网络推广团队<br>技术研发团队<br>文案策划团队<br>数据分析团队 | | 4K 超高清视频技术<br>5g 网络通信技术<br>大数据<br>移动互联<br>云计算物联网 | |
| 经典事件 | | | |
| 北京广播电台、喜马拉雅 APP 全程直播国家图书馆"文津图书奖"十五周年特别活动;<br>国家图书馆与经济日报联合推出直播,线上开讲《永乐大典》;<br>新浪微博官方账号截至 2020 年 4 月 27 日粉丝数达 55.7 万,发布原创视频 129 条;<br>2014 年 11 月开始运行国家图书馆微信认证官方账号,推送内容含"国图公开课"等视频资源;<br>2015 年 1 月联合京港地铁公司发起"M 地铁·图书馆"项目,获国际图书营销奖;<br>携手喜马拉雅公司引入优质视听资源;<br>2019 年 4 月国家图书馆在抖音短视频发布了第一条原创视频;<br>国家图书馆联手"天猫新文创"形成图书馆 IP 文创生态阵地,计划以品牌跨界及文化沉浸、"视听"体验等多种形式推广阅读;<br>"国图公开课"课程在中国教育电视台(CETV1)《国史演义》栏目定期、持续播出 | | | |

1.3.1 公共传媒合作

国家图书馆近年来为应对读者阅读方式的转变,积极探索全媒体推广模式,筹划开发新的阅读推广通道,与包括电视台、无线广播电台在内的多家公共媒体实施开展阅读合作项目。2019年,与中国教育电视台联手将"国图公开课"系列课程搬上电视荧幕。"国图公开课"课程内容涵盖文学、艺术、经济、社会科学等众多学科的学习资源,是国家图书馆创立的面向社会大众的公共教育平台。该课程的定档播出,也是国家图书馆视听阅读在电视媒体上的首次亮相。此外,与北京广播电视台共同举行庆祝"文津图书奖"15周年特别活动,让听众能够通过广播节目的电话、录音访谈等方式与历届获奖图书作者连线互动。

与传统公共媒体合作是国家图书馆在阅读推广领域不断扩大受众范围、提升服务辐射能力和品牌影响力所迈出的重要一步。但信息传播方式仍受时间、地点制约;形式设置上以讲授为主,讲授内容丰富但层次普遍较高,更侧重于学术教导和知识普及,不够接近大众。面对信息日益海量化和娱乐化的大环境,其宣讲形式比较单一,时长普遍较长,趣味性较低,不能满足新形势下广大人民的文化需求。

1.3.2 新媒体合作

随着抖音、快手等短视频应用平台在短时间内迅速崛起,国家图书馆借助大流行趋势,于2019年4月在抖音短视频发布了第一条原创视频,开通了利用视频自媒体平台塑造宣传名片的路径。随后,以第24个世界读书日为契机,联手抖音短视频发起了"抖音图书馆"系列活动,鼓励用户到图书馆打卡并进行视频记录和分享阅读生活。邀请刘涛、杨紫等10位"阅读明星"为用户推荐书单,号召全民参与阅读。与新媒体的合作让阅读通过视频走进更多年轻人的视野,是适应当下年轻人喜好、展现读书魅力的新鲜尝试。

当前,国家图书馆在抖音应用平台的推广运营仍处在初级探索阶段。从内容上看,发布的短视频作品均为与图书馆工作相关的原创内容,比如图书推介、推广主题活动、读者服务介绍、馆员日常等,缺乏优质转载作品。由于需要考虑到知识内容与观感的结合,造成更新内容少,更新速度慢,作品被转发量与获赞量较低。视频制作方面,清晰度对设备要求高,作品制作技术较单一。由于缺乏成熟的原创IP系列带动下的全民性用户生产内容(User-generated Content,UGC)的讨论,难以形成规模化的传播效应。

1.3.3 企业合作

2015年起,国家图书馆与京港地铁有限公司携手创建"M地铁·图书馆",旨在为地铁出行的乘客提供随行的阅读平台。项目定期举办线上和线下的公益性主题活动,比如"家庭阅读汇"活动,向乘客推荐了多种优质电子书和八百多集听书资源。引入第三方有声阅读平台合作开展"家庭朗读大赛",将电子阅读和有声阅读双模式带进乘客视野,丰富乘客的视听体验。

与地铁公司开展视听阅读合作,利用其广告资源优势提供公共文化宣传,是国家图书馆的一次开拓性尝试。公共图书馆与企业相互依托,资源结合,为激发公众参与度、营造良好的社会阅读氛围起到了示范作用,同时也验证了图书馆与社会企业、机构开展合作共赢的可能性。该项目以主题形式整合推送阅读资源,存在阅读选择受限的问题。另外,其营销宣传力度不够,资源渠道有待扩大。

## 2 公共图书馆开展视听阅读推广合作的创新思考

作为文化建设的一项基础性工程,"全民阅读"已六次被写进政府工作报告,用词由"倡导"变化为"大力推动",反映出我国贯彻落实全民阅读的坚定决心。根据第17次全国国民阅读调查数据,2019年中国成年国民的综合阅读率为81.1%,较2018年的80.8%提升了0.3个百分点。包含图书、期刊、报纸和数字出版物在内的综合阅读率的提高,是我国近年来在全民阅读推广上取得的成绩。但同时也应认清现状中仍存在人均阅读量提升有限、深度阅读不足等问题,推广全民阅读的道路还很长。公共图书馆应该秉承"让阅读无处不在"的使命,丰富阅读推广的信息传播形式,着力开展音、视频领域的社会合作并建立长效机制,注重图书馆品牌文化的开发利用,强调阅读信息的轻松、立体式展现,致力于让公众爱上阅读。

### 2.1 文娱联动,形成网络直播常态化

据网络调查,在我国成年网民总数中,将"看视频"作为主要网上活动者超五成。直播作为视频的形式之一,以其自主性高、交互性强的特点使得传播边界不断拓展,广泛渗透进用户的购物、教育、社交等日常生活中。统计数据显示,截至2019年6月观看直播的网民人数已达到4.3亿,而这一数值在未来仍有很大上升空间。公共图书馆可利用其独特优势借助平台开展在线直播,相比传统的被动式知识灌输形式,网络直播更能提升用户自我价值的认同和情感满足。

因用户基础广泛,直播在众多行业中都得到了布局。网络红人直播带货持续火爆,"口红一哥"李佳琦在直播间一天卖出的产品数量相当于该产品当天预售总销量的87%。公共图书馆可与明星、社会公众人物建立长期合作关系,邀请其在直播间内为用户推荐个人阅读书单,分享自己独到的读书体会和感触。阅读兴趣是提高阅读数量和质量的重要前提,依托明星推荐人的个人影响力和号召力,阅读活动的曝光度和传播力将得到有效提升,激发更多用户产生兴趣,逐渐带动其开展阅读,使用户黏度得到加强。阅读推广活动直播化,契合用户特别是年轻用户的阅读获取习惯。反之,文化类直播内容的注入,也能有助于直播行业整体的健康发展。另外,图书馆还可以对馆员进行关于视频直播的培养,学习视频技术操作,参与策划、录制、视频制作等直播环节,使图书馆直播更富专业性。

### 2.2 开放资源,出品文化创新类影视节目

近年,影视综艺节目以其内容形态丰富、风格多样及表现力生动的特性深受广大电视观众的喜爱。节目类型层出不穷,特别是文化类综艺节目也加入到市场角逐当中,受到越来越多的关注。如《上新了·故宫》作为故宫出品的文化类电视节目,在节目创意、品牌号召力和明星影响力的综合作用下,创造了电视端收视率、热度居高不下的好成绩。传统媒体和新兴媒体之间并非取代关系,而是迭代关系。公共图书馆可以统筹兼顾,借鉴电视媒体合作的成功经验推进深度合作,推出自己的文化创新类电视节目。通过找准定位、挖掘丰富馆藏、最大程度的开放资源,把厚重的典籍文化、多元的服务用轻松活泼又富有生命力的艺术形式透过电视媒体向广大观众揭示出来,打破观众认知中对图书馆的固有定式。量身打造专属IP,与影视剧作联动之下释放IP热度,为市场注入营养的同时也为全民性阅读传播提供助力。

### 2.3 创新导读模式,策划短视频读书会

公共图书馆可策划实行微阅读方案,制作图书馆短视频,以适应大众阅读时间碎片化、时效性需求的规律,多提供一种阅读形式上的选择。例如以脱口秀读书会形式呈现,将阅读主题精炼成每期10—20分钟的内容,在精华解读中汲取以往读书会的部分学术化知识,融入主讲嘉宾的个人经历、创作经验的分享及讨论性话题互动等更接地气的内容,寓教于乐。在手机应用程序APP、抖音短视频平台等多渠道发布,把阅读行为的个体效应放大成为群体效应。阅读不再等同于读书,而是结合了阅读、分享、评论、社交等一系列元素的社会化行为[4]。考虑建立评价机制,便于考量阅读活动的效果,对主题内容的策划及调整方向也可具有一定参考价值。

### 2.4 形式创新,不忘推广本质

全媒体时代给人们带来的阅读便捷是任何一个时期都无法比拟的,在近乎海量的信息量和阅读的休闲娱乐化功能背后,可能会造成阅读目的性不明确、阅读质量的降低,是时下不能忽视的问题。优质的内容是任何事物发展永远不变的核心,没有了优质内容便等同没有了生命力、竞争力。全媒体时代,公共图书馆更要拿好手中的"麦克风",无论是与公共传媒、企业机构还是新媒体平台合作,亦不论采用电视节目、视频直播的形式,最终的目标都是提高公众对于阅读的关注度,赋能阅读推广。图书馆要坚持立足于阅读品质,着眼于用户体验,强化宣传效果导向,全力推动内容创新及合作领域的横向互补、纵向延伸。通过坚持健康的格调品位、正确价值取向的引导,继续在宣传形式、方法、手段上进行摸索实践,进一步拉升阅读推广的质量水准,促使其得到长足的发展。

**参考文献**

[1] 李方芳.全媒体时代下传统媒体与新媒体的比较、融合与发展[J].中国传媒科技,2017(2):53-54.
[2] 因势而谋方能赢得先机[EB/OL].[2020-04-13].http://media.people.com.cn/n1/2019/1126/c40606-31475537.html.
[3] 杨熔.全媒体时代公共图书馆阅读推广社会合作的发展策略[J].大学图书情报学刊,2017(6):3-6,10.
[4] 蔡骐.网络社群传播与社会化阅读的发展[J].新闻记者,2016(10):55-60.

# 全媒体背景下公共图书馆抖音营销现状与发展对策分析

汪 然(金陵图书馆)

全媒体时代的到来,对公共文化服务行业提出新要求。相较于传统的文化需求,图书馆服务受众正在倾向于更加多维、立体、可移动、可听可视的文化信息供给,这催促公共图书馆进行理念的更新、理论的创新,并主动探索新应用的集成与实践[1]。在全媒体的各类媒介形

态中,抖音短视频顺应全社会的社交与信息需求,应势而生,并在近两年吸引了越来越多的政府部门、高校、公共图书馆等入驻,成为全媒体传播正能量的新平台[2]。着随 2020 年新冠病毒疫情的爆发,公共图书馆开始大范围地将线下阅读推广转至线上营销,抖音短视频平台成为其运用的重要媒介。

# 1 全媒体时代与图书馆抖音营销

全媒体,包含了传播渠道"全媒介"、应用场景"全覆盖"、信息生产"全流程"三重含义。在传播渠道上,全媒体包括视频、音频、文字、图片等各类媒介形态,能够适配广播、电视、手机、报纸、图书等全部终端,无限拓宽信息传播的广度和深度;在应用场景上,全媒体适应工作学习、娱乐运动、日常生活等各类场景,面向城市乡村、海内海外等各类差异化、分众化需求,更好地进行垂直细分服务;在信息生产上,全媒体真正实现信息内容、技术应用、平台终端、管理手段的流程再造、共融互通[3]。在此时代背景下,抖音短视频这一新媒体形态,快速成为广大市民闲暇娱乐的重要工具[4]。

作为知识保存和传播的基地,公共图书馆迎合全媒体时代用户的需求,陆续开始在抖音短视频平台上尝试自我营销。然而传统的文字、图片、静态信息等图书馆传播符号在此媒介平台已不是主流[5]。想要适应全媒体时代的短视频营销模式,图书馆必须要求自己创造更为苛刻的用户文化,找到自身特色和技术支持来调整阅读营销方式,以提高图书馆的社会存在感,博得用户的关注与使用。

# 2 公共图书馆抖音营销现状研究

## 2.1 研究设计

本研究以在抖音平台官方注册的公共图书馆为研究对象,综合运用信息研究法和功能分析法,对截至 2020 年 4 月公共图书馆抖音号的发布信息进行收集、整理,并就 2020 年世界读书日活动期间的营销内容做功能分类与梳理,进一步分析其特点及存在问题。为保证研究对象的官方性和信息时间的统一性,本研究将对象锁定为在抖音平台上具有蓝 V 官方认证标识、并发布过短视频作品的公共图书馆,账号开通时间以发送第一条短视频作品为准;所有流量数据截至 2020 年 4 月 29 日。

## 2.2 数据分析

### 2.2.1 开通数据

截至 2020 年 4 月底,全国共有 69 家公共图书馆在抖音平台开通了官方认证的抖音账号并发布过短视频作品。其中,省级以上公共图书馆 18 家,副省级、市级公共图书馆 43 家,区级公共图书馆 8 家。杭州图书馆于 2018 年 4 月成为全国首家开通抖音号的公共图书馆,开辟出公共图书馆抖音营销的新领域。2018 年共 13 家公共图书馆开通账号,2019 年 37 家,2020 年仅 4 个月时间已新开通 19 家。如图 1 所示,图书馆在抖音平台抢占宣传新阵地的蓬勃上升趋势在过去的一年多时间中越加迅猛。

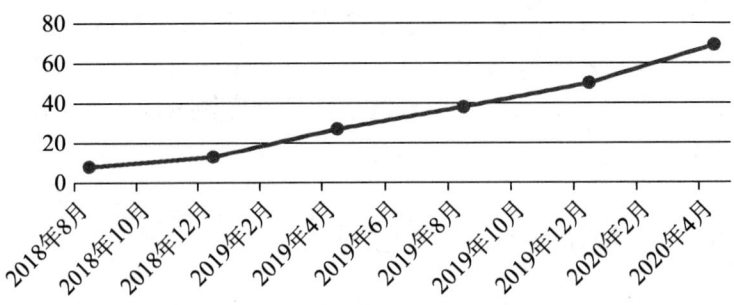

图 1 公共图书馆抖音号开通数量

#### 2.2.2 流量数据

粉丝数、获赞数和发布作品数,是衡量抖音号活跃度、判断其受欢迎程度的三项重要指标,也是各公共图书馆抖音流量的直观体现。鉴于各馆抖音号在运营时长上差别较大,加之内容质量的差异化,各馆三项指标数额有较为显著的差距。

表 1 公共图书馆抖音号粉丝数、获赞数、发布作品数排名前十位

| 图书馆 | 粉丝数 | 图书馆 | 获赞数（万） | 图书馆 | 作品数 |
| --- | --- | --- | --- | --- | --- |
| 临沂市图书馆 | 9.5 万 | 江西省图书馆 | 170.7 | 朔州市图书馆 | 626 |
| 江西省图书馆 | 5.4 万 | 临沂市图书馆 | 126.1 | 临沂市图书馆 | 556 |
| 国家图书馆 | 3.7 万 | 吉林省图书馆 | 17.8 | 合肥市图书馆 | 329 |
| 温州市图书馆 | 1.6 万 | 朔州市图书馆 | 11.5 | 陕西省图书馆 | 267 |
| 朔州市图书馆 | 1.2 万 | 北海市图书馆 | 6.5 | 太原市图书馆 | 219 |
| 上海图书馆 | 1.2 万 | 上海图书馆 | 5.8 | 山东省图书馆 | 217 |
| 陕西省图书馆 | 7427 | 国家图书馆 | 4.6 | 吉林省图书馆 | 192 |
| 首都图书馆 | 7219 | 四川省图书馆 | 3.1 | 济南市第二图书馆 | 175 |
| 吉林省图书馆 | 5870 | 首都图书馆 | 2.9 | 上海图书馆 | 170 |
| 重庆图书馆 | 4574 | 陕西省图书馆 | 2.6 | 佛山市图书馆 | 115 |

粉丝数量上,2018 年 6 月开通的临沂市图书馆抖音号以 9.5 万粉丝量位居第一。1 万粉丝量以上的公共图书馆 6 家,1000—1 万粉丝量有 14 家,大部分公共图书馆的粉丝量在 1000以下,涨粉速度较为缓慢。获赞数量上,差距更加巨大。2019 年底开通的江西省图书馆收获170.7 万点赞量,位居第一。它在 2 月制作的一条全国疫情清零视频获得 19.4 万的点赞量,成为爆款。100 万以上获赞数的公共图书馆仅 2 家,1 万以上获赞数 13 家,1000—1 万获赞数 15家,1000 赞以下 39 家。

和粉丝数和获赞数不同,作品数量完全在于各馆的所投入的精力和制作能力。除少部分公共图书馆抖音号在开通一段时间后停更之外,大部分图书馆都在想方设法制作增加自己的作品数量。短视频数量在 200 条以上的 6 家,100—200 条的 5 家,剩余 58 家还未突破 100 条作品。许多新注册的图书馆虽然起步迟,但都设定了较高的更新频次,特别是在如世界读书日等重要的活动时间点,一日更新 5—6 条的不在少数。

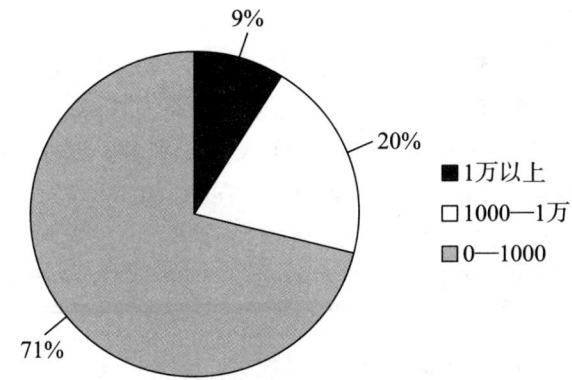

图 2 公共图书馆抖音号粉丝数分档比例

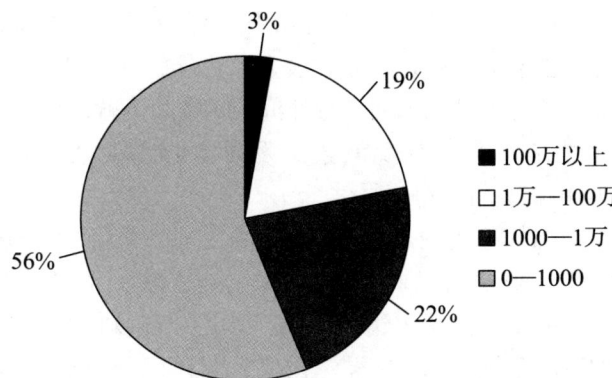

图 3 公共图书馆抖音于获赞数分档比例

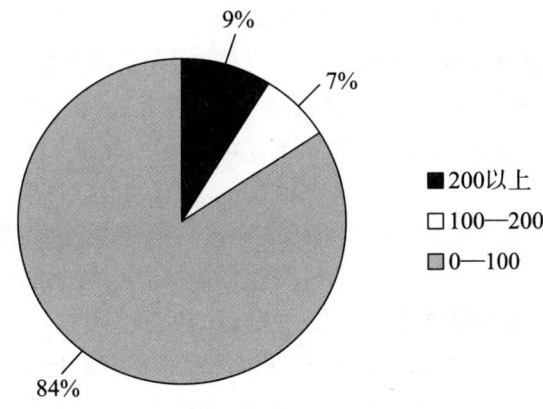

图 4 公共图书馆抖音号作品数分档占比

2.2.3 内容统计

世界读书日是一年中各图书馆宣传营销最为活跃的时间段之一,2020年受到全国疫情防控局势影响,更多的图书馆将原本策划的线下阅读推广活动转为线上宣传营销,使得4月下旬的公共图书馆抖音号纷纷活跃作业,内容分为抖音短视频和抖音直播两类。

317

#### 2.2.3.1 抖音短视频

本研究统计了2020年世界读书日前后共六天（4月21—26日）内各公共图书馆抖音号的营销情况，发现69家图书馆中，共51家于此期间发布了抖音短视频298条，意味着每天有近50条公共图书馆阅读营销短视频内容新注入抖音平台。其中，莆田市图书馆发布数量最高，更新37条，内容全部为馆员向读者推荐图书或杂志，平均每条获赞数在6个上下，效果欠佳。国家图书馆于4月22日发布的饶权馆长介绍《永乐大典》的短视频获赞最多，高达7489。广东省立中山图书馆于同一天发布的对文献修复师这一职业的介绍短视频，位居第二，获得点赞6150。

短视频内容涉及形象宣传、活动宣传、资源推荐、社会热点、服务说明等图书馆的方方面面，本研究根据营销功能，将其归纳为三类。

（1）信息功能类，以提供信息为内容核心，包括对图书馆讲座、展览、阅读推广活动进行预告和回顾报道，对疫情下图书馆开馆的说明和服务须知等。此类短视频共计79条，占比27%，总计获赞数4141。此类短视频中获赞数最多的由宁波市图书馆徐益波馆长亲自出镜，内容为对4月23日甬图"美好阅读实验室"直播间"读他读他就读他"活动的生动预告，点赞数1320。发布数量最多的是长春市图书馆，连续发布了14条此类短视频，为4月23日的直播发布了10条预告短片和4条回顾短片。

（2）社交欣赏类，以时尚娱乐为内容核心，包括馆员风采展示、社会热点公益宣传、图书馆形象宣传和图书馆微剧等。此类短视频共计47条，占比16%，总计获赞数8372。此类短视频中获赞数最多的是广东省立中山图书馆拍摄的一则图书馆文献修复师职业风采，获赞数达6150，评论区满载对此职业匠人精神的赞誉。在研究时段内的世界地球日、中国航天日等跨界节日都有图书馆结合热点发布公益宣传短视频。

（3）学习分享类，以读书过程为内容核心，包括对书的内容进行导读、评论或展示，知识的传授，讲座的展播等。此类短视频共计172条，占比57%，总计获赞数21670。其中国家图书馆馆长介绍《永乐大典》的短视频受欢迎程度居首位，山东省图书馆（抖音号名为"青春鲁图"）对馆藏宋刻本《万卷菁华》的介绍短视频也收获3897的点赞量。一些图书馆就学习分享类形成了自己的展示专题，例如金陵图书馆的"中国有句古语"，株洲市图书馆的"好书相荐"系列。

#### 2.2.3.2 抖音直播

除短视频外，杭州图书馆、长沙图书馆等13家公共图书馆还分别在此期间发起抖音直播活动。例如，杭州图书馆"为什么阅读"探讨阅读的意义，长沙图书馆邀请文物修复师探秘古籍的小课堂，山东省图书馆聊阅读方法和图书推荐，长春市图书馆举办"美韵诵春 礼赞生活"直播诗会，宁波图书馆"美好阅读实验室"科普中图分类法和安利好书等。直播活动由于现场信息容量大、时间跨度长、互动内容多，往往在营销功能上涵盖多类。例如江西省图书馆在4月23日的直播，由馆员带领"云"游新馆，不仅具有信息功能，介绍了馆内的设施及使用说明，还探索馆藏，兼具学习分享内容，同时馆员的谈吐与镜头里图书馆的展示也很好地宣传了江西省图书馆的形象，起到了良好的社交效果。

### 2.3 现状分析

基于以上数据分析，公共图书馆的抖音营销现状显现出其特有的行业特征。

2.3.1 数量喷发,流量待进

图书馆阅读推广在全媒体环境下有了革命性的变化,激发各馆在抖音平台上开始尝试全新的交流方式。2018—2020年间,越来越多公共图书馆现身抖音平台,抖音营销成为行业内认同并追逐的新时尚。许多今年刚刚入驻抖音的图书馆都赶在世界读书日之前开通,密集开展线上宣传。虽然开通即意味着营业,但营业不代表带来流量,抖音运算法则要求各图书馆持续生产创意无限的内容,才能体现公共图书馆在这一新媒体平台存在的意义。从2020年世界读书日期间的数据来看,大多数图书馆的粉丝积累量都在1000以下,信息扩散范围和公众参与度不足,仅靠单个力量做营销,效果略显不足。

2.3.2 内容原创,精品不足

从短视频内容来说,除了部分公共图书馆在使用某些数据库的讲座视频资源做展播外,大部分公共图书馆都鼓励原创短视频的制作。较传统阅读推广活动而言,图书馆抖音营销将阅读前、阅读中、阅读后、阅读辅助的环节进行解构放大,单独塑材。阅读前的活动预告、推荐书单,阅读中的内容分享、汇集摘编、体悟评论,阅读后的读者反馈、精华回顾,以及营造阅读氛围的图书馆建筑、景致、馆员风采,等等,全部都在图书馆的制作中以短视频的形式呈现在公众面前,塑造了立体的图书馆形象与职能。然而就数据来看,2020年4月23日前后公共图书馆界未出现100万以上获赞数的现象级宣传,这对于图书馆发布的视频内容提出了高要求。一方面,尽管图书馆的内容与抖音营销定位的年轻一代日常生活稍有距离,但可以看到《永乐大典》《万卷菁华》此类古籍内容依然在抖音上收获了高于普通视频的点赞量与评论量,这是公众对于图书馆专业性的认可和求知欲的表现。此类精品内容的打造,需要在素材资源上做专业的准备。另一方面,在日常宣传中依然需要考虑如何贴近80后、90后的关注热点,打造接地气受欢迎的精致内容。

2.3.3 功能多样,包装力弱

根据各馆抖音发布的功能统计,信息功能类、社交欣赏类和学习分享类内容各馆都有涉及。学习分享类比例远高于前两者,也得到了较多流量肯定,可以看出图书馆依然是坚守阅读资源推送的主阵地,并通过馆员的努力将原本书本上的文字在视频里活起来。全媒体时代下,公共图书馆的阅读推广不趋于纯娱乐化而保持真正的文化意义,是难能可贵的。但在短视频的设计上,图书馆所发布的大部分内容倾向于直接呈现,鲜少涉及内容设计、包装设计和发布策略设计,使得呈现效果不够吸引主流用户。比如学习分享类别中,有的图书馆将一场讲坛内容分为多段短视频来发布;有的图书馆邀请馆员来讲书,但欠缺内容包装,导致发布的视频虽有内容,在视觉效果上却较差,加上缺少名人效应与网红效应加持,无法在第一时间留住平台用户。

# 3 公共图书馆抖音营销合作发展

针对公共图书馆抖音营销的现状与存在问题,多家图书馆开始寻求社会化合作,以化解图书馆自身局限所带来的营销桎梏,更好地活用抖音平台做好推广。

## 3.1 合作营销案例

### 3.1.1 国家图书馆"#全民dou阅读话题":图书馆集成营销

"#全民dou阅读"是在世界读书日期间由国家图书馆发起,邀请各省市公共图书馆、文化达人、普通用户在抖音平台参与的话题活动。话题设计了三个主题,一是介绍馆藏资源及馆藏文献,各图书馆可以介绍本馆馆藏珍品及文献,带大家领略文献的魅力;二是介绍一本好书,或讲述自己读书的故事;三是讲述读书的收获心得。图书馆与其他抖音用户,拍摄制作符合主题的短视频,在标题中加上"# 全民 dou 阅读"话题并 @ 国家图书馆,在自己的抖音账号下发布即可完成。进入抖音话题后,还可观看话题中的所有视频,互动留言。

截至 2020 年 4 月底,该话题获得 12.5 亿次播放量,76 家图书馆(包括未经过官方认证的图书馆)参加话题活动,多家图书馆围绕此话题发布了多条视频内容。这是由图书馆合力打造的流量狂欢,将各家图书馆分散的营销内容集成式引流,再利用话题的总流量来为各馆带去关注与人气。同时,集成式话题的出现,也为一些尚在抖音营销摸索阶段,不确定如何在线上开展推广活动的图书馆带去了新的思路,积累了经验。

3.1.2 太原市图书馆"我读书很猛"直播:馆员邀读者合力

太原市图书馆在世界读书日策划了一场名为"我读书很猛"的抖音直播,邀请 6 位挑战者在 2020 年 4 月 23 日当天在太原市图书馆搭建的帐篷内,完成 4 小时 23 分钟的阅读挑战,全程公开直播接受监督。这场活动,意在倡导公众回归阅读,享受专注的长时间阅读快乐,感受深入阅读的魅力,从活动设计上和抖音主打的短平快信息输入方式形成了既冲突又融合的趣味效应。而直播的主角,是由太原市图书馆在活动前期在微信上招募的"猛读者",即由读者来担当。相较于图书馆员的出镜,读者的亲身参与对观者而言有一种真人秀的代入感,更能够吸引抖音用户走进直播间观看并产生共鸣。

活动当天,这场直播持续 4 小时有余,观众总数达到 834 人。在"猛读者"于镜头前安心阅读的同时,进入直播间的观众还可以在评论区持续互动,构建起一个读者唱主角的阅读生态圈。

3.1.3 金陵图书馆"中国有句古语"系列:图书馆与外界合作

金陵图书馆在 2020 年 4 月下旬开展的"中国有句古语"活动,联合共青团南京市委和当地学校师生,一起在抖音上阅读与分享中华经典古籍中的名句名篇,宣传中国文化、推广全民阅读。参与者以"中国有句古语"开头,朗读一句或一篇给自己印象深刻的中国古语或诗词或谚语,并联系实际,释其寓意,接力录制。

如果活动仅邀请图书馆员来开展,尽管能充分展示图书馆员良好的精神面貌与文化内涵,但无法形成读者黏性,产生带动阅读的效果。基于此考虑,金陵图书馆通过联络共青团南京市委和当地学校,邀请在职语文老师、在校学生、一同参与到活动录制中来,以教师行业为主题专业性加码,以学生分享拓宽短视频受众,有效促进了活动的持续活跃度和社会效应。活动发起一周,该主题短视频投稿量已达 400 余条,老师、学生作为活动合作方,之后又成为新的推广主体,形成社会连锁反应。

## 3.2 合作营销优势分析

全媒体时代图书馆营销之间的竞争加剧,同时也促进了图书馆间、图书馆与外界的相互依赖加深,每一家都需要合力创造更大的公共文化服务平台来实现更高水平的阅读营销。以上三例是目前图书馆在抖音平台上寻求合作共赢的缩影,可以看出,合作发展将为图书馆抖音营销带来必然优势。

3.2.1 流量优势

聚沙成塔,积水成渊,在流量呈辐射扩散的全媒体环境下更是如此。公共图书馆在抖音号运营起步阶段,粉丝量较低,需要为拓宽受众范围借势借力。通过众馆联动打造抖音话题或活动集合,可以利用抖音总平台和自平台共同吸引的关注量以形成个体无法企及的合力。根据抖音的叠加推荐机制,在话题中用户反馈较好的视频将推送至下一流量池,获得更多播放量,可合理利用该机制为参与的图书馆自平台引流。图书馆的整体宣传将会掀动全社会阅读行为的良性转变,也将进一步促进图书馆抖音流量的增长。

#### 3.2.2 资源优势

在全媒体时代,资源合力的重心不仅仅是文献资源的流动,而是内容、技术、形式等多方面的交集,由点及面地放大图书馆优势,相互注入新鲜血液,拓展图书馆营销的空间。针对图书馆短视频制作中精品资源不足,名人、网红效应较低等问题,图书馆与教育部门、学校、非营利团体、公共文化机构以及商业机构等的合作将为营销发展带来更多可能,通过不同渠道间资源的流动来为抖音阅读营销增值,甚至实现宣传经费赞助。

#### 3.2.3 创意优势

公共图书馆在设计抖音阅读营销时,常限于实现公共图书馆核心价值的思想束缚,将短视频或直播的内容和形式过度统一,使得用户在体现核心价值的营销内容中难以感知到与自身价值需求相符的活动价值。这对公共图书馆的抖音营销创意提出了较高要求。通过图书馆之间组成联盟,形成智库,可以把好的图书馆创意完善并带动众馆投入,发挥各馆特色,打造网红阅读产品。

## 4 公共图书馆抖音营销与合作发展策略

基于本研究所得数据与分析,结合目前存在的问题与合作优势,公共图书馆在抖音平台上的营销与合作可从四个方面着重推进。

### 4.1 内容策略

内容建设是根本,是后续传播力、引导力、影响力的基础。图书馆在抖音营销的内容采集与处理整合上,尚有巨大的优化空间。不流于形式,不趋于同质化,提供大量思想深刻、见解独到、能为用户提供独特价值的专业优质内容,是重中之重。这一方面要求各图书馆对自身业务全面掌握与盘点、梳理与总结,以更好地挖掘特色予以营销呈现,使得读者通过这些宣传认同图书馆的专业性,愿意更好地了解阅读的意义、获取阅读的资源、应用图书馆提供的更多服务。另一方面,图书馆必须把握大众的阅读渴望,跨界整合优质资源:以阅读内容为基础,将文学语言、视觉语言、音乐艺术语言与社会热点、生活日常完美结合,创新内容的表现形式,使抖音用户产生共情体验,从而开展有效营销。

### 4.2 技术策略

公共图书馆进行抖音营销的技术需求,体现在数据收集和制作推广两方面,均是目前实际操作中的短板。第一,通过联盟合力,保持技术的敏感性,加大图书馆群体对大数据、移动通信、云计算、人工智能、物联网、区块链等技术在全媒体建设中的引入,有组织地进行数据采集、建模、分析等技术处理,对大数据进行挖掘,智能化分析用户需求倾向,以更精准地满足民众的信息需求。第二,在抖音制作方面,有针对性地引进媒体专业人才,注重技术方面的培训和锻炼,并向在此方面领先的图书馆学习经验,在好内容的基础上做好包装设计。

### 4.3 管理策略

抖音营销的合作要求不仅在馆外,也在馆内。在设立专门团队进行账号维护、平台互动、制作发布的基础上,优化图书馆内部组织结构,打破各部门活动与宣传相互分割、自成一体的局面,在图书馆各业务领域以及阅读活动的各个阶段全方位采集特色素材,强化各部门和每位馆员的抖音营销意识。图书馆领导要重视宣传工作,鼓励并带动年轻人发挥主观能动性,在平时工作中留意并收集行业内外媒体上的阅读热点、民生热点和时尚潮流,共同参与到抖音营销工作中去。

### 4.4 社会策略

全媒体时代,图书馆与图书馆之间,图书馆与读者用户之间,图书馆与其他行业,诸如高等院校、中小学、政府部门、文化机构、商业机构等,都有可能整合分散化的资源,发挥集体智慧,从而探索满足用户多样化的需求。这需要图书馆的抖音团队主动寻求合作机遇,根据自身内容设计选择合作方互动营销,以产生更大辐射,达到最佳社会推广效果。值得注意的是,抖音平台本身也在不断找寻合作伙伴,以开拓用户市场和激发用户活度,图书馆可以基于成熟的公益营销方案与其探讨合作可能,更好地整合流量资源,实现共赢。

目前,公共图书馆入驻抖音短视频平台已成为一种新的潮流,而对于如何在全媒体挑战下运用好这一新媒体平台,各图书馆都在努力尝试,并在今年逐渐呈现合作化的趋势。本文详细梳理了公共图书馆抖音营销的发展现状和存在问题,并从图书馆抖音合作案例中分析具有可操作性的改良办法和发展策略,为公共图书馆的抖音营销实践、全网联动合作和社会协同发展提供了可供借鉴的思路和建议。然而,全媒体时代下不存在固定模式,为此需要公共图书馆不断适应新环境,进行新尝试,选取最适合自身发展的方式进行营销传播。

**参考文献**

[1] 学习强国.全媒体传播体系建设的创新路径[EB/OL].[2020-04-20].https://article.xuexi.cn/articles/index.html?art_id=18291689127759169035&t=1577967215474&study_style_id=feeds_default&showmenu=false&pid=&ptype=-1&source=share&share_to=wx_single

[2] 官凤婷.国内图书馆移动短视频服务现状调查及启示——以抖音号为例[J].山东图书馆学刊,2019(6):68-72,113.

[3] 学习强国.建立全媒体传播体系.[EB/OL].[2020-04-20].https://article.xuexi.cn/articles/index.html?art_id=7540150132727594366&t=1580810923350&study_style_id=feeds_default&showmenu=false&pid=&ptype=-1&source=share&share_to=wx_single.

[4] 廖晓华.公共图书馆如何利用"抖音"——带动全民阅读[J].卷宗,2019(13):118.

[5] 苗地.全媒体时代图书馆阅读推广研究[J].科技经济市场,2019(2):129-131.

# 公共图书馆在 bilibili 平台上的营销推广可行性研究

吴梦菲（金陵图书馆）

## 1 研究背景

公共图书馆营销是近几年一直被热议的话题，美国营销协会关于"营销"的定义是：创建、沟通、交付，交换对客户、合作伙伴、社会有价值的产品活动和流程[1]。作为图书馆，营销推广工作的目的就是对图书馆进行宣传，让更多的人了解并有机会享受图书馆提供的服务。在互联网环境下，传统的图书馆营销推广平台包括了微博、微信、网站等。随着短视频的兴起，很多公共图书馆也抓住热点进驻"抖音""快手"等短视频平台，利用其庞大的用户群体和流量效应对图书馆进行营销推广，但像 bilibili 这样的新型网络平台却还是未有图书馆涉足开发的新蓝海。

bilibili 的官方定位是"中国年轻人聚集的文化社区"，是一个以用户产生内容为主的新型视频分享类平台。bilibili（以下简称：B 站）现有动画、番剧、国创、音乐、舞蹈、游戏、科技、生活、娱乐、鬼畜、时尚、放映厅等 15 个视频内容分区[2]，还包括了游戏、直播、弹幕等多模式互动，相比"抖音"等短视频平台内容更全面，互动性更高。在市场表现方面，根据 B 站 2019 年第四季度财报显示，平均月活跃用户达到 1.303 亿人，移动平均月活跃用户达到 1.161 亿人，第四季度总净营收为人民币 20.078 亿元（约合 2.884 亿美元），较上年同期增长 74%，未来发展可期[3]。

在研究领域，目前关于图书馆营销推广的研究比较火热，本文以 CNKI 中国学术文献网络出版总库为研究文献源，检索主题 = "图书馆 + 营销"，检索到 2185 条文献，进行浏览和查阅后可知专门涉及在 B 站平台进行图书馆营销推广的论文还未出现。而检索主题 = "bilibili"的 282 条文献中也未有与公共图书馆相关的内容。

## 2 公共图书馆在 B 站上进行营销推广的可行性

### 2.1 用户群体

用户群体是营销推广的基础，一个庞大的有针对性的用户群体是营销推广能否成功的基础。所以在用户群体方面，我们将通过用户基数和用户特性两个方面进行研究。

在用户基数上，根据 B 站 2019 年第四季度财报显示，平均月活跃用户达到 1.303 亿人，移动平均月活跃用户达到 1.161 亿人。从 B 站官方给出的数据来看，B 站用户有着极高的黏性和活跃度：用户日均使用时长超过 83 分钟，日均播放视频 7.25 亿次，通过弹幕留言形式开展互动月均 25 亿次，每分钟有 1.2 万人在进行弹幕留言发送，日均发送 419 万条。除了有数以亿计的用户在观看 B 站视频以外，更有数量众多的用户自行创作、上传多元化的内容，其内容数量占全B站内容总量的90%。2019年,B站月均活跃的内容创作者高达110万,月投稿量310万条。这些内容产生创作者通过创作吸引普通用户,普通用户通过流量回馈内容创作者,他们相互促进,一起推动B站成为众多网络流行文化的发源地。目前,B站上已经形成了如"洛天依""宅舞""鬼畜"等极具影响力的文化标签200万个和7000个核心文化圈层[4]。可见,B站的用户基础非常庞大,具有一定影响力。

根据B站官网用户画像显示,B站用户中18—35岁的占总体78%,且受过良好的教育,生长环境优越,具有一定人文素养,创作和表达能力很强。这些用户在阅读和学习上的兴趣更为突出:2018年B站上有1827万人在学习,学习类的直播是B站直播中时长最长的品类,2018年直播学习时长达146万小时,103万次的学习类直播在B站开播[5]。在阅读方面,B站用户的阅读需求和阅读分享表达欲也十分旺盛。截至2020年4月5日,B站上以"阅读""荐书"为关键字的视频多达一千四百多个,其中播放量最高的阅读类视频播放量高达687.4万次。在这样的环境下,也产生了像"小隐SOYYO""顺子""应是南风"等以图书推荐、阅读方法指导为主要内容的创作者,他们的关注用户人均超过20万,视频总播放量人均过千万,足见B站用户的阅读兴趣和关注程度。所以,B站的用户群体符合图书馆对于读者的预期,同时也为图书馆在B站平台上进行营销推广积累了用户基础。

### 2.2 平台支持

图书馆能否在B站平台上进行成功的营销推广,除了有良好的用户基础之外,平台对于阅读推广、图书馆营销工作的支持以及具有一定的营销能力也十分重要。

2019年,B站与小河传媒联合出品了纪录片《但是还有书籍》。纪录围绕编辑、书店店员、旧书爱好者、翻译、读者、书籍制作者等多个人物,从探究他们与书相关的角度出发,与大众探讨阅读和知识的重要性及其中包含的人文主义精神。这一类型的纪录片题材小众,B站为了扩大纪录片的影响范围、增加受众,作为出品方利用自身的资源优势,邀请胡歌为纪录片担纲并作为代言人为纪录片进行宣传。截至2020年4月5日,《但是还有书籍》播放量达到784.4万次,5.6万人参与弹幕互动[6]。除了本平台的推广之外,《但是还有书籍》还做到了跨平台营销,其微博话题#但是还有书籍#在微博阅读量5069.6万,讨论4.8万次,成功突破了圈层。由此可见,B站对于阅读和书籍的态度是正面的,也有营销推广能力。

在组织阅读活动方面,B站也下了功夫。4月23日是世界读书日,B站在2020年4月初就进行预热组织了"读书等身"系列专题活动。活动分为"推荐你喜欢的书""几分钟带你看一本书""文学历史和作家事迹""朗读经典"以及"我和书的故事"等几个栏目,邀请众多在各行业有影响力的人上传视频做例子,鼓励所有用户拍摄自己阅读过的书并将阅读心得录制上传并与他人分享,结合用户上传的内容,在4月23日当天发布"B站用户推荐的100本书"特别书单,最后B站也将通过"你投视频 我送书"的形式为乡村小学图书馆送书,做到更大范围的知识分享[7]。综上所述,B站平台在有关阅读的营销推广工作中也积累了一定的经验,有过积极的尝试。

我们看到,B站不仅本身培养了大量热爱阅读和书籍相关的用户,还利用自身资源拍摄了相关纪录片和并组织了上规模的阅读活动,引起了较大反响。B站官方在全民阅读及知识普及上的态度是十分积极正面的,并且乐意为之投入,这样的平台可以成为公共图书馆开展营销推广的支持和助力。

### 2.3 图书馆自身

除了B站的用户和平台本身的客观要素之外，图书馆自身是否有在B站上进行营销推广的意愿能力也是可行性研究的重要一环。

在营销推广意愿方面，图书馆的意愿还是很强烈的。国际图书馆协会联合会早在2001年就设立了国际营销奖，清华大学图书馆、上海图书馆都获得过该奖[8]。在以互联网为基础的营销推广领域来说，微博、微信网站早就成为了图书馆宣传图书馆的主阵地；而一些图书馆也大胆突破，在"豆瓣""抖音"等新平台上进行推广。以"抖音"为例，目前有4家高校图书馆、38家公共图书馆入驻其平台，其中更是包括了国家图书馆。可见，图书馆在新平台的尝试和拓展是积极的。

图书馆丰富的阅读资源和活动是其在B站上成功进行营销推广的有力武器。相比其他上传内容的非专业用户，图书馆拥更专业的馆员队伍，在进行阅读指导、图书推荐、阅读培养等方面的工作方面能更精准更全面；在资源上，图书馆以实体馆藏为后盾，拥有更多可推荐、可分享的纸质资源，还有更丰富的数字资源产品，可以为B站用户提供更多服务；在阅读活动方面，图书馆所举办的众多阅读推广活动也可以从微博、微信上搬运到B站，从而吸引更多用户参与。可见，图书馆是有能力入驻B站开展营销推广活动的。

## 3 图书馆在B站上营销推广的难点与策略

笔者针对已入驻B站的图书馆进行了调查，调查截止时间定为2020年4月5日前，统计了入驻B站的图书馆的开设日期、粉丝数、发布内容、播放量等内容，详见表1所示。

表1 已入驻B站的图书馆现状调查表

| 图书馆 | 图书馆类型 | 开设日期 | 粉丝数 | 发布内容 | 播放量 |
| --- | --- | --- | --- | --- | --- |
| 南开大学图书馆 | 高校图书馆 | 2019-04-22 | 467 | 7 | 3463 |
| 哈尔滨工业大学威海图书馆 | 高校图书馆 | 2017-12-01 | 282 | 5 | 1650 |
| 厦门大学图书馆 | 高校图书馆 | 2019-09-23 | 1432 | 16 | 6649 |
| 四川大学图书馆 | 高校图书馆 | 2017-11-05 | 898 | 2 | 1171 |
| 南京大学图书馆 | 高校图书馆 | 2019-04-22 | 181 | 1 | 8629 |
| 浙江大学图书馆 | 高校图书馆 | 2019-02-21 | 32 | 4 | 556 |
| 安徽农业大学图书馆 | 高校图书馆 | 2016-05-07 | 31 | 1 | 258 |
| 深圳市坪山区图书馆 | 公共图书馆 | 2020-03-24 | 230 | 2 | 119 |
| 太仓市图书馆 | 公共图书馆 | 2020-02-26 | 100 | 9 | 1101 |
| 佛山市图书馆 | 公共图书馆 | 2018-03-28 | 82 | 8 | 268 |
| 上海市杨浦区图书馆 | 公共图书馆 | 2019-03-11 | 51 | 1 | 238 |
| 南京市秦淮区图书馆 | 公共图书馆 | 2019-10-18 | 7 | 1 | 87 |

### 3.1 解放思想拥抱流行

虽然图书馆在新平台进行营销推广的意愿强烈,但真正愿意做"第一个吃螃蟹的人"也不多。从 B 站开设至今,在已经以发布者身份入驻 B 站的 12 家图书馆中,7 家为高校图书馆,5 家为公共图书馆,这一数据和全国图书馆的巨大体量相比微不足道。B 站最初是以二次元爱好聚集地的定位出现的,目前的流量价值大、声量高,但在以"60 后""70 后"为主体的图书馆领导层中却声名不显,甚至因为"二次元"这样的早期定位让不少图书馆在决定是否入驻时有所保留;但同样需要看到的是,目前如共青团中央、中央电视台、中国科学院等权威机构都先后入驻 B 站,新华社[9]、人民网[10]、光明网[11]等官方媒体也曾公开发表支持 B 站发展的正面新闻,可见 B 站在现有的环境下是值得图书馆开拓的新媒体平台。在互联网发展的新浪潮下,新的平台会不断出现,想要抓住发展机遇,不在信息爆炸中被湮没,只有放下思想包袱、放下成见,积极融入,在类似 B 站这样的新兴平台上不断发声,才能赋予图书馆新活力和新生命。

### 3.2 人才队伍培养

在 B 站上进行营销推广,需要图书馆拥有能进行内容产出的相关人才。目前图书馆尤其是公共图书馆的人才招聘专业领域面相对较窄。有研究发现,2019 年在各类型图书馆招聘岗位中,特设阅读推广专员的岗位仅占 2.9%,人才结构单一,无法适应现代化图书馆营销推广的相关要求[12]。所以在人才的招聘和培养上面,图书馆应该积极培养一批表达能力强、思维敏捷且有图书馆业务专业能力的馆员,并以他们作为内容制作发布的主导者;除此之外还需要招聘或者挖掘一批有视频剪辑、内容创作、影视编导经验的人才进行内容的后期加工。相信这样一支人才队伍一旦建立,不仅仅在 B 站,他们也能在更多新型平台上发光发热,为图书馆营销推广助力。

### 3.3 持续内容产出

入驻 B 站进行营销推广,入驻只是第一步,有持续的内容产出才是营销推广的有效手段。在 B 站这样的新型平台,用户的注意力极易分散,如果没有稳定持续的内容产出是难以维持用户黏性的。从表 1 中我们看到,在已经入驻的图书馆中,发布视频在 5 条以上的只有 5 家,有 4 家图书馆只发布过一条内容就再无音讯;厦门大学图书馆从 2019 年 9 月开设 B 站账号开始,就持续不断地更新视频内容,是所有图书馆中更新数量和频率最高的,与之相应,其账号的粉丝数和播放量也在各图书馆位中列第一位。图书馆在每年春节、世界读书日、图书馆服务宣传周、寒暑假等时间段都有丰富的阅读活动,如果能将线下活动与 B 站平台相结合,持续产生内容,那就可以更好地提升营销效率。

### 3.4 形成营销推广矩阵

独木不成林,在图书馆的营销推广手段中只着重在某一个平台上发力是不科学的,只有通过精准人群跨平台流动才能使营销推广有所精益[13]。南京市秦淮区图书馆在 2019 年 10 月入驻 B 站并发布了一条视频,但其没有在抖音平台,也没有在微信、微博以及官方网站对入驻 B 站的事情进行宣传,造成了每个营销推广平台都各自为政的情况,所以 B 站的人气也十分低迷,只有 7 位粉丝,并在留言区被评价为"最惨官方"[14]。在营销推广矩阵建设工作中做得最好的就是共青团中央。共青团中央在 B 站、知乎、豆瓣、抖音、优酷、微博、微信等知名的平台都注册有账号,并且长期频繁更新,更主动产出各类内容产品,参与热点话题讨论。各个平台相互联动,使每个平台都具有数量客观的粉丝以外,更有一批跨平台多平台的粉丝群体,达到了很好的营销推广效果。所以,尽管B站、抖音、微博、微信和网站等各类平台所针对的用户群体不同,宣传营销的方向、内容也不尽相同,但要想使图书馆营销推广工作力度更大、覆盖范围更广、影响人群更多,就必须在各个平台都拥有自己的阵地,做到多面推广、多渠道营销,并打通平台与平台间的壁垒,增强粉丝的流动性以达到共赢。

B站是一个在新互联网环境下产生的,以"00后""90后"为主要目标群体的全新类型的文化社区网站。它以用户内容为基础,通过各类营销和推广手段突破圈层限制,在网络流行文化方面取得了成功。B站的用户基数大,对学习、阅读的热情极高,为公共图书馆的营销推广带来了人群基础。B站本身对全民阅读和知识科普正面积极的态度和营销推广能力则将成为图书馆入驻B站的平台保证和推动力支持。而就公共图书馆本身而言,其在新领域、新平台进行营销推广的意愿强烈,并且坐拥大量资源可作为其进行营销推广的有力后盾。因此,我们可以说公共图书馆在B站上进行营销推广工作是可行的。

**参考文献**

[1] American Marketing Association. Marketing Definitions[EB/OL].[2020-04-05].https://www.ama.org/About AMA/Pages/Definition-of-Marketing.aspx.

[2] B站十年破壁出圈,相比A站、N站跨过了哪些坑?[EB/OL].[2020.04.05].http://www.bjnews.com.cn/finance/2020/01/04/669983.html.

[3] 哔哩哔哩2019财年年报[EB/OL].[2020-04-05].http://stock.10jqka.com.cn/usstock/20200318/c618555100.shtml.

[4] bilibili.关于我们[EB/OL].[2020-04-05].https://www.bilibili.com/blackboard/aboutus.html.

[5] 知道吗?这届年轻人爱上B站搞学习[EB/OL].[2020-04-05].http://news.cctv.com/2019/04/17/ARTIkdxgldxCuSmVdTOimrAw190417.shtml.

[6] 但是还有书籍[EB/OL].[2020-04-05].https://www.bilibili.com/bangumi/media/md28220315/?from=search&seid=11445611493321308002.

[7] 读书等身[EB/OL].[2020-04-05].https://www.bilibili.com/blackboard/activity-gNeFPygv0.html.

[8] 方嘉瑶.基于4S营销理论的图书馆移动阅读推广研究——以东莞图书馆为例[J].图书馆学研究,2020(2):81-87.

[9] B站举办2019年度UP主颁奖,多元、跨界成全年关键词[EB/OL].[2020-04-05].http://www.xinhuanet.com/tech/2020-01-19/c_1125480243.htm.

[10] 增强竞争合力 B站携手Funimation助推动画产业全球化[EB/OL].[2020.04.05].http://sh.people.com.cn/n2/2019/0325/c176739-32773318.html.

[11] B站"搬"进真实世界 17万人相聚"破次元"[EB/OL].[2020-04-05].http://difang.gmw.cn/sh/2018-07/23/content_30042497.htm.

[12] 刘晓艳.基于招聘需求的国内图情专业现状分析与启示[J].图书情报刊,2019(12):46-51.

[13] 陈陶琦.精准营销的三种打法:社群圈层、人群包、跨屏联动[J].中国广告,2019(8):35-36.

[14] 秦淮区图书馆.我在秦淮区图书馆等你哟~[EB/OL].[2020-04-05].https://space.bilibili.com/477753392?from=search&seid=13445570028712861024.

# 全媒体时代基于电子书阅读器的阅读推广服务探析

周瑞莺　陈黄焱（福建省图书馆）

由中国新闻出版研究院组织实施的第16次全国国民阅读调查报告显示，2018年我国成年国民包括书报刊和数字出版物在内的各种媒介的综合阅读率为80.8%，较2017年有所提升，数字化阅读方式（网络在线阅读、手机阅读、电子阅读器阅读、Pad阅读等）的接触率为76.2%，较2017年上升了3.2个百分点。本次调查结果发现，20.8%的成年国民在电子阅读器上阅读；人均每天电子阅读器阅读时长为10.70分钟；有7.7%的人倾向于"在电子阅读器上阅读"[1]。

可见，近几年移动互联网的迅速发展，人们的阅读行为正随着知识载体和传播方式的变化而发生巨大变化，"轻阅读""浅阅读""泛阅读"成为人们应对信息时代知识爆炸的一种阅读方略，而图书形式及其阅读方式向着材质更轻、阅读更方便、传播和传承更快捷安全的方向不断进化[2]。为了顺应读者阅读需求的变化，越来越多的图书馆推出电子书阅读器外借服务。

## 2 电子书阅读器在图书馆行业的应用

### 2.1 国外图书馆应用电子书阅读器情况

早在2007年Kindle阅读器刚推出时，美国新泽西州的斯巴达公共图书馆（Sparta Public Library）首先在图书馆界开始尝试推出电子书阅读器的外借服务。截至2012年，76%的美国公共图书馆（总数为112000所）提供电子书阅读服务，比两年前增长了一倍；39%的图书馆提供电子书阅读器流通服务。全美第一座没有纸本书、仅提供电子书阅读器外借服务的公共图书馆也于2013年下半年在得克萨斯州圣安东尼奥开放，至今一直受到读者欢迎[3]。

### 1.2 国内图书馆应用电子书阅读器情况

2008年，国内图书馆也注意到了电子书阅读器行业的发展对图书馆界的影响，开始积极尝试并研究电子书阅读器在图书馆行业的应用。

国家图书馆于2008年9月开展电子书阅读器的馆内借阅服务。在此项业务发展之初，国家图书馆凭借其自身强大的资源优势，为读者提供了总量约19万种、38万册，年鉴1000余种的内容量，同时配备的80台手持电子书阅读器，每部里面都预装了500本电子图书[4]。据统计，以2008年8月和10月为例，方正电子图书的检索量和下载量分别提高了4.2倍和1.5倍，有效地提高了数字文献的利用率[5]。

上海图书馆于2009年3月首推电子阅读器的外借服务，运行之初便以馆藏24万册、10万种的电子书享誉全国，外借率甚至一度达到100%。2010年，上海图书馆在世博园区内的新闻中心（即信息中心）设立"上海图书馆世博阅览区"，提供80台电子书阅读器外借。上海世博会开展第 1 个月,中外新闻工作者将电子书阅读器借阅一空,浏览网上电子图书 174 人次,下载电子图书 47 人次[6]。接着,广州图书馆、首都图书馆、北京大学图书馆、深圳图书馆等多家图书馆向读者推出电子书阅读器外借服务。

## 2 福建省图书馆首次推广电子书阅读器服务情况

2015 年 7 月,福建省图书馆推出电子书阅读器借阅服务,让读者开始体验并熟悉电子书阅读器。在服务开展过程中,虽然为读者提供这种新型借阅服务,但由于当时的技术平台、资源加载方式、阅读习惯等多种方面条件还不够成熟,在阅读服务的开展过程中暴露了一些不尽如人意的地方,主要存在以下的问题。

### 2.1 设备昂贵,借阅押金高

当时的电子书阅读器设备昂贵,近千元的单台价格、数字资源的购买与加载以及设备的维修保养等,都是一笔不小的费用,给图书馆带来较大的压力。为了确保电子书阅读器在流通过程中的安全保障,只能设置等值的借阅押金。福建省图书馆首次推出电子书阅读器借阅服务的对象为福建省图书馆持借阅证读者,参照普通借阅文献的流通规则,并且规定每张读者证限借一台电子书阅读器,押金 1500 元,借期 21 天,不可续借,占用相关外借功能一册书的外借限额。对普通读者而言,电子书阅读器的借阅押金较高,增加押金以体验该项服务的意愿不是很强烈,从而造成了电子书阅读器的流通效果不佳。

### 2.2 数字资源内容单一,数量不足

电子书阅读器本身仅是一种阅读终端,它的推广服务必须依靠丰富的数字资源作为支撑。若数字资源内容单一、数量不足,将会在很大程度上制约电子书阅读器服务的推广。福建省图书馆推出的电子书阅读器主要采用的是当时流行的"封闭系统 + 数字资源"模式,数字资源主要以设备厂商所提供的内容为主,只能专机专用,比如 Kindle 只能购买亚马逊的电子图书,不能购买其他平台的电子图书。优质数字资源的相对匮乏对于电子书阅读器的阅读推广服务十分不利,极大限制了数字资源阅读推广范围,无法满足读者希望看到最新、最热门数字资源的愿望。

### 2.3 设备技术不够完善,使用体验感不佳

受当时技术的限制,电子书阅读器的系统和设备均不完善,操作也不够友好。读者使用电子书阅读器前,需先按照阅读使用说明书(机载)操作。在使用过程中,电子书阅读器在翻页速度、快速检索等方面均有不便之处,给读者的阅读体验带来了一定的影响。

### 2.4 人工保管不方便,借阅手续复杂

电子书阅读器日常借阅管理在当时尚处于起步阶段,主要是参照传统文献的管理方式,采取人工保管方式,借阅手续比较复杂,同时借后服务也面临新挑战。电子书阅读器作为电子设备外借,流通过程中需做好安全保障措施,确保读者外借时的电子书阅读器电源电量充足、数字资源已经加载完成,并完成设备消毒处理;读者归还前,提醒读者备份好重要的个人文档和个人应用程序。

## 3 电子书阅读器在福建省图书馆的应用新探索

尽管在电子书阅读器借阅服务中存在许多的问题,但福建省图书馆仍积极探索电子书阅读器的应用,获得了宝贵的经验。近五年,福建省图书馆一方面借鉴学习图书馆行业电子书阅读器服务的成功经验,另一方面立足本馆的实际情况,关注读者阅读习惯的变化,不断探索解决上一次服务过程中存在的问题痛点,找寻更适合读者的解决方案。2019 年 8 月 21 日,福建省图书馆再次正式上线电子书阅读器借阅服务,打造深度阅读条件,为读者提供沉浸式阅读体验,引领更环保、便捷的新阅读时代。

### 3.1 对症下药,创新服务

#### 3.1.1 推出支付宝免押服务,解决押金高问题

福建省图书馆电子书阅读器借阅服务的服务对象是福建省图书馆持借阅证读者,每位读者每次限借 1 台,借期 30 天,不可续借。借阅过程中读者在自助借还柜扣取支付宝预授权押金 800 元;如读者芝麻信用达到 700 分并且历史信用良好,可以免押金借阅(以支付宝 APP 根据读者芝麻信用情况综合判断为准);电子书阅读器归还设备时无损坏则预授权押金自动解除。逾期后系统将自动锁住电子书阅读器,逾期每日收取滞纳金 1 元。逾期 3 个月以上仍未归还,视同遗失,借用人将被全额扣除预授权押金以抵充电子书阅读器价值。引入支付宝免押服务,为读者信用借还提供了新的渠道;同时,随着设备硬件成本的降低,读者借阅押金也进一步下降。

#### 3.1.2 提供丰富的数字资源,部分电子图书与出版社纸书同步发行

电子书阅读器内含丰富的数字资源,提供 5 万种电子图书、2000 种中文期刊,同时每月更新 150 种新书,电子图书与纸质图书同步发行。电子图书内容涵盖文学、历史、哲学、艺术、经管、社科、军事等。读者通过在线书城可以浏览、搜索自己感兴趣的图书,查看目录、进行试读并下载到本地进行离线阅读。当阅读到感兴趣的内容时,可添加书签做标记,以便快速定位到关键位置。

电子书阅读器还可与福建省图书馆的"掌上闽图"APP 无缝对接。使用"掌上闽图"APP 扫描电子书阅读器上的二维码,登录个人账号,将历史阅读记录加入书架。读者可使用"掌上闽图"对电子图书进行分类整理,书架图书信息与阅读进度保存在云端,当更换电子书阅读器时,只需再次扫码即可自动同步。丰富数字资源的提供与更加人性化的设计与互动,吸引了读者的阅读兴趣。

#### 3.1.3 基于电子墨水显示技术,提供沉浸式的数字阅读体验

电子书阅读器体积小,屏幕 6 寸,重量约 180 克,十分便于携带。通过电子书阅读器,读者可以随时随地轻松阅读电子书,不用再抱着厚重的纸质书,让电子阅读更为轻松便捷。

电子书阅读器电子墨水显示屏幕,贴近纸质图书阅读体验,操作方便,通过滑动、拖动等简单手势即可完成阅读。在阅读过程中,可以根据个人阅读喜好,进行书页放大缩小、滚屏翻页、字体、间距排版等操作。同时,使用电子书阅读器,读者可以暂时摆脱手机、PAD 等智能终端上常用工具(如 QQ、微信、微博、抖音等)的打扰,避免碎片化阅读,真正实现沉浸式的数字阅读体验。

#### 3.1.4 智能借还柜自动化保管,语音触控自助借还

电子书阅读器借还柜具备自助语音触控交互功能,覆盖借、还、管的全过程,实现电子书阅读器的自助借还。读者可全程自助借还电子书阅读器,将福建省图书馆借阅证放在电子书

阅读器智能柜上,按照操作教程视频和语音提示,即可完成电子书阅读器的自助借还操作。操作流程简单易懂,无须馆员介入,读者即可自助完成。当完成借还操作时,系统会自动向读者发送手机短信提醒,提示已借阅或者归还成功。

(1)借阅操作

当读者完成电子书阅读器借阅操作时,取得电子书阅读器,将看到设备上展示的借阅信息:借阅时间、借期、应还时间。设备到期前3天,超期后第1、3、7天,系统将发送到期手机短信提醒,提醒读者尽快归还设备。

(2)归还操作

当读者完成电子书阅读器归还操作时,智能借还柜识别归还的设备序列号,自动检测电子书阅读器是否完好,保障自助借还过程中设备不被人为损坏。归还的设备,系统会自动进行初始化操作,还原至初始出厂状态,为下一个读者提供全新的阅读体验。

智能化借还柜的应用为读者带来新鲜的自助体验,也较大程度上缓解了馆员的工作强度,为图书馆探索智能化服务提供有益的尝试。

### 3.2 推广宣传,个性化服务

#### 3.2.1 主题资源定向推送

使用电子书阅读器,试水阅读推广服务,如策划主题为"壮丽70年,阅读新时代""品读经典、全民战'疫'"等活动,梳理与整合馆内相关数字资源,实现将阅读推广相关主题资源定向推送至电子书阅读器,方便读者进行主题阅读。

#### 3.2.2 个性化阅读精准推送

电子书阅读器支持与"掌上闽图"APP无缝对接,读者通过"掌上闽图"APP可以查看个人阅读报告。阅读报告将显示累计阅读时长、已读电子图书、最近阅读时长等信息,并对阅读分类、阅读时长、阅读时段进行分析统计。基于读者阅读行为分析,输出阅读报告,针对读者的阅读习惯进行个性化挖掘,并开展精准推送阅读推广服务。

### 3.3 借阅服务成效

福建省图书馆电子书阅读器于2019年8月21日正式上线试用,流通情况的统计数据时间段为:2019年8月21日至2020年4月12日。其中,为贯彻落实上级部门对新型冠状病毒感染的肺炎疫情防控工作的要求,因疫情防控需要,福建省图书馆自2020年1月24日零时起闭馆,暂停电子书阅读器借还服务;并于2020年3月30日起适度有序开放,恢复电子书阅读器借还服务。

#### 3.3.1 电子书阅读器借还统计

2019年8月29日,福建省图书馆官方微信公众号发布文章《福建省图书馆电子阅读本全新上线》,该篇文章阅读量为5336人次。有读者在文后留言道:"真好,带上一个阅读本旅行,有诗又有远方!"2019年8月30日,电子书阅读器迎来首次借阅高峰,借出24次,归还2次。服务期间,共109位读者借阅电子书阅读器,借出131次,归还128次,阅读时长639小时,借阅电子图书1685本。

#### 3.3.2 电子图书借阅统计

服务期间,电子图书分类借阅4864次,电子图书借阅1563次。从分类借阅排名数据,可以看出文学、小说、少儿类图书最受读者欢迎。电子图书借阅排名榜,可以作为"年度热门阅读榜单"的主题素材。电子图书借阅统计数据,为电子书阅读器阅读推广服务提供有力的依据和支持。

在国家图书馆建馆 110 周年之际,中共中央总书记、国家主席、中央军委主席习近平给国家图书馆 8 位老专家回信,充分肯定了他们对"传承文明、服务社会"初心的坚守,提出要"创新服务方式,推动全民阅读,更好满足人民精神文化需求"[7]。习总书记给国家图书馆老专家的回信充分体现了以习近平同志为核心的党中央对文化事业、对图书馆事业的高度重视,为做好新时代图书馆工作提供了理论指导和行动指南,总书记的回信也使全国图书馆人深受鼓舞、倍感振奋[8]。

福建省图书馆从 2015 年首次推广电子书阅读器服务,到 2019 年开展电子书阅读器应用新探索,服务过程中不断思考、探索与实践,正体现了图书馆人对"传承文明、服务社会"初心的坚守。在全媒体时代,图书馆人要与时俱进,充分运用新技术新应用,积极推动电子书阅读器的阅读推广服务,促进传统纸质阅读和数字化阅读方式的有机融合和创新发展,为图书馆探索智能化服务提供有益尝试,推动全民阅读,打造书香中国。

**参考文献**

[1] 第十六次全国国民阅读调查结果公布[EB/OL].[2020-04-11].http://culture.people.com.cn/n1/2019/0421/c1013-31041115.html.

[2] 谭华军."华夏阅读论坛"的文化个性与"全民阅读论坛"的宏观语境[J].图书馆杂志,2012(9):62-66.

[3] 吴若英,郭春侠,马娟.电子书阅读器在图书馆的应用及发展研究[J].图书馆建设,2015(3):71-76.

[4] 任文.图书馆阅读器外借喜忧参半[N].中国文化报,2011-08-09(5).

[5] 田沈艳.电子书阅读器在图书馆的应用及服务的创新[J].农业图书情报学刊,2013(1):180-183.

[6] 吴磊.电子书阅读器在我国公共图书馆应用前景研究[D].北京:中国人民大学,2011.

[7] 饶权,李致忠,陈超,等.滋养民族心灵 培育文化自信——感受习近平总书记给国家图书馆老专家回信精神[J].中国图书馆学报,2019(5):4-14.

[8] 福建省图书馆.省图书馆认真学习贯彻习总书记给国家图书馆老专家回信精神[EB/OL].[2020-04-15].http://www.fjlib.net/zx/mtjx/201909/t20190916_430471.htm.

# 中外"图书馆中的女性"比较研究及启示

刘 菡(中山大学)

图书馆与女性之间关系密切,早在 1893 年的芝加哥世界博览会上便展出了女性图书馆,约 100 年之后,国际图联设立了"女性、信息与图书馆特别兴趣小组"(Women, Information and Libraries Special Interest Group),回应联合国有关妇女议题的相关条约、项目和倡议[1]。图书馆员通常被认为是适合女性的职业,20世纪80年代就有调查显示,职业女性化在全球范围内是普遍现象,在美国、加拿大、法国、新西兰、保加利亚、古巴、匈牙利、捷克斯洛伐克、苏联、印度、巴西等国,妇女均占据图书馆职位中的多数[2]。围绕图书馆中的女性这一议题的广泛讨论,兴起于20世纪60、70年代。其中,北美地区的研究成果最为丰富。相关研究从关注妇女在图书馆中的角色与地位、增进图书馆中的职业性别平等、书写与研究图书馆中的女性历史,逐渐扩展至图书馆面向女性群体的服务改善,图书馆妥善收藏、组织及整理女性相关记录等。相比之下,我国图书馆领域中女性认同不足,女性图书馆人的历史贡献、女性智慧与力量,性别平等职业环境等尚未得到充分重视,应系统比对国内外主要研究情况,反思我国当前研究及实践中的缺失,或能有所启示。

## 1 国内图书馆中的女性研究

我国对图书馆中女性的关注始于辛亥至五四前后,黄兴[3]、李大钊[4]、梁启超[5]等社会活动家注意到图书馆员是适宜于女子的职业,并为此奔走宣传,但对这一群体的重视则要到20世纪90年代。王国强和刘海丽曾对2012年以前有关当代女性图书馆员的研究进行综述,主要议题被分为馆员自身特征如健康、年龄、心理和形象,馆员职业问题如角色冲突、职业心态、职业发展,馆员所处环境如学术环境、社会环境、国内外对比,各类实证研究[6]。以上基本反映了当前主要研究方向。基于此,本文拟从现实和历史两个维度综述国内图书馆中的女性研究情况。

### 1.1 现实维度的图书馆中的女性研究

(1)女性本位的研究

一是弘扬女性图书馆人的正面形象,肯定女性价值、关注女性成长。如程亚男从人数、地位及影响、外部环境等方面显示了女性图书馆人的崛起之势[7];黄昕呈现了图书馆领域多位女馆长、女专家的风采,并认为应当摒弃传统性别角色观念,通过教育、行政手段、学术活动等方式促进女性馆员成长[8]。二是关照女性馆员在工作中的特殊障碍,促进职业发展。如吴秀珍指出了中年女性馆员在图书馆信息化转型中所遇到的心理焦虑[9]。黄哲云则揭示了中年女性馆员来自健康、家庭、工作和同事等多方面的压力,并从管理层和个人角度提出了相应策略[10]。三是从性别平等角度阐发,提出改善职业环境的相关建议。如肖军飞和刘征运用社会资本理论分析图书馆领域职业性别不平等,认为需通过有效的制度及政策安排、资源配置及性别平等文化构建等促进女性人才的发展[11]。张互桂指出尽管图书馆界女性数量多但地位偏低,在分析了相关主客观原因的基础上,从法律政策、性别文化、社会参与意识等方面提出建议[12]。

(2)性别中立的研究

以图书馆中的女性为主题,对图书馆职业性别结构现状、特点、文化等的定量调查与定性阐述。如张树华、董小英对中国女馆员的数量、心态、对未来的认识等方面进行调查研究,显示出她们爱岗、敬业、好学以及对未来充满信心,已然成长为图书馆事业的中坚力量[13]。徐建华及其课题组在2009年发表了图书馆女性从业现状的系列实证研究,包含如用调研数据呈现的图书馆纵向职业性别分布,指出职业纵向性别隔离现象的存在、领导层女性心态比普通女馆员更好[14]。王子舟和吴汉华视职业女性化为图书馆职业特点之一,借助国外实践及研究指出,这既与社会环境有关,同时也是顺应历史发展的选择,但需要社会和女性图书馆人共同努力改变职业地位不高的现状[15]。李佳莹指出社会性别文化渗透到图书馆领域而对男女馆员均产生压迫[16],并认为社会性别文化所产生的价值判断导致图书馆职业女性化[17]。

不论是女性本位还是性别中立的研究,部分学者已然意识到并正视图书馆领域中女性占据多数的事实,为系统运用性别视角和性别理论开展研究奠定基础。

### 1.2 女性图书馆人历史及学术思想等研究

(1) 与性别无涉的历史研究

性别无涉的历史研究是指在有关女性图书馆人的历史研究中,并未有意凸显或竭力淡化研究对象的性别,包含性别中立或忽视性别的历史研究,主要体现在对部分女性图书馆学人学术思想、精神或历史成就进行整理的纪念性文章中。如董焱重点分析了张树华在其三个研究领域中的成就及贡献,并归纳其"勤奋、严谨、求实、创新"的学术风格[18];孙冰从学术成就、教学和气质人格三方面展现了郑如斯先生的形象[19];萧新等总结了傅椿徽在图书馆目录、文献编目等领域的成果和贡献,指出其作为师者的严谨、奉献和勤奋,及强大的图书馆事业信仰和服务精神[20];林明和王静从西文编目、参考咨询等领域总结了梁思庄的学术思想及贡献[21]。刘伟从善本、刻工和版本源流三方面总结了冀淑英的版本目录学思想,并结合其丰富的实践工作经验,提炼其版本鉴定的内容和方法[22]。此外,《文津学志》《版本目录学研究》等曾先后于2011、2012年发表纪念冀淑英的系列文章,以其深厚的版本知识功底、惜书护书之心以及求真务实的品格为多位学者称道。

上述研究,遵从男女同等对待的方式,探讨女性学者的学术思想或成就,剥离了学者的性别身份和性别面貌,导致作为图书馆学术思想领域重要贡献者的女性,其特定的视角、体验经历及思维方式等维度分析的缺失,图书馆学术思想史领域成为社会性别化了的男性一类的思想成果的研究集合。

(2) 包含性别因素的历史研究

部分学者会突出研究对象的性别,并将其作为历史考察的内容之一。如有关女性图书馆学人思想的个案研究中,刘劲松等以民国时期著名女馆员的身份认可冯陈祖怡的历史贡献,并从图书馆社会服务、专业人才教育、图书流通利用、事业引领等方面阐述其思想[23];后又整理了民国时期女性图书馆人陈颂在图书馆统计、图书馆广告方式、书籍选择方面的学术思想[24]。姬秀丽[25]和陈碧香[26]对图书馆女性先驱冯陈祖怡的生平进行考略。苏全有对职业性别变化的历史进行梳理后指出,图书馆职业女性化是未来趋势,应认同并推动女性图书馆人发展[27]。此外,袁密密[28]、任家乐等[29]呈现了近代和民国时期女馆员的历史形象,韦庆媛在民国时期图书馆群体研究中涉及性别因素的群体特征分析等[30,31]。

现有研究中,以图书馆中的女性(群体)为中心的研究本就寥寥,而从女性(群体)出发、为其而研究的研究意识更是未能得到应有的重视。现实维度对女性图书馆人职业性别的特殊性和发展性长久以来被忽视;历史维度则表现出图书馆史中的性别面貌模糊,中国女性图书馆人的历史研究数量少而零散,且以与性别无涉为主流态度;同时也可以发现图书馆学人研究中的性别困境:当图书馆学术、图书馆员适宜于女性的话语被提出,图书馆员是适宜于女性的职业被广泛接受时,事实上是对女性和图书馆职业的双重认可,但这一点在男性占据绝大多数行业主流的社会环境下尚缺乏充分承认,而作为显性特征的性别在书面表述或历史研究中被隐去时,女性图书馆人研究面临分散和去性别化的处境。学者之间在性别问题的认知上存在分歧,在部分学者淡化性别的同时另一部分学者会突出性别。而结合已有研究基础,图书馆史人物研究对象中男性居多,与当下学界及业界中女性占据多数的现状错位。

## 2 国外图书馆中的女性研究

图书馆中女性研究的大规模兴起受到女性主义影响,第二次妇女运动浪潮影响至北美图书馆界,在争取性别平等的权利诉求中,图书馆中女性角色与地位备受关注,整理并出版了大量有关女性图书馆人历史的文献,并逐步推进图书馆事业中的女性主义思想及研究[32]。

### 2.1 对社会性别制度下图书馆中女性地位与角色的反思

部分学者开始注意到图书馆员作为一种女性化职业在社会公众心目中的定位,图书馆职业的女性化特点受到重视。当图书馆员被认作传统家庭角色的社会延伸,其专业地位明显受到社会质疑或否定。1965年,谢拉(J. H. Shera)撰文指出图书馆职业女性化发展是使其日渐远离学术传统的主要原因之一,在社会公众心目中职业或专业程度与性别密切联系[33]。20世纪70年代,历史学者Dee Garrison指出图书馆通过低薪大量招揽高学历的女性馆员,通过营造家一般的氛围吸引读者,实为家庭主妇角色的社会延伸,与现代意义上的职业相距较远,大量女性群体聚集阻碍图书馆职业化进程,而妇女社会地位低下导致了图书馆的边缘化地位[34],反映了外界对女馆员角色与专业能力的误解以及图书馆内对女馆员历史和形象的疏漏,引起学界反思和关注。体现在:一是,有关图书馆中女性历史的研究逐渐引起重视,以Grotzinger为代表的女性图书馆史学者主张为女性图书馆人立传,她指出,尽管图书馆领域中女性占据大多数,但美国历史、图书馆史、美国女性历史等中对女性馆员的记录极为有限,造成对历史认识的偏失[35]。Hildenbrand认为,历史研究可分为忽视女性的历史研究、以女性为中心的历史研究、历史中的女性研究三种,图书馆中女性历史的研究宜采用后两种。二是,对图书馆员职业女性化特点的正视及比较研究,包括图书馆员与社会上其他女性化职业、不同国家或地区图书馆员的比较研究,其中以职业面貌、专业地位为研究焦点,如Brand指出图书馆员与其他女性群体密集的职业如护士、社会工作和教师等领域的情况类似,女性在其中的地位和定位,是女性群体在劳动力市场上地位的反映[36]。Maack对法国图书馆职业女性化进行历史回顾,显示了法国女性图书馆先驱凭借其智慧与个性推动了图书馆专业化、现代化发展。三是,转变观念、推动图书馆中女性的全面发展与提升,如Weibel认为图书馆作为"女性职业",需要确立一种人道主义的价值观,倡导女性在政治、社会、经济领域等的全面参与,这有待我们权力观念的转变——同情并支持而非侵略与主导[37]。

### 2.2 女性主义史学影响下的图书馆史研究

(1)女性图书馆人传记、事迹、贡献的书写与整理

女性视角和记忆下的图书馆史逐渐受到关注。目录学家及古籍馆员Margaret B. Stillwell[38]、学校图书馆员先驱Mary V. Gaver[39]编辑出版了其职业生涯的回忆录,"新女性"代表Edith Guerrier于去世后出版了有关其时代社会文化的自述[40],均是女性图书馆人从自身角度记述

历史的重要参考资料。非白人女性馆员[41]、早期高校图书馆女性馆员[42]等口述史整理出版，显示了她们在与偏见顽抗斗争、获得职业认同的艰辛历程。

杰出女性图书馆人的传记研究。1966年Grotzinger出版的《力量与尊严》一书中记述了杰出女性图书馆先驱凯瑟琳·夏普（Katharine Sharp）的生平[43]，打破了以往图书馆学家传记几乎全为男性的局面。之后Grotzinger又在Wayne Wiegand有关图书馆史传记研究的框架基础上，提出女性图书馆人传记框架，分为：部分学者退休或去世时的相关悼念、回忆文字或传记研究，图书馆领域第一代杰出人物，图书馆人物自传，图书馆人物学术传记，有关图书馆人物的硕博士论文，著名图书馆人的选集和纪念文集，相关翻译材料等[44]。20世纪中下叶以来，有关女性图书馆人的历史研究逐渐增多。如Maack归纳了法国图书馆界女性先驱苏珊·布瑞特（Suzanne Briet）在法国国家图书馆书目组织与服务等方面的开创性贡献，其 Qu'est-ce que la documentation（《文献学是什么》）一书，奠定了图书馆、档案及博物馆等信息科学相关专业共同的理论基础[45]。Alkalimat和Williams整理出版了古巴女性图书馆领袖马尔塔·冈萨雷斯（Marta T González）的传记，呈现了其在促进图书馆向公众服务、保障公众平等阅读的机会、积极学习世界经验等方面的努力[46]。

杰出人物之外，女性群体在图书馆特定领域、特定类型图书馆、特定地区图书馆、图书馆历史时期（事件）等中历史贡献逐渐被认可，相关论述相继发表。如Carmichael记述了亚特兰大早期女性图书馆人的历史，指出尽管薪酬低，但她们在当地图书馆界有充分的话语权，并将图书馆视为改善社会状况的渠道[47]。Scott对公共图书馆运动中的女性参与及角色进行论证，指出，图书馆运动所带来的社会变革中女性功不可没[48]。Passet整理了美国西进运动中女馆员向偏远地区延伸图书馆服务、增进社会教育的历史[49]。

（2）研究视角与方法

部分学者则在图书馆史的研究框架下，提出围绕女性的图书馆史研究。Maack认为，图书馆中女性历史的整理，有赖于对各个类型图书馆、图书馆协会及图书馆学教育中的女性参与及任职情况、相关统计数据、职业生涯等的分析，探讨女性图书馆人离开图书馆界的原因及影响、图书馆学教育专业化过程中的女性参与等，此外，需注重资料的广泛、多样和复杂性，并充分运用比较研究的方法[50]。Dain提出，图书馆史研究需要双重视角及经验，对图书馆中性别地位内部对比的同时应考虑当时社会整体就业情形，对照研究不同国家或地区图书馆事业中的女性历史，研究者需具备女性主义意识或相关理论[51]。Carmichael等提出不同性取向视角下的图书馆史书写与研究[52]。

围绕图书馆中的女性，重新分割图书馆史及图书馆史研究，如Weibel等[53]结合美国妇女历史，将图书馆中的女性历史分为：1876—1900女性进入该职业、1901—1921女性争取获得参政权、1922—1940战争期间、1941—1965二战及战后、1966—1976第二次妇女运动五部分。Pritchard从图书馆界对待女性历史的态度，将图书馆史研究分为互有重合的五个阶段：不包含女性的阶段；将女性加入；女性被视为特殊群体或意识到女性问题的阶段；开始关注女性生活和经验，重视女性价值与文化；通过多焦点的方法将女性研究融入历史和全部主题之中[54]。Hildenbrand将图书馆中的女性历史研究划分为五个阶段：承认女性、使其可见；补偿性书写、认可其历史贡献；揭露女性受压迫和歧视的历史；建立女性文化模型；性别化的历史，将"性别"作为历史分析的一个范畴，性别化的历史分析被认为能更全面地反映历史真相[55]。

### 2.3 性别平等主张下的图书馆职业研究

（1）包含性别因素的各类调查及实证研究

随着 Bradley[56]、Schiller[57]对美国大型研究及公共图书馆、各级图书馆协会中的职业性别结构调查结果的发布，图书馆界逐渐意识到包含性别变量的调研数据是反映图书馆中女性地位的重要参考[58]，涉及图书馆中性别差异的调查、性别隔离的实证研究论文逐渐增多[59]。如 Harris 等调查发现图书馆学研究、教育、职业生涯中存在性别隔离，女性多集中在儿童图书馆服务、编目及分类等领域；男性学者则多致力于信息科学、研究方法、图书馆自动化等领域[60]。Van House 运用人力资本理论和劳动力市场分割理论探讨了科研、公共和学校图书馆中的职业性别分化与工资差异[61,62]。再如 Irvine 对馆长群体进行性别相关比较研究，指出女性在职业发展与兼顾家庭中的矛盾更突出；而教育背景、学术出版对男女晋升同样重要但男性通常更具竞争力；位居领导层的女性通常表现出与男性管理者相同的特质；相关法案的通过及支持计划有效保障了女性进入管理层的机会、提高女性管理者人数[63,64]。Moran 对研究型图书馆中男女馆员的职业晋升路径进行追踪调查，指出 20 世纪 70 年代，男女馆员晋升领导层的影响因素不同[65]；80 年代，高学历、成果出版、专业活动、流动性等因素对于男女馆员晋升同样重要[66]；21 世纪以来，图书馆中的女性基本在管理层获得平等，女性领导比重大幅提升[67]。

（2）对领域内性别差异的察觉与关注

逐渐增加对图书馆中普通男性的关注，如他们的认知、心理状况和职业形象。Passet 回顾历史指出，男学生在心理上更确信他们优于女性同学、更有机会成为领导者，但图书馆学教育机构始终难以招揽男学生[68]。Carmichael 指出，职业女性化对男馆员的自尊心产生负面影响[69,70]。Piper 等调查发现，男馆员承认图书馆职业中女性占据多数，但并不认同图书馆职业女性化，他们对职业持满意态度[71]。

对女性图书馆人内部不同种族、身份、民族、家庭婚姻状况等差异的考虑。如在部分研究指出女性承担家务和看护职责所带来的情绪压力成为其职业发展的阻碍[72]的同时，也有研究发现一些女馆员能很好地将家庭和工作结合并认同其双重身份[73]。Schesselman-Tarango 等指出身份政治涉及的性别、种族、阶级及他们之间相互交叉所产生的压迫会投射到图书馆领域，需对此进行交叉分析和指导[74]。Chou 等运用交叉分析框架，论述了在提供优质读者服务的信念要求与营造不含偏见的工作环境之间的平衡中，非白人女性图书馆人遭遇来自同事、读者等不同形式的无意触犯[75]。

关注发展变革所带来的性别差异风险，提高女性决策参与及话语地位。如 Hildenbrand 观察到，在图书情报教育改革中，图书馆学中占据多数的女性教员和学生，在向高新信息技术环境过渡中遭遇新一轮的性别不平等[76]；Harris 调查认为，女性在新技术的引入、融合和使用的过程中，缺少决策参与，她们在图书馆技术变革的格局调整中被沦入底层[77]。

（3）为改变职业性别不平等所付诸的行动

Schiller 曾在 1970 年提出对 ALA 营造平等职业环境的期许，包括对性别平等的承诺，提供研究支持、交流平台，解决争议，提出最低工资声明，为增进妇女权益积极行动、重构职业环境等[78]。她的提议基本在 ALA 得到了落实，这一时期的行动包括：成立女性主义任务小组（FTF），讨论有关女性主义与图书馆有交集的议题；组建妇女与性别研究分部（WGSS），促进高校及科研图书馆中女性研究相关馆藏的建设、组织与服务；建立图书馆中女性地位委员会(COSWL)和平等薪酬委员会(Committee on Equal Pay),维护图书馆中女性的权益;创建女性管理者讨论组(Women Administrators Discussion Group),关注图书馆中的女性管理者;发行相关刊物,如《图书馆女员工》(Women Library Workers,1975—1993),《图书馆中的女性》(Women in Libraries,1970—2002),《女性与性别研究分部通讯》(WGSS Newsletter,1986— )等刊物;1984年开始设立平等奖(Equality Award),授予为图书馆职业平等做出杰出贡献的个人和团体[79]。与此同时,开始注重对有关女性的文献的收藏、整理、资源描述及获取,支持女性研究的学术化发展。上述举措在保障图书馆中女性权益、活跃女性文化,维护工作场所中的正义,引导和促进图书馆中女性研究的开展等方面发挥重要作用。

### 2.4 向图情领域输入女性思想及视角

21世纪以来,一部分经历或成长于女性主义思潮的学者,逐渐结合女性主义相关理论或运用女性视角反思图书馆学研究、实践及图书馆学教育。如Olson运用女性主义认识论剖析信息组织,指出当前主要信息组织工具在立场、逻辑结构上的性别偏好,认为信息组织的发展应同时考虑女性的思维习惯,如广泛运用网状结构、注重对情境和个人经验的适用性[80]。Accardi将女性主义教学法中的内容如重视经验知识的价值,增进合作学习,将行动导向应用到图书馆信息素养教育和参考咨询服务中[81,82]。Cooke等认为如何以尊重、富有同情心、开放的态度服务于多样化的群体是图情工作者的必备素质,应当在图情课程中增加有关社会正义、公正的内容[83]。

针对以往有关专业化或职业化的论述中以律师、医生等职业为参考的情况,提出带有女性主义思想的新构思。Harris指出,作为信息专家的图书馆员(借助信息技术提升地位、通过职业化获得尊重)将难以与普通读者平等互动而失去了服务的初心[84],她主张重新思考并将传统图书馆事业定义为一种女性化的专业主义[85]。Maack认为,图书馆学应当对标心理学、社会工作、教育学等,发展成为一种赋能职业,使用户通过知识有效掌控自己的命运[86]。Stauffer指出女性密集的图书馆职业建设采用男性化的标准,忽视了职业化同时也是身份形成的过程,图书馆学教育应当根植于馆员的社区服务实践[87]。

"性别平等与女性赋能"作为联合国发布的千年发展目标之一,也是IFLA有关女性议题的主旨内容,即关注女读者、女性图书馆工作人员和女性信息提供方的利益[88]。而结合2003年出版的《IFLA妇女问题议程:平等,性别与信息》论文集[89]和WGSS中对图书馆中的女性研究的主题划分[90],"图书馆中女性"研究外延不断拓展,图书馆及其相关群体在信息资源获取、信息行为与利用、学术交流、信息服务等各方面的性别差异都被纳入研究视野。

## 3 国内外比较评述

### 3.1 社会背景、职业环境与学术土壤

自19世纪末始,北美图书馆界就已形成女性占据多数的局面,且长期低薪雇佣大量受过高等教育的女性就职,职业不平等积怨已久;随第二次妇女运动在意识、组织和行动上蔓延,相关行政命令如《1964年民权法案》、《1972年平等机会法案修正案》、《平权法案》发布[91],为图书馆中的女性主义者反对性别歧视、争取平等权益提供合法依据,女性角色与地位在不

断争取中获得提高;另一方面,妇女与性别研究作为新兴学术领域逐渐确立,女性主义理论和方法、妇女史研究、发展中的女性等内容不断推进并被有效地引介入图书馆中的女性研究。Lee 指出,自 20 世纪 70 年代开始,美国图书馆中的女性研究体现出明显的激进专业性,这一激进角色包含了对女性研究作为学术领域的信息需求的关注,对图书馆专业(职业)和实践的女性主义分析[92]。

而中国女性社会化的进程、路径有所不同。20 世纪初图书馆界女性的出现很大程度上受西方影响,但 1949 年之后,随着妇女教育的改善、男女平等及"妇女能顶半边天"话语下成长起来的一代参与社会各领域,图书馆界女性力量日渐崛起。而传统性别意识形态仍在本领域延伸,体现在一方面女性图书馆人自身的主体意识并未能充分建立,另一方面对女性从事专业性或领导管理工作的认同不足,在平等话语下的职业环境建设中少有从女性角度出发的考虑,此外,对图书馆中的女性历史研究缺失并未充分察觉及采取行动。不同于国外,中国的女性学学者多认为女性研究既应淡化女权色彩又应避开性别之争[93],女性研究的不传与不彰,相关内容对图书馆界的影响甚微。

### 3.2 研究队伍、立场及指向

国外有关"图书馆中的女性"的研究大规模兴起离不开图书馆中的女性主义者及其所形成的学术共同体,重要学者如劳雷尔·格罗青格(Laurel Grotzinger)、苏珊·希尔登布兰德(Suzanne Hildenbrand)、罗玛·哈里斯(Roma M. Harris)、玛丽·马安克(Mary N Maack),关键组织如 FTF、WGSS,他们有效地启发、引导和促进了相关研究和实践。而在女性主义和性别研究相关理论的支撑下,以"压迫—反抗—解放"为行动及研究逻辑,国外"图书馆中的女性"研究有鲜明的平权和赋权色彩,多具有批判指向、认同指向和行动指向。

国内研究中缺乏核心学者及学术共同体,在研究立场上并未能形成共识,主流上秉持性别中立态度。对职业中的性别歧视、不公等问题较少得到严肃或深度讨论。但具有中国特色的是,中国女性图书馆人自身极少以受害者的身份自居,不论是历史还是当下,都更多从正面形象、比较优势、潜力开发等角度阐发以促进女性发展,多具有自我勉励之意。

### 3.3 研究内容、层次和方法

相较而言,国外研究起步早,研究内容更为系统全面、研究视角更为多元,其中,图书馆中的女性历史的重建占据重要部分;密切关注女性角色和地位,且随着利益诉求的达成而逐渐平息争议;有关职业不平等的研讨在种族、民族、阶级、性取向等问题的交织下逐渐复杂且深入。主要研究方法包括统计学方法、实证研究、比较研究和历史研究(重视传记、自传、口述史、回忆录等资料的整理和运用)。

国内研究起步晚,研究数量整体较少且以现状研究为主,缺乏跨学科的研究与交流,疏于深度研讨这一群体职业发展与自我实现的策略,少有专门围绕职业性别问题的系统统计分析、实证研究和理论阐释等。

"妇女能顶半边天"的话语摒弃了男女对立的思维方式,但是事实上也包含了妇女还未获得充分价值实现之意。而如果在图书馆这一被认为适宜于女性的职业领域,都还不能识别和清理女性职业发展中的障碍,仍将男女平等的基本国策视为性别中立的政策,则长期处于传统社会性别制度下劣势一方的女性将永无可能获得同等的主体地位。对此,我国图书馆中的女性研究必要而迫切:回顾历史,对图书馆领域中女性的历史角色与地位等进行研究梳理,是性别平等、职业认同与职业发展的前提;立足现实,推进职业内部的社会性别主流化势在必行,其中包括明确而坚定的对推动职业性别平等的允诺,设置专门的内部组织或机构,开展社会性别培训和能力建设,对有关图书馆人力资源的相关立法、政策、发展规划、项目等进行社会性别分析和性别影响评估,确立和开展各个层面的性别职业平等计划等。在女性力量与智慧越发受到认可的当下,在女性群体密集的图书馆领域构建和营造性别友好的职业环境,可为其他行业提供参考借鉴,同时也是参与国际交流与对话的资本。但如果不能及时吸收女性主义相关理论促进图书馆人的全面发展并赋能于社会,原本这一为女性群体所选择的领域很难不会因群体基础的流失而面临危机。

## 参考文献

[1] PRITCHARD S M. Library history and women's history: an ongoing convergence[J]. American Libraries, 2012(3/4):46.

[2] KRISTY K K. Women in librarianship: a cross-national problem study[R].Washington, D.C.: ERIC Clearinghouse, 1983.

[3] 黄兴.湖南女界之欢迎[N].民主报,1912-09-19(71).

[4] 中国李大钊研究会.李大钊全集:第三卷[M].北京:人民出版社,2006.

[5] 梁启超.我对于女子高等教育希望特别注重的几种学科[M]//梁启超论教育.北京:商务印书馆,2017.

[6] 王国强.当代中国女性图书馆员研究综述[J].图书情报工作,2012(7):93-97.

[7] 程亚男.高扬生命之帆——新中国的女性图书馆员[J].图书馆论坛,1996(2):3-6.

[8] 黄昕.她们,擎起图书馆事业的"半边天"[J].中国图书馆学报,1996(3):52-56.

[9] 吴秀珍.图书馆中年女性信息化心理焦虑研究[J].图书馆,2007(1):78-80.

[10] 黄哲云.新时期中年女性馆员的心理困惑与调适[J].图书馆论坛,2006(4):93-96.

[11] 肖军飞,刘征.资本的非歧视运转:高校女性图书馆员成长研究——基于性别对比视角[J].图书馆建设,2012(9):73-77.

[12] 张互桂.关于女性图书馆员职业地位、职业发展的思考[J].图书馆,2010(3):97-98.

[13] 张树华,董小英.中国女图书馆员的数量,结构及心理状态分析[J].中国图书馆学报,1995(5):64-69.

[14] 李超,徐建华,杨琴茹.职业结构视角下的女性图书馆员心态分析[J].图书情报知识,2009(5):6-9.

[15] 王子舟,吴汉华.图书馆职业的发展前景[J].中国图书馆学报,2008(2):18-25.

[16] 李佳莹.职业性别隔离与图书馆文化的研究视角[J].图书馆杂志,2012(5):14-17.

[17] 李佳莹.图书馆员性别比失衡现象及其理论分析[J].图书情报工作,2016(12):57-61,68.

[18] 董焱.张树华先生的学术成就和治学特点[J].晋图学刊,1996(2):12-17,21.

[19] 孙冰."淡泊以明志,宁静以致远"——记北大教授郑如斯先生[J].大学图书馆学报,2009(3):100-104.

[20] 萧新,张耀蕾.我们的编目课老师——傅椿徽[J].图书情报知识,2008(3):111-113.

[21] 林明,王静.梁思庄——我国现代图书馆事业的先行者——纪念梁思庄先生诞辰100周年[J].大学图书馆学报,2008(5):105-109.

[22] 刘伟.冀淑英版本目录学研究[D].哈尔滨:黑龙江大学,2009.

[23] 刘劲松,符夏莹.冯陈祖怡的图书馆思想与实践论略[J].国家图书馆学刊,2017(5):106-113.

[24] 刘劲松,符夏莹.民国时期陈颂的图书馆学思想及实践论略[J].图书馆建设,2019(1):21-26,33.

[25] 姬秀丽.对中国现代女性图书馆先驱冯陈祖怡的再研究——与陈碧香女士的商榷及补正[J].图书馆理论与实践,2018(6):109-112.

[26] 陈碧香.中国现代女性图书馆先驱冯陈祖怡研究[J].图书馆理论与实践,2014(2):101-104.

[27] 苏全有.论近百年我国图书馆人的性别轮回[J].图书馆论坛,2014(11):126-131.

[28] 袁密密.书林中,那一袭远去的旗袍——近代中国女性图书馆从业形象的考察[J].图书馆,2015(8):106-110.

[29] 任家乐,姚乐野.民国时期图书馆职业女性形象的塑造——以图书馆学教育与职业活动考察为据[J].图书馆建设,2016(2):96-101.

[30] 韦庆媛.民国时期图书馆学留学生群体的构成及分析[J].大学图书馆学报,2018(3):102-118.

[31] 韦庆媛.民国时期本土培养的图书馆学者群体的构成与分析[J].图书情报知识,2018(1):44-57.

[32] American Library Association. Feminist task force [EB/OL]. [2019-09-29]. http://www.ala.org/rt/srrt/feminist-task-force.

[33] SHERA J H. A better class of mouse [J]. Wilson Library Bulletin, 1965 (4):677.

[34] GARRISON D. Apostles of culture: The public librarian and American society, 1876-1920 [M]. New York: Macmillan Information, 1979.

[35] GROTZINGER L A. Biographical research: recognition denied [J]. The Journal of Library History, 1983 (4): 372-381.

[36] BRAND B E. Librarianship and other female-intensive professions [J]. The Journal of Library History, 1983 (4): 391-406.

[37] The role of women in librarianship, 1876-1976: The entry, advancement, and struggle for equalization in one profession [M]. Phoeninx: Oryx Press, 1979:267.

[38] STILLWELL M B. Librarians are human: memories in and out of the rare-book world, 1907-1970 [M]. Boston, MA: The Colonial Society of Massachusetts, 1973.

[39] GAVER M V. A braided cord: memoirs of a school librarian [M]. Metuchen: Scarecrow Press, 1988.

[40] GUERRIER E. An independent woman: the autobiography of edith guerrier [M]. Boston: Univ of Massachusetts Press, 1992.

[41] MCCOOK K. Women of color in librarianship: an oral history [M]. Chicago: American Library Association, 1998.

[42] FITZPATRICK J B. Mrs. Magavero: a history based on the career of an academic librarian [M]. Sacramento: Library Juice Press, 2014.

[43] GROTZINGER LA. The power and the dignity: librarianship and katharine sharp [M]. New York: Scarecrow, 1966.

[44] GROTZINGER L A. Biographical research: recognition denied [J]. The Journal of Library History, 1983 (4): 372-381.

[45] MAACK M N. The lady and the antelope: suzanne briet's contribution to the french documentation movement [J]. Library trends, 2004 (4): 719-747.

[46] ALKALIMAT A, WILLIAMS K. Roots and flowers: the life and work of afro-cuban librarian marta terry gonzález [M]. Sacramento: Library Juice Press, 2015.

[47] CARMICHAEL JR J V. Atlanta's female librarians, 1883-1915 [J]. Journal of Library History, 1986 (2): 376-399.

[48] SCOTT A F. Women and libraries [J]. Libraries and Culture, 1986 (2): 400-405.

[49] PASSET J E. Cultural crusaders: women librarians in the american west, 1900-1917 [M]. Albuquerque: University of New Mexico Press, 1994.

[50] MAACK M N. Toward a history of women in librarianship: a critical analysis with suggestions for further research [J]. The Journal of Library History, 1982 (2): 164-185.

[51] DAIN P. Women's studies in American library history: Some critical reflections [J]. The Journal of Library History, 1983 (4): 450-463.

[52] CARMICHAEL J. Daring to find our names: the search for lesbigay library history [M]. Westport: Greenwood Press, 1998.

[53] HEIM K M, WEIBEL K. The role of women in librarianship, 1876—1976: The entry, advancement, and struggle for equalization in one profession [M]. Phoenix: Oryx Press, 1979: xvi-xxv.

[54] PRITCHARD S M. Women's studies scholarship: its impact on the information world [C] // MOSELEY, E S. Women, information, and the future: collecting and sharing resources worldwide. Fort Atkinson: Highsmith Press, 1995: 15-23.

[55] HILDENBRAND S. Women in library history: from the politics of library history to the history of library politics [M] //HILDENBRAND S. Reclaiming the american library past: writing the women in. Norwood: Ablex Pub. Corp, 1996.

[56] BRADLEY B W. A study of the characteristics, qualifications, and succession patterns of heads of large united states academic and public libraries [M]. Austin: University of Texas at Austin, 1968.

[57] SCHILLER A R. Characteristics of professional personnel in college and university libraries [M]. Springfield: Illinois State Library, 1969.

[58] SCHILLER A R. Women in librarianship [J]. Advances in librarianship, 1974 (4): 103-147.

[59] PHENIX K. Sex as a variable: a bibliography of women in libraries 1975-1985 [J]. Library Trends, 1985 (2): 169-83.

[60] HARRIS R M, MICHELL B G, COOLEY C. The gender gap in library education [J]. Journal of education for library and information science, 1985 (3): 167-176.

[61] VAN HOUSE N A. Salary determination and occupational segregation among librarians [J]. The Library Quarterly, 1986 (2): 142-166.

[62] VAN HOUSE N A. Labor market segmentation and librarian salaries [J]. The Library Quarterly, 1987 (2): 171-189.

[63] IRVINE, B. Sex segregation in librarianship: Demographic and career patterns of academic library administrators [M]. Westport, CT.: Greenwood Press, 1985.

[64] IRVINE B. Differences by sex: academic library administrators [J]. Library Trends, 1985 (2): 235-257.

[65] MORAN B B. Career patterns of academic library administrators [J]. College & research libraries, 1983 (5): 334-344.

[66] MORAN B B. A reexamination of the career patterns of academic library administrators [C] // Fennell J C. Building on the first century. proceedings of the national conference of the association of college and research libraries (5th, cincinnati, ohio, april 5-8, 1989). Chicago, IL: Association of College and Research Libraries, 1989: 276-280.

[67] MORAN B B, LEONARD E, ZELLERS J. Women administrators in academic libraries: Three decades of change [J]. Library Trends, 2009(2): 215-228.

[68] PASSET J E. Men in a feminized profession: The male librarian, 1887-1921[J].Libraries & Culture, 1993(4): 385-402.

[69] Carmichael J V. The male librarian and the feminine image: a survey of stereotype, status, and gender perceptions [J]. Library and Information Science Research, 1992 (14): 411.

[70] Carmichael J V. Gender issues in the workplace: male librarians tell their side [J]. American Libraries, 1994 (3): 227-230.

[71] PIPER P S, Collamer B E. Male librarians [J]. Journal of Academic Librarianship, 2001(5): 406-411.

[72] MCDERMOTT E. Barriers to women's career progression in LIS [J]. Library Management, 1998(7): 416-420.

[73] GALLIN-PARISI A. The joy of combining librarianship and motherhood [J]. The Journal of Academic Librarianship, 2015 (6): 839-846.

[74] SCHLESSELMAN-TARANGO G. The legacy of lady bountiful: white women in the library [J]. Library Trends, 2016 (4): 667-686.

[75] CHOU R L, PHO A, ROH C. Pushing the Margins: Women of Color and Intersectionality in LIS [M]. Sacramento, CA.: Library Juice Press, 2018.

[76] HILDENBRAND S. The Information Age versus Gender Equity? Technology and Values in Education for Library and Information Science [J]. Library Trends, 1999(4): 669-685.

[77] HARRIS R M. Squeezing Librarians Out of the Middle [C] // BALKA E, SMITH R: Woman, Work and Computerization: Charting a Course to the Future. Boston, MA.: Springer Science & Business Media, 2000: 250-259.

[78] SCHILLER A R. The disadvantaged majority: women employed in libraries[J]. American Libraries, 1970(4): 345-349.

[79] ALA. Feminist task force [EB/OL].[2019-11-07]. http://www.ala.org/rt/srrt/feminist-task-force.

[80] OLSON H A. How we construct subjects: A feminist analysis [J].Library trends, 2007(2): 509-541.

[81] ACCARDI M T. Feminist pedagogy for library instruction [M].Sacramento: Library Juice Press, 2013.

[82] ACCARDI M. T. The feminist reference desk: concepts, critiques, and conversations [M]. Sacramento: Library Juice Press, 2017.

[83] COOKE N.A, Sweeny M. E. Teaching for justice: implementing social justice in the lis classroom [M]. Sacramento: Library Juice Press, 2017.

[84] HARRIS R. M. Gender, power, and the dangerous pursuit of professionalism [J]. American Libraries, 1993 (9): 874-876.

[85] HARRIS R M. Librarianship: the erosion of a woman's profession [M]. Norwood: Ablex Pub.Corp., 1992.

[86] MAACK M N. Toward a new model of the information professions: embracing empowerment [J].Journal of Education for Library and Information Science, 1997(38):283-302.

[87] STAUFFER S M. The work calls for men: the social construction of professionalism and professional education for librarianship [J].Journal of Education for Library and Information Science, 2016(4):311-324.

[88] IFLA. About the women, information and libraries special interest group [EB/OL]. [2019-11-25].https://www.ifla.org/about-the-women-information-and-libraries-special-interest-group.

[89] SIITONEN L. Women's issues at ifla: equality, gender and information on agenda: papers from the programs of the round table on women's issues at ifla annual conferences 1993-2002［M］. Walter de Gruyter GmbH & Co KG,2015.

[90] WGSS. Research agenda for women and gender studies librarianship［EB/OL］.［2019-09-29］.http://www.libr.org/wgss/committees/research/resagenda.html.

[91] BLADEK M. From women-staffed to women-led: gender and leadership in academic libraries,1974-2018［J］. Journal of Library Administration,2019(5): 512-531.

[91] LEE H L. Activism in Library Development: Women's Studies at Rutgers University,1970-1995.［J］Libraries and Culture. 2002(4): 339-362.

[93] 李小江. 妇女研究的缘起,发展及现状——兼谈妇女学学科建设问题［J］.陕西师范大学学报(哲学社会科学版),1998(4): 129-134.

# 国内女性图书馆员职业发展研究进展（1996—2019）

张学福（重庆市渝中区图书馆）

职业发展,是指致力于个人职业道路的探索、建立、取得成功和成就的终身的职业活动[1]。图书馆是一个女性从业较为集中的行业,女性馆员的比例在我国图书馆中达到70%以上,是图书馆界一道亮丽的风景线。女性图书馆员职业发展对我国的图书馆事业,乃至科学文化事业的发展具有举足轻重的作用。

## 1 数据来源和研究方法

### 1.1 数据来源

为准确、全面地了解女性馆员职业发展研究的历史和现状,本文选取了中国知网、万方数据库、维普等三家国内的大型综合性数据库作为数据源。以题名或关键词为检索途径,使用"图书馆+女性+职业""女性馆员+职业"和"女馆员+职业"等作为检索词分别进行模糊检索。其中,知网查找到108条结果,万方查找到147条结果,维普查找到105条结果。然后,对检索所得的文献分别剔除会议简报、一稿多投、内容相关度低的文献后,再进行合并去重,最终整理确定期刊论文129篇、学位论文2篇和会议论文8篇,共计139篇文献。本次检索日期为2020年4月2日。

### 1.2 研究方法

运用文献计量方法和Citespace（CiteSpace.5.6.R4版本）可视化软件对女性图书馆员（以下简称:女性馆员）研究现状进行分析。CiteSpace是由陈超美教授用Java语言开发的一款信息可视化软件,采用词频统计、作者合著、机构合作等分析方法,从样本文献中提取题名、关键词、作者、摘要、机构等数据,揭示一个学科或知识域在一定时期发展的趋势与动向。

为了研究的准确客观性,避免分析数据的遗漏,笔者对检索获取的有效样本文献进行了清洗加工和格式转换,使得这些文献(Refworks 格式)能够被 Citespace 识别读取。

## 2 文献统计分析

### 2.1 年度趋势

文献的发表数量代表了某一研究领域的趋势变化。根据检索结果,绘制女性馆员研究领域发文情况,如图1所示。

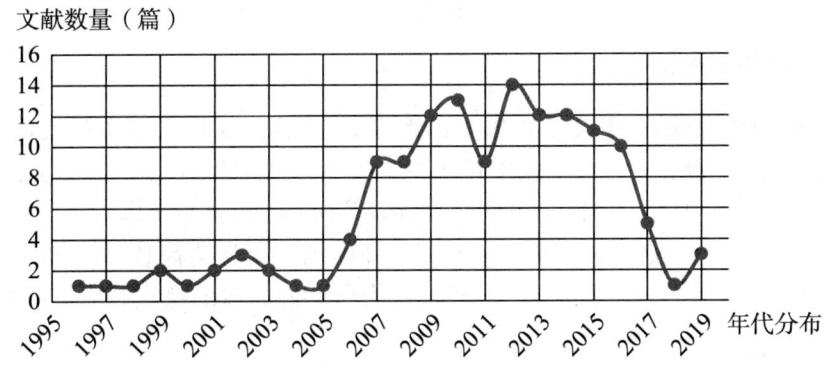

图 1 女性馆员职业研究文献发表年度趋势

由图1可知,该领域研究大体可分为三个阶段:第一阶段为萌芽阶段(1996—2000年),我国女性馆员职业发展研究的首篇文献出现于1996年,关于女性馆员的相关研究逐渐进入研究者的视野。这一时期,发文量较低,仅有6篇。第二阶段为快速增长阶段(2000—2010年),这一时期,知识经济、信息时代等新概念不断涌现,关于"读者第一"还是"图书馆员第一"的热烈争论,客观上促进了对馆员自身发展的关注与回归。这一时期研究比较活跃,论文数量处于快速增长状态,这研究主题成为图书馆研究领域较为常见的话题。第三阶段为成熟阶段(2010年—2019年),在2012年达到了顶峰(14篇)后,该领域发文量开始趋于慢慢回落状态,研究热度有所下降。

### 2.2 期刊分布

通过整理,发现129篇期刊论文分布在79种期刊上。图书情报类专业期刊是刊发女性馆员职业研究的主要载体,计35种,载文82篇,占研究期刊文献总数的63.57%;高等院校学报作为高校教学科研的展示平台,计11种,载文11篇,占比8.53%,其他科技、文化等综合类刊物33种,载文36篇,占比27.90%,这些刊物相对分散,论文质量参差不齐。从图2可以看出,这一主题的论文历史发文量最多的是《农业图书情报学刊》和《图书情报导刊》,均达到了8篇。图书情报核心期刊中只有《图书情报知识》《图书馆工作与研究》和《图书与情报》刊载过相关论文,共载文11篇,收录率处于较低水平,说明了现有期刊对女性馆员职业发展主题的关注少,研究成果总体水平不高。

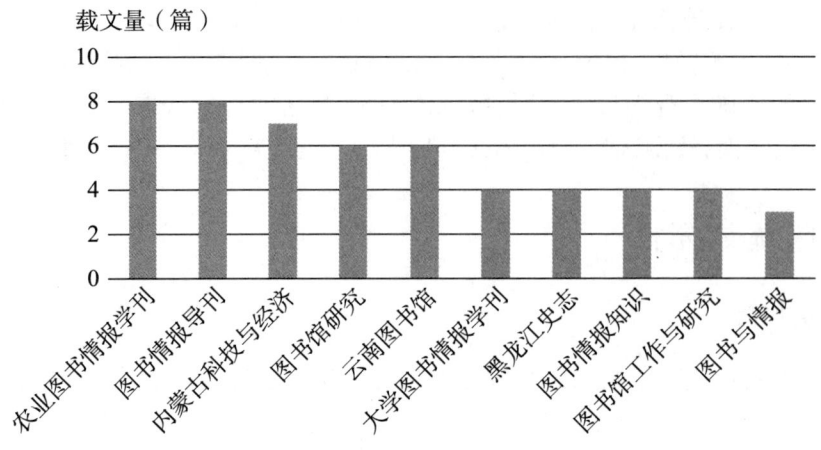

图 2 主要期刊分布（载文量≥3）

### 2.3 作者和机构分布

按照论文第一作者统计，发文 2 篇以上的作者有 11 位。从作者来源的机构看，作者群体可以分为三个群体：①高校（含高校图书馆），总计发文量 111 篇，占总样本文献的 79.86%；②公共图书馆，发文量为 23 篇，占比 16.55%；③科研院所，发文量为 5 篇，占比为 3.59%。由此不难看出，高校的学者是该研究领域的主力军。高校图书馆作为高校教育辅助部门，是教学科研的重要场所，是女性比较集中的业务单位，成为学者们关注的焦点和研究的职业群体。

### 2.4 关键词分析

关键词是文献的关键信息和知识点，是对文献主题内容的直观体现。关键词的共线分析就是对文献采集数据中作者所提供关键词的分析。在 Citespace 界面中，时区分割（time slicing）：1996—2019，时区分割长度（years per slice）：1 年，节点类型（Node Types）里选择关键词（Keyword）共现，调整阈值（Threshold）为前 50 个高频词，进行数据分析后再可视化（VISualize）即可得到关键词共现网络图谱（见图 3），并得出高频词列表（见表 1）。女性馆员主题研究中出现的关键词频次越高，中心度值越大，凸显出节点在结构中越为重要，如表 2 所示。

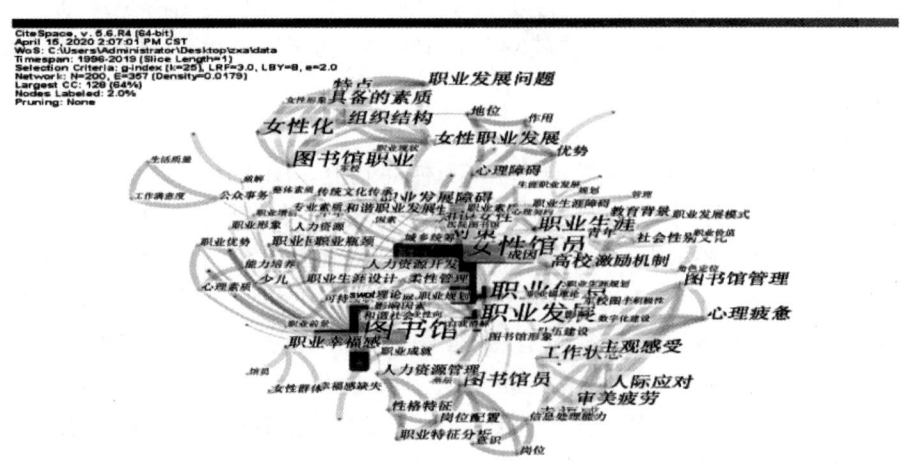

图 3 女性馆员职业研究的关键词图谱

表1 女性馆员职业研究的高频词（TOP16）

| 序号 | 关键词 | 词频 | 中心度 | 年份 | 序号 | 关键词 | 词频 | 中心度 | 年份 |
|---|---|---|---|---|---|---|---|---|---|
| 1 | 女性馆员 | 117 | 0.31 | 1996 | 9 | 职业幸福感 | 6 | 0.01 | 2012 |
| 2 | 图书馆 | 77 | 0.28 | 1997 | 10 | 图书馆职业 | 5 | 0.19 | 2001 |
| 3 | 职业倦怠 | 31 | 0.20 | 2006 | 11 | 职业素质 | 3 | 0.11 | 2005 |
| 4 | 职业发展 | 28 | 0.22 | 2002 | 12 | 职业生涯管理 | 3 | 0.00 | 2010 |
| 5 | 对策 | 13 | 0.08 | 2003 | 13 | 职业规划 | 3 | 0.00 | 2015 |
| 6 | 职业生涯 | 10 | 0.10 | 2005 | 14 | 激励机制 | 2 | 0.01 | 2012 |
| 7 | 知识女性 | 6 | 0.02 | 2003 | 15 | 职业成就 | 2 | 0.01 | 2013 |
| 8 | 职业发展障碍 | 6 | 0.01 | 2006 | 16 | 职业前景 | 2 | 0.00 | 2003 |

图3左上方展示了关键词共现网络的指标，该关键词图谱包含200个节点，357个连线，网络密度为0.0179，说明了网络节点较多，连接较为紧密，该研究的焦点较为多样。图中"十字"（Cross）代表以高频次关键词为结点的知识聚类圈，"十字"大小与关键词字体的大小体现了该关键词的相对热度。国内女性馆员研究主要围绕"职业倦怠""职业发展""职业生涯""职业幸福感"等关键词，代表着该领域研究的热点主题。

## 3 研究热点

通过综阅具体文献，并结合关键词分析，发现学者研究的关注焦点主要有以下几个方面。

### 3.1 职业发展障碍

图书馆女性馆员职业发展的障碍主要来源于角色冲突、性别隔离、职业倦怠和信息技术发展所带来的压力等。

#### 3.1.1 角色冲突

"男主外，女主内"的中国传统文化根深蒂固，影响着当今社会，影响着人们对女性社会价值的认可和女性的自我价值评判。职业要求和家庭责任相互冲突，使女性陷入角色困惑，大多女性选择了以家庭为重，这造成了不平等，一定程度上限制和束缚了女性馆员的职业发展[2]。柳金石以女性主义为视角指出女性在职业发展中既具有传统的在家庭中妻子和母亲的身份，又具有在职业之中员工的身份，这种双重角色给职业女性带来了双重压力，从而使得职业女性常常在平衡事业与家庭的关系问题上面临抉择[3]。

#### 3.1.2 性别隔离

职业性别隔离指劳动力市场中存在"女性"职业和"男性"职业的现象。长期以来，受经济薪酬、人力资本、社会观念等因素的影响，男女两性在各类职业中的构成比例存在很大差异的"性别隔离"现象。图书馆员通常被认为是"女性职业"，受性别隔离的影响，女性馆员在职业发展上会面临无形壁垒，遭遇"玻璃天花板"效应，在职务晋升和职称进步上处于较弱势的地位[4]。

#### 3.1.3 职业倦怠

当前，职业倦怠已成为图书馆事业发展的障碍之一，也是众多学者探讨最多的话题。在研究职业倦怠时,学者们研究喜欢采用实证分析的方法,通过访谈和问卷调查获取女性馆员的意见和需求等。马桂花的女性馆员统计样本表明:正处在职业适应期的年轻未婚馆员,职业倦怠度很低;学历、职称、职务越高,倦怠度越低;不同部门的职业倦怠度具有差异性[5]。朱海英提出实施有针对性的EAP计划和进一步完善图书馆职业准入制度,以应对职业倦怠[6]。吴玲芝、成带云指出抑制职业倦怠的基本手段是实行人本管理。一方面是落实岗位轮换制度,另一方面是落实逐级管理制度[7]。

### 3.1.4 信息技术冲击

信息技术的发展,改变了用户与图书馆的关系,也对图书馆员形成了冲击。丁铃认为随着社会经济和信息技术的发展,图书馆事业产生了新变化新特点:馆藏类型多样化、信息采集多元化、信息传递网络化、管理微机化、功能多元化,这些都给女性馆员提出了新的要求[8]。陶继华探讨了信息化服务背景下,女性馆员在适应新环境、开发新技能的要求时,产生业务差距大、能力缺失感、知识更新慢和实践操作不佳等现象[9]。耿甚提出网络时代,科技日新月异,知识更新速度加快,学科之间交叉渗透明显,对网络环境下图书馆工作有着更高的要求[10]。

## 3.2 职业生涯规划

职业生涯规划也叫职业规划、生涯规划。罗素馨和饶汉娟指出职业生涯规划的目的是使得女性馆员个人的知识技能、职业期望与岗位相匹配。只有有组织的职业生涯规划,才能实现女性馆员由职业型馆员成长为事业型馆员[11]。李艳超等根据美国埃德加·H·施恩教授的"职业锚"理论,提出图书馆可设置行政管理通道、技术职称通道和学科馆员通道,为女性馆员提供了相应的职业发展道路[12]。袁珍英认为高校图书馆女性馆员职业生涯开发的必要性:业务外包、技术变革、服务社会化、"妇唱夫随"、阶段性就业等[13]。周国正,刘娜指出高校女性馆员职业生涯具有职业队伍多样化、职业劳动复杂化、职业成就感的隐性化等特征[14]。李佳莹通过对安徽省7所地方高校图书馆的女性馆员的研究调查,将女性馆员的职业生涯发展模式归结为30岁以下的职业磨合阶段、31—40岁的职业提升阶段、41—55岁的职业停滞阶段、56—60岁的职业享受阶段等四个阶段[15]。方兴平提出了管理和开发女馆员职业生涯的建议:在不同的职业生涯阶段采取不同的管理措施、设立多级工作岗位、设置多重职业发展路径、实行轮岗制、构建和谐的人文环境等[16]。

## 3.3 职业幸福感

李俭在调研的基础上,总结分析了女性馆员职业幸福感缺失的原因是职业通道缺失、人际环境不良、心态失衡、缺乏激励因素、能力缺失等[17]。赵丹丹从幸福感的角度诠释了职业幸福的概念,认为社会因素(社会性别因素、职业分配等级)和主观因素(对"读者是上帝"概念的误解、行业规范忽视了图书馆员权利)影响女性馆员的职业幸福感[18]。陈燕宇认为女性馆员获得职业幸福感是检验图书馆管理成效的重要标尺,并提出通过职业生涯管理、自我调适、职业准入制度和激励体制等途径提高职业幸福感[19]。

## 3.4 职业前景

但碧霞指出在新的世纪,面对竞争与挑战,女性馆员的职业前景是光明的。顺应时代潮流,完善自我,走可持续发展之路[20]。杜桂平指明了女性馆员的职业前景是必须成为学习型馆员,职业发展才会有质的飞跃[21]。

### 3.5 职业素质

2002年中国图书馆学会颁布的《中国图书馆员职业道德准则(试行)》中规定,"确立职业观念,履行社会职责""努力钻研业务,提高专业素养""适应时代需求,勇于开拓创新"等,无不传达着图书馆职业精神的内涵。在女性馆员的职业素质上,研究颇丰,通常都认为女性馆员应该更新观念,提高职业道德素质,增强危机风险意识、加强合作协同意识、建立和谐的人际关系、树立终身学习意识等等。姚迎东提出女馆员基本素质的提升,应该加强"一专多能型"和"开拓创造型"的培养[22]。沈梅强调了"四自"精神是当代女性馆员必备的素质,女性馆员的素质和发展是图书馆职能发挥的基础,也是个人、图书馆与读者三方的共同愿望[23]。

此外,一部分学者还探讨了女性馆员职业发展中产生的职业回报、职业空间、职业健康、职业增值、职业成就等问题。

## 4 研究结论与启示

当前,我国图书馆女性职业发展研究取得了较为丰硕的研究成果,但也存在一些问题和不足。

### 4.1 结论

(1)从文献计量上看,理论成果主要以期刊论文为主,核心期刊论文量较少,整体质量不高,大多关注对象为高校图书馆女性馆员。

(2)研究主题范围较广,以女性学、心理学、社会学、管理学等理论为基础,比较全面考察了女性馆员职业发展的不同阶段,涉及女性馆员职业发展的宏观、微观等各个层面。

(3)研究方法不够多元化,定量研究和实证研究的方法占比仅4.4%,运用较少,很多研究的对策分析停留于宏观理论层面的阐释,显得泛泛而谈,需要在方法和内容上有所突破和创新。

### 4.2 启示

通过对国内女性馆员职业发展研究成果的梳理和总结,对于这一研究,我们可以得到如下启示:

(1)加强实证研究。扩大样本的地区覆盖面,重视收集第一手资料,开展案例研究、访谈,设计科学合理的问卷,对于研究的问题和对策,不以偏概全,既要切中要害,又要具有前瞻性和现实针对性,真正找到解决女性馆员职业发展问题的"金钥匙"。

(2)角色转换变化。随着传统图书馆向数字图书馆转型与发展,馆员角色日益多元化、专业化和全能化。在建设学习型社会背景下,无论是从学科服务,还是信息素养、科技查新、阅读推广等,都对女性馆员提出了新的职业技能要求,带来了新的机遇和挑战,这或将是以后关于女性馆员职业发展研究的重要方向。

二十多年来,对女性馆员职业发展的研究已经有了文献数量的明显增长,但整体研究水平和研究层次有待深化提高,研究的深度和系统性仍不够,需要创新理论和方法,引领女性馆员不断地发展提升自己,更好地服务图书馆事业。

## 参考文献

[1] 夏征农,陈至立.大辞海:第9卷 管理学卷[M].上海:上海辞书出版社,2015:270.

[2] 朱国萍,杨玉娟.高校图书馆知识女性的发展障碍及应对办法[J].农业图书情报学刊,2006(7):76-78.

[3] 柳金石.我国女性图书馆员职业发展研究[D].天津:南开大学,2009.

[4] 何承斌.基于社会性别视角下高校图书馆女性馆员职业发展调查分析[J].农业图书情报学刊,2013(4):197-201.

[5] 马桂花.女性馆员职业倦怠实证分析与自我应对策略——以泉州地区高校图书馆女性馆员为例[J].泉州师范学院学报,2015(4):113-116.

[6] 朱海英.高校女性图书馆员职业倦怠现状及对策[J].图书馆研究,2013(1):110-113.

[7] 吴玲芝,成带云.高校图书馆女性馆员职业倦怠问题研究与策略探讨[J].兰台世界,2015(17):140-141.

[8] 丁铃.二十一世纪女图书馆员的素质和形象[J].图书与情报,2002(4):31-32,35.

[9] 陶继华.信息化服务背景下女性馆员职业困境的成因及对策分析——以安徽省高校图书馆为例[J].大学图书情报学刊,2016(3):27-30,35.

[10] 耿甦.关于女性馆员提高职业素质,开发职业生涯的思考[J].大学图书情报学刊,2005(5):30-31,34.

[11] 罗素馨,饶汉娟.职业生涯规划——消除女性馆员职业倦怠的有效途径[J].情报探索,2010(3):112-113.

[12] 李艳超,周国正,邹聪,等.基于职业锚理论的女性图书馆员职业生涯发展研究[J].山西科技,2016(4):104-106.

[13] 袁珍英.高校图书馆女性馆员职业生涯的开发与管理[J].长春教育学院学报,2011(4):86-87.

[14] 周国正,刘娜.从职业生涯规划角度看高校图书馆女性馆员职业倦怠[J].农业图书情报学刊,2016(3):196-198.

[15] 李佳莹.地方高校图书馆女性馆员职业生涯发展模式分析——基于安徽省的调查[J].农业图书情报学刊,2012(6):216-221.

[16] 方兴平.高校图书馆女馆员职业生涯管理之我见[J].科技情报开发与经济,2010(36):15-18.

[17] 李俭.对高校图书馆女性群体职业幸福感的探讨[J].图书馆理论与实践,2013(1):73-75.

[18] 赵丹丹.谈女性图书馆员的职业幸福感[J].图书馆学刊,2015(1):27-28.

[19] 陈燕宇.对公共图书馆女性群体职业幸福感的探讨[J].贵图学刊,2013(3):19-20,18.

[20] 但碧霞.21世纪女性馆员的职业前景分析[J].图书馆论坛,2003(2):7-9,93.

[21] 杜桂平.从可持续发展看高校图书馆女性馆员的职业前景[J].内蒙古科技与经济,2012(22):154-155.

[22] 姚迎东.湖北公共图书馆女性馆员发展现状调查与分析[J].图书情报论坛,2010(1):18-20.

[23] 沈梅.关于高校图书馆女性馆员职业发展的思考[J].内蒙古科技与经济,2012(7):126-128.

# 公共图书馆文化精准扶贫服务的现状及对策研究

## ——以江苏省为例

陈凤娟 孙 雨（金陵图书馆）

2013年11月,习近平总书记首次提出了"精准扶贫"的理念,2014年1月,中共中央办公厅详细规制了精准扶贫工作模式的顶层设计,推动了"精准扶贫"思想落地[1]。随后,"精准扶贫"逐渐成为社会各界热议的关键词。2015年12月,文化部等七部委联合印发的《"十三五"时期贫困地区公共文化服务体系建设规划纲要》(以下简称《纲要》)明确提出"加大帮扶,按照精准建设的要求,推进贫困地区公共文化服务体系建设"[2]。自此,"精准扶贫"的理念在公共文化服务领域迅速推进,公共图书馆作为文化扶贫工作的主力军之一,利用自己的优势进行精准文化扶贫服务也是大势所趋。

对于公共图书馆而言,要有效提高文化扶贫工作的成效,就必须精准识别图书馆文化扶贫的关键要素——目标人群[3]。公共文化精准扶贫的主要目标人群是贫困居民和特殊群体,作为公共文化服务机构的重要组成部分,这也是公共图书馆精准扶贫服务的主要目标人群,而"精准服务"是对已有服务平台的延伸,是针对不同群体的不同需求,对服务的力量和功能进行优化组合,因此公共图书馆应根据《纲要》要求,明确靶向,精准识别,精准施策,以期为推进公共文化精准建设提供基础。全国各地的公共文化体系发展长期以来呈现不平衡状况,就江苏而言,一是苏南苏中苏北地区间不平衡,苏南地区公共文化服务投入多,苏中、苏北地区少;二是城乡的不平衡,城市投入多,农村特别是贫困地区、边远地区公共设施相对落后;三是服务群体的不平衡。本文以江苏省为例,着重从服务群体的不平衡的角度来研究公共图书馆如何开展精准扶贫服务。

## 1 公共图书馆文化精准扶贫服务的目标人群

社会群体的经济社会地位决定了其对公共文化服务的消费能力,目前国内的公共图书馆更趋向于为一般读者提供服务,贫困人口、残疾人、农民工、农村留守妇女儿童等包括弱势群体在内的特殊群体由于经济、身体、文化程度等各方面的影响难以平等地享受公共图书馆提供的文化服务,因此这些被排除在"一般读者之外的读者群"(以下简称特殊群体)才是公共图书馆文化精准扶贫的目标群体。

国内学者对"特殊群体"的定义多是将其等同于"弱势群体"的概念。比较典型的如,山东财经大学李传颖在其《英国图书馆特殊群体服务及其对我国的启示》一文中提出"特殊群体"是指一般读者之外的读者群,包括阅读障碍者、儿童、老年人、残疾人等,因其在使用图书馆过程中的各种不便利条件而受到高度关注[4]。2015年1月,中共中央办公厅、国务院办公厅印发了《关于加快构建现代公共文化服务体系的意见》(以下简称《意见》),《意见》中提出"要保障特殊群体的基本文化权益。将老年人、未成年人、残疾人、农民工、农村留守妇女儿童、生活困难群众作为公共文化服务的重点对象"[5]。同年12月,《中华人民共和国公共图书馆法(征求意见稿)》(意见简称《征求意见稿》),针对特殊群体服务明确提出:根据不同年龄段未成年人的特点,开展阅读指导和社会教育活动;考虑老年人、残疾人等群体的特点,提供适合其需要的文献信息资源、设施设备和服务[6]。《意见》和《征求意见稿》从法律法规的层面将对特殊群体的"精准文化扶贫"提升到了前所未有的高度。

国际上,按照国际图联(IFLA)早年的界定,公共图书馆的特殊群体应该包括聋哑人、肢体残疾者、老年人、行动能力不足者、行动受限制者、诵读困难者等[7],这一概念与国内的"弱势群体"的概念基本一致。2010年,江南大学图书馆曹雪在其《图书馆特殊群体用户服务》硕士论文中指出国外对特殊群体的研究主要是IFLA专业报告中重点对青少年群体、政府、残疾人群体、婴幼儿群体、犯人群体和病人群体这六类群体进行的详细研究[8]。2016年,河南科技大学赵孝芬在其《美国公共图书馆的服务特色》一文中指出美国公共图书馆特色服务中,对残疾人、病患、犯罪受害人、新移民、母语非英语居民等弱势群体的服务不可或缺。

综合国内和国外关于特殊群体的论述,笔者将特殊群体划分为以下八个大类:未成年人、老年人、残疾人、农民工、农村留守妇女儿童、军人、犯人群体和病人群体,本文将基于这八个分类以江苏省公共图书馆为对象进行服务现状和对策的分析。

## 2 公共图书馆文化精准扶贫服务的现状

笔者针对江苏省13个省辖市公共图书馆网站进行详细浏览,提取相关服务活动的内容,将13个省辖市公共图书馆针对特殊群体所做的服务活动统计汇总,结果详见表1。目前江苏省公共图书馆为特殊群体服务活动的主要形式包括讲座、培训、展览、赠书、上门服务、读者组织和图书馆参与等形式,在针对同一特色群体服务的形式上,各公共图书馆的做法既存在着同一性,又存在一定差异性,下文将分别从调研的八个特殊群体分类进行研究。

表1 江苏13个省辖市公共图书馆特殊群体服务活动一览表

| 图书馆 | 未成年人 | 老年人 | 残疾人 | 农民工 | 留守妇女儿童 | 军人 | 犯人 | 病人 |
|---|---|---|---|---|---|---|---|---|
| 金陵图书馆 | 名师公益大讲堂、七彩夏日、展览、沙龙、亲子阅读、参观图书馆、小小志愿者、江苏少儿数字图书馆 | 老花镜、放大镜、九如城康养中心服务点、悦园老年公寓服务点、专题书架、讲座、展览 | 朗读者、盲人剧场、送书上门 | 赠书、进城务工人员职业技能培训、共享工程资源进务工人员子弟学校、为来宁务工人员代订火车票、小小新市民公益夏令营 | 石山下分馆 | 书香警营阅读点 | 为第二看守所捐赠书籍、"心悦图"走进拘留所开展心理辅导 | 悦园老年医疗康复中心 |

续表

| 图书馆 | 未成年人 | 老年人 | 残疾人 | 农民工 | 留守妇女儿童 | 军人 | 犯人 | 病人 |
|---|---|---|---|---|---|---|---|---|
| 苏州图书馆 | 悦读妈妈讲故事、悦读宝贝计划、青少年分馆、小学课外阅读课、讲座、未成年人流动图书大篷车、江苏少儿数字图书馆 | 老年读者协会、讲座、展览、重阳老年读者联欢会、"扶老上网"免费培训 | 盲人读书会、走访盲人读者家庭、盲人爱心电影、阳光讲坛、"一帮一、手牵手"活动 | | | 书香进军营 | 第四看守所图书流通点、讲座、技能培训、书评比赛 | |
| 无锡市图书馆 | 未成年人成长指导中心、青少年传统文化体验冬令营、青少年创客教育体验活动、未成年人阅读推广志愿团队、心理健康培训、江苏少儿数字图书馆 | 为社区老年人送讲座、老年读者网上冲浪公益培训 | 视障读者读书会、音频欣赏、讲座、"耳边的世界"盲人系列活动 | 为外来务工人员送讲座、为新市民子女举办爱心助学活动 | 向农村鸟巢图书馆捐赠图书 | 书香进军营 | 视频讲座走进教育收容所、送讲座进监狱、为服刑青少年进行心理辅导 | |
| 常州市图书馆 | 图书小天使、讲座、展览、亲子阅读、江苏少儿数字图书馆 | 讲座、展览、电子阅读免费培训、重阳主题活动 | 为残障儿童福利院捐书、为聋人读者举办"手语"讲座、残疾人专用借阅证 | 建立小小新市民流动图书馆服务点 | | 为交巡警大队送书、建军营图书屋、送书进部队 | 为戒毒所吸毒人员捐赠图书 | 流动图书架进二院 |
| 镇江市图书馆 | 讲座、展览、亲子阅读、江苏少儿数字图书馆 | 讲座、展览 | | | | | | |
| 南通市图书馆 | 七彩夏日、讲座、展览、江苏少儿数字图书馆 | 讲座、展览 | | | | 武警一中队建立流动服务点 | 送书进监狱 | 和美家妇产医院 |
| 扬州市图书馆 | 亲子活动、七彩夏日、讲座、展览、小小图书管理员、江苏少儿数字图书馆 | 讲座、展览、为福利院老人送书 | 送无障碍电影进特殊教育学校 | | 困境儿童志愿服务 | | | |

续表

| 图书馆 | 未成年人 | 老年人 | 残疾人 | 农民工 | 留守妇女儿童 | 军人 | 犯人 | 病人 |
|---|---|---|---|---|---|---|---|---|
| 泰州市图书馆 | 少儿互动体验活动、邀请幼儿园少儿参观图书馆、江苏少儿数字图书馆 | 为老人举办免费电脑培训班、讲座、展览 | | 为进城务工人员举办免费电脑培训班 | 组织留守儿童参观图书馆、向农村文化站送书 | | | |
| 盐城市图书馆 | 七彩夏日、讲座、少儿电影、亲子阅读、故事会、敬贤路实小分馆、江苏少儿数字图书馆 | 为老人举办重阳主题活动、讲座、展览 | | | 向留守儿童赠送文体用品和书籍、送书下乡 | | | |
| 徐州市图书馆 | 亲子阅读、讲座、展览、江苏少儿数字图书馆 | 讲座、展览 | | | | 军民共建图书流动服务点 | | |
| 淮安市图书馆 | 夏令营、冬令营、讲座、展览、江苏少儿数字图书馆 | 讲座、展览、为老人举办重阳主题活动、老年读者座谈会 | | | 流动服务进农村、筹建农村爱心图书室 | 送书进部队、汽车流动图书馆进军营、警营读书日 | | |
| 宿迁市图书馆 | 亲子图书馆、七彩夏日、江苏少儿数字图书馆 | 讲座、展览、老年大学分馆 | | | 宿迁文化讲坛进乡村 | | | |
| 连云港市图书馆 | 婴幼儿活动室、亲子阅读、夏令营、江苏少儿数字图书馆 | 讲座、展览、重阳活动、送书福利养老院 | | 为农民工网上购票 | 举办关爱留守儿童公益活动 | 送书进军营、警营书吧、 | 监狱服务点 | |

### 2.1 面向未成年人的服务

江苏省13个省辖市公共图书馆面向未成年人提供的服务主要有讲座、展览、夏令营、冬令营、与中小学合作开设阅读课、与幼儿园合作开展亲子阅读、参观图书馆、小小志愿者、江苏省少儿数字图书馆项目等活动。值得一提的是苏州图书馆和无锡市图书馆在未成年人服务上颇具特色。苏州图书馆的"悦读宝贝计划"面向婴幼儿家庭,每年为0—3岁婴幼儿家庭发放"阅读大礼包",旨在鼓励家长与孩子一起分享阅读的快乐,让幼儿从出生起就开始接触书本,培养儿童早期的阅读兴趣和能力。无锡市图书馆及其辅导范围内的各市(县)、区图书馆专门设立了未成年人成长指导中心,形成了关爱未成年人的市、区联动机制,为全市未成年人提供心理健康、学习指导、法律援助等成长服务,该中心同时开通了面向全市、为未成年人免费提供心理健康咨询的短号码"96111"并专门设立了公益咨询日活动,最大限度地为广大未成年人提供符合其自身需要的咨询服务[9]。此外,在未成年人服务项目上,最有代表性的当属江苏少儿数字图书馆项目,该项目由南京图书馆牵头,全省100家公共图书馆共同参与,采用了O2O的服务模式,即网站、APP、微信、平板、触摸大屏等平台与设备提供的线上资源服务与少儿活动、主题展览、大型竞赛类活动等提供的线下活动相辅相成,是国内规模最大、服务范围最广的省级少儿读者服务项目。

### 2.2 面向老年人的服务

中国已经逐渐步入老龄化社会,对于图书馆而言,最明显的体现就是老年读者已经成为中小型图书馆服务的主体,因此了解老年读者的阅读需求,精心策划旨在满足其需求的服务是公共图书馆提供精准服务的要义。然纵观江苏省13个省辖市公共图书馆面向老年人提供的服务,不外乎讲座、展览、重阳主题活动、免费电脑培训班、送讲座进老年福利院及老年公寓等这些传统的服务形式。而随着互联网和物联网的普及,广大的老年人也逐步成为新技术的追随者,因此公共图书馆与时俱进,改进和创新针对老年人的读书活动也势在必行。

### 2.3 面向残疾人的服务

江苏省13个省辖市公共图书馆面向残疾人读者的服务项目,主要有送书上门、志愿者朗读、有声读物借阅以及面向聋哑人的手语讲座等特色服务项目。值得一提的是金陵图书馆推出的"朗读者"品牌项目,项目由金陵图书馆联合南京新闻广播推出的一项面向视障人士的公益性志愿活动,通过招募朗读志愿者,将图书作品录制成有声读物,供视障群体及其他有收听需求的人群阅读。从2012年第一季"用声音点亮生命的光"到2016年第五季"用耳朵倾听世界,用心灵享受阅读","朗读者"活动立足南京,面向全省,辐射全国,志愿者人数总计近8000人,服务江苏省范围全龄段盲人读者3万余人,录制现当代文学书籍64种,总时长超过100小时。笔者在调研过程中发现,各地市级公共图书馆面向残疾人读者的服务总体水平较低,服务活动偏少,其等待残疾人读者上门借阅图书、开展残疾人主题活动这样的传统服务居多,面向残疾人有针对性的个性化服务偏少,服务模式较为单一。

### 2.4 面向农民工的服务

农民工群体是我国城市化进程中出现的特殊群体,为促进农民工融入城市社会,公共图书馆应积极开展有针对性的面向农民工的服务以消除他们在融入城市社会过程中遇到的阻碍。江苏省13个省辖市公共图书馆提供的面向农民工的服务主要有代购火车票、免费电脑培训班、送讲座、送书等服务,这种"输血式"服务虽然解决了农民工的一时需求,但从长远来看,并不能提升农民工群体的自我发展能力。国内很多学者对农民工需求的调查结果显示,农民工对职业技能培训、上网培训、法律法规学习等需求度较高[10]。因此公共图书馆应以开展免费的职业技能培训、上网培训、普法教育等"造血式"服务为主,辅以文献提供、代购火车票等"输血式"服务,从根本上提升农民工群体的文化素养、劳动技能、创业本领和社会参与能力。

### 2.5 面向农村留守妇女儿童的服务

农村留守妇女儿童是我国城市化进程中产生的又一特殊群体,留守妇女面临着独自承担家务劳动、赡养老人和抚育子女等家庭责任,而留守儿童面临着长期缺乏亲情的关爱等问题,由此而带来了一系列的社会问题。对于此,公共图书馆应积极提供有针对性的服务,使精准文化扶贫真正落脚到流动留守家庭中。江苏省13个省辖市公共图书馆目前针对留守家庭的服务主要有捐赠图书、开设分馆、送讲座下乡、组织参观图书馆等。值得一提的是盐城市图书馆为该市陈集镇海口村村民开展结对帮扶的"送书下乡"活动,该馆为帮助农村贫困村民脱贫致富,连续两年利用服务宣传周的时间,联合阜宁县图书馆到海口村为村民开展"送书下乡"活动,为阜宁县经济比较落后的海口村村民送去科技书籍和猪牛羊等苗种;同时通过展板形式,向村民宣传致富知识,宣传怎样利用图书馆、使用图书馆[11]。这种服务不仅仅是一次性的"输血式"服务,同时提供了有针对性的技术方法,是今后公共图书馆精准文化扶贫值得借鉴的方式。

### 2.6 面向军人的服务

江苏省13个省辖市公共图书馆提供的面向军人的服务主要包括建立书屋或者阅读点、送书进军营、汽车流动图书馆、设立警营读书日等,但总的来说,活动形式单一,缺乏读书指导及读书活动。新时期军队的改革也带来了新时期学习型军营的建设问题,因此公共图书馆也应为提升广大军人的全面素质承担起部分责任。公共图书馆为军营服务一直以来都是在双拥工作的框架下开展的,所以它的服务模式实质上很难摆脱政府主导的完成任务型模式。因此公共图书馆为军营服务要想进一步发展,必须要在服务模式上有所突破,需要有新的制度安排,新的机制来支撑[12]。

### 2.7 面向犯人群体的服务

目前江苏省13个省辖市公共图书馆提供的面向犯人群体的服务主要有捐赠图书、设立流动服务点、心理辅导等。其中苏州图书馆面向犯人提供的服务比较丰富,除了设立流动服务点外,还通过举办相关讲座、技能培训、书评比赛等方式给在押犯人带去精神慰藉以及未来出狱后的职业技能培养。部分图书馆在心理辅导方面也在做积极探索,如金陵图书馆与南京市拘留所以及中国心理督导协会江苏省办事处共同建立心理研究教学基地。心理研究教学基地的建立,进一步推动了南京市拘留所"三项重点工作"的推进落实,有助于矛盾化解工作的深入开展。相关心理咨询专家将有针对性地对部分被拘留人员开展个体心理咨询和团体心理辅导,帮助被拘留人员敞开心扉、打开心结、化解矛盾。笔者结合江苏省公共图书馆面向犯人群体的服务方式以及国内其他公共图书馆面向监狱犯人服务的了解,发现目前国内公共图书馆在为监狱犯人服务上仍存在种种顾虑,比如国家层面的政策问题、社会舆论以及人员和经费的不足等一系列问题都带来了公共图书馆面向犯人群体提供服务上的阻碍,这也是公共图书馆今后需要继续为之努力的方向。

### 2.8 面向病人群体的服务

苏省13个省辖市公共图书馆仅有3家提供了面向病人群体的服务,且服务形式仅仅是单一的设立服务点和流动书架,提供的书籍也多是针对病人休闲娱乐的,缺乏为医务人员提供专业性的书籍服务。

综上,江苏省公共图书馆界在为各种特殊群体提供服务上,已开始起步,尤其是面向未成年、老年人和残疾人的服务相对比较健全,而在面向其他特殊群体服务时还存在许多问题,今后在面向特殊群体的精准服务方面还有很大的拓展空间,下文将基于江苏省的弱势群体服务现状提出相应的对策。

## 3 精准对接公共图书馆文化精准扶贫服务的对策

### 3.1 面向制定指导特殊群体服务的制度

我国公共图书馆面向特殊群体提供的服务还有很大的局限性,国家和地方政府制度和政策上的不完善是重要的影响因素之一。目前我国关于公共图书馆的政策制度在宏观层面上有《中华人民共和国公共文化服务保障法》、《关于加快构建现代公共文化服务体系的意见》、《"十三五"时期贫困地区公共文化服务体系建设规划纲要》(2016)、《文化部"十三五"时期文化发展改革规划》、《关于推进县级文化馆、图书馆总分馆制建设的指导意见(征求意见稿)》(2016)、《全民阅读促进条例(征求意见稿)》、《关于进一步做好为农民工文化服务工作的意见》、《关于推进基层综合性文化服务中心建设的指导意见》等;中观层面上有《江苏省公共文化服务促进条例》(2016)、江苏省及各市制定的《关于加快构建现代公共文化服务体系的实施意见》、《省政府关于进一步加强为农民工服务工作的实施意见(苏政发〔2015〕75号)》等,但关于公共图书馆在面向特殊群体服务的微观制度上鲜有体现。因此我们应该尽快制定面向特殊群体服务的规章制度和服务标准,并在实际行动中结合每年不断变化的状况贯彻实行,建立定期的回访制度,逐步实现从"输血式"服务向"造血式"服务再到脱离弱势群体的方向转变。

### 3.2 合理规划精准扶贫的对象群体

精准扶贫的重点区域与重点人群是我们精准服务的重点与靶心。"十三五"期间,江苏省确定了苏北的成子湖片区、西南岗片区、涟沭结合部片区、石梁河水库片区、丰县湖西片区、灌溉总渠以北片区为6个扶贫开发重点片区[13],具体到各个市而言,每个城市也都有各自规划的扶贫重点片区,这是精准扶贫从经济角度上的划分;而在文化层面上,精准扶贫的重点区域与重点人群很难从行政区域上进行划分,但可以以扶贫开发重点片区为重点进行精准扶贫对象群体的识别。此外,还应结合老年人、残疾人、未成年人等特殊群体综合进行精准扶贫的对象群体的识别,进而实现合理规划公共图书馆精准扶贫的对象群体的目标,使图书馆可以更好地实现文化精准扶贫服务的对接。

### 3.3 建立面向特殊群体的图书馆分馆

公共图书馆在为特殊群体服务的过程中,经常存在着守株待兔的问题,被动地等待读者上门,忽略了弱势群体的各种特殊原因不能与普通读者一样经常走进图书馆享受服务,因此因势利导,建立有针对性的特殊群体分馆,同时建立和完善特殊群体阅读服务体系是为特殊群体精准服务的创新举措。在这一点上,苏州的青少年分馆、湖南图书馆老年图书馆、温州市图书馆老年分馆、安徽省宣城市郎溪县的农民工图书馆、唐山市残疾人图书馆、重庆市在劳务市场开农民工图书馆等都非常值得称赞[14]。在特殊群体的图书馆分馆建设上,除了上述实体分馆外,还应该对既有商购数字资源库以及文化信息资源共享工程和数字图书馆推广工程的资源开展面向特殊群体的专题资源库的开发工作,这也是图书馆工作人员需要做的。

### 3.4 鼓励社会力量参与提供公共文化服务

公共图书馆在为特殊群体服务的过程中还存在资源、经费以及形式上单一等多种问题,单纯依靠图书馆的力量难以为特殊群体提供完善的服务,因此鼓励社会力量与图书馆合作,参与提供公共文化服务是公共图书馆文化精准扶贫服务的有效补充途径。正如文化部于2017年7月7日印发的《文化部"十三五"时期公共数字文化建设规划》中提出"政府和相关文化职能部门应积极鼓励各类社会文化机构、文化企业和个人依托公共数字文化服务平台提供公共文化服务,开展健康有益的文化活动;鼓励公共文化单位、高等院校与高科技文化企业合作,根据公共数字文化服务建设的实际需要,共同开展关键技术攻关,研发公共数字文化产品"[15],进而更好地为特殊群体服务。

### 3.5 加强社会购买服务,打造文化"扶贫云"平台

图书馆在以往开展文化扶贫过程中发现供求脱节,提供的资源"不对口味"使文化扶贫资源一直处于乏人问津的局面。随着互联网基础建设以及"万物互联"的理念在农村等偏远地区的不断完善,深度融合"互联网+"并结合各地推出的"公共文化云",打造图书馆自己的文化"扶贫云"平台,综合利用大数据和云技术,整合多方文化扶贫资源,为特殊群体提供"菜单式"数字化文化资源,改变以往自上而下的"我送你看"的文化资源输送方式,开启自下而上的"点菜"服务模式[16],实现文化扶贫的精准、科学推送是当前公共图书馆实现精准文化扶贫的有效路径。一方面,公共图书馆可以利用文化"扶贫云"平台,根据特殊群体需求,开展"私人订制"和文化扶贫推送服务;另一方面,公共图书馆可以与文化馆、博物馆等公共文化单位合作共享,整合共享单位的文化资源,引入政府购买公共服务机制,以特殊群体需求为导向,丰富文化"扶贫云"平台的资源以更好地为特殊群体精准服务。

公共文化精准服务在全国范围内兴起一股热潮,近年来各地涌现的"公共文化云"平台实现了公共文化的汇集与共享,使百姓足不出户就可享受文化上门服务。对于公共图书馆而言,除了在云平台发布传统的讲座、培训、活动等服务外,还应开拓创新,瞄准特殊群体的真实需要,遵循差别化和个性化的原则,精心选择公共文化产品供给的内容,避免公共文化产品千篇一律的弊端。

**参考文献**

[1] 曲蕴,马春.文化精准扶贫的理论内涵及其实现路径[J].图书馆杂志,2016(9):4-8.

[2] 梁立新.精准扶贫情境下贫困地区公共文化服务精准识别研究[J].浙江学刊,2017(1):164-169.

[3] 王尧.基于精准扶贫视角的图书馆文化扶贫精准识别研究[J].图书馆工作与研究,2016(5):38-42.

[4] 李传颖.英国图书馆特殊群体服务及其对我国的启示[J].情报理论与实践,2016(10):140-144,139.

[5] 关于加快构建现代公共文化服务体系的意见[EB/OL].[2020-08-21].http://news.xinhuanet.com/politics/2015-01/14/c_1113996899.htm.

[6] 国务院法制办公室.国务院法制办公室关于公布《中华人民共和国公共图书馆法(征求意见稿)》公开征求意见的通知[EB/OL].[2020-03-21].http://www.chinalaw.gov.cn/article/cazjgg/201512/20151200479628.shtml.

[7] 姜欣.公共图书馆特殊群体服务体系建设研究[J].图书馆学刊,2015(3):50-52.

[8] 曹雪.图书馆特殊群体用户服务[D].合肥:安徽大学,2010.

[9] 张佳.无锡市图书馆未成年人服务管窥[J].图书馆学刊,2013(10):106-107.

[10] 张韩.新生代农民工融入城市的信息需求及图书馆服务路径初探——基于长沙市区的抽样调查[J].图书馆,2013(6):56-58.

[11] 我馆为陈集镇海口村民开展结对帮扶送书下乡活动[EB/OL].[2020-03-21].http://wmdw.jswmw.com/home/content/?9081-1562706.html.

[12] 贺森林.公共图书馆为军营服务的实践与思考——以葫芦岛市图书馆为例[J].图书馆学刊,2015(7):89-93.

[13] 江苏六大经济薄弱片区首次编制整体产业规划[EB/OL].[2020-03-21].http://www.chinadaily.com.cn/hqcj/xfly/2015-03-28/content_13452758.html.

[14] 朱捷英.精准对接 合作共享:公共图书馆为弱势群体服务的新路径[J].图书馆工作与研究,2016(9):34-38.

[15] 文化部关于印发《文化部"十三五"时期公共数字文化建设规划》的通知[EB/OL].[2020-03-21].http://zwgk.mcprc.gov.cn/auto255/201708/t20170801_688980.html.

[16] 黄辉.精准脱贫战略下的图书馆文化扶贫精准识别、帮扶与机制创新研究[J].图书情报知识,2017(1):49-55.

# 文旅融合视域下的公共图书馆精准文化扶贫路径研究

王 欢(大庆市图书馆)

2020年,是我国全面建成小康社会、打赢精准脱贫攻坚战的收官之年,也是公共文化领域实行文化旅游融合、全面创新发展的关键一年。作为重要的社会公益文化机构,公共图书馆也应乘势而动、顺势而为,准确把握文化工作方向,面向文化贫瘠地区,开展精准文化扶贫,努力发挥自身功用,提高公共文化服务能力和社会影响力。

## 1 把握文化旅游方向,明确公共图书馆精准文化扶贫工作意义

自2018年4月国家文化和旅游部正式组建挂牌,即标志着文化旅游融合新时代已经开启,文化事业和文化产业深层次变革已然蓄势待发。公共图书馆作为公共文化机构,准确把握文化旅游融合方向,拓展文化推广领域,开展精准文化扶贫,对于自身事业发展也具有十分重要的意义。首先,公共图书馆作为公益性文化机构,传播先进文化理念、消弭地域文化鸿沟、参与文化扶贫工作,是其职责所在、使命担当,更是彰显其普遍均等、公平正义价值之体现[1];其次,开展精准文化扶贫,有利于公共图书馆充分发挥典藏资源的作用,通过"送书入乡"、"通借通还"等方式,让图书馆的纸质图书流动起来,实现图书资源的有效利用;再次,公共图书

馆精准扶贫工作,必须以互联网、数字文化平台等新媒体技术为支撑,加强扶贫工作的宣传力度,有利于实现科学技术的有效推广;最后,开展精准文化扶贫工作,图书馆不能故步自封,必须走出馆门,深入扶贫区域,延伸图书馆服务触角,开展业务指导、阅读推广等活动,助力贫困地区开发旅游价值,有利于图书馆拓展服务空间,扩大服务覆盖范围,加强自身建设,扩大社会影响。

## 2 结合地方扶贫案例,分析公共图书馆文化扶贫工作实施现状

作为黑龙江省大庆地区公共图书馆的核心,大庆市图书馆自2017年起开展文化扶贫工作,帮扶对象是大庆市林甸县花园乡永远村。永远村是典型的文化贫困村,村内公共文化服务设施陈旧老化、现代媒体及网络设施建设迟缓、文化教育资源薄弱,村内农民尽管不存在温饱问题,但精神文化十分贫瘠。为优化乡村文化环境,满足农民文化需求,大庆市图书馆面向永远村,输送文化资源、提供文化指导、举办文化活动、倡导文化脱贫,其文化扶贫实施情况,在一定程度上可以反映现阶段公共图书馆文化扶贫状况。本章即以其为例,从取得的扶贫成效及暴露出的工作问题两方面进行解读,分析现阶段公共图书馆文化扶贫工作的发展现状。

### 2.1 基本实现文化扶贫管理,但体制机制存在欠缺

#### 2.1.1 取得的成效:发挥人才作用,开展必要管理

坚持"脱贫攻坚,人才为先"的工作原则。自2017年起,大庆市图书馆先后输送了两名高素质、高学历的业务骨干,驻扎在永远村开展实地帮扶。两名扶贫人才深入实地,及时掌握永远村基本情况,并向图书馆管理层反馈。根据实地调研资料,图书馆管理层及时制定扶贫方案,输送文化资源、数字技术、基础设备等,实行必要的扶贫工作管理。在大庆市图书馆的帮扶下,两名扶贫人才充分发挥作用,夯实永远村的党建工作,激发村农以民主和谐的态度参政议政;建立永远村图书阅读室,组织文化活动,提高乡村农民的文化素养;带领全村上下开发文化产业,帮助村内的孤寡老人、军属等,以文化帮扶的方式培养全村农民集体奋斗、互帮互助意识。

#### 2.1.2 存在的问题:体制机制欠缺,精准管理不善

在大庆市图书馆的帮助下,永远村的基础公共文化设施已日趋完善,但从现实情况看,其文化扶贫工作仍然面临诸多瓶颈,无法实现精准文化扶贫管理,这与相应的体制机制严重缺位有着直接关系,具体体现在以下几个方面:

第一,单兵作战,缺乏区域合作机制。首先,区域图书馆界没有搭建扶贫合作平台。这既体现在各级公共图书馆没有联动开展扶贫工作,又体现在公共图书馆与其他类型图书馆均未合作开展文化扶贫;其次,公共图书馆与其他文化场馆没有建立长期扶贫合作关系,影响了文化输送的频次和力度;再次,公共图书馆没有将企事业单位、社会团体组织发展为合作对象。作为纯公益事业单位,在没有专项文化扶贫经费的前提下,仅依托自身力量开展扶贫工作,忽视企事业单位、社会爱心团体在提供经济文化援助方面的作用,这必然影响公共图书馆文化扶贫的深入推进;最后,公共图书馆与科技企业合作扶贫收效甚微。科技企业具备向贫困乡村推送先进管理技术及高端文化产品的能力,但公共图书馆与其合作有限,帮扶力度及扶贫覆盖面小,没有取得预期的扶贫效果。

第二,粗放管理,缺乏精准管理机制。具体言之,缺乏精准文化扶贫选择机制,没有精准选择扶贫对象,没有精细择选文化资源,没有精确开展文化活动,无法精准满足乡村农民的文化需求;缺乏精准文化人才管理机制,公共图书馆固然可以输送专业扶贫人才,但对于贫困乡村的人才培养和挖掘建树不多,培养或选拔高层次文化人才困难重重,无法从根本上改变贫困乡村人才"青黄不接"的局面;缺乏精准扶贫立项管理机制,在文化扶贫过程中,公共图书馆必然要结合贫困地域特色,发展相应的文化扶贫项目,但如果没有明确规划目标责任,草率立项、分散管理,未必能取得预期的文化脱贫效果,即使开发扶贫项目,也很难提高贫困乡村的创收能力,其后续发展难以为继;缺乏精准扶贫资金管理机制,作为公益文化事业单位,公共图书馆经费均由国家财政拨款,用于服务社会和自身事业发展,但从公共图书馆整体运营情况看,文化扶贫方面经费投入不合理,没有实施专项资金管理,这在一定程度上削弱了公共图书馆对于贫困乡村的扶助力度,影响精准文化扶贫的深入推进。

第三,评价受损,缺乏监督反馈机制。其一,缺乏扶贫经费监管机制。无论是输送文化资源还是建立扶贫项目,都必然涉及文化扶贫资金的流转,由于缺乏相应的监管机制,资金流向的公开透明无法得到根本保障;其二,缺乏民意测评机制。公共图书馆文化扶贫的根本宗旨是要提升贫困乡村农民的文化素养和文化幸福感,不开展民意测评工作,无法真实了解乡村农民的文化需求,以及他们对于公共图书馆文化扶贫工作的满意度和认可度;其三,缺乏文化评估反馈机制[2]。公共图书馆文化扶贫工作取得多少成果,存在哪些问题,应当是衡量该项工作进展情况的主要指标,文化评估反馈机制的缺乏,致使公共图书馆不能全面准确地判断文化扶贫工作实效,无法形成科学有效地总结,这必然会影响公共图书馆的文化扶贫成果。

## 2.2 充分保障文化资源供给,但内生动力明显不足

### 2.2.1 取得的成效:稳定供给资源,加强文化渗透

以公共图书馆为主体,针对贫困村的实际情况,供给多维资源,传达文化关怀。以大庆市图书馆为例,其面向永远村稳定供给资源、实施文化渗透的方式主要有三种:

其一,图书资源渗透。依托丰富的馆藏资源,利用"通借通还""图书漂流"等形式,开展流动图书服务,为乡村农家书屋定期免费配送及更换党建书刊、文化图书、文化杂志、期刊报刊;面向社会长期开展"换书大集"活动,在公众捐赠或更换的图书中,择选适合乡村文化环境的,定期通过流动图书车公益输送给乡村农民;凝聚全员力量,组织文化募捐,号召馆员及社会爱心人士主动捐赠个人高质量书刊、画本等,赠送给村内的少年儿童、老年农民。

其二,数字资源渗透。一方面,依靠公共图书馆数字资源平台及数据库,为乡村读者提供电子书刊便捷查询、在线阅读、免费下载等服务项目;联合地方企业、科技企业共建乡村数字资源服务平台、永远村农家书屋平台,为当地农民提供数字文化资源。另一方面,凭借公共图书馆先进的多媒体服务手段,面向贫困乡村推送数字技术。经实地考察,永远村九成以上的农民均使用智能手机通讯,因此大庆市图书馆制作电子书二维码墙,引导农民通过手机移动图书馆、微信等新媒体开展阅读,同时还为永远村期刊室开通了官方微信。

其三,基础资源渗透。大庆市图书馆为永远村供给的基础资源主要有四类:一是党建基础设备,帮助永远村建设党员活动室,制作党建宣传推广展板,并配备电脑、桌椅等硬件设备;二是文创产品,与科技文化企业合作,为永远村老年读者送去几十台小型收音机;三是文化用品,组织全馆馆员捐赠书包文具、体育用品、儿童玩具等,并将馆内的淘气堡运送到永远村的

文化广场上,丰富村内少年儿童的文化娱乐生活;四是米面粮油,每年的春节期间或传统佳节,组织优秀党员、先进馆员,为永远村的贫困户送去米面粮油,传递人文关怀。

文化资源的供给与渗透,为公共图书馆全面开展文化扶贫工作奠定了坚实的基础,丰富了乡村农民的文化知识,改变了乡村农民的传统阅读观念,优化了乡村的文化氛围,为贫困乡村注入了新的文化活力。

2.2.2 存在的问题:外部"输血"充分,内部"造血"不足

从地方经验来看,公共图书馆面向贫困乡村大量输送的文化资源、管理技术、专业人才及基础设施,在一定程度上缓解了贫困乡村公共文化服务建设滞后的困境。但在实施文化扶贫的进程中,公共图书馆有时会照搬照抄其他图书馆的文化扶贫经验,存在"输血"充分、"造血"不足的弊端。大量输送图书资源,但忽略了对于贫困地区地方文献、民间艺人材料的整理收集,没有重点关注地域性文献的文化价值;传送电子书刊,共享数字资源,但没有为贫困地区建立地方文献数据库平台,没有重点宣传地方特色文化。在外部"输血"充分,内部"造血"不足的背景下,贫困乡村文化贫瘠的状况难以在短时间内改变,地方特色文献和乡土文化人才依然不受重视,形成了外部文化补给充分,乡村内部创新能力不足的尴尬局面。

## 2.3 有效提供文化产业指导,但技术推广遭遇瓶颈

2.3.1 取得的成效:推送专业技术,开展多元培训

在实施文化扶贫的过程中,公共图书馆充分发挥自身在馆藏基础、管理技术、人才储备方面的优势,针对贫困乡村教育文化滞后的现实情况,提供专题指导,开展多元培训,加强乡村文化建设。以大庆市图书馆为例,其基本开展了以下三项培训活动。

业务培训。对乡村农家书屋管理人员提供业务辅导,指导他们运用现代技术,加强农家书屋的上书、排架、借阅、管理工作;对乡村文化组织管理者提供业务支持,指导他们借鉴公共图书馆的优秀经验,在乡村范围内推动开展讲座、真人图书、书友会等书香阅读活动;对乡村农民提供业务培训,指导他们学习计算机基础知识,利用手机下载图书馆移动阅读客户端、在线阅读电子书刊等,推动乡村阅读文化水平不断升级。

文化培训。提高现代乡村农民的法律素养,开展法律文化培训。宣讲法律知识,让乡村农民知法守法懂法,树立正确的法治观念,以和谐正当的态度表达合理诉求,推动乡村社会和谐有序发展;有益补充乡村教育资源,开展梦想文化培训。定期派遣馆内优秀人才,为永远村中心学校的孩子们上绘画、风筝制作等梦想课,邀请合作教育机构外教,为村中的孩子们上英语欢动课,激发少年儿童的学习热情,开阔孩子们的视野;培养乡村文艺骨干,开展娱乐文化培训。请朗诵名家为乡村农民开展朗诵辅导,请文化工作者为乡村农民组织排练快板书、秧歌舞蹈等表演节目,培养优秀人才,健全乡村文艺队伍,推动乡村社会主义精神文明建设。

产业培训。在文化扶贫过程中,重视经济文化价值,结合乡村特色,为乡村农民设计了"永远村农产品"系列品牌,推出村民自产的月饼、黏玉米煎饼等产品,增加农民收入;组织手工业技能培训,邀请手工艺专家,指导村民学习手工编织、手工剪纸等技艺,并为农民寻找销售渠道,拓宽增收手段。培训的有效开展,让乡村逐步形成文化产业体系,初步实现了脱贫致富与文化产业的"双赢"。

2.3.2 存在的问题:数字推广受限,产业规划不足

公共图书馆具备一定的数字人文综合服务功能,但在扶贫指导的过程中,数字推广受限,

产业规划不足,严重影响了文化扶贫收效。其一,数字人文推广呈现"碎片化"。输送的电子图书资源数量有限,没有建立区域性数字资源平台,无法全面实现公共图书馆与贫困乡村数字文化资源的共建共享,仅依靠农家书屋电子平台,提供数字人文"碎片化"[3]服务;其二,数字宣传培训存在分散性。相较于传统纸质图书阅读,数字文化阅读对于贫困乡村农民来说比较陌生,不能掌握数字阅读方法,无法培养数字阅读习惯,而公共图书馆针对贫困地区的数字宣传培训比较分散,没有形成有效的数字文化宣传培训体系,贫困人口的数字阅读呈现"零星化"态势;其三,产业发展规划缺乏系统性。带领贫困地区群众共同发展文化产业,争取文化效益,但没有制定具体的产业发展规划,也没有深入挖掘贫困地区的自然景观特点、人文文化特色,难以形成地区文化旅游产业和公共图书馆文化扶贫的双向合力。

### 2.4 积极推广文化惠民活动,但开展形式过于单一

2.4.1 取得的成效:举办惠民活动,实现文化共享

在文化扶贫工作中,公共图书馆应充分发挥文化高地的作用,面向贫困乡村举办多样化的文化活动,并加大宣传推广力度,以此弘扬社会主义先进文化,为贫困乡村注入发展动力,营造良好和谐的乡村文化环境。

实现文化共享。市级及以上公共图书馆一般是地方文化信息资源共享工程的支中心,在文化帮扶的过程中,公共图书馆要积极开展文化信息共享工程服务,做好基层服务点的调研及培训工作,普及共享工程知识,保障设备运行良好,持续完善文化信息资源共享工程服务体系建设,为县级公共图书馆及贫困乡村的文化发展提供智力支撑。如大庆市图书馆在帮扶永远村的同时,也将林甸县图书馆作为帮扶对象,一方面,通过共享工程,让林甸县图书馆分享现代图书馆管理模式,整体提高服务水平;另一方面,开展乡村文化惠民工程试点,在永远村把文化信息共享工程与农家书屋、农村电影放映点、文化大院全部整合起来,推送书籍、电影等文化资源,满足广大农民读者的文化需求。

开展阅读推广。以大庆市图书馆为例,其在永远村举办的阅读推广活动主要有以下几类:一是文化讲座,主要由图书馆公益输送,内容涵盖农业科学知识、中华传统文化、法律知识、健康养生知识等;二是真人图书,驻村工作人员挖掘村民敬老孝先事迹,将其作为真人图书上架,提供平台让村民讲述自己的故事,让聆听变成一种阅读;三是交流沙龙,以举办农村故事分享会的形式,让乡村农民坐在一起,畅谈阅读感悟,分享文化心得;四是农家展览,由图书馆牵头,农民自发组织,在村文化活动室展出农民的手工编织作品、剪纸作品等。阅读推广活动的开展,培养了乡村农民的集体意识,加强了乡村的道德建设。

举办文艺活动。与群艺馆合作,为贫困乡村送去精彩纷呈的文艺表演;组织村民排练,在节假日为全村人表演具有乡土风情的双簧、快板、舞蹈等节目;鼓励村民积极参与文化竞赛,如诗歌朗诵会、知识竞赛、乡村故事会、歌唱比赛等。文艺活动带动了乡村文化娱乐活动的广泛开展,挖掘了乡村民间文艺人才,创新并改造了地方传统文化,丰富了乡村农民的文化生活。

2.4.2 存在的问题:文化形式单一,社会参与有限

作为公益文化机构,公共图书馆面向贫困地区能够提供的物质资源有限,为了改善贫困地区的精神文化面貌,提高贫困人群的科学文化素养,公共图书馆一般会结合贫困地区的实际情况,开展知识培训、文艺表演、影视欣赏等文化惠民活动。但同主馆丰富多彩的全民阅读

推广活动相比,公共图书馆在贫困地区开展的文化形式相对单一,并且基本照搬主馆全民阅读推广活动形式,艺术展览、读书沙龙、音乐欣赏、少儿特色等活动开展极少,没有深入结合贫困地区的实际情况、风土人情,创新开展带有地域性特点的文化活动。文化形式不丰富,缺少吸引力,长此以往,会导致贫困地区人民群众丧失参与活动的热情,公共图书馆的文化渗透力也会减弱,难以在贫困地区形成长效阅读氛围。

## 3 基于文化旅游融合,探究公共图书馆精准文化扶贫创新路径

文化旅游融合背景下,公共图书馆需要在助力贫困地区脱贫攻坚的过程中,不断了解政策动向,掌握法律法规,发现问题、解决问题,破解乡村文化扶贫困局,总结精准文化扶贫创新路径,最大限度地发挥自身文化功用。

### 3.1 研讨法律条文,完善精准文化扶贫体制机制

在文化扶贫过程中,公共图书馆要研讨《中华人民共和国公共文化服务保障法》《中华人民共和国公共图书馆法》关于扶助贫困地区公共文化服务的规定,采取具体工作措施,加强精准扶贫体制机制建设,促进全地区公共文化服务均衡协调发展,提高公共文化服务效能。

#### 3.1.1 推动"总分馆制",建立区域联盟

业界法律明确规定,国家鼓励各地区建立以县级图书馆为中心的总分馆制。推进精准文化扶贫,公共图书馆首先要以总分馆为主体,建立区域合作联盟,设立"省—市—县"三级总分馆体系[4],同时着重加强对于乡镇、村级农家书屋的建设;联合高校图书馆、科技图书馆、企业图书馆,共建区域图书馆联盟,建立统一平台,实行"通借通还",开展"送书下乡"流动服务,促进城乡公共文化服务均等化;联合科技馆、文化馆、艺术馆等,共建区域惠民文化扶贫联盟,为贫困地区提供高端数字技术、优秀文化资源和先进文化指导,提高乡村农民的文化素养;吸纳机关单位、地方企业及社会爱心团体共同参与文化扶贫,缓解公共图书馆在人力资源、扶贫经费方面的巨大压力,提供物质援助和文化产业支持,提高贫困人群的经济文化收益。

#### 3.1.2 完善文化扶贫监督、评估、反馈机制

公共图书馆要完善文化扶贫体制机制,获取更多的自主权,应当建议并推动政府主管部门进行宏观管理改革,转变政府职能。在政府下放权力,给予工作自主权的基础上,进一步完善公共图书馆文化扶贫机制。首先,建章立制,制定公共图书馆文化扶贫工作管理办法,为精准扶贫提供文本保障;其次,在理事会的监管下,成立公共图书馆精准文化扶贫专项基金会[5],保证资金流向公开透明、合理运用,并形成扶贫工作年度财务报告;最后,制作调查问卷,开展实地调研和民意测评,了解贫困地区文化扶贫工作进展情况,掌握当地群众对于扶贫工作的真实反馈和客观评价,完善公共图书馆精准文化扶贫评估反馈机制。

### 3.2 加强管理建设,建立精准文化扶贫推进体系

#### 3.2.1 明确管理建设模式

公共图书馆精准文化扶贫的管理建设模式,应当以目标责任为引领,完备投入为基础,有效运营为重心,人才建设为保障。具体言之,实行"目标责任制"。制定完整严密、分工明确的

目标任务分解表,整合协调公共图书馆参与文化扶贫工作的部门和人员,明确各自扶贫任务分工和主体责任,按照完成时限有序推进工作;全面完备投入。针对贫困乡村文化缺口,公共图书馆要依托自身基础,做到在资源、人员、技术、活动、产业、硬件方面的完备投入,弥补贫困乡村的薄弱文化基础;实现有效运营。公共图书馆要合理投入利用资源[6],丰富扶贫方式及内容,务求精准文化扶贫工作实效;加强人才建设。重视人才,提高驻村工作人员待遇,积极挖掘乡村本土人才,培育现代新型农民[7],充分发挥人才作用,保障贫困乡村打赢脱贫攻坚战。

#### 3.2.2 建立精准扶贫体系

在明确精准文化扶贫管理建设模式的基础上,公共图书馆需进一步强化细节,建立精准文化扶贫推进体系[8]。第一,开展贫困层次分析,精准把握重点工作要素,如管理方式要素、主体内容要素、持续发展要素等;第二,开展贫困人口调研,精准识别重点扶贫受众,区分贫困人口和非贫困人口,区分不同贫困人群的文化能力和文化意愿;第三,重视贫困主体文化需求,精准匹配文化供给资源,提供个性化文化服务;第四,开展贫困地域产业调研,精准建立科学有效的文化扶贫项目,并在实践中不断优化;第五,做好扶贫评估反馈工作,客观分析文化扶贫工作进展情况,精准掌握文化扶贫的实际收效,推动精准文化扶贫工作科学有序发展。

### 3.3 重视数字人文,推动精准文化扶贫技术革新

#### 3.3.1 加强数字技术,做好宣传推广

要从根本上改造贫困文化,公共图书馆必须重视数字文化建设,在精准文化扶贫中,发挥公共数字文化服务的重要作用。公共图书馆首先需寻求地方政府支持,加强贫困地区公共文化设施数字化网络建设,提高地域数字化网络服务能力;公共图书馆其次需实现数字技术革新,构建标准统一、互联互通的公共数字文化服务平台,建设本馆数字文化信息资源库,开发新型数字文化产品,为贫困地区提供公共数字文化服务;公共图书馆最后还需加强数字文化宣传,利用互联网、广播电视网、卫星网络、微博、微信、"互联网+"等[9],宣传数字阅读理念、文化扶贫思想,提高贫困人群的科学文化素质。

#### 3.3.2 注重地方文献,开发区域文化

在全面宣传推广数字技术的同时,公共图书馆还需重视贫困地区地方文献的价值,依托数字资源建设数据库平台,开发区域文化。一方面,帮助贫困地区建立地方文献数据库平台,努力挖掘传统乡村文献、口述文化资料,并实行数字化管理;另一方面,为贫困乡村农家书屋搭建数据库平台,对于农家书屋内的纸质图书、报刊,实施电子化建档录入管理,并随着农家书屋图书资源的变动而不断更新,切实保护地方优秀文化资源。

### 3.4 营造长效阅读,丰富精准文化扶贫活动形式

公共图书馆推进精准文化扶贫工作,要结合贫困地区的特点和需求,提高供给公共文化产品的时效性和针对性,更要丰富文化活动种类,完善文化服务内容,营造文化阅读长效氛围。

#### 3.4.1 文化阅读类活动

为贫困乡村树立文化阅读品牌,开展普法教育、农业科学、健康养生、地方风俗、传统文化等主题讲座,传授丰富文化知识;为乡村特殊群体开辟绿色通道,在为空巢老人、留守儿童免费邮寄书刊的同时,开展专项文化阅读活动,如儿童故事会、老年茶话会等;为乡村农民提供阅读交流平台,举办真人图书馆、读书沙龙、书友交流会等活动,分享阅读体验,培养贫困乡村

的文化氛围。

#### 3.4.2 专题培训类活动

针对农家书屋工作人员,开展数字资源平台培训、现代图书管理培训等业务辅导;针对不同年龄、不同文化层次的乡村农民,结合经典文化阅读的深浅程度,提供专项分级阅读辅导[10];针对现代乡村农民,组织微信、手机移动图书馆等新媒体技术培训;针对乡村整体文化环境,实行科学产业培训,鼓励乡村贫困人群积极学习现代农业种植技术、手工艺制作等,增强乡村的文化底蕴。

#### 3.4.3 艺术欣赏类活动

开展专题展览活动,充分挖掘贫困乡村特点,举办带有乡土文化特色的展览,如农产品展览、农家手工艺品、文化产品展览等,同时要将本馆优秀的书法、绘画、摄影、艺术品展览,推送给乡村农民,涵养乡村的艺术氛围;举办影音欣赏活动,不仅要面向贫困乡村,推送适合农民群体观看的经典电影、纪录片,以及古琴古曲欣赏等赏析活动,还要充分挖掘乡村本土文化人才,如民间二胡艺人、竖笛口琴行家等,为其提供表演平台,为村内农民提供视听盛宴,提升贫困乡村的艺术品位。

#### 3.4.4 文艺演出类活动

公共图书馆要与艺术馆、歌舞剧院开展密切合作,共同为贫困乡村输送精彩纷呈的文艺演出;要为贫困乡村提供文艺人才,组织并鼓励乡村农民积极参加省市县各级文艺表演、诗歌朗诵、知识竞赛等活动;要激发乡村群众的文化热情,挖掘乡村本土人才,在传统佳节组织乡村文艺骨干举行带有地方特色的表演活动,丰富乡村农民的精神文化生活,推动贫困乡村文化繁荣发展。

### 3.5 实施双向联动,激发精准文化扶贫内生动力

文化旅游融合已逐渐成为公共文化领域的主要发展趋势,对于公共图书馆及贫困乡村来说,要顺应发展潮流,实施双向联动,激发精准文化扶贫内生动力。

#### 3.5.1 制定可持续文化发展规划

公共图书馆要实现精准文化扶贫,不能单纯地面向贫困乡村提供资源,而要尽最大努力帮助贫困乡村构建脱贫攻坚蓝图,制定可持续发展的文化规划。要以文化启智,加大文化扶贫力度,不断为贫困乡村的基础文化设施建设、现代媒体及网络通信建设提供助力。要以文化募资,在申请国家专项财政资金的同时,吸引社会资金,拓宽文化扶贫经费筹措渠道,确立精准文化扶贫项目,有效推进实施。要以文化丰产,在宣传乡村特色农业、手工业产品的同时,积极挖掘旅游特色,如果贫困乡村具备山清水秀的自然景观,要加大自然资源宣传开发力度,打造旅游风景区;如果地区资源薄弱,可以考虑建设乡村花园、农家生态园等旅游项目,既能美化乡村环境,也能带动旅游消费;在开发自然资源的同时,也要注重人文旅游的开发,设置乡村地方文化特产展厅、农民手工艺制品展厅等,创造新型旅游 IP 热点[11],打造乡村文化市场产业链条,切实提高乡村农民的经济收入和文化素养。

#### 3.5.2 实施"公共文化进景区"

在帮助贫困乡村制定可持续发展规划、宣传旅游特色的同时,公共图书馆也要发挥自身文化优势,把握文化旅游融合契机[12],面向贫困乡村推进"公共文化进景区"活动。一方面,将馆藏图书、报刊、优质电影、优秀活动推广至乡村景区,活跃景区文化氛围;另一方面,在宣

传优质文化服务的同时,公共图书馆要加大宣传力度,带动贫困地区旅游文化的有效推广,探索构建现代化新型旅游、公共文化服务体系,丰富贫困地区人民群众的精神文化,达到"以文促旅、以旅彰文"的预期工作效果。

公共图书馆开展精准文化扶贫,是现代公共文化事业发展的必然要求,也是贫困地区人民实现全面脱贫的精神动力。在文化旅游全面融合的新时期,公共图书馆需要不断优化配置资源,运用高端科学技术,采用现代管理方法,在工作中最大限度地开发公共图书馆和贫困地区的文化价值,为助力贫困地区精准脱贫、繁荣发展贡献力量。

**参考文献**

[1] 王圣戎. 我国图书馆文化精准扶贫研究进展[J]. 新世纪图书馆,2019(3):91—96.
[2] 牛雪晖. 基于精准扶贫战略的公共图书馆文化扶贫路径探析——以山西省部分公共图书馆为例[J]. 河北科技图苑,2019(1):13-16,33.
[3] 武建光,姜瑞鹏,贺培风,等. 精准脱贫战略下图书馆文化扶贫模式研究[J]. 图书馆,2019(3):14-19.
[4] 王欢. 基于《中华人民共和国公共图书馆法》的总分馆体系发展研究[J]. 图书馆研究与工作,2018(11):43-46.
[5] 杨文. 全面建成小康社会视野下的农村文化扶贫问题研究——以江西省为例[D]. 南昌:华东交通大学,2015.
[6] 康宁. 精准扶贫视域下图书馆文化扶贫研究[J]. 农村经济与科技,2018(20):224,238-239.
[7] 张红花,郭爱兰. 乡村振兴战略下文化扶贫的思路及对策研究——以甘肃省白银市为例[J]. 生产力研究,2018(12):97-100.
[8] 王尧. 基于精准扶贫视角的图书馆文化扶贫精准识别研究[J]. 图书馆工作与研究,2016(5):38-42.
[9] 沈娟斐. 精准扶贫战略下公共图书馆文化扶贫研究[J]. 图书馆界,2019(2):87-90.
[10] 陈宗雁. 公共图书馆阅读推广助力文化精准扶贫路径探究[J]. 图书馆界,2019(2):91-94.
[11] 涂新宇. 安徽省农家书屋发展现状及对策研究[D]. 合肥:安徽大学,2108.
[12] 王欢. 《公共图书馆法》视域下图书馆可持续发展研究[J]. 河北科技图苑,2019(1):8-12.

# 国家深度贫困地区文化援疆的策略与研究

## ——以南京图书馆援建新疆维吾尔自治区克孜勒苏柯尔克孜自治州图书馆为例

**朱纯琳（南京图书馆）**

随着国务院《"十三五"脱贫攻坚规划》和文化部《"十三五"时期文化扶贫工作实施方案》的颁布与实施,文化精准扶贫工作已经成为国家发展战略[1]。作为公共文化与信息中心的公共图书馆在文化精准扶贫和完善公共社会文化服务体系中承担着重要的角色。新疆地处祖国边陲,与我国东部发达地区经济和文化有相当大的差距,在"十三五"脱贫攻坚战中各省市的援疆项目和"精准扶贫"工作受到党中央和国务院的重视,而文化援疆工作是"精准扶贫"中重中之重的工作。本文以南京图书馆援建新疆维吾尔自治区克孜勒苏柯尔克孜自治州(以下简称克州)图书馆建设为例,探讨公共图书馆文化援疆的策略和发展方法。

## 1 南京图书馆文化精准扶贫之路

南京图书馆作为江苏省省级公共图书馆,不仅承担全省的公共文化信息服务工作,还为江苏省对外文化扶贫工作贡献自己的力量。2019年南京图书馆与克州图书馆结成文化帮扶定点单位,作为该项目的参与者,笔者有幸参与了此项目的走访与调研,向上级提交了关于克州图书馆的调研报告,结合实际情况认真为克州图书馆的发展把脉,以利于后期工作的开展与跟进。

### 1.1 项目理念

结合克州的人文素质和经济发展情况,依据克州图书馆的现状,树立创新、协调、绿色、开放、共享的发展理念,从管理、服务、专业知识培养和人文关怀方面入手,全面提升克州的公共文化服务水平。

全面管理理念:所谓的全面管理是把克州图书馆的管理分成人员管理、资源管理和服务管理几个方面进行管理细化和科学管理,如人员管理是建立绩效考核为评估条件的用人机制,依据部门管理特点设置工作岗位,南京图书馆负责专业人员的培训和岗位职责的制定。

自动化管理理念:对克州图书馆全面实行自动化智慧管理,包括门禁、自助办证、自助借还和图书馆管理系统等,如图书馆管理系统南京图书馆负责提供管理软件,并负责安装与运行以及后期的升级。

精准的服务理念:坚持"扶志"与"扶智"工作,为喜迎70年建国大庆,打赢脱贫攻坚战,全力打牢新疆社会稳定和长治久安的坚实基础,结合本地的实际情况开展接地气、通人和、顺民情全年服务方案。计划2020年后,成立"克州传统文化教育实践基地"并联合图书馆、美术馆、博物馆成立"克州文化创艺中心",从而进一步推进全民阅读的兴趣,保留传扬文化遗产,提升克州文化形象。

### 1.2 工作思路

为了全面提升该地区文化建设水平,确保该地区与全国同步进入全面小康社会,进一步落实《国家基本公共文化服务指导标准(2015—2020年)》和《新疆维吾尔自治区文化事业"十三五"发展规划》[2]。按时完成克州图书馆的馆舍改造、设备和设施等资源建设的采购、搭建业务管理系统和平台、建立科学的人才引进方案等,形成以克州图书馆为中心具有先进的、民族特色的公共文化服务体系。

同时完善克州图书馆监督评价机制,与服务效能挂钩,与全面建成小康社会文化指标相衔接,确保人才队伍建设有效加强,政策法律保障更加有力,社会力量广泛参与,人民群众对公共图书馆服务的满意度持续提升的工作理念。

## 2 克州图书馆现状与发展规划

### 2.1 克州图书馆现状

克州图书馆目前是克孜勒苏柯尔克孜自治州最大的图书馆,坐落于风景独特的克州,该州地处祖国西陲边疆,总人口约60万,州内建有5个图书馆,除克州图书馆外,下辖的阿图什市、阿克陶县、乌恰县、阿合奇县各拥有1个图书馆。克州图书馆作为州中心图书馆位于州府阿图什市帕米尔路东65院,与克州文化馆、克州博物馆一起构成克州公共文化服务中心。

表1 克州图书馆整体情况一览表

| 馆舍及功能分区 | | 设施与设备 | | | | 文献资源 | | | 人员情况 | |
| --- | --- | --- | --- | --- | --- | --- | --- | --- | --- | --- |
| 建筑面积:6240米2 | | 设 备 | | 设 施 | | 纸本资源 | | 数字资源 | 总人数:11人 | |
| 层数:四层 | | 普通书架 | 140节 | 服务器 | 2 | 藏书数量 | 8万册 | | 人员结构 | 专技1人 |
| 负一层 | 书库 | | | 电脑 | 40台 | | | | | 管理1人 |
| | | | | | | | | | 学历 | 本科3人 |
| | | | | | | | | | | 专科8人 |
| 一层二层 | 读者服务功能区 | 报刊架 | 40节 | 自助借还机 | 0 | 类别/册 | D类 5000 | 国家共享工程和推广工程的资源 | 职称 | 中级3人 |
| | | | | | | | K类 6000 | | | 初级8人 |
| | | | | | | | | | 专业 | 图情1人 |
| | | | | | | | | | | 其他10人 |
| 三层 | 地方文献和电子阅览室 | 阅览桌 | 20套 | 饮水机 | 2 | | I类 54000 | | 年龄 | 40周岁以下3人 |
| | | | | | | | | | | 40周岁以上8人 |
| | | | | 视听设备 | 0 | | 其他 5000 | | 性别 | 男2人 |
| | | | | | | | | | | 女9人 |

### 2.2 克州图书馆总体规划

克州图书馆的建设目标是要建成一个基本功能齐全、文献资源完备、兼具先进性和实用性的图书馆,基于这一建设目标,以及要在2019年7月正式开放等需求,我们本着实事求是、紧缩经费、量身打造的原则,采取优先启动建筑功能区改造方案,尽快完成设备设施的招标工作,同时还要完成文献资源建设、人才引进工作等方案,总体改造方案详见表2。

表2 克州图书馆总体改造方案

| 名 称 | 功能区改造 | 设备设施采购 | 资源建设 | 业务管理系统和平台建设 | 人才引进方案 |
|---|---|---|---|---|---|
| 预算 | 73万元 | 239万元 | 300万 | | |
| 内容 | ①拆除局部分隔墙并进行重新装修；②增加铺设网络数据线和电源线；③总服务台的设计；④亲子阅览室、少儿借阅室、儿童活动室、书吧、少儿影院、报告厅等功能区进行专业设计和二次装修施工 | ①家具②信息化设备、设施 | ①纸质资源：补充图书11万册；②数字资源：建立基本的数字图书馆服务，包括电子图书、电子期刊、少儿数字资源等 | ①力博图书馆管理系统应用；②建设网站和微信平台，整合克州图书馆和文化馆的资源和服务，向群众提供资源访问、活动预约、培训和鉴赏等服务功能 | 每日24名工作人员：①行政管理2人；②采编加工2人；③总服务台2人；④少儿服务4人；⑤成人借阅综合服务6人；⑥活动策划和管理2人；⑦安防保卫人员3人和保洁人员3人 |

### 2.3 克州图书馆开馆实施思路

#### 2.3.1 努力做好宣传活动

借助媒体和各种平台向读者全面地介绍克州图书馆，展示克州图书馆的风貌和亮点，让广大市民知晓图书馆的位置、乘车路线及开馆时间，在共享大厅有专门人员接待，指导市民们使用数据库等图书馆资源；同时充分利用网络通信技术，增设图书馆主页和微信公众平台，以使读者能更好地了解图书馆服务与资源。

#### 2.3.2 加快克州图书馆大流通服务建设

启动各项工作预案，完成基础设施的改造，建立统一门禁的大流通服务模式，倡导一站式服务，发挥综合服务与人文服务为一体的全域服务机制。并通过总分馆制的建设，整合克州的公共阅读资源，实现以克州图书馆总馆主导下的文献资源统一采购、编目、配送、通借通还以及人员的统一培训与培养的机制。

#### 2.3.3 加强数字服务设施与流动服务设施建设

依托文化援疆，加强公共图书馆数字服务设施建设，并配置相应器材设备。积极争取资金，重点为国家扶贫开发工作重点县和集中连片特困地区县的基层综合性文化服务中心配备数字服务设施设备。鼓励有条件的地方为公共图书馆配置流动图书车或具有借阅功能的流动文化车，合理设置服务网点及营运路线，根据基层群众需要，开展图书借阅、流动办证、流动展览、流动讲座、数字资源流动下载等多种形式的服务，有效拓展服务半径。如城市24小时阅读服务空间、盲人数字阅读推广项目。

## 3 克州图书馆年度活动总体设计方案

针对克州图书馆的实际情况和读者特点设立年度活动总体设计方案备忘录，以多样化的形式创建文化服务阵地，弘扬民族文化，让更多的读者了解图书馆、走进图书馆、利用图书馆，从而形成社会稳定、家庭和谐、人文环境优美、文化进步的书香氛围。

### 3.1 活动的招募

科学制定克州图书馆活动招募指南,定期联系相关教育机构、社会团体、培训机构及商家组成联合承办活动的机制,严格审核活动内容,运用营销策划打造活动品牌。如①成人讲座:联系各高校(院校)、党校、医院、中小学,根据当地民情,风俗及传统文化特点,邀请相关专家、人才进行相关讲座。讲座原则上坚持公益性,以精神奖励为主,可为主讲人颁发克州图书馆公益讲座证书。②少儿活动:联系各中小学、幼儿园相关教师开展形式多样、寓教于乐的儿童和少儿活动,可以作为教师的课堂实验与教学创新的第二舞台,可为活动相关人员颁发克州图书馆公益活动证书。

活动注意事项:在联系相关教育机构、社会团体、培训机构及商家时,注意不得在活动时间内以任何形式进行任何推销、不得以图书馆名义进行任何商业活动,可以介绍相关产品的使用方法及注意事项,活动中所有产品及礼品不得收费。图书馆及相关单位在活动期内可进行免费宣传,提供场地和现有设备,并可为相关人员颁发克州图书馆公益活动证书。

### 3.2 活动的内容

克州图书馆年度活动以克州图书馆为龙头,联合克州各政府机关、企事业单位、社会团体及个人,策划开展弘扬民族文化、形式多样、寓教于乐的成人讲座和少儿活动。让更多的群众和儿童了解图书馆、走进图书馆、利用图书馆,从而建设社会稳定、文化进步的美好克州为主要目的。根据年度重要节日节点来确定读者活动主题,具体详情如表3所示。

表3 克州图书馆年度活动内容

| 时 间 | 活动主题 | 活动内容 |
| --- | --- | --- |
| 2—3月 | 春节期间系列活动 | ①走进"两会",为两会人员提供信息及图书借阅服务;<br>②邀请相关专家进行民族舞蹈知识讲座,相关民俗的由来讲座,制作相关民俗手工制品 |
| 4—5月 | 世界卫生日和世界读书日活动 | ①邀请医疗专家进行成人或少儿医疗保健知识讲座;<br>②举行阅读节相关活动,利用克州当地特有传统文化和当地历史名人,著作进行相关图片展,讲座等系列活动 |
| 6月 | 儿童节期间活动 | ①织"我陪爸妈读书"亲子读书讲座;②"阿凡提的故事"亲子活动;③手工制作活动;④图书义捐活动 |
| 7月 | 全馆开放及庆祝党的生日系列活动 | ①小小红军故事会;<br>②党史图片展<br>③"我眼中新时代克州"摄影及绘画展 |
| 9—10月 | 中秋、国庆和古尔邦节活动 | ①少儿"童心绘克州,放飞中国梦"现场长卷绘画;<br>②"民族团结同祝国庆,同伴书香"图片展及成人讲座;<br>③古尔邦节邀请民族专家进行成人讲座,包含古尔邦节的由来,演变过程,意义,相关历史人物、文物、景点、习俗寓意的介绍等 |

上述活动需要经费支持,根据当地物价情况每次活动需500-2000元不等的经费。

### 3.3 开展丰富多彩的服务

#### 3.3.1 开展地域性的特色服务

克州是少数民族聚居地区,民族文化浓郁,结合克州人文环境、经济特点,在藏书、服务等方面突出本地特色,开展特色服务。根据少数民族少年儿童的特点配备相应的专业人员,加强对少年儿童的阅读指导和社会教育活动,开展面向农村留守儿童的基础阅读促进工作[3]。图书馆开展服务时要有针对性地开展新技术应用培训、阅读辅导、送书上门、网络服务等,为服务对象更好地融入社会提供帮助。

#### 3.3.2 全方位引领阅读

深入开展全民阅读推广工作,制定详细科学的引领阅读推广计划,围绕世界读书日、图书馆服务宣传周、全民读书月以及中华传统节日、重要节假日和重大节庆活动,深入开展系列阅读推广活动;完善针对不同读者群体的优秀读物推荐机制;鼓励基层群众依托公共图书馆,兴办读书社、阅读兴趣小组等,开展阅读活动,进行读书交流;特别关注留守儿童,贫困家庭和思想不统一的人员。例如,正式开馆后克州图书馆举办的"庆祝中华人民共和国成立70周年青少年儿童集体绘画和祝福留言"活动、"我们的中国梦"文化进万家系列活动以及"信仰的力量、不忘初心"主题展览等,落实国务院关于"促进全民阅读,建设书香社会"的要求,开展"我的中国梦"读书演讲、"书香克州——阅读的力量"等阅读推广活动,倡导"让阅读成为一种生活方式"理念,推动全民阅读的常态化[4]。各类活动共计数万名群众参与,被多家媒体多次报道。

#### 3.3.3 广泛开展克州文化志愿者服务

为了弘扬志愿服务精神,坚持志愿服务与政府服务、市场服务相衔接,把克州图书馆打造成克州地区文化志愿者服务基地,鼓励各自愿组织和协会参与公共文化服务。广泛开展内容丰富、形式多样的文化志愿服务,如城市阅读书屋、亲子家庭阅读和代际阅读等服务,探索具有先进文化志愿服务模式和服务品牌。

## 4 文化援疆案例对公共图书馆的启示

### 4.1 全力提升该地区文化服务效能

南京图书馆全面提出克州图书馆发展方案,从硬件条件馆舍、家具和资源到软件设施和服务都提出了有针对性的方案来全力打造克州图书馆,以提升该地区的文化总体发展。文化服务效能的提升主要体现在:一是读者空间服务体验更舒适。克州图书馆在空间改造之前,采取的是阅览室的开架流通模式,借还操作由人工来完成;空间改造后,采取大流通的服务模式,设置总服务台,实现咨询、流通、服务一体化服务,各阅览区域按群体人群分割,每个阅览区域设自助借还机,开辟学习空间、信息交流空间、新技术新媒体体验区,建立集多功能空间体验于一体的空间服务,为读者提供多方面的服务体验。二是阅读推广活动更有效。政府加大了对克州图书馆的资金预算投入,引进和整合数字资源,建立以读者为导向的数字资源库,在软件与硬件的设施上更加贴合读者需求,做到深入分析读者的阅读需求,开展阅读推广的活动更精准,真正发挥阅读推广活动的实效性,提升公民的阅读素养。三是读者资源获取更便捷。克州图书馆整合了数字资源平台,搭建了微信公众平台,借助南京图书馆馆内资源,在资源获取途径上增加了移动终端的获取方式,平台上开放共享教育课程,使读者获取最新、最权威、最专业的教育资源,实现读者足不出户就能获取资源,提升了克州图书馆的服务效能。

### 4.2 充分体现均衡、融合发展的理念

在全面打造克州图书馆发展规划时,要充分体现克州均衡、融合、智慧、共建、发展的理念,走出自身特色,建设人民大众喜闻乐见的文化服务机构[5]。

均衡发展是指以克州图书馆为中心,通过建立流动图书馆、总分馆制、联合图书馆等形式,努力实现区域图书馆均衡地整体发展,探索带动区县图书馆共同发展的新路。

融合发展是指在克州图书馆融入"互联网+"的思维,以文化服务为主导融入新的业态,一起来促进公共图书馆的整体发展,如同行业融合、跨行业融合等。基于资源共享、开放获取、互相补充的原则,让更多的读者享受资源的红利。

### 4.3 全方位引领阅读先进文化的思维

兴趣引导在阅读推广中有着重要地位,是公民阅读的初始动力,也是促进持续阅读的根本保障。克州图书馆以往的阅读推广工作存在阅读资源单一、阅读活动内容陈旧、不能发挥读者阅读的主体地位等问题,经过这次改造,在阅读推广中引进先进的文化思维,以兴趣导入、直观情景、成功体验为理念,开展全方位的活动[6]。例如,在主题阅读活动开展之前,对主题的阅读背景作生动有趣的介绍,激发公众对阅读活动的参与兴趣,可以采取问题导入法、背景导入、话题导入等方式引领阅读活动有效开展;之后,采取直观形象的模式,可以视频选段、话剧表演、真人图书馆等方式加深公众对阅读内容的理解,活化人物灵魂,点燃公众阅读兴趣[7];最后,在阅读推广活动中,通过主题微信公众音频、真人引领活动,选取有表演及朗读愿望的读者在公众面前展现自己,让公众在阅读的成功体验中培养兴趣,将阅读活动持续开展下去。

图 1 克州图书馆阅读引领的思维导图

克州图书馆的建成开放是江苏文化援疆的工作新亮点,结束了过去"有馆无书、有名无实"的历史。将克州图书馆建成为馆藏丰富、设备智能、功能齐全、新疆领先的现代化图书馆,必将为打造"书香克州",丰富边疆群众精神文化生活,发挥思想教育职能、巩固意识相态主阵地发挥重要作用。

新时期的文化精准扶贫工作任重而道远,其内涵也需要逐步完善。我们要充分结合自身的情况和优势为扶贫单位量身定制切实可行的方案,不能以偏概全或者产生以"大命小",以"强令弱"的惯性思维,一定要尊重对方的生活和习惯,采取合作共赢的心态,做好扶贫攻坚战,只有这样文化精准扶贫工作才能延续和发展。

## 参考文献

[1] 牛雪晖.基于精准扶贫战略的公共图书馆文化扶贫路径探析——以山西省部分公共图书馆为例[J].河北科技图苑,2019（1）:13-16,33.

[2] 陆红如,陈雅.公共图书馆实施文化精准扶贫的策略研究[J].图书馆,2017（10）:18-23,41.

[3] 东方.公共图书馆在国家文化精准扶贫中的社会效用及实现模型[J].图书馆理论与实践,2018（1）:74-78.

[4] 严贝妮,万晓庆.我国公共图书馆文化精准扶贫的实践与思考——基于案例的解析[J].图书馆学研究,2018（18）:40-43,15.

[5] 侯雪婷,杨志萍,陆颖.基于SWOT分析的公共图书馆文化精准扶贫战略研究[J].图书情报工作,2017（11）:29-36.

[6] 丁勇.公共图书馆助力文化精准扶贫的思考[J].新世纪图书馆,2018（11）:20-23.

[7] 公共图书馆文化精准扶贫的社会职能与对策思考——基于《中华人民共和国公共文化服务保障法》扶助老少边穷地区公共文化[J].图书馆理论与实践,2018（3）:93-97.

# 中华典籍创造性转化的实践与思考

## ——以河北省图书馆《典籍背后的故事》项目为例

张 沫  余 兵（河北省图书馆）

"惟殷先人,有册有典。"数千年来,中华典籍文献世代相传,成为中华优秀传统文化的重要载体[1]。源远流长的中华文化未曾中断的重要原因之一,便是中国各历史阶段流传的典籍文献对中华文化的承载和传扬。党和政府对典籍文献的保护和利用非常重视,2007年正式启动"中华古籍保护计划"。截至2019年3月,超过2000万册古籍得到有效保护、科学整理[2],为中华优秀传统文化的继承和发扬奠定了坚实基础。

2013年11月,习近平总书记在考察曲阜时强调,"让书写在古籍里的文字都活起来"[3]。2014年9月,习近平总书记在纪念孔子诞辰2562周年国际学术研讨会上说,"要努力实现传统文化的创造性转化、创新性发展"[4]。2017年10月,党的十九大报告中明确提出"推动中华优秀传统文化创造性转化、创新性发展"的重要方针[5]。

2018年1月1日起实施的《中华人民共和国公共图书馆法》中第四十一条规定,"政府设立的公共图书馆应当加强馆内古籍的保护""加强古籍宣传,传承发展中华优秀传统文化"。

在此背景下,河北省图书馆开展了《典籍背后有故事》项目建设。通过河北境内现存典籍背后的故事进行挖掘,以纪录片的形式加以呈现,在中华典籍创造性转化方面取得了预期的效果。本文对这一项目的建设思路和具体做法进行总结,在此抛砖引玉,希望在中华典籍创造性转化方面为图书馆同仁提供可以借鉴的思路和方法。

## 1 图书馆典籍利用难点及破解思路

"中华古籍保护计划"的各项成果为公众获取典籍提供了多样的选择和便利的通道。但目前看来,公共图书馆古籍阅览室、古籍数据库服务的读者群体依然狭小,公众对于典籍利用的现状依然不乐观。出现上述情况的原因主要有以下几点:第一,一些珍贵典籍因为年代久远、纸页脆弱,图书馆出于保护的目的,将其"收藏"起来不提供阅览服务,更谈不上加以利用。第二,典籍文献的繁体文字、难辨的断句、竖行的排版,不符合现代人的阅读习惯;生涩难懂的内容,对读者古文素养要求较高,普通读者望而却步。第三,典籍的阅读需要读者花费大量的时间和精力,而快节奏的现代生活方式、新媒体阅读的冲击,使愿意研读典籍文献的读者越来越少。第四,典籍推广手段单一,表现形式陈旧,无法引起读者的共鸣。

要破解上述难点,降低典籍阅读的难度是关键。通过精简内容、另辟蹊径吸引读者,可从每一部典籍产生、刊刻、流传、发现、收藏的故事入手[6],让读者品味到典籍的精妙,汲取到典籍的营养,感受中华传统文化的无穷魅力。另外,还应丰富典籍的推广形式,要充分利用多媒体感染力强、表现生动、传播面广的优势,将典籍文献的内容可视化,将这些典籍所承载的厚重的文化内涵和价值意义以轻松活泼的方式展现在大众面前[7]。

## 2 中华典籍创造性转化的总体设计

《典籍背后有故事》系列微纪录片以河北省各藏书单位保管的涉及中国历史上重大变革、重要事件、著名人物的典籍为选材方向,

重点突出典籍的史料价值、文物价值、艺术价值。目前已对省内三家图书馆珍藏的六部典籍进行了建设。《典籍背后有故事》系列微纪录片定位为典籍及历史知识普及型纪录片,以普通大众为主要受众,使观众在观看中,了解典籍概况、获取典籍知识、感受古籍背后所承载的历史文化、民族智慧和精神。在系列纪录片的制作过程中重点应把握以下几点。

(1)把握"简化"与"精简"的关系。精简不是对典籍文献内容的简化,是在对典籍进行研读的基础上,精挑细选出既能体现传统文化精髓,又能为大众所喜闻乐见的内容,通过精雕细琢最终呈现给公众。

(2)把握"故事"与"史实"的关系。以故事的形式叙述史实。纪录片中所有与典籍相关的信息必须做到资料准确,史实确凿。在前人对典籍文献整理和研究的成果的基础上,通过加工将关联信息点打通,形成真实有趣的故事叙事链条。

(3)把握"专业"与"普适"的关系。作为一部面向公众的典籍知识及历史普及纪录片,内容以普适性为原则,与专业介绍知识典籍的专题片相比,更强调通俗性和生动性。在故事推进的过程中,适时穿插浅显的典籍知识讲解,使所传达的信息点丰富、生动,与受众同频共振。

## 3 中华典籍创造性转化的实现方式

### 3.1 内容故事化

不同的典籍历史、学术、艺术价值各异,再创作时要充分了解每一部典籍的特点"量体裁

衣"使故事"活"起来。

有些典籍背后附着的信息点十分丰富。如《崇厚使法日记》,该书的著者崇厚在中国近代史上是一个有颇多争议的人物。但其在日记中所涉及的历史背景、历史事件、日记中对"巴黎公社"起义细节的描写,这些信息点构成了一条完整的故事叙事链。而有的典籍信息点比较零散,再创作时需进一步挖掘,选择最具故事性的点进行讲述。若典籍著者自身的经历十分曲折,那么故事的讲述可偏重于对人物的刻画,以人来带书;若典籍刊刻、迁移、守护的过程艰难坎坷,那么故事重点则可放在重现这段经历上,从典籍身世的角度来讲述其价值。有的典籍成书过程几经波折,有的典籍发现经历堪称奇缘,有的典籍鉴定经过跌宕起伏,这些深藏在典籍背后的信息点即是每一部典籍的"眼",是让故事"活"起来的关键。

### 3.2 视角多元化

对典籍解读视角的转化,使典籍的意义不断被丰富,使其魅力得以重塑、充实,最终刷新公众对典籍的认知与思考[8]。

该纪录片绕开对于现代人来说研读典籍的难点,将典籍放在历史的角度下重新进行审视,在回溯历史的过程中使公众完成对典籍的多点认知。对一部典籍的呈现不求面面俱到但求特色鲜明。与一部典籍相关联的内容有很多,应选取与当下公众感知契合度较高的部分来表现,将具象化的实物转化为共情的感受,使公众观后产生心灵震撼,实现借典籍反映典籍历史价值与历史文化内核的目的。如《钦定古今图书集成》,该片在拍摄时由未署名的编撰者陈梦雷做引子抛出问题,在解谜的过程中梳理陈梦雷漂泊沉浮的一生,同时描述其编撰《钦定古今图书集成》的艰辛过程,双管齐下,融会贯通。

### 3.3 画面艺术化

画面是纪录片最重要的要素,会给受众留下直观的印象[9]。因此在画面的呈现方式上应尽可能的多样化。

优化对细节的刻画。对每一部典籍要呈现的细节精挑细选,通过特写镜头拍摄使观众感受典籍的质感以及每一部典籍所独有的价值。

关键人物的采访。在对每一部典籍进行介绍时,重点采访相关典籍的守护人、鉴定人、发现人,通过受访者的讲述,使观众对所介绍的典籍有更全面、更深入的了解。

特效的运用。在后期制作中采用电影故事板来弥补历史影像资料的不足。如通过故事板对《因明伦理门十四过类疏》母卷——《赵城金藏》刊刻、迁移、守护的历史进行了重现,相比只是引用枯燥的文字资料,极大地提高了本片的观赏性,这种手绘风格的动画也使该片在写实的基础上,有了更加灵动和活泼的表现。还运用动画技术使典籍"活"起来。在《坐隐先生订棋谱》这集里,对《环翠堂园景图》的部分细节进行了动画处理,使画中的人物、生活场景纷纷"活"起来,让观众切身感受明代末期徽州文人的现实生活场景。

### 3.4 传播短视频化

时代急速发展、信息天量轰爆、生活节奏不断提速导致受众者更倾向于以"时间上简短,意义上精炼"的原则接收信息。为适应这一变化,《典籍背后有故事》系列微纪录片单集时长设定为15分钟,以便于自媒体平台的传播。纪录片自2020年4月份在河北省图书馆微信公众号推出以来,视频点击量达到6000余次,单集最高播放次数1430次。很多读者在观看之后纷纷留言。纪录片拉近了典籍与读者之间的距离,对河北典籍文献的宣传起到了积极推动作用。自媒体的传播,也引来更多媒体对这部纪录片的关注,目前河北省图书馆正在与"学习强国"河北平台、河北省电视台等多家媒体进行对接,不久的将来纪录片会通过更多的渠道进行传播,更多的公众会借助这部纪录片了解并热爱中华优秀传统文化。

## 4 中华典籍创造性转化的思考

### 4.1 全面合理规划,建立知识体系

图书馆作为典籍文献的重要收藏单位,其收藏内容丰富、数量庞大。为纪录片的制作提供了很大的选择空间。但是如果没有系统性的建设规划,合理的分类,纪录片的建设可能会陷入大杂烩的尴尬境地。

典籍纪录片既可以按照传统经、史、子、集四部分类法进行,也可根据典籍自身的特点因地制宜,科学规划。可按照时间顺序进行分类,选取各个历史时期具有代表性的典籍进行讲述,展现中华文明从古至今,兼容并蓄不断发展积累的过程;也可按照主题内容进行分类,以某一主题代入,通过对不同典籍文献的梳理,获取有价值的信息最终汇聚成集。规划时还要注重不同分类之间的关联,应使其可以互相作用、完美传动,打造完整的内容链条,使受众能系统地汲取典籍文献的营养。

### 4.2 挖掘时代内涵,实现以文化人

图书馆作为保护和传承典籍的重要机构,应在深耕内容研读典籍上下功夫,以当代眼光审视、解读典籍,寻找典籍与时代的深度契合点,让典籍文献里蕴含着丰富内涵和深厚底蕴得以充分展现。

发挥典籍社会教育功能,让典籍润泽人们的心灵。典籍中蕴含的"思想观念、人文精神、道德规范",是社会主义核心价值观的主要思想源泉,是讲好典籍故事的灵魂所在。要发掘典籍中的传统美德、民族精神,弘扬其蕴涵的现代性力量,为培育和弘扬社会主义核心价值观,全面提高公民道德素质做出贡献。

### 4.3 增强营销意识,做好宣传推广

近年来大热的以传统文化为载体的电视节目,其走红都离不开多维度、跨平台、精准化的宣传和推广。如引发现象级效应的纪录片《如果国宝会说话》,其营销模式堪称典范。该片从预热到播放,每一次营销都完美贴合受众心理,定位精准。全媒体联动的营销,做到线上、线下互补共振,不留死角。

图书馆可借鉴上述成功的做法,充分利用互联网平台,结合电视、广播、报刊等传统媒体,拓展更为多样的传播模式。如与社交平台合作,利用抖音、微信实现引流。顺应年轻人的观看选择,将内容投放到专业视频网站进行播放。围绕宣传内容开展讲座、展览等互动性体验活动,吸引更多的公众走进图书馆去利用典籍文献。树立品牌思维。典籍内容

的挖掘会形成绝好的IP,图书馆可在此基础上开发文创产品,让典籍纪录片引发的热度更加持久。

### 4.4 立足文化输出,讲好中国故事

随着中国改革开放步伐的稳步推进和经济实力的不断增强,世界各国对中国历史与文化的好奇心也更加强烈,这为中国文化的国际传播创造了有利条件[10]。党的十八大以来,习近平总书记反复强调要"讲好中国故事",让世界了解一个真实、立体、全面的中国。

典籍是中华文化的重要载体,也是世界了解中华文化的重要途径。各图书馆在对典籍进行保护和整理时,应树立"讲好中国故事"的意识,将典籍中蕴含的传统文化精髓以国外观众易于接受的表达形式进行加工,重塑中华优秀传统文化的国际形象,提升中华优秀传统文化的国际知名度。

河北省图书馆在对典籍文献进行创造性转化的过程中迈出了探索性的一步,积累了一定的经验,取得了一定的成绩,但是在内容体系构建、挖掘时代内涵、项目宣传推广等方面还存在很多不足。我们将继续以习近平总书记提出的"创造性转化、创新性发展"为指导方针,深挖典籍内涵、突出时代特色,研究读者需求、了解读者喜好,丰富表现手法、拓展传播渠道,让典籍真正贴近时代、贴近读者、贴近生活。让"书写在古籍里的文字活起来",让中华优秀传统文化焕发时代的光彩。

**参考文献**

[1] 让书写在古籍里的文字活起来——党的十八大以来学术出版界传承弘扬中华优秀传统文化纪实[N]. 光明日报,2017-08-13(1).

[2] 中华古籍保护计划[EB/OL].[2020-03-20]. http://www.nlc.cn/pcab/bhjh/jj/.

[3] 李翔海.中华民族伟大复兴需要中华文化发展繁荣——学习习近平同志在山东考察时的重要讲话精神[J].求是,2013(24):48-49.

[4] 习近平.在纪念孔子诞辰2562周年国际学术研讨会暨国际儒学联合会第五届会员大会开幕会上的讲话[N].人民日报,2014-09-25(2).

[5] 习近平在中国共产党第十九次全国代表大会上的报告[EB/OL].[2020-03-20]. http://www.china.com.cn/19da/2017-10/27content_41805113.htm.

[6] 张丽,刘英洁.图书馆"讲好中华典籍故事"策略研究[J].内蒙古科技与经济,2018(7):155-156.

[7] 王莞菁.公共图书馆法中的古籍保护和利用[J].图书馆,2018(2):8-13.

[8] 刘果.寻找视角 创造读者——关于古籍图书出版创新的几点思考[J].出版广角,2009(5):36-37.

[9] 张琳,赵月平.公共图书馆馆藏典籍专题片建设研究——国家图书馆"典籍鉴赏"为例[J].图书情报导刊,2019(6):1-4.

[10] 中国传统文化在海外日益受追捧[EB/OL].[2020-03-20]. http://s.cloud.gmw.cn/gmrb/c/2019-06-28/1277464.shtml.2019-06-28.

# 新时代背景下地方文献活力再生研究

## ——以《李超琼日记》发掘整理为例

王海鲁（苏州工业园区图书馆）

工业园区是我国现代化进程中文化建设的特殊板块，一方面因过度的新陈代谢，使得传统文化经脉呈现某种程度的"断裂"，另一方面又以独特的形式汇聚、再塑、衍化，使传统文化"再生"。文化断裂和文化再生呈双向增长态势，且并行不悖。尤其文化再生既攸关移民群体的安身立命，又决定着工业园区现代文明的高度[1]。作为我国工业园区典范的苏州工业园区的公共图书馆，苏州工业园区图书馆通过发掘整理富含地方特色文化的《李超琼日记》，借此在认识、行动以及实效上深入践行园区文化建设这一永恒课题。

## 1 李超琼及其日记概况

### 1.1 李超琼与《李超琼日记》

李超琼（1846—1909），原名李朝昱，字紫璈，五十岁后更字惕夫，四川合江人。光绪五年（1879）举人。年轻时曾在东北边境担任过军务幕僚，中举后先后在苏南的溧阳、元和、阳湖、江阴、无锡、吴县、南汇、上海八个县做过九任知县。《李超琼日记》内容起自光绪七年（1881）四月，迄于宣统元年（1909）闰二月十一日，时间跨度长达28年，是留存了丰赡史料的一部苏南地方文献。

### 1.2 李超琼与李公堤

李超琼先后两次担任元和（与现在的苏州工业园区大致相当）县令，时间长达近8年。光绪十五年（1889）七月十八日他第一次接元和印，一年后的七月十七日，金鸡湖筑堤工程下桩开工。期间，他前后数十次亲赴现场查看堤坝工程。光绪十八年（1892）六月三十日，湖堤完工，俞樾为文以记始末，名之曰"李公堤"。光绪二十年（1894）六月，李超琼调离元和。到光绪二十二年（1896）八月他再次接任元和县令时，看到李公堤"三年之内未加补葺，坍圮颇多，败者及半"的现状后，于次年正月二十八日，即组织士绅商议"开工补筑事"。李公堤补筑工程二月六日开工，至三月二十九日，他"循堤周览，则工已蒇事"[5]。从此，百年李公堤筑下了最初的坚实轮廓。120多年后的今天，李公堤已经成为金鸡湖的一块美玉，金鸡湖景区也已成为国家重点5A级景区之一。

### 1.3 李超琼留下的相关史料

2011年，李超琼后人李宙、李逊兄弟向园区图书馆捐赠的李超琼史料，有李超琼手迹日记43册、李超琼给其子李廷侃的信件224页、《合江县志》6册、《合江文徵》2册、《石船居古今体诗剩稿》9册、《石船居杂著剩稿》1册。

《李超琼日记》共157万字,内容起自光绪七年(1881)四月,迄于宣统元年闰二月十一日他生命的最后一天,时间跨度长达28年,记录了李超琼在这9963个日夜的点滴日常;《石船居古今体诗剩稿》共17万字21卷,共收诗歌1000余首,浓缩了李超琼一生的人生感悟;李超琼给其子李廷侃的信约5万字,共58封224页,是研究李超琼家教家风及其书法艺术的直接史料;《石船居杂著剩稿》收录了李超琼在东北幕僚时期撰写的多篇工作文章,对了解当时的历史有直接作用。

除上述捐赠文献外,李超琼还编著有族谱《合江东乡篆洞园李氏族谱》10卷(现藏上海图书馆)、《鸿城集》3卷(现藏苏州大学图书馆)、《藤轩笔录》1卷(现藏苏州大学图书馆,书中第11则即"金鸡湖堤")、《石船居杂抄剩稿》2种(现藏上海图书馆)、《石船居剩稿》6种11册(现藏上海图书馆)、《增辑急救方》(李超琼刻书中刻本最多的一部,达千余册。他刻此书的目的,是为杜绝"人或不免多枉死")、《符江诗存》1册(现藏国家图书馆)等。

除以上外,还有一些个人或机构的收藏、拍卖等品与李超琼相关。如潘祖荫所藏《好太王碑》拓本即李超琼所赠;吉林省图书馆所藏的310册的《国朝耆献类徵》曾为李超琼书架之书[6];苏州十方书屋有1册有关李超琼母亲的行述,为《皇清诰封淑人显妣黄太淑人行述》,由潘昌煦书写;苏州华源生先生藏有9副12张李超琼亲笔绘制的《朝鲜八道舆图》,含朝鲜国八道舆图8副和朝鲜全图1副;合肥种芸山馆拍卖过李超琼与清末著名人物(如俞樾、吴昌硕、潘祖同、汪康年、强汝洵、高楷等)的往来书信43通159页,等等。

同时,他还为一些画牒图册做过题跋,常与众友及同僚诗词唱和。可以说,李超琼诗名、笔名、才名在外,以至于与其从未谋面的方伦叔称其"学术治行、文章诗篇皆高当世"。他留下的史料非常丰富。这些史料,是研究探索和还原活化李超琼形象面貌及晚清苏南历史风貌的最直接史料。

### 1.4 李超琼及其日记在苏州工业园区的文化地位

李超琼虽不是苏州人,但他留下的史料大多跟江南有关,尤其与苏州和苏州工业园区密切相关。苏州工业园区的历史文化点,目前有草鞋山、乙未亭、重元寺、张士诚墓、娄江、李公堤等。相对于前五者的"一山一亭一寺一墓一江",李公堤年代虽晚,但李超琼为李公堤留下的丰赡史料,前五者则无法与其比拟。所以,李超琼是现代的苏州工业园区向世人阐述其丰厚历史文脉的最佳代表。

作为文化园区,首先就要挖掘、宣传园区的文化。而纵观园区文脉,还在金鸡一湖;金鸡一湖之盛,尽在李公长堤;李公长堤之神,当为李公超琼;揭秘李公超琼,必究李公日记。源远才能流长,历经25年开发建设的苏州工业园区已经走过很长的发展之路,但回头看,我们出发的原点又在哪里呢?对园区而言,文化的原点找起来可能很难了。草鞋山是一个,那李超琼算吗?笔者认为,他也算,他是园区文脉的"次原点"。"一根鹅毛撑起庞大树枝搭建系统",如果将园区文脉比作后者,那《李超琼日记》就是撑起园区历史文脉平衡的那根"鹅毛"。

## 2 《李超琼日记》研究现状

《李超琼日记》是苏州工业园区聘请专家将李超琼后人捐赠的43册日记稿本相继整理出

来出版的一部现代文献,全书共计157万余字。对李超琼了解最多的,应该是他的直系孙辈后裔李宙、李逊等人。他们兄弟对保存李超琼日记手稿做出了很大的贡献。但手稿在长达100多年的时间里并没有刻印出书,由此可以推断,其孙辈后人可能并未通读过这套手稿。李超琼老家在四川合江。在泸州作家网上,有李洪云撰写的介绍李超琼的文字,非常详细,尤其是有关李超琼最后去世时的细节,可以补充李巨川《晚清县令李超琼》之不足。李洪云虽然对相关细节了解清晰,但其作品仍不全面、不系统。泸州还有一位地方史研究专家赵永康。他是李超琼侄孙李耀仙的学生,他的手上有李超琼的日记和诗集,但他也未做进一步的全面研究。上海浦东新区地方志办公室副主任吴才珺先生,他对李超琼的历史很了解,但他也只了解其在上海一地的官迹。吉林省通化师范学院高句丽研究所原所长耿铁华教授在研究《好太王碑》潘祖荫拓本流传的过程中,提到过李超琼。但耿教授并未了解过李超琼的日记,所以他不知道当年李超琼是怎么把《好太王碑》拓本从东北带到苏州并通过李鸿裔赠给潘祖荫的。华东师范大学人文社会科学学院历史学系2017届硕士毕业生沈家耀的毕业论文为《晚清知县的仕途境遇与时务介入:以李超琼为个案》。该论文是目前国内唯一一篇以李超琼为研究对象的学术论文,论文截取光绪二十四年(1898)四月之前的李超琼日记为研究素材,内容仅占其所有日记的60%。在资料如此不全面的情况下,其得出的结论,自然就有所偏颇。在苏州,对李超琼及其日记的研究最有话语权的是李巨川先生,他主持参与了日记前2册的整理出版工作;他还著有《晚清县令李超琼》,且该书还登上过凤凰卫视"开卷八分钟"节目。但李巨川先生退休后没有参与后2册日记的整理和出版工作,且李巨川先生根据李超琼手稿著成的《晚清县令李超琼》一书只讲李超琼一人,并未涉及很多其他人物。因此,可以说目前在国内鲜有人涉猎《李超琼日记》全书,更别说全面研究了。《李超琼日记》仍然是一部亟待发掘和揭示的文化宝藏。

## 3 《李超琼日记》文献资源活力再生

### 3.1 廉政形象活力再生

目前,中共苏州工业园区纪律工作委员会联合园区档案馆、园区图书馆等单位,在李公堤四期规划了廉政文化馆,场馆共分"清廉李公""非凡园区""廉政成果""畅想未来"四个版块。第一版块即主要展示李超琼为官时的清廉事迹。事迹选取李超琼在勤政务实、廉洁自律、顾怜百姓、秉公任直、舍身忘己、赤城忠孝、尊师重教、家风传承、择友谨严、移风易俗、思想开放等方面的典型故事,向市民和游客展示李超琼这位晚清县令的廉洁形象。

李超琼自1886年步入宦途,先后在江南的八个县作了九任县令,直至1909年去世。他每入一县,士绅、乡民无不香花夹道,以致欢迎之意;他每离一县,乡民、士绅无不攀辕卧辙,以致留恋之思[7]。当时上至达官显贵,下至黎民庶士对他均心折首肯、抚膺膜拜。通过打造廉政文化馆,让那位明干有为、尽心民事的"贤令老吏",定格在江南苏州美丽的李公堤上,春风吹柳,棠荫长留!

### 3.2 手迹资料活力再生

#### 3.2.1 朝鲜国八道舆图

2008年的《姑苏晚报》有一篇报道,说苏州的华老先生手上有一份李超琼亲笔绘制的朝鲜国八道舆图"[8]。但这篇报道，并未书明这位"华老先生"姓甚名谁。笔者据陆承曜《剑气化双虹——品读潘昌煦先生〈芯庐遗墨〉》说及《芯庐遗墨》一部分来源于亲故"华源生先生"所藏[9]，大胆推断华源生即为晚报中的那位"华老先生"。笔者为此联系到陆承曜，通过她询之华源生，果然与所料相符。因为潘昌煦是李超琼的学生，华源生是潘妻华夫人的侄子，李超琼去世后，这幅图有可能会到潘老手上，所以就有可能到华源生先生手上。另外，笔者还得知，陆承曜也与李超琼有关，从她跟随潘昌煦学诗来说，她也算是李超琼的"徒孙"，另外，她的伯父陆鸿仪和父亲陆鸿吉也都是李超琼的学生。

华源生先生手上的这幅朝鲜国地图，名字叫"朝鲜八道舆图"，含朝鲜国八道舆图8张和朝鲜全图1张，共9张12页。是光绪八年（1882）李超琼在辽左凤凰厅陈本植幕时亲笔所画。当年春夏之交，朝鲜爆发"壬午兵变"。李超琼所在的东边道，与朝鲜仅鸭绿一水之隔，防务颇重。出于对局势的敏感而为借箸之筹，李超琼参考故籍，谘访往来通事商贾，画成此图，付之裱工，装潢成帙，随时观览。后来此物辗转到了华老先生手上。前几年，华老先生考虑到身体原因，将此图复制一件送至苏州市档案馆，将原件传给了儿子。时隔近140年，此图流传脉络重新清晰起来，不能不说是《李超琼日记》原始资料在新时代的活力再生。此图恰能反映当时还未步入仕途的李超琼就时刻忧心国家边境安全和百姓切身利益。有朝一日如能将此图征集到园区廉政文化馆，那李公的历史形象将变得更加清晰起来。

### 3.2.2 潘祖荫藏高句丽《好太王碑》早期拓本

《好太王碑》是高句丽时期的重要碑刻，现存吉林省集安市东太王乡大碑街，其西为好太王陵。该碑由好太王的儿子长寿王于公元414年所立，碑文为方严厚重的隶书，也保留部分篆书和楷书，是中国书法由隶入楷的重要例证之一，内容涉及高句丽建国传说、好太王功绩及当时东北、朝鲜半岛与日本列岛倭人之间的关系，故历来为中外学者所珍视。

潘祖荫所藏拓本自2004年在北京的一次文物拍卖中重新现世以来，其捶拓年代一直是学者争论的焦点问题之一。中国社会科学院世界研究所研究员徐建新认为其捶拓年代可以上溯到1881年以前[10]，而通化师范学院高句丽研究所所长耿铁华则认为其摹拓时间应为光绪六年（1880）[11]。该拓本还附有四份题跋，分别来自李鸿裔（跋一）、叶昌炽（跋三）和李超琼（跋二、跋四）。四份题跋外，还有一份潘祖荫数百言的跋文，据李超琼跋二说，"甲午乃为人窃割以去"。因徐建新和耿铁华当时并未读到《李超琼日记》，故对该本流传过程、捶拓年代和二李关系都知之不详，结论难免有所臆断。

其实，早在李超琼来苏前，李鸿裔就曾致信潘祖荫，说"高句丽碑在凤凰城北，每岁五月开冻，九月封冰，此时已不能拓。夏日多暴风阵雨，旬日始拓一分，搭架亦费甚。恰好有一李孝廉在通沟，携一分至京，恰好以知县掣签江苏，年内可到，已遂许赠，此孝与信也。"李超琼光绪九年（1883）八月二十九日来苏，九月初一在胥门内学道街聚星客栈安顿好后，初四日即肩舆诣各宪署拜见，但均未得见。初六日他又来，仍未得见。初七日，他在一次饭局上见到了李鸿裔之子李远宸。一周后的九月十三日，他与李鸿裔终于相见，"坐谈最久，于乡人中独深许乔茂先树楠"。李鸿裔在另一封致潘祖荫的信中称赞，"李孝廉，蜀中人材也，乔范皆所深契。"此处的乔和范，指的是双流人乔茂先（树楠）和隆昌人范孝舆（运笃），他们都是四川乡人。从李超琼几次拜访李鸿裔均未被接见来看，李超琼从北京来苏前，应该并未与李鸿裔通过书信，但李鸿裔又知道他会带着《好太王碑》拓本来，那可能就是从乔树楠处得知的，他可能也是通过乔树楠向李超琼索拓本的。在《李超琼日记》中，李超琼、李鸿裔、潘祖荫在苏州围绕《好太

王碑》拓本进行的相关活动有:

> 光绪九年(1883)九月二十六:案头有眉生廉访一函,因先日以高句丽碑送之,后代吴县潘大司寇来索。愧无以应也。
>
> 光绪十年(1884)十月十七日:眉老命价送来高丽碑底稿,并函及以后相见当免官场套礼为善。
>
> 光绪十一年(1885)四月二十三日:午后,以句丽碑已裱成帖者,呈之眉丈。闻吴县潘尚书有饥渴之好,便其转赠也。去函顺以茂先信告之。
>
> 光绪十一年(1885)四月二十四日:作致凌镜之、张金坡各一函。金坡函中附去眉老所撰高句丽王墓碑跋一篇。
>
> 光绪十一年(1885)五月二十四日:远宸以《姚恭公碑》一部见赠。

而《李超琼日记》中对高句丽碑拓本的来源,记载为:

> 光绪八年(1882)正月二十日:薄暮,杨进之、张程九先后来访。谈次,程九述及,此行北至怀仁,闻县东境之通沟口有古碑,高丈余,四面字迹模糊,约二千余字。章幼樵大令(樾)拟于春暖后当拓印,以便辨识。
>
> 光绪八年(1882)正月二十二日:通沟古碑,拟即王颀所勒者……在兴京之东,佟佳江之西。佟佳江即今浑江是也……则句丽丸都,诚宜在通沟一带。惟所谓沸流水,不知即今浑嫒二江何流?
>
> 光绪八年(1882)四月二十四日:得通沟口巡检张皓山少尉一函,并寄到高句丽墓碑,系自用纸捶拓者。字皆汉隶,规格甚古,惜拓不如法,且经俗手用笔钩勒,为之歉然。
>
> 光绪八年(1882)五月初五日:灯下,复通沟巡检张皓山一函,并以棉连纸二刀寄之,求其再拓句丽古碑也。
>
> 光绪八年(1882)六月十五日:薄暮,午桥遣价至通沟拓印句丽墓碑者初归。云,是碑高二丈余,二百步外望之,字迹了了可辨。比近其前,则无一可识者。以手摸索,仍模糊无定。盖碑石色黑而质粗,历年既久,其平面崩殨,凸凹与所凿字画不甚分别。因是捶拓者皆束手。以四五人之工,仅得一分而已。于其下拾有故砖数块,薄仅五六分,长八寸四分,宽四寸六分(皆今京尺)。边有文曰:"愿大王陵安如山固如岳"十字。可宝也。余亦索得一,叩之铿然作声。携归,置之案头。惜质亦粗,聊以度砚。为计其寿当在建安以前,特非细致为之,不能傲铜雀台瓦耳。

综上即可判断,徐建新判定的重新现世的潘祖荫藏本为1884年本,应为1885年本。而徐建新和耿铁华认为的其捶拓年代可以上溯到1881年以前甚至光绪六年,其实应为光绪八年五六月间。

### 3.3 教育思想活力再生

#### 3.3.1 双甲之年味初心——《东吴大学堂记》

2020年是苏州大学建校120周年,是双甲子之年。东吴大学堂在苏州天赐庄"定居"后第三年的光绪二十九年（1903），校长孙乐文主持编辑出版了一本杂志，刊名以花卉中享有"草中佳品"美称的"雁来红"命名。此刊之所以珍贵，一是只办了一期且不对外发行，二是印数极少，三是在有限的篇幅内保存了许多东吴大学堂创办早期的重要史料。

就是这期的《雁来红》杂志上，刊登了一篇介绍东吴大学堂创办经过与办学宗旨的《东吴大学堂记》。文章近1500字，详细论述了该校从"中西书院"到博习书院以及在天赐庄逐渐壮大完善的过程。在孙乐文争取资金购买天赐庄地块时，时任江苏巡抚鹿传霖（文中称"苏抚鹿"）和元和县令金元烺（文中称"元和金"）发挥了重要作用。

这篇《东吴大学堂记》，应该算是苏州大学历史上最重要的一篇文章了，但当年孙乐文登载时并没有署名作者，以致于一百多年来，后人均不知该文是谁所作。《李超琼日记》沉默百年，2017年才正式以全貌与世人见面，其在光绪二十七年五月二十六日记到："早间，代昂儿作《东吴大学堂记》一首，命仆送往，以美教士孙乐文嘱之也。"原来当时李超琼从江阴县令任上丁忧寄居苏州，他的两个儿子李廷昂和李廷侃正在这所学校读书。而他因之前曾担任过元和县令，故与孙乐文很熟悉，也是很好的朋友。一次，他在孙乐文宿舍长谈后到了两个儿子的书舍，还兴致勃勃地观看了儿子班级的体操课，并用细腻的笔触记录下了东吴大学堂早期教学的惊鸿艳影："铎音琅琅，则体操时矣。出而视之，昂在前班。毕，第二班乃上，侃与焉，教之者亦美人柏君也。人各擎短木杵二，前后、左右、上下、缓急、轻重有法，以调血气、舒筋力，诚为有益之学。"

如果有人认为《李超琼日记》中他为东吴大学堂作记为孤证，那我们再来看看李超琼之子李廷昂同班同学丁福保同一天的日记。丁在日记中记到："见李君慕驹所录之《东吴大学堂记》，确系古文好手，询之，乃伊尊人紫璈先生所作也。"[12]两相印证，《东吴大学堂记》的作者确为李超琼。

李超琼喜种雁来红，有时竟多达二十一本，这也是其孝心的一种体现，因为他的母亲喜欢观赏此花。他还曾作过一首名为"雁来红"的诗，其前序为："手种雁来红数本于庭中，草本尺余高，或二三尺，茎叶如苋，青紫递变，渐如渥丹，霜艳之华，远过枫柏，吴人呼为'老少年'，吾乡名之曰'雁来红'。《花谱》固载之也，诗以张之。"其诗八行十六句，前四句为：

> 绿茎翠叶秀苗条，渐换嫣红色更娇。
> 小草可知堪变化，丹心长向紫宸朝。

李超琼在《东吴大学堂记》中谈及学堂从宫巷迁至天赐庄后，1901年由原来的偏重英文改良为国文、英文并重，并认为此次改良"不可谓非学堂之一大改良也"。因中西书院本来就是孙乐文应当时进步青年学习英文的迫切要求而设，故此次课程日改良，"来学者反不如昔日之多，名簿之上，不过五十人而已"。李超琼认为："此不足患也，所可患者，不在来学者之不多，而在学堂之无进步耳。今进步若是之速，何患之有？"就像他熟悉的雁来红那样，有一个从绿到红渐变的过程，初期虽似"小草"，但有一颗长向紫宸的赤诚之心。正是怀揣着对东吴大学堂"雁来红"般火红热烈的殷切之心，李超琼在文章的最后，不由地感叹道："噫！学堂自创设以来，不及十年，而进步已若是，设再加以十年，我不知其进步又将若何。来日方长，吾等有厚望焉。"[13]

### 3.3.2 春风化雨不改初心——"乐育英才"匾

2018年10月2日，无锡连元街小学全网直播校庆120周年庆典盛况。庆典现场颁发了"百廿连元杰出人物"奖,竢实学堂创始人杨模、国文教员钱基博、杰出校友顾毓琇的后人上台领受了奖杯。随后的文艺表演节目中,有一个小品真实还原了时任地方官为学堂颁发"乐育英才"匾额的盛况。

一所小学,迎来了双甲子之年,这在整个中国也是屈指可数的。早在1898年,无锡乡绅杨模(范夫)就创办了连元街小学的前身竢实学堂。1902年5月,丁忧期满的李超琼上任无锡县令。他到任后的第一件事,就是考察并助推本地教育的发展。因此,他为杨范夫解决了诸如学堂筹款等的诸多现实问题。

李超琼在光绪二十八年(1902)8月25日的日记中更是详细记录了督宪为学堂颁"乐育英才"匾额并由其本人送入的盛况:"辰间,同城寅僚咸集余署,以竢实学堂于夏间经制府奏请传旨嘉奖,并由督宪颁'乐育英才'匾额,现经制成,应由地方官送入也。巳正,排仗而出,以黄亭舁匾于前,督匾以彩亭继之,学生作队以从,鸣金奏乐以为拥卫,文武皆随其后,所过士女如云,阗溢衢巷,以为向所未见也。既至堂中,余辈皆望阙行三跪九叩礼,并宣扬嘉奖德意,且循近日之俗制祝祠一首,略陈本日盛会原委,而勉诸生以行己有耻、实事求是、期不负作人之化等语。杨范夫孝廉(模)实主持斯事,故与高、秦、薛、王诸君为是日之主,学生五十余人咸来叩谒余与玉泉,称弟子焉。礼成,留宴于堂后之北轩。日已加申,酒觞乃终,复就前厅合照一相,盖官绅、教习以逮学生数十人胥在,坐者、立者、蹲者、跌者,不一其状,则以地之隘为相让互见之形云尔。"

小品的演绎给人温暖美好的无限遐想,亲历者的笔录更令人有身临其境的丰满体验。尘封的《李超琼日记》中,就蕴藏着这样的无限活力!

### 3.4 人物关系活力再生

#### 3.4.1 华阳乔树楠——树楠路

2019年的清明节,在文化界与齐白石并称"南乔北齐"的"南乔"乔大壮新墓园在成都市双流区金桥镇潘家沟落成。笔者关注乔大壮,是因其祖父乔树楠。乔大壮新墓园的墓主人,既有乔大壮、高公溓夫妇,也有他的祖父乔树楠,还有其曾祖母尹太夫人。

《李超琼日记》中的乔树楠(又字损庵),是一位爱憎分明、疾恶如仇的人。他最为人津津乐道的,就是不顾生命危险为"戊戌六君子"中的杨锐和刘光第收尸。谭嗣同那首"我自横刀向天笑,去留肝胆两昆仑"的绝命诗,也是他冒险从监狱里传抄出来的。《李超琼日记》中的乔大壮,只出现过一次,却令人久久难忘。李超琼丁忧期满,在京得到无锡县令的委任状返苏当天,乔大壮与三个弟弟来为他送行,"未正,登太古公司之和生轮船,得官舱一间,亦与金君比邻。位置甫定,损庵同年之孙四人来视,头角森然,应对有度,可羡也。"

乔大壮妻子高公溓,是溓水县令高楷的孙女。高楷兄弟九人,他与五兄高棠、七兄高树、八兄高楠(与楷孪生),都是李超琼的至交。所以,《李超琼日记》中有许多与高家兄弟和乔树楠有关的记载。经笔者整理,日记中与高楷直接有关的有514条(仅与高楷往来的书信就多达427封:收170封,寄257封),与乔树楠直接有关的有316条。

南京航空航天大学的乔新教授,是乔大壮第五子,他还是乔树楠的曾孙和高楷的曾外孙。笔者将这些发现分享给他后,没想到还产生了意想不到的效果。原来,因乔树楠留存下来的史料在由其孙乔大壮整理后交给李范之付梓的过程中全部遗失了,因此即使双流本地的学者,对乔树楠也知之甚少,更谈不上深入研究。在得到笔者分享的材料后,双流当地的学者陈伟芳对乔树楠有了更深刻的印象。在2020年4月14日双流区道路命名会上,他建议彭镇原金桥鲢鱼社区境内鲢温路至成温邛快速公路间长1062米、宽5米的道路命名为树楠路的提案获得通过。双流区民政局在随后的4月17日至23日进行了为期7天的公示。

没想到一纸316条的人物关系索引,竟间接促成了一条1千多米长道路的定名,这就是《李超琼日记》蕴藏的无限活力!

### 3.4.2 娄门汪氏——树宝迷踪

娄门内北街汪氏,在苏州甚至整个中国都很有影响,是一门出三拔贡(凤池、凤瀛、荣宝)四知府(凤池、凤藻、凤瀛、凤梁)的官宦世家。除了以上,还出有汪东、汪星伯、汪坦等大家。

娄门汪氏的最初发迹之人为做过镇江府训导的汪亮钧(1827—1910)。汪亮钧有四个儿子,男孙多达17人。年龄稍长的三个孙子依次为汪森宝、汪树宝、汪荣宝。他们还是李超琼的学生。森宝、树宝、荣宝曾持一本《江苏诗徵》去拜访老师李超琼,被老师视为"皆隽异之士"。

现在的汪氏后人中,更是有汪晨熙、汪镇红、熊珉等对家族史比较关注并注意整理的人。对研读汪氏家谱的他们来说,汪树宝似乎一直是个谜,令人捉摸不透。汪荣宝在自己的日记中,曾抄录过一份全家生日表,表里记录了一家当时在世的人的生日和去世的人的忌日。在"二兄"一栏内,只有忌日(十月十三),而无生日。《李超琼日记》的2处记载为:

> 1895年11月3日:日中得汪生树宝讣,绮岁清才,竟尔不禄,可惜亦可诧已。
> 
> 1899年6月5日:辰间,以縏彩匠来,将厅前所结白布、屏槛等拆卸而去,遂移太淑人灵柩至厅中偏西一室奉安,盖即所定之地也,以岁计租洋三十六元云云。偶步东廊,见漆人方漆一棺。视之,门人汪孟甫(树宝)之柩也,为之凄然。因燃香一告之。汪生为余辛卯县试所录前茅之士,与一兄、一弟曰森宝、荣宝者,皆年少英隽,文字斐然可观。乃年甫十九,独先摧折,良为可惜。荣宝字衮甫,丁酉与选拔,为龙侍郎所赏,朝考已得小京官,且尝与经济特科之荐,其大父稣卿先生方司铎镇江,乃父兄弟四人皆以科甲显,固吴中之望也。而孟甫命独不偶,何哉?

汪氏家谱中,老二树宝生卒日期均未知,从荣宝抄录的生日表和《李超琼日记》,即可考证出他的生卒年时间,卒年应为为1895年10月13日,按在世19年算,生年应在1876年。因树宝与森宝(?—1923)为亲兄弟,进而可以推断,森宝生年当在1875年或更前。《李超琼日记》可以协助断定很多历史人物的生卒日期,如黄彭年、王可庄、李鸿裔、魁文农、吴承潞、张岯堂、曾季硕等。让这些"静止"的文献资料"活化"而发挥出其应有的作用,这也是《李超琼日记》在研究人物史方面的价值。

《李超琼日记》文献资源留存丰富,是一部亟待发掘整理的资源宝库,如能妥善合理地利用其日记文献,不仅可以有效补证正史、侧证地方史、旁证人物史,对弘扬优秀传统文化、树立文化自信也具有重要的意义,甚至在文学史和文化史上都会有意想不到的效果。

本文基于全面整理发掘蕴含在《李超琼日记》中的地方文化元素,以多个亲身主导并参与的文献资源活力再生实例,多角度、全方位地探讨揭示其丰富价值和文化意义,以期在文化园区的发展建设中,更好地延续地域特色,实现地方文献活力的永续再生。

**参考文献**

[1] 朱琳.现代工业园区的文化断裂与文化再生——基于中新苏州工业园区春节年俗的调研[J].苏州教育学院学报,2019(1):28-37.

[2] 刘强.上海擦亮"江南文化"金字招牌[N].人民日报(海外版),2018-12-10(8).

[3] 李志全,周建琳.苏州工业园25周年:探路者再出发[J].中国新闻周刊,2019(14).

[4] 孟旭.产业高地崛起一支"文化苏军"[N].新华日报,2018-05-25(17).

[5] 李超琼.李超琼日记:元和—阳湖—元和[M].南京:江苏人民出版社,2012.

[6] 金毓黻.辽东文献征略[M].铅印本.[出版地不详]:[出版者不详],1927(民国十六年):331.

[7] 程德全.李紫璈大令年谱序[J].手抄本.[出版地不详]:[出版者不详],1911(宣统3年):.

[8] 沈莹莹.李超琼亲笔绘制朝鲜国地图现身苏州[N].姑苏晚报,2008-02-14(8).

[9] 苏州市传统文化研究会.传统文化研究:第18辑[M].北京:群言出版社,2011:177.

[10] 徐建新.高句丽好太王碑早期墨本的新发现——对1884年潘祖荫藏本的初步调查[J].中国史研究,2005(1):159-172.

[11] 耿铁华.潘祖荫藏好太王碑早期拓本刍议[J].东北史地,2006(4):14-17.

[12] 袁家刚.丁福保《辛丑日记》释注:上[G]//上海市档案馆.上海档案史料研究:第13辑.上海:上海三联书店,2012:205.

[13] 王国平.东吴大学史料选辑[M].苏州:苏州大学出版社,2010:102.

# 智能合约技术在数字图书馆平台建设中的应用

张立说　陈天文(潍坊市图书馆)

区块链技术(Blockchain Technology,简称BT)是互联网技术发展的又一重大突破,区块链的研究和发展促进了价值互联网的实现,凭借其去中心化、防篡改、不可逆等特性成为现代互联网技术中的新巅峰,也成为数字图书馆建设中的重要技术保障。数字图书馆的产生弥补了互联网环境下知识传播的空缺,为图书馆、大众群体、作者、机构等建立了连接平台,保证知识的创新、传播、存储渠道,而由于信息科技的不断发展,因版权问题、渠道复杂等问题导致个人信息泄露、数字资源盗取、数字环境混杂的局面不断产生,数字资源的安全成为数字图书馆发展中需要研究的必要课题[1]。区块链技术集点对点传输、分布式存储、加密算法等特性与一体,是网络空间数据保护的新一代技术。数字图书馆的资源存储、传播是当下图书馆阅读推广的主要方式之一,是互联网环境下图书馆新使命,为图书馆阅读推广创新新渠道,基于区块链技术发展的数字图书馆可实现信息的保护、安全传输、知识的合法利用及新知识汇聚挖掘等,在保护作者作品、作者个人信息和实现知识传播、存储的基础上,开创智能合约新形式,创新数字图书馆服务功能与技术发展,为新时代数字图书馆的转型发展提供技术支持[2]。

## 1 相关技术简介

### 1.1 区块链技术

区块链技术,是一个分布式账本,涉及密码学、互联网、数学等较多科学层面,具有去中心化、不可篡改、去信任、可追溯、公开透明等特性,在互联网金融等领域都具有重要地位。区块链的去中心化主要通过分散服务器实现的,分散服务器以建立时间戳、实现点对点连接为基础,创建没有统一中心的数据库,展现区块链安全性的特点。

区块链技术主要由加密技术、分布式存储、共识机制和智能合约四部分组成,其中分布式存储技术可将数据分散存储到服务器点,并实现数据之间的共享;共识机制为区块链环境提供决策机制,协调分散点处理的数据;以以太坊为基础的智能合约技术是区块链创新的新动能,实现设定规则后自动执行,是一种以信息化方式传播、验证并执行合同的计算机协议;加密技术则采用加密、解密技术对数据做安全保护。整个区块链技术的子技术集成后展现了区块链的安全性、智能性,对数据的存储、传输、执行等提供了安全的互联网[3-4]。

智能合约指在区块链上建立与维护并通过计算机算法执行的合约,智能合约具有自动化、安全性、智能性等特点,可实现代码自助完成资产交互与管理。智能合约的执行具有强制性,当输入数据满足合约条件,合约代码即会自动、不可修改、强制的执行,保障环境的公平公正,可将法律的准绳以合约代码的形式展现出来[5-6]。

### 1.2 智能合约技术

尼克·萨博(Nick Szabo)在1995年首次提出了智能合约的概念,他指出智能合约是用计算机协议运行实现的合约条款,智能合约具有强制执行性、可验证性、可见性和隐私性的特性。随后尼克·萨博将智能合约定义为数字形式的承诺,参与合约的各方可在智能合约中执行这些协议。2008年比特币技术的出现带动了智能合约的新一轮创新,为智能合约提供了区块链技术作为其运行环境,将智能合约推向了高峰。区块链2.0的产生使得智能合约成为区块链技术的核心成分,智能合约目前是拥有运行状态、由事件驱动并执行在区块链共享账本上的计算机代码,可接受数据处理与主动运行处理程序。

智能合约分为智能合约代码、智能法律合约两种,其中智能合约代码主要指运行、验证并存储与区块链环境中的计算机代码,因此智能合约代码拥有区块链不可篡改、不可逆性等安全特性,并能实现处理区块链资产数据的功能,存储并处理区块链资产;智能法律合约则是区块链代码的一种表现形式,区块链技术可实现法律条文与规则的实现,其建立的合约条款可保证整个区块链环境的有序、稳定。

与传统的合约相比,区块链智能合约具有多种优势。首先,区块链智能合约是通过智能合约代码实现,形式程序化且具有稳定的性能,依据程序条件处理合约不会出现歧义与分歧;其次,区块链合约执行与区块链环境中,拥有区块链节点的独立性特性,每个节点间相互独立且紧密联系,拥有独立的数据账本,保障了合约不被篡改,合约的执行记录等都被存储于区块链环境中,存储环境稳定、安全;再次,智能合约的创建与执行都以区块链协议为基础,保障了智能合约执行的强制力。目前智能合约被应用于交易与公平交换、数据保护、众筹等多领域。

## 2 数字图书馆智能合约平台的建设

数字图书馆智能合约平台可实现作者作品信息的登记、版权信息的保护、作品信息的共享、用户互动等功能,涵盖数字图书馆资源管理的基本功能,在保护作者个人信息的基础上保障作者作品信息的安全,且实现了数字资源的共享、管理与知识传播,借助区块链技术的运行环境,为整个平台的执行与建立创建了去中心化、不可逆、可监控的环境,保障平台的数据处理、存储的安全性。基于区块链技术的数字图书馆智能合约平台借助区块链的中心化、防篡改、不可逆等特性可为数字图书馆提供安全纯净的资源空间,智能合约技术则可提供个性化、智能化、公平化的信息交易、共享与存储方式[7],平台运用 B/S 结构(Browser/Server,浏览器/服务器模式),实现浏览器调用智能合约以太坊代码,将区块链的"众筹"技术充分结合于数字图书馆智能合约平台。

本平台运行环境选用 Apple MacBook 15(2019),16G 内存、6 核心 Intel core i9 处理器,操作系统为 macOS High Sierra。本平台由于需实现智能合约开发功能,因此选用 Solidity 编程语言,Solidity 语言是一种语法接近 JavaScript 的面向对象语言,并可编程以太坊虚拟机(EVM)字节码部署到以太坊底层区块链网络,从而实现智能合约的开发应用,包括投票、众筹、数字签名等多项功能。本平台选用 Visual Studio Code 软件为开发环境,并借助 HTML、JS 等辅助开发。

### 2.1 数字图书馆智能合约平台框架模型

数字图书馆智能合约平台可实现用户作品上传、作品登记与保护、知识交互、信息存储、版权保护等功能,图 1 展示了平台的架构模型。用户经过浏览器前端认证后可上传作品,作品信息随即进入智能合约模块,首先经过作品信息识别与标识,根据作品的内容 NV、提供作品的用户信息 NA 和时间戳 TM 生成唯一的饿作品版权登记,生成作品版权登记的同时会筛查相应的重复与侵权信息,从而做作品尽心筛查与处理,标识并登记后的作品信息即可执行智能合约条款,包括版权信息维护、作品交互协议与保障、法律条款强制性实施、个性化功能编辑、信息共享协议、信息的加密与存储协议、用户违约条款、信用积分登记、守信失信措施等,智能合约模块可将作品信息进行充分的保护与传播,为数字图书馆提供纯净且具有发展性的平台[8]。

数字图书馆智能合约平台具有分层性模型,各层次具有独立性,且相互联系,共同维护整个平台的运行,平台智能合约条款编辑与执行部分是数字图书馆资源管理层的核心,可根据需求借助智能合约代码自行增加智能合约条款与执行方式,具有可塑造性,在信息加密与存储协议的安全报下,开发了用户信用积分登记与失守信措施,净化平台环境,保证平台用户和数据的守则和真实性。

数字图书馆资源管理层处理后的数据可为第三方应用提供资源交互,保证资源的充分利用与分享传播,在数据加密与隐私保护的基础上允许第三方应用调用数据资源,包括浏览器接口接入、应用程序接口调用数据,从而扩大了知识传播的面积与方式,扩大图书馆服务半径,增加图书馆服务人群,为阅读推广也增添一定的力量。数据图书馆资源管理层处理的数据将存储于区块链环境中,数据分别存储于各区块中,以分布式存储的形式提高空间利用率与安全性能,在数据加密算法的安全性基础上,保证数据的安全与永久性。

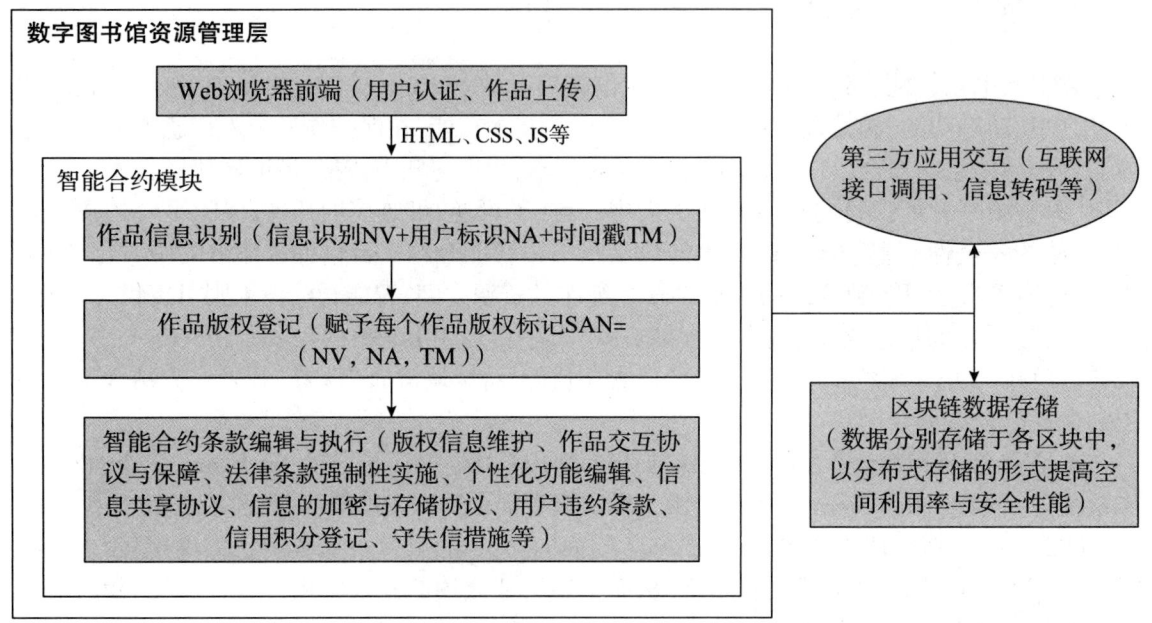

图1 数字图书馆智能合约平台框架模型

## 2.2 智能合约模块构建

智能合约模块是数字图书馆智能合约平台的重要开发点,图2展示了智能合约模块的部分代码与框架,Lib模块构建了本平台的智能合约,Lib-Digital Library.sol是智能合约的主要模块代码,可在此自定义设计智能合约协议,compoments、pags文件夹中包含了平台的界面架构,其中camplib.js使用Solidity编译语言编写的智能合约代码;camp.js和factorylib.js可读取Digital Library.sol智能合约生成的Application binary interface;Web3仓库提供并编写web3_lib.js;node_modules文件夹中的js则编写了平台界面的整体展示。平台的智能合约功能可根据需求修改代码,实现功能的完善,具有较高的人性化设计。

智能合约模块的工作流程与数据流走向如图3所示,用户发起指令(包括作品信息的上传、作品信息的查找、知识资源的查询等)并将数据输入后,首选经过第一层的版权信息维护、作品交互协议与保障、个性化功能编辑等模块,这些模块期间操作可并行或选择执行,数据执行期间符合条件需求并成功执行后进入法律条文的坚定,若不成功将取消指令并记录过程数据同时反馈给用户,成功进入到法律监控层次的数据、指令将匹配硬性法律条文,并进行违约筛选,用户会根据守信与失信的操作被分别记录信用积分,用以辨别账户的信用度从而打造可靠用户空间,守信且符合全部合约协议的操作与数据将会被加密保存在相应的空间中,成为平台数据的一部分。智能合约模块还可实现个性化定制,自制平台功能,并保证平台空间的可靠与安全性。

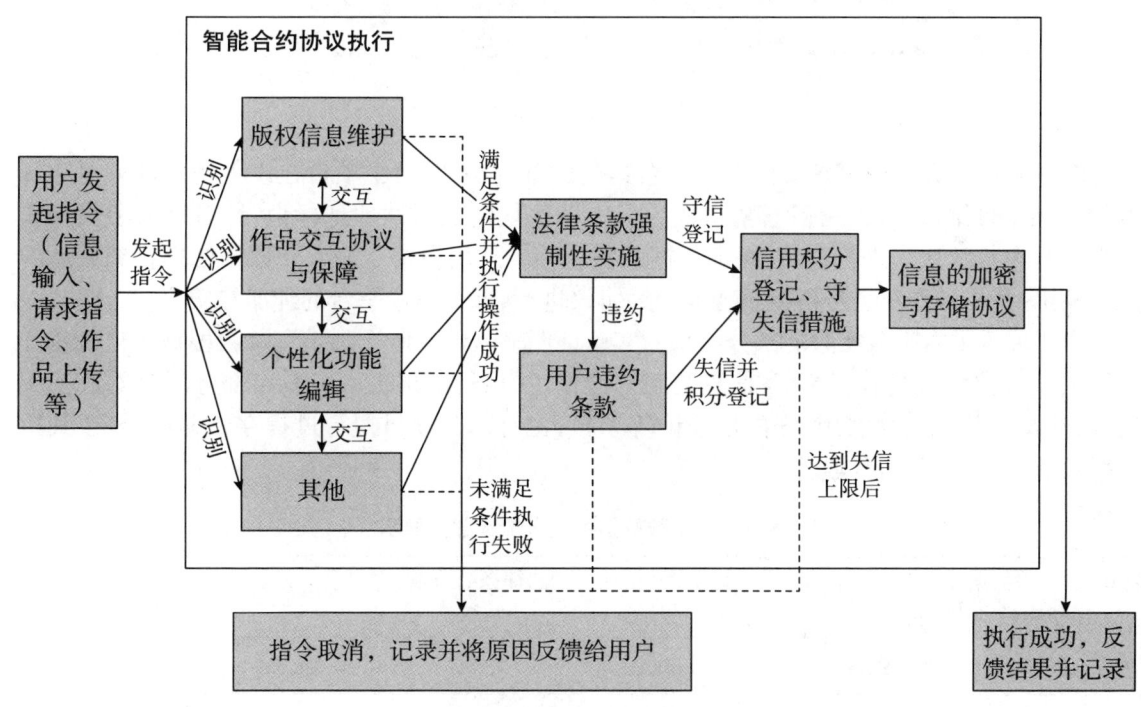

图 2　智能合约模块的部分代码截图

图 3　智能合约模块工作数据流过程图

整个智能合约模块从用户发起数据传输起,对数据进行唯一信息标识,经过的智能合约法律检验、信用积分失守信登记等步骤,整个平台的流程与步骤都会以记录的形式保存在数据库中,以便查询与监控,处理后的数据具有不可逆性,数据量较大时,可结合相应的智能算法进行优化,为数据的处理与运行提供技术支持,智能合约模块执行后传出的数据已具备一定的法律规范性和准确性,充分展现了智能合约代码的严谨与自定义功能,将法律与个性化功能结合在一起,灵活搭建并运用平台功能,为数字资源处理提供创新性技术空间。

### 2.3 数字图书馆智能合约平台的运行

本文从现有数字资源中选取 2000 个放入平台存储空间中,并另选取 500 条新数字资源进行输入实验,资源包括图片、文本及视频的不同形式。为保证实验数据的安全,以太坊智能合约选择在 EVM 以太坊虚拟机中运行,合约存储在以太坊区块链中,并编程以太坊虚拟机(EVM)字节码部署到以太坊底层区块链网络执行。

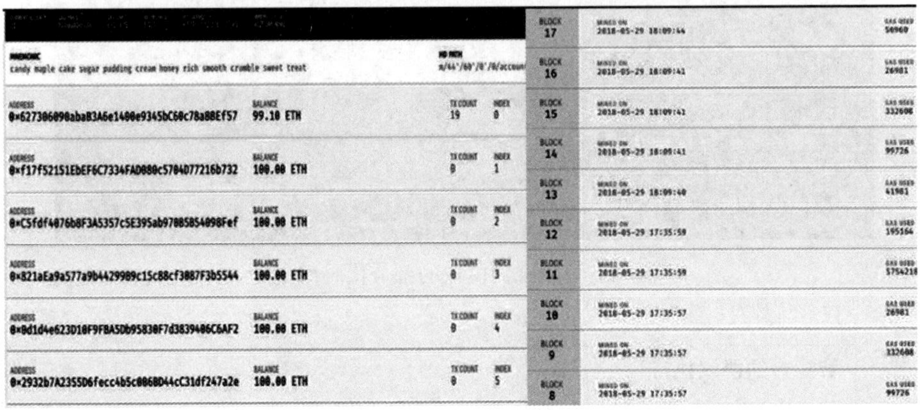

图 4 平台运行部分图

图 4 展示了数字图书馆智能合约平台运行的部分截图,每个项目在以太坊中都有对应的由数字和字母组成的唯一标识符,也成为以太坊区块链的对饮地址标识,针对每一项目操作都会在分布式区块中进行存储,保证数据的安全性。从用户指令输入到数据处理直到最后的数据输出,每步操作都会严格按照智能合约协议进行,保证整个平台的纯净与安全。

表 1 展示了本平台实验的部分结果。实验证明输入的 500 个数字资源会根据其自身特征与输入请求分别进行版权登记、信息交互等操作,从执行结果表中可看出部分项目的成功率较高,法律条款强制性实施、守失信登记等项目,也有部分项目执行过程存在漏洞,导致其执行率较低,有待完善平台建设。

表 1 实验数据指令执行情况部分展示

| 500 条实验数据指令执行 | 版权信息维护 | 作品交互协议与保障 | 法律条款强制性实施 | 守失信登记 | 信息加密存储 |
| --- | --- | --- | --- | --- | --- |
| 执行成功率 | 91.3% | 93.0% | 98.5% | 98.3% | 97.9% |

从实验结果中可看出,平台数据处理的成功率较高,作品信息的法律条款筛选成功率最高,证明可保证整个平台传入数据的守信度,审核功能较成熟;作品信息的守信失信登记成功率其次,可成功实现用户的守失信处理,设置用户试用并处理数据的门槛和筛选,为平台的使用创建较高的约束力;信息加密存储功能其成功率相对较高,根据传入信息的自身特性,实现对信息的加密处理,保证作品信息的安全;而版权信息维护和作品交互协议与保障其成功率相对较低,因技术手段的创新性,此功能还应进行完善,但可实现作品版权信息的维护与管理

功能,具有较高的可实现性。

基于区块链技术的数字图书馆智能合约平台结合了区块链的放篡改、去中心化、安全性的特性,结合智能合约智能性为数字图书馆平台版权登记、知识保护、资源共享等提供了强有力的技术支持,平台以简洁、创新的形式带动图书馆的技术服务,为数字图书馆的资源建设、知识保护与阅读服务提供支撑。但平台运行还存在一定的缺陷,今后会在成功率和严谨性进行修改与研究,保证平台的使用效果与稳定性。数字图书馆智能合约平台的研究与实现为今后数字图书馆资源信息保护、知识传播、知识信息存储等提供较高的可行性、创新性和实践,具有较高的借鉴价值。

**参考文献**

[1] 芦晓红,赵迎春.融合区块链技术的图书馆云平台建设[J].大学图书情报学刊,2020(1):113-116,128.
[2] 栾新.积极推进区块链的智能合约建设[N].学习时报,2019-12-27(7).
[3] 杜欻文.基于区块链2.0以太坊公链的版权管理系统[J].现代电视技术,2019(12):97-101,82.
[4] 宋扬.区块链技术下智慧图书馆信息化建设发展的研究[J].常州信息职业技术学院学报,2019(6):83-87.
[5] 吴涛.基于区块链技术的版权登记系统设计与实现[D].南京:南京邮电大学,2019.
[6] 梁静.区块链技术下艺术品数字版权的发展之道[J].传播力研究,2019(34):178.
[7] 姚瑞卿,袁小群.基于区块链技术的数字出版知识产权管理——以知识服务应用为例[J].出版广角,2019(17):25-30.
[8] 张莎莎.浅析区块链技术的数字版权保护与交易[J].开封教育学院学报,2019(7):255-256.

# 高职院校学生图书馆利用与学业相关性的实证研究

丁建峰  徐捷  蔡金君  洪素兰(浙江商业职业技术学院)

国内外学者对图书馆的利用与学生的学业表现的关系进行了若干研究,结论各异。杨新涯[1]、潘颖[2]发现不同成绩等级的学生图书借阅量存在显著差异。王丽艳等学者[3-6]发现图书借阅量、入馆频次与学业成绩之间存在显著正相关。Stemmer J. K.等国外学者[7-9]的研究也表明学生对图书馆的利用程度与学业表现之间存在显著正向相关。而Wells J.为代表的部分学者[10-13]的研究则表明学生对图书馆的利用与学业表现之间的相关关系并不显著。

究其原因,这有可能是所研究的不同院校差异的真实反映,也有可能是由研究方法造成的。如:使用来自问卷调查的数据可能会导致数据失真;采用基于Z-score标准化的标准分、采用所有课程的平均分或GPA(学分绩点)作为学业整体表现评价指标在不同专业或不同课程之间不具可比性;使用跨学期课程平均分还导致用后一学期的使用量去解释前一学期的成绩。

此外，现有研究涉及的图书馆数据类别主要是进馆量、图书借阅量，未涉及近年来各图书馆普遍提供的研讨空间、上机、自助文印、朗读亭等特色服务。现有研究对学业的影响也均集中于学业整体表现，而缺少对课程影响的研究。多数研究只给出定性的结论而没有更准确的度量。不同院校类型的情况也存在较大差异，现有研究集中于本科院校，对高职院校并未涉及。

为探究高职院校图书馆的利用与学生学业之间的关系，本文以浙江商业职业技术学院为例进行实证分析，使用的数据均为业务系统数据，采用一种标准分算法使不同专业学生的学业表现具可比性，从三个角度进行研究：①图书馆变量与课程成绩的相关性；②图书馆变量与学业整体表现的相关性；③图书馆变量与学业整体表现的多元回归分析。

## 1 研究方法

### 1.1 样本数据及其处理

选取2018级学生为研究对象，从图书馆业务系统、教务系统调取了该批学生2018—2019学年第2学期的图书馆利用数据和成绩数据。剔除缺失值后，实际选取了2018级学生3742人，占2018级总人数4035人的92.7%。实际选取2018级课程227门，选入课程的要求为：至少有一个专业的有该课程成绩的学生数不少于30人，有成绩人数不足30的专业清空该课程成绩并按未开设处理。数据处理工具为SQLSERVER 2008 R2、Python 3.0。

#### 1.1.1 课程标准分

一门课程可能在不同专业开设，因此课程的原始成绩在不同专业之间缺少可比性。本文采用标准分作为课程成绩评价指标。课程标准分的计算方式：

（1）计算课程原始成绩在该专业所有学生范围内的位次百分比 $P$（小于等于该成绩的人数比例）。如果该学生课程成绩为本专业内最高分，则位次百分比 $P=$ 该专业有该门课成绩的学生人数 / （该专业有该门课成绩的学生人数 +1）。

（2）根据位次百分比 $P$ 折算为标准正态分布的分位点 $Z$。也就是 $P=\phi_{(Z)}$，$\phi_{(X)}$ 为标准正态分布函数。

（3）对 $Z$ 进行 $T$ 变换：$S=75+8\times Z$。$S$ 即课程的标准分，近似服从均值75、标准差为8的正态分布。

课程的标准分反映了学生的该课程成绩在2018级本专业学生该课程成绩中的相对位次。实际计算过程用Python程序完成。不同专业的学生同一课程的标准分的差异具有实际意义，具体含义是标准分高的学生，其课程成绩在本专业内的位次百分比更靠前。

#### 1.1.2 综合分

学生的学业整体表现使用综合分来衡量。综合分的计算方式为：

（1）计算成绩表中每个学生的各课程标准分的算术平均值。

（2）将此平均值再按课程标准分的计算方式转换为标准分，作为综合分。计算标准分时，位次百分比以成绩表中该专业的学生为范围进行排位。

这样得到的综合分近似服从均值75、标准差8的正态分布。学生的综合分反映了学业整体表现在本专业范围内的相对位次。同样，不同专业学生的综合分的比较也具有实际意义，综合分高的学生学业整体表现在其专业范围内的位次百分比更靠前。

#### 1.1.3 图书馆利用数据

使用的图书馆利用数据有入馆次数、在馆时间、图书总借阅数及部分类别图书的借阅数、PC使用次数、PC使用时间、研讨室使用次数、研讨室使用时间、一卡通文印使用次数、一卡通文印总费用、朗读亭作品数、朗读亭作品总时长。图书分类借阅量只使用了I类、F类、T类、H类、J类、B类、K类、C类8个最主要的借阅类别数据。根据统计,2018级学生在2018—2019学年第2学期的图书总借阅量中这8个类别占比97.2%,其他类别只占2.8%,故本列仅统计这8类的借阅量。

在图书馆变量与课程成绩的相关性分析中,直接使用上述图书馆利用数据。在图书馆变量与学生学业整体表现也就是综合分之间的相关性分析中,为了更准确地呈现两者之间的关系,本文使用了线性相关分析和多元线性回归。图书馆利用数据均严重偏离正态分布,为改善各个图书馆利用数据的正态性、提高线性相关分析与线性回归模型的稳健性,本文使用Box-Cox函数对图书馆利用数据进行变换。变量$x$($x>=0$)进行以$\lambda$为参数的Box-Cox函数变换:

$$x^{(\lambda)} = \begin{cases} \dfrac{(x+1)^{\lambda}-1}{\lambda}, & \lambda \neq 0 \\ \ln(x+1), & \lambda = 0 \end{cases} \quad (公式1)$$

$x^{(\lambda)}$表示以$\lambda$为参数。当$x$为0时,变换后的值仍为0,当$x$增大时变换后函数值也增大,是一个单调递增函数。使用Python程序寻找最优的参数$\lambda$执行Box-Cox变换,得到各个变量变换的实际$\lambda$参数。

### 1.2 分析方法

图书馆变量与课程成绩的相关分析采用秩相关分析,计算图书馆利用数据与课程标准分的斯皮尔曼相关系数。斯皮尔曼相关系数计算的是两变量的秩的皮尔逊相关系数,反映了秩之间的线性相关性。当相关系数为正时,两变量同步递增或递减。系数越接近1,这种变化的同步性越强。

图书馆变量与学业整体表现的相关分析采用线性相关分析方法,计算Box-Cox变换后的图书馆变量与学生综合分的皮尔逊相关系数,并通过一元线性回归拟合这些Box-Cox变换后的图书馆变量对综合分的回归直线,然后得到变换前图书馆变量对综合分的回归曲线。

图书馆变量对学业整体表现的多元回归分析,以各个Box-Cox变换后的图书馆变量为自变量、综合分为因变量建立多元线性回归方程,并评估各图书馆变量作为整体对综合分的解释能力,最后分析Box-Cox变换前的图书馆变量对综合分的相关效应。

数据分析工具为SPSS 24.0。

## 2 研究结果

### 2.1 图书馆变量与课程成绩的相关分析

计算2018级3742名学生2018—2019学年第2学期的图书馆利用数据与227门课程标准分之间的斯皮尔曼相关系数,结果见表1。

表 1 图书馆变量与课程标准分的斯皮尔曼相关显著性

| 图书馆变量 | 可计算相关系数的课程数[①] | 相关显著[②]的课程数 | 相关显著[②]的课程数占比 | 相关显著[②]的课程中正相关课程数 | 相关显著[②]课程中正相关占比[③] |
|---|---|---|---|---|---|
| 入馆次数 | 227 | 115 | 50.66% | 112 | 97.39% |
| 在馆时间 | 227 | 112 | 49.34% | 109 | 97.32% |
| 图书总借阅数 | 227 | 114 | 50.22% | 113 | 99.12% |
| PC 使用次数 | 220 | 98 | 44.55% | 96 | 97.96% |
| PC 使用总时间 | 220 | 99 | 45.00% | 97 | 97.98% |
| 研讨室使用次数 | 201 | 85 | 42.29% | 84 | 98.82% |
| 研讨室使用总时间 | 201 | 84 | 41.79% | 83 | 98.81% |
| 朗读亭作品总时长 | 203 | 22 | 10.84% | 20 | 90.91% |
| 朗读亭作品数 | 203 | 22 | 10.84% | 20 | 90.91% |
| 一卡通文印使用次数 | 166 | 36 | 21.69% | 35 | 97.22% |
| 一卡通文印总费用 | 166 | 36 | 21.69% | 35 | 97.22% |
| I 类书借阅数 | 227 | 107 | 47.14% | 104 | 97.20% |
| F 类书借阅数 | 201 | 42 | 20.90% | 41 | 97.62% |
| T 类书借阅数 | 205 | 60 | 29.27% | 58 | 96.67% |
| H 类书借阅数 | 215 | 64 | 29.77% | 64 | 100.00% |
| J 类书借阅数 | 200 | 49 | 24.50% | 49 | 100.00% |
| B 类书借阅数 | 220 | 25 | 11.36% | 21 | 84.00% |
| K 类书借阅数 | 201 | 31 | 15.42% | 27 | 87.10% |
| C 类书借阅数 | 196 | 19 | 9.69% | 17 | 89.47% |

注：①P 值小于 0.05 为相关显著；②部分图书馆变量与课程标准分之间无法计算斯皮尔曼相关系数，是由于有这个课程成绩的学生对该图书馆资源使用量全为 0，此时无法计算两者的斯皮尔曼相关系数；③相关显著课程占比以可计算相关系数的课程数为分母。

与图书馆变量相关显著的课程数占比最高的是入馆次数，占比达到了 50.66%，其次是图书总借阅数，也达到了 50.22%。与朗读亭使用相关、一卡通文印使用变量相关显著的课程占比较低，分别为 10.84%、21.69%。与在馆时间、PC 使用、研讨室使用变量相关显著的课程占比在 40% 到 50% 之间。主要借阅类别中，与 B、K、C 类图书借阅量相关显著的课程数占比最低，I 类最高。相关显著的课程数占比越高，说明该类图书馆资源对学生课程的影响面越大。数据表明入馆次数、图书总借阅数的影响面最大，而朗读亭的使用以及 B、K、C 类图书借阅量的影响面最小。

相关显著的课程中正相关占比，指与图书馆变量相关显著的课程中正相关的课程数占比。多数图书馆变量的这个指标均达到了 90% 以上，最低的 B、K、C 类图书借阅量也达到 84%。这表明与这些图书馆变量相关显著的课程中绝大部分为正相关。

表2 图书馆变量与课程标准分的斯皮尔曼相关系数区间分布

| 图书馆变量 | 相关显著①的课程数 | (0, 0.20] | (0.20, 0.4] | (0.4, 0.6] | (0.6, 0.8] | [-0.2, 0) | [-0.4, -0.2) |
|---|---|---|---|---|---|---|---|
| 入馆次数 | 115 | 36 | 65 | 8 | 3 | 2 | 1 |
| 在馆时间 | 112 | 32 | 69 | 5 | 3 | 2 | 1 |
| 图书总借阅数 | 114 | 29 | 72 | 12 | 0 | 0 | 1 |
| PC使用次数 | 98 | 37 | 50 | 9 | 0 | 2 | 0 |
| PC使用总时间 | 99 | 38 | 50 | 9 | 0 | 2 | 0 |
| 研讨室使用次数 | 85 | 40 | 35 | 9 | 0 | 1 | 0 |
| 研讨室使用总时间 | 84 | 39 | 34 | 10 | 0 | 1 | 0 |
| 朗读亭作品总时长 | 22 | 14 | 6 | 0 | 0 | 1 | 1 |
| 朗读亭作品数 | 22 | 14 | 6 | 0 | 0 | 1 | 1 |
| 一卡通文印使用次数 | 36 | 24 | 10 | 1 | 0 | 1 | 0 |
| 一卡通文印总费用 | 36 | 25 | 10 | 0 | 0 | 1 | 0 |
| I类书借阅数 | 107 | 32 | 69 | 3 | 0 | 0 | 3 |
| F类书借阅数 | 42 | 31 | 10 | 0 | 0 | 1 | 0 |
| T类书借阅数 | 60 | 32 | 21 | 3 | 2 | 1 | 1 |
| H类书借阅数 | 64 | 44 | 18 | 2 | 0 | 0 | 0 |
| J类书借阅数 | 49 | 32 | 17 | 0 | 0 | 0 | 0 |
| B类书借阅数 | 25 | 16 | 5 | 0 | 0 | 0 | 4 |
| K类书借阅数 | 31 | 15 | 12 | 0 | 0 | 1 | 3 |
| C类书借阅数 | 19 | 10 | 7 | 0 | 0 | 1 | 1 |

注：① P值小于0.05为相关显著。

表2反映了图书馆变量与课程标准分相关显著时相关系数的分布。相关系数大部分在0到0.4之间，即低度或极低正相关。少数课程达到了中度正相关（相关系数在0.4到0.6之间），极个别课程达到了高度正相关（相关系数在0.6-0.8之间）。少数课程负相关且显著，为极低负相关（相关系数-2到0之间）或低度负相关（相关系数-0.2到-0.4之间）。

从具体的课程看，烹饪旅游学院有较多课程与图书馆利用之间的相关性较高。其中《茶文化与茶艺技巧》与5个图书馆变量达到了中度正相关，与2个图书馆变量达到了高度正相关，《礼仪和形体气质训练》与6个图书馆变量达到了中度正相关，与2个图书馆变量达到了高度正相关。高相关性可以由图书馆空间与功能服务与课程的契合性得到解释。这两个课程部分节次就是在图书馆内上的，图书馆内的特色空间、茶艺空间为课程提供了良好的教学实践环境。少数负相关主要出现在部分图书类别中。如《剧本与分镜》《三维建模技术》《视听语言》与B类图书借阅量为低度负相关，《商业摄影（1）人像》与I、T、B类图书借阅量均为低度负相关。负相关产生的原因首先是这些类别图书对课程没有明显的正面作用;其次是时间分配原因,在这些书上投入时间增加导致课程上花的时间减少;但也不能排除学生对这些课程与这些类别的图书的偏好互斥,即偏好这些课程的人对这些类别的图书就没有兴趣,而偏好这些类别图书的人对这些课程也没有兴趣。

## 2.2 图书馆变量与综合分的相关分析

为研究图书馆利用与学业整体表现的相关性,对图书馆利用数据进行 Box-Cox 变换后与学生的综合分进行线性相关分析,计算了皮尔逊相关系数,并进行直线拟合。结果见表3。

表3 图书馆变量与课程标准分的皮尔逊相关性

| 图书馆变量① | 皮尔逊相关系数 R | P值(双尾) | 回归直线② | 回归直线 R2 | 个案数③ |
| --- | --- | --- | --- | --- | --- |
| 入馆次数 _cox | 0.250 | < 0.001 | y=71.608+1.569x | 0.063 | 3719 |
| 在馆时间 _cox | 0.230 | < 0.001 | y=71.845+0.359x | 0.053 | 3734 |
| 图书总借阅数 _cox | 0.304 | < 0.001 | y=72.616+3.519x | 0.093 | 3727 |
| PC 使用次数 _cox | 0.226 | < 0.001 | y=73.612+6.314x | 0.051 | 3727 |
| PC 使用总时间 _cox | 0.225 | < 0.001 | y=73.603+1.494x | 0.05 | 3727 |
| 研讨室使用次数 _cox | 0.207 | < 0.001 | y=74.025+12.796x | 0.043 | 3740 |
| 研讨室使用总时间 _cox | 0.206 | < 0.001 | y=74.027+2.700x | 0.043 | 3740 |
| 朗读亭作品总时长 _cox | 0.075 | < 0.001 | y=74.872+11.344x | 0.006 | 3742 |
| 朗读亭作品数 _cox | 0.075 | < 0.001 | y=74.872+45.846x | 0.006 | 3742 |
| 一卡通文印次数 _cox | 0.104 | < 0.001 | y=74.783+28.349x | 0.011 | 3742 |
| 一卡通文印总费用 _cox | 0.107 | < 0.001 | y=74.784+31.004x | 0.012 | 3741 |

注:①"_cox"表示经 Box-Cox 转换后的图书馆变量,如"入馆次数 _cox"表示变量"入馆次数"进行 Box-Cox 变换后所得变量;②回归直线以图书馆变量为自变量、综合分为因变量;③对每个图书馆变量进行相关系数计算、回归直线拟合时,都进行了个别离群值、强影响点的剔除,因此所使用的样本量略有差异。

从表3可见,综合分与所有 Box-Cox 变换后的图书馆变量均为正向线性相关,相关显著。各图书馆变量与综合分的线性相关强度均为较低水平,其中图书总借阅数 _cox 与综合分相关系数最高,达到了 0.304,回归直线 $R^2$ 为 9.3%。而朗读亭使用、一卡通文印使用的变换后变量与综合分的线性相关性较低,只为 0.1 左右。

通过表3的回归直线以及 Box-Cox 变换函数(公式1),可得到 Box-Cox 变换前的图书馆变量对综合分的回归曲线。图书馆利用数据实际上与综合分为曲线正相关关系,正向提升效应则随着利用程度的提高而减弱。

## 2.3 图书馆变量对综合分的多元回归分析

以 Box-Cox 变换后的图书馆变量对因变量综合分进行多元线性回归,使用逐步回归法,得到的模型见表4。

表 4 多元线性回归模型

| 模型 | 未标准化系数 B | 标准化系数 Beta | t | P 值 | VIF |
|---|---|---|---|---|---|
| （常量） | 71.519 |  | 291.800 | < 0.001 |  |
| 在馆时间 _cox | 0.115 | 0.074 | 3.824 | < 0.001 | 1.561 |
| 图书总借阅数 _cox | 2.668 | 0.231 | 13.178 | < 0.001 | 1.290 |
| PC 使用次数 _cox | 1.727 | 0.062 | 2.422 | 0.015 | 2.744 |
| 研讨室使用次数 _cox | 3.966 | 0.065 | 2.785 | 0.005 | 2.293 |

残差检验显示残差分布符合正态性、独立性、方差齐性假设。方程 F 统计量为 120.408，F 检验 P 值 < 0.001，在（=0.05 的显著性水平下回归方程显著。判决系数 $R^2$ 为 0.115，这说明回归方程解释了综合分 11.5% 的方差变异。调整的 $R^2$ 为 0.114。复相关系数 R 为 0.338，这反映了自变量在馆时间 _cox、图书总借阅数 _cox、PC 使用次数 _cox、研讨室使用次数 _cox 作为整体与综合分的线性相关强度。

回归方程的常数项为 71.519，这表示学生在馆时间、图书借阅总数、PC 使用次数、研讨室使用次数都为 0 时，综合分的回归值为 71.519 分。这个分值低于综合分的均值 75 分约 0.44 个标准差，这反映了不使用这些图书馆资源的学生的学业整体表现落后。

四个自变量的系数全部为正，并在（=0.05 的显著性水平下 t 检验显著，这反映了这些自变量与综合分正相关显著。标准化系数中，图书总借阅数 _cox 的系数值最大说明在这几个自变量中，综合分对图书总借阅数 _cox 的变化最敏感。

将表 4 方程中的自变量用各图书馆变量的 Box-Cox 变换函数（公式 2—公式 5）替换，得到变换前的原始图书馆利用数据为自变量的最终的多元非线性回归方程。

$$在馆时间\_cox = \frac{(在馆时间+1)^{0.14239038840131876}-1}{0.14239038840131876} \quad (公式2)$$

$$图书总借阅数\_cox = \frac{(图书总借阅数+1)^{0.43662613154966734}-1}{-0.43662613154966734} \quad (公式3)$$

$$PC使用次数\_cox = \frac{(PC使用次4数+1)^{-1.3557948422295416}-1}{-1.3557948422295416} \quad (公式4)$$

$$研讨室使用次数\_cox = \frac{(研讨室使用数次+1)^{-3.180463740085504}-1}{-3.180463740085504} \quad (公式5)$$

图 1 展示了这个最终的非线性方程中各图书馆变量对综合分的效应。可以看到各图书馆变量与综合分间呈曲线正相关，正向提升效应随使用量增大而减弱。综合分对图书借阅总数的增长最敏感，对在馆时间的增加最不敏感。PC 使用次数、研讨室使用次数增加对应的综合分增量则较为有限。

在研究涉及的课程中,各图书馆变量与最高50%左右课程的标准分相关显著。入馆次数、图书总借阅数、在馆时间最高,均在50%左右,B、K、C类图书借阅量最低只有10%左右。相关显著的情形中大部分为正相关,因此各类资源总体而言对课程教学起到的是正面作用。与其相关显著的课程比例可以作为评估资源重要性的指标,在预算受限需要对资源进行取舍时可作为筛选依据之一。

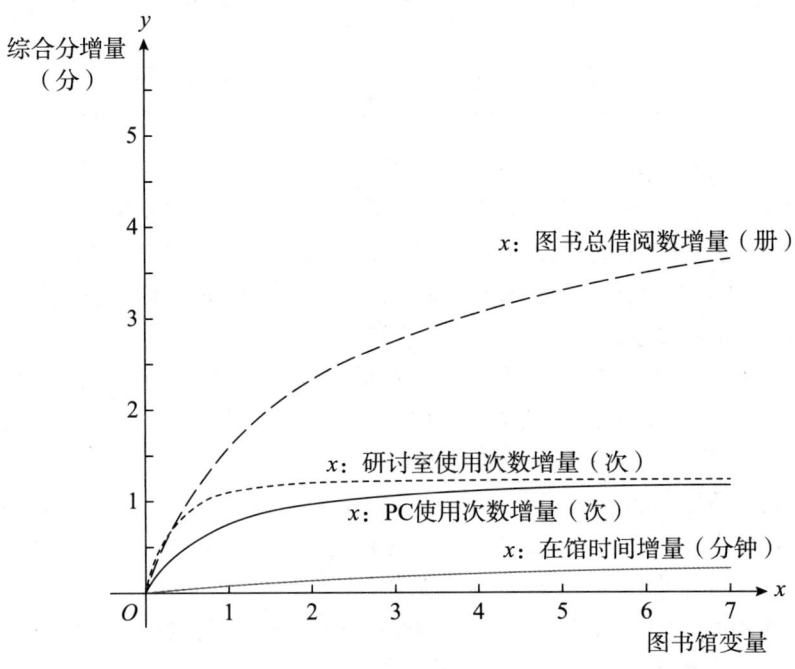

图1 多元非线性回归方程中各图书馆变量对综合分的效应

图书馆变量与课程成绩指标标准分的相关大部分为较低强度正相关,少数达到中度正相关,个别达到高度正相关。越是与课程关系密切、图书馆的资源越能支持课程的教学,图书馆的利用量与课程标准分之间的相关性就越高。因此,图书馆在开发、设计新的资源与服务时,可以与各类课程进行结合,找到双方的契合点,发挥图书馆的优势与特色,更好地为教学服务。

各图书馆变量与学生整体学业表现指标综合分之间为曲线正相关,正向提升效应随着图书馆变量的增大而边际递减。从单变量的效应看,图书总借阅数对学生的综合分的方差变异有着最强的解释能力,$R^2$达到了9.3%。其次是入馆次数、在馆时间、PC使用次数、PC使用时间、研讨室使用次数、研讨室使用时间,一卡通文印与朗读亭的使用解释能力最低。以图书总借阅次数、在馆时间、PC使用次数、研讨室使用次数为自变量对综合分的回归方程$R^2$为11.5%(调整后的$R^2$为11.4%),说明这些图书馆变量对综合分的方差变异解释比例达到11.5%,也说明图书馆的所有因素整体对综合分的方差变异解释比例不会低于11.5%。这提供了一个图书馆究竟对学生整体学业有多少影响的参考值。这个值还处于较低水平,显示图书馆在为教学服务方面还有很大的提升空间。

**参考文献**

[1] 杨新涯,袁辉,曾佐伶. 高校学生成绩与借阅行为关系的初步研究——以重庆大学为例[J]. 数字图书馆论坛,2013(9):23-26.

[2] 潘颖,张雨晴,刘利.综合性大学图书馆特色化服务策略研究——以本科生课程成绩与借阅行为的学科差异性为视角[J].大学图书情报学刊,2019(2):83-91.

[3] 王丽艳.图书馆资源利用对大学生学业成绩的影响研究——以南京三所高校为例[J].数字图书馆论坛,2013(9):27-31.

[4] 吴英梅,何璨.高校图书馆对学生学业科研影响的实证研究:以北京师范大学为例[J].图书情报工作,2014(20):73-77,90.

[5] 许毅,郭亨艺.本科生成绩与图书馆资源利用情况的相关性研究[J].四川图书馆学报,2016(3):34-37.

[6] 王凌.大学生利用图书馆与学习成绩的关联性实证研究——以首都医科大学为例[J].图书情报工作,2017(24):39-44.

[7] NAGATA H,TODA A, KYTAI P. Students patterns of library use and their learning outcomes [EB/OL]. [2014-05-10].http://www.eblip4.unc.edu/papers/Nagata.pdf.

[8] STONE G,RAMSDEN B. Library impact data project: looking for the link between library usage and student attainment [J].College & research libraries,2013(6):546-559.

[9] STEMMER J K, MAHAN D M. Investigating the relationship of library usage to student outcomes [J].College & research libraries,2016(3):359-375.

[10] 刘喜.我校学生学习成绩与书刊借阅量的相关分析[J].图书与情报,1991(4):62-65.

[11] 王子腾,宗红桃,孟宪伟.大学生课程成绩与图书馆利用率关联性分析[J].辽宁科技学院学报,2019(1):30-33.

[12] WELLS J. The influence of library usage on undergraduate academic success [J].Australian academic & research libraries,1995(2):121-128.

[13] JAGER K D. Successful students: does the library make a difference [J].Performance measurement & metrics,2002(3):140-144.

# 浅析面向高职院校毕业生的图书馆就业信息咨询服务
## ——基于ELO等级分制度的系统建构

李 岑（贵州财经大学） 杨梓涵（贵州轻工业职业技术学院）

图书馆与就业服务,这一对看似独立的概念在2016年IFLA发布的《图书馆促进联合国2030议程手册》中成功的关联起来。该文件目标8指出:"促进持久、包容和可持续经济增长,促进充分的生产性就业和人人获得体面工作。"这指出公众在图书馆中接受信息、获得培训,同时图书馆提供就业服务,可辅助联合国实现此项可持续发展目标。在其共同的作用下,截止到2015年底,欧盟每年有25万人通过他们的公共图书馆找工作;公共图书馆帮助了410万欧洲人回答与就业相关的询问,并帮助150万人在线申请工作[1]。鉴于未来10年就业咨询作为图书馆服务发展的一个新方向,我国的公共图书馆界同仁已经逐步开始调查与研究。广东省立中山图书馆利用问卷,调查了国内 46 家主要公共图书馆就业支持服务的开展情况,从图书馆自身业务发展、公众就业能力提升和就业支持服务困境三方面,考察公共图书馆从业人员对就业支持服务的认知情况[2];利用网站调研了国外部分公共图书馆的就业支持服务模式,并进行比较研究,得出了除技术指导、宣传推广外,主要的就业服务集中在服务资源建设与个性化服务层面[3]。这两方面的前期研究,为我国图书馆开展就业服务提供了经验借鉴与现实依据。

高校图书馆作为我国图书馆事业的重要组成部分,满足读者对于就业信息咨询服务的需求在当下的大数据时代也更加迫切。高校图书馆的读者服务面临着从指导读者使用图书馆资源与服务的传统型服务模式,转换为以既定目的,协助读者确认最佳资讯来源,指导其精确利用图书馆资源,并从馆外机构或资讯来源寻找答案或提供转介服务的进阶型服务模式。现阶段,各级各类高校图书馆都在开展的以满足所在院校日常教学和科研工作需要的不同层次学科服务,属于上述进阶型服务。高校图书馆在推进此类服务深度的同时,也应拓展其服务的广度,向全体读者,尤其是毕业生群体做好必要的就业信息咨询服务。作为高校教学、科研成果的现象级反映——毕业生就业现状,是目前国家、社会、企业、家长衡量一所高校总体实力的重要标准[4]。教学〔2017〕11 号文件《教育部关于做好 2018 届全国普通高等学校毕业生就业创业工作的通知》中指出,"就业是最大的民生。高校毕业生就业事关广大学生及其家庭切身利益,事关社会主义现代化建设,事关社会和谐稳定"。教育部在文件第四部分着重提出各地各高校要广泛应用"互联网+就业"新模式,以"职业化、专业化、专家化"就业指导队伍为广大毕业生"提供全方位就业指导服务"[5]。图书馆作为高校图书情报专业人才的聚集地,应积极发挥专业所长,主动配合学校毕业生就业工作,为广大学生提供量化、精准、高效的就业信息咨询服务。

高校图书馆属于学校的教辅部门,可开展的就业服务集中于就业指导、就业信息等相关方向。在就业指导服务层面,王伟强等认为高校图书馆作为文献和网络信息资源中心,具备管理和开发一切信息资源的优势,应加强与高校其他部门的合作为在校生提供就业政策及就业心理指导服务[6];在就业信息服务层面,范玉红认为高校图书馆作为文献信息中心,面对大学生就业信息之需求应充分利用自身的先进设备、网络资源和情报信息资源优势,发挥服务职能,积极开拓服务领域,建立毕业生就业信息服务体系,在日益严峻的毕业生就业形势下提供全方位的信息支持和保障[7]。由于就业指导服务多由招生就业处统一安排实施,所以本文倾向于图书馆从就业信息服务层面来开展相关工作。

与此同时,国外高校的就业信息服务工作,也有不少经验可供汲取。美国北卡罗来纳大学图书情报学院对本院的毕业生就业情况进行详细调研,对在校生进行有针对性的职业规划,该校图书情报学院毕业生的就业质量能够长期稳定地处于领先地位[8];美国伊利诺伊大学图书情报研究生院则向其学生提供的工作列表信息、信息性面试、就业指导、专业组织和邮件列表信息以及密切联系招聘单位等全方位就业信息服务来帮助毕业生提高职业核心竞争力[9]。这两所高校虽然都是由图情专业研究生院牵头来完成此项服务,但其成功实践的经验证明了图书馆在高校开展相关服务的学科基础。

# 1 高职院校图书馆开展就业信息咨询服务的特点与目标

高职院校作为我国高等教育的重要一极,与本科高校具有同等重要地位。国发〔2019〕

4号文件《国务院关于印发国家职业教育改革实施方案的通知》指出,随着我国进入新的发展阶段,产业升级和经济结构调整不断加快,各行各业对技术技能人才的需求越来越紧迫,职业教育重要地位和作用越来越凸显,可以说没有职业教育现代化就没有教育现代化[10]。各个高职院校图书馆作为我国职业教育现代化的信息节点,其有别于本科院校图书馆的特点是立足于本校的办学目标、办学规模、专业设置、就业方向,在服务定位上遵从行业规律、服从教学规范,为读者提供行业信息服务[11]。同时高职院校图书馆与招生就业处在就业信息服务上也存在差异性。高校招生就业处的就业工作:从管理职能来看是负责毕业生的就业管理和服务;从效能建设来看是毕业生及用人单位跟踪调查与撰写毕业生就业质量报告;从信息平台来看是校园招聘信息收集、发布与宣传;从学生服务来看是毕业生职业规划、创业与就业个性化辅导、就业帮扶等。由于招生就业处的工作是整体化的大学生就业服务,因此高职院校图书馆应着重提供量化、精准、高效的就业信息咨询,辅助毕业生做好就业决策,辅助学校完成整体就业服务的最后一环,为培养适应社会需求的基层高等技术应用型专业人才提供支持和保障。

## 2 ELO等级分制度在就业信息咨询服务系统中的具体应用

笔者曾在前期研究中设计了"毕业生就业信息咨询服务系统"的体系与流程(见图1、图2),从行业就业信息发布到具体单位信息咨询;从服务系统架构到具体工作细则;从报告的参数与构成到服务的人力与配置,都做了框架式的论述[12]。但在本文设计的就业信息咨询服务体系下,对于毕业生具体单位信息咨询服务,还存在着用人单位(实行合同制的企事业单位)的评分如何设定,毕业生的就业能力如何界定,两者结合获职概率如何厘定等问题。为此,笔者引入ELO等级分制度来进行解答。

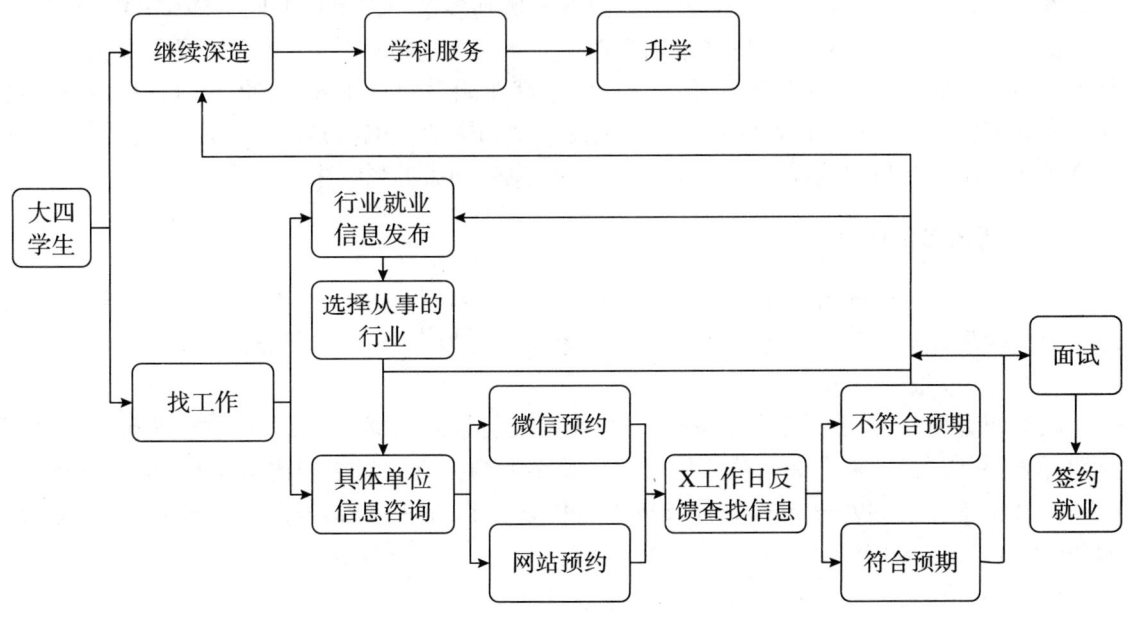

图1 毕业生就业信息咨询服务系统架构

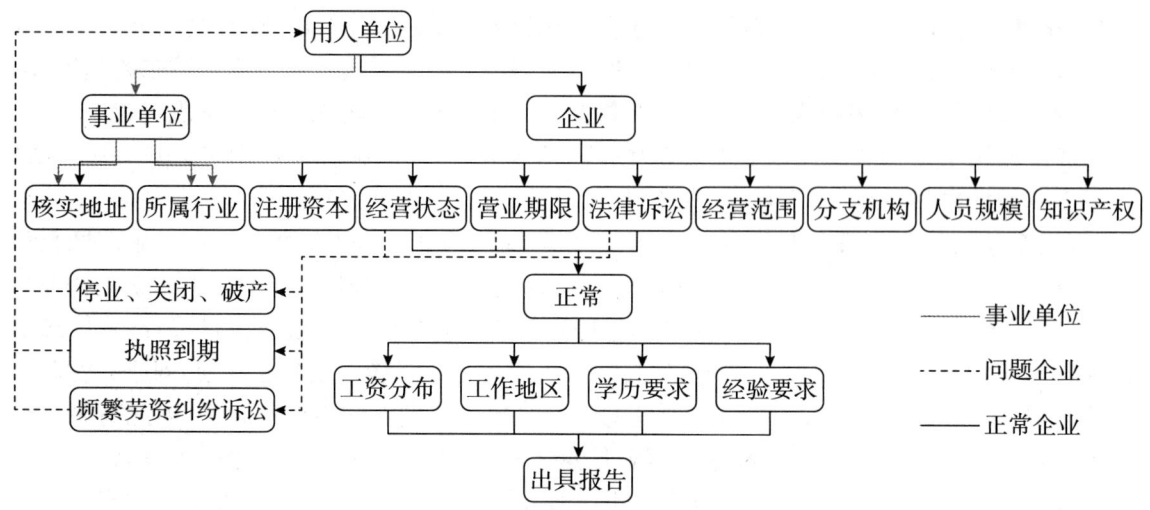

图 2 毕业生就业信息咨询服务系统服务流程

等级分制度是根据对弈选手的等级分(Rating),分别计算每人的期望获胜概率,是一种基于概率与统计的衡量对弈竞争中选手能力水平的评价方法,广泛应用于体育运动之中。20世纪中叶,匈牙利裔美国物理学家兼国际象棋协会(USCF)大师级棋手 Arpad Elo 基于统计理论对当时的等级分评价系统进行改进,提出"Elo Ranking System"的等级分评价机制。1970年,该机制被国际棋联(FIDE)正式采用,此后,以 ELO 系统为基础的评价方法逐渐成为对弈水平评估的公认的权威方法,并逐渐应用于学生自主评价系统等教学领域。

毕业生到图书馆进行就业信息咨询,在"具体单位信息咨询服务"这项工作上,分为以下两种情形:一是没有做好职业规划,只想进入某个心仪的单位工作,但不知道应该投送简历到哪种岗位来提升获职概率,希望通过图书馆的就业信息咨询服务来帮助自己进行决策;二是个人职业规划较好,想从事某一工种,需要投送简历到多个用人单位的同一岗位,希望根据图书馆报告中的获职概率来选投易被录用的单位。对于上述情形,图书馆在出具就业信息咨询服务分析报告的基础上,评测用人单位与毕业生就业能力的具体分值,使用 ELO 等级分制度计算出获职概率。为此,本文将结合高职院校学制和毕业生的特点,从求职者的视域来阐述 ELO 等级分制度在高职院校图书馆毕业生就业信息咨询服务系统中的应用。

### 2.1 用人单位评分标准

用人单位评分标准由行业前景、单位规模、工作区域、供职安全、平均收入五个要素构成,以大学生就业时最关切的问题为出发点,各要素总分均为 6 分,具体评分标准如下:

(1)行业前景

从求职者视角,以收入的增长率作为行业发展前景的依据,将用人单位按照国民经济行业划分为 19 个大类,来查询城镇单位就业人员年平均工资的当年同比增长率,≥ 10%=6 分、9.99%—8%=5 分、7.99%—6%=4 分、5.99%—4%=3 分、3.99%—2%=2 分、1.99%—0%=1 分、< 0%(负增长)=0 分。

(2)单位规模

以经营状态、注册资本、人员规模、经营范围、分支机构、知识产权为参考。其中经营状态

（包含营业、停业、筹建、关闭、破产等情形）为营业的得1分；注册资本500万以上（成立股份有限公司的资本最低限额）得1分；人员规模根据国统字〔2017〕213号文件《关于印发〈统计上大中小微型企业划分办法（2017）〉的通知》中不同行业员工数量达到中型以上企业标准的得1分；经营范围之中有明确的主营业务且与注册行业相一致的得1分；分支机构列表中有子公司的得1分；知识产权列表中有专利、各类著作权的得1分。

（3）工作区域

工作区域根据国发〔2014〕51号文件《国务院关于调整城市规模划分标准的通知》以城区常住人口为统计口径，将城市划分为五类七档，即"超大城市、特大城市、Ⅰ型大城市、Ⅱ型大城市、中等城市、Ⅰ型小城市、Ⅱ型小城市"这7个层级，从6分到0分依次分配。

（4）供职安全

为保证大学生的就业安全，帮助学生找到收入合理、合规、合法的企业。系统需要核实用人单位的法律诉讼情况，每存在一条关于员工劳资纠纷的案件扣除2分，减完为止。

（5）平均收入

以当年全国人均GDP为基准，结合各行业年人均收入的实际情况，将2018年人均9732美元核算人民币66781元（2019年1月2日美元兑换人民币收盘价6.8620元计算）作为测算平均数，该用人单位年人均工资≥100000元=6分、99999—80000元=5分、79999—60000元=4分、59999—40000元=3分、39999—20000元=2分、<20000元=1分。

假设企业A为"信息传输、软件和信息技术服务业"某股份有限公司，技术实力雄厚，自主研发了大量的财务软件，有在职员工800人，其贵州分公司为机关各职能部门招聘应届毕业生，工作地点为贵阳市，2017年其行业年平均工资增长同比率为8.71%，该公司员工平均年收入为9万元左右，曾于2013、2016年各有一起劳资诉讼案件。根据上述信息，结合用人单位评分标准，核算出A企业五大要素的得分为"3+6+4+4+6=23分"。

图书馆根据上述信息，结合用人单位评分标准，对A企业进行各要素分值核算。

行业前景：根据"EPS数据库—中国宏观经济数据库—行业年度数据—城镇单位就业人员平均工资"筛选出"信息传输、软件和信息技术服务业"的2017年人均年度工资较2016年同比增长了8.71%得5分。

单位规模：A公司正常营业得1分；股份有限公司注册资本≥500万得1分；800人的企业规模根据国统字〔2017〕213号文件标准，"软件和信息技术服务业"≥300从业人员属于大型企业，达到中型以上企业标准的得1分；经营财务软件即主营业务与注册行业相一致的得1分；贵州分公司属于子公司的得1分；能自主研发财务软件，属于有专利、各类著作权的得1分，共计6分。

工作区域：工作地点为贵阳市，截止到2018年底全市常住人口为488.19万人，属于300万以上500万以下的"Ⅰ型大城市"得4分。

供职安全：A公司2013、2016年各有一起劳资诉讼案件扣4分，共计得2分。

平均收入：A公司员工平均年收入为9万元左右得5分。

综上所述，核算出A公司五大要素的得分为"5+6+4+2+5=22分"，如图3所示：

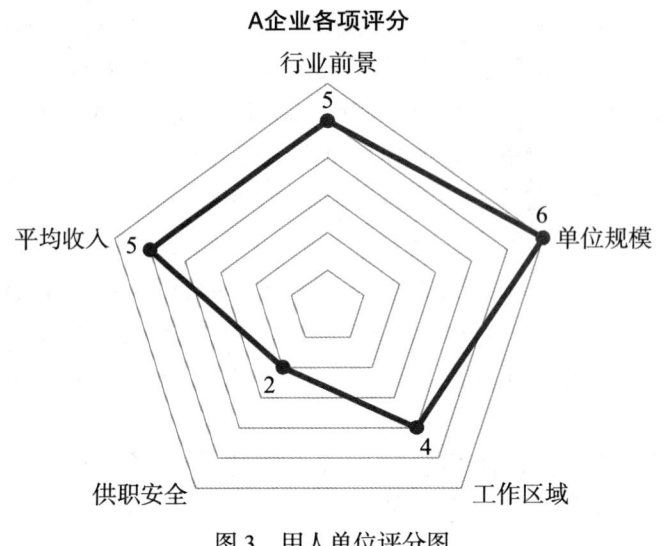

图 3　用人单位评分图

## 2.2 毕业生就业能力评分标准

毕业生就业能力评分标准由执行效能、技能认证、实习兼职、社团工作、学习科研五个要素构成,分别对应行政管理、专业技能、生产运营、营销推广、研发设计五类就业岗位,评分以毕业生大学四年的各项事实成绩为标准,各要素总分均为 6 分,具体评分标准如下:

(1)执行效能与行政管理岗

行政管理工作需要执行力较高的员工,以便更好地完成单位日常的事务性管理工作。大学生在校期间以学习为主,其执行效能即不易界定也不易量化,能较好地反映毕业生个人执行力的指标需要强制性与灵活性兼备,检验学生的主观能动性和时间管理能力。本文认为英语等级考试和各校素质学分考核符合以上筛选条件,因此将通过英语四级考试的时间,从大一至大三依次得 3—1 分,未通过 0 分,英语专业的学生以专业四级为打分标准,通过英语六级和专业八级考试的学生得 3 分;完成毕业必须素质学分的时间划分标准从大一至大三依次得 3—1 分,未完成 0 分。

(2)技能认证与专业技能岗

企事业单位内部有一类共通的专业技能类岗位,如财务、人事、组训、客服等,其工作内容和经验积累受行业影响较少,资深员工市场流动性好,此类工作在招聘时更看重应聘人员的专业素养。因此,毕业生具备一种专业基本任职资格的得 2 分,进阶任职资格加 1 分,获得两种及以上专业基本任职资格的加 1 分;所学主专业与专业技能岗位相契合的得 2 分,次专业(双学位)相关得 1 分。若某学生符合上述所有条件,得分上限为 6 分。

(3)实习兼职与生产运营岗

实习兼职工作可以锻炼大学生的工勤技能,使之能够贴合企事业单位在生产、运营过程中的用工基本要求。因此,毕业生利用假期(每个寒、暑假各算 1 个月)实习兼职的总时长从 1 个月至 5 个月依次为 1—5 分,大三参加顶岗实习记 1 分。

(4)社团工作与营销推广岗

营销推广岗位需要求职者具备良好的团队协作意识,服务意识和语言沟通能力。大学生可以通过学生会、社团等工作具备以上能力。因此,学生会或社团工作时长合计1学期至5学期依次为1—5分;担任过学生会主席、社团会长各得1分,累计最高2分。若某学生符合上述所有条件,得分上限为6分。

(5)学习科研与研发设计岗

研发设计工作与从业人员的知识储备、学习能力有着较大的关联。此类工作求职难度相对较高,考察毕业生大学期间的学习表现与专业知识,可通过获得奖学金和参与课题体现。因此,获得一等奖学金1次及以上或二等奖学金2次得3分,二等奖学金1次或三等奖学金2次得2分,三等奖学金1次及以上得1分;校级及以上课题结题不论次数得1分;公开发表论文一篇及以上得2分,内刊、增刊、会议等论文一篇及以上得1分。若某学生符合上述所有条件,得分上限为6分。

假设同学B为大数据技术与应用专业的毕业生,为了毕业后能从事会计工作,大三上学期获得会计从业资格;在校期间品学兼优,于大二结束前通过英语四级考试,大三上学期完成学校的毕业必需素质学分,连续两年获得学校三等奖学金;积极参加学校社团活动,从大一至大三上学期担任院学生会干事、部长等职,利用每个寒暑假参与社会兼职,并认真完成学校组织的顶岗实习,积极锻炼自己的综合能力。B同学想竞聘A企业的财务岗位或销售岗位,由于只能选择一个岗位投递简历,希望通过图书馆的就业信息咨询服务系统辅助自己的就业决策。

图书馆根据上述信息,结合毕业生就业能力评分标准,对B学生进行各要素分值核算。

执行效能:B同学大二通过英语四级考试得2分,大三上学期完成毕业必需的素质学分得1分,共计3分。

技能认证:B同学具备会计从业资格得2分。

实习兼职:B同学完成学校组织的顶岗实习得1分,利用每个寒暑假(5个月)参与社会兼职得5分,共计6分。

社团工作:B同学大一至大三上(5个学期)参加学生会、社团工作得5分。

学习科研:B同学连续两年获得三等奖学金得2分。

综上所述,核算出B同学五大要素的得分为"3+2+6+5+2=18分"。如图4所示。

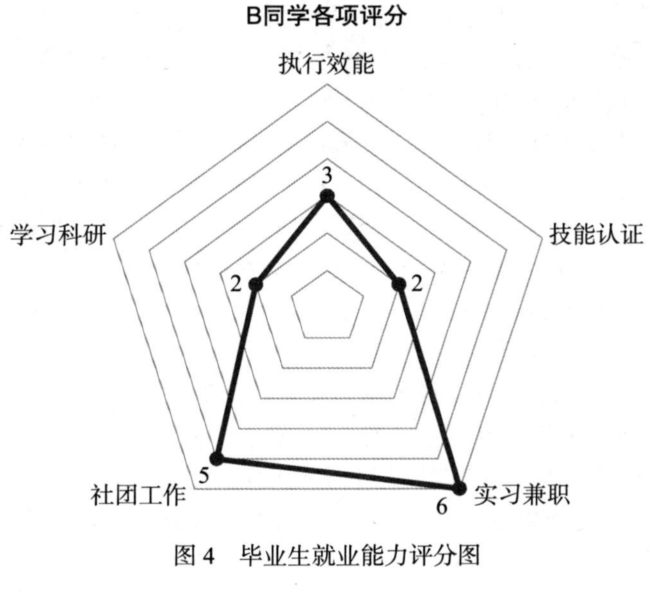

图4 毕业生就业能力评分图

## 2.3 基于 ELO 等级分制度的毕业生获职概率计算

ELO 等级分计分系统通常使用的是对数分布,其等级分更新机制为根据胜率与一局比赛结果更新等级分。假设对手 A、B 当前等级分为 RA、RB,则对数分布的 A 与 B 和 B 与 A 的期望胜率值 EA、EB 分别为:

$$E_A = \frac{1}{1+10^{(RB-RA)/400}}$$

$$E_B = \frac{1}{1+10^{(RA-RB)/400}}$$

$$E_A + E_B = 1$$

由于本文的研究标的为毕业生在图书馆进行就业信息咨询,根据本文之前的"毕业生就业信息咨询服务系统"设定的具体工作细则,为了更好地服务全校毕业生,个人前来咨询的次数受系统限制,且毕业季学生各项事务繁杂,单人可重复咨询的时间较少,区间固定,学生无法在短时间完成求职经验的量变到质变;同时,作为对手方的企业不会因为有大量人员应聘而达到能更新等级分的程度,所以本文不加入 ELO 系统中的更新等级分公式,仅计算毕业生首次对目标企业期望胜率值的期望概率。

具体到前文假设的 A 企业 $R_A$22 和 B 学生 $R_B$=18,则 B 学生在 A 企业求职的平均获职概率为:

$$E_B = \frac{1}{1+10^{(RA-RB)/400}} = \frac{1}{1+10^{(22-18)/400}} \approx 0.4942$$

即 B 同学在 A 企业的平均获职概率为 49.42%。

平均获职概率仅是毕业生获得用人单位各项工作的平均概率,不代表每一类别职位的具体获职可能性。由于上述两类评分体系都是以 6 分作为每一要素的最高得分,中位数为 3.5,具体到毕业生就业能力评分标准中,3.5 分可以代表着五项能力中某项能力的平均水平,由于本系统评分均为整数,则 3 分的获职概率计算系数设定为 3/3.5,每降一分代表着该项能力下降 1/3.5,每上升一分代表该项能力提升 1/3.5。因此在计算 B 同学获取 A 企业某个职位的具体概率,需要将其得分进行换算,即每项获职概率的计算系数为:3/3.5、2/3.5、6/3.5、5/3.5、2/3.5,乘以平均获职概率 49.42%,则 A 同学的各项获职概率如图 5 所示:

通过图 5 可以看出,B 同学想通过面试获职 A 企业的财务岗位概率仅为 28.24%,究其原因是该同学虽具备会计从业资格证,但主学位为大数据技术与应用专业,因大型企业的专业化分工需要,入职该级别企业财务岗位的概率较低,这也符合日常招聘中中型以上企业对财务岗位的学科限制;B 同学获职营销岗位概率为 70.60%,高于 49.42% 的平均获职概率,加上其多学期的学生会工作经历,在语言表达能力和工作组织协同上都得到了长期的锻炼,图书馆的就业信息咨询服务系统建议 B 同学选择投递简历至 A 企业的销售岗位。

如果 B 同学的今后的职业规划是想从事财务工作,图书馆建议换一个评分稍低的中等规模以下企业的财会职位,先积累专业技能经验,以后再谋求更好地职业发展。

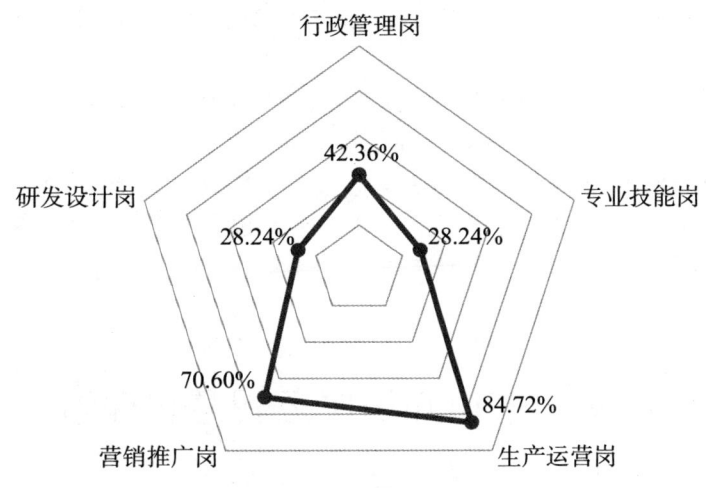

图 5 毕业生获职概率图

构建基于 ELO 等级分制度的高职院校图书馆毕业生就业信息咨询服务系统，其预期成效有如下三点：一是减轻了同学们的求职时间成本，有效地提高了求职效率；二是使广大毕业生更好地找准自己在就业市场的定位，为今后的职业发展提供方向性的参考；三是配合招生就业处，从不同的着力点共同提升学校的毕业生就业水平，提高学校的社会影响力，最终促进招生质量的不断提高，达到良性循环。毕业生就业信息咨询服务使高职院校图书馆读者服务完成了从入学到毕业的闭环，贯穿于同学们的整个大学生涯。通过此项服务，图书馆不仅仅是高校的资源中心，更成为广大师生可依赖的信息智库，使馆员的专业素养与图书馆业务流程再造结合起来的同时，实现精准化读者服务，提升了新时代图书馆在高校人才培养中的核心地位。

**参考文献**

［1］IFLA. Access and opportunity for all: how libraries contribute to the United Nations 2030 Agenda［EB/OL］.［2019-09-15］.https://www.ifla.org/files/assets/hq/topics/libraries-development/documents/access-and-opportunity-for-all-zh.pdf.

［2］耿纪昌,史江蓉,杜丽莎.国内公共图书馆就业支持服务现状与启示［J］.图书馆,2019（7）:107-111.

［3］史江蓉.国外公共图书馆就业支持服务模式比较研究［C］//2018年广东图书馆学会学术年会获奖论文集,2018:79-84.

［4］李岑.探索高校图书馆精准化读者服务——毕业生就业信息咨询服务系统设计研究［J］.价值工程,2018（34）:56-61.

［5］教育部关于做好2018届全国普通高等学校毕业生就业创业工作的通知［EB/OL］.［2019-09-15］.http://www.moe.gov.cn/srcsite/A15/s3265/201712/t20171207_320842.html.

［6］王伟强,宋小燕,王亮亮.高校图书馆拓展大学生就业信息服务的新途径［J］.图书馆建设,2013（4）:73-75.

［7］范玉红.高校图书馆对大学生就业信息资源的配置与利用研究［J］.图书馆工作研究,2010（8）:90-92,120.

[8] 吴婷.北卡罗来纳大学图书情报学院就业服务工作研究[J].图书馆学研究,2016(15):67-69,75.
[9] 邱维,孟雪梅.伊利诺伊大学图书情报研究生院就业信息服务分析与启示[J].图书情报工作,2015(3):50-59.
[10] 国务院关于印发国家职业教育改革实施方案的通知[EB/OL].[2019-09-15].http://www.gov.cn/zhengce/content/2019-02/13/content_5365341.htm.
[11] 刘芳,王静.高职院校图书馆核心竞争力的战略定位[J].图书馆建设,2014(3):21-24.
[12] 段旭良,王曼韬,穆炯,等.等级分制度在学生自助评价中的应用研究[J].中国教育信息化,2017(5):61-64,67.

# 高职图书馆知识服务智慧化探索

许冠军　齐静芬　徐恭旭（台州科技职业学院图书馆）

随着智能时代的到来,以大数据、物联网、云计算、人工智能为代表的新一代信息技术的飞速发展,数字化、数据化、智慧化的进程正在深刻改变图书馆的功能定位和发展路径。智慧图书馆(Smart Library)的概念自2003年由芬兰奥卢大学图书馆提出,国内外专家学者从理念、技术到实践都有了深入的研究[1-2]和有益的尝试[3-5],被认为是未来图书馆发展的最高形态[6],也将是图书馆发展史上的一场革命[7]。高职院校图书馆兼具大学图书馆、职业图书馆、专业图书馆的特征[8],服务行业、产业人才培养,如何在有限的资源条件下,吸引师生入馆,提供个性化知识服务,推进智慧图书馆建设,是当下亟待解决的问题。

本文针对普通高职院校图书馆的发展现状,提出数据驱动的知识服务框架和分层、分阶段推进图书馆智慧化的建设思路。框架以贴合师生个性、提升读者体验、发展社交功能、服务行业专业建设为落脚点,实现智慧高效、开放共享的一站式知识服务体验。

## 1 高职图书馆的发展困境

校园图书馆拥有海量的文献和数据资源,具有信息组织和知识网络构建的综合优势,实体图书馆还是校园标志性建筑,具有良好的硬件环境。面对职业教育的蓬勃发展、行业产业知识的快速迭代、新一代信息技术的飞速发展,以文献检索、借阅服务为主的高职图书馆面临着空前的挑战[9-10]。

### 1.1 服务界面困境

目前,高职图书馆的服务对象主要是00后学生和年轻教师,他们是互联网的原住民,他们个性鲜明、追求效率且与数字空间同龄,线上线下相结合的一站式、零距离服务早已融入他们的生活,而图书馆线上服务界面资源呈现方式单一,对"工学结合"的高职课堂支撑力度不够,很难吸引师生的注意力。

图书馆的线上知识服务能力弱。很多高职图书馆线上开展的业务往往限于文献查询和借阅、数字资源访问等常规业务,功能相对简单,很难成为吸引师生注意力的服务入口。在移动互联的环境下,师生对知识服务的泛在性、便利性要求很高,图书馆的在线知识服务尤其是行业职业知识、学校特色资源服务,只有优于互联网搜索,发挥职业教育的专业和职业特色,高职图书馆才有独立的发展空间。

图书馆的线上互动能力弱。图书馆资源建设和读者需求之间缺乏灵活有效的反馈机制,导致馆藏资源和读者需求的匹配度不高,资源利用率低。要积极探索图书馆与读者的深度互动,对接微信、抖音等新媒体技术,把图书馆服务界面和当代大学生的生活方式无缝衔接,扩展图书馆的社交功能,发挥其在促进校园甚至行业内学习交流方面的网络效应。2019年浙江省高职高专图书馆馆长会议以"图书馆的新媒体服务"为主题就是这个目的。

### 1.2 数据化困境

资源和读者信息的可计算性是提供个性化、智能化知识服务的前提,数据化是把信息转变成可分析的量化形式的过程,实现信息可计算,而很多高职图书馆的数据化工作刚刚起步。

资源互联共享能力弱。当前很多高职图书馆提供的是"点"状的信息资源,各资源接口不统一、访问方式各异,资源元数据描述不够全面,缺乏联系和比较的信息资源不易形成网状的知识体系,检索相对困难[11]。各资源大部分以文献或文件为单位,粒度较大,未能支持资源内关键的数据、图表、模型等微数据的检索[12]。校园资源的使用环境和访问方式相对封闭,开放共享程度低,不利于校本特色资源的推广和优势专业在行业内影响力的提升。

读者数据的完备性不够。当前很多高职图书馆读者数据的积累机制尚未成熟,沉淀数据的对象往往限于入馆读者,维度仅限于图书借阅和数字资源访问等业务数据。读者信息的数据化水平低,严重影响图书馆推进大数据分析,构建智慧化、个性化的知识服务体系的进程。

### 1.3 智慧化困境

国内外学术界经过十多年的探索,对智慧图书馆的基本特征:互联性、高效性、便利性,达成了共识[13]。在智慧图书馆的定义、内涵、构成要素及应用技术等方面有了较全面的研究,但没有形成可供高职院校参考的智慧图书馆建设模式,智能技术应用与读者的知识服务需求脱节。智能技术作为改进图书馆知识服务的驱动力,并不是智慧图书馆发展的主线,当下应用于图书馆的新技术更偏向于管理的智能化,对图书馆整体的功能价值、用户体验和服务效果提升的智能化技术还不成熟。行业内的很多厂商,经常从信息化、网络化、智能化的角度切入,忽略了读者需求和知识服务过程。

目前,北京邮电大学、南京大学、重庆大学等重点高校,在智慧图书馆应用实践上做了有益探索,各高校建设的智慧图书馆侧重点各异,设计理念和技术应用各有特色。重点高校在人才、技术、资金等方面具有相对优势,由于资源条件的限制,高职院校图书馆智慧化研究相对缺乏,也鲜有建设案例。总之,当前大部分高职图书馆处于数字化到智慧化的过渡阶段,在有限的人力和资金条件下,很多高职图书馆的现状离大数据分析还有一定距离,更不用说智慧化。当前急需可落地的图书馆智慧化实施框架[14-15],并做好数据积累和服务智慧化工作。

## 2 数据驱动的知识服务框架

针对以上发展困境,本文提出面向普通高职院校的图书馆智慧化建设框架。该框架以实现知识服务个性化为目标,注重开放共享和数据积累,分层、分阶段推进图书馆智慧化建设。

### 2.1 总体设计

按照分化复杂性,提高可扩展性的设计原则,框架自下而上分数据化层、算法层和知识服务层,架构如图1。各层内部封装复杂性,层与层之间通过清晰的接口相互连接。在资源扩展、技术更替和算法迭代时,分层设计可保证服务界面和技术分层接口构成的总体框架的稳定性,最大限度消除技术不确定性,有效控制技术迭代的影响范围,随着智能技术的不断应用,灵活替换层内的实现模块,逐步过渡到智慧服务。

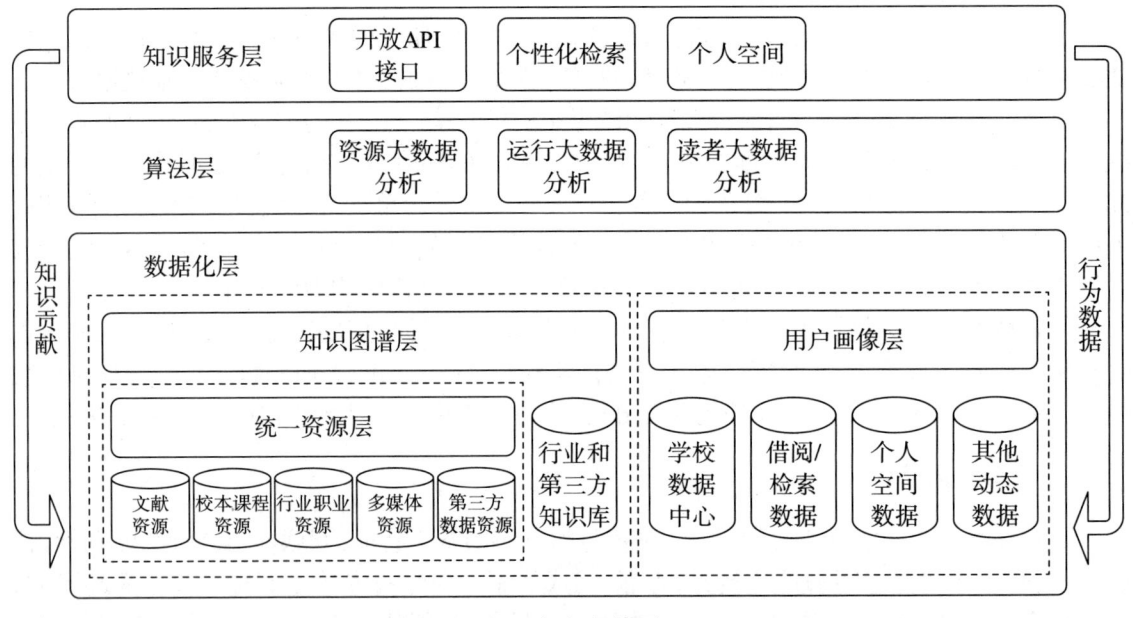

图1 框架架构图

本框架以数据为驱动,建设智慧高效、开放共享的图书馆知识服务界面,提升高职图书馆在有限资源下的服务能力和服务效率。框架除了技术分层还有如下设计要求。①一站式:框架实现校园知识服务应用的一站式体验,多资源、多应用、多场景的一站式访问。②开放性:框架提供开放的API接口,支持校园创客和行业内的专业团队参与知识服务类应用开发,丰富专业知识服务生态;服务面向行业、产业,支持读者资源贡献,共同参与知识的完善、创作和分享。③个性化:智能化的知识检索和推荐服务;个性化的线上图书馆空间,形成个性化的知识获取和贡献的双向通道。④社交性:通过虚拟的知识互动空间,交互参与知识分享和建议收集。集成微信、抖音等新媒体技术,充分挖掘知识服务过程的社交属性。⑤主动性:实现资源的主动精准推送,以数据为基础挖掘师生的对知识服务的需求动向,变"被动等待师生来"为"主动向师生推",持续改进知识服务的个性化体验。

## 2.2 数据化层

智慧图书馆是以读者需求为基础,提供个性化、高效率、泛在的知识服务,这些都依赖于资源信息和读者信息的可计算性。当下大部分高职图书馆正处于数字化到智慧化的过渡阶段,本文把这一阶段定义为数据驱动的知识服务阶段,该阶段的基础工作是"资源"和"读者"的数据化。

### 2.2.1 资源数据化

(1)集成统一资源

大部分高职图书馆都已建有数字图书馆,纸电一体化平台等数字化基础设施,也积累了如校本课程资源、行业职业资源等数字资源。为解决信息孤岛多,访问方式多,资源粒度大、资源利用率低等问题,集成细粒度、可扩展的统一资源层是提高资源可检索性,实现书书互联、书人互联的关键步骤,模型如图2。

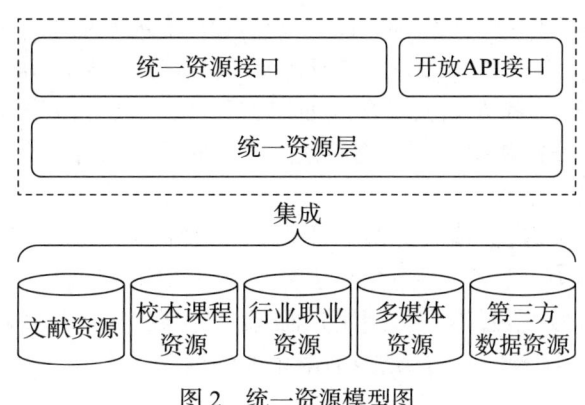

图 2　统一资源模型图

统一资源层是校园知识库的实体数据源,需满足如下特性:①统一资源访问接口;②统一资源元数据描述③资源可扩展性强。前两个特性提高资源的可检索性,可扩展性保证各校根据自身的实际情况分阶段扩展资源。集成的资源除文献资源、数字图书、第三方数字资源等常规资源外,应重点突出本校学科教学资源和行业特色资源。

(2)构建知识库

为解决数字资源相互关联性差,资源互访和资源发现能力低下等问题[16],需要以资源为基础,以知识为单元,自下而上地构建多层次、多粒度、开放式的结构化动态知识库。可采用知识图谱[17]来构建知识库,以打破不同数据资源的隔离,为搜索、推荐、问答、解释与决策等应用提供资源的可计算接口。

知识图谱层的核心功能是构建可计算、可分析的知识网络,实现知识融合。知识图谱分数据层和模式层[18],数据层是由可检索资源(文献、文件、图表、数据等)为实体,构成以(实体1,关系,实体2)、(实体,属性,属性值)三元组来表达的事实,可选择图数据库作为存储介质,如 Neo4j、GraphDB 等;模式层是在数据层的事实之上,通过本体库来规范数据层的事实表达,构成树状结构化知识库。随着知识的不断更新迭代,知识图谱是一个动态开放的构建过程。在知识图谱构建过程中,以统一资源层的本地资源、行业知识库和第三方知识库为数据层,也可以在数据层之上集成第三方知识图谱[19],以增加知识领域的覆盖面,模型如图3。

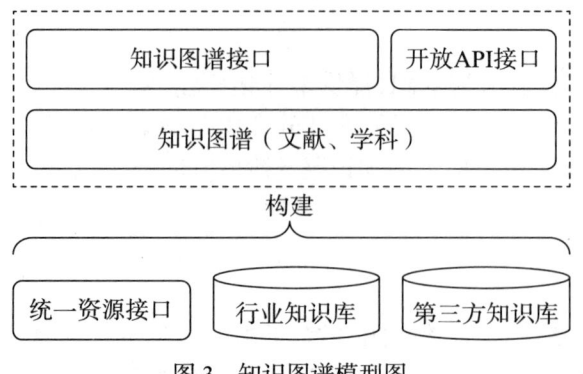

图 3　知识图谱模型图

高职图书馆可同时建设文献知识图谱和行业专业知识图谱。文献知识图谱为智能文献检索提供支撑,行业专业知识图谱面向学校的人才培养方向,突出学院特色专业的知识图谱建设,形成相对完整的行业专业知识体系,对加快优势特色专业的知识传播,提升学校在行业、产业的社会影响力大有裨益。知识图谱动态更新的方式和频度,可视学校实际情况而定。在更新方式上,可采用算法和人工相结合或面向馆员团队、行业专家、社团组织的众包机制,在本框架中资源大数据分析和动态更新机制通过接口向算法层开放。

#### 2.2.2　读者数据化

要使图书馆更了解读者,为读者提供个性化、智能化的知识服务,就需要了解读者的社会属性、专业方向、内容偏好、社交属性、生活习惯等全面的用户信息。用户画像和社会网络分析都是读者数据化的有效途径,本文采用用户画像[20]在数字空间刻画读者信息全貌,对于已建有学生(教师)画像的院校,只需扩充图书馆相关的信息维度即可,模型示意如图4。

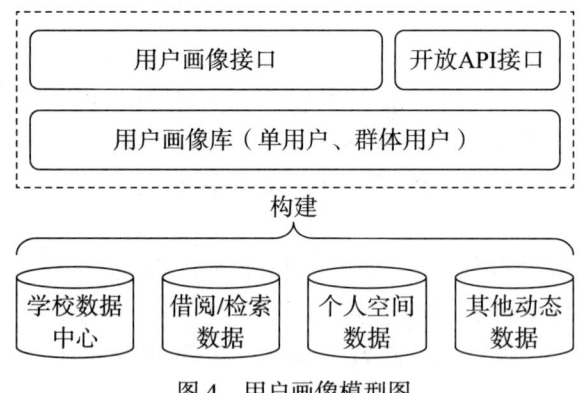

图 4　用户画像模型图

用户信息的标签化是用户画像的核心,标签通常是分层次对用户高度精练的特征标识,分具体标签和抽象标签。标签具有语义化和短语文本两个重要特征,具有明显的区分度,不仅便于用户理解,也便于标签提取和聚合分析。用户画像标签需同资源描述具有一定的对应关系,以便于算法层的资源匹配。

构建读者用户画像分三个阶段[21]:①基础数据收集。读者基础数据来自校园数据中心,集成行为数据、内容偏好、检索浏览信息、社交信息等。②行为建模。通过聚类算法、机器学习对读者的基本属性、行为特征、兴趣爱好等不同层次的信息刻画用户特征,构建以知识服务为主题的行为模型。③构建画像。通过用户信息的特征计算,动态修正用户标签,丰满用户画像。读者大数据分析和动态更新接口对算法层开放,根据读者的动态数据,形成用户画像的动态更新机制。在构建读者个体画像的基础上通过聚类分析、关联分析等技术建立群体画像,为智能推荐提供参考。

### 2.3 算法层

在数据化层之上的算法层是图书馆智慧化的核心层。该层通过数据驱动的算法将动态提高资源与读者的匹配度,实现把合适的资源推送给需要的读者,以提高知识服务的精准度,算法层模型示意如图5。算法层包括运行大数据分析、资源大数据分析、读者大数据分析等模块。运行大数据分析模块的主要功能是实现个性化的资源检索和推荐;资源和读者大数据分析模块跟具体实现的技术相关,本框架中分别采用知识图谱和用户画像技术。个性化检索和推荐算法[22],可根据各馆的现状应用基于群体画像[23]的粗粒度推荐算法,或应用基于知识库的系统过滤算法的细粒度推荐算法[24]。

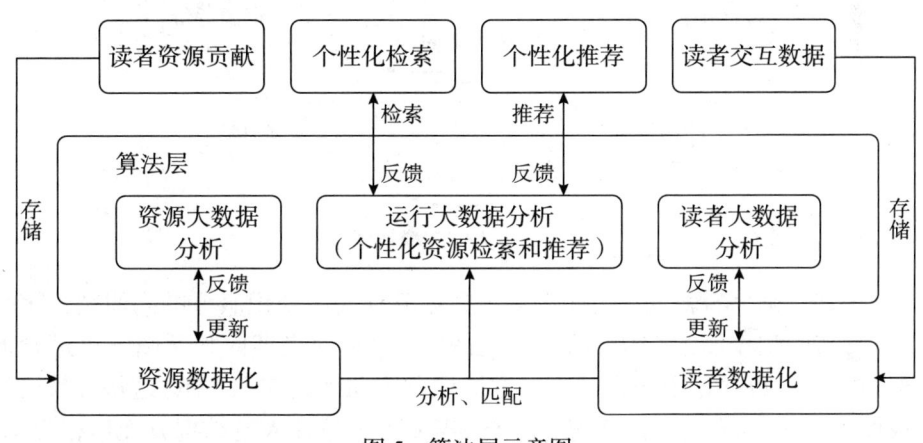

图5 算法层示意图

框架中的算法层独立于数据化层和知识服务层,具有较大的适配性。各校可根据各自的实际情况由简到精选择实现算法。在条件允许的情况下,可增加物联网应用,如智能场景分析模块等,以丰富算法层的感知维度。

### 2.4 知识服务层

知识服务层是在有效管理、组织、分析、重构图书馆资源的基础上,面向读者的智能化、个性化、一站式的知识服务界面。知识服务层包含面向读者的图形界面和面向校园创客或行业专业团队的开放API接口。面向读者的图形服务界面力求简洁,分检索服务和个人空间两大模块。其中的个人空间融入移动互联网元素,力求成为师生的校园学习互动工具。检索服务、个人空间的互动信息将与算法层、数据化层形成反馈闭环,推动知识服务的智慧化,为服务创新提供可能。开放API接口将在丰富校园知识应用,激活校园知识数据,发展馆际和产业、业内交流共享等方面发挥作用。

个人空间以提供SoLoMo模式服务[25-26]为目标,打造师生日常阅读、学习、科研的校园知识服务入口,建立起资源、馆员和读者高效互动的桥梁,服务知识传播、获取和分享的全过程。

个人空间的核心功能包括如下模块：①个性化推荐：提供个性化的图书文献、数字资源、行业专业动态、线上线下课程、讲座推广等资源的个性化推荐。②云文档空间：提供在线的云文档服务（类似于 Google Docs），便于科研写作、读书笔记等的随时随地的写入、读取与分享。③资源评价：是对图书馆资源及服务的评价通道，便于平台收集用户的使用反馈和行为数据，为及时发现师生的潜在需求提供可能。③资源贡献：读者通过该渠道发布个人见解，上传独创的知识类短视频、音频，供平台的知识库选用。⑤读者互动：便于读者组群和团队讨论等线上活动的开展，结合群体画像功能，实现智能好友推荐。⑥移动端分享：便于读者对资源或个人知识贡献的移动端分享。⑦读者书评：结合图书馆开展的活动，鼓励读者在完成资源学习后，进行文字、语音、短视频等多种形式的知识输出，平台可精选书评作为原资源的补充，供其他读者参考。

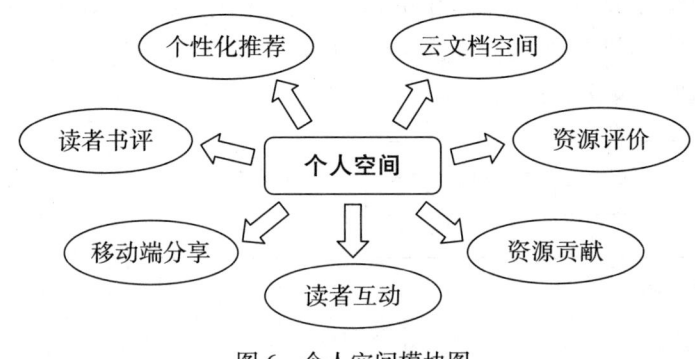

图 6　个人空间模块图

本文从"读者"和"资源"角度，探索基于数据驱动面向知识服务的高职图书馆智慧化建设框架，为普通高职院校图书馆从当下的数据积累、平台建设期向智慧图书馆过渡提供参考路线图。框架在资源数据化中融合了第三方知识资源和个人知识贡献，这将带来访问便捷性和知识产权保护之间的权衡问题；框架的实施，需要图书馆在人员结构方面作相应调整；框架没有结合图书馆"空间"因素展开讨论。这些问题都和图书馆知识服务水平紧密相关，需要进一步深入探讨。

**参考文献**

[1] 段美珍,初利景.国内外智慧图书馆研究述评[J].图书馆论坛,2019,39(11):104-112.
[2] 王颖纯,董雪敏,刘燕权.基于知识挖掘的图书馆智慧推荐服务模式[J].图书馆学研究,2018(9):37-43.
[3] 董晓霞,龚向阳,张若林,等.智慧图书馆的定义、设计以及实现[J].现代图书情报技术,2011(2):76-80.
[4] 沈奎林,邵波.智慧图书馆的研究与实践——以南京大学图书馆为例[J].新世纪图书馆,2015(7):24-28.
[5] 许天才,杨新涯,田琳.自主创新为主导的图书馆系统研发探索历程——以重庆大学图书馆为例[J].图书馆论坛,2017(4):9-17.
[5] 初景利,段美珍.智慧图书馆与智慧服务[J].图书馆建设,2018(4):85-90,95.
[6] 王世伟.未来图书馆的新模式——智慧图书馆[J].图书馆建设,2011(12):2-5.
[7] 王晓麟.产教融合和校企合作背景下高职院校图书馆服务转型[J].图书情报工作,2014(10):128-133.
[8] 张晓林.颠覆性变革与后图书馆时代——推动知识服务的供给侧结构性改革[J].中国图书馆学报,2018(1):4-16.

[9] 胡朝君,王颖纯,刘燕权.基于个性化服务的图书馆智慧互动服务模式现状实证调研[J].图书馆学研究,2018（16）:71-78.
[10] 谭影虹.从数字图书馆到数据图书馆——大数据时代的图书馆服务范式转变[J].图书与情报,2016(3):75-78.
[11] 王福.基于信息资源组织视觉的新型OPAC系统设计研究[J].图书馆工作与研究,2015（3）:38-40.
[12] 王世伟.论智慧图书馆的三大特点[J].中国图书馆学报,2012（6）:22-28.
[13] 曾子明,金鹏.智慧图书馆个性化推荐服务体系及模式研究[J].图书馆杂志,2015（12）:16-22.
[14] 王颖纯,贺新乾,刘燕权.图书馆智慧服务模式推进路径研究[J].图书馆工作与研究,2018（1）:12-17.
[15] 夏立新,白阳,张心怡.融合于重构:智慧图书馆发展新形态[J].中国图书馆学报,2018（1）:35-49.
[16] 柳益君,何胜,熊太纯,等.知识图谱在高校图书馆智慧服务中应用研究[J].图书馆工作与研究,2019（11）:5-10.
[17] 孙雨生,常凯月,朱礼军.大规模知识图谱及其应用研究[J].情报理论与实践,2018（11）:138-143.
[18] 徐增林,盛泳潘,贺丽荣,等.知识图谱技术综述[J].电子科技大学学报,2016（4）:589-606.
[19] 陈涛,刘炜,单蓉蓉,等.知识图谱在数字人文中的应用研究[J].中国图书馆学报,2019（6）:34-49.
[20] 王庆,赵发珍.基于"用户画像"的图书馆资源推荐模式设计与分析[J].现代情报,2018（3）:105-109,137.
[20] 张钧.基于用户画像的图书馆知识发现服务研究[J].图书与情报,2017（6）:60-63.
[22] 王国霞,刘贺平.个性化推荐系统综述[J].计算机工程与应用,2012,48（7）:66-76.
[23] 赵岩.基于用户画像的数字图书馆智慧阅读推荐系统研究[J].图书馆学刊,2018（7）:121-124.
[24] 董坤.基于协同过滤算法的高校图书馆图书推荐系统研究[J].现代图书情报技术,2011（11）:44-47
[25] 夏立新,白阳,李成龙.基于SoLoMo的智慧自助图书馆服务体系研究[J].图书情报工作,2015（4）:32-36.
[26] 曾子明,陈贝贝.融合情境的智慧图书馆个性化服务研究[J].图书馆论坛,2016（2）:57-63.

# 关于少儿图书馆对优秀传统文化的推广研究

## ——以湖北省少儿图书馆"国学童趣馆"活动为例

杨　媛（湖北省图书馆）

文化是国家和民族文明程度的标志[1],传播优秀传统文化是社会各界需要共同肩负的神圣职责,对于图书馆来说,更是义不容辞的义务和责任。尤其是对于儿童来说,他们是国家的未来,他们是实现中华民族伟大复兴梦的接力者,他们的成长和成才是社会各界共同担负的责任,身为中华儿女,他们需要对中华民族文化建立认同感自豪感,优秀的中华传统文化需要被他们认识和了解。作为少儿读者成长路上的阅读引领者,少儿图书馆有义务、有责任肩负向他们推广优秀传统文化的使命担当,增强中国梦接力者们的民族自信心、民族自豪感和民族凝聚力。

## 1 开展传统文化活动的意义

武汉是一座拥有悠久历史的文化名城,也是楚文化的重要发祥地,与武汉相关的传统文化种类繁多,有些具有地方特色的文化随着时代的发展,却渐渐走向衰落,如依靠口传心授的武汉童谣,需要多年积淀的汉绣,面临落寞困境的皮影雕刻等。这些优秀的楚地非物质文化遗产在当今时代少儿眼中,由于接触机会少,认识不足,显得有些冷门,但现在这些优秀的非物质文化遗产都被渐渐重视。2003年10月17日,在联合国教科文组织第32届大会上《保护非物质文化遗产公约》被宣布通过,该公约旨在保护以传统口头表述、节庆礼仪、手工技能、音乐、舞蹈等为代表的非物质文化遗产,以提高人们,尤其是年轻一代对非物质文化遗产及其保护的重要意义的认识。我国于2004年加入该公约,采取了一系列加强非遗保护的措施。2005年12月,国务院发布《关于加强文化遗产保护的通知》,并制定"国家+省+市+县"共4级保护体系,前文列举的武汉传统特色文化作为人类发展史上重要的非物质文化遗产,进入了省级保护体系,被列入湖北省的非物质文化遗产名录。

我国优秀的非物质文化遗产是中华文化的重要组成部分[2],图书馆是优秀文化以文献资源形式进行收集、整理和保存的场所,也是传播、宣传和展示活态优秀传统文化的场所。对于图书馆来说,《中华人民共和国非物质文化遗产法》第三十五条指出:"图书馆等机构应根据各自业务范围,开展非物质文化遗产的整理、研究、学术交流和非物质文化遗产代表性项目的宣传、展示。"因此,少儿图书馆应针对符合少儿的兴趣爱好的非遗项目的宣传和展示,开展相应阅读推广活动。基于此,湖北省少儿图书馆开展了名为"国学童趣馆"的活动版块,该板块于2017年引入非遗技艺,将优秀的非遗文化以少年儿童喜闻乐见的形式展现于他们眼前,使他们通过寓教于乐的方式,了解优秀的传统文化,贴近优秀的传统文化,进而使这些隐藏在民间的宝藏文化得以延续和发扬光大。

根据联合国教科文组织的《保护非物质文化遗产公约》定义,非物质文化遗产指被各群体、团体、有时为个人所视为其文化遗产的各种实践、表演、表现形式、知识体系和技能及其有关的工具、实物、工艺品和文化场所。国家级名录将非物质文化遗产分为十大门类,十大门类分别为:民间文学;传统音乐;传统舞蹈;传统戏剧;曲艺;传统体育、游艺与杂技;传统美术;传统技艺;传统医药;民俗。由此可以看出,非遗项目内容丰富,表现形式多样,要在图书馆开展相关活动,尤其是在少儿图书馆开展,需对众多项目进行认真筛选和鉴别,要做到活动项目为少儿读者乐于接受。湖北省少年儿童图书馆充分调研了不同年龄读者的喜好,调查发现前来图书馆参加推广活动的读者年龄集中于3—8岁,这个年龄群体由于知识储备量不同,所以选择参与的活动类型不尽相同,但对于手工制作活动,这个年龄段的少儿读者都非常感兴趣,对于文学类和民俗类知识也有大部分少儿读者感兴趣。因此确定该活动以手工制作为主,辅以其他文学类和民俗类的讲座,穿插进行。对于该活动的授课老师选择,在确定好非遗课堂活动的方向后,我们希望能带给孩子们专业的知识,授课老师选定为非遗传承人或知名的民间艺人,湖北省少年儿童图书馆及时与武汉市武昌区文化馆以及汉阳非遗传承园取得联系,获取了登记在册的非遗传承人名单及其联系方式,通过前期与传承人们的详细沟通,确定了一批又能讲课又善于与少儿沟通的老师,从而确定了"国学童趣馆"活动版块的内容。

## 2 传统文化推广活动开展方式

"国学童趣馆"非遗活动版块内容大体分为四个板块:民间文学、口述历史、非遗手工和二十四节气,其中民间文学和口述历史的内容均带有强烈的地方特色,主题与湖北省少年儿童图书馆所在地武汉这座城市息息相关,非遗手工均邀请武汉市内的各个非遗传承人,二十四气节课堂与武汉市各个小学联合,由学校推派优秀小学教师前来开展讲座,这一系列活动安排都是希望小读者们能够增进他们对家乡传统文化的了解,增强他们对家乡的情感。

### 2.1 民间文学小讲座

在武汉流传着许多经典民间传说,其中黄鹤楼作为一大名楼,相关的传说最为知名。黄鹤楼的传说作为优秀的民间文学,于2011年入选了国家级非物质文化遗产代表性项目名录,黄鹤楼传说是以湖北省武汉市武昌蛇山黄鹤楼为故事发生地域或与其有关的传说组成。黄鹤楼传说大体分为三类,即神仙传奇、名人轶事、历史故事。其基本篇目有《子安驾鹤》《费祎升天》《仙人吹笛》《橘皮画鹤》等数十篇。这一系列故事的主题都充满正面教育的意义,以跌宕起伏的情节和不同寻常的大结局,揭示了人要善良、不要有贪念的重要教育意义。

这个传说已经被录入国家级非遗名录,但还有年龄较小的读者对家乡这个传说不甚了解,因此作为少儿阅读推广基地,我们特邀知名特级教师于寒暑假为小读者讲解该传说,并增加了其他一些也极有教育意义的民间传说,如发生在湖北孝感的董永孝感动天的故事,同样以孝心感天动地的孟宗哭竹等故事。在民间传说活动开展时,授课老师先以图片带领大家进入主题。例如《黄鹤楼传说》,老师会为大家展示不同时期黄鹤楼的图片,会告诉大家黄鹤楼建造的背景、历史和地址,之后再为小读者讲述这个动人的传说,根据参与活动小读者年龄的不同,还会对故事有所增减,以更适合的方式出现在小读者面前,故事之后还会引申一些与之相关的诗词,老师会讲到崔颢和李白写的相关诗词,加深小读者对黄鹤楼的印象。后期我们将继续以湖北省内非遗名录里的民间文学为主,开展《董永传说》《伯牙子期传说》《炎帝神农传说》等非遗内容。

### 2.2 非遗手工小课堂

在开展非遗手工小课堂活动筹备期间,我们联系了许多非遗传承人和相关技艺大师,项目有蛋雕、中国结、面塑、草编、雕花剪纸、京剧脸谱和鲁班锁等,他们各有绝活,且具备丰富的少儿活动经验,他们不仅能展示精湛的手工技艺,且能够联系湖北历史为孩子们讲述该非遗项目的背景,由此我们确定了这些项目作为手工课堂的内容。非遗技艺课堂主打亲子手工,一方面这些活动都需要用到专业工具,需要家长的看护,另一方面希望通过亲子共同制作非遗作品提升亲子亲密关系,同时让家长也一同感受传统文化的熏陶。但因为手工制作期间,需要老师一对一辅导,因此每次活动安排20—30组家庭参与,活动时长为一小时。活动中的专业工具均由老师自带,分发给各位小读者和家长,如蛋雕中的刻刀、中国结中打好释迦结的半成品、面塑中的颜料和面团、草编中的蒲草、京剧脸谱和各种样式的鲁班锁等。在每次活动之前,老师们都会向大家展示他们丰富的作品,让家长和孩子有亲身感受非遗精湛技艺的机会,以此引发他们的兴趣,之后再开始按步骤教授每一组家庭进行手工制作,在这个过程中,老师会传授制作技巧,还会讲授这项技艺的发展源头以及历史进程,使孩子和家长们不仅会做手工作品,还能了解非遗技艺的背景,加强对非遗的认识和了解,为非遗进一步的传承和发扬光大做充足的准备。

### 2.3 二十四节气亲子课

我国"二十四节气——中国人通过观察太阳周年运动而形成的时间知识体系及其实践"于2016年11月30日列入联合国教科文组织人类非物质文化遗产代表作名录,这是中国列入世界级非物质文化遗产的第39例,值得被每一位中华民族儿女铭记。

二十四节气是以农历日期来定义每个节气的,对于现代的城市孩子来说有些陌生,但是作为中华民族的优秀传统文化民俗类知识,需要一代又一代的孩子们去了解,因此湖北省少年儿童图书馆于2016年于"国学童趣馆"板块下开设二十四节气小课堂,该课堂针对4岁以上少儿,每节课安排50位读者,每位小读者都可以由家长陪同,于特定节气到来之前开展。因为节气对于年龄较小的孩子来说,知识性的讲述有些难以接受,因此我们根据不同的节气安排了不同的活动方案:①与历史故事相关的节气。例如清明节,为了吸引小读者的目光,课堂以历史故事短片视频为开头,结合历史故事的阅读,使小读者了解该节气成为节日的来历,并现场教授相关诗词的吟诵。②与特定食物相关的节气。例如冬至,在冬至这一天,中国南北方对吃食有不同的习俗,北方大多数人会吃饺子,南方会吃汤圆。在这样的节气课堂上,老师会让小读者先感受冬至来临前的天气变化,并讨论自己家里对于冬至这一天特殊的庆祝方式,之后再以图片和视频的方式带领小读者们共同欣赏全国各地不同的饺子和汤圆形态。③亲子共读节气歌。每一次活动我们都邀请小读者和家长共同参与,二十四节气属于我们农耕文化智慧的结晶,不仅需要孩子们有所了解,也需要家长们和孩子们一道学习,共同传承我们的传统文化。在每一次节气活动开始之前,老师都会带领家长和孩子们一起朗诵节气歌,老师和家长们打着节拍,教授小读者边拍变念,使他们对二十四节气的内容有初步的了解。

### 2.4 武汉童谣活动课

武汉童谣作为武汉市非物质文化遗产中的民间文学类,它具有不同的特点:第一,它是口头文学,通过世世代代口传心授传承下来,当文化生态遭到侵害时,这样的口头和行为教授进行传承的文化遗产正在不断消亡[3],抓紧保护并传承它是时代的需要;第二,武汉童谣为方言童谣,在现在普通话的今天,武汉话作为载体,对于武汉地区的少儿来说显得尤其珍贵,方言也是值得学习和传承的;第三,武汉童谣作为传统口头文学能够反映民众社会生活以及理想愿望[4]。在武汉童谣课堂上,老师会根据自己编撰的《老武汉童谣》一书,选择其中几首作为主要内容,教孩子们念出一句句汉味浓厚的武汉童谣,同时每一句都配合手指,做出相应动作,仿佛带着孩子们穿越时空,回到其父母儿时的记忆中,在夏日傍晚街头巷尾的竹床上,老人们带着他们的父母边念童谣边玩耍。通过对武汉童谣的学习,小读者们不仅可以学习家乡的方言,还可以了解更多家乡的历史,和父母一起参加活动,许多父母表示对此更有感触,对于父母来说,和孩子一起学习儿时的童谣,对于亲子关系的增进更为有益。

## 3 活动现存的困难和问题

### 3.1 师资力量不足

湖北省少年儿童图书馆一直秉承着一个宗旨,即无论什么形式的活动,都要带给孩子们最专业的知识,因此在"国学童趣馆"非遗活动中,邀请的授课老师是项目代表性非遗传承人,他们会在课堂上为小读者们传授最专业的非遗知识。对于大部分非遗传承人来说,专业知识的讲授不是难题,但能用孩子们乐于接受的方式讲授就是现存的一个问题了,许多非遗项目十分具有地域代表性,作品也十分精美,如木雕船模、黄梅挑花和汉绣等,但这些项目的代表性非遗传承人普遍年纪较大,普通话水平较低,且运用孩子们乐于接受的童趣语言能力有限,作为图书馆活动的开展,如果授课老师与小读者们不能良好的沟通,那么活动效果一定会大打折扣。因此由于师资力量储备不足,不少优秀的项目暂时未能被引入少儿图书馆。

### 3.2 非遗知识欠缺

在每一次活动中,除了授课教师还需要湖北省少年儿童图书馆的工作人员进行辅助教学,如在非遗手工活动中需要帮助参与活动的读者,活动前后能回答小读者提出的非遗相关基础问题,这需要工作人员对非遗项目有一定的了解,只有工作人员对非遗知识有所了解,才能更好地解答读者问题,更好地对活动进行宣传。现在越来越多的非遗项目被挖掘,如铅锡刻镂、木雕船模和虎座鸟架鼓等,这些项目背后的历史极其深远,需要深度挖掘和学习,但工作人员由于实地接触非遗项目的机会和亲自接触非遗传承人的机会不多,因此在非遗知识储备方面还稍显缺乏。

### 3.3 活动资金缺乏

湖北省少年儿童图书馆举办活动的费用由全馆年计划决定,活动资金会根据实际需求分拨给每一个活动版块,相应的每个活动版块资金多少都有些紧张,尤其是教师的授课费方面,有这严格的管理要求,不同职称和级别的教师授课费会有所区别。对于非遗手工技艺课堂来说,作为授课教师的非遗传承人来说,大多都是民间艺人,一般没有任何职称和级别,因此授课费用只能按最低标准支付,相对于社会平均水平来说,课酬相对偏低,且由于手工课堂对专业工具有所要求,授课教师需要提前手工制作,对于工具采购这部分,资金也应该加以补充。

## 4 活动的意见和建议

### 4.1 增加社会参与,多元协作

为了进一步丰富传统文化阅读推广活动,下一步我们将进一步与相关单位展开深入合作,借由社会各界的力量壮大活动规模,通过与文化和教育系统内的相关单位联系,希望能补充师资资源和资金投入,在人才队伍建设方面也能进一步加强;活动宣传方面,也将进一步与电视广播、纸媒、自媒体等社会及个人媒体紧密联系,加大活动宣传力度;社会力量参与方面,我们将更加开放社会合作渠道,与企事业单位、民营公司等展开合作,尝试多元化合作方案,探寻活动创新之路。

### 4.2 增加相关藏书,鼓励阅读

作为少儿图书馆,举办传统文化阅读推广活动,落脚点依然是鼓励小读者阅读,希望小读者能够通过参与活动,增加对传统文化的兴趣,进而阅读图书进行进一步的钻研。因此少儿图书馆可以根据活动主题增加相关内容的藏书,使活动后的小读者能在兴趣激发的第一时间能够借阅到相关图书,尤其是非遗类图书。这类图书数量在湖北省少年儿童图书馆内数量并不多,有些非遗艺人自费出版的相关图书,也可以与相关出版社取得联系,增加馆藏数量,甚至可以单独开辟专柜,作为非遗类书柜,力争活动与图书结合,多方式展现传统文化的精深,推动传统文化的普及与共享。

### 4.3 开展网络课堂,增加互动

作为活态的历史,非遗技艺在新时代要想被更多的小读者了解,还可以紧跟时代的步伐,建立线上图书馆,如建立非遗数据库,将各类非遗的相关文章、图片和视频在网上展播,供有兴趣的读者足不出户便可查阅研究;邀请非遗艺人尝试网络直播,立体展现非遗作品是如何一步一步精心制作的,使读者进一步感受非遗艺人的匠人精神;为了进一步推广优秀传统文化,满足更多读者的需求,非遗课堂还可以录制成视频,在各大网络平台上展播,使不方便前往图书馆的读者可以共同参与活动。

目前,湖北省少年儿童图书馆"国学童趣馆"活动已初具人气,吸引了大批小读者参与,品牌已初步打响。但在优秀传统文化的阅读推广方面,还需要进一步努力,今后将融合更多资源,挖掘更多有益的项目,让中华优秀传统文化作为中华民族的基因,在图书馆扎根,通过图书馆的阅读推广,让中华优秀传统文化枝繁叶茂,通过小读者的参与学习和传播,让中华优秀传统文化代代相传。

**参考文献**

[1] 钟倩.非遗文化类电视节目的创新与提升——以《一起传承吧》为例[J].传媒,2020(4):54-56.
[2] 李亚蓉,过仕明,袁永久.文化强国战略背景下公共图书馆的职能体系构建研究[J].情报科学,2020(3):113-118,144.
[3] 宋芙兰.图书馆在农业非物质文化遗产保护中应发挥作用[J].河南农业,2012(7):54-55.
[4] 刘克梁.论口头文学的非物质文化遗产传承与保护:以湖北当阳土家族自治县"都镇湾故事"为例[J].祖国,2016(17):68-69.

# 少儿图书馆创建阅读推广品牌促进传统文化传播的实践研究
## ——以"三湘少年儿童阅读之星"为例

刘 芹(湖南省少年儿童图书馆)

2019年,习近平总书记在给国家图书馆老专家的回信中强调了图书馆在传承文明,弘扬优秀传统文化方面的社会职能和工作责任,图书馆通过服务读者内容和手段发挥着重要作用。而创建阅读推广品牌对于传播优秀传统文化,引导儿童阅读方向,提高儿童阅读水平是一种重要的推进手段。阅读推广品牌,是指以图书馆为核心、以活动为载体、以阅读群体为对象,通过科学设计,连续开展3年以上,并覆盖一定范围,群众喜闻乐见、阅读参与面广、特色鲜明并产生广泛社会影响的阅读推广项目[1]。阅读推广品牌一旦形成,就会成为该馆一种特有的文化资产,增强公共图书馆的文化竞争力,提高服务目标拓展的能力。

# 1 少儿图书馆阅读推广品牌与传统文化传播的理论探讨

## 1.1 传统文化传播

传统文化从广义范围来讲,是指历史发展过程中形成的物质、制度和思想层面内容的总和[2]。本文所探讨的传统文化是指顺应历史发展潮流,维系民族生存和发展的精神纽带的优秀传统文化。传统文化的传播方式包括文学途径、教育途径、活动途径传播。传统文化传播既包括传授、教与学的内容,又包括继承、衔接的动态性过程。

## 1.2 少儿图书馆创建阅读推广品牌的目的

图书馆是搜集、整理、收藏图书资料以供人阅览、参考的机构,早在公元前3000年就出现了图书馆,图书馆有保存人类文化遗产、开发信息资源、参与社会教育等职能[3]。人们通过图书馆的文献资源,满足自身的学习需求,旨在提高自我的能力和素养。图书馆面向全体居民,为居民提供大量的学习资源,是基层政府和大众接触最广泛的平台,也是向人民群众传播传统文化的重要平台。少儿图书馆创建阅读推广品牌的目的是"培养少儿阅读习惯、传授少儿阅读方法、促进少儿阅读行为"。品牌创建成功后,以"服务活动化,活动品牌化"来满足儿童读者的需求,提升少儿阅读推广的品质,从而达到传播人类文化、参与社会教育的职能。

## 1.3 少儿图书馆创建阅读推广品牌与传统文化传播的交融

在人类思想发展史上,图书馆与文化密不可分,两者相互依存、相互制约,图书馆作为一种特殊的文化现象的存在,也因此具备了文化属性。少儿图书馆创建阅读推广品牌和传统文化传播两者关系是教育推广和文化传播关系中的具体体现。两者都有时代性、过程性和社会性,但侧重点又各有不同。

### 1.3.1 时代性

为保护传统文化,现代传统文化传播借助新媒体,打造传统文化创新传播平台,如"故宫淘宝"就是文化产品的创新与文化传播的新结合,文博探索类的节目也在各个电视台层出不穷。因此传统文化传播必须符合时代特征,贴近受众心理。随着互联网的普及,新媒体的加入,为满足少儿读者日益增长的阅读需求,以及基于少儿的特殊性和生理发育特点,少儿图书馆除了日常的借阅外,开展少儿读者服务也需要通过举办适合少儿身心特点的活动来实现。因此,创建阅读推广品牌以少儿读者为中心,为少儿读者开展具有时代特征的学习和教育活动是少儿图书馆儿童服务的工作的重要方式。

### 1.3.2 过程性

创建阅读推广品牌是一种推广阅读方式和社会教育的活动和过程。一个少儿阅读推广的开展要经历定位、筹备、包装、执行一个完整的结构系统,这个系统通过市场无数的实践,才能形成一个品牌,这个品牌通过市场的实践、打磨才会逐渐形成一个具有丰富内涵,文化品位的强势品牌。塑造这样一个强劲有力的少儿阅读推广活动一定是一个不断探索、创新、实践的过程,当它在被读者所认知、接受、认可的过程中也一定在不断提高儿童阅读的层次和水平。文化是一个民族的灵魂与根基,中华民族五千多年的文明形成了博大精深的传统文化。传统文化传播在历史发展过程中不断地吸收、消化、融合先进的传播内容以及传播形式,是动态发展的。两者都具有漫长的过程性,传统文化传播的发展过程具有历史发展和自然选择性的必然性,没有明显的干预目的,而创建少儿阅读推广品牌的目的性更强,旨在提高少儿阅读的素养和文化水平。

#### 1.3.3 社会性

少儿图书馆创建阅读推广品牌和传播传统文化都是以人为主体,脱离了"人"这一要素则无法实现。少儿图书馆阅读推广品牌面向少儿群体,阅读活动的开展实际上是一个公共文化活动,少年儿童通过阅读活动相处于相同的生活和文化环境下,在社会互动的基础上因共同目的集结在一起。传播传统文化是由人类为弘扬优秀传统文化而组织的各类社会活动,在时间和空间上更具有延展性,其社会性比少儿图书馆创建阅读推广品牌的社会性范围更广。

## 2 少儿图书馆创建阅读推广品牌促进传统文化传播的现实意义

文化是一个国家、一个民族的灵魂,文化兴国运兴,文化强民族强。近年来,传统文化传播在基础教育领域备受推崇,越来越多的优秀传统文化被列入教材。随着《公共图书馆法》的颁布,特别是党的十八大关于公共文化体系、文化强国、全民阅读等政策和措施的出台,使得公共文化服务越来越受到重视和关注,并成为国家"十三五"发展战略。少儿图书馆作为公共文化服务的职能部门,对于传播传统文化有着不可推卸的责任。通过少儿图书馆平台促进传统文化传播,这是新形势下建设文化自觉、坚定文化自信的要求,也是丰富少儿图书馆内涵、建设和谐社会的必然要求。

### 2.1 创新传统文化传播形式

受到西方文化的冲击、现代娱乐事业的发展以及文物保护工作的不到位等影响,人们对传统文化的关注日趋减少。另外,部分传统文化落后于时代发展的需求,缺乏一定创新力,不可避免地走向了消亡。少儿图书馆通过创建阅读推广品牌,利用品牌自身的营销优势、影响力、推动力将传统文化带入图书馆,走进少年儿童的生活教育的各类活动中,营造传统文化学习氛围,培养文化学习团队,让文化传播更有深度和广度,而不是仅仅停留在传统文化宣传普及的浅层学习。

### 2.2 丰富少儿图书馆社会教育内涵

传统文化传播与图书馆社会教育的结合,让少儿图书馆的社会教育的内涵更加丰富,主要体现在以下三个方面:首先,在少儿图书馆的社会教育功能上,社会教育是图书馆教育职能的核心功能。其次,在少儿图书馆的社会教育内容上,博大精深的传统文化资源是社会教育课程内容的重要来源,通过打造一个完整的丰富阅读推广品牌来满足少年儿童的精神文化需求,促进了少儿图书馆社会教育的可持续发展。最后,少儿图书馆在创建阅读品牌过程中与各类文化单位的合作,吸引了各类社会力量加入文化学习项目,不仅提高了学习活动的影响力和辐射力,扩大了少年儿童及其他社会主体的参与度,更促进了传统文化的传播。

## 2.3 培养少年儿童的社会价值观

社会价值观即人们关于好坏、得失、善恶、美丑等价值的立场、看法、态度和选择[4]。将中国优秀传统文化融入少儿图书馆的社会教育之中,不仅让少年儿童了解传统文化知识,更能对少年儿童的社会价值产生潜移默化的影响,增强少年儿童对于民族文化认同感形成正确的社会价值观。少儿图书馆阅读推广品牌的创建以阅读活动为基础,培养少年儿童的阅读兴趣爱好,利用传统文化开展各项活动,充分挖掘少年儿童的各种潜能,让少年儿童从阅读活动中充分感受传统文化的魅力、了解历史、人文、地理知识,提高情商培养能力,在参与过程中让形成正确社会价值观并不断深化。

# 3 "三湘少年儿童阅读之星"阅读推广品牌的实践探索

"三湘少年儿童阅读之星"是三湘读书月里的一个特色品牌项目,从2011年起,根据每年"书香湖南"的不同主题要求,在参与活动的全省青少年中选拔出优秀的人才。

学习传统文化知识,了解传统文化内涵,体验传统文化魅力,再从各市州层层选拔、推荐的"阅读之星"候选人中认真审核,并将他们的学习成果和事迹在湖南省少年儿童图书馆网站进行展示,最终选出全省的阅读之星。

### 3.1 联合政府打造公益性阅读推广品牌,创建传统文化传播的新渠道

2015年5月,国办发〔2015〕37号文件明确将"全省阅读活动的组织和承办"列入"政府向社会力量购买公共文化服务指导性目录"中[5]。在这个前提下,政府主导是关键。在公共文化服务体系中,儿童阅读活动的责任主体是政府,政府组织整合其他社会资源打造公益性的活动,为传统文化传播开辟了新的渠道。

"三湘少年儿童阅读之星"是联合湖南省委宣传部、省文明办、省文化厅、省教育厅、省新闻出版局、团省委、省妇联、省关工委八部委的一个公益性少儿阅读推广活动,该活动隶属于每年的"书香湖南——全省少年儿童读书活动"的一个子活动,全程不收取任何费用。该活动整合文化、教育、出版等最优质的资源,力求为全省少年儿童传播最优秀的传统文化。活动通过联合全省市(州)、县(区)公共图书馆和少儿图书馆共同开展,这种全省图书馆联动的方法一方面提高了活动的覆盖面,使全省少儿都能享受公共文化服务;另一个方面充分利用全省各公共图书馆的多种资源,使全省图书馆的资源达到了共享。活动开展初期会由省内少儿阅读专家、作者提供推荐传统文化的优秀阅读书目清单,给全省少年儿童在阅读优秀文化作品上提供了优质的风向标。然后在全省范围内联合学校、地市级图书馆开展有关传统文化的一系列活动如道德模范故事会、红色经典读书展演、学雷锋情景剧表演等,在此过程中让全省少年儿童学习传统文化的内涵,感受其魅力,并认识传统文化的真正意义,该品牌阅读推广活动从活动的组织机构、策划过程都已经形成全省权威的少儿阅读推广品牌,成了宣传和传播传统文化强有力的新渠道。

### 3.2 丰富活动形式,传播优秀传统文化

少儿阅读推广活动的开展一定要根据少年儿童身心特点、阅读阶段、生活习惯来开展,这

样才能达到活动目的。"三湘少年儿童阅读之星"阅读推广品牌一直以立足青少年,传播优秀传统文化为目标,通过每年的评选活动主题定制不同的活动形式。例如,2011年的红色经典读书展演活动通过为全省少年推荐红色经典书目,以展演的形式传播中国经典的红色历史;2013年"梦想信封·写给十年后的我"抒写梦想的征文活动,让孩子们把自己的梦想写下来留存起来给十年后的自己,以这样具有美好期待的活动形式不仅让孩子们了解"中国梦",更让他们为自己的梦想而祈祷努力;2016年为庆祝红军长征胜利80周年特意开展了一场知识竞答,以竞赛的方式让青少年了解历史,了解自己的民族。8年来,该阅读推广品牌服务三湘少年儿童,不断丰富活动形式,激发孩子参与活动兴趣,培养他们的热情,让优秀的传统文化一次次浸入他们的心里。

### 3.3 树立阅读"榜样",让传统文化得到传承

"三湘少年儿童阅读之星"是以少年儿童为主体的阅读推广活动,活动目的是在全社会大力弘扬传统文化,崇尚学习、热爱阅读的精神,给三湘少年儿童推荐阅读的"榜样力量",推进全民特别是青少年儿童的阅读,提高青少年的整体素养。被推选的候选人必须具备以下一种或几种特点:第一,有良好的阅读习惯、浓厚的阅读兴趣、和谐的家庭阅读氛围、丰富的阅读量及藏书量,能自觉进行广泛阅读并能积极影响和带动周围的儿童阅读。第二,有当地图书馆的借阅记录,能定期参加图书馆举行的文化活动。第三,参与当年的阅读推广主题活动,有丰富的阅读成果。第四,参加过由各级各类政府部门、社会团体、学校以及相关机构组织的与阅读、文学创作有关的活动,并获得各级部门表彰奖励。第五,有良好的家庭阅读氛围。一名"三湘少年儿童阅读之星"是一位有道德、爱阅读、有文化积累和具有多种才华和才艺的好少年,他们通过参与这样的评选活动学习了传统文化,传承了传统文化,他们从全省近百万少年儿童里被万里挑一出来成了"榜样",成为周围小伙伴羡慕的小明星,效仿的对象。"榜样的力量"使传统文化得到一种传承和传播。

### 3.4 文旅融合下创新活动方式,开拓新视野

文化是旅游的灵魂,旅游时文化的载体。文旅融合下的图书馆,研学成为热词。研学即研究性学习,国际上统称探究式学习,研学旅行时研究性学习和旅行体验相结合的校外教育活动,是学校教育和校外教育衔接的创新形式[6]。将书本上只有画面感的传统文化包括历史古迹、人文地理、传统节日习俗等通过实地欣赏、体验进一步学习、感受,这对本身充满好奇心的少年儿童就充满了吸引。研学旅行继承和发扬了我国传统游学、"读万卷书,行万里路"的教育理念和人文精神。2019年的"三湘少年阅读之星"阅读推广活动开展了爱国诗词阅读人物景致寻访的研学活动,使青少年读者身临其境感受诗词中的美景,得到更丰富更生动传统文化体验,将"玩"与"学"相结合,学中有得,开拓了传统文化的新视野。

少儿图书馆创建的阅读推广是提高少年儿童阅读兴趣、指导少年儿童阅读方向、丰富少年儿童阅读资源的助推器,是满足少年儿童的精神文化需求、传播中国优秀传统文化的有效途径。通过阅读推广品牌的创建以图书馆为主体,联合学校、社会营造了浓厚的读书学习氛围,有效地促进了全民阅读进校园、进村组、进社区、进家庭意旨的实现,也最大程度的推进全省的青少年阅读计划,扩大传统文化的覆盖对象;通过创建阅读推广品牌可以整合各类资源,

吸引多方主体,丰富传统文化传传播的形式和方法;通过创建阅读推广品牌可以提升少年儿童的文化涵养和能力素质,实现中华优秀传统文化的创新和传承。

**参考文献**

[1]李敏.公共图书馆阅读推广活动品牌建设(J)科技与创新,2018(14):142-143.
[2]李宗桂.试论中国优秀传统文化的内涵[J].学术研究,2013(11):35-39.
[3]吕君铎.传统文化教育与文学研究[J]青年生活,2019(2).

# 中学图书馆中华优秀传统文化阅读推广的实践研究*

张　楠(天津市南开中学)

阅读推广不仅是图书馆面向特殊目标人群服务的主要手段,也是图书馆服务创新的主要领域[1]。《全民阅读"十三五时期"发展规划》发布以来,以未成年人为重点服务对象的阅读推广,逐步发展成各类型图书馆的主流服务。

中华优秀传统文化,是中华文明成果根本的创造力,是民族历史上道德传承、各种文化思想、精神观念形态的总体[2]。习近平总书记在党的十九大报告中指出,要深入挖掘中华优秀传统文化蕴含的思想观念、人文精神、道德规范,结合时代要求继承创新,让中华文化展现出永久魅力和时代风采。

在中学生中传承发展中华传统优秀文化,是培育和践行社会主义核心价值观,落实立德树人根本任务的重要基础[3]。新的历史条件下,通过阅读推广引导中学生了解中华优秀传统文化的历史渊源、发展脉络、精神内涵,对增强中学生文化自觉和文化自信,从而提高公民的思想道德素质和科学文化素质,都具有重大而深远的意义。

## 1　中学图书馆阅读推广实践现状

通过文献调研,学界对中学生阅读推广的理论和实践研究主要聚焦阅读推广活动形式、阅读推广组织模式、阅读推广主题几个方面,但针对中学图书馆进行中华优秀传统文化阅读推广的研究几乎空白。

### 1.1　中学图书馆阅读推广活动形式

由中学图书馆组织的阅读推广,主要采取书目推荐、读书会、真人图书馆、讲座、诵读表演

---

\* 本文系天津市基础教育"十三五"教育科研重点课题"南开中学在阅读推广活动中浸润中华优秀传统文化的实践研究"(项目编号:KT-[十三五]-201-zd-1801)研究成果之一。

方式进行。中学图书馆多利用馆内空间的墙面、宣传窗、宣传栏对中学生进行新书、经典书目推荐。随着移动终端逐渐为中学生读者接受信息的主要渠道之一,中学图书馆逐步重视通过QQ、微博、微信公众号等社交媒体在中学生中进行宣传。中学生相近的阅读能力、思维方式发育水平,为中学生读书会的开展提供了便利,使中学图书馆开展读书会类阅读推广具有天然优势。近年来,真人图书馆作为一种新兴的阅读推广模式正在由公共图书馆向中学图书馆蔓延开来,真人图书馆通过不同主讲人为分享读书、生活、人生感悟,拓展了中学生的眼界。讲座类阅读推广信息量大、交流及时、普及面广的优点,受到了中学教师、图书馆员和中学生的认同和喜爱。诵读表演类活动读者参与性强、互动效果好,是中学生最喜爱的阅读推广活动之一。

### 1.2 中学图书馆阅读推广组织模式

中学生阅读推广的组织模式呈现多样式发展,中学图书馆通过积极拓展服务外延,与公共图书馆、社会组织进行协作交流,逐步将中学图书馆传统的文献资源服务内容,拓展为馆员主导、教师参与、学生社团管理的合作型阅读推广实践。我国已成立中国图书馆学会中小学图书馆分会和中国教育装备行业协会学校图书装备分会,在部分省市也成立了各级教育部门主管的中小学图书馆专业委员会,通过社会组织力量协调中小学生图书馆开展阅读推广[4]。中学生图书馆作为中学生阅读推广主体,多采取与公共图书馆、出版社合作方式,活动多集中在"世界读书日"、"国家图书馆日"及寒暑假。中学图书馆举办的"作家进校园"、"百社千校书香童年"阅读推广活动,也是近年来活动范围最广、受众群体最多、运营模式最成熟的活动,有效地扩大了中学生阅读推广的活动影响。同时,我国也出现了一些自发性的阅读推广联盟。以天津市六所共同成立"津六校悦读联盟",在2019年世界读书日前后通过多种阅读推广活动,有效推进了天津市中学生阅读推广活动的发展。

### 1.3 中学图书馆阅读推广主题

在对中学图书馆阅读推广活动的主题进行文献梳理过程中,本文发现对中学生开展的阅读推广主题呈现随意、散乱状态,往往由各学校随机选择,缺乏统一的主旨引领。但"鲜明的活动主题能吸引用户参加并产生共鸣"[5]已得到图书馆界和教育界的一致认可。例如,在长沙市8所中学开展的阅读推广活动中,主题以经典阅读、经典诵读、书香家庭、科技读书节、建设书香校园、知识竞赛及主题不同的读书沙龙活讲座等为主。2019年,天津市六所中学共同成立的"津六校悦读联盟",首次在世界读书日前后通过组织好书分享、"寻找最美阅读风景"摄影大赛、朗读者比赛、汉字听写大赛、"中国知网知识发现答题赛"等主题活动,推进了天津市中学生阅读推广活动的开展。目前,中学图书馆已开始重视对阅读推广主题的规划,通过与校园文化、中华优秀传统文化结合、在校园内开展阅读推广选修课、培养学生阅读推广人等方式,在校园中营造中华优秀传统文化氛围,加强对学生的中华优秀传统文化的教育。

## 2 在中学生阅读推广中嵌入中华优秀传统文化教育的实践解析——以天津市南开中学为例

自2019年起,天津市南开中学图书馆以弘扬中华优秀传统文化为阅读推广主题,整合原有零散的阅读推广活动,成功打造"书香南开"阅读推广品牌。南开中学在阅读推广中充分利用校内海棠花等文化元素,结合"爱国精神""时代精神""南开精神""周恩来精神"等,利用"世界读书日""国家图书馆日"等重要时间节点对学生进行中华优秀传统文化教育,取得了良好的社会效益。

本文以2019年全年共进行的13项阅读推广活动为例,对南开中学中华优秀传统文化阅读推广活动的实践进行解析。

表1  2019年天津市南开中学图书馆中华优秀传统文化阅读推广实践活动

| | 时间 | 合作情况 | 活动主题 |
|---|---|---|---|
| 1 | 1—2月 | 独立 | 寒假读书活动:"书香南开——中学生原创诗词大赛" |
| 2 | 3月 | 南开区图书馆 | 真人图书馆:王振良——《竹枝词里的南开风物》 |
| 3 | 4月 | 津六校悦读联盟 | 校园读书节:"书香南开"——"相约海棠树 共读一本书"校园读书节 |
| 4 | 4月 | 天津图书馆 | "守望青春,我与图书馆的故事"阅读推广交流展示 |
| 5 | 5月 | 校内合作 | 讲座:白岩松——《百年五四,青春少年》 |
| 6 | 5月 | 校内合作 | 讲座:蒙曼——《唐玄宗的政治得失——从开元盛世到安史之乱》 |
| 7 | 6月 | 独立 | 阅读指导示范课:《春日偶成:少年恩来的家国情怀》 |
| 8 | 7—8月 | 独立 | 暑假读书活动:"书香南开——中华优秀传统文化"摄影、海报征集 |
| 9 | 9月 | 南开区图书馆 | 国家图书馆日活动:"我的书屋书吧·我的梦"主题征文 |
| 10 | 9月 | 南开区图书馆 | 诵读比赛:"时代新人说——我和祖国共成长" |
| 11 | 10月 | 校内合作 | 校庆系列活动:"南开精神"主题征文 |
| 12 | 11月 | 南开区图书馆 | 真人图书馆:袁辛——《创设今生,荣耀未来》 |
| 13 | 12月 | 校内合作 | 诵读比赛:"书香南开——中学生经典诵读"活动 |

### 2.1 发挥中华传统文化教育"主旨—贯穿—引领"作用,建设阅读推广品牌

阅读推广品牌的创建是中学图书馆办馆思想和服务理念的高度提炼合集中体现,是校园文化在图书馆服务中的彰显。通过阅读推广品牌的创建,便于图书馆将阅读推广依照"主旨—贯穿—引领"模式呈体系化开展。南开中学图书馆注重梳理办学历程中形成的独特校园文化特色,以弘扬中华优秀传统文化为主旨,贯穿于校园阅读推广活动中,使中华优秀传统文化成为引领"全民阅读""中华经典诵读"的教育主线,成功打造"书香南开"阅读推广品牌。图书馆通过诵读、演讲、摄影、海报制作、写作、诗歌创作等展示活动营造校园文化氛围,激发学校师生参与弘扬中华优秀传统文化活动的积极性与热情,使"书香南开"概念赋能南开中学阅读推广。

同时,南开中学图书馆在实践中注意对阅读推广资料的留存,妥善发挥"名人效应",选择讲座、真人图书馆等活动契机,邀请国内知名学者为读书品牌题字。在2019年读书节期间,邀请央视著名主持人白岩松为南开中学校园读书节题字"相约海棠树 共读一本书";邀请著名历史学家蒙曼为南开中学校园读书节题字"南开中学校园读书节",扩大了南开中学校园读书节的品牌影响力。

## 2.2 整合校内资源,将中华优秀传统文化纳入校园文化建设

教育部《完善中华优秀传统文化教育指导纲要》中明确建议"利用学校博物馆、校史馆、图书馆、档案馆等,结合校史、院史、学科史和人物史的挖掘、整理和研究,发挥其独特的文化育人作用。"南开中学图书馆将中华优秀传统文化教育嵌入校园文化建设,充分利用南开中学校史馆、周恩来中学时代纪念馆等校园场所,挖掘南开中学校史资料和杰出校友周恩来精神,营造爱国、爱校的校园文化氛围。

南开中学图书馆通过开设中华优秀传统文化阅读指导课,整合社会科学类教学资源,充分发挥课堂教学的主渠道作用,精心设计教学内容,挖掘课程思想内涵。图书馆在阅读指导课中融入语文、历史、政治、地理课涉及的传统文化、历史地理常识等思想道德教育因素,对中学生开展家国情怀教育、社会关爱教育和人格修养教育,从而传承和发展中华优秀传统文化。

南开中学图书馆依托海棠书艺社、凭轩文学社等学生社团,创办中华优秀传统文化读书会,依托读书会开展丰富多彩的阅读、诵读、书写、讲解、演讲、吟诵、创作、展示等阅读推广活动,引导学生自发开展对中华优秀传统文化的研究阐释、教育传承及创新传播,加深中学生对中华优秀传统文化的认知。

## 2.3 充分利用重要时间节点,组织中华优秀传统文化阅读推广活动

梳理南开中学 2019 年整体阅读推广活动不难发现,其阅读推广活动主要集中在寒暑假、世界读书日、国家图书馆日和国庆、校庆(南开中学校庆日为 10 月 17 日)期间。南开中学结合重要时间节点,以重大节日、纪念日为契机,指导、推动、组织举办阅读推广活动,创新活动形式,突出中华优秀传统文化内涵,强化教育功能,进一步增强中国节庆日的影响力和吸引力,以活动带动校园阅读文化建设。

在寒暑假举办阅读推广活动是国内外图书馆界普遍采取的做法,由于中学生在寒暑假拥有独立、充分的休息时间,利用这段时间开展阅读推广是不可多得的优势。南开中学在寒暑假期间通过校园阅读推广品牌"书香南开——中学生原创诗词大赛"和"书香南开——中华优秀传统文化"摄影、海报征集开展系列活动,开学后由图书馆评选出优质作品在馆舍内部及校园网、校园公众号、校园微博、校园刊物上专项展出,系统化、规律化的阅读推广模式取得了较好的效果。

南开中学校园植物海棠树是重要的校园文化标志,世界读书日前后恰逢校园中海棠花竞放,海棠花也是杰出校友周恩来最喜爱的花,图书馆结合读书、海棠、周恩来等因素,创办了"相约海棠树 共读一本书"校园读书节。在校园读书节期间,图书馆举办系列活动,如"海棠与读书"摄影、"海棠花忆"原创诗词诵读比赛,充分挖掘校园文化特色,形成在学生中具有广泛影响力的特色校园读书节。

## 2.4 协调社会资源,扩大中华优秀传统文化阅读推广影响力

中学生阅读推广仅仅依靠中学图书馆的力量难以取得教育成果的最大化,因此有效利用社会资源,依托公共图书馆开展馆校合作、与兄弟学校协同开展中华优秀传统文化主题阅读推广活动是符合现代图书馆服务模式的实践探索。

研究和报道都表明,公共图书馆对中学生阅读习惯的影响不仅局限在提供可阅读书籍和阅读环境,还间接为中学生阅读推广营造社会氛围。因此,图书馆与学校合作开展中学生阅读推广得到了文化部门、教育部门的一致认可和推崇。2019年,南开中学分别与天津图书馆、南开区图书馆合作开展数次以中华优秀传统文化教育为主题的阅读推广。特别是在第24个"世界读书日"期间,南开中学参加了天津图书馆组织、国家图书馆主办的"读经典 学新知 链接美好生活"阅读推广活动,成为探索馆校合作的阅读推广模式的重要实践。

在2019年世界读书日期间,南开中学等天津市六所知名中学以共同举办阅读推广活动、扩大天津市中学图书馆影响力为契机,成立了自发性阅读推广组织"津六校悦读联盟",组织了好书分享、"寻找最美阅读风景"摄影大赛、朗读者比赛、汉字听写大赛、"中国知网知识发现答题赛"等活动。同时,"津六校悦读联盟"与CNKI合作,以弘扬中华优秀传统文化为主题,举办了"中国知网知识发现答题赛"。答题赛通过CNKI数据库提供题库资源、图书馆员审定题目、CNKI利用社交媒体发布题目的方式,邀请六所学校的中学生进行答题比赛,最终经过CNKI后台统计答题数据,发布获奖学生名单并提供奖品。

## 3 中学图书馆提升中华优秀传统文化教育能力的策略

### 3.1 寻找中学图书馆、阅读推广、中华优秀传统文化教育的最大公约数

教育部《完善中华优秀传统文化教育指导纲要》《中小学德育工作指南》《中小学图书馆(室)规程(修订)》从不同角度,面向中学生阅读推广、中华优秀传统文化教育提出了相关要求,中学图书馆应吃透文件精神,加强组织领导,在文件框架内寻找中学生阅读推广与中华优秀传统文化教育的最大公约数。

学校管理部门要将阅读推广作为传承发展中华优秀传统文化的重要举措,全面贯彻党的教育方针,落实立德树人根本任务,从加强意识形态教育角度加强统筹规划,在《中小学图书馆(室)规程》《完善中华优秀传统文化教育指导纲要》指引下,结合本校实际情况制定具体措施,确保阅读推广广泛开展。学校决策机构要加大学校财政经费对图书馆的支持力度,保障阅读推广活动开展的必要经费。同时在文献资源建设中,图书馆应注重对中华优秀传统文化主题倾斜,通过文献资源建设为师生营造适宜中华优秀传统文化传播的阅读推广氛围。

### 3.2 立足校园文化,结合校史资料及重要时间节点开展阅读推广活动

校园文化是学校在长期的发展过程中所形成并被共同遵守的价值观、精神、行为准则等,是学校教育特色化的整体体现[6]。中学图书馆阅读推广的开展在理念上应该与校园文化建设一脉相承,并从中汲取营养。新时期中学图书馆开展中华优秀传统文化阅读推广需要立足自身发展环境,挖掘校园文化资源,实现阅读推广与立德树人教育的融合。

依照《完善中华优秀传统文化教育指导纲要》建议,中学图书馆可妥善利用校史馆、档案馆等实践活动场所,依托团支部、学生会、学生社团等学生组织,通过讲座、展览、阅读指导课等形式多样、丰富多彩的阅读推广活动,结合校史、杰出校友事迹的挖掘、整理和研究,引领学生探寻学校发展至今的变化历程,感受新时代中华民族伟大复兴的历史变迁,提升民族自豪感和文化自信。同时,图书馆应重视在国庆日、校庆日、世界读书日等传统文化节日前后,举

办与之相关的主题阅读推广活动,充分调动学生参与阅读推广活动的积极性,强化学生的爱国、爱校情操,从而提升中华优秀传统文化阅读推广的活动效能,发挥具有校园特色的文化育人作用。

### 3.3 强化队伍建设,在图书馆员、教师中培养阅读推广人

《中小学图书馆(室)规程》规定,中学图书馆员的任职要求为本科毕业,其专业背景能够达到中学图书馆运行所必需的专业能力和科研能力。按照《深圳市阅读推广人管理办法》的定义,阅读推广人是指个人或组织阅读机构,通过多种渠道、形式和载体向公众传播阅读理念、开展阅读指导、提升市民阅读兴趣和阅读能力的专业和业余人士[7]。目前,更多具有图书馆学研究生背景的毕业生进入到中学图书馆工作,为中学图书馆阅读推广人的培养提供了人力保障。

在中学生阅读推广中,中学图书馆应优化语文、历史、政治、地理等能够传播中华优秀传统文化的专业教师力量,将专业教师也纳入阅读推广人培养中来,通过学科教师力量扩大中华优秀传统文化阅读推广范围。同时,图书馆员也应努力提高自身素养,深入探索本校拥有的历史文化背景,积极发掘并购置弘扬中华优秀传统文化的文献资源,通过阅读推广将时代精神、校园文化、中华优秀传统文化有机结合起来,积极引导和鼓励中学生通过义工等方式参与进来,使校园阅读推广活动实现主题化、系统化、模式化发展。

### 3.4 联合社会资源,利用社交媒体加强宣传引导

《中华人民共和国公共图书馆法》明确规定,公共图书馆应开展面向少年儿童的阅读指导和社会教育活动[8]。中学图书馆应积极吸收公共图书馆阅读推广先进理念、经验,探索学校全方位、多元化的书香校园建设,营造浓郁的校园阅读推广环境,通过馆校合作提升中学生阅读推广质量,引导中学生热爱阅读、养成阅读习惯。同时,中学图书馆需依托行业学会力量,聚焦中华优秀传统文化主题,协调社会组织开展阅读推广活动,如举办与出版社合作的"作家进校园"、"百社千校书香童年"等校社合作模式的阅读推广活动等。

信息化2.0背景下,中学图书馆应顺应时代发展,充分发挥现代信息技术优势[9],打造"互联网+阅读推广"思维下的多媒体传播平台,扩大校园阅读推广品牌影响力。开拓阅读推广社交媒体传播渠道,打造集中华优秀传统文化、阅读推广等内容于一体的社交媒体传播平台。同时,图书馆应重视与兄弟图书馆、公共图书馆交流,以弘扬中华优秀传统文化为主题,积极参与案例展示活动,互通有无,吸取彼此经验教训,扩大中华优秀传统文化交流,将案例展示,扩大阅读推广辐射范围。

中学时代是人生理、心理发育成长的关键时期,是人生观及人格形成的关键时期,在当前图书馆学界"儿童优先"的理念下,如何通过多样化的阅读服务和有效的阅读推广活动让中学生喜爱阅读、养成阅读兴趣,是图书馆学界和教育学界重点关注的问题。

中学图书馆应遵循基础教育规律,探索多种实践途径,通过推进书香班级、书香校园建设,以读书会、阅读指导课等、培养阅读推广人等方式,对中学生进行中华优秀传统文化教育,进一步挖掘中华优秀传统文化价值内涵,进一步激发中华优秀传统文化的生机与活力,进一步增强文化自觉和文化自信,使中学生树立健康向上的审美观和正确的价值观,汲取中国智慧、弘扬中国精神、传播中国价值。

## 参考文献

[1] 范并思,王巧丽.阅读推广的管理自觉[J].图书馆论坛,2015,35(10):8-14.
[2] 刘芳.中华优秀传统文化:社会主义核心价值观的精神滋养[J].思想理论教育,2015(1):20-25.
[3] 教育部.完善中华优秀传统文化教育指导纲要[EB/OL].[2014-03-26].http://old.moe.gov.cn//Publicfiles/business/htmlfiles/moe/Sto61/2014041xxgk_166543.html.
[4] 柳斌.办好中小学图书馆 促进基础教育科学发展[J].中国教育技术装备,2014(5):1-2.
[5] 罗红辉.论阅读推广的实践方法与技巧——以长沙市8所中学阅读推广活动为例[J].图书馆,2016(12):75-78,97.
[6] 杨景华.探寻学校文化基因的个性图谱——学校文化个性化的内涵解读与理论分析[J].教育科学论坛,2018(31):72-74.
[7] 吕佳兰.总分馆制视角下阅读推广人培育的创新实践——以海宁市图书馆为例[J].图书馆研究与工作,2018(10):26-30.
[8] 陈红.《公共图书馆法》视角下青少年阅读推广研究[J].图书馆学刊,2018,40(2):7-10.
[9] 张楠.面向大数据思维的中学图书馆学科服务研究[J].中国现代教育装备,2019(16):23-25.
[10] 杜建民.智媒时代青少年传统文化阅读推广策略[J].中国出版,2018(14):29-31.
[11] 林翠贤.青少年阅读推广实践研究——以华南师范大学附属中学图书馆为例[J].图书馆论坛,2011,31(4):70-72,23.
[12] 孙薇薇.三级协同联盟提升阅读推广效能的实践研究——以宁波市职教中心学校为例[J].图书馆杂志,2018,37(6):90-95,128.
[13] 吴小玲,王真.嵌入专业文化建设的阅读推广工作探析——以徐州工程学院图书馆为例[J].图书馆工作与研究,2019(2):108-112.
[14] 徐娜.公共图书馆少儿阅读推广路径研究——以宁夏回族自治区图书馆为例[J].图书馆理论与实践,2018(11):10-14.
[15] 梁钜霄.美国少年儿童阅读推广:与商业机构的合作[J].传媒论坛,2018,1(8):135-137.

# 在疫情大考中提升决策信息支撑能力

## ——以国家图书馆为例

徐 燕(国家图书馆)

新型冠状病毒肺炎疫情爆发以来,国家图书馆坚决贯彻习近平总书记关于疫情防控重要指示精神,认真落实文化和旅游部疫情防控工作部署,把打好疫情防控阻击战作为当前最重要的工作来抓,在做好面向公众线上服务工作的同时,积极履行"为国家立法和决策服务"的法定职能,围绕疫情开展相关专题研究,推出多项信息产品,为坚决打赢疫情防控的人民战争、总体战、阻击战,努力实现今年经济社会发展目标任务提供决策信息支撑与保障。

# 1 国家图书馆围绕疫情开展决策信息服务的主要举措

## 1.1 深入研判,及时编纂信息专报

自2月始,国家图书馆及时响应、主动作为,编制《新型冠状病毒感染肺炎疫情防控内参专报》,以每周2至3次的频率,报送中央国家机关有关单位参考。"内参专报"关注公共突发事件应急管理的国际经验、历史借鉴及对策建议,编纂篇幅在三千至五千字,主题突出、观点鲜明。根据专报所涉及内容,有国外借鉴类,如《建立新型国际合作机制的对策建议——以西非埃博拉疫情应对为例》《美国国家生物安全战略及对我国的启示》《应急救援队伍建设:德国模式及借鉴》等;有历史经验类,如《从北京市应对察北鼠疫看新中国成立初期的防疫网络与社会动员》《中央苏区医疗卫生事业的实践经验》等;有建言献策类,如《将传染病纳入城市防灾减灾规划之中》《提升城市风险治理智能化建设的几点建议》《疫情下我国脱贫攻坚的任务变化与政策建议》等;有预测预警类,如《突发公共事件心理危机干预不能缺位》《新冠肺炎疫情对世界经济的影响》《后疫情时代需重新审视生态环境治理观》等。截至4月底,已编制专报40余期,得到有关单位的肯定与好评。

## 1.2 实时跟踪,广泛开展舆情收集

疫情发生以来,国家图书馆受有关机构委托,每日跟踪并收集疫情相关各类信息,包括领导讲话、中央及地方举措;医疗废物处理、公共交通防疫、物资供给、社区防疫、恢复生产、网络问诊、疫情发展研判、国际经验等多个专题的评论报道;各级地方人大及人大代表应对疫情、政协委员抗疫行动及建言献策等舆情信息,为国家决策机关提供全面、准确、及时的信息参考。随着疫情防控形势的变化以及复产复工的需要,跟踪方向逐步从国内转向国外,除继续关注国内疫情发展态势之外,还重点关注全球疫情发展态势、国外医疗救治情况及各国防控措施及经验;从疫情防控逐步扩展到经济影响,包括民生保障、宏观经济影响、行业产业影响、全球经济影响、全球产业链影响等,为中央国家机关及时了解疫情期间我国及全球经济运行情况提供信息保障。截至4月底,已提供各类舆情专报174期,文章近千篇。

## 1.3 找准问题,有效推进专题研究

国家图书馆充分发挥自身在信息采集、组织、分析等方面的优势,组织多个专项小组,围绕公共安全体系建设、公共卫生机构应急能力、国家战略物资储备体系、军民融合疾控应急体系建设、提振经济发展、重大突发事件舆论引导机制、国际疫情应对合作等重大主题,开展文献综述及专题研究。已组织并完成的专题资料有《国家突发公共卫生事件应急管理体系建设》《国家生物安全风险防控和治理》《传染病预防控制体系建设》《美国疫苗研发体系与研发现状》《于无声处响雷:鼠疫》《支持中小企业应对疫情脱困发展》《健全统一的应急物资保障体系》《疫情下对我国公民素质的思考》《公共卫生国际合作机制》《疫情之下中国在全球产业链中的地位与影响》《国外政府援助旅游业应对重大疫情的措施相关资料》《新冠肺炎对旅游业的影响及专家建议》《"非典"期间我国旅游业发展相关政策及防控新型冠状病毒疫情、推进有序复工复产相关政策》《瑞德西韦用于治疗新冠肺炎相关资料》等。

### 1.4 关注域外，创新推出海外内参

除关注国内相关信息源外，国家图书馆还及时关注海外对于疫情的认识和研究，重点加强对国外政府机构、主流媒体、智库专家的搜集和关注，对海外涉华信息进行跟踪、收集、翻译和整理，制作《海外涉华研究内参专报》，供有关单位参考。海外内参主要分为图书推介、媒体评论、智库观点、深度思考等几大系列。图书推介围绕《海外对于SARS的回顾与反思》《瘟疫与公共卫生》等主题，翻译介绍海外出版相关图书的基本内容；媒体评论、智库观点聚焦《新冠肺炎疫情对经济的影响》《新冠肺炎疫情下的中外关系》《新冠肺炎疫情下的谣言、恐慌与歧视》《新冠肺炎疫情下的地缘政治与全球外交》等主题，翻译摘编海外媒体与智库发布的报告；深度思考从人类命运与全球合作的高度来审视流行病和公共卫生问题，形成《新冠肺炎可能成为百年不遇的大流行病》《传染病大流行时恐慌已晚》《在与冠状病毒的战斗中人类缺乏领导力》《新冠疫情之后，世界将何去何从》《从新冠病毒爆发中窥见未来》《历史新分期——新冠病毒之前和之后的世界》等多个主题报告。该专报不定期推送，截至4月底，已累计编制47期。

### 1.5 发挥优势，推荐疫情专题图书

疫情期间，国家图书馆发挥国家总书库、国家书目中心的作用，向有关机构推送疫情防控相关图书和书目。推荐医学防护、医学科普、医学、公共卫生、历史类、传记、纪实、社会学、心理学、文学等疫情相关读物，近40种；推荐"公共医疗卫生""生物安全""应急管理体系"相关书目，近90种；制作《防疫专题图书推荐》，精选中外图书并撰写图书简介，包括《大流感：最致命瘟疫的史诗》《瘟疫下的社会拯救：中国近世重大疫情与社会反应研究》《近代中西医的博弈：中医抗菌史》《清代卫生防疫机制及其近代演变》《鼠疫与近代中国：卫生的制度化和社会变迁》《疫苗的史诗》《血疫：埃博拉的故事》《新中国重大疫病防控中的政府协同及实现机制研究》《中国抗疫简史》《瘟疫与人》《逼近的瘟疫》等；对《瘟疫与人》《因病相连：卫生治理与全球政治》等书进行深度解读，遴选重要观点，摘录重要片段，站在用户角度去提炼全书最有价值的观点和内容，供对方参考。

### 1.6 全面收集，制作热点文献资讯库

为参加全国"两会"的人大代表、政协委员履行职责、参政议政提供文献信息咨询服务是国家图书馆全年服务工作的重要组成部分。受疫情影响，今年的全国两会延迟召开，但国家图书馆的大会资料保障工作却未停下脚步。围绕大会审议报告、法律案及2019—2020年度国民经济和社会发展的热点、焦点问题，并根据当前疫情防控和经济社会发展工作，国家图书馆持续跟踪，不断调整，最终完成含1400余篇文献在内的大会报告专题资料集，以及含20个热点、674篇文献在内的大会热点专题资料集，保障大会资料采集的全面性、综合性和准确性；编制《国家图书馆两会专题文献信息专报》，涉及全面做好三农工作、大力发展数字经济、重视解决好"一老一小"问题、推动黄河流域生态保护和高质量发展、加强外商投资促进和保护等主题，以观点摘编的形式反映社会、媒体、专家的主要观点，为代表委员提供更为精准、深入的参见。

## 2 国家图书馆围绕疫情开展决策信息服务的必要性

### 2.1 决策者的需求

应对重大突发公共安全事件,决策起到决定性作用。而决策的制定,需要充分的信息资源做支撑。疫情防控的应急决策,涉及面广、专业性强,需要多领域、多学科的知识和经验。作为决策层而言,一方面需紧密结合疫情防控实际研究问题、研判形势、找准对策,坚决打赢疫情防控阻击战;另一方面要把疫情对经济社会发展的影响降到最低,努力实现今年经济社会发展目标任务。此外,还需要多角度总结中外疫情防控的历史经验教训,包括疫情防控的成功模式、有效经验与典型案例等,增强决策的合理性、针对性和可操作性。因此,千方百计拓宽信息渠道,充分发挥好各种信息资源的作用,是决策层构建和增强科学决策体系的基础。近年来,各有关部门更多地在立法决策过程中借助国家图书馆的文献信息咨询服务,需求越来越旺盛。自1999年至2019年底的十年间,国家图书馆为中央国家机关累计完成立法决策咨询件数,共计32834件。

### 2.2 "为国家立法和决策服务"的法定职能

为国家立法与决策工作提供文献信息支持和保障是国家图书馆的重要职能。自新中国成立以来,国家图书馆凭借宏富馆藏、先进数字化技术、专业咨询团队,多次承担并圆满完成党和国家机构委托的立法决策咨询任务,在服务党和国家领导人、服务国家立法、服务政府重大决策等方面做出了积极贡献。2018年1月1日,国家图书馆"为国家立法和决策服务"这一职能明确写入《中华人民共和国公共图书馆法》,为保障并推动这一服务奠定了法律基础。为重大公共安全突发事件提供决策信息参考是国家图书馆履行"为国家立法和决策服务"这一职能的最直接体现,最能反映出其主观能动性及决策信息服务水平。对于国家图书馆而言,要更好地履行其法定职责,就要引起中央国家机关对图书馆的关注和重视,更重要的是要接近决策者,让决策者了解、认识图书馆具有这种功能。国家图书馆的主动出击,是职责所在,也是时代命题。"时代是出卷人,我们是答卷人",只有在这场疫情大考中交出合格答卷,才能不负时代赋予我们的使命。

### 2.3 开展决策信息服务的条件与能力

立法决策部门获取文献信息的渠道包括行政机关、各类团体以及研究人员等,而国家图书馆最大优势是具有丰富的文献信息资源,这些资源具有全面性、累积性和体系性的特点,优势是独特的。国家图书馆是国家总书库,中文文献收藏是世界第一,外文文献收藏是中国第一。截至2019年底,馆藏文献已达4036.42万册(件),数字资源总量超过2158.83TB,提供使用的中外文数据库达251个。面对海量的信息资源,图书馆具有一定的获取、管理和分析文献信息的能力,国家图书馆的决策咨询馆员不但掌握各学科专业知识,同时还具备网络环境下获取信息的检索技能以及长期积累起来的咨询工作经验,这种能力对政府在决策中获取信息支持十分重要。如2008年汶川地震发生后,国家图书馆曾以敏锐的信息观察力和判断力,围绕灾后重建工作重点,主动推出《汶川地震灾后重建信息专报》。专报提供了日本、美国、新加坡等多个国家和地区的灾后重建经验,内容涉及受灾地区的经济、社会、文化、教育、医疗卫生等多方面的重建与复兴。该专报不仅得到了报送部门的高度评价,还得到了国家领导人的重要批示。

## 3 后疫情时代国家图书馆构建决策信息服务的几点思考

### 3.1 把握两条主线,加强对策性、前瞻性研究

当前全国疫情防控形势总体向好,但全球疫情和世界经济形势仍然严峻复杂,我国发展面临的挑战前所未有。未来一个阶段,毫不松懈常态化疫情防控、着力做好经济社会发展各项工作,将是贯穿始终的两条主线。一方面,国家图书馆的决策信息服务要把握疫情防控这条主线,从围绕疫情防控的应急对策转为常态化防控体制机制研究,从体制机制上创新和完善重大疫情防控举措,健全国家公共卫生应急管理体系,完善公共卫生应急法律法规,改革疾病预防控制体系,理顺医药卫生体制,加强全科医生培养、分级诊疗等制度建设,为推进国家治理体系和治理能力现代化建言献策。另一方面,要把握经济社会持续健康发展这条主线,聚焦当前影响发展的短板、突破制约发展的瓶颈,特别是在非常环境下如何实现推动经济高质量发展,完成脱贫攻坚任务,需要研究新的发展方向和战略。如疫情带来的各方面影响及相应政策措施;加大宏观政策实施力度,尤其针对小微企业、民营企业如何顺利渡过难关等,国家图书馆可针对以上选题,发挥自身优势,综合各方观点,多出有质量、有分量、有见地的对策建议,为统筹推进疫情防控和经济社会发展献计出力。

### 3.2 总结前期成果,开发特色资源库系统

在公共突发事件爆发过程中,与之相关的大量数据,呈现分散化、无序化、非结构化特征。除了国家图书馆在此过程中形成的信息产品之外,也收集并产生了许多大量的原生数据。这些数据如何实现不断积累,从而得到有效利用,需要利用新技术手段,建立统一的系统平台,提供服务的用户入口,从而整体上提高应急决策服务的能力和水平。国家图书馆可根据自身特长和定位,有重点地对公共安全突发事件过程中产生的各类数据及资料进行收集、整理、挖掘,将积累的数据融入大数据分析,尤其是利用涉及不同领域的基础数据库资源,开发支撑不同层次、不同类型、不同学科决策研究的特色资源系统。在专题资源内容构建上,可加强国内外历史上有关公共突发事件及危机处理案例信息的收集,建立各类危机案例库;可收集国内外图书馆及相关机构在应对突发公共事件中的服务体系建设及应急决策服务的做法和经验,形成图书馆危机管理数据库;也可追踪国内外研究进展,尤其对海外报刊、网站等信息进行收集、翻译、撰写摘要等,形成海外视角的疫情专题数据库。

### 3.3 引入质量控制,完善决策信息服务机制

随着新冠疫情在全球的蔓延,还有一场"信息疫情"与病毒传播如影随形。在人人皆媒体的时代,许多网络信息鱼龙混杂,信息的专业性、可靠性值得怀疑,因此应急决策信息服务需要非常谨慎,力争做到准确、全面、客观、公正。由于此次情况特殊,使用馆藏资源条件有限,网络信息资源成为跟踪和收集的重点,国家图书馆的决策信息服务无法按日常那样按部就班进行,这就需要建立应急决策信息质量管理体系,完善决策信息服务机制。未来,国家图书馆

应以规范工作流程、明确工作要求、提升服务效果为目标,把质量控制贯穿于决策信息服务的组织和执行过程。主要包括:与用户积极沟通,分析并明确不同阶段的信息需求,提高报送信息产品的针对性,并阶段性地听取反馈意见,调整内容方向;明晰任务定位,确定工作范围,根据用户需求和自身专长,进行信息组织和整理,不盲目扩大工作范围;根据工作需要,有效组织团队,明确责任分工,优化工作流程;引入多重审核机制,严格把控信息的准确性、完整性、可靠性、及时性、安全性和保密性,提高服务质量和服务效果。

### 3.4 积极拓宽渠道,建立与其他机构间的协同工作机制

受突发事件特定环境的影响及单一图书馆资源、人力的有限性,国家图书馆应该发挥图书馆联盟的作用,同时积极寻求与政府、院校、企业、媒体等多类型、多层级的信息情报机构实现协作和联合,拓宽合作领域,探索更多合作方式,以便形成合力,共同把决策信息服务推向深入。一是建立全国公共图书馆决策咨询服务网络,强化公共图书馆界开展应急决策服务的总体服务能力,整体提升图书馆对各级政府的应急决策服务水平;二是与政府合作,为政府提供决策信息服务的同时,加强与中央国家机关、国家级智库的深度合作,完善立法决策服务工作机制;三是与院校合作,借助高校的研究团队和专家力量,共同服务于科学决策,弥补图书馆在政策评估、分析、评价等方面存在的不足;四是与企业合作,图书馆的创新型、智慧型服务需要借助第三方平台才能得以实现,如建设特色资源库系统过程中,与数据公司、软件公司的联合;五是与媒体合作,加强与相关媒体的沟通与交流,主动宣传自己,挖掘更多需求,扩大服务影响力。

在此次疫情大考中,国家图书馆的主动实践和担当作为,是其充分履行"为国家立法和决策服务"职能的根本要求,也是增强适应新时代发展要求的本领能力的具体体现。国家图书馆的应急决策信息服务虽取得阶段性成果,但与时代要求相比,与中央科学决策的期待相比,都还有不小的差距。国家图书馆需进一步总结经验、归纳问题、改进机制,为继续打赢疫情防控阻击战和经济社会发展攻坚战,为推动科学决策、民主决策、依法决策,推动国家治理体系和治理能力现代化,做出新的贡献和努力。

# 美国公共图书馆中心馆—分馆体系发展路径及启示研究

李海燕(金陵图书馆)

在美国公共图书馆发展的历史长河中,"延伸"(extension)一词广泛地描述了许多服务用户的方式,包括配送站、存放站、旅行图书馆、移动图书馆、分馆等。通过多种方式,公共图书馆的服务触角抵达不同的人群。尤其对于较大规模城市和地区而言,中心馆—分馆建设项目通常是行政规划工作中较为重要的方面[1]。中心馆—分馆作为构建服务体系的重要方式之一,以服务半径、服务人口与服务效能等因素为基准,助力公共图书馆实现均等化、系统化、全覆盖服务。

# 1 历程与阶段

## 1.1 肇始阶段

提及美国公共图书馆中心馆—分馆体系,要从波士顿说起,波士顿公共图书馆是美国公共图书馆服务先锋,第一家大型免费市立图书馆,第一家对外出借图书,确立理事会制度,设立儿童阅览室,同样也是第一家成功建立分馆的公共图书馆[2]。1848年,美国马萨诸塞州议会通过法案,在波士顿建立公共图书馆,授权中心图书馆设立分馆[3],1870年,东波士顿分馆从1867年的想法成为现实。时任理事会主席在落成典礼上的讲话[4]阐明了设立分馆的初衷,通过注册读者的居住情况,发现仅1/26的注册人来自东波士顿,由此可以看出,入馆不便成为东波士顿人使用图书馆的障碍。在东波士顿分馆建立之前,纽约曾经有过建立分馆的尝试,但都未成功[5],直到东波士顿分馆的建立,很快显示出中心馆—分馆体系的服务效能。1872—1900年间,21家分馆开始为波士顿的社区提供服务[6]。值得一提的是,2013年,东波士顿分馆新馆落成开放,2017年其与波士顿中心图书馆等共同获得美国建筑学会和美国图书馆协会颁发的图书馆建筑奖[7]。

## 1.2 探索阶段

19世纪早期兴起于英国[8]的旅行图书馆,利用小型馆藏,将图书馆服务扩展到乡村,在梅尔维尔·杜威(Melvil Dewey)的提议下,美国的纽约州于1892年启动了国家资助的旅行图书馆系统;1907年,哥伦比亚地区专门举办关于建立分馆的听证会[9],授权哥伦比亚地区专员接受捐赠以建立该地区分馆;1909年,芝加哥公共图书馆系统2/3的流通量是通过存放站进行的[10],存放站书籍有限,也不是由图书馆工作人员操作,费用昂贵,渐渐被认为不适宜开展[11]。20世纪30年代之前,中心馆—分馆体系主要在于大量小型分馆的建立,希望以有限的资源和员工提供全面的服务,这种模式被证实不具有可行性[12]。这一阶段,分支机构的开设和关张常有发生,中心馆—分馆体系处于实验和探索阶段。

## 1.3 初步系统化阶段

早在20世纪20年代,俄勒冈州尤马蒂拉县(Umatilla)为分馆制定了系列标准,这一举措更多地被视为关于图书馆服务的一般准则和建议[13]。1924年,《图书馆及其组织》(The Libraries and its Organization)作为美国图书馆学经典之一出版,其中的一部分即是关于图书馆分支,分支机构成为图书馆界的关注。

20世纪30年代,美国陷入大萧条,图书馆遭受重创,预算缩水,资源短缺,同时寻求庇护与寄托的失业者也涌入图书馆。这一阶段,图书馆服务在紧缩中艰难扩张,分馆规模逐渐变大,分馆建立的地点也倾向于从商业区向无障碍设施和停车位齐全的地区转移[14],集中图书馆藏和专业人员,为受众提供更好的服务。西雅图公共图书馆在1932年流通量首次突破了400万册[15]。30年代后期,芝加哥、洛杉矶、费城等都建立起不同层级的延伸服务[16],各地中心馆—分馆体系建设逐渐由实验阶段进入初步系统化阶段。

## 1.4 实践与理论并行发展阶段

20世纪50—70年代,中心馆—分馆体系建设成为各类图书馆标准的规范对象,美国图书馆协会发布全国性公共图书馆标准,各州发布各自标准。

1933年,美国图书馆协会发布公共图书馆界第一个正式标准《公共图书馆标准》(Standards for Public Libraries),需要关注的是1956、1962、1966年发布的标准都对系统化发展提出了见解和要求。其中,1956年美国图书馆协会发布的《公共图书馆服务评鉴指南暨最低标准》(Public Library Service:a Guide to Evaluation,with Minimum Standards),第一次将关注点从单体图书馆转移到图书馆体系,提出分支机构是离读者最近的图书馆[17]。

1953年,《加利福尼亚州公共图书馆服务标准》(Public Library Service Standard for California)作为标准先锋,着重于图书馆体系服务[18]。在1960年推出的《公共图书馆各州标准》(State Standards for Public Libraries)中,历数了各州图书馆标准中有关体系化发展方面的标准。1966年,《分馆的最新趋势》(Current Trends in Branch Libraries)问世,汇聚了图书馆专家学者关于体系化的见解论述。根据1964年美国图书馆名录,666家公共图书馆系统共有3376个分支机构[19]。20世纪70年代,美国经济陷入滞涨,各地公共图书馆预算紧缩,服务受限,在困境中拓展。

### 1.5 更新再造阶段

20世纪80年代末,美国公共图书馆单元发展到8968家[20],但由于大多年代久远,需要更新维护,开展全面改造运动以使服务现代化,为用户提供持续服务,这成为20世纪末以来美国公共图书馆的普遍状态。20世纪80年代以来,洛杉矶公共图书馆开始了图书馆分支翻修计划[21],进入新世纪以来,分支机构更是亟待修葺更新。洛杉矶的90%,旧金山的88%和芝加哥的75%的分支图书馆进行了翻新或重建[22]。以旧金山为例,旧金山继《分馆改进计划》(Branch Library Improvement Program)取得成功之后,启动了《明日图书馆改进计划》[23](Library Improvements For Tomorrow)。旧金山公共图书馆2019年预算为1.61亿美元,其中包含1980万美元,专门用于教会分馆(Mission Branch)的改造建设[24]。

## 2 运行与发展

### 2.1 运行概况

美国博物馆和图书馆服务协会(Institute of Museum and Library Service,PLS)通过联盟—州合作系统①(the Federal-State Cooperative System for Public Library Data,FSCS)收集全美公共图书馆统计数据[25]。2019年6月发布的2017财年数据表明,美国共有9045家[26]公共图书馆单元②,其中,单体馆占80.9%,具有分支体系、由中心馆兼具行政办公室职能的占17.6%,具有分支体系、行政办公室独立、本身不提供图书馆服务的占1.5%[27](见表1)。以上三者,按照人口多少呈比例分布,区域人口越多,分支体系越发达,区域人口越少,单体馆越占据主导[28]。

---

① 2007年,改名为公共图书馆统计合作(the Public Library Statistics Cooperative,PLSC)。
② 根据FSCS定义,公共图书馆是根据州法律或法规为社区、地区建立的实体,至少提供以下内容:1.有组织的印刷或其他图书馆资料的集合,或其组合;2.付薪员工;3.确定的时间表,向公众提供服务;4.支持馆藏、工作人员和时间表所需的设施;5.全部或部分用公共资金支持。

具有分馆体系的图书馆单元中,其中有分馆的1549家,有移动图书馆的540家;按照单体馆来统计,中心图书馆8870家,分馆7687家,流动图书馆672家[29](见表2)。随着分馆远离人口中心,美国公共图书馆乡村中心馆—分馆体系得到一定程度的发展(见表3)。

表1 不同类别的公共图书馆单元占比(单位:%)

| 类别 | 单体馆 | 具有分支体系、由中心馆兼具行政办公室职能 | 具有分支体系、行政办公室独立、本身不提供图书馆服务 |
|---|---|---|---|
| 指标 | 80.9 | 17.6 | 1.5 |

表2 不同类别的公共图书馆数量(单位:家)

| 分类原则 | 按照系统单元统计 | | 按照单体统计 | | |
|---|---|---|---|---|---|
| 类别 | 拥有分馆的图书馆 | 拥有移动图书馆的图书馆体系 | 中心图书馆 | 分馆 | 移动图书馆 |
| 数量 | 1549 | 540 | 8870 | 7687 | 672 |

表3 美国公共图书馆乡村中心馆—分馆体系百分比[30](单位:%)

| | 近郊 | 远郊 | 远乡 | 平均 |
|---|---|---|---|---|
| 无分馆 | 50.5 | 58.2 | 66.8 | 60.1 |
| 一家分馆 | 5.7 | 4.6 | 5.2 | 5.0 |
| 两家分馆 | 4.8 | 4.9 | 5.7 | 5.2 |
| 多于两家分馆 | 38.9 | 32.1 | 22.1 | 29.6 |

## 2.2 运作模式

从以上数据可以看出,中心馆—分馆体系运作只是美国公共图书馆体系化运作的一部分。中心图书馆[31](Central Library),既可能是单体馆的一种类型,也可能是在图书馆体系中起到操作中心作用的图书馆,通常所有的业务流程都集中在中心馆,并且主要馆藏都藏于此。在管理机构上,则有中心图书馆兼行政办公室职能的模式,也有在中心图书馆之外,单独建立行政办公室来统筹调度的模式。分支图书馆(Branch Library)至少包含以下所有内容:①有自己的区域;②有组织的图书馆馆藏资料;③付薪员工;④定期对公众开放的时间。分支图书馆还可划分为地区分馆、社区分馆、联合分馆等多种形式,在定位和功能上有所区分,各自在事务处理的自主程度上也有所不同。

在中心馆—分馆运作体系中,费城、洛杉矶等均在中心图书馆和分支图书馆之间设置了地区图书馆,按照区域来对更多的分支机构进行管理和服务,而西雅图并未设置地区图书馆,系统内包括中心图书馆及26家邻里分馆。也就是说,依据服务人口的数量与分布、自然、环境与交通条件等有所不同,各地的具体运作有所不同。费城公共图书馆(Free Library of Philadelphia)系统包括中心图书馆、3家地区图书馆及约50家邻里分馆[32],东北地区、西费城地区、西北地区,分别于1963、1976、1978年开放;洛杉矶公共图书馆系统包括中心图书馆、7家地区图书馆及超过60家的邻里图书馆[33]。

美国中心馆—分馆体系中的中心馆和分馆并无相互隶属关系,美国公共图书馆治理单元的设置,并没有统一的标准或规定,由此形成了因地制宜的多样化的设置模式[34]。以上涉及的多为某一辖区,还有多辖区共同组建的公共图书馆服务体系,通过调整边界,在更大的范围内提供统一服务。比如,为了最大限度地共享资源,美国新泽西州的卑尔根、艾塞克斯、哈德森和帕萨克四县公共图书馆协作化运营,建立了共有的联合图书馆体系,其服务版图上有77家公共图书馆[35]。

### 2.3 运行要素

#### 2.3.1 前期调研

中心馆—分馆建设应当以明确模式进行[36],在物理规划层面,须预计人口变化、土地利用、道路建设等;在融合规划层面,须提前调查区域内社会生活的方式和内容。分馆的地点选择须满足服务人口、密度、半径及效能的平衡,建立分馆并非越密集越好,须达到一定的效能,才能达到建立分馆的目的,服务相应的人口,以一定的区域为半径。这在美国公共图书馆中心馆—分馆建设中,不同的时代、不同的区位、不同的角度,得到的结论不一样。1940年,洛厄尔·马丁(Lowell Martin)得出结论,他对分馆的调查以1英里作为城市分馆的有效范围[37]。1956年,美国图书馆协会在公共图书馆标准中提出,应该每隔一段距离设置社区图书馆和流动图书馆,以便每个学龄儿童都可以独自来到图书馆[38]。1964年,图书馆界人士提出,只要城市的人口达到10万,图书馆就得开始提供延伸服务[39]。在1966年的研究中,分馆的人口基数为7万或更高,服务区域须支撑服务数据达到10万至20万的流通量,这样的服务区域较为合理[40]。事实上,分馆的地点选择无法以统一标准来规划,应按区域特色进行规划。在具体地址的选择上,主要考虑交通方式,应可通过公共交通和私人交通方式到达。分馆应始终位于一组用户的中心而非边缘,一般来说,不会在无人居住的区域边缘放置分支机构,如一片水域、大型公园、纯粹商业区等[41]。现代公共图书馆管理部门应致力于这样的观念,即分馆应该在为此目的而建造的设施中运营[42]。

#### 2.3.2 空间、经费与人员

就空间分配而言,分馆与中心馆在功能上的区分,使得分馆的绝大多数空间应该都是可以为读者所用的。1941年的《美国公共图书馆建筑》(*American Public Library Building*)提及,读者人均阅览面积、员工人均占有工作空间、每平方米面积内的书籍数量等,也提及了阅览室面积应占60%、员工工作空间应占10%、流通空间占12%、书库占8%、其他(诸如楼梯、前厅)占10%。1959年的《小型公共图书馆建筑》(*The Small Public Library Building*)则提及,员工的空间、走廊等占建筑物的40%[43]。在布鲁克林公共图书馆系统和皇后图书馆系统中,较早建立的不少分馆中,非读者可用空间占30%—40%甚至更多,而2013年新建的史坦顿岛水手港分馆则只有12%用于非读者空间[44]。

在经费上,大多数美国公共图书馆运营的资金超过80%来自地方税收,州和联邦税仅占公共图书馆运营资金的一小部分[45]。图书馆的征税率会随着财产价值的变化而上升或下降。通常,财产价值增加时,税率会下降,反之则可以增加,但不能超过一定的限额。针对图书馆基本设施的建设和改造等特定项目的特别征税和债券项目,必须通过选票支持。1998年,西雅图选民批准了美国有史以来最大规模的全民图书馆(Libraries for All)债券发行,通过了1.964亿美元的债券,在民意测验中获得了69%的批准率,具有重大意义。这项大规模措施使得系统内所有的邻里图书馆得到扩展翻新,面积翻了一番,新的中心图书馆落成,4家新的分馆也得以建立[46]。2019年,西雅图选民刚通过了为期7年,耗资2.191亿美元的图书馆征费更新计划[47]。美国公共图书馆善于利用社会力量,"图书馆之友"(Friends of Libraries)在美国图书馆事业的发展中也起到了不可低估的作用[48]。在分馆人员方面,专业人员需要图书情报专业培训、机智、耐心和对人要有真正的兴趣;对于文职或者非专业职位来说,同样需要可靠、友好、外向的人。对于专业人员与非专业人员的比例,1:2可以达到最优效率[49]。

### 2.3.3 馆藏目标

书籍的选择是图书馆员的重要使命之一。馆藏需要达到一定量,才能支撑起相应的流通量。图书馆学家约瑟夫·刘易斯·惠勒(Joseph Lewis Wheeler)与赫伯特·戈尔登霍尔(Herbert Goldhor)曾测算如果达到10万及以上流通量,需要2.5万册书籍来支持[50]。书籍的选择可以着重考虑三个层面的来源:馆员层面、读者层面、专业领域人士层面。馆藏在数量上可以有两种确定方法:一是确定人均量,根据人口数量算出藏量,二是确定总量标准,满足某一基础数量。在分布上,分馆的馆藏按照知识分类,适合读者需求,体现分馆功能,彰显分馆特色,陪伴读者终身教育。也就是说,一方面,分馆作为社区服务的独立实体,在基本馆藏方面呈现出相同的特点,以平衡满足各社区居民的常规需求;另一方面,不同社区之间、相邻社区及社区内部各分馆之间构建了差异化的馆藏服务,实现了资源的互补和平衡[51]。在具体馆藏品种的选择上,小型分馆的服务被定义为主要提供小说借阅、初级参考工作和阅读引导,规模较大的分馆则主要提供较多的成人非虚构作品以及其他专门资料[52]。皇后图书馆系统的2017—2021年计划中则特别提及补充成人非小说类收藏[53]。

## 3 实践与案例

### 3.1 纽约市

纽约市的公共图书馆系统非常庞大,三大体系包括纽约公共图书馆系统、布鲁克林公共图书馆系统以及皇后图书馆系统。纽约市的中心馆-分馆建设起步很早,1913年,纽约公共图书馆流通部就已制定《分馆馆员及助理的规则与说明》(Rules and Instructions for Branch Librarians and Assistants),详尽地规定了包括分馆的服务规则与服务流程、人财物的管理与调配、书籍的流通与保存,甚至意外情况的处理、传染性疾病等均有涉及,共计34项309条[54]。纽约市的公共图书馆系统主要发展于两个时期,一是卡耐基时期,54家分馆建立,主要通过卡耐基公司的赠款。二是20世纪60—70年代,时任市长为约翰·林赛(John Lindsay),设计及建造了53家分馆[55],但出于成本考虑,该时期的分馆规模都较小。值得关注的是纽约市公共图书馆系统在馆藏购置与流转方面的协作协调。纽约和布鲁克林公共图书馆系统的共享技术服务中心BookOps,整合了两大系统的书籍采购、编目、处理和分发,使得馆藏配置与物流系统变得集约高效[56]。

2014年,城市未来研究中心(Center for an Urban Future)经过多方探访调研提出了《关于纽约市图书馆分馆的重新构想》(Re-Envisioning New York's Branch Libraries),认为公共图书馆系统的非营利地位(而不是作为城市机构)使他们在确保其在市长优先事项中的地位上处于劣势,报告就设施老旧、功能落后、资金断流等问题,提出了24点举措[57]。

## 3.2 芝加哥市

芝加哥公共图书馆系统被认为是美国最好的公共图书馆系统,目前主要包括中心图书馆、3家区域分馆[58]以及超过70家的邻里分馆。1904年,芝加哥第一家分馆建立[59],1916年,亨利·勒格勒(Henry Legler)向董事会提出了一项转型提案——"整个城市的图书馆计划"(Library Plan for the Whole City),该计划要求建立5个区域图书馆和70个邻里图书馆,目的是使图书馆设施在芝加哥市每位居民的步行范围内。勒格勒于1917年去世,但他的想法得以确立,第一个地区图书馆于1920年开放时,即被命名为勒格勒图书馆以作纪念[60]。芝加哥的另两家地区分馆分别成立于1931、1939年。1968年,芝加哥公共图书馆系统已有62家分馆[61]。

2018年7月,芝加哥发布战略《分支机构:建设图书馆,建设社区》(Branching Out: Building Libraries, Building Communities)。该计划是继21世纪芝加哥图书馆系统转型之后的又一举措。自2011年以来,芝加哥图书馆系统在资本、人员和项目上的新投资超过2.5亿美元。时任市长分析了图书馆与社区之间的关系,认为这项举动不仅撰写了芝加哥公共图书馆历史上的新篇章,而且还加强了整个芝加哥社区的结构。他认为图书馆是社区的锚点,是家庭聚会的场所,是学生获得帮助、求职者获得机会的场所,对图书馆未来的投资就是芝加哥未来的投资[62],将图书馆事务提到了与城市发展密切相关的层次。

## 4 启示与举措

### 4.1 分馆的建设是统一的,还是多样的?

尽管美国中心馆-分馆体系按照一定的模式发展,面向基层提供服务,接受理事会的管理,获得社会力量的诸多支持,馆员的专业与非专业工作相结合,志愿者参与甚多,但明显可以看到其中分馆运行与管理的多样性。

分馆类型以社区分馆为主,也有其他类型分支机构,包括面向特定人群、采用特定主题提供服务,着眼于不同的服务目标实施定位。比如,皇后公共图书馆系统中的65个服务地点包括中心图书馆、分支图书馆、7家成人学习中心,1个技术中心,2个幼儿园普及班和2个青少年中心[63]。纽约公共图书馆系统服务于布朗克斯、曼哈顿和史坦顿岛,则有88个分支机构和4个学术研究中心[64]。

分馆致力于面向用户提供统一服务,同时也提供非共性的服务,以芝加哥公共图书馆系统为例,2013年全年,芝加哥公共图书馆系统的所有分馆都开始提供公益的家庭作业帮助(homework assistance program),并且提供在线辅导,这使得芝加哥公共图书馆该项目成为美国规模最大最全面的家庭作业帮助项目,同时,2017年,芝加哥公共图书馆又计划在三家分馆推出体验实验室(Experience Lab),包括青少年数字媒体(YOUmedia)、计算机辅助(Cyber Navigator)、创客实验室(Maker Lab)三个项目,覆盖全年龄段人群的数字素养提升。近年来,芝加哥公共图书馆通过与芝加哥住房管理局合作,共同为新的分支机构选址,为分馆与社区建筑确定方案,与社区住房深度融合[65],拓展了分馆建设的渠道与路径。

### 4.2 标准规定数字,还是规范服务?

分馆应按照其定位实现不同层级的功能,分馆运行的保障需要馆舍、馆藏、经费、人力等要素，分馆服务可通过服务时间、服务功能、馆藏及新增馆藏、流通量、参考服务量、活动数量等指标来进行衡量，分馆绩效与标准要与体系化运作的阶段和现实情况相适配，究竟是规定数字，还是规范服务，不可一概而论。

1956年，美国第一个国家级图书馆法《图书馆服务法》施行，1964、1996年有两次修订更新，目前施行的是《图书馆服务与技术法》(Library Services and Technology Act)。在此框架下，图书馆服务的责任由教育部的一部分转移到新成立博物馆和图书馆服务研究所。以国家立法为准绳，各地纷纷立法、定标准，支持公共图书馆的标准化发展。美国公共图书馆的标准主要包括国家与州的不同层级标准，国家标准已在上文提及，经过了较长的发展期，同时考虑各州差异，国家层面已不再出台全国性服务标准，更多地由全国性协会从战略层面进行指导，州标准因其因地制宜而得到加强。以美国北卡罗来纳州公共图书馆系统为例，该州1988、1998、2012年分别推出了不同版本的标准，体现了从具体数字的规定，到标准的提升，再到不规定数字标准的趋势。并非所有的州都没有数字标准，但关注服务规范、基础服务和最佳服务的理念逐渐得到确定。也就是说，数字标准在历史时期起到了相应的作用，然后又随着历史的发展逐渐退场。

### 4.3 中心馆的作用是加强了，还是削弱了？

1938年，美国图书馆学家拉尔夫·阿德里安·乌维林(Ralph Adrian Ulveling)提及，"公共图书馆开展普遍教育服务的主要机会在于其分馆"他补充说，"分馆不是主馆的服务卫星，它们自身就有确定的教育职责……是个人教育自我提升的配备之一。"[66]在中心馆统一行动基础上，分馆服务与功能的特色性需要得到更多彰显，同时中心馆的作用得到了加强。

在东波士顿分馆建立时，就有中心馆作用会被削弱的普遍担忧，但建立分馆对中心馆起到了促进作用的事实，很快得到确认。1870年，波士顿中心图书馆只有3万多馆藏，1877年，已建立6家分馆，中心馆馆藏达到13万余，其中中心图书馆本身的馆藏几乎翻了一番，馆藏增长近3万[67]。据来自较大公共图书馆年度报告的服务统计数据显示，一些分馆负责系统外借量的85%至90%。有一些城市如科珀斯克里斯蒂(Corpus Christi)和达拉斯(Dallas)，其个别分馆的外借量比中心图书馆更多[68]。

对于中心馆而言，随着人口的增长和需求的变化，随着规模的扩大和功能的增多，其为读者提供直接服务只是其众多功能之一，同时，在中心馆重复和加强服务的效能已明显不如中心馆—分馆服务体系的效能实现。

对于分馆而言，为了提高流通效率，并且考虑不同区域需求，一方面，一个分支机构的成本要比具有相同流通量的自成一体的公共图书馆的成本少得多；另一方面，中心馆-分馆体系并不意味着所有方面的统一，须保留独特个性，针对性地设置馆藏，开展服务。对于中心馆-分馆体系中的图书馆而言，应该统一化的工作包括：政策制定、公共关系、目录服务、图书订购、人事政策和就业、设备购买与输送、流通规则。体现个性化的工作则包括政策的执行与解释、社区参与、图书选择、读者服务、人员安排、人员监督[69]。

在我国公共图书馆服务体系建设中，根据我国现实状况，推进以县级图书馆为中心的总分馆制建设成为构建现代公共文化服务体系的重要任务，同时，各地社会经济发展状况、自然环境和交通条件、人口数量和分布等因素都有着较大的差异，在此背景下，分馆运行与管理的多样性、分馆绩效与标准的适配性、中心馆与分馆互为促进应成为我国公共图书馆体系建设的可借鉴与关注的三个方面。

1923年,美国图书馆协会主席乔治·B. 尤利(George B. Uley)在芝加哥公共图书馆成立50周年的致辞中提出,现代图书馆的延伸服务应该是把书带给读者,而不是迫使读者来找书[70]。公共图书馆提供均等服务,助于人们提升自身竞争力,获得文化,养成文明,与课堂教育相得益彰,也成为终身教育的支撑。这一功能有赖于中心馆—分馆体系得以全面覆盖,让图书馆得以来到用户当中,匹配需求的同时发现需求。

**参考文献**

[1][68] JONES W H. The Role of the Branch Library in the Program of Metropolitan Library Service[J]. Library Trends, 14(4)1966:401-406.

[2] BPL History[EB/OL].[2020-01-02].https://www.bpl.org/bpl-history/.

[3][5] DRURY G G. The Libraries and its Organization[M]. New York: The H.W. Wilson Company, 1924:163.

[4] GREENOUGH W W. Address delivered on the dedication of the East Boston Branch of the Public Library[M]. Boston: Alfred Mudge & Son, 1871:5.

[6] BPL History[EB/OL].[2020-01-02].https://www.bpl.org/bpl-history/.

[7] Eight recipients honored with the 2017 AIA/ALA Library Building.Awards[EB/OL].[2020-01-29].https://www.aia.org/press-releases/75816-eight-recipients-honored-with-the-2017-aiaal.

[8] WIEGAND W A, JR. DAVIS D G. Encyclopedia of Library History[M]. New York Routledge, 2013:315.

[9] Report of Hearings of January 30, 1907, on S.6406[M]. Washington: Government Printing Office, 1907.

[10] Chicago Public Library[EB/OL].[2020-01-03]. http://www.encyclopedia.chicagohistory.org/pages/261.html.

[11-12][16][36][39-40][69] EASTLICK J T, SHEAROUSE. H. G Organization of a branch system[J]. Library Trends, 14(4)1966:374-384.

[13] VAINSTEIR R, MAGG M. State Standards for Public Libraries[M]. US Department of Health, Education, and Welfare, Office of Education, 1960:8.

[14] JONES W H. The role of the branch library in the program of Metropolitan library service[J]. Library trends, 14(4)1966: 401-406.

[15] A detailed history of The Seattle Public Library[EB/OL].[2019-12-01].https://www.spl.org/about-us/the-organization/our-history/detailed-history.

[17] MARTIN L A. Standards for public libraries[J]. Library trends, 21(2)1972: 164-177.

[18] VAINSTEIN R, MAGG M. State Standards for Public Libraries[M].US Department of Health, Education, and Welfare, Office of Education, 1960:16.

[19][42] JONES W H. The role of the branch library in the program of Metropolitan library service[J]. Library Trends, 14(4)1966:401-406.

[20] OWENS S, KINDEL C. Public library structure and organization in the United States[EB/OL].[2019-11-05]. https://nces.ed.gov/pubs/96229.pdf.

[21] Building on success: Los Angles public library stragetic plan 2007-2010.[EB/OL].[2019-11-04].https://planning.lacity.org/eir/CrossroadsHwd/deir/files/references/K402.pdf.

[22][44][55][57] Re-envisioning New York's branch libraries[EB/OL].[2019-11-02]. https://nycfuture.org/pdf/Re-Envisioning-New-Yorks-Branch-Libraries.pdf.

[23] Library improvements for tomorrow[EB/OL].[2019-12-01].https://sfpl.org/about-us/capital-projects-building-you/library-improvements-tomorrow.

[24] Budget information: fiscal years 2018-19 & 2019-20[EB/OL].[2020-01-01].https://sfpl.org/about/budget-information-fiscal-years-2018-19-2019-20.

[25] The Federal-State cooperative system (FSCS) for public library data chronology 1980-current[EB/OL].[2020-01-04]. http://plsc.pbworks.com/f/LSCP1988-present.pdf.

[26-29] Public libraries survey supplementary tables[EB/OL].[2019-12-21]. https://www.imls.gov/sites/default/files/fy2017_pls_tables.pdf.

[30] Rural libraries in the United States[EB/OL].[2019-12-01]. http://www.ala.org/advocacy/sites/ala.org.advocacy/files/content/pdfs/Rural%20paper%2007-31-2017.pdf.

[31] State characteristics data element definitions[EB/OL].[2019-12-01]. https://www.imls.gov/sites/default/files/pls_defs_fy2016.pdf.

[32] Every year our librarians answer millions of questions—literally[EB/OL].[2019-11-09].https://libwww.freelibrary.org/blog/post/3054.

[33] Library directory[EB/OL].[2019-11-09]. https://www.lapl.org/sites/default/files/media/pdf/about/branch_map.pdf.

[34] 蒋永福,李京.美国公共图书馆治理的特点[J].图书馆论坛,2012(6):139-142,204.

[35] History[EB/OL].[2019-12-02].https://www.bccls.org/about_BCCLS/history.shtml.

[37-38][43] John M.Carroll. Establishing Branch Libraries[J]. Library Trends, 1966: 14(4): 385-400.

[41] BOSTWICK A E. The American public library[M]. D. Appleton Company, 1910:243.

[45] From awareness to funding[EB/OL].[2020-01-20].https://www.oclc.org/content/dam/oclc/reports/funding/fullreport.pdf.

[46] Our history[EB/OL].[2020-01-20].https://www.spl.org/about-us/the-organization/our-history.

[47] 2019 Library levy renewal[EB/OL].[2020-01-20].https://www.spl.org/about-us/the-organization/budget-and-operations/library-levy/2019-library-levy-proposal.

[48] 曹海霞,刘雅琼.美国基层图书馆的可持续发展探究[J].图书与情报,2010(4):50-54,58.

[49] HAMILL H L.Selection, training, and staffing for branch libraries[J]. Library Trends, 1966:14(4):407-421.

[50] WHEELER J L, GOLDHOR H. Practical administration of public libraries[M]. New York: Harper & Row, 1962:425.

[51] 陶俊,孙坦,金瑛.总分馆制下公共图书馆的服务模式研究——以美国波士顿公共图书馆系统为例[J].图书馆建设,2010(8):7-13.

[52][66] BLOSS M. The branch collection[J]. Library trends, 1966:14(4):422-433.

[53] Queens library system plan of service 2017-2021[EB/OL].[2020-04-02].https://www.queenslibrary.org/sites/default/files/2020-02/QueensLibrarySystemPlanofService2017-2021.pdf.

[54] Rules and instructions for branch librarians and assistants[M]. New York: New York public library,1913.

[56] Middlewhere: landscapes of library logistics[EB/OL].(2015-06-25)[2019-11-02].https://urbanomnibus.net/2015/06/middlewhere-landscapes-of-library-logistics/.

［58］Mayor Rahm Emanuel and Chicago public library announce the transformation of legler branch into a regional library on the West Side［EB/OL］.（2018-10-01）［2019-12-03］.https://www.chipublib.org/news/mayor-rahm-emanuel-and-chicago-public-library-announce-the-transformation-of-legler-branch-into-a-regional-library-on-the-west-side/.

［59］CPL history［EB/OL］.［2019-12-04］.https://www.chipublib.org/cpl-history/.

［60］The rebirth of a regional library［EB/OL］.（2019-10-01）［2019-12-08］.https://beltmag.com/legler-regional-library-chicago-rebirth/.

［61］LADENSON Alex.Chicago public library［C］// KENT A，LANCOUR H. Encyclopedia of library and information science volume4. New York：Marcel Dekker，1970：530-539.

［62］Mayor Emanuel and Chicago Public Library announce "branching out：building libraries，building communities"［EB/OL］.［2019-11-01］. https://www.chicago.gov/city/en/depts/mayor/press_room/press_releases/2018/july/BranchingOutLibraries.html.

［63］About Queens public library［EB/OL］.［2019-11-20］.https://www.queenslibrary.org/about-us/queens-public-library-overview.

［64］About The New York public library［EB/OL］.［2019-11-06］.https://www.nypl.org/help/about-nypl.

［65］Mayor Emanuel，Chicago public library and Chicago housing authority open Innovative library projects［EB/OL］.［2019-12-02］.https://www.chipublib.org/news/mayor-emanuel-chicago-public-library-and-chicago-housing-authority-open-innovative-library-projects/.

［67］DRURY G G. The Libraries and its Organization［M］. New York：The H.W. Wilson Company，1924：164.

［70］The Chicago public library，1873-1923；proceedings at the celebration of the fiftieth anniversary of the opening of the library［M］. Chicago：The Board of directors，1923：50.

# 古籍图像汉字切分方式融合研究

倪 劼（南京图书馆）

我国古籍数字化建设主要有四个层次，由低到高分别是：影像化、图像数据库、全文检索数据库、知识关联型数据库。目前，国内绝大多数的古籍收藏机构仍以图像扫描和加工为主，古籍数字化工作依然任重道远[1]。众多学者对此进行了深入的剖析，包括古籍数字化建设中存在基础性建设滞后、专业型人才不足、资源利用率低、理论研究较多、实践较少等方面的问题，提出鼓励图书馆、档案馆等古籍收藏机构，在多学科融合下充分利用信息技术等方法，将其他学科的理论与技术引入古籍数字化工作中，在开展理论研究的同时，加强实践研究与成果转化[2-5]。这些研究充分表明，信息技术是古籍数字化实践的重要手段，其中利用信息技术实现古籍图像文字的切分，已经成为古籍数字化重要内容之一，其研究具有十分重要意义。本文在传统古籍图像文字切分基础上，尝试将其优势部分融合，并提出一种全新的切分方式，从而丰富古籍图像处理技术，促进古籍数字化发展的深入探索。

# 1 古籍图像汉字切分分析

本文所述古籍是指1912年之前书写或印刷的,具有中国古典装帧形式的书籍。因汉文古籍占现存古籍总量的绝大多数,故本文选择以古籍中的汉字切分为研究对象。

## 1.1 古籍图像中的汉字特征

古籍有众多分类方式,装帧形式上可以分为简装、卷轴装、经折装、蝴蝶装、线装、毛装等;版本上可以分为刻本、活字本、手抄本;生产方式上,有雕版、活字、手写的区分[6]。因本文研究重点并非古籍本身,仅从古籍图像汉字切分角度列举出相关的显性要素,具体呈现出以下特征:

一是从字体上看,古籍中的汉字大多为繁体字,这是由小篆演变为隶书之后产生的一种书写体系,直到20世纪一直都是通用的中文书写标准。与简体字相比,繁体字结构更加丰富。同时,古籍中的汉字也是书法表现形式中的一种,且以楷书形式居多,具有点画齐备、结字方整、章法和谐的特征。

二是从版面上看,与现代版面方式有很大不同,古籍为竖式排列,且阅读习惯为从右向左。古籍中版面没有统一标准,在排列时也有不同字号混排的情况出现,内容中常伴有印章、批点等情况,同时存在字体交错、粘连现象。因传承时间久远,古籍还存在着页面缺失、字体模糊等情况。

三是从图像上看,由于目前国家对古籍书影制作即图像扫描有一定的标准,在制作过程中对角度、白平衡、曝光度、ISO等影像技术都有相关要求,因此最终成像图片倾斜度较低、清晰度较高、色彩还原度较好。

## 1.2 切分要素与难点

根据上述特征可以分析出汉字切分的有利要素:一是繁体字呈现矩形形态,根据这一形态特征,可以较为方便分析出文字的大致位置;二是结合汉字楷体结构和书法规则,楷体笔画形式以"永字八法"为基础,字形方整、比例协调,可以利用这些特征,以及书法中的起笔、运笔、收笔时的变化对文字进行细切分;三是竖式排列方式,使得列与列之间具有一定间隔,单列文字切分较为容易;四是标准化图的像制作,有利于后期处理。

但是,古籍图像汉字不利于切分的因素更多,主要有以下几个方面:一是古籍图像中的噪声,以及页面中的印章、批点等情况,易与正文混合在一起,对切分准确度形成一定的干扰。二是古籍中的汉字缺失、字形模糊等情况;三是古籍版本较多,刻本、手抄本中,字与字之间常会出现交错、粘连等情况。虽然图像处理技术发展较快,但面对古籍图像中出现的内容缺失、残损等情况,仍旧没有太好的解决办法。然而,对图像噪声处理,包括其中非正文内容及字符混排等情况,可以通过图像预处理技术中的二值化、直方图均衡化、形态学等算法,均能得到有效解决。古籍刻本、手抄本往往内容非常"拥挤",文字间的交错与粘连对切分产生了严重的干扰,容易出现切分不够或过切分状况。因此,如何提高交错、粘连部分文字切分准确率成为古籍图像汉字切分的难点。

## 2 传统切分方式比较

近年来,图像文字切分方式研究不断涌现出新的算法,例如基于图论的切分算法、基于神经网络的切分算法、基于信息测度的切分算法、基于偏微分方程的切分算法等。由于适用场景不同,这些算法并未在古籍图像文字切分方面有大量应用。然而,以高校为代表的研究群体,运用传统算法在多种古籍图像文字上实现了切分。如古籍图像汉字的切分研究与尝试[7-11];贵州省黔南地区水族特有的水书文献图像文字切分[12];朝鲜语古籍中,朝汉文种混排切分[13];蒙文古籍图像文字切分[14-15];西夏古籍图像文字的切分[16]等。以上研究利用了投影法、连通域算法、滴水算法的复合或改进方式,在实验环境下取得了较高的切分准确率,具体如表1所示。

表1 多语种古籍图像文字切分

| 作者 | 古籍文字 | 切分方式 | 准确率 |
|---|---|---|---|
| 周双飞等 | 汉字 | 投影法 | 87.79% |
| 张忠林等 | 汉字 | 投影法 | 95.77% |
| 贾雪莎 | 汉字 | 连通域算法 | 100% |
| 苏敏 | 汉字 | 滴水算法 | 91.17% |
| 齐艳媚等 | 汉字 | 连通域算法 | 92.3% |
| 张国锋 | 水书 | 投影法、连通域算法 | 95.3% |
| 刘星辰等 | 朝汉混排 | 连通域算法、滴水算法 | 100% |
| 苏向东 | 蒙文 | 投影法、连通域算法 | 96.2% |
| 杨丽梅 | 蒙文 | 投影法、连通域算法 | 97.87% |
| 李小璐 | 西夏文 | 连通域算法 | 100% |

由表1可以看出,广泛被学者应用于切分古籍图像文字的基本方式主要有三种:投影法、连通域算法、滴水算法。

投影法,是一种常见的光学字符切分方式。其原理较为简单,通过对二值化后的图像进行逐行或逐列累加形成投影图,利用投影中的间隙找出相邻字符的分界点,实现图像中行或列的字符分割,如图1所示。投影法适用场景广泛,但在具体应用中,对图像质量以及字符分布有着较为苛刻的要求。若图像噪声较大,字符之间存在交错、粘连等情况,投影法往往会出现多切或少切的问题。尤其在古籍图像字符识别时,因图像中存在大量的噪声,以及字符之间交错、粘连等情况,则需要配合其他算法同时进行。

图1 二值化投影

连通域算法,该算法属于图像处理技术中的一种,常用于图像目标的分割与提取,是目前古籍图像文字切分中最常见的一种方法。它对图像中像素点的邻接关系进行分析,常见的邻接关系有4邻接和8邻接,如图2所示。具有相同像素值的邻接点组成的区域为连通区域,对连通区域进行分析从而实现图像目标的分割与提取。连通域算法用来进行切分时,可以很好地解决字符交错的问题,但是遇到字符粘连情况,同样需要结合其他方式来进行。

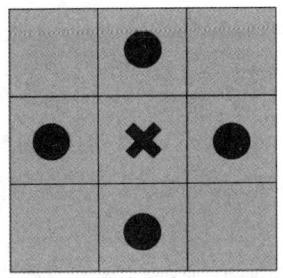
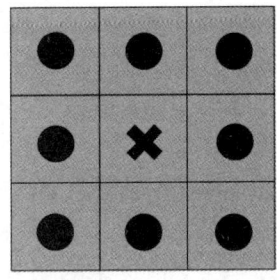

图 2 连通域邻接关系

滴水算法,是一种经典的字符切分算法,通过模仿水滴由上而下的自然滴落过程,实现对图像字符粘连部分的切分,如图3所示。其原理是水滴沿着图像字符轮廓下落或水平滚动,在轮廓凹陷处,它将穿透轮廓继续下落,最终水滴运动轨迹就形成了字符切分路径,该算法常被用于英文或数字粘连部分切分,滴水算法最终受到起始位置、水滴下落规则以及方向等因素制约,在不加限制的情况下容易出现切分错误。

图 3 滴水算法切分粘连字符

通过对现有古籍图像文字切分方式分析,我们可以发现它们各有优劣势,如表2所示。由于古籍图像呈现的复杂性远高于一般场景,到目前为止,能够实现古籍图像文字切分均在传统算法中采用了复合或改进的方式,且在处理交错及粘连文字时,需要采用不同算法分别进行切分。因此,算法的多元性以及适用性就显得格外的重要,笔者以此将借鉴各传统方式中的优势部分,尝试将其融合为一种算法,提出古籍图像汉字切分新思路。

表 2 各切分方式优劣势比较

| 切分方式 | 优 势 | 劣 势 |
| --- | --- | --- |
| 投影法 | 方式简单、快速切分 | 交错、粘连部分无法切分 |
| 连通域算法 | 交错部分切分 | 粘连部分无法切分 |
| 滴水算法 | 粘连部分切分 | 受切分起始位置、下落规则及方向等因素制约 |

## 3 切分方式融合

### 3.1 基本思路

传统算法各有优劣,若能扬长避短,将其优势集中并成功融合起来,那么将能够很好地解决当前切分时面临的不同问题。融合方式中,将根据古籍图像汉字呈现的矩形特征,通过投影法加上阈值的方式,大致确定出交错与粘连部分的具体区域,再借鉴连通域算法和滴水算法的思想,在待切分区域的不同位置,以水流方式寻找切分的位置。为了防止出现过切分与切分不足的情况,与滴水算法的区别在于水流并不渗透文字中,只是在待切分区域的缝隙间行进。众所周知,水在高处下落时,会受重力作用一直垂直向下运动。在这个过程中若遇到障碍物,水流会沿障碍物边缘运动,当进入一片洼地时,会逐步将洼地注满,再进一步沿障碍边缘行进,直至到达底部。在二值化图像中,我们可以将图像中的文字看作是障碍物,在待切分区域,尝试各个位置点作为水流起点,并将不同位置的轨迹进行比较,路径最短的那条轨迹将作为最终切分依据,实现交错文字的切分。如水流不能到达底部,则将图像上下颠倒,再进行一次反方向实验,若两次均不能到达时底部,可认为该区域文字存在粘连,这时将利用古籍图像汉字中的书法特征,将两边水流轨迹最接近的位置作为切分依据。以上融合方式,可实现古籍图像汉字切分。

### 3.2 算法模型

本文采用逐字切分方式,对列文字进行切分。首先将通过投影法对间隔较大的文字实现切分,在对遇到投影法无法切分情况时,划出待切分区域,再通过融合后的算法模型对区域内的文字进行切分。待切分区域由投影法结合阈值获得,结合古籍汉字特征,本文选取黄金分割率 0.618 作为阈值参数,在投影法基础上,以平均字符高度的黄金分割点作为待切分区域开始,在此基础上增加半个字符平均高度值作为待切分区域的结束,具体表达公式如下:

$$[h_{start},\ h_{end}] = \left[\lambda \times H,\ \lambda \times H + \frac{H}{2}\right] \quad (公式1)$$

公式(1)中 H 表示平均字符高度,$\lambda$ 表示阈值参数 0.618,$h_{start}$、$h_{end}$ 分别表示待切分区域的起始和结束位置。

待切分区域处理过程如图 4 所示,图 4(a)为原图中上下文字存在交错,首先将图 4(a)进行二值化处理并向右旋转 90 度得到图 4(b),方框部分表示由公式确定出的待切分区域,再将待切分区域单独取出,并以坐标轴的方式显示,结果如图 4(c)所示。其中以 X 轴坐标每个像素点作为水流起始点,T 记录水流运动路径,对该区域的水流路径进行比较分析,作为最终切分依据。

在一个二值化图像中,一个像素点只有可能是黑色或白色,本文中前景色为白色,即二值化后的文字颜色,背景色为黑色。水流每一步行进路径选择均与周围像素值有关,若水流在坐标轴范围内顺利到达 Y 轴底部将被认为是有效路径选择,以此进行交错文字切分;若当前坐标 x、y 值超出 X 轴极值,或 y 值为负值时,均会认为选择当前 X 轴像素点无法到达 Y 轴底部,则以此进行粘连部分切分。

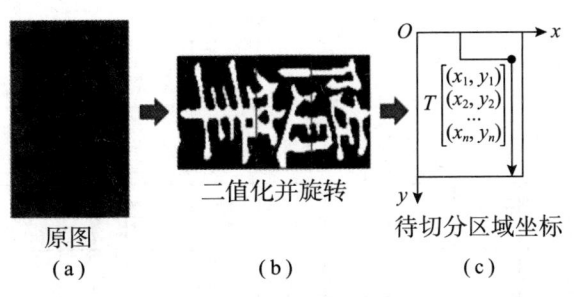

原图　　　　　　　　　　　　　　　　　　待切分区域坐标
(a)　　　　　　　　(b)　　　　　　　　(c)

图4　待切分区域

在水流每次行进时都会首先查看当前点下面的三个像素,若三个像素点颜色不全为白色,运动轨迹选择如图5所示。图中可以看出,将当前点下面三个像素分别命名为p1、p2、p3。水流运动轨迹有以下几种情况:

只要p2为黑色,p1、p3不全为白色,下一步都将向p2位置移动;

若p1为黑色,p2、p3为白色,下一步移动至p1位置;

若p3为黑色,p1、p2为白色,下一步移动至p3位置,可以看出水流始终沿着重力向下移动;

若p2为黑色,p1、p3为白色,我们认为水流将流入洼地,此时需要将洼地用水注满,即p2像素值由黑色转为白色,并且移动位置保持不变;

若p1、p3为黑色,p2为白色,我们认为该像素将被水流吞没,即p2像素值由白色转为黑色,并将下一步移动至p2位置。

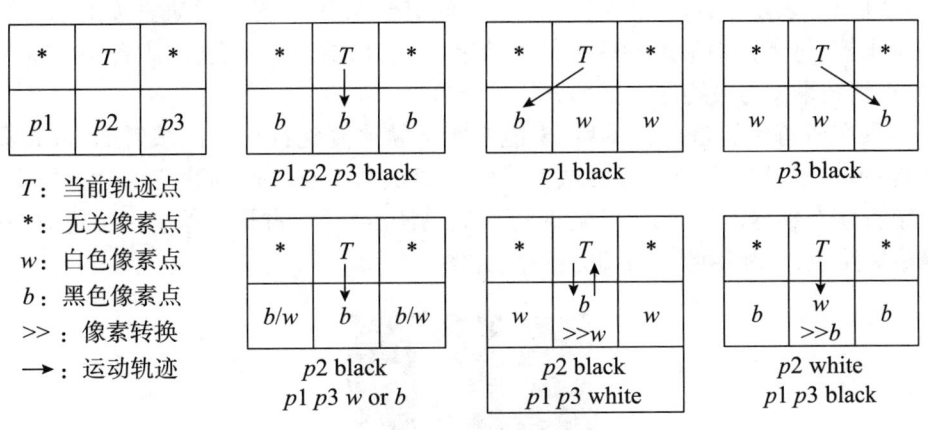

图5　水流运动轨迹选择(一)

如果当前点下面三个像素点全为白色,运动轨迹选择情况如图6所示。图中可以看出,p1、p2、p3同时为白色时,则需要获取当前点左右像素值,分为以下集中情况:

若右下方黑色像素距离当前点更近,则下一步向右移动;

同理,若左下方黑色像素距离当前点更近,则下一步向左移动;

若当前像素两侧出现白色像素时,我们认为当前这一行像素为洼地,此时需要将这一行洼地用水注满,即这一行像素值由黑色转为白色,并且移动位置退回至上一步;

在所有位置都尝试完成后,就进入切分计算。待切分区域有交错或粘连两种情况,所以待切分区域的处理方式也分为两种:

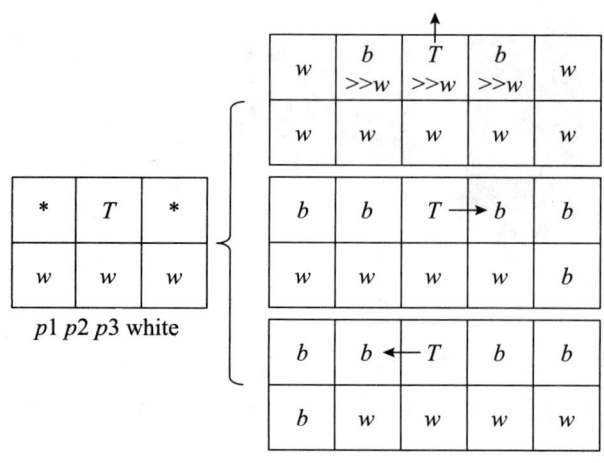

图6 水流运动轨迹选择(二)

一是如果有水流轨迹能够顺利到达待切分区域底部,则认为该区域存在文字交错。具体公式如下:

$$T_{min} = \min(T_1, T_2, T_3, \cdots T_n) \quad \text{(公式2)}$$

$$x = \frac{\sum_{i=1}^{n} T_{min}(x_i)}{n} \quad \text{(公式3)}$$

公式(2)中T表示水流运动轨迹(x,y)坐标集合,n表示有效运动轨迹T的总数量。将有效轨迹做比较,得到其中最短的轨迹作为结果$T_{min}$;公式(3)中将$T_{min}$集合中所有X轴坐标求平均值,得到结果x为最终的交错部分切分的位置。

二是如果在所有位置进行尝试后,未能有水流轨到达待切分区域底部,首先会将待切分区域图像倒转,再从反方向进行尝试。若两次尝试都未有轨迹到达待切分区域底部,则认为该区域字符存在粘连。笔者认为,此时可根据书法的特征,古籍图像汉字粘连时,粘连部位存在笔锋最短路径,可利用此作为切分依据,如图7所示。

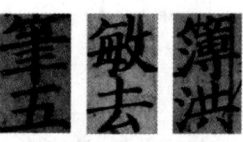

图7 粘连位置选择切分点

此时,将对两侧轨迹进行比较,取两侧轨迹中最接近部分作为粘连字符切分点。具体公式如下:

$$|d| = \sqrt{(x_i - x_y)^2 (y_i - y_y)^2} \quad \text{(公式4)}$$

$$d_{min} = \min(d_1, d_2, d_3, \cdots d_n) \quad \text{(公式5)}$$

公式(4)中i,j分别表示以不同方式行进的轨迹坐标,对两侧所有轨迹的距离进行计算,得到距离的集合;在公式(5)中,对 n 个距离集合进行比较,取最短距离 $d_{min}$ 作为最终的切分点。

以上方式,通过借鉴了传统算法中的优势部分,并对其进行了融合,在一个算法中实现了古籍图像文字在交错、粘连两种情况下的切分,解决了传统算法中的单一性,增强了实用性。

## 4 古籍图像汉字切分实践

### 4.1 切分流程

本文以苏州图书馆藏宋刻本《容斋随笔》为例,通过融合方式进行古籍图像汉字切分实践。此书年代久远,历经诸多藏家,其中印章、批点较多,且文字间有一定的交错与粘连,具有一定代表性,如图 8 所示。

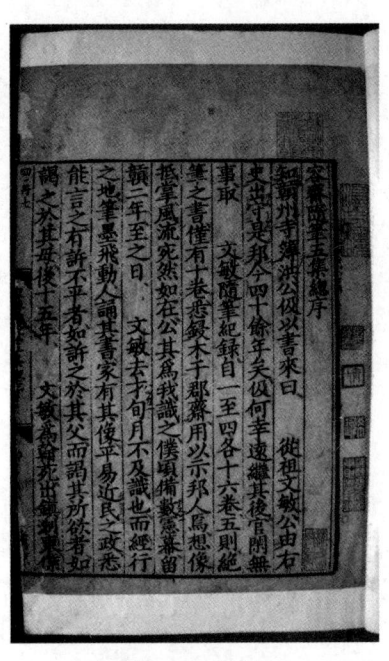

图 8　容斋随笔

与其他图像文字切分相类似,本文古籍图像汉字切分也属于图像处理,采用分步方式完成,具体流程如图 9 所示。系统开发工具为 Python3.7,图像处理使用 OpenCV3.3。这里需要与其他工具有所区别,使用 OpenCV 工具进行二值化后的图像中,白色为前景色,黑色为背景色。

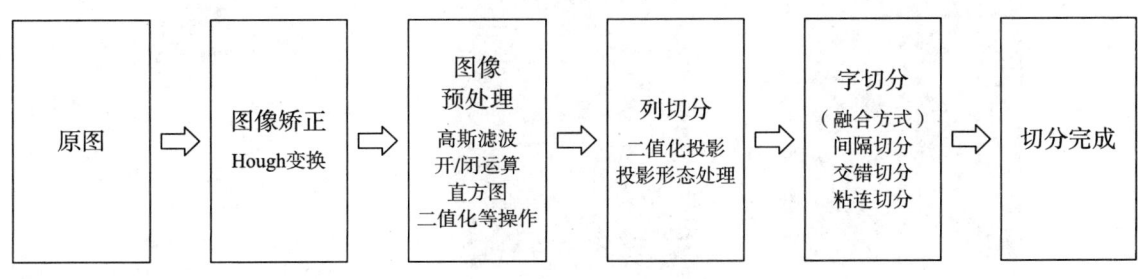

图 9　古籍图像汉字切分流程

### 4.2 图像矫正及预处理

在正式开始切分之前,通常需要将图像进行一定操作,达到最佳切分状态。一般有两个步骤:一是图像矫正;二是图像预处理。

图像矫正是通过计算机算法,去除原始图像中的倾斜角度,使得图像保持最佳角度,方便后期的切分。本文采用使用 Hough 变换算法,寻找最长间隔线计算矫正倾斜角,完成对原始图像的倾斜矫正。因原图在标准环境拍摄而成,最终 Hough 变换算法矫正角度为 1,所以矫正前后图像未有明显变化,图 10(a)为矫正前,图 10(b)为矫正后。由此可见,图片制作过程中的标准的重要性。

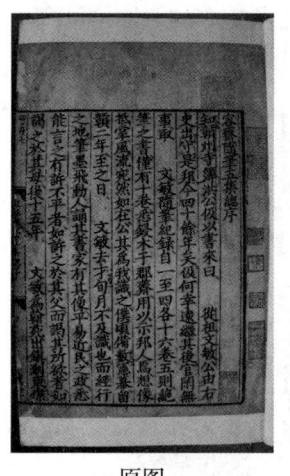
原图
(a)

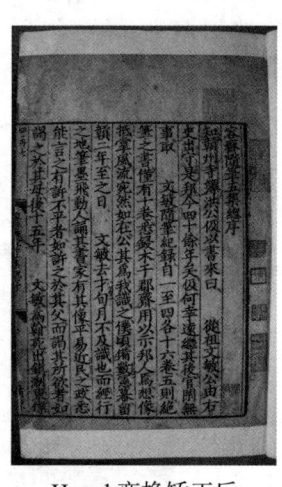
Hough变换矫正后
(b)

图 10 图像矫正对比

由于古籍图像的版面会由大量信息而产生复杂的噪声,如原图中的印章、批点、划线等,以及笔画不均、字体断裂、版面污渍情况,如若不对原始图像进行预处理,将会对后期的切分造成很大的干扰因素。图像预处理目的就是将图像中的不利信息进行最大程度减弱或消除,增强图像质量,改善文字清晰度,为后期处理提供最佳环境。如图 11 所示,本文图像预处理主要包括图 11(a)高斯滤波、图 11(b)灰度化、图 11(c)直方图、图 11(d)直方图均衡化、图 11(e)二值化,最后对二值化图像进行处理得到图 11(f)。

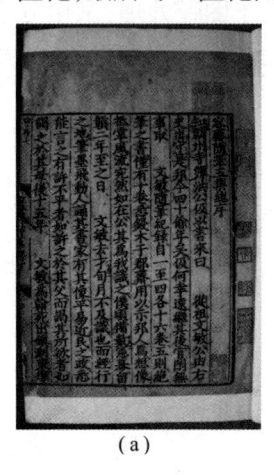
(a)

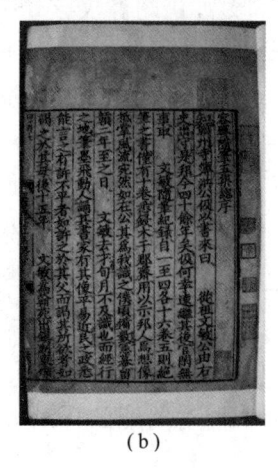
(b)

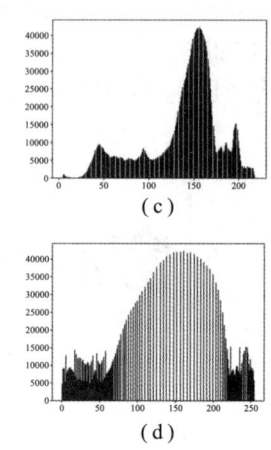
(c)
(d)

(e) （f)

图 11 图像预处理

### 4.3 列切分

古籍图像列切分的难度并不大,因为古籍一般为竖行排列,列与列之间存在明显的间隔,这非常有利于使用投影法将每一列分割开来,结果如图 12 所示。首先将图 12（a）二值化图中每一列的白色像素值相加,形成图 12（b）二值化投影,通过投影图已经能够较为清晰地辨别出每一列所在的位置,但由于古籍图像的列与列之间会存在分割线等内容也会被投影出来,这将影响到列切分的准确性。本文采用将二值投影图像再一次进行图像形态学处理的方式,运用其中闭运算和开运算将二值化图像中的分割线、非正文内容投影消除,最终图 12（c）呈现的就是列所在的位置。

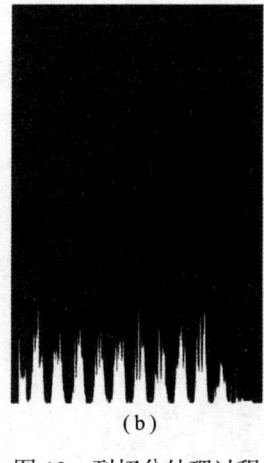
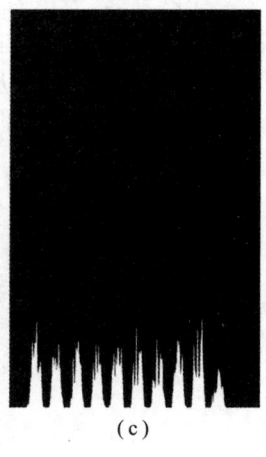

(a) (b) (c)

图 12 列切分处理过程

### 4.4 字切分

字切分是本文研究的重点内容,其切分过程如图 13 所示。图 13（a）为待处理列文字,首先将二值化列文字图像进行投影得到图 13（b）。我们可以看出,此时若想通过投影法切分文字将十分困难,大部分的切分点都很难被找到。因此,本文将采用融合方式进行字切分,图 13（c）显示了间隔、交错、粘连三种不同情况切分时水流的轨迹。图中的细直线表示可以通过投影法直接切分;若上下文字存在交错,则通过水流轨迹中最短路径作为交错部分的切分位置;

若存在文字粘连,则通过算法求出粘连部分最接近点坐标,以此位置作为粘连切分点。从图 13（c）中可以看出,"容斋""总序"字之间通过投影法进行切分,"随笔"、"五集""集总"字之间存在交错,通过穿越交错区域水流最短路径平均值作为切分依据;而"笔与五"字之间存在粘连现象,则是通过上下水流聚集区域最接近点作为切分依据。

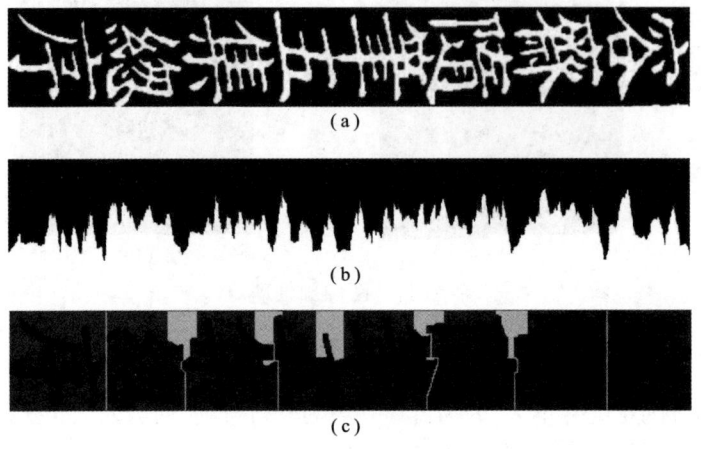

图 13　字切分处理过程

### 4.5　实验结果分析

本文对《容斋随笔》中的十六页内容,共计 160 列、2437 个字进行切分实践。最终切分效果如图 14 所示,为了更加清楚地了解切分中的过程,图中分别用不同颜色的方框来表示切分时遇到的情况。红色方框,表示直接通过投影法切分;绿色和蓝色方框,均表示该字与下方文字存在交错,绿色表示水流以左向右方式穿过交错区域,蓝色表示则为由右向左;黄色方框,表示该字与下方文字存在粘连。从图中可以看出,运用本文中算法取得了较好的切分效果,能够较为准确的切分到每个汉字的主体结构。

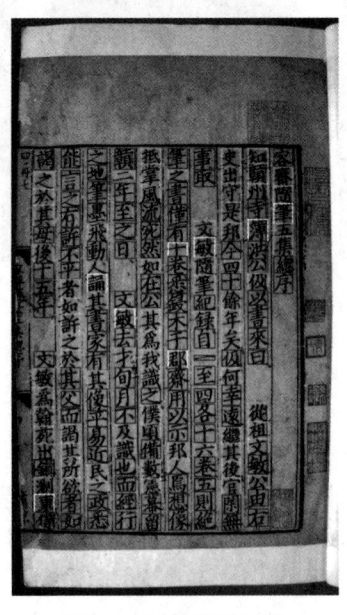

图 14　切分效果显示

列切分的准确率受页面分割线、图像倾斜角度等因素影响,列切分准确率公式为:

$$S_l = \frac{L_n}{L_t} \times 100\%  \qquad (公式6)$$

公式(6)中 $L_n$ 表示正确切分的列数,$L_t$ 表示列总数,$S_l$ 为列切分正确百分比。本文采用二值化投影后的形态处理,有效地消除了页面中的分割线及非正文内容残影,160列切分准确率为100%。

对古籍图像汉字切分结果的优劣,不能单从切分完整性来判断。虽然有的字一些内容被切分了出去,但对字的整体识别没有大的影响,本文认为这种情况属于正确切分;如果有的字的一部分内容被切分出去后,对字的识别产生了一定影响,本文认为这种情况属于微错切分;如字的一部分内容被切分出去后,造成了完全不能识别,本文认为这种情况属于错误切分,如图15所示。图15(a)为正确切分,"去"字左边一小部分内容被切分了出去,但从最终切分位置来看,并不会对该字的识别产生影响;图15(b)为微错切分,"宪"字的上部的部分区域被切分了出去,造成了对该字在识别时的影响;图15(c)为错误切分,"言"字在主体位置被切分成了两个部分,造成了该字无法识别。

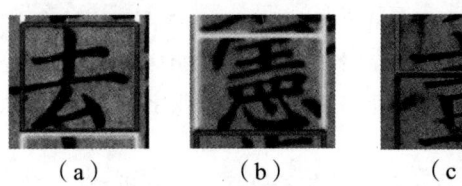

图15 字切分优劣判断

正确切分率公式:

$$S_c = \frac{W_{cn}}{W_{ct}} \times 100\%  \qquad (公式7)$$

公式(7)中 $W_{cn}$ 表示正确切分的字数,$W_{ct}$ 表示字总数,$S_c$ 为字切分正确百分比。

微错切分率公式:

$$M_c = \frac{W_{cp} + W_{cn}}{W_{ct}} \times 100\%  \qquad (公式8)$$

公式(8)中 $W_{cp}$ 表示微错切分的字数,$W_{cn}$ 表示正确切分的字数,$W_{ct}$ 表示字总数,$M_c$ 为微错切分百分比。

在实验中,平均每幅图像处理用时26.53秒,最终字切分准确率结果如表3所示。在本文中微错切分大多是由版面图像中的批点、模糊等因素造成;切分错误主要是由页面残损、字体结构分离严重等因素造成。最终正确切分率为97.08%,微错切分率为98.03%。

表3 本文切分实验结果

| 实际字数(个) | 错误切分(个) | 微错切分(个) | 正确切分(个) | **正确切分率** | 微错切分率 |
| --- | --- | --- | --- | --- | --- |
| 2437 | 48 | 23 | 2366 | 97.08% | 98.03% |

传统方式中,针对交错、粘连等古籍图像汉字切分难点,在处理时往往需要运用多种算法的复合或改进模式,且算法受到选择环境影响较大。本文利用传统方式中的优势,尝试将其融合,通过一种算法即可实现间隔、交错、粘连情况的切分,算法实现难度低、易用性强、实际效果好,适合在古籍收藏机构推广使用,配合当前国内大型互联网公司的文字云识别产品,为很多中小图书馆自主完成古籍数字化工作提供可能。

　　本文虽然取得一定的效果,但这是在古籍图像中的汉字、版本、页面等质量相对较好的情况下运行的结果,在面对古籍中的复杂汉字、复杂版面情况时,如版面存在破损、多粘连汉字、结构分离严重的汉字等,仍会有切分不准确的情况存在,还需要后续开展更深入的研究。随着具体实践研究的增多,相信古籍数字化工作将会不断取得突破。

**参考文献**

[1] 王记录,丁文.改革开放40年来中国古籍整理的特征、趋势及问题[J].河北学刊,2018,38(5):1-9.
[2] 高娟,刘家真.中国大陆地区古籍数字化问题及对策[J].中国图书馆学报,2013,39(4):110-119.
[3] 王江,屈红军,于瑛.图书馆古籍资源数字化建设及利用研究[J].出版广角,2018(20):35-37.
[4] 张文亮,敦楚男.近十年我国古籍数字化研究综述[J].图书馆学刊,2017,39(3):126-130,137.
[5] 李林澳,夏南强.2008—2017年我国典籍数字化研究综述[J].图书馆理论与实践,2019(11):38-44.
[6] 李致忠.古书版本鉴定[M].北京:北京图书馆出版社,2007:3-18.
[7] 周双飞,刘纯平,柳恭,等.最小加权分割路径的古籍手写汉字多步切分方法[J].小型微型计算机系统,2012,33(3):614-620.
[8] 张忠林,吴相锦,周生龙.古文献手写汉字切分方法研究[J].郑州大学学报(工学版),2015,36(6):70-75.
[9] 贾雪莎.基于对称区域的古籍汉字图像检索[D].保定:河北大学,2014:19-27.
[10] 苏敏.古籍手写文字分割算法的研究与应用[D].兰州:兰州交通大学,2018:16-24.
[11] 齐艳媚,田学东,左丽娜.基于犹豫模糊集的古籍汉字图像切分方法[J].科学技术与工程,2019,19(30):232-240.
[12] 张国锋.水书古籍的字切分方法[J].黔南民族师范学院学报,2016,36(2):40-44.
[13] 刘星辰.基于深度学习的朝鲜古籍中文种辨识方法的研究[D].延吉:延边大学,2019:11-55.
[14] 苏向东.蒙古文古籍识别技术的研究[D].呼和浩特:内蒙古大学,2011:15-32.
[15] 杨丽梅.印刷体蒙古文文档中多文种识别技术的研究与实现[D].呼和浩特:内蒙古大学,2017:11-26.
[16] 李小璐.基于优化分割与提取的西夏古籍文字识别研究[D].银川:宁夏大学,2019:9-16.

# 国内公共图书馆社会化管理现状分析及思考

薛　蕾　李木子(首都图书馆)

　　公共图书馆作为公共文化服务体系的重要组成部分,引入社会化管理,是当前公共图书馆的重要发展趋势[1]。随着公共图书馆社会化管理的不断实践和深入,社会力量逐步渗透公共图书馆管理各方面,直至完全运营管理一家公共图书馆。本文拟对国内公共图书馆社会化管理的工作范畴、人员类型、用工数量及效果等方面进行调查,以了解国内公共图书馆的社会化管理现状,并基于现状进行利弊分析,尝试对公共图书馆应用社会化管理提出实用建议,为公共图书馆的社会化管理实践提供理论思考。

## 1 公共图书馆社会化管理的政策和法律依据

国家一直大力推进社会力量参与公共文化服务建设,近年不断提出相关政策或制度,积极引导和鼓励公共图书馆引入社会力量参与管理和运营。

2015年1月,中共中央办公厅和国务院办公厅印发了《关于加快构建现代公共文化服务体系的意见》,鼓励和支持社会力量通过投资或捐助设施设备、兴办实体、资助项目、赞助活动、提供产品和服务等方式参与公共文化服务体系建设。有条件的地方可探索开展公共文化设施社会化运营试点,通过委托或招投标等方式吸引有实力的社会组织和企业参与公共文化设施的运营[2]。

2016年12月25日第十二届全国人民代表大会常务委员会第二十五次会议通过了《中华人民共和国公共文化服务保障法》,多方位提到国家鼓励和支持公民、法人和其他组织参与公共文化服务。对在公共文化服务中作出突出贡献的公民、法人和其他组织,依法给予表彰和奖励[3]。

2017年7月,文化部印发的《"十三五"时期全国公共图书馆事业发展规划》中明确指出:以"政府主导、社会参与"为基本原则,健全政府向社会力量购买公共文化服务的工作机制,公共图书馆可引入社会专业机构,进行委托经营,或将信息采集、书刊编目等业务外包[4]。

2018年1月1日《中华人民共和国公共图书馆法》正式实施。该法作为公共图书馆领域的专门法律,将调动社会力量参与公共图书馆建设并给予政策扶持规定为县级以上人民政府的责任[5]。

2020年1月3日,中华人民共和国财政部出台《政府购买服务管理办法》,对政府购买服务的概念、主体、原则、制度构建都做出更加明确的规定[6]。

## 2 国内公共图书馆社会化管理的发展过程

图书馆社会化管理之前在业内被称为"业务外包"。在2000年到2010年之前,国内图书馆学界对"业务外包"的讨论主要集中在编目、物业、信息系统等图书馆单项业务上。在此期间也产生了大量专业的图书馆业务外包供应商,但针对将图书馆全部业务进行外包的讨论极少,在实际工作中也没有相关案例出现[7]。

2010年,无锡新区政府与艾迪讯电子科技(无锡)有限公司达成协议,由该公司承办无锡新区图书馆的管理、运行和服务[8],这是国内最早尝试全部由社会力量运营公共图书馆的案例。2011年,广州市南沙区政府通过招标,将南沙区图书馆的运营管理工作外包给广东大音文化发展有限公司[9]。在2013年第五次全国县级以上公共图书馆评估中,上述两个基层公共图书馆都获得了"国家一级图书馆"称号[10]。此后,又有安徽省芜湖市镜湖区图书馆和北京市海淀北部文化中心图书馆等公共图书馆完全交由社会力量管理。

随着越来越多的公共图书馆开始尝试将全部业务及管理委托给社会力量进行运作,图书馆学界对此的讨论开始增多。为了跟之前的图书馆业务外包进行区分,有学者提出"图书馆总体外包"一词,将其定义为图书馆全部(或绝大部分)管理和服务通过签约方式,在一定期限内委托给外部团体执行[11]。与"图书馆总体外包"相近的词还有"图书馆整体外包""图书馆一体化外包"等。

可见,公共图书馆的社会化管理其趋势逐渐从"单项"走向"整体",从"边缘"走向"核心",逐步成为主流的图书馆管理方式。

## 3 国内公共图书馆社会化管理现状

为更好地了解国内公共图书馆社会化管理情况,2020年3月初,我们向国家图书馆、省级和部分市级公共图书馆发放调研问卷。截至2020年4月初,共收到31家公共图书馆的回复,其中省级以上公共图书馆有20家、副省级公共图书馆7家、市级公共图书馆有4家。经对调研问卷数据的汇总统计,制"公共图书馆社会化管理情况统计表"(表1)。

表1 30家公共图书馆社会化管理情况统计表

| 序号 | 图书馆名称 | 是否整体外包 | 用工来源 | | | 第三方评估 | | 总体评价 |
|---|---|---|---|---|---|---|---|---|
| | | | 派遣 | 外包 | 其他 | 是 | 否 | |
| 1 | 国家图书馆 | 否 | 215 | 938 | 77 | | √ | — |
| 2 | 上海图书馆 | 新馆待定 | 80 | 500 | — | | √ | 一般 |
| 3 | 首都图书馆 | 否 | 142 | 有 | | √ | | 好 |
| 4 | 广东省立中山图书馆 | 否 | 有 | — | — | | √ | 好 |
| 5 | 广西壮族自治区图书馆 | 否 | 13 | — | 3 | | √ | 一般 |
| 6 | 河北省图书馆 | 否 | 0 | 76 | 64 | | √ | 一般 |
| 7 | 福建省图书馆 | 否 | 29 | 25 | 0 | | √ | 一般 |
| 8 | 贵州省图书馆 | 否 | 0 | 57 | 0 | √ | | 未开始 |
| 9 | 云南省图书馆 | 否 | 有 | 有 | — | | √ | 好 |
| 10 | 辽宁省图书馆 | 否 | 38 | 50 | | | √ | 非常好 |
| 11 | 江西省图书馆 | 否 | — | 130 | | | √ | 好 |
| 12 | 陕西省图书馆 | 否 | 126 | — | 15 | | √ | 一般 |
| 13 | 山西省图书馆 | 否 | 124 | 25 | | | √ | |
| 14 | 天津图书馆 | 否 | 207 | 346 | — | | √ | — |
| 15 | 吉林省图书馆 | 否 | 37 | 58 | | | √ | 好 |
| 16 | 四川省图书馆 | 否 | — | | | | — | |
| 17 | 重庆图书馆 | 否 | 36 | 95 | — | | √ | |
| 18 | 山东省图书馆 | 否 | 18 | — | 19 | | √ | 一般 |
| 19 | 浙江图书馆 | 否 | 12 | — | 3 | | | 好 |
| 20 | 南京图书馆 | 否 | 146 | 71 | 108 | | √ | 一般 |
| 21 | 广州图书馆 | 否 | — | 407 | — | | √ | 好 |
| 22 | 杭州图书馆 | 否 | 21 | 0 | 0 | | √ | 好 |
| 23 | 苏州第二图书馆 | 否 | | 待定 | 80 | | | |
| 24 | 厦门市图书馆集美新城馆区 | 否 | 12 | 87 | — | | √ | 好 |

续表

| 序号 | 图书馆名称 | 是否整体外包 | 用工来源 派遣 | 用工来源 外包 | 用工来源 其他 | 第三方评估 是 | 第三方评估 否 | 总体评价 |
|---|---|---|---|---|---|---|---|---|
| 25 | 大连市图书馆 | 否 | 有 | — | — | | √ | 好 |
| 26 | 温州市图书馆 | 否 | 0 | 73 | 0 | | √ | 好 |
| 27 | 武汉图书馆 | 否 | 10 | — | — | | — | — |
| 28 | 济南市图书馆 | 否 | — | — | 49 | | √ | 一般 |
| 29 | 太原市图书馆 | 否 | 105 | 36 | 76 | | √ | 好 |
| 30 | 合肥图书馆 | 新馆未定 | 15 | 有 | — | √ | | 非常好 |
| 31 | 嘉兴图书馆 | 否 | 80 | | | √ | | 好 |

通过对调研问卷反馈结果的汇总分析及在 CNKI 上对"图书馆社会化管理"主题相关文献的查阅,目前国内公共图书馆社会化管理现状呈现如下特点:

(1)社会化管理用工以劳务派遣和外包人员为主

表 1 中,因四川省图书馆将社会化管理工作外包给业务公司处理,该馆不负责社会化用工人员的招聘和日常管理工作,故未明确填写各类用工方式及人员数量,但从该馆社会化用工的说明中可推断,劳务派遣是其社会化用工方式之一。故表 1 中采用劳务派遣用工方式的有 24 家,采用外包人员用工方式的有 20 家,两种用工方式都采用的有 14 家,仅 1 家市级公共图书馆两者都未采用。

(2)社会化管理的工作范畴普遍对专业性和技术性要求不高

调研问卷的反馈结果显示,目前公共图书馆社会化管理的工作范畴集中于部门业务辅助、保洁安保、物业维保、上书员、书目数据加工和街区自助图书馆文献物流等。其中劳务派遣人员参与部门业务辅助工作较多,保洁安保、物业维保、上书员、书目数据加工和物流服务工作多以外包人员承担。除部分业务辅助工作如活动策划、古籍修复、人事管理等对人员的专业性和技术性要求较高外,其余工作相关人员经过简单培训即可上岗。

(3)社会化管理取得的效果不显著,缺少第三方评估

反馈的调查问卷中,共有 23 家公共图书馆对本馆的社会化用工管理给出了总体评价。其中仅合肥图书馆和辽宁省图书馆对社会化用工给出了"非常好"的评价,有 13 家公共图书馆给出"好"的评价,8 家认为"一般"。可见,公共图书馆对社会化管理的满意度存在一定差异,社会化管理的效果不十分明显。表 1 中,仅 4 家公共图书馆拟聘用或已聘用第三方评价机构对本馆社会化管理工作进行评价,其余公共图书馆均未开展类似工作。

(4)图书馆整体外包的管理方式仍在探索中

表 1 中,在近十年建有新馆或拟建新馆的有 22 家。其中,除合肥图书馆新馆和首都图书馆新馆未确定用工方式外,其余均未采取整体外包用工方式。上海图书馆新馆拟拓展社会化用工范畴,活动策划等业务也拟采用外包方式,因新馆还未开馆,最终的运营管理方式还在探讨中。除上述 3 家外,其余 19 家和未建新馆的 9 家均采用传统的图书馆劳务派遣及外包服务用工方式。目前,虽调研的省市级公共图书馆中没有将图书馆全部业务整体外包的实践,但区县级公共图书馆早已在这一方面进行了尝试。

2010年,无锡新区政府与艾迪讯电子科技(无锡)有限公司达成协议,由该公司承办无锡新区图书馆的管理、运行和服务。购买的主要内容包括新区图书馆的规划、设计、建设、运营和人员安排。即除馆长由新区管委会委派外,其余工作都由公司负责。管委会定期举行工作例会,掌握图书馆运营情况。经过一段时期的运营实践,新区图书馆取得了良好的社会效益,在2012年还获得了文化部创新奖。

2013年,安徽省芜湖市镜湖区图书馆与安徽儒林图书馆咨询服务有限公司(以下简称"儒林公司")签订了服务外包的合同,约定由儒林公司负责所有业务与管理工作,管理的主要内容包括:图书馆的日常运营、读者建设、组织开展活动和配合政府做好其他工作等,整体外包满一年之际,镜湖区文化广电新闻出版局针对镜湖区图书馆组织开展了专家评价,最终评价结果为不合格,导致镜湖区文化广电新闻出版局拒绝向儒林公司支付后续外包费用,镜湖区图书馆因资金短缺而停止发放员工工资,除日常流通服务外,文化活动的筹备及下一年度的工作规划基本停止。

2016年,通过招投标程序,北京市海淀北部文化中心图书馆选中具有无锡新吴区、成都武侯区等几家公共图书馆运营经验的艾迪讯电子科技(无锡)有限公司负责本馆日常运营,并接受海淀区图书馆的业务指导和管理,定期向区图书馆汇报工作开展情况,区文旅局聘请了第三方公司对该馆社会化运营模式的服务效能、群众满意度等进行测评,目前为止,年度考核结果均为合格。

可见,图书馆整体外包的管理方式目前仍在探索实践中,取得的效果存在较大差异,依据现有情况难以判定此种管理方式对图书馆的适用性,还需更多理论或实践研究。

## 4 公共图书馆社会化管理的利弊分析

### 4.1 优势

在我国许多公共图书馆都存在缺编情况的背景下,建设新馆申请充足的编制数量以及设置新的管理机构存在实际困难。加之当前国家提倡政府部门和事业单位精简机构、减人增效,公共图书馆面临编制紧缩。采用社会化管理能快速有效缓解图书馆用人的紧张状态,故近年来各公共图书馆都开始选择劳务派遣用工方式或将部分业务外包,以解决图书馆的用人难题。

此外,近年政府财政有紧缩趋势,而人力资源和基础运营成本不断上涨。社会化管理能利用派遣公司或外包公司的优势资源,引入市场竞争机制,使工资水平与市场接轨,为公共图书馆节省经费。且在社会化管理过程中,图书馆大多仅须对最终工作成果进行验收检验,一定程度上也降低了图书馆的人员管理成本和难度。

### 4.2 劣势

(1)社会化管理受财政资金制约

公共图书馆作为公益性事业单位,其社会化用工管理完全建立在政府财政资金支持的基础上,一旦出现资金明显减少或不足的情况,合作将难以持续。比如,有的合作方因人力资源成本上涨,要求增加人员工资,而新一年的预算不能满足甚至还要减少,合作就有可能面临终止。这就迫使图书馆不得不更换合作方,大大影响社会化管理和人员的稳定性及延续性。

(2)社会化用工人员文化和专业水平普遍较低

各馆调查问卷普遍反映,由于图书馆可提供的工资水平有限,社会化用工人员普遍学历不高(以大专以下为主)、专业性不强(绝大部分不是图书馆相关专业)、流动性大,人才队伍不够稳定且培训成本高,这对工作质量和服务效能影响很大。

(3)社会化用工管理存在一定难度

随着社会化管理不断深入图书馆运营的各个环节,编外人员常常要干与在编人员相同或类似的工作,却难以实现与在编员工同工同酬。调研结果中,大多数图书馆普遍反映编外人员待遇标准较低、提升空间有限,容易产生心理不平衡,不能安心于本职工作。因此,如何给社会化用工设置适当的招聘条件、绩效考核制度、薪酬调整以及奖惩机制,并使这些制度与在编员工用工制度相协调,是图书馆不得不面对和解决的难题。此外,各馆还反映当前对社会化管理的工作考核制度不完善,考核细节标准设置不够科学,劳务派遣或外包公司提供的服务有达不到要求的情况。

## 5 对公共图书馆社会化管理的优化建议

### 5.1 加大资金支持力度,增加政府投入的灵活性

公共图书馆社会化管理的资金来源全部来自于政府投入,有关此方面的实践探索都需要政府财政给予支持。当前社会化管理已成为图书馆的主流趋势,政府可考虑加大资金投入力度,鼓励图书馆进行实践尝试,积累图书馆社会化管理的真实经验。此外,调研结果表明,社会化管理实现过程中,人员工资待遇水平偏低是各馆普遍反映的凸显问题之一,而人员待遇对激发人的主观能动性又具有显著的积极作用,这一问题的解决也需要政府加大资金投入力度或设置专项资金支持。

虽政府财政资金具有稳定性、延续性和保障性的特点[12],但因政府财政往往是事前投入,对事情执行过程中出现的问题难以预判和调整,而社会化管理的实现过程中,时常面对不确定因素,如招标进度和结果的不确定性、用工人员招聘过程的不确定性等,故若能按需进行财政资金投入,有利于财政资金的有效使用。

### 5.2 设置社会化用工的晋升渠道和激励措施

各馆调研结果显示,除工资待遇偏低外,社会化用工还存在缺少提升路径,没有激励措施,导致人员流动性大或满足于现状不求上进等问题,随着时间推移也会制约图书馆的未来发展。社会化管理,应设置社会化用工的晋升通道,设定规范可行的奖惩措施,对员工开展考核等次评定并与薪资挂钩,实现与在编员工同工同酬,努力激发员工的主观能动性,这对保持人员队伍稳定性大有裨益。

### 5.3 完善社会化管理考核制度,加强第三方评估

目前,发掘科学、详细、实操性强的社会化管理考核方法或制度是在公共图书馆社会化管理过程中亟须解决的问题。根据社会化管理工作内容的不同,制订并实施严格的考核办法,将考核结果作为支付费用的依据,是促进社会化管理水平提升的有效方法。此外,加强第三方评估也是完善社会化考核方法的途径之一。聘用第三方专业评价机构对图书馆社会化管理情况进行综合评定,从而提出科学建议,用于图书馆开展社会化管理时进行科学决策。

### 5.4 研究社会化管理的适用范围

2017年,南开大学的柯平教授团队提出图书馆"要探索社会化服务的范畴,因图书馆是一个生长着的有机体……哪些服务可以社会化,哪些服务不宜社会化,需要根据图书馆的具体发展情况而定"[13]。同样在图书馆的社会化管理中也应研究适用范围。目前,在实践经验中,与图书馆核心业务关联度不高的工作种类如保洁安保、物业维保、上书员、书目数据加工、物流服务等采用社会化管理的比例较大,社会化管理效果也比较好。而像文献编目、数据分析、活动策划等对专业水平要求较高的工作较少采用社会化管理的方式或采用了效果也难以保证。

### 5.5 研究图书馆整体外包的适用条件

目前,公共图书馆在整体外包管理方式的实践结果有好有坏,图书馆界对这一管理方式也褒贬不一。整体外包的管理方式其最大好处是将图书馆的管理职责进行了转移,大大减轻了图书馆在管理方面的负担,且不受人员编制的限制。在实践过程中,整体外包的不足也有所体现,如图书馆的专业性弱化,服务层面较浅;激励与考核机制缺乏,监管机制不健全;管理内容职责不明确;管理队伍稳定性差等。故在没有做好充足准备的前提下,各馆对整体外包的管理方式总体持谨慎态度。就实践经验来看,应有上级或同级图书馆定期进行专业指导才有利于实现图书馆日常运营的良好社会效益。究竟具备什么条件的图书馆可以采用整体外包管理方式,值得进一步深入研究和实践。

## 参考文献

[1] 王译晗,陆和建,开源.2007—2016年我国公共图书馆社会化管理研究综述[J].图书馆,2017(6):71-76.
[2] 中共中央办公厅、国务院办公厅印发《关于加快构建现代公共文化服务体系的意见》(全文)[EB/OL].[2020-02-24].http://www.gov.cn/xinwen/2015-01/14/content_2804250.htm.
[3] 中华人民共和国公共文化服务保障法[EB/OL].[2020-02-24].http://www.gov.cn/xinwen/2016-12/26/content_5152772.htm.
[4] 文化部关于印发《"十三五"时期全国公共图书馆事业发展规划》的通知[EB/OL].[2020-02-24].http://www.gov.cn/xinwen/2017-07/07/content_5230578.htm.
[5] 中华人民共和国公共图书馆法[EB/OL].[2020-02-24].http://www.gov.cn/xinwen/2017-11/05/content_5237326.htm.
[6] 中华人民共和国财政部令第102号《政府购买服务管理办法》[EB/OL].[2020-03-10].http://www.ccgp.gov.cn/zcfg/mofgz/202002/t20200203_13843360.htm.
[7] 周乃泉.安徽省基层公共图书馆社会化管理研究[D].合肥:安徽大学,2016:18.
[8] 贺伟.政府购买图书馆公共服务的新尝试:以无锡新区图书馆为例[J].图书馆杂志,2014(2):37-40,94.
[9] 徐文贤,康福婷.公共文化服务体系下的社区图书馆外包[J].图书馆论坛,2013(6):67-71.
[10] 中华人民共和国文化部.第五次公共图书馆评估定级上等级图书馆名单[EB/OL].[2020-02-24].http://zwgk.mct.gov.cn/auto255/201311/t20131113_474695.html.
[11] 陈俊翅,诸葛列炜.新公共管理影响下的国外公共图书馆总体外包研究——以美英日为例[J].图书馆论坛,2013(1):52-58.
[12] 李祝启,陆和建,毛丹.安徽省基层公共图书馆社会化管理创新路径研究[J].情报探索,2015(3):104-106.
[13] 苏福,柯平.公共图书馆服务社会化的探索与实践研究[J].图书馆论坛,2017(9):55-61.

# 《民国时期图书总目》的编纂思考

朱青青（国家图书馆）

## 1 新版民国总目编纂简况

民国时期指1911年辛亥革命以后至1949年10月1日中华人民共务成立。虽然只有短短的30多年，但其却是中国历史上政治思想、社会文化发生深刻变革、兼具新旧碰撞和中西融合的时期。因此，这一时期的图书文物价值、史料价值和学术价值均较高。而民国总目能反映民国时期学术和出版领域的概貌，具有重要的参考价值。

20世纪80—90年代，北京图书馆（今国家图书馆）曾编过一套《民国时期总书目》（下文简称"上版总目"），收录北京图书馆、上海图书馆、重庆图书馆三馆所藏的中文民国图书，并补充了一些其他图书馆的藏书，已达124040种，基本反映出民国时期中文图书的出版概貌，也折射出这段时期历史、文化、教育、经济和社会发展的脉络。2012年，国家图书馆（下文简称"国图"）针对民国时期文献损失严重、面临断层的情况，牵头实施"民国时期文献保护计划"，抢救与保护民国时期文献，启动全国范围内的民国时期文献普查登记工作。为阶段性反映"民国时期文献保护计划"在全国范围内普查的重要成果，国图依托全国图书馆联合编目中心（下文简称"联编中心"），在上版总目的基础上充实和完善，策划编纂新版总目。按照普查工作整体进度，根据成熟一项实施一项的原则，先期出版《民国时期图书总目》（下文简称"新版总目"）[1]。

新版总目在充分吸收上版总目成果的基础上，对书目及著录内容进行了大量的补充和校订。新版总目主要收录1911—1949年9月除线装书等具有明显古籍特征的图书以外，在我国出版的中文图书，并计划分18卷出版。除《四部丛刊》《四部备要》《丛书集成》三套丛书与上版保持一致放在Z卷外，其余严格按照《中国图书馆分类法》（第四版）的1—2级类目划分卷，分卷方法大体上同上版总目。各卷类目的划分，一般采用3级类目，同时兼顾分类体系和所含文献的数量，进行合并或进一步细分。在同一类目下，按照正题名、题名的其余部分（交替题名、分册号、分册名、副题名）、出版者划分条目，并按拼音排列。同一条目下的多个版本，按出版时间先后排序，兼顾版次顺序；出版发行信息不全的图书，放在该条目的最后。馆藏使用收藏馆简称，并按拼音排列。各条目著录内容包括：顺序号、题名、责任者（包括著者、译者、编者、校者等）、出版、形态细节、提要附注、丛书、馆藏机构等。

新版总目在各家普查参与机构的大力支持下，已编纂出版了哲学卷。哲学卷共收录图书4830种，涉及馆藏单位49家。目前，宗教（B9）卷、社会科学总论（C）卷、军事（E）卷、经济（F）卷、语言文字（H）卷、自然科学（基础科学）（N、O、P、Q）卷、农业科学（S）卷，都已提交基础数据给出版社，即将进入出版环节。政治卷（D-D8）卷、法律（D9）卷、文化·科学·教育·体育（G）卷、文学理论·世界文学·外国文学卷（I-I1、I3-I9）卷、中国文学（I2）卷、艺术（J）卷、历史·地理（K）卷、医药卫生（R）卷、工业技术·交通运输·航空航天·环境科学（T、U、V、X）卷、综合性图书（Z、三套丛书）卷，仍处于基础数据的审校环节。

总体来看，新版总目在图书的数量、种类、书目的完整性、藏书机构的代表性以及内容的编排等方面较上版总目都有较大提升。待陆续出版完成后，新版总目将实现与民国普查平台"民国时期文献联合目录"线上数据联动，以满足在数字时代大背景下读者对于民国时期文献数据的实时便捷查找、识别、选择和获取[2]。新版总目作为纸本目录，能够按卷、按条目展示，便于研究人员检索利用，并实现与民国普查平台对应，作为一个动态数据库进行展示。

## 2　新版民国总目编纂的工作模式

在工作模式方面，新版总目主要涉及收录范围与数据来源，编撰体例、原则和方法以及编撰流程几方面的内容。新版总目大体延续上版总目的做法，同时根据目前书目数据的实际情况进行局部调整。

### 2.1　收录范围与数据来源

新版总目遵循国家书目的"领土—语言"收录原则，收录范围包括民国时期我国（含外国驻华使馆、驻华机构）出版的中文图书、我国出版的外文图书、期刊抽印本，时间跨度为1911至1949年9月；酌情收录1911年前印行、民国期间又连续出版的丛书、多卷书以及1911年前出版、民国期间重印的图书。对于外国及其驻华机构印行的中文图书，由于普查结果不甚理想，因此新版总目收集到的数据较少。民国期间出版的线装书、少数民族文字图书均不属于古籍，但在形式上和文献的划分管理上多与古籍有着延续和关联，并且部分文献在某些现有馆藏机构尚未完成整理编目，故列入古籍的普查范围，不在《民国时期图书总目》收录范围，待另行编印出版。

数据来源包括国图的图书、普通古籍、新善本、缩微品书目数据，联编中心各省级成员馆上传的图书书目数据、"大学数字图书馆国际合作计划"（China Academic Digital Associative Library，CADAL）的主要高校成员馆书目数据以及一些专业图书馆等民国时期文献主要收藏机构的书目数据。数据汇集依托"民国时期文献联合目录"，采用批处理灌装和在线上传的方式，上传至联编中心系统。

### 2.2　书目编纂体例、原则与方法

新版总目的条目合并原则，主要从出版角度的品种概念考虑，要求尽可能接近出版上的概念并符合民国时期出版的实际情况。同时，条目合并原则的确定基于程序能够自动处理、具有实际可操作性的维度来形成，即将题名、责任者、出版者三者著录信息一致的合并为一个条目。

书目编纂以客观著录文献信息为基本原则，亦对部分著录内容实施必要的规范化处理，包括利用附注说明、人为统一等方法对责任者形式、责任方式、尺寸等进行信息转换。比如当责任者涉及多个名称形式时，如果严格按照客观著录，属于同一出版品种的不同版本的书目就会分散到不同的条目中。为了将其统一在一个条目内，首先需要将责任者名称形式按照一定的规则进行统一。再比如同一条目下多个版本的责任方式，有的版本责任方式是编译，有的版本则是著或编著。按照客观著录可能并不统一，为了统一同条目内的责任方式，会以多者或者初版的责任方式进行著录，其余不同的责任方式在附注项进行说明。

### 2.3 新版民国总目编纂流程

新版总目数据的整理和修改，统一安排在联编中心系统上进行。联编系统使用的是和国图一样的 Exlibris 公司的 ALEPH 系统，UCS01 库为 CNMARC 格式书目库，UCS60 库为馆藏库。由于参与编纂的人员较多，且民国总目存在一些不同于现代图书著录的特殊化要求，所以为保证民国总目的编纂过程不影响正常的联编业务和民国普查业务，在联编系统中专门设置了 UCS05 库以存放民国总目的书目数据。而相关的馆藏仍然是采用 UCS01 库与 UCS60 库链接，仅在 UCS05 库设立与 UCS01 系统号相关的自定义的 059 馆藏字段。

具体的编纂流程如下：首先在程序处理后，将 UCS01 库数据导入 UCS05 库；然后基于 UCS05 库的基础数据，逐条核查书影和上版总目[①]。在核查书影及与上版总目的比对过程中，补充现有数据库里没有的图书品种、版本，为上版有新版无的条目建立新数据和馆藏信息。同时，基于 EXCEL 表格和文本格式两种排查途径到数据库中进行数据核对与修改，当全部数据整理工作完成后，基于分类目录再次生成基于文本的出版格式文件。对数据整理阶段没有发现的问题以及一些责任者统一等很难在数据库中修改的问题，在出版格式文件中集中修改；最后再进行一遍出版格式的审校与修改。

为确保书目更加丰富完整、资料来源更加可靠、著录更加详细准确、分类更加合理，要求对数据库中的每条数据/记录均须核查书影及上版总目，并按照相应的要求确认著录是否正确、规范，类号是否正确。判断新品种、新版本时，需要用题名、责任者、出版者及关键词等，从多个角度在数据库里进行查重，确认无重复后再予以补充。分类目录由各卷主编根据《中国图书馆分类法》(第四版)的 3—5 级类名以及各卷提取出来的 3—5 级类目数量、条目数量，综合考量编制而成，作为各分卷的目录。分类目录的编制必须在出版格式审校之前完成，便于在基于出版格式的数据整理环节，按类集中条目，核查数据分类排序的错误。

对于待程序按条目合并原则整理出文本格式的数据文件，编纂人员需要据此再进行库中数据修改。如果数据质量较高，也可以选择直接在文本的出版格式上修改。从工作流程来看，首先需要审校内容包括：全格式数据校对，责任者形式的统一，条目的合并与拆分、条目的排序、条目的逻辑关系校对，内容提要及附加说明校对，页数(同条码下的小页码及正文页码)、册数、开本等表述是否尽量统一的校对，文字校对(包括错别字、繁简字、表外字等)，标点符号校对。其次，针对题名相同、拼音不同以及含有多音字的数据文件进行拼音审校，修改拼音错误及多音字的选定。最后基于 UCS01 库，为每个条目添加馆藏。

## 3 民国总目编纂过程的经验总结

### 3.1 书目编纂与文献编目不能等同

民国总目编纂虽然以编目数据为基础，但书目编纂与文献编目并不能等同。书目编纂还涉及版本考辨、信息整合梳理等工作，不仅要求编纂人员掌握编目规则，还要求其具备相当的

---

[①] 通过新建 ZMS（上版总目卷顺序号）字段，字段结构：ZMS##$a卷名$b序号$c附加说明，初始由程序匹配填写，再由人工核对确定。为了补充上版总目中的新品种和新版本，以及无书影时的数据核对，需要人工在程序匹配的基础上进行匹配检查。

灵活性。民国图书与现代图书在文字、版本、价格、出版发行等方面都有很大差别。在实际著录中,既要依据编目规则,做好客观规范著录,又要结合民国时期的特点,灵活运用编目原则,做出准确的分析和判断,确保民国图书的书目数据质量[3]。文献编目要遵循客观著录的原则,但书目为了给读者提供更多丰富有效的信息,对于古人的朝代、外国责任者的国别、原名形式等,即使信息源上没有,在书目核查、处理的过程中也要求尽量加上。为了编制更符合印刷本总目要求的提要附注信息,编纂人员需要参照330提要字段、相关附注信息及5XX相关题名字段信息,整合同一条目内多条数据的提要附注项内容。其中,提要及附注说明主要揭示图书的内容、适用范围、题名、责任者的补充说明等信息(参见表1)。

表1 民国总目著录项目与 CNMARC 字段信息对比

| 著录项目 | CNMARC 字段、子字段 | 备注 |
|---|---|---|
| 题名 | 200$a $c | 不包括交替题名 |
| 题名附加成分 | 200$h、200$i、200$e | 包括交替题名 |
| 责任者 | 200$f、200$g | 可保留校阅者 |
| 外文题名 | 510$a | 保留首冠词 |
| 版本 | 205 | 保留版本说明中的地名字样 |
| 出版发行地 | 210$a | 出版地、发行地不详时,不显示 |
| 出版者 | 210$c | 出版者、发行者不详时,不显示 |
| 出版时间 | 210$d、210$h | 添加月份,出版时间为推断的在 1911—1949 之间的,不显示 |
| 提要附注 | TYF 字段 | 自定义,整合 3XX、5XX 字段信息 |
| 页数(册数) | 215$a | 多卷册的页数、小页码都尽量保留 |
| 开本 | 210$z | 自定义,根据 210$d 由程序自动转换 |
| 装帧形式 | 091$b | "环筒叶装"统一为"环筒页装" |
| 丛书 | 225$a、$h、$v | $h 不可节略,$v 卷标识可采用节略形式 |

此外,民国书目的出版者、发行者和印刷者著录与现代图书也存在差异。民国时期,出版业是编辑出版、印刷、发行这三个业务环节的自由组合。一些大的书局以图书出版为主要大宗业务外,还自办或合办印刷厂印制图书,营业范围十分广泛。民国时期没有全国性的图书发行商,出版机构多自办发行。大型出版机构如商务印书馆、中华书局等,或在全国各地设立分局,或由当地书店代理经销,而中小型出版机构一般由当地书店代理经销[4]。这些情况的存在导致民国图书出版、发行和印刷信息未被清晰分离。比如,很少在版权页或者封面上看到"出版者",更多出现的是"发行者""发行所"[5];有的书封面写的是出版者,版权页写的是发行者;有的书只有印刷者或者编印者。而现代的普通图书,版权页上出版者信息是必不可少的内容。

因此,考虑到民国图书这种特点,在其编纂过程中,就不能完全套用现在的图书编目规则著录,只重视对出版者的描述,应将重要的出版者、发行者/发行所同时予以描述,或两者同时著录,或择其一作为出版者著录,另者作附注说明。当书上仅有印者或编印者时,著录印者也是极其必要的。但严格按照规则,书目中编印者同时作为责任者和出版者的现象就非常普遍,这样会使得书目的有效信息太过重复。为了给读者呈现有效简洁的书目,对于这种情况,在书目编纂的环节宜做适当删减,择一著录项描述即可。

### 3.2 编纂过程纳入考证以提升书目质量

普查阶段的任务主要是摸清家底,重点在于对查重字段的要求与整理,没有严格依据《民国图书联合目录暂行标准》《民国时期图书联合目录数据制作阶段性要求》进行数据质检。现存数量庞大的民国文献分散在不同的图书馆与机构,但各馆各机构对民国文献编目投入的财力、人力不同,导致基础书目数据的质量参差不齐,无法满足出版的要求[6]。一些编目力量薄弱的单位,提交的基础数据存在著录不规范、错漏较多的问题,为后期的总目编纂带来诸多困扰。不少地方图书馆对主题分类标引工作不够重视,致使大量民国书目数据缺失主题词和分类号。因为看不到实体文献,编纂人员须依据书影访问"民国图书数据库""孔夫子""杂书馆"以及相关学术机构等数个网站,做若干补遗、改错与提要文字加工以及各种数据考证工作。

考证工作中较为常见的是出版发行地的问题。民国时期的图书经常不标注出版地、发行地,或在版权页上印有多个与出版发行相关的地名。抗战时期社会动荡,很多发行所和发行地不固定,特别是1938—1946年之间变迁较大。由于编目人员对发行地的变迁沿革不甚了解,很多初始数据的出版发行地著录错误,或著录为"出版地不详""发行地不详",给后期数据核对、判重、合并带来较大的麻烦。下面以商务印书馆、中华书局为例进行具体说明。

商务印书馆从1937年之后发行地几经变化但并未在著录数据中体现,需要进行修正。商务印书馆1938—1941年出版的图书发行地主要在长沙,1942年长沙、重庆皆有,1943—1945年基本在重庆,1946年重庆、上海皆有,1946年之后在上海[7]。而江西省图书馆将商务印书馆这一时期出版发现地皆著录为上海。1946年出版的图书版权页多题发行地"重庆",版本为"上海初版"。笔者认为这种情况选择客观著录更为适宜。中华书局1939—1941年发行地主要在昆明[8],但编目数据著录的大多是上海。

另外,对于历史上行政区划的变更造成的变化,笔者建议按现在所属地进行统一,或是采取回避的处理方式,直接将较大的地名删掉。例如,北碚书影上有标识四川,也有标识为重庆,可以统一为北碚(重庆)或者统一著录为北碚即可。对于安东与丹东、琼州与海口、奉天与沈阳、南雄与雄州等新旧名称关系,书目编纂应采用民国时期的旧称客观著录为宜,但还应在括号内标注现称。对于北京与北平的更名问题,具体而言,1911年1月1日—1928年6月19日、1937年10月12日—1945年8月20日这两个时间段是北京,1928年6月20日—1937年10月11日、1945年8月21日—1949年9月26日这两个时间段是北平,编纂人员可参考此时间段核对出版发行地,但是具体到每条数据还是以书影为准。

还有些出版地存在明显错误,如民国时期江苏省会涉及多个城市,其大部分时间在镇江,却一律著录为南京;民国广西省会在桂林,却著录为南宁;河南省会大部分时间在开封,著录为郑州;1937年之前安徽省会在安庆,著录为合肥。概括而言,编纂人员需要查阅资料进行考证判断,了解出版发行者迁址的历史沿革,才能保证不犯常识性、知识性的错误,确保出版发行地准确著录。具体示例如下:

02008
阴离子分析法 / 赵廷炳著
外文题名:Methods of the analysis of anions

长沙：商务印书馆，1941.1，54页，32开

长沙：商务印书馆，1941，再版，54页，32开

重庆：商务印书馆，1944.1，48页，25开（中央大学丛书）

上海：商务印书馆，1947.6，沪初版，48页，25开（中央大学丛书）

上海：商务印书馆，1949，沪再版，48页，25开（中央大学丛书）

收藏单位：重庆馆、东北师大馆、广东馆、国家馆、湖南馆、辽宁馆、南京馆、内蒙古馆、山西馆、首都馆、浙江馆

### 3.3 编纂工作需要专业团队作为人力资源支撑

民国数据来源之广、数据量大、文献情况复杂，加之收藏、保存及著录要求各异，著录差异之大前所未有，从数据查重整理到提要撰写都具有一定的难度。为了保证书目质量，总目对于提要的撰写体例、字词的表述、数字的用法、标点符号、语法到版式等细节的处理和要求均较高。出版社关于提要的著录要求就达10多页，提要中含章节目次名称的内容要求逐字与书影目录核对。由于原始数据出自众手，写法很不一致，且多有缺漏，在内容把握、详略安排上困难甚多，工作量庞大。上版总目的编纂因工作量大即历时数年就是一个明证。

民国书目编纂的复杂性导致对编目人员专业素质要求较高，编纂人员要进行搜集整理、分析研究、分类编排、题解和注释等一系列复杂的思维劳动[9]。与此同时，彭斐章教授认为，某一知识门类的文献状况，反映着该学科发生、发展和兴衰的状况，记录该学科文献状况的专科文献书目，是反映该学科发展水平的一面镜子[10]。因此，民国总目需要成为一种书目情报，即变成文献知识和效用信息的集合、经过分析和综合的有序化的知识，并在为用户提供能够满足各种信息需求的个性化服务[11]。从更高层次的编目要求来看，民国书目编纂对编目工作者提出更多挑战。

从具体实践来看，正是由于参与编纂的人员经验不足使得新版民国总目编纂活动开展过程困难重重。因此，新版民国总目的编制应组织一支具有各种专业人才的队伍各尽其职开展工作，加强对编纂工作指导，分享编纂经验，以在数据的规范和内容的编辑等方面提升工作效率。

**参考文献**

[1] 李婧.民国文献普查工作实践与研究[J].新世纪图书馆.2016（6）:17-20.

[2] 国家图书馆.民国时期图书总目·哲学卷[M].北京:国家图书馆出版社,2018:出版说明.

[3] 谢英.民国图书著录方法探讨[J].图书馆研究 2018（2）:1-5.

[4] 刘洪权.《民国时期出版书目汇编》及其出版史料价值[J].出版科学,2011（3）:101-104.

[5] 李丽芳,宋晶晶.民国图书出版发行信息的CNMARC格式著录[J].国家图书馆学刊,2013（5）:74-77,113.

[6] 朱青青,高凌云.新版民国总书目编制研究[C]//回眸与展望:民国文献整理与研究国际学术研讨会论文集.北京:国家图书馆出版社,2018:126-134.

[7] 《商务印书馆120年大事记》编写组.商务印书馆120年大事记（1897—2017）[M].北京:商务印书馆,2017.

[8] 中华书局编辑部.中华书局百年大事记（1912—2011）[M].北京:中华书局,2012.

[9] 刘秀媛.论书目索引编制者的素质——编制《魏晋南北朝史论索引》《隋唐五代史论索引》的体会[J].山东图书馆季刊,1987（2）:10-14.

[10] 彭斐章.彭斐章文集[M].武汉:武汉大学出版社,2005:147.

[11] 肖希明,李书祥.《全国总书目》与图书馆文献资源建设[J].图书馆,2008（6）:26-29.

# 媒体融合背景下高校信息素养教材建设研究

胡胜男　乔姗姗　施燕斌（国防科技大学图书馆）

大数据和信息技术为特征的媒体融合时代的到来,给纸质教材的出版带来了强烈的冲击。传统主流媒体与新媒体相互交融补充,形成了一个传播不受时空限制的媒体融合一体化发展格局。2019年3月,《求是》杂志发表习近平总书记的重要文章《加快推进媒体融合发展 构建全媒体传播格局》,文章中习主席提出"移动互联网已经成为信息传播主渠道"[1]。随着信息检索课程改革的进行和新型教学模式、手段的广泛使用,高校信息检索课教材建设迎来了全面发展的新契机。高校信息检索课教师需要提高互联网意识,科学把握教学改革和网络传播的规律,充分发挥传统媒体和新媒体之间的互补优势,构建合理有效的信息检索课教材体系,从而促进课程教学改革,更好地培养高素质、创新型信息素养人才。

国内专门研究信息检索课教材建设的论文并不多见,相关研究成果散布在信息素养教育课程改革的论文中。密切相关研究论文的主要研究方向有:慕课与教材的一体化建设[2]、混合学习模式下信息检索教材的科学设计[3]、翻转课堂教学与信息检索教材协调发展[4]、信息检索课教材中出现的基本理论的回顾和展望[5]等。这些研究有效地促进了国内信息检索课教材的建设,但是相关研究中对媒体融合时代信息检索课教材建设总体情况的调研分析较为少见。

根据2019年2月发布的《媒体融合蓝皮书:中国媒体融合发展报告(2019)》,自2017以来,我国媒体融合由相"加"迈向相"融"转折,我国已经进入媒体融合3.0时代[6]。为研究媒体融合时代国内高校信息检索课教材建设情况,本文调研了2017—2019年国内信息检索教材出版情况以及业界使用信息检索教材的现状,以期对教材建设提出有益建议,促进高校信息检索课教学改革的进程。

## 1 数据调研与处理

### 1.1 数据来源

本文将国内信息检索课教材作为调研对象,样本选取的依据如下:①本文所指的"信息检索课",指面向高校本科及研究生开设的"文献检索""文献检索与利用""信息检索""信息素养教育"等学分制课程,以及信息检索相关MOOC课程;②本文所指的"教材"(teaching material)包括为信息检索课程教学而编写的教材和教学参考书。③本文的纸质教材数据主要来源于国家图书馆书目数据库,并以中国高校教材图书网、当当网/亚马逊的图书频道以及书商提供的书目数据作为补充来源;电子教学参考书数据主要来源于中国大学MOOC及各大学官方主页。

## 1.2 数据处理过程

本文采用文献调研、网络调研和电话咨询相结合的方法,数据收集和处理步骤如下:①在国家图书馆"中文基藏库"中检索出版的所有信息检索课教材信息,以"信息素养""信息检索""文献检索"为主题词进行检索,检索类型为"专著"且主题词中包含"教材""教学参考书"的文献;在中国高校教材图书网、当当网/亚马逊的图书频道以及书商提供的近三年书目数据中进行补充核对。②通过人工复核、筛选出140种信息检索课教材作为研究样本;通过网络调研获得信息检索国家精品 MOOC 教学参考资料;通过网络及电话调研获得"双一流"高校信息检索课程开设及教材使用情况数据。③使用 Excel 统计分析工具对数据进行分析和处理。

## 2 媒体融合时代国内高校信息检索课教材特色分析

本文经调研发现,媒体融合时代国内高校信息检索课教材总量丰富,但专业教材发展不平衡;百佳出版社出版的教材数量最多,但出版形式过于单一;教材整体质量持续提升,但内容创新不多;联合编写成常态,但原创教材数量有限。

### 2.1 教材总体数量丰富,但专业教材发展不平衡

从统计数据可以看出,2017年来共计出版信息检索课教材140种,其中面向大学生读者的综合型通用教材93种,占教材总量的66.43%;面向某一学科撰写的专业类信息检索教材47种,占教材总量的33.57%。从图1可以看出,专业类信息检索教材中,医学类以51.06%的比例,占据半壁江山。在所有教材中,标注为"实验手册""实验习题"及"实训教程"的信息检索课参考辅助配套教材仅5种,其中最有名的当属武汉大学黄如花教授和武汉大学图书馆胡永生研究馆员合作主编的图书情报与信息管理实验教材《信息检索与利用实验教材》(2017)。

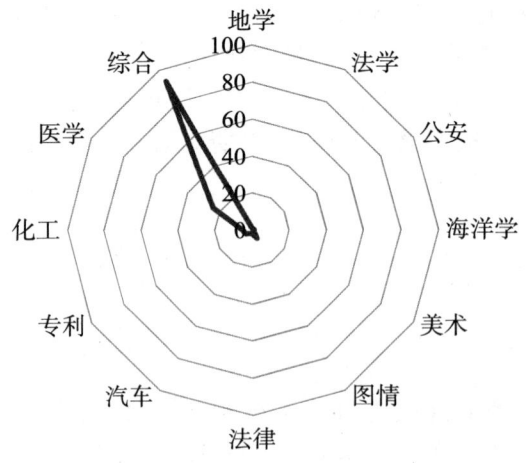

图1 各专业学科教材出版情况雷达图(单位:种)

### 2.2 百佳社出版量最多,但出版形式整体单一

在出版信息检索课教材的出版社中,科学出版社以出版20种教材的总量稳居榜首,此外,出版量排名前10的出版社均为"全国百佳图书出版单位",这在很大程度上保证了信息检索

课教材的出版质量。从出版形式看,当前大部分高校使用的依然是纸质版教材,数字化教材、立体教材等新兴教材形式探索不足;但也有个别高校发掘媒体融合时代的特点,打造了数字化、多元化、立体化的信息检索课教材,如华南理工大学的国家精品MOOC"文献检索"配套教材《文献检索与知识发现指南(第三版)》(吉久明、孙济庆主编,2018)中采用二维码方式加入了相关MOOC视频,使读者自学变得更加方便、容易。

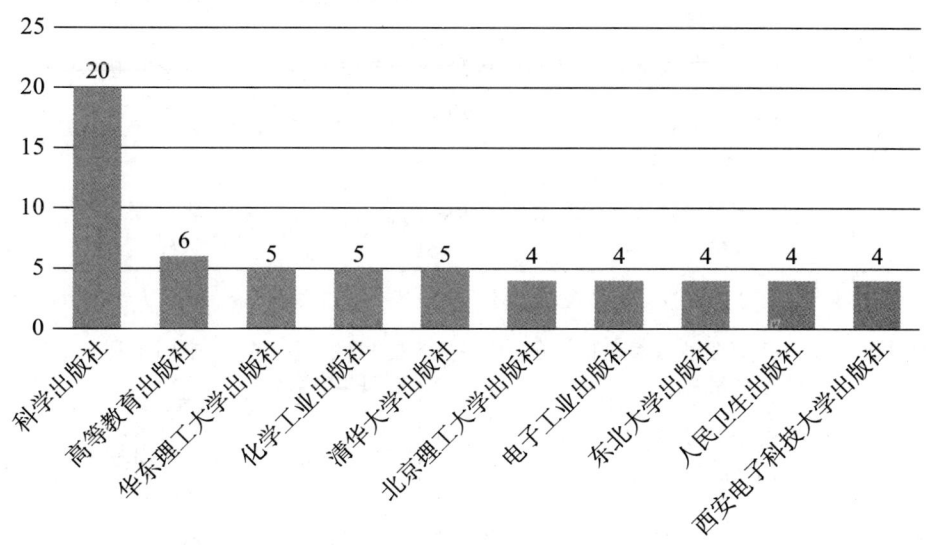

图2  出版信息检索课教材的出版社排名TOP10(单位:种)

### 2.3 教材整体质量提升,但内容创新程度不高

国家对教材质量的重视推动了信息检索课教材整体质量的提升,国家级规划教材是从宏观角度为学科发展提供教材,入选教材从选题规划、内容编写、结构安排等都经过严格的论证[7]。140种教材中,各级各类规划教材82种,占教材总量的58.57%。其中4种被列入"十一五"国家级规划教材,3种被列入"十二五"国家级规划教材,7种为精品课程配套教材或被评为精品规划教材。虽然整体质量比较高,但大部分教材以文献为基础进行编写。编写模式固化,创新程度不高;当然其中不乏精品教材,如中山大学的国家精品MOOC"信息素养通识教程:数字化生存的必修课"配套教材《信息素养通识教程》(潘燕桃、肖鹏主编,2019),在教材内容体系上创设了生活、学习和工作三大现实场景,增强了课程的趣味性和实用性。

表1  国家级规划教材及精品教材一览表

| 题  名 | 教材类别 | 著  者 | 出版社 | 出版年 |
| --- | --- | --- | --- | --- |
| 信息检索 | "十二五"普通高等教育本科国家级规划教材 | 黄如花主编 | 武汉大学出版社 | 2019 |
| 化学文献及查阅方法 | 普通高等教育"十一五"国家级规划教材 | 余向春,黄文林编著 | 科学出版社 | 2019 |
| 化学化工信息检索 | 普通高等教育"十一五"国家级规划教材 | 魏振枢,郭林等编著 | 化学工业出版社 | 2019 |

续表

| 题　名 | 教材类别 | 著　者 | 出版社 | 出版年 |
|---|---|---|---|---|
| 现代信息查询与利用 | 普通高等教育"十一五"国家级规划教材 | 赵静编著 | 科学出版社 | 2017 |
| 信息存储与检索 | 普通高等教育"十一五"国家级规划教材 | 张帆等编著 | 高等教育出版社 | 2017 |
| 化工信息检索 | "十二五"职业教育国家规划教材 | 冯西宁主编 | 科学出版社 | 2017 |
| 信息素养通识教程 | 国家精品在线开放课程配套教材iCourse·教材 | 潘燕桃,肖鹏主编 | 高等教育出版社 | 2019 |
| 信息检索与利用 | 高等教育公共基础课精品系列规划教材 | 钟云萍主编 | 北京理工大学出版社 | 2019 |
| 数字信息资源检索 | 普通高等教育精品规划教材 | 刘伟成主编 | 武汉大学出版社 | 2018 |
| 计算机信息检索与利用 | 高等职业教育"十三五"精品规划教材 | 吕润桃,赵金考,覃国萍主编 | 中国水利水电出版社 | 2018 |
| 医药信息检索与利用 | 普通高等教育"十三五"规划百门精品教材 | 周晓政主编 | 科学出版社 | 2018 |
| 信息检索与利用 | 普通高等教育"十三五"规划教材国家精品课程主干教材 | 邓发云编著 | 科学出版社 | 2017 |
| 法学研究与文献检索 | 法学精品课程系列教材 | 高利红主编 | 北京大学出版社 | 2017 |

### 2.4 联合编写成常态,但原创教材数量有限

信息检索课教材编写者一般为高校教师或图书馆员,他们在长期的教学实践中总结了教学经验,为信息检索课教材建设做出了贡献。但是近三年来原创教材数量很少,教材的责任者描述中,著录为"著"或者"编著"的教材仅有 33 种,只占教材总量的 23.57%;调研的教材中,仅有 16 种为独著,可见联合编写信息检索课教材已经成为常态。在媒体融合发展的这三年间,北京高科大学联盟图书馆出版的丛书"高等学校科技文献检索丛书"颇为引人注目,该套丛书包括四个分册:本科分册、学术硕士分册、专业硕士自然科学类分册、专业硕士社会科学类分册,10 个成员馆参与丛书编写,由长期从事文献检索课一线教学的教师与长期从事图书馆培训、科技查新、信息咨询等工作背景的图书馆员合理打造,根据不同分册面向的不同读者对象,内容各有偏重。

## 3 媒体融合时代国内高校信息检索课教材建设策略

媒体融合时代,信息检索课教材建设必须与时俱进,在持续发展综合性通识类教材的同时,加强专业类教材及教辅资料编写,无缝对接课堂内外;契合课程教学模式更新,建设多层次立体化教材体系;对接读者需求变化,设计精准定位的场景教学内容;建立健全合作机制,联合优势力量编写精品教材。

### 3.1 加强专业类教材及教辅资料编写,无缝对接课堂内外

媒体融合时代的教材读者可以从互联网获得更多的学习资料。当前,综合性通识类信息检索教材在数量和质量上都已经能够满足教育的需求,而专业类信息检索教材和教辅资料还存在很大进步空间。为提升专业人才的信息素养,使教学更具针对性,本文建设要大力促进专业类教材及配套教辅资料的编写和出版。专业类信息检索教材的编写要有所侧重,必须与科技人文各学科的学生培养目标紧密关联,既要体现学科特色,又要注重人才水平的提升。同时,要关注配套教辅资料的建设,高职生、本科生和研究生等不同层次的读者在知识基础、学习能力以及学习目标等方面都存在很大差异,要根据不同阶段不同层次大学生的特点,设置实践性强、有针对性的练习题目,通过优秀的教材和教学参考书指引,无缝对接课堂内外。

### 3.2 契合课程教学模式更新,建设多层次立体化教材体系

随着科技的发展和信息技术的不断创新,信息环境发生了重大变化,数字传播模式的出现,打破了传统媒体之间的固有格局,也带动了高等教育的改革,引发了信息检索课教学模式以及教材建设的创新。随着教育技术信息化进程的推进,要适应当前教育环境的变化和个人终身学习的需要,摆脱过去纸质教材与数字化教材脱节的状况,开展与MOOC、SPOC、翻转课堂相配套的信息检索教材建设;要加强对教材的修订,纸质教材每隔2到3年就要进行更新;此外,还要顺应教改形势,搭建纸质、电子、网络三位一体的层次化、立体化的教材体系。纸质教材要通过二维码、APP、AR、VR等信息技术,设置读者入口,突破体量限制,打破媒介界限,提供数字化内容服务;数字化教材要充分发挥信息技术优势,融合文字、音频、视频、图片和动画等元素[8]。

### 3.3 对接读者需求变化,设计精准创新的场景教学内容

教材是帮助学生理解信息检索理论和开展信息检索实践的有力工具,因此教材编写者在编写过程中要充分对接读者需求变化。媒体融合时代,人人都是信息创作者,人人都可以接触到创新信息资源。当信息检索课教材的读者可以通过MOOC等在线课程、APP一对一授课的形式获得更多的教学体验,可以通过互联网搜集课外学习资源时,教材内容的创新变得更为重要。通过多种方式收集整理与教材配套的学习资源、试题库等,将不同媒体的教学资源有机结合在同一本教材当中,这样才能吸引读者眼球,成就高质量的教材。

信息检索课是一门特别注重实践的课程,因此在信息检索课教材编写过程中,设计精准定位的场景教学内容,使读者在使用教材时能够产生共鸣,在对照教材进行检索实践中遇到问题时,能够同步观看视频演示,也可以与作者、出版社进行双向互动,这将成为未来信息检索课教材编写需要着重注意的问题。当前,通过设置二维码,纸质教材已经实现了在技术平台上的音频、视频和教学参考资料的演示。以后的信息检索课教材,将不仅仅是一本教材,更是一门集合了多种信息类型、自带课堂演示功能的移动课程。

### 3.4 建立健全合作机制,联合优势力量编写精品教材

教材建设是信息检索课教学改革的一个重要环节,在开展教材建设的过程中可以通过

协同合作,整合图书馆界和图情专业领域的优势力量,编写精品教材。合作编写信息检索课教材的方式有以下几种:①高校图书馆联盟主导下的优秀图书馆教师合作编写教材。当前国内建立了很多高校图书馆联盟,如全国性的联盟CALIS(中国高等教育文献保障系统),省市高校联盟如北京高校高科大学联盟图书馆等,长期以来,联盟的组织活动推动了高校协同创新工作的开展,联盟内部成员之间在业务上也有着密切而广泛的协作。高校图书馆联盟可以依托联盟内突出的学科群优势,集中联盟内专业设置相近的教师力量,合作建设信息检索课MOOC,并编写信息检索精品教材,从而发挥联盟优势,走出精品路线。②高校图书馆与图书情报学院教师合作编写教材。高校图书馆员在图书馆服务实践方面具有优势,图书情报学院专业教师则在图情理论知识与学科发展动态方面具有优势[9]。综合两者优势可以使信息检索教材的内容在理论和实践方面都得到提升。③高校图书馆与专业课教师合作编写教材。在图书馆长期的嵌入式学科服务中,高校图书馆员与专业课教师之间建立了良好的合作关系,在这种合作背景下,联合编写教材可以促进专业课程建设,也可以使教材编写更具针对性和实用性。

随着媒体融合条件的日渐成熟,信息检索课教材建设开始加速转型升级,立体化教材的出现延长了教材的生命周期,这将成为未来教材的发展的新形态。虽然信息检索课教材中立体化教材还很少见,但随着信息检索MOOC课程的推广,翻转课堂等模式在教学改革中的应用,教材与教学之间的融合程度会得到提升,纸质教材中融入数字化资源的趋势也将不可逆转。当然,随着纸质教材出版的门槛越来越高,对信息检索课教材编写者的要求也将越来越高,这是信息检索课教师们需要持续关注的一个问题。

**参考文献**

[1]习近平.加快推动媒体融合发展构建全媒体传播格局[J].新湘评论,2019(9):4-6.

[2]潘燕桃,陈香."信息素养与信息检索通用教程"慕课及其教材的一体化建设[J].高校图书馆工作,2017,37(4):5-8.

[3]郑元元,李波,范丽娜.混合学习模式下信息检索教材建设[J].农业图书情报学刊,2017,29(1):108-111.

[4]乔姗姗,胡胜男,敬卿.翻转课堂教学与信息检索教材协调发展研究[J].文献与数据学报,2019,1(3):107-114.

[5]周晓政,袁斌."医学文献检索与利用"课程教材基础理论研究与展望[J].中华医学图书情报杂志,2018,27(10):69-73.

[6]北京市新闻工作者协会.媒体融合蓝皮书:中国媒体融合发展报告(2019)[M].北京:社会科学文献出版社,2019.

[7]司莉,伍丹.改革开放以来我国图书馆学教材调查与分析[J].图书馆,2019(1):17-21.

[8]邓建波.媒体融合背景下的教材编辑[J].编辑学刊,2017(5):106-110.

[9]崔博雅.高校图书馆信息素养MOOC建设现状、障碍与策略分析[J].图书馆工作与研究,2020(3):114-120.

# 述珍稀善本《两笈姑存》：明王若之被禁毁著作的新发现
## ——兼及"孤本"《再游草》的再认识

姜 妮（陕西省图书馆）

近几年，在国家古籍保护中心指导和督促下，全国各系统古籍收藏单位都在进行古籍普查，发现了一些鲜为人知的珍稀古籍。陕西省渭南市大荔县文物旅游局收藏的明王若之《两笈姑存》，便是在这一大背景下的新发现。此书不见于各古籍书目，如《中国古籍善本书目》（以下简称《善目》）、《中国丛书综录》、《中国古籍总目》、《山东文献书目》等记载，同时可补已收入《善目》，并著为陕西省图书馆藏"孤本"《再游草》之缺，亦可纠正陕西省图书馆版本著录之误，更有助于对王若之现存著述的进一步整理研究。

## 1 王若之及其现存著作

王若之，初名招寿、廷召，后改名若之，字湘客，又字芗客、芗叔，山东益都人。生于明神宗万历二十一年（1593），卒于清顺治二年十二月（1646）。其祖父王基，系南京户部尚书，一生清介有为。明万历四十五年（1617），王若之"以荫授前府都事，历河南右参议，理饷天津，时魏党方炽，所在创祠，津人为请，公□疾归。崇祯己卯诏起用，以言事切直，谪南户部郎，明年督饷凤阳。大司农张慎言荐其真才真品、实心实政，竟以忤权珰落职。癸未冬，都御史李邦华首举廉卓，方召用。而闯贼已陷燕京，公北望呼抢，呕血几毙。明年，南都失守，公负母奔窜，为奸僧所□。被杀七日，面如生。子稷恭裹葬其尸"[1]。

王若之生逢乱世，一生忧国恤民，际遇坎坷，最终因拒不剃发被清兵所杀。他有才学、有风骨、有气节，是明清易代之际一批殉国士人的缩影。清初文坛大家王士禛非常推崇王若之，他在自己的诗话论著中多次对王若之予以褒奖，称其"孤情绝照，诗清真无启祯气习"，"性嗜古……风神清映，如晋宋间人。工诗及尺牍。"[2]，又称其"为人潇洒疏诞，有晋人风致，工尺牍，好弹琴，善五言诗"[3]。他甚至曾在北京慈仁寺书肆购得王若之的集子，即清傅敏所刻《佚笈姑存》，今藏台湾汉学研究中心（索书号13093），钤有"池北书库"、"士禛私印"。

作为殉节人士，王若之的著作在清乾隆朝修《四库全书》时被列为《全毁书目》，因此其作流传不广，其人鲜见于史载，或仅片言只语，语焉不详。时至今日，王若之的存世著作已极稀少，难得一见。检各古籍书目及相关文献，知其分别收藏于国家图书馆、北京大学图书馆、中科院图书馆、陕西省图书馆、大荔县文物旅游局、台湾汉学研究中心、日本内阁文库。

笔者曾阅以上各家所藏王若之所有存世著述，对各本之版本、内容及其间的关系进行了较全面的考证、梳理。兹结合各书目之记载，详述如下。

《善目》收有国图、科图、北大、陕图所藏，信息如下：

集部 10656:《涉志》《寱咏》《讌赋》各一卷,明刻本,国图独家收藏(索书号:善 0416);

集部 10657:《再游草》一卷,明崇祯刻本,陕图独家收藏(索书号:善 00399);

集部 10658:《佚笈姑存》十卷,清顺治二年傅敏刻本,国图、科图、北大三家收藏。子目为:《疏稿》、《津门中都启稿》、《薄游书牍》、《诗卷》二卷、《续诗卷》、《涉志》、《往笺》、《寱咏》、《讌赋》(《善目》注国图、科图本为残本,北大本为全本,若所收书目为残本,《中国古籍本书目》则用"×"作为标记)[4]。

《善目》关于陕图藏本及三地所藏《佚笈姑存》的著录不无可商榷之处。

陕图藏本的真实面目并非如此,孤本之说也与实情不符。《佚笈姑存》的版本认定值得再研究;其总卷数著录有误,且以此为标准,会导致将全本误为残本。另,国图还藏有两部《佚笈姑存》,子目不全:一部为周作人旧藏(T3784),存子目《薄游书牍》《涉志》《诗卷》《续诗卷》,《薄游书牍》扉页有周氏题记,首钤"苦雨斋藏书印"、卷末钤"苦茶斋",现已被提善;另一部仅存子目《疏稿》《续诗卷》《薄游书牍》(原 T490,今 20490)。

《中国丛书综录》仅收列入丛书的清刻本:

《佚笈姑存》,(明)王若之撰,清刊本[5]。

其藏地仅列北大、科图,遗漏了国图。对于版本的确定,也从宽处理,只定为清刻本。《中国古籍总目》史、集、丛三部各有收录:

史 20912523:《涉志》一卷,明王若之撰,佚笈姑存本;
史 61248529:《疏稿》一卷,明王若之撰,佚笈姑存本;
集 20212764:王若之四种,明王若之撰,明刻本,日本内阁;
集 20212765:《佚笈姑存》(《王湘客集》)十卷:《疏稿》《津门中都启稿》《薄游书牍》《续诗》《涉志》《往笺》《寱咏》《讌赋》各一卷,《诗卷》二卷,明王若之撰,明傅敏辑;
丛 20501125:《佚笈姑存》六种:《疏稿》一卷、《薄游书牍》一卷、《津门中都启稿》一卷、《涉志》一卷、《诗卷》二卷、《续诗卷》一卷,明王若之撰,清刻本,国图、中科院[6]。

对于《佚笈姑存》的版本,《中国古籍总目》同《中国丛书综录》,亦仅定为清刻本。同时,此目录并未列出我国全部藏地,如北大、陕图,但补充有日本国立公文书馆内阁文库所藏王若之四种著作,未著具体题名。严绍璗先生《日藏汉籍善本书录》曾记载此书,他认为"此本系日本仁孝天皇文政年间(1818—1829 年)出云守毛利高翰献赠幕府,明治初期归内阁文库",并将此本定为"明万历四十六年(1618 年)序刊本"[7],日本内阁文库则称其为"明刻本"。

笔者阅日本藏本,知其所藏为明刻本《寱咏》、《涉志》、《寄语》、《讌赋》(函号:317-0124,书号:10618),《寱咏序》首叶钤有"佐伯侯毛利高标字培松藏书画之印"、"浅草文库"、"日本政府图书"等印。此本实与中国国家图书馆藏明刻本《寱咏》、《涉志》、《讌赋》(国图本缺《寄语》)系同一版本不同印本的关系,两本存在不少文本差异,日本所藏为先印本,国图藏本为后印本。笔者另撰有专文详述两本之关系,兹不赘述。

王绍曾先生所编《山东文献书目》综合采录了《善目》、《中国丛书综录》(以下简称《丛综》)及[光绪]《山东通志·艺文志》(以下简称《山艺》)的记载,著录如次:

> 《涉志》一卷,(明)王若之撰,明刻本、佚笈姑存本。《善目》《丛综》《山艺》;
> 《疏稿》一卷,(明)王若之撰,佚笈姑存本。《善目》《丛综》《山艺》;
> 《津门中都启稿》一卷,(明)王若之撰,佚笈姑存本。(《山艺》作启笺一卷)《善目》《丛综》《山艺》;
> 《诗卷》二卷《续》一卷,(明)王若之撰,佚笈姑存本。(《山艺》著录《续诗卷》一卷)《善目》《丛综》《山艺》;
> 《再游草》一卷,(明)王若之撰,明崇祯刻本。(《山艺》著录《游草》一卷)《善目》《山艺》[8]。

山东省图书馆徐泳先生所撰《山东通志艺文志订补》又综合采录了上述各书目及部分新见资料,做出了相关订补[9]。其大略不出上书目所述,关于《续诗卷》,则指出台湾所藏(与《涉志》合册)为明刻本,值得商榷。

笔者阅台湾藏本,知其藏有两部《佚笈姑存》:一部全本(13093),系清王士禛旧藏;一部残本(13092),仅存子目《涉志》《续诗卷》。

在以上所提到的各处藏本中,北大藏本已影印出版,收入《四库禁毁书丛刊补编》(第六十七册);国图藏一部清刻本《佚笈姑存》(子目不全,未列入《善目》)已影印出版,收入《古籍佚书拾存》(第一册);明刻本《涉志》《嚞咏》《谶赋》(合一册)之缩微胶片已公布于国图网站"中华古籍资源库"。台湾藏本已有缩微胶片,但未能在网上公开阅览。除此之外,其他各地藏本并国图其余藏本均没有数字化或影印出版,较难目见,亦少有人关注。

大荔县文物旅游局藏本则未见以上各书目及他处记载,是近年古籍普查的新发现。

## 2 大荔文物旅游局藏《两笈姑存》本揭示

大荔藏本为《两笈姑存》(索书号04206),此题名据卷一、二目录叶版心上端所镌而定。此书版式为:半叶八行,行十七字,无行格,白口,四周单边。板框尺寸为19.3cm×13.2cm,开本尺寸为25.5cm×16.0cm。镌有眉批。

全书共存序言两篇,卷一、卷二目录叶共两叶,及子目七种(部分子目内容有残缺)。首叶为沈存德序第4叶,通过比对北大本《涉志序》知即为此序,所存文字与北大本《涉志序》同。沈存德,一说为思州知府,明万历年间任[10]。一说系画家,擅绘花卉,为胡正言友人,《十竹斋花卉翎毛谱》中收有其画作[11]。沈序后为周维翰《往笺序》,序文全,但文字与北大本《往笺序》有出入。周维翰,阜城人,万历十年(1582)进士,曾任宜川县、息县知县[12]。

周序后为卷一目录叶,版心上端镌"两笈姑存目录",目录叶文字为:"一卷:嚞咏、谶赋,诗一百四十七首。"卷二正文前附卷二目录,版心文字同卷一,目录叶文字为:"二卷:涉志、往笺,游记四十四则、尺牍六十三首。"目录中所列《往笺》,原书阙。

全书共存子目七种,目前存放的顺序为《瘄咏》《谴赋》《涉志》《丁丑小草草》《岁札》《檗裁》《归兴》。前四种子目无缺叶,叶数分别为20、20、22、16。后三种子目均有缺叶,其中《岁札》存P10b—15a叶;《檗裁》存P31b—41a前半叶,而P41a所存前半叶为一诗之《其十》全文,该叶背面也没有文字,推测此叶有可能为该子目的末叶;《归兴》存P1a—6b叶。后五种子目仅见于大荔所藏,异常珍贵。

是书每个子目均单独起叶,并于首叶版心下镌所属卷数。可以明确卷次的有:《瘄咏》属"一卷一",《谴赋》属"一卷二";《涉志》属"二卷一";《丁丑小草草》属"六卷二",《归兴》属"六卷三";剩余子目《岁札》《檗裁》有缺叶,首叶亦无存,故卷次不详。一卷最后一叶版心下卷"一卷尾"。依存卷情况分析,此书尚阙卷三、四、五及卷六的一部分,总卷数不详,也有可能超过六卷。通过现存卷次可知:全书目前部分子目顺序如《归兴》有错乱,子目的正确顺序需要调整;现存该书非一册,而应为多册,只是全书已基本处于散叶状态,又长期紧凑放置,易使人误为一册。

子目《瘄咏》《谴赋》所收为诗,依原书目录所言,共收"诗一百四十七首"。其统计标准非按诗题归之,而是按最小单位计算。比如一诗题下面有《其一》《其二》即按两首计。为方便标注及对比说明,笔者之前对王若之作品的数量统计,俱按诗题归之,为保证标准的统一,此次仍沿袭旧法。据统计,《瘄咏》收诗52首,《谴赋》收诗59首,共计111首。

子目《涉志》所收为游记,依原书目录所言,共收"游记四十四则",即四十四天之作。

以上三种子目所收为明万历"乙卯"至"戊午",即万历四十三年至四十六年(1615—1618),也即王若之二十三岁至二十六岁初入仕时之作。

子目《丁丑小草草》所收为诗,版心上端镌"小草草",卷端题名下镌小字:"律诗五十首"。按题名统计,则为31首。此子目之题名,或出其所收第一首诗《北上道中》,末句有:"散吏未缘干末议,不须小草问穷通"。"丁丑"系明崇祯十年(1637),此时王若之四十五岁,南游再奉北召。但此书并非只收"丁丑"年之作,第16首为《崇祯戊寅元旦试笔》,按其编排结合原诗内容,之后作品均应为"戊寅"年之作。

子目《归兴》《岁札》《檗裁》均不全,有阙叶,分别存诗7首、14首、19首。《归兴》属"六卷三",紧接"六卷二"之《丁丑小草草》,所收诗作时间也应续其而来,始于"己卯"年,即明崇祯十二年(1639),有可能均为这一年之作,也有可能包含之后一、二年所作,因阙叶较多,已不可考。至于《岁札》《檗裁》,因卷数不详,阙叶亦较多,不详作于何时。《檗裁》收有《送母还里》一诗,有诗云:"十年虽不调,也幸守原官","一儿才四岁,止解弄糖饧",王若之于明万历四十二年初入仕,由此看来《檗裁》所收大约在明天启四年(1624)左右,当然这也只是一种推测,有待详考。

整部书线与纸捻已完全脱落无存,亦无书衣。该处文物库房在此前多年来都位于楼房顶层,存藏环境不好,书叶脆化严重,全书天头、地脚、版心及书口俱有不同程度的破损,亟待抢救保护。

## 3 陕图藏"孤本"《再游草》重新审定

在大荔藏本发现之前,人们对陕图藏本的了解非常有限,题名、卷数著录多有疏误,甚至不清楚其只是《两笈姑存》这部丛书的两个子目。《善目》即著录为:"《再游草》一卷,明崇祯刻本",陕图一家收藏。当然,受彼时条件所限,也无可厚非。

此本共一册,竹纸,纸张脆化较严重。版式、行款均与大荔藏本同。板框19.6cm×13.4cm,开本25.6cm×15.5cm,与大荔本的误差也在正常范围内。书衣墨笔题"再游草"三字,前有《再游草叙》,末署"崇祯甲戌冬仲北海钟羽正题";其次为《瘖咏叙》,"大泌山人李维桢题";再次为《谦赋题辞》,"闽莆友弟陈玄藻书";之后为卷一目录,内容与大荔藏本同。三篇序言首叶版心下分别镌有"一卷序一"、"一卷序二"、"一卷序三"。目录叶版心下端也依次镌有"一卷序四",可见是把目录也按序言来处理了。而大荔藏本的序言或有阙叶,或版心下端残损,字迹不清,无从比对。目录叶之后为《瘖咏》《谦赋》正文。

之所以题为"《再游草》",是因为全书首有《再游草叙》。此序大荔藏本阙,仅见于陕图藏本。作序者钟羽正,字叔濂,号龙渊,约明嘉靖三十四年乙卯(1555)生,明万历八年(1580)中进士,官至工部尚书[13]。此人为官清廉,与王若之同为益都人,比王氏年长近四十岁。整篇叙文只言王若之其人其文,对于此书之梗概则全然未提。

中科院崔建英先生曾怀疑此《再游草》为《佚笈姑存》之一种[14]。可见,崔先生曾对其版本产生过怀疑。不过,崔先生是在未见原书下做出的推断。在尚未发现大荔藏本时,笔者曾撰文纠正陕图藏本的著录问题,认为其题名不应据《再游草叙》著录,而应据目录版心所镌,称其为"《两笈姑存》"为宜。但彼时仅见于此,无可参考比对,且其只存卷一目录叶,故《两笈姑存》的书名惟依此叶的版心,证据单一,说服力有限。在大荔藏本发现后,有了可供比对的资料,且大荔藏本较陕图藏本多收五种子目,内容更为丰富,提供的线索也更多。其卷二目录叶版心上端镌有"两笈姑存目录",推测其卷一、二之外其他各卷目录叶版心所镌都是此五字。这就可以说明,《两笈姑存》的出处并不只见于一卷的目录叶,而应每卷的目录叶都是如此。这是从陕图和大荔藏两部实物中得出的结论。

此外,还有一个文献记载也非常重要。清乾隆时山东历城周永年有《借书园书目》五卷,于集部收有"王若之《两笈姑存》五卷"[15]。关于《两笈姑存》的文献记载,只见于此。周永年曾参与《四库全书》的修纂和《四库全书总目》的撰写,是其时有名的学者和藏书家。周氏的这条记录较简单,未著录版本,也没有列出具体子目,但即便如此简单的记载也传达出了很宝贵的信息。可惜的是此书目在被近年影印收入《山东文献集成》之前只有清道光抄本传世,故其关于《两笈姑存》的记载很少为人知晓。但由此可知前人已有这样的记录,应当依循为是。

可见,陕图所藏《再游草》实为王若之自撰丛书《两笈姑存》,所存子目为《瘖咏》《谦赋》。陕图此本不仅收入《善目》,同时也已入选《第三批国家珍贵古籍名录》(名录号09269)、《第一批陕西省珍贵古籍名录》(名录号0374)。此外,还入选中华珍贵典籍资源库,拟进行统一的数字化加工。能够入选的很大原因在于此本一直被视作"孤本",在此次大荔本发现后,"孤本"说俨然已不能成立。

大荔与陕图藏本系同一版本不同印本的关系,大荔本为先印本,陕图本为后印本,两者存在文本差异。

## 4 《两笈姑存》版本、卷数、刊刻者

《善目》将陕图藏本定为明崇祯刻本,乃是据崇祯甲戌七年钟羽正序而来。笔者认为,此书的版本,或可做更细致的考求。确切地说,需要区分出其与清傅敏刻《佚笈姑存》本究竟孰先孰后。因为《两笈姑存》与《佚笈姑存》(子目《涉志》除外)的版式、行款一致,且均无行格,

有眉批,就连板框尺寸也很接近,无怪乎崔建英先生曾怀疑陕图藏本即《佚笈姑存》本。此外,两本所收很多诗歌在同一作品中表现出了文本差异。于是,判断两本的版本先后就不只是单纯的版本问题,同时也关系到两者文本的先后。

为明确其版本先后,笔者曾将《寤咏》《谳赋》的所有版本,并《佚笈姑存》之《诗卷》《续诗卷》进行过文本比对,分析其修改文字,按照逻辑关系列出其文本先后。其中日本内阁文库、中国国家图书馆所藏系最早的单行刻本,系先印与后印的关系,笔者另撰有专文详证,此处特详细论证《两笈姑存》与《佚笈姑存》的文本先后。受篇幅所限,仅以子目《寤咏》的部分文本比对为例,后出文本与前文不一致处特加着重号标明,兹列表如下:

**各地藏《寤咏》部分文本比对**

| 《寤咏》(日本藏明刻本) | 《寤咏》(国图藏明刻本) | 《寤咏》(大荔、陕图藏明刻《两笈姑存》本) | 《寤咏》(北大藏明刻本) | 《诗卷》《续诗卷》(清傅敏刻《佚笈姑存》本,多地有藏) |
|---|---|---|---|---|
| 乙卯《病疟戏占》:早岁遭坎轲,世情习已熟。如何冷暖态,复此来相逐。《其二》:尝闻昔人言,疟不病君子。予以正自持,劲骨肯依倚。 | 乙卯《病疟戏占》:早岁遭坎轲,世情习已熟。如何冷暖态,复此来相逐。《其二》:尝闻昔人言,疟不病君子。此时须自持,强项无先委。 | 乙卯《病疟戏占》:世态有炎凉,岁月历来熟。奈何炎凉多,复与日征逐。《其二》:尝闻昔人言,疟不病君子。是时仍自持,强项无先委。按:大荔本P3a阙,此诗阙。 | 乙卯《责疟》:世态有炎凉,岁时或反复。今何反复勤,径与日征逐。《其二》:尝闻昔人言,疟不病君子。强项自能持,斯须无披靡。 | 《续诗卷》有收,诗题、内容同北大本。 |
| 按:此本无。 | 乙卯《同徐小岩游时坞》:到处扪萝蹑屐攀,穷探邃讨总荒山。羊肠历尽盘回坂,鸟道还如百二关。柳市恰宜临水岸,桃源始信在人间。相招况有童心侣,卜筑从君好乐闲。 | 丙辰《徐小玄邀入山坞卜居》:到处扪萝蹑屐攀,穷探邃讨总荒山。羊肠历尽盘回坂,鸟道浑如百二关。忽有桃源穿渡口,恰藏柳市在田间。素邻且与同晨夕,卜筑相从好乐闲。 | 丙辰《徐小玄邀入山坞卜居》:到处扪萝蹑屐攀,穷探邃讨尽荒山。羊肠历过盘回坂,鸟道浑如百二关。忽有桃源穿渡口,恰藏柳市在田间。素邻且与同晨夕,卜筑相从好乐闲。 | 《诗卷》下有收,诗题、内容同北大本。 |
| 按:此本无。 | 丙辰《赠石君锡别》:洛下偶然成聚对,公余常共觅杯铛。那知积雨迷双浦,便促归鸿度凤城。纵使愁时惟我醉,可能客里送君行。前期要必先趋赴,酒社仍来作主盟。 | 乙卯《赠高君锡别》:洛下偶然成晤聚,公余每共觅杯铛。那知积雨迷寒浦,早是西风促远程。纵使愁时容我醉,不堪客里送君行。前期既订须来赴,旧社犹存再主盟。按:大荔本P2b缺,此诗仅存诗题及正文前2行34字。 | 乙卯《赠高君锡别》:洛下偶然成晤对,公余每共觅杯铛。那知积雨迷寒浦,早是西风促远程。纵使愁时容我醉,不堪客里送君行。还期已订休迟爽,旧社犹存再主盟。 | 《诗卷》下有收,诗题、内容同北大本。 |

| 《寱咏》(日本藏明刻本) | 《寱咏》(国图藏明刻本) | 《寱咏》(大荔、陕图藏明刻《两笈姑存》本) | 《寱咏》(北大藏明刻本) | 《诗卷》《续诗卷》(清傅敏刻《佚笈姑存》本,多地有藏) |
|---|---|---|---|---|
| 丁巳《邯郸道中》：迢遥古道直如绳，学步邯郸愧未能。浮世黄粱卢子梦，霸图青草赵王陵。拂衣舒啸怀慷慨，结驷行歌感废兴。回首连城何处是，荒村日落野烟凝。 | 按：诗题、内容、次序同日本藏本。 | 丙辰《邯郸道中》：邯山尽处谷为陵，盈望周行直可登。偃蹇奈予无快足，此间学步亦何能。《其二》：夕阳回首野烟凝，想象豪华几废兴。浮世果成卢子梦，霸图惟见赵王陵。 | 丙辰《邯郸道中》：紫峰山尽势纵横，周道郊原一望平。偃蹇奈予无快足，不教学步亦难行。《其二》：夕阳回首野烟凝，千载豪华想废兴。过眼果成卢子梦，聚台遗址赵王陵。 | 《续诗卷》有收，诗题、内容同北大本。 |
| 丁巳《抵家》：夹岁为游子，春深奉使还。愧无陶令鲊，衣有老莱斑。三径虽非旧，双亲未改颜。入门欢讶甚，忘却世途艰。 | 丁巳《抵家》：子舍睽违久，薄游此暂还。佩藏陶令绶，衣学老莱斑。三径虽荒塞，双亲未改颜。承欢欢慰甚，深夜语宽闲。 | 按：诗题、内容、次序同国图本。 | 丙辰《抵家》：子舍前轻出，薄游此暂还。佩藏陶令绶，衣学老莱斑。三径虽荒砌，双亲未改颜。承欢欢慰甚，深夜语宽闲。 | 《诗卷》上有收，诗题、内容同北大本。 |

分析上表诗句的修改变化，从多处都可以看出其文本先后顺序。如《病疟戏占》一诗，从"予以正自持，劲骨肯依倚"（日本本）→"此时须自持，强项无先委"（国图本）→"是时仍自持，强项无先委"（陕图本）→"强项自能持，斯须无披靡"（北大本）；又如《赠高君锡别》一诗，从"前期要必先趋赴，酒社仍来作主盟"（国图本）→"前期既订须来赴，旧社犹存再主盟"（陕图本）→"还期已订休迟爽，旧社犹存再主盟"（北大本）；再如《抵家》一诗，从"夹岁为游子，春深奉使还"（日本木）→"子舍睽违久，薄游此暂还"（国图、陕图、大荔本）→"子舍前轻出，薄游此暂还"（北大本）；等等，从中可以看到明显的修改轨迹，正是从日本藏本到国图藏本，再到大荔、陕图本，再到北大本。而在很多地方，属于《佚笈姑存》的《诗卷》《续诗卷》同北大藏本文本一致，而与《两笈姑存》本有异。也就是说，《佚笈姑存》的文本非承自《两笈姑存》本，而是与北大藏本的文本关系较近。而《两笈姑存》文本又显在北大本之前，故其文本亦在《佚笈姑存》之前。

《两笈姑存》之《丁丑小草草》收有崇祯戊寅十一年之作，这是此本所见最晚时间，可作为其版本的时间上限，下限则不甚明朗，但至少是在清傅敏刻《佚笈姑存》本之前。按照常理推测，此本应刻于作者生前，系其亲力亲为。试想，作者晚年，身逢时局动荡、前路未卜之时，对自己一生笔墨心血进行一次全面整理修订并付之枣梨，以期达到公之于世，传之子孙，垂之久远的目的，这样的做法也是合乎情理的。

关于《两笈姑存》的卷数，因现存藏本子目不全，故难于详知。但从大荔藏本已出现卷六子目可知当不少于此数，陕图藏本仅存一卷，缺失甚多，而周永年《借书园书目》所收"《两笈姑存》五卷"也非全本。

关于《两笈姑存》的刊刻者，在仅见到陕图藏本时，笔者曾因其和《佚笈姑存》版式行款版式一致,在只能看到《寱咏》《谵赋》两种子目的情况下,推测其可能为傅敏所刻。但在大荔本发现后,这一看法有所改变,其刊刻者应非傅敏。这一结论的得出主要源于对《两笈姑存》所收诗歌与《佚笈姑存》之《诗卷》、《续诗卷》所收诗歌对比分析。

笔者将《两笈姑存》的《寱咏》《谵赋》《丁丑小草草》《归兴》《岁札》《檗栽》所收诗作,分别同《佚笈姑存》之《诗卷》《续诗卷》所收进行了比对,结果为:

《寱咏》所收52首诗作中,9首不见于《诗卷》《续诗卷》,43首见于《诗卷》《续诗卷》。43首中又有17首同《诗卷》《续诗卷》有文本差异。

《谵赋》所收59首诗作中,3首不见于《诗卷》《续诗卷》,56首见于《诗卷》《续诗卷》。56首中又有31首同《诗卷》《续诗卷》有文本差异。

《丁丑小草草》所收31首诗作中,9首不见于《诗卷》《续诗卷》,22首见于《诗卷》。22首中又有14首同《诗卷》本有文本差异,仅余8首诗文同《诗卷》。8首中又有4首诗题与《诗卷》有出入。另,关于眉批,两本也有异同。其中,2首眉批相同,2首异。《小草草》2首有眉批,《诗卷》无;《诗卷》1首有眉批,《小草草》无。

《归兴》所存7首诗作中,5首《诗卷》有收,2首《续诗卷》有收。另,4首《归兴》本与《诗卷》《续诗卷》本有文本差异。

《岁札》所存14首诗作,2首不见于《诗卷》《续诗卷》,10首《诗卷》有收(3首有文本差异),2首《续诗卷》有收。另,又有4首《岁札》本有眉批,《诗卷》《续诗卷》本无。

《檗栽》所存19首诗作,4首不见于《诗卷》《续诗卷》,13首《诗卷》有收(3首有文本差异),2首《续诗卷》有收。另,1首《檗栽》本与《诗卷》本眉批异,1首《檗栽》本与《诗卷》本眉批同,1首《诗卷》本有眉批、《檗栽》本无,2首《檗栽》本有眉批,《诗卷》《续诗卷》阙1首,另1首《诗卷》本无眉批。

通过比对分析可知,《佚笈姑存》之《诗卷》《续诗卷》和《两笈姑存》之《寱咏》《谵赋》《丁丑小草草》《归兴》《岁札》《檗栽》均存在文本差异,可进一步说明《诗卷》《续诗卷》的文本非承自《两笈姑存》本而来。此外,在目前《两笈姑存》所收子目不全且有阙叶的情况下,已有27首不见于《诗卷》《续诗卷》。从数量上来看,这是一个不小的缺失。也充分说明,《两笈姑存》并非傅敏所刻,不然为何会有这么多自己所刻的东西都没有统编进去。同时,傅敏在整理《诗卷》《续诗卷》时,不仅没有承袭《两笈姑存》中的诗文,很有可能也并未见过此本,或者所见有限。《佚笈姑存》没有选用与其所收子目版式相同的《两笈姑存》之《涉志》,还将原本属于一部书的诗歌分别编入《诗卷》和《续诗卷》,从这些蛛丝马迹都可以看出傅敏当时所收集的本子是存在不少残缺的。

由此亦可知,在清傅敏刻《佚笈姑存》本之时,《两笈姑存》本已较难觅得。正鉴于此,傅敏才花力气重新整理刊刻王若之的集子,并取名为《佚笈姑存》。这个"佚"字,也很形象地说明了王若之著述在当时所面临的散失消亡处境。在清乾隆年间,作为大藏书家的周永年虽曾有幸收藏一部,不过也已经不全了。

在全国古籍普查的契机下,大荔藏《两笈姑存》得以进入人们的视野,首先使陕图藏本的问题得到澄清,而作为王若之已刊著述中的重要一环,也赖此实物得以再现证明,这亦是对王若之存世著述的补充完善,更有助于全面解读研究王若之著述,加之其存有五种孤本子目,更增其史学价值和文献价值,其重要性不言而喻。

## 参考文献

[1] [清]陶锦修,王昌学纂[康熙]《增修青州府志》卷十七,清抄本。
[2] [清]王士禛撰《带经堂诗话》上册,人民文学出版社,1963:239页。
[3] [清]王士禛撰,文益人校点《池北偶谈》,齐鲁书社,2007年,第171-172页。
[4] 《中国古籍善本书目·集部》上册,上海古籍出版社,1996年,第883页。国图、科图、北大《佚笈姑存》索书号分别为:善A02968、1199789-96、NC/5428/1143。
[5] 《中国丛书综录》(总目),上海古籍出版社,1982年,第482页。
[6] 《中国古籍总目·史部》,中华书局,2009年,第946页,第3599页;《中国古籍总目·集部》,中华书局,2012年,第997页;《中国古籍总目·丛部》,中华书局,2009年,第1061页。
[7] 严绍璗编著《日藏汉籍善本书录》,下册,集部·索引,中华书局,2007年,第1767页。
[8] 王绍曾主编《山东文献书目》,齐鲁书社,1993年,第159页、第171页、第357页、第481页。
[9] 徐泳撰《山东通志艺文志订补》,山东人民出版社,2016年,第134页、第298-300页。
[10] [清]蔡宗建修;龚傅坤等纂[乾隆]《镇远府志》卷五,清乾隆五十七年刻本。
[11] 赵禄祥编《中国美术家大辞典》(上卷),北京出版社,2007年,第888页。
[12] 朱保炯等编《明清进士题名碑录索引》,上海古籍出版社,1980年,第2564页。
[13] [清]张廷玉等:《明史》,中华书局,1974年,第6273-6275页。
[14] 崔建英辑:《明别集版本志》,中华书局,2006年,第115页。
[15] 清周永年《借书园书目》集部,清道光六年东武刘氏味经书屋抄本。按:全书题为五卷,但实际内容并未分卷,只按经、史、子、集依次排列。见韩寓群主编《山东文献集成》第一辑,第28册,山东大学出版社,2006年,第232页。

# 我国省级公共图书馆空间研究

## 亢丽芸(连云港市图书馆)

党的十八以来,党和国家高度重视公共文化服务体系建设。《中华人民共和国公共文化服务保障法》《中华人民共和国公共图书馆法》等法律法规的相继出台,对促进公共文化事业发展,健全文化法律体系,保障人民群众的基本文化权益具有重要意义。随着公共文化服务体系建设的不断深入,公共图书馆作为公共文化服务体系建设的重要组成部分,其事业也迎来了一个快速发展期,空间阅读环境、软硬件条件和各项服务效能都有了显著提升。

近年来,空间理念受到图书馆界的广泛关注和重视,国内很多公共图书馆通过新建、扩建、改建进行空间布局的调整和改造,不断创新服务空间和服务内容。"第三空间""阅读空间""创客空间"等新型空间正在兴起,空间再造和空间服务是已成为公共图书馆一个重要的发展趋势。新时期,公共图书馆将面临新空间、新服务的机遇和挑战。

## 1 我国公共图书馆空间理论研究概述

本文以中国知网为数据源,针对公共图书馆空间的理论研究进行文献调研。为保证检索的准确率,检索篇名包含"公共图书馆"并且包含"空间"的文献进行分析。我国学术界对图书馆空间的早期研究主要是图书馆建筑实用性方面的物理实体研究。20世纪90年代之后,图书馆空间研究发生了转变,在建筑空间实用性基础上,呈现出明显的多元化趋势[1]。

近年来,创客空间已成为图书馆界的研究热点,公共图书馆在不断寻求空间建设的转型发展,探索新的空间服务模式,开展创客运动,传播创客文化。国内公共图书馆界进行了积极的探索与实践,有的学者对公共图书馆创客空间服务实践与探索进行了相关研究[2-4]。随着创客空间的构建以及互联网等科学技术的发展,移动创客空间服务吸引了有些学者的目光[5]。21世纪尤其是2010年以来,有关创客空间的研究不断增加,研究内容涉及国外公共图书馆创客空间模式与启示[6-8];国内公共图书馆创客空间发展现状调查研究[9];创客空间建设与服务对策研究[10];公共图书馆"创客空间"的影响力及知名度的提升[11];我国公共图书馆创客空间建设有关问题的思考[12],有的学者还探讨创客空间的发展趋势[13]。

目前,图书馆作为区分家庭与工作之外的第三空间备受图书馆界的关注,也是公共图书馆未来的发展趋势之一。在国家大力倡导全民阅读的环境下,公共图书馆积极探索打造"第三空间",可以为创新空间服务打开一个新的局面。一些学者从公共图书馆打造"第三空间"的实践探索[14]、打造途径[15]和建设模式[16]等角度开展研究。有的学者从传统服务理念不足之处着手,提出了在"第三空间"视角下完善公共图书馆服务理念的对策[17]。公共图书馆作为重要的"第三空间"已在学术界达成一种共识,公共图书馆应在传播先进文化、履行社会教育等传统社会功能的基础上,注重营造舒适环境、科学规划格局、开展多彩活动、丰富馆藏资源等,积极打造城市的"第三空间"。

公共图书馆空间的理论研究除了创客空间和"第三空间"等热点外,还有很多其他的研究理念和内容,主要集中在建筑空间设计[18-19]、信息共享空间[20]、空间再造[21-22]、阅读空间[23]、学习空间[24]、知识空间[25]、众创空间[26]以及虚拟空间构建中的多媒体应用[27]等诸多方面。公共图书馆空间理论研究成果表明公共图书馆在发挥传统借阅、教育培训功能上,不断叠加完善科创体验、精神交流、休闲娱乐等空间服务,向着更加人文化、现代化、智能化方向发展。

## 2 我国公共图书馆空间发展现状

目前,我国有34个省级行政区和15个副省级城市,这些省级和副省级城市在很大程度上反映了本区域的政治、经济、文化、教育等各方面事业的整体发展水平。同样地,这些城市的公共图书馆是我国公共图书馆的表率,对其他城市的公共图书馆具有很强的辐射效应,影响着周边城市图书馆事业的发展。笔者于2019年6月至8月,对我国31个省、自治区、直辖市(不包括港澳台)及15个副省级城市共计46家公共图书馆的空间现状进行了调查,调查期间福建省图书馆和江西省图书馆正值馆舍改扩建工程施工和新馆搬迁,故仅对其他44家图书馆开展进一步的调查。

本文主要采用访问图书馆官方网站、搜索引擎检索、实地考察等方式展开调查,通过调查发现各图书馆的空间建设和空间服务主要体现在馆藏布局、馆藏分布、馆舍布局、楼层分布、馆内楼层导览、开放时间、服务设施、服务索引等读者服务指南中。

空间是图书馆的一个固有属性,随着时代的发展,我国公共图书馆的空间区域功能和空间服务内容日趋丰富,各种基础空间、特色空间、虚拟空间、配套空间、延伸空间等多重空间纷纷涌现。基础空间建设和空间服务可以为广大读者提供各种纸质文献的借阅;特色空间建设和空间服务主要满足读者的个性化需求;虚拟空间建设和空间服务服务于读者的数字化信息需求;配套空间建设和空间主要是提供工作区和读者区的咨询类和一般化服务;延伸空间建设和空间服务旨在为读者提供更加便捷的服务。

### 2.1 基础空间

基础空间以图书馆物理空间为基础,可以为读者提供纸质文献借、阅服务,是公共图书馆最基本、最典型的空间。基础空间主要涵盖了中外文图书、报刊,古籍、地方文献、工具书、家谱、政府信息以及各种专题阅览区等,这些区域由早期的闭架发展到现在实行开架、半开架、闭架等多种借阅方式为读者服务。公共图书馆具有平等性、公益性、开放性等特点,除面向一般读者开放外,大多数公共图书馆能够针对儿童、老年人、残疾人等特殊群体,充分考虑其各自的特点,积极创造条件,设置专门的借阅、阅览区域,提供合适的文献信息、无障碍设施设备和服务等。

#### 2.1.1 一般读者

在基础空间建设与服务中,借阅与阅览是公共图书馆的首要任务。近年来,公共图书馆不断丰富馆藏,积极建设借阅、阅览空间,基本能够满足本区域内一般读者群体的阅读、文化、信息需求。大部分省级、副省级公共图书馆能够提供中外文文献的借阅与阅览,一般古籍文献尤其是较为珍贵的古籍文献只能馆内阅览。

地方文献是一个地方政治、经济、文化以及风俗、民情、社会现状等方面的真实反映,具有历史传承的功能与价值。公共图书馆普遍重视地方文献资源建设,设置了地方文献相关的物理空间,开展本土文化服务,收藏本地区地方文献,为读者提供地方文献阅览,展示地方特色文献。为强化地方文献建设,广州图书馆设立了人文馆,重点拓展地方名人专藏,收集名人、著名家族的著述、相关文献和藏书,保存和展示本土文化精华。少数民族图书馆如内蒙古图书馆开设蒙文图书、期刊借阅室,提供蒙文图书、期刊、过刊合订本的阅览服务。

为了让更多的读者了解港澳台文化,增强联系,大部分省级图书馆都设有港澳台文献专区,收藏港澳台地区特色图书、期刊、报纸等,提供港澳台专题文献阅览、参考咨询、馆际互借服务。长春市图书馆还打造了特藏文献查阅室主要收藏面向海内外征集或社会各界捐赠文献,并以文库的方式进行管理与服务,已建立各种文库10余个,包括敬贤书斋、金崎町文库、韩国金海图书馆赠书文库等。此外上海图书馆、南京图书馆等开展科技查新业务,以丰富的文献信息资源和人才队伍为支撑,面向企事业单位、科研院所,开展各级、各类科研项目的查新与咨询服务。还有不少图书馆打造各种专题阅览区,如广西壮族自治区图书馆的东盟文献阅览室、深圳市图书馆的商贸专题区等,以满足读者的个性化需求。

#### 2.1.2 特殊读者

公共图书馆是向社会公众免费开放的公共文化设施,并按照平等、开放、共享的要求向社会公众提供服务。公共图书馆服务的对象除了一般读者,还包括儿童、老人、农民、残疾人等特殊群体。公共图书馆根据这些特殊人群的类型,分别设立专门的基础空间区域和服务内容,体现了图书馆的人文性。

我国大多数公共图书馆都设置了儿童阅览和活动区域,并配备相应的专业人员开展阅读指导和社会教育活动。不少公共图书馆根据年龄段将儿童阅读空间进行了更加科学、细致的划分,如南京图书馆将少儿服务对象分为0—3岁、4—6岁、7—15岁三个层次,针对0—3岁的幼儿,设有"童创童话"、"亲子阅读"、"DIY制作"、"森林故事会"和室外活动区等五个功能区,并配备母婴哺乳室和儿童卫生间,提供图书阅览、电子冲浪、故事创作、手工涂鸦、多媒体欣赏等服务;针对4—6岁的幼童,提供各类绘本、拼音、学前教育、幼儿教育类书刊借阅;针对7—15岁的少儿,提供各类少儿图书借阅,提供少儿报纸阅览、网上冲浪、多媒体欣赏等服务;同时还适时举办各种亲子、少儿活动。

随着老龄化人口的增多,很多公共图书馆专门设立老年人阅览区域,有的还成立了老年图书馆。在特殊读者群体中,残障人士也是公共图书馆比较重视的服务对象,不少图书馆设置残障人士阅览室,配备盲文书刊,提供送书上门、盲文打印等多项服务,并为残疾人专门购置了视频助视器、盲文刻印机、盲文点显器、专用电脑、轮椅等硬件设备及阳光盲文读屏软件和有声读物,为残障人士搭建一个读书、上网、交流的服务平台。此外,甘肃省图书馆成立了"农民工之家"服务空间,为农民工提供图书阅览、上网服务,以及劳动保障、用工信息、法律维权等方面的咨询服务。湖南省图书馆推出了全国首家女子图书馆,是一个为女性读者群体精心打造的图书馆空间。有的图书馆设置了信息技能学习区,对特殊群体提供信息技能培训服务,提高其利用计算机、互联网和图书馆数字资源的能力。

## 2.2 特色空间

虽然我国大部分公共图书馆仍处于传统图书馆时代,但是有很多图书馆积极转型,在转型过程中做了很多尝试,不断打造新空间、开展新服务,功能多样、特色鲜明、环境优雅的新型文化空间较好地满足了广大读者的阅读、交流、创造、分享等多元文化需求。省级、副省级公共图书馆部分特色空间如表1所示。

表1 省级、副省级公共图书馆部分特色空间统计表

| 图书馆名称 | 特色空间名称 |
| --- | --- |
| 广州图书馆 | 多元文化馆、语言学习馆、创意设计馆、创客空间、阅创空间·小小创客、雅村文化空间、新时代红色学习空间、广州纪录片研究展示中心、"广州之窗"城市形象推广厅 |
| 深圳图书馆 | 南书房、讲读厅、爱来吧、创客空间、艺术设计区、世界文化区、深圳学派文献专区 |
| 南京图书馆 | 文创艺术中心、六朝遗迹展示区、江苏作家作品馆、惠风书堂、国学馆、十德堂、和畅文苑 |
| 上海图书馆 | 创·新空间、新阅读体验、名人手稿馆 |
| 辽宁省图书馆 | 众创空间、萃升书院、传统文化体验、文溯书房、艺术空间 |
| 成都图书馆 | 成都图书馆·阅创空间 |
| 宁夏图书馆 | 慢时光书吧、西部美术馆、智力活动室、阅读推广主题区 |
| 大连图书馆 | 白云书院、白云美术馆 |
| 四川省图书馆 | 读书广场 |
| 首都图书馆 | 童心舞台、信息空间、文化时空长廊、风轩、雅轩、颂轩 |
| 天津图书馆 | 书香缘 |

续表

| 图书馆名称 | 特色空间名称 |
|---|---|
| 金陵图书馆 | 艺术设计阅览室 |
| 重庆图书馆 | 童话森林绘本馆、杨武能著译文献馆 |
| 海南省图书馆 | 热带植物图书馆、海文书院 |
| 河北省图书馆 | 云水展廊、冀图书友会馆 |
| 湖北省图书馆 | 廉政文化图书馆 |
| 吉林省图书馆 | 典籍博物馆 |
| 陕西省图书馆 | 艺术阅览室 |
| 云南省图书馆 | 创客文化空间、普洱茶、玉文化图书馆 |
| 湖南省图书馆 | 艺术图书馆 |
| 杭州图书馆 | 音乐分馆、电影分馆、生活主题分馆、佛学分馆、运动分馆 |
| 宁波市图书馆 | 创客空间、天一音乐馆、乔石书房、友城书房、创客空间、艺术空间 |
| 西安图书馆 | 丝路文献专题研究室、小荷成长空间 |
| 长春市图书馆 | 创新创客空间、红楼梦文献研究室 |

### 2.2.1 创客空间

为激发创新意识和活力,充分利用公共图书馆空间资源、文献资源、人才资源,打造集创意交流、教育、实践于一体的创客空间,2013年起,国内不少公共图书馆陆续开展了创客空间服务。在省级、副省级公共图书馆中,也有多家图书馆打造了功能丰富的创客空间,如上海图书馆"创·新空间"、南京图书馆文创艺术中心、辽宁省图书馆众创空间、广州图书馆创客空间、深圳图书馆创客空间、成都图书馆·阅创空间、云南省图书馆创客文化空间等。

### 2.2.2 多元化新型阅读空间

随着阅读方式和文献形态的演变,很多图书馆积极创新,为读者提供多元化的阅读空间,良好的阅读环境。宁夏图书馆开设了慢时光书吧,广州图书馆设立多元文化馆和专门的阅读体验区,阅读体验区提供互动式、场景式的阅读体验及交流空间。宁波图书馆的友城书房旨在通过收藏、展阅国际友城赠予的图书、画册、期刊和相关文献资料,打造对外文化交流新窗口,为宁波开展国际人文交流与合作搭建新的平台,注入新的活力。深圳图书馆的南书房自助阅览服务区和"讲读厅",读者可进行自由阅读、参加各种免费公益活动。"阅书房"是长春市图书馆的新型阅读空间,是集文化、旅游、艺术、科技、商洽等为一体的人文交流空间,实现城市文化资源的共建与共享。与传统意义上的分馆相比,"阅书房"的环境将更加舒适,设备将更加智能,开放时间将更加人性化,服务手段将更加多样,能够更好地满足人们的个性化需求。

### 2.2.3 本地特色空间

地方文献是一个地方政治、经济、文化以及风俗、民情、社会现状等方面的真实反映,具有历史传承的功能与价值。公共图书馆基本都设有专门的地方文献室或者地方文献阅览区域,省级、副省级图书馆更是建成了很多具有本地特色的阅读、服务空间。如南京图书馆的江苏作家作品馆；大连图书馆的白云书院、白云美术馆；云南图书馆的普洱茶、玉文化图书馆；广州图书馆的广州纪录片研究展示中心、广州大典研究中心、"广州之窗"城市形象推广厅；深圳图书馆的"深圳学派文献专区"等，这些地方特色空间构筑了收集、整理、编纂、研究地方文献的基础平台。

### 2.3 虚拟空间

在互联网时代，公共图书馆改变了传统图书馆的阅读形式，立足数字资源、数字阅读，不断加强虚拟空间建设与空间服务，基本具备了数字化服务能力、互联网服务能力和移动终端服务的能力，为社会公众提供基于全媒体的资源和服务，满足不同人群的多样化数字阅读需求。

近年来，很多公共图书馆重视虚拟空间建设与服务，如深圳市图书馆"爱来吧"空间和数字学习空间，南京图书馆多媒体欣赏室，长春市图书馆自助e读体验区，天津图书馆数字资源服务区，宁夏图书馆数字化体验区等。为推动新技术体验、数字化阅读、休闲社交空间的打造，公共图书馆精心建设图书馆网站、微信公众平台、移动图书馆、数字图书馆、数字化体验区、电子阅览室、网上展厅、视频讲座、本馆特色库等，提供自助式电子报刊阅览；移动阅读推广、展示、体验；馆藏数字资源宣传推广；电子阅读设备体验、借阅；数字资源检索、下载；无线网WIFI接入；短信服务等，并配备相应的设施设备，以供读者体验、使用。

### 2.4 配套空间

公共图书馆为提供一般化、普适性的服务，普遍设置了支持其他空间的配套服务空间，有服务台、咨询台（处）、办证处、会议室、自习室、多功能厅、报告厅、展厅、存包处、饮水处、书库、休闲区等。服务台包括解答读者在图书馆内遇到的各种问题；指导读者熟悉馆藏文献布局及利用馆藏文献资源；帮助读者了解借阅制度、自助设备使用方法；办理办证、换证、退证及电话续借业务；记录读者意见并负责协调联系有关部室。多功能厅可举办各类会议、讲座、文艺演出、视频放映等活动。展厅是标准的展览场所，适合举办多种类型的展览。河北省图书馆还休闲书提供咖吧服务和休闲式书刊阅览服务。为提供更加丰富的基础化服务，其中，首都图书馆设置了首图剧场、内蒙古图书馆设立了草原印象展厅。

### 2.5 延伸空间

公共图书馆除做好阵地服务外，在开展公共文化服务体系建设方面进行了一些有益的探索，建设以图书馆分馆、馆外服务点、移动图书馆、24小时自助图书馆、流动图书馆、汽车图书馆、漂流书屋等网点为支撑的延伸服务空间，提供办证咨询、图书借阅、展览讲座、读者活动、数字资源下载等多种形式的服务，有效拓展服务半径，使读者不受时间、空间制约，方便、实时的畅享"书香"。

省级、副省级公共图书馆积极打造多种模式的延伸服务空间，如宁波图书馆于2017年推出了"天一约书"便民服务，借助互联网技术与EMS物流系统，手指点点，送书到家，让读者感受7×24小时的轻松借阅体验。2018年，成都图书馆与实体书店联手，在全市建成20家城市阅读空间，该空间不仅具有书店的市场属性，更具有公共图书馆的公益性。读者可就近在"城市阅读空间"享受到公共图书馆的公共文化服务，还可享受实体书店24小时的延时服务。哈尔滨市图书馆汽车图书馆是以汽车为流动工具的图书馆,主要任务是面向社会、面向基层,特别是偏远地区,通过汽车馆的形式开展送书、送文化、送讲座、送展览等多项服务。南京图书馆24小时自助服务图书馆,可自助借还纸质图书,还能实现自助办证、图书续借及查询、电子书阅读及下载等多种功能。长春市图书馆开展实体+虚拟双网合一的"城市书网"新模式,形成了以标准化示范分馆、汽车流动图书馆、24小时自助图书馆、书香公交、"阅书房"等为实体网点支撑,以长春数字图书馆为虚拟网络全覆盖,以"喜阅"按需采购、U书到家(校)个性化服务等为主体的创新服务品牌。广州"图书馆之城"建立以广州图书馆为中心馆,区图书馆为区域总馆,镇(街道)图书馆为分馆,以村(社区)图书室、农家书屋、流动图书车、24小时自助图书馆和其他服务点为延伸,以学校图书馆、科学与专业图书馆及其他类型图书馆为补充,社会力量积极参与的全天候、全方位、多形式的公共图书馆网络体系。

## 3 我国公共图书馆空间建设与空间服务的分析与思考

### 3.1 文旅融合时代打造多样阅读体验空间

为深化体制改革,2018年3月,国家将文化部和国家旅游局进行职责整合,组建文化和旅游部,文旅融合的新时代拉开了序幕。在文旅融合发展的大背景下,公共图书馆应当有所作为,也大有可为。公共图书馆可以利用馆藏文献资源,充分挖掘本地文化元素形成不同的文化主题,在景区(景点)、酒店、地铁等游客必经之地成立旅游专业特色分馆。随着网络技术、微信微博平台的发展以及智能手机的普及,公共图书馆可以通过挖掘和整合本地风土人情、风景名胜、地方文献等资源,建设文化旅游数据库,并发布在网络上,使游客通过浏览图书馆网站和官方微信公众号,了解这个城市的历史文化、旅游景点等信息。在外观建筑上,公共图书馆可以建成为城市地标、文化大客厅,使其本身就成为本地的一个靓丽的旅游景点,切切实实的融入文化旅游线路中去。

### 3.2 推动新技术应用,建设现代化的智慧空间

随着新科技、新技术的发展与应用,人们的阅读方式、阅读兴趣、阅读内容等不断发生变化,公共图书馆应结合国家重大信息工程建设,依托国家数字图书馆建设成果,加强新技术、先进技术研究转化和应用,利用云计算、大数据等信息技术,推动图书馆信息化设备和系统软件的研发应用,促进图书馆数字服务手段升级换代,提升公共图书馆的现代化服务水平。尤其是在"互联网+"环境下,需注重服务的即时性、便携性与高效性,随时随地满足读者用户阅读、研究、交流甚至休闲等个体化需求,有效拓宽图书馆服务空间领域,通过互联网等新技术手段,加强大数据分析与知识挖掘,深入开展用户需求数据分析,构建面向移动终端、贯通线上线下的服务模式,为社会提供基于全媒体的资源和服务。

### 3.3 引入社会力量,建立多元化服务空间

公共图书馆践行平等、开放、共享的服务理念,服务对象覆盖面广泛,包括所有的社会公众,这就要求公共图书馆应寻求社会多方力量合作,建立多元化服务空间。公共图书馆可以采取跨行业、跨领域、跨机构等合作形式,与社会多方建立密切联系,为图书馆事业发展提供

除政府财政拨款以外的资金保障和人力物力支持。例如,公共图书馆与高校图书馆、科研院所等单位进行合作可以优势互补、服务互通、资源共享;与教育机构合作,可以共同开展儿童阅读推广;与慈善组织、康复机构、特殊教育学校等领域合作,可以让特殊群体了解图书馆、利用图书馆,扩大知识面,提升就业技能;与医疗机构合作,可以更好地普及健康知识;与社区合作,可以将图书馆服务推广到大众中去,惠及更多基层人民群众等。社会多方力量是公共图书馆得以提供多元化、多层次空间服务的强有力保障,有利于推动公共图书馆事业健康可持续发展。

### 3.4 建立评估反馈机制,促进可持续发展

《中华人民共和国公共图书馆法》明确指出,公共图书馆应当通过听取读者意见等方式,改善服务条件、提高服务水平。公共图书馆的空间建设和服务不会一蹴而就,必须配备完整的评估体系和反馈机制,以了解空间服务的现状和不足,为实现空间优化发展和转型升级提供事实依据。公共图书馆应当通过外出交流学习、邀请专家到馆、鼓励用户参与评价、提供多种反馈渠道等方式,在功能布局、空间设计、服务内容、服务时间等方面不断进行优化,从虚拟和实体的角度对传统的物理空间进行重新布局与调整,对图书馆的服务形态与功能进行深度挖掘,提升图书馆的服务质量和服务效果。

近年来,国内很多公共图书馆进行了新建、改建、扩建,通过空间再造,在硬件设施、服务效能、阅读环境等方面取得了长足进步,但是公共图书馆作为社会主义公共文化服务体系的重要组成部分,作为社会公众阅读学习和休闲交流的服务场所,如何在设施达标、布局合理、功能完善的基础上,更多地围绕服务空间的现代化、人文化、主题化进行改进和探索,将空间创新与功能融合,不断满足人民群众日益增长的精神文化需求,努力把图书馆打造成人们喜欢的公共文化空间,是公共图书馆今后发展中面临的重要问题。

**参考文献**

[1] 霍瑞娟,张文亮,敦楚男. 我国公共图书馆空间类型及其演化特征分析[J]. 图书馆建设,2018(4):96-103.
[2] 章洁,伍玉伟. 公共图书馆创客空间服务实践与探索——以广州图书馆创客空间为例[J]. 图书馆学研究,2019(12):17-25,90.
[3] 丁利霞,田顺芝. 公共图书馆创客空间发展实践研究及对策[J]. 图书馆研究与工作,2017(4):14-18.
[4] 杨绎,金奇文. 公共图书馆创客空间发展模式研究——基于上海图书馆的实践[J]. 情报探索,2017(2):114-117.
[5] 董红丽,黄丽霞. 公共图书馆移动创客空间服务的SWOT分析[J]. 图书馆工作与研究,2019(6):101-107.
[6] 黄丽霞,马语谦. 国外公共图书馆小型创客空间模式对我国的启示[J]. 情报资料工作,2018(5):96-99.
[7] 王阳. 美国费耶特维尔公共图书馆创客空间服务研究及启示[J]. 国家图书馆学刊,2018,27(2):59-67.
[8] 朱灵慧,田丽. 底特律公共图书馆"HYPE青少年中心"创客空间构建分析[J]. 新世纪图书馆,2018(3):83-86.
[9] 龚雪竹. 国内公共图书馆创客空间发展现状调查研究[J]. 图书馆学研究,2017(24):60-66.
[10] 刘芳. 公共图书馆创客空间建设与服务对策研究[J]. 图书馆工作与研究,2017(S1):22-26.
[11] 杨士奇. 刍议如何扩大公共图书馆"创客空间"的影响力及知名度[J]. 新世纪图书馆,2018(3):42-45.

[12] 陆和建,李昊远.我国公共图书馆创客空间建设有关问题的思考[J].图书馆学研究,2017(12):10-14.
[13] 王黎.公共图书馆创客空间的发展趋势探讨[J].图书与情报,2016(6):116-120.
[14] 张利娜.国内外公共图书馆营造第三空间的实践探索[J].图书馆研究,2014,44(4):1-4.
[15] 宫倩.公共图书馆打造"第三空间"的途径探索——以天津图书馆音乐馆为例[J].图书馆工作与研究,2015(8):88-90.
[16] 符艺.公共图书馆第三空间建设模式探析[J].图书馆研究,2015,45(2):20-23.
[17] 刘莉.第三空间视角下公共图书馆服务理念的几点思考[J].图书馆工作与研究,2014(5):94-95,103.
[18] 张文勇.浅谈数字时代公共图书馆建筑设计理念的创新[J].图书馆,2012(3):126-127.
[19] 胡嫣然.公共图书馆建筑设计与读者心理需求分析[J].图书馆工作与研究,2018(S1):172-174.
[20] 谢瑶.省级公共图书馆信息共享空间建设现状及分析[J].科技风,2018(18):62.
[21] 杨雄标.公共图书馆空间再造的实践与思考——以深圳图书馆为例[J].图书馆杂志,2016,35(6):49-52.
[22] 王筱雯,王天泥.公共文化服务视域下公共图书馆空间再造的实践与思考——以辽宁省图书馆新馆为例[J].图书馆,2017(4):40-43,64.
[23] 多元理论维度中的儿童阅读空间构建——以我国公共图书馆儿童阅览室为例[J].图书馆杂志,2014,33(4):42-47,64.
[24] 廖波.公共图书馆智慧学习空间系统架构探析[J].中国中医药图书情报杂志,2018,42(3):51-54.
[25] 左丽.知识空间服务:基层公共图书馆电子阅览室功能改造初探[J].当代图书馆,2017(4):19-21,51.
[26] 刘芳.融合与创新——公共图书馆众创空间的实践与发展[J].图书馆学刊,2016,38(5):123-126.
[27] 赵双.公共图书馆儿童阅读引导创新举措之多媒体利用——基于绘本创想阅读的实践案例[J].图书馆工作与研究,2014(12):117-120.
[28] 明均仁,邓梅霜,谭春辉.英国公共图书馆空间服务实践分析与思考[J].图书馆学研究,2019(7):72-78.

# 大数据背景下高校图书馆参与学习分析的探究

鲁 丹（华东师范大学图书馆）

2015年,《促进大数据发展行动纲要》指出,"大数据已成为国家重要的基础性战略资源,正引领新一轮科技创新"[1];2016年,《教育信息化"十三五"规划》指出,应积极利用云计算、大数据等新技术,创新资源平台的建设,应用模式,逐步实现对学生日常学习情况的大数据采集和分析,优化教学模式[2];2017年,《国家教育事业发展"十三五"规划》指出,鼓励学校利用大数据技术开展对教育活动和学生行为数据的收集、分析和反馈,为推动个性化学习和针对性教学提供支持[3]。大数据在教育界的作用越来越受到重视,而学习分析技术作为分析教育大数据的新技术,也愈发受到教育界的关注。学习分析技术是利用大数据对学习者的学习行为和学习能力进行分析,改善学习环境,帮助学习者成功。为了实现这些目标,学习分析技术需要收集与学习相关的各类数据。高校图书馆作为高校学生日常学习的重要场所,也积累了大量学习者相关数据。近年来,图书馆也出现了一系列基于"图书馆价值"或"图书馆影响"研究的成果。这些研究的目的是确定图书馆资源、服务和空间的使用与学生学习和学业成绩的关系。通过参与学习分析,图书馆和其所在机构能够更加准确地描述、判断、预测影响或抑制学生学习的因素,并制定干预措施[4]。美国大学与研究图书馆协会(ACRL)倡导图书馆与利益相关者共同开展对学生学习和成功的分析预测[5],其发布的《2018年高校图书馆发展大趋势报告》将学习分析、数据收集和伦理问题作为九大发展趋势之一。因此,高校图书馆应充分利用已积累的大量与学习者相关的数据,积极参与学习分析,将数据提炼为知识、智慧,为学习者提供更好的服务。

## 1 图书馆参与学习分析的现状

### 1.1 学习分析概念界定

学习分析最早的概念界定来源于EDUCAUSE,"使用数据和模型预测学生收获和行为,具备处理这些信息的能力"。2010年,学习分析专家George Siemens提出"学习分析使用智能数据、学习者产生的数据和分析模型来挖掘信息和社会联系,以对学习进行预测和建议";SoLAR的成员在第一届学习分析与知识大会之前开设了一门MOOC——学习与知识分析(Learning and Knowledge Analytics),在课程介绍中将学习分析定义为"为了理解和优化学习与学习发生的环境,对学习者及其所处境脉的数据进行的测量、收集、分析与报告";2011年,学习分析研究协会举办"学习分析与知识国际会议"(International Conference on Learning Analytics & Knowledge,LAK),与会学者的认可了SoLAR成员的定义[6]。学习分析周期包括理解学习和学习者,收集数据,定义度量标准,以及制定旨在优化教育过程的干预措施。学习分析一经出现,就受到教育界的重视,《新媒体联盟地平线报告》连续四年预测学习分析在教育教学中的重大作用。自2011年第一届学习分析大会举行以来,截至2020年已连续举办10届。学习分析不断发展,已经历了3个不同的阶段:其中,以LAK11和LAK12为主的1.0阶段重视学习分析技术层面的研发和应用;以LAK13、LAK14为主的2.0阶段开始关注教育科学与数据分析两大领域的交叉融合,学习分析被视作一个新兴的研究领域;以LAK15、LAK16和LAK17及之后为主的3.0阶段强调学习分析研究的跨学科性质,关注学习分析作为一门综合性学科的多样性和复杂性,通过领域间融合推动学习分析研究领域的发展与成熟,增强领域影响力[7]。

学习分析的作用已经受到重视,发展成为一种交叉学科,学习分析可以作为分析教育大数据的重要技术,影响也逐渐扩大。

### 1.2 图书馆参与学习分析目的

高校图书馆与生俱来的教育职能,使高校图书馆能为学生的学习行为、学习活动或学习过程提供支撑性或支援性的帮助和服务,具体包括学术支持(促进知识建构方面的支持,包括资源工具、研讨交流、学习支架、反思策略、效果评价等)和非学术性支持(情感方面和保障方面的支持,包括关心提醒、情绪关怀、场所设施等)[8]。图书馆参与学习分析,对于图书馆而言,可以揭示哪些资源、活动在学习过程中产生了积极的作用,从而促进馆藏利用,改善资源发现界面,提供更高效的服务,为不同学习者提供精准的学习资源,更好的环境。而良好的学习环境会对学习者的学习行为产生影响,对学习活动形成支持[9],最终有利于学生的学习成功;而对于学习者而言,图书馆参与学习分析,进而能够关注到每个学习者之间的差异,可以获得适合自己的资源、服务;对于高校教师而言,有了图书馆的参与,有了学生平时在图书馆的学习情况,可以更好地了解学生的学习情况,从而做出更加精确的评价;对于高校其他机构而言,与图书馆数据的互通,可以避免自身数据形成"数据孤岛",有利于挖掘其自身数据。

### 1.3 图书馆参与学习分析现状

近年来,图书馆研究人员愈发重视"图书馆价值",图书馆开始关注图书馆的使用与学生学习成功的关系(文献,图书馆的利用提供学习成绩)。2013年,美国大学与研究图书馆协会(Association of College & Research Libraries,ACRL)、机构研究协会(Association for Institutional Research)和公共及赠地大学协会(Association of Public and Land-grant University)合作开展了 AiA 项目,主要目标是记录高校图书馆促进学生学习与成功的方法、策略和实践,体现其在高等教育中的价值,并提高馆员的专业能力。AiA 项目的相关评估结果显示,以某种方式使用图书馆资源和服务(包括借书、参加图书馆课程、访问图书馆资源、使用研讨间等)的学生比没有使用图书馆的学生获得成功的概率更大。AiA 项目表明,高校图书馆向各类型学生提供研究咨询服务能够在很大程度上帮助其找到合适的资源、更好地完成课程任务、提升探索和解决问题的能力[10]。

2018年4月30日至6月15日,美国研究图书馆协会(Association of Research Libraries,ARL)为了了解当前图书馆参与学习分析的做法、政策及道德方面的问题,对其成员馆进行了调查,调查问题包括:高校图书馆如何规划、参与学习分析计划;使用什么机制来维护数据安全及隐私;参与学习分析遇到的伦理问题以及如何解决这些问题。2018年,9月,ARL发布了《SPEC Kit 360:学习分析》报告。其调查报告显示,在53个响应的图书馆(成员馆125个)中,有43(81%)个图书馆参与了学习分析项目或计划,有29家图书馆设有专门负责学习分析项目或计划的办公室。

2018年,JISC在英国发起了全国性学习分析服务,运用这项技术,运用实时和现有数据来追踪学生的表现与活动,它可以帮助鉴别有辍学风险的学生,从而使教师及其他工作人员能及时介入、提供支持[11]。OCLC与格洛斯特郡大学与JISC合作,将WMS(WorldShare Management Service)和EZproxy(提供电子资源使用日志)中的数据集提供给JISC,参与学习分析,去发现图书馆对学生学习的影响。OCLC的WMS每周提供数据、Ezproxy每日提供数据,通过xAPI转化为JISC可以进行学习分析的格式[12]。通过与OCLC的合作,2018年秋季,JISC已将目标锁定在另外四家机构,以覆盖包括ExLibris在内的两三个不同的系统供应商。其目的是解决不同数据的问题,以确保以后顺利推广到使用其他图书馆系统的学校、机构。

国内图书馆有意识或无意识地开展了学习分析相关的工作。例如,华东师范大学图书馆的"馆藏文献利用调查与分析"报告,利用INNOPAC系统中读者记录、书目记录、馆藏记录、流通日志、馆藏统计报告、流通活动表等,以及电子阅览室上机日志、研究室管理系统日志、自助文印系统日志、图书馆通道机日志、微信刷卡日志等,分析包括学生利用图书馆的情况。在深入挖掘用户数据的基础上,华东师范大学图书馆推出个性化推荐系统、调整馆藏布局、修改借阅规则、开展阅读推广等措施,提高馆藏利用率[13]。

国内外图书馆都进行了图书馆价值相关研究,研究将学生使用图书馆的情况与学生学习联系起来。通过这些研究,图书馆已经意识到:图书馆对于学生的学习成功有密切关系;作为图书馆员,应该深入了解学习者的需求、目的,设计符合学生实际情况的学习环境;图书馆员有必要参与学习分析中来。

## 2 图书馆参与学习分析的实践——以华东师范大学为例

### 2.1 图书馆参与学习分析的途径

图书馆参与学习分析的过程是一个循序渐进的过程,Megan OakLeaf 提出图书馆可以从以下四个步骤参与学习分析(如图 1)[14]:

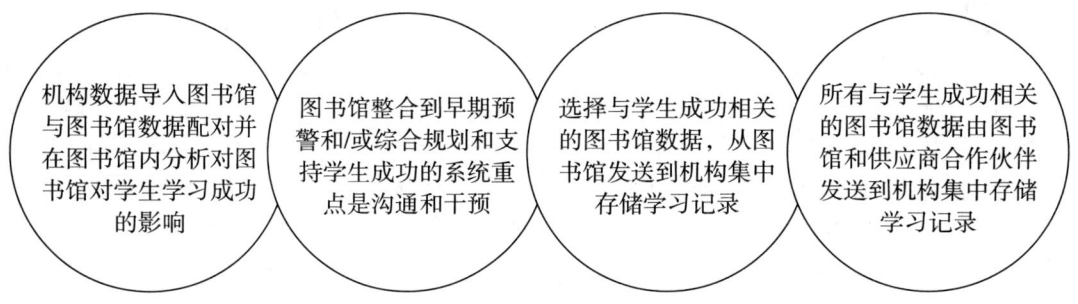

图 1  图书馆参与学习分析过程

(1)首先,将学校其他机构数据引入图书馆数据分析

未来一个可能的状态是扩大图书馆的影响,无缝地摄取学校其他机构的数据到图书馆系统中,将这些数据与图书馆的数据连接,实时分析两者之间的关系,以了解更多关于图书馆对学生的学习成功的贡献,并以此为根据改善图书馆服务、资源、设施等等

(2)将图书馆和图书馆员整合到 IPASS 系统中

未来另一个状态可能是图书馆员参与学生成功的早期预警和综合规划与建议(IPASS)系统中。IPASS 系统提供了一种"学生成功的综合方法,促进学生、教师和工作人员之间共享教育进展的所有权"。IPASS 系统帮助学生制定和推进教育目标,包括建议、咨询、进度跟踪和学术早期预警。IPASS 技术可以通过记录和跟踪学生的教育计划、改进数据分析、提供自助服务资源来减少顾问的工作量,以及根据学生的行为或教师的投入来触发干预、做出贡献。通过融入 IPASS 系统,图书馆员可以加强与机构学生成功专业人士的伙伴关系;与寻求学习支持、帮助的学生建立联系;并与学生成功专业人士、学生和教师就学生的进步进行交流。

(3)预先选择图书馆数据集中到机构学习者记录数据仓库存储

作为未来第三种可能的状态,图书馆可以选择在机构层面上共享数据,从图书馆系统中选出与学生学习和成功的相关数据,导入机构数据仓库或学习者记录仓库存储。在这种情况下,可以对图书馆数据进行分析,以确定哪些数据是相关的,以及需要详细到什么程度才能有助于学习和成功的学生行为和交互做出有意义的贡献。

(4)将图书馆和供应商数据实时地发送到机构学习记录数据仓库存储

最后,在未来,更有效的策略可能是图书馆员是实时地与学校其他机构数据仓库共享图书馆和供应商控制的数据,以创建一个完整的学术数据集,为学生和他们的教育环境提供统一的数据、表示。这种努力可以使我们更全面地分析图书馆支持学生的方式,并进行改进、定制或提供个性化的服务,以便为学生的学习和成功做出更大的贡献。

虽然图书馆参与学习分析的途径还不明确,但是不管是以哪种方式参与学习分析,都需要充分认识图书馆数据的用途,与学校其他机构合作,共同为学生学习成功做贡献。

### 2.2 高校图书馆参与学习分析的案例

对于如何利用数据,在充分了解图书馆数据的基础上,明白其对其他机构的用途。表1表示的是图书馆的数据及学校其他部门相关的数据,以及在此基础上能做的部分事情。

表1 图书馆和相关数据及其用途

| 数据来源 | 表 名 | 字 段 | 用 途 |
|---|---|---|---|
| Millennium 系统 | 馆藏 | 馆藏记录号码、馆藏地点、馆藏状态、MARC类型、文献形态、题名、主要责任者等 | 馆藏文献利用调查与分析推荐系统实时借阅数据借阅排行榜我的校园生活之图书馆生活等 |
| | 书目 | 书目记录号码、题名、版本、主要责任者、索书号、ISBN 等 | |
| | 借阅历史 | 读者记录号码、馆藏记录号码、书目记录号码、借出日期等 | |
| | 读者 | 读者记录号码、读者代码、有效期限、读者类型、总共借出、目前借出、姓名、学号等 | |
| 通道机系统 | 通道机数据 | 学工号、姓名、刷卡类型、时间、设备号等 | |
| | 微信刷卡数据 | | |
| 电子阅览室系统 | 电子阅览室 | 学号、开始时间、结束时间、预约号、设备类型、名称、区域等 | |
| 基本数据 | 读者信息表 | 学号、姓名、性别等基本信息 | |
| 其他数据 | 上网时间表、成绩表、课程表等 | 学号、姓名、性别、成绩、课程等 | |

以华东师范大学图书馆(以下简称"本馆")为例,近年来对系统积累的数据进行了多方面的探索,参与方式包括以下几种:①直接数据分析——本馆2009年,首次推出"馆藏利用调查与分析"报告,截至2019年已连续推出10次。报告数据主要来源于自动化系统中读者记录、书目记录、馆藏记录,流通日志、馆藏统计报告、流通活动表等,以及电子阅览室上机日志、研究室管理系统日志、自助文印系统日志、图书馆通道机日志、微信刷卡日志等。报告以word文档形式推出,从馆藏基本情况、利用图书馆情况、借阅情况、借阅文献分析、馆藏与借阅关系分析等5个方向分析用户数据,放在图书馆网站上供用户查看。本馆2015年推出自动化推荐系统,其基于图书馆集成系统中的图书外借日志,利用Apache Mahout库编程,采用布尔型基于用户的协同过滤推荐算法,使用最大似然相似度计算用户相似性,生成个性化图书推荐,并嵌入OPAC读者借阅账户页面[15];②结合信息中心、研究生院数据进行分析——每年毕业季,本馆都会为毕业生提供"我的图书馆生活",包括其每年借还书、进出图书馆,毕业生不仅可以详细查询自己在图书馆的各种活动,还可以与全院和全校学生进行对比;③提供部分数据给教师、研究者进行分析。每年图书馆也会配合教务处、研究生院、单个学院,将相关数据给到相关单位,共同进行学习分析。

## 3 建议

如何从教育大数据中挖掘出有用的知识,使之有助于改进教学、提升学生的学习成功,一直都是难点。图书馆参与学习分析也存在诸多难点,目前还没有出现其参与学习分析的典型案例。但是,图书馆可以从以下几个方面展开工作,不断探索,最终找出其参与学习分析的最佳路径:

①加强图书馆数据治理。制定出台图书馆数据管理办法,规范数据的采集、存储、处理、使用、共享等全生命周期,保证数据的真实、完整、准确、安全及可用,实现图书馆基础数据的有序开放与共享。在进一步明确业务需求的基础上,基本完成图书馆基础数据库。图书馆数据没有得到很好的利用。②提升图书馆员数据分析能力。图书馆员是图书馆数据的直接接触者,因此在理解数据的基础上,加强数据分析、学习分析能力,进而能够为学生的学习成功尽一份力。③联合利益相关体共同参与,多种模式探究。图书馆参与学习分析目前仍局限于图书馆的内部数据,未来应逐步实现与学校其他资源平台、管理平台的互通、衔接与开放,支持其他部门开发相关应用。④注意隐私问题。图书馆数据涉及个人隐私问题,在学习分析过程中,政策制定者应找到可信任的学习分析研究途径,保护用户隐私,保持双方之间的平衡[16]。

**参考文献:**

[1] 中华人民共和国教育部.促进大数据发展行动纲要[EB/OL].[2020-04-19].http://www.moe.gov.cn/jyb_xxgk/moe_1777/moe_1778/201511/t20151130_221853.html.

[2] 中华人民共和国教育部.教育信息化"十三五"[EB/OL].[2020-04-19].http://www.moe.gov.cn/srcsite/A16/s3342/201606/t20160622_269367.html.

[3] 中华人民共和国教育部.国家教育事业发展"十三五"规划[EB/OL].[2020-04-19].http://www.moe.gov.cn/jyb_xxgk/moe_1777/moe_1778/201701/t20170119_295319.html.

[4][16] 宋玲玲.北美高校图书馆参与学习分析的实践研究与启示——基于ARL(SPEC Kit 360:学习分析)的思考[J].大学图书馆学报,2020(1):63-67.

[5] ACRL. Academic Library Impact:Improving Practice and Essential Areas to Research[EB/OL].[2020-04-19].http://www.ala.org/acrl/sites/ala.org.acrl/files/content/publications/whitepapers/academiclib.pdf.

[6] 吴永和,陈丹,马晓玲等.学习分析:教育信息化的新浪潮[J].远程教育杂志,2013(4):11-17.

[7] 吴永和,李若晨,王浩楠.学习分析研究的现状与未来发展——2017年学习分析与知识国际会议评析[J].开放教育研究,2017(5):42-56.

[8] 郑清文.构成要素、互动机制与支持方式:一种高校图书馆学习支持服务的分析框架[J].大学图书馆,2019(4):46-53.

[9] 许亚锋,陈卫东,李锦昌.论空间范式的变迁:从教学空间到学习空间[J].电化教育研究,2015,36(1):20-25,32.

[10] 曾粤亮.价值评估视角下高校图书馆促进学生学习与成功的因素——基于AiA项目的启示[J].图书馆,2019(2):97-103.

[11] Jisc Launches a National Learning Analytics Service in UK, Code of Practice Developed[EB/OL].[2020-04-19]. https://www.infodocket.com/2018/09/20/jisc-launches-a-national-learning-analytics-service-in-uk-a-code-of-practice-for-learning-analytics/.

[12] OCLC Case Study[EB/OL].[2020-04-19]. https://www.oclc.org/content/dam/oclc/services/brochures/216089-WWBE_Gloucestershire-Case-Study.pdf.

[13] 汪志莉.高校图书馆馆藏利用现状及对策数据评估——以华东师范大学图书馆为例[J].图书馆论坛,2017,37(3):116-122.

[14] Megan Oakleaf.Library Integration in Institutional Learning Analytics[EB/OL].[2020-04-19]. https://er.educause.edu/-/media/files/library/2018/11/liila.pdf?la=en&hash=4253E6937DF10C850196A30066FF38E6C3B4F32D.

[15] 刘丹.利用Apache Mahout部署个性化图书推荐服务[J].现代图书情报技术,2015(10):102-108.

# 图书馆建筑设计任务书探析

**喻至勇(江西省图书馆)**

图书馆建筑是图书馆事业发展不可或缺的物质基础之一。图书馆新馆建设是一项复杂的系统工程,馆方在项目伊始就需要投入大量精力,前期准备工作尤其是规划阶段是至关重要的环节。规划最主要的任务是制定建设项目的设计任务书。对于大多数建新馆的同行来说,由于缺少新馆建设经验,为做好新馆设计任务书工作,须花费大量时间去调研、搜集各种资料。笔者有幸参与了图书馆新馆建设,走访了近年来新建的大型公共图书馆,现就新馆建筑设计任务书的撰写谈谈自己在实践中的体会,供国内同行参考与借鉴。

## 1 图书馆设计任务书编制的作用

按照《关于基本建设程序的若干规定》,设计任务书是确定基本建设项目,编制设计文件的主要依据[1]。北京大学朱强认为:"建筑设计任务书是新馆设计思想的完整而集中的体现[2]。台湾著名建筑师沈祖海认为:"如果没有明确的建筑设计任务书,要想有好建筑就很难。"刘淑芬指出:"建筑设计任务书对设计具有指南功能、沟通功能、评价功能、推动功能"[3]。综上所述,笔者认为图书馆建筑设计任务书是图书馆各项工程设计的依据;是图书馆新馆建设应该遵循的纲领性文件;是馆方与图书馆参建单位特别是设计单位有效沟通的基础性文件;是设计师进行新馆设计的重要依据;是图书馆进行平面布局、功能区划分、搬迁、开馆的重要依据;是馆方进行建后验收和用后评估的依据。虽然建筑是遗憾的艺术,但尽量减少遗憾却应当是馆方和设计师的共同目标。作为馆方与设计师重要沟通桥梁的建筑设计任务书,对于新馆建设至关重要。

## 2 图书馆建筑设计任务书的编制程序和主要内容

建筑设计任务书是图书馆建筑的书面蓝图,是将可研报告中的相关要求加以细化,是对项目主体和专项工程建设原则、理念及要实现的功能进行的规划和要求。建筑设计任务书是图书馆人集体智慧的结晶。为做好编制工作,应成立由馆长任组长,各部门主任和富有经验的馆员为成员的图书馆建筑设计研究小组。研究小组通过考察调研、吸取兄弟馆经验和教训,向业内专家咨询后制定完成的建筑设计任务书,包括以下内容:项目概述、建设目标、设计原则、设计依据、设计要求、建设内容、成果要求等。

## 2.1 项目概述

项目概述旨在阐明项目基本情况,一般要写明建设性质(新建、扩建、改建、改扩建等)、设计范围四至、总用地面积(东南长度及南北进深)及规划意见、设计建筑规模和藏书容量、阅览座席、网络终端数量、日均接待读者能力,描述清楚地块周边现状和地势状况。

## 2.2 建设目标

图书馆新馆应是具有地标性的文化惠民工程,在设计上做到"三化"、功能上实现"五个平台六个中心"、使用上达到"四统一"。设计方面要求设施重点突出智能化、细节真正体现人性化、运行充分考虑环保化。功能方面的要求是,新馆成为当地公众的文化教育、文化研究、文化服务、文化展示、文化休闲平台和公共文献中心、信息中心、教育中心、文化中心、交流中心和文化休闲中心。使用方面的要求是,新馆能够把充实传统纸制文献阅读功能与拓展数字阅读功能统一起来、把满足读者阅读需求和休闲需求统一起来、把满足文献收藏功能与满足读者信息需求统一起来、把满足读者普遍性需求与个性化需求统一起来。

## 2.3 设计原则

一是以人为本。现代图书馆已不再是以"藏"为中心、以"书"为本的管理模式。新馆要充分体现以人为本的管理理念,依据读者的年龄、阅读习惯和心理特点来考虑图书功能区的划分与设施的布局,以方便读者对文献的利用。设计要积极为书、机、馆员、读者之间创造和谐的交流环境。在室内外空间处理上突出强调人性化的设计理念,积极引入读者休闲功能。二是交流空间。现代图书馆要提供读者与知识、读者与作者、读者与读者之间交流的平台,提供形式多样的文化活动,实现寓教于乐。三是可持续发展的生态建筑。新馆设计要按照节能、环保的要求,建设舒适、美观的绿色建筑。四是自助型复合文化建筑。设计要充分运用5G通信技术、人工智能和综合布线系统,把图书馆设备、功能和文献信息连成有机整体,为读者提供高效、舒适、安全的阅览环境。五是体现地方文化。设计要体现当地文化,力求当地文化与建筑的和谐统一。

## 2.4 总体要求

图书馆新馆应实行"藏、借、阅、管、查、参"六位一体的大开间、大平面、大格局,既要采用大开间通透的开架服务方式,又要保证新馆藏书具备一定规模和未来发展空间。新馆设计应致力于营造"舒适、便捷、温馨、文雅、开放"的阅读、学习、交流与休闲环境,着重把握"三个匹配"与"三个突出"即新馆设计应匹配当地经济发展水平、匹配当地文化特点、匹配周边环境,突出"以人为本"的理念、"环保安全"的原则、未来开馆后"低成本运行"的需要。

## 2.5 功能要求

一是设计藏书容量及保存要求。馆方结合现有馆藏文献数量测算未来所需总藏量。按闭架书库280—350册/m²，开架书库250—280册/m²，阅览室藏书区250册/m²计算使用面积[4]。密集书库中的地轨应镶嵌于地面，且尽量设在低层。古籍特藏书库必须有恒温恒湿和气体灭火系统。二是普通阅览室、电子阅览室、多媒体视听室、培训教室、专家研究室等座席数量要求。三是展厅、报告厅（多功能厅）的大小及要求。展厅应独立集中设置，与读者活动区分开，保证在闭馆时能独立使用，设有独立的人员出入口和设备出入口。大中型图书馆报告厅内设中央系统控制室、电影放映室、舞台、后台休息室，高度能满足小型文艺演出和舞台灯光需要。四是进门大厅的功能要求。进门大厅是综合服务区，是集借阅、咨询、查询、休憩、综合服务为一体的多元化"城市客厅"，应具有较高的挑空，给人以大气的感觉。五是残障人士进馆的流线安排及服务设施要求。按照《无障碍设计规范》（GB 50763—2012）的要求，设计缘石坡道、盲道、无障碍出入口、轮椅坡道、无障碍卫生间、无障碍机动车停车位等设施[5]。六是采编部车辆进出要求。采编部应建有专属物流通道，方便货车卸货。七是中心机房及网络带宽要求。中心机房配置UPS、精密空调、防雷接地等设备，网络主干链路万兆、千兆到桌面。

## 2.6 布局及工艺、土建、造型要求

一是总图布置。为便于阅览室自然通风，整体建筑最好坐北朝南。读者主出入口以朝南或朝东南为佳。儿童阅览区应设置单独的出入口或经门厅进入。图书入口应设在采编部附近并预留货车卸货平台或车道。馆员出入口设在图书馆的侧面或后背一面。二是建筑物的高度及层数。图书馆不宜建成高层建筑，一般以4—5层为宜，大型图书馆可至6—7层。三是建筑等级、耐久年限、耐火等级、抗震等级、防台风等级、防洪涝等级，地下人防工程要求。图书馆建筑等级、耐久年限和耐火等级均为一级，设计使用年限100年。一般按抗8级地震设防，并按国家规定做好平战结合的人防工程。四是建筑结构，柱网尺寸、层高、荷载，平面利用系数要求。主体建筑为通畅式大开间布局，采用统一柱网、统一层高、统一荷载，除楼梯、电梯间和卫生间外不设固定实墙隔断，阅览室最好无中柱。建筑平面利用系数要在0.7以上。五是馆内交通的安排，电梯（客梯、货梯）的数量及大体位置。馆区各部分之间应有方便的联系。每层楼均为平层，不得有台阶。馆区垂直交通以楼梯、扶梯和垂梯配合解决。六是静区、次静区、动区的划分，各种功能用房布局的原则。设计要做到动静分区，静区有研究室、信息咨询室、参考工具室、图书和报刊借阅室、自修室、电子阅览室等。次静区主要是展示陈列、借还书处、公共查目、休闲等。动区有门厅、报告厅、展览厅、培训室、少儿区、服务部门。七是计算机网络系统、通信系统、弱电线路、综合布线系统、智能化系统的要求。设计算机网络中心机房，将楼宇自动化、通信自动化、办公自动化和综合布线系统结合，加以系统集成，安保、消防、空调系统统一监控管理。八是用电的要求。用地负荷为一级，要求做到不停电，电压稳定。外电接入要设计一用一备双回路供电。九是通风、采光、照明的要求。阅览区和办公区要争取好的朝向，以自然通风、自然采光为主，尽量在靠窗处设置阅览座位，同时设中央空调和新风系统，保持室内适宜的温度和空气清新。阅览室照度200lx—250lx，业务用房照度150lx—200lx，书库和办公用房照度100lx—150lx。十是给排水系统的要求。新馆的生活、消防用水，应从市政供水干线直接引入。新馆的用水设施应选用节水用具。排水采用雨污分流，厨房用

水做到油污分离。十一是消防系统的要求。图书馆为一级防火单位,全馆设置火灾自动报警及自动灭火系统,消防监控室设在首层,有直接的对外出入口。建筑物四周消防车均可到达。按我国现行有关图书馆的消防规范,大空间依规定的消防分区采取措施设防,并针对不同功能区、功能单元的要求采取不同的消防措施,机房、古籍书库使用自动气体灭火系统,走道、车库、办公室可采用自动喷淋灭火系统。阅览室采用移动式气体或干粉灭火。十二是安全防盗及监测系统的要求。应有严密的安全防范措施,包括门禁、自动监测、自动报警、消防、紧急逃生、防震、防灾、防盗自动化监测系统,确保读者、馆员、藏书、设备的安全。

### 2.7 各类用房的要求

#### 2.7.1 普通书库要求

书库的书架排列要符合国家标准;有利于天然采光、自然通风;要单独设置缩微、视听、电子资料等非纸质资料库,按使用方式确定存放位置。书库应设置恒温恒湿系统、防潮、防尘、防有害气体、防阳光直射和紫外线照射、防磁、防静电、防虫、防鼠、消毒和安全防范措施。

#### 2.7.2 古籍书库要求

古籍书库应单独设置,自成一区且有独立通道,设置水灾、火灾、防盗自动报警系统,入口和库内主要通道设置视频监控系统。善本书库应设立独立的恒温恒湿中央空调系统或恒温恒湿空调机组。古籍书库的通风系统和空调设备应设置符合 GB/T 14295 要求的粗效和高中效两级空气过滤装置,并设置化学过滤器。库房的通风应保证一定比例的新风量,新风比例应符合 GB 50019 要求[6]。为减少古籍受光照时间,书库照明宜分区设置感应式红外自动开关。

#### 2.7.3 阅览室要求

各阅览室要保证光线充足,照明度均匀,防止阳光直晒;建筑开间、进深及高度应满足书架、设备合理布置的要求;按工作需要在门附近设管理(出纳)台和工作间;缩微阅览室设施和照明应满足阅读的要求;盲人阅览室要设有专用通道。残疾人服务区设在一个楼层,铺设盲人通道和残疾人通道及相关残障设施;其他楼层不设盲人通道,只保留残疾人通道。少儿阅览室宜根据儿童的年龄段分设多个阅览区和活动室,应有单独的出入口,避免干扰成人阅览,卫生间内考虑设计儿童专用的洁具。

#### 2.7.4 中心机房要求

设置恒温恒湿系统,应有隔音设施并要求和读者区域分开。墙面、天棚、地板洁净,能防潮、防尘、抗静电、防震、防有害气体入侵。设置感烟、感温报警和自动气体灭火系统,要有 UPS、防盗、防潮、稳压、避雷设施,电缆管道应留有发展余地。

#### 2.7.5 采编用房要求

内部设置 2 间周转库房。分编工作间面积应较大,内部放置大型工作台和普通双面钢制书架,便于堆放待加工和分送图书。有较好的朝向和良好的通风和采光环境。

#### 2.7.6 缩微室要求

缩微资料的整理、拍摄、冲洗、拷贝等工作间应与库房相连,安装恒温恒湿系统。缩微资料库房,安装空气净化设备。拍摄、冲洗、拷贝间应考虑遮光,还应设计给排水,地面和洁具、下水管道要求使用防酸碱材料。

## 2.8 功能分区要求

### 2.8.1 具体功能分区

图书馆新馆运用现代化、智能化技术,融合本馆特色馆藏资源,打造集文化教育、文化研究、文化服务、文化展示、文化休闲等功能为一体的公共文化平台,以《公共图书馆建设标准》(建标108—2008)为依据,分为八大功能区,具体如下:

藏书区是各类图书、音像资料及电子文献保管的地方。包括基本书库、辅助书库、各种特藏书库(古籍善本书库、线装书、地方文献库、民国文献等)、视听资料库、缩微文献库、外文书库,以及保存书画、唱片、木版、地图等的文献库和阅览室藏书区。

借阅区是图书馆的核心部分,是为读者提供学习的场所,包括各种性质的阅览室,是融阅、借、藏于一体的开放空间。包括图书阅览室、报刊阅览室、老龄阅览室、少年儿童阅览室、特藏阅览室、视障阅览室、多媒体阅览室、专题阅览室、研究室、自修室等。

咨询服务区包括办证、检索、总出纳台、咨询。

公共活动与辅助服务区含报告厅、陈列展览、寄存、饮水处、综合活动室、读者休息处、培训室、交流接待室、读者服务、书店等。

业务区含采编、辅导、典藏、研究、美工、信息处理(含数字资源)、配送中心等。

行政办公区含行政办公室和会议室。

技术设备区含中心机房、计算机网络管理和维护用房、文献消毒、卫星接收、音像控制、缩微、装裱等。

后勤保障区含收发保安值班室、总控制室、配电空调机房、水泵房、电话机房、锅炉房、餐厅、仓库、车库等。

### 2.8.2 功能区布局要求

一是读者多、使用频率高房间安排在低层位置。阅报廊、报刊阅览室宜在低层。残障阅览室设在一层,并设置盲道与馆外市政盲道相连。二是读者量少的研究室在上层布置。参考咨询、古籍特藏阅览室、研究室等安排在较高楼层。三是性质相近的房间相邻布置。古籍特藏与地方文献阅览室宜与古籍特藏、地方文献库及古籍修复室相邻。四是同一部门的房间尽量布置在同一楼层。五是读者大厅发挥枢纽与辐射作用,设有咨询台、检索台、借还书处、休息区、存包区。六是报告厅、展览厅宜尽量设在较低楼层,布置在裙楼内自成一区,设置独立出入口,旁需设小型接待室、卫生间。七是内部业务与管理用房可在上层安排。

### 2.8.3 面积分配

各类用房使用面积比例参照表1确定,其总使用面积系统宜控制在0.7。各功能区每一房间的名称、阅览座位数、藏书量、使用面积及说明应在设计任务书中列表确定。

表1 公共图书馆各类用房使用面积比例表[4]

| 序号 | 用房类别 | 比例(%) | | |
|---|---|---|---|---|
| | | 大型 | 中型 | 小型 |
| 1 | 藏书区 | 30—35 | 55—60 | 55 |
| 2 | 借阅区 | 30 | | |
| 3 | 咨询服务区 | 3—2 | 5—3 | 5 |

续表

| 序 号 | 用房类别 | 比例（%） | | |
|---|---|---|---|---|
| | | 大 型 | 中 型 | 小 型 |
| 4 | 公共活动与辅助服务区 | 13—10 | 15—13 | 15 |
| 5 | 业务区 | 9 | 10—9 | 10 |
| 6 | 行政办公区 | 5 | 5 | 5 |
| 7 | 技术设备区 | 4—3 | 4 | 4 |
| 8 | 后勤保障区 | 6 | 6 | 6 |

## 3 思考

### 3.1 图书馆独立建设，还是多馆合建

近年来，各地政府为弥补公共文化设施短板，出现了集中新建图书馆、博物馆等公共文化设施组建文化中心的现象，比如江西省文化中心由江西省图书馆、江西省博物馆、江西省科技馆组成[7]，南昌县文化中心由艺术展览馆、文化活动中心、广电图书中心、青少年活动中心、职工之家、博物馆、档案馆和大剧场组成[8]，南昌新建区文化中心由科技馆、文化馆、图书馆、博物馆、档案馆、妇儿活动中心、剧院组成[9]，赣州市文化艺术中心由图书馆、群艺馆和大剧场组成[10]，瑞金市文化艺术中心由影剧院、文化馆（含美术馆）、图书馆、科技馆（青少年活动中心）、专业性电视演播厅、城市规划展览馆、博物馆组成[11]。文化中心建设模式一般都是采取统一设计、统一规划。在设计方案评标时，专家往往考虑的是方案的整体性和标志性，对于图书馆使用功能的关注往往不多，容易出现图书馆建筑好看不好用的现象。比如，江西省图书馆新馆外形似翻开的书卷，但南北方向长达 269 米、东西方向宽仅 63 米[12]，东西晒非常严重，空调能耗会很大。尽管馆方多次提出反对意见，但设计单位从方案整体性考虑始终未修改方案。为确保图书馆建筑好用，馆方应当争取图书馆单独设计，并在建筑设计任务书中明确建筑外形不能设计成异性建筑，平面布置最好为正方形。

### 3.2 图书馆建筑功能第一，还是造型第一

笔者目睹了两次图书馆设计方案评标，发现好多设计单位在设计图书馆建筑时，都是先借鉴国内外图书馆案例选定外观造型，再安排内部布局和功能，这样很容易造成布局不合理、使用不便、维护困难，能源消耗大、运营成本高等种种弊端，负面效果难以弥补。对馆方而言，看重的是内部空间的使用功能，外形如何关注不多。因此，在建筑设计任务书中一定要明确要求设计单位按照以下程序设计图书馆建筑：分析任务——明确功能要求——安排好平面布局——确定建筑结构——描绘建筑造型，并按照"功能第一""造型追随功能"的原则对设计方案进行评标和修改完善。

### 3.3 "模数式"还是"模块式"设计

21 世纪以来，我国图书馆建筑广泛采取"模数式"设计，即按统一柱网、统一层高、统一荷

载、大空间进行设计,4根柱间为1基本单元,可任意布置为阅览室或书库。"模数式"图书馆空间使用灵活性高,但过分依赖空调和人工照明,能耗太大、运行费极高。"模数式"图书馆建得起用不起,与我国能源短缺的国情不相符。尤其是对于县、区级小型图书馆,建筑单方造价本来就较低,本着节约投资和降低日后运行成本角度考虑,宜采取"模块式"设计即按不同职能的空间进行分区,不同的功能块可以按其空间需要设计不同的结构柱网(按功能分区进行模数式设计)[13]。"模块式"设计吸收了"模数式"设计灵活性的优点,并统一布线设计,将楼梯、电梯、卫生间等组合成"服务功能块",为未来扩建留下活接口。"模数式"图书馆的主要功能区由若干1000平方米以内的空间组成,能利用自然通风和采光,符合国家防火规范要求。"模块式"设计符合中国国情,节约能源,具有较高的推广价值,馆方应当在设计任务书中明确功能分区需求并要求设计单位采取"模块式"设计。

表2 "模数式"和"模块式"设计比较

| | "模数式" | "模块式" |
|---|---|---|
| 优点 | 空间使用灵活性高,可任意布置为阅览室或书库 | 1. 具有更优的空间多样性和适用性<br>2. 设置"服务功能块",为未来扩建留下活接口<br>3. 可分期、分批建设<br>4. 自然通风、自然采光较好,节约能源<br>5. 分区确定柱网、荷载及层高,在保证区内灵活性的同时,减少空间和结构上的浪费<br>6. 分区采用模数式设计,方便建筑施工,有利于提高工程质量和施工速度,降低造价 |
| 缺点 | 1. 过分依赖空调和人工照明,能耗太大、运行费极高<br>2. 空间和浪费大<br>3. 结构浪费大,投资造价高<br>4. 建筑设计不容易出现多样化,难以适应不同形状的基地形状 | 设计人员工作量较大 |

### 3.4 绿色节能建筑,还是高能耗建筑

绿色节能建筑已成为建筑界和建设单位的共同目标,然而现实中高能耗的建筑比比皆是。世界著名的日本建筑师矶崎新主持设计的某馆是一座全封闭的建筑,正面为曲面玻璃幕墙,阅览区和办公区均无自然通风与天然采光,一年四季均要用空调,每年电费约720万元[14]。

设计不当造成的浪费最大。为避免高能耗建筑出现,馆方要想尽办法说服各方让节能环保贯彻整个设计过程,具体可从以下方面着手:一是选址和建筑总平面布置。馆方应向决策者阐明图书馆选址宜为东西方向长、南北方向短的地块,尽量规避南北方向长、东西方向短和形状不规则的地块。建筑总平面布置和设计尽量使图书馆建筑坐北朝南,坚决避免主要房间东西晒。二是建筑体型的设计。图书馆建筑不宜设计成复杂体型,体型越简单对节能越有利,以正方形最佳。不宜大面积使用玻璃幕墙,外墙应设有能开启的窗户,屋顶不宜做成大面积的玻璃棚。光线强烈的地方应设置热反射帘、遮阳棚、百叶窗。三是通风、采暖和空调节能。科学合理确定空调的负荷,分区控制开、关或调节空调。四是照明系统节能设计。倡导使用天井、中庭,尽量利用自然光。采用声控照明,大量使用高效节能的LED灯。五是雨水的利用。有条

件的地方可设计雨水收集系统，收集雨水，用于绿化灌溉、道路冲洗等。六是可再生能源的利用。比如，江西省图书馆新馆屋顶设有光伏发电，湖北省图书馆新馆采用地源热泵空调。

好的图书馆建筑，其设计方案必然是设计师与馆方通力合作完成的结果。建筑设计任务书是馆方参与新馆建设、与设计师沟通对话的重要渠道，也是设计师进行设计的依据。馆方只有严格依据国家有关规范要求，在设计任务书中科学、详细地提出新馆的功能需求、空间布局和设计要求，才能使图书馆建筑设计更趋于实用、节能、舒适。

[参考文献]

[1] 刘智.建筑策划阶段的设计任务书研究[J].住区,2015(4):77-81.
[2] 刘君君,周进良.高等学校图书馆建筑设计任务书的准备[J].大学图书情报学刊,2006(6):40-43.
[3] 刘淑芬.论图书馆建筑设计任务书[J].图书馆建设,2007(1):16-18.
[4] 公共图书馆建设标准(建标108—2008)[EB/OL].[2012-06-18].http://www.sdwht.gov.cn/html/2012/bmgz_0618/5096.html.
[5] 无障碍设计规范 GB50763-2012[EB/OL].[2018-01-23].https://www.sohu.com/a/218327773_188910.
[6] 图书馆古籍书库基本要求 GB/T30227-2013[S].北京:中国标准出版社,2014:3-5.
[7] 投资近30亿元的江西省文化中心主体月底封顶 预计2019年全面开放[EB/OL].[2017-12-10].https://www.sohu.com/a/209595986_752426.
[8] 配套王！南昌县文化中心启动开工前期工作,项目集合三大馆、四大中心等,周边这些楼盘将受益[EB/OL].[2018-02-26].http://www.sohu.com/a/224105542_681243.
[9] 新建区文化中心将于明年投入使用总投资约2.72亿元[EB/OL].[2018-05-05].http://jx.ifeng.com/a/20180505/6551634_0.shtml.
[10] 探访赣州市综合文化艺术中心已经开始动工[EB/OL].[2018-08-27].http://www.797sun.com/html/news/201808/5166123_1.html.
[11] 最新消息！瑞金市文化艺术中心4个场馆封顶！[EB/OL].[2018-11-14].http://www.sohu.com/a/275430078_99962060.
[12] 喻至勇.江西省图书馆新馆设计理念与功能布局刍议[J].图书馆研究,2018(4):28-31.
[13] 鲍家声,葛昕."模块式"图书馆设计[J].南方建筑,2002(4):32-37.
[14] 李明华.多管齐下,力推节能型图书馆建筑[J].河北科技图苑,2009(3):4-7.

# 从 L2R 到 R2R：图书馆服务模式转变的新视角

## 张振康（济南市图书馆）

随着经济发展和科技进步，我国图书馆界不断解放思想，转变服务理念和服务方式，服务创新的脚步从未停歇。但在图书漂流、真人图书馆、读者沙龙、创客空间等创新服务中，无论是服务资源的来源、形式、组织方式,还是图书馆提供服务的方式、扮演的角色等,都无法用传统思维来理解。本文借鉴"读者资源"[1]理论,从服务资源的所有者这一全新的视角看待图书馆界出现的各类服务形式,对其进行深层分析归纳,借鉴电子商务领域B2C和C2C两个概念,总结提出L2R和R2R两种相对应的图书馆底层服务模式,以期为业界更好地认识和理解图书馆底层服务模式的转变提供借鉴,进而更好地促进图书馆服务创新,满足读者日益增长的多元化、个性化需求。

## 1 L2R:图书馆传统服务模式

在晚清西学东渐的历史背景下,"现代意义的公共图书馆被作为启迪民智的社会机构引介进了我国"[2]。其中,古越藏书楼因其于1903年面向社会各阶层开放,被认为是中国公共图书馆的开端。可见,现代公共图书馆最初的基本理念就是藏书(文献)面向社会公众开放。20世纪20年代,当时全国大部分省份都建成了省级公共图书馆,甚至出现了苏州图书馆、无锡图书馆等省级以下图书馆,这也是我国第一批公共图书馆。根据辛复[3]的梳理,我国第一批公共图书馆主要来源于藏书楼、书院、官书局以及个人捐赠四个方面。

之所以如此,是因为当时图书馆的成立有两个必要的物质条件,一是场所,二是藏书,二者加上馆员和开放,就构成了早期图书馆成立的四个要素。可见在那个时代,公共图书馆基本上是完全意义上的物理图书馆,公共图书馆是以一个藏书机构的身份向社会公众提供服务,人们只有走进这个馆舍,才能享受到图书馆的服务。后来的抗日战争、解放战争等对我国图书馆事业造成了很大冲击,这使得我国公共图书馆事业始终没有走向正轨。

20世纪80年代开始,特别是21世纪以来,我国图书馆的硬件水平不断提高,服务理念、运营模式、资源技术环节等各个方面都在不断发展变化。1991年,国家重点科技项目成果ILAS集成系统开始在全国公共图书馆推广,拉开了公共图书馆自动化管理和服务的序幕。世纪之交,上海、沈阳、北京等地在全国率先开始通过流动图书馆开展服务[4]。2006年,深圳街头出现了首台24小时自助图书馆,自此在国内引领了一股自助图书馆建设热潮。近几年,在温州等地引领下,全国各地城市书房建设如火如荼,还有多地开始布局图书自助借还柜网络,快递业的日益成熟和移动互联网的飞速发展,使得你看书我买单、享阅到家、信用借还等全新的服务形式不断涌现,更是极大地提升了公共图书馆的服务形象和效能。此外,各地公共图书馆都普遍实现了数字图书馆建设,报纸、期刊、电子书等大型数据库成为公共图书馆的重要馆藏和服务资源。此类变化还有很多,限于篇幅,不再赘述。这些成就是我国公共图书馆人紧跟时代发展脉搏、不断开拓创新实干出来的,应当予以充分肯定。

但是,如果对上述图书馆发展历程进行梳理就会发现,在过去的观念中,图书馆始终在以一个机构的身份面向全体读者提供服务,作为个体的一个个读者共同构成庞大的读者群,分别单独接受图书馆的服务,这个服务过程是一对多的。图书馆用于服务的文献信息无论是图书、光盘、古籍等有形馆藏,还是各类数字化的报纸、期刊、视频、电子图书等文献数据库,包括图书馆员提供的参考咨询、科研支持、政府决策等知识服务,都是图书馆通过购买、接受捐赠、馆员搜集、自建等多种方式获取后,经过加工整理转变为自身馆藏,作为向读者提供各类服务的自有资源。

这种服务模式就像一个商户面向多个消费者的传统商业模式,图书馆就像是个大型商超,因此,本文借鉴B2C的概念,将其总结为L2R(Library To Reader)模式,即图书馆到读者。

## 2 R2R：图书馆新兴服务模式

L2R 模式是图书馆赖以存在的基础，这一点毋庸置疑。但是，在这个读者需求日益多元化、个性化的时代，图书馆单靠 L2R 模式服务读者存在很多现实问题。第一，单靠数量有限的图书馆和图书馆员去搜集、整理文献信息，根本无法满足读者的海量需求。第二，无数资源蕴藏在读者中间，散落在社会的各个角落，其中有太多优质资源是其他读者所需要的，而将这些海量的零散资源纳入图书馆馆藏是不现实的。第三，作为社会人，读者在接受图书馆服务的同时，也存在交流交往、文献共享等多种需求，而这些仅凭 L2R 模式是满足不了的。

为了解决上述问题，近年来，我国图书馆界在不断将 L2R 模式做到更好的同时，推出了很多超出传统 L2R 模式的全新服务形式。

以真人图书馆为例。真人图书馆最早出现在 2000 年，源自于丹麦哥本哈根，是以人为阅读对象，通过读者与"真人图书"面对面交流实现借阅的新型阅读方式[5]。2008 年 12 月，上海交通大学图书馆在"2008 数字图书馆前沿问题高级研讨班"上首次在国内开展"真人图书馆"活动[5]。此后，由于名称的关联、场所的吻合、行为的相似、目标的贴近等四个方面的联系[6]，图书馆逐渐成为我国真人图书馆活动的主阵地，真人图书馆也成为我国图书馆服务创新的一种重要形式。从"读者资源"理论看来，真人图书馆是图书馆开发读者知识资源的新模式，是图书馆读者资源建设的典型案例[7]。在图书馆的真人图书馆服务中，读者借阅的是一个立体的、特定的人，这个人并不是图书馆的馆藏，而是图书馆的读者，但他借由图书馆搭建的平台为其他读者提供借阅服务，因此他也成了图书馆用以为其他读者服务的资源。而在这个过程中，他自身的分享需求也得到了满足。从这一分析可以看出，真人图书馆服务并不属于图书馆传统的 L2R 模式，无法用 L2R 的思维和观念去解读。

除此之外，图书漂流、创客空间、名家讲座、读者沙龙等，都无法归纳到 L2R 模式的范畴中。在这些服务中，为满足读者需求，图书馆不再将全部精力用于充实馆藏，而是致力于搭建文献信息共享平台，用以挖掘、盘活蕴藏在读者中间的海量资源。在平台上，读者只要遵循一定的规则，就可以相互交换共享各自的优质文献信息资源，彼此满足相应需求。

在这种服务模式中，图书馆扮演的不再是传统大型商超的角色，而是类似于淘宝网，成为文献信息交流平台的搭建者，因此，本文借鉴 C2C 的概念，将这种服务模式总结为 R2R(Reader To Reader)模式，即读者到读者。

## 3 R2R 模式经典案例："书来书往"平台

为了更好地阐述 R2R 模式，本文以济南市图书馆的"书来书往"闲置图书交流平台为例展开详细分析。

### 3.1 平台产生背景

从 2015 年起，以共享单车为代表的共享经济异常火爆，但其实，图书馆才是共享领域的先驱，图书馆提供的传统图书借阅服务本质上就是图书共享服务。共享有增量共享和存量共享之分。图书馆在 L2R 模式下提供的图书共享服务，实际上是线下的增量图书共享。

而存量图书共享，就是将散落在人们书架上、办公桌上的海量闲置图书激活，让社会上的闲置图书在读者与读者之间进行充分流动,以充分发挥每一本存量图书的使用价值。线下存量图书共享的典型案例是图书漂流,该活动目前在中国图书馆界已经比较普遍,据鄂丽君[8]统计,截至 2015 年 3 月,我国已经有 38 所本科院校和 32 家区县级以上公共图书馆开展了不同程度的图书漂流活动或服务。如今,推出图书漂流活动的图书馆肯定远远不止上述这些。

图书漂流这一活动形式,完全颠覆了图书馆传统的 L2R 服务模式,是 R2R 模式中最典型的形式之一。只是,线下图书漂流存在缺乏信用管理机制、缺乏读者需求对接、缺乏用户黏度刺激等诸多问题[9],目前还没有形成可持续的运行路径。要想解决这些问题,就必须借助现代科学技术手段和互联网思维,"书来书往"平台就是在此背景下产生的。但从本质上来说,它只是将图书漂流从线下移到了线上,在底层服务模式上没有多少区别。

### 3.2 平台概况

2018 年下半年,济南市图书馆联合浪潮集团、济南出版社开始着手构建"书来书往"闲置图书分享平台,经过长达半年的需求分析、专家论证、功能设计、规则制定和软件开发,该平台试运行版已入驻爱城市网 APP 并于 2019 年 6 月发布,截至 2019 年 9 月,平台已有图书 3 万余册,成功漂流图书 5000 余册。

在该平台上,读者 A 通过扫码将自己手中的闲置图书发布出来,读者 B 可以下单借阅该书,阅读完后,读者 B 可以继续通过平台将该书传递给读者 C。这样,一本原本属于读者 A 而不是图书馆的图书,借助图书馆搭建的平台,有机会被越来越多的读者共享阅读,从而实现自身使用价值的最大化。图书在读者间的流动通过快递实现,快递费用采取用户自付与政府补贴相结合的方式解决。

### 3.3 平台服务模式分析

"书来书往"平台由图书馆主导搭建,因此使用该平台的用户自然都是图书馆的读者,图书馆借助该平台为读者提供文献信息(主要是图书分享和借阅)服务。在服务过程中,图书馆员的工作是搭建、管理平台,随时监督用户的图书上传、意见发表等各种使用行为,杜绝黄赌毒、盗版等非法图书和不良言论在平台上流通散播。这里的文献信息服务,不仅满足读者的文献借阅需求,也满足读者的文献分享需求。除了该平台本身,图书馆用于服务读者的资源并不属于图书馆,而是属于读者,读者在该平台上每分享一本图书,都会为图书馆服务其他读者增加一份资源,因此,读者无形中又成为图书馆的建设者。通过该平台,读者与读者相互满足文献分享和文献借阅双重需求,同时成为书友,建立联系,满足各自交往需求。这些都颠覆了 L2R 模式的传统思维。可以说,"书来书往"平台是 R2R 模式最经典的服务案例之一。

## 4 R2R 模式给图书馆带来的转变

### 4.1 对文献信息认识的转变

现代公共图书馆是文献信息资源的重要集散地,将文献信息收集整理好后,提供给有需要的读者获取使用。文献信息资源之于图书馆,相当于商品之于超市,所以,文献信息的内涵和外延,决定着图书馆应该为读者提供哪些服务,其重要性不言而喻。关于这一点,很多专家从多个角度对其进行过研究,给出了不同的解读。如果从 R2R 模式来看,文献信息还应该包含以下两个方面的内容。

一是关于文献的信息。其实,在过去图书馆也提供这方面的服务内容,如二次文献、三次文献等,都是由图书馆对一次文献的有关信息进行提取、加工、整理后,将有序信息提供给读者,方便读者查询获取。只是,人们以前很少把关于文献的信息作为文献信息的一部分进行专门讨论。在 R2R 模式中,图书馆要想盘活读者资源,让文献信息在读者间顺畅流通,就必须把读者手中文献的相关信息进行收集整理,并通过适当方式将这些信息提供或展示给其他读者,以方便其他读者获取。例如,有读者将自己手中闲置的《流浪地球》一书上传到"书来书往"图书交换平台,如果另一位读者迫切需要借阅《流浪地球》,而图书馆馆藏的《流浪地球》全部处于借出状态,他就可以通过"书来书往"平台向拥有该书的读者发出获取申请。在这一过程中,图书馆通过"书来书往"平台把"《流浪地球》这本书闲置在哪些读者的手中且可被获取"这个信息收集到并展示给了其他读者,为其他读者获取该书提供了便利。

二是蕴藏在每个人大脑中的信息。文献是一切知识的载体,这是广义的文献概念,也是国际上普遍认可的。人是所有文献信息的创造者,任何文献信息,归根结底都来源于人的大脑,因此,人是知识的重要有形载体,也是一种文献,每个人大脑中的知识和信息是文献资源的重要组成部分。图书馆的每位读者都有其特定的知识储备、经验积累和信息渠道,而这些经常是其他读者需要的。按照现代图书馆的服务理念,读者的一切文献信息需要都应该在图书馆得到满足,这自然也包含人们大脑中的知识。由此来看,图书馆的每位读者都是一个重要的知识宝库,为图书馆开展更全面、更系统、更深入的文献信息服务提供了可能,是图书馆应当重点挖掘的内容。图书馆举办的读者沙龙就是一个很好的 R2R 平台,它将来自不同行业领域、有着不同社会背景、人生经历和知识结构的读者聚集在一起,确定一个主题,由一位主讲人进行讲解,然后大家进行充分交流,每个人在讨论过程中获得看待问题的不同角度,对该主题认识的深度、广度和系统程度都会有很大提升。

### 4.2 对读者需求认识的转变

满足读者需求是图书馆一切工作的核心,准确把握读者需求,是图书馆做好读者服务工作的前提和基础。从 L2R 到 R2R,图书馆对读者需求认识的转变包含两个方面。

一是对读者社会交往需求的认识。在 L2R 模式中,每位读者是作为一个个体接受图书馆的服务,他们之间是相互独立的,彼此没有交集。然而,作为图书馆服务对象的读者都是一个个社会人,他们有着广泛的社会交往需求,这一点在传统的图书馆服务理念中没有得到应有的重视,却是 R2R 模式的自然结果,读者之间通过图书馆搭建的平台进行资源共享,不可避免地要产生联系,相互交流,其社会交往需求就在这个过程中得到了满足。

二是对读者文献分享需求的认识。在 L2R 模式中,图书馆的主要工作是想尽办法更好地满足读者的文献信息查询、借阅需求。但现实情况是,广大读者还有普遍的文献分享或交换需求。比如读者家中都有很多闲置图书无处安放,而他们又经常想通过各种渠道获取没有看过的图书,济南市图书馆搭建的"书来书往"平台就满足了读者的这一需求。此外,很多读者在有了一定的阅读量以后,对某个领域会有比较全面深刻系统的认识,他们中的相当一部分,非常愿意把自己的学习心得分享给更多的人,图书馆就可以通过举办百姓讲堂、真人图书馆等活动,为他们搭建一个平台,满足他们的这一需求。

### 4.3 对中介角色认识的转变

中介性是图书馆的基本属性[10]。最初,在出版业和信息技术尚不发达的时候,文献形式和人们获取文献的渠道非常匮乏,图书馆被看作是"图书与读者的中介",是人们获取图书的重要渠道之一。随着信息时代的到来,信息呈现爆炸性增长态势,不仅文献的形式越来越多样,人们获取文献的途径也越来越多,越来越便捷,这时候,虽然图书仍然是图书馆最重要的馆藏文献形式,但文献信息的概念能更好地涵盖图书馆的业务范围,因此,图书馆越来越被看作是文献信息的重要集散地,是文献信息与读者产生联系的重要渠道和中间环节,被看作是"文献信息与读者的中介",人们期待图书馆通过各种手段把文献资源整理好,再以尽可能便捷的方式将其送给有需要的读者。而在 R2R 模式中,图书馆通过文献信息资源交流平台的搭建,让读者与读者在资源交换共享的过程中建立起各种形式的联系,在这个过程中,图书馆仍然扮演着中介的角色,这个中介不仅仅是将更丰富的文献信息资源与读者联系了起来,更重要的是把读者与读者也广泛联系了起来,因此,图书馆不再仅仅是"文献信息和读者的中介",而是增加了一个角色,成了"读者与读者的中介"。一旦可以让读者之间产生联系,图书馆的社会功能会越来越全面,业务内容会越来越丰富,服务方式也将发生很大的变化。

### 4.4 对服务资源认识的转变

资源建设是图书馆一切工作的前提和基础,没有文献信息资源,一切服务都无从谈起。在 L2R 模式中,图书馆用于提供服务的文献信息资源都是图书馆通过各种途径获取后整理加工成的自身馆藏,因此在传统思维里,人们讨论的都是如何加强和完善图书馆馆藏资源建设。近两年,多地公共图书馆都推出了你看书我买单服务,允许读者先把未经图书馆加工的图书借回家,看完后还回图书馆再进行编目、上架等加工处理。该服务虽然打破了图书馆传统的文献流通顺序,但这些图书最终仍然会成为图书馆的馆藏资源,所以仍然属于 L2R 模式范畴。

而在 R2R 模式中,图书馆用于服务读者的文献信息资源不再属于图书馆,而是源自广大读者,散落于社会的各个角落,在每位读者的手中或大脑里。将原本属于读者的资源通过各种方式纳入图书馆服务资源范畴。这一点王子舟教授早在十年前就有提及。他认为读者"不仅是图书馆资源的消费者,同时也是图书馆资源的供给者"[1],并将属于读者的资源称为"读者资源"。近年来,虽然图书馆界在开发读者资源方面的实践案例越来越多,但读者资源并未引起学术界足够的关注和重视[11]。希望 L2R 模式和 R2R 模式的提出,能够丰富"读者资源"理论,对相关研究起到一定促进作用。

### 4.5 对馆读关系认识的转变

图书馆和读者之间的关系是图书馆领域的一项重要课题,对馆读关系的理解,在很大程度上决定着图书馆的服务理念和服务态度。

在传统的 L2R 模式中,二者的关系很简单,读者仅仅是图书馆的服务对象,图书馆是读者服务的提供者,二者之间是单纯的服务与被服务的关系。而在 R2R 模式中,读者仍然都是图书馆的服务对象,但读者 A 在接受图书馆服务的同时,还可以通过图书馆搭建的平台向读者 B 提供其所需要的文献信息资源。在这一过程中,读者 A 在以个人身份接受图书馆服务并向读者 B 提供资源的同时,也是在间接地帮助图书馆为读者 B 提供服务。也就是说,读者 A 不再仅仅是图书馆的服务对象,而是图书馆为读者 B 提供服务所需资源的供给者,是图书馆服务资源的所有者和重要来源。他通过共享资源,参与图书馆的资源建设,成为图书馆的重要建设者。以此类推,图书馆通过资源共享平台的搭建,理论上可以使所有读者都有机会参与图书馆资源建设。这是 R2R 模式中的馆读关系与以往发生的重大变化。

### 4.6 对馆员角色认识的转变

图书馆员是图书馆的核心竞争力。在传统的 L2R 模式中,图书馆业务服务岗位馆员的主要工作有两类,一是资源建设,为满足读者需求对文献信息进行各类收集、整理和保存,包括书刊采访、编目、上架、搭建特色数据库等;二是读者服务,利用馆藏资源为读者提供各类文献信息服务,包括文献借阅、参考咨询、学科服务、政府决策咨询、嵌入式服务等。在资源建设和读者服务过程中,图书馆员都要付出大量时间、精力、劳动和智力。近几年,全国各地公共图书馆新馆相继建成,随之而来的馆员数量不足问题日益凸显,成为制约图书馆事业发展的一大瓶颈,仅靠 L2R 服务模式,图书馆很难满足读者日益多元化、个性化的无限需求。

而 R2R 模式可以将图书馆员从烦琐的传统资源建设和读者服务方式中解脱出来,让他们从文献信息资源的获取加工和提供者转变为文献信息交流平台的策划者、搭建者、管理者、维护者和监督者。当然,平台的形式是多样的,既有线上的,也有线下的,只要图书馆员做好这几个角色,把平台管理好、运作好,读者所需的文献资源自然会由其他读者分享提供。在 L2R 模式中,图书馆员面对的主要是文献信息和读者,而在 R2R 模式下,图书馆员面对的是平台,这是一种全新的图书馆员角色定位。

本文以全新的视角看待图书馆服务,在对图书馆服务模式进行更深层面分析、归纳、总结的基础上,创新提出了 L2R 和 R2R 两种对应的服务模式概念。L2R 是图书馆的基本服务模式,具有不可替代的独特作用,并且至少在可以预见的将来,都会是图书馆赖以存在的基础。而 R2R 模式,则是图书馆不断解放思想,紧跟时代发展,适应社会需求,努力进行公共文化服务供给侧改革,挖掘图书馆事业发展新动能的结果,是图书馆界在理论和实践两个方面的巨大创新。R2R 的出现,对图书馆来说既是机遇,也是挑战,要求图书馆人不断更新办馆理念,做出多方面的转变,推出更多创新服务形式和内容,以满足人民群众对美好生活的期待。需要说明的是,L2R 模式与 R2R 模式只是相对应的,二者并不对立,L2R 是 R2R 的前提和基础,R2R 是 L2R 的高级演化,二者内在统一,相互依存,相互促进,共同构成了图书馆立足社会,服务读者的模式依托。

**参考文献:**

[1] 王子舟,吴汉华.读者既是图书馆的服务对象也是活态资源[J].图书馆杂志,2019,28(9):10-15.
[2] 于良芝,许晓霞,张广钦.公共图书馆基本原理[M].北京:北京师范大学出版社,2012:14.
[3] 辛复.我国早期公共图书馆的来源研究[J].图书馆杂志,2006,25(8):9-13.
[4] 曾媛.国内外流动图书馆概况[J].图书馆杂志,2001,20(8):20-22.
[5] 钟宝军.我国真人图书馆服务现状及对策[J].图书馆学刊,2017(2):77-80.
[6] 任红娟.真人图书馆在我国图书馆服务中的适用性研究[J].图书馆,2015(1):81-84.
[7] 吴汉华,王子舟.开发读者知识资源的新模式:真人图书馆[J].图书馆杂志,2010,29(9):21-25.

[8] 鄂丽君.图书馆主导的图书漂流活动调查研究[J].图书情报工作,2015,59(9):64-67.
[9] 杨彦.图书馆实施"O2O图书漂流"项目构想与解析[J].管理观察,2016(24):144-146.
[10] 黄燕君.网络时代图书馆中介地位的削弱及我们的对策[J].四川图书馆学报,1999(5):13-17.
[11] 王子舟.论"读者资源建设"的几个理论问题[J].图书馆杂志,2017,36(5):4-15.

# 游戏服务"翻转"经典阅读

## ——广东省立中山图书馆中华传统文化典籍阅读活动创新实践案例说明

文利情　谭翔尹　游锦媛　黄小华（广东省立中山图书馆）

## 1 开展背景

游戏,是人们与生俱来获得知识和技能的重要方式。随着新技术的发展与网络的普及,我国的网络游戏产业早在2008年就实现了全球规模第一。2019年我国游戏市场实际销售收入2308.8亿元,同比增长7.7%;我国游戏用户规模达到6.4亿人,同比增长2.5%。游戏化作为近年来信息社会的一种现象,已从商业延伸到健康、教育、管理等领域。我们必须重新认识、评估,在经由后现代的技术手段和意识形态现代的所重塑和重写之后,以网络游戏为代表的依托于新兴媒介的网络文艺,给当代人带来的新的情感结构、新的审美范式与新的文化娱乐形态。

2005年,美国图书馆协会(ALA)提出图书馆是否应该提供游戏服务后,游戏化服务便受到图书馆界的支持和关注。2010年,游戏化作为热词被收录进Webster Dictionary(韦氏词典),并将其定义为将游戏或类似游戏的元素添加到任务中,以鼓励用户参与的过程。本文介绍的案例创新性地运用游戏化服务理念与思路,开展生动活泼的文学类中华传统文化典籍阅读活动,通过立足文本设计系列阅读活动,营造情景提升活动体验感,引入激励机制提升用户积极性与主动性,进而激发用户对中华传统文化典籍的阅读兴趣,实现有效地指导用户学习传统典籍阅读方法的目标,充分发挥中华传统文化典籍强大的文本衍生能力,活灵活现地表达和传播中华优秀传统文化。

## 2 主要内容

案例围绕文学类中华传统文化典籍,开展室内或户外主题阅读体验活动,由广东省立中山图书馆馆员根据活动对象的阅读能力、阅读行为特征等具体情况,立足典籍文本内容设计五到七个互动阅读闯关环节,以新颖有趣的游戏形式激发用户阅读原著的主动性和积极性,使用户在丰富立体的活动环节中逐步加深对典籍内容的了解,掌握一定的阅读方法。

## 2.1 立足文本,巧妙设计

中国传统文化典籍的分类以《全国古籍普查平台分类表》为准,即经、史、子、集、类丛、新学6部。根据当代人的阅读习惯以及《中国图书馆分类法》,传统文化典籍可被分为文学类、历史类、政治军事法律类、宗教类和专业类(主要为艺术、医学、农学、科学、语言等专业类别)。每类书籍的文本特点和阅读方法都各不相同,文学类典籍受众面较广,我们以文学类典籍作为活动的开端,根据诗歌、散文、小说等不同文体的创作特点,进行文本剖析后,运用游戏的推进思路如叙述、情节、角色等,游戏的方式如视觉挑战、迷宫解谜、绘图折纸、填空答题等,设计生动有趣的活动环节。

## 2.2 构建情境,深化体验

经典阅读是一种体验性阅读,应该更注重用户的主观能动性。当代人阅读传统文化典籍的困难主要体现在对词汇语意的理解识别、对历史背景的了解、对所述场景的联想想象这三个方面。阅读文学类典籍时,将文本事件的时间、空间、人物、动机、因果等元素有机结合起来,可以获得更好的阅读效果。因此,我们根据活动主题,运用视觉、听觉、嗅觉构建穿越时间的空间场景,以增强用户的感官体验;采用绘画、手工制作、角色代入等游戏互动形式,帮助用户充分发挥联想与想象,形成个性化的阅读体验。

## 2.3 引入激励,层层推进

由于传统文化典籍历史久远、晦涩难懂,很多用户难以完成阅读。因此,推广的首要目标是激发用户阅读兴趣。我们引入游戏中的动力激励机制,采用挑战、闯关、集印章的方式将活动环节层层推进,唤起用户的内在动机需求,并设计清晰的游戏目标,将文类学传统文化典籍的文本特点与阅读思路拆分为由浅入深、由点到面、循序渐进的挑战任务,让用户走近作品创作的历史背景,作者的生平、代表作、创作特点以及思想内涵等。每项挑战任务仅做知识性引导,用户通过阅读与分析活动提供的相关素材,以自主答题或者亲身实践的方式完成任务。活动通过生动有趣的环节设计,增强用户阅读传统文化典籍的兴趣与信心,用户还可以根据自身的阅读能力与阅读习惯,选择适合自己的阅读思路与方法展开经典阅读。

# 3 活动过程

## 3.1 关卡设置

用户根据派发的任务小手册,到达指定地点完成阅读互动闯关任务后可获得环节中的一枚印章(贴纸),集齐所有印章(贴纸)(通常是跟活动主题相关的一句通关语)即可获得纪念品一份和证书一张。

## 3.2 环节设置

(1)依据内容

依据内容本身对典籍进行文本拆解,将原著中的人物、情节、环境等平面化的文字信息转化为多个立体化的沉浸式体验活动。例如,针对《红楼梦》的人物、情节、判词、建筑及发饰设计了"其名画中藏"、"情节化成诗"、"判词知命运"、"流连大观园"(原文第十七回)及"巧手弄珠簪"环节,让用户从整体思维角度了解《红楼梦》。目前开展的活动主题有:四大名著、《山海经》与《诗经》。详见表1。

表1 文学类中华传统文化典籍阅读活动环节设置

| 活动主题 | 活动环节 |
| --- | --- |
| 《西游记》 | 火眼辨神妖、摇变西行者、智取火焰山、逃出女儿国、古法救真经 |
| 《红楼梦》 | 其名画中藏、情节化成诗、判词知命运、流连大观园、巧手弄珠簪 |
| 《三国演义》 | 看图猜三国故事、三国成语十六宫格、三国历史话你知、朗读三国名篇、名将脸谱画出来 |
| 《水浒传》 | 水浒典故猜猜猜、水浒名句"折"出来、水浒英雄知多少、趣味填色、水浒名句赏析 |
| 《山海经》 | 看图猜神话、趣味画异兽、读《山海经》、知识大挑战、神兽拼拼乐 |
| 《诗经》 | 1. 不学诗,无以言——趣读诗经<br>2. 蒹葭苍苍,白露为霜——《诗经》中的花草世界<br>3. 关关雎鸠,在河之洲——《诗经》中的鸟兽虫鱼<br>4. 七月在野,八月在宇——《诗经》中的人间烟火气 |

（2）依据创作者

以创作者为主线开展主题活动,从诗人创作诗歌的时代背景、人物特色、创作风格等多角度解读诗人及其作品,并在各个专题环节中予以典籍书目推荐,使文本更具鲜活感。在"梦回大唐"唐诗系列阅读活动中,从创作者的角度引入诗歌及相关典籍,设置"大唐风貌"（时代背景）、"诗与远方"（诗人足迹与代表作）、"诗韵合璧"（诗歌韵律）、"诗中有画 画中有诗"（创作风格）等环节,让用户从诗歌的创作背景中品读诗歌的内涵与诗人的创作风格。详见表2。

表2 文学类中华传统文化典籍阅读活动环节设置

| 活动主题 | 活动环节 |
| --- | --- |
| 梦回大唐——邂逅"初唐四杰" | 初唐风貌、经典诵读、诗词16宫、诗与远方、历史留声、笔情墨趣、集思广益 |
| 梦回大唐——走近"山水田园诗人"王维与孟浩然 | 大唐风貌、诗与远方、诗中有画、妙笔天成、经典诵读、唐诗贴画、集思广益 |
| 梦回大唐——走进"诗圣"杜甫 | 大唐风貌、追寻足迹、经典诵读、诗韵合璧、文以载道、集思广益、大唐彩蛋 |

### 3.3 活动内容

（1）情景营造,沉浸体验

针对活动主题进行不同的场景布置,还原原著的情景氛围,让用户沉浸其中,享受活动与阅读的乐趣。例如,开展《红楼梦》活动时,选择广东省立中山图书馆的中庭花园为活动场所,让用户仿若置身大观园;开展《西游记》活动时,设计剧本式解谜闯关——逃出女儿国,让用户仿若亲历取经之路的艰难险阻。

（2）形式多样,动静结合

巧妙融入动手环节,让阅读更丰富立体、充满乐趣。例如,《西游记》的"智取火焰山"、"逃出女儿国"（微型密室逃脱）、"古法救真经"（古法造纸荡料入帘体验）;《红楼梦》的"巧手弄珠簪";《水浒传》的"水浒名句'折'出来";《三国演义》的"名将脸谱画出来";《山海经》的"趣味画异兽";"梦回大唐系列"的"大唐彩蛋""唐诗贴画"等环节。

（3）指导阅读，推荐馆藏

根据每期主题需求适宜地融入微型互动小课堂,使用户的阅读体验由浅入深。例如,在梦回大唐系列中,"妙笔天成"环节以互动小课堂的形式讲解以王维、孟浩然为代表的山水田园诗派,由馆员介绍"五言绝句"的格律规范,帮助用户现场学习古代山水田园诗的常见意象以及五言绝句的格律规范,运用现场提供的意象词语或单字自由组合,拼成一首"山水田园"主题的五言绝句,也可根据学到的方法自由创作。此外,每期活动宣传推文除公告活动时间等信息外,还结合主题推荐馆藏书目,引导用户在活动前初步了解主题内容。在活动现场,结合馆藏推荐当期活动环节设计所选用的参考书目,引导用户在活动结束后自主借阅,深入品读赏析原著的同时也增加了馆藏利用率。同时,活动现场放置不同版本的原著,视觉冲击的同时引导用户在轻松愉快的闯关氛围中阅读晦涩难懂的文言文。

（4）深入挖掘，立体推广

不断挖掘典籍的原著内容,通过微课堂、小型展览、沉浸式的体验活动、新媒体线上互动活动等形式立体推广典籍,丰富用户的阅读体验,加深用户的阅读理解。例如,开展《诗经》活动时,通过新媒体渠道推送《诗经》相关的科普性知识,并通过HTML5互动小游戏,以在线答题、趣拼风物图、听音辨鸟兽、看图猜诗经成语的线上游戏体验形式融入《诗经》相关内容。

### 3.4 特色环节分析

#### 3.4.1 《西游记》阅读活动

（1）环节设置：火眼辨神妖

阅读说明：根据指定的原著章节,在神妖图中找到出现的神妖。

设计目的：神妖是串联整个《西游记》故事的重要人物,本环节通过匹配神妖图与原著章节关于神妖的描述信息,让用户进一步了解原著里而不仅限于影视剧中的《西游记》神妖形象。

（2）环节设置：摇变西行者

阅读说明：用户根据提供的四位主角的性格、外貌和经历的原著内容素材（素材不按章排序）,从中找到与所选人物卡片相匹配的信息。

设计目的：本环节通过自行选择人物变身卡,集齐所选人物的信息,让用户体验摇身一变,成为西天取经者的角色代入感。

（3）环节设置：逃出女儿国

阅读说明：根据原文第五十三到五十五回的内容设计3个关卡,用户须阅读原文破解答案后,才能得到密码打开宝箱逃出女儿国。

设计目的：本环节通过对女儿国相关章节内容的融合,设计微型密室逃脱故事剧本,用户可在层层关卡中熟悉著作原文内容。

#### 3.4.2 《三国演义》阅读活动

环节设置：成语十六宫格

阅读说明：将16宫格中的文字组合成3个成语,要求每个字不重复使用。

设计目的：出自《三国演义》的成语可谓十分经典,本环节通过十六宫格的形式设计成语并设置干扰项,考验用户对原著中相关成语的掌握程度。

### 3.4.3 《水浒传》阅读活动

环节设置:水浒名句"折"出来

阅读说明:将水浒名句折出来,保持一面完全是白色,一面完全是黑色,最终形状是正方形且文字连接正确。

设计目的:将水浒名句与趣味折纸有机结合,让用户在动态的体验环节中熟悉原著的名句,寓教于乐。

### 3.4.4 《红楼梦》阅读活动

(1)环节设置:其名画中藏

阅读说明:根据环节素材"《金陵十二钗》卷轴画"中的人物提示,还原《红楼梦》中的人物关系图。

设计目的:《红楼梦》原著中的人物关系错综复杂,用户借助活动现场提供的《金陵十二钗》卷轴画,还原人物关系图,进而有效阅读原著。

(2)环节设置:情节化成诗

阅读说明:在给出的红楼梦章节中,隐藏着一首关于十二金钗的诗,用户须破解谜题才能发现。

设计目的:对原文章节的熟悉有助于用户更好地把握《红楼梦》的故事情节,本环节通过设置谜题的方式融入章节内容,用户可在解谜的过程中加强对故事情节的熟悉。

(3)环节设置:流连大观园

阅读说明:用户根据原文第十七回试才题对额的路线,在大观园建筑意象图中重温足迹。

设计目的:本环节通过具象化的建筑意象图纸使用户对大观园的建筑空间更形象立体,对于文中人物的居所位置更为清晰。

### 3.4.5 "梦回大唐——邂逅初唐四杰'"阅读活动

(1)环节设置:初唐风貌

阅读说明:馆员现场讲解初唐时期科举制度的相关知识,用户在讲解结束后将初唐四杰姓名贴纸贴在其科举考试中考取的功名栏中。

设计目的:融入科举制度相关知识讲解,让用户在品读诗歌内涵的同时了解诗人所处的时代背景。

(2)环节设置:历史留声

阅读说明:用户根据微课堂的讲解内容,完善初唐四杰的个人小档案。

设计目的:用户在互动微课堂中听完馆员的介绍后,提取初唐四杰作品创作的关键信息。

### 3.4.6 "梦回大唐——走近'山水田园诗人'王维与孟浩然"阅读活动

(1)环节设置:大唐风貌

阅读说明:用户根据提示资料中有关壁画、题壁、摩崖的介绍及馆员的知识答疑,在答题卡的九幅图下方填写相应答案。

设计目的:以唐代文化的表现形式壁画、题壁、摩崖石刻揭示大唐人文风貌,引导用户走近唐代文化的不同载体。

(2)环节设置:妙笔天成

阅读说明:用户运用现场提供的意象词语或单字自由组合,拼成一首"山水田园"主题的五言绝句。

设计目的:馆员通过互动微课堂的形式讲解以王维、孟浩然为代表的山水田园诗派以及"五言绝句"的格律规范相关小知识,指导用户创作山水田园诗,感受诗歌的意象美与韵律美。

### 3.4.7 "梦回大唐——走进'诗圣'杜甫"阅读活动

（1）环节设置：追寻足迹（诗与远方）

阅读说明：用户根据诗人的游历足迹找出诗歌对应的创作时间及创作地点。

设计目的：加入"文旅融合"元素，展示诗人游历足迹地图，进而拓展诗歌的创作时间、地点及创作背景相关知识。

（2）环节设置：诗韵合璧

阅读说明：用户完成所选唐诗有关诗韵合璧的知识问答。

设计目的：通过对诗歌的具体解析，了解诗歌的对仗与押韵等知识。

## 4 活动反馈与社会反响

### 4.1 活动反馈情况

文学类中华传统文化典籍阅读活动于2019年6月启动，在广东省立中山图书馆以每月一期的时间周期举行，采用线上线下相结合的方式开展，并根据用户需求追加特定场次，反响热烈。截至2020年4月，活动已举行16场次，共吸引624人次报名（包括线上提前报名和现场报名，每期活动控制人数40以内），实际参与用户为584人次，完成所有任务的用户为568人次，完成者所占的比例为97.3%，这说明参与的用户大部分对活动主题及内容感兴趣，活动取得一定成效。

活动反馈作为每期阅读活动的最后一个环节，用户想完成所有任务必须填写调查问卷，因此活动调查问卷回收率高，有利于对活动进行有效评估。16场活动共回收调查问卷518份，其中有效问卷505份（问卷以小组为单位进行填写，每组人数1—2人）。

#### 4.1.1 参与用户基本信息分析

在回收的505份有效问卷中，从年龄段看，15岁以下的为180人次（占35.6%），16—24岁的为74人次（占14.7%），25—40岁的为127人次（占25.2%），41—50岁的为32人次（占6.3%），51—60岁的为35人次（占6.9%），61岁及以上的为57人次（占11.3%），由此反映出到馆参与活动的用户以15岁以下年龄段所占比例最大。15岁以下正值青少年儿童阶段，是典籍传承的重点对象。

#### 4.1.2 用户获取主题阅读活动信息途径分析

表3 用户获取活动信息途径分析

| 途 径 | 次 数 | 比 例 |
| --- | --- | --- |
| 本期活动的馆内宣传海报 | 247 | 49.0% |
| 图书馆每月的活动推介手册 | 161 | 31.9% |
| 图书馆的线上宣传（包括微信、微博推送和官网公告） | 301 | 59.7% |
| 媒体相关报道 | 56 | 11.0% |
| 亲朋好友之间的宣传 | 162 | 32.0% |
| 来图书馆正好碰到这次活动开展 | 142 | 28.2% |
| 之前参加过该活动 | 117 | 23.2% |
| 其他 | 38 | 7.6% |

由3表可知,大部分用户是通过图书馆的线上宣传(包括微信、微博推送和官网公告)和活动的馆内宣传海报了解主题阅读活动,这说明活动启动以来,"线上+线下"的营销推广思路取得了一定成效。同时,有不少用户是通过亲朋好友之间的宣传了解该活动,这也说明活动效果受到用户肯定,参与过的用户愿意主动向其他人宣传、推广。其中,还有一小部分用户是之前参加过该活动的,由此说明活动具有吸引力,用户参与活动有所收获,愿意再次参加。

#### 4.1.3 活动评价分析

为了更准确地了解用户对每期主题阅读活动的评价,方便收集用户提出的意见和建议,调查问卷中设置了三道对活动的总体评价选择题、一道对活动满意度的开放性问题及一道对当期活动环节的评价选择题。活动总体评价结果如表4所示。

表4 活动总体评价

| 评价 | 次数 | 比例 |
|---|---|---|
| 非常有帮助 | 457 | 90.4% |
| 帮助不大 | 48 | 9.6% |
| 没有帮助 | 0 | 0% |
| 有兴趣继续了解主题相关内容 | 438 | 86.8% |
| 没有兴趣继续了解主题相关内容 | 67 | 13.2% |
| 愿意再次参加 | 461 | 91.2% |
| 不愿意再次参加 | 32 | 6.3% |
| 看情况是否再次参加 | 12 | 2.5% |

由表4可以看出,选择"没有帮助"的用户为0,选择"非常有帮助"的比例高达90.4%,这说明大部分用户认为活动对其进一步了解中华传统文化典籍是有帮助的。但选择"没有兴趣继续了解主题相关内容"及"帮助不大"的用户数仍占一定比例,这说明活动仍需改进。

对活动满意度的开放新问题原题描述为"请您对本期活动满意度打分(满分10分)",结果显示活动满意度平均分高达9.5分。

### 4.2 社会反响

#### 4.2.1 立足文本,回归典籍经典魅力

活动立足文本,通过设计新颖有趣的活动环节有效引导用户在活动前初步了解原著,在活动中构建原文框架,在活动后深入品读原著(每个环节在素材中列举所选用的参考书目)。活动巧妙运用游戏化服务理念和思路,通过提升用户的感官体验和认知体验,激发用户对中华传统文化典籍的阅读兴趣,实现有效地指导用户学习传统典籍阅读方法的目标。在吸引用户主动感受经典魅力、了解典籍精华的同时,结合线上、线下的立体宣传推广模式,全面打破参与用户的年龄界限、时间及空间限制,吸引越来越多的用户参与,不断扩大典籍文化的辐射面,使更多用户感受典籍隽永的魅力。

#### 4.2.2 社交阅读,建立长效交流机制

活动寓教于乐,引入游戏化服务理念与思路,将传统文化、经典名著、图书荐读等内容融

入益智游戏形式的阅读体验环节,大大提升了用户教育的趣味性和生动性。用户参与活动的同时,可以借助活动平台更好地融入不同的社会群体,而且可以针对每期的主题与不同年龄层群体进行面对面地探讨交流。活动后,用户自主选择加入活动微信群,线上分享自身的阅读体会及相关阅读资讯,建立长效交流机制。

#### 4.2.3 打造品牌,彰显示范引领作用

立足于省级公共图书馆的宣传平台,活动影响力日益增加。随着总分馆制建设工作的不断推进,广东省立中山图书馆向基层单位供给阅读资源的能力逐步提升。为此,2019年10月起,活动组与中山纪念图书馆合作,结合中山纪念图书馆总分馆阅读推广项目,在该市的多家基层图书馆开展6场四大经典名著教育推广活动,充分发挥了广东省立中山图书馆作为省级公共图书馆的阅读推广活动品牌力量,与基层图书馆实现资源互通,彰显了其示范引领作用。

传承优秀传统文化、引导青少年阅读经典,是学校、社区、图书馆的共同责任。活动组积极推动中华传统典籍阅读推广活动,将活动带进校园,与学科教育有机融合,充分发挥公共图书馆的社会教育职能。例如,2019年11月起,活动组联合广东省实验中学荔湾学校,在该校图书馆举办了主题为"畅读《西游》,重走取经路"及"寻梦红楼,采撷之旅"的教育推广活动,以新颖有趣的形式、丰富深刻的内涵,带领学生体验了一场别样的"西游""红楼"之旅。

此外,活动还借助多方社会团体力量,积极走出图书馆,实现资源共享,多方共赢的局面。例如,2019年7月,联合由广东省文明办、广东省文化厅主办,广东省文化志愿者总队共同举办的广东省"志愿童行"亲子文化艺术公益夏令营,开展主题是"趣游'三国',品读经典"的专场活动,来穗探亲的留守儿童、异地务工人员子女、特困家庭子女等20个家庭共计42人参加了活动。

## 5 经验总结与未来展望

### 5.1 经验总结

#### 5.1.1 多角度切入,立体式呈现中华传统典籍的文化内涵

中华传统文化典籍是中华民族智慧的结晶,蕴含着中华民族永恒不变的精神内涵,博大且精深,历久而弥新。案例以典籍的文本为基础,深入挖掘文化内涵。从艺术审美角度,案例采用卷轴展示、名画复原、DIY发簪、白瓷彩绘,书法体验等方式,展示了传统的图书装帧、服饰、女性发饰、书法绘画的艺术之美;从文学创作的角度,以作品人物角色、经典情节,以诗词的韵律、对仗、结构,以创作者的人生经历、诗文表述、主要思想为切入点,展开文学文本鉴赏;从历史的角度,揭示文本所处时代的制度、人文风貌、重要的人物与事件。案例通过极具立体化的呈现方式,让书写在古籍里的文字"活"起来,帮助用户多角度加深对中华优秀传统文化的了解,增强民族文化自信。

#### 5.1.2 贴近时代特征,创新经典阅读推广模式

打破传统"我讲你听"的经典阅读活动模式,运用游戏化服务理念与思路,以更具时代气息、更贴近生活的新颖的活动形式,如竞答、绘画、手工、DIY、折纸、解谜、微课堂、新媒体线上互动等形式,提升用户的感官体验、认知体验、社交体验与价值体验,创新经典阅读推广模式。在激发用户阅读兴趣的同时开展专业的阅读指导,鼓励用户发挥阅读的主观能动性,主动感受、体验经典文本,与传统典籍展开思想与心灵的对话,汲取智慧,陶冶情操,提升修养。

### 5.1.3 激发馆员创意,培育专业化阅读推广人队伍

图书馆馆员是阅读推广人队伍的中坚力量,馆员应该在阅读活动中发挥个人的聪明才智,同时也需不断提升自身文化修养,为用户提供更专业的阅读服务。案例由广东省立中山图书馆一线岗位的阅读推广小组成员策划实施,她们了解用户需求,熟悉中华传统文化典籍相关馆藏资源分布情况。馆员们在确定活动主题之后,通过深入阅读原著、查阅大量参考文献,探讨主题需要涉及的知识点,借助主流网络平台获取相关趣味性资讯,结合用户需求,最终将知识点分解成数个生动有趣的小活动(环节)。确定活动环节之后,馆员亲自设计制作环节所需素材,且担任每期微型互动课堂小老师及手工环节指导员。在此过程中,馆员整体的文化素养得到了提升,更增强了图书馆馆员的核心竞争力,是培育专业化阅读推广人队伍的有效途径。

### 5.1.4 注重多方合作,不断扩大社会影响力

随着越来越多的用户参与,活动成效日益显著,逐渐形成品牌,将一些潜在用户和短期用户培养为图书馆的长期用户。推广传统文化典籍的同时提高了图书馆馆藏资源利用率,很好地发挥了图书馆的知识服务职能。活动以灵活、生动的特点吸引了基层图书馆与学校图书馆的关注,我馆馆员根据活动对象的阅读能力将活动环节进行难度调整后,走进省内基层图书馆与中学图书馆,扩大了活动辐射面,体现了活动形式的可复制性与强大的生命力,发挥了省级公共图书馆的示范引领作用。同时借助图书,馆学术交流共享平台,广泛宣传,积极联动多方社会力量,实现资源共享,多方共赢。

## 5.2 未来展望

注重活动延伸,结合馆藏,将每期活动环节素材设计中运用到的参考书目集结成册,以工具书清单的形式派发给用户,引导用户自主借阅,延伸阅读,深入品析原著。提升活动总结品质,编写教材及活动手册,指导省内基层公共图书馆开展同类型阅读推广活动。利用自身资源优势,引入AR/VR新技术,运用新媒介,拓展活动受益面,增强活动多元化呈现方式,努力开发线上推广平台,同时开展线上线下的中华传统文化典籍阅读推广活动。加大宣传力度,吸纳更多社会力量参与活动,共同推动中华传统文化典籍的传承推广。

# 促文化繁荣,打造书香九原

## ——营造全民阅读 终身学习的良好社会氛围

*布和毕力格(内蒙古包头市九原区图书馆)*

# 1 背景缘起

党的十九大报告指出,文化是一个国家、一个民族的灵魂。文化兴国运兴,文化强民族强,没有高度的文化自信,没有文化的繁荣兴盛,就没有中华民族伟大复兴。推进全民阅读是

促进文化繁荣、推动文化创新的重要支撑,在实现新时代文化建设目标中意义重大。

近年来,九原区委、区政府一直把图书馆建设纳入文化发展的重要方面和文化工作的重要内容,特别是2009年九原区图书馆被评为"国家一级馆"以来,把巩固和提高一级馆作为图书馆建设目标,加大投入,提升建设水平。九原区图书馆2009年10月搬入新的图书大厦,设置读者服务窗口12个,阅览座席310个,行政和业务工作全面实行数字化管理。

九原区图书馆基本服务项目健全并免费提供。为切实做好免费开放工作,九原区图书馆于2009年制订了免费开放工作实施方案,同时开始实行图书报刊免费开架借阅,免费办理读者证,工作人员实行挂牌服务,合理安排工作人员,为达到全天开放时间,实行轮班制,并制定了读者服务承诺制度,受到读者的一致好评。

## 2 综合概况

九原区图书馆共推出了经典阅读、知识竞赛、基层辅导、经典电影播放等活动项目,并且开展了关爱残疾人和老年人系列活动。以"世界读书日"为契机,图书馆利用多种形式大力宣传各种主题阅读活动,激发人民群众自觉阅读的热情,扩大读书活动的社会影响,形成人人知晓、人人参与的浓厚氛围。

九原区图书馆从2009年开始实行全部开架借阅,制定了馆藏图书补充细则、图书标引细则、读者证、条码、书标图书加工整理标准,制定了架位维护管理制度和防虫、防盗、防潮等管理制度,并严格执行。

针对各乡镇(社区)、村图书室在图书分类上架等业务上存在一些不足的情况,2013年至2016年,九原区图书馆组织业务人员到基层图书室进行业务辅导工作。把基层45家图书室按片划分,分期分批举办培训班,工作人员手把手地对基层图书室管理人员进行辅导培训,分别就图书分类编目、整理上架、借还登记手续以及日常图书的维护进行了详细的讲解。对基层图书室管理人员提出具体要求,要求管理员切实履行基层书屋的管理制度和借阅制度,确保藏书得到有效保管和利用。

2018年6月,文化和旅游部发布《文化和旅游部办公厅关于公示第六次全国县级以上公共图书馆评估定级结果的公告》,包头市九原区图书馆圆满通过复评,被确定为国家一级公共图书馆。九原区图书馆从2009年首次获得国家一级馆称号以来,截至目前,已经是连续三次获得此项殊荣。

## 3 创新举措

九原区图书馆进一步明确职能与定位,在馆舍条件、馆藏文献资源、人员组成以及设备等各项条件上日趋完善的基础上,将工作的中心逐渐从传统的收集、保存文献资源转向图书馆的公共服务体系,完善分层服务,发挥图书馆引领作用。

2018年1月,九原区已经成立8家分馆,分别是:九原区白音席勒街道办事处分馆、九原区阿嘎如泰苏木分馆、九原区麻池镇分馆、九原区哈林格尔镇分馆、九原区哈业胡同镇分馆、九原区萨茹拉街道办事处分馆、九原区沙河街道办事处分馆、九原区赛汗街道办事处分馆。

所有分馆统一标识、统一配备硬件设备。运行模式建立以区图书馆为总馆、街镇文化站和社区、农村文化室为分馆的图书资源建设、流通服务网络,在试点的基础上逐步扩大范围,形成均等便捷、实用高效的公共图书服务网络体系,旨在统筹区域公共图书资源,提高现有公共文化设施和图书资源的利用率,更好地满足广大读者就近读书看报及获取数字资源的需求。

### 3.1 广泛开展阅读推广服务

着力构建公共文化服务体系。优化城乡公共文化资源配置,形成覆盖城乡的公共文化网络体系。全民阅读坚持以人民为中心的工作导向,九原区图书馆不断加大藏书量,购入深入宣传阐释习近平总书记系列重要讲话精神、加强中国特色社会主义和中国梦宣传教育、培育和践行社会主义核心价值观、传承和弘扬中华优秀传统文化的优秀出版物,进一步扩大全区人民阅读范围。

九原区图书馆每年举办的各种文化讲座和培训,从笔者2007年到图书馆工作,目前已举办了约150次的讲座和培训,受益人数达到70000人左右。

九原区图书馆在2017年世界读书日举办了"雷蒙读书会"活动,雷蒙是内蒙古电视台品牌栏目《百姓热线》和《雷阵语》的主持人兼制片人,是内蒙古电视台第一个以主持人名字命名的"雷蒙团队"负责人。雷蒙读书会是由雷蒙发起的一项公益性活动,旨在倡导"全民阅读、美好人生"理念,分享"墨福"、丰富"脑髓",引领社会风尚,促进书香家庭、书香校园、书香社区的建立和发展;举办了慰问残疾人和留守儿童活动,提供弱势群体服务项目,同时也引导社会大众参与学雷锋志愿服务活动,弘扬社会"正能量",让孤残老人和留守儿童都感受到社会的关爱。

2017年5月21日上午,九原区文体大厦小剧场座无虚席,来自学校、机关、企业的四位嘉宾分别分享了《经典诗文诵读》《早晨从中午开始》《创新与思维》《未来简史》四本书。全区200多人现场参与读书会,同时,此次活动还在开通了微信直播平台,线上共有4000多人观看直播并积极参与互动。此次读书活动还为九原区首批成功申请雷蒙读书驿站的四家单位进行了授牌。

近年来,伴随着鹿城读书节的举办,九原区读书活动在学校、机关、企业、嘎查村社区等不同领域,以书香校园、学习型党组织、社区文化讲堂、"爱心传书香"图书捐赠等多种形式深入开展,使读书氛围日趋浓厚。

为了进一步推进九原区文化建设,深入实施文化惠民工程,2018年世界读书日到来之际,九原区图书馆于4月21日上午,在五楼多功能视频点播室,举办了"九原家话·易小宛说系列活动——阅读别人的作品,是为了更好地成为自己"书友座谈活动。活动邀请了樊登读书会柠檬分会的几位老师和易小宛一起分享读书的心得和体会。

2019年4月23日下午,为了弘扬中华优秀传统文化,享受经典文化的熏陶和浸润,第五届农牧民读书节暨"建国70年 书香润九原"经典诵读活动在九原区文化大厦厅隆重举行。此次活动由九原区图书馆和九原区二道沙河小学共同举办,来自九原区二道沙河的师生通过丰富多彩的经典诵读表演,为现场观众带来了一场美好的视听盛宴。

### 3.2 传播传统文化经典

九原区图书馆大力推动全民读书风气的养成,要在九原区各行各业、各个层次、各类人群中广泛倡导爱书读书活动。要通过机关干部读书活动带动全社会形成读书风尚,引导社会各阶层的人们形成不同层次的读书群体。广泛组织各类不同的社会群体,开展各具特色的读书活动,在全社会形成"人人有书读,处处书香浓"的生动局面,推进全民读书活动广泛深入持久地开展。

九原区图书馆每年都会开展的楹联展和书画展,元宵节猜谜等群众文化活动,从2007年至今已举办25场次,受益人数达到50000人次左右。

2018年九原区图书馆联合樊登柠檬分会举办了多场读书活动,其中邀请到12岁读《红楼梦》、17次品读红楼梦的包头妈妈读书会创始人石慧老师来给大家解读《红楼梦》。该活动已发展成为系列活动,读者在石慧老师的引导下,在红楼梦艺术的长河中徜徉,真切地感受到经典文学所带给我们的美学享受,深刻领会了古典文学的美学意境。

九原区图书馆在2019年世界读书日举办了"建国70年　书香润九原"经典诵读活动,此次活动不仅使读者学习传统文化的气氛更加浓厚,也能让读者在精神上进一步得到经典文化的浸润与滋养。

### 3.3　强化少儿群体的阅读推广工作

未成年人是祖国的希望和未来,从小养成良好的阅读习惯,会受益无穷。九原区图书馆采取多种有效的途径和方法,帮助未成年人快乐学习,使其亲身体验团结、和谐、信任、责任的重要意义,让他们学会分享,学会合作,学会理解与信任,学会沟通与交流,树立信心,健康成长。每年举办的未成年人爱国电影展映活动,受益人数已达到30000人左右。

2015年,九原区图书馆通过诵读比赛,引导学生育德励志、启智明史、提高素质,培养学生养成爱读书、会读书、好读书、读好书的良好习惯。举办"庆六一绘画比赛"。开展读书交流会活动,激发学生读书兴趣,让每一个学生从小养成热爱阅读,博览群书的好习惯,并在读书实践活动中陶冶情操,获取真知,树立理想。

2016年,九原区图书馆举办了"勿忘国耻·圆梦中华"纪念抗日战争暨世界反法西斯战争胜利70周年演讲比赛。来自九原区各部门单位和学校的18位选手以真挚的情感共同追忆了那段全民族奋起抗争的峥嵘岁月,表达了对祖国的美好祝愿。选手们纷纷表示会铭记历史、勇于担当,以满腔的青春热血担负起祖国、民族复兴的重任。

2017年4月,九原区图书馆联合九原区第二幼儿园,在少儿活动室开展了"亲子阅读分享活动",通过阅读分享、参观九原博物馆、感受书画室创作氛围及小剧场展示等活动,进一步激发孩子的阅读兴趣,提高孩子的沟通表达能力,让孩子在快乐阅读中成长。

2017年,为了迎接内蒙古自治区成立70周年,加强对青少年的爱国主义教育,让青少年在生活中寻找、发现和讴歌家乡美,热爱和宣传家乡美,九原区图书馆举办了"家乡美·多彩的九原"青少年有奖征文比赛。

2017年,九原区图书馆获得"全区首届书香草原大美北疆蒙古娃少年儿童美术作品大赛"优秀组织奖。

九原区图书馆在广大青少年中开展"书香九原·快乐童年"主题读书活动,通过丰富多彩的活动,让孩子们在读书中感知学习的快乐,体验成长的乐趣,不断丰富精神世界,提升阅读品位,为人生成材、成功奠定坚实的文化基础。

九原区图书馆自开展经典诵读活动以来,重点是儿童经典诵读的相关活动。营造良好诵读氛围,激发少年儿童诵读热情。九原区图书馆充分利用少儿阅览室的空间和角落,用诗文、诗画的名言佳句装点墙壁。通过系列活动,营造浓厚的诵读氛围。

经典诵读活动是一项系统工程,九原区图书馆少儿经典诵读活动开展后,孩子们的语文素养得到有效提高。首先是阅读能力的提高。孩子们在朗读水平大面积提高的同时,对语言的感知和理解能力也大大提高。

营造少年儿童的快乐天地,图书馆是未成年人读者的社会教育机构,是未成年人健康的课外活动、重要的思想品德和科学文化素质的教育基地。为充分发挥图书馆的职能作用,一直以来,九原区图书馆积极开展一系列与读书相关的文化娱乐活动,通过各类爱国教育活动,在广大青少年中掀起传承和弘扬中华民族优秀传统文化,进一步提高广大青少年的综合素质。

### 3.4 推动全民阅读向传统阅读与数字阅读相结合的方向转变

九原区图书馆利用大数据平台,构建图书馆大数据远程服务和移动服务模式,为读者创建人性化的线上学习和图书馆信息获取的服务。

开展线上图书馆服务。在新型冠状病毒防疫期间,通过微信公众号宣传防疫知识、凝聚社会力量,唱响主旋律、弘扬正能量。包头市九原区图书馆携手上海上业信息科技股份有限公司共同举办"新型冠状病毒"防疫知识竞答活动,让读者在家也能学习防疫知识。

九原区图书馆微信公众平台推出"博看微刊"专栏,提供4000余种人文期刊,40000余册畅销好书,300余种主流报纸,还有名家专题、大咖书单,等等。

九原区图书馆微信公众平台推出"博看有声"专栏,免费提供近18万小时、80万余集有声读物。有声读物包括历史文学、相声曲艺、健康养生、经典必读、名人传记,等等。

九原区图书馆微信公众平台还推出"每日一学"系列栏目,如"读国学经典,品盛世文明""手舞足蹈的艺术体验课堂——民族舞""素描艺术——简单却高级的美""手舞足蹈的艺术体验课堂——踢踏舞""古文阅读"等课程。

2017年11月27日,内蒙古自治区图书馆学会年会在呼伦贝尔市召开。九原区图书馆获得2016—2017年度公共数字文化服务工作"先进集体"。九原区图书馆2007年12月被内蒙古确定为首批文化共享工程示范区。积极参与文化信息资源共享工程与公共电子阅览室建设,并且参与数字图书馆推广工程。

2019年,九原区图书馆启动了"区域图书馆联盟""智慧图书馆"两个建设项目。各项工作从细微入手,处处为读者着想,事事以读者为先,及时更新和改善馆内资源,向读者推荐新书并做好借阅和续借、导读等工作,不断提升图书馆在读者心中的认知度和美誉度。

九原区图书馆不断推进数字服务建设,推动农村、城市社区全民阅读服务资源整合和互联互通。加快基础阅读设施建设,探索长效管理机制。

### 3.5 完善乡村阅读设施体系

九原区图书馆工作人员定期对基层草原书屋进行图书分类排架指导,本着"服务基层,服务大众"的理念,为草原书屋做好业务指导工作,让图书馆的延伸服务落到实处,发挥实效,致力全面打造"书香九原"。

九原区图书馆基层培训每年会定期举行1—2次,覆盖九原区1个苏木、3个镇、4个街道办事处,受益人数已达到20000人左右。辅导内容包括图书的分类、登记、编目、有序排架等图书流通基本程序。针对书屋管理人员在使用计算机进行图书管理系统的安装与使用方面的欠缺,进行面对面辅导,为更好地向基层群众提供优质文化服务奠定了坚实基础。

并且不断完善农家书屋图书的补充更新机制,推进数字农家书屋建设,推动农村、城市社区全民阅读服务资源整合和互联互通。加快社区书屋、流动书屋等基础阅读设施建设,探索长效管理机制。鼓励和支持有条件的其他阅读设施向公众开放。

充分利用各类阅读设施,开展各种形式的基层读书活动,深入推动全民阅读进农村(牧区)、进社区、进校园、进军营、进企业、进机关、进家庭,真正将全民阅读活动开展到基层群众中去,推动基层群众阅读,传播阅读理念,引领阅读风尚。

九原区图书馆每年积极参与农牧民读书节活动,累计送书10000余册,受益人数达到30000人左右。广大农牧民对自己感兴趣的好书籍进行阅读交流、好书推荐和互相传送阅读,九原区图书馆通过此次活动倡导广大农牧民养成阅读的好习惯,形成多读书、读好书的文明风尚,提高群众素质,倡导全民阅读,营造良好氛围。

农牧民读书节活动的开展,大力弘扬社会主义核心价值观,扎实推进草原书屋的创建和完善,为更多的群众开辟充实文化底蕴的窗口,创设陶冶情操的殿堂,打造充满书香的草原书屋。让群众感受到文字之美,尽享读书之乐,从传统文化中汲取智慧,推动全民阅读活动在农牧区普及和开展,进一步发挥草原书屋公共文化服务效能,使我们草原书屋发展的脚步更加坚实有力!

## 4 总结思考

文化作为一种精神力量,对社会发展产生深刻影响。建设书香社会有利于增强中华民族的文化自信和创造能力,提高国家文化软实力。文化与经济、政治相互影响,相互交融。建设书香社会是促进经济转型升级、创新驱动发展的重大举措,有利于社会的和谐稳定。优秀文化丰富人的精神世界,增强人的精神力量,促进人的全面发展。建设浓郁的书香社会,有利于提升全民族的思想道德和科学文化修养,培育和践行社会主义核心价值观。

九原区图书馆广泛倡导开展全民阅读活动,逐步建立形成促进全民阅读活动的长效机制。着力加强九原区公共文化基础设施建设和阅读阵地建设,使文化基础设施建设落后的状况得到较大改善,基本适应全民读书学习的需要。在九原区树立一批读书学习先进典型,提高全民阅读水平,使先进文化成为主流,让和谐文化深入人心,全民阅读风尚基本形成。

通过不断的努力,在九原区形成追求知识,崇尚文化的良好风尚。建立起功能齐全、设施完善的公共文化设施建设和服务体系,全民科学文化素质和思想道德水平显著提升,人文内涵和城市文化品位显著提高,文化软实力和环境竞争力显著增强。

### 4.1 大力推动全民读书风气的养成

在九原区各行各业、各个层次、各类人群中广泛倡导爱书读书活动。通过机关干部读书活动带动全社会形成读书风尚,引导社会各阶层的人们形成不同层次的读书群体。广泛组织各类不同的社会群体,开展各具特色的读书活动,着力打造"书香机关""书香企业""书香社区""书香新村""书香家庭"等先进典型,带动读书活动广泛深入推进。在全社会形成"人人有书读,处处书香浓"的生动局面,推进全民读书活动广泛深入持久地开展。

### 4.2 切实加强文化基础设施和阅读阵地建设

切实加强文化基础设施和阅读阵地建设。进一步加大对公共文化基础设施和读书设施建设的投入。按照"政府规划主导,社会各方参与,群众自主管理"的要求,在改造、利用、激活现有文化设施的基础上,能够让群众在第一时间方便地看到自己想读的书。

### 4.3 着力构建公共文化服务体系

优化城乡公共文化资源配置,形成覆盖城乡的公共文化网络体系。全民阅读坚持以人民为中心的工作导向,推出更好更多深入宣传阐释习近平总书记系列重要讲话精神,加强中国特色社会主义和中国梦宣传教育、培育和践行社会主义核心价值观、传承和弘扬中华优秀传统文化的优秀出版物。各单位部门应精心推出一批知识性、科学性、艺术性、趣味性相统一的优秀读物,进一步扩大全区人民阅读范围。

### 4.4 发挥书香品牌引领作用

积极协调各方力量,努力办好"书香九原""阅读季""快乐读书周""诗歌悦赏""少儿读书节"等各具特色的"读书节""读书月"活动,充分发挥"书香中国"品牌阅读活动的覆盖面和影响力。继续将全区举办的一些公益活动与全民阅读工作紧密结合,吸引更多读者参与,发挥阅读典型的引领示范作用,展现九原区人民群众的优秀读书传统和读书风采。

### 4.5 完善全民阅读设施体系

建立区图书馆和农家书屋图书的补充更新机制,推进数字图书馆、数字农家书屋建设,推动农村、城市社区全民阅读服务资源整合和互联互通。加快社区书屋、流动书屋等基础阅读设施建设,探索长效管理机制。鼓励和支持其他有条件的阅读设施向公众开放。区财政要安排资金,帮助区图书馆增设流动借书车、自助借书机等流动借阅设施建设,充分发挥其公益功能,满足读者多样化的阅读需求。各乡镇苏木要根据实际情况探索制定当地全民阅读服务标准,并积极引入市场机制,通过政府购买、社会捐助等形式引导社会力量参与,逐步增加为全民阅读服务的资源总量,提高服务效能。

### 4.6 推动全民阅读深入基层

以"农家书屋"为平台,开展丰富多彩的乡村阅读活动。每年至少一次对"农家书屋"的管理人员进行培训,充分发挥书屋的阵地作用。充分利用各类阅读设施,开展各种形式的基层读书活动,深入推动全民阅读"七进"活动,即进农村(牧区)、进社区、进校园、进军营、进企业、进机关、进家庭,真正将全民阅读活动开展到基层群众中去,推动基层群众阅读,传播阅读理念,引领阅读风尚。

### 4.7 保障重点群体基本需求

着力保障未成年人、农村留守儿童、进城务工人员子女以及残障人士等重点群体的基本阅读需求。加快将进城务工人员阅读服务纳入常住地全民阅读服务体系,探索实施进城务工人员的阅读推广工程,满足进城务工人员的基本阅读需求。

# 四川师范大学践行社会教育的窗口"狮语堂"

崔紫嫒　唐　琼　廖辰刚　何　以（四川师范大学图书与档案信息中心）

## 1　开展背景

### 1.1　开展时间，创办理念

《四川师范大学2014—2020年深化综合改革实施意见》和《四川师范大学"十三五"发展规划纲要》明确规定"丰富校园文化建设体系是学校内部治理结构体系改革的重点内容和任务；2017年，随着学校"24356"办学思想体系和"三心四能五结合"人才培养目标的确立，四川师范大学大力推进"十个一"教育养成制度将"书香川师""书香社会"建设写入学校年度工作计划，为图书馆发挥"第二课堂"作用，持续开展全民阅读、社会服务提供了坚实的基础和支撑。

早在2016年3月，四川师范大学图书馆就成立了阅读推广部，在延续以往的阅读推广常规活动以外，围绕校训"重德、博学、务实、尚美"的内涵实质，更加注重将阅读推广服务和"书香社会"的宗旨相结合。我校发挥师范院校特色，积极探索师范生素养教育的途径，将学生文化活动和社会实践对接，积极探索服务校内外读者，助力书香社会的途径，在两个校区分别创办了"狮语堂"和"龙吟堂"。

### 1.2　文化引领，服务社会

高校应营造积极向上的文化氛围，充分弘扬文化主旋律，高校图书馆应该探索开展具有本校特色的文化活动，兼顾校内外读者，惠及大众。高校图书满足校内外读者需求，是助推图书馆创新发展，服务社会，推行社会教育的基础。为了给校内外读者提供更舒适的阅读环境和更智能、优质的服务，2016年4月，在不改变图书馆原有空间格局的基础上，四川师范大学狮子山校区图书馆和成龙校区图书馆分别打造了一处校内外读者才艺交流和课程服务为一体的阅读推广阵地。

### 1.3　"狮语""龙吟"，两馆一体

"狮""龙"各取自两校区标志性地标，"狮语""龙吟"相呼应，寓意图书馆"两馆一体"的分工协调、社团应和关系。两堂均为各类小型沙龙、读书分享会、小型展览、小型讲座等提供空间服务，每学期提供书法、绘画、陶艺、手工剪纸等固定免费课程，同时参与图书馆的相关阅读推广活动。据不完全统计，三年来，狮语、龙吟堂共开办各类固定课程830场次，接受读者预约场地104次，接待校外读者和团体共计20余次，每年参与图书馆各类阅读推广活动十余次。狮语堂空间的利用和服务受到了校内外读者的广泛好评，课程参与人数逐年增加，如图1所示。

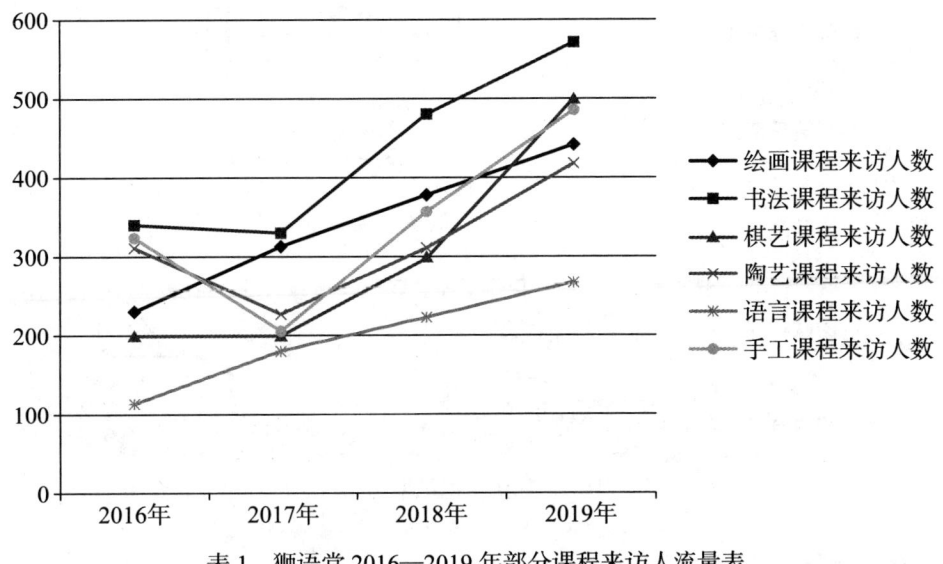

表1　狮语堂2016—2019年部分课程来访人流量表

## 2　主要内容

### 2.1　助力书香社会、共享文化空间

狮语堂以"共享、交流、创新、服务"为宗旨,是面向校内外读者开放的小型多功能创新交流文化空间,具有文化交流、社会教育两大功能。两处实体空间均采取图书馆阅读推广部总负责,招募学生志愿者参与管理的模式,完成各项活动的开展及空间维护等工作。狮语堂的成功搭建为校内外读者提供了一个施展才华和拓展思维的空间,随着宣传的不断深入,越来越多的社团、学生及社会读者加入进来,免费为大家讲授书法、绘画、陶艺等技能,成为阅读推广活动的载体、图书馆社会服务和学生素质教育培养基地,吸引了四川大学及西华师范大学等老师或学生前来交流学习。

"狮语堂"为校内外读者创造了进行文化创意、社团活动、读书自习的场所。四川师范大学狮子山校区图书馆场地使用年限已久,空间较小,设施陈旧,提高场地的利用率已成为当务之急。"狮语堂"场地的打造和维护均由志愿者自主完成,是读者发挥创意和想象的自由文化空间。

### 2.2　孵化专业团队,构筑服务体系

狮语堂团队由队长(管理员)、教主(授课志愿者)和堂主(值班志愿者)组成,所有成员身份均为在校大学生及社团志愿者。狮语堂成立之初就形成了完整的组织架构,如图2所示。作为管理和运营空间的学生团队,他们在狮语堂的各类社会服务活动中起到了策划、管理、组织和实施的主力军作用。

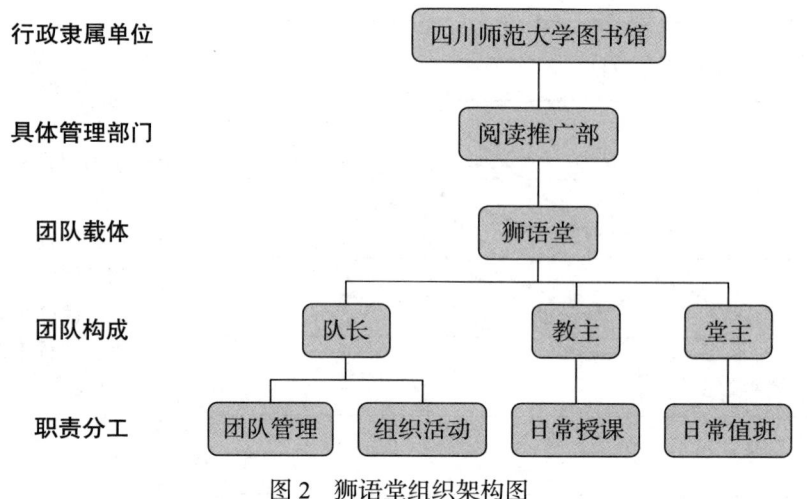

图 2 狮语堂组织架构图

### 2.3 推广亲子阅读,惠及"小家""大家"

亲子阅读无疑是构建书香社会,推动全民阅读需要良好载体之一。在构建"书香校园"推进"书香社会"的过程中,图书馆重视家庭教育的作用,定期开展亲子阅读活动,以此促进亲子阅读的持续推进,使家庭、社会书香氤氲,就能涵养我们整个国家和民族的气质。

2019 年 12 月 27 日和 31 日,川师图书馆馆员崔紫媛,以科普读物《假如掉进地下一千米你会看到什么?》为主题分别以成人阅读分享、亲子阅读分享的形式开展活动。

在首次活动中,崔紫媛老师从图书馆员的专业角度与报名参与亲子阅读活动的校内外读者分享了她对绘本阅读的独特理解,声情并茂地展示了成人绘本阅读的分享方式和进行亲子阅读过程中的注意事项,获得到场读者和馆员的一致好评。

第二次活动中,崔紫媛老师将科普观影、亲子阅读、绘图等形式相结合,给前来参与的校内外读者带来了一场科普亲子阅读"大餐"。到馆的小朋友和家长在活动结束后井然有序地参观了图书馆,亲身感受了大学浓厚的学习氛围。校工会主席和图档中心谭副主任在参加了本次活动后纷纷给予高度好评,并表示希望将此类特色活动常态化,惠及校内外读者。

### 2.4 联动校园内外,助力社会教育

狮语堂运营团队在"一月两季",即本馆的传统文化宣传月、迎新季、毕业季,展开阅读推广活动,利用图书馆资源进行对外交流,促进了师生联动、生生联动、校内外的合作联动,助力社会教育。

#### 2.4.1 狮语堂促进川师大常规阅读推广活动开展情况

1. 狮语堂读书会的建设与改进

狮语堂读书是为了凝聚狮语堂成员向心力,组织团建活动而创建的。通过调研学校社团举办读书会情况,借鉴经验,并结合狮语堂实际情况,读书会不断改进、创新,建设学习型组织,以书会友,以书修身,为狮语堂发展注入新的活力。

2. 开启"光影图书馆"

为增强阅读的趣味性和团队凝聚力,活动将内部读书会与电影相结合,开启"光影图书

馆"。使读者在得到感官享受的同时,加深对原著的理解,并在观影结束后,由主讲人带领进行讨论,从而促进阅读。在讨论过程中,读者的口头表达能力得到锻炼,自信心得到提升,逐渐学会以客观的态度和开放的心智倾听、包容不同的声音。"光影图书馆"的开办,使图书馆的服务功能进一步得到拓展。狮语堂在为读者提供声像阅读服务的同时,也为校内外提供了一个学习交友的平台,再一次拉近了读者与图书馆的距离。

3. 举办文化沙龙

狮语堂与各学院、各校内文化创意工作室及校外人士友好合作,每月举办1—2次小型讲座、分享会与文化沙龙,丰富读书会的形式,如影视与传媒学院2015级8班同学的江西婺源写生分享会、弥山记工作室"选择与辨别串珠"的小讲座、"铿锵玫瑰"主题沙龙等共计大小讲座10余场,据不完全统计,每场讲座参与人数多达40人,且参与度高。

4. 定期开展经典典籍读书会

狮语堂运营团队定期开展经典典籍读书会,积极助力国学经典阅读推广。2018年传统文化月以论语"学而篇"为蓝本,围绕"学""时""习"三个方面,训诂字词之后,引用经典背后的趣味故事,把字词放在具体语境中,品味"文以载道"的典雅晓畅。读书会结束后,狮语堂志愿者自发设计了狮语堂专属孔子卡通形象书签,将传统文化以更活泼的形式进行推广。

2.4.2 促进本校"一月两季"的阅读推广活动的开展

1. 传统文化宣传月——狮语堂系列讲座

校图书馆以9·28孔子诞辰日为契机,在全校范围内举办以"学经论典、明志修身"为主题的传统文化宣传月活动。2018年,狮语堂运营团队邀请国际教育学院院长举办"析论语"国学讲座,围绕《论语》中的篇目,进行精读鉴赏,互动交流。主讲老师引导读者走进孔子,深入体会孔子的精神与思想,了解并继承中国传统文化思想中的精髓;邀请国际教育学院老师举办"黄帝内经与中医养生"国学讲座,剖析中国传统医学以"气"为核心的生理、病理、药理框架,介绍中医养生的基本理念。据不完全统计,每场讲座参与人数多达45人,参与人员覆盖狮子山校区各个学院,阅读推广辐射范围扩大。

2. 迎新季的阅读推广活动——时光邮筒

狮语堂运营团队每年举办"时光邮筒"活动,活动采用手写书信写给未来的自己的形式,让当代学子亲近书信,感受这种传统的信息传递方式,用寥寥数语给未来的自己,以此勉励和激励自己在大学的时光。投递信件由狮语堂统一保存,在约定时间开启。

3. 毕业季的阅读推广活动

(1)"石头记 | 我知道你不曾离开"活动

为了给毕业生在图书馆留下一个温馨有趣的纪念,狮语堂运营团队每逢毕业季,定期举办"石头记 | 我知道你不曾离开"活动。狮语堂提供鹅卵石、颜料、画笔,邀请相关绘画教师在旁指导毕业生在石头上描绘绚烂的图案。活动一经推出吸引了众多读者前来画石头,其中不乏从未踏进图书馆的读者。部分画好的石头经本人同意留了下来,也同时留下了毕业生隽永的回忆。狮语堂在画好的石头中选取了一部分在图书馆走廊边设置的橱窗中进行展示,进而吸引更多的读者走进图书馆,了解图书馆,利用图书馆。

(2)毕业生阅读达人"品书酌韵"阅读分享会

毕业生离校前夕,图书馆对当届毕业生纸质图书馆借阅量进行数据统计,狮语堂运营团队邀请借阅量最多的前十名同学(包括本科生和研究生),即阅读达人,到狮语堂举办沙龙活动,与同学畅聊关于读书那些事,分享和交流个人感悟。活动更好地体现了图书馆与同学们之间的互动、毕业生与在校生的直接互动,同时也借助此活动营造"榜样力量"的良好学风,培养和激励更多的学生爱上阅读、爱上图书馆。狮语堂自2016年创立至今,共举办了"读书的意义""关于王小波""谈宋词""发现我们的过去——人之追问""道路千万条"等文化沙龙。

### 2.4.3 狮语堂常规类阅读推广活动

狮语堂常规类活动,包括小型展览打造、文创产品设计、经典共读小组等活动,狮语堂运营团队致力于为来访者带来更多美的空间体验。

(1)设计文创书偶

狮语堂运营团队主动参与由江苏省图书馆学会组织开展的"2018年书偶创意设计大赛",狮语堂五名成员获得三等奖、优秀奖。书偶大赛的展开,为狮语堂运营团队设计校图书馆文创产品提供了更多的思路,狮语堂运营团队也展开了如何进一步增强阅读趣味性的讨论,在团队共同讨论、设计的过程中,狮语堂运营团队的情感联系逐步增强。

(2)打造小型展览

狮语堂运营团队不定期举办小型展览,迄今举办了"闲趣枝头"软陶展、"散落在发丝尖的花"手工绢花作品展,为来访者提供更好的空间体验。

"闲趣枝头"软陶展依托于"狮语堂"的空间和团队,读者有机会参与各种积极的比赛和活动,争得了荣誉。

## 2.5 推行线上课堂,全民宅家抗"疫"

中国图书馆学会《关于开展2020年全民阅读工作的通知》及四川省高等学校图书情报工作委员会《举办第三届"悦读新时代:四川高校阅读文化节"的通知》相关文件指出2020年"全民阅读"活动围绕"书香助力战'疫',阅读通达未来"这一主题开展。因地制宜,积极开展在线阅读推广工作,共同保存战"疫"记忆,传播传统文化经典,弘扬中华优秀传统文化。

四川师范大学图书馆依托在线阅读平台、数据库资源、在线教学平台等,开展在线共读、系列讲座、在线文化交流相关活动。其中,狮语堂志愿者在2020年4月4日—2020年5月2日每周六晚上七点,为校内外读者带来电影、绘画、心理学、音乐鉴赏、园艺五次线上课程,与校内外读者共度抗"疫"时光。

# 3 特色分析及经验总结

## 3.1 着眼本校特色,建立学习型组织

围绕校训"重德、博学、务实、尚美"的内涵实质,更加注重将阅读推广服务融入学校师范专业人才培训目标体系,将读者的校园文化活动和社会实践对接,培养"全民阅读推广人",积极探索高校图书馆服务社会的途径。

为有的放矢、科学探索实行社会教育的新模式,校图书馆拟建设一个学前教育培育基地,辅以通过基地相关专业大学生为志愿者,共同打造起一处融教学、学生实践基地和绘本诊疗为一体的空间。狮语堂的一切活动都是为了让教育教学和全民阅读齐步走。读者可以在狮语堂里听不同的声音、说外语练口语、写学习感悟、做手工,读绘本阅读练习讲故事……丰富

的课程提升听说读写和动手能力,系列讲座针对性地提升全民素养。每一位"阅读推广人"在"狮语堂"营造的氛围中培养了自身的爱心、耐心、责任心和团队精神,积极参与校内外的比赛,在活动中培养自信心。

### 3.2 促校内外联动,响应"书香社会"

狮语堂运营团队为更好地建设学习型组织,全体志愿者对全校各大小社团读书会展开调研,调查方式为对"社团之家"(社团联合会官方QQ群)线上咨询,并与线下考察相结合,共调查四川师范大学(狮子山校区)55个社团,并形成相关调研报告。在借鉴各社团读书会经验的同时,结合狮语堂实际情况加以改进、创新,狮语堂运营团队以书会友,以书修身,加强与各社团的联系,更好地在校内外开展服务社会的各类活动,为狮语堂发展注入新的活力。

1. 走进小学,热心公益

2017年10月13日—12月1日,狮语堂运营团队走进武侯区星光小学,开展了人均56小时的志愿授课活动。此活动是响应"音画梦想"公益组织的号召,由狮语堂志愿者组成的,为困难儿童(城市流动儿童为主)提供长期艺术教育项目。

2. 走进学院,推广阅读

为了更好地推广经典阅读,使读经典、用经典在大学校园蔚然成风,狮语堂运营团队与学院开展共建共推广活动。大学生研读马克思主义经典著作是新时代建设中国特色社会主义的必然要求,是提升大学生分析和解决问题、促进大学生成长成才的现实需要,基于此,狮语堂运营团队定期与马克思主义学院合作,提供线上线下平台,进一步推广深度阅读、搭建图书馆与各学院沟通平台的良好契机,与各学院一道,为共同推动经典阅读做出贡献。

3. 走出校门、高校联动

狮语堂运营团队与叶嘉茶社、南木茶社、成都信息工程大学联合举办秋思茶会,汉服出行,进行茶艺表演、古琴演奏、茶艺知识的普及,使同学们在感触汉服之美的同时,加深对传统文化的了解,进一步感受传统文化——茶文化的魅力。

### 3.3 丰富活动平台,共建"书香社会"

1. 拓展空间平台,是川师大校内外阅读推广活动的"先行者"

狮语堂凝聚了本科生的向心力,读书会组织各类团建活动,还通过调研学校社团举办读书会情况,借鉴经验,并结合狮语堂实际情况加以改进、创新,建设学习型组织,以书会友,以书修身,是川师大校内外阅读推广活动的"先行者"。

2. 依托图书馆,拓展狮语堂"读、写、听、评"为一体的功能

**狮语堂读书会之阅读马拉松——让读者放下手机、静心阅读**

2018年,依托狮语堂读书会举办的阅读马拉松活动,旨在培养大学生静心阅读的习惯。通过阅读方法、阅读群体和阅读竞争的结合,让更多的大学生体会到沉浸式阅读的快乐,鼓励越来越多的大学生放下手机,加入阅读者的行列。赛制设计了阅读计时、阅读测评、读书笔记三个环节,兼顾了阅读质量、阅读速度和阅读反馈。持续完成三个小时的阅读,是一种身心的历练。阅读马拉松的开展有利于培养合格的师范生必须具备的职业素养:耐心、毅力、责任心。

#### 狮语堂活动之手抄书——笔墨接力，传承优秀文化

传统文化素养的提升是川师大推行社会教育的目标之一。2018毕业季举办的"经典传承笔墨接力"抄书活动，狮语堂在图书馆布置了让校内外读者静心阅读、抄写的平台，近400名校内外读者在图书馆接力手抄《诗经》。2019年读书月，两校区万卷共读，同抄《唐诗三百首》，传承经典。活动中完成的手抄书都作为特别馆藏保存在狮语堂。

#### 狮语堂活动之"摇字写字"——厉害了我的汉字

狮语堂内摆放了摇字筒和笔墨纸砚，并长期展出狮语堂书法课上本科生的书法作品。来到狮语堂的读者都可以通过摇字（游戏）、写字（软笔书写）的形式，警醒当代人努力去成为不仅会敲击键盘，也会挥毫泼墨，不仅有科学精神，也有人文理念的中国君子，真正做到书写的文明传递。

#### 狮语堂读书会之听悟堂——深阅读的声实践

在这里，狮语堂读书会的成员可以是投稿者、读者、主播，也是阅读推广的中流砥柱。用声音传播读者的阅读感悟是听悟堂的初衷。"聆听你的心声，感悟你的青春"是听悟堂的口号。自2016年3月18日至今，听悟堂收到狮语堂读书会成员投稿近500篇，其中在听悟堂完成录制并发布的已有80余篇。这些深度阅读的声实践，饱含狮语堂成员对阅读的热爱。听悟堂把这份热爱化成声音，凝聚情感，让每一份读后感充盈且富有生命力。

## 4 收获与展望

### 4.1 加强空间体验感，提升志愿者服务

狮语堂将进一步实施狮语堂空间打造，将狮语堂划分为"玩乐区"与"试验区"，"玩乐区"为手工体验课程提供场地，"试验区"则提供多种电子媒体设备，如装有多种视频、音频等制作软件的计算机设备以供读者创作，同时加大引进相关志愿者的力度。狮语堂作为图书馆第三空间，其体验改造仍要以基础服务为核心，维护图书馆在人类知识生活中的独特价值和地位，合理控制休闲服务的范围。

随着社会信息化、网络化的飞速发展，图书馆提供知识共享、交流空间的能力日益明显，传统以藏书为主的图书馆空间正转变为一个以人交往为核心的阅读空间，因此应当且必须提高狮语堂志愿者选入门槛，为来访者提供更优质的服务。狮语堂运营团队将定期对内部志愿者进行培训与考核，提高团队整体素质，提升志愿者信息资源搜索与利用图书馆的综合技能，以便更好地服务校内外读者。

### 4.2 惠及校内外读者，创办益读诊疗室

为满足校内外读者的心理需求，提升阅读推广工作的深度和创新性，延伸高校图书馆的社会服务功能，校图书馆将结合自身实际情况和本校办学特色将狮语堂拟建设为学前教育培育基地暨益读诊疗室。狮语堂团队在阅读推广部的带领下已经对本馆读者心理健康现况、国内类似基地的建设情况进行了调研。

# 书香首图 悦读阅美
## ——首都图书馆落实中小学社会大课堂实践活动课程开发案例

左 娜（首都图书馆）

为了更好地为北京市中小学生服务,首都图书馆鼓励本市各中小学校组织在校学生到首都图书馆开展探究性学习,使学生参与快乐阅读、体验阅读、亲近阅读、爱上阅读、分享阅读等阅读活动,使广大中小学生通过阅读活动增长知识,开阔眼界,培养创新精神和实践能力,提高未成年人的综合素质,展现新时期青少年的精神风貌。自 2008 年 9 月以来,首都图书馆陆续迎接本市各中小学校的在校学生,并通过一年多的经验积累与磨合,于 2010 年正式开展"别样课堂在首图"专场。活动依据学校特点,挖掘社会资源,积极开展面向未成年人举办的讲座、培训、展览等各种活动,关注特殊读者、弱势群体的服务,有针对性地策划相应的特色阅读课程,开辟首都图书馆别样课堂,围绕"书香暖童心,阅读促成长"长期开展丰富有益的校外教育特色活动。其中涵括快乐阅读——少儿借阅图书、少儿视听上网;体验阅读——走进图书馆、认知图书馆;亲近阅读——书影共读,红红姐姐讲故事;爱上阅读——成长课堂名家讲座,阅读故事发现会;分享阅读——童心舞台、书眼看世界等阅读活动。在走进图书馆、切身了解图书馆常识的同时,首都图书馆还借助其自身品牌资源,走出图书馆,走进中小学校宣传图书馆知识,增强孩子们的课外实践活动氛围,增长学生知识并提高技能。

## 1 基地资源基本概况

### 1.1 基地资源特点

2001 年 5 月 1 日,作为北京市文化标志性建筑之一的首都图书馆新馆正式对外开放,服务效能得到质的提升。2004 年,北京市少年儿童图书馆迁入,两馆的合并使首都图书馆的服务功能更加完备。2012 年 9 月 28 日,首都图书馆新馆二期（B 座）正式对外开放,遵循"大开放、大服务"的服务理念,成为全国开放度高、融合度好的公共图书馆。

### 1.2 基地资源与学习内容的关系

书对于学生来说是一个非常熟悉的话题,学生在读书,也在用书,书可以增长学生的知识和开阔学生的视野。但是,一方面,有一大部分学生往往局限于只读课本和老师规定的书,而对于其他书籍往往很少涉猎;另一方面,有很大一部分学生往往习惯买书来看,不习惯到图书馆借阅图书,对于哪些书该读、哪些书不该读也不能够正确认识。首都图书馆是一所北京市市属综合性大型公共图书馆,占地面积 3.8 万平方米,A 座与 B 座以连廊相连接,总建筑面积 9.4 万平方米,具有 2 万人次的日接待能力。全馆实现无线网络全覆盖,设有 20 个阅览室（区）,

近 4000 个阅览座席,首都图书馆现藏各类文献逾 800 万册(件)。到馆读者可以充分利用馆内的书刊资料引导小学生多读书、读好书,帮助他们认识到读书的重要性,从小培养他们自觉、自主阅读的良好习惯。

### 1.3 基地资源与学生生活的关系

首都图书馆位于华威桥东南侧,地处南三环附近。曾对某学校四年级一个班 33 名学生做了一次调查,调查结果显示,43% 的学生曾经去过首都图书馆,但还有 57% 的学生没有去过图书馆。他们对图书馆资源了解甚少。而首都图书馆少年儿童图书馆一期改造后服务面积达 4000 平方米,依据儿童青少年读者年龄、生理和心理特点,设有四大区域,为小读者提供各类文献借阅和阅读指导。

## 2 课程整体介绍

### 2.1 课程总目标

1. 充分利用馆内资源丰富学生课外知识,体验图书馆的秘密;
2. 知道首都图书馆礼仪文明,了解相关注意事项;
3. 了解首都图书馆阅览室及功能区的分布和开闭馆时间;
4. 知道借阅图书的方法和步骤;
5. 体验尝试做一名图书管理员;
6. 了解每一年首都图书馆不同活动的时间及地点。

### 2.2 课程特点

首都图书馆依据儿童青少年读者年龄、生理和心理特点,为小读者提供各类文献借阅和阅读指导,并提供数字阅读和新媒体技术服务,更有丰富的互动活动定期举办,学校可以利用首都图书馆这些资源,引导学生去图书馆进行阅读,汲取智慧,增长知识,感受读好书带来的快乐。

由于首都图书馆自身场馆的特殊性,每次活动人数不宜过多,与公共读书者交叉过程中要保持绝对安静,不能打扰读者。

### 2.3 课程架构

#### "1+1+1"实践课程说明

第一个"1":一组固定课程
第二个"1":一组自选课程
第三个"1":一组拓展课程

固定课程即必选课程,自选课程即参加完固定课程后任选其一。固定课程和自选课程属于团体预约实践部分。拓展课程不包含在团体实践课程中,可以个体和家庭为单位周末选择参与。

```
        固定课程"书海寻宝""认知图书馆"
              每次接待100人
                    ↓    +1
  自选课程"我的书""小小图书管理员""书影共读"
  "探古寻今""纸上蝴蝶""童看非遗""冬奥之音"
       "中华美育"等,30—40人一组,分组自选
                    ↓    +1
     拓展课程"精彩故事汇""趣味知识讲座""文化
              活动""家长教育"
         每次接待200人,100人一组
```

"1+1+1"实践课程框架

## 2.4 课程一览表

课程介绍

| 课程类型 | 任课教师 | 课程主题 | 课程介绍 | 学科 | 年级 | |
|---|---|---|---|---|---|---|
| 固定课程 | 馆内人员 | 书海寻宝 | 学生依学科查询相关资料并解答 | 各学科 | 1—6 | |
| | 联合授课 | 认知图书馆 | 讲解、视频、微课 | 各学科 | 1—6 | |
| 自主实践课程 | 联合授课 | 我的书 | 电子书制作 | 信息技术、综合实践、科学 | 4—6 | |
| | 馆内人员 | 小小图书管理员 | 职业体验(实操培训) | 各学科 | 5—6 | |
| | 联合授课 | 书影共读 | 讲座 | 各学科 | 1—4 | 参与体验 |
| | 联合授课 | 探古寻今发现之旅 | 寻"凸"形格局下的老北京城门 | 品社、综合实践、语文 | 2—6 | 参与体验 |
| | 联合授课 | 纸上蝴蝶 | 藏书票讲座、动手制作、展览 | 美术、品社、计算机 | 1—6 | 动手实践 |
| 拓展课程 | 馆内人员 | 精彩故事会 | 红红姐姐讲故事、阅读故事发现会、书影共读、书眼看世界等不同形式的故事会 | 各学科 | 1—6 | 参与互动 |
| | 馆内人员 | 趣味知识讲座 | 定期开设成长课堂、与名家面对面等知识讲座及沙龙 | 各学科 | 1—6 | 参与互动 |
| | 馆内人员 | 丰富文化活动 | 定期举办童心舞台、巧巧手美劳加工厂、今天由我讲故事等 | 各学科 | 1—6 | 参与互动 |

续表

| 课程类型 | 任课教师 | 课程主题 | 课程介绍 | 学科 | 年级 | |
|---|---|---|---|---|---|---|
| | 馆内人员 | 亲子活动 | 为家长朋友定期举办家教知识讲座及沙龙,给他们提供了一个不断学习和相互交流的平台和"播撒幸福的种子故事志愿者培训" | 各学科 | 1—6 | 参与互动 |

首都图书馆的未成年人工作始终以贯彻落实《中共中央国务院关于进一步加强和改进未成年人思想道德建设的若干意见》为核心,把对未成年人的思想道德教育和综合素质培养作为全年活动的宗旨和目标,始终作为参与和谐社会建设的实际行动,收到明显效果,得到社会的广泛好评。首都图书馆作为北京市公共图书馆的中心馆,为未成年人搭建一个走近阅读、培育阅读、学会阅读的平台,通过不同的内容和形式,组织开展平面式、实践式、互动式、立体式阅读,提高未成年人的阅读兴趣,培养未成年人的阅读习惯,让未成年人在温馨的书海中健康快乐地成长。

# 在成风化人中强健文化服务自觉的战略"筋骨"
## ——本溪市图书馆"望远"读书会社会教育案例

丁 轶(本溪市图书馆)

## 1 阅读推广工作是公共图书馆社会教育职能的重要引擎

社会教育的目的是通过教育活动达到人与社会的全面发展。就人的发展而言,是通过教育活动提高全民的整体素质;就社会发展而言,社会教育旨在通过教育活动促进社会的文明与进步。

在众多社会教育实施主体中,公共图书馆作为文明进步的产物和社会发展的必然要求成为社会教育的核心载体和主导力量,成为区域社会教育的引领者和指向标。公共图书馆在社会教育体系中居于核心地位。

党的十八大报告首次将"开展全民阅读活动"纳入我国社会主义文化强国建设;2014年至2019年,第十二届、十三届全国人大连续发布有关全民阅读内容。这充分体现出党和国家对于全民阅读的高度重视。

旨在激发读书性情、培养读书习惯的全民阅读,就是让大众在理性上懂得书籍在社会与人的全面发展中的独特作用。阅读一方面能让人深刻地领悟知识,培养思考能力、逻辑能力和感悟能力,进而提升创新能力并塑造完善自我;另一方面能激发深刻的灵魂拷问与反省,引导人们走向精神的丰实与成熟,进而提升社会文明程度、民族文化底蕴,为实现民族复兴提供不竭精神动力。

21世纪的第二个十年里,推动全民阅读逐渐成为公共图书馆新的工作重点,成为更好实现社会教育目标的时代召唤。阅读推广工作已经责无旁贷地担当起了公共图书馆社会教育职能创新性、引领性和开拓性的重要引擎。

《中华人民共和国公共图书馆法》第一章"总则"中明确规定,公共图书馆是社会主义公共文化服务体系的重要组成部分,应当将推动、引导、服务全民阅读作为重要任务。这是以阅读推广为有效抓手的新时代公共图书馆社会教育的方向指引与根本遵循。

## 2 "望远"读书会活动的宗旨

### 2.1 背景

随着全民阅读的深入人心,推动社会阅读已经成为公共图书馆最重要的使命之一。读书会是国内外阅读推广的一种主要形式,深受政府和民间重视,可以有效激发民众阅读兴趣、培养阅读习惯、提升阅读能力,推动全民阅读风气的形成和社会教育价值的彰显。

### 2.2 目的

本溪市图书馆(以下简称"本图")的"望远"读书会成立于2014年。2014—2019年的6年间,"望远"读书会依托相较其他社会教育机构特征明显的资源优势、体系优势、品牌优势、空间优势、服务优势和人才优势,策划开展了一系列深度互动研读活动,鼓励广大市民分享心得、讨论观点、交流思想,促进大众对书籍进行深入思考。这对于全民阅读氛围的营造起到积极健康的促进作用,凸显了公共图书馆在社会教育体系中不可替代的中心位置。

### 2.3 意义

本图"望远"读书会通过几年时间的成功实践,已经在广大市民中掀起明显的"阅读文化荡漾",成为极富社会效益的全民阅读"主战场",到图书馆参加"读书会"活动成为越来越多市民的文化新选择。"望远"读书会让公共图书馆的文化能力得到充分彰显与释放,让公共图书馆真正成为"没有围墙的社会大学",成为社会公众接受终身教育的基地。

## 3 "望远"读书会活动的总体布局

以"书林文聚、仰望文化、追远文明、流淌文脉"为宗旨的本图"望远"读书会活动,围绕提炼、形成、弘扬阅读文化的总体布局,形成了"深度阅读体系""阅读观察体系""映像展现体系"的科学构建,组织起一个功能较为完备、作用较好发挥的阅读推广"熟悉—深挖—观察—评析—体验—传播"系统实践模式,回答好全民阅读"读什么""怎样读""读出来"的根本性、全局性问题(见图1)。

"望远"读书会活动填补了辽宁省公共文化服务领域的多项空白,其中的一些品牌在全国公共文化领域属前沿性设计。该读书会活动有力促进了本图服务效能的提升,很好满足了区域社会公众的文化需求。

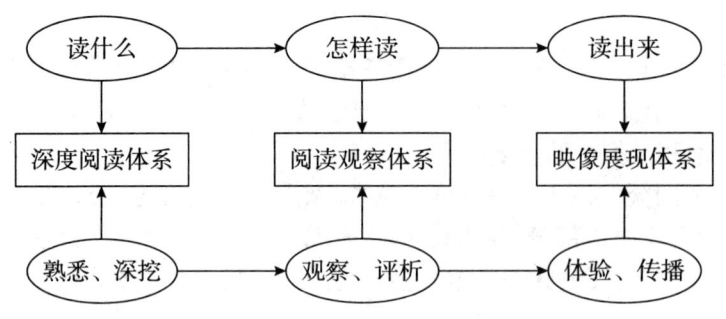

图1 "望远"读书会阅读推广系统实践模式

经过几年的不懈探索与实践,本图"望远"读书会形成了独具特色的社会教育模态,体系化品牌化深入人心、成效显著、影响广泛,进一步拓宽了公共图书馆社会教育的领域,切实推动了公共图书馆文化能力的长足发展。

## 4 "望远"读书会活动的内容

### 4.1 深度阅读体系

国家重视全民阅读,意在通过阅读提升国民素质,为实现民族复兴提供不竭精神动力。作为素质提升主要方式的阅读,指的是讲究咀嚼、品味与审思的深阅读。深阅读是每个公民完善、塑造、提升自我的主要途径,也成为现代社会一种内向的心灵与思维建构方式。本图"望远"读书会将深阅读居于阅读推广的首要位置,围绕深阅读实现路径,形成了"深度阅读体系"。

"深度阅读体系"由"作品·思潮分享会"项目、"深阅读读书会"项目、"书评"项目、"请你阅读"项目、"荐读"项目和"精品书坊"项目组成,回答了公共图书馆全民阅读社会教育"读什么"的阅读思考问题(见图2)。

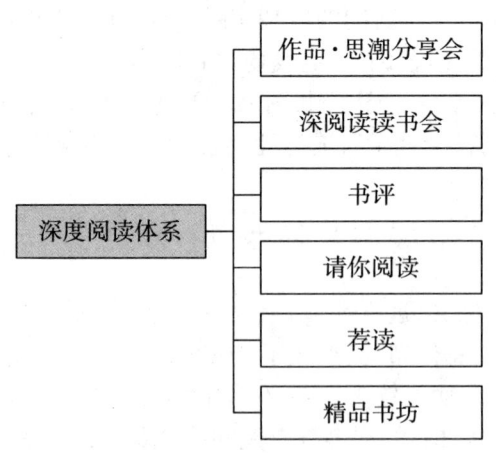

图2 深度阅读体系

#### 4.1.1 "作品·思潮分享会"项目

"作品·思潮分享会"项目致力于邀请辽宁文化界人士,着力品评分析名家力作,探讨不同文化领域的历史沿革、普遍规律、起伏递嬗和未来愿景,旨在引导大众的审美取向和文化修养,培养全社会的阅读习惯,创造普通市民与名家、学者沟通的渠道。活动逐次推荐的精品力作,起到繁荣人文科学和社会科学的良好效果。"作品·思潮分享会"包含"作者恳谈""专家品评""感言分享""围炉思辨""作品演绎"五个环节,成功实现了通过一个品牌将阅读推广诸要素综合、有机、集中地加以体现,开创了辽宁省图书馆领域阅读推广工作新的品牌设计理念与范式。

①"作者恳谈"环节,作家畅谈图书作品撰写历程、创作理念、主题内容等各方面的情况及花絮。②"专家品评"环节,受邀专家从主旨立意、谋篇布局、艺术风格、社会影响等角度全方位分析图书作品。③"感言分享"环节,读者叙说阅读图书作品的心得体会。④"围炉思辨"环节,作家与嘉宾围绕图书作品所属艺术流派、学科门类和图书作品的社会意义,与读者一道深入探讨。⑤"作品演绎"环节,读者通过不同方式表现图书内容。

《东风烈》与"新英雄主义"、《铁山人一直姓铁》与产业工人艺术群像塑造、《七人合唱团》与本溪文化新名片、《红绸》入围"茅盾文学奖"的深阅读意义、鬼金系列书籍与现代主义文学图书作品欣赏等活动,凸显出深度阅读的内涵,着力培养读者深度思考的能力。

#### 4.1.2 "深阅读读书会"项目

"深阅读读书会"项目将个人阅读同集体阅读相结合,通过阅读交流相互激发阅读思维。"读书会"就不同方面的深度阅读话题邀请文化学者面对面同广大读者进行交流,读者带着有针对性的阅读问题仔细聆听讲解,并与学者就相关图书的深挖理解进行切磋互动,使读者借由读书与深邃的思想对话。"深阅读读书会"经过几年时间的成功实践,已经成为极有社会效益的深度阅读的主战场,读者纷纷将读书会的专家交流作为今后阅读的有效指导。到图书馆参加"深阅读读书会",如今成为许多市民的文化新选择。几年来,本图先后邀请王重旭、张红星、马亚丽等多位文化界知名人士同广大市民一道参与"深阅读读书会"活动,提升了全市民众的阅读意识。

#### 4.1.3 "书评"项目

"馆员书评"部分。馆员撰写评论本图"读者喜爱的图书排行榜""最新出版图书排行榜""年度十大好书"中上榜书籍的文章,有效实现书评工作同本图三个图书排行榜的有机结合,即"榜评结合"。多篇"榜评结合"式书评在《本溪日报》上发表,提升了阅读推广的影响力。

"读者书评"部分。"望远"读书会连续5年组织"读者书评大赛"。读者围绕"我心中的一本书"主题,陈述所评图书特点、阅读心得和推荐理由。馆员对读者撰写书评进行悉心指导,出自读者笔下的佳作不胜枚举。大赛活跃了社会阅读氛围,提升了大众阅读层次。

"评上评"部分。每届"读者书评大赛"后均召开"读者互评书评座谈会"。读者两两结对,仔细研读对方书评,用高于书评写作的"评上评"方式,从结构、内涵、意蕴三个层面较为透彻地相互评析对方的书评作品,加深了读者对于书评写法的掌握和图书价值的挖掘。"评上评"样态在国内图书馆阅读推广领域为首创,此举使读者阅读选择能力、作品鉴赏能力进一步提升,阅读自觉进一步形成,阅读自信在阅读实践中不断加强。

#### 4.1.4 "请你阅读"项目

2016年以来,本图和《本溪日报》联合开展书目征集暨"望远·年度请你阅读"活动。参与活动的读者在认真回顾上年阅读体验的基础上,开列优选书目的书名、作者、出版机构并撰写阅读感怀,以向市民诚意推荐图书。活动中,本图适时推出"请你关注"书目,全方位反映一年来国内图书出版走势,与读者推荐书目形成双向互动的阅读模式。《本溪日报》专门开设"我的书单"专栏,系统展示"请你阅读"活动的读者书单,让活动家喻户晓。这对于全民阅读态势的进一步走强起到重要推动作用。

"请你阅读"项目在吸引大众参与荐书的同时,也为大众提供了抒发阅读感想的平台。每年最终汇成的"望远·年度请你阅读书目"是一份贴近百姓文化需求的文化清单,更镌刻着一座城市的阅读足迹。

#### 4.1.5 "荐读"项目和"精品书坊"项目

2014年起,本图与《本溪日报》联办"荐读"重点图书推荐专栏和"精品书坊"推荐书目专栏,并通过《本溪日报》全媒体(日报、本溪网、"智慧本溪"移动客户端APP)实现融传播。

"荐读"专栏和"精品书坊"专栏由书名、作者、出版社、图书内容简介、作者简介、新书试读(附目录)、推荐理由等部分组成,并配以封面及插页的彩色书影。两个专栏集主题推荐书目、新书排行榜、书摘和书评于一体。本图重点将"推荐理由"环节打造成"微书评"样式,语言风格短小精悍而又不失深度。"微书评"独具语露机锋、形神兼备的阅读传播艺术特色,寥寥数语,书籍的盎然情趣即跃然纸上,给《本溪日报》全媒体的读者留下深刻印象。"微书评"以其简约性、大众性和开放性,不仅吸引着越来越多的市民将其作为选择书籍、阅读书籍的重要参考,而且已然成为传播阅读文化、交流阅读思想的崭新途径,更为本图阅读推广工作提供了难得的发展契机。

### 4.2 阅读观察体系

阅读观察工作在国内图书馆界尚处于发轫阶段。本图"望远"读书会通过学习研究国内外阅读推广此方面的有益经验,尤其是美、俄等国"阅读中心"的成功做法,形成了"阅读观察体系"。该体系聚焦全民阅读趋势的分析、各类阅读数据的研判、国内外阅读情况的比较、阅读在社会前进中的独特作用,从而让公共图书馆成为全民阅读情态观察的中心。

"阅读观察体系"由"阅读对话"项目、"阅读足音"项目、"阅读+我——我看全民阅读"项目和"文学公社"项目组成,回答了公共图书馆全民阅读社会教育"怎样读"的阅读启迪问题(见图3)。

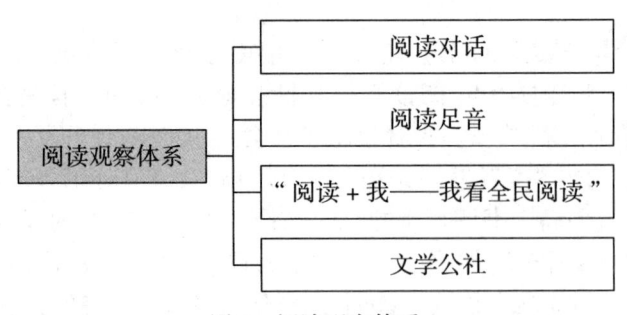

图3 阅读观察体系

#### 4.2.1 "阅读对话"项目

"阅读对话"项目给参与者提供了一个开放式的交流空间,对话阅读、交流思想、分享收获。项目采用专家跟读者平等对话的方式,探讨多重角度的阅读思考,发出阅读声音、发现阅读问题、发散阅读思维、发表阅读观点,充分展示读书人的思想与智慧、体现读书人的所思所感,促成公共图书馆对现实生活的人文关怀,将阅读关怀提升到新的更高层次。

该项目邀请辽宁各界人士,结合全民阅读开展的生态环境、新形式和新主张,以及分众阅读推广、城市公共阅读空间等大众关注话题展开探讨,在公共文化领域碰撞与创造出更多共同价值。

"阅读对话"一方面先后安排了多个环节性对话:"阅读观察"环节对话全民阅读开展的态势,"阅读力量"环节对话阅读成为勇于接受挑战、善于谋划发展的"力量源泉","阅读感悟"环节对话阅读对于人生的丰盈与改变,"阅读情怀"环节对话书卷之气凝结而成的人文情怀,"阅读故事"环节对话阅读生涯中节点性的动人过往,"阅读方法"环节对话行之有效的读书路径,"阅读习惯"环节对话良好阅读习惯的培养。此外,还先后安排了多个主题性对话。

#### 4.2.2 "阅读足音"项目

"阅读足音"项目分为"全民阅读观察栏目——书林涉阶""阅读方法指导栏目——读书指南""热点新书摘录栏目——书林拾英"三个板块,并分别在《本溪日报》开辟对应阅读栏目,通过《本溪日报》全媒体(日报、本溪网、"智慧本溪"移动客户端APP)实现"融传播"。

"书林涉阶"将有关阅读推广的文章奉献给读书达人,以期让阅读生活更加富有色彩感、方向感、获得感。"读书指南"着重阐发读书方法,将读书与人格完善、修德明智、价值实现等方面的文章呈现给读者。"书林拾英"节选热门书籍的精彩段落和精辟语句,并做到"有代表性"和"有独立性"的。

"三位一体"的品牌构成旨在实现四个方面阅读目标:①推介多重角度的阅读思考,展示各种阅读声音的复杂性与多样性;②汇总不同渠道阅读指标,提供成因判断佐证;③放眼域外阅读生态,借他山之石弘扬阅读价值;④关注书里书外的人和事,探讨大书小书涉及的社会文化问题。

#### 4.2.3 "阅读+我——我看全民阅读"项目

为更好引导全民阅读风尚、形成全民阅读氛围,本图与《本溪日报》从2017年开始每年面向全市市民开展阅读观察征文活动"阅读+我——我看全民阅读",枚举全民阅读的实践、思索全民阅读的瓶颈、探讨全民阅读的发展。《本溪日报》开设"洞见"专栏,刊载征文活动的精彩文章。

该项目形成了一系列关于全民阅读情态观察的理性思考,回应了"阅读什么样的书、怎样阅读书、读书需要何种心境、同一本书在不同人生阶段给人带来哪些给养、书籍传递出的东西如何同现实与未来相衔接"和"全民阅读的现状如何,存在哪些问题"等亟待全社会高度重视的全民阅读话题。

#### 4.2.4 "文学公社"项目

图书馆的起源和发展历程与文学有着千丝万缕的联系。文学的普世价值和对于个体精神的指引、关照与图书馆普遍、均等的理念不谋而合。近些年,公共图书馆作为"场所"的空间功能得到不断开发。公共图书馆在面向普通大众的文学公共空间的建构上有着独特优势,文学性报刊及综合性报刊的副刊是许多读者的钟爱之选,可以为民众和文学搭起难得的自由天空。

"文学公社"项目依托《散文》《诗刊》《收获》《花城》等馆藏重点文学报刊,开展深度阅读活动,并积极探索公共图书馆"第三空间"的文学性实现形式。该项目致力于以一种全新的文献服务和写作、阅读服务模式,逐步建立本图特有的文学人才资源库。

"文学公社"项目倡导的是"草根与名家共舞,读者与作者争鸣"的运作风格,对文学感兴趣的读者均可加入。"文学公社"为读者组织各种文化活动,邀请专家与成员交流,对成员的写作进行指导,以知名作家来带动草根作家。

①"诗情话意"板块,本图邀请专家结合《作家报》《文学报》等的文学资源同读者对话,为读者开启了解文学动态之窗。②"种字造文"板块,本图联合市作协组织域内作家、外埠作家向读者传授创作要领和文学经验,一道研习范例。专家的亲临指导增长了读者的文学知识、延展了读者的创作思维。③"读来读往"板块,读者彼此之间交流创作经验、分享创作成果、激发创作灵感,从而获得多角度的文化信息和深层次的精神感悟。④"要你好看"板块,本图定期征集并整理成员的优秀作品,积极为文学爱好读者提供创作展示的平台,力求让每一位热心读者都有机会追求文学梦想、实现自我价值。⑤"身临其境"板块,本图召集文学爱好读者,在市文联、市群众艺术馆等单位的大力支持下,从辽宁作家作品中挑选若干改编为"读书剧"表演。这不但成为展示本土文学的良好契机,也让市民有了更多文学体验,以各种有趣形式介入文学,将文学的文字活化、立体化、情景再现,给予市民阅读基础上的文学演绎机会。

## 4.3 映像展现体系

"映像展现体系"是在以上两个体系扎实工作的基础上,将阅读内容进行有效活化抽离,实现"阅读升腾",文化项目则以"阅读映像"的姿态,承接、演绎"升腾"状态下的"新阅读"。这既是对深度阅读的效果检验,更是对阅读文化的崭新诠释。阅读在与文化的碰撞中,提升了自身的厚度,变得更为感知化、立体化、情感化与审美化;文化在与阅读的对接中,同样提升了自身的厚度,变得更为叙述化、凝固化(文字化)、思辨化与人文化。两者优势互补、相得益彰。

"映像展现体系"由"诵读文化展演"项目、"读书沙龙"项目、"书香模特"项目、"真人图书馆"项目和"记住乡愁"项目组成,回答了公共图书馆全民阅读社会教育"读出来"的"阅读抒发"问题(见图4)。

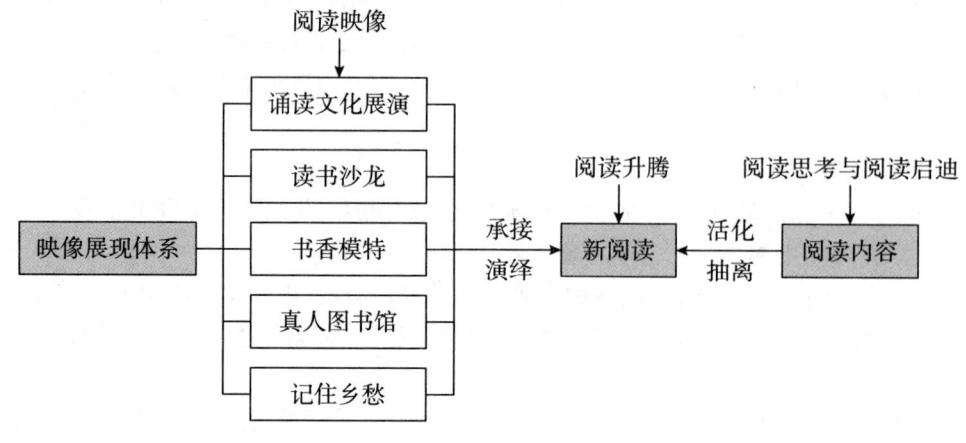

图4 映像展现体系

#### 4.3.1 "诵读文化展演"项目

《中华人民共和国公共图书馆法》明确提出将诵读作为图书馆阅读推广的重要手段。"诵读文化展演"项目融图书朗诵、艺术元素、专家叙谈三者于一炉,实现了"诵读""文化""展演"的高度统一,开创了国内图书馆诵读模式的崭新尝试。该项目设置有情景朗诵、专家访谈、年代叙说、阅读剧目、器乐弹奏、舞蹈表演、韵律歌唱和艺术再现等多种形式,引领大众提升阅读品位、感受诵读魅力。

种类覆盖齐全的篇目选择,是该项目具备润泽文化气息的基础:文学、历史、教育、生活、自然等多题材内容,在"朗读者"或恢弘、或铿锵、或柔美、或醇厚、或苍茫的吟诵中,徐徐勾勒出一幅幅充满诗情画意的精神图卷,令台下观众深深为之陶醉。

活动架构组成的匠心构思,是该项目具备开阔文化气质的内因:"壮阔篇、温婉篇、昂扬篇、激越篇",主持人年代讲述、专家分阶段回顾、时代性作品朗诵、多样化舞台演绎,使"诵读文化展演"在结构上体现出逻辑推进粘连性强、板块碰撞冲击波大的艺术张力。

不同艺术门类的联袂呈现,是该项目具备缤纷文化气韵的推手:古谱诗词吟唱同古典舞蹈的组合,将朗诵内容立体呈现;汉服着装朗读加上古琴弹奏的倾诉之音,抒发幽远旷达的感慨;古典文学作品与同名流行歌曲的诵、唱携手,带领观众在唐宋与现代之间穿梭千年。

专家现场访谈的主题阐释,是该项目具备厚重文化气度的源泉:阅读的价值、经典的魅力、文化的自信,追寻中华文脉的经久魅力,改革开放 40 年间经济社会发展回望……这些跟朗诵内容丝丝相扣的访谈,突显出诵读展演活动的文化意蕴,让读者对相关知识有了更深层次的延展理解。

#### 4.3.2 "读书沙龙"项目

小众阅读活动作为大众阅读活动的有益补充,应当受到同样的重视。"读书沙龙"项目致力于打造"小众阅读模式",不仅让参与者的学识得到累积、思想得到升华,还能推动参与者由阅读走向推广,成为新的"阅读推广人",影响小众身边的大众。

该项目定期举办的"缱绻佳篇""文化茶座""影响力图书推展漫谈""我所钟爱的一本书""徜徉文津图书奖""经典·经典""茅盾文学奖获奖图书掠影"等小型主题读书聚会,让书友感觉读书活动像一个"家",从而找到精神家园的归属感。

除主题本身的活跃性外,"读书沙龙"作为一种自由分享阅读与思想的活动,拥有的环境具有不容忽视的重要性。从 2017 年开始,"读书沙龙"项目推出了"阅读后海"的新形态,注重将阅读、文化、氛围三重要素相融合,让参与者的身心得到放松和愉悦。

#### 4.3.3 "书香模特"项目

在图书馆为数众多的读者中,长于服饰穿着、时尚意识浓厚的不在少数。本图在东北地区图书馆界首开"书香模特表演"先河,助力阅读推广,具有重要的文化意义。其中,"书模开口"——书模口述介绍图书作者、内容及创作背景的样态,为全国首创。

"书香模特"项目集视听文化于一体,通过书籍、形体、服饰、故事、音乐、表演和口述语言,呈现出读者群体动感、潇洒、矫健的自我形象与珍视文化、追求美好的精神诉求,让阅读以更为时尚、活泼的方式走进民众的生活。

该项目由三部分构成:①书模选拔过程。知识问答环节,考察书模选手的文化素质和阅读修养;好书推荐环节,选手推荐好书并展示才艺,考察书模选手的身形、站姿、步伐和气质。②书模培训过程。本图把书香模特表演定位于文化传播的媒介,把书香模特定位于阅读文化的传播大使。因此,在书模培训过程中,一是强调书模既要重视外表形体的塑造,更要展示自身文化的品格;二是制定了必读书目,要求书模认真细读并撰写感言,最终通过自己的演绎展示书籍的文化魅力。③书模表演过程。在"作品·思潮分享会""诵读文化展演"等活动中,书模演员通过优美变幻的造型、灵动穿插的队形、恰如其分的表演,运用故事化的情节设置,语言口述介绍图书的作者、内容及创作背景,给受众带来强烈的冲击力。书模演员或展卷轻吟,或练达奔放,或三两交流的舞台风范,淋漓尽致地呈现出由阅读之韵、服饰之韵、仪态之韵一道培育出的书香之美。

"书香模特"项目把握住了时代发展的脉搏,用寓教于乐的方式传播阅读理念,带动更多读者加入到"全民阅读"队伍中来,具有超越传统的阅读推广力量。

4.3.4 "真人图书馆"项目

"真人图书馆"项目致力于真诚沟通、双向互动,将书的品位与人的品位结合。这里的"真人书"会呼吸、有情感、善交流。项目每次活动分为:初读阶段的品评"真人书"、细读阶段的回味"真人书"和精读阶段的掩卷"真人书"三个一脉相承的环节。项目的口号是"请把我说给你听"——阅读一本"真人书",面对面听他或她把自己说给你听,像翻看图书一般获取知识和经验,这对不少市民而言已然成为常态。

该项目形成了由戏曲界国家一级演员张丽华、音乐界国家一级演员郑朝霞等组成的"艺术系列",由满族地域文化学者刘纬、本钢史学者史建国等组成的"历史系列",由知名作家张捷、评论家张立砚等组成的"文学系列"。系列化、带入化成为"真人图书馆"项目的显著标志。

4.3.5 "记住乡愁"项目

地域文化凝聚着本地人民自强不息的精神追求和历久弥新的精神财富,是发展先进文化的深厚基础,是建设精神家园的重要支撑。公共图书馆在地域文化阅读推广上有着义不容辞的责任。

"记住乡愁"项目充分发挥图书馆社会教育职能,开展"本溪地域文化"讲座,邀请地域文化研究学者,同读者共叙本溪地区的历史源流、文化根脉、艺术风姿与社会进步。"本溪历史纵横谈""近代中国钢铁业的标本地""城市地理与辽东文化板块定位""本溪碑刻略谈""萨哈廉亲王与本溪""从沈丹铁路谈本溪历史""辽砚研究""一个企业与一座城市""本溪部分国家级非遗项目的传承与发展"等各具特色的专题讲座,让读者真切感受到本溪文化的特色与积淀,加深市民对这片生兹养兹热土的文化共鸣感与自豪感。

"记住乡愁"项目在每场讲座举办前开展相关领域的专题书展,在每场讲座举办后组织读者进行相关地域文化的深入交流,从而贯通形成"书展—讲座—交流"的"文化认同连绵带"。

读者阅读的背后蕴含着浓烈的文化渴望。"记住乡愁"项目在策划与组织过程中注入深沉的文化元素,注重读者的文化情感与价值感受,把所倡导的地域文化理念传播给读者,这是地域及图书馆文化、形象的具体表征,也是图书馆文化与价值化的有效过渡与衔接。

地域文化阅读推广的过程是一个是馆读之间共沐文化记忆的过程,是一种主动的价值构建。文化记忆的目的在于建立文化主体性并形成文化认同。"记住乡愁"项目直接参与文化记忆的构建,对社会文化认同具有明确的价值导向作用。

## 5 "望远"读书会活动的特点

### 5.1 "读者发展"理念的运用

本图在开展"望远"读书会活动过程中,注重学习借鉴欧美国家阅读推广工作"读者发展"的先进理念,超越阅读推广即为数量和范围推广的既有普遍浅层认识,不断致力于读者本身文化能力的发展。"望远"读书会的各个体系及不同品牌用嵌入式的阅读干预帮助读者突破原有阅读认知,扩大阅读选择范围,并提供分享阅读经验的机会,不断提升读者文化潜能,促进读者更好地认识自身的文化创造力,让其真正体会到阅读带来的精神愉悦,从而增强阅读自信。这种阅读自信就是阅读推广工作所形成的"图书馆读者文化自信"。

本图运用"读者发展"理念扎实做好公共图书馆阅读推广工作,成功打造了"望远"读书会,既有阅读互动的深度又有文化交流的广度,既提升了人气又坚持了品格,很大程度上影响了社会阅读意识,提升了市民对于阅读的认可度。这种以创新的思维和方式来实践社会教育职能、提高社会教育效率的做法,是公共图书馆社会教育在全民阅读趋势下的一种崭新尝试。

### 5.2 "体系＆品牌集合"策略的实施

国内图书馆阅读推广工作普遍重视品牌建设,基本实现项目的"品牌化"。为提升同类服务若干品牌的辨识度,"望远"读书会进一步探索出一条"品牌集合化"之路。如"深度阅读体系"下的"作品·思潮分享会""评上评"等品牌,"阅读观察体系"下的"阅读对话""阅读＋我"等品牌,"映像展现体系"下的"诵读文化展演""书香模特"等品牌。这种做法很好实现了对阅读推广资源的合理有效调配,充分显示了品牌总体规划的服务优势。

"望远"读书会"体系＆品牌集合"策略的实施,浇灌、催化并加速了在开展公共图书馆社会教育过程中,本图"产业思维"的逐步形成——运用综合文化产业的思维办文化事业的事情,以不断提升公共文化事业领域的文化服务效能和社会教育效能。

"望远"读书会把文化项目按照"产品"的形态及标准进行设计投放,保证了公共图书馆有能力向社会提供以人文、知识、情感为内核的规模化、集约化、品质化、类型化的文化产品,实现公共文化供给侧的项目"产品化",进而实现公共图书馆全民阅读社会教育的效果更大化。

"形成产业思维—推出文化产品—改革文化供给—提升教育需求—活跃教育满足"的项目"产品化"链条,将对包括"望远"读书会在内的国内公共图书馆全民阅读社会教育的下一步可持续发展起到重要作用。

"体系＆品牌集合"策略的实践表明,只有加强公共文化供给改革,才能更好地满足新时代的群众文化需求与教育需求。

### 5.3 "阅—悦—越"耕耘下的阅读文化

阅读文化作为阅读文化活动基础上形成的阅读价值观念,其本质是要回答"阅读的终极目的是什么,读书人的阅读观念和价值取向是什么,读书人的深层文化心态是什么"这些问题。

"深度阅读体系"在公共图书馆全民阅读社会教育的"阅"思考上下功夫,创作畅谈、品析思辨、榜评结合、年度书单等让读者接受"读什么"的推荐。"阅读观察体系"在公共图书馆全民阅读社会教育的"悦"启迪上下功夫,阅读观点的发表、阅读方法的交流、阅读力量的获取、阅读情怀的凝结让读者接受"怎样读"的引领。"映像展现体系"在公共图书馆全民阅读社会教育的"越"抒发上下功夫,"诵读""文化""展演"涤荡出的精神回响,环境、氛围、格调雕琢出的雅致美感,自在、自如、自信幻化出的书模风采,让读者接受"读出来"的鼓舞。

"望远"读书会三个体系依循全民阅读普遍规律,推演出"读什么""怎样读""读出来"的"阅读—悦读—越读"逻辑递进,大力弘扬"爱读书是一种性情、一种习惯,善读书是一种修为、一种境界"的阅读文化观念。这使得阅读推广工作不断深入读者的内心,真正充实、丰盈、愉悦读者的精神世界,从而做到"精深人文",不断提升公共图书馆全民阅读社会教育的文化品质。

### 5.4 主流媒体"融传播"辐射出的阅读影响

本图 2014 年以来与《本溪日报》建立了稳定、良好的合作机制,借助主流媒体的宣传力量,扩大"望远"读书会多项品牌的传播范围,让更多市民获得公共图书馆社会教育的优质资源。《本溪日报》综合运用日报、本溪网、"智慧本溪"移动客户端 APP、《本溪日报》微博、《本溪日报》微信公众号的融媒体全覆盖雄厚优势,开展全方位宣传。该种合作机制让"望远"读书会在广大市民中具备很高的知名度和很大的影响力,不断推动公共图书馆全民阅读社会教育在更大范围、更宽领域深入持续开展。

在跟《本溪日报》合作过程中,本图重点在两个方面加以用力:一方面,注重栏目设置的差异化、文字工笔的形神化和成效评估的科学化,深入思考并准确把握图书馆社会职能、主流媒体报道侧重与受众群体接受效果三者间的相互关联。另一方面,媒体阅读推广既要做到视野宏观,又要做到精雕细刻;既要追求理论高度,又要追求形象维度,既要明显推广,又不刻意呈现。这样才能让"望远"读书会品牌内容同《本溪日报》对应栏目"无缝链接",从而夯实公共图书馆文化传播功能和社会教育功能的拓展面、纵深性与辨识度。

## 6 "望远"读书会活动的成效

### 6.1 读者反馈

#### 6.1.1 来自青年读者的声音

(1)我是"望远"读书会的忠实粉丝,十多个多姿多彩的活动品牌各具特色,满足了不同阅读人群的分众需求。总的来说有两点突出体会:①温故知新,重新发现。活动中,专家和读者提到的不少书籍都很熟悉,但读书会将它提到新的高度,让我有了更翔实的认识。②反省内心,及时矫正。每次参加完活动我都感觉经历了思想的洗涤,学会以不同角度思考问题。

(2)几年来,我从一名朗诵聆听者,变为爱好者和表演者,这全部得益于"诵读文化展演"活动。为了圆满完成演出,我反复练习,声音、表情、动作、服装全不马虎。当我在音乐渲染下深情朗诵时,在场的许多人都被感动得噙满泪花。赞许与鼓励让我不仅得到了锻炼,更加找到了自信。

6.1.2 来自中年读者的声音

(1)希望"作品·思潮分享会"越办越好,给市民送去更多精神食粮。活动的各个环节节奏紧凑,每个部分都颇具深度。这一全新的阅读品牌,将会起到繁荣文化的良好效果。

(2)"书评"项目的"评上评"品牌潜移默化感染了每位读者。读者互相分析评价对方书评作品的过程,俨然就是一次深度阅读之旅,促使我们品透书籍内容、提高评论能力。

6.1.3 来自老年读者的声音

(1)退休后图书馆成为我新的"工作岗位"。我有幸成为"书香模特"队伍的一员,担任起阅读文化的"传播大使",拓展了阅读视野、陶冶了阅读心境,弥补了过往由于工作繁忙而缺失的文化幸福感。

(2)"真人图书馆"项目着眼于读者对本地区文化的了解,在弘扬地域文化、增进文化认同方面做了大量具体工作,让读者有了价值归属感,激发了市民对于这片生兹养兹热土的热爱。

6.1.4 来自男性读者的声音

(1)"阅读对话"项目聚集起阅读力量、温润出阅读情怀,难能可贵。随着公民素质的不断提升,相信全民阅读会以更广范围、更深层次的文化形象呈现出来。在这其中,希望图书馆成功扮演"阅读中心"的文化角色。

(2)"阅读+我——我看全民阅读"起到提高读者阅读观察、分析能力的重要作用。读者们通过查找大量资料了解全民阅读现状、国内外阅读情况比较,总结不足之处、希冀未来愿景。征文中读者畅谈阅读感悟,形成阅读研判。这个项目让读书真正成为一种生活方式。

6.1.5 来自女性读者的声音

(1)"读书沙龙——缱绻佳篇"活动举办地点选在茶舍这样充满艺术氛围的地方,古色的家具、古朴的装饰、小巧的茶皿、袅袅的琴乐……阅读空间的每一处都在无形中抚慰着奔波忙碌的疲惫心情,真有种"身处桃源、飘然氤氲"之感。

(2)感谢"望远"读书会为我们读书人搭建一个交流互动的平台,让大家阅读并快乐着。读书会为提升全民阅读意识发挥了应有的作用,希望深入持久开展下去。

## 6.2 推广与示范的功效

"望远"读书会得到了辽宁省及本溪市主要新闻媒体——《辽宁日报》、辽宁广播电视台、《本溪日报》、本溪广播电视台的全面深入报道。辽宁省文化和旅游厅网站"全省文化和旅游信息联播"将"望远"读书会的运行模式作为全省阅读推广工作的样板进行了整体性的介绍。

该读书会的"作品·思潮分享会"项目、"阅读对话"项目、"诵读文化展演"项目,开创了辽宁省图书馆界阅读推广工作新的品牌设计理念与范式,填补了辽宁省公共文化服务领域的多项空白。同时,"书评"项目的"评上评"样态、"书香模特"项目的"口述图书推荐"样态,在全国公共文化领域属首创。

该读书会的成功经验及工作思考,以理论文章的形式接连发表在《图书馆界》《山东图书馆学刊》《图书馆研究》《晋图学刊》《图书馆研究与工作》《河南图书馆学刊》《图书情报导刊》《图书馆学刊》等国内多家图书馆专业学术期刊上。

第六次全国公共图书馆评估开启了崭新模式,明确了服务效能的导向,具有划时代意义。2018年本图被文化和旅游部评定为"一级图书馆"。辽宁省第六次公共图书馆评估定级工作专家组对于以"望远"读书会为代表的本图阅读推广工作给予充分肯定,明确其具备在全省范围推广和示范的功效。专家组指出,"望远"读书会形成了完整的服务模式、取得了科学体系经验,各项品牌定位准确、功能恰当,服务创新代表了辽宁省公共图书馆界阅读推广工作的最前沿。

### 6.3 支撑起图书馆在公共文化体系中的引领作用与社会教育体系中的核心地位

经过几年的持续努力,"望远"读书会使本图全民阅读组织者、倡导者和协调者的角色定位更加清晰,彰显了公共图书馆在区域公共文化群落中的重要功用与独特优势。从而,另一方面印证了公共图书馆淳厚高雅的阅读引领本质,另一方面展示了公共图书馆活力多元的文化创造能力。

"望远"读书会已经成为市民文化生活中不可或缺的重要组成部分,是公众获取公共文化产品与社会教育内容的重要门户,在提升城市的文化感、现代感、都市感、幸福感,承担起"城市文化名片"功能和"全民教育高地"功能等方面发挥出辐射力和带动力。这反映了本图近年来在促进市民阅读意愿、提升社会教育水平、扩大图书馆宣传效应等方面所做的扎实工作,展现了本图在扮演区域公共文化服务支撑角色、促进区域社会教育活动多元繁荣等方面取得的显著成效,充分体现出公共图书馆在公共文化体系中的引领作用与社会教育体系中的核心地位。

## 7 文化服务能力与社会教育职能的互融

近年来,本图充分认识到社会教育职能在公共文化服务体系中的意义和价值,努力将社会教育贯穿于"望远"读书会活动之中,旨在通过全新多元的社会教育模式,实践好"文化服务能力与社会教育职能有机融合"的良性发展状态,打造更让公众乐于接受、更符合时代需求的终身教育基地,用润物无声的方式着力提升国民精神素养,为实现民族复兴不断集聚文化力量。

本图社会教育充分发挥阅读推广工作的引擎作用,在"读者发展"理念指导下,以"深度阅读体系""阅读观察体系""映像展现体系"的科学构建和文化项目"产品化"的"产业思维",创造以互动、体验为特点的阅读分享机会,提升读者的文化能力,帮助读者主动发现并行稳"阅读—悦读—越读"的"人文桥梁"。

文化获得感带来的文化自信,是读者文化发展的必然结果,同时也带动着图书馆文化资源增量的不断积累、促进着图书馆社会教育"主体"角色的必然强化、强健着图书馆文化服务自觉的战略"筋骨"!

"最是书香能致远。"全民阅读在提高国民素质、实现民族复兴方面发挥着重要作用。深度阅读具有的内涵和魅力,决定其在提升民众文化修为、筑垒社会"精神家园"、实施文化强国战略过程中发挥着不可替代的作用。"望远"读书会卓有成效的工作让全民阅读逐渐成为一种时尚、一种文化自觉,不断推动公共图书馆社会教育的蓬勃发展。"望远"读书会活动有效促进民众养成深度阅读习惯,并在阅读中拓展视野、启迪思维,达到精神世界的丰实与成熟,让阅读真正成为一种生活方式、一种促进社会文明进步的力量,从而实现"通过教育活动达到人与社会全面发展"的社会教育根本目标。

## 参考文献

[1] 周宇麟,邵春晓.社会教育是公共图书馆的使命——论国内公共图书馆在社会教育中的角色定位[J].图书馆,2014(4):83-86.

[2] 中国人大网.中华人民共和国公共图书馆法[EB/OL].[2017-11-04].http://www.npc.gov.cn/npc/xinwen/2017-11/04/content_2031427.htm.

[3] 张宏.高扬品牌旗——大连图书馆社会教育侧记[J].图书馆建设,2008(7):4-7.

[4] 王余光,汪琴.关于阅读文化研究的几个问题[J].图书情报知识,2004(5):3-7.

[5] 丁轶.第六次公共图书馆评估工作"阅读推广"指标部分的上报实践与未来设置建议[J].图书馆研究与工作,2018(4):66-71.

[6] 陶琳,吴一周.社会教育在公共图书馆的创新实践[J].图书馆理论与实践,2017(3):84-87.

# "健康江苏"背景下医学高校图书馆知识服务与创新案例

杨晓雯 陈 勇 刘烜贞 王云峰 宗张建 王玲玲 刘 丹
(南京医科大学图书馆)

## 1 案例实施背景

2016年,中共中央、国务院印发了《"健康中国2030"规划纲要》,动员全社会参与,推动社会共建共享、全民健康。南京医科大学是一所医学特色鲜明的专科院校,与其26所附属医院形成"大南医"的发展格局,共同承载着医学知识的教育、普及及转化,共同承载着保障全民健康的职责。南京医科大学图书馆作为"大南医"的一分子同时承担着高校师生的信息服务以及面向地方医疗机构的医学信息转化职责。

南京医科大学图书馆(以下简称"南医大图书馆")是江苏高等教育文献保障系统(JALIS)的医学文献中心、中国高等教育文献保障系统(CALIS)的成员馆、江苏省工程技术文献信息中心的成员馆、江苏省医药卫生中心馆、中国学术期刊文献检索一级咨询站、教育部科技查新站(L04)南京医科大学分中心。图书馆拥有江苏省最丰富的医学信息资源和成熟的医学学科馆员服务团队,2013年起,由南医大图书馆牵头联合相关的附属医院成立了图书馆联盟,旨在依托南医大图书馆网络化、数字化平台,整合技术、资源,充分发挥联盟的服务优势,让各个附属医院共享医学信息资源,为提升附属医院的医疗科研教学水平发挥积极作用。

本案例选取镇江市第一人民医院、无锡市妇幼保健院和江苏省肿瘤医院为重点服务对象,介绍南医大图书馆如何在"健康中国"的背景下面向地方医疗机构进行医学知识的转化与融合。

## 2 案例实施主要内容

镇江市第一人民医院、无锡市妇幼保健院和江苏省肿瘤医院都是三级甲等医院,这些医院管理人员、医生和护士群体的科研和临床需求旺盛。图书馆组织六名学科馆员成为一个团队,主要通过服务学科精细化且多交叉、服务人群精准化且全方位、服务内容系统化且宽领域、服务形式个性化且多渠道等方式来实现医学知识的转化与融合。

## 3 案例实施过程:

### 3.1 服务学科精细化、多交叉

学科建设始终是医院关注的重点议题,学科服务团队选取医院现有的重点学科或有特色、有前景、有潜力的学科和技术,建立"学科服务人员——医院科教科/图书馆——科室预约"的三级连接服务模式,设立科室和学科联系人制度,深入了解学科设置及科室规模、学术带头人和研究小组、研究方向及课题情况,了解科室人员的研究方向和学术水平、科研行为模式等,逐级建立科室服务档案和长期用户服务档案。发挥图书馆员情报咨询服务的优势,利用学科竞争力分析的方法,为医院及学科的发展进行诊断式情报咨询服务,从文献和基金项目的角度摸清本学科的国内外发展现状、学科研究前沿、自身在同行业同学科中的发展排名及短板,为医院学科发展及制订学科布局规划、竞争优势分析、人才引进绩效等提供指导意见。协助医院更好地打造重点学科,研究行业前沿的高精尖技术,发展交叉融合的优势学科群。

图 1 诊断式情报咨询服务讲座

### 3.2 服务人群精准化、全方位

医院工作人群组成丰富,科研及学习需求各异,粗犷式的服务方式已经不能满足医护人员的需求,学科服务团队细分服务人群,针对医院管理层、各科室学科带头人、临床医生、护理人群、规范化培训人群以及南京医科大学前来各医院实习的学生等群体展开服务。图书馆服务人员通过查找医院网站了解医院人群分布,通过查找各数据库了解医院各群体的学科方向、科研产出、论文、课题及专利成果等情况,通过定量分析的方法分析不同人群目前的科研现状。通过实地调研、深入座谈、问卷调查及参加各科室的研讨会等方式摸清服务群体的信息行为、研究任务、研究计划及研究需求,总结不同人群科研进程中所遇到的信息获取障碍及信息诉求,建立面向不同用户群体的服务平台及反馈机制,力求做到服务人群精准化、服务需求全方位。

图2　镇江市第一人民医院现场讲座

### 3.3　服务内容系统化、宽领域

临床战略提升任务及院校系统化发展模式对图书馆服务附属医院提出了高要求,学科馆员针对附属医院服务时通过以下几方面来实现服务内容系统化、宽领域。

(1)提升临床医护科研人员的科研素养和能力。完整的科研流程包含科研发现、基金申请、科研进程、成果发表、学术传播等环节。学科馆员深入各临床科室培训工作围绕这五大环节中的各个问题展开。例如:如何快速高效的知晓研究前沿和研究热点?如何跟踪科研领域最新研究进展?选定一个课题,如何准确全面地知晓国内外研究现状?自己的科研该往哪儿走?中国科研基金分类?同行主要申请的基金类别?某一领域研究是否被基金资助过?如何撰写基金申请书?如何高效精准地检索学术论文和书籍?如何做好学术论文的阅读、分析与评价?如何实现文献数据可视化呈现即知识图谱的制作?如何做好学术信息的管理?论文该投向哪本期刊?如何投稿可以增加录用率?论文发表后如何提升自己的学术影响力增加自己论文被引用的次数?

(2)为医院管理层提供学科发展战略情报决策支持和学科竞争力分析。学科发展战略情报注重学科领域内科学技术的生长点,可有效地开展学科情报预测与决策、科研成果评价与分析服务,协助管理人员迅速获取学科前沿情报、拓展研究思路。借助ESI、INCITES及SCIE等数据资源整理分析获得临床医学相关学科的竞争力分析报告,与同类机构开展对比分析,了解本机构学术实力的站位,帮助管理人员挖掘高影响力和有潜力的研究人员,作为人才引进的决策支持。

(3)中外文数据库资源使用及订购征询。南京医科大学图书馆联盟为注册用户提供统一网络账户,用户通过同一个账户名和密码,访问图书馆提供的一百多个中外文数据库。另外图书馆在新订购及续订数据库资源时会征询附属医院科研人员意见和反馈,附属医院也可不定期向南医大图书馆推荐订购新的数据库资源。

图 3  附属医院学科竞争力分析报告

(4)为医院科研人员完成教育部、科技部、卫健委等省市医学类课题的申报及成果报奖、鉴定时的科技查新、论文查收查引服务。南医大图书馆可以出具国家教育部科技查新工作站授权的查新报告,可以出具具有文献检索资质的 SCI 论文收录及引用的证明报告。

(5)帮助临床医护人员进行循证医学资源的查找与利用,提升其临床工作能力。

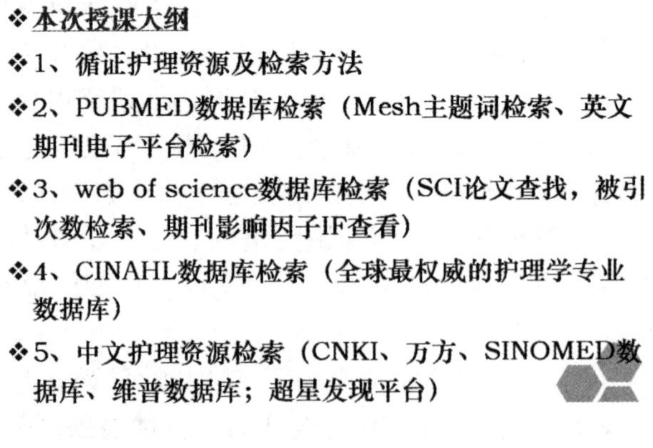

❖ **本次授课大纲**
❖ 1、循证护理资源及检索方法
❖ 2、PUBMED数据库检索(Mesh主题词检索、英文期刊电子平台检索)
❖ 3、web of science数据库检索(SCI论文查找,被引次数检索、期刊影响因子IF查看)
❖ 4、CINAHL数据库检索(全球最权威的护理学专业数据库)
❖ 5、中文护理资源检索(CNKI、万方、SINOMED数据库、维普数据库;超星发现平台)

图 4  循证医学资源的检索与利用

(6)网络 7×24 小时不间断全文文献传递服务。图书馆学科馆员启用联盟 QQ 群或其他网络服务方式实现 7×24 小时不间断的全文文献传递服务,便于医护人员更加便捷、快速、高效地获取全文及信息咨询。累计传递文献五万多篇。

(7)南医大图书馆馆藏纸本的借阅。附属医院可采用集体办理借书证的方式,为临床医护人员办理借书证,成为南医大图书馆的借阅用户,享受每年一定数量的纸质图书借阅。

通过以上服务方式建立起南医大图书馆为附属医院提供嵌入临床教学、科研、临床实践、管理及医学成果转化"五合一"的服务模式,实现医院医教研并驾齐驱,助力医院人才培养和队伍建设。

### 3.4 服务形式个性化、多渠道

新媒体、新技术环境下,学科馆员服务的形式将更加个性化、多渠道:

(1)嵌入临床医疗小组和临床带教实习团队中,为医护人员提供最新最有利的文献资源作为信息技术支撑,尝试成为其决策支持的智囊团。

(2)开设网络翻转课堂,方便临床医护人员可通过手机等移动设备随时观看精短的科研素养教育视频。

图 5 科研素养教育视频

(3)在医院信息系统或医护人员掌上学习 APP 中嵌入科研信息及学习内容的推送模块,实现用户分类化管理的个性化学科信息推送。

(4)嵌入医院医护人员培训沙龙课程,采用集体面授、个别辅导、分组学习讨论或网络研讨等方式培训信息素养、文献检索方法与技巧、护理信息资源使用等内容。

(5)建立服务效果评价反馈机制。开设专栏用于存放联盟单位对图书馆的评价和建议,评价包含短期评价和长期评估,短期评价主要用来了解单次服务的效果,改进服务方式方法,优化服务内容,长期评估则是为图书馆联盟调整服务战略提供基础支持。

## 4 附属医院的反馈和社会反响

医院管理层反馈,通过学科竞争力分析报告,医院管理层更加清楚本院在江苏省或中国同学科中的位置,更好地明确了自己的学科优势和短板,为未来的发展布局提供了参考。医院每年申报的课题和奖项的命中率都有所提升。

医护人员反馈通过培训,他们获取信息的渠道都在发生改变,信息素养逐步提升,通过在培训中学会的方法,他们可以快速高效地知晓研究前沿和热点;高效及时地跟踪科研领域的最新研究进展;选定一个课题,可以更加准确全面地知晓国内外的研究现状,包括自己目前从事的科研的未来发展方向是什么;自己撰写的学术论文该如何投稿;也渐渐知晓了如何通过社交平台促进学术论文的交流以及如何促进知识产权成果的转化从而促进医学事业的进步。

南医大图书馆的学科馆员在 2015—2018 年连续四年被南京医科大学附属无锡妇幼保健院评为"最受欢迎的学科服务馆员"。该活动也在 2015 年被江苏省科学技术情报学会评为 2015 年度江苏省科技情报成果三等奖。

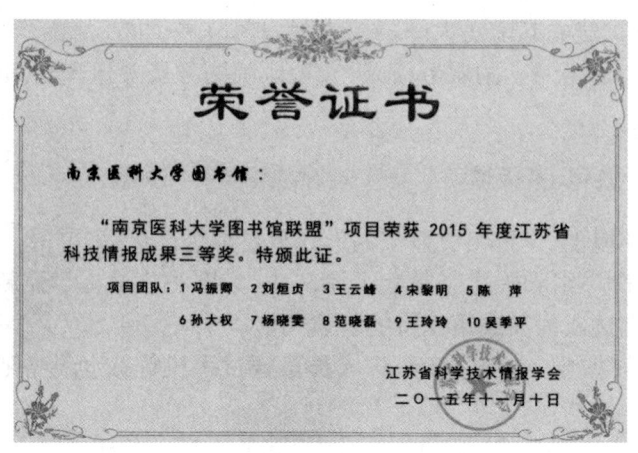

图 6　获的荣誉及奖项证明

## 5　案例实施后的分析与总结

南医大图书馆从 2013 年开始针对附属医院开展了为期 6 年的医学信息服务,过程中有经验也有值得总结的地方。

### 5.1　建立健全嵌入式学科服务的评价和保障机制

嵌入附属医院的学科服务中还需要进一步建立健全评价和保障机制。服务效果评价应包括短期评价和长期评估,短期评价主要是用来了解单次服务的效果,改进服务方式方法,优化服务内容;长期评估是为图书馆调整服务战略方向提供基础支持。保障机制包括基础设施保障、人员保障和资金的保障等几方面。

### 5.2　进一步加强信息技术平台的开发和使用水平

进一步构建符合医学院校图书馆实际情况的信息技术平台及情报分析体系是提高学科馆员服务质量和速度的硬件保障。基于数字图书馆的信息技术平台可以支持个性化检索与推送、信息的分析和提取等服务,将直接帮助用户解决问题和创造知识。基于网络工具的情报分析平台如果能充分利用各种信息过滤、内容解析、文献计量、知识发现的技术,将大大提高情报分析的效率和准确性。

### 5.3　学科馆员的情报研究能力需不断加强

学科馆员除了需要加强自身的专业知识外,还需要进一步掌握情报研究的技能,可以结合各种分析工具,做到学科展望、技术预见、异常预警、规划分析、可行性研究、竞争力分析等。

### 5.4　图书馆与附属医院的用户需求过程需更加紧密结合

美国约翰·霍普金斯大学的 Welch 图书馆与附属医院有着非常紧密的服务模式,体现了"用户第一"和"用户在哪,图书馆服务就在哪"的理念。高校图书馆只有融入附属医院的科研和临床工作流中,只有和用户的需求过程紧密结合,才能保持旺盛和持久的生命力。

# 从科学视角探寻草木智慧

## ——宁波图书馆"草木笔记"活动

刘 燕 冯若楠 彭 佳

## 1 活动背景与简介

英国自然主义者彼特·斯考特曾说过:"要拯救面临威胁和毁灭的自然界,最有效的方法是让人们重新爱上自然的真和美。"近年来,自然教育在国内迅速流行起来,北京、南京等城市的多位作者都出版了以"自然笔记""植物笔记"等为主题的书籍。越来越多的普通人通过摄影、手绘、旅行等方式,更为深入地亲近大自然、观察大自然、了解大自然。

在这样的背景下,宁波图书馆从2017年12月开始推出"发现身边的草木之美"活动,并于2019年5月起专门开设"草木笔记"系列,每两个月一期,通过对自然界、身边植物的观察与认识来引导读者开展自然类书籍的阅读,更懂得认识身边的植物,感受四时的变化,欣赏自然之美。其目的,是通过讲述身边的一草一木,从理解草木,进而理解自然,爱上自然,敬畏自然,共同爱护我们的地球之家;同时带动大家去阅读植物类、博物学书籍,以及与之相关的自然文学与古典诗词文学书籍。

## 2 活动主题与形式

### 2.1 活动基本形式

"草木笔记"每两个月一期,每期活动都会事先确定一个主题,并通过宁波图书馆的微信公众号发布,读者可通过公众号进行报名。活动时间一般在周五晚上。

活动的主讲人小山,植物爱好者,"小山草木记"微信公众号创建人,专业植物社群"拈花惹草部落"创始人,《花园》杂志、甬派等媒体或平台专栏作者,业余时间致力于发现身边触手可及的美好,挖掘平常草木的文化内涵。著有《甬城草木记》,参编《认识中国植物》(华东分册、海岛分册)等。平日在公众号上开设"小山草木记",分享自己及林海伦老师的自然观察故事和研究成果。

宁波图书馆在组织开展的活动中,积极向参与的读者推荐自然类方面的图书,如《塞耳彭自然史》《博物人生》《爱上植物的第一本书》《笔记大自然》《北京的自然笔记》等,以及文学类书籍《中国历代百花诗选》《全唐诗植物学》《万物有灵——诗经里的草木鸟兽鱼虫》《四时花令——古诗词中的花意诗情》《诗经中的植物》。

同时,小山老师积极推荐专业的工具"中国植物志""浙江植物志""中国植物图像库(PPBC)""中国自然标本馆(CFH)"、中国知网,以及其他工具"浙江常见树种彩色图鉴""宁波植物图鉴(卷一)""宁波珍稀植物""宁波园林植物""温州植物志""杭州植物志"等。此外,还推荐了形色、花伴侣等几款识花的手机 APP,为业余爱好者打开草木世界的大门提供一些启发和借鉴,帮助植物爱好者探寻一条适合自己的自然观察之路。

## 2.2 活动主题

"草木笔记"活动每期主题围绕自然观察来激发、带动市民对大自然与阅读科普书籍的兴趣,取得了良好的效果。比如"草木有灵且美——如何欣赏草木之美""草木观察的视角和进路""悠游草木间""种子的智慧""花开四季——发现身边的草木之美""每个人心中都有一片森林"等一系列与自然观察有关的主题。

例如第一期活动的主题是"草木有灵且美——如何欣赏草木之美"。心有草木,到处自然。活动中,《甬城草木记》作者小山老师,为大家讲述身边的一草一木,带读者领略身边的草木之美。从理解草木,进而理解自然,爱上自然,敬畏自然,共同爱护我们的地球家园。

图 1　第一期活动海报　　　　图 2　第二期活动海报

第二期活动的主题是"草木观察的视角与进路"。世间诸事,须得钻之弥深,才能爱之弥坚,草木之爱,同样如此。活动中,小山老师结合其作品《甬城草木记》的创作体会,讲述自己的草木观察角度和进路,帮助植物爱好者探寻一条适合自己的自然观察之路。

第三期活动的主题为"悠游草木间,心悦天地外"。正如小山老师分享时所说:观察植物能够给人的生活带来乐趣,认识植物且培养对草木的喜好能够使人了解、贴近自然,"小草木,大世界"。小山老师在分享其植物之乐时,结合其十余年的植物观察经历和体悟,从美好的欣赏力、季节的敏感度、自然的敬畏感、世界的观察力等角度,从植物与个人、与自然、与国家三个维度,分享了其在草木世界中的收获。

"浮生常博物,记得去看花。"通过小山老师的分享,读者体会到,工作之余去大自然中走一走、看看花、看看草,是一件多么美好的事!也正如小山老师所说,幸福更多的秘诀,在于对美好的欣赏力。美好的事物出现在眼里越多,心灵就会更加宁静与充盈。亲近自然,不在于认识多少花草,在于感受每一种生命形态独特的美好。感觉美好,阅读美好,这也是我们举办活动的初衷。

图 3 第三期活动海报

## 3 活动创新亮点

### 3.1 以轻松的形式普及自然教育

博物学在中西方都有很久远的传统。孔子云：读《诗经》，可以"多识于鸟兽草木之名"。《诗经》里面的很多歌谣来自民间，那些"草根诗人"对于身边的植物的描述与吟唱，本身就是很好的博物观察内容。

当代，城市化的进程催生了人们对回归乡土、亲近自然的渴望，越来越多的人希望在业余时间离开都市，去乡野山间享受自然，欣赏乡间野花，倾听山间鸟鸣。在这个时候，如果你能说出所见到的花草的名字，了解其属性，那就更有趣味性与成就感了。欧美国家一直以来都非常注重自然教育，自然文学也非常发达。前些年，美国著名的自然观察家、艺术家和教育家克莱尔和查尔斯出版的《笔记大自然》一书在中国产生了不小的影响，这本书教大家用日记、绘画等形式记录自然。

近年来，喜欢自然摄影的人士在国内越来越多，大自然平素不为人知的美丽通过摄影师的镜头得到了更好的展现。这些影像资料通过网络、书本、展览、讲座等各种形式，颇为直观地呈现给了社会公众，产生了一定的震撼力，同时也鼓励越来越多的普通民众去深入了解大自然。

在"草木笔记"活动中，小山老师结合其十多年的植物观察经历和体悟，从美好的欣赏力、季节的敏感度、自然的敬畏感、世界的观察力等角度，从植物与个人、与自然、与国家三个维度，分享其在草木世界中的收获，并发动大家欣赏草木之美，从身边开始，如所在社区、上班路上、公园绿化、植物园等，观察自然、撰写观察笔记，以大家易于接受的形式普及自然教育。

### 3.2 以互动形式推动科普阅读

从 2019 年 5 月起，"草木笔记"固定两月一期开讲。第一期"草木有灵且美——如何欣赏草木之美"活动中,小山老师为大家讲述身边的一草一木,带读者领略身边的草木之美。小山老师以草木为媒介,让读者学会从一阶的感官认知,上升到二阶的哲学、文化和生态深层认知,从而领略万物有灵且美的自然境界。活动时,小山老师并不是一味地只管自己讲,而是不时地通过提问的形式,与在场的读者开展良性互动,及时对积极参与互动的读者进行鼓励,因此现场的气氛特别活跃,读者也争相举手互动。

2019年7月,第二期"草木观察的视角与进路"活动中,小山老师结合创作《甬城草木记》的体会,阐述草木观察的角度和进路,并为读者推荐了专业的工具书与识花的手机APP,为业余爱好者打开草木世界的大门提供一些启发与借鉴。小山老师说,如果只满足于知道草木的名字,那我们的爱好很可能流于表面,体会不到真正的草木之乐,也就难以在草木之路上走得稳走得远。因为爱好文学,小山老师还把植物放在文学长河、文化传统里去谈,更觉得生动有趣,所以在草木记之中,植物和文学会发生更多的一些勾连。

正如小山老师所分享的,草木之美的内涵非常丰富,有气质之美,有生命之美,有智慧之美,也有文化之美,这些美好,须得深入其中,才能得其三昧,从而乐此不疲。"好奇心+工具+方法+时间=成就",这是业余爱好者入门的必经之路。小山老师说,观察植物可以立足本土。在宁波,城市中有公园、学校、社区、植物园、天宫庄园等,也可以去古道、荒野和景区观察植物,比如四明山森林公园、五龙潭、浙东大峡谷、野鹤湫、梁皇山等。

从已经举行的各期活动来看,读者反响都非常好。每次活动结束后,都会有不少读者围住活动嘉宾,咨询关于植物种类、自然观察等方面的问题,并表示老师讲解的内容易于接受,介绍的手机APP等识花工具方便实用,推荐的本土观察点就在身边容易实现,已学会从身边的一草一木开始观察植物、亲近自然。

### 3.2.1 线上线下同步开讲扩大受众

活动除了在图书馆现场开讲,同时还开通线上直播,让更多市民甚至全国的听众都能共享,极大地扩大了受众范围,使受众面从现场100余人扩大到线上的2万余人。例如"种子的智慧"这期活动,除了在宁波图书馆新馆一楼多功能厅开讲,还在微信上同步进行了直播。草木有灵,充满智慧。小山老师在这期活动中分享:植物生命史最好玩也让人感兴趣的两件事情:一是如何实现传粉,二是种子怎样传播。传粉是为了结子,而将种子传播到远方,则是种群繁衍最关键的环节之一。这一既有趣又充满科学智慧的主题,赢得读者的赞赏与好评,除了现场观众,线上观看人数达23150人,读者纷纷留言"讲解自然详细,听着很明朗,井井有条""大自然的一草一木,总会为我们带来希望"。

疫情期间,因暂时不能开展线下活动,宁波图书馆于2020年4月12日推出"草木笔记"云直播,邀请小山老师在线上与读者分享"每个人心中都有一片森林",解读英国博物学家理查德·弗提所著的《林中四季——一位博物学家的自然观察笔记》一书。在这本书里,弗提先生非常热心地带着读者在林地间巡游、观察、收藏,并絮絮叨叨地讲述着林地上所有生物的来历以及彼此之间的复杂关系。书中既有对自然景物的生动描写,也有对人文历史引人入胜的叙述,更有对人类与自然互动事件的冷静反思。读这本书,如同在作者的引领下,进行一场反复穿行在历史和现代之间的迷人之旅。直播中,小山老师从书里提到的几种植物展开,从山毛榉、橡树、蓝铃花到荷兰人的烟斗,为读者们展示了精美的图片,并进行了详尽的解说。小山老师还特别分享了此书带来的深刻启示:一是持续定点观察才有所成;二是系统研究才能理解自然之道;三是博物研究要见物见人见历史。本场网络直播点击量逾两万人次。读者纷纷在线上留言:"敬佩小山老师自然悠闲的人生观","此书的第一章就是4月,放在4月推荐这本书,非常有意义","活动结束要赶紧去阅读《林中四季》这本书"。

图4 "每个人心中都有一片森林"直播

## 4 活动特色

### 4.1 主题新颖,读者参与度高

近年来,自然观察活动在国内外迅速成为一种人们喜闻乐见的时尚,社会公众在充实科普知识的同时,享受文化行走的乐趣。宁波图书馆选择以自然教育、自然文学为切入点,主题新颖时尚,以讲座、影像等形式,从科学视角探寻草木智慧,让读者受益良多,每次活动预告发布后,读者纷纷在微信上抢报名额,每次活动现场也坐得满满的。现场的活动时间一般在周五晚上7点,有时读者来不及吃晚饭一下班便急着赶来,珍惜每一次参与活动的机会。活动的线上直播,不少读者也会提前打开直播画面等候老师开讲,除了宁波本地的读者,杭州、南京等全国各地的读者都参与了活动,活动人次逾2万。参加活动后,不少读者表示:小山老师以身边惯见的植物为例进行讲解,主题贴切,新颖科学,听来倍感亲切,也更容易领会。

### 4.2 活动与科普阅读相结合

活动时,小山老师注重与经典图书相结合,将《诗经》等读物中出现的植物与观察活动相结合;同时,在活动结束后,通常会推荐与主题相关的自然科普书籍。2017年11月,小山老师出版《甬城草木记》一书,这是一本宁波植物图鉴,也是一份植物科普读本。记录了宁波城乡常见的75种植物,图文并茂,对植物的记录,既有状物描写,又有科普介绍,还有诸多草木情怀。草木之美好,恰如城市之美好。一个城市的草木笔记,是人与城市的植物故事。活动时,小山老师结合此书进行介绍,激发读者阅读科普读物的兴趣,激发其观察身边植物的好奇心,并在活动中推荐经典科普读物,《林中四季——一位博物学家的自然观察笔记》《植物学通信》《如何观察一棵树》《种子的胜利》《杂草的故事》等一系列经典科普著作。

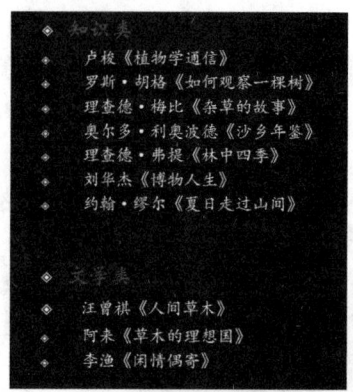

图 5　小山老师向读者推荐的经典科普书籍

图 6　活动后读者纷纷借阅自然科普类书籍

### 4.3　坚持从科学视角探寻智慧

"草木笔记"活动意在发现身边触手可及的美好,挖掘平常草木的文化内涵,并从科学视角进行解读。正如小山老师所说,唯有坚持专业的精神,一种业余爱好才能持久和深入,才能走得更远,才能在发现植物之美的同时,探寻草木智慧。例如 2019 年 11 月 29 日,小山老师在宁波图书馆新馆讲述"种子的生命智慧"。活动中,小山老师从种子的传播智慧入手,通过大量精美的图片,众多生动的案例,解读植物是怎样练就十八般武艺,来实现各自种子的传播目标。梭罗说:"只要有一颗种子,我就准备看到奇迹。"种子为何能创造奇迹?它们怎样创造奇迹?这本来就是一个很有趣的话题。活动现场,小山老师介绍了种子的十八般武艺,例如"鬼针神钩",代表植物有鬼针草、苍耳、窃衣;"甜蜜诱惑",代表植物有各种水果、红果子、罗汉松;"改颜易容",代表植物有野鸦椿、卫矛;"伞兵突击",代表植物有蒲公英、萝藦、泥胡菜;等等。生动的讲解配合高清的植物近照,让植物爱好者们大饱眼福,迅速理解了种子传播的智慧精髓。

小山老师在活动中分享了观察植物的四个视角:一是科普视角——专业;二是文化视

角——趣味;三是本土视角——立足;四是科学视角——基础。喜欢草木虽是业余爱好,但也必须遵循植物分类的基本规范和方法。而观察植物之后,一篇草木笔记的生产流程包括:刷山寻找+实地观察+拍照(采标本)+鉴定物种+查找资料+构思框架+撰写文章。可见,引导读者观察植物、撰写草木笔记,皆是站在科学的角度。

## 5 活动的未来发展设想

"草木笔记"活动开展已一年,受到社会公众的广泛好评,活动本着"发现植物之美,探寻草木智慧"的理念,未来的发展设想如下:

(1)在讲解野花、身边植物等博物知识的基础上,拓展更多的趣味主题,逐步增加文学专题,如推介自然文学优秀作品、深度解读《诗经》中的植物等。

(2)把活动的"室内版"与"户外版"更好地结合起来,选择合适的地点,开展户外自然观察活动,同时进行线上直播,或开展"线上赏花"。此外,可进一步开展博物学、自然文学书籍的阅读活动,进行解读与点评。

(3)发动读者观察身边的植物,并撰写植物观察笔记,在活动中进行交流,并开展评比活动。

(4)推出自然主题系列展览,包括植物书籍展、植物标本展、植物绘画展、植物摄影展。

(5)增强互动性,除主讲人主讲外,邀请读者共同参与分享,带动科普阅读的积极性,并循序渐进,从一阶的感官认知,上升到二阶的哲学、文化和生态深层认知,从而领略万物有灵且美的自然境界。

# 积微成著　博物洽闻
## ——金陵图书馆科普联盟"V博学堂"系列活动

**徐昊丰　王　丹　朱　静(金陵图书馆)**

2018年1月28日,由金陵图书馆主导发起、融合社会多元力量参与的金陵图书馆科普联盟正式成立。近两年来,随着金陵图书馆科普阅读推广工作的不断深入开展,科普联盟逐步发展升级,品牌体系建设愈发丰满,先后创立"人工智能机器人""STEM教育""科学秀""创·课堂""科普冬令营""V博学堂"等六个板块,成为金陵图书馆科普阅读推广工作的一道亮丽风景。

2019年开创的"V博学堂"系列活动是金陵图书馆科普联盟品牌体系中最年轻,却最具活力与影响力的板块。它以金陵图书馆科普联盟为平台,通过与活跃在网络上的科普专家、科普达人、科普机构线上线下积极互动,通过科普讲座、沙龙和展览的形式,让科普阅读推广活动变得更加丰富有趣。

## 1 "V博学堂"系列活动概述

近年来,随着互联网技术和智能手机的高速发展与普及,以微博、微信为代表的新兴媒体形式迅速占领了互联网平台,微博、微信等自媒体成为极具影响力的文化、舆论阵地,进而深刻地影响了读者的阅读和知识获取方式。基于此现状,金陵图书馆科普联盟于2019年初着手策划,并通过与社会上具有知名影响力和在微博、微信平台拥有大批粉丝的科普大V机构和个人对话,形成合作共识,开创"V博学堂"。

"V博学堂"这一品牌中的"V"取自"微"的谐音,既代表着金陵图书馆科普阅读推广工作积微成著的初心和决心,也体现出聚焦微博、微信这样的新媒体平台以及科普大V的品牌特色;"博"则取自《汉书·楚元王传赞》的"博物洽闻,通达古今",体现出品牌对参与读者,特别是青少年读者科学素养提升的热切期待以及品牌发展的多元方向。

"V博学堂"于2019年4月28日正式启动,期间累计开展科普讲座、沙龙、展览等线上线下活动16场,读者线上线下参与人次累计达34万人次。

## 2 "V博学堂"系列活动的主要特点

### 2.1 回归阅读:科普活动与科普阅读紧密结合

选书和荐书是阅读推广工作中的重要一环,是在活动中连接图书馆和读者的重要纽带。每场活动前,我们发挥自身优势对馆藏书目进行收集和整理,根据每场活动科普主题内容制作推荐书目,每期书单包括一本馆员与当期嘉宾共同推荐的核心书目,和3—5本契合主题的馆藏周边书目。科普讲座中穿插书目推荐的环节,能够极大提高读者的阅读兴趣。

2019年下半年,我们又开始策划科普阅读书目推荐的2.0版本——"科普阅读护照",并于2020年1月正式推出"金陵图书馆科普阅读护照"和配套的一月一主题,每月都有新收获的12场主题科普阅读推广活动,并以此作为贯穿2020年全年的科普阅读推广活动主线。每月活动设计均紧跟季相与物候,既有在室内对于博物学的探索,更有到室外走进自然的乐趣。"金陵图书馆科普阅读护照"还是一本精彩的荐书单,每月都包含了经过团队多次讨论精选而出的紧跟主题的优秀科普读物,作为核心书目供每场活动科普讲师为读者推荐,并延伸出多本馆藏书目作为周边书目丰富读者的选择。2020年1月18日,一月生肖主题活动"鼠年说鼠"与"金陵图书馆科普阅读护照"首发活动共同开启了"V博学堂"2020年的科普旅程。活动当天近百名市民读者现场申领护照,到场读者表示一整年的活动清晰明确地在护照本上展现出来,以及对每月工作人员精心挑选的推荐科普阅读书目都很感兴趣。

### 2.2 增强延续性:活动配套丰富、线上线下互动

除了具有专业性的科学知识普及和针对性的书目推荐外,我们还力求把科普阅读推广工作通过更丰富、更具生命力的形式延续到每月活动的前前后后,而不是仅仅停留在活动举办的那一天,那一两个小时。

在具体举措方面,一是尽可能地策划出配套的互动环节。如2019年6月的"走近'甲虫

世界'"活动中,老师为现场的小读者朋友带来了多种甲虫活体与标本,并在讲座中和讲座后,邀请小朋友对昆虫进行观察互动,充分感受着小小昆虫带来的神奇力量,孩子们通过昆虫认识了自然;2020年1月"鼠年说鼠"讲座结束后,我们还邀请到手工达人老师带来了一场时尚、有趣的手工活动——利用羊毛毡制作一幅水豚鼠画,结合讲座中的豚鼠,大小读者们发挥想象进行创作,趣味十足。二是加强线上线下互动。面对新冠肺炎疫情对图书馆线下活动带来的冲击,我们在及时将线下活动转型为线上的同时,也力争为读者带来更安全、更有趣、更具科学意义的线下活动。2020年2—3月,我们按照阅读护照"飞鸟""蕈菇"两个预定主题,通过金陵图书馆微信和微博发布了"速听速看:南京市窗台观鸟不完全指南""速戳:华东野外观菇初阶指南(上)、(下)"三场线上讲座,除了将原计划的讲座内容以文字、图片、音频的形式搬到了线上,还在最后给观看推文的读者留下了"自己动手写一篇观鸟指南""自己动手画一幅蘑菇彩绘图"的课后作业,使得线上课程专业性、延续性和互动性兼具,得到了读者广泛的留言与点赞。

图1 "走近'甲虫世界'"现场互动图

图2 手工达人老师现场指导手工活动图

### 2.3 寻求共鸣:专业性与吸引力兼顾

"V博学堂"旨在将严谨认真的科普知识说得通俗易懂,并促进嘉宾与读者之间产生共鸣,想要达到此目标,"好看的皮囊"与"有趣的灵魂"缺一不可。"V博学堂"的主讲嘉宾虽然并非各个科班出身、专门从事科普工作,但他们有着共同的特质——他们都是活跃在微博、微信公众号等自媒体平台上的科普达人。他们在自媒体上具有相当影响力,在某一科学领域拥有堪比专家的专业知识,对科普工作有着极大的热情。而多年自媒体科普的实战经验,更是让他们在科学普及方面了解用什么样的方式既能够普及科学知识,又能够满足读者的各种需求——"鲜活的表达方式+专业严谨的科学知识",能够极大地迎合当下读者对于科普阅读推广活动的需求。

在已举办过的往期活动中,我们对读者满意度进行了抽样调查,总计发出调查问卷60份,回收整理后得到有效问卷45份。从调查问卷的结果来看,"V博学堂"系列科普活动得到了参与读者的一致好评,90%的读者对我们的推荐书目表示感兴趣,在读者意见收集中,近七成读者希望我们能够开展更多类似的科普讲座。讲师轻松自如的风格以及讨喜的表达方式受到了读者的欢迎与喜爱,也让科学知识在嘉宾与读者之间产生了良好的共鸣。

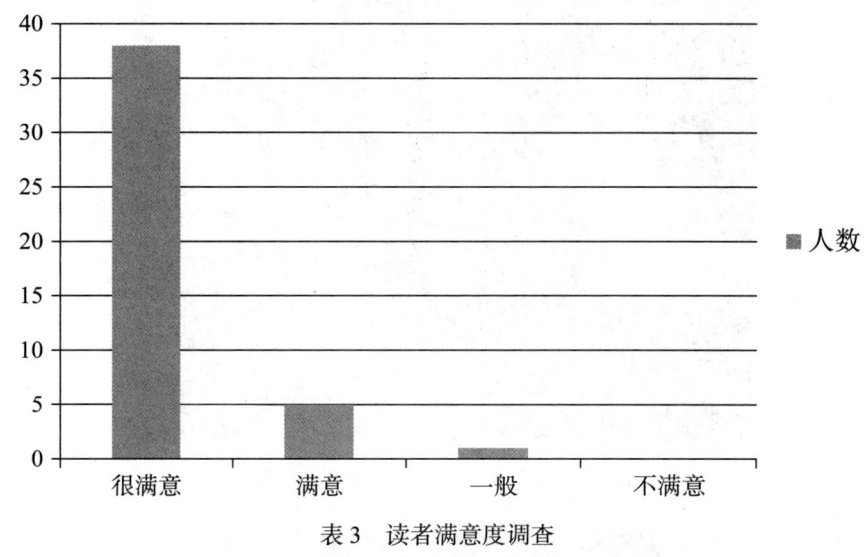

表3 读者满意度调查

### 2.4 名人效应:参与度与传播力全面提升

自"V博学堂"系列活动推出以来,每场活动基本都是场场爆满,并且在活动之后我们都能收获新的读者粉丝群体。他们当中有相当部分来自于主讲嘉宾的本地粉丝,在参加过活动后成了"V博学堂"的粉丝。在2020年2月"V博学堂"线下科普阅读推广活动转化为线上活动之后,线上的参与度与传播力更是得到了大幅提升。究其原因,除了贴近读者、贴近生活、贴近热点的选题,主讲嘉宾的"名人效应"发挥着重要的作用。2019年12月二木老师(新浪微博@二木花花男)"为了心中那座理想花园"讲座虽然没有上线,但在金陵图书馆微博上发布的活动预告和报道阅读量合计就达到了14.9万。2020年4月李健老师(新浪微博@动拍伽利略)的"从鹿角窥探中国鹿"讲座微博上线后,通过微博标记相关话题也使得阅读量超过了3万。

表1 "V博学堂"部分参与人次统计

| 活动时间 | 活动名称 | 线上参与人次 | 线下参与人次 |
| --- | --- | --- | --- |
| 2019年6月22日 | 走近"甲虫世界" | 1.4万 | 103 |
| 2019年11月2日 | "走进东非大草原——和大猫共同生活的日子"讲座 | 6万 | 115 |
| 2019年10—11月 | "走进东非大草原——和大猫共同生活的日子"展览 | 4万 | 1100 |
| 2019年12月14日 | 动物界学霸谁最强? | 1.4万 | 97 |
| 2020年12月21日 | 为了心中那座理想花园 | 14.9万 | 128 |
| 2020年4月16日 | 从鹿角窥探中国鹿 | 3万（微博）<br>683（微信） | |
| 2020年4月22日 | 果子狸——花脸牛尾果果控 | 1.4万（微博）<br>548（微信） | |

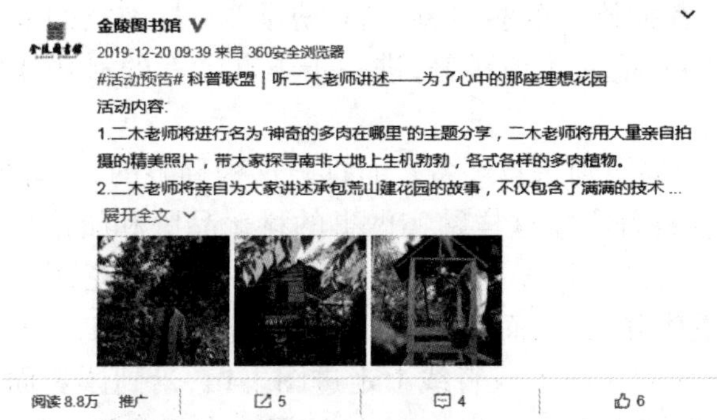

图4 "为了心中那座理想花园"讲座微博预告阅读量8.8万

图5 "为了心中那座理想花园"讲座微博报道阅读量6.1万

而作为内容发布基础平台的微信平台方面,自二月飞鸟主题"南京市窗台观鸟不完全指南"开始,每期的阅读量均在500人次以上。此外,疫情期间我们还在线上与科普撰稿人、动物保护工作者和动物摄影师联合策划举办线上展览——"杀戮之后没有赢家:华东地区野生动物科普展",展览阅读量亦超500人次,阅读量在同期馆内微信推送中均名列前茅。由此可见,"V博学堂"活动宣传推广借力"名人效应",在受到读者的广泛好评与转发的同时,也使得活动参与度与传播力得到更有效的提升。

### 2.5 打破局限:走出去与引进来并举

在以往的科普阅读推广活动中,我们往往局限于图书馆本身,将活动场地、读者定位于图书馆,把嘉宾和读者都请到图书馆来。我们在规划2020年"科普阅读护照"时,决定打破这种局限,让读者获得更好的科普内容及实景感受。我们将2月飞鸟主题科普定在被称为"南京市观鸟圣地"的中山植物园、3月蘑菇主题科普定在了被称为"真菌博物馆"的紫金山,4月动物园主题活动则选择了国内动物保护与科普最具特色的动物园之一"南京红山森林动物园"开展。虽然受疫情影响,这些走出馆舍的活动未能如期举行,但我们仍然决定,在疫情过去后,为读者弥补上这些遗憾。"V博学堂"打破空间局限,能有效拓展科普活动的位置限制,通过身临其境的实地科普,进一步丰富读者的科普体验,吸引更多市民读者的参与。

阅读推广活动另一个局限则来自经费。而打破这种局限的,既有公共图书馆自身的品牌效应与公益形象,也有像科普联盟这样踏实做事的科普品牌和阅读推广团队,更有嘉宾老师们对科普的热爱与执着。做客过"V博学堂"的微博科普大V花蚀(@花落成蚀)、二木和李健老师分别来自武汉、重庆和天津,而青山老师(@非洲的青山TANAPA)则长期在坦桑尼亚从事猎豹保护工作。当他们在线下或者线上走进图书馆,走到读者面前,打动他们的更多地是来自于公共图书馆面向读者提供的公益、平等的阅读推广服务,以及从不同角度、在不同行业中对科普工作相同的社会责任与担当。而疫情带来的活动从线上到线下的转型,避免了外地嘉宾往返南京的交通、住宿成本,从客观上降低了活动的成本,也为在经费有限条件下,如何办好科普阅读推广活动提供了思路。

图6 南京电视台教科频道采访从坦桑尼亚回国、做客金图的青山老师

图 7 二木老师的"为了心中那座理想花园"活动现场

## 3 "V博学堂"系列活动的未来展望

经过一年的发展,"V博学堂"从无到有,从1.0升级到2.0,取得了长足的进步,也积累了丰富的经验与教训,为未来的发展打下了坚实基础。我们还将通过以下几个方面的努力,对"V博学堂"进一步地提升打磨,以期获得更好的发展与成效。

### 3.1 进一步加强用户黏性

自媒体现在也经过发展逐渐走上打造品牌、有序发展的道路。在互联网影响力的作用下,这些自媒体有着动辄数十万、数百万乃至更多的粉丝群体。在做客"V博学堂"的主讲嘉宾中,青山老师粉丝11.7万人,二木老师粉丝210万人,2020年4月29日线上讲座嘉宾花蚀老师则有粉丝412万人。他们的粉丝群体有着较高的忠诚度,从而使他们的科普推广工作在自媒体平台非常容易开展。而"V博学堂"自创办以来,也一直注重扩大粉丝群体,但在如何与读者粉丝积极互动、保持用户黏性上,仍需要向我们合作的嘉宾们多多学习,并能够将这些技巧应用在金陵图书馆微博、微信、官网等自媒体平台上,让科普传播工作具有相当程度的系统性和广泛性,从而极大程度提高科普阅读推广工作的传播效果及品牌影响力。

### 3.2 进一步丰富科普阅读推广内容

"V博学堂"系列活动开展至今,围绕的是以动物、植物为主的自然科普,而这仅仅是科学普及工作中的一个小小的分支。而在诸如天文、地理、生物、化学、物理等领域,自媒体上同样活跃着许多科普大V、科普达人。今后我们也将以年度为活动周期,结合科普阅读护照,馆内馆外、线上线下的科普活动和金陵图书馆正在建设的科普专藏开展相关主题科普阅读推广活动。同时加强与科普作家协会、科协、出版社的合作,把更多更好的科普读物推荐给广大读者。

### 3.3 进一步扩大共享范围和形式

金陵图书馆科普联盟"V博学堂"系列活动得益于自媒体平台的宣传和南京市区两级公共图书馆在科普阅读工作中的共建共享机制,受众群体不断扩大。目前,每期活动除了金陵图书馆发布,南京市的秦淮区图书馆、江北新区图书馆等也通过共享机制面向其区级图书馆读者进行推送发布。这种共建共享机制和科普联盟多元合作的优势也给了我们一些启发和灵感:我们也希望能够在中国图书馆学会阅读推广委员会科普阅读推广专业委员会的指导和发起下,建立全国公共图书馆的科普阅读推广联盟和共建共享机制,将好的科普阅读推广活动、资源与兄弟图书馆共享,进一步扩大科普阅读推广的影响力和效果。

金陵图书馆科普联盟"V博学堂"系列活动紧紧抓住自媒体这一核心要素,与传统的科普阅读推广形式相互融合,通过搭建公共图书馆科普阅读推广平台,与活跃在自媒体中的科普人携手合作,把严谨认真的科学知识讲得有趣生动,为广大读者科学素养的培养与提升创造了有利条件。未来,金陵图书馆还将在中国图书馆学会阅读推广委员会科普阅读推广专业委员会的关心和指导下,结合自身资源和经验积极开拓创新,为公共图书馆科普阅读推广贡献自己的力量。

# 阅读推广中科普图书推荐书目指标体系的构建及实证研究

张泽华(杭州科技职业技术学院图书馆)　杨秀丹(河北大学管理学院)

推荐书目的出现是人类阅读活动发展的必然现象。对于读者而言,一份详细明确、符合自身阅读需求的图书清单不仅是其选书和阅读的依据,也是其及时了解馆藏文献资源、认识图书馆的助手;对馆员而言,一份科学全面的推荐书目不仅可以为阅读推广服务提供依据与支撑,提高阅读推广活动的效度和效果,更能在书目选择和编制过程中了解文献资源,从而为深入、扎实的用户服务打下基础。在全民阅读已成为社会普遍共识的今天,图书馆作为阅读推广的主力军,书目推荐是其基础性服务。阅读推广是为了培养读者阅读兴趣习惯而开展的图书推介及其他读者活动[1]。阅读推广服务活动是围绕图书开展的,书目推荐是阅读推广的核心与基础。目前图书馆推荐书目服务主要有三种方式:一是基于专家推荐[2],如学者推荐、获奖图书推荐;二是基于读者借阅数据分析推荐[3];三是基于智能算法与推荐系统,融合读者查询和系统数据(即文献揭示)向用户提供个性化书目,如豆瓣书单。无论是传统的多样化书单还是基于算法的智能推荐,推荐书目或是提供现成已有的推荐书目,或是挖掘读者已有的阅读行为,但对图书本身文献特征等质性分析、对不同推荐类型的科学有效整合、对读者潜在阅读需求挖掘等方面均考虑不足。具体到科普活动来说,科普阅读作为提升公民科学素养的重要方式之一,传统科普工作主要通过科普场馆的展览、讲座等活动向公众传达科技知识及方法[4],虽然科普机构也会进行科普创作与读物推荐,但无论是推荐数量还是推荐内容上并不具备系统性。在图书馆阅读推广中,传统的推荐书目主要集中在人文社科类图书上,科普图书的推荐分散在儿童及青少年阅读书单,而且多以新书为主,经典科普图书相对较少,整体来看,科普图书推荐的科学性、合理性和规范性不完善。科普图书具备涉及学科范围广、普及内容专业强、读者受众年龄跨度大、读者阅读偏好差异强等特征,开展科普图书专业推荐书目难度较大。因此,本文将系统性地对科普图书推荐进行全面的科学分析,以提炼出一套融合读者需求、图书质量和图书馆阅读推广实践的推荐书目选择指标,以为未来的科普图书推荐奠定理论和实践基础。

# 1 科普图书推荐书目研究框架

## 1.1 推荐书目理论

推荐书目也称为导读书目、选读书目,是针对一定读者对象,对专门问题的文献经过精心选择而编制的目录清单,供读者学习某门知识或了解某一事件,也包含为配合专业学习和研究而编的专业阅读书目[5]。推荐书目源于目录学,从汉代刘向、刘歆父子先后编写《别录》《七略》创立中国古典目录学至今,目录学的功能已从文献整理向文献致用过渡。目录是解决图书资料与用户对图书资料特定需要之间的矛盾,由此,推荐书目需要从文献揭示与读者利用两方面进行考量,遵循"选择好书,贴近读者"的原则。

阅读虽然是个人主观行为,但推荐书目作为一项服务推送给用户不仅是图书馆的基础服务,也是公益性的社会服务,需要具备一定的阅读引导性[6]。因此,推荐图书的评定方法与科学论证就显得尤为重要。目前,图书评价的研究主要从定性、定量两方面构建指标体系,选择指标的维度涉及多个因素,如:①借鉴期刊影响力相关研究体系评定学术图书影响力,从引用量、基金与奖励、书评、纸电文献馆藏及借阅等构建指标体系[7];②图书质量,包括图书内容和出版编辑等层面,包括图书获奖频次、出版次数、发行数量、编校质量、编排设计等[8];③图书馆自身,如 RFM 模型(Recency-Frequency-Monetary)在图书馆图书评价的应用[9];④融合读者、出版社推荐及销售数据的商业书目,包括读者评论、出版社推荐、销售量等指标[10];⑤图书奖项,以政府部门、专业机构、学会协会等机构设置的各类型图书奖来评定图书质量[11]。

## 1.2 研究框架

深入分析上述五个角度的书目推荐因素,不难发现,主要涉及两个维度,一是图书的社会影响力维度,该维度主要体现图书的客观信息和机构评价结果,如出版信息、受欢迎程度、获奖情况等;二是图书馆资源使用维度,主要涉及图书馆图书采购、读者借阅数据以及读者的图书咨询(需求表现)等。因而,科普图书推荐指标由科普图书影响力和图书馆选择两个维度构成,具体内容见图1。

(1)科普图书影响力维度

科普图书影响力维度包括图书出版的客观内容以及社会大众的评价内容。

图书出版客观内容指一般出版信息,是对图书基本信息的描述,如出版次数、印刷数量等信息,在一定程度上能够反映该书文本质量的高低。出版时间信息可以间接反映出读者的喜爱程度,出版时间越早且出版版次越多说明图书越经典。作者或译者与图书质量是息息相关的,经验丰富、高销量作者在一定程度上意味着图书内容优质。不同类型出版社经过多年市场积累在题材内容上都有所侧重,优质科普图书的出版社也会相对集中。

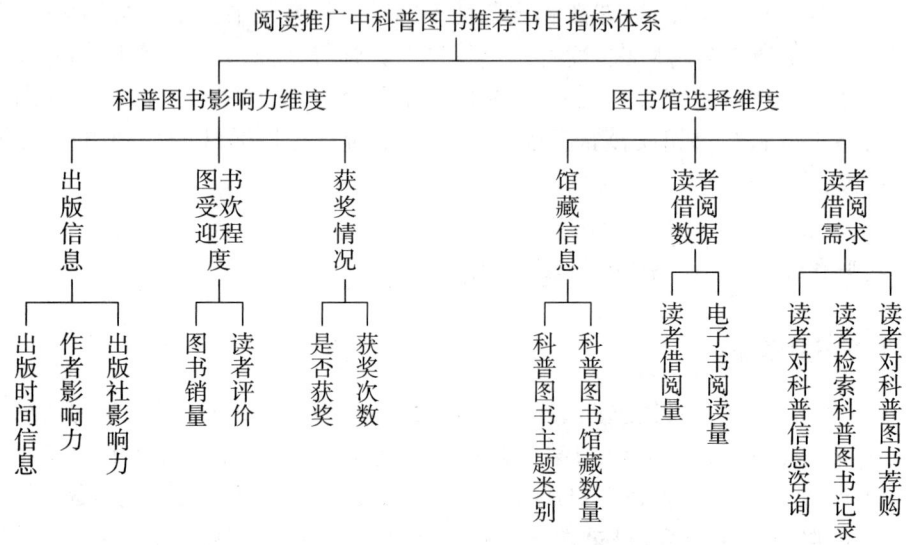

图1 科普图书书目推荐指标体系

社会化大众评价内容包括图书受欢迎程度和获奖情况。图书受欢迎程度是从读者对图书的认可程度作为图书质量高低的评判依据,具体来说可以分为图书销售量和读者评价两个指标。互联网的发展为读者提供了多元的交流互动平台,如读者通过豆瓣读书网对图书进行留言讨论、书评、评分等。通过线上线下书店的图书销售量数据可以真实、客观地反映读者对图书的认可与受欢迎程度。获奖图书是专家及公众经过推荐、研讨、评选反复论证后选择的优质图书,有的图书更是不止获得一次或一种奖项,这足以说明该图书的重要性。获奖情况往往包括是否获奖和获奖次数两种情况。

(2)图书馆选择维度

图书馆选择维度包括馆藏信息、读者借阅数据和读者需求。

馆藏信息是指图书馆具备的有关科普类图书的馆藏情况。科普类图书虽然所设学科广泛,但总体而言基本就是"数理化天地生"以及生活技巧、实用技术等主题,因此,科普图书主题类别成为考虑的指标。此外,科普图书馆藏数量反映的是图书馆科普书籍的数量及学科分布,设置该指标揭示馆藏的同时更方便读者获取与利用。

读者借阅数据是指一段时期内读者的借阅情况。一个图书馆总体的借阅情况能真实地反映出某区域读者近期的阅读偏好与知识需求倾向。传统书目推荐大多将关注点放在纸质馆藏的借阅数据上,然而,在信息社会下,碎片化电子阅读已成为常见的阅读方式,因此,电子/数字资源的阅读数据也不可忽视。而且,图书馆每年在数字资源上投入大量经费,挖掘这部分数据不仅可以了解读者阅读喜好,更有助于优化图书馆数字资源建设。因而,读者借阅量和电子书阅读量是本研究考虑的两个主要的二级指标。

与借阅数据相比,读者潜在的借阅需求是任何书目推荐的关注点,了解、掌握这部分信息才能最大限度挖掘读者的借阅潜能,也为后续文献资源建设提供可靠数据依据,这也是阅读推广的重要拐点,然而这部分恰恰是传统书目推荐服务中相对忽视的环节,因而,本研究将读者对科普信息的咨询、读者检索科普图书记录、读者对科普图书的荐购作为反映读者潜在借阅需求的二级指标。

## 2 基于德尔菲方法的推荐书目指标选择与权重确定

### 2.1 专家选择及调查实施结果

以上述理论推导的推荐指标为依据设计专家调查问卷,采用二轮德尔菲方法进行指标筛选与确定。专家选择标准为:①具有5年及以上相关工作经验或研究经历。②从事职业应当具备以下条件之一:对阅读推广理论建设、实践探索等方面有经验的图书馆馆员、高校教师;研究相关内容的专业学生;科普图书出版发行方面有较高理论水平与实践能力的编辑、出版人员;从事与科普技术普及有关的科普工作者;公务员、教师等科普重点推广人群并且对科普阅读需求旺盛的读者。③认可本研究的内容,能积极、认真地参与到本研究咨询中。通过与部分专家访谈,最后确定图书馆、高校、出版业、政府机关等不同行业的专家参与本次调查(专家情况见表1)。调查时间为2019年10月至2020年3月。对回收的问卷进行统计分析发现,专家对科普图书推荐指标的熟悉程度系数为0.708,判断依据系数为0.762,权威系数为0.728。三种数据值均大于0.7,表明此次研究的可信度较高。专家意见协调程度结果也可取,如表2所示,首轮一、二级指标专家意见协调系数分别为0.261和0.18,第二轮则为0.29和0.293,可以看出,专家对指标重要程度的认识有所趋近,而且二轮 $p$ 值均小于0.05,通过显著性检验。因第二轮专家咨询意见基本趋于一致,不再需要进行其他轮次调查。

表1 专家咨询小组成员情况及权威度

| 专家编号 | 学 历 | 工作单位 | 研究领域 | 职称/职务 | 权威程度 |
| --- | --- | --- | --- | --- | --- |
| E1 | 博士 | 高校 | 科普阅读推广 | 教授 | 0.8 |
| E2 | 博士 | 出版社 | 科普图书出版 | 社长 | 0.7 |
| E3 | 硕士 | 高校 | 科普阅读推广 | 在读研究生 | 0.8 |
| E4 | 硕士 | 省科协协会 | 科普活动 | 部长 | 0.7 |
| E5 | 硕士 | 高校图书馆 | 阅读推广 | 馆员 | 0.65 |
| E6 | 硕士 | 高校图书馆 | 阅读推广 | 助理馆员 | 0.65 |
| E7 | 硕士 | 公共图书馆 | 阅读推广 | 馆员 | 0.8 |
| E8 | 本科 | 公共图书馆 | 图书馆建设 | 主任 | 0.75 |
| E9 | 本科 | 高校图书馆 | 阅读推广 | 副研究员 | 0.75 |
| E10 | 博士 | 高校图书馆 | 图书馆建设 | 教授 | 0.7 |
| E11 | 本科 | 政府机关 | - | 科长 | 0.7 |
| E12 | 本科 | 青少年文化中心 | 青少年科普活动 | 主任 | 0.7 |
| E13 | 本科 | 政府机关 | - | 职员 | 0.75 |

表 2　专家意见协调程度

| 轮次 | 指标 | W | $x^2$ | p |
|---|---|---|---|---|
| 一轮 | 一级指标 | 0.261 | 16.959 | 0.005 |
|  | 二级指标 | 0.18 | 30.359 | 0.004 |
| 二轮 | 一级指标 | 0.29 | 18.88 | 0.002 |
|  | 二级指标 | 0.293 | 57.064 | 0 |

### 2.2 科普推荐图书指标选择及权重结果

本研究采用界值法对专家反馈结果进行分析判断并筛选指标。通过计算各级指标均值、变异系数和满分率这三项统计指标的均值及标准差来确定界值，如果指标数值高于均值、满分率的界值时，指标入选；如果指标数值低于变异系数的界值，指标入选。当三项统计指标的数值均不符合界值要求时，指标会被剔除；当有一项或两项不符合要求的，则结合专家意见与实践经验进行取舍。

（1）科普推荐书目指标选择

根据每轮一、二级指标的界值结果（如表 3 所示）对指标进行分析判断，判断过程和结果如下：

表 3　一、二级指标均值、变异系数、满分率界值

| 轮次 | 指标 | 均值 | 变异系数 | 满分率 |
|---|---|---|---|---|
| 第一轮 | 一级指标 | 3.6261 | 0.2632 | 0.1504 |
|  | 二级指标 | 0.4722 | 0.2948 | 0.1328 |
| 第二轮 | 一级指标 | 3.4080 | 0.2473 | 0.0792 |
|  | 二级指标 | 3.6323 | 0.1694 | 0.01 |

保留所有一级指标，且无新增指标，但部分指标的数据存在异常。其中，"出版信息"在两轮中的均值和变异系数均不理想，但是满分率符合要求，而且其所设置的二级指标数据较为理想，为保证指标体系的完整性，指标保留。"馆藏信息"第一轮均值和满分率都较低，第二轮满分率较低，但其余指标数据理想，指标保留。"读者阅读数据"两轮的满分率较低，但其余两项数值较为理想，指标保留。其余指标的数据均符合界值要求，指标保留。

二级指标中删除的指标为"科普图书主题类别"。该指标第一轮均值、满分率低于界值，第二轮均值、变异系数均不符合要求，因此予以删除。

二级指标依然保留但部分数据存在异常的有：①"出版社影响力"，在第一轮中变异系数较高，第二轮表现理想；②"图书销售量"，在两轮中变异系数较高，但均值和满分率数值较理想；③"科普图书馆藏数量"，在第一轮中满分率较低，第二轮中变异系数略高，但均值和满分率均有所提升；④"电子书阅读量"，在第二轮中满分率较低，但其余统计指标相较于第一轮均有所改善；⑤"读者检索科普图书记录"，第二轮变异系数略高，两轮的均值和满分率较理想。

第一轮指标变动的是"出版时间信息"，新增指标为"累计出版印次""出版社推荐"。其中，"出版时间信息"指标很难同时体现版次和时间两方面内容，将该指标改为"出版时间"，

表示图书首次出版的年份,增加"累计出版印次"指标,表示某本图书从首次出版至今的累计印刷次数。"出版时间信息"在两轮中均值和满分率均不符合要求,指标删除;"累计出版印次"其满分率较低,但均值、变异系数比较理想,指标保留。增加"出版社推荐"指标以弥补现有指标体系对新出版图书的遗漏,但二轮中均值、满分率均较低,说明该指标重要性较低,指标删除。其余指标的界值均符合要求,表明指标设置较为合理。

根据两轮专家意见咨询,最终确定科普图书影响力和图书馆选择两个维度下的6个一级指标和13个二级指标的科普图书书目推荐指标体系,见表4。

(2)指标权重确定

指标体系确定后,本研究采用优序图法计算一级指标权重,根据专家对二级指标的重要性评分计算二级指标权重及组合权重,具体结果如表4所示。

表4 科普图书推荐书目指标体系及权重

| 维度 | 一级指标及权重 | 二级指标 | 组合权重 | 指标说明 |
|---|---|---|---|---|
| 科普图书影响力维度 | 出版信息 P1 0.195 | 作者影响力 P11 | 0.070 | 以著者发表的科普图书数量来反映作者科普创作中的贡献,以作者贡献度反映科普图书质量高低 |
| | | 出版社影响力 P12 | 0.064 | 以科普获奖图书中出版社的聚集情况反映出版社在科普图书市场中的影响力大小 |
| | | 累计出版印次 P13 | 0.061 | 统计图书印刷总次数,从图书首次出版印刷起到目前印次的累计次数 |
| | 图书受欢迎程度 P2 0.117 | 图书销售量 P21 | 0.055 | 图书销售数据真实、客观地反映读者对图书的认可与欢迎程度 |
| | | 读者评价 P22 | 0.062 | 读者对图书的书评、评分、讨论等反映读者对图书的接受程度 |
| | 获奖情况 P3 0.195 | 是否获奖 P31 | 0.108 | 重要科普图书奖项或图书奖项中涉及的科普图书 |
| | | 获奖次数 P32 | 0.087 | 图书获得奖项的次数或种数 |
| 图书馆选择维度 | 馆藏信息 L1 0.195 | 科普图书馆藏数量 L11 | 0.195 | 图书馆推荐图书时需考虑图书的易获取性,优先选取馆藏丰富的图书 |
| | 读者阅读数据 L2 0.156 | 读者借阅量 L21 | 0.080 | 某时段内读者借阅科普图书情况 |
| | | 电子书阅读量 L22 | 0.076 | 图书馆提供的各种电子资源中读者阅读科普图书的情况 |
| | 读者阅读需求 L3 0.142 | 读者对科普信息的咨询 L31 | 0.046 | 读者通过电话、微信、面对面咨询等途径向馆员表达对科普知识阅读需求情况 |
| | | 读者检索科普图书记录 L32 | 0.046 | 读者通过图书管理系统等平台检索、浏览科普图书的情况 |
| | | 读者对科普图书的荐购 L33 | 0.050 | 读者对馆内没有的科普图书的推荐 |

从权重得分可以看出,科普图书馆藏情况权重显著高于其他指标,表明推荐书目应最大限度揭示本馆馆藏内容,方便读者获取。

权重值次高的指标是获奖情况(是否获奖、获奖次数),获奖图书是图书质量最客观的评价指标之一,以此作为图书选择的指标更易评选出优质好书。

读者借阅数据反映读者真实阅读行为,无论是传统纸本资源的借阅量还是电子文献的浏览情况,满足需求的书目才能被读者认可。

虽然图书作者影响力、出版社影响力、累计印次等指标组合权重也相对较高,但这些客观描述没有图书获奖情况直观、简便。此外,图书销售量、读者评分组合权重系数较低,说明第三方数据只能在一定程度上显示图书的重要性,图书馆编制书目时,可以借鉴相关资源但不能过于依赖。

最后,读者潜在的借阅需求组合权重最低,这部分数据相对零散,获取难度较大,一直以来不受重视。

总体来说,科普图书质量及图书馆馆藏占比最高,其次是读者阅读行为及需求,最后是图书受欢迎程度。

## 3 实证分析

### 3.1 数据来源与赋分原则

本文选择豆瓣读书网站上"科普"标签下的分类图书,按综合排序高低选取TOP20[12]图书作为本评价指标体系的是实证计算对象(具体图书名单见表)。

对这20篇图书,按照本评价指标二级指标的说明项进行赋分。如科普图书奖项,选择比较重要的五种奖项(中国科普作家协会优秀科普作品奖、世界华人科普奖、中华优秀科普图书榜、吴大猷科学普及著作奖中历年获奖图书以及文津图书奖)作为赋分依据。在此基础上,分别统计上述获奖书目的著名、作者、出版社、累计印次、豆瓣评分等信息形成获奖书目统计表,并采用0—1赋分法对指标赋值,赋分准则见表5。

表5 科普图书书目推荐指标赋值准则(部分)

| 二级指标 | 数据来源 | 获取方法 | 赋值为1时指标含义 |
| --- | --- | --- | --- |
| 作者影响力 P11 | 豆瓣网 | 网页检索 | 作者出版的科普图书有3种及以上 |
| 出版社影响力 P12 | 获奖书目统计表 | 自行统计 | 图书出版社在获奖书目统计表中 |
| 累计出版印次 P13 | CIP书目数据 | 固有字段,可直接利用 | 超过2次及以上 |
| 图书销售量 P21 | 当当网2019年前500名畅销榜 | 网页检索 | 图书在畅销榜单中 |
| 读者评价 P22 | 豆瓣网 | 网页检索 | 豆瓣评分超过7分 |
| 是否获奖 P31 | 获奖书目统计表 | 自行统计 | 图书获得五种奖项之一 |
| 获奖次数 P32 | 获奖书目统计表 | 自行统计 | 图书获奖超过2次 |

续表

| 二级指标 | 数据来源 | 获取方法 | 赋值为1时指标含义 |
|---|---|---|---|
| 科普图书馆藏数量 L11 | 市级公共图书馆 | 图书管理系统中查询 | 馆藏超过4本 |
| 读者借阅量 L21 | 市级公共图书馆 | 图书管理系统中查询 | 有读者借阅数据 |
| 电子书阅读量 L22 | 歌德机、移动图书馆平台 | 用户商提供 | 有相关电子书浏览、下载、阅读等数据 |
| 读者对科普信息的咨询 L31 | 歌德机、移动图书馆平台 | 用户商提供 | 有相关电子书浏览、下载、阅读等数据 |
| 读者检索科普图书记录 L32 | 市级公共图书馆 | 图书管理系统中查询或与馆员沟通获取 | 读者对相关科普图书进行咨询、检索、荐购等行为 |
| 读者对科普图书的荐购 L33 | 市级公共图书馆 | 图书管理系统中查询或与馆员沟通获取 | 读者对相关科普图书进行咨询、检索、荐购等行为 |

### 3.2 科普图书排行榜书单对比分析

根据上述确定的指标权重及赋值准则,按照公式1进行计算,计算结果见表6"本指标得分"栏。

$$S_i = \sum w_i * D_i (i=1,\cdots\cdots,13)\qquad(公式1)$$

其中,$S_i$代表图书的得分,某本图书的总得分是二级指标的权重与指标赋分的乘积的总和,$W_i$为相应二级指标的权重,$D_i$为每个二级指标的赋分。

两者排序情况如表6所示。

表6 豆瓣网TOP20科普书目综合排序与指标体系计算下的书目排序

| 序号 | 作品 | 著者 | 出版社 | 出版时间 | 豆瓣评分 | 本指标得分 | 新排序 |
|---|---|---|---|---|---|---|---|
| 1 | 上帝掷骰子吗:量子物理史话 | 曹天元 | 辽宁教育出版社 | 2006年1月 | 9.2 | 0.662 | 3 |
| 2 | 地球上最孤单的动物:43种濒危动物插画集 | 米莉·玛洛塔;孙依静(译) | 四川美术出版社 | 2020年2月 | 9.2 | 0.108 | 19 |
| 3 | 从一到无穷大:科学中的事实和臆测 | G.伽莫夫;暴永宁(译)、吴伯泽(校) | 科学出版社 | 2002年11月 | 9.1 | 0.805 | 1 |
| 4 | 众病之王:癌症传 | 悉达多·穆克吉;李虎(译) | 中信出版社 | 2013年2月 | 9.1 | 0.726 | 2 |
| 5 | 人类简史:从动物到上帝 | 尤瓦尔·赫拉利;林俊宏(译) | 中信出版社 | 2014年11月 | 9.1 | 0.579 | 5 |
| 6 | 我包罗万象 | 埃德·扬;郑李(译) | 北京联合出版公司 | 2019年7月 | 9 | 0.257 | 14 |

续表

| 序号 | 作品 | 著者 | 出版社 | 出版时间 | 豆瓣评分 | 本指标得分 | 新排序 |
|---|---|---|---|---|---|---|---|
| 7 | 时间的秩序 | 卡洛·罗韦利；杨光（译） | 湖南科学技术出版社 | 2019年6月 | 8.9 | 0.301 | 12 |
| 8 | 三体："地球往事"三部曲之一 | 刘慈欣 | 重庆出版社 | 2008年1月 | 8.8 | 0.645 | 4 |
| 9 | 时间简史：插图本 | 史蒂芬·霍金；许明贤、吴忠超（译） | 湖南科学技术出版社 | 2010年4月 | 8.8 | 0.507 | 7 |
| 10 | 薄世宁医学通识讲义：一生需要上一次医学院 | 薄世宁 | 中信出版集团 | 2019年10月 | 8.8 | 0.172 | 18 |
| 11 | 枪炮、病菌与钢铁：人类社会的命运 | 贾雷德·戴蒙德；谢延光（译） | 上海世纪出版集团 | 2006年4月 | 8.7 | 0.493 | 8 |
| 12 | 血疫：埃博拉的故事 | 理查德·普雷斯顿；姚向辉（译） | 上海译文出版社 | 2016年3月 | 8.7 | 0.204 | 16 |
| 13 | 哲学家们都干了些什么：史上最严谨又最不严肃的哲学史 | 林欣浩 | 北京联合出版公司 | 2015年4月 | 8.6 | 0.257 | 15 |
| 14 | 薛兆丰经济学讲义：来自超过25万人的经济学课堂 | 薛兆丰 | 中信出版社 | 2018年7月 | 8.5 | 0.322 | 11 |
| 15 | 未来简史 | 尤瓦尔·赫拉利；林俊宏（译） | 中信出版集团 | 2017年2月 | 8.4 | 0.527 | 6 |
| 16 | 身体密码 | 野口哲典；张佩珊（译） | 吉林出版集团 | 2012年8月 | 8.4 | 0.3 | 13 |
| 17 | 女生呵护指南：一定要知道的关于女生的那些事儿 | 六层楼 | 浙江科学技术出版社 | 2019年7月 | 8.3 | 0.184 | 17 |
| 18 | 病毒星球 | 卡尔·齐默；刘旸（译） | 广西师范大学出版社 | 2019年4月 | 8.2 | 0.393 | 9 |
| 19 | 事实：用数据思考，避免情绪化决策 | 汉斯·罗斯林、欧拉·罗斯林、安娜·罗斯林·罗朗德；张征（译） | 文汇出版社 | 2019年4月 | 8.1 | 0.333 | 10 |
| 20 | 皮肤的秘密：关于人体最大器官的一切 | 耶尔·阿德勒；卡提雅·史匹哲（绘）；刘立（译） | 东方出版社 | 2019年2月 | 8 | 0.062 | 20 |

将豆瓣前20与"本指标得分"结果进行比较，发现两种推荐体系下，排名较为接近的图书

有13本,总占比为65%,这说明本指标体系具备相当的代表性。其中,《人类简史:从动物到上帝》《女生呵护指南:一定要知道的关于女生的那些事儿》《皮肤的秘密:关于人体最大器官的一切》这三本图书排名相同,说明本指标体系能够反映基于网络评价数据的图书推荐。

图书排序相差两位的5本,有2本图书排序下降,3本图书排名上升。原排序最高的《上帝掷骰子吗:量子物理史话》在本指标体系中排名第3,主要原因是辽宁教育出版社的影响力相对不足。《哲学家们都干了些什么:史上最严谨又最不严肃的哲学史》在本指标体系计算下排序15名,主要由于读者的阅读需求相对不强。《从一到无穷大:科学中的事实和臆测》是经典的科普读物,在科普图书影响力和图书馆选择两个维度上得分都很理想,在本指标体系中排名上升为第1。《众病之王:癌症传》由豆瓣排序的第4位上升到第2位,该书还是2011年普利策文学奖获奖作品,而且癌症主题也切中读者当下最关心的健康问题。《时间简史:插图本》由原排名第9位上升到第7位,该书是妇孺皆知的经典科普读物,其科普图书影响力维度分值很高,但读者的阅读需求分值相对较低,导致整体评分处于中游水平。图书排序相差三位的有3本,《枪炮、病菌与钢铁:人类社会的命运》原排名在11位,在本指标体系中排名第8,该书科普图书影响力维度得分较为理想,但读者阅读兴趣相对不足导致排名在中游。《薛兆丰经济学讲义:来自超过25万人的经济学课堂》排名为11名,相较原来提升3位,该书的科普图书影响力维度得分较低,但作者近年参加综艺节目具有一定个人影响力,同时该书围绕经济学知识分析实际案例,与公众日常生活息息相关,因而排名相对靠前。《身体密码》排名13位,相较原豆瓣排名提升3位,该书科普图书影响力维度分值不理想,但作为一本普及生理卫生知识的读物,读者阅读需求相对较高。图书排序相差四位的有2本,《三体:"地球往事"三部曲之一》排名由原排名第8提升到第4位,说明这本经典的科幻小说在当下依然是公众喜欢的图书。《血疫:埃博拉的故事》在本指标体系下排名16,下降了4位,该书的科普图书影响力维度分值相对较低,但在目前疫情期间,公众对病毒、细菌等微生物知识的需求度较高,说明公众的阅读需求与外界环境息息相关。从上述分析可以看出,两种排序结果相对一致的图书是图书质量良好、读者阅读需求较高的科普图书。

两种排名差距较大的图书有7本,其中,排名提升的有3本,下降的有4本。《未来简史》在本指标体系下排名第6,提升了9位,该书作者所著的简史三部曲在学术和大众领域都口碑极佳,也是本榜单中唯一一位有两本图书上榜的作家,排名结果比较靠前。《病毒星球》在本指标体系下排名第9,相比原来提升一倍,虽然该书是2019年新出版,但是作者是科普图书畅销作家,内容深刻又不乏生动,中信出版社影响力较高,而且该书主题也契合读者对病毒相关知识的阅读需求。《事实:用数据思考,避免情绪化决策》排名从19位提升到第10位,该书的科普图书影响力维度得分只有读者评价指标达标,但是公众对思维方式等实用类图书阅读需求较大,因而该书排名中游。排名差异最大的是《地球上最孤单的动物:43种濒危动物插画集》,原排名第2但是在本指标体系中排名倒数第2,该书在科普图书影响力维度上得分不理想,作为2020年最新出版的图书豆瓣评分高达9.2分很难有说服力,而且现有数据并未显示读者的阅读需求,导致总排名较低。《我包罗万象》在本指标体系下排名14,下降了8位,该书作者和出版社影响力相对较弱,这本讲解微生物的图书本应契合当下阅读主题,但由于书名与内容的关联度相对较低,尚未被读者及时发现,导致排名相对靠后。《时间的秩序》在本指标体系下排名第12,虽然下降5位,也尚未有获奖,但是该书作者被誉为"下一个史蒂芬·霍金",其代表作《七堂极简物理课》口碑与评价都极佳,湖南科学技术出版社影响力也较大,但是与《时间简史》类似,该书的读者阅读需求相对较低,导致图书排名在中游。《薄世宁医学通识讲义:一生需要上一次医学院》由原排名第10位降至第18位,该书只有出版社影响力相对较好,作者相关著作较少,影响力不足,也没有相关获奖情况。

总体来看,排名有所上升的图书基本是作者和出版社影响力相对理想的图书,排名下降的图书基本是2019年以来最新出版的,这说明豆瓣排行榜对新书的推荐力度较大。豆瓣网作为网络图书评论平台,出版社、名人向平台及时推荐新书是常态,即使中间存在商业行为也无可厚非,但图书馆在推荐时则需要更为谨慎,新书缺乏完整的数据支撑,仅凭作者和出版社影响力贸然推荐主观性太强,书目编制是一个科学有序的推荐过程,每一环节都应有数据做支撑、有理论为依据,新书缺乏相关信息,过分依赖豆瓣等第三方阅读平台有可能会被商家利用。此外,馆员应及时挖掘书名与内容关联度较小的图书,结合社会热点及时将优质好书推送给读者。

本文尝试从科普图书影响力和图书馆选择两个维度建立科普图书推荐书目指标体系,指标体系突出了对图书的质性描述和读者的阅读意愿,符合目前推荐书目的编制要求,便于图书馆为读者提供一份满足需求、客观、科学、全面的科普图书书目,同时也能在一定程度上改进目前业务服务中存在的主观与盲目性等问题。但本研究具备一定的探索性,虽然基于公共图书馆的数据进行了实证研究,但是实际价值还需要进一步检验完善,体系的部分指标,如出版社影响力指标以获奖书目为来源,可能与真实情况存在一定偏差。

**参考文献**

[1] 于良芝,于斌斌.图书馆阅读推广——循证图书馆学(EBL)的典型领域[J].国家图书馆学刊,2014,23(6):9-16.

[2] 李雅,孙何凝.推荐书目与高校阅读推广——以苏州大学等高校的本科必读书目为例[J].高校图书馆工作,2019(5):62-66.

[3] 李莉,周霜菊.基于位置的高校图书馆馆藏书目个性化推送系统构建[J].图书馆理论与实践,2017(5):98-100.

[4] 马俊锋.我国科普图书评奖及推荐活动的现状与问题[C]//中国科普研究所,广东省科学技术协会.中国科普理论与实践探索——第二十四届全国科普理论研讨会暨第九届馆校结合科学教育论坛论文集.中国科普研究所、广东省科学技术协会:中国科普研究所,2017:385-393.

[5] 谷秀洁,张赞魁.推荐书目与图书馆阅读推广[J].山东图书馆学刊,2011(3):62-65,71.

[6] 范并思.论图书馆阅读推广的理论体系[J].图书馆建设,2018(4):53-56.

[7] 张玉,潘云涛,袁军鹏,等.论多维视角下中文科技图书学术影响力评价体系的构建[J].图书情报工作,2015,59(7):69-76.

[8] 何峻,蔡蓉华.中文图书评价体系研究[J].大学图书馆学报,2016,34(3):51-58,15.

[9] 刘丽帆,朱紫阳.基于"全评价"理论的高校图书馆热门TOP图书推荐模型研究[J].图书情报工作,2018,62(7):47-53.

[10] 彭陶.网络图书排行榜评价指标探析——以当当网图书畅销榜为例[J].图书馆学研究,2012(14):60-65.

[11] 李雁翎,孙晓慧,陈玖冰.五维图书评价体系及分析模型的建构[J].情报科学,2013,31(8):77-80,140.

[12] 豆瓣图书标签:科普[EB/OL].[2020-03-23].https://book.douban.com/tag/科普/2020-03-23.

# 科普学习圈智慧 文旅融合新探索
## ——"蓝松鼠"科普之星少儿科普知识比赛

伍艺华 覃 翠（广西壮族自治区图书馆）

## 1 背景与缘起

### 1.1 广西壮族自治区少年儿童图书馆的阅读推广理念

广西壮族自治区少年儿童图书馆（以下简称"广西少儿馆"）创建于1985年3月，是一所省级少年儿童公共图书馆，馆舍建筑面积2700平方米，是对全区少年儿童进行思想道德教育、普及科学文化知识的文化教育机构。至2019年底，广西少儿馆拥有藏书65万多册。其中少儿文学、艺术、科普类图书为主要馆藏，并有乐儿平台、中华连环画、新东方中小学数字图书馆等电子资源。

近来广西少儿馆每年开展逾百场少儿阅读推广活动，活动以"智慧树"为主线，结合当下新兴的STEAM教育理念，分几条子线开展。STEAM是科学（Science）、技术（Technology）、工程（Engineering）、艺术（Art）、数学（Mathematics）的缩写。STEAM教育是综合的技术教育，它需要跨学科融合，STEAM的课堂常常是基于真实问题解决的探究学习、基于设计的学习，强调发展学生的设计能力与问题解决能力。STEAM教育符合当下创新教育、个性化教育的理念。

2017年，广西少儿馆经过多年的积累，已经拥有了艺术（Art）、技术（Technology）、数学（Mathematics）、语言（Langue）、文学（Literature）等多类阅读推广活动的探索经验，但科学（Science）类和工程（Engineering）类活动一直空缺。

### 1.2 新时代广西少儿的阅读问题

#### 1.2.1 2016年之前本馆科普类的图书借阅量逐年下降

从2014年、2015年及2016年广西少儿馆图书借阅分类统计数据图（图1至3）可以看出，科普类图书的借阅量与其他类图书相比偏少，且逐年下降。这与广西区内教育环境对学生科普素质教育不够重视有一定关联。

#### 1.2.2 从全国的科普类竞赛成绩来看，广西少儿成绩偏低

通过对2016年前的多项全国性的科普比赛进行研究，广西选手很少取得好成绩。例如：在"全国少年儿童'科技之星'科普知识竞赛"中，广西选手几乎没有人获奖；在"全国青少年科普知识比赛"全国排名中基本靠后；在"全国青少年科技创新比赛"中，广西选手极少获得好名次。广西少儿整体科普知识面较窄，对现代科普认知水平普遍偏低。

### 1.2.3 碎片化浅阅读在广西少儿中盛行,优秀资源难觅

在信息时代成长起来的孩子,很大部分都是"互联网原住民"。每天可以从手机、平板、电脑等电子产品中获得大量信息。通俗化、快餐化、浅显化的浅阅读模式在学生中流行。它快节奏的特点加重了孩子们的浮躁心理,对有深度的书籍难以静下心来认真思考,而学校老师对此也无能为力。

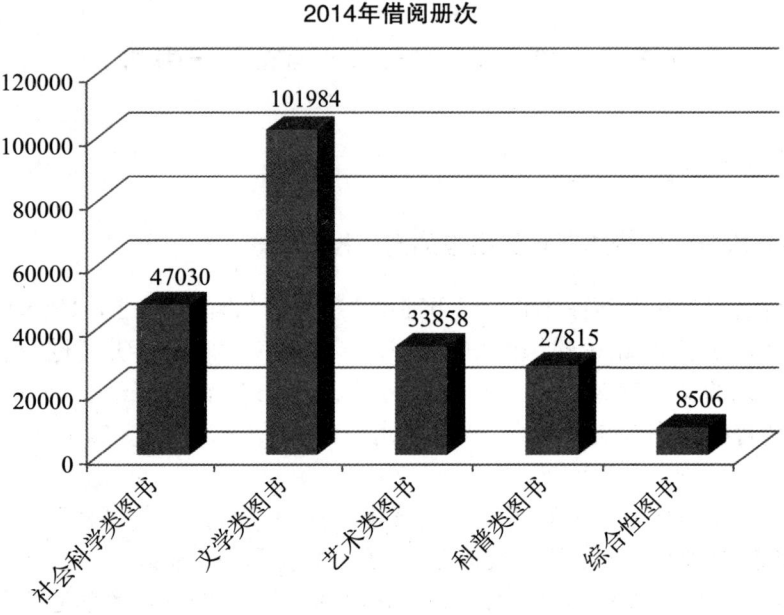

图 1　2014 年广西少儿馆外借图书借阅量分类统计图

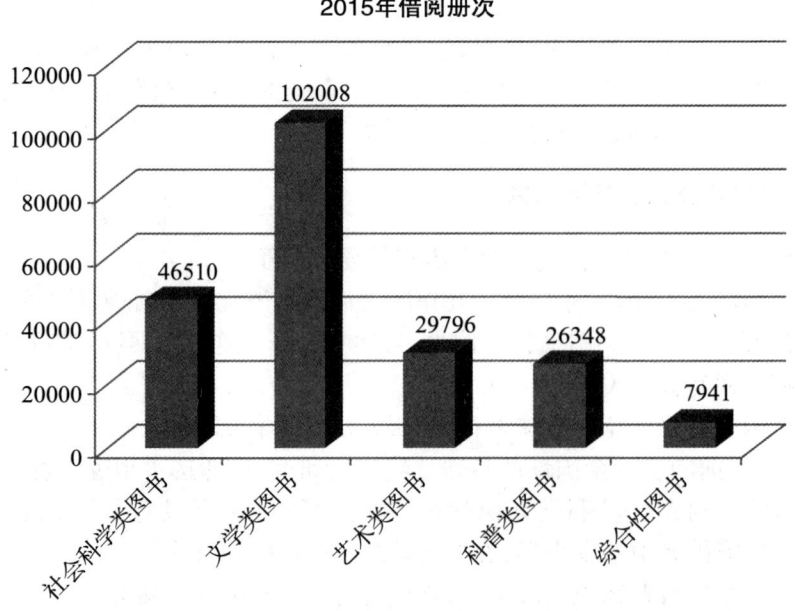

图 2　2015 年广西少儿馆外借图书借阅量分类统计图

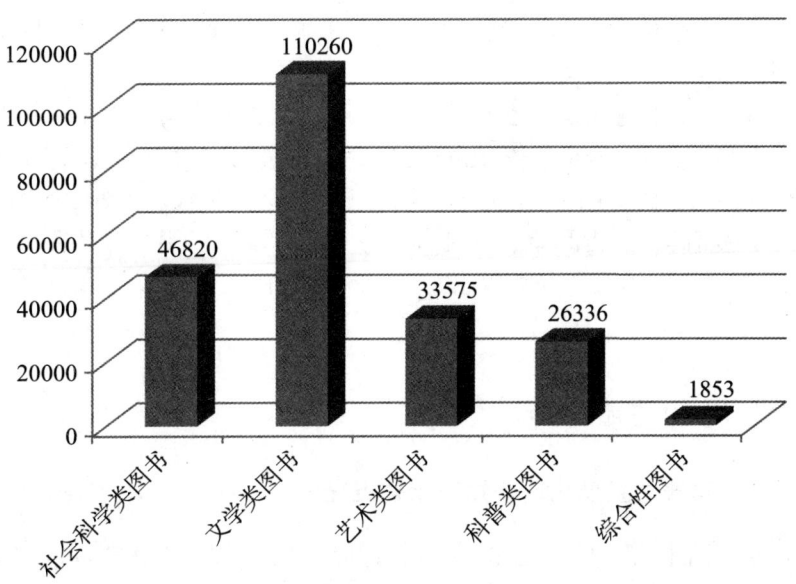

图 3 2016 年广西少儿馆外借图书借阅量分类统计图

同时,不经筛选的网络信息有可能荼毒孩子幼小的心灵,不利于他们的健康成长。其中不乏优质的网络电子资源,但是收费才能使用、观看,这无疑设置了一道门槛。而图书馆作为信息资源的重要聚集地,收藏有大量的纸质书籍和数量庞大的数字资源。这些数量庞大且制作精良的数字资源却如同宝藏一般,鲜有读者、家长问津或不知该如何挑选。

### 1.3 "蓝松鼠"科普之星少儿科普知识比赛的缘起

针对调研得出的广西大部分少儿的科普类书籍阅读不足的问题,广西少儿馆在少儿数字资源中选定了乐儿科普数字平台,结合少年儿童喜欢看动画片的特点,于 2017 年全新推出"蓝松鼠"科普之星少儿科普知识比赛,以线上看动画片学习科普知识、线下竞赛的形式,利用电子资源不受空间、时间限制的优势,向公众推广优质的少儿科普类数字资源,提高广西少儿馆少儿数字资源的曝光率和使用量,促进纸质阅读和数字阅读的和谐发展,达到不断提高区内少儿科普知识水平的目的。

广西少儿馆目前的少儿读者活动中,"织布鸟"亲子手工堂对应艺术(Art),"银狐"机器人创客营对应技术(Technology),"神算猴"数学思维训练营对应数学(Mathematics),而"蓝松鼠"科普之星少儿科普知识比赛则对应科学(Science)。可以说,"蓝松鼠"科普之星少儿科普知识比赛是广西少儿馆在把 STEAM 教育理念融合进少儿阅读推广活动中的又一次新的探索。

活动名称"蓝松鼠"的由来:松鼠是世界十大聪明的动物之一。蓝色是充满智慧和科技的颜色,把二者结合在一起并以"蓝松鼠"冠名充分体现出科普知识比赛的特点,活泼可爱的造型可以吸引少儿读者参赛、提高活动辨识度。

### 1.4 举办少儿科普知识比赛的目的和意义

举办少儿科普知识比赛的目的,是想通过线上 + 线下知识竞赛及互动学习的方式,普及自然科学和社会科学的知识,培养少儿科学的逻辑思维能力、举一反三的思考分析能力、团队合作意识等能力。鼓励孩子从被动接受到主动学习,拓宽视野、活跃思维,激发少儿爱科学、乐探索的阅读精神。

少儿科普知识比赛的意义,一是为了填补广西少儿馆在科学(Science)类阅读推广活动的空白;二是提高馆藏资源利用率,充分发挥少儿图书馆的第二课堂作用,补充学校在素质教育方面投入的不足,带动学生拓宽知识面;三是适应新时代新要求,利用网络和大数据技术,收集学生学习信息,分析和掌握学生学习习惯和兴趣,以引导学生用正确的方法学习现代科学理论新知识;四是打造品牌文化,展示图书馆在文化建设方面的独特优势和核心作用。

## 2 活动概况和主要内容

### 2.1 "蓝松鼠"科普之星少儿科普知识比赛概况

至2020年初,"蓝松鼠"科普之星少儿科普知识比赛(以下简称"科普知识比赛")已经举办了三届。第一届科普知识比赛(图4)于2017年12月15日至2018年2月4日期间举办,初赛主题为植物趣闻、动物世界、虫虫王国,活动期间科普类数字平台浏览量大大增加,总浏览量约为3000余次。第二届科普知识比赛(图5)于2018年12月10日至2019年1月27日期间举办,初赛主题为海洋世界、自然常识、科学环保。决赛的个人赛中首次使用抢答器,首次增加科学实验环节,增加了比赛的竞争性及趣味性。第三届科普知识比赛(图6)于2019年11月2日至2020年1月12日举办,主题为"环球宝藏大发现",首次引入"文旅融合"概念,把科普知识、人文风貌与环球旅行结合起来。参赛者从中国广西出发,畅游俄罗斯、菲律宾、美国等10个国家,进行一场环球发现和答题之旅。

图4 第一届"蓝松鼠"科普之星少儿科普知识比赛

图 5 第二届"蓝松鼠"科普之星少儿科普知识比赛

图 6 第三届"蓝松鼠"科普之星少儿科普知识比赛

## 2.2 活动主要内容

广西区内 5—9 岁少年儿童网上免费报名,比赛开始前一个月进行活动预热,参赛者先线上观看科普动画片,再登录活动平台参与初赛答题。初赛有三轮,每一轮排名前 50% 的选手晋级下一轮,初赛结束后排名前 30 名的选手进入线下决赛。决赛分个人赛和团体赛,团体赛随机 10 人组队决出冠亚季军,个人赛前十名获得"蓝松鼠"科普之星荣誉称号。

表 1　活动框架

| 序　号 | 选题方向 | 活动类型 | 活动类型介绍 | 比赛形式 |
|---|---|---|---|---|
| 第一届 | 植物<br>动物<br>昆虫 | 线上 | 线上知识竞赛 PC 端 | |
| | | | 线上知识竞赛微信端 | |
| | | 线下 | 线下决赛 | 分为团队赛、个人赛形式 |
| 第二届 | 海洋<br>自然<br>环保 | 线上 | 线上知识竞赛 PC 端 | |
| | | | 线上知识竞赛微信端 | |
| | | 线下 | 线下决赛 | 分为团队赛和个人赛,新增抢答形式和趣味动手实验 |
| 第三届 | 世界地理<br>自然科学<br>海洋世界 | 线上 | 线上知识竞赛 PC 端 | |
| | | | 线上知识竞赛微信端 | |
| | | 线下 | 线下决赛 | 分为团队赛和个人赛,新增抢答形式和趣味动手实验 |

## 3　活动实施历程

### 3.1　深入调研教育部对现代儿童需掌握的科普知识的要求,结合阅读推广活动经验,精心挑选竞赛题目

广西少儿馆在深入调研教育部对现代儿童需掌握的科普知识要求后,根据《不列颠百科全书》知识点,把科普知识分成 12 个不同主题,再利用多元的学习模式:科普动画＋试听讲解＋知识问答,将活动内容系统化。每一届比赛精选不同主题科普知识板块,结合阅读推广活动经验,精心挑选竞赛题目,为小读者获得扎实的知识储备提供支持。

表 2、表 3、表 4 是各届竞赛代表性题目列表:

表 2　第一届竞赛代表性题目

| 第一届 |||
|---|---|---|
| 题目分类 | 题目 | 题目选项 |
| 动物 | 1. 牙齿最多的动物是? | A. 蜗牛　B. 海豚　C. 大猩猩 |
| | 2. 青蛙用什么器官呼吸? | A. 肺　B. 皮肤　C. 皮肤和肺 |
| 植物 | 3. 向日葵从最初的发芽阶段,一直到什么时候之前,始终都是跟着太阳转动的? | A. 花朵盛开之前　B. 结果实之前　C. 发芽完毕 |
| | 4. 橄榄是一种富含维生素 C 的果实,它是什么颜色的? | A. 黄色　B. 褐色　C. 青色 |
| 昆虫 | 5. 蜜蜂的蜂巢造型是几边形? | A. 五边形　B. 六边形　C. 八边形 |
| | 6. 蜘蛛是什么动物? | A. 肉食性　B. 素食性　C. 流食性 |

表 3　第二届竞赛代表性题目

| 第二届 |||
|---|---|---|
| 题目分类 | 题目 | 题目选项 |
| 海洋生物 | 1. 下列海蛇的描述,哪个是错误的? | A. 眼镜蛇科　B. 有毒　C. 生活在深水区 |
| 海洋生物 | 2. 被誉为水中的大熊猫是? | A. 海豚　B. 白鳍豚　C. 大白鲸 |
| 自然 | 3. 水痘会通过什么传播? | A. 飞沫传播　B. 遗传　C. 水痘不传染 |
| 自然 | 4. 薄荷的奇妙用处是? | A. 祛除口臭　B. 镇定　C. 减肥 |
| 环保 | 5. 有机农场的发展是? | A. 可持续发展　B. 绿色发展　C. 纯有机发展 |
| 环保 | 6. 荧光棒中含有的对人身体有害物质是? | A. 色素　B. 辐射物质　C. 化学溶剂 |

表 4　第三届竞赛代表性题目

| 第三届 |||
|---|---|---|
| 题目分类 | 题目 | 题目选项 |
| 世界地理 | 1. 世界领土面积最大的国家是? | A. 俄罗斯　B. 中国　C. 美国 |
| 世界地理 | 2. 地球上出现潮汐是因为地球自转吗? | A. 不一定　B. 对　C. 不对 |
| 自然科学 | 3. 什么燃料被誉为"黑金"? | A. 木炭　B. 石油　C. 天然气 |
| 自然科学 | 4. 月球和太阳哪个距离地球近? | A. 太阳　B. 月球　C. 一样近 |
| 海洋世界 | 5. 世界最大的海洋是? | A. 大西洋　B. 太平洋　C. 北冰洋 |
| 海洋世界 | 6. 哪种生物容易被误认为"美人鱼"? | A. 海豚　B. 海豹　C. 海狮 |

### 3.2　深入研究儿童心理学,开发生动活泼的互动答题平台,结合答题有奖,刺激科普知识学习积极性

通过深入研究儿童心理学,结合多年的阅读推广活动经验,广西少儿馆与乐儿平台共同研究开发出生动活泼的互动答题平台,刺激科普学习的积极性。通过互动答题平台,参赛者可以自由安排观看动画片和答题时间,互动答题平台操作便捷,低龄参赛者在家长指导下操作,学龄儿童可以自行操作。所有参赛题目和选项都有语音播报,方便低龄参赛者答题。足不出户即可参与竞赛。比起枯燥的授课模式,互动答题的形式充分调动孩子们的学习积极性。拒绝虚拟化传播,让知识不再遥远,使小读者能够更清晰更直观地了解相应知识点,并锻炼举一反三的能力。在一定程度上满足了少儿读者对数字资源娱乐性、知识性、社交性的阅读需求。

### 3.3　LOGO 设计,精心策划,认真准备,做好相关人员培训

在活动前期准备阶段,广西少儿馆设计制作"蓝松鼠"LOGO 图案(图 8),用于活动宣传、活动现场装饰、活动奖品印制等。除此之外,广西少儿馆还专门定制了"蓝松鼠"LOGO 的印章和双面胶贴。在图书馆一楼少儿电子阅览室另辟专门答题区供到馆参赛者看动画片及答题,并在答题区粘贴比赛 LOGO 双面胶贴,利用一切机会为科普知识比赛做宣传。

图 7 "蓝松鼠"LOGO

为保障线上答题阶段顺利进行,广西少儿馆充分利用现有场地,开放少儿电子阅览室提供比赛场地和设备,并对少儿电子阅览室工作人员进行比赛相关事宜的通告和培训,提前让相关活动工作人员熟悉比赛流程、平台使用方法、比赛规则等,确保工作人员在参赛者进行数字阅读遇到困难时能给予及时的帮助和解答。

### 3.4 积极宣传,推广科普图书,利用网络渠道发动参与

比赛期间,广西少儿馆利用图书馆的资源优势,为参赛选手开出科普书单,并在借阅室的科普专列书架上摆出当届比赛推荐的科普图书,让工作人员重点宣传,吸引了大量小读者关注和学习科普知识。

表 5 是三届比赛部分推荐书单列表:

表 5 三届比赛部分推荐书单

| 第一届比赛推荐书单 | 第二届比赛推荐书单 | 第三届比赛推荐书单 |
| --- | --- | --- |
| 《百问百答:动物》(道奇胜文图,王向阳译)<br>《动物》(中国科协青少年工作部主编)<br>《动物 Animal》(龚勋主编)<br>《十万个为什么:故事版:动物》(顾作峰主编)<br>《动物:动物世界的考察》(方士娟编著)<br>《动物:动物的丰富学问》(张恩台编著)<br>《动物:破解动物的密码》(何水明编著)<br>《植物》(教育出版社有限公司编)<br>《十万个为什么:故事版:植物》(顾作峰主编)<br>《慢慢老去的生物书:植物——不移动也能改变世界》(千太阳译,韩国图书出版城佑执笔委员会著) | 《海洋中环环相扣的食物链》(刘芳主编)<br>《生命的希望:海洋》(谢宇主编)<br>《海洋 The ocean》(吴丽娜编)<br>《十万个为什么 .14:海洋》(韩启德总主编)<br>《海洋中的生命 = The handy ocean answer book》(斯瓦尼著)<br>《海洋生物探秘》(元秀主编)<br>《海洋中的动物们》(德柏凯文)<br>《海洋之谜:玄妙的海洋"悬案"》(黄勇主编)<br>《妙趣横生的水里世界》(元秀主编)<br>《可爱的海洋动物》(元秀主编)<br>《自然 Nature》(卓越教育主编) | 《海洋世界》(威廉姆斯编著)<br>《海洋世界》(学习型中国·读书工程教研中心主编)<br>《百问百答:海洋世界》(胡媛媛编)<br>《海洋中取之不尽的宝藏》(刘芳主编)<br>《海洋:汹涌澎湃无边际》(李娜编著)<br>《海洋:蓝水世界探秘》(麦克米伦编著)<br>《海洋与海底》(道奇胜文图)<br>《海洋之谜》(汪敬东主编)<br>《海洋中无处不在的科学》(刘芳主编)<br>《富饶的海洋资源》(雷宗友著)<br>《探索与发现大自然》(元秀主编) |

为方便参赛者在家中或学校里参加比赛,广西少儿馆整理撰写了电子版的《参赛指南》及

《微信客户端操作指南》发到读者QQ群和学校,让家长和老师掌握比赛平台使用方法,先于孩子成为数字资源的体验者和使用者,协助孩子在家中或学校里登录平台观看科普动画片、答题,调动家长和老师的积极性,在一定程度上提高比赛参与者的使用和参赛体验,让家长、老师成为比赛顺利进行的助推者,使比赛在家中或学校里也能有效地开展,并促进家庭和学校形成利用数字资源的良性氛围。

为了扩大宣传、调动参与积极性,在每届科普知识比赛初赛期间,工作人员利用周末少儿阅览室和低幼儿童阅览室人流量多的特点,组织志愿者现场教家长或者年纪较大的爷爷奶奶用手机操作观看科普动画片,用现场答题可获得小礼品的方式激活他们的答题兴趣。每一轮初赛结束后,在参赛选手中随机抽取一定数量的幸运奖赠送小礼品。答题有奖、随机抽奖双管齐下,共派发礼品500余份,在一定程度上维持了参赛选手和家长对比赛的关注度,营造了热闹欢乐的比赛氛围,取得了良好的活动效果。

比赛开始前工作人员通过微信公众号推送比赛通知,多次在读者QQ群里进行活动预热,比赛开始后经常在群里发布比赛相关消息,如比赛分数排行榜截图、答题提醒、比赛规则、活动奖品、解答参赛者的疑问等。"蓝松鼠"科普之星科普知识比赛面向的是5—9岁儿童,覆盖幼儿园大班、学前班和小学低年级阶段儿童,这个年龄阶段的孩子课外活动内容的选择及时间的控制很大程度上依赖父母或老师的决定,广西少儿馆通过微信公众号及读者QQ群目前比较主流的网络交流方式,正面、多角度、全方位地推广科普知识比赛,不断维护、激发参赛者的参与、竞争意识和参赛热情,保证了比赛的顺利开展。

### 3.5 组织志愿者有效协助活动开展

因赛程较长,经过刚开始的热情之后有部分参赛者、家长的积极性有所下降,不能及时观看科普知识动画片、忘记登录平台答题的状况时有发生。广西少儿馆每轮线上答题阶段不定期登录答题平台查看实时参与答题人次,导出已答题参赛者名单与报名名单进行对比,筛选出未答题的参赛者名单,组织志愿者电话联系家长提醒比赛进度、督促答题。两轮线上海选结束后,除了在广西少儿馆官网、少儿部读者QQ群公布决赛名单,还由志愿者电话逐一通知决赛选手家长决赛事宜。线下决赛时,志愿者负责现场签到、维护秩序、发放奖品等工作。

### 3.6 与社会组织、社区合作,扩大比赛辐射范围

广西少儿馆活动策划组在前两届科普知识比赛的基础上,不断总结经验教训,发现除了本馆现有读者流量、与学校和幼儿园合作之外,还忽视了规模庞大的社会其他公益性质组织、社区的重要力量。社会其他公益性质组织、社区扎根广大人民群众,迫切需要满足老百姓精神文化需求特别是满足少年儿童旺盛的求知欲的服务和活动。广西少儿馆积极与本市最大的社工组织之一彩虹义工合作,以南宁市广源国际社区为试点,向社区的家长和孩子宣传科普知识比赛,还邀请老师先后两次开展专题培训课。在少儿部、彩虹义工、广源国际社区的三方努力下,科普知识比赛辐射面由图书馆、学校扩展到社区,第三届科普知识比赛期间科普专题数据库总访问量高达8万余次,达到了预期推广目的,同时也大大推动了社区精神文明建设和谐家园的发展。

### 3.7 加强媒体报道,收集反馈意见

科普知识比赛结束后,广西少儿馆撰写活动报道在官网发布,并整理活动方案、照片,

收集参赛者反馈。虽然比赛结束了,但是数字资源推广仍在继续。为了保持读者对科普知识、数据资源的热度和兴趣,广西少儿馆不定期在读者QQ群推送数字资源观看链接,推荐优质少儿数字资源,提高广西少儿馆少儿数字资源利用率,也为下一次科普知识比赛做准备。

## 4 成效及影响

### 4.1 提升图书馆的社会效益

"蓝松鼠"科普之星少儿科普知识比赛在服务理念、活动形式、管理模式上都进行了创新,注重少儿体验感受,将趣味与科普知识相融合,激发少儿主动学习的兴趣。科普知识比赛活动反响很好,较大程度上促进了馆内浏览量提升,使数字资源得到充分的使用和传播,提升了广西少儿馆的知名度,扩大了社会效应,增强了服务效能。

第一届科普知识比赛期间(2017年12月5日—2018年2月4日)与上一年同期(2016年12月5日—2017年2月4日)无活动时科普专题数据库浏览量对比,较上一年同期浏览量增加了9399次,提高了612.71%。

第三届科普知识比赛活动开始后(2019年11月)与上一年同期无活动时(2018年11月)网站浏览次数对比,浏览量增加了1397次,提高了47.04%。

### 4.2 有效提高图书馆数字资源使用率

从科普数字资源库的访问数据来看,科普知识比赛期间访问数据提升明显,最高访问量达到14061人次/月。比赛期间科普数字资源访问量大大增加,说明小读者对我们的资源内容和活动形式是比较喜欢和感兴趣的,比赛的举办取得了非常好的效果。

### 4.3 增强了小读者的学习兴趣,拓宽了知识面

通过参加科普知识比赛,小读者燃起了对学习科普知识的渴望,激发浓厚的阅读兴趣。比赛给广大少年儿童提供了一个展示自我风采的舞台,对广西区内一些贫困地区科普知识的宣传起到了积极的影响,收获了许多老师和家长的称赞和认可。从表5、表6、表7看出,参赛选手答题积极性很高,多数能坚持每天参与答题,有些选手的答题成绩从不及格不断提升到满分,答题时长也大大缩短。在第三届科普知识比赛的赛程中,广西区内贫困地区的孩子也积极参赛,其中一位来自广西灵山县三隆镇金东小学的小朋友突出重围,来到南宁参加线下决赛,凭借个人扎实丰富的知识获得了"蓝松鼠科普之星"荣誉称号。

### 4.4 少儿科普图书阅读量逐年递增

"蓝松鼠"科普之星科普知识比赛举办后,广西少儿馆2016—2019年的科普类图书借阅分类统计图(图8)来看,2016年为26336册次,2017年为31049册次,2018年为33786册次,2019年为34760册次。少儿科普图书的借阅量逐年递增,说明比赛的开展对科普书籍的借阅量有促进作用。

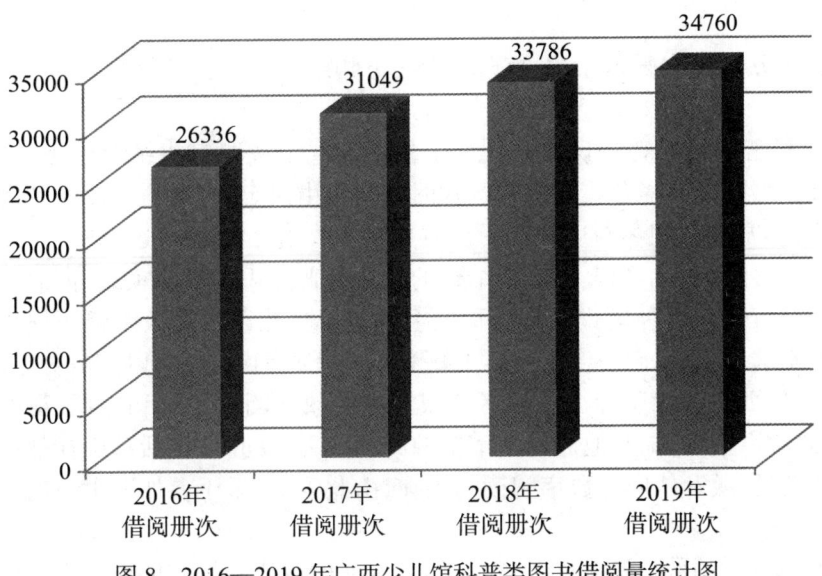

图8 2016—2019年广西少儿馆科普类图书借阅量统计图

## 5 活动的可推广性分析

### 5.1 活动后续影响力大,可持续性强

科普知识比赛依托1000集12大主题科普专题数字资源为活动竞赛知识宝库,可建立持续性的竞赛题库作为活动延展,项目可长期开展。科普知识比赛结束后,各个媒体平台发表活动报道,吸引读者持续关注,不只城市的少年儿童和家长关注比赛,社区留守儿童、贫困山区的老师和家长也非常感兴趣。网络传播的力量起到了很大的作用。持续的活动热度增强了读者对科普知识、数据资源的热度和兴趣,使优质少儿数字资源得到有力的推广,提高了图书馆阅读推广服务水平。

### 5.2 可操作性强,活动模式易于复制,适合各类型图书馆和学校开展

(1)广西少儿馆共享广西图书馆数字资源,可与区内有意向开展同类活动的图书馆签订合作协议,无偿提供活动开展模式及经验,共享科普专题数据库,帮助改善区内部分图书馆少儿读者活动类型单一、形式单调的局面,促进区内低幼儿童和小学低年龄段儿童科普水平的提高。

(2)科普知识比赛所用的线上答题平台易于操作,适用于手机、电脑、平板登录,对网速和使用设备没有特殊要求,只要网络通畅都可以使用。

(3)线下决赛场地露天或室内均可,提供桌椅、音响、话筒、投影仪等简单设备,可利用会议室、多功能厅、报告厅、球场等,适合在各个图书馆、学校或幼儿园开展。

(4)具有完善的宣传推广模式,有多种可复制的参赛和宣传渠道。

## 6 活动创新点

创新点1：互联网+多媒体互动，打造线上线下相结合的符合时代特点的科普知识和数字资源推广模式。

"蓝松鼠"科普之星科普知识比赛把线上初赛与线下决赛有机结合起来，线上初赛的优势在于比赛节奏可以由参赛者在规定的赛程时间内自由决定，观看科普动画片和答题可在家里或学校完成，参赛者主观参与度较高。决赛则要求参赛者现场角逐，增强了比赛的趣味性和竞技性，形成一种新型的、线上线下相结合的少儿科普知识的推广模式，同时也顺利推广广西少儿馆的数字资源。这种模式在一定程度上满足了少儿读者对数字资源娱乐性、知识性、社交性的阅读需求，又给他们提供了实体书籍和电子资源相结合、可以交流分享的社交平台。通过这种模式，广西少儿馆引导少儿读者养成正确的数字阅读意识和习惯，帮助他们选择有意义、有价值的数字资源，提升他们的数字资源阅读能力。同时，在活动中让他们感受到获得知识的快乐和满足，激发他们对数字阅读的兴趣，由此爱上、乐于参加图书馆的数字资源阅读活动。

创新点2：以优质的数字资源库为依托，开发专业的现代高科技的比赛答题平台和智能小程序。

"蓝松鼠"科普之星科普知识比赛在技术上有三个亮点。

亮点一是搭建了比赛的网络答题平台（图9），并把平台入口嵌入广西少儿馆官网首页中。参赛者只要登录官网，点击"蓝松鼠"图标即可直接跳转到答题平台。为了方便学龄前参赛小读者，所有题目和选项都可以语音播放，让低幼读者独立操作成为可能。同时，平台设置有答题排行榜，实时显示分数排名前十的参赛者名单，大大激励了参赛者的观看热情和答题斗志。

图9 科普知识比赛答题平台

亮点二是读者可以在广西少儿馆微信公众号上观看科普数字资源库，读者只要关注图书馆微信公众号，无须登录账户密码即可在手机观看动画片，做答题前的准备。这个贴心的举动获得了很多家长的支持与称赞，也保证了活动的顺利进行。

亮点三是科技人员专为"蓝松鼠"科普之星少儿科普知识比赛研发的智能小程序。小程序可线上计分，同时计算三个队伍的分数并且精准零失误，答题完毕秒出结果。比起传统的人工计分，智能小程序大大节省了人力和时间成本。

创新点3:科普知识主题化,活动内容系统化。

与传统科普知识竞赛"无鲜明主题,内容繁杂"不同,"蓝松鼠"科普之星少儿科普知识比赛主题鲜明,内容系统,让小读者能更全面地学习科普知识。科普知识比赛依托的科普专题数据库将科普知识分成12个主题,每个主题下细分各个知识点,知识脉络清晰。利用多元的学习模式——科普动画+试听讲解+知识问答,有效促进知识吸收。每一年推广不同主题,具有连续性和系统性,为小读者提供了丰富的知识储备支持。

创新点4:体验式科学互动,实验探究中见真知。

广西少儿馆在线下决赛中带领小读者动手做实验,通过实践亲自验证科学原理,更直观、深刻地学习科学知识。如第二届科普知识比赛决赛的浮力实验,参赛选手现场操作,亲身体会浮力随着烧杯中盐水的浓度增加而不断变大(图10)。第三届科普知识比赛决赛现场演示火山喷发,并让参赛选手操作实验,直观地感受柠檬酸和小苏打酸碱中和后的有趣变化。

图10 第二届"蓝松鼠"科普之星科普知识比赛决赛现场演示浮力实验

创新点5:设计活动LOGO,提高活动辨识度。

为了达到良好的宣传效果,让"蓝松鼠"科普之星科普知识比赛这棵稚嫩的小苗在种类丰富的读者活动中脱颖而出,广西少儿馆迅速抓住读者眼球,吸引读者参加,少儿部在活动策划、赛制设置等方面做足了功夫。除此之外,还专门邀请资深专业设计师从比赛立意出发,借鉴迪士尼卡通风格,根据少儿普遍喜欢可爱、活泼动物形象的特点,设计出以蓝色小松鼠为主体的比赛专属LOGO。

创新点6:文旅融合,拓宽视野,放眼世界,激励成长。

第三届科普知识比赛以"环球宝藏大发现"为主题,首次加入"文旅融合"的概念,在寻宝故事背景下,参赛者化身探险家,从中国广西出发,途经俄罗斯、菲律宾、澳大利亚、麦哲伦海峡、美国、北冰洋、英国、法国等10个国家和地区,最终到达好望角,完成一场环球答题竞赛寻宝之旅。竞赛内容主要围绕各个地区的"世界地理""自然科学""海洋世界"进行。初赛共计400题,其中世界地理板块为270题,占总题67.5%。决赛共计144题,其中世界地理板块为92题,占总题63.8%。

参赛小选手通过"环球答题竞赛寻宝之旅",观看与当地相关的自然科学、人文风情动画片再闯关答题,借助网络乘着想象的翅膀,从繁重的学习压力中解脱出来,在"环球探险"中学习到不同国家和地区的文化知识,拓宽了视野,树立远大志向,提高了自然。

# 湖北省图书馆"书说荆楚"讲书人培育

曹星月 刘 泉(湖北省图书馆)

2016年,湖北省图书馆联合湖北省新华书店(集团)有限公司启动了两年一届的公益性导读荐读品牌项目——十佳荆楚图书评选,通过评选延伸图书馆导读、荐书模式。然而,尽管读者拥有了良好的阅读环境和优秀的推荐书目,可日常生活中"读什么""怎么读""读懂没有""吸收如何"等问题,依然困扰着不少人。因此湖北省图书馆于2018年第二届十佳荆楚图书评选荐读之际,在各行各业广泛招募讲书人,让这群各领域有所钻研的特殊阅读推广人通过讲书的形式,以"讲书"带动"读书",以讲一本书带动读多本书,链接全民阅读最后一公里,为各类阅读推广活动注入了一针强心剂,也为"全民阅读"推广带来了新的方法路径。

## 1 培育讲书人的意义

2012年,《深圳市阅读推广人管理办法》定义,阅读推广人是指个人或组织阅读机构,通过多种渠道、形式和载体向公众传播阅读理念、开展阅读指导、提升市民阅读兴趣和阅读能力的专业和业余人士。讲书人无疑是其中一类兼具爱读书、乐分享、善思考、能讲授等特质的阅读推广人,通过阅读、思考、总结、提炼、讲书和互动带领读者们读好书,求甚解。

从阅读推广角度而言,讲书人通过讲书,引领更多普通大众读书、分享和思考,向读书寻求解决生活问题的答案。

讲书帮助讲书人形成了更严谨的逻辑、精练的语言、准确的表达能力、深入的思考和分析能力和原著的思想内化,是一次知识的回炉与升华。

对于听众而言,讲书人通过讲述和解读,将书的思想艺术性与人的世界观价值观相通相融,带给听众更多的惊喜和感动,是一次便捷的知识获取过程。同时,听众也能通过互动问答,进一步深化知识与理解。

因此,讲书人培育是阅读推广工作中一项多赢的举措。

## 2 讲书人队伍建设与管理

### 2.1 招募与审核

湖北省图书馆通过媒体、图书馆、书店、出版社等相关单位的网络平台,广泛发布讲书人招募公告,在全省范围内招募各行各业讲书人。申请人通过省图书馆微信公众号提交"讲书人申报表",可以直接在线申报书目、场次、时间和地点,工作人员通过多种方式审核申请人资格。

## 2.2 培训与管理

湖北省图书馆要求各市州、县等确定日常联系讲书人的专兼职人员,做好讲书人的日常管理和培训工作。通过评审的讲书人要参加主办方的培训,内容包括讲书人协议内容、讲书活动要求,讲书活动的多种形式、优秀讲书案例、十佳讲书人经验交流等。培训后通过测试,主办方将与符合要求的讲书人签订协议,根据讲书人的特色不定期安排活动。主办方每月底发布下个月讲书预告,与承办单位沟通讲书活动具体细节、签订承办单位委托协议,并要求承办方在活动后搜集整理每场活动图片、文字和音频,撰写活动小结和活动效果、听众反馈等,共同做好讲书人的日常联系和规范管理。

## 2.3 评选与表彰

湖北省图书馆倡导各市级图书馆开展本地优秀讲书人的评选和表彰,各地获奖者推荐参评湖北省图书馆十佳讲书人,申请者填报申请材料,湖北省图书馆组织评审专家,根据讲书人讲书场次、讲书效果、社会影响力、推荐情况等综合因素考察,评选出年度十佳讲书人,获奖者在省级媒体公示并给予奖杯奖状表彰。

## 3 讲书人的主要活动

### 3.1 百场讲书读荆楚

2018—2019年,"百场讲书读荆楚"系列活动通过顶层设计,联合全媒体推广和宣传,充分调动了省、市、县级公共图书馆和新华书店门店的积极性,提升了讲书人的影响力和基层阅读空间利用率。

(1)每月一场大型特色讲书活动。通过一本图书+N个讲书人+一个网红景点,打造不一样的讲书活动,倡导讲书"跨界"、文旅融合,打破过去专家以讲座的形式讲书,鼓励讲书与研学、吟诵、实操等相结合。

(2)身边讲书人读书分享活动。主办方常年在社会中招募、培养普通读者为讲书人,这些普通讲书人可针对主办方提供的书目挑选自己要讲的图书,也可自选经典图书开展活动。主办方根据讲书人就近讲书和讲书人特色等情况,联络图书馆、学校、书店、社区、茶馆、咖啡吧等阅读空间,提供开展讲书活动的图书、必要物料和活动经费,支持讲书人开展活动。

(3)走进乡村培养讲书人活动。为了培养乡村开展讲书活动的内生力量,主办方不定期与市、县级图书馆合作,由省图书馆邀请有经验的讲书人走进各地县、乡、村开展讲书活动,并在活动后邀请有意成为讲书人的读者开展座谈交流,通过线上线下的方式加强讲书人培训,促进讲书活动在基层的全面推进。

### 3.2 书说战"疫"

2020年初,为共同抗击新冠肺炎疫情,湖北省图书馆快速反应,于2月7日起在CCtalk直播平台启动"书说战'疫'"系列讲书活动,平均每周一场,邀请2019年十佳讲书人选择抗疫正能量的图书,分享书中精华、延展人生智慧,引导大众用科学的角度看待疫情,用积极的心态面对在家期间的各类问题。开展了"和小老鼠一起以书香美好战胜疫情困难之《田鼠阿佛》""面对疫情我们应该有怎样的真相观之《事实》""真正的勇士不绝望不颓废之《鼠疫》""挺身而出的普通人之《故事》""共克时艰共情未来之《共情的力量》""疫情之下心灵居于何处之黑格尔《美学》""一部令人击节咏叹的英雄史诗之《大国军魂》""疫情围城下的家庭镇定剂之《小学1—6年级全知道》"等精彩的线上讲书活动。

讲书人每次讲书1个小时,并推荐相关阅读图书3—5本,和读者朋友互动半小时,活动平台自动录制可无限次回放。

### 3.3 首届讲书人大赛

2020年3月,湖北省图书馆联合湖北省演讲协会共同启动首届讲书人大赛,按照疫情期间可能出现的问题列出了夫妻关系、亲子关系、自我成长、职场问题、抗疫心理五大类心理疗愈书单,并提供省图电子图书全文链接供读者阅读,同时配有听书、讲解资源,通过广泛宣传号召大众报名参与讲书人大赛,贡献讲书"抗疫"力量,与经典图书为友,共克时艰。

大赛3月23日启动报名,设置初赛、复赛、决赛三个线上赛段,为期三个月。参赛者提交参赛作品成功后,将会得到个人专属电子感谢海报;大赛通过复赛和决赛逐渐角逐出大赛的获奖人员,并为宣传组织参赛的单位设有组织奖。大赛为初赛报名选手建立了20个微信群,群内有专职教练发布即时通知、回答大家的提问。大赛设有个性化辅导课程,设有两名大赛总顾问、两名总教练和数十名教练,平均每周一次邀请专家线上辅导如何讲书,每次课程之前都会对微信群内统计的常见问题进行系统解答,已开展的课程有:CCTV导演陶俊老师教授的"如何讲好一本书"、CCTV"我是演说家"教练五顿老师教授的"选书、拆书、讲书"、长江读书节首届讲书人大赛教练晨兮老师教授的"一针见血、定制你的讲书风格"等课程,都受到了参赛者的热烈追捧。

### 3.4 各地市州"书说"系列活动

湖北省图书馆充分发挥省馆的引领作用,倡导各市州馆联合本地区县图书馆以湖北省图开展的"书说武昌""书说汉阳"为范式,启动本地线上线下讲书活动,形成"书说襄阳""书说黄石""书说当阳""书说丹江口"等系列活动,联合打造"书说荆楚"讲书人品牌活动。

## 4 特色分析

### 4.1 以活动和赛事代培训、聚人气、练能力

湖北省图书馆"书说荆楚"讲书人培育不管是各类讲书活动,还是讲书人大赛,都要求讲书人在事上练,通过一场场讲书活动学习和练习如何讲书,通过大赛不断修炼晋级,提升自我读书、讲书的能力。

### 4.2 广泛开展社会化合作,凝聚社会力量

广泛的社会化合作是成功开展全民阅读的基础,也是给予讲书人更多锻炼和体验的舞台,比如"百场讲座读荆楚"跟湖北省新华书店等合作,"首届讲书人大赛"跟湖北省演讲协会等合作,"书说战'疫'"的各场小活动联合了具体的承办单位或者协办单位,如融创华中公

司承办的"书说武昌"、"书说汉阳"形成了书说系列活动的金字招牌;中建铁投路桥公司协办的"藏在节日里的古诗词"召集了全国1900多名员工学习观看;北京豆伴科技有限公司协办的"首届讲书人大赛"召集了全国30名优秀演讲教练陪练等。

### 4.3 紧抓公共文化当下需求,充分发挥讲书人作用

湖北省图书馆紧抓当下文化需求,开展适应群众即时需求的各类讲书活动,吸引了大众的参与,盘活了讲书人,提高了活动的品牌影响力。比如招募讲书人开展"百场讲书读荆楚"活动,延伸了"为人找书为书找人"的图书馆图书荐读导读功能,也探索了一本书+N个讲书人+一个网红打卡地的文旅融合模式,以书为引,畅谈荆楚文旅;"书说战'疫'"更是在抗击疫情的关键时期,迅速推出线上讲书形式,疗愈大众心理,用知识的力量与大家共渡难关。

## 5 经验总结

湖北省图书馆经过三年的不断探索和积累,在全省范围内形成了"以书为引 畅谈荆楚文化"的良好读书讲书氛围和活动圈。

2018—2019年,来自湖北省全省教育、科研、文化、金融、医疗、工程、公安等领域的讲书人在全省开展了123场线下讲书活动,媒体报道转载400多篇次,活动平台图书参与访问量达200多万人次,受益人群辐射到全省各个角落。"百场讲书读荆楚"系列活动因此也获得中国图书馆学会第二届公共图书馆创新创意征集一等奖。

2020年,书说战"疫"已开展10次线上讲书活动和一次讲书人线上讲书培训,共计2万多人次参与,还有大量报名参加的讲书人在预约排队中。3月初启动的首届讲书人大赛吸引了全国3000多人报名参赛,形成了一定的品牌效应。

总的来说,湖北省图书馆"书说荆楚"讲书人的培育开展了广泛的社会化合作,极大地调动了社会民众的阅读推广力量,有效地弥补了各级文化空间缺乏文化工作者的不足,极大地扩充了阅读推广的队伍,刷新了图书馆"为人找书 为书找人"的阅读推广功能,并结合当下的公共文化需求,充分发挥讲书人作用开展合适的讲书活动,是行之有效的阅读推广人培育项目,为全民阅读推广工作探索了新的路径。

# "智朗团",智囊团
## ——大朗镇"智朗团"阅读推广案例

### 梁丹婷 钟晓婷(东莞市大朗镇文化广播电视服务中心)

亲子阅读是从小培养儿童良好阅读习惯的最有效途径。"智朗团"是大朗镇2017年7月成立的故事爸妈志愿者团队,旨在精心培育阅读推广人,积极宣扬亲子阅读,是大朗镇推进"全民阅读"的一项重要举措。

近10年里,随着国外绘本的引进、网络的普及,以及家长、学校认识的提高,越来越多家庭开始重视儿童阅读。随之而来的是政府层面的图书馆儿童阅读推广的投入加大以及民间培训机构、公益组织等民间儿童阅读推广机构的发展。诸如我国改革开放的领头羊——深圳,早在2012年就开始了首期儿童阅读推广人的考评工作,每年为深圳市培育一批专业的民间儿童阅读推广达人。深圳政府同时鼓励推动"阅读推广人下基层"公益活动,对到基层开展阅读推广活动的推广人给予一定的费用补助。因为有了阅读推广人,深圳的儿童阅读推广得到很大发展。

在东莞,系统性的儿童阅读推广人培育相较于深圳稍晚,对儿童阅读推广的重视也存在区域的差异性,市中心区家庭儿童阅读情况较好,而镇街家庭对儿童阅读的重视相对较弱,甚至有些家庭不知道绘本为何物。因此,为促进本镇儿童阅读发展,大朗图书馆于2014年6月推出"朗读亲子馆"亲子阅读推广品牌,申请专项经费大力推广亲子阅读。在几年的实践中,我们在取得一定成效的同时也发现了一些问题:一是基础设施落后,大朗图书馆开放利用面积不足1000平方米,馆库设施陈旧,紧靠本馆馆舍难以满足儿童阅读推广活动所需的场所需求。二是社区村一级图书馆由于村干部不够重视,馆员工作意识不够强,未能真正打通离群众最近的一公里,发挥其在开展儿童阅读推广的作用。三是人员不足,大朗图书馆目前仅有工作人员12名,每人均需兼顾多项工作,同时也缺乏具有丰富的理论与实践经验的儿童阅读推广工作人员。因此,大朗图书馆于2017年7月成立"智朗团"故事爸妈志愿者团队,召集一批热心公益的市民,组建一支民间阅读推广精英队伍。通过开展系列培训、交流等活动,大朗图书馆把这支队伍打造为"朗读亲子馆"活动讲故事和在全镇推广少儿阅读的专业的、公益的民间力量,力求策划开展更多更有趣的读书活动,带动影响更多的人热爱阅读和享受阅读。

## 1 主要内容

"智朗团"是大朗图书馆于2017年7月成立的故事爸妈志愿者团队,取义"智囊团",团员是专门从事少儿阅读推广的志愿者,不以物质报酬为目的,利用自己的时间、技能等资源,自愿开展、参加亲子、少儿阅读推广活动,为全面建设书香社会贡献自己的力量。其通过参与大朗图书馆提供的专业培训不断提升自身的阅读推广能力和素质,并通过服务图书馆亲子阅读活动,以及主动走进校园、走进班级开展阅读推广故事会,成长为更棒的爸妈和阅读推广人,同时带动身边更多的人重视家庭阅读、享受亲子共读。镇财政拨付5万元专项经费支持"智朗团"开展系列培训、交流等活动。2019年智朗团参加"朗读亲子馆"故事会、自行到幼儿园、学校、书店等开展志愿阅读推广活动200多场次,为不少儿童开启了故事之门,引领不少家庭开展亲子阅读。同时成功打造了"土豆姐姐""冰淇淋姐姐""嘉嘉妈"等阅读推广"明星",更有力地扩大阅读推广影响力。

## 2 主要做法与措施

### 2.1 发现"智朗团",社会报名 + 幼儿园推荐

我们从2014年"朗读亲子馆"寻找"故事人"开始酝酿成立阅读推广人团队。从一开始

的馆员讲故事、邀请幼儿园老师讲故事到"智朗团"讲故事,我们逐渐明确了招募阅读推广人的方向。幼儿园、学校教师具有良好的儿童教学基础,应该是少儿阅读推广人的首选,但由于自身的工作任务较重,业余时间开展阅读推广往往心有余而力不足。因此,我们联合镇教育和妇联部门,实行"社会报名+幼儿园推荐"的形式招募,除了广泛面向社会招募,同时通过以下方式壮大队伍:一是化村一级文化管理员为"智朗团",2012年起,东莞市各社区(村)均配有1位文化管理员,大朗镇共配有26位,他们主要工作职责是负责社区(村)的文化工作。大朗镇以此为契机把该支队伍培养成专业图书馆管理者,赋予他们各类亲子阅读推广培训,加强工作的交流和实施,让他们成长为所在社区(村)的专业阅读推广人,通过持续开展"朗读亲子馆"亲子故事会引领社区(村)儿童开启阅读之旅。二是主动发现和邀请优秀人才资源,如镇电视台的记者、镇朗诵协会成员、参加图书馆"好声音"征集活动的获奖者等。三是借助教育、妇联部门力量,一方面通过教育、妇联部门推荐优秀教师人才、巾帼人才,并鼓励他们发挥专业优势在工作中积极推广阅读,另一方面鼓励幼儿园举行故事爸妈义工进园、故事分享会等活动,从中发现阅读推广能手、故事达人并吸纳其加入智朗团。

### 2.2 设计科学的培训课程体系,提高阅读推广技能

为提高"智朗团"故事爸妈的阅读推广技能,图书馆每年拟订"智朗团"详细的培训课程方案,对培训目标、培训内容、培训管理等进行系统的设计,每年培训不少于4场。所选的培训专题包括亲子阅读的理论、实践、展示,以及儿童心理学、人文素养、阅读与方法、活动策划与推广等,每场培训均是名师授课。我们三年来共开展讲座培训12期,两次邀请深圳爱阅公益基金会教育发展委员会主席、图画书作者袁晓峰老师,传授给孩子选书、和孩子共读的技巧;两次邀请深圳少年儿童图书馆阅读指导组负责人、深圳市阅读推广人协会理事蔡焱老师前来授课,深刻分享了"说来听听"式的故事会如何开展,以及提高故事会的质量干货。另外我们还在深圳、广州、东莞、香港等地物色优秀的老师前来授课,讲授"儿童专注力培养""绘本里的童心世界"等课程,每次课程结束大家都表示课程内容很丰富、实用,不仅对开展阅读活动很有用处,对自己教育子女也同样受用,获益良多。另外还组织了两期故事会实践观摩课,创设情境,观看优秀成员组织的不同形式的故事会,在实践中学习开展故事会的方法、控场技巧、沟通技巧等,进一步提升智朗团推广技能。

### 2.3 制定合理的聘任模式和管理办法

为规范"智朗团"故事爸妈的培养和后续管理工作,图书馆制定相应的聘任与管理试行办法。"智朗团"故事爸妈聘期为三年,通过绘本故事表演择优选聘。一经聘任,故事爸妈须履行"智朗团"的职责,参加各种"智朗团"活动,其中前两年的培训课程须考勤,一年允许请假2次。前两年的考勤中,如一年中无故缺席2次以上,或开展阅读推广读书活动少于2次的,将视为自动放弃"智朗团"成员资格。如在2019年的智朗团招募中,共计报名69人,通过一年的培训考核以及阅读推广实践,最终选拔出30名成员正式加入"智朗团"。

### 2.4 建立评价机制,激励先进

为鼓励成员积极参加培训,学以致用开展阅读推广活动,大朗图书馆建立评价制度,以每年参加培训两次以上,开展、参加阅读推广活动两次以上为基本评优条件,同时结合故事爸妈

阅读推广活动的实际能力,将表现较好的成员评选为当年"智朗团"优秀故事爸妈。2017年评选优秀成员8名,2018年16名,2019年20名,每人每次奖励荣誉证书及若干奖品。图书馆通过激励制度,大大提升了成员的活动积极性。另外对于需要积分入学的参与培训、开展活动的成员,图书馆通过广东省i志愿平台,记录志愿者培训、服务时数,有效促进部分成员积极参与活动。

### 2.5 创设交流平台,智慧团建

三人行必有我师,交流平台的创建,让"智朗团"成员分享学习心得、活动心得、活动技巧等,互相学习,共同进步。平台主要是线上线下相结合,线上是创建专门的微信群,成员在培训课程结束后在群内分享收获,每次开展阅读推广活动后在群内分享活动照片与活动心得,互相点评,或者是分享网络上关于亲子阅读的、好书推荐的美文等。线下平台主要是联合妇联面向"智朗团"成员开展每年不少于4场的专门团建活动,如组织专门的户外亲子故事会,在感受大自然的同时玩游戏、听故事、做手工,一同交流亲子阅读心得,体验亲子阅读带来的快乐。此外,每年年终开展一期联谊交流会,大家分享在"智朗团"的成长与收获,对"智朗团"的发展提出意见建议。

### 2.6 做好成员档案建设,关注每位爸妈的成长

每位成员用电脑文件夹建立独立档案,记录成为"智朗团"以来的脚印,包括培训、参与活动和每次自行开展阅读推广反馈的照片记录等。图书馆在见证成长的同时,结合成员的实际情况对其阅读推广发展提出指导、建议,更好地促进其成长。如一些成员普通话不够标准,我们真诚提出,并协助其改正;一些成员在手工环节比较薄弱,我们会向其推荐相关网站、推文,以便其更好地提升技能……

### 2.7 打造明星推广人,提升亲子阅读传播力

为进一步提升"智朗团"的知名度,扩大"智朗团"的社会影响力,吸引更多的群众参与亲子阅读,我们在成员中物色了几位形象好、阅读推广能力强、特别热心推广的成员,并将其打造成"明星推广人",通过在活动中造势,在"大朗图书馆"公众号宣传等方法,目前成功打造了"土豆姐姐""冰淇淋姐姐""嘉嘉妈""Helen姐姐"等"明星",她们参与的活动吸引了大批粉丝,有不少慕名来参与活动的家庭。

## 3 项目实施效果

大朗镇"智朗团"故事爸妈阅读推广人项目推出将近三年,截至2020年,"智朗团"已招收和培育了第三批志愿故事爸妈,共有100多位热心公益、能讲述精彩故事的爸妈在大朗开展亲子阅读推广。三年来组织举办阅读推广专题讲座培训12期、专门亲子故事会2期、联谊交流会3期,成员自行到幼儿园、学校、社区、书店等开展阅读推广活动400多场次,足迹遍布全镇幼儿园、小学、社区(村)图书馆。一是"智朗团"是大朗镇开展全民阅读的一项创新举措,坚持政府主导,坚持公益性,广泛吸引社会力量的参与。大朗镇"智朗团"为完全免费的公益性服务活动项目,广泛接受社会各层面有志于从事亲子阅读推广工作的人士参与。免费培

训扩大了活动的受益面,有助于吸引更多人士加入到亲子阅读推广工作中。二是成员除了自行开展阅读推广活动外还积极参与大朗图书馆"朗读亲子馆"系列活动,除了在故事会讲故事外,还会分享自己家的阅读经验,阅读收获,带动影响更多的人热爱阅读和享受阅读。三是"智朗团"故事爸妈主动走进幼儿园,点亮了幼儿阅读较为薄弱的幼儿园开启幼儿阅读工作的明灯,很多幼儿园因此纷纷开始开展家长义工进校园讲故事活动。同时当孩子看到同学的家长讲故事,也会极力邀请自己的家长进班级讲故事,吸引了更多的家庭开启阅读的大门。四是 100 多名故事爸妈因为"智朗团"有了更充实的人生。他们有的是全职妈妈,有的是微商,有的是会计,有的是毛织加工作坊的创业者,通过参加"智朗团"进行阅读推广有了全新的生活体验,实现全新的人生价值,自我认同感不断提高,幸福指数在一次次讲故事、一次次阅读推广中不断攀升。最后,100 多名"智朗团"成员,意味着至少有 100 多个家庭在亲子阅读中成长,有 100 多个孩子沐浴在书香之中。

## 4 项目的分析与总结

"智朗团"故事爸妈阅读推广团队持续地开展了 3 年并能够不断发展壮大,离不开各方面力量的共同参与,得益于集体智慧的协助。我们的启示与思考如下:

一是以点带面,打通最后一公里。家庭是社会的细胞,只有每个家庭都把阅读重视起来,全民阅读才能真正落到实处。通过"智朗团"的散花布点,把阅读的好处、阅读的方法等带到各个幼儿园、社区(村)和家庭,影响和带动了更多的家庭、个人参与到阅读行列中,阅读之花才能处处开放。

二是联动教育、妇联部门,共同促进。在创建团队前,我们提出,教育、妇联部门将会是我们很好的合作伙伴,这些部门和我们一样有促进家庭阅读的共同目的,有共同的服务对象,而教师力量又是我们很重要的一个成员发展资源。

三是加强学习交流分享,守护初心。在团队中,有些成员报名参加"智朗团"时,一腔热情,但是后来由于工作、家庭以及孩子长大等原因未能坚持下来;有部分成员一开始对"智朗团"的认识不全,对开展阅读推广无从下手;而部分成员始终能够认真参加每一次培训,积极开展阅读推广。木桶的容量是由最短的那块板确定的,通过线上线下的强化交流,"长板"们积极分享阅读推广心得、收获与成长,无形中影响"短板"的成长。通过一次次的交流,成员间互相学习,互相促进,有效守护了开展阅读推广的初心。

四是因材施教,保持先进性。在瞬息万变的社会,我们每一个人都应该时刻保持学习的心态,才能更好地适应社会,"智朗团"亦然。因此,针对大朗的阅读引领者、促进者,我们因材施教,根据成员招收的批次、个人发展特质以及阅读推广需求,有针对性地设计课程体系,有效帮助阅读推广人成长。

五是加强制度建设,完善退出、评优机制。无规矩不成方圆,做好团队建设,提高团队品质,制度先行。在近三年的团队管理工作中,因为存在积极和消极团员,所以我们不断完善管理机制,建立了退出机制和评优机制,相信随着我们"智朗团"的发展,在发现问题中不断完善我们的制度建设,更好地打造成高质量的阅读推广队伍。

六是以品牌理念运营和管理活动,培养受众忠诚度。我们以一系列的"朗"字包装的品牌活动科学规划营销策略,如"朗读亲子馆"项目、"智朗团"项目、"朗读天使"项目,并以项目作为专项争取财政支持,提高项目的可计划性和持续性。"智朗团"作为我们可持续培育下去的项目,要让团员们有归属感、荣誉感,初心不灭,热度不减,持续为大朗镇的儿童阅读推广发光发热。

# 长春星火　阅读燎原
## ——"长春星火阅读计划"领读者阅读推广项目案例

姚淑慧　刘怡君　李　超　许皓涵(长春市图书馆)

"长春星火阅读计划"领读者阅读推广项目由长春市图书馆发起,以"助力书香长春建设,涵养培育城市精神"为目标,开启先锋领读者团队建设的"三年百人"工程,通过发展百名来自社会各行各业的"领读者"开展阅读推广活动来发挥公共图书馆社会阅读引导作用,调动社会资源和基层力量来参与和壮大全民阅读事业。同时通过建立科学管理体系来展示领读者所长,创新活动形式,以点带面,"领读者"们如"星星火种"一般点亮城市之光,与长春市图书馆协力搭建起覆盖全市、以网格状分布的"领读者—大众群体—阅读载体"三维阅读生态圈,构筑全民喜爱、全民参与、全民共读的社会阅读空间,为城市发展提供文化动力。

## 1　项目背景及目的意义

长春市图书馆作为长春市民读书节的主要承办单位,一直肩负着引领和推动全民阅读活动的重任。2018年3月,在长春市民读书节前夕,长春市图书馆启动"长春星火阅读计划"领读者阅读推广项目,促进全民参与,引领阅读风尚。

"长春星火阅读计划"在筹备初期便已确立目标:助力书香长春建设,涵养培育城市精神。以"书香长春·寻找领读者"活动为起点,计划用3年时间,在全市发展100名"领读者"作为核心力量,通过发挥公共图书馆社会阅读引领作用来调动社会资源和基层力量参与和壮大全民阅读事业。领读者是来自全市社会各界、各年龄段的阅读爱好者、传播者、实践者,是全民阅读活动的领跑人。通过这些文化志愿者以点带面在全市范围内深入开展全民阅读活动,以文化提升助力城市建设,最终形成全民行动、全城共读的良好书香氛围。

## 2　项目内容

### 2.1　实体活动覆盖城区,构筑城市阅读之网

"长春星火阅读计划"项目建立以长春市图书馆为中心,以领读者为线索,通过分馆、阅书房、农家书屋、书店、社区等支点,搭建起覆盖全市、以网格状分布的"领读者—大众群体—阅读载体"三维阅读生态圈,形成全民喜爱、全民参与、全民共享的社会阅读空间。领读者们

在长春市图书馆的领导下积极行动,各展所长,取得了突出的业绩。先后招募遴选出的两批共 70 名领读者活跃在长春市内的各个城区,累计开展各类阅读推广活动 400 余场,直接受众 2 万余人次。其中设立于新华书店、联合书城、新里社区、吉大附小、樊登书店、燕窝书馆、山丘书局等 7 处领读者阅读推广基地月均开展活动 3 场,自行组织开展各类阅读推广活动 350 余场,同时深入学校、企业、商场、咖啡吧等场所开展各类阅读推广活动,足迹遍布城乡,构筑起以一处处小型公共阅读空间连接而成的城市阅读新空间("长春星火阅读计划"领读者阅读推广活动地详见表 1)。

表 1 "长春星火阅读计划"领读者阅读推广活动地

| 类 别 | 名 称 | 地 址 |
| --- | --- | --- |
| 领读者阅读推广基地 | 新华书店 | 长春市南关区重庆路 512 号 |
| | 联合书城 | 长春市宽城区芙蓉路 36 号 |
| | 新里社区 | 长春市南关区绿地中央公馆 A6 |
| | 吉大附小 | 长春市朝阳区明德路 421 号 |
| | 山丘书局 | 长春市朝阳区开运街与飞跃路交叉口欧亚卖场 2 层 |
| | 燕窝书馆 | 长春市榆树市向阳路与繁荣大街交叉路口往东南约 50 米 |
| | 樊登书店 | 长春市朝阳区长庆街 116 号 |
| 示范分馆 | 二道区八里堡街道太有社区 | 长春市二道区新乡街与天石街交叉口,葡萄牙小镇 17 栋 |
| | 净月区永兴街道聚业社区 | 长春市净月区聚业大街与柳莺东路交叉口,启明花园一期 |
| | 经开区东方广场街道花园社区 | 长春市经开区长吉南线与武汉路交叉口,武汉路南行 200 米 |
| | 汽开区东风街道越野社区 | 长春市汽开区越野路保利拉菲公馆小区 E3 栋 |
| | 长春市第六医院 | 长春市宽城区北亚泰大街与庆丰路交汇处四楼康复科 |
| 阅书房 | 长春玉鸟文化传播有限公司 | 长春市南关区中信城浅山 9 栋门市 103 |
| | 长春万科翡翠滨江 | 长春市宽城区东莱北街与永宁路交叉口 |
| | 吉阅七舍书店 | 长春市高新区学府街与博文路交汇,栖乐荟购物中心 5F |
| | 长春万科和顺里 | 长春市二道区东盛大街万科蓝山 1948-S3 |

### 2.2 媒体助力无线传播,突破空间之围

"长春星火阅读计划"在施行过程中吸引了各类媒体的关注,国家和省市各大新闻媒体对"领读者"事迹及所开展的活动报道累计近 200 次。其中与长春电视台综合频道直接合作,拍摄领读者阅读推广专题片 8 期并连续播出;2019 年市民读书节期间,长春电视台开辟《好书相伴 全城共读》栏目,录制播出领读者推广《长春市民荐读书目》专题节目 20 期。作为第一批"领读者",吉林资讯广播电台主持人陈小明老师在其"约会班主任"栏目中,专门开辟"长春星火阅读计划·好读书 读好书"版块,特邀近 30 位领读者做了近 10 期电台直播节目;同为第一批"领读者"的吉林广播电台主持人彤卉老师,让"长春星火阅读计划"领读者走进"彤声美文"栏目,实现现场直播。该项目的推进还引起各大媒体的关注,《中国新闻出版广电报》曾在 2018 年 4 月 12 日的头版对其进行报道。

## 2.3 新媒体矩阵推广,延展领读平台

2016年,长春市图书馆启动新媒体服务矩阵,将改版后的长春市图书馆官网、移动阅读APP、微信公众平台、微博、QQ群、短信等新媒体平台整合起来,形成信息互通的综合数字平台,满足市民获取阅读服务信息的多样化需求。目前,新媒体服务矩阵又加入抖音、今日头条等平台,"长春星火阅读计划"综合运用矩阵资源,全方位多维度吸引网友参与其中,推荐阅读,实现传播形式的全覆盖。特别是2020年新冠疫情期间,"长春星火阅读计划"领读者,推出线上荐读系列活动:阅读战"疫"不缺席——讲讲宅家阅读的那些书、春光向暖 共读童趣等,邀请"长春星火阅读计划"领读者为大家录制阅读推荐视频,在长春市图书馆微信公众平台发布。活动一经推送,就收到许多市民的线上反馈,大家积极地在平台上留言互动。此外,"长春星火阅读计划"活动还借助领读者的自媒体力量进行宣传推广,如"领读者"代表——陶然老师利用自开发的"桃子姐姐故事屋"微信公众平台推送活动并多渠道推广。

## 3 项目特色

### 3.1 实施"三年百人"工程,发掘基层"领读"力量

"长春星火阅读计划"领读者团队建设实行"三年百人"工程,即2018年至2020年分三批招募共100人的领读者队伍。着重培育普通市民成为"领读者",他们身份各异,来自社会各行各业,既有教师、公务员、机关干部、作家,也有工人、学生、自由职业者、企业家、退休老人等,其年龄上至耄耋老人,下至在校小学生,可以说这是一支来自社会基层的阅读推广生力军。同时,为了建立一支高素质高标准的阅读推广团队,领读者从遴选产生到统一培训再到参与阅读推广工作都有着严格的标准。首先是遴选时坚持四个原则:一是乐于奉献,富有正能量,能够坚持以弘扬社会主义核心价值观为前提,志愿为市民开展阅读推广工作服务;二是对阅读充满热爱,并且有着独到见解;三是具有一定的号召力和影响力,能带动身边人爱上阅读、参与阅读;四是有比较丰富的社会经验,对阅读推广工作有一定的认知水平。

"领读者"以倡导者、工作者、领跑者等多重身份参与到全民阅读活动之中,他们既是现实中阅读空间的支点,也是精神层面阅读空间的连接点,通过他们发挥作用,使原有的全民阅读空间更加稳固,并向更广阔的社会层面发挥文化张力。

### 3.2 建立科学管理体系,实行分众阅读推广

"长春星火阅读计划"本着规范化、专业化、常态化的原则,在运行模式上多措并举,开展三个建设:一是制度建设,制定服务管理章程等制度性文件,为领读者开展阅读推广工作建立标准并在运行过程中逐步完善;二是队伍建设,定期开展集中培训,统一领读者思想认知、提升工作能力,建立奖励退出机制,推进志愿服务的提升;三是文化建设,为领读者建立微信群、QQ群等沟通平台,便于工作和经验交流,同时确定统一的活动口号"书香长春 领读先行"、活动背景和身份标牌等,为团队成长提供基础。

为了促进领读者队伍科学健康发展,在发掘领读者团队潜力的前提下,结合领读者个人性格、爱好、特长以及发展方向,对领读者团队进行分组化管理。一是理论导读组:面向社会大众,通过报告会、演讲会、理论讲座和座谈会、参观访问、志愿服务等形式,向社会传

播习近平新时代中国特色社会主义思想,宣传党和国家大政方针,培育和践行社会主义核心价值观,树立终身学习理念,建设学习型社会。二是绘本讲读组:面向低幼儿童、学龄前儿童及家长,举办中外绘本讲读、中英文故事会、亲子手工课、家长课堂等阅读推广活动,广泛传播亲子阅读理念,激发孩子阅读兴趣,培养阅读习惯,树立阅读意识,并引导更多家庭参与到全民阅读活动之中。三是文学阅读组:面向中小学生,举办讲座、读书会、演讲会、阅读沙龙等内容丰富、形式多样的阅读推广活动,提升中小学生的阅读素养,培养阅读习惯,发展阅读能力。四是健康科普组:面向社会大众,通过讲座、沙龙、义诊、读书会等形式,传播健康知识,引导市民树立科学的养生理念。五是好书共读组:面向社会大众,遴选经典书籍,通过阅读分享会、读书沙龙等形式,分享交流阅读体会,引导更多人热爱阅读,分享阅读,感悟阅读。

根据领读者不同身份年龄和特点建立志愿服务小组,并推选出组长,由组长协调组员确定活动内容和形式,此举既利于领读者各展所长,又利于各种服务对象的分众化,使活动更加具有针对性。按照服务对象的需求,灵活设计活动形式,包括讲座、分享会、推荐书目,与电台、电视台合作开办专题栏目推广阅读,此外还利用线上形式开展阅读活动,充分兼顾各类阅读群体的偏好和特点。通过分组来集结人力资源优势,为个人发挥创造能力提供空间。同时,通过团队间资源的互通互补来形成更稳定的协作模式,发掘和优化领读者团队力量,为"长春星火阅读计划"的未来发展提供内核支撑。

### 3.3 提升实体活动站位,弘扬时代主旋律

长春市委市政府一直对全民阅读工作非常重视,2014年首届长春市民读书节活动举办,作为主要承办单位,长春市图书馆在举办长春市民读书节活动的过程中,从全市阅读推广工作着手,不断推出深受市民喜爱的阅读推广活动。同时不止步于图书馆阵地服务,有效拓展图书馆的服务领域和服务内容。2018年,借鉴国内各地开展"领读者"活动经验,创新活动内容,长春市图书馆在市民读书节期间推出"长春星火阅读计划",招募全市第一批"领读者",收到良好的社会反响并取得实效。2019年,该计划进一步实施,第二批"领读者"在市民读书节开幕式上郑重宣誓,至此两批"领读者"已达70人。另外每年的长春市民读书节都会发布一年一度的《长春市民读书节市民荐读书目》(以下简称《书目》),这份《书目》出台是通过在全市范围内进行的征集,同时邀请各界专家学者分列全民阅读书单后遴选出来产生的。自从"长春星火阅读计划"启动,遍布城市的"领读者"们成为《书目》征集的重要群体,依托他们可以更广泛、更深入基层地征集来自普通市民的阅读倾向与需求,对于《书目》的产生起到更加积极有效的实际作用,以此作为市民年度阅读首选更为贴切。

同时,"领读者"活动不但引领、推荐大众阅读,更重视对社会主义核心价值观等主旋律的弘扬。2019年"领读者"培训会上,理论导读组组长任志勇老师以"学习总书记贺信精神 感受志愿的力量"为主题对全体"领读者"进行培训;2020年元旦,任志勇老师带领"吉林省青年志愿者协会领读者宣讲团"分别在多个领读者基地开展"宣讲总书记新年贺词,传播新时代奋进强音"主题阅读推广活动,以实际行动积极传播正能量。

### 3.4 开通多维传播途径,发挥阅读推广社会张力

"长春星火阅读计划"在施行过程中实现与阅读推广基地、电视台、广播电台、新媒体平台

的直接合作,开通多维传播途径,让有限阅读在无限时间上有效延伸。在传播内容上,"领读者"不仅仅通过各自平台自发组织开展阅读推广活动,还广泛宣传长春市图书馆各类型阅读推广活动,形成助推活动广泛开展的合力。如2019年举办的首届"书香长春 绘美童年"长春市绘本阅读优秀讲读人大赛,依托"领读者"队伍开展,以各个阅读推广基地为分赛场和平台,最终发掘了一批绘本阅读优秀讲读人,其中的代表在中国图书馆学会主办的第十四期"阅读推广人"培训会上,将他们的阅读经验、讲读方法以及创新创意进行了展示和交流;借助"领读者"团队中的媒体人力量,长春市图书馆几乎全部的阅读推广活动均免费在各类媒体得到广泛宣传。

### 3.5 切换图书馆角色,担当"领读"平台建设者

在"长春星火阅读计划"实施过程中,长春市图书馆主动切换公共图书馆在阅读推广中的组织者角色,转而更多地发挥平台或者媒介作用,强化市民作为阅读推广服务对象的主体地位,突出"领读者"的阅读推广主体作用。首先,长春市图书馆为团队组织搭建征募选拔平台,在全社会遴选优秀的"领读者"进入阅读推广行列;其次,为"领读"活动搭建统筹协调平台,汇总各阅读推广小组的活动计划,统筹安排活动举办时间与地点,协调组织活动宣传推广;再次,为"领读者"搭建个人成长平台,定期组织举办培训研讨及案例交流会,分享阅读推广工作中的成功经验,提升团队阅读推广能力与活动品质;最后,为市民文化需要搭建回馈平台,通过调查问卷、座谈会、线上征集等多渠道调研市民的阅读倾向及文化需求,确定阅读推广活动的定位,完善活动的举办流程。

## 4 经验成效

### 4.1 开展"长春星火阅读计划",是公共图书馆阅读推广主体定位的有效转变

一直以来,公共图书馆在推动全民阅读过程中的主体作用始终存在。而"长春星火阅读计划"的推出,让公共图书馆阅读推广主体定位得到有效转变。图书馆无须主导活动的开展,让活动始终以市民的兴趣和需求为前提,以领读者为主导,一是在服务空间上不受限制,无论是地点还是场所,更加灵活机动;二是人员上不受限制,可多可少,多可达百人以上,少可仅是一个家庭;三是时间上不受限制,只要参与对象达成一致,无论是白天还是夜晚,都可以开展活动;四是形式上更加灵活,虽然都是阅读推广活动,但是在具体活动形式上,可以是讲座、交流会、故事会、朗诵会等,只要符合受众群体特点即可。

### 4.2 开展"长春星火阅读计划",是基层社会文化资源的有效整合

文化建设是个全民工程,不但投入大,而且时间久,仅仅依靠政府的投入显然是不够的。"长春星火阅读计划"的推出,充分发挥出公共图书馆文化平台的作用,既为来自于基层的领读者发挥文化志愿者的积极作用提供渠道和方式,也使这些领读者得以在长春市图书馆的指导下,共同开展全民阅读工作。同时,通过一场场阅读推广活动的举办,不断凝聚来自社会各界的人力与物力,使全民阅读的队伍不断变得强大和更具影响力,使基层社会资源得到有效整合,并为长春市的文化建设发挥出强有力的助推作用。

### 4.3 开展"长春星火阅读计划",是"阅读生态圈"效应的有效运用

"长春星火阅读计划"的推出,是长春市图书馆立足于公共文化服务体系、发挥公共图书馆服务职能和平台作用的接合地气服务民生之举。通过使市民担任"领读者",深入社会基层开展阅读推广活动,突破图书馆阵地服务的物理空间局限,使全民阅读活动的形式更加新颖、亲民和便利,逐步构建起多元互通的发展模式,打造出覆盖更广、受众更多、根基更深的全民阅读生态圈。

因特色突出,"长春星火阅读计划"领读者阅读推广项目在2019年7月荣获中国图书馆学会"创新引领未来——第二届公共图书馆创新创意征集推广活动"三等奖;2019年9月,团省委在长春市图书馆正式设立"吉林省青年志愿者协会领读者宣讲团";2019年11月,"长春星火阅读计划"领读者阅读推广项目荣获中国图书馆学会阅读推广委员会、中国阅读学研究会等联合评选的第五届领读者大奖"阅读空间奖"(图书馆)提名奖。今后,"长春星火阅读计划"在施行过程中,领读者的作用还将不断加强、深化和提升,通过阅读助推城市文化发展,助力书香长春建设。

# 深圳图书馆家庭阅读服务创新实践

肖容梅　戴晓颖　王海涛(深圳图书馆)

习近平总书记指出要重视家庭建设,注重家庭、家教、家风,每一个家庭都要承担起"帮助孩子扣好人生的第一粒扣子,迈好人生的第一个台阶"的重担。《全民阅读"十三五"时期发展规划》提出:"大力推进全民阅读进农村、进社区、进家庭、进学校、进机关、进企业、进军营,使阅读活动真正深入基层、深入群众。""大力倡导家庭阅读、亲子阅读,发挥父母和未成年人监护人言传身教的重要作用,推动全社会共同创造、维护少年儿童良好阅读环境。"

家庭是社会的细胞,也是人生的第一个课堂。家庭不只是人们身体的住处,更是人们心灵的归宿。培育书香家庭是建设书香中国的重要起点,鼓励家庭阅读,培育"读书种子",也是公共图书馆开展全民阅读的重要内容。作为推广全民阅读、传播优秀文化的重要阵地,深圳图书馆非常重视家庭阅读,始终将家庭阅读作为阅读推广工作的重要内容之一。2013年以来,深圳图书馆更是充分发挥自身优势,在家庭阅读服务方面进行了卓有成效的创新性探索与实践,通过推荐家庭阅读书目、实施家庭阅读项目、开展家庭阅读研究、培养家庭阅读推广人等举措,有力推动了本馆家庭阅读工作的开展,家庭阅读服务质量和服务水平有效提升。

## 1 主要内容

深圳图书馆家庭阅读服务围绕"家庭阅读"主题,主要从资源推荐、阅读推广、阅读研究和阅读推广人培养四个维度展开。

资源推荐主要包括"南书房家庭经典阅读书目"评选发布;家庭阅读推广项目主要包括"南书房家庭经典阅读书目"推广系列活动(展览、讲座、征文、对话等)、家长课堂、共读半小时、暑期缤纷季、"深圳记忆"文化之旅(家庭专场)、巫婆读书会、亲子手工课堂等系列家庭阅读推广活动,阅读研究主要包括编写阅读推广人系列教材《图书馆家庭阅读推广》《图书馆家庭阅读推广理论研究进展》报告,开展"家庭阅读推广优秀案例""家庭阅读服务创新案例"征集活动;阅读推广人培养主要通过阅读推广项目培训、召开家庭阅读创新发展研讨会等形式,针对图书馆员提供家庭阅读推广的理论与实践指导,提升家庭阅读推广工作能力。

## 2 具体做法

### 2.1 推荐家庭阅读书目,为家庭阅读提供权威指导

2014年,深圳图书馆启动"南书房家庭经典阅读书目"10年计划,向广大读者推荐适合当今中国家庭阅读与收藏的经典著作,打造家庭阅读"够得着的经典",并配套举办立体化的推广活动,推广经典阅读,弘扬优秀文化,引领经典阅读风气。"南书房家庭经典阅读书目"每年推荐30种经典图书,邀请北京大学王余光教授提供初稿,结合馆员推荐筛选形成初审书目,经专家评审会审议确定年度推荐书目。入选书目基于五大原则:①推荐书目是中国公开出版发行的正式出版物(不包括台湾地区);②立足"家庭"亲子阅读需求,关注读物的可读性,部分入选典籍为选本或译注本;③经典图书需要时间淘洗和沉淀,入选图书侧重于历久弥新之作;④以文、史、哲经典图书为主,兼顾社会科学、科学普及读物;⑤为方便阅读,推荐书目多为通行版本。年度书目于每年4月23日"世界读书日"当天面向社会发布。至今,该书目已连续发布7期,累计推荐210种古今中外经典图书。

2020年书目由国家图书馆馆长、国家古籍保护中心主任、国家典籍博物馆馆长饶权,武汉大学人文社科资深教授冯天瑜等重量级专家评审推出,所选图书较往年更"接地气",适当增加了近现代各类经典及传记作品;鉴于疫情对当下世界的影响,还适当挑选了有关人性、战争的专著以及有心灵疗愈作用的文学经典,共包含《管子》《李鸿章传》《城南旧事》《人性论》《红字》《鼠疫》等30种古今中外经典著作。

### 2.2 开展家庭阅读活动项目,大力传播家庭阅读理念及方法

通过开展系列化的家庭阅读主题活动,广泛传播家庭阅读理念,为家庭阅读提供专业指导,努力培育崇尚家庭阅读的良好社会风气。

#### 2.1.1 "南书房家庭经典阅读书目"推广系列活动

(1)专题讲座

每年邀请相关领域的专家学者就年度书目开展主题讲座。2014年以来,已邀请包括北京大学王余光,南京大学徐雁,武汉大学杨华、陈锋、覃啟勋,华中师范大学张三夕、戴建业教授,深圳大学景海峰、李大华、王立新、问永宁等在内的数十位专家学者围绕书目开展专题讲座近40场,指导读者品读家庭阅读书目。

(2)书目展、图书版本展

每年"4·23世界读书日"书目发布当天,"南书房"启动当年度"南书房家庭经典阅读书

目"展及图书版本展,同时在深圳图书馆二楼主题图书区设立"南书房家庭经典阅读书目"图书专架,并在二、三楼图书外借区设立展示区,以便读者阅读借阅。

（3）征文比赛及优秀作品展览

每年组织开展"南书房家庭经典阅读书目"征文活动,鼓励读者阅读和研习已发布书目,透过经典阅读,感受丰富绚丽的生命体验,重拾触及灵魂的心灵对话,五年来共有近1000位读者参加征文活动。同时,精选优秀征文作品通过展览等形式进行展示,分享阅读感悟。

（4）经典诵读

自2014年以来,"南书房"每周末举办"经典诵读"活动,选取"南书房家庭经典阅读书目"中的《诗经》《孟子》等传统经典,邀请国学讲师带领读者于南书房吟诵。该活动迄今共举办400余场,参与读者超过1.7万人次。2016年孔子诞辰日,深圳图书馆牵头组织了"广东公共图书馆经典诵读"活动,以仪式感的阅读活动致敬经典,激发人们尤其是每个家庭对中华优秀传统文化的认识与热爱。

（5）特别策划:文化学者高端对话

每年借助专家参加书目评审会之机,举办家庭经典阅读特别策划活动,深度解析家庭经典阅读。2016年3月开展了"图书馆与家庭经典阅读"文化沙龙互动。自2017年起,每年举办"南书房经典阅读特别策划:文化学者高端对话"进校园活动,鼓励中学生亲近经典、品读经典。三年来,文化学者高端对话分别走深圳实验学校高中部、初中部和深圳市第二高级中学,就"为什么读经典""怎样读经典""中学生应该读什么样的经典"等主题,邀请国内知名高校学者与深圳学子展开对话交流,探讨学生时代的经典选择与阅读方法。

（6）创办《行走南书房》公益阅读杂志

2014年4月,创办《行走南书房》公益阅读杂志,每年编印3期,供读者免费取阅。刊物以"激活经典著作、倡导人文回归、沟通馆员读者、鼓励分享交流"为宗旨,每年度第一期设"特别策划"栏目,登载该年度"南书房家庭经典阅读书目",引导读者直面经典、阅读经典。

（7）设立"青少年阅读基地"

为进一步鼓励青少年了解经典、走进经典、爱上经典,培育"读书种子",深圳图书馆自2018年启动"青少年阅读基地"建设。基地设立"经典阅读空间",设置"南书房家庭经典阅读书目"专架,并针对性开展讲座、沙龙、朗诵等经典主题阅读活动,办理学生"励读证",利用大数据开展青少年阅读行为分析,提供针对性阅读指导。在深圳知名高中建立两家阅读基地,并邀请长江学者特聘教授、武汉大学博士生导师陈文新为基地师生做了"赏读聊斋"的专题讲座。

2.1.2 "家庭阅读"主题系列推广活动

（1）家长课堂

2017年9月,深圳图书馆对由原有父母讲堂、家长大学系列讲座等家庭阅读活动进行整合,组建新的家庭阅读品牌"家长课堂",旨在架设家长与孩子心与心的桥梁,传播系统的家庭教育理念,解决家庭教育困惑,为父母找到行之有效的家庭阅读理论和方法,促进青少年通过阅读快乐成长和家庭和谐。

（2）"共读半小时"阅读活动

"共读半小时"活动自2016年开始,每年在4月23日世界读书日当天举办,通过具有仪式感的阅读行为,诠释与传播"让阅读成为习惯"的理念,家庭共读是"共读半小时"倡导内容之一。"共读半小时"活动由深圳发起,2018年扩展至广东省,2019年举办了"粤港澳"共读半小时活动。2020年,首次联动湖北,开展粤鄂澳"共读半小时"阅读活动,近150家图书馆、430余个共读点、10万余读者以"云共读"方式参与共读,超过53万人次观看AR线上共读总会场直播,各类新闻媒体对活动报道230余篇次。

（3）暑期缤纷季

"暑期缤纷季"是深圳图书馆为青少年读者量身打造的暑期系列活动,自2015年实施以来广受少儿读者及家长的关注与好评。作为时间跨度最长的节点项目,"暑期缤纷季"每年会根据读者反馈在内容上有所创新,以更好地满足青少年读者的多样性阅读需求。如2019年着重对青少年在阅读兴趣、传统文化、社科普及、创意思维、安全教育等方面进行培养与引导,针对性策划实施了文学讲座、国学小讲堂、读剧（少儿文学专场）、皮影戏表演、少儿科普讲坛、创客教育、安全走读体验、公益培训课（声乐、书法、美术、朗诵、英语口语、益智）、英语小主持人、经典影片展播等多种特色主题活动。"安全'益'起行"走读体验活动带领26组家庭走进深圳市安全教育基地,让安全意识的种子植根于小读者心中,同时强化家长读者的日常安全意识。

（4）"深圳记忆"文化之旅（家庭专场）

"深圳记忆"文化之旅活动以走读的形式,通过对深圳本地历史人文寻访,增进市民对深圳本土文化的认知与了解,近距离感受深圳历史文化的魅力,感知深圳历史和文化底蕴,增强归属感及家园感。2017年7月,深圳图书馆举办"深圳记忆"文化之旅（家庭专场）活动,邀请了20组家庭探访深圳市光明区玉律旧村。走在旧村街道,一窥昔日繁华与没落;探幽寻古,在500年历史的德贵曾公祠了解时代变迁下玉律的经济文化发展;聆听粤语曲调地方戏,感受玉律人民的信仰与执着;灵动的醒狮表演,让参访者惊叹醒狮演员表演技能的同时,感受中华传统文化的博大精深。

（5）巫婆读书会

巫婆读书会自2015年1月起每月在深圳图书馆讲读厅开展,每月一期。活动通过讨论分享国内外优秀经典的儿童文学作品,交流阅读方法及技巧,指导家庭亲子阅读,营造良好的家庭阅读氛围。

此外,深圳图书馆还针对深圳家庭开展绘本半小时、故事小讲堂、亲子手工课堂等家庭阅读推广活动,受到家长和孩子的喜爱。

### 2.3 开展家庭阅读研究,为家庭阅读工作实践提供理论指导

为推进家庭阅读工作更加有效开展,深圳图书馆加强家庭阅读研究,于2016年承担中国图书馆学会阅读推广人系列教材（第二辑）之《图书馆家庭阅读推广》的编写工作。该书由深圳图书馆负责主编,是一部以面向阅读推广人为主,兼顾家庭阅读传统与文化的普及型读物,由中国国际出版集团朝华出版社于2017年正式出版。另外,深圳图书馆组织撰写"图书馆家庭阅读推广研究"专题论文,并作为《图书馆家庭阅读推广》研究编撰项目的部分研究成果,在专业刊物《图书与情报》上发表。2020年,深圳图书馆还将与华中师范大学范并思教授团队合作,开展《图书馆家庭阅读推广理论研究进展》报告编写工作,全面梳理我国家庭阅读推广的理论研究成果,为家庭阅读推广工作开展提供有效指导。

2018—2019年,作为中国图书馆学会阅读推广委员会图书馆与家庭阅读专业委员会（简称"家委会"）主任单位,深圳图书馆联合金陵图书馆面向全国开展了"家庭阅读推广优秀案

例"征集活动,得到了全国范围内包括图书馆、中小学、幼教机构以及从事阅读推广的社会团体、个人的广泛关注与支持,59个案例参与申报,经过专家评审研议,佛山市图书馆的"千家万户"阅暖工程——邻里图书馆、深圳南山图书馆的家庭读书竞赛等18个案例入选优秀案例名单。2020年,继续开展"家庭阅读服务创新研究"案例征集活动,鼓励图书馆在新环境下进一步开拓思路,创新发展,依托新载体、新媒介开展内容丰富、类型多样的家庭阅读服务。

### 2.4 开展家庭阅读培训,培育家庭阅读推广人,提升行业家庭阅读推广工作水平

进一步研讨图书馆家庭阅读推广的方法、举措及机制,交流图书馆家庭阅读推广经验,培育家庭阅读推广人,推广家庭阅读理念,推动家庭阅读工作,深圳图书馆依托"家委会"平台优势,每年联合举办培训研讨及实践交流活动,如2018年10月在贵州省遵义市举办首届家庭阅读推广人培训。培训以"图书馆家庭阅读推广"为主题,分为主题报告分享和实例培训两个部分。深圳图书馆、合肥市图书馆、宁波市图书馆、厦门市图书馆、佛山市图书馆、苏州工业园区图书馆就各馆阅读推广工作实践经验与案例进行分享,聚焦于家庭阅读推广。本次培训特别设置实例培训环节,在厦门市图书馆"寻找老厦门"自然亲子活动和宁波市图书馆"大山雀"自然课堂两大特色阅读推广项目模式基础上,结合遵义地区特色文化资源,特别策划两个文化探访阅读推广实例项目,遵义地区市、区县图书馆馆长及阅读推广工作负责人60余人次参加培训。

2019年11月,联合金陵图书馆在南京组织召开了以"家庭阅读推广融合创新发展"为主题的家庭阅读推广创新发展研讨会,包括专家报告、家庭阅读推广优秀案例交流等环节。国家图书馆典藏阅览部主任兼少儿馆馆长王志庚,南京师范大学副教授、南京师范大学全民阅读研究中心主任万宇,凤凰出版传媒集团编审、江苏省作家协会副主席祁智分别以"陪孩子去图书馆的N个理由""阅读推广活动材料累计与阅读效果评估""家庭阅读的成本与收益"为主题进行演讲,阐述了他们对家庭阅读工作的独到理解,为家庭阅读工作开展指点迷津。家庭阅读推广优秀案例环节,佛山市图书馆、深圳南山区图书馆、青岛市图书馆、上海图书馆就邻里图书馆、家庭读书竞赛等项目进行介绍展示,国家二级心理咨询师、少儿心理咨询师邓佳,南京特殊教育师范学院图书馆阅读推广部副研究馆员王奕分别就"孩子的阅读兴趣最宝贵""特殊儿童社区融合家庭故事会"主题进行分享交流。

## 3 特色分析及效果

(1)家庭阅读工作贯穿资源推荐、活动推广、阅读研究及人员培训全过程,形成完整工作链条。围绕"家庭阅读"核心主题既解决阅读资源问题,通过系统性、持续性的家庭阅读推广活动,为家庭提供阅读指导;同时,通过开展多元化的阅读研究和阅读培训,丰富与完善家庭阅读研究成果,提升图书馆员家庭阅读工作能力,提升工作水平。工作链条完整,效果显著。

(2)书目推荐权威性与持续性并重,具有强指导性。"南书房家庭经典阅读书目"依据"家庭""经典""深圳个性"三项标准,通过专家、馆员推荐及评审工作确立,具有很强的针对性和指导性。

(3)推广活动系统深入,读者体验立体深刻。组织开展的家庭阅读推广活动内容丰富、形式多样,能够满足家庭阅读的多样化需求,既广泛传播家庭阅读理念,也传授阅读方法及技

能,读者具有较强的获得感和满足感。

（4）家庭阅读工作成效显著,社会反响热烈。组织实施的家庭阅读推广活动深受市民读者欢迎,以"南书房家庭经典阅读书目"为例,历年推荐的图书越来越引起读者关注。据统计,书目推荐图书的年均外借量以超30%增幅增长,2014—2019年推荐的前六期180种图书累计总外借量达70.2万册次,《中华科学技术史》《别逗了,费曼先生》等12种图书的外借量增长了4倍以上,部分内容相对深奥专业、长期"无人问津"的经典图书,如《世说新语笺疏》《周易通义》等实现了外借量"0"的突破。

2015年以来,深圳图书馆举办各类家庭阅读推广活动500余场,直接参与读者近万人次。各级新闻媒体对深圳图书馆家庭阅读工作报道近400篇次。"南书房家庭经典阅读书目"推荐及推广、"共读半小时"阅读活动获评中国图书馆学会阅读推广优秀项目。

此外,形成了一部"家庭阅读推广"主题专著成果——《图书馆家庭阅读推广》。近两年来,积极发挥平台及资源优势,累计培训基层图书馆员约150人次。

（5）形成特色模式,具有示范作用。"南书房家庭经典阅读书目"推广项目、"共读半小时"等品牌项目得到了国内图书馆行业及公益文化团体的广泛关注,来自全国各地的多个文化机构来深圳调研学习深圳图书馆家庭经典阅读服务经验,并在此影响下建立了多个家庭及经典阅览空间,开展家庭书目推荐及各类阅读推广活动。有鉴于深圳图书馆在家庭阅读推广方面所做的努力与取得的成果,中国图书馆学会阅读推广委员会于2016年新设立的"图书馆与家庭阅读专业委员会",指定深圳图书馆为挂靠单位。

## 4 思考与展望

一路走来,深圳图书馆家庭阅读服务工作踏实而坚定,取得了良好成效。同时我们也看到,当前工作中仍然存在一些问题,更加需要我们持续不断地努力、提升。

### 4.1 需要将家庭阅读工作触角深入延伸至社区家庭

家庭是图书馆家庭阅读推广的最基本单位,图书馆开展丰富多样的家庭阅读活动不能只在图书馆或有限空间举办,应该下沉至社区及家庭,让更多家庭能够更加便捷参与,更加容易享受图书馆提供的优质阅读服务。另外,需要创新家庭阅读服务模式,通过建立"家庭图书馆"等形式,充分激发家庭自身阅读的原动力,使家庭阅读更具持久性。

### 4.2 需要研究和建立有效的家庭阅读服务工作评估体系

关于图书馆阅读推广活动效果评估,业界尚未统一标准,本馆对活动项目评估虽然突破了活动场次、读者参与人数、媒体报道数量以及转载新闻篇数等粗放指标,并进行了文献利用率、阅读兴趣提升等更深层次的评估,但仍然不够系统、也不够深入,需要进一步优化评估体系,建立科学有效的家庭阅读推广工作评估体系。

### 4.3 需要建立区域图书馆联动开展家庭阅读推广的工作机制

在全民阅读新时代,阅读推广是一项需要社会各界持久通力合作的公共事业,实践证明,通过区域联动的形式开展阅读推广,成效更为显著。2003年,深圳市提出"图书馆之城"建设,深圳地区图书馆间业务融合及交流合作日渐深入,在阅读推广领域也有很好的合作基础。需要进一步发挥深圳图书馆作为"图书馆之城"龙头馆的作用和"家委会"挂靠单位优势,联合深圳地区各级图书馆及国内各级图书馆,共同推进家庭阅读,使家庭阅读推广工作上升一个新台阶。

### 4.4 需加大引入社会力量参与,培养"家庭经典阅读推广人"队伍

《中华人民共和国公共图书馆法》明确提出"鼓励社会力量参与图书馆建设与服务",对于家庭阅读推广而言,加强多元合作力度,凝聚社会优质资源则更为必要。今后,需要继续加大引入社会力量,丰富参与模式,完善参与机制,共同推进家庭阅读推广走向全市、全国,惠及更多家庭。同时,需进一步创新与拓展活动形式,重点培养家庭阅读典型和"家庭阅读推广人",授人以渔,传授阅读方法,将阅读带入更多家庭。

# "三全育人"视域下的图书馆精准营销服务模式实践与探索

胡 赛 丁亚玲 谢丁立(湖南生物机电职业技术学院)

## 1 案例背景

精准营销这一概念是由"营销之父"Philip Kotler 于2005年提出,它要求精准定位目标用户群及需求,并紧贴用户环境和特征,更细致地识别用户需求从而提供对接需求的更优质服务[1]。精准营销在图书馆服务中的体现就是要求图书馆针对不同的读者群体,细化服务方式,提供"精准服务",它的核心就是"个性化服务"。随着学术图书馆的不断发展,精准服务已逐渐成为图书馆服务改革的新方向,也是提升图书馆服务质量、突破图书馆服务瓶颈的必然趋势。在此背景下,湖南生物机电职业技术学院(以下简称"生机")图书馆围绕"三全育人"服务目标引入精准营销理念,通过借鉴精准营销理论和手段,构建以用户为中心的服务模式,使图书馆服务全面嵌入学生学习各个方面,创新了新形势下图书馆服务育人的新路径,取得了很好的服务效果和育人效应。

## 2 主要内容

### 2.1 基本思路

为倡导多读书、读好书的校园文明风尚,充分发挥图书馆在文化传播、育人服务方面的作用,湖南生物机电职业技术学院图书馆以实现"三全育人"目标为核心,引入"精准营销"理念,通过主体维度、时间维度、空间维度等三重维度构建以学生为中心的精准营销服务模式(图1),开创新形势下图书馆服务育人工作新格局。

## 2.2 研究目标

本案例旨在通过构建以学生为中心的精准营销服务模式,全面推进全员、全过程、全方位育人,使学生在实践层面获得最贴合自身实际的知识教育和全面提升综合素质、树立社会主义核心价值观的发展目标,使图书馆成为广大生机学子滋养民族心灵、培育文化自信的精神殿堂,成为校园文化建设的重要基地,实现高校图书馆"三全育人"服务模式创新。

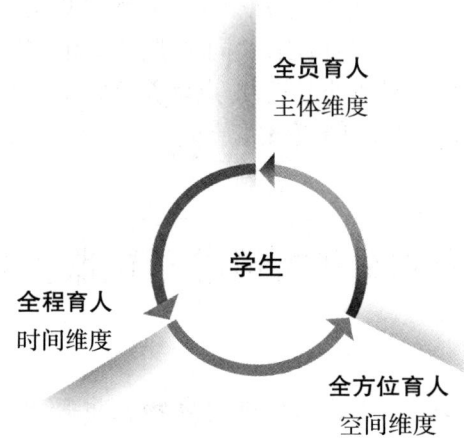

图 1　图书馆精准营销服务模式图[2]

## 2.3 主要内容

主体维度:精准营销服务模式的主体维度(见图2)是指一切参与图书馆服务的工作人员,包括馆办工作人员、全体馆员、各二级学院学科馆员、读者协会学生都围绕图书馆育人工作开展精准服务,做到全员育人。

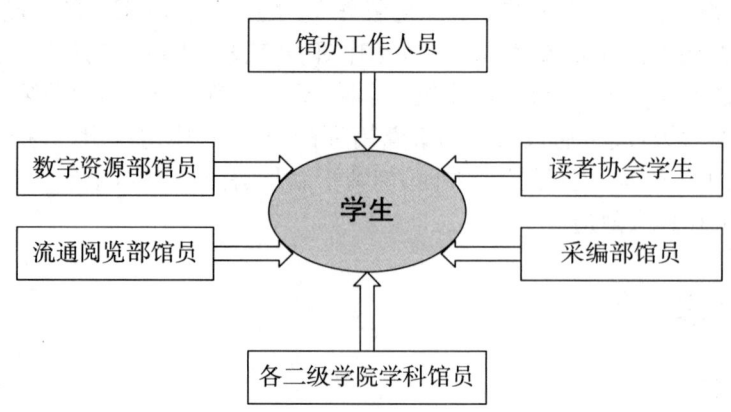

图 2　图书馆精准营销主体维度服务模式图

空间维度:空间维度是指构建德育、智育、体育、美育、劳动教育为一体的全方位育人体系。德育是图书馆通过提供德育方面的文献资源实现师生德育教育;智育是图书馆联合二级学院开展专业知识性服务;体育是图书馆协同学生工作部、宣传部等部门发挥体育教育功能;

美育是图书馆联合院团委、读者协会开展美育教育;劳动教育是图书馆通过开展勤工俭学、志愿者服务,协同创新创业学院共同营造劳动育人氛围。

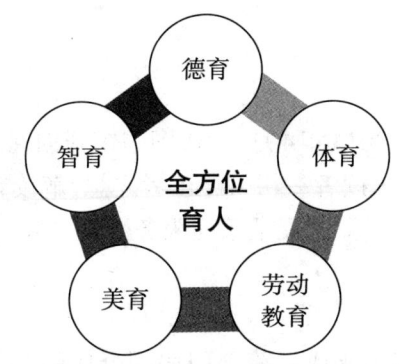

图 3　图书馆精准营销空间维度服务模式图

时间维度:图书馆针对不同年级的学生提供不同的育人服务(见图4)。针对大一学生开展以融入知识教育为主的系列服务育人活动;针对大二学生,重在围绕综合素质和实践能力提高开展服务育人工作;针对大三学生开展就业指导、创新创业指导等,帮助他们树立正确就业观,提升就业择业能力。

图 4　图书馆精准营销时间维度服务模式图

## 3　活动过程

### 3.1　前期筹划

高职院校图书馆一直面临着图书利用率不高、学生借阅率低等情况,为突破发展瓶颈,进一步提高读者参与度,提升图书馆育人服务效果,生机图书馆尝试引入"精准营销"理念,并做了大量前期准备工作。

(1)查阅大量国内外图书馆界关于精准营销的论文,走访院领导、专家教授,收集指导意见,制订筹备方案。

(2)主动与学院联系,学院团委、学生工作处、纪检监察处等部门积极配合,全方位宣传,形成合力。

(3)图书馆领导班子成员走访了各二级学院,了解各院系真实需求,介绍图书馆近期开展的服务,听取意见或建议。

(4)图书馆馆员建立微信群、QQ群、现场交流等方式,直接对接学生,了解不同年级、不同专业学生的实际需求。

(5)筹备服务团队,一是在馆内开展关于精准营销培训,使精准营销理念深入人心,二是明确各馆员的分工职责,三是在各二级学院确立一名学科馆员。建立了一支包括馆内领导、工作人员、学科馆员、优秀学子等多元主体,具有自觉"育德意识"和较强"育德能力"的协同育人队伍。

### 3.2 项目实施

经过前期周密准备和部署,2013年4月,生机图书馆开创湖南省高职图书馆先例,围绕"一切为了读者、为了一切读者、为了读者一切",想读者之想、解读者之忧,构建起"精准营销"服务体系,以实现"三全育人"为目标,开展了系列服务活动。

#### 3.2.1 主体维度

(1)成立服务团队

2013年4月23日,图书馆牵头成立跨部门协同合作的"精准营销"服务团队,制定《生机图书馆"精准营销"团队实施方案》,确定组织机构和各岗位的工作职责,成立了包括组长、副组长、数据分析组、活动策划组、精准营销组等在内的服务团队,并明确了"精准营销"团队活动内容,包括开展特色"读书日"系列活动、精准助学、精准阅读推广、打造专业化"精准营销"团队四个主要方面。方案下达后,生机图书馆组织全体馆员召开活动动员会,进行工作部署,发放工作记录本。建立微信群,精准对接各班级的班长与学习委员,开展晚自习班级定点阅读活动、"精准营销"交流会、推出每周新书,预约、催还服务,推荐感兴趣的书籍、开展读书交流会等活动,实现点对点精准阅读服务。

(2)制定服务团队考核制度

2014年10月,为提高团队服务质量,图书馆制定了考核制度:一是明确"精准营销"工作时间,积极组织好各项精准活动,做好开展各项营销活动工作记录。无故不参加馆内外培训活动者,取消评先评优资格。二是建立财务制度,建立相应的经费保障机制,确保团队营销工作顺利开展。活动经费必须按照经费管理办法开支,严格履行报账手续,所有经费按程序审批,坚持厉行节约。三是制定竞争激励制度,为了激励营销团队成员的工作热情,馆务会量化营销服务工作成果,成绩与年终评优评先、绩效考核挂钩。

(3)开展馆员培训

为进一步创新图书馆"精准营销"服务活动、提升服务质量和服务育人水平,图书馆每两年对现有的图书馆服务育人的整体策略和生机图书馆"精准营销"团队成员进行一次调整。每年开展2—3次团队成员的思想政治学习和业务能力培训,增强成员责任意识,提高工作标准,激励馆成员爱岗敬业、争先创优,以优质的服务塑造图书馆的良好形象。

(4)组织馆员参加业务知识竞赛

为进一步加强图书馆馆员队伍建设,提升图书馆"精准营销"团队服务质量和服务水平,在馆内营造浓厚的学习氛围,图书馆组织馆员参加了"2013年湖南省高职院校图书馆馆员业务知识竞赛",胡赛荣获个人一等奖,胡赛、陈琼、金立组成的参赛代表队荣获团体一等奖。同时,馆内还开展了"心服务·新精彩"服务明星评选活动等图书馆馆员业务知识竞赛,竞赛内容涵盖本馆概况、规章制度、文献信息资源、读者服务以及图书情报领域相关知识等,竞赛不仅巩固了全体馆员的专业知识,让馆员熟悉、了解馆情,也增强了图书馆的凝聚力，展现了馆员们蓬勃向上的精神面貌和业务素养，为今后图书馆的精准服务奠定较好的基础。

#### 3.2.2 空间维度

（1）围绕"德智体美劳"，多方协同开展"精准营销"服务

1）传播廉政校园文化。文化传承是高校图书馆的神圣使命，在廉政文化传播中具有得天独厚的优势。2019年，图书馆与学院纪检监察室在图书馆微信公众号上联合推出"每周一廉"栏目，推介蕴藏优秀传统文化精髓的经典国学文献和政治学、管理学、法学、心理学等相关学科知识以及反腐倡廉领域公开出版发行的专著、报刊和视听文献等资源，共计编发33篇文章，成为学院廉政文化线上宣传教育的重要窗口。2020年，图书馆与学校纪检监察室、语委办、宣传统战部等部门联合推出全新栏目——《生机廉音》，继续以微信公众号为载体，涵养廉的正气，凝聚廉的力量，张扬廉的清音，与全院师生共同唱响"生机廉音"。

2）学科专业文献阅读推广。2014年以来，为提高图书馆专业文献利用率，增强学生专业素养，图书馆与各二级学院教研室协同合作，将近两年采购的各学科专业文献整理成书目送至各二级学院教研室，各教研室根据本专业教学情况和需求，推荐书目，并选派一位专业教师到图书馆流通部查阅和核对推荐的专业书籍，开具推荐文献单。图书馆根据各教研室开具的书单汇制成学科专业文献推荐单并通过展板、展架、图书馆网页"好书推荐"专栏及微信公众平台等形式展出。各教研室专业教师、图书馆馆员将推荐书目推送至教学班级及各对口班级。

3）数字资源培训讲座。自2013年以来，图书馆每年开展20余场数字资源系列培训讲座。例如："移动图书馆——图书馆在你手中"精准对接行政处室、系部；"精准助学之助力毕业论文写作——数字资源综合培训讲座"对全体毕业生开展培训；联合教务处、科研处对新进教师开展数字资源利用培训讲座等活动。通过精准助学与阅读推广，提升了广大读者的信息素养，提高了文献资源利用率。

4）建立新生馆员制度。2015年，图书馆建立新生馆员制度，在图书馆设立多个新生馆员职位，指定一名馆员老师专门负责勤工俭学的招录、教育培训、任务分配、人员调配、核算与奖惩、辞退等事务性工作。通过勤工俭学方式使学生在业余时间快速掌握图书馆馆藏结构、文献信息查找和利用方法，增长知识、拓宽视野、提高自身的综合素质，同时让勤工俭学学生成为图书馆与读者之间的桥梁和纽带，切实践行图书馆服务育人的宗旨。

图5　图书馆读者协会成员指导学生使用歌德电子借阅机

图 6　勤工俭学学生参与新书加工

（2）聚焦精准，合力打造"生机·书香"读书文化品牌

为充分发挥高职图书馆文化育人职能，丰富校园文化建设，引领校园阅读新风尚，生机图书馆自 2009 年起，每年都会与多个部门精准协同，以"世界读书日"为契机举办"生机·书香"系列读书文化活动，将"生机·书香"阅读推广铸造成湖南省高职院校乃至全国高职院校的阅读推广知名品牌。该活动得到了学院领导的高度重视和广大师生的热情参与，活动组委会精心筹划，精准实施，营造了良好的读书氛围，激发了广大读者的阅读热情和求知欲望，取得了良好的推广效应，使图书馆的关注度、活动参与率以及各领域的影响力均不断提升。

1）读书日倡议活动——使人文精神在阅读中苏醒

图书馆围绕每年"生机·书香"读书活动主题向全校师生发出阅读倡议书与读书活动方案，在签名活动中以有奖知识竞答、赠送自制书签等方式，倡导全校师生参与读书活动，激发师生阅读热情。至 2020 年，有近 2 万名师生参与，为推进书香校园建设，营造良好阅读氛围和文明风尚起到了很好的宣传作用。

2）"十佳读者""悦读之星""借阅之星"评选——树立典范

每年 6 月，图书馆在全校范围内开展学年度"十佳读者""悦读之星""借阅之星"评选活动，对文明阅读、阅读量大的读者进行表彰，并把他们的阅读事迹、阅读感悟等做成展板在图书馆内长期展览。图书馆不定期召开阅读交流会，鼓励读者分享阅读心得，听取读者对图书馆资源建设和读者服务方面的建议，充分发挥优秀读者的示范和辐射作用。

3）专题讲座——将"名人教育"融入阅读文化

每年读书活动，生机图书馆都会邀请知名人士为读者开展阅读相关主题的报告。如优秀校友吴跃昆的"青春·励志·感恩"、湖南图书馆沈小丁的"读书与梦想""大学生活，从图书馆开始"等专题讲座。报告者结合自身经历对阅读的体会和感悟激发了众多学子的阅读兴趣，为书香校园的建设发挥了积极作用。

4）会说话的墙+桌签——打造触手可及的环境文化

教育家苏霍姆林斯基曾说过在学校应该让每堵墙都说话，生机图书馆长期征集读者的原始艺术作品，置于墙壁、过道、阅览桌上，装点出亲和个性的图书馆文化环境。院团委又将该品牌活动融入寝室设计大赛、教室美化大赛中,营造出"校园无闲景,处处感染人"的良好氛围。

5)书声朗朗满校园——打造"朗朗生机"读书活动

为进一步引导广大学子弘扬中华民族优秀传统文化,用最平实的声音诠释传世佳作精美文字背后的情感,图书馆联合学院纪检监察室、宣传统战部、学生工作处、工会、院团委、语委办共同举办"朗朗生机"读书活动。2017年,首届"朗朗生机"读友会以"阅享书香、品味经典"为主题,通过朗读活动形式和载体,引领师生走进经典,传承源远流长的中华优秀传统文化,创建朝气蓬勃的特色书香校园,共同营造良好的校园文化氛围。2018年,以"诵读中华经典,弘扬传统文化"为主题的第二届"朗朗生机"读友会形式丰富多彩,通过茶艺、书法、古筝、弹唱、湘绣与朗诵相结合,给观众们带来一场文化视听盛宴。

2018年起,图书馆在微信平台推出"朗朗生机"线上朗读栏目,实现线上与线下立体化结合,成功将图书馆特色活动"朗朗生机"品牌化。成功推送36期,每期邀请师生朗诵古今中外经典名著,让他们将书籍和文字中的真、善、美一起在校园中传递,让优秀传统文化像新鲜空气一样浸润肺腑,净化精神家园,指导行为规范,让阅读成为一种常态生活方式,让生机校园处处弥漫书香!

### 3.2.3 时间维度

图书馆坚持以学生为中心,遵循思想政治工作规律、图书服务育人规律和学生成长规律,注重激活高校思想政治工作内生动力。从入学开始,按照年级递进的顺序和大学三年的阶段性发展特点来确定服务方案,做到全过程育人。

(1)大一

1)新生入馆教育。2017年,图书馆与媒体合作,制作了"生机图书馆新生入馆教育宣传视频",每年10月初组织对所有入校新生进行入馆教育培训。首先由对接班级馆员组织新生观看图书馆入馆教育视频,让新生尽早了解图书馆,熟悉图书馆服务功能,科学利用图书馆资源;其后给每位新生发放《读者指南》,并通过PPT详细介绍图书馆资源、微信图书馆、超星学习通等的功能使用;最后由馆员带领新生们参观图书馆各库室,了解各库室的资源情况、开放时间及注意事项等,并重点介绍图书馆歌德电子图书借阅机、博看数字阅读报刊机的使用。

图7 2019级新生心理普查方案"大学生心理健康测评"

2)开展适应教育。图书馆与二级学院开展合作,围绕大一新生重点开展适应教育。馆员与学院给每个新生班级配备的助理班主任、辅导员形成合力,培养学生自我教育、自我管理、自我服务的能力。对接班级辅导员,建立"馆员—辅导员"帮扶队伍,细化心理健康教育培训工作,针对新生开展心理普查并在学校心理咨询中心的指导下做好相关回访工作;此外,开展消防安全知识讲座、安全防范及消防演习、体检、肺结核筛查等工作;与校企合作企业共建"三全育人"校企导师授课制度,通过校企导师讲授行业认知课程,引导学生了解专业,热爱农业。

(2)大二

1)阅读空间建设。为促进党校优良学风的培育与发展,生机图书馆积极营造优越的学习条件,切实搞好馆内环境建设,努力为读者提供宽敞明亮、整洁安静的学习场所。生机图书馆由东湖校区和马坡岭校区两个分馆组成。东湖分馆的前身是始建于1903年的长沙修业学堂资料室,马坡岭分馆的前身是创建于1958年的湖南省农业机械化学校图书馆。100多年来,图书馆规模不断扩大,馆藏日渐丰富。通过长期征集读者的原始艺术作品,置于墙壁、过道、阅览桌上,装点出亲和个性的图书馆文化环境,使"图书馆的每堵墙都会说话"。近几年,我们修缮了馆内基础设施,在馆内摆设了绿植,各阅览室坚持每天打扫卫生,2019年我们在马坡岭校区图书馆还进行了文化空间建设与改造。同时,生机图书馆通过开展各类培训讲座、举办"优秀学风专题展"、开辟互动交流空间等多渠道引导同学们到图书馆中来,多读书、读好书,养成良好阅读习惯,营造浓厚的学风氛围。

2)成立读者协会。生机图书馆学风建设的又一亮点是,成立了由图书馆自己领导的读者协会,每年定期举办经典诵读比赛、优秀读书漂流活动、"读者之星"评选、"好书荐读"、诗词配乐朗诵比赛、文化节目视频展播等、"书香有约"读书会等部分读书交流活动,引领学生养成热爱阅读的习惯,在阅读中成长、成才,促进浓郁学风的形成,为建设学习型校园,营造"书香·生机"做出积极努力。截至2020年生机图书馆共开展三届"朗朗生机"读友会之诵读比赛,在微信平台推出的《朗朗生机》线上朗读栏目,由学院语委办老师、国家普通话测试员指导,师生积极参与,现已推送36期。

图8 各二级学院学生代表诵读经典《少年中国说》

3）指导技能竞赛。生机图书馆一直以来都非常注重学生信息意识、文献信息检索能力和信息处理能力的培养,积极鼓励和指导学生参加全国、全省信息素养类技能竞赛,以赛促练,提升信息素养的同时助力专业技能。自2019年全国高职院校信息素养大赛启动以来,图书馆开始精心选拔和培训参赛学生,积极组织学生参加省赛。生机计网两名同学通过层层选拔,作为湖南省参赛选手代表,经过激烈比拼,分别获得三等奖、优秀奖的好成绩。生机图书馆胡赛老师获优秀指导老师奖,学院获得2019年全国高职院校信息素养大赛最佳教学奖。在2019年湖南省高职院校信息素养大赛中生机获得学生组二等奖三名、三等奖三名,生机图书馆胡赛、邓建平老师获说课比赛二等奖,谢丁立老师获说课比赛三等奖,获得信息素养课程设计三等奖。

（3）大三

就业指导服务。"就业是民生工程",图书馆作为知识、信息荟萃中心,应当在提高就业信息和指导学生方面发挥独特作用,配合学校就业部门指导毕业生择业、就业,责无旁贷担负起毕业生就业指导工作任务。生机图书馆历年来,针对毕业生就业开展了多项服务工作。一是为不同层次、不同专业学生提供广泛的文献信息保障和支撑,利用先进的信息技术设备为毕业生搜索就业信息提供便捷,迅速了解用人单位需求动态、各地就业政策、各人才网发布的就业信息等;二是馆员充当信息咨询员和导航员为毕业生开展就业服务培训,使毕业生在择业时尽快了解各地就业政策、方针和形势变化,避免毕业生在就业时出现盲目和随意性,提高就业质量;三是开展心理咨询,部分毕业生在就业时由于对就业形势和自身认知存在偏差,导致在择业时可能会出现一系列心理问题,生机图书馆通过图书馆微信公众号和学院心理咨询室及时提供心理指导,帮助毕业生树立正确的就业观和择业观。

## 4 特色分析

中共中央、国务院《关于加强和改进新形势下高校思想政治工作的意见》提出了坚持全员全过程全方位育人（"三全育人"）的要求,生机图书馆在当前图书馆利用率低、学生积极性不高的形势下,主动出击,创新性地将"精准营销"理念引入图书馆服务育人工作,全员、全方位、全过程构建起以学生为中心的育人体系,打破了以往被动、滞后的工作局面,开创了图书馆"三全育人"工作新格局。

## 5 育人实效

图书馆开展精准营销服务以来,积极开展了一系列有针对性和有特色的服务活动,成功实现了互联网环境下的图书馆转型,强化了精准服务效应,打造了"生机·书香""朗朗生机"系列读书文化活动品牌。

### 5.1 助力教学科研

（1）推进人才培养模式改革,2019年生机获得省技能竞赛一等奖11个,教师参加职业能力、信息素养、教学展示活动竞赛,获省赛一等奖1个、二等奖9个、三等奖7个。2018年生机获得国家技能大赛二等奖2项、三等奖4项;国家行业部门技能竞赛一等奖1个、二等奖1个、三等奖1个;省级技能竞赛一等奖4个、二等奖5个、三等奖9个。

（2）学院科研项目立项层级、质量和数量明显提升,2019年共有76项院外科研项目,2项湖南省教育科学研究优秀成果奖,共申请自主知识产权成果142项,其中132项已获得授权,1项发明专利授权、61项实用新型专利授权、4项外观设计专利授权和66项计算机软件著作权授权。生机教师在各类刊物发表论文130篇,其中SCI 5篇,CSSCI、CSCD 8篇,中文核心期刊5篇,主编参编著作与教材共50本,其中专著14本、国家级规划教材11本,共参与4项地方行业标准制修订。2018年立项校外纵向课题42项,政府及其他事业单位委托横向课题14项,发明专利授权4项、实用新型专利授权42项、软件著作权15项,发明专利申请与授权位列居长（湖南长沙）高校前10位。

### 5.2 助力校园文化建设

（1）生机图书馆认真贯彻落实习近平新时代中国特色社会主义思想,始终以服务广大师生为宗旨,广泛深入地开展了文明窗口创建活动。根据湘文明委相关精神,生机图书馆拟被推荐为"2019年湖南省文明窗口单位",2020年3月27日已公示。

（2）2013年承办的长沙市高职院校第四届"读者之星"演讲比赛,在湖南教育电视台、《长沙晚报》、《图书馆报》等媒体进行了报道;近年来,团队指导读者参加长沙市高职院校"读者之星"演讲比赛,荣获一个特等奖、五个一等奖、一个二等奖的骄人成绩;2009年、2015年两次荣获中共湖南省委宣传部、湖南省新闻出版广电总局主办的首届和第五届"三湘读书月"活动"书香校园"称号。

（3）自2011年以来,图书馆连续7年在学院年度考核中被评为学校"先进集体",荣获湖南省图书馆学会2012—2016年度"先进会员单位"称号。

## 6 经验总结

经过多年的实践,生机图书馆的精准营销已经在校内外产生了良好反响,但是面对新时代的图书服务工作,我们认识到还有需要改进和提高的地方:①加强教学科研嵌入式研究,进一步挖掘和发挥图书馆精准营销服务在课堂教学和学术科研方面的实效,寻求"更高端的支持"和"更深度的合作";②认真做好精准营销活动数据的积累和分析研究;③加强活动过程的反馈与评估;④在跨部门合作实践中要提高精准服务的广度和深度,使创新常态化,真正融入用户内心。

**参考文献**

[1] 张汝昊,杨志萍.国内外学术图书馆精准服务前沿研究综述[J].图书馆学研究,2019（24）:2-12.
[2] 黄友均,黎泽伦.高校图书馆"三全育人"服务模式创新研究[J].当代图书馆,2019（1）:12-14.

# "三全育人"视域下高职图书馆红色文化育人模式探索与实践

王秀芬　丁洪霞　綦晓卿（青岛职业技术学院）

2016年12月，习近平总书记在全国高校思想政治工作会议上强调：要坚持把立德树人作为中心环节，把思想政治工作贯穿教育教学全过程，实现全程育人、全方位育人，努力开创我国高等教育事业发展新局面。2017年1月，习近平总书记在党的十八届六中全会上强调：光荣传统不能丢，丢了就丢了魂；红色基因不能变，变了就变了质。同年，教育部发布《高校思想政治工作质量提升工程实施纲要》，将文化育人作为"十大育人"体系的重要内容，挖掘革命文化的育人内涵，开展传承红色基因、担当复兴重任，把高校建成社会主义精神文明高地。

文化育人是高职图书馆实施教育职能、传承与创新文化的重要途径。红色文化是高职院校"三全育人"体系的重要组成部分，高职图书馆是红色文化资源的主要收藏和服务机构，同时也是向大学生传播红色文化的重要平台。探索高职图书馆红色文化育人模式对培育文化自信的时代新人，培养德智体美劳全面发展的社会主义建设者和接班人，有着重要的现实意义。

## 1　开展背景

2017年初，青岛职业技术学院深刻贯彻落实习近平总书记关于传承、弘扬红色文化资源的重要指示精神，把红色文化资源贯彻到全过程育人、全员育人、全方位育人的"三全育人"体系中。学院图书馆在院党委的领导下，围绕学院"立德树人"根本任务，规划建设了"红色书院"育人基地，积极探索"高校图书馆＋红色书院"全员、全程、全方位的红色文化育人模式，经历三年的探索实践，真正打造出一批有深度、有价值、实用性强的"红色文化"研究成果，现已成为学院构建"四维一体"文化育人体系的重要组成部分。进入2020年，青岛职业技术学院正规划进行红色书院二期的融合发展。

## 2　建设目标

青岛职业技术学院图书馆围绕学院建设中国特色高水平高等职业学校总体目标，在学院党委领导下，以立德树人为根本任务，以社会主义核心价值观为引领，以全面提高人才培养能力为关键，以理想信念教育为核心，"高校图书馆＋红色书院"一期建设目标重在强化红色书院基础建设，突出重点主题，文化育人与实践相结合，初步实现全员、全程、全方位文化育人格局，开创高校红色文化育人新局面。

## 3 模式实践情况

秉承"三全育人"理念,青岛职业技术学院图书馆按照"四个一"标准建成"红色书院",打造红色文化阵地品牌,即一个统一标牌、一个红色展厅、一个红色讲堂、一个红色经典阅览室。"红色书院"结合齐鲁大地的沂蒙精神、青岛地区革命历史,围绕"红色文化主题展览""红色故事经典阅读""红色革命精神宣讲""红色革命精神实践"四个活动板块开展全员、全程、全方位的红色文化育人活动。

### 3.1 以展厅为基础,举办红色文化展览

坐落在齐鲁大地东部沿海的青岛,从1923年8月第一个党组织成立,历经九十多年的砥砺奋进,成就了青岛这块红色热土,使青岛的红色文化在苦难与辉煌中薪火相传。

青岛海岸路18号,是青岛党组织负责人和老一辈革命家王尽美、邓恩铭、刘少奇、李慰农等人曾经生活和工作过的地方,在这里他们传播马列主义,领导了四方机厂、日商纱厂工人大罢工,推动形成青岛历史上第一次反帝爱国运动高潮,在全国产生重大影响。"红色书院"根据这段时期的历史举办了"岛城历史记忆"主题展览,此次展览主要讲述了青岛党组织从1923年8月成立及其在大革命、土地革命、全民族抗日战争到1949年6月青岛解放,26年的光辉历程。在展览的同时,利用展厅的大屏幕循环播放青岛解放纪录片,利用展柜展出革命战争中先烈们使用过的武器及缴获敌军的战备物资,使参观者能够全面地了解历史,认识历史。除此之外,展厅还先后举办了"真理的力量——纪念马克思诞辰200周年主题展""党的光辉历程主题展""改革开放四十周年百件大事图片展""向雷锋同志学习主题展""革命烈士家书展"等经典红色文化展览。经典红色文化教育与地方特色红色文化教育相结合,增强了学生的荣誉感、自豪感和使命感。红色展厅现已成为学院开展思想道德教育和陶冶道德情操的重要窗口和平台。

图1 革命烈士家书展

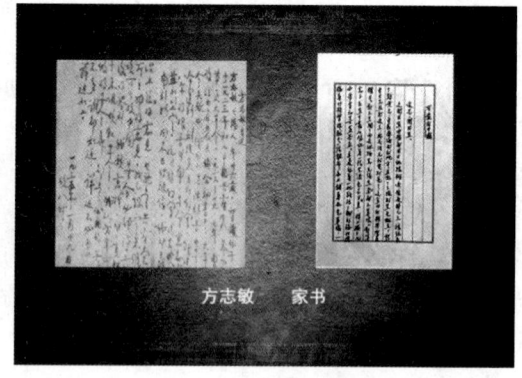

图2 方志敏同志家书

### 3.2 以资源为依托,实施红色经典阅读

学院除了在红色展厅定期组织红色文化主题展览,还在展厅打造"红色文化墙",开辟"红色经典"专题图书阅读区,为传播、传承、培育、践行社会主义核心价值观,设立"改革开放""模范先锋""英雄精神""雷锋精神""科学精神""工匠精神"等专题图书阅读区,馆藏红色文化专题图书1200余册,全程为广大师生提供红色文化教育资源平台。

图3 红色经典图书

图4 雷锋经典图书

### 3.3 以传承为导向,开展革命精神宣讲

为了扩展红色育人的受教育群体,达到全员育人的目的,学院图书馆邀请青岛党史馆宣传副团长展峰同志担任红色书院指导专家,由旅游学院红色革命精神宣讲团——初心宣讲团,先后为全院师生、西海岸新区第一中学、香江路第二小学、香江路第三小学、塔山社区党委、长江中路社区党委、长江西路社区党委、武当山社区党委、紫金山社区党委、峨眉山社区党委、靖江路社区党委、宏运大酒店党支部等院内外师生、党员、群众进行全员红色革命精神宣讲。

图5 "雷锋精神"优秀传承者郭明义举办雷锋讲堂"再遇雷锋,奋起追梦"报告会

图6 青岛党史研究员、副团长展峰老师讲座"追寻先驱者的足迹"

图7 初心宣讲宣讲"革命烈士家书"主题展览

图8 初心宣讲团宣讲"向雷锋同志学习"主题展览

### 3.4 以德育为中心，实施红色文化实践

为了将文化育人与实践育人相结合，红色书院还定期组织"清心读书社""志愿者服务社团""初心宣讲团"成员开展"传承红色基因　牢记初心使命"社会实践活动，深入社区、养老院、儿童福利院等开展敬老、尊贤、助残等红色精神社会实践活动，进一步传承和发扬革命精神，加强大学生的公德教育，培育高尚的道德情操。

图9　志愿者走进养老院

图10　迎接新同学，向新生及家长介绍图书馆

## 4　建设保障机制

### 4.1　组织保障

建设"红色书院"，首先以学院党委为领导核心，发挥院（系）党组织政治核心作用和基层党支部战斗堡垒作用，发挥组织部、宣传部、共青团、学生会、学生社团等组织的联系服务、团结凝聚师生的桥梁纽带作用，把思想政治教育贯穿各项工作和活动中，保障工作方向和质量。成立专门的工作组，工作组成员由学院党委、教学院系各党总支、管理服务、思政、宣传、学生教育等部门教职工组成，对组员进行明确责任分工，重点负责前期平台建设和后期实践推广工作，组织落实实施方案和实施效果评估，提高工作的针对性和实效性。

### 4.2　制度保障

学院把"高校图书馆＋红色书院"红色文化育人模式纳入学院校园文化长远建设规划中，科学系统地制订红色书院发展规划，推动红色书院建设可持续发展。

### 4.3　管理保障

制订建设规划和阶段性工作计划任务书，包括设置机构工作的架构、硬件场所基础设施建设、设计活动内容框架、制订活动实施方案等，强化过程控制，确保各项红色文化活动开展成效。

### 4.4　资金保障

按年度计划给予建设资金，保障红色书院开展工作所需的必要设备、材料，以及活动开展、队伍培训、宣传引导等方面的费用。

## 5 模式特色

### 5.1 由点及面,全员育人

习近平总书记强调:"一个国家、一个民族不能没有灵魂。"红色文化是党领导人民在长期革命、建设和改革进程中创造积累的物质与精神成果,既承载着中国共产党人的初心与使命,又体现着浓郁的民族性、思想性和文化性,蕴含着丰富的价值内涵和厚重的精神力量,对高校全员育人实践具有重要意义。红色书院育人的基础目标是依托高校图书馆创建一个覆盖全校师生的红色文化育人阵地,发挥红色书院对学院师生的直属育人功能;红色书院的中级目标是依托红色文化育人阵地,引导并辐射区域其他高校、中小学等教育单位师生群体以及街道、社区、企业、团体等党支群体,发挥红色书院的泛教育育人功能;红色书院育人的终极目标是通过街道、社区、企业、团体等党支群体进而影响覆盖全体社会群众,实现红色书院的社会育人功能,让红色文化真正得以在全社会普及、传承、弘扬、创新发展,进而推动中国特色社会主义现代化事业不断前进。

### 5.2 知行合一,全程育人

红色书院沿袭学院知行合一人才培养模式,实施红色文化"知行合一"全程育人。将红色文化的传承与创新自觉融入学院教育教学中,让红色文化的传承成为贯彻党的教育方针、培养大学生核心素养、落实立德树人根本任务的重要抓手。实施"知行合一"全程育人,扩展红色文化育人渠道。从"知"进行引导,开展红色文化收集、展示、知识讲座,增进大学生对红色文化的认知。从"行"进行培养,广泛开展各类红色文化践行活动,在实践中感知、领悟、学习。"知行合一"文化育人与实践育人相结合,相辅相成,形成红色文化育人合力,提高思想道德素质,增强文化自信,成为优秀红色文化的传承者和实践者。

### 5.3 线上线下,全方位育人

红色书院创建线上线下两种载体,实现全方位育人。线下载体围绕一个主阵地、三条育人路径进行建设。在图书馆创建红色展厅,陈列展览展示红色文化,打造一个红色文化主阵地,完成图书馆空间再造,增加文化活动区域,打造全方位、多维度的文化育人空间。在展厅定期举办各类专家、名师讲座,开展多种多样的阅读经典活动,实施文化阵地育人;同时成立宣讲团,在学院内外进行宣讲革命精神、道德模范事件,实施宣讲育人;定期组织师生开展各类红色文化践行活动,实施实践育人。线上载体围绕传统媒体和新媒体进行全方位覆盖推广红色文化和实践案例,与线下载体进行互动融合,提高影响力。传统媒体方面要充分利用学院自身媒体资源如学院网站、智能平台、图书馆电子屏幕等以及本地的纸媒、电媒、网媒等;积极挖掘利用微信公众号、朋友圈、微博、抖音小视频等新媒体工具,借助移动互联网随时随地全方位推广。

## 6 实践成效

青岛职业技术学院通过积极探索创建的"高校图书馆+红色书院"红色文化育人模式,以红色文化育人角度开创了一条颇具特色的全员、全程、全方位育人途径,拓展和加深了红色文化育人的广度和深度,是对高校"三全育人"路径的创新探索与创新实践,同时也进一步丰富了学院"厚德修能"和"知行合一"校园文化体系内涵。

### 6.1 "知行合一",夯实图书馆文化育人基础

定期开展红色文化主题展览、红色经典阅读、红色革命精神宣讲、红色精神社会实践活动,从"知"进行引导,提高大学生思想政治上的认知水平,从"行"进行培养,增强大学生的实践能力。"知行合一"增强大学生的政治素质与文化自信,使更多的学生成为红色文化的传承者和社会主义核心价值观的践行者。

依托红色书院,通过"高校图书馆+红色书院"红色文化育人模式的实践,近两年青岛职业技术学院图书馆共开展各类优秀红色文化育人活动114次,参与学习实践活动的师生党员、社区群众等达6300余人,拓展了红色文化育人的广度;"高校图书馆+红色书院"红色文化育人模式探索,促进了图书馆内涵服务建设,拓展了图书馆文化服务领域,强化了图书馆的教育职能,提高了学院图书馆文化服务水平,加深了红色文化育人的深度。

### 6.2 "旨归厚德",丰富校园文化体系内涵

图书馆红色文化育人模式通过定期开展"红色文化主题展览""红色经典阅读""红色革命精神宣讲""红色革命精神实践"四大板块的红色文化活动,以"厚德"为旨归,在潜移默化中培养了大学生的爱国情怀、荣辱观念、担当意识,丰富了校园文化体系内涵,营造了良好的校园文化氛围。

### 6.3 "辐射引领",扩大学校文化的影响力

图书馆充分发挥文化辐射引领作用,通过红色文化展览、革命精神宣讲、革命精神实践等活动的开展,教育活动的校外受众达140000余人次/年,实现了红色文化教育资源的有效输出,形成了良好的社会效应,并且对学校自身建设和发展产生了积极的影响。

实践证明,青岛职业技术学院开创的"高校图书馆+红色书院"红色文化育人模式能够突出示范引领,育人成效明显。同时,青岛职业技术学院红色文化育人的探索实践也为其他高校提供了有益的借鉴和参考。

# "三全育人"背景下高职院校图书馆助力思政课教学特色服务实践案例

## ——以主旋律影视展播服务项目为例

李高峰 董 雪 程 远(南昌职业大学图书馆)

在中共中央、国务院印发的《关于加强和改进新形势下高校思想政治工作的意见》提出坚持全员、全过程、全方位育人(以下简称"三全育人")的背景下[1],尤其是《国务院关于印发

国家职业教育改革实施方案的通知》(2019年)要求实施职业教育改革,使得如何探索育人项目、育人载体、育人资源整合,特别是及时总结和研究各具特色的育人实践活动成效和经验,已经成为当今高职院校图书馆(以下简称:高职馆)实现进一步丰富育人手段、提高育人整体能力和水平、增强育人效果等服务目标所要关注的重要内容[2]。因此,根据国家职业教育改革要求,围绕推进高职教育高质量发展的目标,结合南昌职业大学首批本科层次教学改革试点的总体部署,南昌职业大学图书馆(以下简称"南职大馆")积极探索在三全育人背景下常态化助力思政课教学的服务新模式。该馆采用在品牌活动《南职大悦读视界》中设置"主旋律影视展播助力思政课教学服务项目"(以下简称"主旋律影展项目"),结合在"南职大讲堂"品牌活动中设置"助力思政课教学系列专题讲座"的办法,构建适合助力学校本科层次思政课教学改革试点需要的特色服务项目。本文仅以其中的主旋律影展项目为例,推介应用需要与动机原理,采用以"热爱共产党、热爱新中国、热爱社会主义"(以下简称"三热爱")为主题助力思政课教学的方法,创建独具特色的辅助思政课教学的基本服务形态。此举旨在介绍该馆如何有效提高助力思政课教学服务能力的同时,促进高校馆在增强图书馆资源满足能力、改进图书馆服务教学的策略、提升大学生政治思想素质、丰富大学生业余文化生活等方面有所创新,有所作为,切实为学校培养德、智、体、美、劳全面发展的社会主义建设者和接班人贡献图书馆人的智慧和力量。

## 1 服务思政课教学的现状

为了创新推出有利于助力思政课教学的服务项目,南职大馆在积极组织职工实地考察调研其他图书馆服务举措的基础上,充分利用中国知网检索高校图书馆(以下简称"高校馆")在开展服务教学工作中的新举措和新方法,认真分析获取相关情况,了解和掌握高校馆,尤其是高职馆服务教学工作的现状。例如,利用中国知网的高级检索项,选择思想政治课、思政课、服务教学、特色服务、影视服务、视听服务、电影、高校馆、高职馆等主题词,以"高校馆"和"高职馆"两个主题词分别组合其他主题词的方法进行检索。

"高校馆"或"高职馆"与"教学"组合检索得到的文章数量最多,排在前两名,分别是5200篇和577篇;而且紧随其后的是"高校馆"与"教学服务"或"服务教学"组合的文章数量分别有484篇和415篇,这说明无论是高校馆,还是高职馆都离不开服务"教学"的理念已经成为业界共识[3]。高校馆开展特色服务的文章数量也有268篇,高职馆的特色服务文章有47篇,这从另一个侧面说明,高校馆和高职馆在开展特色服务方面也进行了有益的探索和实践[4]。然而,探讨和报道高校馆具体有关影视服务的文章却不多,尤其是具体服务思政课的文章只有几篇[5]。从检索条目的具体篇名和摘要分析,大多数高校馆,包括高职馆的服务举措还是局限在开展阅读推广活动方面,涉及具体的常态化视听服务项目也只是开设电子阅览室或视听阅览室等方面[6]。例如,在利用视听文献资源开展服务方面,一般都是设置视听阅览室或电子阅览室,用于满足个体读者的个性化需求[7]。而在直接与教学密切关联的常态化服务项目方面,尤其是在常态化直接服务思政课教学方面,却鲜有富有成效的举措和具体手段方面的研究成果。基于此,南职大馆应用激励理论的需要与动机原理,用"需要"、"动机"与"行为"相互循环作用的法则,选择直接为公共必修科目的思政课教学服务为切入点,致力于探索推出既有别于其他高职馆的服务或活动形式,又凸显本馆特色的创新型常态化服务教学项目。在进行有益的尝试中取得了阶段性成效,做到了以拓展服务业务项目助力思政课教学,发挥高校馆支柱作用的良好效果。

## 2 主旋律影展项目理论与实践

### 2.1 理论基础

主旋律影展项目是以激励理论的需要与动机原理作为理论基础,由此形成闭环式动态循环的运行结构。所谓需要与动机原理,是指人的需要会引发动机,动机会使其付诸行动,促使行动满足需要。此时将出现两种情况:一种情况是在基本运行阶段,当需要未得到满足,则停留在此直到得到满足为止;另一种情况是在完善充实阶段,当需要得到满足,又会萌发新的需要,进而诱发新的动机,并采取新的行动,以此满足新的需要。如此周而复始,相互作用,循环递进,形成循环运行的动态规律。在主旋律影展项目中,引发动机的诱因是图书馆需要直接服务思政课教学,由此萌发了策划满足需要的动机,进而催生了满足图书馆需要的行动——形成了该项目。换言之,就是应用需要与动机原理,不仅丰富了思政课教学的手段,还搭建了大学生课外学习的平台,更满足了图书馆以服务教学促进自身发展的需要。在该项目基本运行阶段,当需要没有得到满足时,就停留在当前的需要层面直至得到满足;当需要得到满足时,又会在需要的基础上产生新层次的需要,并在完善充实阶段得到满足。例如,在基本运行阶段,在《中国近代史纲要》的教学中,选择影片时,图书馆会根据调查数据,结合教学进度,选择不同的影片展播,做到在满足辅助思政课教学需要和大学生学习需要的同时,也满足图书馆服务教学的发展需要。当经过调查和反馈,发现还没有满足或者没有完全满足需要时,图书馆将在完善充实阶段,重复播放或者补充播放这一类型的影片,并且辅以助力思政课教学的系列专题讲座做补充,直到需要得到满足。例如,在基本运行阶段播放建党历史影片后,倘若大多数学生的反馈是意犹未尽,观影后没有把完整的建党历史了解清楚。这时图书馆将会选择补充播放相关影片,或辅以相应的专题讲座做补充;当完全了解了建党历史之后,又会产生深入了解共产党人的追求和使命等高阶追求,此时就需要图书馆在完善充实阶段推送符合思政课教学要求的相关教辅书籍,以此满足这个阶段的需要。

### 2.2 运行实践

为积极贯彻落实习近平总书记关于"爱国主义是我们民族精神的核心,是中华民族团结奋斗、自强不息的精神纽带"的讲话精神,把深入开展"不忘初心、牢记使命"主题教育融入激发广大学生的"三热爱"具体行动之中,同时也为了切实适应在"三全育人"背景下图书馆助力职业教育改革的新业态,有效助力学校思政课本科层次教学改革试点的发展,南职大馆结合思政必修课的中国近现代史等教学内容,于2019年10月5日正式启动助力思政课教学的主旋律影展项目。该项目的主要内容和运作模式是:充分利用该馆可以容纳数百人的大厅以及特大电子屏幕等现有场地和设施设备,面向全校学生(包括教职员工),在每周六晚间固定时间,免费常态化播放精选的以"三热爱"为主题的主旋律电影,做到每月固定展播四部主旋律电影,其中:第一个周六晚播放影片《建党伟业》,第二个周六晚播放影片《建军大业》,第三个周六晚播放影片《建国大业》,第四个周六晚播放影片《开国大典》。如此循环往复,形成累积效应,旨在实现有效助力思政课培育大学生的"三热爱"情怀,坚定大学生的理想信念,助推大学生顺利成为新时代中国特色社会主义事业建设者和接班人的预期目的。此项公益免费特色服务项目既是南职大馆落实"三全育人"新形势下加强和改进高校思想政治工作要求的具体行动,也是南职大馆开展大学生思想教育宣传活动和辅助思政课教学的重要抓手,还是南职大馆在大学生中弘扬新时代主旋律和社会主义核心价值观、激活大学生爱国情怀的重要举措,更是南职大馆以健康、文明的方式丰富大学生课余文化生活的重要手段,此举也为包括高职馆在内的其他高校馆提供了可资借鉴的直接服务教学工作的范例。

## 3 主旋律影展项目功能与特色

高职馆作为学校三大支柱之一的主要教辅部门,承担着向谁教辅、教辅什么和怎么教辅的主体责任。南职大馆的主旋律影展项目正是在响应国家号召开展"三全育人"的背景下,创新助力思政课教学的一种开创性教辅服务模式,而且在结合本馆现状的实施过程中,致力于满足主体和对象的双向需求,形成了辅助思政课教学的四个服务特色,其运行过程及服务特色如图1所示。

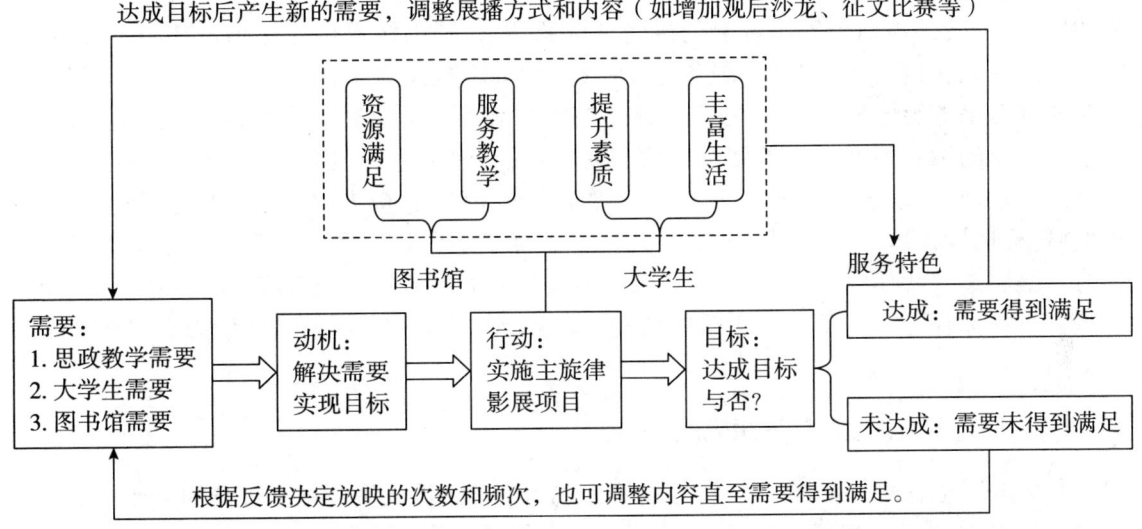

图1 主旋律影展项目运行结构与服务特色

图1显示,主旋律影展项目主要功能的运行结构凸显了应用需要与动机原理所形成的循环运行规律,这样的功能结构能够根据运行情况做出有机调整,能够最大限度满足各方面的需求。南职大馆在策划设计项目时,能够根据教学动态和大学生习惯特点做有机调整,在满足助力思政课教学需要和大学生需要的同时,解决提高馆藏文献资源满足读者需求能力的问题,一举三得正是该项目的重要服务功能的具体体现。事实数据证明,这种功能运行结构能有效产生助力思政课教学的效果,其服务功能的主要特色体现在以下四个方面。

### 3.1 增强图书馆资源满足能力

图书馆是以读者为服务对象,依托馆藏文献资源满足读者需求的文化服务场所。也就是说,图书馆的文献资源是否具有满足读者需求的能力,关系到图书馆的地位和价值问题,关系到图书馆的生存和发展问题。高职馆作为学校的文献资源保障中心,承担着在"三全育人"新形势下保障学生和教学以及科学研究等读者群体对文献资源需求的重要任务。因此,如何有效增强文献资源满足读者需求的能力,尤其是当今高职馆如何提高助力教学的能力,已经成为图书馆人所关注的重要问题。南职大馆实施的常态化主旋律影展项目,选择视听文献资源作为保障助力思政课教学的服务资源,不仅有效发挥了视听文献资源具有直观、形象、生动、愉悦、传播力强的优势,也较好地弥补了思政课堂书本式教学存在的一些缺憾,让深藏馆内的视听文献资源在满足个体读者个性化需求的同时,实现了"三全育人"背景下在更大范围内满足更多学习思政课的学生需求,有效增强了视听文献资源满足读者需求的能力,特别是有效推进了实现主旋律视听文献资源利用率最大化的进程。

### 3.2 改进图书馆服务教学策略

图书馆作为学校服务教学的重要单位,其服务教学的价值体现在所提供的各种服务模式上。通常情况下,图书馆服务教学的策略较为被动,由此产生的服务模式一般也是被动地利用馆舍和馆藏为教学提供阵地式服务,例如:提供读者到馆借阅文献资源包括参考咨询等服务,即便有的图书馆为教学单位直接配备馆员协助检索文献等,也还是属于以图书馆为阵地的服务形式,是被动坐等读者上门接受其资源请求,图书馆再想办法满足其需求,是相对单向性和原始化的"为人找书"服务,服务教学的策略也偏向于授人以"鱼"。而南职大馆实施的常态化主旋律影展项目,不仅打破了高校馆服务教学原有的策划思路,而且切实改进了服务教学的策划策略。在策划服务项目时,首先考虑无论是服务理念,还是服务手段,都要直面教学,要向教学一线前移,精准定位教学发展态势,直接采用"为书找人"的主动式服务策略,开展授人以"渔"的服务,做到用图书馆文献资源优势和服务强项以及学生喜闻乐见的电影形式,特别是采用常态、规律、持续地开展一项服务教学的策略,使其在"三全育人"中更能有效弥补思政课堂教学实践中的短板问题,切实发挥出图书馆辅助思政课教学的积极作用。

### 3.3 提升了大学生政治思想素质

大学生作为国家未来的建设者,他们将会成为推动经济发展和社会进步的主要力量。因此,提升大学生的政治思想素质,已经成为全社会都非常关注的重要问题。在"三全育人"背景下,主旋律影展项目之所以能够成为辅助思政课教学和思想政治教育服务方式的重要抓手,是因为它选择了具有爱国主义精神的主旋律影片为核心内容。例如,《建党伟业》展现的是中国共产党所经历的峥嵘岁月史;《建军大业》叙述的是共产党人艰苦卓绝创立人民军队的奋斗史;《建国大业》展示的是中国共产党带领全国人民建立新中国的伟大壮举;等等,这些影片用教科书和书本式教学无法展示的史诗般的波澜壮阔画面和震感强烈的视觉冲击力,从不同角度向广大青年学生全景式再现中国共产党、人民军队和新中国从哪里走来、将向哪里奋进的辉煌历程,不仅可以让广大学生通过观看影片更进一步形象、直观、深刻地理解思政课堂上学习的中国共产党、人民解放军和我们国家的伟大历史,事半功倍地提升和巩固课堂上学习的成果,更能有效激发广大学生的爱国热情和身为中国人的民族自豪感和自信心,增强大学生的政治思想素质,进而使他们更加珍惜今天的美好生活,并以优异的学习成绩成为德、智、体、美、劳全面发展的一代充满正能量的中国特色社会主义新人,这也正是思政课的教学目的。

### 3.4 丰富大学生课余生活

大学生课余生活是在校大学生课堂以外的能自由支配时间的那一段生活,其中,课余生活中的课余文化生活在大学生的精神生活中占据非常重要的位置,课余文化生活方式丰富与否以及质量优劣,对其世界观、人生观、价值观的形成以及成长成才具有举足轻重的作用。一段时间以来,高校馆出现了一种不容忽视的畸形现象,就是大学生获取图书馆服务的方法和途径越来越多的同时,在校大学生课余时间到图书馆的人数却逐渐减少。南职大馆实施主旋律影展项目后,在有效辅助思政课教学的同时,衍生了一个令人欣喜的具有高附加值的文化服务产品,就是它为大学生提供了一个极富吸引力的课余文化生活新方式——免费观看电影,让大学生在课余时间不用出校门去电影院就能享受到电影院般的待遇,特别是通过常态化展播电影,不仅可以使大学生在课余时间用愉悦的方式学习和巩固课堂知识,还能进一步深刻认识和了解历史,提升政治素养,陶冶情操。此举为大学生的课余生活注入了新动能,增加了大学生的课余生活方式选择,使大学生的课余文化生活更加丰富多彩,也在一定程度上有效解决了课余时间图书馆读者逐渐减少的问题,如图2所示。

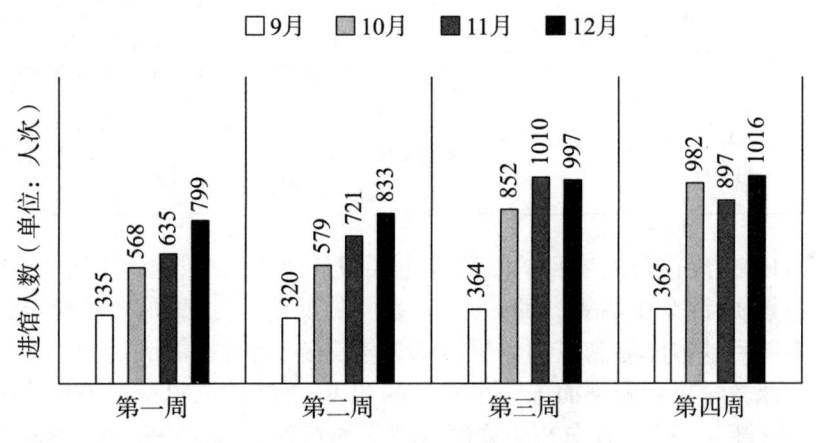

图 2  2019 年 9—12 月进馆人数对比图

主旋律影展项目从 2019 年 10 月 5 日开始实施,图 2 是南职大馆门禁系统显示的 2019 年 9—12 月每周六进馆人员数量的数据对比情况,图中数据充分说明,2019 年 10—12 月每周六进馆的人员数量远远大于实施主旋律影展项目前的 9 月每周六进馆的人员数,其中增加的人员数量中有很大一部分份额是主旋律影展项目做出的贡献。由此可见,主旋律影展项目不仅能助力思政课教学,还丰富了大学生课余文化生活,更有效提升了图书馆的人气指数,充分体现了南职大馆服务新举措在学校"三全育人"过程中发挥出的积极作用。

## 4 主旋律影展项目效果与经验

尽管主旋律影展项目只实施了基本运行阶段的短短三个月时间,但正如前文所述,它已经显现出了辅助思政课教学的良好服务效果,其阶段性的主要服务效果详情参见表1。

表 1 主旋律影展项目阶段性主要服务效果一览表

| 效果分项 | 参照对象 | 实施前 | 实施后 |
|---|---|---|---|
| 思政热情 | 2018年"纪念改革开放四十周年"征文与2019年"纪念新中国成立70周年"征文 | 2018年总投稿量：58篇 | 2019年总投稿量：186篇 |
| 思想素质 | 2018年"纪念改革开放四十周年"征文与2019年"纪念新中国成立70周年"征文 | 2018年评选出10篇优秀作品再于展出，其中4篇被校报刊登 | 2019年评选出13篇优秀作品用于展出，全部被校报刊登 |
| 教师反馈 | 2018年10—12月与2019年10—12月 | 1.兴趣不大<br>2.作业一般<br>3.气氛沉闷<br>4.交流较少 | 1.兴趣有较大提升<br>2.作业质量有提高<br>3.课堂气氛较活跃<br>4.课堂内外交流多 |
| 进馆人次 | 2019年9月与10、11、12月（每周六进馆人数） | 9月进馆人数总和：1384次 | 10月进馆数：2981次<br>11月进馆数：3263次<br>12月进馆数：3645次 |
| 资源满足 | 2018年10—12月与2019年10—12月 | 1.形式：为人找书<br>2.没有思政与书专区<br>3.红色书籍借阅量：2897本 | 1.形式：为书找人<br>2.设立思政书专区<br>3.红色书籍借阅量：10631本 |
| 课余生活 | 2018年10—12月与2019年10—12月 | 周末生活去向：宅在宿舍、外出购物、教室学习、场馆动劲、考证培训等 | 周末生活去向：除以往的活动外增加了图书馆观影、观影沙龙、征文比赛等 |

表1显示的是主旋律影展项目的阶段性主要服务效果情况，由表1可见，无论在学生的思政热情、思想素质、课余生活等方面，还是在教师的反馈、图书馆的资源满足能力以及进馆人次等方面，该项目基本能够满足助力思政课教学需要，同时也能满足图书馆和大学生的需要，这正是思政课教学想要做到而未完全做到的初衷，这些效果也说明该项目的运行结构和模式值得研究和推广。因此，在分析主要服务效果的基础上，总结其经验，有利于今后进一步完善和借鉴该项目，促进图书馆助力各学科和各专业教学工作的特色服务向更加深入的方向发展，其主要经验体现在以下四个方面。

### 4.1 多种途径宣传预告是基础

主旋律影展项目之所以能够取得好的效果，有多方面的因素，其中一个最基本的因素就是采用形式多样的途径开展预告宣传工作，这也是该项目取得成功的基础。南职大馆线上与线下宣传并举，而且结合运用大学生感兴趣的方式开展多途径宣传预告工作。例如，制作精美、引人侧目的电影宣传海报提前张贴在图书馆、教学楼的宣传专栏等地方，使用图书馆公众号和微信朋友圈推送预告宣传，思政课老师在下课前推荐和预告，以及通过论坛、同学转告、现场推介等多途径推送影片播放预告。这种多途径宣传预告起到广而告之的良好效果，吸引尽可能多的大学生观影。根据南职大馆微信公众号调查问卷，观影的大学生获得宣传预告信息的途径各不相同，这与图书馆多样化宣传情况相吻合。如图3所示：

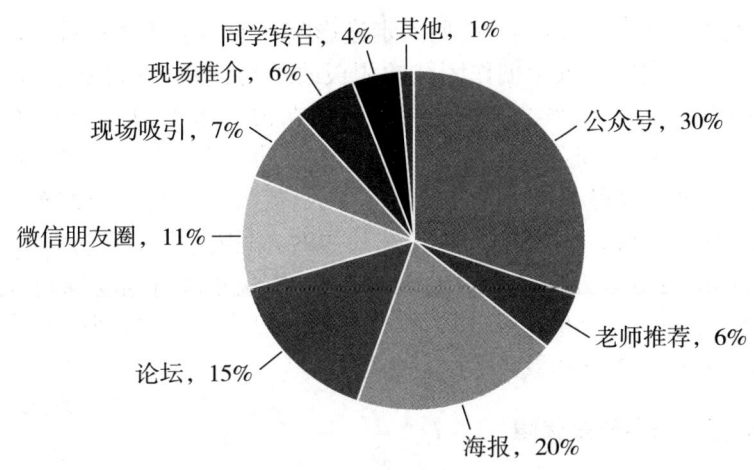

图 3　各种途径获得预告信息的人数比例图

图 3 显示,虽然大学生获得主旋律影展项目预告信息的途径多种多样,但主要还是体现在公众号、海报、论坛、微信朋友圈几种途径上,其中:从公众号获取预告信息的比例最高,达到了 30%,其次是从海报途径了解预告信息的占 20%,从论坛和微信朋友圈获得预告信息的也占有一定比例,分别占比为 15% 和 11%。由此可见,不同的宣传预告途径的效果不尽相同。俗话说得好:"酒好也怕巷子深",因此,选择合适的预告宣传途径和方式十分重要。

### 4.2　培育学生观影热情是前提

如图 3 所示,尽管可以通过多种途径的宣传预告吸引大学生观影,但是,从三个月的实践得出的经验分析,如果大学生对观影没有热情,预告宣传的途径再多,其服务项目的期望值再高,也很难达到良好的预期效果。因此,培养大学生的观影热情是做好主旋律影展项目的前提。通常情况下,一般青年学生对观看主旋律电影的兴趣并不是很高。如何培育和提高大学生的观影热情,使主旋律影展项目能够实现辅助思政课教学目的,南职大馆对此进行了认真分析和研究,所采取的一系列提升大学生观影热情的相应措施和经验值得借鉴。首先,在挑选片源方面,一方面精心挑选既与学生学习相关、更与思政课教学有关的电影作品;其次,选择视觉冲击力大、符合年轻人审美观念、利用现代电影技术制作的"大片",使大学生能在享受视觉和听觉冲击力的同时,感受主旋律电影的独特魅力;再次,在宣传形式上,优先采用大学生喜欢的方式制作广告、海报和公众号等宣传推送形式,随着时代的发展,普普通通毫无亮点的通知和公告类的宣传形式,已经不能引起人们的关注,更谈不上培育观影热情。因此,与时俱进改进宣传方式是首要任务;最后,结合思政课老师的艺术化的加工宣传,激发学生的观影热情。总之,要以符合当代青年大学生喜闻乐见的形式开展推介服务工作,唯有如此,才能有效培育大学生的观影热情,最终吸引大学生走进图书馆观影。

### 4.3　精选展播片源品质是关键

在三全育人背景下,培育大学生观看主旋律电影的热情和良好习惯,使其通过观影接受社会主义核心价值观和革命英雄主义教育具有深远而且重要的现实意义。主旋律影展项目的实践经验表明,精选有品质的片源是充分发挥功效的关键。一段时间以来,主旋律电影给人们的标签是"说教太多,情节沉闷",一些人走进影院一般不会选择观看主旋律电影。但是,随着时代的发展,经过主旋律电影创作团队的积极改革与创新,主旋律电影已经有了全新的突破,传统主旋律电影公式化、概念化的拍摄方法正在被艺术化、人性化的表达形式代替,一大批如《建党伟业》《建军大业》《建国大业》《红海行动》等弘扬主旋律、传播正能量价值观的"新一代"主旋律电影取得了票房和口碑的双丰收,使得越来越多的人愿意观看此类影片。因此,南职大馆注重精选高品质的影片,在拟选片源时,对拟选影片从艺术性、可观性、精彩程度、思想内涵、市场热度等多方面进行对比研讨,并在公众号进行问卷调查,保障所选影片既有市场热度,又有观看价值,更符合思政课的教学内容要求。所以,观影人数才会屡创新高,主旋律影展项目助力思政教学的效果才会越来越好。

### 4.4 思政主管部门参与是保障

主旋律影展项目是由南职大馆主动联合思政宣传主管部门的校党委宣传部合作创办的新型服务项目,三个月的实践经验表明,融合思政宣传主管部门共同参与实施该项目,可以为实施该项目提供政治导向和教学品质等多重保障。首先,该项目由图书馆负责前期策划、初选片源、宣传预告、安排场地、播放影片和维护现场秩序等具体工作,由校党宣传部主要负责审定策划方案和片源,组织发动,把好项目政审关,尤其是片源的政审关。这样不仅可以为运作该项目起到保驾护航的良好作用,也能获得有效发动大学生踊跃参与该项目的良好效果。其次,由思政宣传主管部门参与的观后沙龙和观影征文比赛等活动,能有效提升学生参与观影后相关活动的积极性。例如:在主旋律影展项目2019年11月举办的观影有感作品评选中,收到有效稿件186篇,其中13篇被思政宣传主管部门主办的校报全文发表。由此可见,由思政宣传主管部门参与保障实施该项目是一条重要经验。因为,首先,思政宣传主管部门拥有强大的组织、发动和宣传能力,可以集中主要资源做好一件事情。由校党委宣传部和图书馆合力推进主旋律影展项目,特别是校党委领导的介入督办,必将引起学校各部门的高度重视;其次,思政宣传主管部门拥有协调各种关系和控制活动正常进行的相对优势,也有应对各种突发事件的应急管理条件和经验;再者,思政宣传主管部门作为学校的直属部门,拥有公信力,相对于学生自发组织观影的情况而言,不仅能够吸引更多学生观影,还能吸引学生积极参加观后的相关活动。最后,南职大馆采用与校党委宣传部合作的合理分工、相互配合、共同给力的运作方式,能够使该项目产生"拉锯效应",进一步提升主旋律影展项目助力思政课教学的服务效果。显而易见,思政宣传主管部门参与主办,是做好主旋律影展项目的重要保障。

## 5 完善主旋律影展项目的对策

主旋律影展项目是一个动态循环运作的常态化项目,如图1所示,它不仅仅只是满足于运行了宣传—观影—观后感等运作程序,而是要形成一个长期供给和动态循环的常态化运行的闭环机制。这种机制不能一蹴而就,它需要一个在动态循环中不断调整、不断完善的过程,尤其是在完善充实阶段中的每一次调整都是对运行机制的再加工和再提高。怎样才能完善主旋律影展项目的运行机制,使其能够真正起到助力思政课教学的良好效果,并充分发挥助推高校思想政治教育工作的功能,笔者认为,可采取以下四个方面的对策。

## 5.1 进一步强化预告宣传

定位理论告诉我们,人们脑海中可以存在的观念是有限的,但是一旦确立就很难改变。一段时间以来,主旋律电影与商业电影在人们脑海中形成了相对固定的思维定式,由此一度出现了主旋律电影不被市场青睐的现象。然而,如今的现实情况是,主旋律电影早已不能与过去拍摄和制作的影片同日而语。这就需要想方设法改变主旋律电影在人们脑海中的"定位",尤其要使大学生形成主旋律电影从内容到形式都很优质的观念,让他们认识到主旋律电影仍然可以"很好看",特别是要进一步采用更多的渠道强化宣传预告主旋律电影,使大学生产生不仅"想看""爱看",而且看了还能有很大"收获"的强烈认同感,以此促进主旋律影展项目效能的最大化。例如,可以在原有基础上,进一步采用现场推介、老师讲解推荐,提前展播精彩片段预热,还可以利用学校广播站在影片播出当天或前两天进行宣传预告,也可以采用学校社团工作群推送宣传预告等方法,更可以采用举办新颖的观后系列活动等方式,使之"家喻户晓"地进一步吸引广大学生关注影讯,引领更多的大学生踊跃参与观影。

## 5.2 组织大学生集体观影

目前,南职大馆实施主旋律影展项目采用的是大学生自愿自由观影的方式,而这种方式极易产生观影者比较散漫等现象,出现观影效果有待进一步提高的问题。鉴于此,必须改变观众观影方式,也就是应将自愿自由观影方式,改良为以有组织的集体观影为主、自愿自由观影为辅的方式。众所周知,人们都有从众心理,大学生的人生观、价值观、世界观尚未完全形成,组织集体观影可以带动现场观影者的情绪,营造爱国主义的强烈气场氛围,这对于通过观影进行大学生人生观、价值观、世界观教育具有重要的现实意义。图书馆辅助思政课教学的服务项目也需要观影者有集体主义观念,集体观影形式便于观影的同学之间交流观影体会,切磋学习心得,进而加深对思政课教学内容的理解,以观影提高思政课教学的实际效果。组织集体观影还能提高大学生的凝聚力,激发大学生自发组成思政课兴趣学习小组,促进大学生进一步产生学习思政课的热情,从而达到助力思政课教学的目的。

## 5.3 精准选择受欢迎影片

根据主旋律影展项目实践得出的经验,精准选择合适的影片,是实现该项目预期目的的前提。因此,主办方要根据大学生群体的观影兴趣和爱好,特别是要结合如今大学生群体观影的基本特点,精选受欢迎的主旋律影片,也就是在影片选择上坚持三个标准:第一,要选择富有时代意义题材且受欢迎的影片;第二,要选择艺术性强、口碑好、符合当代审美理念的影片;第三,要选择容易产生共鸣、与大学生学习和发展有关联的影片。例如,不仅革命历史题材的红色经典故事片适合大学生观看,若将《影响中国历史进程的事件》《航拍中国》等大型纪录片列为辅助思政课教学的展播影片,也必将使大学生受益匪浅。在落实精准择片标准的同时,还要认真进行调研,收集整理大学生群体的观影反馈意见和建议,尽量做到既符合思政课教学要求,又兼顾大学生的观影情趣,以寓教于乐方式输入教学理念,才能真正达到以教辅服务项目助力思政课教学的目的。

## 5.4 纳入思政课教学计划

虽然,主旋律影展项目有思政宣传主管部门的合作,并为创新思政课教学内容和教学方法提供了有益的补充,但从本质上看,它仍属于游离于思政课教学体系之外的图书馆工作。鉴于前期实践经验,该项目不能仅仅满足于有思政宣传主管部门参与主办的方法,还要积极加强与思政课教学有关的其他职能部门的合作,特别是要积极加强与教务处的沟通,尤其要与思政课理论教学职能部门加强协作,不仅要及时了解思政课的教学动态,更要将思政课教学职能部门纳入合作主办机构之列,以此充分调动这些部门的积极性,形成由思政课教学职能部门负责拟选符合教学要求的片源,思政宣传主管部门负责影片的政审把关,图书馆负责具体展播事宜的多方合作共赢的运行机制。而且,该项目为思政课教学提供有力支持的实践,在一定程度上已经将图书馆服务融入了包括思政课教学在内的学校思想政治教育建设之中,并成为学校思想政治教育主体中不可分割的重要组成部分。因此,要进一步更好地发挥该项目的功能和作用,就要努力把图书馆助力教学的特色服务纳入学校思想政治教育的议事日程,特别是要为主旋律影展项目纳入思政课教学计划创造条件。只有这样,才能使主旋律影展项目更贴近思政课教学,更贴近学生学习思政课的需求,更贴近"三全育人"新形势下思政教育的发展要求,才能既有利于健全和完善思政课教学计划,又能够丰富思政课教学的手段,还有助于提升思政课教学的质量,更可以进一步完善主旋律影展项目,促进图书馆不断推出更多助力其他专业教学的特色服务项目,真正充分发挥高职馆助力学校发展的支柱作用。

  加强和改进高职院校思政课教学工作,既是一项重大的政治任务,也是一项引领大学生形成正确的理想信念的重要工程,特别是面对到2022年全国将集中力量建设50所高水平高职院校和150个骨干专业(群),而且2019年已经启动了第一轮建设的新形势[8],思政课教学将责无旁贷地肩负起高水平高职院校思想政治教育工作的重要职责。因此,必须把思想价值引领贯穿思政课教学全过程、全方位和各环节,尤其是要进一步将高职馆特色服务功能融入思政课教学体系之中,才能为有效加强和改进高校思政课教学工作创造更加良好的条件。在"三全育人"背景下,南职大馆主旋律影展项目在基本运行阶段的实践,不仅是图书馆落实"三全育人"具体行动的积极尝试,也是通过运行效果验证图书馆特色服务助力思政课教学可行性的有益探索,更是学校完善和改进思政课教学方式的有益补充。该案例的实践证明:采用思政宣传主管部门和思政教学职能部门共同参与的主旋律影展项目,不仅能够有效助力思政课教学工作,而且合理恰当的影片安排和组织形式,也能够为提升大学生思想政治素质和丰富大学生课余文化生活提供强有力的支持,还能够进一步增强图书馆文献资源的满足能力,更能够有效改进图书馆服务教学的形式。相信在"三全育人"背景下,当该项目不断得到完善、充实和提升之时,当该项目被纳入思政课教学计划之中,当该项目真正成为学校思想政治宣传和教育的重要组成部分之后,图书馆推出的辅助思政课教学的特色服务项目一定能够为广大高校馆不断探索推出更多常态化助力思政课教学工作的新方法提供新思路和新路径,一定能够成为具有普遍借鉴意义的重要范例,进而推动由辅助思政课教学新方式引领的其他学科和专业教学方式改革,朝着更好的方向实现高品质的可持续发展。

## 参考文献

[1] 新华社.中共中央国务院印发《关于加强和改进新形势下高校思想政治工作的意见》[N].人民日报,2017-02-28(1).

[2] 国务院.国家职业教育改革实施方案[EB/OL].[2020-03-10].http://www.gov.cn/zhengce/content/2019-02/13/content_5365341.htm.

[3] 张春秀.高校图书馆教学支持服务创新[J].课程教育研究,2018(5):71.

[4] 吴凤寿.应用型高校图书馆特色服务探析[J].传播力研究,2018(8):186.

[5] 魏雪苑.自媒体时代高校图书馆影视服务探讨[J].河南图书馆学刊,2016(4):32-33,44.

[6] 林平.高校图书馆视听服务的发展态势与规划设计探讨[J].大学图书情报学刊,2013(6):74-77.

[7] 陈诚.试论高校图书馆视听馆藏建设与服务——以华南师大大学城校区为例[J].科技资讯,2011(4):253-254.

[8] 张鹏.高职"双一流"来了!首轮建设50所高水平高职院校和150个高水平专业群[EB/OL].[2020-03-15].https://wenhui.whb.cn/third/jinri/201904/09/254926.html?tt_group_id=6677847546531938828.

# 江西省图书馆少年儿童区空间建设与服务案例

李晓君(江西省图书馆)

我国儿童图书馆(室)在20世纪初期逐步发展,经过多年的积累,已经形成较为完整的服务体系。与此同时,公共图书馆通过面向少年儿童推荐图书、开展活动、阅读指导等服务内容的实施,为培养少年儿童形成良好的道德品质、提高阅读兴趣、拓展知识领域、提升创造才能等方面做出了积极的贡献。

近年来,随着图书馆事业的发展,随着儿童读者数量的增加,如何建设既具有图书馆服务共性,又呈现少年儿童鲜明特征的服务空间,是目前公共图书馆亟待解决的问题;如何设计少年儿童服务空间来加强未成年人阅读推广工作的服务效能成为图书馆界重点关注的内容。图书馆少年儿童服务空间的打造要促进儿童的健康成长,为他们提供良好的学习和阅读环境。

江西省图书馆少年儿童区从有利于儿童成长和学习的角度进行功能分区,根据分级阅读和动静分区等理念进行区域定位,通过童趣空间和直观排架的方式进行展陈设计,打造"人在书中""书在身旁""人书相映"的"展陈式"童趣阅读空间。

## 1 案例概况

江西省图书馆少儿区位于新馆一楼北区,由原有的400平方米全新升级至3000平方米,根据功能分为5个区域,设有阅览座席511个。少儿部成立于2002年,为0—16岁少年儿童提供文献信息服务,并开展主题鲜明、形式多样、未成年人喜闻乐见的阅读推广活动。少年儿童区每周开放时间48小时,双休、节假日照常开放。现有少儿持证读者3万余人,少儿图书总藏量10余万册次,年均接待少儿读者10万人次,年均开展各类主题读书活动202场次。该案例从"体验式"功能分区、"展陈式"童趣空间、"空间式"特色服务等方面进行空间打造和创新服务,同时特别照顾到儿童的使用尺度和心理需求,多种图案和形状的座椅配合活泼的糖果色加上具有动感线条的地面设计,营造出可激发儿童想象力的童趣环境,让儿童感受到阅读的乐趣。

## 2 设计理念

### 2.1 设计依据

江西省图书馆少年儿童区在建筑规划、区域划分和设计理念等方面以《中华人民共和国公共图书馆法》《公共图书馆少年儿童服务规范》《公共图书馆建设标准》《图书馆建筑设计规范》《国际图联儿童图书馆服务发展指南》以及儿童、婴幼儿、青少年图书馆服务指南等相关文件为依据。

在具体做法上,一是根据《图书馆建筑设计规范》,将公共图书馆的少年儿童阅览区设置在一层,并有单独的对外出入口、母婴室和室外的活动场地,以便于少年儿童区与成人阅览区分隔,相对独立,避免其他区域的噪音干扰。二是,依照《图书馆建筑设计规范》,对区域的建设安全性、分区合理性、用料环保性、空气质量和降噪工程等都做出了严格要求。三是在功能划分和读者人群的区域设置方面,依照公共图书馆评估标准,依照所要遵循的项目和内容,参考儿童心理和生理需求来进行空间设计,力求其规范和合理。

这些标准和行业规范,为江西省图书馆儿童服务空间的建设提供了理论依据和工作指南。

### 2.2 设计原则

公平性原则。遵循平等原则是设计的基础,少年儿童有平等接受、参与和享受公共图书馆服务的权利。

安全性原则。它是建筑和设计的前提,本案例对少年儿童区的建设、设备设施、环境、家具等方面加以特别设计,充分考虑少年儿童的身心安全。重点以儿童优先、儿童利益最大为核心原则,在区域规划、服务政策、资源配置等方面充分考虑少年儿童的利益。

实用性原则。案例位于省文化中心,交通便利,紧邻赣江,环境优美,与省博物馆、省科技馆相邻,便于少年儿童开展系列文化活动。服务半径内有重点中学、小学、幼儿园分布,少年儿童区与残障阅览区相邻,便于服务残障少年儿童。一切以少年儿童利益最大化为中心进行设计和提供服务。

针对性原则。在功能分区上遵循分级原则,根据少年儿童不同年龄段的心理和生理发育水平,分为不同服务区域,提供不同形式及特点的分级服务。

### 2.3 设计特点

少年儿童区是对所有年龄段儿童开放的具有吸引力和挑战性的安全舒适阅读空间。除了满足广大少年儿童阅读需求、社会教育培训等职能外,还要顺应信息时代发展,力争为广大读者呈现不同的服务方式。空间设计应既具有图书馆服务空间的共性,又要呈现鲜明的特性、个性。本案例的设计特点在于功能分区明确,注重"体验式"阅读;设计布局童趣,打造"展陈式"空间;空间利用得当,创新"空间式"服务。力争打造安全性、专业性、人性化、个性化、舒适度高的儿童服务空间。

## 3 具体做法

### 3.1 "体验式"功能分区

在区域空间打造和功能布局方面,将阅读科技化、媒体互动性等体验式阅读考虑在内,并结合不同年龄段未成年人的"体验式"学习需求,根据服务职能、功能分工、业务流程使用顺序等将少年儿童区分为五个"体验式"区域:中小学生借阅区、童书启智园、亲子阅读角、智慧乐玩天地、少儿悦动空间,5个区域的性质相同、功能相近、联系密切、环境要求一致。

#### 3.1.1 服务区域

少年儿童区面向所有少年儿童免费开放,是服务人群和服务范围较为广泛的开放式空间,涵盖五个分区。

中小学生借阅区主要面向7—16岁的少年儿童读者提供书刊借阅服务。

童书启智园专门为0—6岁低幼儿童提供以绘本为主的文献借阅服务区域,通过开辟专门的绘本区域,倡导儿童早期阅读,激发幼儿的阅读兴趣。

亲子阅读角是专门为低幼儿童及其监护人提供亲子阅读的区域。通过打造亲子阅读区域,鼓励亲子阅读,增进亲子感情,本案例希望通过家长的陪伴和专业的指导共同培养幼儿良好的阅读习惯。

智慧乐玩天地为少年儿童读者提供数字阅读、多媒体设备使用、VR、AR、体感类设备体验等服务内容。小读者可以戴着AR眼镜边射箭边学成语,也可以在跑动跳跃中学英语,还可以在蛋壳形状的视听椅里听书休闲。

少儿悦动空间是为少年儿童开展科普教育、集体共读、手工沙龙等读者活动的区域,小读者可以在悦动空间参加"兰兰姐姐故事会""贝贝乐园亲子手工课"等品牌活动,还可以观看电影,利用设备互动答题竞赛等。

#### 3.1.2 分级阅读

分级阅读,是按照少年儿童不同年龄段的智力和心理发育程度为儿童提供科学的阅读计划,为不同孩子提供不同的读物,提供科学性和有针对性的图书。随着社会各界对儿童分级阅读的关注,国家针对儿童分级提出了要求,全国妇联在《中国儿童发展纲要》提出儿童优先原则,提倡推广面向儿童的图书分级制,为不同年龄的儿童提供适合其年龄特点的图书,为儿童家长选择图书提供建议和指导。教育部发布《3—6岁儿童学习与发展指南》,把儿童的能力建设分为健康、语言、社会、科学和艺术5个方面。本案例的少年儿童区在功能分区和图书分类排架时充分考虑到分级阅读的要求,如中小学生借阅区主要针对学龄儿童,童书启智园以0—6岁低幼儿童为服务对象。亲子阅读角将畅销绘本按健康、语言、教育等类别进行分类,一切以读者需求为本,方便读者借阅。

#### 3.1.3 动静分区

为了给少年儿童营造良好的阅读氛围,同时提供智慧阅读的可行性,少年儿童区采用动静分离的区域规划。以服务台区域为分隔,将静态借阅区域与动态智慧阅读体验区域相对分隔。中小学生借阅区、童书启智园和亲子阅读角三个区域以静态的纸本阅读为主,智慧乐玩天地和少儿悦动空间两个区域以动态的智慧阅读体验为主。智慧乐玩天地重点打造智慧阅读空间,区域内有视听椅、书法桌、互动地面、跑酷英语、成语论剑等数字体验设备,还开设了陶吧、消防展示等体验区。少儿悦动空间是独立式的少年儿童活动区域,配备了投影、幕布、音响以及知识竞答等设备,定期开展形式多样的未成年人阅读推广活动,增加小读者的知识储备,提高他们的动手能力和技能水平。

### 3.2 "展陈式"童趣空间

本案例的整体空间设计以少年儿童为本,根据图书馆固有的功能,结合现代儿童的认知需求,力求营造视觉和心理的舒适感和归属感,运用童趣生动、色彩丰富的空间展陈装饰,将多功能的展陈式、体验式、智慧型阅读理念贯穿于区域的整体设计当中,打造空间布局合理,空间结构开放,阅读环境舒适,装饰形式童趣,空间设计前瞻的"展陈式"儿童阅读童趣空间。

#### 3.2.1 特色空间设计

少年儿童具有五感敏锐、身体发育快、天性好动的特点,不同年龄段的儿童群体生理和心理特征均不相同。少年儿童区根据少年儿童的特征进行规划设计,整体空间以智能化、人性化、绿色性、开放性、文化性为设计特点,强调认知空间、感知空间、童趣空间的打造,以安全圆润,动感俏皮,童趣可爱的标准对少年儿童区进行空间设计。

亲子阅读区设计绿色大树造型,寓意绿色阳光、树荫庇护、亲子共栖,垂落的树枝为照明吊灯,树干为休息区也可作为阅览座椅。

童书启智园采用下深式阅读空间设计,以圆弧形书架作为区域分隔,下沉式弧形区域可作书架也可作为阅览座位,上立式圆形区域作为图书展陈或主题书架,区域主题明显,形式独特,互动性强兼具阅读乐玩空间。

用光设计。图书馆是书籍的海洋,明亮温暖的灯光对良好的阅读体验非常重要,全区采用吸顶圆盘灯和高低吊灯相搭配,采用高光节能的黄色暖光源,既保护视力又温馨美观。

墙面设计。在墙面等区域的深化设计上,将阅读主题嵌入,几个区域内的手绘墙都选用与阅读相关的卡通元素,特别是智慧乐玩天地区域内的手绘墙长卷别具特色,选用20个经典绘本人物作为主角,用火车造型将人物串联,既体现了少年儿童区的特色,也希望借由手绘人物,激发读者对绘本的阅读兴趣。

#### 3.2.2 童趣细节展陈

少年儿童区主体采用淡绿色、白色和木色,营造一种清新、淡雅、轻松愉快的阅读氛围,家具采用颜色鲜亮的糖果色,区域内手绘墙面阅读主题鲜明,色彩搭配出彩。

一是在家具设计展陈方面,针对少年儿童的个性需求,特别设计了种类多样、用料环保、图案童趣的少儿专属家具。阅览桌椅款式有十几个种类,梅花桌、椭圆桌、花瓣桌、毛毛虫桌、手工拼接桌等阅览桌形态各异,俏皮可爱,卡通动物型、马蹄型、环型、花瓣型、异型等阅览座椅造型独特、颜色靓丽,对家具的用料、基材、皮质、饰面、油漆、五金配件等都做出了较高的具体要求,如主体书架、桌椅采用优质水曲柳全实木结构,木纹流畅,坚实环保,采用先进油漆工艺"五底三面"等。

二是在标识导视造型设计上,不同于标准化公共标识图标,避免形式呆板僵硬,本案例特别设计了一套专属少年儿童的图形标识。方向指引标识以吊挂式为主,形式活泼。防撞标识配合不同区域进行卡通主题定制,图案设计突显童趣。书架分类牌采用动物造型,书立也同样定制卡通图案。在充分、精准传达视觉信息的前提下,仔细推敲图形细节的处理,童趣、活泼、直观。

### 3.2.3 图书排架直观

少年儿童区根据儿童读者的个性心理特征、素质教育的需求和知识体系的发展进行了馆藏文献合理组配,对图书排架重新规划,将区域内文献按知识种类组织、排列,清晰直观,并根据不同分类进行不同颜色的色标加工,方便读者借阅,体现独具少年儿童区特色的分类布局。

一是图书排架直观。如童书启智园专门为文学类图画故事书排架区域,方便低幼儿童和家长借阅。亲子阅读角精选艺术、教育、自然科学、语言等多种类绘本供家长和幼儿亲子阅读。中小学借阅区包括现刊、过刊、学龄儿童文献等,还特别利用书墙、环型书架等作为新书推荐和著名儿童文学作家专架,充分利用空间进行图书合理排架。

二是书墙布置美观。区域类书墙位置较高,上半部分放置图书不方便读者取阅,放置书梯不利于小读者安全。于是采取平铺绘本展陈式布置,利用色彩丰富兼顾美学的绘本封面作为书墙展陈,还可以作为阅读推广的展示墙,激发少年儿童阅读的兴趣。

## 3.3 "空间式"特色服务

公益性、群众性是图书馆的服务基础。为充分发挥公共图书馆的社会教育职能,江西省图书馆少儿部以少年儿童区为主要阵地服务空间,以省文化中心为延展服务空间,以"三区一庭"、图书流通站为流动服务空间,以全省少儿阅读服务平台为线上服务空间,以"空间式"特色服务大力推广未成年人阅读工作。

### 3.3.1 特色空间优质服务

根据少年儿童读者的不同阅读需求,江西省图书馆相继推出了"兰兰姐姐故事会""中华民族传统文化艺术鉴赏""贝贝乐园""新媒体悦读少儿体验""少儿双有教育公益影视展播""一日图书管理员""快乐悦读手偶剧场"等品牌读书活动,并结合特色空间的功能,因地制宜地开展优质服务。

"兰兰姐姐故事会"是主题绘本故事互动类的阅读推广品牌,"贝贝乐园"以科普手工活动为主,"少儿双有教育公益影视展播"围绕时代主旋律进行优秀主题电影展播,"快乐悦读手偶剧场"通过手偶剧的形式推广绘本故事,这4个品牌活动主要在少儿悦动空间开展,空间独立,不影响外部阅读空间使用,设施齐备,可进行投影互动、视频影片展播,台阶式设计美观可作为小读者的座位,皮质拼色小蒲团可就地而席,充分利用空间,每场可容纳60人。在试运行举行主题活动期间,该空间受到了一致好评。

"一日图书管理员"以教导小读者学习如何利用图书馆为目的,对小读者进行小小图书管理员技能培养,主要在图书集中、分类标准细化的中小学借阅区开展。

"新媒体悦读少儿体验"以阅读推广为主,主要在智慧乐玩天地开展,充分利用该区域的数字阅读体验设备进行"新媒体悦读少儿体验"活动,小读者对VR成语论剑、AR互动百科和跑酷英语体感等智慧阅读体验兴趣度非常高,图书馆通过一系列的智慧阅读体验活动,利用不同载体激发儿童的阅读兴趣。

### 3.3.2 特色服务关爱儿童

江西省图书馆以少年儿童区的阵地服务为主,携手爱心家庭文化志愿服务团队,倾力打造"为爱共读　滋润童心"公益悦读活动,结合五个功能分工进行系统活动策划,从区域参观,到智慧阅读设备体验,再组织参加阅读推广活动,最后再进行自主纸本阅读,将区域利用和阅读推广效能最大化。

同时,常年与《江西晨报》《南昌晚报》等多家媒体的小记者团合作开展不同主题的社会实践活动,利用现有服务空间,以及紧邻省博物馆和省科技馆的区域优势,整合空间区域资源,设计打造阅读主题研学活动。此外,以品牌建设为抓手,提出了"三区一庭"的服务新模式,主动走出馆门,积极拓展服务渠道,加强与社区、校区、园区及家庭等各方面的合作,创新少儿服务工作的新格局。

坚持"奉献、友爱、互助、进步"的志愿精神,长效持续关注和服务进城务工人员子女、留守儿童、残疾儿童等弱势群体,彰显公共文化服务均等化原则。开展"与悦读同行　伴星孩成长"项目,推出系列主题活动,关爱自闭症儿童,并购买"乐儿药丸"资源库进行专业帮扶。多年来,先后为南昌市月兔实验学校建立了"民工子女阅览室",为南昌市启音学校建立了图书流通站,与南昌市东湖区彭家桥街办共同创办了"农民工子女快乐阅读基地",与并常年坚持送书上门服务。

### 3.3.3 广泛合作行业引领

少儿部不仅充分利用少年儿童区的空间提供优质服务,还广泛加强社会相关机构合作。多年来,江西省图书馆少儿部广泛与行业组织开展合作,特别是加强与中国图书馆学会未成年人图书馆分会、江西省校外教育专业委员会、江西省儿童少年活动中心等单位的交流与合作,积极参加各单位组织的活动。为带动全省少儿阅读服务工作,少儿部不断探索多种渠道,积极组织各兄弟单位参加各类学术研讨会。同时,搭建全省少儿阅读服务工作网络交流平台,通过线上线下相结合的方式,开展全省未成年人阅读推广培训、业务技能指导等活动。通过一系列行之有效的举措,少儿部在全省同行业中起到了良好的引领和示范作用。2019年全新打造江西省图书馆少儿数字联盟平台,提供联盟业务交流、少儿数字资源共享、读者互动等多项服务,统领带动全省公共图书馆少儿阅读推广工作。

## 4　社会效能评价

近18年的坚守,江西省图书馆未成年人阅读推广工作取得了显著的社会成效,精心设计的服务空间得到了很好的利用,为儿童阅读服务打下了坚实的基础。近些年来,通过这些服务窗口的使用,壮大了读者队伍,增加了借阅数量,开展了优质的阅读活动,近五年来,服务效能大为提升,各项业务数据皆有所提升。共接待少儿读者577257人次,开展少儿活动1243场次,参与人数130716人次,媒体报道近百次,创立少儿活动品牌7个,其中品牌活动"兰兰姐姐故事会"获得江西省首届"赣鄱群星奖"。

各项工作得到各级部门的嘉奖:2019年荣获由中华全国妇女联合会授予的"全国巾帼文明岗"称号;2017年荣获江西省"巾帼文明岗"称号;连续多年荣获"江西省校外教育先进集体;多次荣获全国少年儿童阅读年优秀组织奖,选送作品多次获奖。

作为公共图书馆的少年儿童区,虽然不是独立建制的少年儿童图书馆,但未成年人阅读推广服务同样是工作的重心。江西省图书馆利用布局合理、人性童趣的空间,内容丰富、分类直观的馆藏,形式多样、优质专业的活动最大限度地满足少年儿童的阅读需求,充分发挥图书馆第二课堂的教育作用,在全面助力江西省少年儿童培养多读书、读好书的良好阅读习惯,促进他们健康成长的过程中,做出了自己积极的贡献。

# 广州少年儿童图书馆绘本阅读空间的建设与服务

吴翠红　卢静仪　张淑文（广州少年儿童图书馆）

## 1 案例背景

儿童阅读空间是图书馆开展儿童阅读推广的场所和载体。近年来,图书馆儿童服务空间面临着新建、扩建或者改造的问题。广州少年儿童图书馆在"十三五"规划中便确立了针对未成年人开展"分龄分层精细化服务,建立0—18岁全覆盖的阅读推广产品线"的业务发展目标。在此目标指引下,广州少年儿童图书馆的相关工作如资源建设、空间建设、技术应用等均围绕该目标开展、提供支撑。本文主要阐述的是空间建设方面的案例,以绘本馆改造为例,展现广州少年儿童图书馆以儿童视觉审美为中心,主题化、分龄化完善儿童阅读空间的建设思路,提升儿童在馆的舒适度和体验感的实践与成效。

## 2 广州少年儿童图书馆阅读空间的概况

2015年,广州少年儿童图书馆新馆在广州图书馆旧址上经过内部改造重新开放。以年龄、主题为标准,开辟了12个主题场馆,对0—18岁的婴幼儿及少年儿童、特殊儿童以及家长和教育工作者提供分龄分级、专题化服务。

由于改造经费的限制,新少图除了对资源的空间布局完全调整外,没有针对读者群体审美需求而进行装饰设计,室内的书架陈设、阅览家具基本保留了旧广州图书馆的原貌,清窗素墙,环境给人的整体感觉是过于对称、方正、单调,生动不足、严肃有余,不符合少儿图书馆的特征。为此,广州少年儿童图书馆在"十三五"规划中提出了"一年一馆"升级改造主题馆的计划,绘本馆是规划中重点改造的对象。由于是广州市文物保护建筑,因此其空间改造很受限制,不能大动干戈,只宜软性改良。

## 3 绘本馆的空间改造

2018年,广州少年儿童图书馆对绘本馆进行了主题化升级改造,把原来呆板的方仓空间提升为童话般的"绘本小镇",让小读者流连忘返,乐在其中。

### 3.1 绘本馆的空间布局特色

绘本馆是借阅、藏书、阅览、活动一体化的空间,建筑空间宽敞高大,通风采光良好,其服务对象是为3—8岁的亲子家庭。为了增加藏书量,原广州图书馆利用高挑的空间(6米)在室内的北面设置了夹层,夹层的承重结构就是地面阵列式的书架,因此书架与夹层是一体的,藏书区不能拆改。室内的南边是阅览区,改造前,座椅是中规中矩的普通方桌与椅子。靠近入室门口是上夹层的大楼梯阶,台阶级前有一片空地,天然构成了一个良好的"活动区"。通往夹层的阶梯,宽阔平缓,当开展活动时,阶梯变成活动座位,孩子和家长一高一低坐着,可以平等讨论,阶梯让参与活动的读者视线不受遮挡。将"活动区"设在靠入口的地方有其独特的优势:一方面,精彩的活动能吸引更多读者的注意力,从而使他们走进绘本馆;另一方面,熙熙攘攘的入口更适合作为"动区",与阅览"静区"可以形成物理空间的分隔。大台阶底部空间被围蔽起来作为工作储藏室,其面向阅览区的大三角立面设计成书架,形成一个"图书推荐专区",开展图书主题展示并根据活动区的故事主题、每月的推荐主题定期更新。"图书推荐专区"的作用与书店"橱窗"有异曲同工之妙。这个空间是从"动区"走向"静区"的必经之路,给读者产生"阅读"行为的暗示。优美的绘本往往能吸引读者停下来,翻阅欣赏。阅览区的藏书布局分为绘本区、漫画区,夹层专设名家和获奖作品专题阅览区。

新少图改造后的绘本馆,其空间布局及服务流线是科学合理的,符合广州少年儿童图书馆从注重借还管理到"以阅读推广"为主抓手的业务转型需要。但是,由于资金有限,新少图开放之时并没有对绘本馆的环境氛围进行设计与改造,其装饰风格老旧,缺乏灵动和生气,不符合少儿的审美心理,对读者缺乏长期吸引力。

### 3.2 绘本馆空间环境的主题改造

因旧馆舍不能拆改,其空间环境的改变,只能通过视觉改造、家具布置等"软装"方式实现。主题性装饰是常用的旧建筑改造手法。主题化装饰的空间能对读者产生积极的心理暗示,符合儿童对世界的美好幻想,让读者对阅读产生良好的期待。

我们把绘本馆定义为绘本之家,因为所有的故事人物、小精灵都居住在这里,确定以"绘本小镇"为装饰设计主题并贯穿整个空间,让空间充满故事性和趣味性。小镇以冰雪纯美的童话世界为背景,风筝、热气球遨游天空,游走在绘本小镇中,"活动区"成为"小镇中心剧场",阶梯变成"阅读梯田";地面蓝绿相间,流动的曲线让人联想到森林的河流、草地。这里有天空、草地、河流、梯田、森林,让小精灵们自由呼吸,仔细的读者还可以看到小鸟在树梢上唱歌;这里有动漫车站、动漫天桥,动漫车厢载着小精灵们在小镇中自由穿梭;入口化身为马戏团的表演帐篷,让孩子们对里面充满了好奇与期待。帷幕已打开,一群小动物也正翘首以待小镇内的精彩。小镇以蓝、绿、白三种明亮而清凉的色彩为主调,孩子们进入场馆就感受到明亮、宁静的气氛,快速进入安静状态。"阅览区"中规中矩的阅览桌椅被布艺沙发替代。黄绿色布艺沙发围合着白色的三叉型小皮座墩,就像小镇的草地上冒出一股股喷泉。在这舒适、温情的环境里,让孩子们与家长沉浸在一个个故事情景中,空气中弥漫着想象和欢乐,仿佛在与故事中的精灵对话。

## 4 绘本馆的服务与效能

### 4.1 分龄分层,深耕绘本主题阅读推广

绘本馆把读者按其阅读能力特征分成三个年龄段,建设相对应的阅读推广品牌活动。

3—6岁："七色花亲子绘本故事会"。故事会是绘本阅读推广过程中最常规的阅读活动，在绘本馆每周至少有一场故事会。暑假期间更是推出"30天绘本共读计划"，一周至少四场，以此举措促进持续阅读好习惯的形成，用故事培养孩子的阅读兴趣与习惯。

6—8岁："童书名著亲子阅读沙龙"。以绘本剧、艺术创意、游戏互动等将故事讲述、表演、讨论与相关图书推荐紧密结合，提升阅读体验感。

5—8岁："创意星火绘——绘本手工工坊"。用"绘本阅读+手工创作"的活动形式，充分展现绘本阅读的创意，激发创作灵感。手工坊与故事会的延伸手工活动不同，延伸活动是以故事内容为主，作用是加深读者对图书的理解；手工工坊则以经典绘本故事作为创作背景，在阅读中从故事中寻找灵感，制作出一个作品，它是一场真正的创作活动，其目标是帮助孩子通过阅读激发创意，越读越喜欢动手，越动手越想阅读，形成良好的阅读循环。

此外，还有面向家长的"悦读父母成长计划"，以讲座、讨论、分享等形式邀请阅读推广人与家长们面对面观摩、交流，推广亲子共读，帮助父母成长为"悦读父母"。

### 4.2 绘本书的主题推荐

图书馆艺术化的设计是为促进阅读行为服务的，因此，从功能上来说，图书馆的儿童阅读空间应处处体现出"人在书中，书在人旁"的环境和氛围，书目推荐就是很好的载体。在绘本馆的阅览区，主题阅读推荐随处可见。首先，新书推荐书架、专题推荐书架摆放在场馆中最显眼的位置，推荐图书通常用敞开式书架摆放，露出封面，吸引读者注意。其次，图书馆的活动是阅读推广活动，处处要体现阅读的元素。在活动区域，活动场地布置迎合活动主题，活动过程中，相关的图书放在活动场地中，读者随时可以取阅。

绘本馆自2015年以来推出超过50期主题阅读推荐，图书利用率平均在200%以上，这些主题阅读推荐成为孩子和家长喜爱的小镇淘宝"指南针"。除了与儿童成长有关的主题阅读，对于一些社会政治、思想道德类的主题教育活动，也同样有合适的绘本推荐。为了响应十九大以来对中国传统美德、传统文化、社会主义核心价值观的宣扬，绘本馆推出了"我们的价值观""我们的节日""瑰丽的中国故事"等绘本书目；每年的新年期间、节日期间、儿童读书日期间，馆员们都会从寓教于乐、生动有趣的绘本中甄选出精品，成为儿童喜爱、老师推崇的读物；每年定时定点推送的书单会不断改变主题切入点，书单内容也会持续更新，生成内容丰富、标签明确、"可成长"的主题阅读书单。

### 4.3 重视在活动中孵化团队，形成良好合力

广州少年儿童图书馆以绘本馆为基地，通过举办研讨会、研修班、讲座、培训等活动，开展绘本阅读研讨、案例交流，为本地区乃至全国公共图书馆培养阅读推广人才。先后聘请著名作家、儿童文学理论专家为馆员授课，将绘本阅读理论渗透到阅读推广活动中；定期举办"故事爸爸妈妈培训营"，培养更多的阅读推广人；以绘本馆为孵化平台，吸引社会阅读推广机构加入到绘本馆的阅读策划团队中，推动绘本阅读宣传推广。

## 5 绘本馆改造后的社会影响

绘本馆目前拥有阅览座位约120个，馆藏图书约5万种、30多万册，服务时间每周48小时，

年平均借阅量超100万册次,年平均活动量达110场以上,已成为广州地区少年儿童绘本阅读推广的旗舰馆。

### 5.1 进一步提升本地区绘本阅读推广的质量和水平

利用绘本馆的活动和资源向社会推广绘本阅读。每年的"南国书香节",绘本馆在书香节现场策划举办绘本主题阅读活动,以绘本讲述、绘本表演等形式将精彩绘本故事推送到广大市民面前,掀起绘本阅读的热潮;2017年举办大型"全国故事衣制作大赛",以故事衣制作研修班和大赛征集两种形式,宣传和推广绘本阅读与创意手工结合的新型阅读方式;2018年举办全国、全市"我爱图画书故事讲述大赛",鼓励广大市民通过研读绘本、注重表达形式的多样性,促进绘本阅读。以新媒体的形式传播绘本阅读,邀请本地播音员用声音演绎绘本作品,自建"为你读绘本"融媒体资源。绘本馆的活动吸引了本地、本省的主流媒体,甚至新华社、《中国文化报》等新闻媒体的关注与报道。2018年、2019年被中国图书馆学会授予"十佳绘本馆""最具影响力绘本馆"称号。

### 5.2 已成为读者、媒体和社会资源的聚焦点

改造后的广州少年图书馆绘本馆变成了全市少年儿童的"网红打卡点",仅绘本小镇开放第一个月,到访量就达19万,借阅量11万,成为绘本馆历史访问量和借阅量的高峰,吸引了17次媒体采访和报道。在广州读书月、"六一"国际儿童节、暑期青少年系列活动等节点,广州各大媒体版面都能看到绘本馆的影子。2018年7月"羊城之夏"暑期青少年系列活动启动期间,绘本馆的"绘本小镇"大巡游以及相关的主题阅读活动便成为暑期活动的一大亮点,吸引了多家媒体采访报道;2019年"4·23世界读书日"活动期间,绘本馆作为全市其中一个共读点,为共读活动增添一抹亮色;2019年"六一"国际儿童节期间,广州少年儿童图书馆开启"悦读专列"活动,绘本馆吸引众多市民游览和打卡。此外,优美的空间环境也吸引了各方优质的资源,2018年绘本馆改造以来,与北京蒲蒲兰文化发展有限公司合作,引入多名年轻的原创绘本作家在绘本馆举行新书发布会和分享会,与广东咏声动漫有限公司开展动漫主题活动。现在的"绘本小镇"不仅是一个优美舒适的阅读空间,也是一个吸引更多读者走进图书馆、使用图书馆的优秀宣传平台,成为广州少年儿童图书馆重要的形象品牌之一。

# 图书馆儿童阅读空间建设与服务案例

李鹏举　郭华丽　王成东　李　野(郴州市图书馆)

## 1　背景介绍

图书馆的儿童阅读空间是我国图书馆服务工作的重要组成部分,是学校教育的延伸和继续,是少年儿童的第二课堂,在少年儿童社会教育和素质教育中具有重要作用。郴州市没有

独立建制的少儿图书馆,郴州市图书馆在"春苗书屋"少儿阅读推广项目建设实践中,不断探索少儿阅读推广的模式、方法,寻找一个既能符合少儿阅读特点,又能便于管理、提高效率的途径,改变过去那种在空间上、资源上过于分散,管理上相对零乱,活动内容单一的状况。为此,我们设想建一个场地相对固定的儿童阅读服务空间。

"春苗书屋"是以公益服务为目的的少儿阅读推广项目,由郴州市图书馆与郴州福城志愿者协会共同建设的,以政府投入、公益捐赠为保障。2011年初开始启动,通过建立流动图书站点为载体,以阅读推广、阅读指导、阅读展示、图书漂流等活动为手段,构建政府、企业、学校、公益机构、志愿者、家长共同参与的阅读推广平台,用最优秀的课外图书和阅读推广活动拓展图书馆儿童阅读空间,满足城乡少年儿童阅读需求。从2011年3月起,逐步建立了覆盖从农村到城市的流动图书馆、乡村图书馆、校园班班图书角、家庭绘本馆等图书服务站点200多个,这些站点的建设有效地弥补公共图书馆服务儿童阅读方面的不足,在方便小朋友阅读、培养阅读兴趣、提高阅读能力方面取得了巨大的社会效益。这种方式也存在一些问题,主要有:一是阅读推广站点建设越多、文献资源难以同步跟上,导致每个服务点的资源相对减少;二是服务站的管理难度加大,点多面广,业绩和效能管理评估、图书管理、时间管理等存在很大困难;三是远距离奔波,送书上门,服务效果不明显,不利于业务发展。四是自愿服务工作保障难以持续,自愿服务人员具有不固定性,流动性大,专业素质难以保证。基于上述的考虑,我们希望找一个更适合服务、方便儿童借阅图书的模式,把人、财、物等资源向城区集中,形成场所固定、服务专业、面向少儿的小型图书馆。在这种理念的指导下,市城区公益儿童图书馆的建设在此基础上应运而生。

## 2 主要内容及创新点

市城区公益儿童图书馆的建设,不同于之前的服务站点,通过政府、市场、社会三方的合力,把资金、图书、人力等固定下来,面向社区、城区次中心地带,建成相对固定的儿童阅读场所,弥补公共图书馆服务少儿阅读在空间范围上的不足,直接把儿童图书馆建在小朋友身边,方便家长和小读者,并保证免费开放,利用场馆条件,开设各类公益课、亲子故事会、读书会、书友会、父母沙龙、儿童影院等阅读推广活动,让孩子们真正与图书零距离接触,享受阅读的乐趣。在建设上突出特色,做到既有公共图书馆儿童阅览室的功能,但又与之不同,重点以绘本图书为主,注重亲子阅读等。

(1)政策资金保障。一是政府政策的大力支持。2016年7月,郴州市委、市政府正式出台了《关于加快构建现代公共文化服务体系的实施意见》(郴办〔2016〕28号),着力解决基层公共文化建设存在公共财政投入缺少刚性规定的问题、解决社会力量参与支持公共文化建设服务的相关政策和公共文化产品供给与服务不足的问题等。二是多渠道的资金来源。机关企事业单位、社会团体、学校、社区和社会爱心人士积极为公益儿童图书馆建设提供人力、物力、财力、场地、信息等各方面的支持。社会各界为公益儿童图书馆的建设捐款和资源投入累计达500余万元。

(2)建设情况。2015年10月,郴州市图书馆春苗书屋开始筹建公益儿童图书馆,租用市城区东风路北湖区武装部的房子,面积约100平方米,在建设过程中,借助从2011年以来,图书服务站点的建设和管理经验、方式方法,依据小朋友阅读习惯,把公益儿童图书馆建设成为爱好阅读的孩子和家长学习、交流、成长的平台。经过近三个月的时间,适合小读者审美,符合小孩子身体成长需要的图书、书架、阅览桌椅等呈现出来,12月,儿童公益图书馆正式向小朋友开放。继东风路公益儿童图书馆后,2016年在市第十八完小、市文化中心一楼、香花路乐学堂建立了3个公益儿童图书馆,这三处的场地都是社会单位组织免费提供使用的。2017年建成了青少年宫馆和北湖区公益儿童图书馆,其中北湖区少儿馆面积达600平方米,阅读座位200个。馆内设有绘本区、科普区、文学区、国学区、创艺区、亲子互动区、阅读体验区、休闲生活区等服务区域。除提供常规的借阅服务外,还定期举办国学公益课、亲子读书会、书画展、创意阅读、书友会、儿童剧场、亲子教育培训等活动。2018年又新建了阳光城公益儿童图书馆。目前郴州市共有7个公益儿童图书馆,均分布在人口比较集中的社区,总面积达1600多平方米,阅览座席500多个,馆藏20余万册。

（3）运营情况。制定了一整套工作制度及运行机制,编印了《工作手册》。对每一次阅读推广活动,事前有方案,事中有监督,事后有评估。建立了完善、高效的信息管理平台,有独立的网站、在线图书管理软件、手机APP、微信公众平台,公布活动信息,分析阅读成果,交流互动信息,全方位展示项目推广的效果,扩大影响力。公益儿童图书馆有固定的管理人员、有借阅管理制度,定期开展读书活动,定期更换、增加图书。管理以固定的文化志愿者管理为主,辅以会员制小读者和家长管理。

（4）志愿服务规范化。公益儿童图书馆由郴州市图书馆与郴州福城志愿者联手建设,编印了《志愿者工作手册》,规范志愿者工作,为活动顺利开展提供制度保障,目前共有专职志愿者23名,兼职志愿者3000余名。

（5）服务时间与项目。我们采取因地制宜的开放服务时间,如北湖少儿馆周一至周日全天候开放,阳光儿童城馆周一至周日下午2点到晚上9点开放,青少年宫馆周三到周五下午2点到下午6点开放,周末全天候开放。北湖区公益儿童图书馆功能比较齐全,馆内设有绘本区、科普区、文学区、国学区、创艺区、亲子互动区、阅读体验区、休闲生活区等服务区域。除提供常规的借阅服务外,定期举办国学公益课、亲子读书会、书画展、创意阅读、书友会、儿童剧场、亲子教育培训等活动,并成立了专门的创客中心,开设了化学室、物理室、创意分享、科普展示、机器人室、科普阅读区等。寒暑假还推出特色服务项目,如免费提供场地给儿童写寒暑假作业,以及公益美术、舞蹈等课程。其他馆规模相对较小,除提供基本的借阅服务外,每周定期举办1场亲子读书会。

## 3 成效及评价

公益儿童图书馆积极争取政府支持,发动企业、社会积极参与,不断探索政府引导、组织推动、企业支持、社会参与的阅读推广长效机制,用最优秀的课外图书和阅读推广活动改善郴州少儿的阅读状况,实现人人参与阅读、人人奉献阅读、人人享受阅读的愿景。

2016—2018年,我们在郴州市城区建立了7个公益儿童图书馆,形成布局合理、服务完善的少儿阅读推广格局,为少儿的阅读提供了极大的便利。公益儿童图书馆的建立,拓展了郴州市城区儿童阅读空间和服务工作,产生了广泛的社会影响力,也产生了极大的社会效益。